JUS PRIVATUM

Beiträge zum Privatrecht

Band 104

Jens Thomas Füller

Eigenständiges Sachenrecht?

Mohr Siebeck

Jens Thomas Füller, geboren 1968; Studium der Rechts- und Wirtschaftswissenschaften in Heidelberg und Kiel; 1999 Promotion zum Dr. iur.; Sommer 2005 Habilitation für die Fächer Bürgerliches Recht, Handels- und Gesellschaftsrecht, Wirtschaftsrecht und Recht des geistigen Eigentums.

ISBN 3-16-148993-4
ISBN-13 978-3-16-148993-8
ISSN 0940-9610 (Jus Privatum)

Die Deutsche Bibliothek verzeichnet diese Publikation in der Deutschen Nationalbibliographie; detaillierte bibliographische Daten sind im Internet über *http://dnb.ddb.de* abrufbar.

Das Buch wurde von Gulde-Druck in Tübingen aus der Garamond gesetzt, auf alterungsbeständiges Werkdruckpapier gedruckt und von der Buchbinderei Spinner in Ottersweier gebunden.

Vorwort

Niemand wird bestreiten, dass dogmatische Konstruktionen keine Kunst um der Kunst willen sind. Ein dogmatisch derart durchdrungenes Rechtsgebiet wie das Sachenrecht muss sich daher die Frage gefallen lassen, welche Konstruktionen sachgerecht sind und welche überflüssig. Ein bekannter Befund regt dazu an, dieser Frage nachzugehen: Einerseits betont man allfällig, dass das 3. Buch des BGB eigenständig ist, auf eigenen Prinzipien beruht und sich deswegen von den anderen Büchern des BGB abgrenzt. Andererseits sind die konstituierenden Prinzipien des Sachenrechts durchbrochen. Auf den ersten und unbefangenen Blick stimmt dieser Gegensatz skeptisch. Den zweiten Blick riskiert die Arbeit: Zum einen ist das Konzept des eigenständigen Sachenrechts in seinen rechtsdogmatischen Grundlagen zu überprüfen, zum anderen ist der Frage nachzugehen, welchen Umfanges die Sachenrechtsprinzipien durchbrochen sind. Denkbare Ergebnisse bewegen sich zwischen zwei Polen: Entweder man fordert, die Sachenrechtsprinzipien einzuhalten oder man setzt an der Praemisse an und muss ein eigenständiges Sachenrecht selbst in Frage stellen. Der Titel scheint Letzteres anzudeuten, nimmt aber selbstredend nicht den Inhalt vorweg.

Die Arbeit wählt bewusst keinen umfassenden rechtsvergleichenden Ansatz. Vielmehr soll das geltende Sachenrecht gleichsam von „innen" auf seine systematische Folgerichtigkeit untersucht werden. Dies schließt einen Rückgriff auf die privatrechtshistorischen Grundlagen des Sachenrechts ein. Erst vor diesem Hintergrund lässt sich die Rechtsentwicklung wissenschaftlich solide nachzeichnen. Dabei geht es der Arbeit nicht darum, neue Theorien oder *ad hoc* Konstruktionen zu entwickeln, sondern das Sachenrecht, so wie es aktuell gehandhabt wird, kritisch zu analysieren. Rechtspolitische und rechtsdogmatische Fragen sind dabei strikt zu trennen. Erst im dritten Teil wird deswegen die Arbeit rechtspolitische Folgerungen ziehen.

Zum Ende des Sommersemesters 2005 nahm der Fachbereich Rechtswissenschaft der Freien Universität Berlin diese Arbeit als Habilitationsschrift an. Mein herzlicher Dank gilt meinem verehrten akademischen Lehrer, Prof. Dr. Dr. Dr. *Franz Jürgen Säcker*. Die Diskussionen über waghalsige Konstruktionen, dogmatische Eiferei und Worthülsen werden mir unvergessen in Erinnerung bleiben. Schließlich gebührt auch *Prof. Dr. Friedrich Ebel* mein herzlicher Dank für die zügige Erstellung des Zweitgutachtens. Diesen Dank kann ich indes leider und traurigerweise nur posthum aussprechen. Besonderen Dank möchte ich an dieser

Stelle meiner Frau, Dr. *Elke Schmitt*, aussprechen. Sie hat mit Umsicht und Präzision weite Teile der Arbeit zur Korrektur gelesen und darüber hinaus mir einige wichtige inhaltliche Anregungen geliefert.

Die Arbeit ist umfangreicher geworden, als ursprünglich geplant. Ihr Umfang hätte sich ohne Not verdoppeln lassen. Immerhin ist sie so kurz geraten, wie es dem Verfasser für möglich erschien. Wenn die Arbeit die Diskussion über ein eigenständiges Sachenrecht aus dem Dornröschenschlaf wecken und anregen kann, hat sie ihren Beitrag geleistet.

Berlin, Januar 2006 JTF

Inhalt

Erster Teil

Allgemeiner Teil

Zweiter Teil
Die Sachenrechtsprinzipien

Dritter Teil

Das Sachenrecht als allgemeines Vermögensrecht

Erster Teil

Allgemeiner Teil

§1 Einleitung

I. Rahmen der Untersuchung

1. Wandel und Beständigkeit des Sachenrechts

Das geltende Sachenrecht scheint auf den ersten Blick der Ruhepol innerhalb des Zivilrechts zu sein. Im Gegensatz zu den übrigen Büchern des BGB änderte sich das dritte Buch des BGB nur geringfügig und blieb von weit reichenden Eingriffen wie im Schuldrecht verschont. Dies hat dem Sachenrecht den Ruf eingetragen, ein statisches Rechtsgebiet zu sein, eine Art »Straßenverkehrsordnung des Güteraustauschs«.[1] Solche allgemeinen Behauptungen mögen zwar griffig sein, laufen aber Gefahr, wesentliche Einzelheiten und Rechtsentwicklungen zu unterschlagen. Das Anliegen der Arbeit ist es, diese Rechtsentwicklungen nachzuprüfen und vor diesem Hintergrund das geltende Sachenrecht zu bewerten.

Das Sachenrecht kennzeichnet sein Charakter als eigenständiges Buch des BGB. Es ist zwar Teil eines allgemeinen Vermögensrechts, jedoch schon äußerlich gesondert vom Schuldrecht geregelt und wird eigenen Prinzipien unterstellt. Rechtsvergleichend steht das deutsche Sachenrecht damit weitgehend alleine. Die europäischen Rechtsordnungen haben ein Fahrnis- und Liegenschaftsrecht nicht vergleichsweise rigoros abgespalten wie das deutsche BGB.[2] Dies muss die rechtsdogmatische Frage aufwerfen, ob es überzeugende tragende Gründe für ein autonomes Sachenrecht gibt. Damit einher geht die Frage, ob die Sachenrechtsprinzipien, so wie sie ausgelegt und angewandt werden, ein tragendes Gerüst für ein selbständiges Sachenrecht bilden können. Die bereits erwähnten Rechtsentwicklungen aber auch das geltende Sachenrecht sollen daher mit den Sachenrechtsprinzipien abgeglichen werden. Besonders augenfällig wird dieses Bedürfnis bei den Kreditsicherheiten. Bekanntlich hat die Sicherungsübereignung als treuhänderische Eigentumsübertragung das Pfandrecht an beweglichen Sachen verdrängt. Auch die Anerkennung von Anwartschaftsrechten hat Bewegung in die Diskussion um ein eigenes Sachenrecht gebracht. Diese Diskussion dringt im

---

[1] *Wieacker,* Wandlungen in der Eigentumsverfassung (1935), 29f.

[2] Allerdings kennt Estland ein eigenes Sachenrechtsgesetz (Gesetz vom 9. Juni 1993), das sich stark an das deutsche Recht anlehnt. Innerhalb Europas ist dies jedoch eine Ausnahmeerscheinung geblieben.

Kern zu dem Unterschied zwischen Schuld- und Sachenrecht vor und damit zum Sinn eines autonomen Sachenrechts selbst.

Kreditsicherungen unterliegen auch im Mobiliarsachenrecht der richterlichen Rechtsfortbildung. Hier hat die Sicherungsgrundschuld die Hypothek als Sicherungsmittel weitgehend verdrängt und ist das vorherrschende Grundpfandrecht. Die Rechtsprechung musste auf diese Entwicklung reagieren und versuchte, die Sicherungsgrundschuld dadurch zu bändigen, indem sie wie auch schon bei der Sicherungsübereignung versuchte, Grundzüge eines Treuhandrechts zu entwickeln.

Diese gedrängt skizzierte Entwicklung soll ohne Anspruch auf Vollständigkeit verdeutlichen, dass sich die Rahmenbedingungen des Sachenrechts seit seiner Schaffung geändert haben. Bisher hat die Rechtsprechung versucht, das Sachenrecht den zeitgemäßen Gegebenheiten entsprechend auszulegen und fortzubilden, während der Gesetzgeber in das Sachenrecht nur punktuell eingriff.

Wenn unter diesen Vorzeichen die Grundlagen eines autonomen Sachenrechts und die Sachenrechtsprinzipien untersucht werden, so mündet dies zwangsläufig in eine Betrachtung *de lege ferenda.* Wie bereits das Pfandrecht an beweglichen Sachen verdeutlichte, können im Laufe der Zeit bestimmte Rechtsinstitute obsolet werden. Bei der Hypothek ist eine vergleichbare Erscheinung zu betrachten. Sie ist zwar nicht zur Gänze obsolet, fristet aber als Kreditsicherungsmittel neben der Sicherungsgrundschuld nur noch ein Schattendasein. Schon diese Entwicklungen zeigen, dass das Sachenrecht gegenüber seinem gesetzgeberischen Urzustand keineswegs ein statisches Rechtsgebiet ist, sondern sich zwischen den Polen »Wandel und Beständigkeit« bewegt. Verwundern kann dies nicht. Das Sachenrecht ist wie jedes Gesetz ein Kind seiner Zeit. Es muss aber kaum betont werden, dass sich die Rahmenbedingungen vom Entstehungszeitpunkt des BGB an bis in die Gegenwart deutlich verändert haben. Damit sind nicht nur die veränderten wirtschaftlichen Bedingungen angesprochen, sondern auch die Europäisierung des Privatrechts. Auf Dauer wird sich das Sachenrecht nicht gegenüber europäischen Einflüssen abschotten lassen. Die Zweckmäßigkeit eines autonomen Sachenrechts bedarf schon deswegen einer Analyse, da den Mitgliedern der europäischen Union ein derart autonomes Sachenrecht unbekannt ist.

2. Zur Europäisierung des Sachenrechts

a) Primärrechtlicher Angleichungszwang?

Die Europäisierung des Sachenrechts hat mehrere Anknüpfungspunkte: Neben den noch zu erörternde Harmonisierungsmaßnahmen der europäischen Union bleibt zu untersuchen, ob nicht bereits das Primärrecht des EG-Vertrages dazu nötigt, die unterschiedlichen sachenrechtlichen Rechtsinstitute anzugleichen. Als Instrument dafür kommen die Grundfreiheiten des EG-Vertrages in Betracht.

Bislang existiert keine Entscheidung, in der der EuGH die Unvereinbarkeit einer nationalen Vorschrift über Rechte an Sachen an den Grundfreiheiten gemessen hat. Dass die Grundfreiheiten ein Instrument zur Angleichung des Zivilrechts sein könnten, lässt sich daher aus der Praxis nicht ablesen. Untersucht man die inhaltliche Reichweite der Grundfreiheiten näher, so bieten sie keinen Anknüpfungspunkt für eine Harmonisierung des Sachenrechts. Dies gilt auch, wenn man diese Vorschriften als allgemeine Beschränkungsverbote gegenüber staatlichen Maßnahmen begreift. Insbesondere in der deutschen Wissenschaft hat es jedoch immer wieder Bemühungen gegeben, in den Grundfreiheiten des EG-Vertrages normative Anhaltspunkte für eine Harmonisierung des Zivilrechts zu erblicken. Die hierfür aufgestellte These, dass die Grundfreiheiten es geböten, weder die Abschluss- noch die Inhaltsfreiheit ohne sachlichen Grund einzuschränken[3], findet jedoch keinen Anhaltspunkt in den Grundfreiheiten. Die Warenverkehrsfreiheit (Art. 28 EG) ist durch sachenrechtliche Vorschriften nicht betroffen. Maßnahmen gleicher Wirkung wie mengenmäßige Beschränkungen sind nur produktbezogene Vorschriften und damit solche, die dazu zwingen, den Inhalt eines Warenangebots und damit die Ware selbst zu ändern.[4] Unterschiedslos geltende Verkaufsmodalitäten erfasst Art. 28 EG nach der Rechtsprechung des EuGH nicht.[5] Dem Sachenrecht fehlt der Produktbezug, da es nicht dazu zwingt, eine angebotene Ware zu ändern, damit sie im Bestimmungsland verkehrsfähig ist. Die Sachenrechtstypen stellen als solche nicht den freien Marktzutritt in Frage und berühren damit gar nicht das Regelungsanliegen des Art. 28 EG. Eine Harmonisierung des Sachenrechts über Art. 28 EG ist nicht möglich wie ständige Rechtsprechung des EuGH zur inhaltlichen Reichweite der Warenverkehrsfreiheit zeigt.

Auch die Freiheit des Kapitalverkehrs zwingt nicht zu einer Angleichung der Sachenrechte. Einen allenfalls entfernten sachenrechtlichen Zusammenhang haben hier nur die Entscheidungen des EuGH, wonach es mit Art. 56 EG unvereinbar ist, wenn eine nationale Vorschrift es vorschreibt, dass eine Hypothek in inländischer Währung einzutragen ist, auch wenn die zahlbare Forderung in einer ausländischen Währung lautet.[6] Es handelt sich bei diesen Entscheidungen jedoch nur um punktuelle Korrekturen, die ein Sachenrechtsinstitut als solches nicht in Frage stellen. Durch die Einführung des EURO haben diese Entscheidungen ohnehin ihre praktische Relevanz verloren. Die Begründung von Sicherungsrechten

[3] So insbesondere *v. Wilmowsky*, Europäisches Kreditsicherungsrecht (1996), 32ff, 42.

[4] Deutlich EuGH vom 26. Juni 1997 Rs C-368/95 Familiapress, Slg. 1997, I-3689 Tz. 12. Dazu und zu dem Änderungskriterium ausführlich: *Füller*, Grundlagen und inhaltliche Reichweite der Warenverkehrsfreiheiten nach dem EG-Vertrag (2000), 190ff.

[5] EuGH vom 24. 11. 1993 verb. Rs C-267 und 268/91 Keck/Mithouard, Slg. 1993, I-6079 Tz. 16. Aus dem überreichen Schrifttum dazu siehe nur: *Heermann*, Warenverkehrsfreiheit und deutsches Unlauterkeitsrecht (2004), Rn. 126–149 mwN.

[6] EuGH vom 16. März 1999 Rs C-222/97 Trummer und Mayer, Slg. 1999, I-1661 Tz. 34; EuGH vom 11. Januar 2001 Rs C-464/98 Westdeutsche Landesbank Girozentrale/Stefan, Slg. 2001, I-173 Tz. 18.

als solche ist kein Tatbestand, der den freien Kapitalverkehr betrifft. Auch hier hat man im Schrifttum vereinzelt das Gegenteil vertreten und deutet Sicherungsrechte als Kapital in der Gestalt einer dinglichen Berechtigung, weshalb nicht nur die Begründung sondern auch die Mobilität von Sicherungsrechten in den Schutzbereich der Kapitalverkehrsfreiheit falle.[7] In dieser Allgemeinheit lässt sich dies aber nicht aufrecht erhalten. Allerdings betrifft eine Hypothek den Kapitalverkehr. Der EuGH hat dazu ausgeführt, dass eine Hypothek jedenfalls dann unter Art. 56 EG fällt, wenn sie untrennbar mit einem Vorgang des Kapitalverkehrs verbunden ist oder ein Darlehen im Zusammenhang mit einem Grundstücksverkauf sichern sollen.[8] Wegen der derzeit aber noch vorherrschenden unscharfen Definition des Begriffes Kapitalverkehr[9] lässt sich aus der Rechtsprechung des EuGH noch nicht der Schluss ableiten, dass Sicherungsrechte generell unter Art. 56 EG fallen. Diese Schlussfolgerung hat auch gerade der EuGH vermieden. Aber selbst dann, wenn man die Begründung von Sicherungsrechten generell als ein Vorgang des Kapitalverkehrs auffasst und damit Art. 56 EG für anwendbar hält, dürfte dies die anerkannten Sicherungsrechte nach deutschem Recht kaum beeinflussen.[10] Dies liegt in der Hauptsache an der besonderen Flexibilität der weit verbreiteten fiduziarischen Sicherungsrechte. Im Gegensatz zu den übrigen europäischen Rechtsordnungen sind die Sicherungsübereignung und die Sicherungsgrundschuld »liberale« Sicherungsrechte, deren Entstehung an qualitativ geringere Voraussetzungen geknüpft ist, als vergleichbare Sicherungsrechte in Europa.[11]

Einem vollkommenen Binnenmarkt mögen verschiedene Sachenrechte abträglich sein. Dem europäischen Primärrecht lassen sich aber keine zwingenden Vorgaben für eine inhaltliche Änderung der sachenrechtlichen Typen entnehmen. Gerade die Grundfreiheiten des EG-Vertrages sind kein allgemeines Deregulierungsinstrument und dienen zwar dem Binnenmarkt sind aber dafür ungeeignet, um eine allgemeine Rechtsgleichheit zu schaffen. Eine europäische Angleichung der nationalen Privatrechte kann deswegen nur gelingen, wenn die europäischen Institutionen selbst tätig werden und durch das Sekundärrecht die unterschiedlichen Rechtsvorschriften der Mitgliedstaaten angleichen.

b) Harmonisierungstendenzen

Auch das derzeit bestehende Sekundärrecht hat das geltende Sachenrecht noch nicht beeinflusst. Eher versteckt und zaghaft versuchten die Vorschläge für die

---

[7] *v. Wilmowsky* (Fußn. 3), 83, 87–93. Dem ohne nähere Begründung und Auseinandersetzung mit der Rechtsprechung des EuGH folgend: *Wachter* WM 1999, 49, 54.

[8] EuGH vom 16. März 1999 Rs C-222/97 Trummer und Mayer, Slg. 1999, 1661 Tz. 23f.

[9] Siehe dazu etwa: *Ress/Ukrow* in: *Grabitz/Hilf* Art. 56 Rn. 14ff.

[10] Im Ergebnis ebenso: *Baur/Stürner* § 36 Rn. 12, wonach Störungen des grenzüberschreitenden Kapitalverkehrs durch die Sicherungsrechte nicht überzubewerten seien.

[11] Siehe auch *v. Wilmowsky* (Fußn. 3), 119.

Richtlinie über den Zahlungsverzug das europäische Recht für den Eigentumsvorbehalt zu vereinheitlichen.[12] In der geltenden Richtlinie über den Zahlungsverzug bestimmt Art. 4 Abs. 1 lediglich, dass die Mitgliedstaaten einen Eigentumsvorbehalt als Kreditsicherungsmittel vorsehen müssen.[13] Die rechtliche Konstruktion regelt die Richtlinie allerdings nicht.

Der Bedarf, die sachenrechtlichen Vorschriften der Mitgliedstaaten anzugleichen, entstand zuerst für die Grundpfandrechte. Noch zu Zeiten der Europäischen Wirtschaftsgemeinschaft schlug der sog. »Segré-Bericht« im Jahre 1966 vor, eine einheitliches Grundpfandrecht für die Mitgliedstaaten einzuführen, orientiert am Vorbild der deutschen Grundschuld.[14] In der Folgezeit widmete man einem einheitlichen europäischen Grundpfandrecht keine weitere Aufmerksamkeit. Erst im Jahre 1987 flammte die Diskussion wieder auf, als die Kommission für EG-Angelegenheiten der Internationale Union des lateinischen Notariats eine Euro-Hypothek als harmonisiertes Sicherungsrecht vorschlug, die sich an dem schweizerischen Schuldbrief orientierte.[15] Insbesondere in Deutschland ist seither die Diskussion nicht abgerissen, wie ein künftiges europäisches Grundpfandrecht auszugestalten sei. Eifrigen Befürwortern einer Grundschuld als europäisches Vorbild stehen Verfechter einer streng akzessorischen Hypothek gegenüber, ohne dass sich eine der beiden Ansichten bislang durchsetzen konnte.[16] Es ist nicht die Aufgabe dieser Arbeit, zu den Vor- und Nachteilen dieser Grundpfandrechte im Einzelnen Stellung zu nehmen oder einen eigenen Vorschlag zu

---

[12] Vorschlag einer Richtlinie des Europäischen Parlaments und Rates zur Bekämpfung von Zahlungsverzug im Handelsverkehr, ABl Nr. C 168 vom 3. Juni 1998. Art. 4 des Vorschlags regelte unter anderem das Zustandekommen des Eigentumsvorbehalts und das Rücknahmerecht des Käufers bei Zahlungsverzug. Der kurz darauf geänderte Richtlinienvorschlag nahm bereits einige Vorschriften über die Angleichung des Eigentumsvorbehalts zurück (Geänderter Vorschlag für eine Richtlinie des Europäischen Parlaments und Rates zur Bekämpfung von Zahlungsverzug im Handelsverkehr, ABl Nr. C 374 vom 3. Dezember 1998).

[13] Richtlinie 2000/35/EG des Europäischen Parlaments und des Rates vom 29. Juni 2000 zur Bekämpfung des Zahlungsverzugs im Geschäftsverkehr, ABl Nr. L 200 vom 8. August 2000, 35–38.

[14] *Segré-Bericht der EWG-Kommission,* Der Aufbau eines europäischen Kapitalmarktes, Bericht einer von der EG-Kommission eingesetzten Sachverständigengruppe, 1966. Auch in der Folgezeit befasste sich einige Gutachten mit einem europäischen Grundpfandrecht. Zu nennen sind hier ein weiteres Gutachten des Max-Planck-Instituts für ausländisches und internationales Privatrecht im Auftrag der EWG-Kommission über die Harmonisierung der Grundpfandrechte in der (damaligen) EWG aus dem Jahre 1971 (1976 wegen der Aufnahme von Dänemark, Irland und Großbritannien ergänzt). Siehe dazu näher: *Stöcker,* Die Eurohypothek (1992), 218f dort auch zu weiteren Vorschlägen. Überblick bei *Meyer* EuZW 2004, 389f.

[15] *Commission des Affaires de la Communauté Européenne/Union internationale du Notariat Latin,* La Cédule hypothécaire suisse et la dette foncière allemande – Etude comparative, Base d'une future Eurohypothèque, 1988.

[16] *Wachter* WM 1999, 49, 60ff (für ein akzessorisches Grundpfandrecht). Siehe auch *Wolfsteiner/ Stöcker,* Diskussionspapier: Nicht akzessorisches Grundpfand für Mitteleuropa (mit einem Gesetzesentwurf), ZBB 1998, 264ff.

unterbreiten, da dies die Frage nach den Gründen und der praktischen Ausführung eines selbständigen Sachenrechts nicht berührt.

Bei beweglichen Sachen sind derzeit aber deutliche Vorzeichen für eine jedenfalls teilweise Harmonisierung des Sachenrechts sichtbar. Bereits im Jahre 1989 forderte das Europäische Parlament die Kommission dazu auf, Vorarbeiten für ein europäisches Zivilgesetzbuch zu leisten.[17] Nach verschiedenen wissenschaftlichen Vorarbeiten trieb der Europäische Rat in *Tampere* die Entwicklung voran und strich die Notwendigkeit einer Studie darüber hinaus, ob die zivilrechtlichen Vorschriften in den Mitgliedstaaten der Europäischen Union anzugleichen sind.[18] Diese Aufforderung mündete in eine Mitteilung der Kommission aus dem Jahre 2001, in der sie dazu anregte, ein gemeinsames europäisches Vertragsrecht zu entwerfen.[19] Im Zuge dessen verabschiedete das europäische Parlament eine Entschließung, in der die Kommission dazu aufgefordert wurde, einen Aktionsplan vorzulegen.[20] Schließlich hat im Jahre 2003 die Kommission demgemäß einen Aktionsplan für ein sogenanntes »kohärentes europäisches Vertragsrecht« vorgelegt, in dem vorgeschlagen wird, das Vertragsrecht, die Bestimmungen über die Übertragung des Eigentums und die Sicherheiten an beweglichen Sachen zu harmonisieren.[21] Ein besonderer Bedarf besteht daran, die Vorschriften über den Eigentumsübergang und die Sicherheiten an beweglichen Sachen anzugleichen, da wegen der *lex rei sitae* Regel eine Sicherheit untergeht, wenn die Waren über die Grenze gebracht wird. Zur Kreditsicherung könnte dann nur noch auf Personalsicherheiten ausgewichen werden – ein unbefriedigender Ausweg. Konkrete Vorschläge darüber, wie das Eigentum an beweglichen Sachen übergehen soll oder wie die Sicherungsrechte auszugestalten sind, hat die Kommission bislang noch nicht unterbreitet, da dies nicht die Aufgabe des Aktionsplanes ist. Daher lässt sich über die Auswirkungen der europäischen Rechtsangleichung auf das Sachenrecht derzeit nur spekulieren. Wenn die Zeichen aber nicht trügen, dann stehen jedenfalls das Trennungs- und Abstraktionsprinzip auf dem europäische Prüfstand. Aber auch die verschiedenen Erweiterungen des Eigentumsvorbehaltes werden überdacht werden müssen, da in vielen Mitgliedstaat die nach deutschem Recht erlaubten Erweiterungsformen unbekannt sind. Da sich die Rechtsangleichung

---

[17] Entschließung vom 2. Juni 1989, ABl Nr. C 158/400. Da diese Entschließung zunächst folgelos verhallte, erneuerte das Europäische Parlament diese Entschließung im Jahre 1994 (Entschließung vom 25. Juli 1994 ABl Nr. C 205/518).

[18] Schlussfolgerungen Tz. 39, SI (1999), 800.

[19] Mitteilung der Kommission an den Rat und das Europäische Parlament zum europäischen Vertragsrecht vom 11. Juli 2001, ABl. EG Nr. C 255 vom 13. September 2001, 1. Siehe dazu etwa: *Leible* EWS 2001, 471; *Staudenmayer* EuZW 2001, 485.

[20] ABl. EG Nr. C 140E vom 13. Juni 2002, 538 = www.europarl.eu.int/plenary/default_de.htm.

[21] Mitteilung der Kommission an das Europäische Parlament und den Rat vom 12. Februar 2003, Ein kohärentes Europäisches Vertragsrecht – Ein Aktionsplan, ABl. EG Nr. C 63 vom 15. März 2003, 1 Tz. 41, 52ff.

auch aus dem gemeinsamen Nenner der nationalen Rechtsordnungen speisen wird,[22] dürfte allerdings eine autonom sachenrechtliche Lösung ausscheiden, da weder der romanische noch der englische Rechtskreis ein eigenständiges Sachenrecht kennen. Wenn eine Rechtsangleichung teilweise die Prinzipien eines autonomen Sachenrechts berühren dürfte, so wird sich die eingangs hervorgehobene Frage stellen, ob das Gesamtkonzept eines autonomen Sachenrechts sinnvoll ist. Diese Frage ist derzeit allerdings nur anhand der nationalen Rechtsentwicklung zu beantworten.

II. Die Autonomie des geltenden deutschen Sachenrechts

1. Der Dualismus zwischen dinglichem und persönlichem Recht

Nach den Vorstellungen des historischen Gesetzgebers begründet der Unterschied zwischen dinglichem und persönlichen Recht den Unterschied zwischen dem Schuld- und Sachenrecht. Es heißt dazu in den Motiven: »Das Sachenrecht nimmt in dem System des Entwurfs eine selbständige Stellung ein. Es schließt sich ab einerseits gegen das Recht der Schuldverhältnisse und das Familienrecht, andererseits gegen das Erbrecht. Seine Selbständigkeit beruht wesentlich in dem Gegensatz zwischen dinglichem und persönlichen Rechte«.[23] Diesen als zentral angesehen Gegensatz erläutern die Motive sodann. Das dingliche Recht soll im Gegensatz zu dem obligatorischen die Sache selbst ergreifen. Zudem unterschieden sich dinglicher und obligatorischer Anspruch: Das Wesen eines Anspruches aus dem dinglichen Recht sei es, dass er »sich nicht auf die Richtung gegen eine bestimmte Person« beschränke.[24] In der Begründung zum Vorentwurf zum BGB verwendet *Johow* großen Aufwand, um die selbständige Stellung des Sachenrechts zu erklären. Zunächst dient der Begriff »Vermögensrecht« als große Klammer, von dem das Familienrecht und das Erbrecht abgetrennt werden. Für die Einteilung in Schuld- und Sachenrecht greift *Johow* auf die Arbeiten *Savignys* zurück: Ausgehend von seiner Theorie des subjektiven Rechts kennt *Savigny* nur zwei Gegenstände, auf die sich die Willensherrschaft erstrecken könne: die unfreie Natur und fremde Personen.[25] Der Vorentwurf schildert im Anschluss daran, dass die Sache ein Ausschnitt aus der unfreien Natur sei und so ein Recht an einer Sache denkbar. Personen könnten nicht allumfassend Gegenstand der Willensherrschaft sein. Nur einzelne Handlungen einer Person unterlägen der frem-

[22] Die Kommission betont in ihrem Aktionsplan, dass die nationalen Rechtsordnungen eine der Basisquellen für eine Rechtsangleichung sein sollten. Daneben sollen die höchstrichterliche Judikatur, die Vertragspraxis und der vorhandene EG-Besitzstand einschließlich internationaler Abkommen berücksichtigt werden (Mitteilung der Kommission [vorige Fußn.] Tz. 65).

[23] Motive III, 1.

[24] Motive III, 1f.

[25] *Savigny*, System des heutigen römischen Rechts I, § 53.

den Willensherrschaft, dieses Verhältnis nennt *Johow* Obligation.[26] Diese Trennung gebar den Unterschied zwischen Sachen- und Schuldrecht, der das geltende BGB kennzeichnet.

Die Rechtsordnungen aus dem romanischen Rechtskreis kennen kein eigenständiges Sachenrecht. Als Gegenstück wird oft der Code Civil aus dem Jahre 1804 dem deutschen BGB und insbesondere dem Sachenrecht gegenübergestellt. Kennzeichnend für den *Code Civil* ist die Dreiteilung des Stoffes:[27] Nach einer knappen *titre préliminaire*, nur aus 6 Artikeln bestehend, reiht der *Code Civil* drei Bücher mit insgesamt 2283 Artikeln hintereinander. Die dem BGB strikte Trennung zwischen 5 Büchern und insbesondere dem Sachen- und Schuldrecht ist dem Code Civil fremd. Ein *droit des biens* ist im französischen Zivilrecht zwar bekannt, die Übersetzung in die deutsche Rechtsterminologie ist jedoch schwierig. *Biens* können nichtkörperliche oder körperliche Vermögenswerte sein.[28] Gleichwohl hat der Begriff des dinglichen Rechts auch in der französischen Wissenschaft im 19. Jahrhundert Beachtung gefunden und sich bis heute erhalten.[29] Als systematisierender Begriff konnte sich hier das dingliche Recht jedoch nicht durchsetzen, da es kaum in die Systematik des *Code Civil* hineingepasst hätte.

Ebenso folgenreich wie der vom Gesetzgeber angenommene Gegensatz zwischen dinglichem und persönlichem Recht ist der enge Sachbegriff des BGB. Im Ergebnis übernahm hier das BGB ein als richtig empfundenes Strukturprinzip aus dem römischen Recht: Nur körperliche Gegenstände könnten danach Gegenstand der Sachherrschaft sein. Den Weg dafür hatte wiederum *Savigny* bereitet, da nach dessen Definition sich das dingliche Recht nur auf ein begrenztes Stück der »unfreyen Natur« erstrecken könne.[30] Dingliche und absolute Rechte an unkörperlichen Gegenständen kann es danach *per definitionem* nicht geben. *Savigny* konnte schnell eine wissenschaftliche Gefolgschaft für seine These verbuchen,[31] obwohl das römische Recht das Eigentum als Herrschaftsmacht nicht eindeutig auf körperliche Sachen beschränkte. So ist bis heute umstritten, ob das römische Recht wirklich von dem körperlichen Eigentumsbegriff ausging.[32] Es entsprach aber offenbar dem damaligen Zeitgeist, begrifflichen Erwägungen zu folgen, wenn deren Herkunft auf das römische Recht zurückgeführt wurde.

---

[26] *Johow,* Entwurf eines bürgerlichen Gesetzbuches für das deutsche Reich (1880), Sachenrecht, 1–4.

[27] Über den Grund dieser Dreiteilung herrscht in der französischen Rechtswissenschaft (ein fruchtloser) Streit. Siehe dazu *Sturm/Sturm,* FS Großfeld (1999), 1219ff.

[28] Siehe dazu *Eichler,* Die Rechtsidee des Eigentums (1994), 40; *Ferid/Sonnenberger* 3 A 8.

[29] Siehe dazu etwa: *Aubry/Rau,* Droit Civil français II, 49ff; *Carbonnier,* Biens Nos. 38, 40 ; *Marty/Raynaud* No. 303 (Introduction).

[30] *Savigny,* System des heutigen römischen Rechts I, § 52 (338).

[31] Etwa *Puchta,* Vorlesungen über das heutige römische Recht (1854) § 144.

[32] Ablehnend: *Jänich,* Geistiges Eigentum – eine Komplementärerscheinung zum Sacheigentum ? (2002), 35f. Bejahend: *Ohly* JZ 2003, 545, 546 mwN Fußn. 14. Skeptisch: *Wiegand,* FS Kroeschell (1987), 623, 629.

Das Sachenrecht beschränkt sich ganz in diesem Sinne grundsätzlich auf körperliche Gegenstände im Sinne des § 90. Seit in Kraft treten des BGB wurde immer wieder Kritik an dessen engem Sachbegriff laut.[33] Der körperliche Sachbegriff führte dazu, dass die Immaterialgüterrechte nicht im BGB geregelt sein können und dass ein »geistiges Eigentum« ein Fremdkörper in der Zivilrechtsdogmatik ist. Neuere Strömungen im gewerblichen Rechtsschutz und Urheberrecht halten dies für ein überholtes Relikt aus der Pandektenwissenschaft, da die Gemeinsamkeiten zwischen dem Eigentum und dem Immaterialgüterrecht vielfältig sind.[34] In der Tat haben die Immaterialgüterrechte eine dem Eigentum vergleichbare absolute Wirkung. §§ 14 Abs. 1, 15 Abs. 1 MarkenG beschreiben die Rechte an Marken und geschäftlichen Bezeichnungen als ausschließliche Rechte, für Urheberrechte (§ 97 UrhG) und Erfinderrechte (§ 9 PatG) ist das selbstverständlich anerkannt. Diese Gemeinsamkeiten hat der Gesetzgeber des BGB nicht ausreichend verarbeitet. Es bleibt daher auch zu untersuchen, wie dieses Defizit auf die Beschreibung dinglicher Rechte und damit auf die Wurzel des autonomen Sachenrechts selbst nachwirkt.[35]

2. Die Prinzipien eines autonomen Sachenrechts

Das Sachenrecht wird als kodifizierte Sinngebung seiner Prinzipien verstanden. In keinem anderen Rechtsgebiet werden daher Prinzipien derart intensiv vorab erläutert. Aus den Prinzipien werden Rechtsfolgen für einzelne Normen abgeleitet, bestimmte Auslegungen werden mit Rücksicht auf Prinzipien getroffen. Wie kein anderes Buch des BGB verbrämen Prinzipien das Sachenrecht und bilden gleichsam dessen Bausteine.

a) Trennung und Abstraktion als Ausdruck des selbständigen Sachenrechts

Die Trennung des dinglichen Geschäfts von dem schuldrechtlichen einerseits und die Abstraktion des dinglichen Geschäfts andererseits sind stilprägend für das BGB. Bekanntlich kombiniert keine andere Rechtsordnung derart radikal diese

[33] Kritisch gegenüber dem engen Sachbegriff zB.: *Bekker* IherJb 30 (1891), 235, 263; *ders.*, Grundbegriffe des Rechts und Missgriffe in der Gesetzgebung (1910), 2; *Dümchen* IherJb 54 (1909), 355, 390f; *Dnistrjanskyi* IherJb 78 (1927/28), 87, 92ff, 121; *Fabricius* AcP 160 (1961), 273; 287f; *E. Fuchs*, Das Wesen der Dinglichkeit (1889), 63f, 84; *v. Gierke*, Der Entwurf eines bürgerlichen Gesetzbuchs und das deutsche Recht, 43ff; *ders.*, Die soziale Aufgabe des Privatrechts (1889), 27; *Loening*, Die Grundstücksmiete als dingliches Recht (1930), 11; *v. Schwind*, IherJb 33 (1894), 1, 120; *Schumacher* ZHR 113 (1950), 166, 174; *Wieacker*, Zum System des deutschen Vermögensrechts (1941), 33; weitere Nachweise bei *Stöcker*, Dinglichkeit und Absolutheit (1965), 43ff. Aus neuerer Zeit: *v. Bar/Drobnig*, Study on Property Law and Non-contractual liability Law as they relate to contract Law (23. Februar 2004) Tz. 468 mit einem Überblick zu den europäischen Rechtsordnungen in Tz. 469–471.

[34] *Jänich* (Fußn. 32), 349ff; *Ohly* JZ 2003, 545, 547f mwN Fußn. 33.

[35] § 2 III 3.

Prinzipien. Für den Gesetzgeber waren das Trennungs- und Abstraktionsprinzip ein Gebot, das aus der selbständigen Rolle des Sachenrechts folgt. Die Gesetzgebung müsse deswegen die Rechtsgeschäfte, welche den sachenrechtlichen Verkehr vermitteln, unabhängig von den Rechtsgeschäften anderer Teile des Systems auffassen und gestalten.[36] Beide Prinzipien drücken damit besonders plastisch die autonome Stellung des Sachenrechts aus. Ganz im Sinne der seinerzeit verbreiteten Begriffsjurisprudenz hielt der historische Gesetzgeber seine Folgerungen für begriffslogisch notwendig. Er folgte damit gleichzeitig der Denkweise *Savignys*, der anhand seines berühmten Dreiecks der Begriffe die Begriffsjurisprudenz einleitete.[37] Da *Savigny* gleichzeitig die Grundlagen für das Trennungs- und Abstraktionsprinzip legte, lag es für den Gesetzgeber nahe, sowohl auf dessen Methode als auch auf dessen Konstrukt zurückzugreifen.[38] Aus dem Gegensatz zwischen dinglichen und persönlichem Recht leitete der Gesetzgeber die Aufgabe des Sachenrechts ab, »die Erwerbung der dinglichen Rechte nach Gesichtspunkten zu ordnen, die auf seinem Gebiet liegen«.[39] In der methodischen Denkweise des Gesetzgebers stellt sich damit das Abstraktionsprinzip als ein notwendiges Gegenstück zu den Obligationen dar. Die Begründung, die Belastung, die Übertragung oder die Aufhebung eines dinglichen Rechts seien damit ausschließlicher Zweck eines sachenrechtlichen Geschäfts, woraus der Gesetzgeber wörtlich folgenden Schluss zieht: »Die sachenrechtlichen Geschäfte sind damit notwendig abstrakter Natur«.[40] Aus der Perspektive der heutigen Rechtstheorie und Methodenlehre kann diese Begründung nicht überzeugen. Aber auch bei der Entstehungsgeschichte des BGB hat man den doktrinären Charakter dieser Begründung kritisiert.[41] Die zeitgenössische Kritik verhallte jedoch, weil man wohl befürchtete, ihr ohne tiefe Eingriffe in das geschaffene System nicht begegnen zu können.

In einem bemerkenswerten Gegensatz zu den apodiktischen Ausführungen des Gesetzgebers steht die rechtspolitische Diskussion über das Trennungs- und Abstraktionsprinzip. Bereits vor- und auch nach dem in Kraft treten des BGB hat

---

[36] Mot. III, 6ff.

[37] *Friedrich Carl v. Savigny,* Vom Beruf unserer Zeit für Gesetzgebung und Wissenschaft (1814), 22, 28f: Jeder Teil des Rechts hat danach solche Stücke, wodurch die übrigen gegeben sind. Daraus folgert *Savigny* einen inneren Zusammenhang aller juristischen Begriffe, den es aufzuspüren gilt. Damit war zugleich der Grundstein für das Lückenlosigkeitsdogma der positiven Rechtsordnung gelegt, wie es später im beginnenden 20. Jahrhundert im Gesetzespositivismus vertreten wurde. Zu diesen Zusammenhängen: *Röhl,* Allgemeine Rechtslehre, §6 II.

[38] Die Motive stützten die Trennung und Abstraktion ausdrücklich auf eine historische Entwicklung: »Diese Unabhängigkeit hat überdies eine geschichtliche Grundlage« (Mot. III, 6). Zur geschichtlichen Entwicklung des Trennungs- und Abstraktionsprinzips siehe näher §3 II sowie: *Heck,* Das abstrakte dingliche Rechtsgeschäft (1937), 42ff; *Stadler,* Gestaltungsfreiheit und Verkehrsschutz durch Abstraktion (1996), 46ff.

[39] Mot. III, 3.

[40] Mot. III, 6f.

[41] *Strohal* IherJb 27 (1889), 335ff.

man beide Prinzipien immer wieder kritisiert, über deren Durchbrechungen nachgedacht, sie aber auch verteidigt.[42] Das muss skeptisch stimmen.

Die internationale Rechtsvereinheitlichung hat sich bislang nicht an den Eigentumsübergang gewagt und kann damit noch keine Vorgaben dafür liefern, ob das Trennungs- und Abstraktionsprinzip zu beseitigen oder zu ändern sind. Ausdrücklich bestimmt Art. 4 Satz 2 lit. b CISG, dass das Übereinkommen insbesondere nicht die Wirkungen betrifft, die der Vertrag auf das Eigentum an der verkauften Ware haben kann. Die international verschiedenen Arten der Eigentumsübertragung, wie das reine Vertragsprinzip, das Traditionsprinzip oder das deutsche System bleiben damit nebeneinander bestehen. Allerdings sind auf europäischer Ebene erste Anzeichen bemerkbar, dass das Trennungs- und Abstraktionsprinzip dem Harmonisierungsprozess zum Opfer fallen könnte. Der Entwurf eines Europäischen Kaufvertragsrechts, den die Studiengruppe für ein europäisches Zivilrecht vorgelegt hat,[43] scheint von einem Einheitsprinzip auszugehen, wonach bereits beim Abschluss des Kaufvertrages das Eigentum übergeht.[44] Art. 201 des Entwurfs für ein europäisches Kaufrecht schlägt vor, dass eine wirksame Verpflichtung die Grundlage für einen Eigentumsübergang sein soll.[45] Wenn sich der europäische Gesetzgeber dieses Konzept für ein künftiges Kaufrecht zu eigen macht, sind die Tage des Abstraktionsprinzips gezählt.

Je mehr schließlich das Trennungs- und Abstraktionsprinzip erodiert, desto mehr verschleift sich auch der Charakter des Sachenrechts als autonomes Buch des BGB. Eine Durchbrechung des Abstraktionsprinzips und damit die Annäherung an ein Kausal- und Einheitsprinzip nimmt dem Sachenrecht damit einen wesentlichen Pfeiler seines autonomen Charakters. Besonders offensichtlich zeigt dies der romanische Rechtskreis, der kein eigenständiges Sachenrecht kennt, dafür aber weitgehend von dem reinen Vertragsprinzip oder Einheitsprinzip ausgeht. So geht nach portugiesischem Recht das Eigentum durch den Abschluss eines Kaufvertrages über (Artt. 897 lit. a, 1316 *Código Civil*).[46] Gleiches gilt im französischen *Code Civil*:[47] Auch hier hat der Abschluss des Kaufvertrages translative Wirkungen.[48] Einen Verkehrsschutz kennt der *Code Civil* insoweit nicht. Ein Kaufvertrag über eine fremde Sache, die dem Verkäufer nicht gehört, ist nich-

[42] Näher dazu § 3 II 3.

[43] Näher dazu: *v. Bar*, FS Henrich (2001), 1.

[44] Siehe dazu *Heutger*, European Review of Private Law 2003, 155, 164.

[45] Concept of delivery of the European Study Group on a European Civil Law, Warszawa June 1st 2004.

[46] Art. 897 [Efeitos essenciais]: »A compra e venda tem como efeitos essenciais: a) A transmissao da propriedade da coisa ou da titularidade do direito; ...«; Art. 1316 [Modos de aquisiçao]: »O direito de propriedade adquire-se por contrato ... e demais modos pervistos na lei«.

[47] Grdl. *Witz*, FS Jahr (1993), 533.

[48] Die Schlüsselnorm ist Art. 1583 *Code Civil*: »La propriété est acquise de droit à l'acheteur à l'égard du vendeur, dès qu'on est covenu de la chose et du prix quoique la chose n'ait pas encore été livrée ni le prix payé«.

tig: »*La vente de la chose d'autruit est nulle*« (Art. 1599 *Code Civil*). Da der Besitz bei der Eigentumsübertragung nach dem reinen Vertragsprinzip keine Rolle spielt, existiert ein Publizitätsprinzip in beiden Rechtsordnungen folglich nur rudimentär.

b) Das Publizitätsprinzip

Als weiteres strukturprägendes Prinzip ordnet man dem Sachenrecht das Publizitätsprinzip zu. Es muss erkennbar sein, wer Eigentümer oder Inhaber eines dinglichen Rechts ist. Außerdem muss nicht nur die aktuelle Rechtszuordnung, sondern auch eine Rechtsänderung erkennbar sein: Jedes dingliche Rechtsgeschäft bedarf daher grundsätzlich der Publizität. Die gesetzlichen Instrumente, um diese Publizität zu verwirklichen sind der Besitz bei beweglichen Sachen und das Grundbuch bei Liegenschaften. Im Liegenschaftsrecht führt der Gesetzgeber das Publizitätsprinzip strikt durch, da für alle Rechte an Liegenschaften ein Eintragungszwang besteht (§ 873 Abs. 1). Das Grundbuch gibt daher grundsätzlich Auskunft über den Bestand dinglicher Rechte.

Im Liegenschaftsrecht ist das Grundbuch als Publizitätsträger unangefochten. Auch der Bodenrechtsausschuss der Akademie für deutsches Recht hielt am Grundbuch als Publizitätsträger im Liegenschaftsrecht fest.[49] obwohl im Übrigen eingreifende Einschnitte in das Sachenrecht vorgesehen waren. Die Kritik erschöpfte sich in Detailregelungen, die allerdings das Grundbuchssystem als solches nicht in Frage stellten.[50]

Bei beweglichen Sachen besteht mittlerweile Einigkeit darüber, dass das Publizitätsprinzip mehr oder weniger durchbrochen ist.[51] Die Ursachen dafür sind vielfältig und hier nur kurz anzureißen, da sie im Einzelnen noch zu schildern sind:[52] Zum einen ist der Besitz als Publizitätsträger im Gesetz in verschiedene Besitzformen ausgearbeitet, die teilweise heterogene Zwecke haben. Über die systematische Einordnung der verschiedenen Besitzformen und deren Eignung als Publizitätsträger herrscht nach wie vor Uneinigkeit. Zum anderen ist die Publizitätsfunktion der Übergabe beim Eigentumsübergang bereits im Gesetz, um es vorsichtig auszudrücken, modifiziert, da die §§ 930, 931 den Übergabebegriff »verrechtlichen«. Diese Vorschriften und noch andere, erst im Zusammenhang zu schildernde Rechtsentwicklungen haben Zweifel am Publizitätsprinzip bei dem

---

[49] Z.B.: *Locher*, Die Neugestaltung des Liegenschaftsrechts (1942).

[50] Siehe auch *Staudinger/Gursky* § 892 Rn. 8. So forderte man, den gutgläubigen Erwerb im Rahmen des § 892 zu beschränken (*Brandt*, Eigentumserwerb und Austauschgeschäft [1940], 290ff; siehe auch aus der Nachkriegszeit *Wolff/Raiser* § 45 Fußn. 23 mit dem Vorschlag, § 892 an die Vorschrift des § 932 Abs. 2 anzugleichen. Hier ist darauf nicht näher einzugehen. Zum Publizitätskonzept der §§ 892, 893 unten § 4 III.

[51] *Soergel/Stadler* Einl. Rn. 40.

[52] Unten § 4 IV–VIII.

Eigentumsübergang an beweglichen Sachen genährt. Berühmt ist in diesem Zusammenhang das Schlagwort von *Theodor Süß*, der ein an das Publizitätsprinzip anknüpfendes Traditionsprinzip als einen »Atavismus des Sachenrechts« bezeichnete.[53] Hinter diesem Schlagwort verbirgt sich eine rechtspolitische Kritik, mit der *de lege ferenda* die Abkehr vom Publizitätsprinzip im Fahrnisrecht gefordert wurde. Ähnlicher Kritik sieht sich auch der gutgläubige Erwerb als Umsetzung des Publizitätsprinzips ausgesetzt. In der viel zitierten Streitschrift *Anton Mengers* wird der gutgläubige Erwerb als »Sieg des Handelsgeistes über die Eigentumsordnung« gebrandmarkt.[54] In neuerer Zeit erlebte diese Kritik eine Renaissance, diesmal motiviert durch Art. 14 GG.[55]

In derartige rechtspolitische Grabenkämpfe will sich die Arbeit nicht versteigen. Vielmehr soll das Publizitätsprinzip darauf untersucht werden, ob und wie es der Gesetzgeber in den einzelnen Vorschriften verwirklichte. Dabei wird auch die Rechtsentwicklung nachzuzeichnen sein. Erst im Anschluss lassen sich seriöse Aussagen über die Geltung des Publizitätsprinzips *de lege lata* und dessen Ausgestaltung *de lege ferenda* treffen. Diese Analyse betrifft das eigenständige Sachenrecht in seinem Kern: Überwiegend leitet man das Publizitätsprinzip selbst aus dem Charakter der dinglichen Rechte ab, da eine gegenüber jedermann wirkende Rechtsposition erkennbar sein müsse.[56] Nach dieser Ableitung lebt das Publizitätsprinzip – jedenfalls vordergründig – von dem Gegensatz zwischen schuldrechtlichen und dinglichen Rechten. Die Analyse über das dingliche Recht wird daher auch darüber Aufschluss bieten, ob das Publizitätsprinzip aus dem Begriff des dinglichen Rechts folgt. Je mehr allerdings das Publizitätsprinzip erodiert, desto stärker steht die These von einem selbständigen Sachenrecht auf dem Prüfstand, da sich dann die dinglichen Rechte den nicht notwendig offenkundigen obligatorischen Rechten annähern.

c) *Der Typenzwang*

Der Typenzwang gilt als weiteres strukturprägendes Prinzip des Sachenrechts. Die im dritten Buch des BGB aufgezählten Rechtspositionen haben danach einen gesetzlich festgelegten Inhalt und dürfen darüber hinaus durch die Parteien nicht erweitert werden (*numerus clausus*). Ein eigenständiges Sachenrecht leitet aus dem Typenzwang ganz wesentlich seine Existenzberechtigung ab wie auch schon die Motive ausdrücklich feststellten.[57] Um die praktische Reichweite dieses Prin-

---

[53] FS Wolff (1952), 141.

[54] Das bürgerliche Recht und die besitzlosen Volksklassen, 127.

[55] *Peters,* Der Entzug des Eigentums an beweglichen Sachen durch gutgläubigen Erwerb (1991); dagegen: *Leuschner* AcP 205 (2005), 205, 215ff.

[56] So zB: *Soergel/Stadler* Einl. Rn. 40.

[57] Mot. III, 3: »Das Sachenrecht muss, um seine Selbständigkeit zu wahren, die Erwerbung der dinglichen Rechte nach Gesichtspunkten ordnen, die auf seinem Gebiete liegen«.

zips auszuloten, ist auch hier zu untersuchen, wie das Gesetz dieses Prinzip umsetzt und wie es durch die Rechtsprechung fortentwickelt wurde. Im Gegensatz zum Publizitätsprinzip ist der Typenzwang keiner aktuelleren grundsätzlichen Kritik ausgesetzt. Wie jedoch *Wiegand* in neuerer Zeit in Erinnerung gerufen hat, war dieser Grundsatz nie unumstritten.[58] Kein geringerer als *Otto von Gierke* griff den Typenzwang mit scharfen Worten an: Die mangelnde Gestaltungsfreiheit im Sachenrecht unterbinde die Lebensadern einer künftigen Rechtsentwicklung und bedrohe mit Verknöcherung und Erstarrung.[59] Der Gesetzgeber hat dieser Kritik wenig Aufmerksamkeit geschenkt, sondern im Banne *Savignys* den Typenzwang umgesetzt. Aus der angenommenen Selbständigkeit des Sachenrechts folgern die Motive, dass es keine Gestaltungsfreiheit im Sachenrecht geben könne: »Den Betheiligten kann es daher nicht freistehen, jedem beliebigen Rechte, welches sich auf eine Sache bezieht, den Karakter eines dinglichen Rechts zu verleihen«.[60]

Damit kehrte sich der Gesetzgeber deutlich von dem alten germanischen Recht ab. Nicht von ungefähr kritisierte daher *Otto von Gierke* als Vertreter einer »deutsch-rechtlichen« Strömung den Typenzwang. Das alte germanische bzw. deutsche Recht kannte keinen Typenzwang, sondern verschiedene Funktionen des Eigentums, die mehrere Berechtigte ausüben konnten. Das Eigentum war danach nur ein dingliches Recht neben anderen Rechten, während die beschränkten dinglichen Rechte »verselbständigte Eigentumssplitter« waren.[61] Auf dieser Grundlage bildete sich kein von vornherein feststehender Eigentumsbegriff, sondern das Eigentum kennzeichnete der Inbegriff aller Rechte an einer Sache. Als eine solche Summe solcher Befugnisse wollte der Gesetzgeber das Eigentum des BGB jedoch nicht definieren. Schon der Vorentwurf *Johows* betont, dass das Eigentum eine Reihe von Befugnissen gewährt, sich aber nicht aus solchen zusammensetzt.[62]

Als Gegenmodell zum Typenzwang wird oft der anglo-amerikanische Rechtskreis bemüht, der das Eigentum als ein Rechtsbündel verschiedener Berechtigungen begreift.[63] Allerdings sind die Gegensätze nicht derart stark wie für gewöhnlich betont wird. Unter dem Vorbehalt, dass das englische Recht auf einer spürbar

---

[58] *Wiegand,* Funktion und systematische Stellung des Sachenrechts im BGB, in: 100 Jahre BGB – 100 Jahre Staudinger (1998), 107, 114; *ders.,* FS Kroeschell (1987), 623ff.

[59] Der Entwurf eines bürgerlichen Gesetzbuchs und das deutsche Recht (1899), 281f; *ders.,* Personengemeinschaften und Vermögensbegriffe im Entwurfe eines Bürgerlichen Gesetzbuches für das Deutsche Reich (1889), 106ff.

[60] Mot. III, 3.

[61] So die berühmte Formulierung bei *v. Gierke,* Deutsches Privatrecht, Zweiter Band (1905), § 120 IV 7 (359); dort zugleich ein Überblick über den deutschen Eigentumsbegriff und dessen Folgen im Einzelnen (§ 120 I–IV).

[62] *Johow,* Vorentwürfe der Redakteure zum Sachenrecht, 502.

[63] Den Gegensatz des Typenzwangs zu diesem Rechtskreis betonen etwa: *Soergel/Stadler* Einl. Rn. 41; *Wiegand,* Funktion und systematische Stellung des Sachenrechts im BGB, in: 100 Jahre BGB – 100 Jahre Staudinger (1998), 107, 112.

anderen Tradition und einer anderen Systematik beruht, lassen sich gleichwohl einige Parallelen aufzeigen. Offenbar haben sich unabhängig von einer jeweiligen Rechtskultur bestimmte Arten entwickelt, das Eigentum zu beanspruchen. Die *legal interests* des englischen Rechts finden ihr Pedant in den beschränkten dinglichen Rechten, mögen die Rechte auch im Einzelnen unterschiedlich ausgestaltet sein.[64] Obwohl das englische Recht kein eigenständiges Sachenrecht kennt, besteht ein *numerus clausus* der nicht kodifizierten Sicherungsrechte.[65] Das im deutschen Recht viel diskutierte Treuhandeigentum zeigt Ähnlichkeiten mit der Aufspaltung in ein wirtschaftliches und ein rechtliches Eigentum wie bei den *constructive* oder *statutory trusts.* Dem allerdings im Einzelnen nachzugehen, ist nicht Aufgabe der Arbeit. Vielmehr ist hier hervorzuheben, dass der Gesetzgeber den Typenzwang nicht unumstößlich umsetzen konnte. Bei dinglichen Nutzungsrechten räumt das Gesetz den Parteien eine noch zu konkretisierende Gestaltungsfreiheit ein.[66] Es wird hier zu untersuchen sein, welchen Umfanges sich der Typenzwang hier aufrecht erhalten lässt. Nicht zu verschweigen ist auch, dass das Anwartschaftsrecht und die treuhänderische Übertragung von Eigentum – um es zunächst untechnisch auszudrücken – in einem Spannungsfeld zum Typenzwang stehen. Dies rückt das Augenmerk darauf, ob der Typenzwang seiner Aufgabe noch gerecht werden kann, die Befugnisse des Eigentümers und die Belastung des Eigentums in ein angemessenes Verhältnis zu stellen. Idealtypisch stellt sich hier der Konflikt zwischen rechtlichen Regelungen und der wirtschaftlichen Entwicklung, so dass ein besonderes Augenmerk darauf zu richten sein wird, wann der Typenzwang umgesetzt ist und wann er aus wirtschaftlichen Gründen aufgeweicht wurde. Dass solche Tendenzen wiederum auf den selbständigen Charakter der Sachenrechts ausstrahlen, liegt auf der Hand.

3. Zum Bestimmtheitsgrundsatz

a) Bestimmtheit als Auslegungsproblem

Im Gegensatz zu den übrigen Sachenrechtsprinzipien werden der Bestimmtheits- oder Spezialitätsgrundsatz eher stiefmütterlich behandelt. Einigkeit dürfte immerhin darüber herrschen, dass beide Begriffe ein Synonym sind.[67] Unklar ist allerdings, ob der Bestimmtheitsgrundsatz ein strukturprägendes, eigenständiges

---

[64] Seit dem Land Property Act 1925 können nur noch fünf *legal interests* an einem Grundstück bestehen. Es sind dies die *easements* und *profits à prendre,* die einer Dienstbarkeit ähneln, *legal rentcharges* (Eine Rentenschuld, nunmehr im Rentcharges Act 1977 erfasst), *charges by way of legal mortgage* (Grundpfandrechte); *rights of entry* und schließlich *land tax.*

[65] *Bridge,* European Review of Private Law 4 (2002), 483, 486: *mortgage, charge, pledge, lien.*

[66] Unten § 6 I, II.

[67] *Soergel/Stadler* Einl. Rn. 43. Im folgenden wird der Terminus »Bestimmtheitsgrundsatz« verwandt. Im Ergebnis auch *Wilhelm* Rn. 16f.

Sachenrechtsprinzip ist.[68] Ausgehend vom Trennungsprinzip verlangt der Bestimmtheitsgrundsatz, dass dingliche Rechte nur an einem bestimmten, einzelnen Rechtsobjekt bestehen können. Sowohl die Begründung als auch die inhaltliche Ausgestaltung eines dinglichen Rechts muss diesen Anforderungen genügen.[69] Einen gleichsam vorpositiven Inhalt hat dieses Prinzip nicht. Es kann seinerseits nur im Lichte der einzelnen Vorschriften des dritten Buchs betrachtet werden.

Vor dem Hintergrund des Bestimmtheitsgrundsatzes ist es unproblematisch, wenn die Parteien eine bezeichnete Sache übereignen. Können sich die Parteien nicht darüber einigen, welche Sache zu übereignen ist, so ist eine Einigung erst gar nicht zustande gekommen oder es besteht ein versteckter Dissens. Damit beschreibt der Bestimmtheitsgrundsatz zunächst eine Auslegungsfrage, die sich allerdings nicht nur im Sachenrecht, sondern im Zivilrecht allgemein stellt.[70] Jedes Rechtsgeschäft muss gesetzlich vorgeschriebenen Voraussetzungen genügen, um wirksam zu sein. In diesem Sinne bedarf nicht nur das Rechtsgeschäft, sondern auch das Gesetz eines Mindestinhalts. Um subsumierbar zu sein, muss das Gesetz als solches bestimmte Merkmale nennen. Es handelt sich folglich um eine Frage von Grad und Maß, wenn man ermitteln will, was bestimmt ist. Der oft betonte Gegensatz zwischen »Bestimmbarkeit« und »Bestimmtheit«[71] ist deswegen missverständlich und erinnert an pandektistische Formaljurisprudenz. Wenn etwas »bestimmbar« ist, so deutet dies auf einen Erkenntnisprozess hin, an dessen Ende gerade die Erkenntnis des »Bestimmten« steht. Die »Bestimmbarkeit« ist aus dieser Perspektive betrachtet nur ein vorübergehender Zustand. Nach alledem ist der Bestimmtheitsgrundsatz kein strukturprägendes Prinzip des Sachenrechts, sondern drückt nur eine Auslegungsfrage aus.

Das Argument, dass sich ein dingliches Rechtsgeschäft nur auf eine Sache beziehen könne,[72] vermag die eigenständige Bedeutung des Bestimmtheitsgrundsatzes nicht zu begründen. Das Sachenrecht kennt auch Rechte an Rechten (§§ 1068, 1273), deren Begründung ebenso bestimmt sein muss wie die Rechtsbegründung an einer Sache.

Die Funktion des Bestimmtheitsgrundsatzes erblickt man darin, für Rechtsklarheit zu sorgen.[73] Diese Erklärung ist jedoch holzschnittartig. Jede Rechtsnorm muss mehr oder weniger bestimmt sein, wenn sie Rechtsfolgen erzeugen will. Abgesehen davon überschneidet sich dieser Zweck mit dem des Typenzwangs. Da dieser auch der Rechtsklarheit dienen soll, stellt sich die Frage, wel-

---

[68] Bejahend: *Soergel/Stadler* Einl. Rn. 43; Ablehnend: *Säcker*, FS Boguslawskij (2004), 805, 811; *Wilhelm* Rn. 15–17; differenzierend: *Staudinger/Seiler* Einl Rn. 54.

[69] Siehe etwa: *Soergel/Stadler* Einl. Rn. 43f; *Staudinger/Seiler* Einl. Rn. 54f.

[70] Zutreffend: *Säcker*, FS Boguslawskij (2004), 805, 811.

[71] So zB: RGZ 132, 183, 187.

[72] So *Soergel/Stadler* Einl. Rn. 43 wonach der Objektbezug eine ausschließlich dem Sachenrecht zuzuordnende Maxime sei.

[73] *Baur/Stürner* § 4 Rn. 17; *Feuerborn* ZiP 2001, 600, 602; *Soergel/Stadler* Einl. Rn. 43; *Westermann/ H.P. Westermann* § 3 II.

che eigenständige Bedeutung der Bestimmtheitsgrundsatz neben dem Typenzwang haben sollte. Als solcher ist der Bestimmtheitsgrundsatz sanktionslos. Stellt sich heraus, dass ein dingliches Rechtsgeschäft nicht dessen Anforderungen genügt, so fällt es nicht unter die gesetzlich anerkannten Typen. Einzig aus diesem Grunde können »unbestimmte Sachenrechtsgeschäfte« keine Rechtsfolgen erzeugen. Wenn das Gesetz die Parteien an bestimmte Typen bindet, muss es umgekehrt auch die Typen fixieren, derer sich die Parteien bedienen dürfen. Umgekehrt ist ohne den Typenzwang der Bestimmtheitsgrundsatz wirkungslos. Der Bestimmtheitsgrundsatz geht daher im Typenzwang auf.[74]

Daraus ergeben sich Folgen für die inhaltliche Ausgestaltung dinglicher Rechte, da die herkömmliche Ansicht nicht nur die Begründung sondern auch den Inhalt des dinglichen Rechts im Lichte des Bestimmtheitsgrundsatzes sieht. Dingliche Belastungen müssen danach in ihrem Inhalt bestimmt sein. Unbestimmte Belastungen laufen dem Typenzwang zuwider. Gerade hier zeigt sich jedoch, dass der Bestimmtheitsgrundsatz im Typenzwang aufgeht. Wenn das Gesetz den Parteien eine Gestaltungsfreiheit einräumt, so spielt der Bestimmtheitsgrundsatz für den ausgestaltbaren Bereich keine Rolle mehr. Die Parteien haben es selbst in der Hand, Rechte und Pflichten festzulegen. Ergeben sich insoweit Lücken, kommt die ergänzende Vertragsauslegung zum Tragen. Eine derartige Vertragsauslegung würde der Typenzwang allerdings blockieren. Gerade bei dinglichen Nutzungsrechten können die Parteien deren Inhalt teilweise selbst bestimmen.[75] Für diesen Ausschnitt inhaltlicher Gestaltungsfreiheit fehlt es an einer gesetzlichen Vorgabe, an die der Bestimmtheitsgrundsatz anknüpfen könnte. Er kann daher seine Aufgabe, für Rechtsklarheit zu sorgen, gar nicht erfüllen. Je weiter der gesetzliche Legaltyp gefasst ist, desto schwieriger ist es naturgemäß, die Grenzen privatautonomer Gestaltung zu bestimmen.[76] Der Bestimmtheitsgrundsatz kann dazu kaum herhalten, da er mit der Offenheit des Legaltyps zwangsläufig an inhaltlicher Kontur verliert. Für Grenzfragen verspricht er daher keinen Erkenntniswert.[77]

b) Zum Bestimmtheitsgrundsatz bei der Sicherungsübereignung

Der im Typenzwang aufgehende Bestimmtheitsgrundsatz schließt die Übereignung von Sachgesamtheiten aus. Gleichwohl kann man sich zu deren Übereignung auf der Grundlage des Trennungsprinzips verpflichten. Allerdings hat die

---

[74] Ebenso *Staudinger/Seiler* Einl. Rn. 54 der den Bestimmtheitsgrundsatz als »Merkregel« deutet.

[75] Siehe dazu im Einzelnen unten § 6 I, II 1.

[76] So ergeben sich insbesondere bei der Reallast einige Schwierigkeiten mit dem sog. Bestimmtheitsgrundsatz. Siehe dazu nur den Überblick bei *Soergel/Stürner* § 1105 Rn. 11–15. Ausführlich dazu unten § 6 II 2.

[77] Anders jedoch *Staudinger/Seiler* Einl. Rn. 55, wonach auch hier das Bestimmtheitsprinzip ein Gradmesser sei, um für Rechtsklarheit zu sorgen. Aus den obigen Ausführungen wird deutlich, dass hier das Bestimmtheitsprinzip gar nicht eingreifen kann.

Praxis zu Sicherungsübereignung den Grundsatz stark aufgeweicht, dass nur eine Sache Gegenstand eines Übereignungsgeschäfts sein könne. Die wirtschaftlichen Ursachen dafür sind bekannt und hier nur kurz anzureißen: Dem notorischen Sicherungsbedürfnis der Kreditgeber genügt die Übereignung nur einer Sache zur Sicherheit nicht immer, so dass zwangsläufig mehrere Sachen zur Sicherheit übereignet werden. Nach der reinen Lehre müsste jede dieser Sachen einzeln übereignet werden, was sich in der Praxis jedoch oft als Fiktion erweist, wenn die Parteien im Sicherungsvertrag beispielsweise die Waren in einem bestimmten Raum als Gegenstand der Sicherungsübereignung bezeichnen.

Formal hält die Rechtsprechung bei der Sicherungsübereignung am Bestimmtheitsgrundsatz fest und verquickt ihn allerdings dogmatisch unbefriedigend mit einem Publizitätsgedanken. Nach der in der Rechtsprechung gebetsmühlenhaft wiederholten Formel genügt eine Einigung dem Bestimmtheitsgrundsatz, »wenn es aufgrund äußerer Abgrenzungskriterien für jeden, der die Parteiabreden kennt, ohne weiteres ersichtlich ist, welche individuell bestimmten Sachen übereignet sind«.[78] In der Praxis hat dieser Maßstab seltsamen Blüten erzeugt und sich in ein unübersichtliches und inkonsistentes Fallrecht aufgelöst.[79] Aber bereits die Gegenfrage zur Formel der Rechtsprechung muss nachdenklich stimmen: Genügt ei-

---

[78] BGHZ 73, 253, 254; BGH NJW 1984, 34; BGH NJW 1986, 1986, 1986; BGH WM 1988, 346, 347; BGH NJW 1991, 2144, 2146; BGH NJW 1992, 1156, 1157; BGH NJW 1994, 133, 134; BGH NJW 1990, 2654, 2655; BGH NJW 2000, 2898 = ZiP 2000, 1895, 1896; siehe auch schon RGZ 132, 183, 187; BGHZ 21, 52, 56f; BGHZ 28, 16, 19f.

[79] So genügte es dem Bestimmtheitsgrundsatz, wenn ein Ehemann am dritten Hochzeitstag seiner Ehefrau das gesamte Hausinventar übereignete. Der BGH stellte darauf ab, dass jeder Dritte, der sich im Haus der Eheleute aufhalte, einen Überblick über das Inventar verschaffen könne (BGHZ 73, 253, 254 = NJW 1979, 976; kritisch dazu: *Gehrlein* MDR 2001, 911, 913f; MünchKomm/ *Oechsler* Anh. §§ 929–936 Rn. 7). Wenig später entschied der BGH, dass eine Sicherungsübereignung von 75 Mastferkeln unbestimmt sei. Die Tiere wurden zwar räumlich getrennt von den anderen Ferkeln gehalten, dies hielt der BGH jedoch für unerheblich, da die Parteien dies nicht vereinbart hätten (BGH NJW 1984, 803, 804). Nach den Maßstäben der Entscheidung BGHZ 73, 253 hätte ein Dritter aber ohne weiteres erkennen können, welche Ferkel zur Sicherheit übereignet wurden. Im Jahre 1992 schließlich vollzog der BGH wiederum eine Wende: Die Sicherungsübereignung einer »Handbibliothek Kunst« soll ausreichend bestimmt sein, da der Standort der Handbibliothek klar sei und nicht dazu gehörige Bücher markiert waren (BGH NJW 1992, 1161f; BGH NJW 1994, 1537). Schließlich gipfelte die Praxis in der Entscheidung zur Übereignung einer Porzellan-Mustersammlung: Die Sächsische Porzellan Manufaktur übereignete dem Kläger eine Porzellansammlung, die sich in mehreren Räumen befand, in denen auch noch andere Gegenstände aus Porzellan waren, die nicht zur Mustersammlung gehörten. Diese Übereignung hielt der BGH für bestimmt genug und bescheinigte der davon abweichenden Berufungsinstanz einen falschen Umgang mit dem sachenrechtlichen Bestimmtheitsgrundsatz. Vielmehr genügt es nach der Ansicht des BGH dem Bestimmtheitsgrundsatz, wenn für die nicht der Übereignung unterliegenden Gegenstände ein schuldrechtlicher Rückgabeanspruch vereinbart wurde (BGH NJW 2000, 2898). Vom Bestimmtheitsgrundsatz bleibt hier nichts mehr übrig, da die Parteien dessen Fehlen dadurch ersetzen können, indem sie einen schuldrechtlichen Rückgabeanspruch vereinbaren können, der seinerseits nicht dem Bestimmtheitsgrundsatz zu genügen hat. Kritisch zu dieser Entscheidung daher zu Recht: *Feuerborn* ZiP 2001, 600, 603 (mit einem Überblick zur bisherigen Rechtsprechung).

ne Sicherungsübereignung auch dann dem Bestimmtheitsgrundsatz, wenn sich die Parteien darüber einig sind, welche Gegenstände übereignet wurden, obwohl diese für einen Dritten nicht erkennbar sind ? Ohne den Ausführungen zum Publizitätsprinzip vorgreifen zu wollen,[80] kommt noch ein weiteres hinzu: Die Übereignung nach § 930 ist für Dritte regelmäßig nicht erkennbar, so dass auch das Bestimmtheitsprinzip nicht danach bestimmt werden darf, ob Dritte den Gegenstand der Übereignung erkennen können.[81] Gleichwohl hat man im Schrifttum immer wieder betont, dass nicht nur für die Parteien, sondern auch für Dritte erkennbar sein müsse, was zur Sicherheit übereignet werden soll.[82] Dadurch vermengt man jedoch die Rechtsklarheit mit der Erkennbarkeit eines Rechts. Beide Grundsätze mögen miteinander verwandt sein, es gibt jedoch auch Fälle, in denen das Gesetz eine Rechtsklarheit anstrebt, die für Dritte nicht erkennbar sein muss. Als Paradebeispiel dafür lassen sich die §§ 946ff anführen, bei denen Dritte die Umstände, die zum Eigentumserwerb führen, nicht ohne weiteres erkennen können.[83] In Wirklichkeit handelt es sich um Beweisfragen und nicht um eine nur diffus zu beantwortende Frage nach der Erkennbarkeit. Über dieses Kriterium entscheidet der Richter, so dass sich hinter der Formel der Rechtsprechung das Beweisproblem verbirgt, ob die Umstände für und gegen das streitige Eigentum schlüssig vorgetragen sind. Allerdings spielt der Umstand eine Rolle, dass durch Scheinkonstitute die Insolvenzmasse ausgezehrt werden könnte. Bereits bei der Fassung des § 930 hat der Gesetzgeber dieses Problem gesehen, aber deswegen keine gesteigerten Publizitätsanforderungen verlangt.[84] Die Aushöhlung der Insolvenzmasse ist sicherlich nicht wünschenswert, jedoch sollte diesem Gedanken eher bei der Auslegung des Anfechtungsgesetzes Rechnung getragen werden. Der Gedanke, dass eine Sicherungsübereignung nur bestimmt ist, wenn deren Gegenstände für Dritte erkennbar ist, ist zum Schutz des Insolvenzgläubiger untauglich.

Unabhängig von diesem dogmatischen Erwägungen hat sich die Rechtsprechung der Sache nach von dem Bestimmtheitsgrundsatz bei der Übereignung mehrerer Sachen getrennt und versucht nur, die Folgen berechenbar zu gestalten. Vorweggenommene Sicherungsübereignungen beziehen sich auf keine bestimmte Sache, sondern erst auf eine künftig zu erwerbende Sache. Diese Sache ist noch nicht bestimmt, sondern allenfalls bestimmbar. Nach der hier vertretenen Ansicht ist das unschädlich, nach der reinen Lehre des Bestimmtheitsgrundsatzes dürfte eine solche Übereignung nicht hinreichend bestimmt sein.

Auch die sog. »Allformeln« bei Raumsicherungsverträgen, wonach alle in einem Raum aufbewahrten Sachen übereignet werden, decken sich mit dem Be-

---

80 § 4 V 4, VIII 2.

81 So auch MünchKomm/*Oechsler* Anh. §§ 929 – 936 Rn. 5; *Staudinger/Wiegand* Anh. zu §§ 929–931 Rn. 110.

82 *Feuerborn* ZiP 2001, 600, 602; *Wolf* Rn. 25f;

83 Näher: MünchKomm/*Füller* § 946 Rn. 1, § 950 Rn. 1.

84 Näher unten § 4 V 1.

stimmtheitsgrundsatz in seiner Reinform nicht. Der Sicherungsnehmer wird oft nicht wissen, welche Gegenstände sich genau in dem Raum befinden, so dass er gar keine genaue Vorstellung hat, welche einzelne Sache zur Sicherheit übereignet wurde. In seiner reinen Lesart verlangt der Bestimmtheitsgrundsatz jedoch, dass eine einzelne Sache klassifiziert durch ihre Eigenschaften übereignet wird. Bei einem Raumsicherungsvertrag ist das klassifikatorische Kriterium die örtliche Lage. Von einem an der körperlichen Sache ausgerichteten Bestimmtheitsgrundsatz kann hier nicht mehr die Rede sein. In Wirklichkeit richtet man den Bestimmtheitsgrundsatz hier nach anderen Maßstäben aus, die das Gesetz ursprünglich nicht kannte. Ein dingliches Recht an einer Sachgesamtheit sieht das Gesetz nur für den Nießbrauch an einem Inventar nach § 1048 Abs. 1 vor. Bereits aus dieser Vorschrift lässt sich ableiten, dass im Übrigen ein dingliches Recht an einer Sachgesamtheit wie einem Inventar oder Warenlager nicht begründbar ist.

Die Sicherungsübereignung von Warenlagern ist damit ein Paradefall dafür, dass als wirtschaftlich wahrgenommene Bedürfnisse dazu anstiften, ein Sachenrechtsprinzip zu ändern.[85] Diese Praxis ist damit eine erste Antwort auf die in der Einleitung aufgeworfene Frage, ob die wirtschaftliche Entwicklung sich nicht über bestimmte Sachenrechtsprinzipien hinwegsetzt. Bei der Sicherungsübereignung von Warenlagern lässt sich dies kaum bestreiten und dokumentiert geradezu eine Doppelzüngigkeit: Einerseits ersetzt man die Klassifikation anhand der Eigenschaften einer Sache durch eine andere Klassifikation, betont aber gleichzeitig den Bestimmtheitsgrundsatz. In Wirklichkeit verlässt man jedoch den Bestimmtheitsgrundsatz. Diese Rechtsentwicklung kann nicht zurückgedreht werden, ohne dass die Kreditwirtschaft als solche in Frage gestellt würde. Allerdings verdeutlicht die Rechtsentwicklung wie notwendig es ist, die tatsächliche Umsetzung der Sachenrechtsprinzipien kritisch zu beleuchten. Immerhin wirkt sich die Praxis zur Sicherungsübereignung nicht auf die These vom selbständigen Sachenrecht als solche aus, da nach der hier vertretenen Ansicht der Bestimmtheitsgrundsatz keine eigenständige Bedeutung neben dem Typenzwang hat und deswegen als solcher nicht strukturprägend für ein eigenständiges Sachenrecht ist.[86]

III. Der rechtstheoretische Stellenwert der Sachenrechtsprinzipien

1. Sachenrechtsprinzipien als Rechtsprinzipien?

Eine Darstellung der Sachenrechtsprinzipien schuldet eine genaue rechtstheoretische Einordnung des Begriffs »Prinzip«. Dem nachzugehen ist nicht *l'art pour*

[85] Kritisch daher nicht ganz zu Unrecht: *Baur/Stürner* § 4 Rn. 19.

[86] Die Frage, ob die Sicherungsübereignung als solche mit dem Typenzwang vereinbar ist, wird erst weiter unten behandelt werden, § 6 IV 1.

l'art, sondern dient vor allem der methodischen Klarheit. Im sachenrechtlichen Schrifttum finden sich dazu keine eingehende Stellungnahmen. Wenn allerdings die Sachenrechtsprinzipien der Ordnungsrahmen sind, aus dem sich die Ausgestaltung der einzelnen Vorschriften speist, muss untersucht werden, wie diese methodisch mit den Prinzipien zusammenhängen. Weitgehend Einigkeit besteht darüber, dass Prinzipien als solche von den Rechtsnormen zu trennen sind.[87] Diese Trennungsthese führt im Ergebnis dazu, Prinzip und Rechtsnorm methodisch unterschiedlich zu behandeln. Damit gewinnt die Abgrenzung zwischen Prinzip und Rechtsnorm an praktischer Bedeutung. Die besondere Aufmerksamkeit erregte dabei ein von *Ronald Dworkin* entwickeltes Modell, wonach Prinzipien und Rechtsregeln sich logisch und strukturell unterscheiden: Regeln kennzeichne ihr Charakter als abschließender Entscheidungsmaßstab, aus dem sich entweder eine bestimmte Rechtsfolge oder keine Rechtsfolge ergebe (*all or nothing fashion*). Prinzipien hingegen gebieten keine zwingende Entscheidung, sondern sollen nur Gründe für oder gegen eine bestimmte Entscheidung enthalten. Dies soll auch gelten, wenn die Prinzipien äußerlich in Tatbestand und Rechtsfolge aufspaltbar sind.[88] Das Abstraktionsprinzip und der Typenzwang sind danach keine Prinzipien, sondern Regeln. Die eindeutige Entscheidungsregel des Abstraktionsprinzips besteht darin, dass sich ein nichtiges Grundgeschäft nicht auf das dingliche Geschäft auswirkt. Auch der Typenzwang erlaubt eine solche Entscheidung in denkbaren Alternativen. Wenn sich die Parteien eines im Gesetz anerkannten Typs bedienen, so ist das Rechtsgeschäft wirksam. Umgekehrt ist das ausgestaltete Rechtsgeschäft unwirksam, wenn die Parteien die gesetzlich normierten Typen verlassen. Das Publizitätsprinzip im Liegenschaftsrecht ist wegen des gesetzlichen Eintragungszwangs (§ 873 Abs. 1) eine Regel, da dingliche Rechtsgeschäfte an Liegenschaften zwingen an eine Eintragung in das Grundbuch gebunden sind. Ohne diese Eintragung erzeugt ein solches Rechtsgeschäft keine Rechtsfolgen.

Wie *Alexy* überzeugend dargelegt hat, lassen sich Regeln und Prinzipien aber nicht sinnvoll danach abgrenzen, ob eine alternativ entscheidbare Regelungsaussage getroffen wird. Zum einen setzt dies voraus, dass abschließend alle Ausnahmen von der Regel bekannt sind. Diese Annahme lässt sich jedoch nicht aufrecht erhalten, da sie eine lückenlose Rechtsordnung voraussetzt, die ihrerseits utopisch ist. Zum anderen können Rechtsprinzipien eine Regel aufheben und führen

---

[87] *Alexy*, Theorie der Grundrechte (1986), 3. Kapitel I 1; Unterschiede bestehen hier allerdings in der Terminologie. Teilweise stellt man Norm und Grundsatz gegenüber (*Esser*, Grundsatz und Norm in der richterlichen Fortbildung des Privatrechts, 46ff). Wieder anderen stellen Rechtsregeln den Rechtsgrundsätzen gegenüber, *Penski* JZ 1989, 105.

[88] *Dworkin*, The Model of Rules I, Taking Rights Seriously (1977), 24f. In der deutschen Methodenlehre hat dieser Abgrenzungsgedanke verbreitete Gefolgschaft gefunden. Siehe dazu: *Esser*, Grundsatz und Norm in der richterlichen Fortbildung des Privatrechts (1992), 51; *Larenz*, Methodenlehre der Rechtswissenschaft, 458.

damit den Charakter einer Regel als alternative Entscheidungsnorm *ad absurdum.*[89]

Allerdings steht damit noch nicht fest, dass die Sachenrechtsprinzipien keine Prinzipien im rechtstheoretischen Sinne sein können. Es handelt sich bei ihnen vielmehr um rechtssatzförmige Prinzipien, da sie sich zu einer subsumierbaren Regel verdichtet haben.[90] Ihrem Prinzipiencharakter steht dies nicht zwingend entgegen. Dies wird deutlich, wenn man ein anderes Unterscheidungskriterium zu Hilfe nimmt, um Prinzipien und Regeln abzugrenzen. Prinzipien enthalten Optimierungsgebote, die ein ideales Sollen enthalten, das zwar nicht vollen Umfanges erfüllbar ist, aber doch näherungsweise.[91] Das ideale Sollen kann auf den Wertgehalt des Rechts zurückführbar sein, muss es aber nicht. Der in erster Linie rechtstechnische Charakter des Abstraktionsprinzips steht damit dessen Einordnung als Prinzip nicht entgegen. Auch der Typenzwang und das Publizitätsprinzip sind als rechtssatzförmige Prinzipien einzustufen. Diese rechtssatzförmigen Prinzipien stehen zwischen den wertungsoffenen Prinzipien und der subsumierbaren – sei es auch weit gefassten – Rechtsregel. Sie bilden damit gleichsam die Klammer der einzelnen sachenrechtlichen Vorschriften, ohne allerdings logisch vorauszusetzen, dass jede einzelne Vorschrift des dritten Buches auf diesen Prinzipien beruht. Die Autonomie des Sachenrechts speist sich allerdings aus diesen Prinzipien, so dass sie den Rahmen bilden, innerhalb dessen die einzelnen Vorschriften auszulegen sind. Es braucht hier außerdem kaum betont zu werden, dass die Sachenrechtsprinzipien nicht axiomatisch gelten und durchbrochen werden. Gleichzeitig bleiben sie aber das Ideal, an dem sich die einzelnen Vorschriften des Sachenrechts einerseits ausrichten und es andererseits prägen. Die einzelnen Durchbrechungen werden aber zum Gradmesser, welchen Umfanges die These von der Autonomie des Sachenrechts durchgehalten wird. Verschwimmen die sachenrechtlichen Prinzipien, so verschwimmt zwangsläufig die Kontur eines eigenständigen Sachenrechts.

2. Das Sachenrecht im Spiegel seiner Prinzipien

Aus den Sachenrechtsprinzipien als solchen leiten sich keine Rechtsfolgen ab, sondern nur aus denen sie konkretisierenden Normen. Allerdings strahlt deren

---

[89] *Alexy,* Zum Begriff des Rechtsprinzips, Rechtstheorie Beiheft 1 (1979), 59, 68f. Auch wenn man die im Sinne *Dworkins* definierten Regeln mit einer allgemeinen Vorbehaltsklausel versieht, besteht zwischen Regeln und Prinzipien kein relevanter Unterschied, da Prinzipien auch unter dem Vorbehalt gegenläufiger Prinzipien wirken, *Alexy* aaO, 71.

[90] Den Begriff des »rechtssatzförmigen Prinzips« hat *Larenz* (Methodenlehre der Rechtswissenschaft, 479f) in die Diskussion eingeführt. Im Sinne *Dworkins* handelt es sich bei den Sachenrechtsprinzipien wie dem Typenzwang und dem Abstraktionsprinzip allerdings um Regeln. *Staudinger/Seiler* Einl. Rn. 36 bezeichnet die Sachenrechtsprinzipien als »Regelungsprinzipien«.

[91] *Alexy,* Zum Begriff des Rechtsprinzips, Rechtstheorie Beiheft 1 (1979), 59, 80f. mwN Fußn. 93; *Dreier* NJW 1986, 890, 892; *ders.,* FS Maihofer (1988), 87, 94.

Auslegung auf die Sachenrechtsprinzipien wiederum selbst zurück. Umgekehrt können Auslegungszweifel der einzelnen Vorschriften im Einzelfall durch den Rückgriff auf ein Sachenrechtsprinzip beseitigt werden. Das methodische Verhältnis zwischen den einzelnen Normen des dritten Buches und den Sachenrechtsprinzipien beschreibt damit der – missverständlich – so bezeichnete hermeneutische Zirkel. Ein methodischer Zirkel ist dies nicht, sondern dieses Verfahren beschreibt das ontologische Strukturmoment jedes Verstehens wie *Gadamer* es ausdrückt.[92] Im Idealfall setzen die einzelnen sachenrechtlichen Vorschriften die Prinzipien um. Der hermeneutische Kreis ist damit geschlossen. Durch einzelne Durchbrechungen hingegen können Prinzipien daher derart aufgeweicht werden, dass sich die Frage nach ihrer Sinnhaftigkeit stellen muss. Es liegt in der Natur der Sache, dass es sich hierbei um eine Frage nach Grad und Maß handelt wie schon oben angedeutet wurde.

Gleichwohl können die einzelnen Durchbrechungen der Sachenrechtsprinzipien Tendenzen aufzeigen. Zu untersuchen bleibt daher auch, ob die Fortentwicklung des Sachenrechts sich auf punktuelle Korrekturen beschränkt oder einen wenigstens teilweisen Funktionswandel der normativen Maßstäbe darstellt, der das System selbst in Frage stellt. Um dies zu ermitteln, werden insbesondere die historischen Wertungsgesichtspunkte den aktuellen gegenüberzustellen sein.[93] Dabei ist aus methodischer Sicht allerdings klarzustellen: Welche Folgen aus etwaigen Unterschieden zu ziehen sind, ist eine rechtspolitische Frage, der sich die Arbeit abschließend stellen wird. Es ist hier besonders hervorzuheben, dass es sich dabei um rechtspolitische Fragen handeln wird. Mit einem positiv kodifizierten Sachenrecht verträgt es sich nicht, besondere Erklärungsmodelle oder »Erklärungstheorien« für bestimmte Rechtsentwicklungen aufzustellen und dadurch rechtspolitische Folgerungen in das geltende Recht einzubetten. Unter dem Deckmantel einer teleologischen Auslegung mag die Versuchung groß sein, Rechtspolitik in Theorienform zu kleiden. Indes verschleiert man dadurch nur die Ursache für derartige Konstruktionen, die gerade im Systembruch selbst liegen. Wenn man daher auf systematisches Denken im Zivilrecht nicht verzichten will, so muss man auch bereit sein, überkommene Strukturen kritisch zu dekonstruieren.[94] Rettungsversuche eines Systems, das jeder Überzeugungskraft entbehrt, schaden dem System mehr, als sie ihm nützen, da sie Gefahr laufen, die gesetzlichen Regelungen auf widersprüchlichen Grundsätzen aufzubauen.

Verwandt mit dem Problem, inwieweit rechtspolitische Erwägungen das Sachenrecht gestaltet haben, ist die Frage, ob und wie die wirtschaftliche Entwicklung das Sachenrecht beeinflusst hat. Solchen Einflüssen scheint sich das Sachenrecht zu verschließen: Die Sachenrechtsprinzipien sind nach dem Konzept des

---

[92] *Gadamer*, Gesammelte Werke 1 – Hermeneutik I – Wahrheit und Methode, 277.

[93] Zum eigentliche Funktionswandel siehe näher: *Bydlinski*, Juristische Methodenlehre und Rechtsbegriff, 577.

[94] *Walz* KritV 1990, 374, 378.

Gesetzgebers einander ergänzende aber auch abschließende Prinzipien. Dies bedeutet aber nicht, dass sich alle Vorschriften des Sachenrechts auf diese Prinzipien zurückführen ließen.[95] Es ist zum einen denkbar, dass einige sachenrechtliche Vorschriften nur technischen Charakter sind und demgemäß in keinem Zusammenhang mit den Sachenrechtsprinzipien stehen. Zum anderen können sich Vorschriften als gewollte Abkehr von den Sachenrechtsprinzipien darstellen: Gerade dann, wenn das Gesetz den Parteien eine beschränkte Inhaltsfreiheit einräumt, stellt sich die Frage, nach welchen Grundsätzen die fraglichen Normen in diesem Fall auszulegen sind. Akut wird dies bei den dinglichen Nutzungsrechten. Durch ökonomische Überlegungen hat man versucht, hier Abhilfe zu schaffen und deren Inhalt zu präzisieren.[96] Auch wenn sich das Recht als Steuerungs- und Ordnungsinstrument durch ökonomische Überlegungen abbilden lässt, entbindet dies nicht von der Notwendigkeit, im Einzelfall der Frage nachzugehen, ob ökonomische Erwägungen angebracht und in das System einpassbar sind. Gegenüber einer vorschnellen Ökonomisierung ist daher Zurückhaltung geboten.

Dies gilt auch für die Sachenrechtsprinzipien selbst. Stellt man daher den Typenzwang unter den Vorbehalt der wirtschaftlichen Entwicklung,[97] so werden ökonomische Zwänge zum Leitbild für das Gesetz, während umgekehrt das Gesetz seine Aufgabe als Handlungsrahmen für ökonomische Transaktionen verliert. Mit dem geschlossenen inneren System der Sachenrechtsprinzipien ist ein Vorrang ökonomischer Wertungen daher grundsätzlich unvereinbar. Wirtschaftliche Erwägungen können keine derogierende Kraft *de lege lata* haben. Nur Rechtsprinzipien als solche können andere Rechtsprinzipien zurückdrängen.[98] Es braucht kaum betont zu werden, dass dieser Standpunkt die »reine« Lehre beschreibt. Die Rechtswirklichkeit muss dies nicht zwangsläufig abbilden. Gerade dies markiert aber die Aufgabe, die sich bei einer Analyse der Sachenrechtsprinzipien stellt: Die wirtschaftliche Entwicklung, die Rechtswirklichkeit und die Dogmen sind abzugleichen. Von selbst versteht sich, dass dieser Abgleich ohne eine inhaltliche Klarheit über die Dogmen unmöglich ist. Dafür wird das Vorverständnis des Gesetzgebers zugrunde zu legen sein, da anderenfalls eine Analyse verfälscht wäre.

Um es zusammenzufassen, soll eine Antwort auf die Frage gefunden werden, ob sich das geltende Sachenrecht in seinen Prinzipien widerspiegelt oder der Spiegel stumpf geworden ist. Im zweiten Fall stellt sich dann nachdrücklich die Frage nach dem Sinn der Sachenrechtsprinzipien und damit letztlich nach der Rechtfertigung eines autonomen Sachenrechts selbst. Dieses Anliegen ist nicht nur von dogmatischen Interesse, sondern soll auch eine Standortbestimmung *de lege ferenda* ermöglichen. Die bereits oben erwähnte Europäisierung des Zivilrechts

---

[95] *Staudinger/Seiler* Einl zum SachenR Rn. 36.
[96] Siehe dazu etwa *Schön*, Der Nießbrauch an Sachen (1992), 31ff.
[97] So der Befund von *Wilhelm* Rn. 12.
[98] Siehe nur *Dreier*, FS Maihofer (1988), 87, 95.

wird das Sachenrecht nicht verschonen können. Durchsetzen wird sich aber nur die Rechtsordnung, die ein stimmiges und sachlich überzeugendes Konzept für die auftretenden Fragen bietet. Ob dies ein autonomes Sachenrecht ist, werden die weiteren Untersuchungen ergeben.

§2 Die subjektiven Sachenrechte

I. Subjektives Recht und Rechtsverhältnis

1. Der Begriff des subjektiven Rechts

Das dingliche Recht ist ein subjektives Recht. Ohne die Lehre vom subjektiven Recht kann daher das dingliche Recht nicht erfasst werden. Subjektive Rechte ihrerseits bestehen aus einer Trias von Rechten zu der absolute und relative Rechte sowie Gestaltungsrechte zählen.[1] Die Lehre vom subjektiven Recht diente unter anderem als Schlüssel dazu, das gesamte Zivilrecht zu systematisieren. Aus dieser Perspektive betrachtete man das Zivilrecht als ein System subjektiver Rechte.[2] Dieses historische Vorverständnis prägte die Grundlagen des Sachenrechts. Heute betrachtet man das subjektive Recht skeptischer und misst ihm eher eine beschreibende als grundsätzlich systematisierende Aufgabe zu.[3] Dies ändert aber nichts daran, dass der Gesetzgeber noch dem strukturellen Denken in subjektiven Rechten zuneigte. In der Rechtstheorie und -philosophie nimmt die Diskussion um den Begriff des subjektiven Rechts einen zentralen Raum ein und konzentriert sich auf das Problem, ob Recht nur von seiner Wirkung her betrachtet werden kann oder ob der Begriff »subjektives Recht« zusätzlich inhaltlich anzureichern ist.[4] Diese Diskussion ist hier in ihren Verästelungen nicht nachzuzeichnen, da nur die Grundlagen des subjektiven Rechts als Basis für die Beschreibung des dinglichen zu entwickeln sind. Dabei darf hier vorweggenommen werden, dass sich auch bei dinglichen Rechten die Frage stellen wird, ob sie inhaltlich oder nur von ihrer Wirkung her zu erfassen sind. Die rechtstheoretische Grundlagendiskussion über das subjektive Recht setzt sich damit beim subjektiven dinglichen Recht fort.

---

[1] *Staudinger/Seiler* Einl. Zu §§854ff Rn. 18. Neben diesem Muster bestehen noch andere Einteilungen der subjektiven Rechte wie die Einteilung zwischen der Art des geschützten Interesses (Vermögensrechte und Nichtvermögensrechte). Die Darstellung basiert auf der Wirkung der subjektiven Rechte als Einteilungsschema.

[2] Siehe etwa *v. Tuhr* I §1 I (53f); so auch der Rückblick von *Wagner* AcP 193 (1993), 319, 320.

[3] Z.B. *Larenz/Wolf* §14 Rn. 3; *Medicus* AT Rn. 70.

[4] Siehe die prägnante Zusammenfassung bei *Röhl*, Allgemeine Rechtslehre §42.

a) Die Willenstheorien

Friedrich Carl von Savigny entwickelte im seinem System des heutigen Römischen Rechts aus dem Jahre 1841 eine auch noch heute fortwirkende Definition des subjektiven Rechts. Die Freiheit des Einzelnen steht dabei im Vordergrund. Ein subjektives Recht ist danach »die der einzelnen Person zustehende Macht: ein Gebiet, worin ihr Wille herrscht. Diese Macht nennen wir ein Recht der Person ...: Manche nennen es das Recht im subjektiven Sinn.«[5] Ein subjektives Recht ist die Macht des Berechtigten, seinen Willen durchzusetzen. Es entspringt dem Rechtsverhältnis und stellt eine »durch Abstraction ausgeschiedene Seite« dessen dar. Das Rechtsverhältnis selbst habe eine »organische Natur«, die sich in der Art seines Entstehens und Vergehens äußere.[6] Ein solches Rechtsverhältnis ist nur zwischen Personen denkbar. Das subjektive Recht im Sinne *Savignys* ruht damit zum einen auf der Freiheit des Einzelnen und gesteht diesem eine Willensautonomie zu, die dadurch zu einer rechtlichen Kategorie wird, indem der Einzelne diesen Willen auch durchsetzen kann. In ein Rechtsverhältnis eingebettet, kennzeichnet das subjektive Recht damit die Freiheitssphären der Einzelnen untereinander. Das Recht hat die Aufgabe, diese Freiheitssphären abzugrenzen: »Die Regel, wodurch jene Gränze und durch sie der freye Raum bestimmt wird, ist das Recht.«[7]

Mag die Definition des subjektiven Rechts zunächst rein technisch wirken, so ist ihr ethischer Unterbau unverkennbar. *Savigny* sieht die Aufgabe des Rechts unter anderem darin, dass freie Menschen untereinander bestehen sollen, wenn sie in Berührung kommen, indem sie sich gegenseitig fördern. Die unsichtbare Grenze, an der die Freiheit des Einzelnen zugunsten der des anderen aufhöre, markiere das Recht. Diese Ausführungen greifen den Rechtsbegriff *Kants* auf, ohne dass *Savigny* sich genötigt sah, auf diesen zu verweisen. Nach dem berühmten Satz *Kants* ist das Recht »der Inbegriff der Bedingungen, unter denen die Willkür des einen mit der Willkür des andern nach einem allgemeinen Gesetz der Freiheit zusammen vereinigt werden kann«.[8] Die Willenstheorie drückt damit eine Freiheitsethik aus und ist letztlich eine auf den Schultern *Kants* ruhende Definition.[9] In der Folgezeit wurde die klassische Definition der Willenstheorie mehrfach ausgeprägt. *Windscheid* ergänzte die Formel *Savignys*, indem er das subjektive Recht in die Rechtsordnung einordnete und als von der Rechtsordnung verliehene Willensmacht und Herrschaft beschreibt.[10]

Grob umschrieben, verleiht daher das dingliche Recht eine Willensherrschaft, wovon sich auch der Gesetzgeber leiten ließ – wie später noch zu zeigen sein wird.

---

[5] System des heutigen römischen Rechts, 1840, Band 1 § 4 (S. 7).
[6] *Savigny* (vorige Fußn.), § 52 (S. 332).
[7] S. 331ff.
[8] Einleitung in die Rechtslehre, § B.
[9] Näher dazu: *Fezer*, Teilhabe und Verantwortung (1986), 216ff.
[10] *Windscheid*, Lehrbuch des Pandektenrechts, 7. Aufl., 1891, § 37 (87f.).

Gleichwohl hat die Willensherrschaft als Essenz des subjektiven Rechts immer wieder für Einordnungsprobleme gesorgt. Alles, was dem Willen des Menschen unterworfen sein kann, begründet *prima facie* ein subjektives Recht. Abgesehen davon, dass dies ein denkbar weiter Ansatz ist, ist die Willenstheorie bei negativen Freiheitsrechten lückenhaft. So kann sie nicht das Persönlichkeitsrecht erklären, da hier keine Willensmacht im Vordergrund steht, sondern der Schutz und die Integrität der Person.[11] Schwierigkeiten bereitet es schließlich auch, Forderungen einzuordnen. Der Anspruch des Berechtigten, dass eine Verpflichtung erfüllt wird, begründet keine Willensmacht, was oft gegen die Willenstheorie vorgebracht wurde.[12] Wie noch zu zeigen ist, beruhte die Willenstheorie auf einem aktionenrechtlichen Denken und griff hier auf die *actio in personam* zurück. Die Möglichkeit, eine Forderung durchzusetzen, gewährt damit erst die Willensmacht.

b) Die Interessentheorie

Mit der Interessentheorie als weitere Etappe bei der Begriffsbildung des subjektiven Rechts ist der späte *Rudolph von Ihering* verbunden.[13] Seine Sicht des subjektiven Rechts ergibt sich aus einer Gesamtschau seiner Werke. »Der Begriff des Rechts beruht auf der rechtlichen Sicherheit des Genusses, Rechte sind rechtlich geschützte Interessen«, so definierte *Ihering* das »subjektive« Privatrecht.[14] Diese Definition ergab sich aus einer Kritik an der Willenstheorie einerseits und der Entwicklung der Interessentheorie andererseits. »Willensformalismus« ist das kritische Schlagwort gegen die Willenstheorie.[15] Der Wille als Quelle des subjektiven Rechts sei ein abstraktes Gebilde und deshalb unannehmbar, da Begriffe nur das Leben widerspiegeln sollen. *Ihering* pointierte die Kritik an der Willenstheorie mit dem bekannten Satz, dass das Recht kein »abgegränztes Stück Willenssubstanz« sei.[16] Die Willensherrschaft des Einzelnen habe nur insoweit einen Sinn, als dass der Einzelne am besten wisse, wie er seine Bedürfnisse befriedigen kann.

---

[11] *Portmann*, Wesen und System der subjektiven Privatrechte (1996), 14f.

[12] *Coing*, Zur Geschichte des Begriffs »subjektives Recht«, in: *Coing/Lawson/Grönfors*, Das subjektive Recht und der Rechtsschutz der Persönlichkeit (1959), 7, 22; *Larenz*, FS Sontis (1977), 129, 141; *Portmann* (Fußn. 11), 14.

[13] *Ihering*, Der Geist des römischen Rechts auf den verschiedenen Stufen seiner Entwicklung, Dritter Teil, 5. Aufl., 1906, S. 331ff. Bereits früher entwickelte *Jeremy Bentham* eine Interessentheorie, die der *Iherings* stark ähnelt (An Introduction to the Principles of Morals and Legislation, [Oxford 1901] 204ff, 224ff). Darauf ist hier nicht näher einzugehen. Da sich sowohl *Bentham* als auch *Ihering* in seiner späteren Phase dem Utilitarismus verschrieben hatten, verwundert es nicht, wenn beide eine identische Sichtweise des Rechts entwickeln.

[14] *Ihering*, Vom Geist der Gesetze III/1, 328. Wenn hier nur von subjektivem Privatrecht gesprochen wird, so rührt dies daher, dass zur Zeit der Interessentheorie die Dogmatik vom subjektiven öffentlichen Recht bestenfalls in den Kinderschuhen steckte.

[15] *Ihering*, (vorige Fn.), S. 217ff.

[16] *Ihering*, (Fn. 12), 320.

Als Quelle eines subjektiven Rechts kann dies nach *Ihering* jedoch nicht gelten, da »das Recht nicht des Willens, sondern der Wille des Rechts wegen« da sei.[17] Ganz auf der Linie des Utilitarismus sieht die Interessentheorie als Gegenmodell den Zweck als Schöpfer des Rechts. Ein Rechtssatz muss danach einem praktischen Motiv entspringen.[18] Dies bezeichnet *Ihering* als das substantielle Recht. Das substantielle Moment sei der Kern des Rechts, jenes kennzeichne dessen praktischer Zweck, ein Nutzen, Vorteil oder Gewinn.[19]

Diese Zwecke – praktische Motive – teilt die Interessentheorie in solche des Individuums und der Gesellschaft auf, wobei letztere den Vorrang genießen sollen. Methodisch folgerichtig lässt sich nach der Interessentheorie das subjektive Privatrecht nicht als »subjektivistisch« verstehen. Das Interesse ist ein Rechtsgut, woraus das subjektive Recht folgt, die Willensfreiheit spielt keine Rolle. Das subjektive Privatrecht ist danach nur eine Ausprägung wie das objektive Recht die Interessen schützt: Das *formelle Moment* ist eine Absicherung des Substantiellen, die das Recht schützende Klage. Die Klagemöglichkeit wird auch noch heute als eines der Hauptmerkmale eines subjektiven Rechts betrachtet.[20] Das formelle und das substantielle Moment sind danach die beiden Bausteine, aus denen sich die Interessentheorie zusammensetzt.

Aus dem radikalen Gegensatz zur Willenstheorie schließlich zeigt sich, dass die Interessentheorie in erster Linie keine Theorie des subjektiven Rechts ist, aber auch nicht auf den Begriff verzichten kann. Im Gegensatz zu der Willenstheorie zeigt die Interessentheorie auf, dass ein strikter Individualismus nicht allein Ursache des Privatrecht sein kann. Darin liegt die eigentliche Leistung der Interessentheorie. Andererseits verpasst die strikte Haltung der Interessentheorie die Chance, das subjektive Recht unter immanente Vorbehalte zugunsten gesellschaftlicher Ziele zu stellen.[21] Die auch durch *Ihering* thematisierte Sozialbindung des Eigentums[22] ist heute ebenso relevant, wie die Schranken der §§ 134, 138 für Rechtsgeschäfte. Diese Vorschriften stellen das Gesetz und die guten Sitten über den Willen als dessen Regulativ, in Ansätzen bei *Ihering* schon formuliert.

Als Achillesverse der Interessentheorie erweist sich jedoch das Interesse: Für die Theorie vom subjektiven dinglichen Recht lassen sich mehrere allgemeinere Folgerungen aus der Interessentheorie gewinnen: Der Eigentums- bzw. der Güterschutz ist ebenso Aufgabe des Sachenrechts wie die Begrenzung dieser Freiheit. Ohne Schranken läuft aber dieser Schutz *ad absurdum*. Grenzen zugunsten

[17] *Ihering*, (Fn. 12), 331. Zum Utilitarismus: *Ihering*, Der Zweck im Recht Band 2, 174ff.

[18] *Ihering*, Der Zweck im Recht, Erster Band, S. V.

[19] Z.B. *Ihering* (vorige Fußn.), 413ff. Näher dazu mit Nachweisen auf die verschiedenen Beiträge *Iherings: Wagner* AcP 193 (1993), 319, 323f.

[20] So zuerst: *Ihering* (Fußn. 11), 351ff; heute z.B. *Röhl*, Allgemeine Rechtslehre, § 42 II.

[21] *Fezer* (Fußn. 9), 229, 231 bemerkt zu Recht, dass die Polarisierung beider Theorien deshalb nicht Not tat.

[22] *Ihering*, Der Zweck im Recht, Erster Band (1877), 457ff; siehe dazu auch *Fikentscher*, Methoden des Rechts III, 177.

»gesellschaftlicher Ziele« müssen gezogen werden. Neben den erwähnten §§ 134, 138 nahm der Gesetzgeber an, durch typisierte dingliche Rechte einen wirtschaftlichen Machtmissbrauch durch diese Rechte eindämmen zu können. Der Typenzwang dient in diesem Sinne dazu, gesellschaftliche und damit dem Individuum übergeordnete Zwecke zu verwirklichen.[23] Die Interessentheorie erlaubt zudem auch den Blick auf den Zweck des jeweiligen subjektiven dinglichen Rechts: sofern sich die Zwecke eines obligatorischen Rechts mit denen eines dinglichen Rechts vereinigen, stellt sich neben der methodischen Frage nach dem Konkurrenzverhältnis die Frage, ob das Sachenrecht und das Schuldrecht wirklich substantiell voneinander zu trennen sind. Dieser Sichtweise verschließt sich die Willenstheorie und ist insoweit tatsächlich formal. Auch die materielle Betrachtung durch die Interessentheorie hat ihre Tücken: Sie setzt Recht und Interesse gleich. Das Interesse kann aber allenfalls Gegenstand des Recht sein.[24] Dieser Einwand lässt sich durch die Interessentheorie nicht ausräumen, indem sie den rechtlichen Schutz nur als Ergänzung des Rechts einstuft. Dies wäre ein Atavismus des überholten Aktionendenkens.

c) *Normative, formale und offene Theorien*

Nach Inkrafttreten des BGB sind zahlreiche Theorien zum Begriff des subjektiven Rechts entwickelt worden. Der historische Gesetzgeber kannte diese selbstredend nicht, aus Gründen der Vollständigkeit sind diese Theorien jedoch kurz zu schildern. Die Interessentheorie definiert das subjektive Recht durch den Inhalt. Es dient dem Schutz bestimmter Interessen. Die Willenstheorie beschäftigt sich nur mit der Wirkung eines subjektiven Rechts – der Durchsetzung des Willens. Beide Theorien beleuchten für sich genommen ein zutreffendes Kriterium, müssen aber notwendig fragmentarisch bleiben. Inhalt und Wirkung eines subjektiven Rechts lassen sich nicht künstlich trennen, sondern hängen miteinander zusammen. Folgerichtig versuchte man, die Interessen- und die Willenstheorie zu einer einheitlichen Theorie des subjektiven Rechts zu verbinden. Die wesentlichen Impulse gingen diesmal von der entstehenden öffentlich-rechtlichen Dogmatik aus: »Das subjektive Recht ist die von der Rechtsordnung anerkannte und geschützte auf ein Gut oder Interesse gerichtete menschliche Willensmacht«, so kennzeichnete es *Jellinek*.[25] Diese Lehre verband, was nach dem Willen ihrer Urheber unvereinbar war und leitete gleichzeitig die normativen Theorien ein, die sich darum mühten, das subjektive Recht zu beschreiben.

Die theoretischen Grundlagen dafür schuf bereits *Kelsen*, der das subjektive Recht wie folgt definierte: »Das Wesen des für das Privatrecht charakteristischen

[23] Näher dazu unten § 5 I.

[24] *Portmann* (Fußn. 11), 15 (Rn. 28).

[25] *Jellinek*, System der subjektiven öffentlichen Rechte, 41. Aus der zivilrechtlichen Literatur siehe: *Enneccerus/Nipperdey* I 1 § 72 (272f).

subjektiven Rechts im spezifischen technischen Sinne besteht somit darin, dass die Rechtsordnung einem nicht als Organ der Gemeinschaft qualifizierten, in der traditionellen Theorie als Privatperson bezeichneten Individuum, normalerweise dem Individuum, dem gegenüber ein anderes zu einem bestimmten Verhalten verpflichtet ist, die Rechtsmacht verleiht, die Nichterfüllung dieser Pflicht durch Klage geltend zu machen, das heißt, das Verfahren in Bewegung zu setzen, das zur Setzung der Gerichtsentscheidung führt, in der eine konkrete Sanktion, als Reaktion gegen die Pflichtverletzung, statuiert wird.«[26] Aufbauend darauf, beschrieb man das subjektive Recht als eine Normsetzungsbefugnis. Normen seien Willensinhalte, ein subjektives Recht ermächtige eine Person dazu, gegenüber dem Adressaten Normen zu setzen. Indem ein Anspruch erhoben werde, werde die Norm gesetzt.[27]

Diese Ansicht darf sich rühmen, die wohl am meisten kritisierte zu sein.[28] In der Tat drängt sich der Eindruck auf, dass diese Theorie nur das Dogma von der Willensherrschaft anders umschreibt und hat demgemäß auch Schwierigkeiten, Forderungsrechte einzuordnen. Der bloße Bestand eines subjektiven Rechts soll nur potentielle Pflichten erzeugen, während die aktuelle Pflicht erst durch die Rechtsausübung als Akt der Normsetzung entstehe.[29] Abgesehen davon, dass eine Forderung *per se* nach § 241 verpflichtet und nicht erst, wenn das Recht ausgeübt wird,[30] erscheint diese Konstruktion umständlich. Eine potentielle Pflicht kennt auch nur einen potentiell Verpflichteten, so dass unklar bleibt, wie sich die Metamorphose zum aktuell Verpflichteten gestaltet, wenn ein Anspruch geltend gemacht wird.

In neuerer Zeit hat eine formal-normlogische Theorie an Bedeutung gewonnen: Subjektive Rechte verknüpfen danach eine Freiheitsermächtigung und ein Generalverbot. Die Freiheitsermächtigung besteht darin, dass kraft Gesetzes oder durch ein Rechtsgeschäft einer Person die Befugnis erteilt ist, bestimmte »sozialrelevante Veränderungen« zu setzen. Das Generalverbot bedeutet, dass alle anderen die gleichen Tatbestände nicht setzen dürfen.[31] Auch dieser Theorie

---

26 *Kelsen*, Reine Rechtslehre, 141.

27 *Bucher*, Das subjektive Recht als Normsetzungsbefugnis (1965), 55; MünchKomm /*Reuter* vor § 21 Rn. 5; sympathisierend auch *Löwisch*, Der Deliktsschutz relativer Rechte (1970), 12f.

28 Siehe zur Kritik: *Habersack*, Die Mitgliedschaft – subjektives und »sonstiges« Recht (1996), 25f; *Larenz*, FS Sontis (1977), 129, 130ff; *Portmann* (Fußn. 11), 19ff; *Sosnitza* MarkenR 2000, 77, 79f.

29 *Buchner* (Fußn. 27), 55.

30 *Aicher*, Das Eigentum als subjektives Recht (1975), 41ff; *Kasper*, Das subjektive Recht (1967), 144f; *Larenz*, FS Sontis (1977), 129, 133f.; *Larenz/Wolf* § 14 Rn. 12. Abgesehen davon beruht die Theorie *Buchners* auf der Imperativentheorie, deren rechtstheoretischer Wert sehr zweifelhaft ist. Der Rechtsstoff besteht nicht ausschließlich aus Imperativen, so dass bereits die Praemisse der Imperativentheorie Lücken hinterlässt. Die Einzelheiten sind hier nicht weiter zu vertiefen. Aus dem zahlreichen Schrifttum siehe etwa: *Bydlinski*, Juristische Methodenlehre und Rechtsbegriff, 197ff mwN.

31 *J. Schmidt*, Aktionsberechtigung und Vermögensberechtigung (1969), 55; *Staudinger/J.*

hielt man entgegen, dass sie das Forderungsrecht nicht plausibel definieren könne. Bei absoluten Herrschaftsrechten sei ein Generalverbot zwar denkbar, nicht aber bei Forderungsrechten.[32] Ohne einen generellen Umbau der systematischen Einteilung zwischen absoluten und relativen Rechte bleiben die formal-logischen Theorien unbefriedigend. Im Zuge dieser Kritik hat man versucht, das Problem grundsätzlich zu lösen und den starren Unterschied zwischen relativem und absolutem Recht aufgegeben: Das Generalverbot wird doppelt gedeutet und enthalte einen Präventivschutz durch eine Inkompetenznorm sowie einen repressiven Schutz als »schadensbewehrtes Störungsverbot«.[33]

Den Dualismus zwischen dinglichem und obligatorischem Recht löst diese Theorie ebenso auf wie den strikten Gegensatz zwischen absolutem und relativem Recht.[34] Ohne die einzelnen Rechte und deren Wirkungen zu systematisieren, ist eine solide Stellungnahme dazu nicht möglich. Andernfalls läuft man Gefahr, Rechtspolitik *de lege ferenda* mit Rechtsdogmatik *de lege lata* zu vermengen. Daher bleibt genau zu untersuchen, ob die bestehenden Strukturen des Sachen- und Schuldrechts besser durch die formal logische Betrachtung erfasst werden können.[35] Allein mit der Begründung, dass diese Theorie einen starken Eingriff in zivilrechtliche Strukturen bedeutet, lässt sie sich jedoch nicht abtun. Vielmehr stellt sich umgekehrt die Frage, ob das aktuelle Zivilrecht noch den herkömmlichen Denkstrukturen von relativem und absolutem Recht entspricht.

Schließlich verzichtet man darauf, das subjektive Recht überhaupt zu definieren, sondern versteht es als einen offenen Rahmenbegriff, der an die Verfassung und die Strukturprinzipien des Privatrechts gebunden ist.[36] Dadurch wird der gleichsam umgekehrte Weg im Vergleich zu den herkömmlichen Theorien beschritten: Nicht mehr das subjektive Recht ist die Wurzel des Privatrechts, sondern umgekehrt bestimmen die Privatrechtsnormen den Grundbegriff. Den Rahmen des subjektiven Rechts kennzeichne dabei, dass »jemanden etwas rechtens zukomme oder gebühre«.[37] Seine systematisierende Funktion verliert das subjektive Recht. Es entspricht zwar der gegenwärtigen Auffassung, dass das subjektive Recht kein systematisierender Begriff ist, auf ein Minimum an Begriffsbildung lässt sich jedoch nicht verzichten, ohne von dem Begriff selbst Abstand zu neh-

Schmidt Einl zu §§241ff Rn.432ff. Daran anknüpfend: *Bork* Rn.280ff; *ders.*, Der Vergleich (1988), 193ff; *Dörner*, Dynamische Relativität (1985), 25ff, 374ff.

[32] Zur weiteren Kritik siehe *Portmann* (Fußn.11), 26f Rn.40.

[33] *Dörner* (Fußn.31), 34ff, 46ff, 52ff.

[34] So ausdrücklich *Dörner* (Fußn.31), 53 (»überflüssig und missverständlich«); *Bork* Rn.288.

[35] *Staudinger/J. Schmidt* Einl zu §§241ff Rn.432 bemerkt dazu mit Recht, dass die Frage nach angemessenen Begriffen für vorhandene Regeln oft nicht von der Frage getrennt wird, ob Neuregelungen eingeführt werden sollen und wie sie zu begründen sind.

[36] Grdl. *Larenz*, FS Sontis (1977), 129, 147; *Habersack* (Fußn.28), 27; so auch der Ausgangspunkt von *Portmann* (Fußn.11), der es für unmöglich hält, den Begriff des subjektiven Rechts einheitlich zu erfassen (Rn.65ff). Ähnlich auch *Larenz/Wolf* §14 Rn.21, wonach sich der Inhalt eines subjektiven Rechts entweder aus dem Gesetz oder der Privatautonomie ergebe.

[37] *Larenz*, FS Sontis (1977), 129, 147ff.

men. Man mag zwar in einem Rahmenbegriff den Vorteil sehen, dass er die verschiedensten rechtlichen Strukturen erfasst, riskiert dadurch aber eine Beliebigkeit dieses Begriffes. Die These vom subjektiven Recht als Rahmenbegriff verspricht daher wenig dogmatischen Ertrag und hat bei den weiteren Untersuchungen außen vor zu bleiben.

2. Zur Lehre vom Rechtsverhältnis

Bereits *v. Savigny* und *v. Ihering* kannten den Begriff »Rechtsverhältnis«,[38] wenngleich erst in neuerer Zeit dieser Begriff wiederbelebt wurde. Neuere Strömungen stellen nicht mehr das subjektive Recht sondern das Rechtsverhältnis in den Mittelpunkt. Rechtsnormen lassen sich aus dieser Perspektive als Ausdruck eines Rechtsverhältnisses begreifen. Für das Zivilrecht soll danach das Rechtsverhältnis die systematisierende Aufgabe wahrnehmen, die bislang dem subjektiven Recht zugedacht war.[39] Ähnlich wie bei der Diskussion über den Begriff des dinglichen Rechts herrscht darüber Uneinigkeit, ob und wie das Rechtsverhältnis abschließend zu definieren ist. In seine einfachste Form gebracht, ist das Rechtsverhältnis die rechtsnormgestaltende Beziehung zwischen zwei oder mehreren Rechtssubjekten.[40] Ohne mindestens zwei Rechtssubjekte ist damit ein Rechtsverhältnis undenkbar. Das Spektrum dieser Beziehungen ist weitreichend. Ein einzelnes subjektives Recht mit der entsprechenden Pflicht kann das Rechtsverhältnis ebenso ausmachen wie eine Summe komplexer Rechte und Pflichten.

Damit scheint der Begriff zunächst auf das Schuldverhältnis zugeschnitten, indem es die Rechte und Pflichten von Gläubiger und Schuldner beschreibt. Darauf stützt sich auch die Kritik an diesem Begriff. Man wendet ein, dass er das ungestörte Eigentum nicht erfasse.[41] Diese Kritik deutet bereits an, dass das Sachenrecht, verstanden als die Kodifizierung der dinglichen Rechte, Erfassungsprobleme aufwirft. Darauf wird noch einzugehen sein. Die geschilderte Kritik verhindert jedoch nicht, auch das Sachenrecht den Rechtsverhältnissen zuzuordnen. In einer ungestörten Form bedarf das Eigentum keines Schutzes durch die Rechtsordnung. Erst dann, wenn ein Dritter den Gebrauch des Eigentums beeinträchti-

---

[38] Siehe dazu: *Kiefner*, FS Coing Band I (1982), 149ff.

[39] Grdl. *Achterberg*, Die Rechtsordnung als Rechtsverhältnisordnung (1982), 104ff; *Kaufmann*, Rechtsphilosophie, 103; *Larenz/Wolf* § 13 Rn. 1ff; *Schapp*, JuS 1992, 537, 544f; *Sontis*, FS Larenz I (1973), 981, 996. Im Verwaltungsrecht räumt die Dogmatik dem Rechtsverhältnis mittlerweile einen bedeutenden Raum ein. Der Begriff ist für das allgemeine Verwaltungsrecht breiter erschlossen, als für das Zivilrecht. Siehe etwa: *Erichsen*, in: *Erichsen/Ehlers*, Allgemeines Verwaltungsrecht, § 11 II.

[40] *Achterberg* (Fußn. 39), 31f mwN; *Kaufmann*, Rechtsphilosophie, 103; *Hübner* Rn. 356; *Larenz/Wolf* § 13 Rn. 1; ähnlich *Bork* Rn. 289: »Das Rechtsverhältnis ist eine rechtliche Beziehung zwischen Rechtssubjekten, die über den reinen Rechtsgenossenstatus hinausgeht«. Skeptisch gegenüber den Definitionsversuchen: *Medicus* AT Rn. 54.

[41] *Medicus* AT Rn. 54.

gen könnte, wird das Eigentum zu einer rechtlichen Kategorie. In diesem Fall aktualisiert sich die positive Ausschlussfunktion des § 903.[42] Das ungestörte Eigentum ist daher kein Problem des Rechts und damit auch nicht des Sachenrechts. Vielmehr zeigt sich, dass das Rechtsverhältnis auch die Aufgabe wahrnimmt, kollidierende Freiheitssphären der Rechtssubjekte abzugrenzen. Die Lehre vom Rechtsverhältnis hat sich damit eine anspruchsvolle normtheoretische Aufgabe gestellt. Über ihre Berechtigung vorab zu diskutieren ist unangebracht, sondern die Analyse im Einzelnen hat die Tragfähigkeit dieses Modells zu überprüfen.

II. Das dingliche Recht

1. Die Ursprünge

Das entscheidende Motiv für den Gesetzgeber, ein autonomes Sachenrecht zu schaffen, war der Unterschied zwischen dinglichem und persönlichem Recht.[43] So fußen die Sachenrechtsprinzipien außerdem auf dem Begriff »dingliches Recht«. Die Gesetzesmaterialien beschreiben den Begriff »dingliches Recht« als das Recht, das der unmittelbare Sachzugriff kennzeichnet.[44] In den Vorentwürfen des zuständigen Redaktors *Johow* lässt sich die Genesis dieses Gegensatzpaares verfolgen: Bereits *Johow* ging von einem grundlegenden Unterschied von dinglichem und persönlichen Recht aus und stand dabei auf den Schultern *Savignys.* Dieser teilte die Gegenstände auf die sich der Wille einer Person im Sinne der Willenstheorie erstrecken kann, in Personen und die »unfreye Natur« auf.[45] Erstreckt sich der Wille auf Personen, so kann von diesen eine Handlung oder Unterlassung gefordert werden. Rechte gegenüber Personen sind damit obligatorische oder relative Rechte. Die Obligation besteht danach in der Herrschaft über eine fremde Person, über deren einzelne Handlungen.[46] Auch die Sache kann nach *Savigny* Gegenstand der Willensherrschaft sein, da sie Bestandteil der unfreien Natur ist. In diesem Fall ist das Recht »dinglich«. Die Willenstheorie lieferte damit die Einteilung in das Grobraster von Schuld- und Sachenrecht. Fortgebildet ist bei dieser Theorie der Unterschied zwischen *actio in personam* und *actio in rem* aus dem römischen Recht: »Das Daseyn einer in rem oder in personam actio«, der meist mit dem Unterschied eines unbestimmten oder bestimmten

---

[42] *Larenz/Wolf* § 13 Rn. 14 bildet hierzu das Beispiel des Robinso Crusoe, der erst auf einen Eigentumsbegriff angewiesen ist, wenn ihm ein Dritter den Gebrauch eine Sache streitig macht. Bevor ein Dritter eingreift, sei das Rechtsverhältnis latent. Siehe auch *Sontis*, FS Larenz I (1973), 981, 996ff.

[43] Oben § 1 III 1.

[44] Oben § 1 III 2.

[45] System des heutigen römischen Rechts I, § 53.

[46] *Savigny*, Das Obligationenrecht § 2 I (4f): »In jeder Obligation finden wir zwei Personen, die einander in einem ungleichen Verhältnis stehen – Herrschaft und Unfreiheit.

Gegners« zusammenfalle, soll ein sicheres Kennzeichen für die Unterscheidung zwischen dem dinglichen und dem persönlichen (obligatorischen) Recht sein.[47] Die Unterscheidung zwischen dinglichem und persönlichem Recht, von der die Materialien ausgehen, beruht auf *Savigny* und dessen Weiterentwicklung des römischen Rechts.

Heute besteht Einigkeit darüber, dass *Savigny* die Quellen des römischen Rechts missdeutete. Das römische Recht kannte zunächst eine *actio in personam* und eine *actio in rem*, wobei erstere den Zugriff auf die Person des Schuldners, zweitere den Zugriff auf eine Sache selbst gewährte. Die *actio in personam* war dabei keineswegs eine Obligation *inter partes*, sondern diente nur dazu, die »*obligationes*« gerichtlich durchzusetzen.[48] Im altrömischen Recht gewährte die *actio in personam* noch einen Zugriff auf Leben oder Freiheit des Schuldners und konnte gar eine Schuldknechtschaft rechtfertigen; Haftungsformen, von denen sich das spätere römische Recht verabschiedete. Die *actio in personam* verschleifte sich im Laufe der Zeit mehr oder weniger zur Unkenntlichkeit.[49] Da die *actio in personam* im BGB zudem nicht existiert, fiel das konkretisierende Gegensatzpaar zum Begriff der *actio in rem* weg, so dass seither unklar ist, was das »Wesen« eines dinglichen Rechts ausmacht.

Wie die historische Perspektive zeigt, sind die theoretischen Prämissen brüchig, die zur Trennung von dinglichem und persönlichem Recht mit seinen weit reichenden Folgen führte. Schon deswegen ist der in den Materialien angesprochenen Absonderung der dinglichen Rechte aus dem übrigen Vermögensrecht und der »Definition« des dinglichen Rechts mit Skepsis zu begegnen. Auch methodisch ist Vorsicht angebracht. Die zum Entstehungszeitpunkt des BGB vorherrschende Begriffsjurisprudenz überschätzte die Bedeutung der Begriffe. Ganz im Sinne dieser Methode betonten die Motive, dass das gesamte Sachenrecht auf dem Unterschied zwischen dinglichem und persönlichem Recht ruhen soll.[50] Erst in zweiter Linie sah sich der Gesetzgeber dazu gehalten, das Sachen- und das Schuldrecht zu trennen, da dadurch die bis dahin geltenden Systemunterschiede kodifiziert werden sollten.[51] Aus heutiger Sicht ist eine derartige Begriffsbildung unzeitgemäß. So hat man bereits früh den begriffsjuristischen Ansatz in den Materialien und die damit einhergehende Wesensdefinition des dinglichen Rechts kritisiert.[52] Gewiss, das Wesen des Wesens ist sein Unwesen.[53] Gleichwohl: Als Begriff, um eine rechtliche Konstruktion zu verdeutlichen, ist eine Definition des dinglichen Rechts unschäd-

---

[47] *Savigny*, System des heutigen römischen Rechts § 56 (573).

[48] *Kaser*, Römisches Privatrecht § 4 I 2.

[49] Vgl. *Kaser*, Römisches Privatrecht §§ 4 I 2, 27 I 5, 32 II, 81 III; siehe auch Staudinger/*Seiler* Einl zum SachenR Rn. 20. Näher: *Michaels*, Sachzuordnung durch Kaufvertrag (2002), 61 ff.

[50] Mot. III, 1.

[51] Mot. III, 1.

[52] In diesem Sinne auch *Kühne* AcP 140 (1935), 1, 11.

[53] So pointiert: *Röhl*, Allgemeine Rechtslehre, § 4 I 4.

lich und auch notwendig. Entscheidend ist allein, ob der Gesetzgeber durch den Dualismus von dinglichem und obligatorischem Recht ein Einteilungsschema gefunden hat, das eine Überzeugungskraft hat. Damit soll hier nicht der Begriffsjurisprudenz das Wort geredet werden, sondern es ist zu untersuchen, ob der Gesetzgeber seinem eigenen Ansatz gerecht geworden ist. Es geht damit um die Frage, ob ein bestimmtes System konsequent umgesetzt wurde.

Alle Ansichten, die sich darum bemühen, den Inhalt des dinglichen Rechts zu beschreiben, sind damit unter dem Vorbehalt zu sehen, dass eine Wesensdefinition des dinglichen Rechts nicht konstruierbar ist und unabhängig davon auch wenig Sinn hätte. Im Schrifttum existiert folglich auch keine Ansicht, die das dingliche Recht durch eine abstrakte Definition zu beschreiben trachtet, um den Vorwurf der Begriffsjurisprudenz zu vermeiden. Eine Definition des dinglichen Rechts ist aber immerhin wegen § 47 Satz 1 InsO praktisch bedeutsam: Wer aufgrund eines dinglichen und persönlichen Rechts geltend machen kann, dass ein Gegenstand nicht zur Insolvenzmasse gehört, darf diesen Gegenstand aussondern und zählt nicht zu den Insolvenzgläubigern.

Kurz nach Inkrafttreten des BGB wurde sogar vertreten, dass es müßig sei, den Begriff des dinglichen Rechts zu definieren, da das Wesen des dinglichen Rechts nur durch seine Wirkung zu verstehen sei.[54] Wie die Debatte zu den subjektiven Rechten gezeigt hat, kann ein Recht nicht nur durch seine Wirkung dargestellt werden, sondern auch durch seinen Inhalt. Bereits *Oertmann* hat die Innenwirkung und die Außenwirkung eines subjektiven Rechts als einander ergänzende Momente eines subjektiven Rechts gesehen.[55] Demgemäß lässt sich das dingliche Moment eines Rechts als dessen Inhalt, die Absolutheit eines Rechts als dessen Außenwirkung beschreiben. Da noch der Frage nachzugehen ist, ob nur ein dingliches Recht notwendig absolut ist, mag eine Begriffsbildung nicht müßig sein. Die betonten Unterschiede zwischen dem Sachen- und dem Schuldrecht hängen davon ab.

2. Die Unmittelbarkeit der Sachherrschaft

Nach einer verbreiteten Ansicht charakterisiere das dingliche Recht die unmittelbare Sachherrschaft einer Person.[56] Ihre Ursprünge findet diese Definition bereits im gemeinen Recht. Die Motive beschreiben das »Wesen der Dinglichkeit« – wie bereits erwähnt – als die unmittelbare Macht der Person über die Sache.[57] Bei der

---

[54] *Schlossmann*, IherJb 45 (1903), 289, 350.

[55] *Oertmann* AcP 123 (1925), 129, 133.

[56] Z.B.: *Diederichsen*, Das Recht zum Besitz aus Schuldverhältnissen (1965), 38ff; MünchKomm/ *Rinne* Einl. Rn. 4; *Soergel/Stadler* Einl Rn. 24; *Enneccerus/Nipperdey* I 1 §§ 71 I, 77 I, 79 I; *Wolff/Raiser* § 2 I 1 (Fußn. 1). Nachweise zum älteren Schrifttum bei *Aicher*, Das Eigentum als subjektives Recht, S. 75 Fußn. 1; ähnlich: *Schwab/Prütting* § 1 Rn. 1.

[57] Motive III, 2.

näheren Beschreibung dieser unmittelbaren Sachherrschaft gehen die Ansichten jedoch ebenso auseinander wie sich Wertungswidersprüche aufzeigen.

a) *Sachherrschaft als Wesen des dinglichen Rechts*

Elementar für den Begriff des dinglichen Rechts soll die Sachherrschaft sein. Die Motive definieren diesen Begriff wir folgt: »Das dingliche Recht ergreift die Sache selbst und zwar entweder als Eigentum oder als begrenztes Recht, je nachdem, ob der Wille des Berechtigten für die Sache in allen oder nur in gewissen Beziehungen derselben maßgebend ist«.[58] Die unmittelbare Sachherrschaft ist das Kennzeichen des unmittelbaren Besitzes. Eine derart enge Definition wirft Probleme auf, solche Rechte einzuordnen, die keinen Besitz voraussetzen. Der Eigentümer, der seine ihm gehörende Sache vermietet, wäre als mittelbarer Besitzer nicht mehr Inhaber eines dinglichen Rechts, da er keine unmittelbare Sachherrschaft an der Mietsache innehat. Diese Folgerung wäre unhaltbar und damit ist bereits die erste Schwäche aufgezeigt, die die Definition des dingliches Rechts zeigt. Der Begriff der Sachherrschaft ist nicht so zu verstehen wie es die Definition des Besitzes nahe legt, sondern wiederum eigenständig.

Eine derart offene Definition bewegt sich auf einem derart hohen Abstraktionsniveau, dass sie ungeeignet ist, um dingliche Rechte zu beschreiben. Sie greift letztlich auf den Begriff der Willensherrschaft zurück, liefert aber darüber hinaus kein weiteres sinnvolles Kriterium. Denkt man in den Strukturen des subjektiven Rechts, so kennzeichnet jedes subjektive Recht die Macht, seinen Willen durchzusetzen, mit seinem Willen zu »herrschen«. Ohne eine Herrschaftsmacht ist kein subjektives Recht im Sinne der Willenstheorie denkbar.[59] Das Objekt dieser Herrschaftsmacht kann entweder ein anderes Recht sein oder eine Sache selbst. Das dingliche Recht nun als das Recht konkretisieren zu wollen, bei dem die Sache der Herrschaft einer Person unterliegt, hat jedoch keine Aussagekraft. Auch ein Forderungsrecht vermittelt eine Sachherrschaft: Der Käufer kann von dem Verkäufer verlangen, dass dieser ihm die Sache übereignet (§ 433 Abs. 1 Satz 1). Das Eigentumsrecht wird dem Verkäufer zwar erst durch die Übereignung verschafft, der Anspruch aus § 433 Abs. 1 Satz 1 ist jedoch gerichtlich durchsetzbar und vollstreckbar. Ein Leistungstitel des Käufers kann nach § 894 ZPO vollstreckt werden, die Willenserklärung des Verkäufers, die zur Übereignung nötig ist, wird durch ein Urteil ersetzt. Allein der Begriff »unmittelbar« scheint daher geeignet, der Sachherrschaft Konturen zu verleihen.

---

58 Motive III, 2.

59 Siehe auch *Fabricius*, AcP 162 (1963), 456, 472.

b) Unmittelbarkeit

Die begriffliche Unschärfe, die dem Begriff »Sachherrschaft« innewohnt, versucht man durch den Begriff »unmittelbar« zu beseitigen. Nur eine *unmittelbare* Sachbeziehung kennzeichne ein dingliches Recht. Wenig verwundert, dass umstritten und nach wie vor ungeklärt ist, wann die Sachherrschaft unmittelbar ist. Ursache der Streitigkeiten mag die Verwendung der Versatzstücke »mittelbar – unmittelbar« sein, da dieses Begriffspaar für sich genommen konturenlos ist und nur eine Hülle für weitere Wertungen. Das ältere Schrifttum setzte das Wort »unmittelbar« oft mit der Absolutheit gleich: Die Beziehung des Berechtigten zur Sache bedürfe nicht der dem Recht gegenüberstehenden Verpflichtung. Vielmehr sei die Beziehung deswegen unmittelbar, weil das dingliche Recht absoluten Charakters sei.[60] Darauf ist bei der Darstellung des absoluten Rechts noch einzugehen.[61]

Heute fasst man den Begriff »unmittelbar« meist negativ: Eine Sache unterliegt der unmittelbaren Sachherrschaft, wenn diese nicht durch eine andere Person vermittelt ist, wenn mithin keine Beziehung des Berechtigten zu einer anderen Person besteht.[62] Die Motive bieten immerhin einen vagen Anhaltspunkt, was unter dieser Vermittlung zu verstehen ist: Entscheidend ist nach den Motiven nur, dass das Recht sich ohne den Willen eines anderen durchzusetzen vermag, dass das Vorhandensein eines Verpflichteten unnötig ist.[63] In dieser Definition klingt das Willensdogma an, positiv gewendet bedeutet sie, dass der Berechtigte nur kraft des eigenen Willens die Sachherrschaft ausüben kann. Ein Dritter darf durch seinen eigenen Willen dieses Band nicht durchschneiden können.

Wenn die Motive darauf abstellen, dass es auf einen Verpflichteten nicht ankommt, so lässt dies mehrere Deutungen zu: Zum einen ist denkbar, dass die Zugriffsmöglichkeit ungeteilt ist, dass kein Dritter diese Zugriffsmöglichkeit hindern kann. Unmittelbarkeit bedeutet dann alleinige Zugriffsmöglichkeit ohne Berechtigung eines Dritten. Zum anderen lässt sich dies genau umgekehrt sehen, indem die Zugriffsmöglichkeit nicht von einem Dritten gestattet wurde. Unmittelbarkeit bedeutet dann »Zugriffsmöglichkeit, ohne dass ein Dritter dies gestatten muss«. Am oben erwähnten Beispiel eines Forderungsrechts auf Übertragung des Eigentums lässt sich dies verdeutlichen. Die Zugriffsmöglichkeit des Erwerbers hängt davon ab, dass der Veräußerer den Kaufvertrag erfüllt und die Sache dem Erwerber übereignet. Erst dieses Verhalten vermittelt die Sachherrschaft des Erwerbers. In diesem Sinne kann auch das Besitzrecht des Mieters oder Pächters nicht als dinglich verstanden werden, da dessen Recht zum Besitz davon abhängt,

---

[60] *Rümelin* AcP 68 (1885), 151, 201; neuerdings auch *Soergel/Stadler*, Einl Rn. 24.

[61] Dazu unten III 1.

[62] *Assmann*, Die Vormerkung (1998), 284f; *Westermann/H.P. Westermann* § 2 I 2; in diesem Sinne bereits *Rümelin* AcP 68 (1885), 151, 198.

[63] Motive Band III, S. 2.

dass der Vermieter den Zugriff erlaubt und nicht verbietet. Versteht man unter »unmittelbar« eine Zugriffsmöglichkeit ohne Berechtigung eines Dritten, so lässt sich dadurch der Typfall des Eigentums erklären: Der Eigentümer kann mit der Sache nach seinem Belieben verfahren (§ 903), ohne dass Dritte ihn daran – vorbehaltlich immanenter Grenzen – hindern könnten.

Bereits in der Definition, die die Motive angeben, ist auf den Gegensatz zu obligatorischen Positionen angespielt. Methodisch ist es unbedenklich, wenn man der Ansicht ist, dass es ein »Wesen« eines dinglichen Rechts geben kann, da sich das Wesen aus sich selbst heraus erklärt und nicht erst durch einen konkretisierenden Gegensatz. In der Tat mag man am Beispiel der Miete zweifeln. Der Vermieter kann hier nicht ohne den Willen des Vermieters auf die Sache zugreifen, bleibt aber gleichwohl noch Eigentümer und damit Inhaber des dinglichen Rechts. Nicht anders stellt sich die Rechtsposition desjenigen dar, der einen Nießbrauch an seinem Eigentum einräumt: Der Nießbraucher ist dazu berechtigt, die Sache zu besitzen (§ 1036 Abs. 1) und auf sie zuzugreifen, ohne dass sich deswegen die Eigentümerstellung ändert. Gerade das Beispiel der beschränkten dinglichen Rechte zeigt, dass die Definition der »unmittelbaren« Sachherrschaft nur schwer geeignet ist, das dingliche Recht systematisch zu erfassen. Der Inhaber eines beschränkten dinglichen Rechts müsste *per definitionem* ja ebenso eine unmittelbare Sachherrschaft haben wie sie der Eigentümer hat. Das ist jedoch begrifflich ausgeschlossen, sofern man keine BGB-Gesellschaft oder Bruchteilsgemeinschaft zwischen dem Eigentümer und dem Inhaber des dinglichen Rechts annimmt.[64]

Im Schrifttum wird daher immer mehr kritisiert, dass der Begriff »unmittelbar« nichts dazu beitrage, um den Begriff des dinglichen Rechts zu konturieren,[65] man sucht daher nach anderen Kriterien. Die »unmittelbare Sachherrschaft« ersetzen einige durch den Begriff »Zugriffsmöglichkeit«, wobei auch eine mittelbare oder potentielle Zugriffsmöglichkeit genügen soll, um ein dingliches Recht zu charakterisieren.[66] Um bei dem Beispiel der Miete zu bleiben, hat auch der Mieter eine Zugriffsmöglichkeit, die aus seinem Zugriffsrecht, dem Recht zum Besitz, folgt. Der denkbare Zugriff auf eine Sache ist daher auch bei den Obligationen denkbar, die zum Besitz der Sache berechtigen. Damit ist aber wiederum keine klare Abgrenzung von dinglichen Rechten und Obligationen zu leisten.

Verschiedentlich versucht man, dingliche Rechte und obligatorische Rechte nach ihrem jeweiligen Rechtsinhalt abzugrenzen: Eine Obligation enthalte eine Verpflichtung des Schuldners zu einem positiven Tun, während es bei einem dinglichen Recht keine positive Leistungspflicht als Hauptpflicht gebe.[67] Illustrieren

---

[64] Darauf ist noch später (IV) einzugehen

[65] Wohl als erster äußerte *Rümelin* (AcP 68 [1885], 151, 191) daran Kritik. Aus neuerer Zeit siehe *Staudinger/Seiler* Einl zum SachenR Rn. 20; *Stöcker*, Dinglichkeit und Absolutheit (1965), 23ff mwN.

[66] *Staudinger/Seiler* Einl zum SachenR Rn. 20; *Wieling* I § 1 II 2 a Fußn. 20.

[67] *Hess* AcP 198 (1998), 489, 490 unter Berufung auf Mot. III, 2; *Diederichsen* (Fußn. 56), 40f;

lässt sich dies deutlich am Beispiel der dinglichen Nutzungsrechte wie Dienstbarkeit, Nießbrauch und Erbbaurecht, die allesamt eine Duldung oder Unterlassung des Eigentümers zum Ziel haben und bei denen die Statuierung positiver Handlungspflichten unzulässig ist.[68] So einleuchtend diese Abgrenzung auf den ersten Blick erscheinen mag, um so stärkeren Zweifeln ist sie bei näherer Betrachtung ausgesetzt. Zunächst lassen sich auch Obligationen negativ ausgestalten, indem der Gläubiger den Schuldner vertraglich zur Unterlassung oder Duldung verpflichtet. §241 Satz 2 belegt dies deutlich: Schuldrechtliche Pflichten können auch ein Dulden oder Unterlassen sein. Im Wettbewerbsrecht spielen Unterlassungspflichten eine erhebliche Rolle, obwohl hier keine dinglichen Positionen durchgesetzt werden. Unterlassungs- und Duldungspflichten folgen damit nicht notwendig aus Sachenrechten.

Umgekehrt können auch dingliche Rechte ein positives Tun des Schuldners gebieten. Deutlich wird dies an §985, der hier beispielsweise anzuführen ist.[69] Dieser Anspruch ist nach allgemeiner Ansicht dinglicher Natur, da er ein dingliches Recht verwirklicht. Er zielt nach der herrschenden Ansicht auf ein positives Tun des passivlegitimierten Besitzers, dieser darf nicht einfach den Besitz an der Sache aufgeben, sondern muss den Eigentümer wieder in den Besitz der Sache setzen.[70] Der Anspruch auf Herausgabe lässt sich also nicht lediglich als Duldung einer Wegnahme verstehen.

Festzuhalten bleibt, dass die klassische Definition der »unmittelbaren Sachherrschaft« ungeeignet ist, um das dingliche Recht inhaltlich zu präzisieren. Das Ergebnis ist damit ernüchternd: Randscharf lassen sich obligatorische und dingliche Rechte nach ihrem Inhalt nicht abgrenzen. Der vom Gesetzgeber noch so betonte Wesensunterschied besteht damit nicht, sondern ist konstruiert. Somit können nur die Wirkungen von dinglichen und obligatorischen Rechten einen Anhaltspunkt dafür liefern, worin die Unterschiede dieser Rechte bestehen. Einen substantiellen inhaltlichen Unterschied zwischen beiden Rechten vermag jedoch keine Definition zu liefern.

ähnlich *Wilhelm* Rn. 31ff, wonach eine schuldrechtliche Position ein Anspruch »auf etwas« sei, während eine dingliche Position ein Recht »an etwas« sei. Den dinglichen Ansprüchen wird dabei nur die Rolle von Hilfsrechten zugebilligt (*Hess* aaO, 490 Fußn. 6; *Staudinger/Seiler*, Einl zum SachenR Rn. 24).

[68] *Hess* AcP 198 (1998), 489, 490 stützt seine Ansicht auf diese Rechte.

[69] Gerade bei der Reallast zeigt sich das Problem deutlich. Darauf ist erst weiter unten bei der Einzelanalyse der dinglichen Rechte einzugehen (IV 3 b).

[70] *Medicus* JuS 1985, 657, 658; MünchKomm/*Medicus* §985 Rn. 18; *Staudinger/Gursky* §985 Rn. 1, 56; *Wolff/Raiser* §84 III 1. Diese Ansicht ist nach wie vor umstritten. Nach einer Minderheit sei das Anspruchsziel des §985 BGB keine Leistung, sondern eine Duldung der Wegnahme (z. Bsp.: *Henckel* AcP 174 [1974], 91, 128f). Die Argumentationen dafür konnten sich jedoch nicht durchsetzen, da sie den Wortlaut des §985 BGB (»Herausgabe«) umdeuten. Das Gesetz formuliert ausdrücklich, wann eine »Duldung der Wegnahme« der Anspruchsinhalt ist, §997. Zu der parallelen Streitfrage im Rahmen der Hypothek siehe unten IV 3 a.

c) Das Verhältnis von Rechtsobjekt und Rechtssubjekt

Als »Beziehung« zwischen dem Berechtigten und dem Objekt wird das Herrschaftsrecht meist konkretisiert. Die Bedeutung des Wortes »Beziehung« ist in diesem Zusammenhang unklar. Diese Unklarheit hat bereits *Kant* angemerkt und dazu ausgeführt, dass das Recht »in einer Sache« kein Recht gegenüber einer Sache sein kann.[71] Einem Recht müsse eine Verpflichtung auf der anderen Seite entsprechen, woraus *Kant* die fast polemische Folgerung zieht, dass eine Sache dem ersten Besitzer doch immer verpflichtet bleiben müsse und sich jedem anderen verweigere, der sich den Besitz anmaße. Das Recht »in einer Sache« lasse sich nur als das Recht des Privatgebrauchs verstehen.[72] Im älteren Schrifttum wurden diese Ausführungen offenbar nicht zur Kenntnis genommen und die Beziehung des Berechtigten zu einer Sache als Rechtsverhältnis eingestuft.[73]

Heute besteht Einigkeit darüber, dass dies falsch ist.[74] Bereits aus dem Begriff des »subjektiven Rechts« lässt sich ableiten, dass der Berechtigter zu der Sache in keinem Rechtsverhältnis stehen kann. Auf der Grundlage der »Willenstheorie« regelt ein subjektives Recht alle Rechtsverhältnisse, die jedoch nur zwischen Personen bestehen können.[75] Die Willensherrschaft als Kern des subjektiven Rechts ist nur von Bedeutung, wenn sie sich gegen einen entgegenstehenden Willen durchsetzen kann. Wo ein wenigstens potentiell entgegenstehender Wille fehlt, ist es unnötig, einen Willen durchzusetzen. Gegenüber Sachen ist eine »Willlens-

---

[71] *Kant*, Metaphysik der Sitten, Rechtslehre, § 11.

[72] *Kant* (vorige Fn.).

[73] *Ihering* IherJb 10 (1871), 387, 393; *Sohm* IherJb 73 (1923), 268, 293; *J. Kohler* GrünhutsZ 14 (1887), 1, 6. Aus neuerer Zeit: *Thiele*, Die Zustimmungen in der Lehre vom Rechtsgeschäft, (1966), 33 a.E.; *Diederichsen*, (Fußn. 56) 39, 43 bezeichnet die Ansicht als »verfehlt« wonach Menschen nicht in Rechtsbeziehungen zu Sachen stehen können. In einem entwickelten Rechtssystem, das über die Auffassung rein tatsächlicher Machtverhältnisse hinausgewachsen ist, könne nicht mehr ernsthaft eingewendet werden, dass keine rechtlichen Beziehungen zwischen einer Person und einer Sache möglich seien (39f). Warum diese Schlussfolgerung sich aus einem entwickelten Rechtssystem ergeben soll, klärt *Diederichsen* allerdings nicht.

[74] *Achterberg* Rth 1978, 385, 394; *Habersack* (Fußn. 28), 67 Fußn. 27; *Hadding* JZ 1986, 926; *Schapp* JuS 1992, 537, 544. Die Ursachen dieses Missverständnisses reichen weit zurück. Im Jahre 1807 teilte *Heise* (Grundriß eines Systems des gemeinen Civilrechts zum Behuf von Pandecten-Vorlesungen, S. 1ff) subjektive Rechte in drei Arten auf: Rechte, die gegen eine Person gerichtet sind und auf eine einzelne Leistung gehen (Obligationen); Rechte die gegen eine Sache gerichtet sind (dingliche Rechte) und schließlich Rechte, die auf die allgemeine Unterordnung einer Person unter eine andere gehen (Familienrechte). Der damals gelegte Grundstein, dass ein Recht zwischen einer Person und einer Sache bestehen kann, wirkt noch bis in die Gegenwart vor. Siehe dazu auch *Fezer* (Fußn. 9), 212f Fußn. 51. Bereits im Jahre 1892 kritisierte *Oertmann* (IherJb 31, 415, 428–430 den Gedanken, dass zwischen einer Person und einer Sache ein Rechtsverhältnis bestehen könne.

[75] Siehe dazu *Savigny*, System des heutigen römischen Rechts I, 333. Auf S. 334 führt *Savigny* jedoch aus, dass sich der Wille auch auf Sachen erstrecken könne. Dies ist wenigstens missverständlich, deutet es doch ein Rechtsverhältnis zwischen einem Mènschen und einer Sache an. Kritisch dazu deswegen *Oertmann*, IherJb 31 (1892), 415, 418–424 mit ausführlicher Darstellung der damals vorherrschenden Ansichten.

macht« daher undenkbar. Auch das dingliche Recht regelt daher das Verhalten der Personen untereinander.[76] Dem Berechtigten einer Sache steht damit die rechtliche Macht zu, mit einer Sache im Verhältnis zu anderen Personen zu verfahren.[77] Die Beziehung zwischen dem Berechtigten und der Sache besteht in der Gebrauchsmöglichkeit. Zu einem juristischen Wertungsaspekt wird die Gebrauchsmöglichkeit erst dadurch, indem der Berechtigte Dritten den Umgang mit der Sache verbieten kann. Aus der Gebrauchsmöglichkeit folgt die Güterverteilung zwischen den Menschen, die zivilrechtlich durchgesetzt werden kann.

Die Lehre vom Rechtsverhältnis hat die Erkenntnis wesentlich gefördert, dass nur zwischen Rechtssubjekten aber nicht zwischen einer Person und einer Sache Rechte und Pflichten bestehen können.[78] Erst im Konflikt mit Dritten muss sich das dingliche Recht bewähren. Davor spielt es keine Rolle, ob eine Position als dinglich einzustufen ist, weil ihre Berechtigung von keinem Rechtssubjekt in Frage gestellt wird. Es handelt sich hierbei schlicht um keine rechtliche Frage. Ein Rechtsverhältnis zwischen einer Person und einer Sache erweist sich daher als ein Irrweg.

d) Dingliche Rechte an Rechten?

Die Motive stellten heraus, dass dingliche Rechte nur an körperlichen Sachen »stattfinden« könnten. Der Grund dessen ist, dass eine reale Macht nicht über Gegenstände der Vorstellung, wie Sachgesamtheiten oder Rechte ausgeübt werden könne.[79] Diese Reduktion findet ihren Ursprung bei *v. Savigny.* Ausgehend von dem Willensdogma sah er zwei Ziele, auf die sich die Willensherrschaft erstrecken könne: entweder räumlich begrenzte Stücke der »unfreyen Natur« oder gleichgeordnete freie Wesen, mithin Personen.[80] Der Anklang dieser Unterscheidung an den vermeintlichen Dualismus von *actio in rem* und *actio in personam* ist deutlich. Das Dogma, dass dingliche Rechte wie das Eigentum nur an Sachen möglich sind, hat weitreichende Folgen nicht nur für die Systematik des Sachenrechts sondern auch für die Einordnung gewerblicher Schutzrechte. An ihnen ist in der Tradition des BGB kein Eigentum im Rechtssinne denkbar.

---

[76] Grdl. *Hadding* JZ 1986, 926, 927; *Assmann* (Fußn. 52), 283f; *Fuchs*, Das Wesen der Dinglichkeit (1889), 12; *Larenz/Wolf* § 13 Rn. 11, 14; *Staub* ArchBürgR 5 (1891), 12ff.

[77] Siehe auch *Hadding*, JZ 1986, 626, 927, der ausführt, dass Sachenrechte eine verbindliche Entscheidungskompetenz hinsichtlich der Sache im Verhältnis zu anderen Personen enthalten. *Hadding* stützt sich dabei an den Ausführungen von *Leonard Nelson* (System der philosophischen Rechtslehre, 1920, S. 67), der ausführt, dass das Eigentum dazu diene, den Besitz einer Sache eindeutig zu verteilen. Als Folge dessen kann für *Nelson* kein Rechtsverhältnis an einer Sache, sondern nur zwischen Menschen bestehen (S. 10). Die Grundlagen dieser Sichtweise hat indes – wie ausgeführt – schon *Kant* gelegt.

[78] *Larenz/Wolf* § 13 Rn. 14; *Schapp* JuS 1992, 537, 544f.

[79] Motive III S. 2.

[80] *V. Savigny*, System des heutigen römischen Rechts III, 333ff.

Das BGB regelt im Sachenrecht gleichwohl auch Rechte an Rechten wie den Nießbrauch (§ 1068 Abs. 1), das Pfandrecht an Rechten (§ 1274 Abs. 1) und schließlich den Rechtsbesitz (§ 1069). Unabhängig von der Frage, ob ein Recht Gegenstand eines anderen Rechts sein kann, ist seit Inkrafttreten des BGB streitig, ob diese Rechte dinglich sind. Der Gesetzgeber hielt diese Streitigkeit für theoretisch und ließ sie unbeachtet.[81] Das Schrifttum hat jedenfalls begrifflich die Probleme bewältigt, die sich bei der Einordnung von Rechten an Rechten stellen: Für »Rechte an Sachen« soll der Begriff »Sachenrecht« herhalten, während »dingliche Rechte« auch Rechte an Rechten erfassen sollen.[82] Diese begriffsjuristische Trennung erbringt wenig Aufschluss und stiftet eher Verwirrung. Der Gesetzgeber sah es in den Motiven zudem anders: Dingliche Rechte existieren an Sachen, der Begriff »Sachenrecht« war gleichsam das Kürzel für die Bezeichnung »dingliches Recht«.

Derzeit widmet man der Streitfrage, ob Rechte an Rechten dinglicher Natur sein können keine besondere Aufmerksamkeit, man hält diesen Streitstand für überwunden.[83] Zunächst scheint eine dogmatisch-systematische Einordnung dieser Rechte müßig zu sein, da für sie die entsprechenden Vorschriften über die Rechte an Sachen gelten, wenn sich aus dem Gesetz nichts anderes ergibt (§§ 1068 Abs. 2, 1274 Abs. 2 Satz 1). Um dem systematischen Unterschied zwischen Schuld- und Sachenrecht nachzugehen, ist es jedoch unabdingbar, auf die Einordnung von Rechten an Rechten einzugehen.

Sofern das belastete Recht selbst ein dingliches Recht ist, hegt man wenig Zweifel daran, dass auch das Recht daran dinglicher Natur ist. Ein Nießbrauch oder ein Pfandrecht an einer Grundschuld sind demnach dingliche Rechte.[84] Wenig überzeugend und begrifflich konstruiert wirkt es, dieses Ergebnis mit einer untrennbaren Einheit von Sache und Recht zu begründen: Da Recht und Sache eine untrennbare Einheit bilden würden, sei das Recht am Recht notwendigerweise von gleicher Beschaffenheit wie das belastete Recht sein und dieses ergänzen, indem es das frühere Vollrecht auf zwei Berechtigte verteile.[85] Diese Begründung ist schief. Es bleibt unklar, was eine untrennbare Einheit zwischen Sache und Recht sein soll, rechtlichen Kategorien ist dieser Begriff unzugänglich. Er wirkt vielmehr wie ein Begriffsvehikel, um das offensichtlich gewünschte Ergebnis abzusichern. Wenn Recht und Sache eine untrennbare Einheit bilden sollen, stellt sich die Frage, wieso Rechte an einer Sache von der Eigentümerstellung abgespalten

---

[81] Motive III, 539.

[82] *Fabricius* AcP 162 (1963), 456, 474 unter Verweis auf *Kühne* AcP 140 (1935), 1, 13 Fußn. 39; *Fuchs*, Grundbegriffe des Sachenrechts, 1917, 53f; *Wolff/Raiser* § 120 I; *v. Tuhr* I 1 § 6 VI (158); ebenso *Canaris*, FS Flume I, 1978, 371, 375.

[83] MünchKomm/*Pohlmann* § 1068 Rn. 1; *Soergel/Stürner* § 1068 Rn. 1; *Westermann/Gursky* § 136 I 2; *Wolff/Raiser* § 160 I.

[84] *Thiele*, Die Zustimmungen in der Lehre vom Rechtsgeschäft (1966), 36.

[85] *Dulckeit*, Die Verdinglichung obligatorischer Rechte (1951), 54.

werden können. Ertragreicher ist daher der am Beispiel von einem Nießbrauch oder Pfandrecht an einer Grundschuld entwickelte Ansatz, dass diese Rechte eine verselbständigte Verwertungsbefugnis hätten.[86] Nur in der Entstehung, nicht aber im Fortbestand sei das dingliche Recht an einem (dinglichen) Recht vom Eigentum abhängig. Über diese verselbständigte Verwertungsbefugnis könne der Inhaber des Rechts an einem Recht selbständig verfügen, mag seine Verwertungsbefugnis auch nur soweit reichen wie die des belasteten Rechts. Diese Charakteristika sollen für eine unmittelbare Sachzuordnung sprechen, die das Recht an einem dinglichen Recht vermittele.[87] Auch diese Ansicht überzeugt in ihrer Begründung wenig. Sie teilt mit der ersten Ansicht den untauglichen Versuch, aus einem Recht an einem Recht ein Recht an einer Sache zu konstruieren. Ein Recht an einem Recht kann jedoch kein dingliches Recht an einer Sache sein, da es erst durch ein weiteres Recht (das belastete Recht) vermittelt wird. Nach der oben beschriebenen Definition des Begriffes »dingliches Recht« fehlt es an der »Unmittelbarkeit« der Sachherrschaft.

Da allerdings der Begriff »unmittelbar« seinerseits kaum aussagekräftig ist, bleibt zu überprüfen, ob unter Verzicht auf dieses Merkmal ein Recht an einem Recht als dinglich beschrieben werden kann. Unter dieser Prämisse ist die Bilanz jedoch ebenso negativ. Auch ein Forderungsrecht vermittelt dann ein Recht an einer Sache und sei es auch nur das Recht auf Übereignung der Kaufsache im Sinne des § 433 Abs. 1 Satz 1. Eine selbständige Verwertungsbefugnis schließlich räumt auch eine Sicherungszession ein, ohne dass hier ein dingliches Recht beteiligt wäre. Auch der Umstand, dass das ein Recht an einem Recht in seinem Fortbestand von der Eigentümerstellung unabhängig ist, ist für sich genommen kein ausschlaggebendes Argument für den dinglichen Charakter eines Rechts an einem dinglichen Recht. Wie noch beim Sukzessionsschutz zu zeigen ist, beruht der selbständige Fortbestand darauf, dass der Verpflichtete ein einmal begründetes Recht nicht einseitig aufheben kann.[88]

Zusammenfassend bleibt festzuhalten, dass keine noch so differenzierte Begründung überzeugend darlegen kann, warum es ein dingliches Recht an einem (dinglichen) Recht im Sinne der obigen Definition geben kann.[89] Die Definition des dinglichen Rechts durch den Gesetzgeber ist auf dingliche Rechte an Rechten nicht zugeschnitten. Die Motive erwähnen selbst, dass das Pfandrecht an Rechten nur wegen der systematischen Geschlossenheit innerhalb der Vorschriften zum Pfandrecht an Sachen zu regeln sei.[90] Unberücksichtigt blieb dabei, dass der Be-

---

[86] *Thiele* (Fußn. 84), 35f.

[87] *Thiele* (Fußn. 84), 36.

[88] Dazu unten III 2 b. Gleichwohl sehen einige in dem Fortbestand des Rechts an einem Recht gegenüber dem Rechtsnachfolger einen Umstand für dessen dingliche Qualität. *Baur/Stürner* § 60 Rn. 3; *Thiele* (Fußn. 84), 35; *Wolff/Raiser* § 120 I; *Westermann/Gursky* § 71 I 2.

[89] *Fuchs* (Fußn. 76), 90f; *Stöcker* (Fußn. 55), 65ff.

[90] Mot. III, 595.

griff des dinglichen Rechts nach der Vorstellung des Gesetzgebers selbst ein Systembegriff sein sollte. Man nahm den einen Systembruch zu Lasten des anderen hin.

Von dem beschriebenen Standpunkt aus betrachtet, ist nur die Schlussfolgerung möglich, dass auch ein Recht an einem relativen Recht nicht dinglich sein kann. Ist ein relatives Recht Gegenstand einer Belastung wie das Pfandrecht an einer Forderung, so ist die Begründung dafür, warum das Pfandrecht dinglicher Natur sein soll, erst Recht nicht zu leisten. Gleichwohl hat es im Schrifttum nicht an Versuchen gefehlt, ein Recht an einem relativen Recht als dingliches Recht einzuordnen. Mit einer ausgreifenden Begründung hat dies *Dulckeit*[91] versucht: Da die Forderung ein relatives Eigen darstelle,[92] bestehe bereits ein Recht an einem relativen Eigenrecht des Gläubigers, das trotz seiner Dinglichkeit nur ein relatives Recht sei. Werde nun das relative Eigentum verdinglicht, so verwandele sich das Recht in ein Recht am Vollrecht.[93] Diese Begründung ebnet das Trennungsprinzip ein und dreht sich in einem systematischen Zirkel. Die Dinglichkeit eines Rechts wird dadurch konstruiert, indem der Unterschied zwischen dinglichem Recht und relativem Recht verwischt wird.

Bei aller Kritik deckt die kritisierte These doch die allgemeine *crux* von dinglichen Rechte an Rechten auf. Nach der Praemisse des historischen Gesetzgebers können Rechte an Rechten keine dinglichen Rechte sein, da diese nur körperliche Sachen betreffen. Damit fügen sich der Nießbrauch und das Pfandrecht an Rechten nicht in das gesetzgeberische System des Sachenrechts, sind aber gleichwohl im Dritten Buch des BGB geregelt. Die schulsystematische Trennung von dinglichem und relativem Recht kann damit selbst das BGB nicht durchführen, womit die Unterscheidung zwischen obligatorischen und dinglichen Rechten generell zweifelhaft wird. Dem Gesetzgeber ging es mit der Einführung des Pfandrechts bzw. des Nießbrauchs an Rechten darum, überkommene Formen aus den Partikularrechten in das BGB hinüber zu retten.[94] Dogmatische Gründe mussten außer Betracht bleiben, die diesem Unterfangen entgegengestanden hätten. Allein deswegen erschien dem historischen Gesetzgeber die Debatte um die Rechtsnatur eines Rechts an einem Recht »theoretisch«.

Übersehen wurde dabei, dass die Schaffung eines eigenständigen Sachenrechts unter Berufung auf das »Wesen« des dinglichen Rechts und die Normierung von dinglichen Rechten an Rechten unvereinbar sind. Entweder man verabschiedet sich von dinglichen Rechten an Rechten oder löst sich von der Kategorie eines eigenständigen Sachenrechts. Beide Positionen erschienen dem historischen Ge-

---

[91] Fußn. 85, 54ff.

[92] *Dulckeit* (Fußn. 85), insb. 43, wonach bereits im Schuldvertrag das Eigentum an der Sache relativ übertragen werde.

[93] *Dulckeit* (Fußn. 85), 56f.

[94] *v. Tuhr* § 6 VI.

setzgeber zu extrem, deswegen sollte sich die Dogmatik aber nicht dazu gehalten sehen, die Systembrüche einzuebnen.

3. Die Güterzuordnung als Kennzeichen des dinglichen Rechts?

Von dem Zweck des Sachenrechts aus betrachtet, sieht eine im Anschluss an *H. Westermann* verbreitete Ansicht die Essenz eines dinglichen Rechts in der unmittelbaren Zuordnung einer Sache zu einer Person.[95] Zuordnung bedeutet dabei Zugehörigkeit einer Sache zum Vermögen des Berechtigten. Diese Vermögenszuordnung kennzeichnet dabei, dass der Rechtsinhaber die alleinige Befugnis hat, auf die Sache einzuwirken, sie zu benutzen, zu verändern oder zu veräußern; erklärend dazu verweist man auf § 903. Wie die Zuordnung sich äußert, soll gleichwohl nicht statisch zu verstehen sein. Ihren Umfang bestimme die Art des Rechts.[96] Aus dieser Zuordnung ließen sich die übrigen Merkmale des dinglichen Rechts wie Unmittelbarkeit der Sachbeziehung und absoluter Klageschutz ableiten. Zuordnung bedeute auch Zuständigkeit, woraus folge, dass das Rechtsobjekt dem Vollstreckungszugriff unterliegt und der Berechtigte für das Objekt verantwortlich ist.[97]

Die Zuordnungsthese arbeitet nicht allein mit dem Begriff der Zuordnung, sondern benutzt diesen Begriff als Wurzel weiterer Wirkungen, die ein dingliches Recht beschreiben sollen. Kern und gleichzeitig Hauptproblem dieser These ist der Begriff »Zuordnung«. Die Definition ersetzt den Begriff »Zuordnung« durch den Begriff »Zugehörigkeit zum Vermögen«. Rein begrifflich ist damit wenig gewonnen, da der Begriff »Zugehörigkeit zum Vermögen« ebenso konturenschwach ist wie der Begriff »Zuordnung«.[98] Die Zuordnung von Vermögenswerten ist Aufgabe des allgemeinen Vermögensrechts: Auch Forderungen sind ihrem Rechtsinhaber zugeordnet, dieser kann die Forderung übertragen (§ 398), ohne dass deswegen die Forderung als ein dingliches Recht zu betrachten wäre. Damit

---

[95] *Westermann/H.P. Westermann* § 2 II 1, 3; dem folgend: *Assmann* (Fußn. 52), 283f; *Eichler*, Die Rechtsidee des Eigentums (1994), 21; *Erman/Lorenz* Einl. § 854 Rn. 1; *Müller* Rn. 1; *Wieling* I § 2 II; *Wilhelm* Rn. 16; *Wolf* § 1 I 1. *H. Westermann* griff dabei einen Ansatz *Wieackers* auf und entwickelte diesen weiter. Dieser sah die wirtschaftliche Beziehung des Menschen zur Güterwelt als Gegenstand eines Rechts, das eine Vermögenszuordnung bedeute (AcP 148 [1943], 57; *ders.*, Zum System des deutschen Vermögensrechts (1951); *ders.*, Die Forderung als Gegenstand und Mittel der Vermögenszuordnung, DRWiss 1941, 49ff. *Wieacker* selbst legte den Grundstein für seine Theorie bereits im Jahre 1935 (Wandlungen der Eigentumsverfassung): Die Pandektenwissenschaft habe im Schuldrecht das Recht der Güterbewegung, im Sachenrecht das der Güterzuteilung gesehen (35f.).

[96] *Westermann/H.P. Westermann* § 2 II 1 a.

[97] *Erman/Lorenz* Einl § 854 Rn. 1.

[98] Aus diesem Grunde überzeugt auch nicht der Einwand gegen die Zuordnungslehre, dass »Zugehörigkeit zum Vermögen« soviel wie »Zuständigkeit zum Vermögen« bedeute. Da Zuordnung und Zuständigkeit verschiedene Rechtsbegriffe seien, vermenge die Zuordnungslehre etwas, was auseinander zu halten sei (*Fabricius* AcP 162 (1963), 456, 470).

formuliert der Begriff »Zuordnung« die gemeinsame Klammer für alle Vermögensrechte, unterscheidet die Sachenrechte aber weder von den obligatorischen Rechten, noch ist dieser Begriff imstande, die Eigenart der Sachenrechte für sich zu klären.[99]

Der Gedanke vom Sachenrecht als Zuordnungsrecht löst die vom Gesetzgeber gedachten Grenzen zwischen Schuld- und Sachenrecht auf: Im neueren Schrifttum wird immer wieder vertreten, dass die Inhaberschaft an einer Forderung ein sonstiges Recht im Sinne des § 823 Abs. 1 sei und deliktischen Schutz genieße, da dem Inhaber zugeordnet.[100] Subsumtiv ist dieses Ergebnis folgerichtig, da die Praemisse »Zuordnung« sehr allgemein ist. Hinreichend sicher lässt sich aus dem Zuordnungsgedanken nur entnehmen, dass ein Recht überhaupt einer Person zugeordnet ist. Welchen Inhalt dieses Recht hat, ist dadurch jedoch noch nicht geklärt.[101] Die Zuordnung ist damit als Definiens für das dingliche Recht ungeeignet. Sofern zudem der gesetzliche Inhalt die »Zuordnung« näher beschreiben soll, verweist diese Lehre wieder auf das geschriebene Recht, dessen Erklärung sie gerade liefern möchte. Daraus ergibt sich, dass der Begriff »Zuordnung« neutral gegenüber dem Rechtsinhalt ist.

Die Absolutheit des Klageschutzes mag dingliche Rechte von obligatorischen unterscheiden, folgt jedoch nicht zwingend aus der Zuordnung.[102] Auch obligatorische Rechte wie eine Forderung, liefern jedenfalls nach herrschender Ansicht keinen absoluten Klageschutz. Trotzdem lässt sich nicht daran zweifeln, dass die Forderung ihrem Inhaber zugeordnet sind. Die Zuordnungslehre setzt damit auf einer derart allgemeinen Ebene an, dass weder ihre Beschreibung des dinglichen Rechts noch die aus der Zuordnung deduzierten Wirkungen des dinglichen Rechts zwingend sind.

III. Wirkungsbezogene Beschreibungen des dinglichen Rechts

1. Absolutes Recht und dingliches Recht

Dingliche Rechte werden meist als absolute Herrschaftsrechte an Sachen oder Rechten bezeichnet.[103] Diese Charakterisierung bedient sich der *Wirkung* eines

---

[99] Diese Kritik wurde zuerst von Rezensenten des Sachenrechtslehrbuch von *Westermann* geäußert (*J. v. Gierke* ZHR 115 (1953), 223, 226 in der Rezension zur ersten Auflage 1951; *L. Raiser* JR 1955, 171, 118f in seiner Rezension zur zweiten Auflage 1953). Ebenso: *Aicher*, Das Eigentum als subjektives Recht (1975), 74f; *Soergel/Stadler* Einl Rn. 24; *Staudinger/Seiler* Einl zu §§ 854ff Rn. 19.

[100] *Becker* AcP 196 (1996), 439, 459ff; *Larenz/Canaris* § 76 II 4 g. Bereits *Oertmann* entwikkelte den Gedanken, dass eine Forderung ihrem Inhaber zugeordnet sei: *ders.* IherJb 66 (1916), 130, 154 und AcP 123 (1925), 129, 144.

[101] *Löwisch* (Fußn. 27), 26f.

[102] *L. Raiser* JR 1955, 118f.

[103] So die Definition bei *Canaris*, FS Flume I, 371, 375.

Rechts und stellt das absolute Recht in einen Gegensatz zum relativen Recht. Wie sich dingliches und absolutes Recht zueinander verhalten, wird jedoch unterschiedlich beantwortet: Einerseits setzt man dingliches und absolutes Recht gleich; dingliche Rechte können danach nur absolute Rechte sein.[104] Andere Autoren sehen in der absoluten Wirkung nur ein zusätzliches Kriterium, das den Begriff »dingliches Recht« präzisiert, da die allgemeine Definition des dinglichen Rechts für sich zu ungenau sei.[105] Diese Einschätzung kommt den Vorstellungen des historischen Gesetzgebers am nächsten. Nach den Motiven sei ein dingliches Recht regelmäßig auch ein absolutes Recht. Zwingend notwendig sei dies jedoch nicht, da auch andere persönliche Rechte eine absolute Wirkung hätten wie bestimmte Familienrechte oder die sog. immateriellen Rechte.[106] Im Gegensatz zu beiden Ansichten schließlich spricht man der Absolutheit jede Bedeutung dafür ab, das dingliche Recht zu charakterisieren.[107] Diese gegensätzlichen Ansichten werfen generell die Frage auf, ob und wie eine Grenzlinie zwischen dinglich-absoluten und relativ-persönlichen Rechten verläuft.

Im Kern kreist die Debatte um das Problem, ob das subjektive Recht von seinem Inhalt oder von seiner Wirkung her zu verstehen ist.[108] Geht man davon aus, dass nur die Wirkung eines Rechts entscheidend ist, so muss man absolutes und dingliches Recht gleichsetzen und folglich die Absolutheit als das einzige Merkmal ansehen, dass dingliche Rechte von obligatorischen Rechten unterscheidet.[109] Der Begriff »dingliches Recht« ist dann für die Systematisierung von Vermögensrechten wertlos. Zu unterscheiden wäre dann zwischen absoluten Rechten und solchen die nur *inter partes* wirken. Das Konzept eines selbständigen Sachenrechts wäre dadurch in Frage gestellt. Soll umgekehrt nur der Inhalt eines Rechts entscheidend sein, so kann die absolute oder nur relative Wirkung eines Rechts keine Rolle spielen. Als Konkretisierung wären damit beide Kategorien wertlos. Das Verhältnis zwischen absoluten und dinglichem Recht spiegelt damit eine rechtstheoretische Grundsatzdebatte um den Rechtsbegriff als solchen wider.

---

[104] *Assmann* (Fußn. 52), 287; *Brehm/Berger* Rn. 13; *Darmstädter* AcP 151 (1952), 311, 318ff.; *Forkel*, Grundfragen der Lehre vom privatrechtlichen Anwartschaftsrecht, (1962), 148; *Hübner* Rn. 356f; *Oertmann*, IherJb 31, (1892), 415, 461f; *Larenz/Wolf* § 15 Rn. 5; *Peters* AcP 153 (1954), 454, 456; *Soergel/Stadler* Einl Rn. 24; *Wilhelm* Rn. 6. Siehe auch *Diederichsen* (Fußn. 56): Die Absolutheit ist inhaltliches (konstitutives) Element der Dinglichkeit ... (S. 51). Weitere Nachweise aus dem älteren Schrifttum zum gemeinen Recht bei *Fabricius*, AcP 162 (1963), 456, 467 Fußn. 31f.

[105] *Canaris*, FS Flume I, 371, 373. So bereits schon *Rümelin* AcP 68 (1885), 151, 200: Das dingliche Recht ist das absolute Recht, welches sich auf eine Sache bezieht.

[106] Mugdan III, Mot. S. 2.

[107] *Dnistrjanskyi*, IherJb 78 (1927/28), 87, 96; *Fabricius*, AcP 162 (1963), 456, 467f.

[108] Siehe jedoch auch *Forkel* (Fußn. 104), der der Ansicht ist, dass sowohl die Dinglichkeit und die Absolutheit die Wirkung eines Rechts beschreiben (S. 150). Nach dem oben Gesagten ist dies unzutreffend: Die Definition in den Motiven gründet sich auf den Rechtsinhalt eines dinglichen Rechts. Nebenher sprach man dem dinglichen Recht auch absolute Wirkungen zu.

[109] So *Aicher*, Das Eigentum als subjektives Recht (1975), 68.

Bevor dazu sinnvoll Stellung genommen werden kann, ist es nötig, die Merkmale eines absoluten Rechts zu beschreiben. Dabei handelt es sich nicht nur um eine systematische Frage, sondern darüber hinaus auch um eine Frage, die für die Auslegung von einzelnen Tatbeständen des BGB von Bedeutung ist: Ein prominentes Beispiel ist § 823 Abs. 1. Die für einige Zeit erlahmte Diskussion über das absolute Recht hat Auftrieb erhalten durch die Frage, ob § 823 Abs. 1 Forderungen als sonstiges Recht schützt. Ein sonstiges durch diese Norm geschütztes Recht kann nach allgemeiner Ansicht nur ein absolutes Recht sein.[110] Gleiches gilt für die Geschäftsanmaßung im Sinne des § 687 Abs. 2 Satz 1: Diese Vorschrift setzt voraus, dass der Geschäftsführer vorsätzlich in ein absolutes Recht eingreift.[111] Die Absolutheit eines Rechts drückt sich in einer Wirkungstrias aus: Ein Recht ist absolut, wenn es umfassenden Klageschutz gegenüber jedem Dritten sowie Verfügungsschutz gewährt und schließlich beständig in Insolvenz und Zwangsvollstreckung ist.[112] Diese Begriffe sind zu konkretisieren und in ihrem Verhältnis zueinander zu beleuchten.

2. Die Merkmale eines absoluten Rechts

a) Der umfassende Schutz gegen jedermann

Absolut ist ein Recht, wenn es von jedermann zu achten ist. Schon *Kant* führte aus, dass ein »Recht in einer Sache« das Recht gegen jeden Besitzer derselben sei. Als Realdefinition kennzeichnet nach ihm der Privatgebrauch dieses Recht.[113] Vereinfacht hat sich heute die gängige Definition durchgesetzt, dass ein absolutes Recht eine Berechtigung gegenüber jedermann enthält, gegenüber jedermann wirkt. Potentiell jeder kann ein absolutes Recht verletzen, der Verletzte kann sich dagegen mit Herausgabe- und Unterlassungsansprüchen zur Wehr setzen.[114] Die-

---

[110] RGZ 57, 353, 356; RGZ 59, 49, 51; RGZ 95, 283, 284; *Becker* AcP 197 (1997), 439, 457; *Hammen* AcP 199 (1999), 591, 595. Die Charakteristika eines sonstigen Rechts im Sinne des § 823 Abs. 1 BGB sind gleichwohl streitig. Einigkeit besteht jedoch darin, dass der absolute Charakter eines Rechts notwendige Bedingung für ein sonstiges Recht ist. Ob dies zugleich eine hinreichende Bedingung ist, ist umstritten. Siehe dazu näher: *Löwisch* (Fußn. 24), 17ff; *Staudinger/Hager* § 823 Rn. B 124.

[111] *Staudinger/Wittmann* § 687 Rn. 6; aA *Picker*, AcP 183 (1983), 369, 512. Eine andere Frage ist, ob die Geschäftsanmaßung sinnvoll bei den Regeln über die Geschäftsführung ohne Auftrag angesiedelt ist. Im Grunde genommen handelt es sich bei der Geschäftsanmaßung um einen Deliktstatbestand, dessen Rechtsfolge auf Gewinnherausgabe geht und insoweit eine Rechtsfolgenlücke des geltenden Deliktsrechts schließt. Ausführlich dazu *Wenckstern*, AcP 200 (2000), 240, 244ff.

[112] *Assmann* (Fußn. 52), 285; *Canaris*, FS Flume I (1978), 371, 373f.

[113] Metaphysik der Sitten, Rechtslehre § 11.

[114] *Brehm/Berger* Rn. 13; *Hammen* AcP 199 (1999), 591, 595–597; *Medicus* Rn. 62; *Wilhelm* Rn. 38; *Larenz/Wolf* § 15 Rn. 2 beschränken den Begriff auf Abwehransprüche; ebenso *Röhl*, Allgemeine Rechtslehre, § 42 II 2, wonach absolute Rechte, die sich auf ein positives Tun richten logisch nicht ausgeschlossen seien, aber praktisch nicht vorkämen.

ses Teilmerkmal eines absoluten Rechts besteht darin, dass ein Recht durch einen Anspruch durchgesetzt werden kann.

Den Klageschutz als weiteres wesentliches Element eines absoluten Rechts anzusehen,[115] ist jedoch missverständlich. Verstanden als die Möglichkeit, ein Recht gerichtlich durchzusetzen, ist er kein konstitutiver Bestandteil eines subjektiven und damit auch eines absoluten Rechts. Wie bereits oben dargestellt, ist es für die Definition eines Rechts unerheblich, ob es gerichtlich durchgesetzt werden kann. Die Überwindung des Aktionendenkens hat gerade die Erkenntnis gebracht, dass der gerichtliche Klageschutz gerade nicht konstitutiv für einen Anspruch ist.[116]

Die gängigen Definitionen gründen sich auf eine gesetzte Dichotomie von absoluten und relativen Rechten, so dass sich die Frage stellt, worin der Unterschied beider Rechte besteht. Betrachtet man das Innenverhältnis zwischen den Parteien eines vertraglichen Schuldverhältnisses, so besteht *kein* Unterschied zwischen absoluten und relativen Rechten.[117] Man hat dies an dem Beispiel verdeutlicht, dass sowohl der Kaufvertrag als auch die dingliche Übereignung unwirksam sind:[118] Der Verkäufer hat gegenüber dem Käufer hier sowohl einen Herausgabeanspruch aus §985, als auch einen Kondiktionsanspruch aus §812 Abs. 1 Satz 1 1. Var., gerichtet auf die Herausgabe des Besitzes. Der sachenrechtliche Anspruch aus §985 und der Anspruch aus einem gesetzlichen Schuldverhältnis (§812 Abs. 1 Satz 1 1. Var.) sind in ihren Rechtsfolgen deckungsgleich, beide Vorschriften konkurrieren zudem idealiter.[119] *Inter partes*, zwischen den Parteien eines (sei es auch nichtigen) Vertrages, sind absolute und relative Rechte daher wirkungsgleich. Daraus lässt sich mit Teilen des Schrifttums folgern, dass hier die Unterscheidung von relativen und absoluten Rechten ohne Bedeutung ist.[120] Auch die Vertragshaftung und die Inanspruchnahme aus einem absoluten Recht können gleich laufen, wie dies bei Lizenzen denkbar ist: Sofern der Inhaber eines Patents oder sonstigen gewerblichen Schutzrechts eine Lizenz beschränkt auf das Herstellen eines geschützten Erzeugnisses erteilt, kann er ein Inverkehrbringen des Patents als Vertragsverletzung untersagen und kann daneben als Inhaber des Patentrechts einen Unterlassungsanspruch aus §§139, 9 PatG geltend machen.

Damit beschränkt sich die Bedeutung des absoluten Rechts auf das »Außenverhältnis«.[121] Indes beginnen bei dieser vagen Beschreibung die Zweifel. Negativ beschrieben meint dieses Verhältnis alle Personen, zu denen der Inhaber des absoluten Rechts in keinem vertraglichen Schuldverhältnis steht. Unweigerlich stellt

---

[115] *Aicher*, Das Eigentum als subjektives Recht (1974), 68.

[116] Siehe zur Kritik auch *Fezer* (Fn. 9), 348.

[117] Grdl. *Picker*, AcP 183 (1983), 369, 511; *Wilhelm* Rn 21f.

[118] Siehe etwa *Wilhelm* Rn. 22.

[119] Dazu noch näher §3 VI 3 a.

[120] *Dörner* (Fußn. 31), 377 hält die Unterscheidung generell für unbrauchbar; *Picker* AcP 183 (1983), 369, 511.

[121] Den Begriff »Außenverhältnis« in diesem Zusammenhang verwendet *Wilhelm* Rn. 22; *Picker*, AcP 183 (1983), 369, 511 verwendet den Begriff »Dritter«.

sich nun die Frage, ob der Inhaber eines dinglichen Rechts zu diesen Personen überhaupt in einem Rechtsverhältnis steht. Dazu sind die Grundlagen des subjektiven Rechts zu erinnern, in die sich auch das absolute Recht fügen muss.[122] Das subjektive Recht ist nach der Willenstheorie die Abstraktion aus einem Rechtsverhältnis und kann nicht ohne dieses gedacht werden. Gegenüber allen Dritten kann der Inhaber eines absoluten Rechts jedoch nicht in einem Rechtsverhältnis stehen. Schon *Ihering* hat erkannt, dass ein subjektives Recht erst entstehe, wenn es sich die Möglichkeit einer individuellen Rechtsverletzung konstatiere.[123] Bevor sich ein Interesse zu einem Recht verdichtet, besteht nur ein unerheblicher Rechtsreflex. Bei Verträgen stellt sich dies anders dar, da nicht nur nach, sondern auch vor dem Abschluss eines Vertrages Sorgfaltspflichten bestehen.

Ein Recht, dass gegenüber jedermann wirken soll, stößt daher auf Begründungsprobleme. Mit scharfer Häme hat sich bereits *Kohler* gegen die Vorstellung gewendet, dass ein Recht gegenüber jedermann wirken könne und äußerte dies mit den berühmten Sätzen: »Hiernach steht der Eigenthümer der geringfügigsten Sache in einem Rechtsverhältnis zu allen Menschen, also auch zum Neger am Stanley-Pool oder zum Neoforezen an der Geelvinksbai«. Eine Art Dominoeffekt habe das herkömmliche Verständnis des absoluten Rechts und schlage unabsehbare Wellen. »Jedes neuentstehende Eigenthum durchbebt die ganze Menschheit mit seinem Schauer, ... jeder neu gefangene Fisch bewirkt eine Rechtserschütterung, die bis an den Nordpol reicht, wenigstens so weit, wie Menschen wohnen«.[124] Die Polemik mag zwar überzogen erscheinen, offenbart aber eine Schwäche im allgemeinen Konzept von absoluten Rechten. Ohne eine gegenwärtige oder drohende Verletzung aktualisiert sich das Recht nicht und es können keine Ansprüche geltend gemacht werden. Die normtheoretischen Probleme stecken jedoch noch tiefer und stellen die gängige Dichotomie von absolutem und relativen Recht in Frage.

Relative Rechte grenzen den Kreis der möglichen Verletzer durch die Vertragsparteien ein. Auch das absolute Recht steht unter diesen Schranken, ein Anspruch aus einem solchen Recht setzt voraus, dass ein gesetzlicher Tatbestand erfüllt ist. Dieser Begrenzungsfunktion des Tatbestandes entspricht es, dass bei Vertragsverletzungen die jeweiligen Typen normiert sind. Die Durchsetzung dinglicher und relativer Rechte geschieht durch den Anspruch, definiert in § 194 als das Recht, von einer bestimmten Person ein Tun oder Unterlassen zu fordern: Der Anspruch richtet sich damit immer gegen einen oder mehrere Verletzer eines Rechts.[125] Wenn daher der aus einem absoluten Recht folgende Anspruch gegenüber jeder-

---

[122] Siehe dazu oben I 2 a, II.

[123] Siehe dazu oben I 2 b.

[124] *Kohler* GrünhutsZ 14 (1887), 1, 6.

[125] Siehe dazu auch *Staudinger/Seiler* Einl zum SachenR Rn. 12, der darauf hinweist, dass die unmittelbar durchsetzbare Rechtsmacht eines dinglichen Rechts nur durch einen Anspruch durchgesetzt werden könne.

mann gelten soll, so kann es sich dabei allenfalls um ein präventives oder generelles Verbot handeln. Ein subjektives Recht im Sinne der gängigen Definitionen kann ohne Verletzung noch nicht bestehen.[126]

Das Beispiel für die Wirkungsweise eines absoluten Rechts, dass der Eigentümer von *jedem Besitzer* die Sache herausverlangen könne, ist deswegen verräterisch: Der Eigentümer kann die Sache nur herausverlangen, wenn ein Dritter sie besitzt. Ansonsten ruht das absolute Recht. Nur gegenüber einem aktuellen Verletzer bestehen daher Ansprüche aus einem absoluten Recht. Dies bedeutet, dass erst durch eine Verletzung ein Recht sich aktualisiert und geltend gemacht werden kann. Dieser Schutz besteht indes auch bei relativen Rechten. Vor der Rechtsverletzung ist es wiederum unerheblich, ob ein Recht absolut oder relativ wirkt. Im übrigen ist aber der Anspruchsschutz bei dinglichen und relativen Rechten gleich: Da ein Anspruch *per definitionem* nur gegenüber dem Verletzer wirken kann, sind persönliche Reichweite eines absoluten und eines relativen Rechts identisch. Ein absolutes Recht unterscheidet sich von einem relativen Recht nur dadurch, dass potentiell jedermann dieses Recht verletzen kann. Bei vertraglichen Beziehungen ist dies undenkbar. Der Vertrag selbst ist eine Rechtsquelle, die die Parteien nur *inter partes* setzen können, weil ihnen keine Gesetzgebungsmacht für alle zusteht. Hier richtet sich das Gebot, in einer bestimmten Art und Weise zu handeln, gegen eine Person, die bei Vertragsschluss bekannt ist.[127] Der Adressatenkreis bei absoluten Rechten ist dagegen generell.[128]

Weniger beachtet sind bislang die Entstehungsgründe absoluter und relativer Rechte. Bei einem absoluten Recht verleiht ausschließlich das Gesetz selbst ein Recht, dass unabhängig von einem Vertrag durchgesetzt werden kann. Relative Rechte entstehen in der Hauptsache durch einen Vertrag. Ein solches Unterscheidungskriterium wäre wenig aufschlussreich für die Dichotomie zwischen relativen und absoluten Rechten. In der Tat lässt sich ein substantieller Unterschied zwischen diesen Rechten aber auch nicht feststellen. Da das absolute Recht durch einen Anspruch verwirklicht wird, bedarf es stets eines Anspruchsgegners. Das Recht verwirklicht sich damit selbst durch ein Sollensgebot, ohne dass deswegen der Imperativentheorie zu folgen ist. Gegenüber relativen Rechten unterscheiden sich damit absolute Rechte nur durch die denkbaren Verletzer. Damit ist der Weg frei, die Ansprüche beispielsweise aus dem Eigentum als ein Bündel bipolarer Rechtsverhältnisse zu begreifen wie dies in der Rechtstheorie auch teilweise angenommen wird.[129] Die Folgen dessen sind weitreichend. Das absolute Recht bildet

---

126 *Dörner* (Fußn. 31), 31f.

127 Bereits *Oertmann*, IherJb 31 (1892), 415, 458 sieht »in dieser Bestimmtheit und Ausschließlichkeit der Beziehung« den Unterschied der Obligation zum dinglichen Recht.

128 *Dörner* (Fußn. 31), 31.

129 Grdl. *Hohfeld* Yale Law Journal 23 (1913), 16; *Penner* UCLA Law Review 43 (1996), 711ff; der Sache nach auch *Röhl*, Allgemeine Rechtslehre § 42 III 2 wonach absolute Rechte ihrem Inhalt nach ein Bündel von Ansprüchen darstellen.

keine eigene systematische Kategorie, vielmehr ist der Unterschied zwischen absoluten und relativen Rechten nicht wesensbedingt, sondern rein rechtstechnisch. Unter diesem Vorbehalt stehen alle weiteren Ausführungen zum absoluten Schutz der dinglichen Rechte.

b) Fortbestand bei Übertragung des Stammrechts

Orientiert am Beispiel der beschränkten dinglichen Rechte, erblickt man ein weiteres Merkmal eines absoluten Rechts darin, dass dieses auch durch eine Übertragung der belasteten Sache nicht untergehe (Sukzessionsschutz). Ein beschränktes dingliches Recht wirkt gegenüber dem Erwerber der belasteten Sache fort. Wer eine mit einem dinglichen Recht belastete Sache erwirbt, muss dieses beschränkte dingliche Recht hinnehmen und kann Ansprüchen aus diesem ausgesetzt sein.[130] Das relative Recht hingegen gilt nur zwischen dem Schuldner und dem Gläubiger. Alle dinglichen Rechte beschreibt der Sukzessionsschutz unzulänglich, da er nur auf beschränkte dingliche Rechte gemünzt ist und damit über das Vollrecht nichts aussagt. Unabhängig davon ist kurz darzustellen wie der Sukzessionsschutz rechtlich konstruiert ist.

aa) Die systematischen Kennzeichen

Die Wirkungen des Sukzessionsschutzes leitet man an der Konstellation ab, dass von einem Mutterrecht ein Tochterrecht (sei es ein Verwertungs- oder Nutzungsrecht) abgespalten wird und danach der Eigentümer über die belastete Sache verfügt. Liegt das Merkmal der Absolutheit nun darin, dass das beschränkte dingliche Recht im Gegensatz zu einem relativen Recht gegenüber dem Erwerber gelten soll, so ist diese Feststellung für sich genommen nichtssagend. Dem Sukzessionsschutz geht eine Verfügung voraus, die ja ihrerseits ein dingliches Rechtsgeschäft sein soll. Als zweites phänomenologisches Kriterium setzt der Sukzessionsschutz voraus, dass ein Recht von einem anderen abgespalten werden kann. Sowohl eine Verfügung wie auch die Abspaltung eines Rechts ist obligatorischen Rechten fremd. Insoweit kennzeichnen den Sukzessionsschutz Elemente, die bei relativen Rechten nicht vorkommen. Die Begründung einer Forderung ebenso wie die Erfüllung (§ 362) sind keine Verfügungen. Man gerät daher in die Nähe eines *circulus vitiosus*, will man aus dem Sukzessionsschutz auf den dinglichen oder absoluten Charakter eines Rechts schließen. Es geht nicht an, einerseits nach ei-

---

[130] Der Begriff »Sukzessionsschutz« wurde geprägt von *Eichler* I 1, 5ff. Siehe außerdem: *Canaris*, FS Flume I (1978), 371, 373f; *Dörner* (Fußn. 31), 87ff; *Forkel* (Fußn. 104), 154f; *Raiser*, Dingliche Anwartschaften (1961), 33. Als erster thematisiert hat den Gedanken *Raape* (IherJb 74 [1928], 179ff). *Raape* legt dar, dass eine Seite des absoluten Rechts seine Unabhängigkeit und Selbständigkeit sei (222) und präzisiert dies später als »Sichbehaupten des Rechts gegenüber dem späteren Eigentümer der Sache« (248). Skeptisch: *Löwisch* (Fußn. 27), 31.

nem Kennzeichen eines absoluten Rechts zu forschen, andererseits dies mit der gesetzten Praemisse einer Verfügung zu begründen.

Aus der Perspektive der beteiligten Parteien lässt sich die Struktur des Sukzessionsschutzes immerhin präzisieren: Der Eigentümer kann einzelne Rechte von dem Vollrecht abspalten, sei es als Verwertungs- oder Nutzungsrecht. Über die mit einem dinglichen Recht belastete Sache kann er verfügen, ein beschränktes dingliches Recht begründet in aller Regel kein Verfügungsverbot (§ 137 Satz 2) oder wirkt nicht wie ein dinglicher Arrest. Die Verfügungsbefugnis ist allein an die formale Eigentümerstellung gebunden. In seiner Entstehung hängt das beschränkte dingliche Recht vom Willen des Eigentümers ab, nicht aber in seinem Fortbestand. Die Eigentumslage ist dafür unerheblich.[131] Für sich genommen drückt dieses Charakteristikum des Sukzessionsschutzes ein Selbstverständlichkeit aus, die aus der Rechtsgeschäftslehre folgt: Nur durch ein Rechtsgeschäft mit dem Inhaber eines Rechts kann ein Recht begründet, geändert oder aufgehoben werden.[132] Die Verfügung über eine belastete Sache kann schon deshalb kein Rechtsgeschäft sein, das ein beschränktes Recht aufhebt, da der Verfügende nicht Inhaber dieses Rechts ist. Aus diesem Blickfeld betrachtet, stellt sich der Sukzessionsschutz nicht als Phänomen des absoluten Rechts dar. Damit knüpft der Sukzessionsschutz an die Verfügung eines Berechtigten an und unterscheidet sich dadurch von dem Verfügungsschutz. Grundsätzlich begrenzen die Vorschriften über den gutgläubigen Erwerb den Verfügungsschutz, während beim Sukzessionsschutz der Berechtigte verfügt und darin keinen Schranken unterliegt.[133]

Schließlich aus der Sicht des Dritten als Erwerbers der belasteten Sache betrachtet, stellt sich der Sukzessionsschutz als gleichsam »zeitversetzter Vertrag« zu Lasten Dritter dar: Zwei Parteien vereinbaren eine Belastung, die gegenüber dem Dritten als Erwerber des belasteten Gegenstands wirkt. Zeitversetzt ist dieser »Vertrag zu Lasten Dritter« deshalb – und damit kein Vertrag zu Lasten Dritter im Rechtssinne, weil die Verfügung der Belastung erst nachfolgt, in den praktischen Auswirkungen drängt sich jedoch die Parallele zum Vertrag zu Lasten Dritter auf. Der Dritte erwirbt ein belastetes Eigentum (vgl. §§ 936, 891, 892).

---

131 *Thiele* (Fußn. 84), 34.

132 Dazu und zu den Grundlagen: *Thiele* (Fußn. 84), 14ff.

133 *Canaris*, FS Flume I (1978), 371, 373f; *Dörner* (Fußn. 31), 87f. *Dörner* fasst unter den Sukzessionsschutz auch den Fall, in dem bei einem Zweitverkauf sowohl causa als auch Verfügung zwischen dem Veräußerer und dem Erwerber wegen § 138 Abs. 1 nichtig sind (90). Mit einem echten Sukzessionsschutz ist dies allerdings nicht vergleichbar. Sofern man bei einem Doppelverkauf auch die Nichtigkeit der zweiten Verfügung annimmt, so beschränkt man dadurch den durch das Abstraktionsprinzip vermittelten Verkehrsschutz. Beim Sukzessionsschutzes geht es um den Fortbestand des Rechts, bei einer nichtigen Veräußerung gegenüber einem Dritterwerber geht es darum, zu begründen, warum dessen Schutz als Teil des Verkehrsschutzes ausscheidet.

bb) Kritik am Sukzzesionsschutz als rechtliche Kategorie

Erst die ausgreifende Diskussion über die Verdinglichung obligatorischer Rechte hat den Sukzessionsschutz als Merkmal eines absoluten Rechts herausgestellt. Auf die weiteren Einzelheiten wird erst unten einzugehen sein (V), die Grundlagen sind jedoch hier vorzuzeichnen. Von einer bestimmten Aussagekraft ist der Sukzessionsschutz erst, wenn sich herausstellt, dass ausschließlich sachenrechtliche Befugnisse an ihm teilhaben und umgekehrt relativen Rechte nicht. Nähert man sich der Frage vom Liegenschaftsrecht her, so kennzeichnet der Sukzessionsschutz in der Tat den Fortbestand der beschränkten dinglichen Rechte. Die Ursachen für dieses Phänomen liegen aber in der Abspaltungsbefugnis des Eigentümers und dem Publizitätsprinzip. Im Liegenschaftsrecht bedarf jede Beschränkung des Eigentums der Eintragung in das Grundbuch (§ 873 Abs. 1). Bereits aus diesem Grunde muss der Erwerber sich ein bestehendes dingliches Recht an einem Grundstück entgegenhalten lassen, da aus dem Grundbuch ersichtlich. Besonders verdeutlichen lässt sich dies anhand des Erbbaurechts. Sukzessionsschutz würde für das Erbbaurecht bedeuten, dass der Erwerber des belasteten Grundstücks das Erbbaurecht mit seinem gesetzlichen Inhalt hinzunehmen hat und in diesem Sinne belastet ist. Die Wirkung des Erbbaurechts relativiert jedoch § 2 ErbbauVO: Vereinbarungen, die zum Inhalt des Erbbaurechts gehören, gelten zwischen jedem Grundstückseigentümer und Erbbauberechtigten. Gegenüber Dritten wirken diese Vereinbarungen jedoch nicht, sondern nur erst, wenn sie in das Grundbuch eingetragen sind. Die herrschende Ansicht versteht diese Konstruktion als eine Verdinglichung obligatorischer Rechte,[134] was jedoch schief ist. Vielmehr hebt das Gesetz hier die relative Wirkung schuldrechtlicher Abreden selbst auf und erstreckt deren Wirkung auf den Rechtsnachfolger, wenn diese publiziert sind.[135] Dies lässt sich als ein Sukzessionsschutz von Forderungsrechten kennzeichnen, vermittelt über das Grundbuch.

Es ist keineswegs ausgeschlossen, dass solche relativen Rechte in das Grundbuch eingetragen werden können und dann Sukzessionsschutz genießen. § 10 Abs. 2 WEG belegt dies deutlich: Nutzungsvereinbarungen der Wohnungseigentümer untereinander wirken gegenüber Rechtsnachfolgern nur, wenn sie in das Grundbuch eingetragen wurden. Die Regelungstechnik dieser Vorschrift gleicht der des § 2 ErbbauVO. Solche Benutzungsvereinbarungen sind schuldrechtlichen Charakters. Gleichwohl stuft sie der BGH als schuldrechtliche Rechte mit »dinglicher Wirkung« ein, wenn sie im Grundbuch eingetragen sind.[136] Richtigerweise ändert sich durch die Eintragung ins Grundbuch nicht der Charakter der Nut-

---

[134] OLG Stuttgart NJW 1958, 2019, 2020; *Hess* AcP 198 (1998), 489, 498; MünchKomm-*v. Oefele* § 2 ErbbauVO Rn. 4; Staudinger/*Rapp* § 2 ErbbVO Rn. 5; *Weitnauer* Anm. DNotZ 1968, 302, 304.

[135] So zutr. *Ranft*, Die Verdinglichung des Erbbaurechtsinhalts (1993), 30.

[136] BGHZ 73, 145, 148f; BGHZ 91, 343, 346; BGH NJW 2000, 3643, 3645.

zungsvereinbarung, da die Rechte und Pflichten der Wohnungseigentümer gleich bleiben.[137] Es besteht kein Anlass, sie als dingliche Position einzustufen, da sie nicht zwingend einen Sachzugriff vermitteln und erst Recht keinen Schutz gegenüber jedermann. Wie schon beim Erbbaurecht so besteht hier der tragende Gedanke für den Sukzessionsschutz letztlich im Publizitätsprinzip und nicht in einem wie auch immer zu beschreibenden Wesenszug absoluter Rechte. Der Sukzessionsschutz ist damit nicht auf dingliche Rechte beschränkt. Das Beispiel der Miete verdeutlicht dies noch zusätzlich, ist aber erst später im Zusammenhang zu behandeln (V 1 b). Schließlich bestimmt auch der in diesem Zusammenhang oft erwähnte §986 Abs. 2, dass ein schuldrechtliches Besitzrecht gegenüber dem Rechtsnachfolger des Eigentümers wirkt. Diese Vorschrift erfasst dem Wortlaut nach eine Übereignung nach §931, ist aber über diesen eigentlichen Fall auf eine Übereignung nach §930 ausgedehnt worden.[138] Ihre Anwendung auf eine *brevi manu traditio* nach §929 Satz wird überwiegend bejaht.[139] Man mag dies als eine Verdinglichung bezeichnen,[140] erklärt dadurch aber wenig.

Anderenfalls müsste man die Frage, ob eine Erwerbsgestattung nach §956 Abs. 1 gegenüber dem Rechtsnachfolger wirkt, auch als eine Relativierung dinglicher Rechte bezeichnen. Gerade diese Vorschrift zeigt, dass sich kein Rückschluss von der dinglichen Natur eines Rechts auf dessen Sukzessionsschutz ziehen lässt. Die Gestattung im Rahmen dieser Vorschrift ist ein Verfügungsgeschäft, unabhängig davon, wie man sie im Einzelfall konstruiert. Geht man davon aus, dass die Erwerbsgestattung ein dingliches Recht vermittelt, so müsste eine einmal erteilte Gestattung auch folgerichtig gegenüber dem Rechtsnachfolger des Erwerbers wirken. Indes ist dies nicht der Standpunkt der überwiegenden Ansicht. Unabhängig von der Konstruktion der Erwerbsgestattung gilt diese nur gegenüber dem Rechtsnachfolger, wenn dieser einen Eigentumserwerb zu dulden hat.[141] Gründe für eine solche Duldungspflicht ergeben sich unter anderem aus den §§566 Abs. 1, 578 Abs. 1, 2135 und damit nicht aus der Rechtsnatur der Erwerbsgestattung selbst. Eine nur noch vereinzelte Gegenansicht nimmt einen Sukzessionsschutz zu Gunsten des Berechtigten jedenfalls dann an, wenn sie nach §956 Abs. 2 Satz 1 bindend geworden ist.[142] Dies bleibt zwar dem Denken treu, dass

---

[137] Sog. »Trennungstheorie«; Ausführlich dazu: *Häublein*, Sondernutzungsrechte und ihre Begründung im Wohnungseigentumsrecht (2003), 32ff mwN Fußn. 126; *Schneider* ZfIR 2002, 108, 117; *Weitnauer*, 2. FS Larenz (1983), 705, 718ff.

[138] BGHZ 111, 142, 146; MünchKomm/*Medicus* §986 Rn. 22; *Staudinger/Gursky* §986 Rn. 32 jeweils mwN.

[139] Siehe etwa *Canaris*, FS Flume I (1978), 371, 392; MünchKomm/*Medicus* §986 Rn. 22; *Staudinger/Gursky* §986 Rn. 50; *Wolf/Raiser* §84 IV 1 a Fußn. 21 (324).

[140] So *Canaris*, FS Flume I (1978), 371, 392f.

[141] Grdl. RGZ 78, 35, 36; aus der Lit.: *Bamberger/Roth/Kindl* §956 Rn. 7; *Baur/Stürner* §53 Rn. 62; *Ennecerus/Nipperdey* §79 Fn. 14; *Schultz*, Bonner FG für Zitelmann (1923), 83; 97ff; *Soergel/Henssler* §956 Rn. 5; *Staudinger/Gursky*, §956 Rn. 24f; *Westermann/Gursky* §57 III 2 d (465).

[142] *Wieling I* §11 III 5 b bb; *Wolff/Raiser* §77 IV 6.

dingliche Rechte gegenüber dem Rechtsnachfolger des Eigentümers wirken, übergeht aber den Umstand, dass die ursprüngliche Gestattungsbefugnis auch noch zum Erwerbszeitpunkt durch den Berechtigten bestehen muss.[143] Sofern man das Aneignungsrecht des § 956 als dinglich-absolutes Recht einstufen möchte, zeigt diese Vorschrift gerade, dass ein Sukzessionsschutz daraus nicht notwendig folgt. Der Sukzessionsschutz ist nicht allein auf sachen- oder zivilrechtliche Rechtspositionen beschränkt. Wie wenig der Sukzessionsschutz dazu beiträgt, um relative und absolute Rechte zu beschreiben, verdeutlicht besonders § 33 UrhG. Innerer Grund für den hier normierten Sukzessionsschutz ist das Vertrauen des Rechtsinhabers, dass sein einfaches Nutzungsrecht fortbesteht. Dahinter steckt dessen handgreifliches wirtschaftliches Interesse an der Amortisation der eigenen Investitionen.[144] Ein einmal erteiltes Nutzungsrecht muss daher auch der spätere Inhaber eines ausschließlichen Nutzungsrechts hinnehmen. Auf der anderen Seite hindert ein einmal erteiltes einfaches Nutzungsrecht den Urheber nicht daran, ein ausschließliches Nutzungsrecht einzuräumen. Wie bei den beschränkten dinglichen Rechten hat der Urheber nach wie vor eine Abspaltungsbefugnis. Die Parallelen zum Sachenrecht drängen sich nachgerade auf, wenn nach § 29 Satz 1 UrhG das Urheberrecht ausnahmsweise übertragbar ist, da für diesen Fall eine analoge Anwendung des § 33 befürwortet wird.[145]

Gleichwohl ist durch diesen Befund noch nicht entschieden, welche Rechtsqualität das einfache Nutzungsrecht hat. Darüber ist im Urheberrecht eine praktisch weitgehend folgenlose Debatte entbrannt, die belegt wie wenig ergiebig ein Denken in absoluten und relativen Rechten ist. Als Ausnahme dieses Grundsatzes, dass relative Rechte nur *inter partes* wirken, stufte der Gesetzgeber diese Vorschrift ein. Das Nutzungsrecht soll damit schuldrechtlicher Natur sein.[146] Ganz dem Denken von dinglich-absoluten und relativen Rechten verhaftet, misst eine Gegenansicht dem Nutzungsrecht einen dinglichen Charakter zu.[147] Abgesehen von der urheberrechtlichen Folgenlosigkeit ist diese Streitigkeit jedoch für den dogmatischen Ertrag bedeutsam, ob der Sukzessionsschutz zwingend ein dingliches Recht voraussetzt. Dies ist nicht nur im Urheberrecht, sondern auch nach dem bereits Ausgeführten abzulehnen. Der Sukzessionsschutz knüpft an die Befugnis eines Rechtsinhabers an, eine Berechtigung abzuspalten. Es steht im Belieben des Gesetzgebers, ob er der abgespaltenen Position einen Fortbestand gegenüber Dritten gewährt. Im Urheberrecht rechtfertigt sich dies aus dem Vertrauensgedanken. Der Vertrauensschutz jedoch hängt nicht davon ab, ob eine Position

---

143 Siehe dazu etwa MünchKomm/*Oechsler* § 956 Rn. 5; *Staudinger/Gursky* § 956 Rn. 20ff.

144 *Forkel*, Gebundene Rechtsübertragungen I (1977), 86ff; *Schricker/Schricker* § 33 Rn. 4.

145 *Forkel* (vorige Fn.), 87; *Schricker/Schricker* § 33 Rn. 4.

146 BT-Drs. IV/270, 56; ebenso: BGH GRUR 59, 200, 202; *Möhring/Nicolini/Spautz* § 33 Rn. 5f.

147 *Forkel* (Fußn. 144), 222ff; *ders.* NJW 1983, 1764ff; *Rehbinder* Rn. 306; *Schricker/Schricker* vor §§ 28ff Rn. 49.

dinglich ist, sondern vielmehr von einem Vertrauenstatbestand. In diesem Sinne schützt das Erbbaurecht auch das Vertrauen des Berechtigten über den Fortbestand seiner Abreden gegenüber Dritten oder bestimmt § 10 Abs. 2 WEG, das eingetragene Nutzungsvereinbarungen gegenüber dem Rechtsnachfolger gelten. Dogmatisch ist daher der Sukzessionsschutz eine unergiebige Kategorie und Schlüsse von einem solchen Schutz auf einen Schutz gegenüber jedermann, sind dogmatisch kaum haltbar. Für die Gewährung von Sukzessionsschutz spielt die Einordnung des jeweiligen Rechts keine Rolle.

c) *Beständigkeit in Insolvenz und Zwangsvollstreckung*

Schließlich als weiteres Merkmal eines absoluten Rechts soll dessen Beständigkeit in Zwangsvollstreckung und Insolvenz gelten.[148] In der Einzelzwangsvollstreckung äußert sich die Beständigkeit eines Rechts darin, dass es eine Drittwiderspruchsklage nach § 771 Abs. 1 ZPO erlaubt oder eine Klage auf vorzugsweise Befriedigung im Sinne des § 805 ZPO.[149] Eine Drittwiderspruchsklage setzt ein »die Veräußerung hinderndes Recht« voraus. Über den missglückten Wortlaut des § 771 Abs. 1 ZPO herrscht Einigkeit: Gemeint ist in dieser Norm ein der Vollstreckung entgegenstehendes Recht.[150] Wie diese Rechte zu bestimmen sind, ist in der vollstreckungsrechtlichen Literatur seit einiger Zeit stark umstritten: Eine wirtschaftliche und teleologische Sichtweise stehen sich gegenüber.[151] Bereits diese Grundsatzdebatte lässt vermuten, dass Folgerungen von dem Vollstreckungsschutz auf die Wirkungsweise eines absoluten Rechts mit Vorsicht zu genießen sind. Klarheit verschafft der Zweck der Drittwiderspruchsklage. Die Vorschrift soll sicherstellen, dass der staatliche Vollstreckungszugriff nur das Vermögen des Vollstreckungsschuldners erfasst. Geht der Vollstreckungszugriff darüber hinaus, können betroffene Dritte Klage erheben.[152] Der BGH definiert ein die Veräußerung hinderndes Recht als das Recht des Dritten, den Schuldner an der Veräußerung zu hindern, weil der Schuldner in dessen Rechtskreis eingriffe, sofern er die Sache selbst veräußern würde.[153] Solche Rechte können dingliche oder absolute Rechte sein, zwingend notwendig ist dies jedoch nicht. Auch das Anwartschaftsrecht gilt unabhängig von seiner dogmatischen Einordnung als ein die Ver-

[148] Z. Bsp. *Schwab/Prütting* Rn. 16.
[149] *Canaris*, FS Flume I (1978), 371, 374.
[150] MünchKomm(ZPO)/*K. Schmidt* § 771 Rn. 16; *Rosenberg/Gaul/Schilken*, ZVR § 41 IV; *Stein/Jonas/Münzberg* § 771 Rn. 13 Fn. 96.
[151] Die teleologische Betrachtungsweise betont die Parallele zur Aussonderung in der Insolvenz und stellt darauf ab, ob ein Recht auf die »Nichtzugehörigkeit des Gegenstandes zum Schuldnervermögen hinweist«, *Rosenberg/Gaul/Schilken*, ZVR § 41 IV (666); *Stein/Jonas/Münzberg*, § 771 Rn. 15.
[152] Siehe dazu nur MünchKomm(ZPO)/*K. Schmidt* § 771 Rn. 1.
[153] BGHZ 55, 20, 26; BGHZ 72, 141, 145.

äußerung hinderndes Recht.[154] Besonders deutlich wird der Unterschied von sachenrechtlicher Zuordnung und vollstreckungsrechtlicher Einordnung bei Treuhandverhältnissen. Bei einer uneigennützigen Treuhand kann der Treugeber die Klage aus § 771 Abs. 1 ZPO erheben, wenn Gläubiger des Treuhänders in das Vollstreckungsgut eingreifen.[155] Dies gilt unabhängig davon, ob der Treugeber Eigentümer des Treuguts ist oder an ihm ein beschränktes dingliches Recht hat. Auch bei der eigennützigen Treuhand billigt die herrschende Ansicht dem Treugeber eine Drittwiderspruchsklage zu, sofern in das Treugut durch Gläubiger des Treugebers vollstreckt wird. Der BGH hat bei einer Sicherungsübereignung dem Sicherungsgeber ein Widerspruchsrecht nach § 771 Abs. 1 ZPO zugestanden.[156] Auf eine lange Tradition[157] schließlich kann die Rechtsprechung zurückgreifen, wenn sie auch schuldrechtliche Herausgabeansprüche als ein die Veräußerung hinderndes Recht ansieht.[158] Gerade dieser Befund war Ursache dafür, dass sich heute die prozessrechtliche Theorie zur Beschreibung der Drittwiderspruchsklage durchgesetzt hat.[159]

Überwiegend folgt das Schrifttum dieser Rechtsprechung und bestreitet im Ergebnis nicht, dass auch schuldrechtliche Herausgabeansprüche Grundlage einer Drittwiderspruchsklage sein können.[160] Einzig die Begründung ist umstritten. Aus dem Zweck der Drittwiderspruchsklage folgern Teile der Literatur, dass für eine Klage aus § 771 Abs. 1 ZPO entscheidend ist, ob haftungsrechtlich der Gegenstand dem betreffenden Vermögen zugeordnet ist und damit dem Vollstreckungszugriff des Gläubigers unterworfen. Die vermögensrechtliche, damit die dingliche und die haftungsrechtliche Zuordnung können voneinander abweichen.[161] Dazu entgegengesetzt meint man, dass namentlich bei der Sicherungs-

---

[154] BGHZ 55, 20, 27; BGH WM 1978, 174; näher: *Banke*, Das Anwartschaftsrecht aus Eigentumsvorbehalt in der Einzelzwangsvollstreckung (1991), 92ff; *Brox* JuS 1984, 657, 666; MünchKomm(ZPO)/*K. Schmidt* § 771 Rn. 21 mwN. Fn. 66; *Stein/Jonas/Münzberg* § 771 Rn. 17f; aA etwa: *Marotzke*, Das Anwartschaftsrecht – ein Beispiel sinnvoller Rechtsfortbildung? (1977), 113ff.

[155] BGHZ 11, 37, 41; BGH NJW 1959, 1223, 1224; BGH NJW 1971, 559, 560; BGH NJW 1993, 2622; BGH NJW 1996, 1543; aus der Lit. siehe etwa *Stein/Jonas/Münzberg* § 771 Rn. 22ff.

[156] BGHZ 72, 141, 146; BGHZ 118, 201, 207. MünchKomm/*Oechsler* Anh. §§ 929–936 Rn. 53 mwN. Fußn. 219. Dieses Recht gilt nur bis zum Eintritt des Sicherungsfalles, vgl. *Stein/Jonas/Münzberg* § 771 Rn. 26a. Die Frage ist im Schrifttum gleichwohl streitig. Da eine Sicherungsübereignung wie ein besitzloses Pfandrecht wirkt, wollten im älteren Schrifttum viele dem Sicherungsgeber nur eine Klage auf vorzugsweise Befriedigung nach § 805 ZPO einräumen. So heute noch MünchKomm(ZPO)/*K. Schmidt* § 771 Rn. 29.

[157] Zur geschichtlichen Entwicklung und ihrer Bewertung siehe *Picker*, Die Drittwiderspruchsklage in ihrer geschichtlichen Entwicklung als Beispiel für das Zusammenwirken von materiellem Recht und Prozessrecht (1981), 435ff.

[158] Siehe dazu *Schuscke* ZPO § 771 Rn. 25 mwN. Fußn. 25.

[159] Näher *Rosenberg/Gaul/Schilken* ZVR § 41 II mit weiteren Nachweisen auch zur Gegenansicht.

[160] Z. Bsp. *Rosenberg/Gaul/Schilken* ZVR § 41 VI 7.

[161] Z. Bsp. *Becker-Eberhard, Gerhardt*, FS Lüke (1997), 127f.

übereignung ein für sich genommen relatives Recht verdinglicht werde.[162] Deutet man die Drittwiderspruchsklage prozessrechtlich als Gestaltungsklage, so überzeugt die letzte Begründung nicht. Da die Interventionsklage nach § 771 Abs. 1 ZPO ein prozessrechtliches Institut ist, ist sie nicht an zivilrechtliche Einteilungen gebunden und darf sich von der Systematik des BGB lösen. Anhand der Drittwiderspruchsklage lässt sich daher kaum bestimmen, wann ein Recht absoluten oder dinglichen Charakters ist. Auch schuldrechtliche Positionen gewähren ein die Veräußerung hinderndes Recht im Sinne des § 771 Abs. 1 ZPO. Aus der vollstreckungsrechtlichen Systematik lassen sich daher keine Rückschlüsse für den Rechtscharakter des dinglichen oder absoluten Rechts gewinnen.

Wenig hilfreich für den Charakter eines absoluten Rechts ist auch der Verweis auf die Aussonderungsrechte in der Insolvenz. Das Insolvenzverfahren erfasst nur das gesamte Vermögen, das dem Schuldner zur Zeit der Insolvenzeröffnung gehört oder das er danach erlangt (§ 35 InsO). Ein Aussonderungsrecht bedeutet, dass ein bestimmtes Recht oder eine bestimmte Sache nicht zur Insolvenzmasse gehört.[163] Vordergründig fällt auf, dass § 47 Satz 1 InsO von dinglichen und nicht von absoluten Rechten spricht. Aber auch der vom Gesetzgeber des BGB betonte Gegensatz zwischen dinglichem und persönlichem Recht ist in § 47 Satz 1 InsO verschliffen, da beide Rechte einen Aussonderungsanspruch nach § 47 Satz 2 InsO gewähren. Bei näherer Untersuchung zeigt sich, dass die Eigenschaft als absolutes oder dingliches Recht und obligatorisches Recht für die Aussonderung in der Insolvenz keine Rolle spielt. Das Gesetz selbst legt nahe, dass bestimmte obligatorische Positionen zur Aussonderung berechtigen, während dies nicht umgekehrt bei allen dinglichen oder absoluten Positionen der Fall sein muss.

Kraft Gesetzes geben persönliche Herausgabeansprüche schuldrechtlicher Natur ein Aussonderungsrecht; der von ihnen erfasste Gegenstand rechnet nicht zur Insolvenzmasse: Unabhängig von ihrer Eigentümerstellung können der Vermieter (§ 546 Abs. 1), der Verpächter (§ 581 Abs. 2, 596), der Verleiher (§ 604), oder der Hinterleger (§ 695 BGB, § 422 HGB) und der Auftraggeber (§ 667) eine Sache aussondern lassen.[164] Umgekehrt haben der Mieter und der Pächter ein zur Aussonderung berechtigendes Recht zum Besitz, das schuldrechtlicher Natur ist.[165] Als Ausnahmeerscheinung lassen sich diese auf obligatorischen Ansprüchen ruhende Aussonderungsrechte kaum abtun,[166] da im Gesetz als persönliche Rechte angesprochen. Angesichts der Vielzahl solcher Aussonderungsrechte auf schuldrecht-

---

[162] So aber *Gaul*, FS Serick (1992), 105ff.

[163] MünchKomm(InsO)-*Ganter* § 47 Rn. 4; *Smid* NZI 2000, 505, 510; aA jedoch *Gaul* ZinsO 2000, 256, 257 Fußn. 4.

[164] *Gottwald/Gottwald*, Insolvenzrechts-Handbuch § 40 Rn. 26; MünchKomm(InsO)/*Ganter* § 47 Rn. 341. Der Geschäftsherr kann jedoch die Sachen, die der Geschäftsführer in Ausführung des Vertrages erworben hatte (§ 667 2. Var. BGB), nicht aussondern.

[165] MünchKomm(InsO)/*Ganter* § 47 Rn. 341.

[166] So jedoch *Canaris*, FS Flume I, 1978, 371, 374.

licher Basis kann es auch nicht angehen, diese Formen als Verdinglichung obligatorischer Rechte zu betrachten. Eine solche Betrachtung würde die gemeinsame systematische Klammer ignorieren, dass schuldrechtliche Herausgabeansprüche regelmäßig insolvenzfest sind.

Zudem sind keineswegs alle dinglichen Rechte insolvenzfest und geben einen Aussonderungsanspruch. Die Grunddienstbarkeit, das Erbbaurecht, beschränkte persönliche Dienstbarkeiten und das dingliche Vorkaufsrecht berechtigen zur Aussonderung.[167] Daraus jedoch den Schluss zu ziehen, dass alle dinglichen Rechte beständig in der Insolvenz sind, ist verfrüht. An einem vieldiskutierten Beispiel, der Insolvenz des Sicherungsgebers, lässt sich verdeutlichen, dass die Kategorien »dingliches Recht« und »relatives Recht« für die Aussonderungsrechte ohne Belang sind. § 51 Nr. 1 InsO gestattet dem Sicherungsnehmer nur ein Absonderungsrecht, wenn gegenüber dem Sicherungsgeber ein Insolvenzverfahren eröffnet wurde. Das dingliche Eigentum des Sicherungsgebers spielt keine Rolle. Dies rechtfertigt sich aus dem Grundgedanken des Insolvenzrechts, das Verfahren endgültig abzuwickeln, so dass keine Einzelverbindlichkeiten die Insolvenz überdauern. Da das Sicherungseigentum nur dazu dient, die Erfüllung einer Forderung zu sichern, darf das Insolvenzverfahren nicht darüber hinausgehen und eine endgültige Zuordnung vorsehen. Auch das Sicherungseigentum dient ja nicht dazu, die Ansprüche des Sicherungsnehmers zu befriedigen.[168] Umgekehrt hat jedoch der Sicherungsgeber ein Aussonderungsrecht in der Insolvenz des Sicherungsnehmers (§ 47 InsO), dessen Grundlage der Herausgabeanspruch aus dem Sicherungsvertrag ist.[169] Voraussetzung dafür ist, dass der Sicherungszweck entfallen ist oder der Treugeber die gesicherte Forderung erfüllt.[170] Unerheblich ist, dass der Sicherungsgeber in aller Regel nur einen obligatorischen Anspruch auf Rückübereignung aus dem Sicherungsvertrag hat. Für den Zweck des Insolvenzverfahrens kommt es auf die zivilrechtliche Einordnung nicht an. Die Rechtslage bei der Sicherungsübereignung zeigt besonders deutlich, dass die Unterscheidung von absoluten und relativen Rechten in der Insolvenz ihre Bedeutung verliert. Auf der einen Seite gewährt ein dingliches Recht (Sicherungseigentum) kein Aussonderungsrecht, während – der im Regelfall – auf den schuldrechtlichen Übertragungsanspruch verwiesene Sicherungsgeber ein solches Recht in der Insolvenz des Sicherungsnehmers hat. Auch das Pfandrecht gewährt nach §§ 49, 51 InsO nur einen Absonderungsanspruch und kein Recht auf Aussonderung. Dieser Befund lässt nur den Schluss zu, dass sich Aussonderungs- und Absonderungsrechte nach anderen Kriterien voneinander abgrenzen als persönliche bzw. schuld-

---

[167] MünchKomm(InsO)/*Ganter* § 47 Rn. 328.

[168] *Nerlich/Römermann/Andres*, InSo § 51 Rn. 8.

[169] Vgl. BGHZ 11, 37; *Baur/Stürner* § 53 Rn. 39; *Gottwald/Gottwald*, Insolvenzrechts-Handbuch § 43 Rn. 45; MünchKomm/*Oechsler* Anh. §§ 929–936 Rn. 57 mwN. Dies hatte bereits das Reichsgericht zur alten Konkursordnung erkannt, RGZ 133, 84.

[170] MünchKomm(InsO)/*Ganter* § 47 Rn. 375.

rechtliche und dingliche bzw. absolute Rechte.[171] Diese Konsequenz scheint in der insolvenzrechtlichen Literatur im Vordringen zu sein. Man sucht seither nach insolvenzrechtlichen Kriterien, die Aus- und Absonderungsrechte voneinander abgrenzen. Auf den Schematismus zwischen relativen und absoluten Rechten wird dabei jedoch nicht mehr zurückgegriffen.[172]

Wie schon gezeigt, trennt sich auch das Zwangsvollstreckungsrecht von der starren zivilrechtlichen Betrachtung, so dass auch hier die Unterscheidung zwischen absoluten und relativen Rechten an Bedeutung verliert. Aus der beschriebenen Rechtslage in Zwangsvollstreckung und Insolvenz lässt sich daher beim gegenwärtigen Stand der Rechtsentwicklung nichts Zuverlässiges für den Charakter eines absoluten Rechts gewinnen. Zum einen ist die Behandlung mancher Rechtspositionen in der Zwangsvollstreckung umstritten, so dass es nur schwer möglich ist, allgemeine Folgerungen zu gewinnen. Zum anderen folgen der Vollstreckungsschutz und die Aussonderungsrechte in der Insolvenz einer anderen Logik als der Unterscheidung zwischen relativem und dinglichem Recht. Es existieren bestimmte absolute Rechte, wie die Verwertungsrechte, die kein Aussonderungsrecht gewähren. Ebenso existieren auch schuldrechtliche Positionen, die entweder eine Drittwiderspruchsklage rechtfertigen oder ein Aussonderungsrecht geben. Bei diesen Fällen handelt es sich keineswegs um Ausnahmeerscheinungen. Die kurze Analyse zeigt daher, dass die Beständigkeit in Zwangsvollstreckung und Insolvenz kein brauchbares Merkmal ist, um absolute Rechte systematisch zu erfassen. Dies wäre nur der Fall, wenn ausschließlich absolute Rechte den beschriebenen Schutz genössen. Das ist nicht der Fall. Sowohl § 771 Abs. 1 ZPO als auch § 47 InsO verfolgen Zwecke, die auf den Begriff des absoluten Rechts keine Rücksicht nehmen. Man sollte sich daher davon verabschieden, die Beständigkeit in Insolvenz und Zwangsvollstreckung als Domäne des absoluten Rechts zu beschreiben. Zur Erfassung absoluter Rechte trägt dies nichts bei. Damit bleibt abschließend nur ein Wort der methodischen Kritik: Sofern auf die Rechte in Insolvenz und Zwangsvollstreckung zurückgegriffen wird, um Aussagen darüber zu erhalten, was ein absolutes Recht ist, führt die Debatte im Zwangsvollstreckungs- und Insolvenzrecht wieder in den Kreisel zurück. Wenn dort teilweise auf den Charakter eines dinglichen Rechts abgestellt wurde, um zu ermitteln welche Position zur Aussonderung berechtigt oder ein Recht im Sinne der Interventionsklage nach § 771 Abs. 1 ZPO. Dieser juristische Kreisverkehr ist nichts anderes als ein methodischer *circulus vitiosus*. Die Rechtsposition des Treugebers in Zwangsvollstreckung und Insolvenz verdinglicht sich ebenso wenig wie die Rechte des Treuhänders sich relativieren. Darauf ist später noch zurückzukommen.

---

[171] *Häsemeyer* InsR Kap. 11.04.

[172] Siehe näher dazu *Häsemeyer* InsR Kap. 11.04–11.06.

3. Rechtstheoretisches Zwischenergebnis

Die Analyse zu den Merkmalen eines absoluten Rechts schuldet ein Zwischenergebnis. Den Bestand eines Rechts in der Insolvenz oder Zwangsvollstreckung kann der Gesetzgeber ausgestalten. An die schulsystematische Einteilung zwischen absoluten und dinglichen Rechten einerseits, sowie zwischen relativen Rechten andererseits ist er dabei nicht gebunden. Die gedrängte Darstellung zeigte, dass die Grenzen zwischen einem dinglich-absoluten Recht einerseits und einem obligatorisch-relativen Recht andererseits verschwimmen. Für den Dualismus zwischen dinglichem und persönlichem Recht erlaubt dies zwei gegensätzliche Folgerungen: Zum einen kann man darauf verzichten, die Beständigkeit in der Insolvenz und der Zwangsvollstreckung als Kennzeichen eines dinglich-absoluten Rechts anzusehen. Umgekehrt lässt sich aber auch an dem Dualismus zwischen dinglichem und persönlichem Recht selbst zweifeln. Die Folgen dessen wären weit reichend und münden notwendig in einen Umbau der zivilrechtlichen Rechtspositionen und damit des Vermögensrechts. Die These von der Verdinglichung obligatorischer Rechte versucht sich zwischen diesen Extremen zu behaupten. Wenn die Verdinglichungsthese ihrerseits systematisch befriedigend ist, ließen sich in der Tat die beschriebenen Gegensätze einebnen. Darauf ist noch einzugehen.

Die systematischen Schwächen der herkömmlichen Ansicht offenbaren sich schließlich auch, wenn man den Sukzessionsschutz dinglich-absoluten Rechten zuschreibt. Gerade bei Forderungsrechten sowie bei der Miete und Pacht zeigte sich, dass ein Sukzessionsschutz auch obligatorischen Rechten zukommt. Die Debatte im Urheberrecht verdeutlicht, welchen Erkenntniswert der Sukzessionsschutz aufweist. Welche Rechte diesen Schutz genießen, steht im Ermessen des Gesetzgebers, den verschiedene Motive dazu anhalten können, den Fortbestand eines Rechts vorzusehen. Trifft das Gesetz diese Entscheidung, so geschieht dies nicht zwingend, um ein absolutes Recht zu schaffen. Einem festgelegten Prinzip folgt dies nicht.

Schließlich ist auch der so oft betonte Schutz gegen jedermann letztlich eine Kategorie, über die sich rechtstheoretisch trefflich streiten lässt. Wie aufgezeigt wurde, klaffen in der herkömmlichen Definition Anspruch und Recht auseinander. Unabhängig von dieser Kritik führt eine Gleichstellung von dinglichen und absoluten Rechten augenscheinlich zu einem Umkehrschlussproblem. Ein absolutes Recht muss nicht zwingend ein dingliches sein. Das Gesetz kennt absolute Rechte im Familien- und Erbrecht, im Immaterialgüter- und im Urheberrecht. Es hilft wenig, wenn man das dinglich-absolute Recht davon abgrenzen will, indem man bei dinglichen Rechten den Sachgenuss in den Vordergrund stellt.[173] Miete und Leihe verschaffen ebenso einen Sachgenuss, rechnen aber in der herrschen-

---

[173] So z. Bsp. *Oertmann* IherJb 31 (1892), 415, 463.

den Leseart zu den obligatorischen Rechten. Damit bewegen sich die Begriffe in einem Dilemma: Einerseits kann das dingliche Recht nur einigermaßen präzise durch seine Wirkung von relativen Rechten abgegrenzt werden, andererseits wirken nicht nur dingliche Rechte »absolut«. Die klare Systembildung wie sie der Gesetzgeber mit der Trennung zwischen dem dinglichen und dem persönlichen Recht bezweckte, ist nur mit Abstrichen möglich.

Damit zeichnet sich ab, dass die Diskussion über das dingliche und das absolute Recht unweigerlich in ein weiteres zivilrechtliches Strukturproblem münden. Es geht hier um die Grenzen zwischen den Vermögensrechten überhaupt und darum, ob und wie man die Grenzen zwischen dem relativen und absoluten Rechten austariert. Bevor dazu begründbare Thesen aufgestellt werden können, sind die einzelnen sachenrechtlichen Positionen selbst mit den Begriffen »dingliches« und »absolutes« Recht abzugleichen. Die Darstellung hat dabei dem Verständnis des Gesetzgebers und der herrschenden Meinung über dingliche und absolute Rechte zu folgen, um das zu zeichnende Bild nicht zu verfälschen.

IV. Die Einteilung der dinglichen Rechte

Die Grobeinteilung der dinglichen Rechte in Eigentum und beschränkte dingliche Rechte bringt für sich genommen wenig systematische Erkenntnis. Gemein ist den beschränkten dinglichen Rechten im Liegenschaftsrecht, dass sie das Gesetz als Belastung des Grundeigentums versteht.[174] Erst die Aufteilung der beschränkten dinglichen Rechte in Nutzungsrechte, Verwertungsrechte und Erwerbsrechte ist präziser.[175] Diese Einteilung orientiert sich an den Befugnissen, die einem Eigentümer an einer Sache zustehen. Er kann seine Sache nutzen oder weiterveräußern, sie in diesem Sinne verwerten. Entsprechend den dogmatischen Vorstellungen aus dem ausklingenden 19. Jahrhundert konzipierte der Gesetzgeber die beschränkten dinglichen Rechte als eine Abspaltung aus dem Eigentum.[176] Alle abgespaltenen Rechte sind nach der Vorstellung des Gesetzgebers dingliche Rechte. Ihnen liegt nach der historischen Vorstellung der gemeinsame Gedanke zu Grunde, dass ein dingliches Recht keines Verpflichteten bedarf. In diesem Sin-

[174] *Hess* AcP 198 (1998), 489, 491 unter Verweis auf die §§ 1018, 1030, 1090, 1105, 1191 BGB.

[175] Andere Einteilungen des Sachenrechts sind denkbar (siehe dazu Staudinger/*Seiler* Einl zum SachenR Rn. 22. So lassen sich nach dem Inhaber einer Berechtigung an einem Grundstück Personal- und Realrechte unterscheiden. Als gemeinsame systematisierende Klammer empfiehlt sich diese Einteilung nicht, da der Nießbrauch, die Grundpfandrechte und das Erbbaurecht nur subjektiv-persönlich bestellt werden können und damit zwingend Personalrechte sind. Umgekehrt kann die Grunddienstbarkeit nur subjektiv-dinglich als Realrecht bestellt werden. Da schließlich Reallast und Vorkaufsrecht in beiden Formen auftreten, zeigt die Systematisierung nach Personal- und Realrecht nur einen *unterschiedlichen Bestellungsmodus* auf. Die Einteilung nach Eigentümerrechten und Rechten an fremder Sache ist wiederum zu grob.

[176] *Hess* AcP 198 (1998), 489, 491; *Wilhelm* Rn. 42.

ne sind die dinglichen Rechte gegnerlose Rechte. Daraus zog man verbreitet den Schluss, dass Obligationen auf ein positives Tun gerichtet seien, dingliche Rechte auf ein Unterlassen. Daran wurde bereits früh Kritik geübt, so dass im Folgenden zu untersuchen bleibt, ob und wie weit die beschränkten dinglichen Rechte unter die allgemeine Definition des dinglichen Rechts passen.

1. Zum dinglichen Element der Nutzungsrechte

Das Sachenrecht kennt als Nutzungsrecht zunächst die Dienstbarkeiten, zu denen nach der gesetzlichen Systematik auch der Nießbrauch als Unterfall rechnet. Der Redaktor des Sachenrechts *Johow* orientierte sich in seinem Vorentwurf an den römisch rechtlichen Vorbildern. Die Dienstbarkeit ist die Übersetzung des lateinischen Wortes »Servitus«, Nießbrauch die mehr oder weniger geglückte Übersetzung des Wortes »ususfructus«. Das deutsche Recht bezeichnete Dienstbarkeiten noch als »Gerechtigkeit« bzw. Grundgerechtigkeit. Schließlich sah der Gesetzgeber auch ein Erbbaurecht als Nutzungsrecht vor, wobei sich im Laufe der Zeit bekanntlich die Regelung des Erbbaurechts im BGB als rudimentär erwies, so dass die Vorschriften über dieses Nutzungsrecht selbständig in der ErbbauVO geregelt wurden. Ebenso sind die Vorschriften über den Nießbrauch erweitert worden. Die Nutzungsrechte unterlagen im Vergleich zu den anderen beschränkten dinglichen Rechten stärkeren Eingriffen des Gesetzgebers. In der Hauptsache erweiterte der Gesetzgeber die Verkehrsfähigkeit und die Inhaltsfreiheit bei den Nutzungsrechten.[177]

Der Nießbrauch ist das umfassendste dingliche Nutzungsrecht: Auch wenn er grundsätzlich unübertragbar und nicht vererblich ist (§§ 1059 Satz 1, 1060), erfasst er Fahrnis, Liegenschaften und Rechte (§ 1068). Bereits oben wurde ausgeführt, dass der Nießbrauch an einem Recht *per definitionem* kein dingliches Recht sein kann. Anders liegt es beim Nießbrauch an Sachen: Der Nießbraucher ist kraft Gesetzes zum Besitz der Sache berechtigt, § 1036 Abs. 1, ohne dass das Gesetz dabei die Art des Besitzes näher qualifiziert. Diese Vorschrift wird als wesentlich für den Nießbrauch angesehen und ist daher unabdingbar.[178] Ein Nießbraucher ohne Besitzrecht ist damit undenkbar. Dadurch hat der Nießbraucher einen unmittelbaren Zugriff auf die belastete Sache. Auch einen Klageschutz billigt das Gesetz dem Nießbraucher zu, § 1065.

Die Dienstbarkeiten lassen sich nicht derart einfach unter den Begriff des dinglichen Rechts fassen. Ein Besitzrecht des Dienstbarkeitsberechtigten sieht das Gesetz nicht vor. Der unmittelbare Sachzugriff ist damit kein Wesensmerkmal einer Dienstbarkeit. Untersucht man die einzelnen Arten der Dienstbarkeiten näher, so zeigt sich, dass sie nur unvollkommen unter den Begriff des dinglichen

---

[177] *Hess* AcP 198 (1998), 489, 515.

[178] MünchKomm/*Pohlmann* § 1036 Rn. 8; *Soergel/Stürner* § 1036 Rn. 1 jeweils mwN.

Rechts subsumierbar sind. Eine unmittelbare Sachherrschaft kann allenfalls bei einer Benutzungsdienstbarkeit im Sinne von § 1018 1. Var. angenommen werden. Allerdings kann ein solches Besitzrecht nicht pauschal angenommen werden, sondern kann nur bestehen, um dem Berechtigten die Benutzung in einzelnen Beziehungen zu ermöglichen. Bei der Unterlassungsdienstbarkeit (§ 1018 2. Var.) besteht jedoch gar kein Sachzugriff des Berechtigten, vielmehr wird hier der Wille des Verpflichteten unterworfen. Der unmittelbare Sachzugriff als Wesen des dinglichen Rechts ist hier fiktiv. Die Unterlassungsdienstbarkeit gewährt dem Berechtigten einen Anspruch gegen den jeweiligen Grundstücksinhaber, bestimmte Handlungen zu unterlassen und beschränkt ihn dadurch in seiner Willensfreiheit.[179] Gleichwohl hat man den dinglichen Charakter einer Unterlassungsdienstbarkeit damit rechtfertigen wollen, indem man darauf abstellte, dass der Berechtigte das Schicksal der Sache bestimmen könne.[180] Erhebt man die Sachherrschaft auf ein derart abstraktes Niveau, so kann der Begriff seiner Aufgabe nicht mehr gerecht werden, Rechte zu qualifizieren. Dieses weite Verständnis entspricht auch nicht den Vorstellungen des Gesetzgebers, wie bereits dargelegt wurde. Von einem Besitzrecht des Dienstbarkeitsberechtigten gingen die Motive jedoch nicht aus, die deswegen den Schutzanspruch aus der Dienstbarkeit als Unterlassungsanspruch ausgestalteten (§ 1027) und nur verstärkend Besitzschutzrechte gewähren wollten.[181] Gerade der Schutzanspruch aus § 1027 rückt die Dienstbarkeit ins systematische Zwielicht. Auf der einen Seite fehlt es an einem Sachzugriff des Berechtigten, auf der anderen Seite gewährt das Gesetz dem Berechtigten jedoch einen Klageschutz. Dies legt die Folgerung nahe, dass hier eine relative Beziehung zwischen dem Berechtigten und dem jeweiligen Grundstückseigentümer einen absoluten Klageschutz genießt. In den Dualismus von persönlichem und dinglichen Recht fügt sich dies nicht.

Schwierigkeiten bereitet es auch, das Erbbaurecht mit dem Begriff des dinglichen Rechts abzugleichen. Kennzeichnend ist dessen Doppelnatur als Recht an einem Grundstück verbunden mit einem Sondereigentum an einem Bauwerk.[182] Sofern das Erbbaurecht begründet, aber noch kein Bauwerk errichtet ist, hat der Erbbauberechtigte keinen unmittelbaren Sachzugriff, sondern nur ein potentielles Recht auf einen Sachzugriff. Die unmittelbare Herrschaft über das Grundstück hat hier nach wie vor der Grundstückseigentümer. Das Gesetz behandelt aber das Erbbaurecht im Wesentlichen wie eine Sache (§ 11 ErbbauVO) und fin-

---

[179] *Fuchs* (Fußn. 76), 23ff; *Oertmann* AcP 123 (1925) 129, 131; *Staub* ArchBürgR 5 (1891), 12, 30; *Stöcker* (Fußn. 55) 69;

[180] *Diederichsen* (Fußn. 56), 42 unter Verweis auf einen Gedanken *Staubs* ArchBürgR 5 (1891), 12, 22.

[181] Mot. III, 489; eine andere Frage ist, ob der Gesetzgeber durch § 1029 den Anwendungsbereich der Besitzvorschriften im Rahmen der Dienstbarkeit richtig erkannt hat, siehe dazu: MünchKomm/ *Falckenberg* § 1027 Rn. 1 mwN.

[182] MünchKomm/*v. Oefele* § 1 ErbbauVO Rn. 5.

giert dadurch den Sachzugriff, indem es das Recht als übertragbar und selbständig belastbar ausgestaltet. Einzig bei der Entstehung, Veränderung oder Aufhebung wird das Erbbaurecht wie ein Recht behandelt. Diese fingierte Sachherrschaft ändert sich erst, wenn tatsächlich das Grundstück kraft eines Erbbaurechts bebaut ist. Nicht der Grundstückseigentümer, sondern nur der Berechtigte ist dann Besitzer des Gebäudes.[183] Darüber hinaus hat er aber auch den notwendigen Sachzugriff auf das Grundstück, wobei der Grundstücksbesitzer mittelbarer Besitzer bleibt.[184] In diesem Fall lässt sich das Erbbaurecht zwanglos unter den Begriff des dinglichen Rechts fassen. Indem das Gesetz jedoch ein Recht teilweise wie ein Grundstück behandelt, vermischt es die grundsätzliche Trennung zwischen Sachherrschaft und obligatorischer Rechtsinhaberschaft. Von der dogmatischen Trennung zwischen dinglichem und obligatorischem Recht ist daher die ErbbauVO nicht geleitet.

2. Verwertungs- und Sicherungsrechte

a) Hypothek und Grundschuld

Es scheint zum gesicherten Erkenntnisstand zu gehören, dass Hypothek und Grundschuld dingliche Rechte sind. Auch die Motive sind auf den ersten Blick eindeutig, da sie unter Bezugnahme auf einige Vorschriften aus den damaligen Partikularrechten die Hypothek als dingliches Recht einstufen.[185] Gleichzeitig räumen die Motive ein, dass die Dinglichkeit für die moderne Hypothek nicht mehr dieselbe Bedeutung habe, die sie im römischen Recht hatte. Die Ausführungen in der Gesetzesbegründung stützen den dinglichen Charakter der Hypothek auf das Eintragungsprinzip und den Gutglaubensschutz, alles Umstände, die *per definitionem* für das dingliche Recht bedeutungslos sind.[186] Unerörtert bleibt in den Gesetzesmaterialien, ob die Hypothek dem als strukturprägend angesehenen Begriff des dinglichen Rechts genügt. Der Gesetzgeber scheint vielmehr den umgekehrten Weg gehen zu wollen und schließt von Gutglaubensschutz auf die dingliche Natur eines Rechts zurück. Die naheliegende Frage, ob der Gutglaubensschutz und die grundbuchrechtliche Eintragung von dem Charakter als dingliches Recht losgelöst zu betrachten ist, stellte der Gesetzgeber nicht.

Überprüft man, ob die Hypothek der Definition des dinglichen Rechts wenigstens nahe kommt, so ist der Befund negativ: Die Hypothek vermittelt keine unmittelbare Sachherrschaft, da dieses Recht nicht zum Besitz des Grundstücks be-

---

183 MünchKomm/*v. Oefele* § 1 ErbbauVO Rn. 26.

184 Vgl. BGH WM 1970, 680.

185 Mot. III, 603.

186 Mot. III, 602. Im römischen Recht gewährte die *actio hypothecaria* dem Hypothekengläubiger ein Recht auf den Besitz des Grundstücks. Siehe dazu näher: *Honsell*, Römisches Recht § 25 (71 ff); *Kaser*, Römisches Privatrecht, § 16.

rechtigt.[187] Ein Nutzpfandrecht (Antichrese), das zum Besitz berechtigen könnte, führte der Gesetzgeber nicht ein. Abstrahiert man den Begriff »Sachherrschaft« als unmittelbaren Sachzugriff, so bleibt allein der Vollstreckungsanspruch aus § 1147 als Begriffsmerkmal, dass die Hypothek den dinglichen Rechten zuordnen könnte. Dieser Anspruch greift nur als *ultima ratio*, wenn der Schuldner die gesicherte Forderung nicht erfüllt und der Kredit notleidend ist. Analysiert man den Anspruch nach § 1147, so ist der Sachzugriff des Hypothekengläubigers keineswegs umfassend. Die Vorschrift formuliert schlicht, dass der Gläubiger sich im Wege der Zwangsvollstreckung aus dem Grundstück befriedigen kann. Dies stellt klar, dass der Hypothekengläubiger nur durch ein gerichtliches Zwangsvollstreckungsverfahren seine Ansprüche aus der Hypothek befriedigen darf. Der Unterschied zum Pfandrecht erklärt sich dadurch, dass eine eigenmächtige Verwertung des Pfandgläubigers in § 1228 Abs. 1 durch den Pfandverkauf ausdrücklich gestattet ist.[188] Über die praktische Durchsetzung des Anspruchs aus § 1147 besteht Einigkeit: Nach § 866 Abs. 1 ZPO vollzieht sich die Zwangsvollstreckung im Wege der Zwangsversteigerung (§ 21 ZVG) oder der Zwangsverwaltung (§ 148 ZVG). Bei der Zwangsverwaltung ist der Sachzugriff des Gläubigers jedoch abstrahiert. Sie gewährt dem Hypothekengläubiger keine unmittelbare Sachherrschaft.

Aus der vollstreckungsrechtlichen Rechtslage kann daher nichts Zuverlässiges für den Charakter der Hypothek als dingliches Recht gewonnen werden. Die Rechtsnatur des hypothekarischen Anspruchs ist zudem nach wie vor umstritten. Diese Streitigkeit hat zum einen eine handfeste praktische Bedeutung dafür, wie der Klageantrag und der Urteilstenor bei einem hypothekarischen Anspruch zu formulieren sind. Außerdem dokumentiert dieser Streitstand zugleich, dass der Gesetzgeber fehlging, indem er das dingliche Recht als Systembegriff konstruierte. Nach der überwiegenden Ansicht enthält § 1147 einen Anspruch auf *Duldung* der Zwangsvollstreckung und fügt sich damit in das (vermeintliche) System ein, dass dingliche Rechte nur auf ein Dulden oder Unterlassen, nicht aber auf eine positive Handlung gerichtet sein könnten.[189] Die Gegenansicht ist alt und wird auch noch heute vertreten.[190] Nach ihr sichert die Hypothek einen Leistungsanspruch dinglich ab. Einzig diese Lesart kennzeichnet den hypothekarischen Anspruch zutreffend. Der Wortlaut des § 1147 ist neutral und gestattet dem Gläubiger die Zwangsvollstreckung, um seine Ansprüche zu befriedigen. Eine Duldungspflicht

---

187 *Oertmann* AcP 123 (1925), 129, 143; *Stöcker* (Fußn. 55), 75.

188 *Jost* JURA 2001, 153, 154; MünchKomm-*Eickmann* § 1147 Rn. 1; *Soergel/Konzen* § 1149 Rn. 2.

189 RGZ 93, 234, 236; *Baur/Stürner* § 40 Rn. 28; *v. Lübtow*, FS Lehmann I (1956), 328, 336 (Fußn. 45); *Wilhelm* Rn. 690; *Soergel/Konzen* § 1147 Rn. 1f; *Wolff/Raiser* § 131 I.

190 MünchKomm-*Eickmann* § 1147 Rn. 2–5; *Staudinger/Wolfsteiner* § 1147 Rn. 2f. Aus dem älteren Schrifttum: *Fuchs* JW 1916, 1, 98; *Siber* IherJb 50 (1906), 55, 132. Sie findet sich in Ansätzen aber auch in den Protokollen: Prot. III, 582 erwähnen ausdrücklich eine Leistungspflicht des Eigentümers.

des Grundeigentümers lässt sich dieser Norm nicht entnehmen.[191] Unterstellt man eine solche Duldungspflicht, so bleibt unklar, was der Eigentümer zu dulden hat. Die Vollstreckung als solche muss der Vollstreckungsschuldner stets dulden. Dies folgt daraus, dass die einzelnen Maßnahmen in der Zwangsvollstreckung Hoheitsakte sind.[192] Für Duldungstitel ist zudem § 890 ZPO die einschlägige Norm des Vollstreckungsrechts, die auf die Hypothek gerade unanwendbar ist.[193] Früh bereits kritisierte man die gesetzliche Fassung des hypothekarischen Anspruches auf der Grundlage von der Theorie der Legalobligation: Grundpfandrechte begründen nach dieser Ansicht einen Anspruch auf eine Leistung der Geldsumme aus dem Grundstück.[194] Auch wenn diese Theorie hier nicht wiederzubeleben ist, hat sie die systematischen Schwächen einer Hypothek, verstanden als dingliches Recht, aufgedeckt. Das BGB verwischt in seiner Terminologie selbst die Grenze zwischen einem gegnerlosen dinglichen Recht und einer auf eine Leistung gerichteten Obligation: § 952 Abs. 2 beschreibt die Hypothek und die Grundschuld als Rechte, kraft derer eine Leistung gefordert werden kann. Auch andere Formulierungen bedienen sich schuldrechtlicher Begriffe: §§ 1137, 1157 erkennen Einreden gegenüber der Hypothek an, die Hypothek ist kündbar (§ 1141) und in bestimmten Fällen sind Verzugszinsen zu entrichten (§ 1146). Summiert man dies, so stellt sich die Hypothek eher als ein Forderungsrecht *sui generis* dar, vom Gesetz mit bestimmten absoluten Wirkungen ausgestattet.

Die »Duldung der Zwangsvollstreckung« als Ziel des Hypothekenanspruches ist damit nur eine leere Hülle, die zudem systematisch unzutreffend ist. Positiv formuliert lässt sich das Anspruchsziel einer Hypothek nur als Leistung verstehen, um eine Kongruenz zwischen gesichertem Anspruch und dem Ziel der Klage aus einer Hypothek herzustellen. Die Hypothek soll den Rückzahlungsanspruch des Gläubigers sichern, der ein Leistungsanspruch ist. Nicht anders lässt sich die Klage aus dem dinglichen Recht verstehen, die auch dann einen Leistungstitel gewährt, wenn die Forderung nicht besteht, aber gesetzlich fingiert wird (§ 1138). Auch die gesetzliche Legaldefinition der Hypothek lässt nur den Schluss zu, dass der Anspruch aus der Hypothek auf eine Leistung gerichtet ist: Nach § 1113 Abs. 1 Satz 1 ist eine Hypothek eine Grundstücksbelastung, die dem Begünstigten das Recht gewährt, sich wegen der Zahlung einer bestimmten Geldsumme *aus dem Grundstück* zu befriedigen.[195] Eine bloße Duldung der Zwangsvollstre-

---

[191] MünchKomm/*Eickmann* § 1147 Rn. 4; aA *Wolff/Raiser* § 131 II 1. *L. Raiser* zeigt jedoch nicht, warum sich dem Wortlaut des § 1147 eine Pflicht zur Duldung entnehmen lasse. Aus einer Wortlautauslegung folgt diese Pflicht jedenfalls nicht.

[192] Ähnlich MünchKomm/*Eickmann* § 1147 Rn. 4 (sub bb), der ausführt, dass anderenfalls in jedem Vollstreckungsverfahren neben dem Leistungstitel noch ein gesonderter Duldungstitel verlangt werden müsse.

[193] Siehe nur *Jost* JURA 2001, 153, 154.

[194] *Fuchs*, Grundbegriffe des Sachenrechts (1917), 87ff; *Du Chesne* ArchBürgR 36 (1918), 38, 55ff; gegen die Theorie der Realobligation ausdrücklich RGZ 41, 232ff.

[195] MünchKomm/*Eickmann* § 1147 Rn. 4. *Eickmann* (aaO) zählt noch weitere Argumente

ckung wäre demgegenüber ein Minus zu der gesetzlichen Legaldefinition und übergeht diese. Der Zweiklang von obligatorischem Recht = Leistungsrecht und dinglichem Recht = Unterlassungs- oder Duldungsrecht ist damit wenig aussagekräftig wie das Beispiel der Hypothek verdeutlicht. Die systembildende Unterscheidung zwischen dinglichem und persönlichem Recht ist für die Hypothek gänzlich misslungen. Nach der eigenen Begriffsbildung des Gesetzgebers und der gesetzlichen Systematik lässt sich die Hypothek kaum als ein dingliches Recht verstehen.

Auch die Grundschuld, sei es als isolierte Grundschuld oder als Sicherungsgrundschuld, teilt mit der Hypothek die Durchsetzung nach § 1147.[196] Das Nebeneinander von Hypothek und Grundschuld im BGB hatte wiederum pragmatische Gründe. Noch mehr als bei der Hypothek schwieg der Gesetzgeber über die Konstruktion der Grundschuld und überließ dies der Wissenschaft,[197] die bekanntlich diese Aufgabe gerne wahrgenommen hat. Auch bei der Grundschuld besteht Einigkeit, dass es sich um ein dingliches Recht handelt. Der Sachzugriff gestaltet sich genauso wie bei der Hypothek, so dass auf die eben angeführten Argumente verwiesen werden kann. Die Grundschuld ist ein selbständiges Recht, ihre fehlende Akzessorietät ist der wesentliche Unterschied zur Hypothek, der wiederum zu einer dogmatischen und stark begrifflich geprägten Debatte geführt hat, ob und wie die Grundschuld in das System der Grundpfandrechte einzuordnen ist.[198] Der Erkenntniswert dieser Debatte ist gering, da sich heute der Begriff

auf, die dafür sprechen, dass der »dingliche« Anspruch aus der Hypothek auf eine Leistung geht, die hier kurz in der Fußnote zusammengefasst werden sollen. Bei Hypotheken ist eine Unterwerfung unter die sofortige Zwangsvollstreckung möglich, § 794 Abs. 1 Nr. 5 ZPO setzt dafür einen Anspruch auf Zahlung einer bestimmten Geldsumme voraus. Da die Hypothek im Rahmen des § 1138 auch ohne die gesicherte Forderung bestehen kann, lässt sich der Anspruch aus der Hypothek auch nur als Leistungsanspruch verstehen. An dieser Stelle zeigt sich, dass der Streitstand um das Wesen der Klage aus der Hypothek auch eine praktische Bedeutung hat (die *Eickmann* jedoch nicht näher thematisiert). Die herrschende Ansicht müsste konsequent eine Unterwerfung unter die sofortige Zwangsvollstreckung für gegenstandslos erachten, wenn der zu sichernde Anspruch einer Hypothek fehlt, aber über § 1138 fingiert wird: Der in diesem Fall dann nur bestehende Anspruch auf Duldung der Zwangsvollstreckung ist kein Anspruch im Sinne des § 794 Abs. 1 Nr. 5 ZPO. Dieses Fazit wird jedoch nicht gezogen.

[196] Die Ausführungen zur Grundschuld gelten auch für die *Rentenschuld* nach § 1199. Die Rentenschuld ist eine Unterart der Grundschuld, die im Gegensatz zu dieser auf die Zahlung einer regelmäßig wiederkehrenden Geldrente gerichtet ist (vgl. MünchKomm-*Eickmann* § 1199 Rn. 2f).

[197] Mot. III, 610.

[198] Siehe dazu *v. Lübtow*, FS Lehmann I (1956), 329–352. Da alle Grundpfandrechte weitgehend in ein anderes Grundpfandrecht umgewandelt werden können (§§ 1186, 1198), folgerte *v. Lübtow*, dass es eine »unverrückbare gemeinsame Grundlage aller dieser Typen« geben müsse und sah diese in dem »Anrecht« (dazu sogleich im Text). Indes haben den Gesetzgeber einzig pragmatische Gründe dazu bewogen, die verschiedenen Grundpfandrechte konvertierbar auszugestalten, dogmatische Gründe spielten dafür keine Rolle. Aus der historischen Perspektive betrachtet, scheint es so, als wollte der Gesetzgeber die erheblichen Differenzen besänftigen, die bei Grundpfandrechten bestanden. Die Partikularrechte kannten jeweils nur ein Grundpfand-

»Grundpfandrechte« durchgesetzt hat und gesetzlich in § 491 Abs. 3 Nr. 1 anerkannt ist. Gerade bei der Grundschuld windet sich das BGB, deren Einordnung als absolut wirkendes Forderungsrecht zu vermeiden: Wie schon bei der Hypothek, so behandelt das Gesetz die Grundschuld wie eine Forderung und stellt Regeln für deren Fälligkeit und Kündigung auf (§§ 1192, 1193). Dabei ist § 1191 Abs. 1 erstaunlich ungenau gefasst und nennt zwar den Begriff »Schuld«, aber nicht deren Schuldner und beschreibt den Gläubiger vage als »denjenigen, zu dessen Gunsten die Belastung erfolgt ist«. Schon die Literatur zum Zeitpunkt der Entstehungsgeschichte des BGB sah darin eine misslungene Definition, um ein falsches Dogma zu halten.[199] In der Tat bricht die Grundschuld wie auch die Hypothek mit dem Grundsatz, dass ein dingliches Recht keine positive Leistungspflicht enthalten könne. Damit zeigt sich im Ergebnis, dass die Besonderheiten von Hypothek und Grundschuld gegenüber obligatorischen Rechten letztlich in ihrer Durchsetzung liegen.

Aber auch während der Gesetzesberatungen wechselten die dogmatischen Vorzeichen für die Hypothek und die Grundschuld. Der erst durch die zweite Kommission geprägte § 1157 verdeutlicht dies. Diese Vorschrift gestattet es, Einreden aus dem Schuldverhältnis zwischen dem Gläubiger und dem Schuldner auch gegenüber der Hypothek bzw. der Grundschuld (§ 1192 Abs. 1) zu erheben. Noch die erste Kommission lehnte eine solche Regelung ab, da Hypothek und Grundschuld als dingliche Rechte gegenüber Einreden aus einem Schuldverhältnis immun seien. Anderenfalls befürchtete man, die scharfe Trennung zwischen einem dinglichen und obligatorischen Recht aufzugeben.[200] Die zweite Kommission nahm davon Abschied und beschloss, auch schuldrechtliche Einreden gegenüber einer Hypothek und Grundschuld zuzulassen. Man brach dadurch nicht nur mit dem Grundsatz, dass Einreden grundsätzlich nur *inter partes* wirken, sondern nahm dadurch auch von der dinglichen Rechtsnatur der Hypothek und Grundschuld Abschied. Es ist bemerkenswert, wenn herkömmlich beide Sicherungsrechte als dinglich verstanden werden, obwohl die Gesetzesbegründung dies als Zirkelschluss einstuft: »Dass die Hypothek als ein rein dingliches Recht aufzufassen sei, ... sei eine *petitio principii*«.[201] Mit diesem pragmatischen Verständnis war der Weg geebnet, um die heutige Vorschrift des § 1157 in das Gesetz einzubetten. Aber erst später bekannte die zweite Kommission Farbe zur Rechts-

---

recht und waren gegenüber anderen Formen skeptisch. Der Gesetzgeber hatte die verschiedenen Formen allesamt in das BGB aufgenommen und dann salomonisch zudem deren Austauschbarkeit normiert. Aus der Sicht der heutigen Dogmatik ist es nicht mehr zeitgemäß, politische Kompromisslösungen in ein einheitliches dogmatisches Gewand zu kleiden. Man muss den Pragmatismus des Gesetzgebers hinnehmen, sollte sich aber nicht dazu verleiten lassen, ein möglicherweise diffuses politisches Konzept auch noch dogmatisch abzusegnen.

[199] *Fuchs* (Fußn. 76), 54ff, 98.

[200] Mot. III, 700; zu den Hintergründen: *Buchholz* AcP 203 (2003), 786ff; *v. Meibom* AcP 74 (1889), 337ff.

[201] Prot. III, 583f.

natur von Grundschuld und Hypothek. Man stufte die Grundschuld als »abstrakte Realobligation« ein, die Hypothek als »kausale, individualisirte«.[202] Damit ging der Gesetzgeber selbst von der obligatorischen Rechtsnatur beider Rechte aus, eine Realobligation stellt eine schuldrechtliche Position dar.[203] Die Methode des Gesetzgebers ist allerdings bedenklich. Von der Zweiteilung in dingliche und schuldrechtliche Rechte rückte auch die zweite Kommission nicht ab, brach aber letztlich damit, indem Hypothek und Grundschuld als Realobligationen eingestuft wurden. Schlüsse für die Systematik des Sachenrechts zog der Gesetzgeber daraus allerdings nicht. Deutlicher lässt sich die willkürliche Einteilung in dingliche und obligatorische Rechte kaum darstellen.

Um die systematische Trennung von Schuld- und Sachenrecht aufrechtzuerhalten, hat man im Schrifttum immer wieder nach Erklärungen für die Verwertungsbefugnis des Gläubigers gesucht. Mit großem begrifflichen Aufwand, versuchte man, das Anrecht als Rechtsbegriff zu etablieren, um ein gemeinsames Wesensmerkmal der Grundpfandrechte zu finden.[204] Der Begriff soll dabei nicht nur dazu dienen, das Wesensmerkmal der Grundpfandrechte zu verdeutlichen, sondern wird auch noch in anderen Zusammenhängen verwendet, auf die noch später einzugehen ist. Das »Anrecht« definiert man als subjektives Recht, das in dem gesetzlich anerkannten Interesse des Berechtigten bestünde, einen Gegenstand zu empfangen und zu behalten. Dieser Begriff soll – für die Grundpfandrechte – den Begriff der Forderung ersetzen. Der Träger dieses subjektiven Rechts sei ein bloßer Empfänger mit einer stark abstrahierten Rechtsposition: Sein Anrecht enthalte keine Zwangsbefugnis und existiere auch, wenn keine bestimmte Person als »Anrechtsgegner« vorhanden sei. Wie zu vermuten, ist die Einordnung dieses Anrechts in das System von Schuld- und Sachenrecht unklar. Meist bemerkt man, dass dieses Recht eigentlich zwischen den dinglichen und den obligatorischen Rechten stünde. Die gemeinsame Klammer aller Pfandrechte bestehe nun darin, dass sie ein Anrecht auf eine Zahlung einer Geldsumme sichern würden. In der Tat lässt sich mit diesem Gebilde eine Verbindung zwischen diesen Rechten herstellen, worin jedoch der systematische Vorteil besteht, bleibt unklar.

Die Debatte um das Anrecht verdeutlicht jedoch, dass die Trennung zwischen Schuld- und Sachenrecht bei den Sicherungsrechten zweifelhaft ist; ein Fazit, dass bestimmt nicht das Anliegen der Lehre vom Anrecht war. Festzuhalten bleibt, dass *per definitionem* die Grundpfandrechte keine dinglichen Rechte sind, mögen sie auch bestimmte Wirkungen haben, die man als absolut betrachtet. Wie schon bei den Nutzungsrechten hat sich der Gesetzgeber nicht an seine eigene Definition gehalten. Er nahm sogar einen offenen Systembruch hin, indem er die Grundpfandrechte als Realobligationen einstufte. Unter die Definition des dinglichen

202 Prot. IV, 499.

203 Näher zu den Begriffen: *Buchholz* AcP 203 (2003), 786, 805ff.

204 So zuerst *Stampe* JR 1950, 493; ausführlich dazu *v. Lübtow*, FS Lehmann I (1956), 328, 330ff.

Rechts passen sie auch nicht, da sie keinen Sachzugriff vermitteln geschweige denn eine unmittelbare Herrschaft einer Person über eine Sache. Auch hier erweist sich das dingliche Recht als untauglicher Ordnungsbegriff und eine zirkuläre Fiktion.

b) Reallast

Die Reallast nach §§ 1105ff hat ihre Wurzeln im deutschen Recht des Mittelalters, im römischen Recht war sie unbekannt. Die gesetzliche Regelung ist fragmentarisch, nach wie vor ist ihre systematische Einordnung in die bestehenden Sachenrechte streitig.[205] Die herrschende Ansicht ordnet die Reallast den Verwertungsrechten zu,[206] eine Gegenansicht stufte sie als Nutzungsrecht ein.[207] Für den Charakter als Verwertungsrecht spricht die parallele Haftung im Vergleich zu den Grundpfandrechten: Die Bezeichnung in § 1105, wonach wiederkehrende Leistungen aus dem Grundstück zu entrichten sind, ist eine bildhafte Umschreibung der Grundstückshaftung. Ansprüche aus einer Reallast können nicht *in natura* eingeklagt werden. Der Berechtigte hat nur die Möglichkeit, durch eine Zwangsvollstreckung den Gegenwert der wiederkehrenden Leistungen zu erhalten.[208] Die geschuldeten Leistungen lassen sich nur als positives Tun verstehen, wobei das Grundstück als Haftungsobjekt dient.[209] Als gegnerloses Recht lässt sich die Reallast nicht verstehen, da sie einen Verpflichteten voraussetzt. Dadurch entspricht die Reallast wie auch schon die Hypothek und die Grundschuld nicht dem Idealbild der gegnerlosen dinglichen Rechte. Man hat dies durch den Ein-

---

[205] Bereits im gemeinen Recht war die Rechtsnatur der Reallast streitig. Ältere Theorien stuften die Reallast als ein obligationenrechtliches Gebilde ein. Entscheidend war, dass der Schuldner durch das Eigentum am Grundstück konkretisiert war. *Kohler* – einer der Hauptvertreter dieser Theorie – beschrieb die Reallasten als »obligationes in rem scriptae«. Eine Reallast war in diesem Sinne eine pfandartige Haftung des Grundstückes. Im Gegensatz dazu sahen Romanisten das Wesen der Reallast darin, dass sie ein mit einer Hypothek verbundenes Forderungsrecht sei. Um einen Einklang mit dem römischen Recht zu schaffen, nannte man diese Rechte »servitutes in faciendo« oder schlicht »servitutes iuris Germanici«. Schließlich – *tertium datur*! – sah die herrschende Ansicht in der Reallast ein Mischgebilde: Als solche sei sie dingliches Recht, die Verpflichtung des Eigentümers, die einzelne Leistung zu erbringen, sei hingegen persönliche Schuld und damit schuldrechtlichen Charakters (siehe dazu *v. Lübtow*, FS Lehmann I [1956], 328, 352f). Dieser Streitstand spielt für das heutige Recht keine Rolle mehr, zeitigt aber seine »Nachwehen« noch in der Diskussion, ob die Reallast ein Verwertungs- oder Nutzungsrecht ist. Für die heutige Dogmatik ist dieser Streitstand allenfalls historisch interessant, das Erkenntnisziel spielt jedoch keine Rolle mehr, da alle Einordnungen das Bemühen zeichnete, die Reallast in überkommenen Kategorien des römischen Rechts einzubetten. Auf den letzt genannten Gesichtspunkt ist sofort im Text einzugehen.

[206] Z.B.: MünchKomm/*Joost* § 1105 Rn. 5; *Staudinger/Amann* § 1005 Rn. 23; .

[207] *Soergel/Stürner* § 1105 Rn. 1 ordnet die Reallast zwischen Nutzungs- und Verwertungsrecht ein.

[208] MünchKomm-*Joost* § 1105 Rn. 5.

[209] BGHZ 7, 123, 126; *Bamberger/Roth/Wegmann* § 1105 Rn. 1, 8; MünchKomm/*Joost* § 1105 Rn. 18; *Soergel/Stürner* § 1105 Rn. 7.

wand zu entkräften versucht, dass die Reallast nur ein Verwertungsrecht für den Fall biete, in dem der Grundeigentümer seine Verpflichtungen nicht erfüllt.[210] Allerdings setzt auch die Zwangsvollstreckung voraus, dass eine Verpflichtung zu einem Tun aus der Reallast nicht erfüllt wird. Um die Reallast überhaupt sinnvoll von anderen Verwertungsrechten abgrenzen zu können, muss ihr Inhalt dahingehend bestimmt werden, dass sie auf ein positives Tun abzielt.[211] Abgesehen davon lässt sich nur dadurch die Reallast von den Nutzungsrechten abgrenzen, bei denen eine positive Leistungspflicht ein unzulässiger Rechtsinhalt ist, da der gesetzliche Legaltyp sehr weit gefasst ist.

Der Reallastberechtigte hat zwar ein Verwertungsrecht, jedoch keinen unmittelbaren Sachzugriff.[212] Die Ausführungen zur Hypothek und Grundschuld gelten sinngemäß auch hier. Wiederum fügt sich damit ein gesetzlich geregeltes »dingliches« Recht nicht der Definition des Gesetzgebers. An diesem Befund führt keine noch so ausgefeilte Erklärung vorbei und gerade die Reallast zeigt, dass der so betonte Dualismus zwischen dinglichem und persönlichem Recht ohne Widersprüche undurchführbar ist. Am ehesten wird man der Reallast gerecht, indem man sie als obligatorischen Anspruch versteht, der mit absoluten Wirkungen angereichert ist.[213] In den starren Dualismus zwischen persönlichem Recht und absolutem dinglichen Recht fügt sich dies nicht ein. Man mag deswegen am System oder an der Reallast zweifeln. Da letztere jedoch *de lege lata* anerkannt ist, wenn auch ihre Bedeutung eher gering sein mag, liegt der Fehler hier im System und damit im Begriff des dinglichen Rechts als klassifizierender Begriff selbst.

c) Das Pfandrecht an beweglichen Sachen

Als Kreditsicherungsmittel ist das Pfandrecht an beweglichen Sachen bekanntlich von der Sicherungsübereignung und dem Eigentumsvorbehalt verdrängt worden. Eine beschränkte praktische Bedeutung kommt ihm nur noch bei der Verpfändung von Inhaberpapieren oder den gesetzlichen Pfandrechten zu (§§ 562 Abs. 1, 647; 704). Das Pfandrecht an Rechten, dessen Rechtsnatur als dingliches Recht mehr als zweifelhaft ist, hat hingegen wesentlich größere praktische Bedeutung. Wie kein anderes beschränktes dingliches Recht lässt sich das Pfandrecht an beweglichen Sachen ganz zwanglos unter die Definition des dinglichen Rechts subsumieren: Die wirksame Begründung eines Pfandrechts setzt die Sachherrschaft des Pfandgläubigers voraus, da er den Besitz an der Sache erhalten muss, § 1205

---

[210] So *Hess* AcP 198 (1998), 489, 491. *Hess* selbst relativiert diese Ansicht später: Die Einordnung der Reallast als Verwertungsrecht schlösse die Statuierung von Leistungspflichten als dinglichen Rechtsinhalt nicht vollständig aus (494f).

[211] So ausdrücklich *Soergel/Stürner* § 1105 Rn. 7.

[212] *Du Chesne* ArchBürgR 36 (1918), 38, 55; *Oertmann* AcP 123 (1925), 129, 143; *Pflüger* AcP 81 (1893), 292, 296; *Stöcker* (Fußn. 55), 71.

[213] *Fuchs* (Fußn. 76), 45ff; *v. Schwind* IherJb 33 (1894), 1, 121.

Abs. 1 Satz 1. Immerhin mildert das Gesetz dieses Erfordernis ab, indem es beschränkt Übergabesurrogate bei der Begründung des Pfandrechts zulässt. § 1205 Abs. 1 Satz 2 erlaubt eine *brevi manu traditio* nach § 929 Satz 2 als Übergabetatbestand, wenn der Gläubiger bereits die Sache besitzt. Einzig bei den Vorschriften der §§ 1205 Abs. 2, 1206 2. Halbsatz kann man daran zweifeln, ob tatsächlich eine unmittelbare Herrschaft des Pfandgläubigers begründet wird. Hier erlangt der Pfandgläubiger nur den mittelbaren Besitz, die dadurch vermittelte Herrschaft über die Sache ist nicht unmittelbar.

Erstaunlicherweise liegt der Besitzübergabe nach § 1205 Abs. 1 aber nicht die *ratio* zu Grunde, dem Begriff des dinglichen Rechts gerecht zu werden. Vielmehr sollte durch die Übergabe der verpfändeten Sache sicher gestellt werden, dass der Verpfänder nach der Bestellung des Pfandrechts nicht mehr als über die Sache verfügen kann. Damit stand der Besitzentzug des Verpfänders im Vordergrund und nicht die Besitzerlangung des Gläubigers.[214] Wenn das Pfandrecht im Regelfall der Definition eines dinglichen Rechts genügt, so ist dies ein Nebeneffekt, aber nicht das Hauptziel des pfandrechtlichen Übergabeakts. Die Sachherrschaft des Pfandgläubigers ist nur das notwendige und gewollte Korrelat dessen, dass der Verpfänder seinen Besitz aufgibt. Mag das Pfandrecht daher auch *per definitionem* als dinglich eingestuft werden, stecken dahinter jedoch andere Beweggründe.

3. Erwerbsrechte, Aneignungsrechte und vergleichbare Rechte

Als weitere systematische Einteilung der dinglichen Rechte hat sich der Begriff der »Erwerbsrechte« oder Aneignungsrechte durchgesetzt. Weniger eindeutig als diese systematische Einteilung ist, welche dinglichen Rechte im einzelnen Erwerbsrechte sein sollen. Sowohl im Liegenschaftsrecht finden sich solche Erwerbsrechte wie das dingliche Vorkaufsrecht in § 1094[215], aber auch im Fahrnisrecht wie etwa die Vorschriften über den Fruchterwerb. Die gemeinsame Klammer der Erwerbs- oder Aneignungsrechte ist, dass sie einer Person das Recht verleihen, das Eigentum oder ein anderes Recht an einer Sache zu erwerben.[216] Ein derartiges Recht vermittelt auch der Übereignungsanspruch des Käufers nach § 433 Abs. 1 Satz 1, ohne dass dieser Anspruch deswegen ein dingliches Recht verwirklicht. Ein *ius ad rem* kam für den Gesetzgeber nicht in Frage, ein dinglich

---

[214] Näher dazu § 4 VII 1.

[215] Gerade beim dinglichen Vorkaufsrecht scheint keine Einigkeit zu herrschen, ob es ein Erwerbsrecht ist. Für ein Erwerbsrecht: *Baur/Stürner* § 3 Rn. 42; Staudinger/*Mader* § 1094 Rn. 9 (die das dingliche Vorkaufsrecht inhaltlich als Grundstücksbelastung kennzeichnen, die ein »bedingtes Sachenerwerbsrecht« sei). Anders wohl MünchKomm/*H.P. Westermann* § 1094 Rn. 1, wonach das dingliche Vorkaufsrecht nur eine Grundstücksbelastung sei und kein Erwerbsrecht. Es wird aber dort in Rn. 1 a.E. als »Erwerbsvorrecht« gekennzeichnet.

[216] *Baur/Stürner* § 3 Rn. 42.

wirkendes Anrecht auf die Sache konnte sich als theoretische Konstruktion nicht durchsetzen. Derartige Erklärungsversuche zeigen aber wie problematisch es ist, einen dinglichen Charakter der Aneignungs- und Erwerbsrechten anzunehmen. Die nachfolgende Analyse wird dies bestätigen.

a) Das dingliche Vorkaufsrecht

Das dingliche Vorkaufsrecht zählt als Paradigma für die Erwerbsrechte überhaupt. Es kann nach §§ 1094 Abs. 2, 1103 Abs. 1 entweder als subjektiv-dingliches oder nach §§ 1094 Abs. 1, 1103 Abs. 2 als subjektiv-persönliches Recht bestellt werden. Betrachtet man die historischen Vorbilder des dinglichen Vorkaufsrechts, so ist sein Name unpassend[217], wenn nicht gar missverständlich. Der historische Gesetzgeber wollte in dem dinglichen Vorkaufsrecht den deutschrechtlichen »Näherrechten« eine gesetzliche Gestalt verleihen.[218] Die Partikularrechte gestalteten indes die Näherrechte stark abweichend aus, so dass sich ein gemeinsamer Nenner nur auf einem abstrakten Niveau ausmachen lässt. Durch eine einseitige Erklärung, die »Ausübungserklärung« konnte der Berechtigte entweder gegenüber dem Veräußerer oder dem Erwerber sein Recht ausüben.

Es lässt sich unschwer erahnen, dass dieses kodifizierte Potpurri aus Näherrecht und römisch-rechtlichem Vorkaufsrecht einige Unklarheiten schuf. So streitet man zum einen um die theoretische Erfassung des Vorkaufsrechts,[219] zum anderen um dessen Rechtsnatur als dingliches Recht. Der Streit darum, ob das dingliche Vorkaufsrecht tatsächlich dinglichen Charakters ist, ist weitgehend ab-

---

[217] So *Immerwahr* IherJb 40 (1899), 279, 281.

[218] Dazu bereits *Immerwahr* IherJb 40 (1899), 279, 280; *Schurig*, Das Vorkaufsrecht im Privatrecht (1975), 59f; *Staudinger/Mader* Einl zu §§ 1094ff Rn. 1; *Wolff/Raiser* SachenR § 126 III. Die Motive führen dazu aus, dass sich eine bestimmte Grenze zwischen dem Inhalt der »dinglichen Vorkaufsrechte und dem deutschrechtlichen Retrakt-, Nähr-, Losungs- oder Einstandsrecht« schwer ziehen lässt (Mot. III, 447).

[219] Auf die verschiedenen Theorien ist hier nicht einzugehen, zumal von ihnen heute nur noch zwei (von ursprünglich sechs) vertreten werden und sich die Debatte allein auf das schuldrechtliche Vorkaufsrecht konzentriert. Die überwiegende Ansicht sieht in dem Vorkaufsrecht einen doppelt bedingten Vertrag: Der Vorkaufsberechtigte schließt mit dem Verkäufer einen Kaufvertrag unter der ersten Bedingung, dass der Verkäufer (Verpflichteter) einen Kaufvertrag mit einem Dritten abschließt und unter der zweiten Bedingung, dass der Vorkaufsberechtigte sein Vorkaufsrecht ausübt (BGHZ 29, 107, 109; RGZ 110, 327, 333; RGRK/*Rothe* § 1094 Rn. 1). Eine Gegenansicht deutet den Vorkauf dergestalt, dass durch ihn dem Berechtigten vertraglich das Recht eingeräumt werde, durch eine einseitige rechtsgestaltende Erklärung einen Kaufvertrag zustande zu bringen (MünchKomm/*H. P. Westermann* § 1094 Rn. 5; *Staudinger/Mader* Einl. zu §§ 1094ff Rn. 3; i. Erg. auch *Schurig* (Fußn. 218, 89f). *Schurig* (89f) vertritt eine Offertentheorie, wonach der Vorkaufvertrag einen unwiderruflichen Antrag des Verpflichteten gegenüber dem Berechtigten enthalte, einen Kaufvertrag über einen bestimmten Gegenstand mit den Konditionen abzuschließen, die der Verpflichtete mit einem Dritten aushandelt. Der Berechtigte kann diesen Vertrag annehmen, wenn der Verpflichtete tatsächlich einen Kaufvertrag mit einem Dritten abschließt. Teilweise verweist man darauf, dass durch das dingliche Vorkaufsrecht eine dingliche Anwartschaft entstehe (*Soergel/Stürner* Vor § 1094 Rn. 2).

geklungen. Trotzdem ist dieses Problem zu untersuchen, da sich die systematische Einordnung des dinglichen Vorkaufsrechts als weiterer Teststein für die Konzeption eines eigenständigen Sachenrechts erweist. Im Jahre 1910 bereits lehnte das Reichsgericht den dinglichen Charakter des Vorkaufsrechts nach § 1094 ab.[220] Es berief sich dabei auf die wechselhafte Gesetzgebungsgeschichte der §§ 1094ff und insbesondere auf die erst durch die zweite Kommission eingefügte Vorschrift des § 1098 Abs. 2. Wörtlich führt das Reichsgericht aus: »Das dingliche Vorkaufsrecht, das nur nach Art der Vormerkung einen persönlichen Anspruch sichert, ist im Sinne des Bürgerlichen Gesetzbuchs kein eigentliches dingliches Recht«.[221] Das Reichsgericht schließt von den Wirkungen des Vorkaufsrechts auf dessen Charakter als dingliches Recht: Da das dingliche Vorkaufsrecht nur wie die Vormerkung wirke, könne es ebenso wenig wie diese ein dingliches Recht sein. Der Bundesgerichtshof hat sich in dieser Deutlichkeit nicht zur systematischen Einordnung des dinglichen Vorkaufsrechts geäußert, sondern lediglich erkannt, dass das dingliche Vorkaufsrecht zu dem geschlossenen Kreis der Sachenrechte gehört und folglich einen gesetzlich festgelegten Inhalt hat.[222] Für die Einordnung des Vorkaufsrechts im Sinne des § 1094 als dingliches Recht ist diese Entscheidung kein Beleg, da sie zur Rechtsnatur nicht eindeutig Stellung nimmt.

Das heutige Schrifttum betrachtet das Vorkaufsrecht im Sinne des § 1094 überwiegend als dinglich und stützt sich dabei auf »typische Merkmale« eines dinglichen Rechts.[223] So soll die Dinglichkeit daraus folgen, dass das Vorkaufsrecht durch eine »Einigung und Eintragung« begründet werde.[224] Indes ist der Entstehungstatbestand noch kein Beleg für die Rechtsnatur eines Rechts: Eine Vormerkung wird durch eine Bewilligung (§ 885 Abs. 1) und eine Eintragung (§ 885 Abs. 2)[225] begründet, ohne dass dies zwingend auf ihren Charakter als dingliches Recht hinweisen würde. Aus diesem Grunde überzeugt auch das Argument nicht, dass das Vorkaufsrecht deshalb dinglich sei, weil es als Grundstücksbelastung den jeweiligen Eigentümer als solchen treffe. Auch die Vormerkung trifft den jeweiligen Eigentümer des Grundstücks und stellt nach der Konzeption des Gesetzgebers eine Art Grundstücksbelastung dar. Schließlich könne das Vor-

---

220 RGZ 72, 385, 390. Die im Schrifttum immer wieder als Beleg herangezogene Entscheidung RGZ110, 327, 333 verweist auf die Ausführungen im Plenarbeschluss in RGZ 72 aaO.

221 RGZ 72, 385, 390.

222 BGHZ 13, 133, 135.

223 MünchKomm/*Westermann* § 1094 Rn. 4; *Schurig* (Fußn. 218), 101ff; *Soergel/Stürner* Vor § 1094 Rn. 2; *Staudinger/Mader* Einl zu §§ 1094ff Rn. 5;

224 *Schurig* (Fußn. 218), 102, 115; *Staudinger/Mader* Einl zu §§ 1094ff Rn. 5; siehe auch RGZ 125. 261, 262.

225 Die herrschende Ansicht behandelt die Vormerkung bei der Eintragung wie ein dingliches Recht. So muss der Bewilligende einen Antrag beim Grundbuchamt stellen (§ 13 GBO), schließlich muss der Betroffene die Vormerkung bewilligen (§§ 19, 29 GBO) und es gilt der Grundsatz der Voreintragung des Betroffenen (§ 39 GBO). Siehe dazu etwa *Hager* JuS 1990, 429, 433.

kaufsrecht nach §§1094 Abs. 2, 1103 Abs. 1 subjektiv-dinglich bestellt werden, was nur bei dinglichen Rechten denkbar sei.[226] Auch dieses Argument ist Zweifeln ausgesetzt: Bei den üblichen Definitionen des dinglichen Rechts taucht dieser Gesichtspunkt nicht auf, soweit hier auf den Sukzzessionsschutz bei dinglichen Rechten angespielt wird, wurde schon oben gezeigt, dass dieser Grundsatz nur beschränkt aussagekräftig ist.[227]

Wie die §§566, 613a zeigen, können in bestimmten Fällen auch obligatorische Rechte gegenüber einem anderen als dem Vertragspartner wirken. Aussagekräftiger ist immerhin der Gedanke, dass ein dingliches Vorkaufsrecht im Gegensatz zu einem obligatorischen einen Gutglaubensschutz genieße.[228] In den »klassischen« Definitionen zum dinglichen Recht taucht dieses Merkmal nicht auf. Regelmäßig genießen allerdings Sachenrechte einen Gutglaubensschutz, so dass Parallelen zunächst auf der Hand zu liegen scheinen. Wirft man einen Blick auf die Debatte, ob es bei einer eingetragenen Vormerkung einen Gutglaubensschutz geben könne (dazu sub V 4), so zeigt sich die Beliebigkeit in der Methodik. Während bei der Vormerkung einige Stimmen den Gutglaubensschutz aus ihrem (vermeintlichen) dinglichen Charakter folgern, soll beim Vorkaufsrecht umgekehrt der dingliche Charakter aus dem Gutglaubensschutz folgen. Bei der Diskussion gerät in den Hintergrund, dass der Gesetzgeber grundsätzlich von der Unübertragbarkeit des Vorkaufsrechts ausging (vgl. §§1098 Abs. 1 Satz 1, 514 Satz 1),[229] so dass die Frage nicht im Vordergrund stand, ob dieses Recht einen Gutglaubensschutz genießen könne. Die Frage nach einem Gutglaubensschutz stellt sich erst, wenn die Parteien die Übertragbarkeit des Vorkaufsrechts vereinbaren, wozu eine Einigung und Eintragung im Grundbuch erforderlich ist.[230] In diesem Falle folgt der Gutglaubensschutz aus der Funktion des Grundbuchs als öffentliches Register. Für die Dinglichkeit gibt auch dies nichts her.

Das topische Vorgehen, um die systematische Einordnung des Vorkaufsrechts zu erklären, überzeugt daher wenig. Versucht man, die Merkmale des sachenrechtlichen Vorkaufsrechts mit der Definition des dinglichen Rechts abzugleichen, so stößt man auf Schwierigkeiten. Eine unmittelbare Herrschaft einer Person über eine Sache gewährt das dingliche Vorkaufsrecht gerade nicht, sondern allenfalls eine künftige Sachherrschaft, wenn der Berechtigte sein Recht ausübt. Auch im Sinne der Güterzuordnungsthese ist das Vorkaufsrecht nach §1094 nicht dinglich, da es kein Gut ausschließlich zuordnet. Es steht dem Berechtigten frei, ob er das Vorkaufsrecht im Vorkaufsfall ausübt oder nicht. Diese Schwebelage gilt jedoch nicht endlos. Bleibt der Vorkaufsberechtigte untätig und übt er das Recht

---

226 *Schurig* (Fußn. 218), 102; *Staudinger/Mader* Einl zu §§1094ff Rn. 5; siehe auch RGZ 125, 261, 262.

227 Dazu oben III 2 c.

228 *Schurig* (Fußn. 218), 103; *Staudinger/Mader* Einl zu §§1094ff Rn. 5.

229 Siehe dazu BGHZ 37, 147, 153; BGHZ 50, 307, 310.

230 BGHZ 37, 147, 153; OLG Hamm MDR 1989, 170; LG Würzburg DNotz 1992, 319.

nicht aus, erlischt sein dingliches Vorkaufsrecht gemäß §§ 1098 Abs. 1 Satz 1, 469 Abs. 2 Satz 1 spätestens nach zwei Monaten, wobei die Frist ab dem Zeitpunkt zu laufen beginnt, ab dem dem Berechtigten die Mitteilung des Verpflichteten über den Vorkaufsfall zuging.[231] Das dingliche Band des Vorkaufsberechtigten zur Sache ist daher allenfalls sehr »mittelbar«.

Der Erkenntniswert der Definitionen über das dingliche Recht darf zwar nicht überschätzt werden, es zeigt sich jedoch, dass das sachenrechtliche Vorkaufsrecht nicht einmal der Minimaldefinition eines dinglichen Rechts genügen kann. Da der Inhalt des Vorkaufsrechts keine Merkmale eines dinglichen Rechts zeigt oder gegenüber dessen Definition wenigstens neutral ist, bleibt zu untersuchen, ob nicht die Wirkungen eines dinglichen Vorkaufsrechts den Merkmalen eines absoluten Rechts entsprechen. Einen umfassenden Klageschutz gewährt der Gesetzeswortlaut dem Berechtigten nicht. Übt der Berechtigte sein dingliches Vorkaufsrecht jedoch aus, so steht im ein Herausgabeanspruch gegenüber dem Dritterwerber zu, den das Gesetz zwar nicht regelt, der jedoch nach allgemeiner Ansicht in § 1100 vorausgesetzt wird.[232] Der Gesetzgeber regelte zwar diesen Herausgabeanspruch nicht, sah ihn aber als dinglichen Anspruch an, da er auf einer dinglichen Grundlage beruhe.[233] Welches die dingliche Grundlage sein soll, verraten die Motive nicht. Als Grundlage einer historischen Auslegung lassen sich die Ausführungen in den Motiven nicht verwerten, da sie im Gesetz keinen Niederschlag gefunden haben und nicht einmal der Herausgabeanspruch im Gesetz geregelt ist. Die besseren Gründe sprechen dafür, dass es sich bei diesem Anspruch um einen obligatorischen handelt.[234] Aus dem Eigentum kann ein solcher Herausgabeanspruch nicht fließen, da der Vorkaufsberechtigte noch kein Eigentum erlangt hat. Auch aus dem dinglichen Vorkaufsrecht als solchem lässt sich kein Herausgabeanspruch ableiten, da im Gesetz nicht geregelt. Da durch die Ausübungserklärung zugleich ein gesetzliches Schuldverhältnis zwischen dem Berechtigten und dem Dritten entsteht, ist es folgerichtig, den Anspruch hieraus abzuleiten, woraus sich dessen obligatorische Natur ergibt.[235] In der Tradition der Näherrechte wäre dies

---

[231] Es bleibt den Parteien unbenommen, eine besondere Frist für die Ausübung des Vorkaufsrechts zu vereinbaren, § 469 Abs. 2 Satz 2.

[232] BGHZ 115, 335, 344; wohl auch schon BGHZ 87, 296, 297; BayObLGZ 1982, 222; RGZ 84, 100, 107f. Aus der Lit: *Hoche* Anm. NJW 1963, 301, 302; *Kern* JuS 1990, 116, 117; *Meyer* Anm. NJW 1971, 1318; MünchKomm/*H.P. Westermann* § 1098 Rn. 11; § 1100 Rn. 2; *Soergel/Stürner* § 1100 Rn. 2; *Staudinger/Mader* § 1098 Rn. 17.

[233] Mot. III, 458. Auch *Staudinger/Mader* § 1098 Rn. 17 bewertet diesen Anspruch als dinglich; ebenso *Gursky* JR 1984, 3, 6.

[234] So MünchKomm/*H.P. Westermann* § 1098 Rn. 11.

[235] Die Diskussion darüber, ob der in § 1100 vorausgesetzte Herausgabeanspruch dinglicher oder obligatorischer Natur ist, hat Bedeutung für die Frage, nach welchen Vorschriften sich Verwendungsersatzansprüche des Dritten und Nutzungsersatzansprüche des Berechtigten richten. Der Gesetzgeber sah zwar das Problem nicht aber dessen praktische Bedeutung, da er davon ausging, dass »regelmäßig die Nutzungen des Preises und der Sache sich kompensieren und deshalb Nutzungsersatz nur in der Gestalt des Schadensersatzes wegen Verzugs zu fordern« sei (Mot. III,

zudem folgerichtig, da der Anspruch zwischen dem Dritten und dem Nähergelter überwiegend als obligatorisch eingestuft wurde. Der Klageschutz des Vormerkungsberechtigten spricht daher gegen ein dingliches Recht unabhängig davon, dass dieser Gesichtspunkt rechtssystematisch ohnehin wenig aussagekräftig ist.

Da nach der hier vertretenen Ansicht der Sukzessionsschutz und die Beständigkeit eines Rechts in Insolvenz und Zwangsvollstreckung wenig über den Charakter eines Rechts aussagen, bleibt der Befund negativ: Außer der formalen Stellung im Sachenrecht spricht nichts dafür, das dingliche Vorkaufsrecht als »dingliches Recht« einzustufen.

Resümiert man die Ausführungen, so ergeben sich zwei Folgerungen: Rechtssystematisch zeigt sich am Beispiel des dinglichen Vorkaufsrechts einmal mehr, dass die Unterscheidung in dingliches und persönliches Recht gekünstelt ist. Das dingliche Vorkaufsrecht genießt einen bestimmten Gutglaubensschutz, lässt sich aber trotzdem nicht ohne Gewalt als dinglich bezeichnen. Die Prinzipien, die man dem Sachenrecht zudenkt, haben offenbar mit dem Charakter als dingliches Recht nichts zu tun. Dies bestärkt die Folgerungen, die zur Vormerkung getroffen wurden. Die Vormerkung liefert gleichzeitig das Stichwort zur zweiten Schlussfolgerung: Bedarf es neben der Vormerkung überhaupt eines dinglichen Vorkaufsrechts oder handelt es sich um eine der Sache nach überflüssige Parallelkonstruktion? Diese Frage ist alt, in neuerer Zeit aber nicht mehr gestellt. Bereits im Jahre 1904 appellierte *Reichel* an die »juristische Ehrlichkeit«, die einzig den Schluss zulasse, dass das dingliche Vorkaufsrecht die Natur der Vormerkung hat: »Als die zweite Kommission die Vormerkung im Sinne des geltenden Rechts schuf, hätte sie am richtigsten getan, die Vorschriften über das dingliche Vorkaufsrecht einfach zu streichen«.[236] Sucht man nach einem Unterschied zwischen dem dinglichen Vorkaufsrecht und einem durch eine Vormerkung gesicherten Auflassungsanspruch, so ist dieser in der Tat schmal. Das dingliche Vorkaufsrecht kann als subjektiv-dingliches Recht bestellt werden und belastet dadurch das jeweilige Grundstück. Im Gegensatz dazu ist die Vormerkung an die Person des Bewilligenden gebunden.[237] Diese Unterschiede verschleifen sich jedoch, da die eine eingetragene Auflassungsvormerkung auch gegenüber dem Rechtsnachfolger des

458). § 957 Abs. 3 des ersten Entwurfes sah noch vor, dass der Dritterwerber Verwendungsersatzansprüche gegenüber dem Vorkaufsberechtigten haben und diesem gegenüber für Verschlechterungen des Grundstücks wie ein verklagter Vindikationsbesitzer haften sollte. Ohne Begründung strich man diese Vorschrift später (siehe dazu auch *Gursky* JR 1984, 3, 4). Der BGH geht davon aus, dass die §§ 987ff BGB analog anwendbar seien (BGHZ 87, 296, 298f; zuvor bereits für ein durch eine Vormerkung abgesichertes Wiederkaufsrecht BGHZ 75, 288, 291; aus dem Schrifttum [für das Vorkaufsrecht]: *Soergel/Stürner* § 1100 Rn. 3 m.w.N.). Folgerichtig richten sich Verwendungsersatzansprüche des Dritten analog §§ 994ff BGB (dazu *Gurksy* aaO, 3, 5f.).

[236] *Reichel* IherJb 46 (1904), 59, 92.

[237] *Assmann* (Fußn. 52), 29; *Schurig*, (Fußn. 218), 102. Im Gegensatz dazu betont MünchKomm/ *Wacke* § 883 Rn. 1 die Wirkungsgleichheit von Auflassungsvormerkung und dinglichem Vorkaufsrecht.

Bewilligenden wirkt und durch die Übertragung des fraglichen Grundstückes nicht erlischt.

Untersucht man die Praxis, so haben die Gerichte in mehreren Fällen, in denen ein Vorkaufsrechts nicht wirksam bestellt wurde, dieses in eine Vormerkung umgedeutet (§ 140).[238] Da eine konsolidierte höchstrichterliche Rechtsprechung fehlt, ist die Frage gleichwohl umstritten. Dabei ist zwischen den einzelnen Willenserklärungen der Parteien, den Erklärungen vor dem Grundbuchamt und der Eintragung ins Grundbuch unterscheiden. Die einzelnen Willenserklärungen der Parteien sind einer Umdeutung zugänglich, dies folgt bereits aus § 140. Schwierigkeiten bereitet es, die Eintragung ins Grundbuch umzudeuten. Kann also der Grundbuchrichter ein eingetragenes dingliches Vorkaufsrecht in eine Auflassungsvormerkung umdeuten? Die Eintragung in das Grundbuch stellt der Sache nach einen Verwaltungsakt dar,[239] damit gilt auch die verwaltungsrechtliche Umdeutungsregel in § 47 VwVfG. Diese Vorschrift knüpft an die Umdeutung andere Voraussetzungen, als § 140. Es kommt nicht auf den hypothetischen Willen der Behörde an, sondern darauf, ob eine Eintragung mit einem bestimmten Inhalt zulässig ist.[240] Sofern die Eintragung eines dinglichen Vorkaufsrechts fehlerhaft ist, lässt sich bereits nach § 140 der Wille der Parteien dahin auslegen, dass eine Vormerkung gewollt war. Einer Umdeutung des Registereintrags nach § 47 VwVfG steht außerdem nichts im Wege, da die Vormerkung das gleiche Ziel verfolgt wie das dingliche Vorkaufsrecht. Die umgedeutete Eintragung geht daher nicht über die ursprüngliche hinaus. Auch grundbuchrechtlich ist dieses Vorgehen geboten: Ohne nähere Einsicht in die Akten des Grundbuchs werden die Zweckvorstellungen der Parteien nicht deutlich. Eine Umdeutung, die die Eintragung dem Willen der Parteien angleicht, dient der Rechtsklarheit. Nicht nur als rechtspolitische

---

[238] BGH WM 1966, 891; RGZ 104, 122, 123.

[239] Öffentlich-rechtlich ist freilich nicht ganz zweifelsfrei, unter welchen Voraussetzungen eine Registereintragung einen Verwaltungsakt im Sinne des § 35 VwVfG darstellen kann. Eintragungen in ein öffentliches Register sind dann Verwaltungsakte, sofern die Eintragung ein Recht des Betroffenen berührt oder begründet (BVerwGE 77, 268, 271f; *Kopp/Ramsauer* § 35 Rn. 59). Nach der Rechtsprechung des BVerwG ist unabhängig von diesem Gesichtspunkt ein Registereintrag ein Verwaltungsakt, wenn kraft der Eintragung eine tatsächliche Vermutung für die Richtigkeit des Eingetragenen spricht (BVerwGE 39, 103, 104; BVerwGE 62, 330, 337). Ersichtlich liegen beide Voraussetzungen bei der Eintragung in ein Grundbuch vor. Die Eintragung ist konstitutiv dafür, dass bestimmte Rechte überhaupt entstehen, zudem geht von dem Grundbucheintrag ein Rechtsschein aus (§ 892).

[240] Die Bedenken *H.P. Westermanns* (NJW 1970, 1023, 1027f) an der Umdeutung von Grundbucheintragungen haben sich durch die Regel in § 47 VwVfG erledigt. *H.P. Westermann* wies im Jahre 1970 zutreffend darauf hin, dass es ins Leere gehen müsse, den hypothetischen Willen der Behörde im Sinne des § 140 BGB zu ermitteln, da die Eintragung nur wegen der formellen Erfordernisse geschehe (aaO 1027). Da nun feststeht, dass die Registereintragung als solche kein tatsächlicher Akt ist, sollte das formelle Konsensprinzip nicht mehr überschätzt werden. Es geht darum, dass ein Hoheitsakt eine wirklich bestehende Rechtslage unzutreffend wiedergibt. Deshalb bedarf es auch nicht der dogmatischen Konstruktion *H.P. Westermanns*, die Eintragung auszulegen (aaO1028).

Forderung *de lege ferenda*, sondern auch als systematischer Ertrag *de lege lata* lässt sich festhalten, dass das dingliche Vorkaufsrecht in der Tat eine überflüssige Parallelkonstruktion ist wie im Jahre 1904 bereits behauptet, aber in der Zwischenzeit vergessen wurde. Die Auflassungsvormerkung nimmt die Merkmale des dinglichen Vorkaufsrechts in sich auf.

b) Fruchterwerb, Fund und Ersitzung

In neuerer Zeit widmet man den Vorschriften über den Fruchterwerb (§§ 953–957) keine größere Aufmerksamkeit. Auch Rechtsprechung zu diesen Vorschriften ist rar, so dass sowohl die praktische wie auch die wissenschaftliche Bedeutung eher gering sind.[241] Historisch betrachtet, spiegelt sich auch in den §§ 953–957 das Bemühen des Gesetzgebers wider, römisch-rechtliche und deutschrechtliche Ansichten miteinander zu vereinbaren. Das römisch-rechtliche Substantialprinzip ordnete die organischen Erzeugnisse einer Sache deren Eigentümer zu: *quod ex re nostra fit, nostrum est.*[242] Von dem Substantialprinzip geht auch die Grundregel in § 953 aus, wonach Erzeugnisse und sonstige Bestandteile einer Sache auch nach der Trennung dem Eigentümer gehören. In der Systematik des BGB ist dieser Grundsatz zunächst folgerichtig. Ungetrennte Früchte sind im Sinne von §§ 93, 94 nicht Gegenstand besonderer Rechte, ihr rechtliches Schicksal bestimmt die Muttersache. In der deutschrechtlichen Tradition steht das Produktionsprinzip im Vordergrund: Wird eine Frucht von der Muttersache getrennt, so gebührt sie demjenigen, der seine Arbeitskraft zur Fruchtgewinnung aufgewendet hat.[243] Ergänzt um das Vertrauensschutzprinzip hat das BGB das Produktionsprinzip in den §§ 954–957 aufgenommen und dadurch das starre Substantialprinzip aufgebrochen.

In einem unübersichtlichen System regelt das Gesetz nach einer Art Schachtelprinzip in den §§ 954–957 Ausnahmen von § 953, die ihrerseits jedoch wieder von »hinten nach vorne« zu lesen sind.[244] Eine eigene Sachherrschaft regelt § 954 nicht, sondern allenfalls eine abgeleitete. Setzt das Recht an einer fremden Sache nicht den Besitz oder sonstigen Sachzugriff des Berechtigten voraus, kann auch

---

[241] Einen wenngleich schmalen Bedeutungszuwachs konnten die §§ 953ff dadurch erlangen, dass der BGH abgetrennte Körperteile wie Früchte im Sinne des § 953 behandelt, BGH NJW 1994, 127. In Transplantationsfällen kommt daher den Vorschriften über den Fruchterwerb eine – vom Gesetzgeber sicher nicht vorhergesehene – Bedeutung zu.

[242] Aus den Digesten: *Julian* D. 22 I, 25, 1. Vgl. auch MünchKomm/*Oechsler* § 953 Rn. 1; *Staudinger/Gursky* Vorbem zu §§ 953ff Rn. 2. Eine Ausnahme davon enthalten die §§ 810, 824 ZPO, wonach Früchte vorzeitig – einen Monat vor ihrer Reife – pfändbar sind. Nach einer in Deutschland lange vorherrschenden Ansicht rechneten diese Früchte bereits vor der Ernte nicht notwendig zum Grundeigentum, sondern es handelte sich um eine sog. Fahrhabe, vgl. *Wacke* JA 1981, 286.

[243] *Wacke* JA 1981, 286.

[244] *Baur/Stürner* § 53 Rn. 45.

das Erwerbsrecht kaum als dinglich eingestuft werden. Besonders deutlich wird dies bei der Dienstbarkeit (§§ 1018, 1090). Unabhängig davon vermittelt das bloße Recht, eine Sache zu erwerben, auch noch keinen Sachzugriff. Der Deliktsschutz des Aneignungsrechts ist zudem wenig aussagekräftig für dessen dinglichen Charakter, sein Sukzessionsschutz ergibt sich auch nur abgeleitet aus dem ihm zu Grunde liegenden Recht.

Ebenso schmal sind die dinglichen Merkmale des § 955. Der Eigenbesitzer als Erwerbsprätendent hat zwar regelmäßig den Zugriff auf die Muttersache, (noch) nicht aber den Zugriff auf das Erzeugnis selbst. Hier lässt sich allenfalls von einer potentiellen Sachherrschaft sprechen. Der Definition des dinglichen Rechts genügt dies jedoch nicht, da es auf eine unmittelbare und nicht auf eine potentielle Sachherrschaft ankommen soll. Eine potentielle Sachherrschaft würde auch der Übereignungsanspruch aus dem Kaufvertrag vermitteln.

Nach dem bisher Ausgeführten zeichnet sich ab, dass auch die Erwerbsgestattung nach § 956 nicht den Merkmalen eines dinglichen Rechts genügen kann. Die sogenannten Theorien zu § 956 Abs. 1 Satz 1 vertiefen das Problem. Deutet man diese Vorschrift im Sinne der Übertragungstheorie als eine Verfügung über ein zukünftiges Eigentum nach der Trennung,[245] kann die Erwerbsgestattung kaum als ein dingliches Recht bezeichnet werden. Sie setzt keine unmittelbare Herrschaft über eine Sache voraus, sondern gewährt sie künftig. Negativ ist der Befund auch, wenn man die Erwerbsgestattung durch die Erwerbstheorie[246] erklärt: Die Gestattung ist danach keine Verfügung über eine Sache, sondern über das Fruchtziehungsrecht. Derart als Rechtsübertragung gedeutet, genügt die Erwerbsgestattung nicht den begrifflichen Anforderungen eines dinglichen Rechts. Besonders deutlich wird dies, wenn die Erwerbstheorie in der Gestattung nach § 956 Abs. 1 nur ein relatives Eigentumserwerbsrecht erblickt.[247] Auch in der Insolvenz ist das Erwerbsrecht als solches bedeutungslos. Erst wenn der Erwerber bereits ein Anwartschaftsrecht an der Sache erworben hat, kann er dies in der Insolvenz geltend machen.[248]

Die geschilderten Bedenken gelten auch für die übrigen Erwerbsrechte wie Aneignung, Fund und Ersitzung. In der Begründung zum Vorentwurf für das BGB wurde der Fund bereits als eigenständiger Erwerbsgrund geregelt. Ausgehend von einer Analogie zu den »*bona vacantia*« bestünde ein Bedürfnis zur »Wiederbesetzung des vakanten Eigentums.«[249] Das Verhältnis zu der Ersitzung als weite-

---

245 Mot. III, 368; Prot. III, 250; RGZ 78, 35, 36; RGZ 108, 269, 272; *Heck* § 63/5; RGRK/*Pikart* § 956 Rn. 1; *Wilhelm* Rn. 467.

246 *Erman/Ebbing* § 956 Rn. 3; MünchKomm/*Oechsler* § 956 Rn. 2f; *Soergel/Henssler* § 956 Rn. 2; *Staudinger/Gursky* § 956 Rn. 9; *Wolff/Raiser* § 77 IV 2.

247 So *Staudinger/Gursky* § 956 Rn. 9 mwN.

248 BGHZ 27, 360, 367 – im konkreten Fall wurde dies jedoch abgelehnt.

249 *Johow*, 865. Diese Formulierung in dem Vorentwurf ist zivilrechtlicher Nonsens. Es gibt kein vakantes Eigentum, sondern entweder herrenlose Sachen oder Sachen, die positiv im Eigentum eines anderen stehen.

rem Erwerbsgrund wurde jedoch nicht beleuchtet. Sofern der Finder seine detailliert geregelten Pflichten erfüllt, erwirbt er nach § 973 Eigentum an der Fundsache. Der Erwerbstatbestand im Übrigen ähnelt stark der Ersitzung (§ 937): Dort wie hier muss der Besitzer (Finder) im gutem Glauben sein und Eigenbesitz an der Sache haben. Hinzu kommt noch ein zeitliches Moment. Erst nach Ablauf einer bestimmten Frist erwirbt der Finder das Eigentum an der Sache. Ein unmittelbarer Sachzugriff ist mit diesen Erwerbsrechten nicht verbunden, sondern umgekehrt ist beim Fund erst nach Ablauf der Frist nach § 973 Abs. 1 ein Sachzugriff erlaubt. Wer eine Sache ersitzt, hat erst nach dem Ablauf der Ersitzungsfrist ein Zugriffsrecht.

Resümiert man die Darstellung zu den Erwerbsrechten, so zeigt sich, dass keines als ein dingliches Recht im Sinne der Definition verstanden werden kann. Es handelt sich um Vorstufen zum Eigentum. Ein Recht, das Eigentum zu erwerben, enthält jedoch auch der Anspruch aus § 433 Abs. 1 Satz 1. Handelt es sich bei den Erwerbsrechten daher in Wirklichkeit um obligatorische Rechte? Die bereits oben erwähnte These vom »Anrecht« verneint dies, gerät aber bei ihrer Begründung in dogmatische Schwierigkeiten. Das Anrecht sei danach weder ein dingliches noch ein obligatorisches Recht, sondern stehe (als unbekannter Dritter) über beiden Gruppen, was auch für das Anrecht auf das Eigentum gelte.

Damit bleibt der deliktische Schutz aller Erwerbsrechte das einzige Unterscheidungsmerkmal zwischen Erwerbsrechten und obligatorischen Rechten auf Eigentumsübertragung. Gerade dies wirft jedoch weitere systematische Zweifel auf, da schuldrechtliche Aneignungsrechte wie das des Jagdpächters oder das Fischereirecht keinen Schutz als sonstiges Recht genießen.[250] Festzustellen, welches Aneignungsrecht dinglich ist und damit unter § 823 Abs. 1 fallen könnte, gerät damit zu einem Ratespiel. Einmal mehr zeigt sich, dass die Einordnung als dingliches Recht nicht der Definition genügt und deswegen willkürlich ist.

V. *Mischformen*

1. Absolute Wirkungen obligatorischer Rechte

a) Begriff und Problemstellung

Einzelne obligatorische Rechte können nach der Ausgestaltung im Gesetz die Wirkung eines absoluten Rechts haben. Das dafür von *Dulckeit* geprägte Schlagwort »Verdinglichung obligatorischer Rechte« ist jedoch begrifflich falsch.[251] Ein

[250] Vgl. BGHZ 49, 231, 234; BGHZ 50, 73, 74 [jeweils zum Fischereirecht]; BGHZ 84, 261, 264; BGHZ 112, 392, 399 [jeweils zum Jagdrecht des Jagdpächters]; MünchKomm/*Wagner* § 823 Rn. 149; *Staudinger/Hager* § 823 Rn. B 136.

[251] So der Titel der Schrift aus dem Jahre 1951. Die Thesen *Dulckeits* konnten sich jedoch nicht durchsetzen, der von ihm geprägte Begriff (ausgerechnet) dagegen sehr wohl. Die Kritik an sei-

dingliches Recht bezeichnet nach den oben dargestellten Definitionen die unmittelbare Herrschaftsmacht einer Person über eine Sache. Über die Wirkung eines Rechts sagt diese Definition nichts aus. Da der Begriff »dinglich« nur die innere Seite eines Rechts betrachtet und der Begriff »absolut« die äußere Seite eines Rechts, ist es allein treffend, von einer »Verabsolutierung relativer Rechte« zu sprechen[252] mag dies auch sprachlich wenig geglückt sein. Daher ist der Terminus »Absolutheit obligatorischer Rechte« wenn auch unüblich, so doch genau.

Die begrifflichen Unklarheiten setzen sich fort bei der Frage, welche obligatorischen Rechte »verdinglicht« werden. Einigkeit besteht immerhin darin, dass nur das Gesetz bestimmten obligatorischen Rechten den Rechtscharakter eines absoluten Rechts zuweisen kann. Durch eine Rechtsfortbildung kann daher kein obligatorisches Recht »verdinglicht« werden. Geklärt ist immerhin die Frage, unter welchen Voraussetzungen ein obligatorisches Recht absolute Wirkungen zeitigt: Es soll dies zum einen der Fall sein, wenn ein obligatorisches Recht beständig in Zwangsvollstreckung und Insolvenz ist, zum anderen, wenn es Sukzessionsschutz genießt. Nach der hier vertretenen Ansicht sind beide Kriterien ungeeignet, um die Wirkungen der im Sachenrecht normierten Rechte zu beschreiben. Die Betrachtung wäre jedoch verkürzt, wollte man deswegen eine Untersuchung zur »Verdinglichung obligatorischer Rechte« aussparen. Im Gegenteil: Die Beweggründe, warum bestimmten obligatorischen Rechten eine teilweise absolute Wirkung zukommt, könnten Strukturunterschiede zum Sachenrecht aufdecken oder diese einebnen. Einen umfassenden Klageschutz schließlich – als weiteres Merkmal des absoluten Rechts – genießt ein obligatorisches Recht, wenn es als sonstiges Recht im Sinne des § 823 Abs. 1 betrachtet wird. Bekanntlich ist umstritten, ob ein Forderungsrecht Deliktsschutz genießen kann – die herrschenden Ansicht lehnt dies ab.[253]

b) *Zur Einordnung der Miete und Pacht*

Das Gesetz betrachtet die Miete als ein obligatorisches Recht. Während der Entstehungsgeschichte war dies allerdings umstritten: Die Romanisten trachteten danach, das römische Mietrecht weitgehend zu kodifizieren, während eine Gegenrichtung sich stark am preußischen Mietrecht orientierte. Das Allgemeine Landrecht gestaltete das Besitzrecht des Mieters ausdrücklich als dingliches Recht aus (§ 2 I 21 ALR), bei der Grundstücksmiete konnte die Besitzeinräumung durch ei-

---

nen Thesen ist hier nicht zu vertiefen, siehe dazu ausführlich *Canaris*, FS Flume I (1978), 371, 379f.

[252] In diesem Sinne bereits *Diederichsen*, Das Recht zum Besitz aus Schuldverhältnissen (1965), 52; *Dörner* (Fußn. 31), 82.

[253] Siehe dazu etwa: *Larenz/Canaris* § 76 II 4 g, wobei *Canaris* allerdings die Forderungszuständigkeit als sonstiges Recht einstuft. Dazu MünchKomm/*Wagner* § 823 Rn. 154f mwN.

ne Eintragung in das Hypothekenbuch ersetzt werden.[254] Diese Regelung konnte sich nicht als Vorbild durchsetzen. In der Folgezeit war gleichwohl umstritten, ob die Miete und die Pacht nicht doch als dingliches Recht zu verstehen seien.[255] Zwanglos lässt sich das Besitzrecht des Mieters oder des Pächters unter die Definition des dinglichen Rechts fassen wie sie dem Gesetzgeber vorschwebte: ist der Mieter oder der Pächter im Besitz der überlassenen Sache, so hat er die unmittelbare Sachherrschaft an der vermieteten oder verpachteten Sache. Aus diesem Grunde hat man Miete und Pacht immer wieder als dingliche Rechte verstanden.[256] Der Gesetzgeber verschloss sich dieser Erkenntnis, wohl um das romanistische Grundgerüst nicht anzutasten. Aus der heutigen, von historischen Sachzwängen befreiten Sicht, muss dies verwundern. Bei den Verwertungs- und Erwerbsrechten missachtete der Gesetzgeber den als zentral anerkannten Begriff des dinglichen Rechts und qualifizierte solche Rechte als dinglich, die gar nicht unter diese Definition passen. Andererseits verweigerte man den naheliegenden Schluss, dass die Miete ein dingliches Recht sein könnte. Um die rein obligatorische Natur der Miete zu retten, verstieg man sich teilweise in wagemutige Konstrukte, indem man das Besitzrecht des Mieters oder Pächters hinweg definierte und als Herrschaft über den Willen des Vermieters oder Verpächters umtaufte. Paradigmatisch für diese gewundenen Bemühungen ist die Entscheidung des Reichsgerichts vom 19. Juni 1923: »Es gehört nicht zum Wesen des Mietvertrages, dass die Sache dem Mieter zum ausschließlichen Gebrauch überlassen wird«.[257] In der Allgemeinheit wird man dem kaum folgen können. Ist der nicht ausschließliche Gebrauch einer Sache überlassen, wird schon meist zweifelhaft sein, ob es sich überhaupt um ein Miet- oder Pachtverhältnis handelt.

Das Besitzrecht des Mieters oder des Pächters gestattet einen Sachzugriff. Eingeschränkt ist dieser Sachzugriff nur bei der Untervermietung bzw. Verpachtung. Gerade für den praktisch bedeutsamen Fall der Wohnungsmiete hat der Gesetzgeber nunmehr einen unabdingbaren Anspruch des Mieters eingeführt, den Wohnraum Dritten zum Gebrauch zu überlassen, § 553 Abs. 1. In diesem Zusammenhang sind die Entscheidungen des BVerfG bedeutsam, in denen das Besitzrecht des Wohnungsmieters als Eigentum im Sinne des Art. 14 GG eingestuft

---

[254] Näher: *Löning*, Die Grundstücksmiete als dingliches Recht (1930), 88ff; *Wieling*, GS Sonnenschein (2003), 201ff.

[255] In die Rechtsgeschichte eingegangen ist dabei die berühmte Fehde zwischen *Cosack*, Lehrbuch des Deutschen Bürgerlichen Rechts, 4. Aufl., 1904, Band 2 §§ 238f und *Crome* IherJb 37 (1897), 45ff.

[256] *Dulckeit* (Fußn. 251), 43ff [für die Grundstücksmiete]; *Raape* IherJb 74 (1924), 179, 208; *Oertmann* AcP 123 (1925), 129, 147; *Stöcker* (Fußn. 55), 84ff mwN 90, Fußn. 2; *Wieling*, GS Sonnenschein (2003), 201, 213ff. Vorsichtig auch *Diederichsen* (Fußn. 252), der von einem »Zwitter« spricht (83f.). *Schön* (Der Nießbrauch an Sachen, 1992, 329f) hält die dingliche Rechtsnatur der Miete für widerlegt. Sicher kann die Miete nicht in das Grundbuch eingetragen werden und folglich kann sie auch keinen Rang einnehmen. Diese beiden Elemente sind jedoch kein Charakteristikum dinglicher Rechte.

[257] RGZ 108, 204, 205; siehe auch *Sohm* GrünhutsZ 4 (1877), 457, 459ff.

wurde.[258] Auch wenn Zurückhaltung geboten ist, aus der verfassungsrechtlichen Überformung des Besitzbegriffs auf die Systematik des BGB zu folgern, enthalten die Entscheidungen einige Weichenstellungen. Das BVerfG wertet das Besitzrecht des Mieters als eine privatrechtliche Rechtsposition, die dem Mieter wie das Sacheigentum zugeordnet sei. Es betont dabei, dass das Besitzrecht des Mieters von Wohnraum funktional äquivalent zum Sacheigentum ist.[259] Auch wenn das BVerfG zu diesem Ergebnis durch eine rechtssoziologische Analyse gelangt, an deren Ergebnissen man im Einzelnen zweifeln mag,[260] so rücken die empirischen Erkenntnisse den Besitz des Mieters dem Eigentum nahe.

Betrachtet man die Wirkungen des mietrechtlichen Besitzrechts, zeigt sich, dass sie einen absoluten Charakter aufweisen. Das Besitzrecht des Mieters genießt ebenso Sukzessionsschutz (§§ 566 Abs. 1, 578 Abs. 1) wie das des Pächters (vgl. § 581 Abs. 2). Diese unter dem Schlagwort »Kauf bricht nicht Miete« betitelte Rechtslage sah man als Beleg dafür, dass sich die Miete als ein obligatorisches Recht »verdingliche«.[261] Auch nachträglich bestellte Rechte können die Rechtsposition des Mieters nicht beeinträchtigen (§§ 567, 568). Gerade dieser Befund zeigt, in welchem Dilemma sich die Abgrenzung von dinglichem und persönlichem Recht befindet: Versteht man den Sukzessionsschutz als Element absoluter Rechte, so bleibt Erklärungsbedarf, warum die Miete und die Pacht als relative Rechte weitgehend Sukzessionsschutz bieten. Die »Verdinglichungsthese« geht vom obligatorischen Recht aus und sieht bestimmte absolute Wirkungen als Ausnahme. Umgekehrt führen die Anhänger von der These, dass die Miete ein dingliches Recht sei, unter anderem den Sukzessionsschutz als Beleg an. Einen Sukzessionsschutz einzuführen, steht im Belieben des Gesetzgebers, so dass unweigerlich auch die beschriebenen Positionen beliebig sein müssen, je nach Standpunkt. Die Unterscheidung von relativen und absoluten Rechten wird daher bei der Miete wiederum zweifelhaft.

Betrachtet man den Schutz des miet- und pachtrechtlichen Besitzes, so nähern sich Miete und Pacht wiederum absoluten Rechten an. Den Besitz des Mieters oder Pächters erkennen die Rechtsprechung und die herrschende Ansicht als sonstiges Recht im Sinne des § 823 Abs. 1 an, so dass der Besitz Schadensersatz- und in Verbindung mit § 1004 Abwehransprüche gewährt.[262] Die Streitigkeit da-

---

[258] BVerfGE 89, 1; BVerfG NJW 1994, 41; BVerfG NJW 2000, 2658. Siehe dazu etwa: *Sosnitza*, Besitz und Besitzschutz (2003), 128ff mwN. Fußn. 30, 31 (S. 141).

[259] BVerfGE 89, 1, 6.

[260] Ausführlich dazu *Sosnitza* (Fußn. 258), 137ff.

[261] *Canaris*, FS Flume I (1978), 371, 392ff. Gleichwohl gilt der hier beschriebene Sukzessionsschutz nur für die Wohnraummiete, die Grundstücksmiete und die Pacht.

[262] BGHZ 62, 243, 248; BGHZ 66, 277, 282; BGHZ 73, 355, 362; BGHZ 79, 232, 236; BGHZ 137, 89, 98; BGHZ 147, 45, 50; BGH JZ 1954, 613; BGH JZ 1976, 643; BGH NJW 1984, 2569; *Brehm/Berger* Rn. 2.9; *Jauernig/ Teichmann* § 823 Rn. 16; RGRK/*Steffen* § 823 Rn. 33; *Staudinger/Hager* § 823 Rn. B 167 mwN. Siehe insbesondere *Wieling*, GS Sonnenschein (2003), 201, der den Besitzschutz als solchen bereits als Indiz für die Verdinglichung der Miete heranzieht (215).

rüber, ob besser das Recht zum Besitz ein sonstiges Recht sei[263] oder nur der rechtmäßige Besitz[264] ist dafür belanglos, wie man die Schutzwirkungen einordnet. Sie hängen im Ergebnis davon ab, ob man den Besitz als Recht einstuft; eine dogmatische Grundsatzfrage, die für den hier ermittelten Befund keine Rolle spielt. Einhellige Ansicht ist, dass der Besitz oder ein Besitzrecht den Schutz wie ein absolutes Recht genießt.

Sofern man den Schutz in der Zwangsvollstreckung als Merkmal eines absoluten Rechts hinnimmt und regelmäßig den dinglichen Rechten eine solche Wirkung beimisst, zeigt sich wiederum ein »dinglicher Charakter« jedenfalls der Grundstücksmiete. Nach §57 ZVG tritt der Erwerber in der Zwangsversteigerung in den Mietvertrag bzw. den Pachtvertrag ein und gewährt den Rechten des Mieters und Pächters damit eine »Mindestbeständigkeit« in der Zwangsvollstreckung. Für die Wohnraummiete erhöht sich der Bestandsschutz noch zusätzlich: Das Sonderkündigungsrecht des Erstehers nach §57 a ZVG ist außerdem durch den gesetzlichen Mieterschutz eingeschränkt[265] und damit zusätzlich abgesichert. Dieser Schutz ist unabdingbar, wie sich aus §59 ZVG in Verbindung mit §573 Abs. 4 BGB ergibt. Im Ergebnis verschwimmen auch hier die Grenzen zwischen absolut-dinglichen und relativen Rechten. Um es nochmals zu betonen: Es ist im

---

Eine andere von den bisherigen Ansätzen stark abweichende Konstruktion liefert *Sosnitza* (Fußn. 258), 291ff. Der Besitz ist danach als unselbständiger Bestandteil des Eigentums bzw. der beschränkten dinglichen Rechte geschützt (291f). Das Vertragsrecht diene vorrangig dazu, den obligatorisch berechtigten Besitzer zu schützen, ergänzt um die Rechtsfigur der Drittschadensliquidation (293ff). Diese Lösung hat auf den ersten Blick den Vorzug, dass sie die Diskussion um den deliktischen Besitzschutz radikal entfrachtet und zu einer übersichtlichen Lösung gelangt. Allerdings zeigen die angeführten Beispiele zur Drittschadensliquidation, dass auch hier ein Bedürfnis besteht, ein Besitzrecht gegenüber Eingriffen Dritter zu schützen. Es ist eher eine konstruktive Frage als eine inhaltliche, ob man dies über §823 Abs. 1 oder eine Drittschadensliquidation bewerkstelligt. Da zudem die Existenzberechtigung der Drittschadensliquidation nicht unumstritten ist, ist mE eine Zurückhaltung gegenüber ihrer inhaltlichen Ausweitung geboten.

263 So grdl. *Canaris*, FS Flume I (1978), 371, 399f, 401; *Larenz/Canaris* §76 II 4f; siehe auch schon *v. Caemmerer*, FS 100 Jahre DJT II (1960), 49, 81, 83 allerdings ohne nähere Begründung. Dieser Vorschlag löst allerdings die Trennung zwischen relativem Recht und absoluten Recht auf. Auch wenn man das Recht zum Besitz als relatives Herrschaftsrecht einstuft (so zuerst *Diederichsen* [Fußn. 252], 158ff), folgt daraus noch nicht, dass es deliktische Ansprüche gewährt. *Canaris* hat deswegen versucht, den deliktischen Schutz des mietrechtlichen Besitzrechts damit zu begründen versucht, dass es teilweise verdinglicht sei, wie sich aus §566 ergebe (aaO 392f). Aus dem Sukzessionsschutz lassen sich nach der hier vertretenen Ansicht allerdings keine derart weit reichenden Schlussfolgerungen ziehen (oben III 2 b; zur weiteren Kritik siehe auch *Sosnitza* [Fußn. 258], 284ff). Wenn man allerdings der hier verfochtenen Ansicht folgt, dass zwischen absoluten und relativen Rechten keine aussagekräftigen Unterschiede bestehen (III 3), ist jedenfalls theoretisch der Weg geebnet, das Recht zum Besitz auch gegenüber Eingriffen Dritter zu schützen.

264 So *Diederichsen* (Fußn. 252), 67; MünchKomm/*Wagner* §823 Rn. 152; *Schwab/Prütting* Rn. 49. Nach einer weiteren Ansicht soll der Besitzer einen Deliktsschutz genießen, der postive Ansprüche auf Verwendungs- oder Nutzungsersatz innehat; so grdl. *Medicus* AcP 165 (1965), 115, 136f; dem folgend: *Baur/Stürner* §9 Rn. 34; *Erman/Schiemann* §823 Rn. 43.

265 BGHZ 84, 90, 100; offenbar übersehen bei *Schön* (Fußn. 256), 330.

Ergebnis müßig, ob man diesen Vorgang als »Verdinglichung« bezeichnet oder ihn dazu verwendet, die Miete als dingliches Recht einzuordnen. Beide Positionen bewegen sich im Kreise, solange sie nicht die Grundsatzfrage klären, ob nach überprüfbaren Maßstäben das absolut-dingliche Recht überhaupt von relativen Rechten abgrenzbar ist. Die vorliegenden Untersuchungen haben an mehreren Stellen ergeben, dass diese Grenze willkürlich gesetzt ist. Insbesondere Miete und Pacht verdeutlichen dies ein weiteres Mal.

2. Relativierung dinglicher Rechte: Treuhandverhältnisse

Wie bereits oben dargestellt (III 2 c) gehorchen Treuhandverhältnisse besonderen Regeln in der Insolvenz und Zwangsvollsteckung. Dadurch ist bereits angedeutet, dass bei Treuhandverhältnissen die Grenzen zwischen dem dinglichen und dem obligatorischen Recht verschwimmen. Wie sehr dieses Rechtsinstitut diese Grenzen aufhebt, soll stellvertretend die Sicherungstreuhand verdeutlichen.[266] Das gemeinsame Kennzeichen ist die Treuhandabrede, ohne die eine Sicherungsübereignung oder -abtretung als solche gar nicht qualifizierbar ist. Konstruktiv betrachtet, ist der Sicherungsnehmer zwar Inhaber des Vollrechts, im Innenverhältnis bändigt die Treuhandabrede jedoch diese Rechtsposition. Welchen Inhalt diese Abrede hat, ist in den Detailfragen umstritten. Über die Grundsätze herrscht jedoch Einigkeit: Die Treuhandabrede schwächt das formale Eigentum des Treugebers ab. In der Insolvenz und der Zwangsvollstreckung des Sicherungsgebers hat der Sicherungsnehmer nicht die Rechte, die einem Eigentümer gewöhnlich zustehen. Bevor das Gesetz ausdrücklich (nur) ein Absonderungsrecht des Treunehmers normierte, begründete dies die Rechtsprechung damit, dass in der Insolvenz nicht notwendig das formale Eigentum entscheide, sondern das wirtschaftliche.[267] Man mag diesen Vorgang als eine Relativierung oder »Obligatorisierung dinglicher Rechte« bezeichnen,[268] getarnt durch den schillernden Begriff des wirtschaftlichen Eigentums.

Je mehr sich die fiduziarischen Sicherheiten ausbreiten, desto mehr sind die Mischformen zwischen dinglichen und persönlichen Rechten gelebte Praxis. Dabei passen diese Sicherungsrechte nicht unter den Begriff des dinglichen Rechts, da sie dem Sicherungsgeber als Berechtigtem keinen positiven Sachzugriff einräu-

---

[266] Die grundlegende Systematisierung aller Treuhandverhältnisse hat *Siebert* geleistet: Danach ist zwischen der Sicherungs- und der Verwaltungstreuhand zu unterscheiden (*Siebert*, Das rechtsgeschäftliche Treuhandverhältnis [1933]. Teilweise ergänzt man diese Formen noch um die Erfüllungstreuhand (näher dazu: *Gernhuber* JuS 1988, 355, 356f; *Walter*, Das Unmittelbarkeitsprinzip bei der fiduziarischen Treuhand [1974], 12ff).

[267] BGHZ 61, 72, 77; BGH NJW 1959, 1224; RGZ 45, 85; RGZ 79, 122; RGZ 84, 217.

[268] So das Schlagwort geprägt von *Hattenhauer*, Über vereintes und entzweites Eigentum, in: *Baur* (Hrsg.), Das Eigentum (1989), 83, 100; siehe dazu auch mit Nachweisen: *Wiegand*, Funktion und systematische Stellung des Sachenrechts im BGB, in: 100 Jahre BGB – 100 Jahre Staudinger (1998), 107, 118.

men. Die Sicherungsübereignung hat sich bekanntlich deswegen erst verbreitet, da der Sicherungsgeber nach wie vor noch die unmittelbare Sachherrschaft am Sicherungsgut hat und es so wirtschaftlich nutzen kann. Ein dingliches Recht hat er deswegen aber keineswegs inne.

Über die hinfällige Trennung von dinglichem und obligatorischem Recht gibt umgekehrt die verstärkte Rechtsstellung des Treugebers ein aussagekräftiges Zeugnis. Wie sich das Interventionsrecht des Treugebers in der Zwangsvollstreckung gegen den Treunehmer begründen lässt oder warum in dessen Insolvenz der Treugeber aussondern darf, ist breit erörtert worden.[269] Diese Debatte wurde bereits oben angeschnitten und soll hier nicht wiederholt werden. Entscheidend dabei sind die Rückschlüsse auf den Dualismus zwischen dinglichem und obligatorischem Recht. Man hat versucht, das Sachenrecht von den Systembrüchen abzuschotten, indem man den Begriff »wirtschaftliches Eigentum« einführte.[270] Was danach im Eigentum einer Person steht, soll nicht zwangsläufig zu deren insolvenzrechtlich relevantem Vermögen gehören. Wie oben herausgearbeitet, haben sich die Aussonderungsrechte in der Insolvenz von einer formalen Einordnung zwischen dinglichen und persönlichen Rechten abgelöst,[271] mag auch der Wortlaut des § 47 InsO zunächst den gegenteiligen Schluss nahe legen. Es ist deswegen verfehlt, die Rechtstellung des Treugebers in der Insolvenz als teilweise »verdinglicht« zu bezeichnen. Wenn sich aber bei den Treuhandverhältnissen die verschiedenen Rechtswirkungen nicht mehr auf den Dualismus zwischen dinglichem und persönlichem Recht zurückführen lassen, so ist an der Praemisse selbst zu zweifeln. Der Dualismus verspricht jedenfalls hier keinen Ertrag mehr.

Ein gemischtes Bild schließlich liefert auch der absolute Klageschutz und der Sukzessionsschutz. Ersterer steht zwar dem Sicherungsnehmer zu, letzterer bei der Sicherungsübereignung jedoch dem Sicherungsgeber. Veräußert der Sicherungsnehmer das Sicherungsgut nach § 930 oder § 931, so kann der Sicherungsgeber sich gegenüber dem neuen Eigentümer nach § 986 Abs. 2 auf sein Besitzrecht berufen.[272] Um nicht aus dem System von dinglichen und persönlichen Rechten ausbrechen zu müssen, kann man § 986 Abs. 2 als weitere Vorschrift ansehen, die ein Recht – wie das Besitzrecht – verdinglicht.[273] Allerdings verspricht dies wie auch in den bereits beschriebenen Fällen wenig Ertrag. Nimmt man hinzu, wie die

[269] *Gaul*, FS Serick (1992), 105, 123ff;

[270] ZB. *Assfalg*, Die Behandlung von Treugut im Konkurse des Treuhänders (1960), 164.

[271] Oben III 2 c.

[272] Die Übereignungsformen nach § 930 und § 931 sind weitgehend austauschbar. So könnte der Treunehmer die Sache auch übertragen, indem er mit dem neuen Eigentümer ein weiteres Besitzmittlungsverhältnis vereinbart. Die Anwendung des § 986 Abs. 2 kann aber nicht davon abhängen, welche Übertragungsform der Sicherungsnehmer wählt. Der BGH hat daher zu Recht § 986 Abs. 2 auch auf eine Übereignung nach § 930 angewendet, BGHZ 111, 142, 146; dazu: *Krüger* JuS 1993, 12; aus dem übrigen Schrifttum siehe etwa: MünchKomm/*Medicus* § 986 Rn. 22; *Staudinger/Gursky* § 986 Rn. 32 jeweils mwN.

[273] So etwa *Canaris*, FS Flume I (1978), 371, 399.

Rechte des Treugebers und des Treunehmers insgesamt ausgestaltet sind, so ergibt sich ein buntes Gemisch von relativierten dinglichen Rechten und verdinglichten relativen Rechten. Diese Wanderungstendenzen lassen sich kaum mehr als Anomalie gegenüber dem normalen System beschreiben. Dies ließe mehr offen, als es klärt. Vielmehr zeigt gerade die Rechtslage bei den fiduziarischen Sicherungsrechten, dass der Dualismus zwischen dinglichem und persönlichen Recht als systemprägendes Begriffspaar unbrauchbar ist.

3. Anwartschaftsrechte

Dem Gesetzgeber waren keine kodifizierten Anwartschaftsrechte bekannt, und er konnte sie daher nicht in den Dualismus zwischen dem dinglichen und dem persönlichen Recht einfügen. Nach der in der Rechtsprechung geläufigen Formel entsteht ein Anwartschaftsrecht, wenn bei einem mehraktigen Erwerbstatbestand bereits so viele Merkmale erfüllt sind, dass der Veräußerer den Erwerb nicht mehr einseitig verhindern kann.[274] Ein Anwartschaftsrecht entsteht an beweglichen Sachen unter anderem bei einer bedingten Verfügung wie beim Eigentumsvorbehalt oder einer auflösend bedingten Sicherungsübereignung. Im Liegenschaftsrecht entsteht nach der überwiegenden Ansicht ein Anwartschaftsrecht des Erwerbers, wenn er sich mit dem Veräußerer geeinigt hat und eine Vormerkung zu Gunsten des Erwerbers mindestens beantragt ist.[275] Umstritten, aber hier nicht näher zu vertiefen ist das Anwartschaftsrecht des Auflassungsempfängers allgemein. Die herrschende Ansicht bejaht es, wenn der Erwerber den Eintragungsantrag gestellt hat.[276]

Im überreichen Schrifttum ist umstritten, ob das Anwartschaftsrecht ein dingliches Recht ist. Der BGH hat eine Stellungnahme zu diesem Problem bislang vermieden. Zunächst bezeichnete er das Anwartschaftsrecht als ein dem Vollrecht ähnliches Recht[277] und prägte erst später die berühmte Formel, dass das Anwartschaftsrecht »im Vergleich zum Eigentum kein aliud, sondern ein wesensgleiches

---

[274] BGHZ 45, 186, 188f; BGHZ 49, 197, 201; BGHZ 83, 395, 399; BGHZ 114, 161, 166. Geprägt hat diese Formel *Westermann*, Sachenrecht 2. Aufl. § 5 III 3 a. Zustimmend: *Medicus* BR Rn. 456; *Westermann/H.P. Westermann* § 5 III 4 a (38).

[275] BGHZ 83, 395, 399; BGHZ 89, 41, 44f; BGHZ 106, 108, 111; aA *Hager* JuS 1991, 1, 3 mwN Fußn. 42–45. Dem ist hier nicht weiter nachzugehen.

[276] BGHZ 45, 186, 190f; BGHZ 49, 197, 200; BGHZ 83, 395, 399; BGHZ 106, 108, 111; BGH WM 1975, 255, 256; *Erman/Hagen/Lorenz* § 925 Rn. 56; MünchKomm/*Kanzleiter* § 925 Rn. 37. Nach einer Gegenansicht entstehe das Anwartschaftsrecht bereits mit der Auflassung: BayObLG RPfleger 1972, 16; *Soergel/Stürner* § 925 Rn. 45. Eine im Vordringen befindliche Gegenansicht lehnt mE zu Recht ein Anwartschaftsrecht des Auflassungsempfängers ab: Die Position des Erwerbers kann durch einen Verfahrensakt jederzeit zurückgewiesen werden, zudem ist § 17 GBO eine reine Ordnungsvorschrift. So *Flume* AcP 161 (1962), 385, 390ff; *Hager* JuS 1991, 1, 3; *Medicus* Rn. 469; MünchKomm/*Wacke* § 873 Rn. 43 mwN.

[277] BGHZ 20, 88, 99.

Minus« sei.[278] Die wohl herrschende Meinung stuft das Anwartschaftsrecht als ein dingliches Recht ein, auch wenn es im Typenkatalog der dinglichen Rechte nicht ausdrücklich erwähnt ist.[279] Wieder andere sehen in ihm eine Mischform zwischen schuldrechtlichem und dinglichen Recht,[280] während man bisweilen auch auf eine Einordnung verzichtet und das Anwartschaftsrecht als eine Rechtsteilung begreift.[281]

Während sich die Dogmatik bei den Treuhandverhältnissen noch um ein Denken in den Kategorien von dinglichem und obligatorischem Recht bemüht, gesteht man beim Anwartschaftsrecht offen zu, dass aus seiner Rechtsnatur keine Schlussfolgerungen gezogen werden können.[282] Methodisch stellt es einen *circulus vitiosus* dar, die anwendbaren Vorschriften aus der Rechtsnatur eines Rechts abzuleiten. Dies ändert gleichwohl nichts an der im BGB festgelegten Trennung zwischen dinglichem und obligatorischen Recht. Verzichtet man aber darauf, die rechtliche Natur eines Rechts näher zu bestimmen, wenn man sachenrechtliche Vorschriften darauf anwendet, so bedeutet dies im Ergebnis, dass die Trennung zwischen Schuld- und Sachenrecht aufgehoben wird. Im Vordergrund stehen dann nur noch sachgerechte Ergebnisse, das dualistische System von dinglichem und persönlichem Recht wird dabei zurückgedrängt. An sich wäre dies unschädlich, wenn der Gesetzgeber nicht den Typenzwang vorgesehen hätte. Durch eine weitgehende Anwendung sachenrechtlicher Vorschriften auf bislang neu geschaffene Rechtsfiguren besteht die Gefahr, dass der *numerus clausus* der dinglichen Rechte durchbrochen wird.

Während auf dieses Problem erst später einzugehen ist,[283] sollen hier beispielhaft einige absolute Wirkungen dargestellt werden, die man dem Anwartschaftsrecht beimisst. Auch wenn nach der hier vertretenen Ansicht die absoluten Wirkungen als solche wenig aussagekräftig sind, soll der kurze Überblick doch zeigen, dass gerade beim Anwartschaftsrecht der Gegensatz zwischen relativem und absolutem Recht sich immer mehr verschleift. Das Anwartschaftsrecht ist nach der allgemeinen Ansicht ein sonstiges Recht im Sinne des § 823 Abs. 1[284] und da-

---

[278] BGHZ 28, 16, 21; BGHZ 30, 374; BGHZ 35, 85, 89. Die Formel geht zurück auf *Schwister* JW 1933, 1753, 1762. Aus der Lit. etwa *Bork* Rn. 1282.

[279] *Banke* (Fußn. 154), 99ff; *Mühl* AcP 160 (1961), 264, 270; *Müller-Laube* JuS 1993, 529, 530; *Raiser*, Dingliche Anwartschaften (1961), 63; *Schwab/Prütting* Rn. 392; *Stoll* ZHR 128 (1966), 239, 242; *Wolff/Raiser* § 66 I 3.

[280] *Serick I* § 11 I 2; *Staudinger/Bork* Vor § 158 Rn. 67; ähnlich *Forkel* (Fußn. 104), 159ff, 167; wohl auch *Georgiades*, Die Eigentumsanwartschaft beim Vorbehaltskauf (1963), 111ff (»dingliches Recht im weiteren Sinne«).

[281] Z. Bsp. *Baur/Stürner* § 59 Rn. 33; *Krüger* JuS 1994, 905. Näher zu diesem Gesichtspunkt: § 6 IV.

[282] *Erman/Grunewald* § 455 Rn. 28; *Medicus* BR Rn. 456; *Staudinger/Bork* Vor § 158 Rn. 63; *Staudinger/Honsell* § 455 Rn. 34.

[283] Unten § 6 IV.

[284] RGZ 170, 1, 6; BGHZ 55, 20, 25f; BGHZ 114, 161, 164f; BGH NJW 1970, 699; BGH WM 1957, 514, 516; OLG Celle NJW 1960, 967, 968; *Baur/Stürner* § 59 Rn. 45; *Erman/Schiemann*

mit genießt es den Klageschutz, ein Merkmal, das man absoluten Rechten zuschreibt. Zu welchen Schwierigkeiten dies führt, zeigt sich, wenn sowohl der Eigentümers als auch der Anwärter Ansprüche gegenüber einem Dritten geltend machen, der den Untergang einer mit einem Anwartschaftsrecht behafteten Sache verursacht hat. In Betracht kommen hierbei Fälle, bei denen der Dritte eine unter Eigentumsvorbehalt gelieferte Sache zerstört oder wenn eine solche Sache durch einen Dritten verbunden, vermischt oder verarbeitet wird, so dass sowohl das Eigentum als auch das Anwartschaftsrecht an dieser Sache untergehen. Dem überkommenen System des BGB entspricht es am Besten, wenn man ausschließlich dem Eigentümer einen Anspruch auf Wertersatz nach § 951 Abs. 1 Satz 1 bzw. einen Schadensersatzanspruch nach § 823 Abs. 1 zubilligt, da dem historischen Gesetzgeber eine Aufspaltung eines Rechts in ein Eigentum und ein Anwartschaftsrecht unbekannt war.[285]

Gestützt auf den Besitz hat das RG in einer älteren Entscheidung dem Anwartschaftsberechtigten den Schadensersatz zugebilligt. Über konkurrierende Ansprüche des Eigentümers hatte es aber auch nicht zu entscheiden.[286] In neuerer Zeit forderte man, vorrangig dem Anwartschaftsberechtigten den Deliktsanspruch aus § 823 Abs. 1 einzuräumen.[287] Dem Sicherungsinteresse des Eigentümers misst dieser Vorschlag nur eine eingeschränkte Bedeutung zu. Im Ergebnis beraubt diese Ansicht das Eigentum um seinen Anspruchsschutz. Solange sich der Vorbehaltsverkäufer vertragstreu verhält und die Kaufpreisraten zahlt, ruht gleichsam das Eigentum des Vorbehaltsverkäufers. Dogmatisch ist dies bedenklich, da hier das Eigentum zu einer Rechtsposition *inter partes* zwischen dem Vorbehaltsverkäufer und dem Anwartschaftsberechtigten herabgestuft wird und damit gleichsam relativiert. In der Konsequenz des beschriebenen Modells liegt es auch, dass der Anwartschaftsberechtigte darüber entscheiden darf, ob er den Schadensbetrag zur Restitution verwendet. Indes entwertet das die Eigentumsposition des Verkäufers, der in der Insolvenz des Käufers ausfallen könnte und Gefahr liefe, ein wertloses Wrack zu erhalten, wenn sich der Käufer gegen eine Reparatur der Vorbehaltssache entschieden hat.[288]

Der BGH betrachtet den Eigentümer und den Anwartschaftsberechtigten als Teilgläubiger, wobei jeder einen eigenständigen Anspruch hat, der durch den je-

---

§ 823 Rn. 42; *Jauernig/Teichmann* § 823 Rn. 17; *Jauernig/Jauernig* § 929 Rn. 58; *Larenz/Canaris* § 76 II 4 b; *Medicus* Rn. 467; MünchKomm/*Wagner* § 823 Rn. 145; *Staudinger/Hager* § 823 Rn. B 151 mwN. Dies gilt in jedem Falle für das Anwartschaftsrecht des Vorbehaltskäufers, muss aber auch gelten, wenn man Anwartschaftsrechte im Grundstücksrecht zulässt.

[285] *Flume* AcP 161 (1962), 385, 399; *ders.* § 42/4 e; *Westermann/Gursky* § 39 III 2 c; MünchKomm/ *Füller* § 951 Rn. 6.

[286] RGZ 170, 1, 6.

[287] *Müller-Laube* JuS 1993, 529, 534ff.

[288] MünchKomm/*Wagner* § 823 Rn. 146; *Staudinger/Hager* § 823 Rn. B 155 gegen *Müller-Laube* JuS 1993, 529, 534. Diesen Einwand trägt bereits *Brox* JuS 1984, 657, 660 vor.

weiligen Anteil am Sachwert der Vorbehaltssache begrenzt ist.[289] Diese Lösung erhält weitgehend die selbständige Stellung des Eigentums und des Anwartschaftsrechts, dürfte aber auch auf erhebliche praktische Schwierigkeiten stoßen. Vorausgesetzt, der Käufer zahlt regelmäßig die Kaufpreisraten, so ändert sich kontinuierlich der Wertanteil an der Vorbehaltsware. Dieses Problem versucht der BGH dadurch zu umgehen, indem er auf den Wertanteil zum Zeitpunkt des Schadensfalles abstellt und dem Verkäufer einen Schadensersatzanspruch in Höhe des ausstehenden Kaufpreises zubilligt. Der Käufer hat danach einen Anspruch in Höhe des Wertes, den das Anwartschaftsrecht hat, wobei sich dieser Wert aus der Differenz zwischen dem geschuldeten Kaufpreis und dem vollen Sachwert ergibt.[290] Indes mildert diese Lösung nur die Schwierigkeiten ohne sie zu beseitigen. Das Interesse am Sachwert ist unteilbar, zudem benachteiligt diese Abwicklung den Vorbehaltskäufer. Ist die Sache beschädigt, so ist der Käufer einerseits verpflichtet, den Kaufpreis weiter zu zahlen, so dass sein Wertanteil an dieser beschädigten Sache kontinuierlich steigt, er aber andererseits nur den Schadensbetrag zum Zeitpunkt des schädigenden Ereignisses geltend machen kann. Der Verkäufer würde dadurch doppelt begünstigt, indem er eine Schadenssumme erhält, die nicht mehr seinem aktuellen Anteil entspricht und zusätzlich die Kaufpreisraten durch den Käufer erhält. Ein flexibler Schadensbetrag, der sich nach dem aktuellen Wertverhältnis richtet, würde diese Nachteile vermeiden, verbietet sich aber von selbst, da undurchführbar.[291] Abgesehen davon verwickelt sich die Teilgläubigerlösung auch in schadensrechtliche Schwierigkeiten. Die schadensrechtlichen Vorschriften sind nicht auf eine Teilberechtigung an einer einheitlichen Sache zugeschnitten. Dies zeigt sich deutlich bei der Ersetzungsbefugnis nach § 249 Satz 2. Betrachtet man den Eigentümer und den Anwartschaftsberechtigten als Teilgläubiger, so bleibt unklar, wem diese Ersetzungsbefugnis zustehen soll.[292]

Die im Schrifttum vorherrschende Ansicht spaltet den Schadensersatzanspruch deswegen nicht auf, sondern geht von einer Gesamtberechtigung der Gläubiger aus und stützt sich dazu auf eine Analogie zu den §§ 432, 1077 Abs. 1, 1281.[293] Diese Ansicht vermeidet die Aufteilung der Schadensersatzansprüche, ist

---

[289] BGHZ 55, 20, 32; BGH WM 1957, 515, 517; ebenso aus dem Schrifttum: *Frank* NJW 1974, 2211, 2215; *U. Hübner* NJW 1980, 729, 733; *Rütten*, Mehrheit von Gläubigern (1989), 139.

[290] BGHZ 55, 20, 32. Gegen diese Berechnung treffend *Müller-Laube* JuS 1993, 529, 532f. Ist die Vorbehaltsware beschädigt, so hat der Käufer regelmäßig ein Interesse an einer Naturalrestitution, der Verkäufer ist hingegen eher an einem Geldersatz interessiert. Daraus lassen sich aber keine Wertanteile errechnen. Wenn zudem den Anwartschaftsberechtigten ein Mitverschulden trifft, ist die Lösung des BGH generell undurchführbar.

[291] Ausführlich *Müller-Laube* JuS 1993, 529, 532; siehe auch MünchKomm/*Wagner* § 823 Rn. 146; *Staudinger/Hager* § 823 Rn. B 155.

[292] *Eichenhofer* AcP 185 (1985), 162, 189f.

[293] Auf § 432 stellen ab: *Baur/Stürner* § 59 Rn. 45. Die §§ 432, 1281 ziehen analog heran: *Brox* JuS 1984, 657, 660; *Erman/ Schiemann* § 823 Rn. 38; MünchKomm/*Wagner* § 823 Rn. 146; *Staudinger/Hager* § 823 Rn. B 155; *Wolf* Rn. 685. Für eine Analogie zu §§ 432, 1077, 1281: *Larenz/ Canaris* § 76 II 4 b; *Raiser* (Fußn. 279), 82. *Schwab/Prütting* (Rn. 398) wendet § 428 an.

aber gleichwohl Bedenken ausgesetzt. Die Analogie zu §§ 1077 Abs. 1, 1281 trügt, da das Anwartschaftsrecht weder ein Pfandrecht noch ein Nutzungsrecht ist. Einzig die Rechtsfolge mag die vorherrschende Lehre stützen. Indes kann der Analogieschluss schon methodisch nicht überzeugen, da es ja gerade gilt, eine tatbestandlich vergleichbare Norm aufzuspüren und keine mit ausschließlich genehmen Rechtsfolgen.[294] Diese methodischen Bedenken richten sich auch gegen eine analoge Anwendung des § 432. Auch hier geht die herrschende Ansicht stillschweigend davon aus, dass der Eigentümer und der Anwartschaftsberechtigte gemeinsam berechtigt sind, obwohl dies gerade zu beweisen ist. Entscheidend ist jedoch, dass die Gesamtgläubigerlösung die Abwicklungsprobleme ins Innenverhältnis verlagert. Damit werden die Probleme nur verschoben, nicht aber beseitigt. Auch bei der internen Abwicklung zeigt sich, dass sich das Interesse an der Sache nur schwer teilen lässt.[295]

Damit zeichnet sich ab, dass die alleinige Forderungszuständigkeit des Eigentümers die einzige systemkonforme Lösung ist. Gleichwohl hat man dagegen eingewandt, dass wirtschaftliche Interessen des Verkäufers ja gar nicht betroffen seien und der Verkäufer als einziger Forderungsberechtigter besser gestellt würde, da der Zwischenzins nicht ihm, sondern dem Vorbehaltskäufer gebühre.[296] Indes knüpft § 823 Abs. 1 an rechtliche Positionen an. Der geschilderte Einwand richtet sich letztlich gegen das Konzept der gemeinschaftlichen Berechtigung, auf das er allerdings nicht gemünzt ist. Gegen die alleinige Forderungszuständigkeit des Verkäufers hat man auch eingewandt, dass dieser wenig Elan zeigen werde, um die Schadensforderung beim Dritten einzutreiben, da er ja in der Zwischenzeit vom Käufer die Raten erhält.[297] Indes ist dies ein unzulässiger Schluss vom (unterstellten) Tatsächlichen auf das Rechtliche. Die befürchteten Probleme lassen sich mit den Instrumentarien des BGB befriedigend lösen. Macht der Verkäufer den Schadensersatzanspruch nicht geltend, so verletzt er dadurch eine Nebenpflicht aus dem Schuldverhältnis gegenüber dem Käufer, § 241 Abs. 2. Gegenüber dem Zahlungsanspruch des Verkäufers kann der Käufer daher mit einem Schadensersatzanspruch aufrechnen. Die Höhe dieses Schadensersatzanspruches bemisst sich dabei nach der Werteinbuße des Vorbehaltskäufers. Macht der Verkäufer den Schadensersatzanspruch geltend, so ist zu unterscheiden, ob der Verkäufer sich für die Naturalrestitution entscheidet oder nach § 249 Satz 2 vorgeht. Im ersten Fall ändert sich nichts an der Abwicklung des Kaufvertrages, da der Käufer hier eine wieder hergestellte Sache erhält. Im zweiten Falle ist zu vermeiden, dass der Verkäufer neben dem Geldersatz auch noch die ausstehenden Kaufpreisraten des Anwartschaftsberechtigten erhält. Man wird sich hier mit einem Rechtsgedanken

---

[294] Kritisch in diesem Sinne auch: *Müller/Laube* JuS 1993, 529, 533.

[295] Ausführlich dazu: *Müller-Laube* JuS 1993, 529, 534; siehe auch MünchKomm/*Füller* § 951 Rn. 6.

[296] *Brox* JuS 1984, 657, 660; MünchKomm/*Wagner* § 823 Rn. 146.

[297] So *Müller-Laube* JuS 1993, 529, 532.

aus der Vorteilsausgleichung behelfen müssen und dieses Prinzip umkehren: *compensatio damni cum lucro*. In der Höhe des Schadensbetrages entfällt der Kaufpreisanspruch des Verkäufers.

Es soll nicht verschwiegen werden, dass eine solche Lösung auf Konstruktionsschwierigkeiten stößt, obwohl sie mit dem ungeteilten Eigentumsbegriff des BGB am besten in Einklang zu bringen ist. Die Lösung von der vorrangigen Forderungszuständigkeit des Anwartschaftsberechtigten mag die in Betracht kommenden Fälle wirtschaftlich elegant lösen, ist aber mit den subjektiv-rechtlichen Grundgedanken unvereinbar, die dem Gesetzgeber vorschwebten. Ohne daher mit der Einteilung von dinglichen und obligatorischen Rechten ganz zu brechen, ist diese Ansicht daher *de lege lata* unvertretbar.

Auf die vollstreckungsrechtliche Rechtslage wurde bereits hingewiesen,[298] so dass noch die Begründungen nachzuholen sind. In der Leitentscheidung zum Interventionsrecht des Anwartschaftsberechtigten betonte der BGH ausdrücklich, dass die Rechtsnatur des Anwartschaftsrechts unerheblich dafür ist, ob es ein Interventionsrecht begründet.[299] Die Begründung stützt sich ausschließlich auf die Rechtsfolgen bedingter Verfügungen. Der tragende Erwägungsgrund arbeitet mit den Rechtsfolgen der Zwangsvollstreckung: Bei der Versteigerung (§ 814 ZPO) erwirbt der Ersteher das Eigentum unbeschadet bestehender Rechte und nach der herrschenden Ansicht unabhängig davon, ob der Schuldner der Eigentümer der Sache war oder ob der Ersteher gut- oder bösgläubig ist.[300] Auch durch die vollständige Zahlung des Kaufpreises könnte daher der Anwartschaftsberechtigte nicht mehr den Erwerb des Erstehers verhindern. Diese Abweichung von der zivilrechtlichen Rechtslage sieht der BGH als Anlass, dem Anwartschaftsberechtigten ein Interventionsrecht einzuräumen.[301] Wie bereits oben (III 2 c) betont, belegt der BGH hier das Anwartschaftsrecht mit einer Wirkung, die man absoluten-dinglichen Rechten zuschreibt, ohne dies allerdings von der Rechtsnatur und damit dem Dualismus von dinglichem und persönlichem Recht abhängig zu machen. Deswegen hat man die Rechtsprechung auch nicht kritisiert, sondern m. E. zu Recht deswegen, weil sie § 161 Abs. 1 Satz 2 methodisch bedenklich hinweginterpretiert und eine Eigentumsverschaffung im Wege der Zwangsvollstreckung nicht als eine Verfügung im Sinne dieser Norm versteht.[302]

Schließlich hat auch § 107 Abs. 1 Satz 1 InsO das Anwartschaftsrecht des Vorbehaltskäufers insolvenzfest ausgestaltet. Die Vorschrift soll in der Insolvenz des Vorbehaltsverkäufers verhindern, dass der Insolvenzverwalter das Anwartschaftsrecht des Vorbehaltskäufers dadurch zerstört, indem er die Erfüllung des

---

[298] III 2 c.
[299] BGHZ 55, 20, 28.
[300] BGHZ 32, 240; BGH NJW 1987, 1880.
[301] BGHZ 55, 20, 27.
[302] *Marotzke* (Fußn. 154), 113–116 gegen BGHZ 55, 20, 27.

Kaufvertrages ablehnt.[303] Allerdings ist der Wortlaut des § 107 Abs. 1 Satz 1 InsO alles andere als glücklich formuliert und verschleiert eher den Zweck der Vorschrift. Sofern dem Käufer die Vorbehaltssache aufschiebend bedingt übereignet wurde und er im Besitz dieser Sache ist, kann der Insolvenzverwalter diese Sache nicht mehr herausverlangen, solange sich der Käufer vertragstreu verhält. Die Begründung des Regierungsentwurfs zur Insolvenzordnung misst § 107 Abs. 1 Satz 1 InsO diese Rechtsfolge zu, ohne sie allerdings im Wortlaut der Vorschrift umzusetzen.[304] Gleichwohl ist man sich über diese Rechtsfolge einig, da § 107 Abs. 1 Satz 1 InsO gegenüber der ehemals geltenden Rechtslage nach § 17 KO den Schutz des Anwartschaftsrechts verbessern soll.[305] Der BGH lehnte in seiner ständigen, wenn auch umstrittenen Rechtsprechung zum alten § 17 KO einen Bestandsschutz des Anwartschaftsrechts in der Insolvenz des Vorbehaltsverkäufers ab: Unter dem Vorbehalt von Treu und Glauben konnte der Konkursverwalter im Konkurs des Vorbehaltsverkäufers die Erfüllung des Kauvertrages ablehnen und dadurch das Anwartschaftsrecht des Vorbehaltskäufers zerstören.[306] § 107 Abs. 1 Satz 1 InsO verleiht dem Anwartschaftsrecht daher eine weitere Wirkung, die man absoluten Rechten zuschreibt, ohne dass die Gesetzesbegründung dies auf die Rechtsnatur des Anwartschaftsrechts stützte.

4. Die Vormerkung als Sicherungsmittel sui generis

Besonders die Vormerkung gibt immer wieder Anlass, über dingliche und persönliche Rechte nachzudenken. Nach der derzeitigen Ansicht ist die Vormerkung keine dingliche Erwerbsberechtigung mehr,[307] mag auch das Paradigma der Auflassungsvormerkung einem Erwerbsrecht wenigstens nahe stehen, da diese im weitesten Sinne verstanden einen zukünftigen Erwerb sichern soll. Die Rechtsnatur der Vormerkung ist nach wie vor eine der am meisten diskutierten theoretischen Streitfragen des Sachenrechts. Schon bei den Vorarbeiten zum BGB war die Vormerkung umstritten. Während noch die erste Kommission der Vormerkung mit großer Skepsis begegnete und sie nur zum Schutz bestehender dinglicher Rechte an Grundstücken zulassen wollte, verlieh ihr erst die zweite Kommission ihre heutige Gestalt.[308] Sie rechtfertigte diese Rechtsfigur mit praktischen und wirtschaftlichen Gründen: Da die Vormerkung »in einem großen Theile von

---

303 So die Begründung des Regierungsentwurfs: BT-Drs. 12/2443, S. 144.

304 BT-Drs. 12/2443, S. 146: » Solange der Käufer vertragstreu bleibt, ist der Verwalter nicht berechtigt, die Kaufsache zurück zu verlangen«.

305 Ausführlich dazu: *Marotzke* JZ 1995, 803, 806ff;

306 BGHZ 98, 160, 168f; siehe auch BGHZ 68, 379, 380; BGH WM 1986, 433, 434; RGZ 133, 40, 42; RGZ 140, 156, 160. Das überwiegende Schrifttum stand dem stets skeptisch gegenüber. Siehe etwa: *Marotzke*, Gegenseitige Verträge in Konkurs und Vergleich (1985), 78ff.

307 So jedoch noch RGZ 52, 40, 43; *Enneccerus/Nipperdey* § 79 II 5. Siehe dazu näher *Assmann* (Fußn. 52), 293.

308 Zur Dogmen- und Entstehungsgeschichte siehe etwa: *Assmann* (Fußn. 52), 4f mwN.

Deutschland geltenden Rechten« entspreche, müsse sie das BGB regeln, wenn es keine »empfindliche Lücke« aufweisen wolle.[309] Die systematischen Bedenken gegenüber einer Vormerkung, die obligatorische Ansprüche sichert, wurden auch bei den Gesetzesberatungen vorgetragen, blieben aber letztlich unbeachtet. Ein *ius ad rem* werde durch die Vormerkung nicht begründet und auch die Bedenken, dass die Vormerkung die Grenze zwischen dinglichen und persönlichen Rechten verwische, verwarf man. Es findet sich dazu in den Protokollen die folgenschwere Aussage, dass der Unterschied zwischen dinglichen und persönlichen Rechten nicht immer durch die Natur der Sache gegeben sei, sondern vielfach vom Zufall abhängig und in manchen Fällen nicht ohne weiteres ersichtlich.[310] Aus der heutigen Sicht mag man diese Haltung begrüßen, methodisch betrachtet, kann sie kaum scharf genug kritisiert werden. Wenn der Unterschied zwischen dinglichem und persönlichem Recht zufällig und nicht immer ersichtlich ist, dann hätte man folgerichtig auf ein autonomes Sachenrecht verzichten müssen, das sich auf diesen Dualismus stützt. Gerade deswegen muss dem Gesetzgeber vorgeworfen werden, wider besseres Wissen ein willkürliches System zum Leben erweckt zu haben. Einzig pragmatische Gründe bewogen den Gesetzgeber dazu, die Vormerkung in das BGB aufzunehmen,[311] sicherlich begrüßenswert. Man verschloss sich jedoch der Erkenntnis, dass ein autonomes Sachenrechte dann unbegründbar ist, sicherlich untragbar.[312]

Dem Systembegriff »dingliches Recht« lässt sich die Vormerkung nicht zuordnen. Sie vermittelt keine Herrschaftsmacht, sondern sichert nur – je nach Ausgestaltung – einen künftigen Erwerb oder einen Rang. Auch wenn man das dingliche Recht derart versteht, dass es keinen Verpflichteten voraussetzt, so ist die Vormerkung kein dingliches Recht. Gerade umgekehrt setzt sie einen zu sichernden Anspruch voraus und damit einen Verpflichteten. Diese heute allgemein geteilte Erkenntnis[313] wurde nur vereinzelt bestritten und man deutete die Vormerkung als dingliches Recht mit einer negativen Herrschaftsbefugnis, das dem Belasteten die Befugnis nehme, rechtsgeschäftliche Verfügungen zum Nachteil des Vormerkungsinhabers vorzunehmen.[314] Abgesehen davon, dass das Liegenschaftsrecht nur Grundstücksbelastungen aber keinen Belasteten kennt, fügt sich dieser Erklärungsversuch nicht unter den Begriff des dinglichen Rechts. Der Begriff »negatives Herrschaftsrecht« kleidet der Sache nach nur einen Abwehranspruch in die Systematik der subjektiven Rechte. Der Gesetzgeber stellte nun einmal auf den

---

309 Prot. III, 114; 740ff.

310 Prot. III, 114.

311 Siehe dazu auch *Preuß* AcP 2001 (2001), 580f.

312 Siehe dazu auch bereits die Kritik von *Wieacker*, Die Forderung als Mittel und Gegenstand der Vermögenszuordnung, DRWiss 1941, 49, 59.

313 *Assmann* (Fußn. 52), 322; *Stöcker* (Fußn. 55), 81ff;

314 Aus neuerer Zeit: *Wunner* NJW 1969, 113, 115; *Wieling* §22 I 2; sowie *Kempf* JuS 1961, 22ff.

positiven Sachzugriff ab und auf keine negative Befugnis. Im Schrifttum hat man kapituliert und stellt nicht mehr die Frage nach der Rechtsnatur der Vormerkung, sondern sieht in ihr meist einen Zwitter, ein Sicherungsrecht *sui generis*, das schuld- und sachenrechtliche Elemente vermengt.[315] In der Tat entzieht sich die Vormerkung der Dichotomie zwischen Schuld- und Sachenrecht. Für die Untersuchung belegt dies ein weiteres Mal den willkürlichen Unterschied zwischen beiden Rechtsgebieten.

Da die Vorschriften über die Vormerkung insgesamt nur fragmentarisch sind, stellt sich die Frage, ob und wie Lücken auszufüllen sind worauf die hybride Rechtsnatur der Vormerkung keine Antwort geben kann. Die Rechtsprechung hat noch nicht alle Fragen geklärt, für die Praxis bedeutet das allerdings Rechtsunsicherheit. Diese sogleich zu beschreibenden Lücken hat man im Schrifttum zu schließen versucht. Allerdings werden dabei nicht immer rechtspolitische Vorstellungen von rechtsdogmatischen Ausführungen sauber getrennt. Nach dem sich hier abzeichnenden Ergebnis gibt es keinen rechtstheoretisch überzeugenden Grund, dingliche und absolute Rechte einerseits von relativen und obligatorischen Rechten andererseits zu trennen. Aus dieser Perspektive erscheinen alle Lösungen, die sich auf systematische Erwägungen stützen, als zirkulär. In der wissenschaftlichen Auseinandersetzung mit der Vormerkung versucht man daher auch nicht mehr ernsthaft, aus deren Rechtsnatur irgendwelche Schlüsse zu ziehen.[316] Wie schon beim Anwartschaftsrecht offenbart dieser zutreffende methodische Ansatz aber das rechtstheoretische Dilemma: Sachenrechtliche Vorschriften sollten nur auf dingliche Rechte anwendbar sein. Wenn man dazu gezwungen ist, diese Vorschriften ohne Rücksicht auf die Rechtsnatur eines Rechts anzuwenden, so bedeutet dies letztlich, dass die systemprägende Unterscheidung zwischen dinglichem und persönlichem Recht aufzugeben ist. Beispielhaft an dem Deliktsschutz und dem gutgläubigen Erwerb einer Vormerkung soll geschildert werden, wie sehr teleologische Überlegungen den Dualismus zwischen Schuld- und Sachenrecht überlagern.

Lückenhaft ist das Gesetz insbesondere für den Schutz der Vormerkung. Anlass, über eine Lückenfüllung nachzudenken, bietet die Konstellation, bei der ein vormerkungswidriger Dritterwerber auf ein Grundstück einwirkt, das dem Vor-

---

[315] BGHZ 25, 16, 23; BGHZ 60, 46, 49; BayObLGZ 2000, 4, 6; KG NJW-RR 1999, 149, 150; RGZ 151, 389, 392; *Baur/Stürner* § 20 Rn. 10, 61; *Canaris*, FS Flume I (1978), 371, 381ff; *Hager* JuS 1990, 429; MünchKomm/*Wacke* § 883 Rn. 3f; *Soergel/Stürner* § 883 Rn. 2; *Staudinger/Gursky* § 883 Rn. 303, 310; *Tiedtke* JURA 1981, 354, 370; *Westermann/Eickmann* § 83 I 2 a. Als eine qualifizierte Verfügungsbeschränkung stufen die Vormerkung ein: *Dörner* (Fußn. 31), 90; *Knöpfle* JuS 1981, 157, 167. Teilweise verzichtet man darauf, die Vormerkung einzuordnen und behandelt die ungelösten Rechtsprobleme in einer Analogie zu den aufschiebend bedingten Verfügungen, *Kupisch* JZ 1977, 486, 496. Eine neuere Ansicht schließlich stuft die Vormerkung als bloßes Sicherungsmittel ohne eigene Rechtsqualität ein, *Assmann* (Fußn. 52), 326f.

[316] Gegen ein solches Verfahren sprechen sich ausdrücklich aus: *Hager* JuS 1990, 429, 437; *Kupisch* JZ 1977, 486, 496; *Mülbert* AcP 197 (1997), 335, 342.

merkungsberechtigten übertragen werden soll. Kann sich dieser dagegen wehren, dass auf dem fraglichen Grundstück beispielsweise ein Haus gebaut oder abgerissen wird oder dass Zubehörteile davon entfernt werden? Diese Fallgestaltungen sind bislang hypothetisch, praktisch relevant wurden sie bisher noch nicht,[317] so dass zwangsläufig im Schrifttum unterschiedliche Ansichten vertreten und mit großem dogmatischen Aufwand dargestellt werden.[318],[319]

Die Streitigkeiten darüber dringen bis in die Grundfesten des Privatrechts vor und greifen die Unterteilung zwischen absoluten und relativen Rechten auf. Einen deliktischen Schutz der Vormerkungsberechtigtem gegenüber dem Dritterwerber begründen viele damit, dass sie als solche bereits »verdinglicht« und sie deswegen oder auch unabhängig davon als sonstiges Recht im Sinne des § 823 Abs. 1 einstuft.[320] Die Argumente gestützt auf eine etwaige »Verdinglichung« der Vormerkung verfangen jedoch. Damit meint man bestimmte absolute Wirkungen, aus deren Summe man Rückschlüsse für den Klageschutz ziehen möchte. Wie die Darstellung bereits hinlänglich ergeben hat, sind sowohl der Sukzessionsschutz als auch der Schutz in der Insolvenz und Zwangsvollstreckung nur von beschränkter Aussagekraft dafür, ob ein Recht absoluten Charakter hat. Ganz abgesehen davon ist es methodisch bedenklich, aus einem Rechtsbegriff und unter-

---

[317] Auch die Entscheidung BGHZ 114, 161 thematisierte dieses Problem nicht. Der Entscheidung folgender Sachverhalt zugrunde: Sprengungen auf einem Nachbargrundstück zogen ein Einfamilienhaus derart in Mitleidenschaft, dass es unbewohnbar wurde. Daraufhin verlangte der Inhaber einer Vormerkung Schadensersatz von dem Nachbarn, der die Sprengung veranlasste. Der BGH gab dieser Klage statt und stützte das Ergebnis jedoch auf die §§ 823 Abs. 2, 909 BGB. Kritisch demgegenüber: *Selb* Anm. JZ 1991, 1087; *Paulus* JZ 1993, 555. Die Entscheidung BGHZ 144, 323 setzte sich mit dem Nutzungsersatz des Vormerkungsberechtigten auseinander. Über einen Deliktsschutz wurde auch hier nicht entschieden.

[318] Siehe dazu etwa: *Assmann* (Fußn. 52), 436ff; *Mollenkopf*, Faktische Einwirkungen auf vormerkungsbetroffene Grundstücke (1998), *Rosien*, Der Schutz des Vormerkungsberechtigten (1994).

[319] Dem historischen Gesetzgeber war diese Konstellation allerdings nicht unbekannt. Die Mehrheit in der Kommission lehnte jedoch den Antrag ab, dem Inhaber einer Vormerkung gegen den Erwerber Ansprüche aus dem Eigentümer-Besitzer Verhältnis zuzubilligen. Man erachtete offenbar die Vertragshaftung gegenüber dem Schuldner der Vormerkung für ausreichend. Einen Anspruch gegenüber dem vormerkungswidrigen Erwerber könne allenfalls auf eine verschuldensunabhängige Haftung gestützt werden (Prot. III, 741). Dies hat den BGH jedoch nicht daran gehindert, dem Vormerkungsberechtigten analog § 987 Nutzungsersatzansprüche gegenüber dem vormerkungswidrigen Erwerber einzuräumen (BGHZ 144, 323). Dies soll jedenfalls dann gelten, wenn dem Vormerkungsberechtigtem gegenüber dem Auflassungsschuldner die Nutzungen zustehen (327f). Dagegen die treffende Kritik von *Staudinger/Gursky* § 888 Rn. 70 mwN.

[320] *Baur/Stürner* § 20 Rn. 42; *Canaris*, FS Flume I (1978), 371, 383ff; *Erman/Schiemann* § 823 Rn. 150; *Hager* JuS 1990, 429, 437; *Jauernig/Jauernig* § 888 Rn. 5; *Larenz/Canaris* § 76 II 4 h; *Soergel/ Stürner* § 883 Rn. 2, § 888 Rn. 4; *Staudinger/Hager* § 823 Rn. B 157; *Westermann/Eickmann* § 83 IV 4 d. Nicht auf das Deliktsrecht, sondern auf §§ 990, 989 stützen einen Schadensersatzanspruch: *Habersack* JuS 2000, 1145, 1149; MünchKomm/*Wacke* § 888 Rn. 17; *Wilhelm* Rn. 2126. Jedenfalls diese Ansicht steht im klaren Widerspruch zu den Ausführungen des Gesetzgebers, siehe dazu die vorige Fußn.

stellten Rechtsfolgen weitere ableiten zu wollen.[321] Dieser Vorwurf richtet sich nicht nur gegen die Methode, mit der ein Deliktsschutz der Vormerkung begründet wird, sondern gegen die Verdinglichungsthese insgesamt. Da der Gesetzgeber die Vormerkung nicht in den strengen Dualismus zwischen dem dinglichen und persönlichen Recht eingeordnet hat, sind alle gesetzessystematischen Lösungen unangebracht. Diese Versuche kennzeichnet, ein als angemessen empfundenes Ergebnis durch rechtliche Vorschriften abzusichern.

So lässt sich nicht zwingend von einer absoluten Wirkung auf eine andere absolute Wirkung schließen, da keineswegs alle notwendig zusammen treffen müssen. Aus der Insolvenzfestigkeit der Vormerkung (§ 106 InsO) und ihrer Beständigkeit in der Zwangsvollstreckung (§§ 48, 119 ZVG) folgt daher auch nicht zwingend ihr »absoluter Schutz«. Noch problematischer gestaltet sich der Sukzessionsschutz bei der Vormerkung, da sich § 883 Abs. 2 einer besonderen Konstruktion bedient, um den Vormerkungsberechtigten vor beeinträchtigenden Verfügungen des Eigentümers zu schützen und die Grenzen zwischen Verfügungs- und Sukzessionsschutz verwischt. Verfügt der Eigentümer vormerkungswidrig, so ist diese Verfügung gegenüber Dritten oder dem Schuldner wirksam. Der Erwerber erwirbt vom Berechtigten und das Grundbuch ist nicht unrichtig, wenn dieser Erwerb eingetragen wurde.[322] So betrachtet, gewährt die Vormerkung einen Sukzessionsschutz, da sie den Fortbestand eines Rechts garantiert, wenn der Berechtigte über sein Eigentum verfügt. Im Verhältnis zum Vormerkungsberechtigten ist jedoch die Verfügung relativ unwirksam und der Eigentümer gilt insoweit als Nichtberechtigter. Anders formuliert trägt die Vormerkung Merkmale des Sukzessionsschutzes, wenn man die Rechtsverhältnisse gegenüber Dritten betrachtet. Sie enthält Merkmale eines Verfügungsschutzes, wenn man das Rechtsverhältnis zum Vormerkungsberechtigten betrachtet. Stellt man Verfügungs- und Sukzessionsschutz gleich und betrachtet man beide als Merkmale eines absoluten Rechts, gewinnt man dadurch nichts.

Abgelehnt werden deliktische Ansprüche zum Schutz der Vormerkung mit der Begründung, dass die Vormerkung nur im Rahmen des § 883 Abs. 2 schütze. Nur dann gewähre sie einen Schutz, wenn der Grundstückseigentümer durch eine vormerkungswidrige Verfügung verhindere oder erschwere, dass der vormerkungsgesicherte Anspruch erfüllt wird.[323] Mit der Rechtsnatur des dinglichen Rechts arbeitet diese Ansicht nicht. Der entscheidende Einwand gegen einen Deliktsschutz des Vormerkungsberechtigten liegt aber darin, dass dieses Konzept die rechtliche Struktur subjektiver Rechte aufspaltet: Das Eigentum des Verkäufers wird in seinen Wirkungen zu Gunsten des Vormerkungsberechtigten relati-

---

[321] *Knöpfle* JuS 1981, 157, 160; *Rosien* (Fußn. 318), 108; *Tiedtke* JURA 1981, 354, 370.

[322] MünchKomm/*Wacke* § 883 Rn. 46 mwN.

[323] *Assmann* (Fußn. 52), 451 f; *Hoche* NJW 1963, 301, 303; *Mollenkopf* (Fußn. 318), 55 ff; *Paulus* JZ 1993, 555; *Rosien* (Fußn. 318), 189 ff; Staudinger/*Gursky* § 888 Rn. 61 mwN; im Ergebnis auch OLG München NJW 1963, 301, 303.

viert.[324] Damit gibt man dem im BGB vorausgesetzten Dualismus von dinglichem und persönlichem Recht ebenso auf wie das Dogma von der Unteilbarkeit des Eigentums. Diese Tendenz konnte bereits für den Deliktsschutz des Anwartschaftsrechts aufgedeckt werden (V 3), kann aber dort ebenso wenig wie hier überzeugen, ohne mit dem geltenden System des BGB zu brechen. Der Sache nach räumt man hier einem empfundenen Schutzbedürfnis den Vorrang ein.

Obwohl der Gesetzgeber Ansprüche des Vormerkungsinhabers aus dem Eigentümer-Besitzer Verhältnis ablehnte, wenden einige die §§ 989f analog zugunsten des Vormerkungsberechtigten an.[325] Dies ist nicht methodengerecht, da es an einer echten Lücke fehlt. Der Gesetzgeber hat dieses Problem gesehen und bewusst abgelehnt. Es positiv gesetzlich festzulegen schien auch nicht geboten, da der Vormerkungsberechtigte kein Eigentümer ist und damit die §§ 987ff unanwendbar. Bereits aus diesem Grund bleibt kein Raum für eine Analogie zu §§ 989f, die ohnehin die gleichen Bedenken trifft wie eine Lösung über den Deliktsschutz.

Wie wenig es bei der Lösung ungeregelter Fragen auf die Einordnung als dingliches oder obligatorisches Recht ankommt, zeigt auch die Diskussion über den gutgläubigen Erwerb der Vormerkung. Getrennt für den gutgläubigen Erst- und Zweiterwerb ist dies kurz darzustellen.

Der Ersterwerb erfasst diejenigen Fälle, in denen eine Vormerkung zu Unrecht eingetragen wurde, weil sie von dem scheinbaren Inhaber eines mit der Vormerkung belasteten Rechts bewilligt wurde. Ganz überwiegend lassen Rechtsprechung und Literatur hier einen gutgläubigen Erwerb zu, vorausgesetzt, die zu sichernde Forderung besteht.[326] Warum ein gutgläubiger Ersterwerb einer Vormerkung möglich sein muss, ergibt sich aus systematischen Erwägungen und hängt nicht davon ab, ob man die Vormerkung als dingliches oder relatives Recht einstuft. Die Auflassungsvormerkung erfüllt die Aufgaben einer bedingten oder befristeten Auflassung, die § 925 Abs. 2 ausschließt. Wenn aber bei einer bedingten Übereignung beweglicher Sachen die §§ 161 Abs. 1, 932 vor beeinträchtigenden Verfügungen eines Scheinberechtigten schützen, besteht kein Grund, im Liegenschaftsrecht anders zu entscheiden.[327] Entscheidend spricht für den gutgläubigen

---

[324] *Paulus*, Richterliches Verfügungsverbot und Vormerkung im Konkurs (1981), 85; *Richter*, Tatsächliche Einwirkungen auf das Kaufgrundstück und Vormerkungsschutz (1999), 276; *Staudinger/Gursky* § 888 Rn. 71;

[325] MünchKomm-*Wacke* § 888 Rn. 17 [sich über die Gesetzesbegründung hinweg setzend]; siehe auch *Habersack* JuS 2000, 1145, 1149; *Hoche* NJW 1963, 302.

[326] BGHZ 25, 16, 23; BGHZ 28, 282, 186ff; BGHZ 57, 342, 343; BGH NJW 1981, 446f; OLG Karlsruhe NJW-RR 1998, 445; *Assmann* (Fußn. 52), 349ff; *Canaris*, FS Flume I (1978), 371, 387ff; *Mülbert* AcP 197 (1997), 335, 340ff mwN; MünchKomm/*Wacke* § 883 Rn. 65, § 893 Rn. 11 mwN; *Soergel/Stürner* § 893 Rn. 6; *Staudinger/Gursky* § 883 Rn. 316; § 893 Rn. 38 mwN.

[327] *Mülbert* AcP 197 (1997), 335, 341f; siehe auch *Kupisch* JZ 1977, 486, 491, der einerseits diese Funktion betont, aber andererseits die Parallelwertung zur bedingten Analogiebasis ablehnt. Dagegen treffend *Mülbert* aaO, 342 Fußn. 15.

Ersterwerb einer Vormerkung allerdings das Gebot, Wertungswidersprüche zu vermeiden. Lehnt man einen gutgläubigen Ersterwerb einer Vormerkung ab, so entfaltet die bewilligte Vormerkung des Nichtberechtigten keine Wirkung, womit der Dritte erwirbt, während die durch den wahren Berechtigten bewilligte Vormerkung alle weiteren Verfügungen über den belasteten Gegenstand nach § 883 Abs. 2 relativ unwirksam werden lässt.[328] Wer damit vom Nichtberechtigten erwirbt, stünde besser, als erwärbe er vom Berechtigten. Dieses Paradoxon kann man nur dadurch beseitigen, indem man einen gutgläubigen Erwerb zulässt. Gegen dieses Argument ließe sich formal einwenden, dass nur eine wirksame Vormerkung gegen vormerkungswidrige Verfügungen schützen kann. Indes ist dies eine *petitio principii*: In allen Fällen des gutgläubigen Erwerbs wird der »Schein« dem Sein gleichgestellt. Ein solcher Schein entsteht dadurch, dass die Vormerkung eintragungsfähig ist. Das Grundbuch muss eine Vertrauensbasis für Dritterwerber bieten, unabhängig davon, ob die Vormerkung ein dingliches Recht ist. Jeder Erwerber darf darauf vertrauen, dass das Grundbuch richtig ist, dafür kann es keine Rolle spielen, ob vom Berechtigten oder Nichtberechtigten erworben wird.[329]

Einzig die Begründungen für diese anerkannte Lösung variieren. Wer die Vormerkung als dingliches Recht betrachtet, zieht § 892 als Rechtsgrundlage für den gutgläubigen Erwerb direkt heran,[330] wer die Vormerkung als hybrides Recht zwischen Schuld- und Sachenrecht betrachtet, stützt dieses Ergebnis entweder auf § 892 analog[331] oder auf § 893.[332] Auf eine Stellungnahme zu dieser Streitfrage wird hier verzichtet, da in jedem Falle das Ergebnis gleich bleibt. Der gutgläubige Ersterwerb einer Vormerkung zeigt zum erneuten Male, wie wenig die Anwendung sachenrechtlicher Vorschriften von der Rechtsnatur eines Rechts abhängt, sondern anderen Geboten folgt.

Weniger eindeutig und stark umstritten ist die Rechtslage beim Zweiterwerb der Vormerkung von einem Nichtberechtigten. Auch hier bewegt sich die Diskussion im Grenzbereich zwischen dinglichem und obligatorischem Recht, ohne dass bei der Lösung auf diese Trennung Rücksicht genommen werden kann. In fünf Fällen ist ein Zweiterwerb einer Vormerkung vom Nichtberechtigten zu erörtern, von denen hier die Fälle herausgegriffen werden, in denen die Vormer-

---

[328] Darauf hat zuerst *Medicus* AcP 163, 1, 5 hingewiesen. Siehe zu diesem Argument außerdem *Assmann*, (Fußn. 52), 350; *Kupisch* JZ 1977, 486, 493; MünchKomm/*Wacke* § 883 Rn. 65.

[329] *Assmann* (Fußn. 52), 350f; *Reinicke* NJW 1964, 2373, 2374; *Tiedtke* JURA 1981, 354, 361.

[330] *Kempf* JuS 1961, 22, *Wieling* § 22 III 1 b; *Wunner* NJW 1969, 113, 116.

[331] So *Heck*, SachenR § 47 II 5 c; *Furtner* NJW 1963, 1485; *Schönfeld* JZ 1959, 140f; 152; im Ergebnis wohl auch *Canaris*, FS Flume I (1978), 371, 388f.

[332] So die wohl überwiegende Ansicht; aus der Rechtsprechung: RGZ 118, 230, 234; RGZ 121, 44, 46; BGHZ 25, 16, 23; BGHZ 28, 182, 186; BGHZ 57, 341, 343; BGHZ 60, 46, 50; BGH NJW 1994, 2947;. Aus der Literatur: *Assmann* (Fußn. 52), 349–351 m.w.N. Fußn. 114; *Baur/Stürner* § 20 Rn. 52; *Hager* JuS 1990, 429, *Medicus* AcP 163 (1964), 1, 4; MünchKomm/*Wacke* § 883 Rn. 65; *Soergel/Stürner* § 883 Rn. 2.

kung zwar eingetragen wurde, aber in Wirklichkeit nicht besteht.[333] Als akzessorisches Recht geht die Vormerkung mit dem gesicherten Anspruch auf den Zessionar über, § 401. Im Gegensatz zur Hypothek ist für den gutgläubigen Zweiterwerb jedoch stets Voraussetzung, dass die gesicherte Forderung besteht, da eine § 1138 vergleichbare Vorschrift fehlt.[334] Steht damit dem Erstkäufer gar kein Anspruch auf Eigentumsübertragung zu, so geht die Abtretung ins Leere, der Zweitkäufer kann die Vormerkung folglich auch nicht redlich erwerben. Abgesehen davon wäre es für den Zweitkäufer ein Erwerb der Vormerkung nutzlos, da er ohne den Verschaffungsanspruch gar nicht den Hilfsanspruch aus § 888 Abs. 1 durchsetzen kann.[335]

Die Rechtsnatur der Vormerkung und damit wiederum die Unterschiede zwischen einem dinglichen und einem obligatorischen Recht werden jedoch aufgegriffen, wenn zwar der zu sichernde Anspruch besteht, aber der Bestellungsakt als solcher unwirksam ist. Der BGH hatte sich mit diesem Problem im Jahre 1957 zu befassen, wobei allerdings die Forderung nicht zediert wurde: Der Eigentümer eines Hausgrundstücks verkaufte dieses an seinen Nachbarn. Gleichzeitig räumte er dem Nachbarn ein Vorkaufsrecht für das Grundstück ein und beantragte dessen Eintragung. Nachdem der zuständige Grundbuchbeamte der Ansicht war, dass es sich hierbei um ein nicht eintragungsfähiges limitiertes Vorkaufsrecht handele, deutete das Grundbuch den Antrag um in einen Antrag auf Eintragung einer Auflassungsvormerkung. Diese Vormerkung wurde darauf für den Nachbarn eingetragen. Dagegen erhob der Eigentümer eine Beschwerde, da er eine Auflassungsvormerkung nicht beantragt habe und beantragte, einen Widerspruch einzutragen.[336] Der BGH wies die weitere Beschwerde zurück und stützte sich in seinen Entscheidungsgründen auf eine merkwürdige Differenzierung: »Ist für einen wirksamen Auflassungsanspruch von einem Nichtberechtigten eine Vormerkung zu Gunsten eines bösgläubigen bestellt worden, so kann die Vormerkung in der Person eines gutgläubigen Rechtsnachfolgers des Bösgläubigen wirksam werden«.[337] In diesem Fall hält es der BGH für zulässig, einen Widerspruch einzutragen, lehnt ihn aber dann wiederum ab, da im konkreten Fall die eingetragene Auflassungsvormerkung zu keinem weiteren Rechtserwerb führen könne. Das

[333] Zu den denkbaren fünf Fällen *Mülbert* AcP 197 (1997), 335, 377. In den hier zu diskutierenden Fällen existiert entweder der vorgemerkte Anspruch nicht, ist die Bewilligung des Veräußerers nichtig oder weiß der Erstkäufer positiv von der fehlenden Berechtigung des Veräußerers.

[334] BGHZ 25, 16, 23. Dazu *Mülbert* AcP 197 (1997), 335, 392ff; *Staudinger/Gursky* § 888 Rn. 56. Es macht auch keinen Sinn, § 1138 analog anzuwenden, da eine forderungsentkleidete Vormerkung keinen Anspruch durchsetzen kann und damit funktionslos ist.

[335] *Mülbert* AcP 197 (1997), 335, 380; *Staudinger/Gursky* § 888 Rn. 56; aA jedoch nur Münch-Komm/ *Wacke* § 888 Rn. 66, der meint, dass ein praktisches Bedürfnis für einen gutgläubigen Forderungserwerb bei einander widersprechenden Zessionen bestünde. Dies überzeugt nicht. Der spätere »Zessionar« erwirbt ja auch keine Forderung, so dass ihm die Vormerkung nichts nützt.

[336] BGHZ 25, 16.

[337] BGHZ 25, 16, 23.

Grundbuch verleihe dem Bestehen eines Auflassungsanspruches und der Bewilligung keinen öffentlichen Glauben.[338] Auch hier hat der BGH dieses Ergebnis nicht aus einer bestimmten rechtlichen Natur der Vormerkung abgeleitet.

Die nach wie vor noch nicht abgeklungene Diskussion im Schrifttum über diese Konstellation verdeutlicht, wie wenig man bei der Anwendung sachenrechtlicher Vorschriften auf den Begriff des dinglichen Rechts Rücksicht nimmt. Um es wiederum zu betonen: Dies ist methodisch völlig sachgerecht, aber ein erster Schritt dazu, den Dualismus zwischen dem dinglichen und dem obligatorischen Recht aufzulösen. Die Befürworter eines gutgläubigen Zweiterwerbs setzen sich mehr oder weniger über sachenrechtliche Strukturprinzipien hinweg, indem sie auch einen gutgläubigen Erwerb zulassen, wenn er nicht auf einem sachenrechtlichen Übertragungsakt beruht.[339] Den naheliegenden Einwand, dass § 401 nur einen Erwerb kraft Gesetzes normiere, auf den die Gutglaubensvorschriften nicht anwendbar seien, versucht man mit einer funktionalen Betrachtung zu entkräften. § 401 wird als technische Vorschrift betrachtet, die nicht darüber entscheiden soll, ob materiell ein Rechtsschein durch die Veräußerung erzeugt werde.[340] Wenn man so will, so lässt sich dieses Phänomen als die dingliche Anreicherung eines Forderungsrechts bezeichnen. Immerhin ist die herrschende Ansicht im Schrifttum dem entgegengetreten[341] und kann in der Tat die überzeugenden Argumente für sich verbuchen. Bereits der Umkehrschluss aus §§ 1154, 1155 legt nahe, dass eine einfache Zession keine Gutglaubenswirkungen entfalten kann. Nur dann, wenn die Zession selbst mit einem öffentlichen Glauben versehen ist, ist ein gutgläubiger Erwerb denkbar. Dies hat man mit dem Hinweis auf die Übertragung einer nicht wirksam entstandenen, aber eingetragenen Sicherungshypothek zu widerlegen versucht, da hier § 892 einen gutgläubigen Erwerb ermögliche, obwohl sie durch eine Zession des gesicherten Anspruches übertragen werde.[342] Der Einwand greift jedoch nicht durch, da letztlich auch hier erst der Eintrag in das Grundbuch konstitutiv dafür ist, dass der Zessionar die Forderung und die Hypothek erwirbt (§§ 1154 Abs. 3. 873, 878).[343]

Gleichwohl hinterlässt die Zusammenschau noch einen Restzweifel: Da die Vormerkung ein hybrides und in das starre System von dinglichem und persönlichem Recht nur schwer einzufügendes Rechtsgebilde ist, sind alle systematischen Schlüsse aus sachen- oder schuldrechtlichen Normen mit Vorsicht zu genießen.

---

[338] BGHZ 25, 16, 24.

[339] *Mülbert* AcP 197 (1997), 335, 387f; MünchKomm/*Wacke* § 883 Rn. 66; *Wunner* NJW 1969, 113, 118. Siehe auch *Brehm/Berger* Rn. 13.22; *Hager* JuS 1990, 429, 438f; *Jauernig/Jauernig* § 888 Rn. 28; *Schreiber* JURA 1994, 493, 494; *Schwab/Prütting* Rn. 198.

[340] So z. Bsp. MünchKomm/*Wacke* § 888 Rn. 66.

[341] Grdl. *Medicus* AcP 163 (1964), 1, 9ff; *ders.* BR Rn. 556f; *Assmann* (Fußn. 52), 396ff; *Baur/Stürner* § 20 Rn. 52, 65; *Canaris*, FS Flume I (1978), 371, 389f; *Kupisch* JZ 1977, 486, 495; *Soergel/Stürner* § 883Rn. 44, § 893 Rn. 7; *Staudinger/Gursky* § 892 Rn. 57 mwN; *Wilhelm* Rn. 2114ff.

[342] *Heck* § 47 II 6; *Mülbert* AcP 197 (1997), 335, 385f.

[343] *Medicus* AcP 163 (1964), 1, 9.

Diese Vorschriften beruhen nun einmal auf dem Dualismus zwischen dinglichem und persönlichem Recht. Der Gesetzgeber hat letztlich die nur schwer lösbaren Probleme selbst verursacht, indem er einerseits zwischen Schuld- und Sachenrecht trennte, andererseits aber die Vormerkung nicht in diesen Dualismus einordnete.

VI. Ergebnisse und Folgerungen

1. Das dingliche Recht: Ein aussageloser Begriff

Das dingliche Recht ist undefinierbar. Da es sich wie alle subjektiven Rechte aus der Privatautonomie ableitet, kann es keine axiomatische Beschreibung geben.[344] Alle Definitionsversuche des dinglichen Rechts sind gescheitert, so dass es methodisch unvertretbar ist, aus diesem Begriff Schlussfolgerungen abzuleiten. Dies spiegelt sich in Praxis und Lehre wider. Gesetzeslücken im Sachenrecht werden gefüllt, ohne dass der Begriff »dingliches Recht« den Ausschlag für das Ergebnis liefert. Dies belegt deutlich die Rechtslage bei der Vormerkung und beim Anwartschaftsrecht. Sachenrechtliche Normen werden auf beide Rechtsfiguren angewandt, ohne dass es auf deren Einordnung als dingliches Recht ankäme.

Auch das geltende Sachenrecht ist nicht immer die in Gesetzesform gegossene Dogmatik eines »dinglichen Rechts«. Weder die Erwerbsrechte noch die Verwertungsrechte lassen sich unter den Begriff »dingliches Recht« subsumieren. Der Gesetzgeber hat sich sogar zwischen den Zeilen zur obligatorischen Natur der Hypothek bekannt, ohne aber seine Einteilung zwischen dinglichem und obligatorischem Recht in Frage zu stellen. Die Nutzungsrechte genügen der Definition des dinglichen Rechts nur bedingt. Paradigmatisch für das willkürliche Vorgehen des Gesetzgebers ist auch die Einordnung der Reallast, deren dinglicher Charakter in der historischen Diskussion streitig war. Gleichwohl ordnete der Gesetzgeber die Reallast aus pragmatischen Gründen dem Sachenrecht zu.

Die Abgrenzung von obligatorischen Rechten vermag der Begriff »dingliches« Recht nicht mehr zu leisten. Dies folgt aus dem undefinierbaren Inhalt des dinglichen Rechts. Entscheidend für die Abgrenzung ist der Begriff »unmittelbare Sachherrschaft«. Die unmittelbare Sachherrschaft trennt jedoch nicht randscharf die dinglichen Rechte von den obligatorischen,[345] da unklar bleibt, was »unmittelbar« bedeuten soll. Die Annahme des Gesetzgebers, das Sachenrecht aus dem Begriff des dinglichen Rechts ableiten zu können, geht daher fehl. Der Gesetzgeber griff hier auf die Unterscheidung *v. Savignys* zurück, der die Willensherrschaft auf Personen und Gegenstände der »unfreyen Natur« aufteilte. Indes unterlag *v. Savigny* hier einem historischen Irrtum, indem er einen vermeintlichen Unter-

---

[344] Staudinger/*Seiler* Einl zu §§ 854 ff Rn. 17.
[345] *Fabricius* AcP 162 (1963), 456, 474.

schied zwischen *actio in rem* und *actio in personam* als römisch rechtliche Wurzel für die Unterscheidung zwischen obligatorischen und dinglichen Rechten sah. Das römische Recht hatte sich von dieser Unterscheidung verabschiedet und die *actio in personam* zur Unkenntlichkeit verschliffen. Für eine zeitgemäße Rechtsdogmatik darf daher der historisch fehlerhafte Unterschied zwischen dinglichem und persönlichen Recht nicht von Bedeutung sein.[346]

Dieser rechtstheoretische Geburtsfehler des Sachenrechts wiegt jedoch schwer. Im Schrifttum hat man bereits früh darauf hingewiesen, dass man den Begriff des subjektiven Rechts nicht als ausschließliche Grundlage des BGB übersteigern dürfe.[347] Indes beruht das gesamte Sachenrecht auf diesem Denken. Es hat sich damit selbst in ein untaugliches rechtstheoretisches Korsett gekleidet, was eine sinnvolle Anwendung der sachenrechtlichen Vorschriften bisweilen erschwert oder unmöglich macht. Die Debatte um den Deliktsschutz des Anwartschaftsberechtigten hat das beispielhaft gezeigt. Mögen auch wirtschaftliche Gründe für den vorrangigen Deliktsschutz des Anwartschaftsberechtigten sprechen, so lässt sich ein solcher Schutz nicht mit dem geltenden Recht vereinbaren.

2. Die geringe rechtssystematische Bedeutung des absoluten Rechts

Auch die Begriffsmerkmale des absoluten Rechts sind rechtsdogmatisch in die Jahre gekommen: Als fester Kern eines absoluten Rechts hat sich dessen absoluter Klageschutz herausgeschält. Der absolute Klageschutz ist allerdings anspruchsbezogen und greift im Kern auf die Unterscheidung zwischen gesetzlich entstandenen Rechten und Rechten aus einem Vertrag zurück. Ein absolutes Recht ist daher ein Recht, dass unabhängig von einem vertraglichen Band dem gesetzlich Berechtigten einen Anspruch gegenüber einer anderen Person gewährt, sofern die gesetzlichen Voraussetzungen erfüllt sind. Missverständlich ist es jedoch, von einem Recht gegen potentiell jedermann zu sprechen. Das bessere Erklärungsmodell liefert deswegen die rechtstheoretische Strömung, die auch hier von einem Bündel bipolarer Rechtsverhältnisse ausgeht. Aus dieser Perspektive müssen die betonten Unterschiede zwischen einem obligatorischen und einem absoluten Recht aufgegeben werden.

Der Schutz in der Zwangsvollstreckung und die Konkursfestigkeit eines Rechts können kein Anhaltspunkt mehr für die Existenz eines absoluten oder dinglichen Rechts sein, da die Rechtsentwicklung über diese Trennung hinausgegangen ist und nach eigenen vollstreckungs- und insolvenzrechtlichen Maßstäben vorgeht, ohne sich an einer schulsystematische Einteilung von Rechten zu

---

[346] In diesem Sinne kritisch auch Westermann/*H.P. Westermann* § 2 II. Die Überlegungen zum Wesen einer rechtlichen Institution entsprechen nicht mehr dem Ordnungsanspruch einer modernen Rechtsdogmatik.

[347] *Coing* (Fußn. 12), 23; *Raiser* (Fußn. 279); 3ff; *Wieacker*, Zum System des deutschen Vermögensrechts (1941), 9ff, 26ff. *Mühl* AcP 160 (1960), 264, 265.

orientieren. Auch der Sukzessionsschutz liefert keinen Anhaltspunkt für ein absolutes Recht. Die phänomenologischen Merkmale des Sukzzesionsschutzes offenbaren andere Grundlagen. Er knüpft daran an, dass von einem Recht ein Anderes abgespalten werden kann, was bei der Miete ebenso denkbar ist wie bei der Bestellung eines beschränkten »dinglichen« Rechts. Schließlich bestehen nicht alle Rechtspositionen im Sachenrecht gegenüber dem Erwerber fort, das Beispiel der Aneignungsgestattung belegt dies. Entscheidend ist jedoch, dass es im Belieben des Gesetzgebers ist, welchen Positionen er Sukzessionsschutz zubilligt. Dafür können unterschiedliche Motive ein Rolle spielen, die sich einem einheitlichen Grundgedanken entziehen. Die schulsystematische Zweiteilung zwischen dinglichem und obligatorischem Recht konnte dafür keine Rolle spielen.

Systematisch besteht zudem nach wie vor Unklarheit, wie sich der Begriff »dingliches Recht« und »absolutes Recht« zueinander verhalten. Beharrt man auf dem unklaren Begriff »dingliches Recht«, so zeigt sich, dass es einige »dingliche« Rechte gibt, die absolut wirken, einige, die nur relativ wirken. Ein »dingliches« Recht ist daher nicht notwendig ein absolutes Recht. Aus diesem Grund ist auch das vielbesprochene Thema »Verdinglichung obligatorischer Rechte« ein Scheinproblem, sieht man davon ab, dass der Titel für diese Fallgestaltungen unzutreffend ist. Die Beständigkeit in Zwangsvollstreckung und Insolvenz folgen insolvenzrechtlichen Wertungen. Sollte ein relatives Recht diesen Wertungen entsprechen, so ist es missverständlich von einer Verdinglichung zu reden, da hier inkommensurable Größen vermischt werden.

Die Diskussion über die Verdinglichung obligatorischer Rechte oder umgekehrt über die Relativierung dinglicher Rechte zeigt, dass die Rechtsentwicklung die Grenzen zwischen persönlichem und dinglichem Recht immer mehr verschleift. Wie die Konstellationen gezeigt haben, besteht zum einen Unklarheit darüber, welche Fälle die »Verdinglichung eines obligatorischen Rechts« ausmachen. Im übrigen ist der praktische Erkenntniswert der Debatte eher schmal. Sie kann nur an gesetzliche Rechtsfolgen anknüpfen, die jedoch in den genannten Fällen auf anderen Gründen beruhen als der Grobeinteilung von dinglichem und obligatorischem Recht. Daher beschreibt die Debatte ein Phänomen, das für die Einteilung dinglicher und obligatorischer Rechte ohne entscheidende Bedeutung ist. Gleichzeitig offenbart sich eine Tendenz, die ein autonomes Sachenrecht auflösen könnte: Überwiegend bindet man die hybriden Fälle nicht mehr in den Dualismus von dinglichem und obligatorischem Recht ein. Dieses Vorhaben wäre bei den hybriden Gesetzeskonstruktionen von vornherein zum Scheitern verurteilt, da die schulsystematischen Definitionen nicht passen. Die Problemlösung muss daher auf andere Gesichtspunkte Rücksicht nehmen, die gesetzliche Systematik ist methodisch unzuverlässig.

Auch hier zeigt sich, dass die Trennung zwischen »obligatorischem Recht« und »dinglichem Recht« künstlich ist. So ließe sich auch die Frage aufwerfen, ob die »Verdinglichung obligatorischer Rechte« nicht eine eigene Kategorie von Rechten darstellt, die weder rein dingliche noch rein schuldrechtliche Rechte sind. Im Schrifttum hat man dies vereinzelt vorgeschlagen und dabei versucht, den Begriff des »*ius ad rem*« fruchtbar zu machen.[348] Der Gesetzgeber hat sich gegen ein solches »*ius ad rem*« ausgesprochen, ob er dessen Wirkungen gleichwohl teilweise normiert hat, ist hier nicht zu untersuchen. Fest steht, dass der strikte Dualismus zwischen »obligatorischen« und »dinglichen« Rechten im Gesetz selbst an seine Grenzen stößt. Gerade die Diskussion um die »Verdinglichung obligatorischer Rechte« hat gezeigt, dass es in Grenzfällen fehlschlagen muss, beide Rechte zu trennen.

3. Das unklare »Wesen« des Sachenrechts

Allein diese Ergebnisse zeigen, dass der vom Gesetzgeber angenommene Wesensunterschied zwischen dinglichen Rechten und damit einem selbständigen Sachenrecht sowie den obligatorischen Rechten unhaltbar ist. Die Rechtsentwicklung in Insolvenz und Zwangsvollstreckung hat sich längst darüber hinweggesetzt. Auch die Einzelanalyse der dinglichen Rechte zeigt, dass viele systematische Weichenstellungen des Gesetzgebers Zweifeln ausgesetzt sind. Die Verwertungsrechte ließen sich besser unter einem gemeinsamen Nenner von Sicherungsrechten zusammenfassen, zu denen systematisch auch die Bürgschaft zu rechnen ist. Damit stellt sich zunächst die rechtspolitische Kardinalfrage, ob ein verselbstständigtes Sachenrecht überhaupt noch haltbar ist. Nach den oben getroffenen Folgerungen lässt sich dies verneinen. Das rechtstheoretische Fundament ist brüchig und die Legaltypen lassen sich nicht zwanglos unter den Begriff des dinglichen Rechts subsumieren. Im internationalen Vergleich steht das deutsche BGB alleine. Zeigt sich damit, dass der Begriff »dingliches Recht« sowohl als Erkenntnisquelle wie auch als systematisierender Begriff ausgedient hat, so sind auch die Prinzipien des Sachenrechts neu zu überdenken. Der Typenzwang, das Offenkundigkeitsprinzip, der Spezialitäts- und der Bestimmtheitsgrundsatz können daher ihre konkrete Ausgestaltung nicht mehr aus dem Begriff »dingliches Recht« rechtfertigen. Mit dieser Schlussfolgerung soll an dieser Stelle nicht behauptet werden, dass diese Grundsätze ausgedient hätten, sie sind nur auf eine andere Grundlage zu stellen, als auf den Begriff des dinglichen Rechts.

---

348 *Michaels*, Sachzuordnung durch Kaufvertrag (2002), 44, der davon ausgeht, dass das BGB die Rechtsfigur des »ius ad rem« übernommen und verbessert habe (insb. S. 429ff). Gleichwohl setzt sich der Verfasser dadurch auch dem Vorwurf aus, den er der herrschenden Meinung selbst macht: Auch hier wird versucht, eine Kategorie des subjektiven Rechts zu bilden, aus der Rechtsfolgen hergeleitet werden.

Zweiter Teil

Die Sachenrechtsprinzipien

§ 3 Trennung und Abstraktion im Sachenrecht

Das Trennungs- und Abstraktionsprinzip ist rechtspolitisch immer wieder angefeindet worden.[1] Wenn man wie hier das dingliche Recht als überspitzten und substanzlosen Rechtsbegriff ansieht, so ist auch die dogmatische Herleitung beider Prinzipien brüchig. Gestützt auf den aussagelosen Begriff des dinglichen Rechts ist das eigenständige Sachenrecht ein Kunstprodukt und damit auch das Trennungs- und Abstraktionsprinzip. *De lege lata* ändert dies nichts an der Geltung beider Prinzipien. Die Rechtsordnung beruht auf keiner geschlossenen Begriffspyramide und kann weder ohne Konstruktionen noch bar jeder Kunstbegriffe auskommen. Dies schließt es nicht aus, der Frage nachzugehen, welchen aktuellen Wert die Prinzipien haben und ob sie fortentwickelt werden können: Die *lex lata* verbietet es nicht, der Frage nachzugehen, ob und wie die Rechtsprechung das Trennungs- und Abstraktionsprinzip ausgestaltet hat. Ein Schwerpunkt der folgenden Ausführungen liegt daher bei der Analyse, welchen Umfanges die Rechtsprechung diese Prinzipien durchbricht. Kaum zu betonen ist, dass sich die *lex scripta* geändert hat und deren Einfluss auf das Trennungs- und Abstraktionsprinzip zu untersuchen ist. Eine rechtspolitische Stellungnahme zu diesen Prinzipien ist erst vor dem Hintergrund dieser Rechtsentwicklungen sinnvoll. Erst Systembrüche rechtfertigen es, sich über Gesetzesstrukturen *de lege ferenda* Gedanken zu machen. Anderenfalls wird juristisches Wunschdenken zum künftigen Sollen erhoben. Ausgehend von diesem Standpunkt ist bei der Erörterung des Trennungs- und Abstraktionsprinzips auch grundsätzlich darauf zu verzichten, »Theorien« zu entwickeln, um gefundene Systembrüche oder Wertungswidersprüche als konform ausweisen zu können. Vielmehr sollen deren Ursachen herausgearbeitet werden und – sofern möglich – an diesen und nicht an den Symptomen angesetzt werden. Verbleibende Wertungswidersprüche sind hinzunehmen und bieten allenfalls den Anlass für eine rechtspolitische Kritik, nicht aber für eine dogmatische Lösung.

Das Trennungs- und das Abstraktionsprinzip sind zwei unterschiedliche Prinzipien mit unterschiedlichen Folgen. Um diese zu beschreiben ist eine präzise begriffliche Arbeit vonnöten. Selbstredend bedeutet das, beide Prinzipien von gegenläufigen Konstruktionen abzugrenzen. Wie sogleich zu zeigen ist (I), wird diese begriffliche Feinabstimmung im Schrifttum nicht immer konsequent durch-

[1] Nachweise dazu unten II 3 Fußn. 74.

gehalten, so dass unter identischen Bezeichnungen verschiedene Fragen betitelt werden. Dogmatische Schieflagen oder wenigstens Missverständnisse sind dadurch vorprogrammiert. Die Durchbrechungen oder die konsequente Umsetzung beider Prinzipien lassen sich aber nur würdigen, wenn über die Begriffe selbst Klarheit herrscht.

I. Begriffliche Weichen

1. Trennungsprinzip

Die eingangs erwähnte begriffliche Arbeit schlägt sich bereits darin nieder, ob es gerechtfertigt ist, das Trennungsprinzip ohne Blick auf das Abstraktionsprinzip zu behandeln. Auf seine elementarste Form reduziert, bedeutet das Trennungsprinzip für das Sachenrecht, dass bei einem Lebenssachverhalt die dingliche und die obligatorische Seite zu trennen sind.[2] In dieser Deutung berührt sich das Trennungsprinzip nicht mit dem Abstraktionsprinzip, vielmehr stellt sich die Trennung als notwendige Bedingung für die Abstraktion dar: Ohne Trennung ist eine Abstraktion undenkbar.[3] Im Schrifttum ist dies gleichwohl umstritten. So fasst man *pars pro toto* das Abstraktionsprinzip als Oberbegriff auf[4] oder dreht das logische Verhältnis um, indem man die Abstraktion zur Bedingung der Trennung erhebt.[5] Dieser weitherzige Umgang mit den Begriffen verdunkelt, dass die Trennung und die Abstraktion jeweils unterschiedliche Rechtsfolgen nach sich ziehen. Auch wenn das BGB das schuldrechtliche von dem dinglichen Rechtsgeschäft trennt, so existieren Konstellationen, in denen das dingliche Geschäft nicht abstrakt losgelöst von der schuldrechtlichen *causa* ist. Paradigmatisch sind dafür die sog. kausalen Verfügungen, bei denen trotz formaler Trennung die Mängel aus dem schuldrechtlichen Grundgeschäft das dingliche Geschäft berühren. Bei der Aufrechnung (§ 389) als zu nennendem Hauptbeispiel erlischt die Gegenforderung, vorausgesetzt, dass Haupt- und Gegenforderung existieren.[6] Umgekehrt knüpft jede Durchbrechung – des noch zu beschreibenden Abstraktionsprinzips – an die Trennung von schuldrechtlichem und dinglichen Geschäft an, ja es setzt sie sogar voraus.[7] Die Trennung eines einheitlichen Vorganges in zwei unter-

---

[2] *Habermeier* AcP 195 (1995), 283f.

[3] *Baur/Stürner* § 5 Rn. 40; *Bork* Rn. 446; *Grigoleit* AcP 197 (1997), 379, 380; *Jauernig* JuS 1994, 721, 722; *Medicus* AT Rn. 220; *Staudinger/Wiegand* § 929 Rn. 15.

[4] *Flume* § 12 III 1, 2; *Hübner* Rn. 633; *Peters* JURA 1986, 449; *Roth* ZvglRWiss 92 (1993), 371, 373; *Schreiber/Kreutz* JURA 1989, 617, 618; *Wolff/Raiser* § 38 (Fußn. 11).

[5] *Hübner* Rn. 633; *Schön*, Der Nießbrauch an Sachen (1992), 250.

[6] Demgegenüber mag hier offen bleiben, ob der Vergleich nach § 779 ebenso als kausale Verfügung zu deuten ist. Dazu näher: *Stadler*, Gestaltungsfreiheit und Verkehrsschutz durch Abstraktion (1996), 16f mwN.

[7] *Jauernig* JuS 1994, 721, 722.

schiedliche Rechtsverhältnisse sagt mithin noch nichts darüber aus, ob diese Rechtsverhältnisse den gleichen Wirksamkeitsbedingungen gehorchen. Die Immaterialgüterrechte verdeutlichen dies. Im Verlagsrecht deutet die allgemeine Ansicht § 9 Abs. 1 VerlagsG dergestalt, dass das (dingliche) Nutzungsrecht des Verlegers an den obligatorischen Verlagsvertrag gebunden ist. Dessen rechtliches Schicksal bestimmt damit das des subjektiven Verlagsrechts.[8]

Auch im allgemeinen Urheberrecht ist das Trennungsprinzip anerkannt. Die Einräumung eines Nutzungsrechts ist eine Verfügung, die auf einer Verpflichtung beruht. Noch nicht abschließend geklärt ist aber, ob auch hier das Abstraktionsprinzip gelten soll. Die Rechtsprechung schwankt,[9] das Meinungsbild im Schrifttum ist gespalten.[10] Im Ergebnis ist für das Urheberrecht genauso wie für das Verlagsrecht zu entscheiden. Die Zweckübertragungstheorie (vgl. § 31 Abs. 5 UrhG) bindet das Nutzungsrecht im Zweifel an die Vertragszwecke und gestaltet es daher kausal. Daneben erwägt man, das Nutzungsrecht unter die stillschweigende Bedingung zu stellen, dass auch das zugrunde liegende Kausalgeschäft gültig ist.[11] Auch bei Patentlizenzen schließlich lehnt man trotz äußerer Trennung zwischen obligatorischem Grundgeschäft und dinglichem Nutzungsrecht das Abstraktionsprinzip ab.[12] Ebenso wie im Urheberrecht bestimmt hier auch die schuldrechtliche Abrede, wie weit die Nutzung im Einzelfall reicht, so dass eine abstrakte Betrachtung die Nutzung als Torso erscheinen ließe. Die Abstraktion ist damit, wie diese Beispiele zeigen, keine notwendige Folge einer Trennung. Rechtssystematisch bleibt eine Trennung auch ohne Abstraktion sinnvoll.[13]

Das so beschriebene Trennungsprinzip darf nicht zu dem Missverständnis verleiten, dass die Verpflichtung und die Verfügung zwei zeitlich folgende und getrennte Handlungen darstellen. Es ordnet nur einem Lebenssachverhalt zwei verschiedene gesetzliche Tatbestände zu, wie dies auch bei der kumulativen Anspruchskonkurrenz der Fall ist.[14] Bei zeitlich gestreckten Vorgängen, tritt das

---

[8] BGHZ 29, 90, 94f; *Kraßer* GRUR Int 1973, 230; *Schack* Rn. 526; *Schricker/Schricker* vor §§ 28ff Rn. 60 mwN.

[9] Bejahend: BGHZ 27, 90, 95f; Ablehnend: BGH GRUR 1982, 308, 309 Kunsthändler.

[10] Ablehnend: *Forkel*, Gebundene Rechtsübertragungen (1977), 155ff; *Kraßer* GRUR Int 1973, 230; *Schricker/ Schricker* vor §§ 28ff Rn. 61 m.w.N. Bejahend: *Schack* Rn. 526.

[11] Zu beiden Gesichtspunkten BGH GRUR 1958, 504, 506f Privatsekretärin; *Kraßer* GRUR Int 1973, 230, 237 (der zusätzlich auf eine Analogie zu § 9 Abs. 1 VerlagsG abstellt); *Rehbinder* Rn. 322. Teilweise stützt man dieses Ergebnis auch darauf, dass es keinen numerus clausus bei den immaterialgüterrechtlichen Nutzungsrechten gebe (*Kraßer* GRUR Int 1973 230, 237). Numerus clausus und das Trennungs- bzw. Abstraktionsprinzip hängen jedoch nicht notwendig zusammen. Näher dazu: § 6 II 1 b. Diese Begründung auch ablehnend: *Stadler* (Fußn. 6), 113.

[12] *Kraßer* GRUR Int 1973, 230, 237f.

[13] Vgl. *Wacke* ZEuP 2000, 254, 262.

[14] Grdl. *Habermeier* AcP 195 (1995), 283, 286, 293. *Haferkamp* (JURA 1998, 511, 512) verwechselt offensichtlich Trennungs- und Abstraktionsprinzip, indem ausgeführt wird, dass das »Abstraktionsprinzip« unkünstlich sei, wenn Vertragsschluss und Übereignung auseinander fallen.

Trennungsprinzip deutlich zu Tage. Die Verpflichtung und die Verfügung werden hier zu verschiedenen Zeitpunkten abgeschlossen. Eine Trennung ist allerdings auch konstruierbar, wenn zwei Vorgänge äußerlich *uno actu* zusammen fallen. Das Trennungsprinzip setzt mithin nicht voraus, dass die Trennung zweier Rechtsgeschäfte auch äußerlich erkennbar ist. Dadurch mag dieses Prinzip synthetisch wirken. Allein deshalb lässt es sich jedoch rechtspolitisch nicht kritisieren, da rechtliche Konstruktionen nicht an äußerlich Wahrnehmbares gebunden sind. Ein Sachverhalt kann aus systematischen oder dogmatischen Gründen getrennt beurteilt werden. *Prima facie* kann man daher das Trennungsprinzip nicht als gekünstelt oder lebensfremd abtun. Es mag ebenso lebensfremd oder lebensnah sein, wie andere juristische Konstruktionen.

2. Das Abstraktionsprinzip

Für das Abstraktionsprinzip gilt der umgekehrte Satz: Die Trennung ist eine notwendige aber nicht allein hinreichende Bedingung für die Abstraktion. Systematisch ist zu unterscheiden zwischen inhaltlicher (oder innerer) und äußerer Abstraktion.[15] Jene sagt aus, welchen Inhalts das Verfügungsgeschäft sein muss, diese behandelt das Verhältnis von Verfügung und *causa*. Die Abstraktion als »Unabhängigkeit des dinglichen Geschäfts vom schuldrechtlichen Kausalgeschäft« zu bezeichnen, ist daher vergröbernd und ungenau. Vielmehr verbergen sich hinter den Begriffen »innere« und »äußere« Abstraktion unterschiedliche Ordnungsprinzipien.

a) Die innere Abstraktion

Die innere Abstraktion sagt etwas über den Inhalt eines Verfügungsgeschäfts aus. Das Verfügungsgeschäft ist frei von einer kausalen Zweckbestimmung.[16] Bezeichnend ist, dass diese innere Abstraktion nur gegenbegrifflich zur kausalen Struktur der Verpflichtungsgeschäfte beschrieben werden kann. Verpflichtungsgeschäfte kennzeichnet ihr Zweck, zu ihrem Inhalt gehört es, warum eine Schuld begründet wurde. In diesem Sinne sind die Verpflichtungsgeschäfte kausal. Unabhängig davon, welche Vertragszwecke im Einzelnen zu unterscheiden sind, kommt ein Schuldvertrag nicht zustande, wenn sich die Parteien über den Grund im Unklaren sind.[17] Diese Verknüpfung verlangt ein dingliches Rechtsgeschäft nicht. Bildhaft gesprochen, bedeutet die innere Abstraktion, dass das Verfügungs-

---

[15] So grdl. *Jahr* AcP 168 (1968), 9, 15–20.

[16] *Jahr* AcP 168 (1968), 9, 15f; *Bork* Rn. 479; *Grigoleit* AcP 199 (1999), 379, 380f; *Jauernig* JuS 1994 721, 722; *Lindemann*, Die Durchbrechungen des Abstraktionsprinzips durch die höchstrichterliche Rechtsprechung seit 1900 (1989), 11; *Medicus* Rn. 225.

[17] Zu dieser rechtsgeschäftlichen Auswirkung siehe: *Jahr* AcP 168 (1968), 9, 15.

geschäft farblos und neutral ist. Übertragen auf den Wortlaut des §929 Satz 1, müssen die Parteien sich nur über den Eigentumsübergang einig sein.

Zu trennen ist davon die Frage, ob die Parteien gleichwohl bestimmte Zwecke im Verfügungsgeschäft vereinbaren können. Die innere Abstraktion des Verfügungsgeschäfts verbietet dies nicht grundsätzlich. Bedingte oder gar befristete Übereignungen sind zulässig. Wie weit darüber hinaus das Verfügungsgeschäft mit Zwecken angereichert werden kann, ist nach wie vor noch nicht abschließend geklärt. Das Abstraktionsprinzip gibt darauf keine Antwort. Wie noch später bei der Analyse im Einzelnen darzustellen ist, bereitet es Schwierigkeiten, gerade die innere Abstraktion sachgerecht zu erfassen. Die Unstimmigkeiten über die einzelnen Durchbrechungen des Abstraktionsprinzips finden darin ihre Ursache. Vorschnell ist jedenfalls der Schluss, dass der Typenzwang den Parteien verbiete, das Verfügungsgeschäft mit weiteren Zwecken aufzuladen. Reichern die Parteien das Verfügungsgeschäft inhaltlich an, so schaffen sie dadurch weder ein neues dingliches Recht, noch ändern sie *prima facie* ein dingliches Recht *contra legem*.[18] Der Widerspruch zu einzelnen sachenrechtlichen Prinzipien kann nur für den Einzelfall festgestellt werden. Ebenso vorschnell ist es, Zusammenhänge zwischen schuld- und dinglichem Geschäft generell als Verstoß gegen das (innere) Abstraktionsprinzip zu brandmarken. In dieser Deutung müsste man das Abstraktionsprinzip als Schranke der Privatautonomie verstehen, was jedoch seinerseits einer Rechtfertigung bedarf.

b) Die äußere Abstraktion

Wichtiger für die Rechtsfolgen ist die äußere Abstraktion, wonach das rechtliche Schicksal des Erfüllungsgeschäftes von dem Schicksal des zugrundliegenden Kausalgeschäftes unabhängig ist.[19] Diese Folge wird oft als die Essenz des Abstraktionsprinzips beschrieben.[20] Andere Lösungsmöglichkeiten sind denkbar, hier aber nicht zu vertiefen.[21] Systematisch betrachtet wertet dieser Grundsatz das Bereicherungsrecht auf und verleiht ihn im deutschen Recht einen hohen Stellenwert, verglichen mit ausländischen Rechtsordnungen. Ein kausaloses Geschäft ist rückabzuwickeln, die Leistungskondiktionen stellen den ursprünglichen Eigentumszustand wieder her. Die äußere Abstraktion hängt damit allerdings auch davon ab, wie man den Begriff »Rechtsgrund« definiert. Bekanntlich ist dies im Bereicherungsrecht zwischen der objektiven und der subjektiven Rechtsgrundtheorie umstritten, ohne dass diese Debatte allerdings die Dogmatik weiter ge-

---

[18] Näher zur Reichweite des Typenzwangs: §6 I 1.

[19] Wiederum *Jahr* AcP 168 (1968), 9, 16f; *Grigoleit* AcP 199 (1999), 379, *Jauernig* JuS 1994, 721, 722; *Stadler* (Fußn. 6), 7f.

[20] So z. Bsp. *Hübner* Rn. 635f; *Schreiber/Kreutz* JURA 1989, 617. In den zitierten Beiträgen ist dies wohl auch der didaktischen Vereinfachung geschuldet.

[21] *Stadler* (Fußn. 6) 7f.

bracht hat.[22] Auf den einfachsten und für die innere Abstraktion auch sinnvollsten Nenner bringt die objektive Theorie den Begriff des Rechtsgrundes: Den Rechtsgrund bildet danach das Schuldverhältnis.[23] Konstruktionsprobleme haben sich für diese Ansicht bisher nicht gezeigt, so dass die entgegengesetzte subjektive Rechtsgrundtheorie[24] nach wie den Nachweis schuldig bleibt, warum sie das überlegenere Modell liefert.[25] Unabhängig von dieser Debatte scheint die objektive Rechtsgrundtheorie das theoretische Vorverständnis für die äußere Abstraktion zu bilden. Es ist in der Tat ein umständlicher Umweg, den Rechtsgrund nach der subjektiven Theorie abzulehnen, weil der Zuwendungszweck wegen des nichtigen Vertrages nicht mehr erfüllt werden kann. Ohne einen Rückgriff auf den objektiven Rechtsgrund kommt daher auch die subjektive Rechtsgrundtheorie nicht aus. Dies spricht nachhaltig dafür, die Konstruktion zu vereinfachen.[26]

Das Sachenrecht sagt im Ergebnis nichts darüber aus, ob eine Sache endgültig im Eigentum einer bestimmten Person verbleibt. Darüber entscheidet zunächst der Rechtsgrund und damit eine letztlich schuldrechtliche Frage.[27] In zweiter Linie sind bereicherungsrechtliche Wertungen selbst heranzuziehen. Der gutgläubige, entgeltliche Erwerb ist deswegen kondiktionsfest, da § 816 Abs. 1 Satz 1 nur von einem Anspruch gegen den Verfügenden ausgeht. Umgekehrt ist der unentgeltliche Empfänger nicht vor einem Herausgabeanspruch des ursprünglichen Eigentümers gefeit, wie die §§ 816 Abs. 1 Satz 2, 822 zeigen. Die Trennung zwischen innerer und äußerer Abstraktion ist kein Formalismus. In aller Regel werden sie zusammenfallen, notwendig ist dies jedoch nicht. Eine innere Kausalität bei äußerer Abstraktion ist denkbar. Hierzu wird immer wieder das römische Recht genannt, wonach die Übereignung durch eine Tradition inhaltlich kausal aber äu-

---

22 So die pointierte Kritik von *Canaris* (*Larenz/Canaris* § 67 III 1 a, 137).

23 *Larenz/Canaris* § 67 III 1 a; MünchKomm/*Lieb* § 812 Rn. 170ff mwN.

24 *Ehmann* JZ 2003, 702, 707; *Erman/H.P. Westermann* § 812 Rn. 44; *Reuter/Martinek* § 4 II 4 b jeweils mwN.

25 Oft meint man, die subjektive Rechtsgrundlehre durch die *condicitio ob rem* nach § 812 Abs. 1 Satz 2 2. Var. begründen zu können. In der Tat kann der mit dem Zweck des Rechtsgeschäfts beabsichtigte Erfolg im Sinne dieser Vorschrift nicht mit dem Rechtsgeschäft selbst identisch sein (vgl. *Reuter/ Martinek* § 4 II 4 b). Deswegen allerdings die objektive Rechtsgrundlehre zu verwerfen, überzeugt nicht. Nach dieser Lehre lassen sich die einzelnen Fälle zwanglos als fehlende Rechtsgrundabrede einordnen (*Larenz/Canaris* § 67 III 1 c). Siehe zur Kritik auch MünchKomm/*Lieb* § 812 Rn. 172f.

26 So auch MünchKomm/*Lieb* § 812 Rn. 172.

27 *Peters*, Der Entzug des Eigentums an beweglichen Sachen durch gutgläubigen Erwerb (1991), 106f; *Wieacker*, Wandlungen der Eigentumsverfassung (1935), 30. AA *Larenz/Canaris* § 67 III 2 b für die Nichtleistungskondiktionen. In der Tat mag bei einer Nichtleistungskondiktion der Behaltensgrund von einer sachenrechtlichen Norm abhängen. Bei der Leistungskondiktion, die im Text angesprochen ist, verbietet sich eine solche Sichtweise. Hier geht es nicht um den Güterschutz wie bei der Eingriffskondiktion, sondern um die Rückabwicklung fehlgeschlagener Schuldverhältnisse. Dass hierfür sachenrechtliche Wertungen nicht entscheidend sein kann, ergibt sich aus der Natur der Sache, da anderenfalls in vielen Fällen die Leistungskondiktion selbst obsolet wäre.

ßerlich abstrakt war. Das berühmte Schulbeispiel, in dem der Veräußerer eine Sache als Darlehen empfängt, der Erwerber sie aber als Übereignung versteht, stellt sich danach als Dissens dar.[28]

c) *Abstraktion und Akzessorietät*

Mit der Hypothek (§ 1113 Abs. 1) und dem Pfandrecht (§ 1204 Abs. 1) kennt das BGB zwei akzessorische Realsicherheiten und gestaltet im übrigen auch die Vormerkung akzessorisch aus (§ 883 Abs. 1 Satz 1). Ein das Sachenrecht prägendes Strukturprinzip ist der Akzessorietätsgrundsatz nicht, da insbesondere auch die Bürgschaft als akzessorische Personalsicherheit ausgestaltet ist (§ 767 Abs. 1). Viel diskutiert ist, ob die Bestellung einer akzessorischen Realsicherheit ein Fall ist, in dem eine innere Kausalität bei äußerer Abstraktion zusammentrifft. Begrifflich lassen sich Abstraktion und Akzessorietät durchaus unterscheiden: Rechte sind akzessorisch, Rechtsgeschäfte können abstrakt sein, hingegen nicht akzessorisch.[29] Diese begrifflichen Unterschiede sollten aber nicht verdunkeln, dass abstrakten Rechtsgeschäften durchaus ein akzessorisches Recht zu Grunde liegen kann. Die Bestellung einer Hypothek ist ein dingliches Rechtsgeschäft und als solches abstrakt, obwohl die Hypothek akzessorisch ausgestaltet ist. Um die Unterschiede zu einem kausalen Recht hervorzuheben, ordnet man teilweise das zu sichernde Recht als Bestandteil des Sicherungsrechts ein.[30] Dadurch mag man zwar in der Lage sein, die strukturellen Unterschiede zwischen der Akzessorietät und dem Kausalprinzip zu erfassen, opfert dabei aber teilweise das Trennungsprinzip. Abgesehen davon wirkt dieser Erklärungsversuch zu begrifflich. Für das praktische Ergebnis ist es bedeutungslos, ob ein dingliches Recht deswegen nicht entsteht, weil es akzessorisch ist und die zu sichernde Forderung fehlt, oder weil bei einer kausalen Gestaltung das zugrunde liegende Rechtsgeschäft nichtig ist. Die Akzessorietät knüpft an den Bestand einer Forderung an, das Kausalprinzip umfassender an das ganze Rechtsgeschäft, dem die Forderung entstammt. Orientiert an den Rechtsfolgen betrachtet man die Akzessorietät als Durchbrechung des Abstraktionsprinzips und Hinwendung zum Kausalprinzip.[31] Wer die unterschiedliche Anknüpfung beider Prinzipien betont, wird dem widersprechen, indes zu Unrecht. Dogmatisch lassen sich die gemeinsamen Wirkungen des Kausalprinzips und der Akzessorietät auch nicht durch die verschiedenen Rechtsgrund-

---

[28] Siehe dazu *Jahr* AcP 168 (1968), 9, 18 mwN.

[29] *Maurer*, Die Prinzipien der Abstraktion, Kausalität und Trennung, insbesondere bei Verfügungen (2003), 29f.; *Stadler* (Fußn. 6), 18–20.

[30] *Becker-Eberhard*, Die Forderungsgebundenheit der Sicherungsrechte (1993), 60; *Huber*, Die Sicherungsgrundschuld (1965), 29; *Medicus* JuS 1971, 497, 498; *Michel*, Überschießende Rechtsmacht als Problem abstrakter und nicht-akzessorischer Konstruktionen (2000), 56 mwN.

[31] Z. Bsp.: *Behrens*, Die Rückabwicklung der Sicherungsübereignung bei Erledigung oder Nichterreichung des Sicherungszwecks (1989), 87, 118ff; *Mülbert* AcP 197 (1997), 335, 349.

begriffe erklären.[32] Dadurch würde man die systembildende Kraft beider Begriffe überschätzen. Akzessorietät und Kausalprinzip regeln Wirksamkeitsbedingungen, die das Entstehen eines dinglichen Rechts gleichen Maßes beeinflussen. In den Rechtsfolgen unterscheiden sich die Entstehungsakzessorietät und das Kausalprinzip nicht. Es ist unerheblich, ob ein dingliches Recht deswegen nicht entsteht, weil die gesicherte Forderung fehlt (Akzessorietät) oder ob der Leistungszweck mangels wirksam entstandenen Forderungsrechts unerreichbar ist. Verknüpft man die objektive Rechtsgrundtheorie mit dem Kausalprinzip, decken sich die Rechtsfolgen auch mit denen des Akzessorietätsprinzips: Ohne eine Forderung kann auch objektiv kein Rechtsgrund entstehen.

Ein wesentlicher Unterschied zwischen Kausalprinzip und Akzessorietät besteht aber, wenn man einen Bereicherungsanspruch als sicherbare Forderung anerkennt. Gerade dies ist jedoch bei den akzessorischen Sicherungsrechten umstritten. Dabei handelt es sich um kein dogmatisches, sondern um ein Auslegungsproblem, ob auch ein Bereicherungsanspruch gesichert sein soll. Bei einer näheren Analyse entpuppt sich dies jedoch als Scheinproblem. Einen ausdrücklichen Wille der Parteien dahingehend, dass auch ein Bereicherungsanspruch sicherbar sein soll, ist unkonstruierbar. Sind sich die Parteien der Nichtigkeit des Grundgeschäfts bewusst und wollen sie gleichwohl, dass die akzessorische Sicherheit weiterbesteht, ist dies eine Bestätigung nach § 141 Abs. 2. Da die Vertragsbestätigung nach § 141 Abs. 2 auf den Zeitpunkt des ursprünglichen Vertragsschlusses zurückwirkt, besteht auch kein vorübergehend ungesicherter Zustand, wenn die Parteien die Nichtigkeit des Vertrages erst später erkennen. Die eigentlichen Schwierigkeiten beginnen daher erst, wenn die Parteien irrtümlich ein wirksames Grundgeschäft annehmen. Eine verbreitete Ansicht unterstellt dem Parteienwillen hier, dass ein akzessorisches Sicherungsrecht im Zweifel auch einen Rückgewähranspruch sichern soll.[33] Dies ist spekulativ. Zweifelsohne ist der Bereicherungsanspruch gegenüber dem Rückzahlungsanspruch aus § 488 Abs. 1 Satz 2 wirtschaftlich gleichwertig. Rechtlich unterscheiden sich beide Ansprüche sind und daher im Zweifel nicht austauschbar. Die Rechtsprechung hat bislang zu dem Problem nicht eindeutig Stellung bezogen, aber den Parteien bislang auch noch keine stillschweigende Sicherung des Bereicherungsanspruches unterstellt.[34] Die besseren Gründe sprechen dafür, keine stillschweigende Sicherung eines Bereicherungsanspruches anzunehmen. Bei der Hypothek wäre dies unvereinbar mit dem Bestimmtheitsgrundsatz, da dieses Sicherungsrecht nicht

---

[32] So jedoch *Huber* (Fußn. 30), 28f.

[33] *Baur/Stürner* § 37 Rn. 48; MünchKomm/*Eickmann* § 1113 Rn. 72; MünchKomm/*Damrau* § 1204 Rn. 21; *Soergel/Konzen* § 1113 Rn. 15; *Westermann/Eickmann* § 95 A II 3 (für die Hypothek); *Westermann/Gursky* § 128 III 1 (für das Pfandrecht); *Wilhelm* Rn. 1447.

[34] BGH NJW 1968, 1134 (für das Pfandrecht); generell ablehnend: RG JW 1911, 653; OLG Hamm JW 1934, 1868; *Bamberger/Roth/Rohe* § 1113 Rn. 17; *Erman/Wenzel* § 1163 Rn. 8; *Staudinger/ Wolfsteiner* § 1113 Rn. 23, 21.

wahlweise zwei Forderungen sichern kann.[35] Außerdem steht einer stillschweigenden Sicherung § 1115 Abs. 1 entgegen.[36] Bei der Eintragung der Hypothek muss des Schuldgrund angegeben werden, so dass die gesicherte Forderung individualisierbar ist. Von dem eingetragenen Schuldgrund weicht ein stillschweigend gesicherter Bereicherungsanspruch jedoch stets ab. Schließlich läuft im Ergebnis eine stillschweigende Sicherung eines Bereicherungsanspruches auf eine *facultas alternativa* hinaus, die das BGB allerdings nur in bestimmten Fällen erlaubt. Bei akzessorischen Realsicherheiten räumt das Gesetz aber gerade keine Ersetzungsbefugnis ein. Dies verdeutlicht § 1163 Abs. 1 Satz 1. Wollte man im Zweifel auch einen Bereicherungsanspruch als gesichert ansehen, so liefe die Vorschrift in einem Gutteil der Fälle leer.

Rechtsgeschäftliche Gestaltungsmöglichkeiten erlauben es, ein abstraktes Sicherungsrecht von der Existenz der Forderung abhängig zu machen. Denkbar ist hier eine auflösende Bedingung, bei der das Sicherungsrecht automatisch an den Sicherungsgeber zurück fällt, wenn die gesicherte Forderung getilgt ist. Umgekehrt können die Parteien den Bestand des Sicherungsrechts auch im Wege einer aufschiebenden Bedingung davon abhängig machen, dass die Forderung entsteht. Im Ergebnis erreicht man dadurch eine Akzessorietät in der Entstehung, dem Fortbestand und dem Erlöschen.[37] Gleichzeitig erreicht man dadurch die bereits beschriebene innere Kausalität der abstrakten Rechte. Jede vereinbarte oder gesetzliche Akzessorietät ist damit eine teilweise Abkehr vom Abstraktionsprinzip.

II. Vom dinglichen Vertrag zum Verkehrsschutz

1. Willensherrschaft und dinglicher Vertrag

Das Trennungs- und das Abstraktionsprinzip dienen oft dazu, ein selbständiges Sachenrecht zu rechtfertigen. Geistiger Vater dieser Prinzipien war *Friedrich Carl von Savigny*, der diese Prinzipien aus seiner Lehre vom subjektiven Recht ableitete.[38] Nach der Willenstheorie ist das subjektive Recht die Macht, den Willen durchzusetzen (oben § 2 I 1 a). Da dieser Wille seine Schranke allein an gesetzlichen Verboten findet, kann der Einzelne beliebige Rechtswirkungen erzeugen. Von diesem Standpunkt aus war es nur folgerichtig, wenn *Savigny* seine Unterscheidung zwischen dinglichem und persönlichen Recht aufgriff und folglich die Arten der subjektiven Rechte dazu verwandte, ein Sachen- und Schuldrecht auf-

---

[35] *Staudinger/Wolfsteiner* § 1113 Rn. 23.

[36] So auch *Bamberger/Roth/Rohe* § 1113 Rn. 17.

[37] Zu den verschiedenen Arten der Akzessorietät siehe: *Füller* ZBB 2001, 157, 161; *Medicus* JuS 1971, 497, 498–501.

[38] *Savigny*, System des heutigen römischen Rechts III, 312ff; *ders.*, Obligationenrecht, 256ff. Dabei ist jedoch hervor zu heben, dass auch vor *Savigny* abstrakte Gestaltungen existierten. Dem ist hier nicht nachzugehen, siehe dazu: *Peters* JURA 1986, 449, 458.

zuspalten. Der Einzelne kann ein persönliches Recht ausüben oder ein dingliches Recht. Folglich muss es ein unterschiedlicher Wille sein, kraft dessen Herrschaft ein persönliches oder dingliches Recht entsteht. Begriffliche und formale Gründe stehen daher für *Savigny* im Vordergrund.[39]

Mit dem berühmten Beispiel einer Handschenkung entwickelte *Savigny* die Grundlagen für die Trennung und Abstraktion der dinglichen Übereignung. In diesem Beispiel griff er die seiner Zeit vorherrschende Lehre vom *titulus* und *modus acquirendi* an, wonach der obligatorische Titel und die Besitztradition ausreichend aber auch erforderlich für einen Eigentumsübergang waren.[40] Da bei einer Handschenkung nach *Savignys* Ansicht kein *obligator* existiere, sondern eine Sache nur faktisch übergeben werde, müsse die *traditio* selbst als ein dinglicher Vertrag, als ein Vertrag des Sachenrechts betrachtet werden, durch den das Eigentum an einer Sache übergehe.[41] Der Sache nach entwickelten sich das Trennungs- und Abstraktionsprinzip aus einer Kritik an dem damals herrschenden Verständnis über die *iusta causa*. Während die seinerzeit vorherrschende Ansicht diese mit der Obligation gleich setzte, beschrieb sie *Savigny* als die Absicht des Eigentümers, mit der Tradition das Eigentum zu übertragen.[42] Die Tradition wird damit als dinglicher Vertrag gedeutet, von der Absicht getragen, das Eigentum zu übereignen. Deutlich tritt hier bereits das Trennungsprinzip zu Tage: Die Übereignung einer Sache beruht auf einem eigenen Rechtsgeschäft des Sachenrechts. Im Laufe der Zeit änderte *Savigny* die Herleitung seiner Thesen. Während er ursprünglich den Übereignungswillen noch mit der *iusta causa* gleich setzte, löste sich er sich später davon. Gleichwohl hielt *Savigny* seine These stets quellengemäß und stützte sie auf *Accursius, Duarenus* und *Donellus*.[43]

Weniger deutlich tritt zunächst die Abstraktion bei *Savigny* hervor und gewinnt erst im Jahre 1840 an Konturen.[44] Ausgangspunkt dafür waren Irrtumsfälle: Auch Eigentümer werde, wer eine Sache von einem Eigentümer erhalte, den er irrig für den Nichteigentümer hielt. Der freie Wille sei von irrigen Beweggründen frei, wie gerade die Lehre von den Kondiktionen beweise. Ohne die – aus heutiger Sicht so zu bezeichnende – innere Abstraktion wäre das Kondiktionenrecht über-

---

39 *Haag Molkenteller*, Die These vom dinglichen Vertrag (1992), 106f; *Stadler* (Fußn. 6), 49.

40 Die Einzelheiten sind hier nicht näher zu vertiefen, siehe dazu etwa *Felgentraeger*, Friedrich Carl v. Savignys Einfluß auf die Übereignungslehre (1927), 27ff; *Haag Molkenteller* (Fußn. 39), 86f.

41 Deutlich etwa: *Savigny*, Das Obligationenrecht als Theil des heutigen Römischen Rechts, Band 2 (1854), 257; siehe auch: *Felgentraeger* (Fußn. 40), 33f; *Haag Molkenteller* (Fußn. 39), 86f.

42 Näher: *Felgenträger* (Fußn. 40), 33f, der eine Mitschrift von *Burchardi* über eine Vorlesung *Savignys* zum Pandektenrecht im Wintersemester 1815 /1816 zitiert.

43 *Savigny*, Das Obligationsrecht als Theil des heutigen römischen Rechts, Band 2 (1854), 256: Es lasse sich nicht behaupten, dass die *iusta causa* dem *animus transferendi domini* entspreche. Siehe näher zur römisch rechtlichen Ableitung der Lehre: *Breyhan*, Abstrakte Übereignung und Parteiwille in der Rechtsprechung (1927), 121; *Felgenträger* (Fußn. 40), 35f; *Haag Molkenteller* (Fußn. 39), 90f; 103ff.

44 *Savigny*, System des heutigen Römischen Rechts, Band 3 (1840), 356.

flüssig.[45] Die innere Abstraktion zeichnete *Savigny* folglich nur für einen begrenzten Ausnahmefall vor, den Irrtum über das Kausalgeschäft. Eine stark begriffliche Ableitung stützt die äußere Abstraktion: Das Eigentum sei eine selbständige Herrschaft über die Sache ohne Rücksicht auf die Obligation.[46] Einerseits sollte daraus sich die äußere Abstraktion ergeben, andererseits konstruierte sie *Savigny* als Folgeerscheinung der inneren Abstraktion. Aus heutiger Sicht liegt das geschilderte Beispiel eher den Vorschriften über den gutgläubigen Erwerb nahe. Ein umfassender Ansatz zum Abstraktionsprinzip findet sich in den Schriften des Urhebers nicht. Erst die wissenschaftliche Gefolgschaft *Savignys* arbeitete die äußere Abstraktion heraus und erstreckte sie auf alle Fälle, in denen das Grundgeschäft nichtig ist.[47] Dabei war die ursprüngliche Haltung *Savignys* zum Abstraktionsprinzip eher zwiespältig. Er erachtete die *iusta causa* später als ein Indiz für den Übereignungswillen. In Zweifelsfällen müsse auf die Zwecke und das der Tradition zugrunde liegende Rechtsgeschäft geblickt werden, ob die Parteien eine Eigentumsübertragung wie beim Kauf oder Tausch wollen, oder nur eine vorübergehende Überlassung wie bei der Miete oder der Verwahrung.[48] Ganz abstrahiert lässt sich der Wille eine Sache zu übereignen, danach nicht betrachten, da das Grundgeschäft zur Auslegung hinzugezogen werden darf. Abgesehen davon, dass dies an den Grundfesten der Lehre vom dinglichen Vertrag rüttelt,[49] relativiert es auch das Abstraktionsprinzip. Ein Widerspruch zu den übrigen Ausführungen *Savignys* ist nicht zu übersehen, die den freien Willen als wesentliches Element einer dinglichen Übereignung heraus stellen. Offenbar ist aber die abstrakte Übereignung nicht auslegungsresistent. Der beim schuldrechtlichen Geschäft geäußerte Wille der Parteien bildet einen Auslegungsgesichtspunkt dafür, ob eine Sache übertragen werden soll oder nicht. Wenn dem so sein soll, wird danach die innere Abstraktion fragwürdig, die ja das dingliche Rechtsgeschäft von schuldrechtlichen Zwecken entkleidet. Auf der anderen Seite bedeutet dies auch, dass der Parteiwille den Inhalt des dinglichen Rechtsgeschäfts beeinflusst und sei es nur im Wege der Auslegung. Auf dieses Problem ist weiter unten noch einzugehen, wenn das Verhältnis von Rechtsgeschäftslehre und Abstraktion beleuchtet werden wird.

Es kann nicht bestritten werden, dass zu seiner Zeit in diesem Konstrukt eine große Gedankenleistung lag. Es ist allerdings auch hervorzuheben, dass sich *Savignys* Konzept nicht geradlinig entwickelte, erst die Wissenschaft im 19. Jahrhundert arbeitete es weiter aus. Sie verlieh dem Trennungs- und Abstraktionsprinzip

---

[45] *Savigny* (vorige Fußn.).

[46] *Savigny*, System des heutigen Römischen Rechts, Band 1 (1840), 374.

[47] *Dernburg* AcP 40 (1857), 1; *Warnkönig* AcP 6 (1823), 114; *Windscheid*, Lehrbuch des Pandektenrechts, Band I (1862), § 172

[48] *Savigny*, Das Obligationenrecht als Theil des heutigen Römischen Rechts, Band 2 (1854), 258.

[49] Dazu ausführlich: *Haag Molkenteller* (Fußn. 39), 101 f.

die Gestalt, in der es heute vertreten wird. Aus der derzeitigen Sicht muss hervorgehoben werden, dass es *Savigny* weder um materielle noch philosophische Erwägungen ging, sondern einerseits darum, das römische Recht originalgetreu auszulegen, andererseits darum, die Lehre vom subjektiven Recht weiter auszubauen. Erst später sah man in dem Verkehrsschutz die rechtspolitische Rechtfertigung für das Abstraktionsprinzip.[50] Mittlerweile stellte sich jedoch heraus, dass *Savigny* irrte, als er das römische Recht als Quelle des Trennungs- und Abstraktionsprinzips ansah[51] oder jedenfalls die Quellen intentional auswählte.[52] Dem römischen Recht war der sog. »dingliche Vertrag« unbekannt. Die Quellentreue ist hier aber nicht mehr weiter zu überprüfen, da sie weder für eine systematische noch rechtspolitische Untersuchung der Prinzipien von Belang ist. Auch die Ableitung des Trennungs- und Abstraktionsprinzips aus der Willenstheorie (und damit der Lehre vom subjektiven Recht) ist nicht zwingend. Dies wird besonders dadurch deutlich, dass auch *Ihering* als Begründer der Interessentheorie das Trennungs- und Abstraktionsprinzip aufgriff.[53]

Die Ableitung des Abstraktionsprinzips aus dem Kondiktionenrecht, wie sie noch *Savigny* behauptete, ist allerdings methodisch unrichtig. Auch ohne ein Abstraktionsprinzip haben Bereicherungsansprüche einen Anwendungsbereich, da sich das Bereicherungsrecht nicht nur darauf beschränkt, rechtsgrundlose Übereignungen rückabzuwickeln. Eine Besitzkondiktion ist sowohl unter dem Abstraktionsprinzip wie unter einem Kausalprinzip denkbar, wie die Fälle verdeutlichen, in denen auch das dingliche Rechtsgeschäft trotz Abstraktion nichtig ist. Das Bereicherungsrecht ist damit keine zwingende Folge des Abstraktionsprinzips und umgekehrt. Allerdings wiederholte der Teilentwurf zum Sachenrecht diese fragwürdige Begründung, worauf sofort einzugehen ist.

2. Das Trennungs- und Abstraktionsprinzip in der Gesetzesgeschichte

Der Teilentwurf *Johows* zum Sachenrecht lehnte sich inhaltlich stark an die Thesen *Savignys* an,[54] arbeitete die Unterscheidungen zwischen Trennung und Abstraktion nur unklar heraus. Deutlich bekennt sich die Begründung zum Tren-

---

[50] *Dernburg* AcP 40 (1857), 1; *Ihering*, Der Geist des römischen Rechts, 201ff, 461ff. Zum Verkehrsschutz durch das Abstraktionsprinzip sogleich sub II 3.

[51] Siehe dazu *Dulckeit*, Die Verdinglichung obligatorischer Rechte (1951), 51; *Heck*, Das abstrakte Rechtsgeschäft (1941), 42ff; *Kaser/Knütel* Römisches Privatrecht § 100 IV; *Haag Molkenteller* (Fußn. 39), 102ff; *Peters* JURA 1986, 449, 452ff, 458; *Staudinger/Seiler* Einl. Zu §§ 854ff Rn. 49; *Van Vliet*, European Review of Private Law 2003, 342, 361ff.

[52] *Ranieri* in: *Coing/Wilhelm*, Wissenschaft und Kodifikation des Privatrechts im 19. Jahrhundert, Band II, 90, 101; *Stadler* (Fußn. 6), 50.

[53] *Ihering*, Geist des römischen Rechts, 201ff.

[54] Die Vorgängernorm des heutigen § 929 lautete (§ 132 des Teilentwurfs): »Das Eigenthum an einer beweglichen Sache wird im Falle der Übertragung erworben durch die in dieser Absicht erfolgte Übergabe der Sache von Seitens des Eigentümers an den Erwerber.«

nungsprinzip im Immobiliarsachenrecht und stuft es als Irrtum ein, wenn das Eigentum an Grundstücken durch einen obligatorischen Vertrag überginge. Die späteren Ausführungen zum Eigentumserwerb an beweglichen Sachen verweisen auf diese Stelle.[55] *Johow* begründet den selbständigen Charakter des Übereignungsgeschäfts damit, dass die *iusta causa* den Übertragungswillen darstelle und ohne Trennung und Abstraktion das Kondiktionenrecht keinen Sinn ergebe.[56] Die kondiktionsrechtliche Begründung ist von *Savigny* übernommen, der Rückgriff auf die *iusta causa* ist jedoch unpräzise, da sich *Savigny* später von dieser Begründung entfernte. Auf diese Feinheiten ging der Entwurf jedoch nicht ein, obwohl das ursprüngliche Konzept dadurch aus den Fugen geriet. Auch die hybride Gestaltung der Tradition findet sich im Teilentwurf wieder. Wie schon *Savigny* so sah auch *Johow* »in der Tradition selbst« den »Vertrag, durch welchen das Eigentum erworben wird«.[57] Die Begründung zum Teilentwurf verwendete viel Sorgfalt darauf, den Übergabebegriff zu erläutern. Nicht zuletzt geschah dies deswegen, um die deutliche Distanz zum Vertragsprinzip des *Code Civil* hervor zu heben. Wie im Immobiliarrecht die Eintragung, so sollte im Mobiliarrecht die Übergabe als Form der Übereignung dienen. Die Übergabe wurde damit zur notwendigen Form, um Rückschlüsse auf die dingliche Einigung ziehen zu können.[58]

Der erste Entwurf änderte den Übereignungstatbestand[59] und normierte das Abstraktionsprinzip in einer allgemeineren Form.[60] Bemerkenswert ist allerdings, dass der erste Entwurf die innere Abstraktion negativ formuliert und die Angabe eines Rechtsgrundes für entbehrlich hält (§ 829 Abs. 1 Satz 1 des ersten Entwurfs). Eine Stellungnahme dazu, ob die Parteien einen Rechtsgrund angeben dürfen, findet sich in den Motiven nicht. Abgesehen von der sprachlich unglücklichen Fassung regelte § 829 Abs. 1 Satz 2 des ersten Entwurfs neben dem fehlenden Rechtsgrund auch den schon im römischen Recht diskutierten Fall, wenn zwei Parteien von unterschiedlichen Rechtsgründen ausgehen. Auch in diesem Fall soll der Übereignungsvertrag wirksam sein. Der erste Entwurf bekennt sich damit eindeutig zur inneren und äußeren Abstraktion, ohne dies näher zu begrün-

---

55 *Johow*, Entwurf eines bürgerlichen Gesetzbuchs für das Deutsche Reich, 633f, 740.

56 *Johow*, Entwurf eines bürgerlichen Gesetzbuchs für das Deutsche Reich, 636.

57 *Johow*, Entwurf eines bürgerlichen Gesetzbuchs für das Deutsche Reich, 636.

58 *Johow*, Entwurf eines bürgerlichen Gesetzbuchs für das Deutsche Reich, 754. Seinerzeit war dies gleichwohl umstritten; siehe dazu vorerst: *Haag Molkenteller* (Fußn. 39), 137f.

59 § 874 des ersten Entwurfs: »Zur Übertragung des Eigentums an einer beweglichen Sache durch Rechtsgeschäft ist ein zwischen dem Eigentümer und dem Erwerber unter Übergabe der Sache zu schließender Vertrag erforderlich, welcher die Willenserklärung der Vertragsschließenden enthält, dass das Eigentum auf den Erwerber übergehen soll. Die Vorschriften des § 829 finden entsprechende Anwendung.«

60 § 829 Abs. 1 des ersten Entwurfs: »Zur Wirksamkeit der in § 828 bezeichneten Verträge ist die Angabe des Rechtsgrunds nicht erforderlich. Die Wirksamkeit des Vertrages wird dadurch nicht ausgeschlossen, dass die Vertragsschließenden verschiedene Rechtsgründe vorausgesetzt haben, oder dass der von ihnen vorausgesetzte Rechtsgrund nicht vorhanden oder ungültig war.«

den.[61] Die übrigen systematischen Weichen waren im ersten Entwurf jedoch nicht so klar gestellt, wie man heute vermuten möchte, wenn man das Trennungs- und Abstraktionsprinzip als festen Baustein des Sachenrechts annimmt. Die dingliche Übereignung wurde nur im Immobiliarrecht deutlich von dem zugrunde liegenden obligatorischen Geschäft getrennt. Bei der Übereignung beweglicher Sachen stand die erste Kommission zwar auch im Banne *Savignys*, äußerte sich aber nur verschwommen zu dem weiteren Rechtsgeschäft, das von dem schuldrechtlichen Grundgeschäft zu trennen sei. Offenbar betrachtete man die Tradition als das zu trennende und abstrahierende Rechtsgeschäft. Man sah in der Eigentumstradition einen dinglichen Vertrag, die den Regeln des allgemeinen Teils unterworfen werden sollte.[62]

Diese Einordnung weicht von dem heutigen Verständnis ab, da die Übergabe als Realakt kein Rechtsgeschäft darstellt. Aus der heutigen Perspektive vermischten sich daher in den Motiven Realakt und Rechtsgeschäft. Die eigenartige wenn nicht gar systemwidrige Sicht der Motive zeigt, dass man die Konsequenzen eines selbständigen dinglichen Übereignungsgeschäfts noch nicht völlig durchdrungen hatte. Vielmehr übernahm man schlicht die These *Savingys*, dass die Tradition das dingliche Rechtsgeschäft sei. Auf die Übergabe als Voraussetzung für den Eigentumsübergang wollte man nicht verzichten und verwob sie mit der Lehre vom abstrakten dinglichen Rechtsgeschäft, so dass der Realakt rechtsgeschäftlich angereichert wurde. Das reale Moment einer Übergabe soll nicht dadurch hinfällig werden, indem es an einer *causa* fehlt.

Im Gegensatz zum Vorentwurf betonen die Motive in den §§ 828, 874 des ersten Entwurfs, dass zwischen dem Erwerber und dem Veräußerer ein Vertrag geschlossen werden müsse. Die Motive wählten diese Formulierung, um »die Anwendbarkeit der Vorschriften des Allgemeinen Theils über Verträge dadurch außer Zweifel zu stellen ...«.[63] Diese Formulierung ist bemerkenswert und für die weiteren Ausführungen bedeutsam. Wie noch zu zeigen ist, verschleifen einige Vorschriften des allgemeinen Teils das Abstraktionsprinzip. Unrekonstruierbar und daher offen bleiben muss die Frage, ob der Gesetzgeber diese systematischen Konsequenzen erkannte. Festzuhalten bleibt aber, dass die Rechtsgeschäftslehre nicht pauschal ihre Grenze im Abstraktionsprinzip findet. Dies jedenfalls hatte den Motiven nicht vorgeschwebt.

Die zweite Kommission schließlich strich die Vorschriften über das Abstraktionsprinzip, da selbstverständlich und lehrbuchhaft.[64] Der noch im ersten Entwurf hervorgehobenene »Vertrag« findet sich nicht mehr, diesen Begriff ersetzte die »Einigung«. Dem ging eine heftige Diskussion voraus, ob das dingliche Rechtsgeschäft als dinglicher Vertrag zu bezeichnen sei. Einigkeit bestand immer-

---

[61] *Haag Molkenteller* (Fußn. 39), 140.
[62] Mot. III, 333.
[63] Mot. III, 333.
[64] Prot. III, 64f.

hin, dass auf das wie auch immer zu bezeichnende dingliche Rechtsgeschäft die Vorschriften des allgemeinen Teils anwendbar sein sollten.[65] Diese Ansicht aus den Motiven teilten die Protokolle und damit steht auch hier fest, dass das Abstraktionsprinzip nicht generell von der Rechtsgeschäftslehre abgehoben ist. Umstritten war die Frage, ob die dinglichen Rechtsgeschäfte als Vertrag zu kennzeichnen sind. Diese Frage sollte der Wissenschaft überlassen bleiben, da man sich einig war, das dingliche Rechtsgeschäft nach den Regeln zu behandeln, die auch für Verträge gelten.[66] Jedenfalls für das Trennungs- und Abstraktionsprinzip ist die Meinungsverschiedenheit über dingliche Verträge belanglos. Dogmatisch bedeutsam ist der Umstand, dass die Protokolle die Eintragung und die Übergabe als Publizitätsakte scharf von der dinglichen Einigung trennten.[67] Historisch betrachtet, bedeutet dies jedoch eine scharfe Abkehr von der *Savignyschen* Übereignungslehre. Während dieser die Tradition noch als den eigentlichen Vertrag ansah, schwächten die Motive dies bereits ab, indem die Tradition auch als Form der Übereignung angesehen wurde. Die eigenartige Mischung von vertraglichen und realen Elementen beendeten die Protokolle. Systematisch mag man dies befürworten, doch leistete man dadurch rechtspolitischer Kritik am Trennungs- und Abstraktionsprinzip Vorschub. Die Tradition ließ sich als Realakt noch einigermaßen von dem Schuldvertrag trennen, ein getrennter Vertrag muss als systematisches Kunstprodukt erscheinen. Dies kritisierte man bereits innerhalb der Kommission für die zweite Lesung des Entwurfs zum BGB, ohne dass die Kommissionsmehrheit darauf näher einging.[68] *Savigny* sah bereits den in der Tradition enthaltenen dinglichen Vertrag als eine neutrale Handlung an, die durch Rückgriffe auf die Zwecke und das zu Grunde liegende Rechtsgeschäft konkretisiert werden kann.[69] Diese Neutralität verstärkten die Protokolle, indem sie die dingliche Einigung von jedem realen Moment entkleideten. Darüber hinaus die beschriebene Umwandlung der Tradition in ein rein tatsächliches Element von erheblicher Bedeutung für das Publizitätsprinzip. Darauf wird im anderen Zusammenhang bei der Analyse dieses Prinzips noch einzugehen sein.[70]

---

[65] Prot. III, 56ff, 195f. AA *Haag Molkenteller* (Fußn. 39), 150, 157, der die Protokolle (III, 3398) dahin deutet, dass der Wissenschaft überlassen sein solle, ob die Vorschriften des allgemeinen Teils auf das dingliche Rechtsgeschäft anwendbar sind. Der Verf. scheint hier die Stelle aus den Protokollen intentional auf seine These zurecht zu schneiden, dass der Gesetzgeber einen dinglichen Vertrag ablehnte. Richtig verstanden, überließen die Protokolle diese Frage der Wissenschaft, nicht hingegen die Frage, ob die Vorschriften des allgemeinen Teils auf das dingliche Rechtsgeschäft anwendbar sind. Dazu sogleich im Text.

[66] Prot. III, 56.

[67] Prot. III, 62f.

[68] Prot. III, 57f.

[69] Dazu oben sub II 1.

[70] Unten §4 V 1.

3. Verkehrsschutz durch das Abstraktionsprinzip

Während sich das Trennungs- und Abstraktionsprinzip bei *Savigny* noch als Konstrukt begrifflicher Logik darstellte, hat man es erst später mit materiellen Zwecken angereichert. Der Verkehrsschutz wird allgemein als Grund für das Abstraktionsprinzip angesehen.[71] Hinter diesem schneidigen Begriff verbirgt sich der Schutz weiterer Erwerber im Rahmen von Veräußerungsketten. Ist nur die Verpflichtung nichtig, nicht aber auch die Verfügung, so erwirbt der Dritte vom Berechtigten nach den §§ 929ff. An der Verfügungsberechtigung des Veräußerers ändern auch bestehende Bereicherungsansprüche nichts, da diese dazu dienen sollen, die dingliche Rechtslage wieder rückgängig zu machen. Für die rechtliche Stellung des Erwerbers hat dies zwei Folgen: Sein Erwerb ist zum einen grundsätzlich kondiktionsfest. Das Gesetz hebt diesen Schutz nur für den unentgeltlichen Erwerber auf, § 822. Diese Vorschrift setzt einen bereicherungsrechtlichen Anspruch gegen den berechtigten Veräußerer voraus, der jedoch nicht durchsetzbar ist, weil der Veräußerer den Bereicherungsgegenstand unentgeltlich weiter gegeben hat und deswegen nach § 818 Abs. 3 nicht mehr bereichert ist. Das Abstraktionsprinzip schützt damit nicht den unentgeltlichen Rechtsverkehr. Die pauschale Rechtfertigung dieses Prinzips durch den Verkehrsschutz ist damit zu weit. Nur entgeltliche Geschäfte mit dem Dritten genießen den Verkehrsschutz.

Zum anderen gelten die §§ 932ff nicht, da der Käufer vom Berechtigten erwirbt. Die weiteren Käufer müssen daher nicht überprüfen, ob die vorigen Kaufverträge ihrerseits wirksam sind. Das Abstraktionsprinzip befreit damit die Folgeerwerber von einer Prüfungspflicht, worin man einen rechtspolitischen Vorteil des Abstraktionsprinzips sieht.[72] In neuerer Zeit hat man dies mit der Relativität der Schuldverhältnisse zusätzlich abgesichert: Ein Dritter müsse grundsätzlich ein fremdes Schuldverhältnis nicht beachten, da dieses nur Rechtswirkungen *inter partes* erzeuge.[73] Die Folgen des Abstraktionsprinzips reichen aber noch weiter: Die Verfügung ist selbst dann wirksam, wenn der Dritte den Mangel des Verpflichtungsgeschäfts positiv kannte oder kennen musste. Gerade diese Folge wurde immer wieder heftig kritisiert[74] und ihre rechtspolitische Überzeu-

---

[71] Mot. III, 7 – »Leichtigkeit und Sicherheit des Rechtsverkehrs«. Zeitgenössische Vertreter dieser Rechtfertigung sind: *Flume* § 12 III 3 (S. 176); *Grigoleit* AcP 199 (1999), 379, 384; *Hager*, Verkehrsschutz durch redlichen Erwerb (1990), 216; *Michel* (Fußn. 30), 51; *Peters* JURA 1986, 449, 456; *Rother* AcP 169 (1969), 1, 10ff; *Schäfer*, Das Abstraktionsprinzip beim Vergleich (1992), 79; *Stadler* (Fußn. 6), 125ff.

[72] *Breyhan* (Fußn. 43), 125f; *Grigoleit* AcP 199 (1999), 379, 383; *Peters* JURA 1986, 449, 456; *Spellenberg*, FS Lorenz (1991), 779, 784; *Stadler* (Fußn. 6), 78f, 372ff. mwN.

[73] *Grigoleit* AcP 199 (1999), 379, 384f.

[74] *Beyerle*, FS Boehmer (1954), 164; *Dulckeit*, Die Verdinglichung obligatorischer Rechte (1951), 30ff; *Ferrari* ZEuP 1993, 52, 66; *Heck*, Das abstrakte dingliche Rechtsgeschäft (1937), 22f; *Kegel*, FS Mann (1977), 57ff; *May*, Die Möglichkeit der Beseitigung des Abstraktionsprinzips bei den Verfügungen des Fahrnisrechts (1952), 73; *Säcker*, FS Boguslavskij (2004), 805, 813; *Schindler*, FS Kroeschell (1997), 1039; *Walz* KritV 1990, 374, 388, Fußn. 40.

gungskraft ist auch für die Anhänger des Abstraktionsprinzips schwer zu erklären. Diese verweisen statt dessen darauf, dass bei einer rein kausalen Gestaltung es auf die Regeln des gutgläubigen Erwerbs ankäme und man folgerichtig dem Dritterwerber umfassende Prüfungspflichten aufbürden müsse.[75] Allerdings ist es spekulativ, wenn man aus dieser Situation eine unangemessene Behinderung des Verkehrs ableiten möchte, da es hier eher um die Maßstäbe geht, nach denen man eine grobe oder leichte Fahrlässigkeit des Erwerbers annehmen kann. Eine umfassende Subsumtion aller vorangegangenen Kaufverträge würde auch das Kausalprinzip dem Erwerber nicht aufbürden. Die Kritiker des Abstraktionsprinzips berufen sich vor diesem Hintergrund immer wieder darauf, dass der Gesetzgeber das Abstraktionsprinzip mit dem Gutglaubenserwerb nicht genügend abgestimmt habe. Wegen des gutgläubigen Erwerbs habe das Abstraktionsprinzip letztlich seine verkehrsschützende Rolle eingebüßt.[76] Dieses Argument ist in der Tat nicht von der Hand zu weisen, da zu Zeiten *Savignys* der gutgläubige Erwerb unbekannt war und zudem hektisch in das BGB aufgenommen wurde. Man hat versucht diese Kritik dadurch zu entkräften, indem man betonte, dass das Abstraktionsprinzip gegenüber dem gutgläubigen Erwerb gerade mehr Verkehrsschutz biete und deswegen gar nicht funktionslos sein könnte.[77] Das ist aber eine Beweisführung mit dem Thema, es geht gerade darum, die systematische Sachgerechtigkeit des Abstraktionsprinzips darzutun und nicht mit dessen bloßer Existenz zu beweisen. Geradezu verräterisch ist es, wenn man die Folgen des Abstraktionsprinzips dadurch mildern möchte, indem man die weitere Veräußerung an den bösgläubigen Dritten für sittenwidrig hält und diesem gegenüber einen Bereicherungsanspruch zubilligt.[78] Wer das Abstraktionsprinzip im übrigen für sachgerecht hält, kann nur schwer eine solche Schlussfolgerung ziehen, ohne sich in den Widerspruch zu den eigenen Praemissen zu setzen.

Als weiterer rechtspolitischer Vorteil des Abstraktionsprinzips immer wieder angeführt, dass es die Verkehrsfähigkeit von Forderungen sicherstelle.[79] Da bei einer Zession vorbehaltlich des §405 kein Schutz des guten Glaubens vorgesehen ist, kann ein (weiterer) Zedent eine Forderung ohne Rücksicht darauf erwerben, ob das der Zession zugrunde liegende Rechtsgeschäft gültig ist. In dieser Lesart hätte der Verkehrsschutz durch das Abstraktionsprinzip eine selbständige Funk-

---

[75] So *Stadler* (Fußn. 6), 375, die der Ansicht ist, das es deswegen als das kleinere Übel erscheine, wenn der Erwerber »hinsichtlich der Wirksamkeit des ersten Kaufvertrages tatsächlich einmal bösgläubig« sei (377); ähnlich auch *Grigoleit* AcP 199 (1999), 379, 383f.

[76] Z. Bsp. *Lange* AcP 148 (1948), 188, 226; *Staudinger/Wiegand* Vorbem zu §§929ff Rn. 16; *Wacke*, Das Besitzkonstitut als Übergabesurrogat in Rechtsgeschichte und Rechtsdogmatik (1974), 31f.

[77] *Michel* (Fußn. 30), 51; *Rother* AcP 169 (1969), 1, 16.

[78] *Michel* (Fußn. 30), 51, der sich zu Unrecht auf *Heck* (Fußn. 74), 23 beruft. *Heck* hält in diesen Fällen nicht nur das schuldrechtliche Grundgeschäft, sondern auch die Übereignung an den Dritten für nichtig (23, 40ff).

[79] *Stadler* (Fußn. 6), 641ff; *Grigoleit* AcP 199 (1999), 379, 383.

tion. Erkennt man dies an, so dürfen folgerichtig bei der Abtretung nur enge Ausnahmen vom Abstraktionsprinzip anerkannt werden. Die Rechtsprechungsanalyse wird zeigen, welchen Stellenwert das Abstraktionsprinzip bei der Abtretung einnimmt.

III. Abstraktionsprinzip, Rechtsgeschäftslehre und Inhaltskontrolle

Der Wert des Abstraktionsprinzips bestimmt sich nicht zuletzt daraus, ob es konsequent umgesetzt wird oder umsetzbar ist. Als Prinzip im rechtstheoretischen Sinne verstanden, verträgt die Abstraktion bestimmte Ausnahmen. Es stellt sich jedoch die Frage, ob die Ausnahmen oder Durchbrechungen nicht derart überhand genommen haben, dass das Prinzip selbst in Frage gestellt ist. Kern des Problemes ist es, die innere Abstraktion mit der Rechtsgeschäftslehre abzustimmen. Willenserklärungen als Anker der Rechtsgeschäftslehre sind normativ vom Empfängerhorizont betrachtet auszulegen. Begrenzt die innere Abstraktion diese Auslegung, so verkürzt man im Ergebnis dadurch die Privatautonomie: Weitere Zwecke als die bloße Übereignung eines raumfüllenden Körpers können danach nicht in eine dingliche Einigung hineingelesen werden. Erfüllen sich bestimmte Zwecke nicht, die man dem schuldrechtlichen Geschäft zuschreibt, diktiert die innere Abstraktion den Parteien, dass die Übereignung davon unbeeinflusst ist. Derart allgemein aufgestellt, ist diese Praemisse jedoch blank und *a priori* dazu ungeeignet, um bestimmte Ergebnisse zu legitimieren. Ohne Blick auf die einzelnen Nichtigkeitsgründe kann diese Praemisse außerdem nicht gesetzt werden. Oft beruft man sich auf den Verkehrsschutz, um den zwingenden Charakter des Abstraktionsgrundsatzes zu rechtfertigen. Über den Schutz Dritter könnten die Parteien nicht disponieren.[80] Das lässt sich nicht bezweifeln. Übersehen wird dabei allerdings, dass der Dritterwerber keineswegs immer beim Abschluss des ersten Kaufvertrages feststehen muss. Allenfalls bei Streckengeschäften mag dies der Fall sein. In den übrigen Fällen steht der Verkehrsschutz aktuell gar nicht in Frage. Solange nicht feststeht, ob die Sache weiter veräußert werden soll, existiert nicht einmal ein potentielles Verkehrsinteresse. Dies zeigt dass gegenüber jeder Argumentation mit dem Verkehrsinteresse deutliche Zurückhaltung geboten ist. Anderenfalls läuft man Gefahr, mehr oder weniger diffuse und unterstellte Bedürfnisse des Verkehrs als Grenze der Privatautonomie einzureichten.

Nicht minder schief ist es, von »Durchbrechungen« des Abstraktionsprinzips zu sprechen. Wie noch zu zeigen ist, kollidiert in bestimmten Fällen die Privatautonomie mit dem Abstraktionsprinzip. Vor diesem Hintergrund lässt sich umgekehrt das Abstraktionsprinzip als Durchbrechung der Privatautonomie begreifen. Auf der Grundlage einer verfassungskonformen Auslegung mag dies sogar

---

[80] *Breyhan* (Fußn. 43), 79f; *Schlüter* JuS 1969, 10, 13; *Stadler* (Fußn. 6), 89.

der treffendere Ordnungsgesichtspunkt sein. Allgemein sondert die herrschende Meinung einige Fälle aus, bei denen es um keine »Durchbrechung« des Abstraktionsprinzips geht. Leiden das getrennt zu betrachtende Verpflichtungs- und Verfügungsgeschäft an dem gleichen Nichtigkeitsgrund, stellt sich von vornherein nicht die Frage, ob die Verfügung unabhängig von der *causa* wirksam ist. Das Abstraktionsprinzip soll hier gar nicht durchbrochen sein, da ein selbständiger Mangel für das dingliche Geschäft bestehe.[81] Meist bezeichnet man diese Fälle als Fehleridentität,[82] andere halten diesen Begriff für irreführend und ersetzen ihn durch »Fehlerkongruenz«,[83] eine rein begriffliche Debatte ohne praktische Auswirkung. Eine andere und hier zu untersuchende Frage ist, ob die Fälle der sogenannten Fehleridentität wirklich zweifelsfrei feststellbar und von den Fällen abgrenzbar sind, in denen nur das schuldrechtliche Rechtsgeschäft nichtig ist.

Kaum diskutiert sind die Rechtsfolgen, wenn nur das dingliche Geschäft unwirksam ist. Weder das Abstraktions- noch das Kausalprinzip geben darauf eine Antwort. Der Verkehrsschutz verlangt nicht zwingend, dass das Verpflichtungsgeschäft wirksam bleibt, da bei schuldrechtlichen Verträgen kein Bedürfnis besteht, den Verkehr zu schützen. Ist das dingliche Geschäft nach § 134 nichtig, da es gegen ein Verbotsgesetz verstößt, so soll auch das schuldrechtliche Geschäft nichtig sein.[84] Bei den übrigen Nichtigkeitsgründen ist dieses Problem bisher kaum relevant geworden. Sollte zunächst das Erfüllungsgeschäft wegen Sittenwidrigkeit nach § 138 Abs. 1 nichtig sein, so infiziert dies auch das Verpflichtungsgeschäft.[85] Man wird den Parteien aber nicht verwehren können, die Wirksamkeit des schuldrechtlichen Geschäfts von der des dinglichen abhängig zu machen. Bei der Anfechtung mag ein Bedürfnis dafür bestehen, nur das dingliche Geschäft anzufechten. Bei der Geschäftseinheit schließlich (§ 139) lässt sich nicht danach unterscheiden, ob zuerst das dingliche oder das schuldrechtliche Geschäft nichtig ist. Darauf ist deswegen erst weiter unten einzugehen (III 4).

1. Bedingung und Abstraktion

Wenn die Darstellung hier das Verhältnis von rechtsgeschäftlicher Bedingung und Abstraktion voranstellt, so hat dies paradigmatischen Charakter. Vereinbaren die Parteien, dass das dingliche Rechtsgeschäft unter einer auflösenden oder aufschiebenden Bedingung steht, können sie dadurch das Abstraktionsprinzip beseitigen. Die Übereignung beweglicher Sachen ist nicht bedingungsfeindlich, dies ergibt sich bereits aus dem Umkehrschluss zu § 925 Abs. 2. Nur bei der Auflassung schließt das BGB eine vereinbarte Bedingung aus. Definiert als Ungewiss-

---

[81] *Jauernig* JuS 1994, 721, 724; so auch *Maurer* (Fußn. 29), 67–69.

[82] *Bork* Rn. 482; *Hübner* Rn. 651; *Jauernig* JuS 1994, 721, 724; *Medicus* Rn. 231.

[83] MünchKomm/*Quack* § 929 Rn. 56; *Roth* ZVglRWiss 92 (1993), 370, 379. Dagegen *Grigoleit* AcP 199 (1999), 379, 395 (Fußn. 51), wonach der Begriff »Fehleridentität« klarstelle, dass derselbe tatsächliche Vorgang sowohl Verpflichtung und Verfügung erfasse.

[84] BGHZ 116, 268, 276f; BGH NJW 1995, 2026, 2027; BGH WM 1960, 1417; *Larenz/Wolf* § 40 Rn. 29; MünchKomm/*Mayer-Maly/Armbrüster* § 134 Rn. 9; *Staudinger/Sack* § 134 Rn. 119.

[85] *Staudinger/Sack* § 138 Rn. 145; aA *Soergel/Hefermehl* § 134 Rn. 59.

heit über einen künftigen Umstand, ist der Eigentumsvorbehalt nach § 455 das Paradebeispiel für eine Bedingung.[86] Auch wenn die vollständige Zahlung des Kaufvertrages nicht Inhalt des dinglichen Geschäfts ist, so können die Beteiligten die Übereignung davon abhängig machen. Das Gesetz gestattet es den Parteien durch § 158, die innere Abstraktion aufzuheben. Die Privatautonomie geht hier dem formalen Abstraktionsprinzip einschränkungslos vor. Das Reichsgericht stellte schon im Jahre 1903 klar, dass ein dingliches Geschäft kraft Parteiwillens in ein Abhängigkeitsverhältnis zum schuldrechtlichen Geschäft gesetzt werden könne.[87]

Während sich § 449 Abs. 1 noch überschaubar auf das Abstraktionsprinzip auswirkt, ist das übrige Spektrum, wann Bedingungen das Abstraktionsprinzip aufbrechen, keineswegs geklärt. Wiederum historisch betrachtet, mag dies seine Ursache darin finden, dass die Regeln der §§ 158ff relativ knapp gehalten sind und der Wortlaut des § 158 defizitär ist.[88] Der durch die Rechtsentwicklung erweiterte Anwendungsbereich der §§ 158ff rüttelt jedoch am Abstraktionsprinzip. § 158 erfasst sowohl die Wollensbedingung und ist außerdem analog auf die uneigentliche Bedingung (Unterstellung, Voraussetzung) anwendbar.[89] Eine Voraussetzung knüpft an kein künftiges ungewisses Ereignis an, sondern verknüpft das Schicksal des dinglichen Vollzugsgeschäfts mit der Wirksamkeit des schuldrechtlichen Grundgeschäfts. Die Diskussion dazu kennzeichnet jedoch eher das Bemühen um Einzelfallgerechtigkeit als Systemtreue. Eine Voraussetzung hebt die äußere Abstraktion auf und steht damit in klarem Widerspruch zu dem Abstraktionsprinzip. Dogmatisch stellen sich daher nur zwei Varianten: Entweder man subsumiert unechte Bedingung erst gar nicht unter § 158, wie dies vereinzelt in der älteren Literatur vertreten wurde,[90] oder man gestattet sie und nimmt den Widerspruch zum Abstraktionsprinzip hin. Die derzeit herrschende Meinung versucht sich, zwischen diesen Polen hindurch zu winden: Man erkennt die uneigentliche Bedingung an, wenn sie ausdrücklich vereinbart wurde, will aber bei einer konkludent vereinbarten Voraussetzung strenge Maßstäbe anlegen.[91] Methodisch ist das unbefriedigend, da der Nachweis fehlt, warum an eine konkludent vereinbarte Voraussetzung strenge Maßstäbe zu stellen sind.

[86] Weniger prominent ist § 454 Abs. 1 Satz 2, wonach der Kauf auf Probe im Zweifel unter der aufschiebenden Bedingung der »Billigung« geschlossen wird. Weitere Beispiele bei *Stadler* (Fußn. 6), 84–86.

[87] RGZ 57, 95, 96.

[88] Siehe dazu näher: MünchKomm/*H. P. Westermann* § 158 Rn. 6f. mwN.

[89] BGH NJW 1999, 379, 381; *Jauernig* JuS 1994, 721, 723; MünchKomm/*H. P. Westermann* § 158 Rn. 52; *Soergel/Wolf* Vor § 158 Rn. 10; *Staudinger/Bork* Vorbem zu §§ 158–163 Rn. 28.

[90] *Breyhan* (Fußn. 43), 48f, 73f; daran anknüpfend neuerdings auch *Stadler* (Fußn. 6), 90; *Michel* (Fußn. 30), 106.

[91] *Bork* Rn. 489; *Hübner* Rn. 657; *Grigoleit* AcP 199 (1999), 379, 409ff; *Medicus* Rn. 239; *Staudinger/Wiegand* § 929 Rn. 31; *Westermann/Westermann* § 4 IV 2.

Die Grenze zwischen uneigentlichen Bedingungen und einer echten Bedingung ist in Wirklichkeit rein begrifflich und willkürlich. Eine echte (auflösende) Bedingung ist es, wenn die Parteien die Wirksamkeit des dinglichen Rechtsgeschäfts damit verknüpfen, dass das schuldrechtliche Geschäft durch ein Gestaltungsrecht beseitigt wird. Erklärt der Verkäufer den Rücktritt oder ficht er den Kaufvertrag an, so können diese künftigen ungewissen Ereignisse auch die Übereignung auflösend bedingen.[92] Den Beteiligten steht es jedoch frei, bestimmte Rücktrittsgründe zu vereinbaren, es steht ihnen erst Recht auch frei, diese Rücktrittsgründe als Bedingung des dinglichen Geschäfts zu vereinbaren. So können die Parteien durchaus die Nichtigkeit des schuldrechtlichen Geschäfts als Rücktrittsgrund vorsehen. Solche vertraglich vereinbarten Rücktrittsgründe in Verbindung mit einer auflösenden Bedingung gestatten es den Parteien daher weitgehend, die Abstraktion aufzuheben. Die Möglichkeit, umfassend vertragliche Rücktrittsrechte zu vereinbaren, zeigt gleichzeitig, dass die Abgrenzung zwischen einer uneigentlichen Bedingung und einer echten Bedingung rein formal ist und keine unterschiedlichen Rechtsfolgen nach sich ziehen kann.[93] So ist die These schief, dass § 158 abschließend ermögliche, »die Wirksamkeit von Rechtsgeschäften von äußeren Tatsachen abhängig zu gestalten«.[94] Je nachdem, ob die Parteien ein Rücktrittsrecht erweitern oder nicht, müsste man von einer echten oder unechten Bedingung sprechen. Im Ergebnis nötigt das dazu, beide Arten gleich zu behandeln. Dafür mag auch materiell die Sicherheit des Rechtsverkehrs – und damit auch eine Facette des Verkehrsschutzes – sprechen: Eine echte Bedingung mit ihrem fortdauernden Schwebezustand beeinträchtigt den Rechtsverkehr dauerhafter, als eine gegenwärtige Voraussetzung, deren Existenz sich ja aktuell feststellen lässt.[95]

Erkennt man an, dass die Voraussetzung und die echte Bedingung nach mehr oder weniger zufällig gegebenen Umständen abgrenzbar sind, so lassen sich da-

---

[92] RGZ 54, 340; *Lindemann* (Fußn. 16), 57f; *Soergel/Wolf* § 158 Rn. 6; *Stadler* (Fußn. 6), 86.

[93] So auch *Grigoleit* AcP 199 (1999), 379, 409.

[94] So jedoch *Stadler* (Fußn. 6), 90. Entgegen *Grigoleit* (AcP 199 [1999], 379, 409 Fußn. 107) begründet *Stadler* diese These durchaus näher: Im Falle des § 138 sei eine uneigentliche Bedingung in aller Regel unerheblich, wenn bereits der Vollzug des dinglichen Geschäfts nichtig ist. Bei § 125 führe der Bedingungszusammenhang gar zu unsinnigen Lösungen, da er eine Heilungsmöglichkeit verhindere (aaO), 90. Es muss den Parteien aber unbenommen bleiben, die Heilungsmöglichkeit nicht eintreten zu lassen. Dafür kann es verschiedene Motive geben, die man mit einem formalen Blick auf das Abstraktionsprinzip nicht abtun sollte. Davon abgesehen sieht das Gesetz selbstverständlich nicht bei allen formbedürftigen Gesetzen eine Heilungsmöglichkeit vor. Ablehnend auch *Michel* (Fußn. 30) mit dem Hinweis, dass es hier in Wirklichkeit den Gegnern des Abstraktionsprinzips nur darum gehe, ein Kausalprinzip durch die Bedingungsfreundlichkeit abstrakter Rechtsgeschäfte zu legitimieren (106; ähnlich auch *Flume* § 12 III 4 [179]). Wie aus dem Text deutlich wird, geht es hierbei nur darum, die Dogmatik zu den uneigentlichen Bedingungen konsequent umzusetzen. Die Polemik *Michels* geht daher an der Sache vorbei.

[95] So zutreffend: *Grigoleit* AcP 199 (1999), 379, 409.

raus Rückschlüsse für die konkludent vereinbarte Voraussetzung ziehen. An eine schlüssig vereinbarte Voraussetzung sind keine strengeren Anforderungen zu stellen, als an eine schlüssig vereinbarte Bedingung. Dies ergibt sich aus dem Gebot, wertungsmäßig als gleich erkanntes auch gleich zu behandeln. Wie bereits angeschnitten, widerspricht dem jedoch die herrschende Meinung. Durch einen ausdrücklich vereinbarten Bedingungszusammenhang können die Parteien zwar das Abstraktionsprinzip beseitigen, eine schlüssig vereinbarte Voraussetzung will man hingegen nur anerkennen, wenn besondere, handgreifliche Umstände darauf hindeuten.[96] Gewiss lässt sich durch die Auslegung eine konkludente Erklärung nicht aus dem Nichts schaffen. Ohne tatsächliche Anhaltspunkte kann man keine schlüssige Erklärung unterstellen. Bei alledem darf jedoch nicht übersehen werden, dass auch eine schlüssige Erklärung eine echte Willenserklärung ist. Die Frage, ob das Abstraktionsprinzip durch einen Bedingungszusammenhang beseitigt werden kann, hängt nur davon ab, ob man dies der privatautonomen Willenserklärung zubilligt. Aus der Sicht der Rechtsgeschäftslehre ist dafür ohne Belang, ob die Erklärung ausdrücklich oder stillschweigend geäußert wurde. Daher sind auch an einen konkludent vereinbarten Bedingungszusammenhang keine strengeren oder leichteren Anforderungen zu stellen, als an schlüssige Willenserklärungen im Allgemeinen.[97] Bei Bargeschäften des täglichen Lebens geht man bisweilen davon aus, dass das dingliche Vollzugsgeschäft und der Kaufvertrag unter einem Bedingungszusammenhang stünden.[98] Dafür spricht, dass die Parteien hier an einer schnellen Abwicklung interessiert sind. Die Rechtsprechung hat diese Frage noch nicht entschieden. Es wirkt aber reichlich gekünstelt, hier keinen Bedingungszusammenhang anzunehmen.

2. Irrtumslehre und Abstraktion

a) Die Unterscheidung nach der infizierten Willenserklärung

Nicht das Abstraktions- sondern das Trennungsprinzip bildet die Grundlage dafür, nach Art der irrtumsbehafteten Willenserklärung zu unterscheiden. Der theo-

[96] *Bork* Rn. 489; *Grigoleit* AcP 199 (1999), 379, 411; MünchKomm/*H.P. Westermann* § 158 Rn. 26; *May* (Fußn. 74), 55f; *Peters* JURA 1986, 449, 456; *Schäfer* (Fußn. 71), 87; *Staudinger/Dilcher* Einl. §§ 104–185 Rn. 57; *Staudinger/Seiler* Einl. zu §§ 854ff Rn. 52; ähnlich *Lindemann* (Fußn. 16), 60, der meint, dass eine stillschweigend vereinbarte Voraussetzung der allgemeinen Lebenserfahrung (welcher?) widerspreche.

[97] *Beyerle* FS Boehmer (1954), 164,172; *Wiegand* AcP 190 (1990), 112, 123f; die zu diesem Ergebnis deswegen gelangen, da sie das Abstraktionsprinzip teleologisch ablehnen. Die hier vertretene Ansicht gelangt zu diesem Ergebnis bereits durch Erwägungen zur Rechtsgeschäftslehre. In diesem Sinne auch *Ehmann* JZ 2003, 702, 708; *Westermann/H.P. Westermann* § 4 IV 2 jeweils ohne eine rechtspolitische Stellungnahme.

[98] RGRK/*Pikart* § 929 Rn. 13; Dies wird auch für den (eher exotischen) Fall angenommen, wenn die Verfügung dem Kausalgeschäft zeitlich vorgeht (Siehe z. Bsp. *Marcuse* Gruchot 66 (1923), 159, 162).

retische Ausgangspunkt ist damit klar: Entweder können das obligatorische, das dingliche oder auch beide Rechtsgeschäfte anfechtbar sein. Unterliegt eine der Vertragsparteien erst bei dem Abschluss des Verfügungsgeschäfts einem Irrtum, so ist nur dieses anfechtbar. Naheliegen wird eine solche isolierte Betrachtung dann, wenn die Verfügung zeitlich von der Verpflichtung getrennt ist. Haben die Beteiligten einen Kaufvertrag über eine Sache X geschlossen und vergreift sich der Verkäufer einen Tag später und übereignet statt dessen die Sache Y, so fällt es nicht schwer, eine gesonderte Anfechtbarkeit des Verfügungsgeschäfts zu begründen. Gleichwohl haben derartige Fälle eher einen Lehrbuchcharakter. Dabei sollte man nicht bezweifeln, dass auch das dingliche Rechtsgeschäft als solches anfechtbar ist. Dies ergibt sich bereits aus §142 Abs. 2. Nach der allgemeinen Ansicht erfasst diese Vorschrift nur den Fall, in dem das dingliche Rechtsgeschäft angefochten wurde. Anderenfalls hätte die Vorschrift wenig Sinn, da das BGB keine Regelung enthält, wie derjenige zu stellen ist, der die Anfechtbarkeit des obligatorischen Rechtsgeschäfts kennt. Man hat sogar vertreten, dass aus §142 Abs. 2 stets die Nichtigkeit des Rechtsgeschäfts folge.[99] Indes lässt sich dies aus der Vorschrift nicht ableiten. Sie ergibt deswegen einen Sinn, da sie den Grundgedanken des §932 verschärft und der *ex-tunc* Wirkung der Anfechtung Rechnung trägt.[100]

Schwierigkeiten bereiten erst die übrigen Fälle. Ursache dafür ist der eingangs kritisierte und unklare Begriff der »Fehleridentität«. Sofern *causa* und Vollzug an ein und demselben Irrtum leiden, sind sie nach allgemeiner Ansicht anfechtbar.[101] Dieser Ausgangspunkt provoziert Abgrenzungsprobleme. Die herrschende Ansicht geht davon aus, dass ein Irrtum beim Abschluss des Verfügungsgeschäfts das Verpflichtungsgeschäft unbeeinflusst lässt. Damit steht sie vor der Aufgabe, diesen Fall von der Fehleridentität abzugrenzen. Dieses Unterfangen lässt sich jedoch nicht derart leicht durchführen, wie es diese immer wieder hervorgehobenen Grundsätze vermuten lassen. Wie noch im einzelnen auszuführen sein wird, berechtigt nicht jeder Irrtum dazu, ein Rechtsgeschäft anzufechten, sondern nur ein für die Willensbildung ursächlicher. Die Grenzen zwischen der Anfechtbarkeit des Verpflichtungsgeschäfts und der Fehleridentität verschwimmen jedoch, wenn man davon ausgeht, dass ein Irrtum beim Abschluss des Verpflichtungsgeschäfts auch das Verfügungsgeschäft beeinflusst. Dann beseitigt die Anfechtung nicht nur die Verpflichtung sondern stets auch die Verfügung.[102] Abstraktions-

---

[99] *Schreiber* Gruchot 52 (1908), 515, 518: »Die Vorschrift wird sofort verständlich, wenn man ihr den Vordersatz unterstellt, daß die Nichtigkeit des angefochtenen Kausalgeschäfts diejenige des Erfüllungsgeschäfts zu Folge haben, der Anfechtung mithin dingliche Wirkung beiwohnen solle«.

[100] *Staudinger/H. Roth* §142 Rn. 40.

[101] *Grigoleit* AcP 199 (1999), 379; *Haferkamp* JURA 1998, 511, 512; *Jauernig* JuS 1994, 721, 724; *Lindemann* (Fußn. 16), *Roth* ZVglRWiss 92 (1993), 371, 379; *Schreiber/Kreutz* JURA 1989, 617, 619; *Stadler* (Fußn. 6), 174.

[102] So *Grundmann* JA 1985, 80, 84f; wohl auch *Roth* ZVglRWiss 92 (1993), 370, 379. *Haferkamp* (JURA 1998, 511, 512) meint hingegen, dass beide Konstellationen klar abgrenzbar seien:

konform ist nur eine Lösung, die von vornherein einen solchen Ursachenzusammenhang ablehnt.[103] Gleichwohl muss dieser Ausgangspunkt erklären, warum in bestimmten Fällen die Anfechtung des schuldrechtlichen Geschäfts auch das dingliche erfasst. Solche Fallgestaltungen sind allgemein anerkannt, wie noch zu zeigen ist.

Entscheidend ist damit, wie sich die irrtumsrechtliche Kausalität und das Abstraktionsprinzip zueinander verhalten. Für die einzelnen Irrtumsarten ist dies gesondert darzustellen, um von vornherein zu filtern, welche Irrtümer sich auf das Verfügungsgeschäft auswirken können. Dabei handelt es sich um ein Problem der Rechtsgeschäftslehre und weniger um ein genuin sachenrechtliches. Dieser Gesichtspunkt ist besonders hervorzuheben, da das Problem bisweilen einseitig aus der Sicht des Sachenrechts behandelt wird. Bei alledem darf aber nicht übersehen werden, dass die Rechtsprechung bislang wenig Gelegenheit dazu hatte, die Auswirkungen einer Anfechtung auf das dingliche Rechtsgeschäft zu untersuchen. Einige der beschriebenen Konstellationen sind deswegen (derzeit) nur von theoretischer Bedeutung.

b) Verkehrswesentliche Eigenschaften und Verfügungsgeschäft

Zwischen begrifflichem Formalismus und teleologischer Betrachtung bewegt sich der vieldiskutierte Streitstand, ob das Verfügungsgeschäft nach § 119 Abs. 2 anfechtbar sein kann. Die intensive Diskussion im Schrifttum darf nicht darüber hinwegtäuschen, dass die praktische Bedeutung dieser Fälle gering ist. Einzig eine Entscheidung des Reichsgerichts beschäftige sich mit dieser Frage.[104] Die Klägerin lieferte dem Beklagten einen Waggon Eier. Auf dessen Drängen sah sie davon ab, per Nachnahme zu liefern, sondern es wurde ein Wechsel über die Kaufpreisschuld ausgestellt, der 20 Tage nach der Übernahme der Lieferung zahlbar sein sollte. Im Vertrauen auf die Kreditwürdigkeit des Käufers stundete die Klägerin den Kaufpreis, kurz danach wurde das Insolvenzverfahren über das Vermögen des Beklagten eröffnet. Nachdem die Klägerin den Vertrag wegen eines Irrtums über die Kreditfähigkeit des Beklagten angefochten hatte, verlangte sie die Aussonderung der gelieferten Ware (§ 47 InsO, damals: § 43 KO).

Die Entscheidung spiegelt eine Konstellation wieder, weswegen das Abstraktionsprinzip rechtspolitisch kritisiert wird. Ein Bereicherungsanspruch des rechts-

---

Bei der sog. Fehleridentität lägen zwei Irrtümer vor, sei es auch, dass sie auf ein- und demselben Grund beruhen. Diese begriffliche Feinarbeit übergeht jedoch das Problem und führt sich selbst *ad absurdum*. Wenn zwei Irrtümer auf einer identischen Tatsachenbasis beruhen, liegt es nahe, eher von einem, als von zwei Irrtümern auszugehen. Eine doppelte Fehlvorstellung über identische Tatsachen ist unrealistisch.

[103] *Jauernig* JuS 1994, 721, 724; *Stadler* (Fußn. 6), 175; auch *Staudinger/Wiegand* § 929 Rn. 18 trotz kritischer Einstellung gegenüber dem Abstraktionsprinzip.

[104] RGZ 66, 385; dazu die Anm. von *Carstens* JW 1904, 134; *Kaufmann* JW 1904, 349; *Nissen* JW 1904, 348; RG WarnR 5 (1912), 1 lässt nur eine denkbare Anfechtung anklingen.

grundlos Verfügenden ist nicht insolvenzfest und berechtigt nicht zur Aussonderung. In der Insolvenz des Käufers ist damit der Verkäufer auf die bloße – regelmäßig verschwindend geringe – Quote beschränkt. Im Ergebnis bejahte das Reichsgericht ein Aussonderungsrecht der Klägerin. Der Irrtum über die Kreditfähigkeit sei ein Irrtum über wesentliche Eigenschaften einer Person im Sinne des § 119 Abs. 2.[105] Wenn beide Geschäfte in einem einheitlichen Willensakt zusammen fallen und dieser an dem Irrtum leide, könnten Kausalgeschäft und das dingliche Übereignungsgeschäft gemeinsam anfechtbar sein.[106] Dieser Beurteilung stellte das Reichsgericht bemerkenswerter Weise insolvenzrechtliche Erwägungen voran: Bei einer Anfechtung des schuldrechtlichen Geschäfts gewähre der Bereicherungsanspruch kein Aussonderungsrecht, ein solches Recht setze die Anfechtung des dinglichen Rechtsgeschäfts voraus.[107] Es scheint, als hätte die insolvenzrechtliche Rechtslage die späteren Ausführungen geprägt.

Auch im derzeitigen Schrifttum stimmt man der Begründung des Reichsgerichts zu und überträgt sie auch auf verkehrswesentliche Eigenschaften einer Sache.[108] Die Entscheidung verdeutlicht, wie schwierig es ist, die Fälle der Fehleridentität von den Fällen abzugrenzen, in denen nur das schuldrechtliche Rechtsgeschäft irrtumsbehaftet ist. Wenn das schuld- und das dingliche Rechtsgeschäft zeitlich zusammenfallen, sind die Willenserklärungen nur noch rechtlich, nicht aber faktisch unterscheidbar. Man hat diese Rechtsprechung von einem theoretischen Standpunkt aus kritisiert: Der zeitliche Zusammenhang sage nichts darüber aus, ob beide Geschäfte irrtumsbehaftet sind und sei deswegen kein Anlass dafür, einen Irrtum für beide Rechtsgeschäfte anzunehmen.[109] Nach welchen Kriterien bei zeitlich zusammenfallenden Willlenserklärungen nur das schuldrechtliche und wann auch das sachenrechtliche Rechtsgeschäft anfechtbar sein soll, bleibt aber offen. Eine solche Unterscheidung zu treffen, dürfte unmöglich sein. Deswegen hilft auch der Versuch nicht weiter, einen fortlaufenden Irrtum des Käufers bei der Übereignung anzunehmen.[110]

Jüngst hat man generell bestritten, dass ein Verfügungsgeschäft nach § 119 Abs. 2 anfechtbar sein könne und dies durch den Begriff »verkehrswesentliche Eigenschaften« zu begründen versucht. Dabei stützt sich diese These im wesentlichen auf die innere Abstraktion, die einen Irrtum über verkehrswesentliche Eigenschaften bei der Verfügung ausschließen soll:[111] Verkehrswesentliche Eigen-

[105] RGZ 66, 385, 389. Näher dazu: MünchKomm/*Kramer* § 119 Rn. 111; *Soergel/Hefermehl* § 119 Rn. 42f.

[106] RGZ 66, 385, 390.

[107] RGZ 66, 385, 389f.

[108] *Erman/Palm* § 142 Rn. 8; *Hübner* Rn. 651; MünchKomm/*Mayer-Maly/Busche* § 142 Rn. 10; MünchKomm/*Oechsler* Anh. §§ 929–936 Rn. 14; *Staudinger/H. Roth* § 142 Rn. 22; *Westermann/H.P. Westermann* § 40 IV 1.

[109] Ebenso: *Grigoleit* AcP 199 (1999), 379, 397; *Stadler* (Fußn. 6), 178f.

[110] So *Stadler* (Fußn. 6), 178.

[111] *Grigoleit* AcP 199 (1999), 379, 396–399; so auch schon *Stadler* (Fußn. 6), 179; siehe auch

schaften können danach nur die Objekte eines schuldrechtlichen (Austausch)geschäfts haben, dingliche Rechtsgeschäfte nicht. Dahinter verbirgt sich die These, dass eine Sache nur als raumfüllender Körper übereignet wird. Eine derartige Verknüpfung von *causa* und verkehrswesentlicher Eigenschaft ist § 119 Abs. 2 fremd. Allerdings ist die Auslegung des § 119 Abs. 2 umstritten, es stehen sich eine objektive Lehre und die Lehre vom geschäftlichen Eigenschaftsirrtum gegenüber.[112] Die letztgenannte Ansicht deutet § 119 Abs. 2 als Nichterfüllungsregelung und kennzeichnet den Eigenschaftsirrtum dergestalt, dass eine Eigenschaft zum Inhalt der Willenserklärung gehört. Innerer Grund für die Anfechtung nach § 119 Abs. 2 ist danach das unbewusste Abweichen der Ist-Beschaffenheit von der Soll-Beschaffenheit.[113] Die vertragswesentlichen Kennzeichnen einer Sache sind mit den Vertragszwecken und damit der *causa* keinesfalls identisch, sondern spiegeln nur die Vorstellungen wider, welchen Gebrauchszweck eine Sache haben soll. Deswegen identifiziert der Vertragspartner bei der Übereignung die Sache auch anhand ihrer Eigenschaften, ohne dass dies die innere Kausalität berühren würde. Auch die mehrheitlich vertretene objektive Ansicht schließt eine Anfechtung des Verfügungsgeschäfts nicht aus. Diese Auffassung bestimmt eine verkehrswesentliche Eigenschaft nach dem Inhalt eines Rechtsgeschäfts und dessen wirtschaftlichem Zweck. Der Irrtum nach § 119 Abs. 2 stellt sich danach als Fall eines beachtlichen Motivirrtums dar.[114] Auch hiernach kann nicht zweifelhaft sein, dass das dingliche Rechtsgeschäft als solches einer Anfechtung durch § 119 Abs. 2 unterliegen kann. Ablehnen lässt sich dies nur, indem man mit *Zitelmann* von vornherein Eigenschaften aus der Vorstellungswelt von Willenserklärungen ausklammert.[115] Diese Ansicht gilt als überwunden und angesichts des § 434 Abs. 1 Satz 3, der ausdrücklich Eigenschaften als Bestandteil einer Willenserklärung erwähnt, sollte man diese Lehre auch nicht wiederbeleben. Eine verkaufte Sache wird durch ihre Eigenschaften identifiziert, ein Gegenstand ohne Eigenschaften ist ein Unding.[116]

Soergel/Hefermehl § 142 Rn. 5; *Stadler* (Fußn. 6), 178–180; *Staudinger/Wiegand* § 929 Rn. 19; ohne nähere Begründung auch: *Wolff/Raiser* § 38 II 2 Fußn. 11 (S. 119).

[112] Diese Ansichten dürfen als Hauptströmungen bezeichnet werden. Daneben werden noch andere Theorien vertreten, die sich jedoch nicht weiter verbreitet haben. Einige deuten den Eigenschaftsirrtum als Erklärungsirrtum, bei dem die Eigenschaften einer Sache zum Inhalt der Erklärung rechnen; *Schmidt-Rimpler*, FS Lehmann I (1956), 213, 223ff; *Soergel/Hefermehl* § 119 Rn. 35f. Teilweise sieht man in § 119 Abs. 2 einen »rudimentären und lückenhaften« Ansatz, alle Sachverhaltsirrtümer zu erfassen; MünchKomm/*Kramer* § 119 Rn. 112f.

[113] Grdl. *Flume*, Eigenschaftsirrtum und Kauf (1948), 11ff, 83ff; *ders.* § 24/2b; *Enneccerus/Nipperdey* AT II § 168 II 2; *Medicus* Rn. 770; *Raape* AcP 150 (1949), 481, 500f; *Wilhelm* Rn. 817.

[114] *Bamberger/Roth/Wendtland* § 119 Rn. 40; *Bork* Rn. 846; *Erman/Palm* § 119 Rn. 41; *Hübner* Rn. 790; *Köhler* JR 1984, 324, 325; *Larenz/Wolf* § 36 Rn. 59; *Leßmann* JuS 1969, 525; *Palandt/Heinrichs* § 119 Rn. 25. Der Gegensatz beider Ansichten verschleift sich jedoch dadurch, indem auch Anhänger der objektiven Lehre subjektive Momente anerkennen, um die Verkehrswesentlichkeit zu bestimmen; siehe dazu z. Bsp. *Bork* Rn. 846; aA jedoch *Larenz/Wolf* § 36 Rn. 59.

[115] *Zitelmann*, Irrtum und Rechtsgeschäft (1879), 435ff.

[116] Siehe dazu übersichtlich: *Leßmann* JuS 1969, 525, 527f.

Wer gleichwohl die Anfechtung des Verfügungsgeschäfts ablehnt, verkennt, dass das Gesetz in § 142 Abs. 2 selbst davon ausgeht.

Ist es damit dogmatisch unvermittelbar, die Anfechtung des Verfügungsgeschäfts wegen eines Irrtums nach § 119 Abs. 2 auszuschließen, so überzeugt die oben genannte Rechtsprechung des Reichsgerichts. Eine andere Frage ist es allerdings, ob man die Anfechtung des Verfügungsgeschäfts auch zuzulassen hat, wenn die Verpflichtung und die Verfügung zeitlich auseinander fallen. Im Schrifttum hat man dies vereinzelt bejaht und sich dabei aber eher auf rechtspolitische Erwägungen gestützt.[117] Folgt die Übereignung dem Abschluss des Kaufvertrages zeitlich nach, so wird die fehlerhafte Vorstellung über die Eigenschaften der Kaufsache bei der Übereignung fortwirken. Anderenfalls hätte der Käufer schon nach § 119 Abs. 2 angefochten oder seine Rechte nach § 437 geltend gemacht. Nach dem Verständnis der herrschenden Ansicht könnte dieses Rechtsgeschäft angefochten werden, wenn der Käufer bei der Verfügung erneut einem Irrtum im Sinne des § 119 Abs. 2 unterliegt, nicht hingegen, wenn der Irrtum aus dem Grundgeschäft noch weiter fortwirkt, da das Abstraktionsprinzip den Kausalzusammenhang unterbrechen soll. Diese Differenzierung rettet zwar das Abstraktionsprinzip, ist aber willkürlich. Ein vergesslicher Käufer könnte danach das dingliche Rechtsgeschäft anfechten, wenn er sich zwischenzeitlich nicht mehr an die Eigenschaften der gekauften Ware erinnern kann, beim Abschluss des Verfügungsgeschäfts aber erneut einem Irrtum über verkehrswesentliche Eigenschaften unterliegt. Dieses Gegenbeispiel mag theoretisch erscheinen, es belegt aber nur, wie gekünstelt die Differenzierung zwischen einer Fehleridentität und einem fortwirkenden Irrtum ist. Gibt man diese Differenzierung auf, so ist es möglich, auch das dingliche Rechtsgeschäft anzufechten.

Im Schrifttum hat man vereinzelt versucht, über § 142 Abs. 2 die Anfechtungsmöglichkeiten zu erweitern. Wer die Anfechtbarkeit kannte oder kennen musste, wird nach der erklärten Anfechtung soll so behandelt werden, als ob er die Nichtigkeit des Rechtsgeschäfts gekannt hätte oder hätte kennen müssen. Wenn der Dritte damit im Sinne des § 142 Abs. 2 *dolos* ist, soll das dingliche Rechtsgeschäft anfechtbar sein.[118] Dieser Lösungsvorschlag ist unbrauchbar, da er zu willkürlichen Ergebnissen führt.[119] Das Anfechtungsrecht hängt von der Person des Anfechtungsberechtigten ab und nicht von der Kenntnis Dritter.

c) *Erklärungsirrtum*

Die Rechtsprechung hat bislang zu der Frage noch nicht Stellung bezogen, ob ein Erklärungsirrtum bei der Abgabe der schuldrechtlichen Willenserklärung auch

---

[117] *Grundmann* JA 1985, 80, 83f. Siehe auch schon *Schreiber* Gruchot 52 (1908), 515, 518; dessen dogmatische Herleitung jedoch nicht haltbar ist (oben 2 a).

[118] *Lindemann* (Fußn. 16), 49 für den Eigenschaftsirrtum nach § 119 Abs. 2.

[119] Völlig zu Recht daher die pointierte Kritik von *Stadler* (Fußn. 6), 180f.

die das dingliche Geschäft infiziert. Die praktische Bedeutung dieser Frage scheint daher gering zu sein. Im Schrifttum widmet man dieser Frage eher wenig Aufmerksamkeit, so dass die folgenden Ausführungen über eine bloße kritische Bestandsaufnahme hinausreichen müssen.[120] § 119 Abs. 1 2. Var. definiert es als Erklärungsirrtum, wenn der Erklärende eine »Erklärung dieses Inhalts überhaupt nicht abgeben wollte«. Die Abgrenzung zum Inhaltsirrtum ist bisweilen unklar aber praktisch bedeutungslos, da sich an den Rechtsfolgen nichts ändert. Dabei ist die Formulierung des Gesetzes selbst missverständlich und verzerrt das Phänomen eines Erklärungsirrtums. Es kennzeichnet diesen Irrtum, dass dem Erklärenden die technische Umsetzung seines Willens misslungen ist.[121] Die vom Empfänger wahrgenommene Willensäußerung ist akustisch (Versprechen) oder optisch (Verschreiben, Vertippen, Vergreifen) verstümmelt. Gegenstand des Irrtums können die *essentialia negotii* aber auch sonstige Inhalte eines Rechtsgeschäfts sein. Vorbehaltlos kann der Irrende deswegen jedoch noch nicht anfechten, sondern nur, wenn anzunehmen ist, dass er die Willenserklärung bei Kenntnis der Sachlage und bei verständiger Würdigung des Falles nicht abgegeben hätte. In diesem Sinne muss der Irrtum ursächlich für den Abschluss des konkreten Rechtsgeschäfts sein. Diese Kausalität spiegelt nur den Grundsatz von Treu und Glauben wider und versagt es dem Erklärenden, sich von einem Vertrag zu lösen, den er bei Kenntnis der Sachlage geschlossen hätte.[122]

Nähert man sich der Frage, welche Bedeutung der Erklärungsirrtum für das Verfügungsgeschäft hat, ist zu unterscheiden, welcher Erklärungsinhalt unrichtig umgesetzt wurde und in welchem Zeitraum die Verfügung und die Verpflichtung abgeschlossen wurden. Folgt das Verfügungsgeschäft der Verpflichtung zeitlich nach, so dürfte in aller Regel der Verkäufer seinen Irrtum von sich aus beseitigen, wenn er über die Sache verfügt. Diese Konstellation ist daher eher theoretischen Charakters. Übereignet der Verkäufer andererseits die im Verpflichtungsgeschäft irrtümlich gekennzeichnete Sache gleichwohl, so ist zu unterscheiden: Irrt sich der Käufer, so bestätigt der Verkäufer die anfechtbare Willenserklärung, wenn er sich bei der Verfügung auf den erkannten Erklärungsirrtum des Käufers einlässt. Gleiches gilt umgekehrt für den Irrtum des Verkäufers.[123]

Anders stellt sich die Situation dar, wenn Verpflichtung und Verfügung zeitgleich getroffen werden. Hier spielt die oben beschriebene Kausalität eine entscheidende Rolle. Vergreift sich der Verkäufer und übereignet er eine andere Sache als gewollt, so lässt sich kaum leugnen, dass er diese Sache bei Kenntnis der Sachlage nicht übereignet hätte. Gerade in dieser Konstellation geht das Schrift-

---

[120] Aus neuere Zeit behandeln das Problem näher: *Grigoleit* AcP 199 (1999), 379, 393–396; *Grundmann* JA 1985, 80ff; *Stadler* (Fußn. 6) 174ff.

[121] *Soergel/Hefermehl* § 119 Rn. 11.

[122] MünchKomm/*Kramer* § 119 Rn. 129; *Singer*, Selbstbestimmung und Verkehrsschutz im Recht der Willenserklärungen (1995), 69f.

[123] Vgl. *Grigoleit* AcP 199 (1999), 379, 394; MünchKomm/*Mayer-Maly/Busche* § 144 Rn. 3.

tum bisweilen von einer »Fehleridentität aus.[124] Bei einer zeitgleich abgeschlossenen Verpflichtung und Verfügung lässt sich in der Tat kaum abgrenzen, ob nur das schuldrechtliche Geschäft oder auch das dingliche an dem Willensmangel leidet.

Verbreitet ist daher der Ansatz, unter Rückgriff auf die innere Abstraktion von vornherein bestimmte Fälle auszuscheiden, in denen ein Erklärungsirrtum beim Abschluss des Verpflichtungsgeschäfts nicht das dingliche Geschäft erfassen kann. Verspricht sich daher der Verkäufer und nennt er einen anderen Preis als gewollt, so soll dieser Irrtum nicht das Verfügungsgeschäft infizieren, da der Preis nicht zu dessen gesetzlichem Inhalt gehört.[125] Nur ein Erklärungsirrtum über die Person des Erwerbers und die zu übereignende Sache kann danach eine »Fehleridentität« begründen. Im Ergebnis beschränkt dies die Auslegung von Willenserklärungen. Das Abstraktionsprinzip diktiert den Parteien danach, was sie vernünftigerweise wollen. Dadurch überschätzt man jedoch, welche Bedeutung diesem Prinzip bei der Auslegung von Willenserklärungen zu kommt. Oft dient der Preis oder die Lieferzeit den Parteien dazu, die zu übereignende Sache zu identifizieren. Die tatsächliche Fehlvorstellung der Parteien entspricht hier den Fällen, in denen sich der Verkäufer bei der Übereignung schlichtweg vergreift. Selbst wenn man eine Fehleridentität ablehnt, so muss man doch klären, warum der Irrtum beim Abschluss des Verpflichtungsgeschäfts nicht kausal für die Übereignung sein soll. Der tatsächliche Befund, das Ausblenden der Kausalität und die verkürzte Auslegung der Willenserklärungen deuten darauf hin, dass es nicht gerechtfertigt ist, das Abstraktionsprinzip hier strikt anzuwenden. Der entscheidende Gesichtspunkt ist jedoch materieller Natur: Die innere Abstraktion und der Verkehrschutz stehen bei einem Erklärungsirrtum in keinem einsichtigen Verhältnis zueinander. Vergreift sich der Verkäufer bei der Übereignung und nimmt man deswegen einen Erklärungsirrtum an, so stellt sich die Frage, warum man die Anfechtung nicht auch zulassen sollte, wenn sich der Verkäufer verspricht, einen falschen, die Ware identifizierenden Preis nennt und diese Sache übereignet. In beiden Fällen entzieht sich die Irrtumsursache einem potentiellen Dritten, obwohl nach der herrschenden Ansicht der Irrtum bei der Verfügung zur Anfechtung berechtigen soll.

Regelmäßig schlägt daher ein Erklärungsirrtum auch auf das Verfügungsgeschäft durch, die irrtumsrechtliche Kausalität unterstellt. Diese Konsequenz gestehen letztlich auch Verfechter des Abstraktionsprinzips zu. In bestimmten Fällen kann sich ein Erklärungsirrtum beim Kauf als ein Inhaltsirrtum bei der Verfügung fortsetzen. Verspricht sich der Verkäufer und bezeichnet er eine Sache falsch, so ist dies ein Inhaltsirrtum bei der Verfügung, da der Verkäufer davon ausgeht, er übereigne die ursprünglich im Verpflichtungsgeschäft individualisierte Sache. Einen Bruch mit dem Abstraktionsprinzip mag man deswegen ablehnen,

[124] *Grigoleit* AcP 199 (1999), 379, 395. So im Ergebnis auch *Stadler* (Fußn. 6), 176.

[125] *Stadler* (Fußn. 6), 176; siehe auch *Grigoleit* AcP 199 (1999), 379, 394.

da hier ein eigenständiger Irrtum gegenüber dem Verpflichtungsgeschäft besteht.[126] Dies belegt aber letztlich nur die vordergründige Dogmatik der herrschenden Ansicht. Es ließe sich dieses Ergebnis auch erzielen, wenn man davon ausgeht, dass der Erklärungsirrtum beim Abschluss des Verpflichtungsgeschäfts auch kausal für den Abschluss des Verfügungsgeschäfts ist. Daher lässt sich festhalten, dass ein Erklärungsirrtum beim Abschluss des schuldrechtlichen Geschäfts sich auf das Verfügungsgeschäft auswirkt, wenn der Irrtum kausal für dessen Abschluss ist. Bedenken wegen der inneren Abstraktion greifen nicht durch. Wie das oben angeführte Beispiel verdeutlicht, bei dem der irrig genannte Preis zugleich die zu übereignende Sache identifiziert, liegen die Fälle, in denen eine Anfechtung in Betracht kommt und in denen sie ausscheidet, so eng beieinander, dass es willkürlich ist, sie unterschiedlich zu behandeln.

d) *Inhaltsirrtum*

Was einen Inhaltsirrtum kennzeichnet, mag begrifflich eindeutig sein, ist jedoch en detail umstritten. Nach § 119 Abs. 1 1. Var. ist zur Anfechtung berechtigt, wer bei der Abgabe einer Willenserklärung über deren Inhalt im Irrtum war. Es kennzeichnet diesen Irrtum, dass der Empfänger die Erklärung anders verstehen darf, als sie der Empfänger meinte. Die ausgelegte Erklärung eines bestimmtem Inhalts wollte der Erklärende nicht abgeben.[127] Derzeit existiert noch keine Rechtsprechung zu der Frage, ob der Inhaltsirrtum auch das dingliche Geschäft erfasst, wenn das schuldrechtliche irrtumsbehaftet ist. Die Ausführungen zum Erklärungsirrtum haben teilweise die Ausführungen zum Inhaltsirrtum vorweg genommen. Noch mehr als beim Erklärungsirrtum spielt hier die Kausalitätsfrage eine Rolle. Entscheidend muss daher sein, ob der Erklärende bei Kenntnis der Sachlage und bei verständiger Würdigung des Falles das dingliche Geschäft abgeschlossen hätte. Eine schematische Betrachtung verbietet sich dieser Ausgangspunkt. Irrt der Erklärende bereits bei Abschluss des schuldrechtlichen Vertrages über die Bestandteile des dinglichen Geschäfts, so erstreckt sich dieser Irrtum auch auf die *causa* und die Verfügung, wie der *error in obiecto* verdeutlicht, da hier die Übereignung nur eine bestimmte Sache erfasst. Hält man dagegen die dingliche Übereignung für wirksam, so gerät man in den Konflikt mit dem sachenrechtlichen Bestimmheitsgrundsatz, da die fragliche Sache jedenfalls nicht an den aktuellen Erwerber übereignet werden sollte. Auch beim *error in negotio* oder dem *error in persona* schlägt der Irrtum auf der schuldrechtlichen Ebene regelmäßig auf die dingliche durch. Irrt sich der Erklärende über die Person des Erwerbers oder will er gar kein Umsatzgeschäft abschließen, so hätte er an den Empfänger nicht übereignet. Im neueren Schrifttum hat man dies abgelehnt, da beim Abschluss des

[126] *Stadler* (Fußn. 6), 176f; *Grigoleit* AcP 199 (1999), 379, 395 (Fußn. 52).
[127] *Medicus* Rn. 745; *Soergel/Hefermehl* § 119 Rn. 17.

Verfügungsgeschäfts die Willensbildung bereits abgeschlossen sei.[128] Wenn die Verpflichtung und die Verfügung *uno actu* zusammen fallen, ist diese Begründung hinfällig. Aber auch bei einem zeitlichen Auseinanderfallen beider Erklärungen kann man nicht anders entscheiden. Man würde die rechtliche Beurteilung von einem mehr oder weniger zufälligen Kriterium abhängig machen, wenn man auf einen zeitlichen Zusammenhang abstellt. Die Zeit unterbricht nicht die Kausalität. Deswegen kommt es zum anderen auch nicht darauf an, ob die Verpflichtung und die Verfügung zeitlich zusammenfallen.[129]

Die übrigen Fälle des Inhaltsirrtums können verschiedene Konturen annehmen und sich auf die Gegenleistung, Dauer oder sonstige zeitliche Faktoren sowie allgemein auf inhaltsbestimmende Merkmale des Verpflichtungsgeschäfts beziehen. Inwieweit diese Irrtümer das dingliche Geschäft infizieren, hängt davon ab, in welches Verhältnis man die innere Abstraktion zur irrtumsrechtlichen Kausalität setzt. Gewährt man der Abstraktion den Vorzug, so schlägt der Irrtum nicht auf das Verfügungsgeschäft durch. Diese Sichtweise entspricht einer literarischen Ansicht, wonach der Irrtum bei Abschluss des schuldrechtlichen Geschäfts auch dann nicht die Verfügung infiziert, wenn er auch noch beim Abschluss des Erfüllungsgeschäfts die Vorstellung des Verfügenden prägt.[130] Das mag dem Abstraktionsprinzip gerecht werden, übergeht jedoch den entscheidenden Punkt: Wiederum unterstellt, dass der Irrtum bei Abschluss des Vertrages auch beim Verfügungsgeschäft fortwirkt, so stellt sich die Frage, was es rechtfertigt, den Kausalzusammenhang durch das Abstraktionsprinzip abzuschneiden. Der Verkehrsschutzgedanke ist dazu allein wenig tragfähig, wie bereits beim Erklärungsirrtum ausgeführt wurde. Aber auch darüber hinaus sprechen die besseren Gründe dafür, dass die Abstraktion die irrtumsrechtliche Kausalität nicht überlagert. Das Anfechtungsrecht nach § 119 Abs. 1 1. Var. setzt sich gegenüber dem Verkehrsschutz durch, da es selbst Folge einer verkehrsschützenden Auslegung ist. Eine Anfechtung nach § 119 Abs. 1 1. Var. ist ja nur denkbar, da eine Willenserklärung nach dem Empfängerhorizont ausgelegt wird. Freilich um den Preis des Vertrauensschadens (§ 122) nimmt das Gesetz den Vertrauens- bzw. Verkehrsschutz wieder zurück. Diese Selbstbestimmung des Anfechtenden schließt es auch ein, dass er die Folgen des Verfügungsgeschäfts beseitigt. Zur Klarstellung des hier vertretenen Konzepts ist anzufügen, dass das Abstraktionsprinzip nur zurücktreten muss, wenn sich ein Irrtum beim Kausalgeschäft auf das Verfügungsgeschäft auswirkt. Man sollte diesen Kausalzusammenhang nicht vorschnell unter Rückgriff auf das Abstraktionsprinzip ablehnen.

---

[128] *Stadler* (Fußn. 6), 177.

[129] Anders *Grigoleit* AcP 199 (1999), 379, 395, der hier im Regelfall eine Fehleridentität annimmt.

[130] *Grigoleit* AcP 199 (1999), 379, 394; *Stadler* (Fußn. 6), 176.

e) Arglistige Täuschung und widerrechtliche Drohung

Übereinstimmung besteht heute darüber, dass ein Verfügungsgeschäft nach § 123 Abs. 1 anfechtbar ist, wenn bei dem Abschluss des Kaufvertrages der Tatbestand dieser Vorschrift erfüllt ist.[131] In mehreren Entscheidungen hat dies der BGH ausdrücklich hervorgehoben: Das Abstraktionsprinzip durchbricht nicht den Kausalzusammenhang zwischen der arglistigen Täuschung bzw. der Drohung und dem Verfügungsgeschäft.[132] Bei einer rein kausalen Betrachtung kommt man daran nicht vorbei: Die Verfügung wäre nicht ohne die Verpflichtung getroffen worden.

Auch wenn man sich über das praktische Ergebnis einig ist, weichen die Begründungen dafür ab. Hintergrund dieser Bemühungen ist es wiederum, einen sinnvollen Rest des Abstraktionsprinzips zu erhalten und die Ausnahmen davon einzugrenzen. So rechtfertigt man die Anfechtung auch des dinglichen Rechtsgeschäfts damit, dass die Interessen des nach § 123 Abs. 1 Anfechtungsberechtigten dem Verkehrsschutz vorgingen.[133] Die nähere Betrachtung der vorgebrachten Argumente entlarvt jedoch die Diskussion als Gefühlsjurisprudenz. Im Gegensatz zu der weithin vertretenen Ansicht zu § 119 geht man einhellig davon aus, dass die einfache Kausalität ihm Rahmen des § 123 das Abstraktionsprinzip überwinde. Der BGH führt dazu lakonisch aus, dass das Abstraktionsprinzip nur eine doppelte Anfechtbarkeit verhindere, eine Anfechtung des Erfüllungsgeschäft aber möglich sei, wenn die Täuschung für dessen Abschluss mitbestimmend sei.[134] Sofern man sich überhaupt darum bemüht, dieses abweichende Konzept zu erklären, verweist man darauf, dass § 119 eine spezifische Kausalität im Gegensatz zu § 123 fordere.[135] Wie oben bereits ausgeführt wurde, ist die Kausalität bei § 119 jedoch nicht wie auch immer »spezifisch«, sondern will nur dem Umstand ausschließen, dass der Erklärende einen Irrtum vorschiebt, um sich von einem Vertrag zu lösen. Bei der arglistigen Täuschung oder widerrechtlichen Drohung kann es darauf nicht ankommen. Bei der Drohung ist offenbar, dass der Erklärende zu

---

[131] *Bamberger/Roth/Wendtland* § 142 Rn. 7; *Baur/Stürner* § 5 Rn. 8; *Grundmann* JA 1985, 80, 84; *Lindemann* (Fußn. 16), 50–54 mit einer Analyse älterer aber mittlerweile überholter Rechtsprechung; *Singer*, Selbstbestimmung im Recht der Willenserklärungen (1995), 50; *Stadler* (Fußn. 6), 181f; *Staudinger/Wiegand* § 929 Rn. 20; *Westermann/H. P. Westermann* § 4 IV 1; *Wolff/Raiser* § 38 II 2 Fußn. 11 (S. 119); grundsätzlich auch *Jauernig* JuS 1994, 721, 724. Anders: *Roth* ZVglRWiss 92 (1993), 371, 380, wonach die Täuschung nur mit Blick auf das Verpflichtungsgeschäft bestimmt werden könnte. Der Kritik ist zuzugeben, dass die herrschende Meinung wenig einsichtig bei § 123 eine irrtumsrechtliche Kausalität annimmt, die sie bei § 119 verneint. Statt dessen darauf abzustellen, dass die Drohung zu einem Inhaltsirrtum bei der dinglichen Übereignung führt (*Roth* aaO 380) hilft nicht weiter, da dadurch letztlich § 123 als selbständige Irrtumskategorie geleugnet wird.

[132] BGHZ 31, 321; BGH DB 1960, 188; BGH WM 1965, 861; BGH DB 1966, 818; BGH WM 1969, 958; BGH NJW 1982, 2301; siehe auch BGH LM HGB § 128 Nr. 7.

[133] *Stadler* (Fußn. 6), 182.

[134] BGH DB 1966, 818.

[135] *Grigoleit* AcP 199 (1999), 379, 404.

einem Vertrag genötigt wurde, den er so nicht geschlossen hätte. Diese Erwägung gilt auch für die arglistige Täuschung. Unterstellt, der Erklärende hätte das arglistig veranlasste Geschäft gewollt, so kann er davon gleichwohl Abstand nehmen, ohne gegen das Rechtsmissbrauchsverbot zu verstoßen, da sich ja seinerseits der Täuschende treuwidrig verhält.

Damit verbleibt als entscheidendes Argument die besondere Schutzwürdigkeit des Erklärenden, deretwillen man gestattet, auch die Verfügung anzufechten.[136] Methodisch ist das jedoch unbefriedigend. An der etwaigen Schutzbedürftigkeit des Dritten ändert sich nichts, wenn er eine Sache von einem arglistig Täuschenden erwirbt. Die Praemissen des Abstraktionsprinzips treffen daher auch auf diesen Fall zu. Daran ändert auch der Umstand nichts, dass im Gegensatz zu den übrigen Fällen der Irrtum beim Erklärenden fremdveranlasst ist. Dies sind grundsätzlich Umstände, denen der Dritte nach dem Abstraktionsprinzip nicht nachzugehen hat.

Auch mit insolvenzrechtlichen Erwägungen versuchte man, die Anfechtungsmöglichkeit des dinglichen Geschäfts zu rechtfertigen: Der Anfechtungsberechtigte gewähre dem Vertragspartner und Insolvenzschuldner keinen Kredit und müsse deswegen ein Aussonderungsrecht nach § 47 InsO haben.[137] Rechtspolitisch mag man darüber streiten, ob die Konsequenzen des Abstraktionsprinzips in der Insolvenz hinnehmbar sind. Rückschlüsse aus einer als unbefriedigend empfundenen insolvenzrechtlichen Rechtslage auf das materielle Recht verbieten sich jedoch. Das formelle Recht knüpft an die Gegebenheiten des materiellen Rechts an und nicht umgekehrt.

Gleichwohl ist im Ergebnis der herrschenden Ansicht zuzustimmen. Wie auch in den übrigen Irrtumsfällen ist die irrtumsbehaftete Willenserklärung beim Abschluss des obligatorischen Geschäfts kausal für den Abschluss des Verfügungsgeschäfts. Dies ist ausreichend. Die herrschende Ansicht bestreitet dies nicht, sondern versucht zu begründen, warum bei § 123 Abs. 1 diese Kausalität genügen soll, bei § 119 jedoch nicht. Wie die Begründungsversuche zu § 123 Abs. 1 gezeigt haben, misslingt dieses Unterfangen und man versucht, mit untauglichen Begründungen das Abstraktionsprinzip zu retten. Es gibt aber keinen einsichtigen Grund dafür, die Kausalität bei § 119 anders zu werten als bei § 123 Abs. 1. Bedeutsam ist die Debatte daher auch für die Frage, ob die Anfechtung nach § 119 das dingliche Geschäft beseitigt. Wenn bei § 123 die Anfechtung das dingliche Rechtsgeschäft erfasst, so muss sie es auch bei den übrigen Anfechtungsgründen erfassen Die mühsamen und kaum überzeugenden Versuche, dies bei § 123 Abs. 1 zu rechtfertigen, bestätigen die hier verfochtene Ansicht, dass es bei allen Irrtü-

---

[136] *Baur/Stürner* § 5 Rn. 8; *Grigoleit* AcP 1999 (1999), 379, 405; *Grundmann* JA 1985, 80, 83; *Lindemann* (Fußn. 16), 53; *Stadler* (Fußn. 6), 182.

[137] *Grundmann* JA 1985, 80, 84; *Lindemann* (Fußn. 16), 53.

mern nach § 119 nur darauf ankommt, ob der Irrtum beim Abschluss des Verpflichtungsgeschäfts für die Verfügung kausal ist.

3. Inhaltliche Schranken der Privatautonomie

a) Kontrolle allgemeiner Geschäftsbedingungen

Unbekannt war dem historischen Gesetzgeber die Kontrolle allgemeiner Geschäftsbedingungen als eine Erscheinungsform der Inhaltskontrolle. Erstaunlicherweise wenig beleuchtet ist bislang die Frage, ob und wie weit diese Inhaltskontrolle das Abstraktionsprinzip durchbricht, ob es hierbei überhaupt auf die Trennung und Abstraktion ankommt. Man sollte nicht bezweifeln, dass als dingliche Rechtsgeschäfte als solche einer AGB-Kontrolle unterliegen,[138] auch wenn manche Vorschriften wie § 309 auf schuldrechtliche Verpflichtungen zugeschnitten sind. Die Generalklausel des § 307 ist aber vollen Umfanges auf dingliche Rechtsgeschäfte anwendbar.[139] Wesentliche Grundgedanken im Sinne des § 307 Abs. 2 Nr. 1 enthalten selbstredend auch dingliche Rechte. Eine andere Frage ist, ob eine Inhaltskontrolle allgemeiner Geschäftsbedingungen nach § 307 Abs. 2 wegen des sachenrechtlichen Typenzwangs überhaupt relevant werden kann, da dieser selbst verbietet, von den wesentlichen Grundgedanken der gesetzlichen Regelung abzuweichen. Bei vergleichsweise spärlich geregelten Typen wie der Reallast oder auch der Dienstbarkeit wird man nicht umhin kommen, § 307 anzuwenden. Auch beim Nießbrauch dürfte nichts anderes gelten, da die Rechtsprechung hier oft auch dessen »Wesen« zurückgreift, um zu beurteilen, welche Gestaltungen erlaubt sind. Bei unvollkommenen Typen oder gar durch Rechtsfortbildung entstandenen führt kein Weg an § 307 vorbei.[140] So wird man auf eine Sicherungsgrundschuld § 307 ebenso anwenden können, wie auf das Erbbaurecht, das es den Parteien gestattet, seinen Inhalt durch schuldrechtliche Vereinbarungen anzureichern. Gleichen Umfanges ist die Inhaltskontrolle nach § 307 deswegen auch auf die Begründung von Wohnungseigentum anwendbar.[141]

Abwegig ist der vereinzelt im Schrifttum betonte Gedanke, § 307 Nr. 2 deswegen nicht anzuwenden, da dingliche Rechte keine Rechte und Pflichten erzeugen.[142] Bereits oben hat sich herausgestellt, dass dingliche Rechte im Einzelfall

---

[138] AA mit kaum überzeugenden Gründen: *Michel* (Fußn. 30), 92ff. *Michel* übersieht bei seinen wortreichen Ausführungen die entgegengesetzte Praxis im Grundstücksrecht.

[139] *Eickmann* RPfleger 1978, 8; *Nieder* NJW 1984, 329; MünchKomm/*Wacke* § 873 Rn. 29; *Stürner* JZ 1977, 431; *Staudinger/Schlosser* § 1 AGBG Rn. 5; *Staudinger/Seiler* Einl. zum SachenR Rn. 80; *Staudinger/Gursky* § 873 Rn. 43 jeweils mwN. Siehe auch BayObLG DNotZ 1983, 44, 49.

[140] AA wiederum *Michel* (Fußn.30), 94f; *Wiegand* AcP 190 (1990), 112, 135.

[141] Siehe dazu etwa *Staudinger/Gursky* § 873 Rn. 42.

[142] *Michel* (Fußn. 30), 93; *Graf von Westphalen* ZiP 1984, 1, 4.

sehr wohl Verpflichtungen erzeugen.[143] § 307 Abs. 2 Nr. 2 ist aber schon deswegen anwendbar, weil dingliche Rechte selbstredend »Rechte« schaffen. Kaum anzweifelbar dürfte es auch sein, § 307 Abs. 2 Nr. 1 auf dingliche Rechtsgeschäfte als solche anzuwenden. Der dagegen gerichtete Einwand, dass dem die innere und äußere Abstraktion entgegenstünden,[144] ist weniger dogmatisch als doktrinär. Schon nach der Gesetzesformulierung spielt das Abstraktionsprinzip keine Rolle, da es um die Kontrolle von Geschäftsbedingungen und nicht um die Kontrolle von Rechtsgeschäften als solchen geht.

Gerade bei Sicherungsübereignungen enthalten Übersicherungen erst ihr bedenkliches Gepräge, indem dem Sicherungsgeber bestimmte Werte entzogen werden. Deswegen ist die Sicherungsübereignung als solche nicht wertneutral, sondern erst im dinglichen Geschäft verwirklicht sich die Benachteiligung, wie sie § 307 Abs. 2 Nr. 1 anspricht. Eine andere Frage ist, ob eine unwirksame allgemeine Geschäftsbedingung stets auch zur Unwirksamkeit des dinglichen Rechtsgeschäfts führt. Im Schrifttum hat man dies mit dem Zweck der Kontrolle allgemeiner Geschäftsbedingungen zu begründen versucht. Diese sei nur möglich, wenn auch das dingliche Rechtsgeschäft erfasst werde, so dass stets das Verfügungsgeschäft unwirksam sei, wenn die Verpflichtung gegen § 307 verstößt.[145] Welchen Umfanges nun § 307 tatsächlich gebietet, dass das schuld- und das sachenrechtliche Geschäft unwirksam sind, soll eine Analyse der einschlägigen Fälle verdeutlichen. Gerade im Kreditsicherungsrecht ist diese Inhaltskontrolle von großer praktischer Bedeutung. Dies gilt weniger für die detailliert geregelte Hypothek als für die Sicherungsabtretung, Sicherungsübereignung, Sicherungsgrundschuld und schließlich den Eigentumsvorbehalt. Die Regeln über die letztgenannten Sicherungsrechte sind rudimentär. Das daraus folgende Bedürfnis, die Geschäftsbedingungen vorzufassen, zog zwangsläufig eine verstärkte Inhaltskontrolle nach sich.

Der große Senat des BGH geht in einer Grundlagenentscheidung bei einer nachträglichen Übersicherung davon aus, dass auch das Erfüllungsgeschäft von § 307 erfasst werden kann.[146] Dem Vorlagebeschluss des neunten Zivilsenats zu dieser Entscheidung lag ein typischer Sachverhalt zu Grunde:[147] Der Kläger über-

---

[143] § 2 IV 2 a.

[144] *Michel* (Fußn. 30), 95f.

[145] *Wiegand* AcP 190 (1990), 112, 125, 135; *Staudinger/Wiegand* § 929 Rn. 21; generell für §§ 305ff: *Baur/Stürner* § 5 Rn. 5ff, 40ff; widersprüchlich dazu § 57 Rn. 22; *Soergel/Henssler* § 929 Rn. 35. BGH NJW 1984, 1184, 1186 scheint ebenso davon auszugehen, dass ein Verstoß gegen § 307 das dingliche Rechtsgeschäft erfasst.

[146] BGHZ [GS] 137, 212, 224f. Dazu: *Bruchner* WM 1998, 2185; *Imping* Anm. MDR 1998, 551; 433; *Roth* Anm. JZ 1998, 462; *Saenger* ZBB 1998, 174; *M. Schwab* ZiP 2000, 609; *Serick* BB 1998, 801. Siehe auch die den Rechtsstreit begleitende Literatur: *Canaris* ZiP 1996, 1109; *ders.* ZiP 1997, 813; *Nobbe* ZiP 1996, 657; *Pfeiffer* ZiP 1997, 49; *Serick* BB 1996, 1777; *ders.* WM 1997, 2053.

[147] BGH WM 1997, 750.

eignete der beklagten Bank ein Warenlager zur Sicherheit. Nach dem formularmäßigen Sicherungsvertrag war die Bank dazu verpflichtet, auf Verlangen des Sicherungsgebers die Sicherheiten nach ihrer Wahl freizugeben, wenn die vertragsgemäße Deckungsgrenze überschritten wurde. Sei es absichtlich oder nicht enthielt der Vertrag jedoch keine bestimmte Deckungsgrenze. Die außerdem formularmäßig vereinbarte Globalabtretung zwischen den Parteien enthielt einen Freigabeanspruch des Sicherungsgebers, wonach die Bank auf dessen Verlangen ihre Rechte aus dem Vertrag nach billigem Ermessen freizugeben hatte, soweit sie die Rechte nicht mehr benötigt. Ganz ähnlich gestaltete sich der Sachverhalt, auf dem der Vorlagebeschluss des elften Zivilsenats beruhte: Auch hier wurde in einer formularmäßig abgeschlossenen Globalabtretung keine feste Grenze vereinbart, ab der der Sicherungsnehmer dem Sicherungsgeber die abgetretenen Forderungen zurück zu gewähren hatte. Deswegen stand es nach den allgemeinen Geschäftsbedingungen im Ermessen des Sicherungsnehmers, die nicht benötigten Sicherheiten freizugeben.[148] Der große Zivilsenat geht in seiner Grundsatzentscheidung unter Berufung auf den fiduziarischen Charakter der Sicherungsabrede auch ohne eine ausdrückliche vertragliche Regelung davon aus, dass der Sicherungsgeber einen ermessensunabhängigen Freigabeanspruch hat, wenn sich eine nachträgliche Übersicherung einstellt.[149] Die Deckungsgrenze für eine Übersicherung siedelt der BGH bei 110% des realisierbaren Wertes an, folgert aber aus einem Bewertungsaufschlag nach § 237 Abs. 1, dass ein Freigabeanspruch des Sicherungsgebers regelmäßig erst entstehe, wenn der Markt-, Einkaufs- oder Herstellungspreis der sicherungsübereigneten Waren 150% der gesicherten Forderungen ausmacht.[150] Hier sollen die Auswirkungen dieser Rechtsprechung im Einzelnen nicht geschildert werden, sondern nur, welche Rechtsfolgen sich aus einem Verstoß gegen § 307 für das dingliche Rechtsgeschäft ergeben. Da der große Zivilsenat den Freigabeanspruch des Sicherungsgebers im Wege der ergänzenden Vertragsauslegung hergeleitet hat und nicht verlangt, dass der Sicherungsvertrag eine bestimmte Deckungsgrenze nennt,[151] beschränken sich die potentiellen Konfliktfälle. Ein Widerspruch zu § 307 wird sich erst ergeben, wenn die Praxis von den beschriebenen Grundsätzen abweichen sollte, sei es, indem ein Freigabeanspruch gänzlich ausgeschlossen oder seine Durchsetzung faktisch verhindert wird, sei es, dass die Deckungsgrenze ausdrücklich zu niedrig formuliert ist.[152] Hierzu kann unbedenklich auf die frühere Rechtsprechung zurückgegriffen werden, die eine Sicherungsübereignung für unwirksam hielt, sofern eine allgemeine Geschäftsbedingung im Sicherungsvertrag mit § 307 unvereinbar war.[153] Davon scheint auch

[148] BGH WM 1997, 1197.
[149] BGHZ [GS] 137, 212, 219f.
[150] BGHZ [GS] 137, 212, 234f.
[151] BGHZ [GS] 137, 212, 220.
[152] MünchKomm/*Oechsler* Anh. §§ 929–936 Rn. 32.
[153] BGHZ 117, 374, 377. Die Anwendbarkeit des § 306 Abs. 2 bejahte bereits BGHZ 124, 380,

der große Senat auszugehen, da er diese Konsequenz unbeanstandet ließ. Auf den Treuhandcharakter der Sicherungsübereignung hat sich der BGH dabei nicht gestützt, sondern §307 ohne weiteres auch die Unwirksamkeit des Verfügungsgeschäfts entnommen.

Einen weiteren Anwendungsfall für eine AGB-Kontrolle nach §307 könnten globale Zweckvereinbarungen bei einer Sicherungsübereignung oder Sicherungsabtretung sein. Der BGH hat bislang nur entschieden, dass formularmäßige Globalbürgschaften zur Sicherung aller bestehenden und künftigen Forderungen mit §307 unvereinbar sind.[154] Für die Sicherungsübereignung stellt sich dieses Problem auch, wenn der Sicherungsgeber eine fremde Schuld zu sichern hat und deswegen keinen Einfluss mehr auf die zu sichernden Forderungen nehmen kann. Auch hier dürfte die AGB Kontrolle regelmäßig dazu führen, dass auch die Sicherungsübereignung unwirksam ist.[155]

Die Rechtsprechung zur nachträglichen Übersicherung zeigt damit Ansätze, dass die Inhaltskontrolle nach §307 auf die Unterschiede zwischen dem dinglichen und dem obligatorischen Rechtsgeschäft keine Rücksicht nimmt. Ein übergreifendes Konzept hat sich bislang noch nicht entwickelt. Eine richtlinienkonforme Auslegung weist aber den Weg, dass das Abstraktionsprinzip bei der Inhaltskontrolle nach §307 nicht gelten soll. Die §§305ff setzen auch die Richtlinie des Rates über missbräuchliche Klauseln in Verbraucherverträgen um,[156] die ihrerseits weder von dem Trennungs- noch dem Abstraktionsprinzip ausgeht. Dies ergibt sich aus Art. 6 der Richtlinie, der pauschal nur einen Vertrag erwähnt. Vor diesem europäischen Hintergrund muss man anzweifeln, ob bei der Kontrolle allgemeiner Geschäftsbedingungen das Trennungs- und Abstraktionsprinzip Geltung beanspruchen kann. In jedem Falle entstünden Wettbewerbsverzerrungen, wenn eine formularmäßige Klausel in den übrigen Mitgliedstaaten auch die dingliche Rechtslage erfasst, während bei strenger Anwendung des Abstraktionsprinzips das dingliche Rechtsgeschäft in Deutschland wirksam ist. Dies würde zu einem unterschiedlichen Niveau beim Verbraucherschutz führen, was die Richtlinie gerade vermeiden soll. Damit spricht in der Tat der Zweck der Inhaltskontrolle von allgemeinen Geschäftsbedingungen dafür, das Abstraktionsprinzip nicht anzuwenden. In den europäisierten Teilen des BGB dürfte sich dieses Prinzip nicht mehr vermitteln lassen. Ein teilweise vereinheitlichtes Verbraucherschutz-

---

386f; BGHZ 124, 371, 376f. erwägt dies noch, geht aber im konkreten Fall nicht mehr weiter darauf ein.

154 BGHZ 130, 19, 23ff; MünchKomm/*Habersack* §765 Rn. 72 mwN.

155 Näher dazu: MünchKomm/*Oechsler* Anh. §§929–936 Rn. 29, der jedoch davon ausgeht, dass nur der Sicherungsvertrag unwirksam sei. Wie hier: *Staudinger/Wiegand* Anh. §§929ff Rn. 177.

156 Richtlinie 93/13/EWG des Rates vom 5. April 1993 über missbräuchliche Klauseln in Verbraucherverträgen, ABl EG Nr. L 95/29.

recht fordert in seinem Anwendungsbereich auch einheitliche Maßstäbe für die Gültigkeit von Verträgen.

Zu beachten bleibt aber auch dann, dass das dingliche Rechtsgeschäft gleichwohl wegen § 306 Abs. 2 wirksam sein kann, sofern im Einzelfall § 306 Abs. 3 keine andere Wertung gebietet. In Art. 6 Abs. 1 letzter Halbsatz schreibt die Richtlinie über missbräuchliche Klauseln in Verbraucherverträgen ausdrücklich vor, dass die Rechtsvorschriften der Mitgliedstaaten den Vertrag als bindend anerkennen müssen, wenn er auch ohne die missbräuchlichen Klauseln bestehen kann. In aller Regel wird hier jedoch in deutscher Lesart auch das schuldrechtliche Geschäft weiter wirksam sein. Die erwähnte Vorschrift spricht deswegen nicht gegen die hier vertretene These, dass ein mit § 307 unvereinbares Grundgeschäft auch das Erfüllungsgeschäft erfasst.

b) Verbotsgesetze

Das Verhältnis des § 134 zum Abstraktionsprinzip wird meist als unproblematisch empfunden. Dabei geht die herrschende Ansicht davon aus, dass die Verbotswirkungen entweder den obligatorischen, den dinglichen Teil oder beide Teile des Rechtsgeschäfts erfassen können. Der dogmatische Ausgangspunkt ähnelt dem bei § 138 Abs. 1. Da der Gesetzgeber über das Abstraktionsprinzip verfügen darf, hält man es allgemein für denkbar, dass ein Verbotsgesetz eine Verfügung untersagt.[157] Damit ist es ein Problem der Gesetzesauslegung, ob die Verpflichtung, die Verfügung oder beide Ebenen nichtig sind. Als eindeutiges Beispiel wird dazu immer wieder der Handel mit Betäubungsmitteln angeführt, bei dem sich aus dem Wortlaut der §§ 29 Abs. 1 Nr. 1, 30 Abs. 1 Nrn. 1, 2 BtMG ergibt, dass sowohl die Verpflichtung als auch die Verfügung nichtig sind.[158]

Dem Grundsatz nach betont die überwiegende Ansicht, dass ein nach § 134 nichtiges Verpflichtungsgeschäft die Wirksamkeit des abstrakten Erfüllungsgeschäfts unberührt lasse.[159] Bei diesem Bekenntnis wird man formal dem Abstraktionsprinzip gerecht, ist aber dazu gehalten, dies sogleich zu relativieren. So kann auch ein nichtiges Kausalgeschäft sich auf das Erfüllungsgeschäft auswirken, wenn »die Umstände, die die Verbotswidrigkeit des Kausalgeschäfts begründen, zugleich und unmittelbar auch das Erfüllungsgeschäft betreffen«.[160] Diese For-

[157] Vgl. BAG NJW 1993, 2701, 2703; MünchKomm/*Mayer-Maly/Armbrüster* § 134 Rn. 10; *Stadler* (Fußn. 6), 155; *Staudinger/Sack* § 134 Rn. 117.

[158] BGH NJW 1983, 636; *Soergel/Hefermehl* § 134 Rn. 17; *Staudinger/Sack* § 134 Rn. 115.

[159] BGHZ 115, 123, 130; BGH NJW 1983, 636; BGH NJW 1995, 2027; aus der Lit.: *Jauernig/Jauernig* § 134 Rn. 16; *Palandt/Heinrichs* § 134 Rn. 13; *Soergel/Hefermehl* § 134 Rn. 35; *Staudinger/Sack* § 134 Rn. 116; teilweise anders MünchKomm/*Mayer-Maly/Armbrüster* § 134 Rn. 10, wonach die Nichtigkeit des Verpflichtungsgeschäftes häufig die des Erfüllungsgeschäftes erfasse; ähnlich *Michalski* JURA 1994, 232, 234 unter Berufung auf BGH NJW 1954, 549, 550.

[160] Zitat nach BGHZ 115, 123, 130. Siehe aus der Rspr.: BGHZ 122, 115, 122 [unter missverständlichem Hinweis auf BGHZ 116, 268, 272]; BGHZ 143, 283, 286; BGH NJW 1992, 2348;

mel ist unklar, zum einen wegen des reichlich aussagelosen Verbs »betreffen«, zum anderen wegen des Versatzstücks »unmittelbar«, was seinerseits nahe legt, dass es nicht ausreicht, wenn das Verfügungsgeschäft nur »mittelbar« betroffen ist. Rechtsprechung und Schrifttum betonen jedoch den formalen Vorrang des Abstraktionsprinzips. Sofern danach das Verpflichtungsgeschäft nichtig ist, lasse sich daraus nicht automatisch ableiten, dass auch das Verfügungsgeschäft nichtig ist.[161] Um zu zeigen, ob das nichtige Verfügungsgeschäft tatsächlich die Ausnahme ist, oder ob dieser Ausgangspunkt ein reines Lippenbekenntnis ist, muss zuvor die umfangreiche Rechtsprechung dazu verwertet und analysiert werden. Auszuklammern sind von dieser Analyse gegenüber § 134 vorrangige Gesetze. Praktisch bedeutsam ist dies für § 3 AnfG: Verstößt eine Vermögensverschiebung gegen das AnfG, so ist sie nicht deswegen nichtig, vielmehr gelten die besonderen Vorschriften des AnfG.[162] Weniger von praktischer Relevanz und hier nicht vertiefend zu behandeln sind die dem § 134 vorgehenden §§ 1240, 1242, 1243 ff.[163]

Ein prominentes Beispiel für ein Verbotsgesetz, das sowohl das obligatorische wie auch das dingliche Geschäft erfasst, ist der bereits erwähnte § 29 BtMG: Ganz allgemein belegt man hier diese Vorschrift mit dem Zweck, auch das Erfüllungsgeschäft zu verbieten, da der Handel als solcher mit Betäubungsmitteln verboten ist.[164] Aus dem Gesetzeswortlaut folgt dies nicht zwingend, da der Begriff »Handel« vieldeutig ist und sich nicht ohne weiteres in zivilrechtliche Kategorien umsetzen lässt. Aber das unverhohlen als Gesetzeszweck verbrämte Rechtsgefühl scheint hier keine andere Lösung zu dulden.

Auch bei Verstößen gegen gesellschaftsrechtliche Verbote sind regelmäßig die Verpflichtung und die dazu gehörige Verfügung nichtig. Das Verbot des § 22 Abs. 4 Satz 2 GenG erfasst beide Rechtsgeschäfte. Gewährt die Genossenschaft dem Genossen einen Kredit, damit dieser Einzahlungen auf seinen Gesellschaftsanteil leisten kann, so ist nicht nur der Kreditvertrag sondern auch die Einzahlung als Verfügung nichtig.[165] Noch nicht abschließend geklärt ist die Rechtslage, wie eine Vereinbarung zu werten ist, die gegen die strengen Vorschriften des GmbHG über Sacheinlagen verstößt. Richtiger Weise dürften hier die Verpflichtungen ebenso nichtig sein, wie die sich anschließende Einbringung der Sacheinlagen als

---

BGH NJW 1993, 1912; BGH NJW 1993, 2795; BGH NJW 1995, 516; BAG NJW 1993, 2701, 2703. Das Schrifttum hat sich dem angeschlossen: *Bork* Rn. 1099; *Dauner* JZ 1980, 495, 498; *Erman/Palm* § 134 Rn. 13; *Hübner* Rn. 888; *Larenz/Wolf* § 40 Rn. 29; MünchKomm/*Mayer-Maly/Armbrüster* § 134 Rn. 9f.; *Staudinger/Sack* § 134 Rn. 117.

161 BGHZ 143, 283, 286; BGHZ 115, 123, 130; BGH NJW 1995, 2027; BGH NJW 1983, 636; *Jauernig/Jauernig* § 134 Rn. 16; *Soergel/Hefermehl* § 134 Rn. 35; *Staudinger/Sack* § 134 Rn. 116.

162 Vgl. BGHZ 56, 339, 355; BGH BB 1968, 1057; BGH NJW 1973, 513, 514; BGH DB 1993, 1353, 1354. Aus diesem Vorrang hat man immer wieder versucht, Rückschlüsse für § 138 herzuleiten. Darauf ist im Zusammenhang sub c einzugehen.

163 Siehe z.B. *Staudinger/Sack* § 134 Rn. 218.

164 BGH NJW 1983, 636; *Erman/Palm* § 134 Rn. 36; MünchKomm/*Mayer-Maly/Armbrüster* § 134 Rn. 10; *Soergel/Hefermehl* § 134 Rn. 17; *Staudinger/Sack* § 134 Rn. 223.

165 BGH NJW 1983, 1420; *Soergel/Hefermehl* § 134 Rn. 79; *Staudinger/Sack* § 134 Rn. 230.

Verfügung.[166] Dies hat die praktische Folge, dass die Einlage als nicht erbracht gilt.[167] Wie sehr das Ergebnis von den Rechtsfolgen abhängt, zeigt die Auseinandersetzung darüber, wie ein Rechtsgeschäft zu behandeln ist, das gegen das Verbot verstößt, Einlagen an die Gesellschafter zurück zu gewähren. Der BGH behandelt solche Rechtsgeschäfte nicht als *per se* nichtig nach § 134, da die Vorschriften über die Kapitalerhaltung in der GmbH einen ausreichenden Schutz böten. Sofern ein Rechtsgeschäft gegen § 30 GmbHG verstößt, erachtet man den Zahlungsanspruch nach § 31 GmbHG als ausreichendes Instrument, um das Kapital der GmbH zu erhalten. Nur bei besonderen Umständen, wie einem sittenwidrigen Handeln oder einem bewussten Verstoß gegen § 30 GmbHG sollen Verpflichtung und Verfügung nichtig sein.[168] An den Rechtsfolgen ausgerichtet ist auch die literarische Gegenansicht, wonach sowohl die Verpflichtung als auch die Verfügung nichtig sind, wenn ein Rechtsgeschäft gegen die §§ 30 GmbHG, 57 AktG verstößt.[169] Die Begründung dafür ist der Sache nach eine bemäntelte Kritik am Abstraktionsprinzip selbst. Wie noch zu zeigen ist, sieht man dessen rechtspolitische Schwäche hauptsächlich im Konkurs und der Zwangsvollstreckung (unten V 5). In der Insolvenz des betreffenden Gesellschafters soll die Gesellschaft ein Aussonderungsrecht haben, was sich faktisch nur erreichen lässt, wenn man auch das dingliche Geschäft als nichtig betrachtet.[170]

Repräsentativ für diese rechtsfolgenorientierte Betrachtung sind Verstöße gegen strafrechtliche Verbote. Paradigmatisch ist hier der Streitstand, ob der Verkauf gehehlter Ware wegen eines Verstoßes gegen § 259 StGB nichtig ist. Während hier eine verbreitete Ansicht sowohl den Kauf als auch dessen Erfüllung für nichtig hält,[171] hält eine Gegenansicht diese Verträge nur für schwebend unwirksam, um dem Eigentümer die Möglichkeit zu geben, die Geschäfte nach §§ 184, 185 nachträglich zu genehmigen, so dass der Dritte nach §§ 929ff erwerben kann.[172] Mit dem sonst betonten Grundsatz, dass der Zweck des Verbotsgesetzes darüber entscheide, ob beide Rechtsgeschäfte nichtig sind, bricht die zuletzt geschilderte Ansicht. Vielmehr dienen zivilrechtliche Rechtsfolgen dazu, über die Frage zu

---

166 Vgl. BGHZ 45, 338, 343 [damals noch gestützt auf eine Analogie zu § 27 Abs. 3 Satz 1 AktG]; BGH DB 1998, 976 lässt allerdings offen; *Altmeppen/Roth* § 5 Rn. 55ff mwN.

167 BGH NZG 2000, 1226.

168 BGHZ 69, 274, 280; BGHZ 136, 125, 130f; BGHZ 138, 291, 298; OLG Koblenz DB 1977, 816; aus der Rspr. des RG: RGZ 107, 161, 168; dem folgend aus der Lit.: *Altmeppen/Roth* § 30 Rn. 29 mwN; *Erman/Palm* § 134 Rn. 40; *Staudinger/Sack* § 134 Rn. 245.

169 *Canaris*, Gesetzliches Verbot und Rechtsgeschäft (1983), 21f; *ders.*, FS Fischer (1979), 31, 33f; KölnKomm/*Lutter* § 57 Rn. 62; MünchKomm/*Mayer-Maly/ Armbrüster* § 134 Rn. 72 [für § 57 AktG]; *Soergel/Hefermehl* § 134 Rn. 79; aA jedoch *Joost* ZHR 149 (1985), 419, 421ff; differenzierend: *Geßler*, FS Fischer (1979), 131, 140ff.

170 So *Canaris* (Fußn. 169), 22; *ders.*, FS Fischer (1979), 31, 56.

171 So *Kramer*, Der Verstoß gegen ein gesetzliches Verbot und die Nichtigkeit von Rechtsgeschäften (1976), 113; MünchKomm/*Mayer-Maly/Armbrüster* § 134 Rn. 53 mwN; *Larenz/Wolf* § 40 Rn. 17.

172 ZB *Staudinger/Sack* § 134 Rn. 293.

entscheiden, ob die Verfügung wirksam ist. Dadurch gerät die Diskussion in eine Schieflage und öffnet rechtspolitischen Wertungen – wie auch bereits bei den gesellschaftsrechtlichen Kapitalerhaltungsvorschriften – Tür und Tor. Dies als angemessen empfundenen zivilrechtlichen Rechtsfolgen können nichts darüber aussagen, ob nur die *causa* oder auch die Verfügung nichtig ist. In einer vergleichbaren methodischen Schieflage befindet sich auch die zivilrechtliche Diskussion zur Unterschlagung: Wer eine unterschlagene Sache erwirbt, soll sie erwerben, sofern er gutgläubig ist, nicht hingegen, wenn er bösgläubig ist. Aus §932 soll hier außerdem folgen, dass das Verpflichtungsgeschäft wirksam wird, wenn der gutgläubige Käufer das Eigentum erlangt hat.[173] Das Abstraktionsprinzip stellt dies geradezu auf den Kopf. Die äußere Abstraktion beruht gerade darauf, dass die *causa* unwirksam ist. Eine *ex tunc* Heilung des schuldrechtlichen Geschäfts kann *e contrario* nicht aus einer wirksamen Verfügung folgen. Die Lösung dieser Konstellation dürfte deswegen auch darin bestehen, dass nur der Verkäufer gegen §246 StGB verstößt und den Käufer mangels Vorsatzes keine Haftung trifft. Bei einem derartigen einseitigen Verstoß gegen ein gesetzliches Verbot ist das fragliche Rechtsgeschäft regelmäßig wirksam.[174] Eine klare und unumstößliche Linie schlägt die Rechtsprechung ein, wenn ein Rechtsgeschäft gegen §203 StGB verstößt. Hier sind *causa* und Verfügung nichtig.[175] Gleiches gilt bei einem beidseitigen Verstoß gegen den Untreuetatbestand (§266 StGB),[176] oder bei strafbaren Schmiergeldvereinbarungen mit Angestellten (§299 StGB)[177] und bei Rechtsgeschäften, die gegen das Verbot der Vorteilsannahme oder der passiven Bestechung (§§331, 332 StGB) verstoßen.[178]

Die gestraffte Bestandsaufnahme soll nicht nur verdeutlichen, dass bei einem Verstoß gegen ein Verbotsgesetz in den meisten Fällen sowohl das schuldrechtliche als auch das dingliche Rechtsgeschäft nichtig sind, sondern auch, dass die Maßstäbe undurchsichtig sind. Gesetzeszwecke lassen sich nur intersubjektiv vermitteln, so dass *a priori* kaum feststeht, ob ein Gesetzesverstoß nur das dingliche oder auch das schuldrechtliche Rechtsgeschäft erfasst. Meist unausgespro-

---

[173] *Erman/Palm* §134 Rn.70; *Flume* §17/3 (345); *Kramer* (Fußn.171), 113; *Soergel/Hefermehl* §134 Rn.24; *Staudinger/Sack* §134 Rn.293.

[174] So bereits die Motive (I, 210); aus der Rspr. zB. BGHZ 88, 240, 243; BGHZ 89, 373; BGHZ 93, 264, 267; BGHZ 118, 142, 145; aus der Lit.: *Erman/Palm* §134 Rn.11; *Larenz/Wolf* §40 Rn.16; **anderer Ansicht:** *Bork* Rn.1105; *Canaris* (Fußn.169), 22ff; *Soergel/Hefermehl* §134 Rn.21; *Staudinger/Sack* §134 Rn.75 mwN.

[175] BGHZ 115, 123, 129f; BGHZ 116, 268, 276; BGHZ 122, 115, 122; BGH NJW 1993, 1912; BGH NJW 1993, 2348, 2349; BGH NJW 1995, 2026; BGH NJW 1996, 2087, 2088; BGH NJW 1997, 188; BGH NJW 2001, 2462, 2463.

[176] Vgl. RGZ 78, 347, 353; *Canaris* (Fußn.169), 23ff; *Staudinger/Sack* §134 Rn.294.

[177] BGHZ 141, 357, 359; OLG Karlsruhe BB 2000, 635f; RG JW 1921, 338; vgl. auch *Canaris* (Fußn.169), 24; *Soergel/Hefermehl* §134 Rn.25

[178] BFH NJW 2001, 2280; siehe auch MünchKomm/*Mayer-Maly/Armbrüster* §134 Rn.59; *Soergel/Hefermehl* §134 Rn.25; *Staudinger/Sack* §134 Rn.295 aE mwN.

chen spielen hier auch zivilrechtssystematische Gründe eine Rolle. Neben dem bereits erwähnten Abgleich mit den §§ 929, 932ff stehen auch Rückabwicklungsprobleme im Vordergrund. Diese Probleme sind hier nur anzureißen und erst später (V 3) zu vertiefen. Die als rechtspolitisch unbefriedigend empfundene Norm des § 817 Satz 2 schließt in vielen Fällen eine Rückabwicklung aus und kann im Einzelfall sogar dazu führen, dass ein gesetzeswidriger Zustand faktisch aufrecht erhalten wird. Der BGH hat zwar in einer vereinzelten Entscheidung versucht, diese Vorschrift über § 242 zu korrigieren,[179] diese dogmatisch ohnehin fragwürdige Korrektur kann für sich jedoch nicht beanspruchen, eine allgemeine Regel zu bilden. Da der BGH den Kondiktionsausschluss aus § 817 nicht auf den Herausgabeanspruch aus § 985 anwendet,[180] erspart die Konstruktion, dass sowohl das schuldrechtliche als auch das dingliche Rechtsgeschäft nichtig sind, einige Rückabwicklungsprobleme. Diesen Hintergrund vor Augen gerät die ganze Debatte, ob nur das schuldrechtliche oder auch das dingliche Geschäft nach § 134 nichtig sind, ins rechtspolitische Visier. Weniger der Zweck eines Verbotsgesetzes bestimmt darüber, ob auch das dingliche Geschäft nichtig ist, sondern die Frage darüber, welche zivilrechtlichen Rechtsfolgen als angemessen empfunden werden. Ungeachtet dieser systematischen Kritik bleibt festzuhalten, dass ein Gesetzesverstoß in einem Gutteil der Fälle auch zur Nichtigkeit des dinglichen Geschäfts führt. Das Abstraktionsprinzip wird dadurch weiter zurückgedrängt.

c) Sittenwidrige Rechtsgeschäfte und Wucher

aa) Zum sittenwidrigen Charakter von Verfügungen

Schwierigkeiten besonderer Art wirft die Frage auf, wann das Verfügungsgeschäft nach § 138 Abs. 1 sittenwidrig ist. Die Sittenwidrigkeit ist nach der Konzeption des Gesetzes eine Schranke der Privatautonomie und begrenzt den Parteiwillen. Wie sich die Schranke aus § 138 Abs. 1 gegenüber den Verfügungsgeschäften verhält, ist dem Grundsatz nach geklärt. Sofern das schuldrechtliche Geschäft sittenwidrig ist, infiziert es nicht automatisch das Verfügungsgeschäft, wie die herrschende Ansicht stereotyp betont.[181] Begründet wird dies mit der inneren Abstraktion: Der sittenwidrige Zweck des Grundgeschäfts könne nicht auf die zweckfreie Verfügung durchschlagen, das dingliche Geschäft sei wertneutral und indifferent.[182] Diese Wertneutralität soll andererseits nicht bedeuten, dass die

---

179 BGHZ 85, 47, 48 näher dazu unten VI 2 a.

180 BGHZ 41, 341, 343 näher dazu unten V 2 a.

181 So die hM.: RGRZ 81, 175; RGZ 109, 201, 202; BGHZ 11, 59, 61f; BGH NJW 1986, 3006; *Baur/Stürner* § 5 Rn. 51; *Dauner* JZ 1980, 495, 498; *Erman/Palm* § 138 Rn. 53; *Jauernig/Jauernig* § 138 Rn. 25; *Michalski* JURA 1994, 232, 235; *Soergel/Hefermehl* § 138 Rn. 50; *Soergel/Henssler* § 929 Rn. 36; *Staudinger/Sack* § 138 Rn. 140. Kritisch: MünchKomm/*Mayer-Maly/Armbrüster* § 138 Rn. 165.

182 *Lindemann* (Fußn. 16), 113; *Stadler* (Fußn. 6), 137.

Verfügung gegenüber § 138 Abs. 1 immun ist. Auch das dingliche Geschäft könne für sich genommen sittenwidrig sein.[183] Beide Aussagen widersprechen sich. Ein indifferentes Geschäft kann kaum sittenwidrig sein, da es sich gegenüber dem Werturteil des § 138 Abs. 1 notwendig verschließt. Auf der Grundlage der reinen Abstraktionslehre wäre es daher nur konsequent, wenn man das dingliche Rechtsgeschäft völlig gegenüber den Wertungen des § 138 Abs. 1 abschirmt und stets für sittenkonform hält. Dieser Ansatz findet sich in der Tat im Schrifttum,[184] entspricht aber nicht der herrschenden Ansicht. Theoretisch ergeben sich für die herrschende Meinung vier Kombinationsmöglichkeiten: die isolierte Sittenwidrigkeit des Grundgeschäfts, die isolierte Sittenwidrigkeit des Vollzugsgeschäfts, die Fehleridentität und die Fälle, in denen der schuldrechtliche Mangel ausnahmsweise das dingliche Rechtsgeschäft infiziert. Die Frage ist allerdings, ob sich überhaupt eine dogmatisch schlüssige Lösung finden lässt, die sowohl dem Sittenwidrigkeitsurteil wie auch dem Abstraktionsprinzip gerecht wird, oder ob der Zweck des § 138 Abs. 1 mit der inneren und äußeren Abstraktion vereinbar ist. Dem ist eine gedrängte Rechtsprechungsanalyse voran zu stellen.

Am Anfang stehen dabei zwei Entscheidungen des Reichsgerichts aus den Jahren 1901 und 1925.[185] Beide Fälle kennzeichnete es, dass ein Ehemann seine Untreue durch Zuwendungen an seine Geliebte dokumentierte. Das RG versagte in dem einen Fall unter Rückgriff auf § 242, da die Bedachte sich auf eine »formale Eigentumsposition« berief[186] und durchbrach in einer anderen Entscheidung die Abstraktion mit §§ 826, 249.[187] Die letzte hier zu berichtende Entscheidung des Reichsgerichts aus dem Jahre 1934 erstreckte die Sittenwidrigkeit eines nichtigen Grundgeschäfts auch auf das Verfügungsgeschäft:[188] Zwei Eheleute schlossen einen notariell beurkundeten Unterhalts- und Auseinandersetzungsvertrag, in dem der spätere Beklagte der Klägerin zur Abfindung ihrer Unterhaltsansprüche ein Grundstück übertrug, an dem für den Beklagten eine Hypothek bestellt wurde. Als schließlich die Ehe geschieden wurde, stritten die Parteien um die Auseinandersetzung. Das Reichsgericht hielt den Unterhalts- und Auseinandersetzungsvertrag für sittenwidrig, da er die Klägerin zur Erhebung einer Scheidungsklage bewegen sollte. Die Unsittlichkeit des Grundgeschäfts ziehe die Nichtigkeit des Erfüllungsgeschäfts nach sich, wenn gerade mit dem dinglichen Rechtsvorgang unsittliche Zwecke verfolgt werden oder in ihm die Unsittlichkeit begründet liegt. Diese Voraussetzungen bejahte das Reichsgericht recht kurz damit, dass die Klägerin nur durch die Auflassung des Grundstücks dazu gezwungen werden

---

[183] *Staudinger/Sack* § 138 Rn. 144.
[184] *Michel* (Fußn. 30), 81 ff; *Stadler* (Fußn. 6), 143 ff.
[185] RGZ 48, 293; RGZ 111, 151.
[186] RGZ 48, 293.
[187] RGZ 111, 151.
[188] RGZ 145, 152.

konnte, die Scheidungsklage zu erheben.[189] Angesichts dessen, dass bereits seinerzeit stark darüber gestritten wurde, ob und wann dingliche Rechtsgeschäfte nach § 138 Abs. 1 nichtig sein können, verwundert die Kürze, mit der das Reichsgericht hier die Nichtigkeit des dinglichen Rechtsgeschäfts begründete.

Der BGH griff die vom Reichsgericht geprägte Formel auf, dass die Verfügung nichtig ist, wenn »gerade im dinglichen Vollzug des Verpflichtungsgeschäfts der sittlich missbilligenswerte Vorgang« liegt oder die Parteien mit der Verfügung sittenwidrige Zwecke verfolgen.[190] Man sucht in der Rechtsprechung weitere Konkretisierungen dieser Formel jedoch vergebens, so dass unklar bleibt, wann der Vollzug sittenwidrig sein soll und wann nicht. Dabei stellt sich in der Praxis immer wieder das Problem, ob die Verfügung einer sittenwidrigen *causa* Bestand haben kann. Die Instanzgerichte hatten sich Mitte der neunziger Jahre des vorigen Jahrhunderts oft mit der Frage zu befassen, welche Rechtsfolgen ein Kauf von Radarwarngeräten nach sich zieht. Solche Kaufverträge stuft man als sittenwidrig ein, hielt das Erfüllungsgeschäft jedoch für wirksam. Sofern man überhaupt ansprach, ob auch das dingliche Rechtsgeschäft nichtig sein könnte, berief man sich pauschal auf das Abstraktionsprinzip.[191] Dabei sind die Begründungen zweischneidig: Die Sittenwidrigkeit dieser Kaufverträge leiten die Gerichte daraus ab, dass ein Radarwarngerät es erlaube, eine Ordnungswidrigkeit oder gar eine Straftat zu begehen. An dieser Begründung lässt sich nicht zweifeln, es realisiert sich diese Gefahr aber erst, wenn der Käufer über das Radarwarngerät verfügen kann und es einsetzt. Die Erwerbsmöglichkeit diente mit anderen Worten dazu, die Sittenwidrigkeit des Grundgeschäfts zu begründen. Daraus ergibt sich eine wichtige Folgerung dafür, wann auch das dingliche Rechtsgeschäft als Vollzugsgeschäft sittenwidrig ist. Betrachtet man den Vollzug als wertneutral, so kann man damit nicht die Sittenwidrigkeit des Grundgeschäfts begründen. Der Rückschluss aus der Erwerbsmöglichkeit brandmarkt bereits die Verfügung als solche. Eine weitere wichtige Rolle spielten in der Praxis sittenwidrige Grundstückskaufverträge.[192] Auch hier zeigt sich wiederum, dass das Sittenwidrigkeitsurteil auf das Vollzugselement gestützt wurde, ohne dass man deswegen Folgerungen für das dingliche Geschäft zog. Der BGH hielt einen Kaufvertrag über ein Grundstück für sitten-

---

[189] RGZ 145, 152, 154.

[190] BGHZ 19, 12, 18; BGHZ 27, 111, 114f; BGH NJW 1973, 613, 615 [im konkreten Fall wurde bereits der Tatbestand des § 138 Abs. 1 abgelehnt]; BGH WM 1984, 1545, 1547; BGH NJW 1985, 3006, 3007; BGH NJW 1988, 2364; BGH NJW-RR 1989, 519 = WM 1989, 723; BGH WM NJW-RR 1992, 593, 594; BGH WM 1997, 480, 481; OLG Stuttgart NJW-RR 1997, 236, 237; zustimmend aus der Literatur: *Erman/Palm* § 138 Rn. 53; *Larenz/Wolf* § 41 Rn. 67, 75ff; *Soergel/Hefermehl* § 138 Rn. 51f; *Staudinger/Sack* § 138 Rn. 143.

[191] LG Bonn DAR 1998, 355 = NZV 2000, 115; LG München I NJW-RR 1993, 367; AG Neukölln NJW 1995, 2173, s. auch BGH NJW 2005, 1490.

[192] BGHZ 34, 169; BGH NJW 1966, 588 = BB 1966, 139; BGH NJW-RR 2002, 1527; OLG Celle NJW-RR 1988, 1516; OLG Celle MDR 1975, 226; OLG Hamm FLF 1991, 38 = VuR 1990, 253; OLG Hamm OLGR 1998, 381.

widrig gemäß § 138 Abs. 1, da ein auffälliges Missverhältnis zwischen der Leistung und der Gegenleitung bestünde, wobei hinzukam, dass die Erwerber die wirtschaftlich schwächere Lage des Veräußerers zu ihrem Vorteil ausnutzten.[193] Dem Sittenwidrigkeitsurteil mag man zustimmen, die weitere Begründung muss jedoch befremden: Der BGH hielt das Verfügungsgeschäft für wirksam, da nicht ersichtlich sei, dass sich darin ein sittenwidriger Vollzug des Grundgeschäfts ausdrückte begründete aber die Sittenwidrigkeit des Grundgeschäftes mit dem Vollzug des dinglichen Rechtsgeschäfts: »Von Bedeutung ist allein, dass die Begünstigten unter den erörterten subjektiven Voraussetzungen aus der schwächeren Lage der anderen Partei übermäßige Vermögensvorteile gezogen haben«.[194] Wie schon oben dargelegt, ist diese Begründung methodisch fehlerhaft. Wenn das dingliche Geschäft wirksam sein soll, kann dessen Vollzug nichts für das Sittenwidrigkeitsurteil des Grundgeschäfts hergeben.

Analysiert man die Formel der Rechtsprechung dogmatisch, so stellt sie *zwei alternative Voraussetzungen* auf, unter denen eine Verfügung nichtig sein kann. Entscheidend ist einmal, ob der Vollzug des schuldrechtlichen Rechtsgeschäfts sittenwidrig ist. Diese »Vollzugsformel« regt die Frage an, in welchen Fällen der Vollzug eines sittenwidrigen schuldrechtlichen Geschäfts sittenkonform ist. Dazu hat sich die Rechtsprechung nicht geäußert. Im Gegenteil liegt die Schlussfolgerung nahe, dass zwar formal diese Formel zitiert, aber nicht unter sie subsumiert wird. Wie die beschriebenen Entscheidungen gezeigt haben, hätte es stets nahe gelegen, auch den Vollzug für sittenwidrig zu halten. Im Schrifttum ist die Vollzugsformel auf harsche Kritik gestoßen, man hält sie für unvereinbar mit der inneren Abstraktion, da sich der Erfolg einer sittenwidrigen Verpflichtung stets in ihrem Vollzug niederschlage.[195] Dieser Einwand ist der Sache nach berechtigt, widerlegt aber die Vollzugsformel nicht. Die Gegner dieser Formel stellen ihrerseits auf die Fehleridentität ab: Nur dann könne das dingliche Geschäft nichtig sein, wenn es selbst von Sittenwidrigkeitsurteil betroffen sei.[196] Man tut sich allerdings schwer dafür Beispiele zu finden oder immerhin fallgruppenartig zu umreißen, in welchen Fällen der Vollzug als solcher sittenwidrig ist. Dies lässt bereits an der Praemisse zweifeln. Fälle, in denen das Verfügungsgeschäft isoliert dem Sittenwidrigkeitsverdikt unterliegt, sind allenfalls theoretischen Charakters. In Wirklichkeit führt sich der Einwand, dass nur bei einer Fehleridentität das dingliche Geschäft sittenwidrig sein könne, selbst *ad absurdum*. Betont man die sittliche Neutralität von Verfügungsgeschäften, so wären im Ergebnis keine Fälle

---

[193] BGH NJW 1985, 3006.

[194] BGH NJW 1985, 3006, 3007. BGH WM 1997, 1155, 1156 vermeidet diese Begründung und leitete im konkreten Fall die Sittenwidrigkeit allein aus dem groben Missverhältnis zwischen Kaufpreis und Grundstückswert ab.

[195] *Michel* (Fußn. 30), 84f; *Stadler* (Fußn. 6), 145; *Zimmermann* JR 1985, 48, 51.

[196] *Dauner* JZ 1980, 495, 498; *Michel* (Fußn. 30), 84ff; *Stadler* (Fußn. 6), 142; *Zimmermann* JR 1985, 48, 51.

denkbar, in denen das dingliche Geschäft als solches sittenwidrig sein kann, es wäre danach vielmehr nie sittenwidrig. Diese strikte Schlussfolgerung ziehen jedoch auch die Gegner der Vollzugsformel nicht. Das dingliche Geschäft lässt sich damit nicht derart gegenüber dem schuldrechtlichen Grundgeschäft immunisieren, wie dies oft behauptet wird. Das oft verwendete Schlagwort von der Neutralität der Verfügungsgeschäfte führt in die Irre. Verfügungen sind nicht sittenresistent. Dies wird besonders daran deutlich, dass sich die abstrakten Maßstäbe, wann ein Rechtsgeschäft sittenwidrig ist, bei Verpflichtungen und Verfügungen decken.[197]

Auch die weitere Formel der Rechtsprechung, wonach das Erfüllungsgeschäft nichtig ist, wenn mit ihm sittenwidrige Zwecke verfolgt werden,[198] deutet *prima facie* darauf hin, dass ein sittenwidriges Grundgeschäft stets das dingliche Rechtsgeschäft infiziert. Sittenwidrig ist dann der Zweck, Güter auszutauschen. Nimmt man diese Formel beim Worte, so müsste bei sittenwidrigen Verpflichtungsgeschäften das Kausalprinzip die Regel sein und die Abstraktion die zu begründende Ausnahme.[199] Gerade diese Zweckformel hat man im Schrifttum heftig kritisiert, da sie im Ergebnis die innere Abstraktion aufgebe.[200] Auf den ersten Blick besticht dieses Argument. Verstanden als *causa* sind sittenwidrige Zwecke ohne Belang für das Erfüllungsgeschäft. Auf den zweiten Blick jedoch verfängt diese Abstraktionslogik. Verharrt man bei der Wirksamkeit eines Verfügungsgeschäfts, so erlaubt man den Parteien dadurch, mit sittenwidrigen Rechtsgeschäften die Grundlage für eine Eigentumsänderung zu schaffen. Sowohl bei den Verfechtern als auch bei den Gegnern des Abstraktionsprinzips peinigt dies das Rechtsgefühl.[201]

bb) Gesamtbetrachtung und Sittenwidrigkeitsurteil

Des Rechtsgefühls bedarf es hier jedoch nicht. Erkennt man die guten Sitten als Grenze der Privatautonomie an, so muss man diesen Ansatz nur folgerichtig zu Ende denken. Das Sittenwidrigkeitsurteil nimmt auf Konstruktionen wie das Abstraktionsprinzip keine Rücksicht, wie schon dessen Maßstäbe belegen. § 138 Abs. 1 transformiert bestimmten Umfanges außerrechtliche Wertungen in das BGB, die von vornherein weder auf das Trennungs- noch das Abstraktionsprin-

---

[197] So die im Schrifttum wenig beachtete Schrift von *Mölders*, Nichtigkeit von Grund- und Erfüllungsgeschäft wegen Sittenwidrigkeit (1959), 37ff, 95ff. Siehe auch *Staudinger/Wiegand* § 929 Rn. 28 der zutreffend auf die widersprüchliche Behandlung der Fehleridentität durch die herrschende Ansicht hinweist.

[198] RGZ 109, 201, 202; RGZ 145 152, 154; BGH WM 1966, 1221, 1223;

[199] *Wolff/Raiser* § 38 II 2 Fußn. 11 (S. 119).

[200] *Dauner* JZ 1980, 495, 498; *Lindemann* (Fußn. 16), 114; *Michel* (Fußn. 30), 85f; *Roth* ZVglRWiss 92 (1993), 371, 381; *Stadler* (Fußn. 6), 141f; *Zimmermann* JR 1985, 48, 50.

[201] Z. Bsp. *Stadler* (Fußn. 6), 143; *Staudinger/Wiegand* § 929 Rn. 22. Polemisch *Kegel*, FS Mann (1977), 57, 77: Eine Verpflichtung zum Mord sei danach sittenwidrig, nicht aber der Mord als dessen Erfüllung. Das Beispiel ist schief, da ein Mord kein Rechtsgeschäft ist, allenfalls ein Realakt.

zip Rücksicht nehmen können. Erst eine Gesamtbetrachtung aller relevanter Faktoren mit dem Blick auf den Inhalt, den Beweggrund und den Zweck des Rechtsgeschäfts begründet die Sittenwidrigkeit, dies ist anerkannt.[202] Wenn dem so ist, so ist es auch geboten, den dinglichen Vollzug bei der Frage zu berücksichtigen, ob eine Verpflichtung gegen die guten Sitten verstößt. Selbstverständlich sollte sein, dass sich daraus auch die Nichtigkeit der Erfüllung ergibt. Der Konflikt mit der inneren Abstraktion liegt daher im Sittenwidrigkeitsurteil selbst begründet. Gegen das hier vertretene Konzept könnte man allerdings einwenden, dass die Rechtsfolgen der Sittenwidrigkeit abstraktionskonform auszugestalten seien, auch wenn der Tatbestand eine umfassende Wertung fordert. Dieser Einwand lässt sich aber dadurch entkräften, dass die herrschende Ansicht wohl im Anschluss an die oben zitierten Entscheidungen des Reichsgerichts in Extremfällen § 826 anwenden möchte und dem ursprünglichen Eigentümer einen Schadensersatzanspruch wegen seines Eigentumsverlustes einräumt.[203] Dieses Korrekturbedürfnis zeigt, dass die Sittenresistenz der Verfügung ein kaum haltbares Dogma ist. Sofern die Verfügung tatsächlich sittenneutral sein sollte, wäre einem Schadensersatzanspruch nach § 826 von vornherein der Boden entzogen, da der Eigentumsentzug als solcher kein sittenwidriges Element in sich aufnehmen könnte. Betont man die Wertneutralität der Verfügungsgeschäfte, so schneidet man einen Wertungsstrang für § 138 Abs. 1 ab. Ebenso wie man auf der ohnehin unzutreffenden Neutralität der Verfügungsgeschäfte beharrt, könnte man auch umgekehrt darauf beharren, vollständig bei § 138 Abs. 1 abzuwägen. Gerade bei Austauschgeschäften verdreht die herrschende Ansicht die Sichtweise: Für sich genommen, ist eine sittenwidrige Verpflichtung unschädlich, da sie keine Vermögenslage ändert und deswegen keine Nachteile zeitigt. Erst durch die Erfüllung gewinnt die Verpflichtung ihr sittenwidriges Gepräge. Die Rechtsprechungsanalyse belegte, dass in bestimmten Fällen das Sittenwidrigkeitsurteil erst dadurch fundiert ist, indem auch der Vollzug eines Rechtsgeschäfts in die Gesamtbetrachtung einfließt. Es wäre aber widersprüchlich, die Sittenwidrigkeit des Verpflichtungsgeschäfts aus dem Vollzugsakt zu begründen, wenn dieser nach dem Abstraktionsprinzip wirksam sein soll. Bei Austauschgeschäften und damit dem Hauptanwendungsfall des Abstraktionsprinzips können daher *causa* und Erfüllung sehr wohl sittenwidrig sein.[204] In jedem Falle sollte dies gelten, wenn man die Sittenwidrigkeit des

---

[202] BGHZ 86, 82, 88; BGHZ 107, 92, 97; BGHZ 125, 206, 209; BGH NJW-RR 1998, 590, 591; *Bork* Rn. 1183; *Erman/Palm* § 138 Rn. 36; *Larenz/Wolf* § 41 Rn. 24; MünchKomm/*Mayer-Maly/Armbrüster* § 138 Rn. 30; *Soergel/Hefermehl* § 138 Rn. 45; *Staudinger/Sack* § 138 Rn. 38 mwN.

[203] So zB.: *Michel* (Fußn. 30), *Stadler* (Fußn. 6),

[204] So im Ergebnis auch *Staudinger/Wiegand* § 929 Rn. 28; *Wiegand* AcP 190 (1990), 112, 135; dagegen *Michel* (Fußn. 30), 89f, der sich allerdings mit den Argumenten *Wiegands* unvollständig auseinandersetzt. Eher verlegen wirkt es, wenn *Michel* einräumt, dass die »Ergebnisse der unter dem Stichwort Fehleridentität behandelten Fälle nicht einheitlich« seien (89). Um wohl das eigene Konzept nicht ins Wanken zu bringen, wird ausgerechnet dieser Gesichtspunkt nicht mehr

Grundgeschäfts durch das Vollzugsmoment begründet. Die Rechtsprechung zur Nichtigkeit von sog. Gesamtverzichtsvereinbarungen bestätigt die hier vertretene Ansicht. Beispielhaft sei dazu eine Entscheidung des OLG Karlsruhe angeführt: Die Ehefrau übertrug ihrem (damaligen) Ehegatten ihren hälftigen Miteigentumsanteil an einem gemeinsamen Hausgrundstück. In Verbindung mit einem Ehevertrag verzichtete die Ehefrau damit auf alle in der Ehe erworbenen Vermögenswerte. Da die Ehe zudem lange währte, erklärte das OLG die isolierte *Übertragung* des Miteigentumsanteils und damit das sittenwidrige Geschäft als solches für nichtig.[205] Ausführungen zur *causa* finden sich in der Entscheidung nicht und in der Tat enthielt die Vereinbarung ihr sittenwidriges Gepräge erst dadurch, indem tatsächlich die Vermögenswerte übertragen werden sollten.

Nur der Vollständigkeit halber sind noch kurz die Ansätze aus dem Schrifttum zu schildern, die sich um Maßstäbe bemühen, wann nur die *causa* und wann zusätzlich auch das dingliche Rechtsgeschäft sittenwidrig sein soll. Sie kennzeichnet allesamt ein wenig handhabbarer und unklarer Ansatz. Verbreitet meint man, dass sich aus dem Grad des Sittenverstoßes Rechtsfolgen ableiten ließen. Bei besonders schweren oder »krassen« Sittenverstößen sei nicht nur das schuldrechtliche, sondern auch das dingliche Rechtsgeschäft nichtig.[206] Für die praktische Rechtsanwendung ist dieser Ansatz jedoch untauglich, da sich keine Maßstäbe dafür finden lassen, wann ein Sittenverstoß besonders schwer ist. Darauf stellt das Gesetz auch nicht ab. Eine Abstufung nach Sittenwidrigkeitsgraden ist § 138 Abs. 1 fremd, jeder Sittenverstoß ist nichtig.[207] Zudem sind die Maßstäbe inoperationabel, nach denen man leichte Sittenverstöße von schwerwiegenden Sittenverstößen abzugrenzen hätte. Um Prinzipientreue und Rechtsgefühl miteinander in Einklang zu bringen, behilft man sich vielfach mit einer Interessenabwägung. Das dingliche Rechtsgeschäft soll danach nichtig sein, wenn dies die Interessen schutzwürdiger Dritter verlangen.[208] Oftmals lassen sich aber die relevanten Interessen gar nicht genau aufspalten, ein Sachverhalt kann zugleich mehrere Interessen berühren. Dieser Lösungsversuch ist daher unpräzise und wenig vorhersehbar, ein Einwand, den dieser Vorschlag seinerseits der Rechtsprechung vorhält. Zudem bleibt unklar, wann die Interessen Dritter schutzwürdig sind und folglich

---

weiter vertieft. Das hier vertretene Konzept stützt sich jedoch nicht wie *Wiegand* auf rechtspolitischer Erwägungen, sondern allein auf Erwägungen aus § 138 Abs. 1 selbst.

[205] OLG Karlsruhe NJW-RR 1991, 452; siehe auch OLG Frankfurt/M FamRZ 1983, 176, 178.

[206] *H. Honsell*, Die Rückabwicklung sittenwidriger oder verbotener Geschäfte (1974), 56; *Staudinger/Lorenz* § 817 Rn. 14; *Roth* ZVglRWiss 92 (1993), 371, 392.

[207] Siehe dazu die treffende Kritik von *Stadler* (Fußn. 6), 144f.

[208] So *Dauner* JZ 1980, 495, 498; *Zimmermann* JR 1985, 48, 51. Spielarten dieser Theorie finden sich bei *H. Honsell* (Fußn. 206), der auch danach unterscheiden möchte, ob der Sittenverstoß gerade im Verhalten gegenüber dem Vertragspartner liegt oder Interessen Dritter oder der Allgemeinheit verletzt (55). In diesem Sinne auch *Flume* § 18/8 c bb. *Medicus* Rn. 712 will § 138 Abs. 1 nur dann auf Verfügungen anwenden, wenn nur durch eine nichtige Verfügung die sittenwidrige Schädigung Dritter verhindert werden kann. Diese Ansicht ist ersichtlich auf Kreditsicherungen zugeschnitten und ist deswegen zu eng.

das Abstraktionsprinzip nicht anwendbar sein soll. Der Sache nach liefe dieser Vorschlag auf eine diffuse Einzelfallwertung hinaus und würde die Rechtslage eher verunsichern als klären.

cc) Wucherverbot und Abstraktion

Bei Wuchergeschäften nach § 138 Abs. 2 scheint die Rechtslage auf den ersten Blick eindeutig zu sein: Aus der Gesetzesformulierung »sich oder einem Dritten ... gewähren lässt«, folgert die überwiegende Ansicht, dass die Nichtigkeit des schuldrechtlichen Geschäfts auch das Erfüllungsgeschäft des Bewucherten erfasst.[209] Indessen ist der Wortlaut des § 138 Abs. 2 nicht derart zweifelsfrei. Historisch betrachtet, hat der Gesetzgeber diese Formulierung aus dem seinerzeit geltenden Wuchertatbestand des StGB übernommen und eine Durchbrechung des Abstraktionsprinzips offenbar nicht vor Augen. Neben dem »versprechen lassen« sollte das »sich gewähren lassen« solche Fälle erfassen, in denen vorher nicht versprochene Vermögensvorteile zugewendet werden. Neuere Stimmen im Schrifttum betonen deswegen das Abstraktionsprinzip und lehnen dessen Durchbrechung über § 138 Abs. 2 ab.[210] Die historische Auslegung ist allerdings überspitzt. Sie übersieht, dass das alte StGB seinerzeit noch nicht die Trennung und Abstraktion im BGB vorfand und deswegen auch nicht berücksichtigen konnte. Deswegen lässt sich die historische Auslegung auch nicht für die uneingeschränkte Geltung des Abstraktionsprinzips verwenden. Die Genesis des § 138 Abs. 2 ist vielmehr für die Antwort auf die Frage unergiebig. Nach dem hier vertretenen Konzept ergibt sich die Nichtigkeit des Verfügungsgeschäfts bereits aus den zu § 138 Abs. 1 aufgestellten Erwägungen. Selbst wenn man dem nicht folgen mag, so strahlt die Praxis zu § 138 Abs. 2 jedoch teilweise auf § 138 Abs. 1 aus. Bei wucherähnlichen Rechtsgeschäften wendet eine umfangreiche Praxis § 138 Abs. 1 an, wenn im Einzelfall der subjektive Tatbestand des § 138 Abs. 2 nicht nachweisbar ist; keinesfalls ist diese Vorschrift eine abschließende Regelung.[211] Jedenfalls bei wucherähnlichen Rechtsgeschäften sollte das Erfüllungsgeschäft nichtig sein, da man ansonsten Wertungswidersprüche zu § 138 Abs. 2 hervorrufen würde.

---

[209] BGHZ 50, 112; BGH NJW 1973, 613, 615; BGH WM 1974, 774; BGH NJW 1982, 2767, 2768; BGH NJW 1990, 384, 385; BGH NJW 1994, 1275; BGH NJW 1994, 1470; RGZ 109, 201, 202; RGZ 162, 302, 306; AG Kirchheim CR 1993, 630; *Bork* Rn. 1175; *Köhler* § 13 Rn. 39; *Larenz/Wolf* § 41 Rn. 77; MünchKomm/*Mayer-Maly/Armbrüster* § 138 Rn. 164; *Palandt/Heinrichs* § 138 Rn. 75; *Wolff/Raiser* § 38 II 2 Fußn. 11 (S. 119).

[210] So zuerst *Zimmermann* JR 1985, 48, 49; *Michel* (Fußn. 30), 83; *Stadler* (Fußn. 6), 146; dem zuneigend: *Staudinger/Sack* § 138 Rn. 224.

[211] Z. Bsp.: BGHZ 146, 298, 301; BGH NJW 2002, 3165, 3166; *Soergel/Hefermehl* § 138 Rn. 86; im Ergebnis auch *Staudinger/Sack* § 138 Rn. 228f mwN; teilweise aA MünchKomm/*Mayer-Maly/Armbrüster* § 138 Rn. 153, wonach § 138 Abs. 2 in diesen Fällen analog anzuwenden sei.

4. Die Geschäftseinheit nach § 139

Das Problem, ob zwischen dem Kausal- und dem Erfüllungsgeschäft eine Geschäftseinheit bestehen kann, spiegelt paradigmatisch den Konflikt zwischen Privatautonomie und dem Abstraktionsprinzip wider. Ist das Grundgeschäft nichtig, so stellt sich die Frage, ob nicht auch das Erfüllungsgeschäft als nichtig angesehen werden kann. Das Auslegungsproblem kristallisiert sich darin, ob die Parteien an der Erfüllung trotz des nichtigen Grundgeschäfts festhalten wollen. Gerade bei der Frage, ob das Grund- und Erfüllungsgeschäft eine Einheit bilden können, haben sich gegensätzliche Ansichten gebildet. Weite Teile des Schrifttums lehnen eine Geschäftseinheit gemäß § 139 zwischen schuldrechtlichen und dinglichem Geschäft ab.[212] Nach wie vor existieren in der Literatur gegensätzliche Ansichten, die § 139 uneingeschränkt anwenden wollen,[213] während die Rechtsprechung eine eher vermittelnde Position einnimmt: Sie erkennt eine Geschäftseinheit zwischen dem schuldrechtlichen Geschäft und dem Erfüllungsgeschäft an, betont aber, dass dies »ausnahmsweise«[214] oder nur »höchst selten«[215] der Fall sei. Hingegen hat der BGH – allerdings ohne Begründung – eine Geschäftseinheit zwischen einem Grundstückskauf und einer Auflassung abgelehnt.[216] Im deutlichen Gegensatz dazu nahm das BAG in einer vereinzelten Entscheidung an, dass § 139 »regelmäßig« auf das Verhältnis zwischen Verpflichtung und Verfügung anwendbar sei.[217]

Konstruktiv steht dem nichts entgegen, zwischen Grund- und Erfüllungsgeschäft eine Geschäftseinheit anzunehmen. Das Trennungsprinzip schichtet zwar die Verpflichtung und die Verfügung in zwei Rechtsgeschäfte, eine Geschäftseinheit kann jedoch auch zwischen verschiedenen Geschäftsarten bestehen.[218] Entscheidend ist damit die Antwort auf die Frage, wann ein Geschäft als ein einheitliches anzusehen ist. Die überwiegende Ansicht stellt hier auf den Willen der Partei-

---

[212] *Baur/Stürner* § 5 Rn. 55; *Deubner* JuS 1996, 106, 107; *Flume* § 12 III 4; *Grigoleit* AcP 199 (1999), 379, 414f; *Jauernig* JuS 1994, 721, 724; *Larenz/Wolf* § 45 Rn. 11; *Medicus* Rn. 241, 504; *Michel* (Fußn. 30), 110f; MünchKomm/*Quack* § 929 Rn. 59; MünchKomm/*Wacke* § 873 Rn. 24; *Schäfer* (Fußn. 71), 88ff; *Schlüter* JuS 1969, 10, 11; *Schwab/ Prütting* Rn. 25; *Soergel/Hefermehl* § 139 Rn. 20; *Soergel/Henssler* § 929 Rn. 13; *Stadler* (Fußn. 6), 93–95; *Staudinger/Gursky* § 873 Rn. 141; *Staudinger/H. Roth* § 139 Rn. 54; *Staudinger/Seiler* Einl zu §§ 854ff Rn. 53.

[213] *Eisenhardt* JZ 1991, 271, 277; *Heck*, Das abstrakte dingliche Rechtsgeschäft (1937), 38ff; *Lindemann* (Fußn. 16), 92–95; *Roth* ZVglRWiss 92 (1993) 371, 382f; *Staudinger/Wiegand* § 929 Rn. 27; *Tiedtke* DB 1982, 1709, 1711; *Westermann* § 4 IV 3; *Wiegand* AcP 190 (1990), 112, 123, 135; wohl auch *Haferkamp* JURA 1988, 511, 515; für erwägenswert gehalten von MünchKomm/*Mayer-Maly/ Busche* § 139 Rn. 20.

[214] BGH NJW-RR 1992, 593, 594; BGH NJW 1991, 917, 918; BGH NJW 1988, 2364; BGH BB 1986, 1252; BGH NJW 1979, 1495, 1496; BGHZ 31, 321, 323; zuerst: BGH NJW 1952, 60; siehe auch OLG Schleswig NJW-RR 1995, 554.

[215] BGH NJW-RR 1989, 519. Die Rechtsprechung des RG ist hier nicht nachzuzeichnen. Siehe dazu näher: *Lindemann* (Fußn. 16), 79–86.

[216] BGH NJW 1991, 917, 918; BGH NJW 1986, 3006, 3007; BGH NJW 1979, 1495, 1496.

[217] BAG NJW 1967, 751.

[218] BGHZ 50, 8, 13; *Eisenhardt* JZ 1991, 271, 272f; *Soergel/Hefermehl* § 139 Rn. 19.

en ab und hilfsweise auf den objektiven Sinnzusammenhang, wenn sich kein eindeutiger Wille feststellen lässt.[219] Wenn die Geschäfte »nach dem Willen der Vertragsparteien miteinander stehen oder fallen sollten«, geht die Rechtsprechung von einem einheitlichen Geschäft aus, betrachtet diese Feststellung aber als Tatfrage.[220] Die beschriebene Formel ist allerdings etwas blumig. Nimmt man sie beim Wort, so müsste man stets eine Geschäftseinheit zwischen dem Verpflichtungsgeschäft und dem Verfügungsgeschäft annehmen. Dies gilt in jedem Falle, wenn die Parteien ausdrücklich ihren Einheitlichkeitswillen äußern. Aber auch ohne eine solche ausdrückliche Erklärung ließe sich aus dem Verhalten der Parteien stets auf einen einheitlichen Willen schließen. Wenn nicht gerade Juristen einen Kaufvertrag abschließen, werden sich die Parteien gar nicht des Unterschiedes zwischen Kauf und Übereignung bewusst sein. Eher liegt die umgekehrte Situation nahe, dass den Parteien die Trennung und damit auch die Abstraktion fern liegt.[221]

Analysiert man darauf die Rechtsprechung, so zeigt sich, dass § 139 nicht pauschal abgelehnt wird. Die erste hier zu nennende Entscheidung des BGH befasste sich mit einer Ausnahmekonstellation. Nach § 985 verlangte der Kläger vom Beklagten die Herausgabe einer zuvor gelieferten Sache, wobei unklar war, ob es sich bei dem zugrunde liegenden Kaufvertrag um ein verbotenes Kompensationsgeschäft handelte. Der BGH ließ diese Frage offen und lehnte eine Geschäftseinheit zwischen dem Kauf und der Übereignung ab: Bei Kompensationsgeschäften gelte die Besonderheit, dass der Parteiwille dahin gehe, das Erfüllungsgeschäft auch bei der Nichtigkeit des Verpflichtungsgeschäftes vorzunehmen, weil es den Parteien gerade darauf ankomme, die Leistungen auszutauschen.[222] Auch wenn das Urteil knapp gehalten ist, gestattet es zwei Folgerungen: Zum einen schließt das Abstraktionsprinzip nicht pauschal die Vorschrift des § 139 aus. Zum anderen sieht es der BGH als eine »Besonderheit« an, dass bei einem Kompensationsgeschäft die Parteien auch dann die Erfüllung wollen, wenn das schuldrechtliche Grundgeschäft nichtig ist. Wenn dies die Besonderheit ist, dann drängt sich der Umkehrschluss auf, dass die Geschäftseinheit ansonsten die Regel ist.

Ähnlich unklar drückte sich der BGH auch in der Folgeentscheidung aus. Ihr lag eine Schuldübernahme zugrunde, bei der das Verpflichtungsgeschäft nichtig war.[223] Auch hier lehnte es das Gericht nicht ab, dass Verpflichtung und Verfügung eine Geschäftseinheit bilden könnten, sah aber dies als nicht erfüllten Ausnahmefall an.[224]

---

219 *Staudinger/H. Roth* § 139 Rn. 37f mwN.; MünchKomm/*Mayer-Maly/Busche* § 139 Rn. 16 stellen nur auf den objektiven Sinnzusammenhang ab. Im Ergebnis dürfte dies kaum von der hM abweichen, da die jeweils verwendeten Kriterien identisch sind.

220 Z. Bsp. BGHZ 50, 8, 13; BGHZ 112, 288, 293; BGH NJW 1983, 2026, 2028; näher: *Eisenhardt* JZ 1991, 271, 273.

221 So zu Recht *Lindemann* (Fußn. 16), 77.

222 BGH NJW 1952, 60.

223 BGHZ 31, 321.

224 BGHZ 31, 321, 323. Das RG hatte hingegen eine Schuldübernahme regelmäßig als kausal

Viel beachtet ist ein Urteil des BGH aus dem Jahre 1967, in dem zum ersten und bislang einzigen Mal von einer Geschäftseinheit zwischen Grund- und Erfüllungsgeschäft ausgegangen wurde:[225] Die Klägerin schloss mit dem Landwirt H einen notariell beurkundeten Erbteilskauf, wonach H den Miterbenanteil erhalten sollte. Gleichzeitig vereinbarten die Parteien mündlich, dass H an die Klägerin die beweglichen Nachlasswerte zurückveräußern sollte. Der BGH nahm hier eine zweifache Geschäftseinheit an. Zum einen bildete die mündliche Nebenabrede mit dem notariell beurkundeten Erbschaftskauf eine Geschäftseinheit, zum anderen billigte er die Feststellung des Berufungsgerichts, dass der Erbschaftskauf mit dem Erfüllungsgeschäft zu einer Einheit verbunden sei. Der gesamte Erbschaftskauf war deswegen formnichtig, da die notarielle Form des § 2371 auch für die Nebenabrede gelten sollte.[226] Die Erbteilsübertragung hielt der BGH gemäß § 139 für nichtig und führte wörtlich aus: »Das bürgerlich-rechtliche Abstraktionsprinzip ist allerdings nicht so formal, dass es nicht im Einzelfall von den Parteien abgeändert und durchbrochen werden könnte«; vielmehr könne es durch Hinzufügen einer rechtsgeschäftlichen Bedingung oder durch die Vereinbarung einer rechtlichen Einheit im Sinne des § 139 von der rechtlichen Wirksamkeit des Schuldgrundes abhängig gemacht werden.[227] Der BGH billigte dabei die Feststellungen des Berufungsgerichts zur Geschäftseinheit und fasste dessen Ausführungen noch allgemeiner. Zum einen war wesentlich, dass das Grund- und das Verfügungsgeschäft in einer Urkunde niedergelegt waren, zum anderen sah der BGH in der Rückübertragungsverpflichtung des Käufers den entscheidenden Gesichtspunkt. Den Verkauf und die Übertragung des Miterbenanteils, verbunden mit der Rückübertragungsverpflichtung, wertete der BGH nur als einen Umweg, um dem Käufer die aus dem Nachlass zukommenden Grundstücke zu beschaffen. Bei einer derart engen Verknüpfung von Kausal- und Erfüllungsgeschäft kommt danach § 139 in Betracht.[228]

Resümiert man die Praxis, so lässt sich nicht feststellen, dass die Rechtsprechung des BGH nur ein bloßes Lippenbekenntnis dazu ist, ob § 139 auf Verpflichtung und Verfügung anwendbar ist.[229] Die weit verbreiteten Gegenstimmen aus

---

gewertet, RGZ 58, 384; RG WarnR 1911 Nr. 263. Näher: MünchKomm/*Möschel* § 417 Rn. 15–17.

[225] BGH NJW 1967, 1128; bestätigt durch BGH DNotZ 1971, 38.

[226] BGH NJW 1967, 1128, 1129.

[227] BGH NJW 1967, 1128, 1130. Eine Heilungsmöglichkeit nach § 311 b Abs. 1 Satz 2 analog (damals § 313 Satz 2) lehnte der BGH ab (1130f). Diese Frage ist gleichwohl streitig. Mit der Rechtsprechung ist keine ausfüllungsfähige Lücke anzuerkennen: Die im Gesetz vorgesehenen Heilungsmöglichkeiten sind abschließend. Sieht das Gesetz daher keine vor, so fehlt es an einer unechten Lücke, um § 311 b Abs. 1 Satz 2 analog anzuwenden (hM.: BGH DNotZ 1971, 37; OLG Köln ZEV 2000, 240; *Bamberger/Roth/J. Mayer* § 2371 Rn. 3 mwN; *Jauernig/Stürner* § 2371 Rn. 1; MünchKomm/ *Musielak* § 2371 Rn. 7; aA.: *Schlüter* JuS 1969, 10; *Soergel/Zimmermann* § 2371 Rn. 22; *Staudinger/Olshausen* § 2371 Rn. 23–27).

[228] BGH NJW 1967, 1128, 1130.

[229] So jedoch *Jauernig* JuS 1994, 721, 724.

dem Schrifttum berücksichtigen nicht, dass der BGH ohne weiteres eine Geschäftseinheit zwischen Grund- und Erfüllungsgeschäft annimmt. Es geht daher nicht um das ob, sondern eher um die Maßstäbe. Gleichwohl steht die praktische Bedeutung in keinem Verhältnis zur theoretischen. Bereits die erste Entscheidung zu der Frage ebnet § 139 den Weg, in einer Entscheidung hat der BGH ausdrücklich die Vorschrift angewandt. Einer ausdrücklich vereinbarten Geschäftseinheit zwischen Verpflichtung und Verfügung steht daher nichts im Wege. Wie aber gerade die grundlegende Entscheidung aus dem Jahre 1967 belegt, kann eine Geschäftseinheit sich auch aus dem schlüssigen Verhalten der Parteien ergeben. Dabei stellt die Rechtsprechung auch auf einen wirtschaftlichen Zusammenhang zwischen dem Grund- und dem Erfüllungsgeschäft ab, um den Parteiwillen zu ermitteln. Im Ergebnis berücksichtigt die Rechtsprechung die Privatautonomie und billigt dem Abstraktionsprinzip keinen absoluten Vorrang zu.

5. Abstraktion bei Treuhandgeschäften

a) *Die drei vertraglichen Ebenen*

Das Trennungsprinzip ist bei den Treuhandgeschäften auf die Spitze getrieben und schlägt sich in einer Trias nieder: Zu dem Darlehensvertrag oder Grundgeschäft über die zu sichernde Forderung treten die Treuhandabrede (Zweckvereinbarung, Sicherungsvertrag) und schließlich das dingliche Rechtsgeschäft.[230] Auch wenn noch keine Einigkeit darüber herrscht, welche inhaltlichen Abreden zum Sicherungsvertrag zählen, so ist das konstruktive Verhältnis der genannten Rechtsgeschäfte zueinander im Grundsatz klar: Die Treuhandabrede ist der Rechtsgrund für das dingliche Geschäft, nicht hingegen das schuldrechtliche Sicherungsgeschäft.[231] Damit sind die drei Vereinbarungen gleichsam hintereinander geschaltet und stehen in einem gestuften Verhältnis zueinander.

Zwischen dem Grundgeschäft und der Sicherungsabrede besteht eine Geschäftseinheit im Sinne des § 139, wie der BGH ausdrücklich festgehalten hat:[232] Der Kläger kaufte nach dem Sachverhalt dieser Entscheidung eine Wohnung und übereignete dem Verkäufer zur Sicherung des Kaufpreises ein Gemälde. Da der Kaufvertrag formnichtig war, nahm der BGH an, dass auch die Sicherungsabrede

---

230 *Baur/Stürner* § 57 Rn. 15; *Becker-Eberhard* (Fußn. 30), 69; *Bülow* NJW 1997, 641, 642; *Huber* (Fußn. 30), 87ff; *Jauernig/Jauernig* § 930 Rn. 34; *Michel* (Fußn. 30), 137ff; MünchKomm/*Oechsler* Anh. §§ 929–936 Rn. 8, 14; MünchKomm/*Eickmann* § 1191 Rn. 13; *Serick* I 57ff; *Soergel/Konzen* §§ 1191, 1192 Rn. 9; *Stadler* (Fußn. 6), 563; *Staudinger/Wiegand* Anh zu §§ 929ff Rn. 66; *Staudinger/Wolfsteiner* Vor §§ 1191ff Rn. 23.

231 RGZ 124, 91, 93 [für die Sicherungsgrundschuld]; BGHZ 124, 371, 375; *Jauernig/Jauernig* § 930 Rn. 31; *Mühl*, FS Serick (1992), 285, 286; MünchKomm/ *Oechsler* Anh. §§ 929–936 Rn. 8; *Stadler* (Fußn. 6), 563 AA nur *Weber* AcP 169 (1969), 237, 242, der die Existenz der Forderung für einen mittelbaren Rechtsgrund hält. Zu abweichenden Vorschlägen, auf die hier aber nicht einzugehen ist, siehe *Michel* (Fußn. 30), 137f.

232 BGH NJW 1994, 2885.

davon betroffen sei. Die Entscheidungsgründe betonen auf der einen Seite, dass sich nach dem Parteiwillen richte, ob eine Geschäftseinheit bestehe. Davon ging der BGH aus, da die Sicherungsabrede ohne eine zu sichernde Forderung sinnlos sei. Dies müsse jedenfalls gelten, wenn nur eine Forderung gesichert werden soll.[233] Eine genaue Analyse des Parteiwillens unterblieb in der Entscheidung, vielmehr erscheint dem BGH die Geschäftseinheit zwischen dem Grundgeschäft und der Sicherungsabrede offensichtlich zu sein. Dies mag auch daran gelegen haben, dass im konkreten Fall die Sicherungsabrede und der Kaufvertrag äußerlich in einem Vertrag zusammengefasst waren, entscheidend ist dies für die Betrachtung jedoch nicht. Der Sicherungsvertrag steht und fällt mit dem Grundgeschäft und bildet mit diesem deswegen eine Geschäftseinheit. Die Voraussetzungen des § 139 sind damit stets erfüllt, da die Sicherungsabrede ohne eine zu sichernde Forderung wirtschaftlich sinnlos ist.[234] Wegen dieser engen rechtlichen Verbindung zwischen dem Grundgeschäft und der Sicherungsabrede mag man sich die Frage stellen, ob die dreistufige Konstruktion nicht fiktiv ist und besser durch zwei Stufen ersetzt werden könnte. Für die parallele Konstruktion bei Wechseln und Schecks wurde dies im Schrifttum vertreten, kam aber zu keinen anderen Ergebnissen als das dreistufige Modell der herrschenden Ansicht.[235] Die Frage braucht hier deswegen nicht entschieden werden.

---

[233] BGH NJW 1994, 2885. Dem zustimmend: *Bamberger/Roth/Kindl* § 930 Anh. Rn. 11; *Jauernig/ Jauernig* § 930 Rn. 34; *Michel* (Fußn. 30), 149ff; *Serick* I § 4 II 3; *Weitnauer*, FS Serick (1992), 389, 395; *Weber* AcP 169 (1969), 237, 241. AA jedoch *Soergel/Henssler* § 930 Anh. Rn. 15 unter unzutreffender Berufung auf BGH NJW 1994, 2285. Teilweise anders *Stadler* (Fußn. 6), 588ff, ohne die entgegenstehende Entscheidung BGH NJW 1994, 2885 zu würdigen. So sollen zwar im Regelfall die gesicherte Forderung und der Sicherungsvertrag eine Geschäftseinheit im Sinne des § 139 bilden. Diese Lösung sei aber unbefriedigend und könne scheitern, wenn der Schuldner der Forderung und der Sicherungsgeber nicht personenidentisch seien (588). Gleichzeit gesteht jedoch auch *Stadler* ein, dass eine Geschäftseinheit nicht durch eine Personenverschiedenheit ausgeschlossen wird (588 Fußn. 45). Auch der weitere Einwand, wonach die Lösung über § 139 versage, wenn das Darlehen trotz eines wirksamen Vertrages nicht valutiert werde (588) überzeugt nicht. Diese Fälle zu Lösen ist gar nicht das Anliegen von § 139. *Stadler* schlägt daher vor, beim Wegfall der *causa* des Sicherungsvertrages durch eine Auslegung des Sicherungsvertrages zu lösen (594), ohne dass hier allerdings ein konkreter Vorschlag gemacht wird, wie diese Auslegung auszusehen hätte. Im Ergebnis scheint diese Ansicht zu kompliziert und bringt keinen spürbaren Vorteil für die praktische Rechtsanwendung.

[234] *Michel* (Fußn. 30), 155 schlägt hier ein »Regel-Ausnahme-Verhältnis« vor, wonach regelmäßig eine Geschäftseinheit bestünde, es sei denn, die Parteien hätten eine andere Abrede getroffen, wonach die Sicherungsabrede auch gültig sein soll, wenn keine gesicherte Forderung existiert. Ein solcher Fall dürfte aber eher theoretisch sein. Unterstellt, die Parteien treffen tatsächlich eine solche Vereinbarung, so wäre sie allerdings bedenklich, da sich hier eine Partei verpflichtet, eine Sicherheit zu bestellen, ohne dass eine zu sichernde Forderung dafür besteht. In allgemeinen Geschäftsbedingungen formuliert, dürfte eine solche Abrede mit § 307 unvereinbar sein, individualvertraglich vereinbart, wird eine solche Klausel mit § 138 Abs. 1 unvereinbar sein. In beiden Fällen wird der Sicherungsgeber unangemessen benachteiligt, da er sich von vornherein verpflichtet, eine Sicherheit zu bestellen, obwohl keine zu sichernde Forderung besteht.

[235] Siehe zum zweistufigen Modell: *Zöllner* ZHR 148 (1984), 313, 320ff. Dagegen die Kritik von *R. Ernst*, Wechsel und Scheck im Wettbewerb der Zahlungsmittel (1993), 149.

b) Treuhandcharakter und Abstraktion

Bei den durch eine Sicherungsabrede gestützten Sicherungsrechten stellt sich weiter die Frage, ob ihre Konstruktion nicht bereits das Abstraktionsprinzip durchbricht. Wie bereits oben dargestellt, fügt sich das Treuhandeigentum nicht in den Dualismus zwischen dinglichen und persönlichen Rechten.[236] Es nimmt auf die starre Trennung zwischen *causa* und dinglichem Recht keine Rücksicht. *Inter partes* unterwirft die Sicherungsabrede das Treuhandeigentum bestimmten Bindungen, von denen die Pflicht des Sicherungsgebers hervorzuheben ist, nicht über das Sicherungsgut zu verfügen.[237] Ein umfassendes Eigentumsrecht unterliegt dieser Bindung selbstredend nicht. Der Sache nach definiert daher die Sicherungsabrede das Eigentum des Sicherungsnehmers, auch wenn man diese Abrede als schuldrechtlich einstuft. Bereits diese Auswirkungen der Sicherungsabrede auf das Sicherungseigentum mag man als Durchbrechung des Abstraktionsprinzips ansehen. Zuerst hat man anhand des § 138 Abs. 1 weitere Folgerungen abgeleitet, wie sich die Sicherungsabrede zu dem dinglichen Recht verhält. Man sieht sich gezwungen bei einer sittenwidrigen Sicherungsabrede auch das Vollzugsgeschäft als nichtig anzusehen, da der Sicherungsnehmer anderenfalls mehr erhalten würde, als ihm an sich zustünde.[238] Hinter diesem Befund verbergen sich weitreichende Folgen dafür, ob die äußere Abstraktion bei Sicherungsrechten überhaupt anwendbar ist. Erkennt man die beschriebene Argumentation an, so ist sie folgerichtig auch auf alle Nichtigkeitsgründe zu erweitern, da es nicht darauf ankommt, warum die Sicherungsabrede nichtig ist, sondern dass der Sicherungsnehmer ein vollwertiges Eigentum erhält, obwohl ihm dieses nicht gebührt. Die Frage ist deswegen, ob man bereit ist, dieses »Mehr« hinzunehmen, das Abstraktionsprinzip mithin strikt durchzuführen, oder ob man hier der Sonderstellung des Treuhandeigentums Rechnung tragen möchte. Es sprechen bei fiduziarischen Rechten die besseren Gründe dafür, die äußere Abstraktion aufzugeben, eine nichtige Sicherungsabrede sollte auf das Vollzugsgeschäft durchschlagen.[239] Im Typfall des causalosen Erwerbs spiegelt die wirksame Übereignung das wider, was sich die Parteien vorgestellt hatten: Es sollte das Eigentum an einer bestimmten Sache übergehen. Bei einer nichtigen Sicherungsabrede entsteht jedoch ein *aliud*, welches in der Insolvenz und der Zwangsvollstreckung unterschiedlich gegenüber dem Volleigentum behandelt wird.[240] Diese abweichenden Außenwirkungen von Treuhandeigentum und Volleigentum nötigen dazu, das Abstraktionsprinzip hier nicht anzuwenden. Die Grundgedanken, mit denen der BGH die Verknüpfung zwischen dem Grundgeschäft und Sicherungsabrede herstellt, gel-

---

[236] Dazu ausführlich oben § 2 V 2.

[237] Siehe näher zu den einzelnen Pflichten: *Henssler* AcP 196 (1996), 37, 46ff.

[238] *Serick* I § 4 II 6 b (66); dem folgend: *Rombach*, Die anfängliche und nachträgliche Übersicherung bei revolvierenden Globalsicherheiten (2000), 201f.

[239] Erwogen von *Jauernig* NJW 1982, 268.

[240] Siehe dazu oben § 2 III 2 c, V 2.

ten auch für das Verhältnis der Sicherungsabrede zur dinglichen Übereignung: Gegenüber der normalen Eigentumsübertragung ist die fiduziarische Übertragung eine gebundene Übertragung und wirtschaftlich sinnlos, wenn keine konkretisierende Sicherungsabrede besteht. Eine verbreitete Gegenansicht will dagegen die innere und äußere Abstraktion im Verhältnis zwischen Sicherungsabrede und Vollzugsgeschäft aufrecht erhalten,[241] kann sich dabei aber nur auf das Abstraktionsprinzip stützen. Dabei wird aber verkannt, dass die Rechtsentwicklung zu den fiduziarischen Rechten der Sache nach mit einem strengen Abstraktionsprinzip unvereinbar ist. Durch die Wirkungen, die man der Sicherungsabrede beimisst, verschwimmt der Unterschied zwischen dinglichen und persönlichen Rechten und damit die Grundlage für das Trennungs- und Abstraktionsprinzip. Hier zeigt sich, wie sehr die Rechtswicklungen Risse in das formale Konzept zieht. Beharrt man auf dem Dualismus zwischen dem dinglichen und den obligatorischen Recht und erkennt man die dinglichen Wirkungen der Treuhandabrede an, so muss man auch Konsequenzen daraus für das Trennungs- und Abstraktionsprinzip ziehen. Es ist inkonsequent, die dingliche Wirkung in der Insolvenz und Zwangsvollstreckung durchführen, für das materielle Recht aber keine Folgerungen daraus zu ziehen. Mängel der Treuhandabrede sind folgerichtig wie Mängel des dinglichen Rechts zu behandeln.

Die Folgen dieses Modells sind weitreichend: Geht man mit der herrschenden Ansicht davon aus, dass zwischen dem Grundgeschäft und dem Sicherungsvertrag eine Geschäftseinheit besteht, so gelangt man zu einem umfassenden Kausalprinzip. Beispielhaft sei dies an der viel diskutierten Frage skizziert, ob es eine Auslegungsregel dahingehend gibt, dass das Sicherungseigentum auflösend bedingt durch die Existenz der Forderung ist. Die Rechtsprechung und das Schrifttum lehnen dies bekanntlich ab,[242] während eine Minderheit dies befürwortet.[243] Eine auflösend bedingte Sicherungsübereignung lässt zu Gunsten des Sicherungsgebers ein Anwartschaftsrecht entstehen, welches seinerseits wiederum zur

---

[241] *Bamberger/Roth/Kindl* § 930 Anh. Rn. 15; *Erman/Michalski* Anh. §§ 929–931 Rn. 3; MünchKomm/*Oechsler* Anh. §§ 929–936 Rn. 14 (siehe jedoch auch Rn. 33); *Soergel/Henssler* § 930 Anh. Rn. 13; *Wieling* I § 18 II 3 c (810).

[242] BGH NJW 1984, 1184, BGH NJW 1991, 353; BGH WM 1991, 88; BGH WM 1994, 414; *Bamberger/Roth/Kindl* § 930 Anh. Rn. 13; *Baur/Stürner* § 57 Rn. 10; *Buchholz* JURA 1990, 300, 305f; *Erman/Michalski* Anh. §§ 929–931 Rn. 3; *Flume* § 40/2 d; *Gaul*, FS Serick (1992), 105, 148ff; *Gerhardt* Anm. JZ 1991, 726; *Gernhuber* JuS 1988, 355, 363; *Jauernig/Jauernig* § 930 Rn. 44; *ders.* NJW 1982, 268, 270; *Mühl*, FS Serick (1992), 285, 290; *Rehbein* Anm. JR 1985, 20; *Schwab/Prütting* Rn. 409; *Soergel/Henssler* § 930 Anh. Rn. 13; *Staudinger/Wiegand* Anh zu §§ 929–931 Rn. 201ff; *Weitnauer*, FS Serick (1992), 389, 391; *Westermann/H.P. Westermann* § 44 III 4 b; *Wilhelm* Rn. 1270.

[243] *Bähr* NJW 1983, 1473, 1475; *Becker-Eberhard* (Fußn. 30), 343ff, 615ff; *Lange* NJW 1950, 565, 569; *Reinicke/Tiedtke* DB 1994, 2173; *Serick* III § 37 I 3; *Tiedtke* DB 1982, 1709, 1712; *Wolf*, FS Baur (1981), 149, 159ff; *Wolff/Raiser* § 179 III (735). Allerdings gehen einige Vertreter dieser Ansicht davon aus, dass ein Kontokorrentkredit stets durch eine unbedingte Sicherungsübereignung gesichert sei: *Serick* III § 37 2 a (391); *K. Schmidt*, FS Serick (1992), 329, 341.

Sicherheit übereignet werden kann. Bei einer unbedingt bestellten Sicherungsübereignung besteht nur ein schuldrechtlicher Rückgabeanspruch aus dem Sicherungsvertrag, wenn die gesicherte Forderung getilgt wurde. Eine auflösend bedingte Übereignung erweitert zudem den Verfügungsschutz für den Sicherungsgeber, da er nach Verfügungen des Sicherungsgebers mit Eintritt der Bedingung unwirksam werden (§ 161 Abs. 2), sofern nicht ein gutgläubiger Erwerb des Dritten (§ 161 Abs. 3) in Betracht kommt. Der BGH lehnte eine allgemeine Auslegungsregel dergestalt ab, dass die Sicherungsübereignung im Zweifel auflösend bedingt ist und begründet dies mit den schutzwürdigen Interessen des Sicherungsnehmers. Da der Sicherungsgeber unmittelbarer Besitzer ist, sieht das Gericht die Gefahr als naheliegend, dass dieser unberechtigt über das Sicherungsgut verfügt. Auch das Strafrecht wird als Begründung bemüht: Bei einem auflösend bedingt vereinbarten Sicherungsrecht sei der Sicherungsnehmer schwächer gegenüber einer Unterschlagung durch den Sicherungsgeber geschützt.[244] Zu überzeugen vermag keine dieser Begründungen. Der als zu gering erachtete Schutz des Sicherungsnehmers bei bedingten Verfügungen ergibt sich letztlich aus der Rechtsfigur des Anwartschaftsrechts und den §§ 932ff selbst. Das vermeintliche Argument gegen eine bedingte Sicherungsübertragung entpuppt sich damit als ein spezifisch kreditsicherungsrechtliches, was nicht überzeugen kann, da sich auch das Kreditsicherungsrecht in das allgemeine Sachenrecht einzufügen hat. Abgesehen davon ist es spekulativ, eine treuwidrige Verfügung des Sicherungsgebers für wahrscheinlicher zu halten, als eine Verfügung des Sicherungsnehmers. Für eine normative Bewertung sind unsichere empirische Aussagen unbrauchbar. Gewichtiger ist der zweite Begründungsstrang des BGH, auf den sich auch die herrschende Lehre stützt: Eine bedingte Übereignung offenbare nicht klar genug die sachenrechtliche Zuordnung. Das automatische Erstarken des Anwartschaftsrechts zum Vollrecht wertet man als einen intransparenten Zeitpunkt, während hingegen bei einem schuldrechtlichen Rückübertragungsanspruch genauer bestimmbar sei, wann der Sicherungsgeber das Eigentum wieder erwerbe.[245] Betrachtet man diese Argumente genauer, so zeigt sich, dass es hier nicht um die Auslegung von Willenserklärungen geht, sondern um die Grenzen einer Rechtsfortbildung. Weder der gesteigerte Verfügungsschutz einerseits, noch die unklare Zuordnung des Eigentums andererseits sind Umstände, aus denen verlässliche Rückschlüsse für den Willen der Parteien ableitbar sind.[246] Dieser Vorwurf trifft allerdings auch die Gegenansicht: Eine Auslegungsregel für eine bedingte Sicherungsübereignung soll sich daraus ergeben, dass der Sicherungsnehmer eine überschießende Rechtsmacht erhalte, wobei aber für dessen Sicherung

[244] BGH NJW 1984, 1184, 1186; zust. *Rehbein* Anm. JR 1985, 20. Gegen die strafrechtliche Argumentation des BGH zutreffend: *Becker-Eberhard* (Fußn. 30), 345ff.

[245] BGH NJW 1984, 1184, 1186; *Flume* § 40/2 d; *Gaul*, FS Serick (1992), 105, 149; *Staudinger/Wiegand* Anh zu §§ 929ff Rn. 205.

[246] So zu Recht *Michel* (Fußn. 30), 166–171 mit ausführlicher Begründung.

eine bedingte Bestellung völlig ausreiche.[247] Der Sache nach bemüht diese Ansicht den Treuhandgedanken, um zu der von ihr erstrebten Auslegungsregel zu gelangen. Nach dem hier vertretenen Konzept bedarf es solcher Unterstellungen nicht: Die Sicherungsabrede als Mischgebilde zwischen dem dinglichen und dem obligatorischen Recht strahlt auf die Sicherungsübereignung aus, beide teilen das rechtliche Schicksal. Erlischt die gesicherte Forderung durch die Erfüllung, so sollte sich dies analog § 139 auch auf die Sicherungsabrede auswirken, so dass nicht nur diese erlischt, sondern mit ihr auch die Sicherungsübereignung. Der Sicherungsgeber wird damit automatisch zum Eigentümer. Für dieses Modell spricht die oben beschriebene Ableitung aus dem Treuhandmodell und seine Einfachheit. Allerdings ist damit noch nicht das Argument der Gegenansicht entkräftet, wonach ein automatischer Rückfall des Eigentums für eine unklare Eigentumszuordnung sorge. Indes sorgt auch ein schuldrechtlicher Rückübertragungsanspruch aus dem Sicherungsvertrag nicht für klare Eigentumsverhältnisse und schiebt den Eigentumsübergang nur auf. Für Dritte ist es gleich unklar, ob und wann das Sicherungseigentum automatisch erlischt oder wann der schuldrechtliche Rückübertragungsanspruch erfüllt wird. Die weiteren Argument für und gegen eine bedingte Sicherheitenbestellung sind hier nicht mehr detalliert nachzuzeichnen, da sie mit der Anerkennung der Sicherungsübereignung als solcher zusammen hängen und deswegen eine Problem des Typenzwangs sind.[248] Dies gilt insbesondere für den Versuch, § 449 eine Leitbildfunktion für eine bedingte Sicherungsübereignung zuzumessen.[249] Erkennt man eine Sicherungsübereignung an, so sollte sich die Rechtsfortbildung am Treuhandgedanken ausrichten, wie hier vorgeschlagen. Allen Hinweisen auf den Eigentumsvorbehalt ist daher mit Skepsis zu begegnen, da ihre Leitbildfunktion für die Sicherungsübereignung kaum begründbar ist.

c) *Zur Sittenwidrigkeit von Sicherungsübereignungen*

Besonders deutlich zeigt sich bei einem sittenwidrigen Sicherungsvertrag, wie wenig der Grundsatz von der Neutralität der Verfügungsgeschäfte überzeugt und praktisch durchgehalten wird. Die Rechtsprechung hatte sich hier in der Hauptsache mit der Knebelung des Schuldners[250] und der Gläubigertäuschung zu befas-

[247] *Becker-Eberhard* (Fußn. 30), 342; *Lange* NJW 1950, 565, 569; *Reinicke/Tiedtke* DB 1994, 2173, 2176ff; *Serick* III § 37 I 1 a (349ff); *K. Schmidt*, FS Serick (1992), 329, 340ff; *Tiedtke* DB 1982, 1709, 1782; *Wolf*, FS Baur (1981), 147, 161.

[248] Dazu § 6 IV 2.

[249] *Lange* NJW 1950, 565, 569; *Wolf*, FS Baur (1981), 147, 161f; *K. Schmidt* (FS Serick [1992], 329, 346f) hält deswegen unter Rückgriff auf § 449 formularmäßig unbedingt bestellte Sicherheiten für unvereinbar mit § 307 Abs. 2 Nr. 1. Dazu sogleich im Text.

[250] RGZ 143, 254; BGH NJW 1998, 2047 = ZiP 1998, 684; BGH NJW 1970, 657; BGH NJW 1984, 728; OLG Köln ZiP 1985, 1472.

sen.[251] In der bei den Ausführungen zur Geschäftseinheit zwischen der gesicherten Forderung und der Sicherungsabrede zitierten Entscheidung hielt der BGH eine Sicherungsübereignung für wirksam, obwohl der Sicherungsvertrag nichtig war.[252] Bei einer anfänglichen Übersicherung hingegen geht der BGH davon aus, dass nicht nur die Sicherungsabrede sondern auch das Erfüllungsgeschäft nach § 138 Abs. 1 nichtig ist.[253] Einen roten Faden lässt die Rechtsprechung dabei nicht erkennen. Wie schon oben angesprochen, sieht im Schrifttum generell bei einem sittenwidrigen Sicherungsvertrag auch die Sicherungsübereignung als nichtig an, da sich hier im Erfüllungsgeschäft geradezu die Sittenwidrigkeit vollziehe.[254]

Neben inhaltlichen Zweifelsfragen, wann ein Sicherungsvertrag nichtig ist, sind insbesondere die konstruktiven Auswirkungen auf die Übereignung stark umstritten. Ihre Ursache finden diese darin, dass über die notwendigen Merkmale des Besitzmittlungsverhältnisses eine große Unsicherheit herrscht. Geht die Vereinbarung eines Besitzkonstituts in der nichtigen Sicherungsabrede auf, so ist zugleich die Übereignung unwirksam. In diesem Fall fehlt es an den konstitutiven Voraussetzungen für ein Besitzmittlungsverhältnis. Der Besitzmittler ist zwar Fremdbesitzer, doch steht ihm kein Herausgabeanspruch zu: Ein Anspruch aus § 985 scheitert, da der Eigentumserwerb fehlgeschlagen ist.[255] In der Literatur hat man die beschriebene Konstruktion deswegen mit dem Argument abgelehnt, dass ein Besitzmittlungsverhältnis im Sinne des § 930 nicht zwingend wirksam sein müsse, es genüge die Herausgabebereitschaft des unmittelbaren Besitzers.[256] Die minimalen Anforderungen eines Besitzmittlungsverhältnisses im Sinne des § 868 verlangen allerdings einen Herausgabeanspruch und lassen sich nicht auf die bloße Herausgabebereitschaft beschränken.[257] Fasst man den mittelbaren Besitz derart weit, indem man auf einen solchen Anspruch verzichtet, so verschwimmen dessen Konturen, da sich ein Besitzmittlungsverhältnis dann auf einem korrespondierenden Fremd- und Eigenbesitz beschränken würde. Geht man damit zu-

---

[251] RGZ 143, 254; BGHZ 10, 233; BGH WM 1962, 965; *Serick* III 63ff.

[252] BGH NJW 1994, 2885, 2886.

[253] BGH NJW 1998, 2047f.

[254] Neben den Nachweisen oben sub b (Fußn. 238) siehe außerdem: *Soergel/Henssler* Anh § 930 Rn. 95; *Staudinger/Wiegand* Anh. §§ 929ff Rn. 168; siehe auch MünchKomm/*Oechsler* Anh. §§ 929–936 Rn. 14, der diesen Rechtsgedanken für überzeugend hält, ihn aber bei der anfänglichen Übersicherung für praktisch undurchführbar, da unklar sei, welcher Teil der Verfügungen unwirksam sein soll. Diese praktischen Probleme ließen sich aber durch eine analoge Anwendung des § 366 lösen: Grundsätzlich könnte man dem Schuldner in Analogie zu dieser Vorschrift das Bestimmungsrecht einräumen, welche der Forderungen noch gesichert sein soll. Trifft der Schuldner diese Bestimmung nicht, so hat der Gläubiger das Bestimmungsrecht nach § 366 Abs. 2 analog.

[255] *Jauernig/Jauernig* § 930 Rn. 39; ebenso: *Erman/Michalski* Anh. §§ 929–931 Rn. 3; *Palandt/Bassenge* § 930 Rn. 30.

[256] *Bamberger/Roth/Kindl* § 930 Anh. Rn. 15; *Baur/Stürner* § 57 Rn. 15; MünchKomm/*Oechsler* Anh. §§ 929–936 Rn. 14, 15; *Staudinger/Wiegand* Anh. §§ 929ff Rn. 90; *Westermann/H.P. Westermann* § 44 III 2.

[257] Siehe dazu BGHZ 10, 81, 87; MünchKomm/*Joost* § 854 Rn. 16 mwN.

treffend davon aus, dass bei einer nichtigen Sicherungsabrede, die zugleich das Besitzmittlungsverhältnis enthält, die dingliche Übereignung fehlschlägt, sind dadurch nicht alle Probleme gelöst. Problematisch an diesem Vorschlag ist, dass im Ergebnis eine rein konstruktive Frage über die Wirksamkeit des Erfüllungsgeschäfts entscheidet: Je nachdem, ob das Besitzmittlungsverhältnis in der Sicherungsabrede vereinbart wurde, ist die Sicherungsübereignung wirksam oder nicht.[258] Die konstruktive Feinarbeit darf aber nicht den Blick auf das Wesentliche zu verstellen: Der durch das Abstraktionsprinzip bezweckte Verkehrsschutz kann nicht davon abhängen, ob das Besitzmittlungsverhältnis in der Sicherungsabrede vereinbart wurde oder nicht. Nach dem hier vertretenen Modell kommt es darauf auch nicht entscheidend an: Wegen des treuhänderischen Charakters der Sicherungsübereignung ist diese stets nichtig, wenn auch die Sicherungsabrede wegen § 138 Abs. 1 nichtig ist. Diese Lösung vermeidet unterschiedliche Ergebnisse, je nachdem, wie die Sicherungsabrede inhaltlich ausgestaltet ist. Die Auswirkungen einer nichtigen Sicherungsabrede auf die dingliche Übereignung müssen einheitlich beschrieben werden und dürfen nicht von kautelarjuristischen Zufällen abhängen.

6. Zession und Abstraktion

Als Vorteil des Abstraktionsprinzips wird immer wieder angeführt, dass es die Verkehrsfähigkeit von Forderungen gewährleiste.[259] Auf den ersten Blick überzeugt dies. Bei einem nichtigen Grundgeschäft ist die abstrahierte Zession gleichwohl wirksam und der Zessionar daher in der Lage, die zedierte Forderung an einen Dritten abzutreten. Geht man umgekehrt davon aus, dass das nichtige Grundgeschäft auch die Abtretung infiziert, so ist die Forderung im Ergebnis nicht mehr abtretbar. Ein Dritter könnte diese Forderung auch nicht mehr gutgläubig erwerben, da das BGB abgesehen von der Sonderregel des § 405 keinen gutgläubigen Erwerb von Forderungen kennt.

Allein dies ist jedoch kein entscheidender Gesichtspunkt, um das Abstraktionsprinzip als umfassend geltendes Prinzip zu rechtfertigen. Die Abtretung ist ein Ausschnitt aus den denkbaren Verfügungsgeschäften und erlaubt deswegen keine allgemeinen Rückschlüsse. Welchen Umfanges Forderungen verkehrsfähig sein sollen, kann nicht ohne den wertpapierrechtlichen Zusammenhang beantwortet werden. Die Zession ist der normale Übertragungsmodus für alle Rektapapiere, die wertpapierrechtlich nicht als Verkehrspapiere gewertet werden. Verbriefen die Beteiligten ein Recht in einem Order- oder Inhaberpapier erhöht sich der Verkehrsschutz entscheidend. Für die Übertragung des Papieres gelten dann

---

[258] Insoweit ist den Ausführungen von *Staudinger/Wiegand* Anh. §§ 929ff Rn. 90 zuzustimmen.

[259] *Stadler* (Fußn. 6), 641ff; *Grigoleit* AcP 199 (1999), 379, 383.

die §§ 929ff und die wertpapierrechtlichen Sondervorschriften, während bei einer Zession das Eigentum am Papier sich nur nach § 952 richtet. Gerade aus dieser Systematik ließe sich umgekehrt auch schließen, dass der Verkehrsschutz, wie ihn das Abstraktionsprinzip bezweckt, bei der Zession eine geringere Rolle spielt. Wenn hier die Zession besonders behandelt wird, so findet dies seinen Grund darin, dass gerade hier das Abstraktionsprinzip eher locker gehandhabt wird.

a) Geschäftseinheit

Im Gegensatz zur Übereignung beweglicher Sachen diskutiert man weniger, ob eine Geschäftseinheit zwischen *pactum de cedendo* und Zession möglich ist. Bis auf ein *obiter dictum*[260] und eine eher missverständliche Entscheidung schwieg das RG auf diese Frage.[261] Im Schrifttum wird diese Frage allgemein unter § 139 betrachtet, wobei jedoch die differenzierte Rechtsprechung nicht immer deutlich hervorgehoben wird. Erst eine viel beachtete Entscheidung des BAG klärte die Frage, ob § 139 im Verhältnis von Grundgeschäft und Zession anwendbar ist. Ein Arbeitnehmer trat Lohnforderungen ab, um einen Kaufvertrag zu finanzieren. Später nahm der Zessionar den Arbeitgeber als Drittschuldner in Anspruch und stützte sich dabei auf eine entsprechende Klausel in seinen allgemeinen Geschäftsbedingungen.[262] Das BAG wies die Klage des Zessionars ab und stützte dieses Ergebnis auf § 139. Die Abtretung sei in ihrer Wirksamkeit von dem Bestand und Umfang des Grundgeschäfts abhängig, wenn und soweit die Verfügung Teil einer einheitlichen Vereinbarung seien. Als Indiz dafür wertete das BAG unter anderem, dass eine Vertragsurkunde darüber ausgefertigt wurde.[263] Daher konnte der Arbeitgeber dem Zessionar entgegenhalten, dass die allgemeinen Geschäftsbedingungen unwirksam seien. An sich wäre dies eine unzulässige *exceptio ex iure tertii*, über den Kunstgriff des § 139 war jedoch die Abtretung selbst unwirksam. Die Entscheidung verdeutlicht zum einen, dass bei der Abtretung der Schuldnerschutz und das Verkehrsinteresse zwei gegensätzliche Pole bilden. Je strikter man den Verkehrsschutz betont, desto mehr vernachlässigt man den Schutz des ursprünglichen Forderungsinhabers. Zum anderen geht aus der Entscheidung hervor, dass der Abstraktionsgrundsatz bei der Zession kein unüberwindliches Hindernis bildet, um deren kausale Ausgestaltung zu erreichen. Die Rechtsprechung hält die Verkehrsfähigkeit von Forderungen nicht für derart wichtig, als dass dies einer Durchbrechung des Abstraktionsprinzips im Wege stünde. Davon abgesehen verdeutlicht die Entscheidung, wie pauschal die Rechtfertigung des Abstrak-

---

[260] RGZ 70, 88, 89.

[261] RG JW 1911, 653 Nr. 25; s.a. RG WarnR 1912 Nr. 360. Zu beiden Entscheidungen siehe die Analyse von *Lindemann* (Fußn. 16), 95–97.

[262] BAG NJW 1967, 751; siehe dazu jeweils die Anm. von *Canaris* SAE 1967, 207; *Trinkner* AP Nr. 26 zu § 138 BGB.

[263] BAG NJW 1967, 751.

tionsprinzips durch den Verkehrsschutz ausfällt. Deswegen sollte man sich *de lege lata* einer Abwägung zwischen Verkehrsschutz und Eigentümerinteressen nicht verschließen.

b) Zur rechtsgeschäftlichen Akzessorietät bei der Zession

Die Akzessorietät gleicht in ihren Wirkungen dem Kausalprinzip.[264] Aus diesem Grunde entzündete sich anhand einer Entscheidung des BGH aus dem Jahre 1981 eine Debatte darüber, ob die Wirksamkeit der abstrakten Zession kraft Parteivereinbarung von der Existenz einer Forderung abhängig gemacht werden kann. Der Entscheidung lag vereinfacht beschrieben eine Sicherungszession zugrunde, die einen nicht bestehenden Rückzahlungsanspruch aus einem Darlehensvertrag sichern sollte.[265] Im Gutachtenstil tastete sich der BGH an die Frage heran, ob die Zession deswegen wirksam sein könnte und lehnte dies ab. Eine Abhängigkeit zwischen dem Kausalgeschäft und der Abtretung könne kraft des Parteiwillens hergestellt werden, dabei berief sich der BGH auf die kurz zuvor geschilderte Rechtsprechung des BAG: »Handelt es sich bei dem Verfügungsgeschäft um eine Sicherungszession, so ist die Annahme, ihre Abhängigkeit von dem Kausalgeschäft sei gewollt, auch von ihrer Funktion und dem beiderseitigen wirtschaftlichen Interesse der Vertragsparteien her geboten«.[266] Der Sache nach zutreffend stellt der BGH darauf ab, dass eine Sicherungszession denselben Zweck verfolge, wie ein rechtsgeschäftlich bestelltes Pfandrecht. Die Parteien würden eine Sicherungszession deswegen bevorzugen, um die Pfandanzeige nach § 1280 zu vermeiden, nicht aber zugleich die Akzessorietät des vereinbarten Rechts.[267] Die skizzierte Entscheidung ist über die Sicherungszession hinaus von Bedeutung. In einem Nebensatz wies sie darauf hin, dass die gleichen Grundsätze auch für eine Sicherungsübereignung gelten müssten, da auch den Zweck einer Pfandbestellung verfolge.[268] In weiteren Entscheidungen griff der BGH allerdings diesen Gedanken eines rechtsgeschäftlichen Akzessorietätsersatzes nicht mehr auf.[269] Die stillschweigende Akzessorietät von Sicherungsübereignung und Sicherungszession hat sich als Rechtsgrundsatz bislang nicht in der Praxis verankert.

Auffallend sind an den Entscheidungsgründen ihre Formulierung im Gutachtenstil und die fehlende Aufspaltung in Grundgeschäft, Sicherungsabrede und Er-

---

264 Oben I 2 c.

265 BGH NJW 1982, 275; dazu: *Jauernig* NJW 1982, 268; *Bähr* NJW 1983, 1473; *Thoma* NJW 1984, 1162; *Tiedtke* DB 1982, 1709; *Gaul*, FS Serick (1992), 105, 109f; *Michel* (Fußn. 30), 122ff; *K. Schmidt* FS Serick (1992), 329; *Stadler* (Fußn. 6), 565f.

266 BGH NJW 1982, 275, 276.

267 BGH NJW 1982, 275, 276.

268 BGH NJW 1982, 275, 276.

269 Vgl. BGH NJW 1984, 1184, 1185f; BGH NJW 1986, 977; BGH NJW 1991, 353. AA allerdings *Bähr* NJW 1983, 1473, 1474. Vor dem Hintergrund der Rechtsprechungsentwicklung ist diese Ansicht überholt.

füllungsgeschäft. Als Petitum für eine zweistufige Konstruktion lässt sich die Entscheidung gleichwohl nicht ansehen.[270] Ihre Begründung und ihr Ergebnis sind im Schrifttum stark kritisiert worden. Man hält dem BGH vor, den Begriff »Akzessorietät« falsch verwendet zu haben. Es handele sich dabei um eine gesetzliche Verknüpfung von Forderung und Sicherungsrecht. Durch eine Parteivereinbarung, wie dies der BGH behaupte, könne eine solche Verknüpfung jedoch nicht hergestellt werden.[271] Man hat sogar Bedenken aus dem Typenzwang gegen diese Entscheidung hergeleitet: Bei der Akzessorietät ändere der Gesetzgeber die Trennung zwischen dinglichem und schuldrechtlichen Geschäft und ordne die gesicherte Forderung dem Tatbestand eines dinglichen Rechts zu. Wer deswegen eine rechtsgeschäftliche Akzessorietät erlaube, ordne einen Tatbestand einem dinglichen Recht zu, dass der Gesetzgeber so nicht anerkenne.[272] Dieses Argument vermag jedoch wenig zu überzeugen. Das Trennungsprinzip geht idealtypisch von dem Unterschied zwischen dem dinglichen und dem schuldrechtlichen Recht aus, so dass eine Forderung als solche nicht Bestandteil eines dinglichen Recht sein kann. Auch wenn hier an dem grundsätzlichen Dualismus von dinglichem und persönlichen Recht gezweifelt wird, so muss es doch ein formaler Ausgangspunkt für die systematische Kritik sein. Gerade deswegen zeigt sich, dass die Akzessorietät die Forderung nicht auf eine dingliche Ebene erhebt, sondern partiell das Abstraktionsprinzip durchbricht.[273]

Die geäußerte Kritik an der Entscheidung ist im übrigen überzogen. Warum die Akzessorietät von Rechten nicht auch per Vereinbarung hergestellt werden soll, konnte die Gegenkritik nicht darlegen, sondern nur behaupten. Gewiss geht der BGH in der geschilderten Entscheidung frei mit den Rechtsbegriffen um und verkennt außerdem die dreistufige Ausgestaltung von Sicherungsrechten. Allerdings hätte sich das Ergebnis unproblematisch über einen Bedingungszusammenhang erreichen lassen.[274] Deutet man die Entscheidung in diesem Sinne, so müsste für die Sicherungsübereignung und Sicherungszession der allgemeine Rechtssatz aufgestellt werden, dass ihnen stets ein stillschweigender Bedingungszusammen-

---

[270] Im Schrifttum versuchte man diese Entscheidung damit zu erklären, dass der BGH offenbar von einem engen sachlichen Zusammenhang zwischen der Sicherungsabrede und dem Darlehensvertrag ausging und dann alle Geschäfte über § 139 verknüpfen wollte (*Tiedtke* DB 1982, 1709, 1710) Für diese Deutung spricht, dass der BGH sich in seiner Entscheidung ausdrücklich auf die soeben unter a) zitierte Entscheidung des BAG gestützt hat (BGH NJW 1982, 275). Gleichwohl ist diese Deutung aus dem Schrifttum eher spekulativ.

[271] *Michel* (Fußn. 30), 123ff.

[272] Vgl. *Becker-Eberhard* (Fußn. 30), 65ff; *Jauernig* NJW 1982, 268, 270; *Michel* (Fußn. 30), 124; ähnlich auch *Staudinger/Wiegand* Anh. zu §§ 929ff Rn. 189f.

[273] Siehe dazu oben I 2 c.

[274] So zu Recht *Jauernig* NJW 1982, 268, 270; siehe auch *Becker-Eberhard* (Fußn. 30), 71ff; *K. Schmidt* FS Serick (1992), 329, 333. *Stadler* (Fußn. 6) interpretiert die Entscheidung ganz in diesem Sinne. Es sei nicht ausgeschlossen, dass der BGH in Wirklichkeit hier von einer stillschweigenden Bedingung der Parteien ausgegangen sei (566). Ob sich dies aus den Urteilsgründen jedoch wirklich ableiten lässt, mag hier offen bleiben, da spekulativ.

hang zugrunde liege. Gerade diese Schlussfolgerung hat die Rechtsprechung in der Folgezeit jedoch vermieden. Sie ist allerdings auch entbehrlich. Für die praktisch bedeutsamen Fälle, in denen die gesicherte Forderung wegen § 138 Abs. 1 nichtig ist, ergibt sich aus § 139 bereits die Nichtigkeit des Sicherungsvertrages. Gerade bei der Sittenwidrigkeit neigt die Rechtsprechung dazu, den Mangel des Sicherungsvertrages auf die dingliche Ebene durchschlagen zu lassen. Für die Sicherungsübereignung zeichnet sich diese Tendenz ab, für die Zession ist dies sofort zu schildern.

c) Sittenwidrige Globalzessionen und vergleichbare Fälle

Kaum mehr überschaubar ist mittlerweile die Rechtsprechung zur Kollision von Sicherungsglobalzessionen und dem Eigentumsvorbehalt. *In extenso* ist hier nicht darauf einzugehen, es genügt nur, die Spannungspunkte zum Abstraktionsprinzip herauszustellen. Für die im Bankverkehr übliche Globalzession gilt wie für alle Zessionen das Prioritätsprinzip. Die erste Abtretung – auch künftiger Forderungen – geht späteren vor.[275] Dieses an sich unschädliche Prioritätsprinzip sorgte für oft diskutierte Probleme bei der Kreditsicherung. Da Stofflieferanten regelmäßig unter einem verlängerten Eigentumsvorbehalt liefern, hat der Globalzedent nur die Möglichkeit, ohne Eigentumsvorbehalt zu erwerben und begibt sich dadurch einer weiteren Kreditsicherungsmöglichkeit. Will er dies nicht, so bleibt ihm nur die Möglichkeit, gegenüber dem Lieferanten die Globalzession zu verschweigen und damit regelmäßig einen Eingehungsbetrug gegen über diesem zu begehen.

Der Gesetzgeber lies dieses Problem bislang ungelöst, die Rechtsprechung hatte darauf jedoch frühzeitig reagiert. Sie sieht in dem oben beschriebenen Dilemma des Kreditnehmers eine nicht hinnehmbare Zwangssituation und versucht diese durch die sog. Vertragsbruchtheorie aufzulösen. Eine Globalzession ist danach nichtig, wenn sie vorbehaltlos auch solche Forderungen erfasst, die der Schuldner im Rahmen eines verlängerten Eigentumsvorbehaltes künftig abtreten muss und abtritt.[276] Im Laufe der Zeit hat der BGH diese Rechtsprechung ausgebaut und verfeinert. Dem Sittenwidrigkeitsurteil entgeht eine Globalzession nur, wenn sie eine dingliche Teilverzichtsklausel enthält, eine bloße schuldrechtliche Teilverzichtsklausel genügt nicht. Nur bei einer dinglichen Verzichtsklausel verleite der

[275] BGHZ 30, 149, 153; BGHZ 32, 361, 362; BGH NJW 1999, 2588, 2589.

[276] BGHZ 30, 149, 153; BGHZ 32, 361, 365f; BGHZ 51, 118; BGHZ 55, 34, 35; BGHZ 56, 173, 177; BGHZ 72, 308, 310; BGHZ 98, 303, 315; BGH NJW 1968, 1516; BGH NJW 1969, 318; BGH NJW 1974, 942; BGH NJW 1977, 2261; BGH NJW 1983, 2502, 2504; BGH NJW 1991, 2144, 2147; BGH NJW 1999, 940 = WM 1999, 126; BGH NJW 1999, 2588, 2589; aus der Literatur: MünchKomm/*G.H. Roth* § 398 Rn. 147ff; MünchKomm/*Oechsler* Anh. §§ 929–936 Rn. 22; *Staudinger/Sack* § 138 Rn. 342.

Zessionar den Tedenten nicht sittenwidrig zu einem Vertragsbruch.[277] Erstreckt wurde diese Rechtsprechung außerdem auf die Kollision eines prioritären unechten Factorings mit einem verlängerten Eigentumsvorbehalt.[278] Im Schrifttum sind diese Grundsätze stark umstritten, hier ist jedoch nicht der Ort, um dem näher nachzugehen.[279] Der BGH nahm durch seine Rechtsprechung letztlich die Aufgabe wahr, dem Warenkredit zum Überleben gegenüber dem Geldkredit zu verhelfen. Auf den Gesetzgeber zu verweisen hilft dabei wenig, mag die derzeitige Problemlösung auch unbefriedigend sein. Die ständige Rechtsprechung durchbricht damit zum Schutz des Zessionars sowohl das Prioritätsprinzip wie auch das Abstraktionsprinzip. Entscheidend ist in dem hier interessierenden Zusammenhang, dass die Vertragsbruchtheorie begründungslos das Abstraktionsprinzip aufgibt. In keiner der einschlägigen Entscheidungen wird Mühe auf die Erklärung verwandt, warum § 138 Abs. 1 auf die dingliche Abtretung anzuwenden ist. Offenbar scheint es eindeutig zu sein, dass das Unwerturteil sich gerade in der Zession und nicht nur in dem zugrunde liegenden Rechtsgeschäft ausdrückt. Wenn dem so ist, dann bestätigt dies die hier betonte These, dass bei Umsatzgeschäften stets der Vollzug als sittenwidrig einzustufen ist.

Auch in weiteren Fällen ist die Rechtsprechung wendet die Rechtsprechung § 138 Abs. 1 auf die Abtretung an. So hielt das RG eine Forderungszession für nichtig, wenn an eine vermögenslose Person zediert wurde, damit diese einen Prozess führen soll, dabei der obsiegende Gegner aber nicht die Kosten eintreiben kann. Die Zession wurde hier nach der Ansicht des RG zu sittenwidrigen Zwecken missbraucht und sollte Dritte schädigen.[280] Der BGH hat diese Rechtsprechung fortgeführt, ohne die Frage aufzuwerfen, ob sie mit dem Abstraktionsprinzip vereinbar ist. Gerade bei der Kredittäuschung oder Schädigung Dritter hält der BGH die Zession für nichtig. So stufte das Gericht eine Abtretung dann als sittenwidrig und damit nichtig ein, wenn ein Unternehmen seine gesamten Kundenforderungen abtritt, sofern die Insolvenz dieses Unternehmens bereits vor-

---

[277] BGH NJW 1974, 942; BGHZ 72, 308, 310; BGH NJW 1991, 2144, 2147; BGH NJW 1999, 940; *Serick* IV § 49 II, III; zur schuldrechtlichen Teilverzichtsklausel: BGHZ 72, 308, 311; BGH NJW 1995, 1669.

[278] BGHZ 69, 254, 257; BGHZ 82, 50, 64; siehe auch BGHZ 100, 353, 358. Dagegen etwa *Baur/Stürner* § 59 Rn. 59f; *Larenz/Canaris* § 65 III 2 jeweils mwN. Die Grundsätze gelten hingegen nicht, wenn ein vorrangiges echtes Factoring mit einem verlängerten Eigentumsvorbehalt kollidiert: BGHZ 69, 254, 258; BGHZ 100, 353, 358. Dazu insgesamt näher: *Blaurock* ZHR 142 (1978), 325; 335ff.

[279] Bei der Kollision von Globalzession und verlängertem Eigentumsvorbehalt wollen es einige bei dem strikten Prioritätsprinzip belassen; z. Bsp. *Baur/Stürner* § 59 Rn. 53; *Stadler* (Fußn. 6), 147f. Teilweise befürwortet man eine Aufteilung der Forderungen von Rechts wegen, wobei sich der Umfang der Sicherheit nach der Höhe des jeweils gewährten Kredits richten soll (*Beuthien* BB 1971, 375 – sog. Teilungstheorie). Ausführlich zu den vertretenen Konzepten: *Paul*, Die Sicherungsabtretung im deutschen und amerikanischen Recht (1988), 38–46.

[280] RGZ 81, 175, 176; vgl. auch BGH MDR 1959, 999; OLG Neustadt MDR 1958, 848; OLG Köln MDR 1954, 174; siehe auch BGHZ 47, 289, 292; anders dazu: *Zimmermann* JR 1985, 48, 50.

hersehbar ist.[281] Wie auch bei der Kollision von Globalzessionen mit verlängerten Eigentumsvorbehalten geht der BGH hier nicht näher auf das Abstraktionsprinzip ein.

Die Rechtsprechung zur sittenwidrigen (Sicherungs)zession bestätigt die bereits bei den Ausführungen zu § 139 sich abzeichnende Tendenz, dass das Abstraktionsprinzip bei der Abtretung faktisch keine Rolle spielt. Gerade die Kollision der Globalzession mit dem verlängerten Eigentumsvorbehalt zeigt, dass die Praxis dem einseitig betonten Verkehrsschutz nicht immer nachgehen kann und die Folgen des Abstraktionsprinzips eingeschränkt hat. Der Sache nach gilt bei der Zession das Kausalprinzip. Dieser Befund steht in einem denkbar scharfen Gegensatz zu dem Verkehrsschutz, wie er als rechtspolitische Begründung des Abstraktionsprinzips immer wieder betont wird. Offenbar ist in der Praxis das Bedürfnis eher gering, nicht als Inhaber- oder Orderpapier verbriefte Forderungen mit einer weitreichenden Verkehrsfähigkeit auszustatten. Praxis und Rechtspolitik klaffen damit auseinander. Man mag deswegen die Praxis kritisieren, aber unhaltbar sind weder die gefundenen Ergebnisse noch die Begründungen. Im Gegenteil scheint die Rechtsprechung gerade bei der Zession die verschiedenen Durchbrechungsmöglichkeiten des Abstraktionsprinzips unbefangener zu handhaben. Im Gegensatz zur Übereignung von Sachen verkürzt die Praxis den Gedankengang hier nicht, indem sie sich vorschnell auf das Abstraktionsprinzip beruft. Aus einer dogmatischen Perspektive bliebe allenfalls zu bemängeln, dass die Rechtsprechung gar nicht die Durchbrechung des Abstraktionsprinzips anspricht und gerade bei der Sicherungszession begründungslos annimmt. Die Überzeugungskraft des Abstraktionsprinzips scheint aber gerade bei der Zession so gering zu sein, dass man sich gar nicht darum bemüht, die Durchbrechungen dieses Prinzips zu begründen.

IV. Die Folgen des Trennungsprinzips und seine Durchbrechungen

Im Gegensatz zum Abstraktionsprinzip beachtet man das Trennungsprinzip weniger. Dies schlägt sich bereits in der verfehlten *pars pro toto* Titulierung durch das Abstraktionsprinzip nieder (oben I 1). Aber auch inhaltlich ist erst wenig durchdrungen, wann die Trennung durchbrochen ist und welche Gründe dafür sprechen könnten. Die folgenden Ausführungen sollen dies nachholen. Es ist die grundsätzliche Aussage des Trennungsprinzips, einen Sachverhalt verschiedenen Tatbeständen zu unterwerfen. Notwendige Folge dessen ist, dass unterschiedliche Voraussetzungen an die getrennten Geschäfte gestellt werden können. Regelmäßig bestimmen solche Voraussetzungen, wann ein Rechtsgeschäft wirksam ist.

---

[281] BGH NJW 1995, 1668; zuvor schon BGHZ 19, 12 (zur Schuldnerknebelung); siehe auch OLG Köln WM 1997, 763; jedoch auch OLG Dresden WM 2000, 1689.

Verengt man den Blick auf diese Voraussetzungen, mag man in die Versuchung geraten, Trennung und Abstraktion gleich zu setzen: Kraft der Abstraktion bleibt ja das getrennte sachenrechtliche Geschäft wirksam. Umgekehrt mag man auch geneigt sein, bei einer kausalen Gestaltung das Trennungsprinzip für überflüssig zu halten, da ja das getrennte Erfüllungsgeschäft mit dem schuldrechtlichen steht und fällt. Eine solche Betrachtung wäre ebenso verkürzt, da sie Rechtsnormen auf Sollensgebote beschränkt und damit der überholten Imperativentheorie huldigt.

Ungeachtet dessen richtet sich der Schwerpunkt sicherlich auf Wirksamkeitstatbestände. Hier gewinnt das Trennungsprinzip eine eigene Bedeutung, wenn das sachenrechtliche Geschäft (noch) nicht wirksam sein soll, obwohl bereits das schuldrechtliche wirksam ist. Das reine Vertragsprinzip lässt für diese Differenzierung keinen Raum, da es hier nur einen wirksamen Vertrag geben kann. Der einzige Fall, in dem die Trennung damit einen besonderen Stellenwert hat, sind gestreckte Erwerbsvorgänge und als Paradefall derer der Eigentumsvorbehalt. Um an die Ausgangsfrage anzuknüpfen: Rechtfertigt diese Konstellation ein eigenständiges Sachenrecht, auch wenn man von einem Kausalprinzip ausginge? Die so gestellte Frage birgt die Antwort prinzipiell in sich. Um zu verdeutlichen, sind aber die praktischen Probleme kurz darzustellen.

1. Formvorschriften

Während die Wirksamkeitstatbestände im Allgemeinen Teil des BGB nicht ausschließlich auf schuldrechtliche Geschäfte zugeschnitten sind, finden sich im Schuldrecht nur auf Schuldverhältnisse zugeschnittene Wirksamkeitstatbestände, sieht man von § 307 ab. Grundsätzlich dürften diese daher nicht auf sachenrechtliche Geschäfte anwendbar sein. Diesen Grundsatz hält die Rechtsprechung jedoch nicht durch. Leitbildhaft dafür ist die Praxis des BGH, wonach auch die Bestellung eines Vorkaufsrechts der notariellen Beurkundung nach § 311 b Abs. 1 bedarf.[282] Eine ausdrücklich Begründung dafür vermisst man, sie wird durch den Verweis auf ältere Rechtsprechung ersetzt. Sofern bereits der zugrunde liegende Kaufvertrag formnichtig ist, gelangt die Rechtsprechung dadurch im Ergebnis zum Kausalprinzip. Sie reicht darüber hinaus, wenn zwar der schuldrechtliche Vertrag beurkundet ist, nicht hingegen der Bestellungsakt. Die einzig einschlägige Entscheidung des RG begründete das Formerfordernis für die Bestellung eines dinglichen Vorkaufsrechts damit, dass es die identischen Verpflichtungen wie das schuldrechtliche Vorkaufsrecht begründe, welches bereits die bedingte Verpflich-

[282] BGH NJW-RR 1991, 205, 206 unter Verweis auf BGH DNotZ 1968, 93; sowie RGZ 72, 385, 392; RGZ 110, 327, 333; RGZ 148, 104, 108. Der Verweis in der Entscheidung BGH NJW-RR 1991, 205 ist jedoch missverständlich. Die Entscheidungen RGZ 72, 385 und RGZ 148, 104 befassten sich nur mit dem persönlichen Vorkaufsrecht, die Entscheidung BGH DNotZ 1968, 93 nur mit der Form des Kausalgeschäfts.

tung zur Übereignung enthalte.[283] Bemerkenswerter Weise betrachtete das RG in dieser Entscheidung das dingliche Vorkaufsrecht gar nicht als ein dingliches Recht und fand so die dogmatische Begründung dafür, die Formvorschriften zu übertragen. Da es an trennbaren Rechtsgeschäften fehlt, sollte folgerichtig die Form des heutigen § 311 b Abs. 1 gelten. Als Durchbrechung des Trennungsprinzips lässt sich damit diese Rechtsprechung nicht verstehen. Widersprüchlich zu diesem Prinzip wird erst die spätere Praxis des BGH, die zwar wie das RG die Formvorschrift des § 311 b Abs. 1 auch auf ein dingliches Vorkaufsrecht überträgt, aber davon auszugehen scheint, das dingliches und schuldrechtliches Vorkaufsrecht getrennte Rechtsgeschäfte seien. Dieser Standpunkt durchbricht in der Tat das Trennungsprinzip. Sofern das schuldrechtliche und das dingliche Geschäft in einer Geschäftseinheit verbunden sind, besteht hierfür kein Anlass. Nach der hier verfochtenen Ansicht sollte man § 139 großzügiger anwenden, aber ohne Anhaltspunkte im Verhalten der Parteien lässt sich dies auch nicht bewerkstelligen.

Das Schrifttum hat die Praxis des BGH überwiegend kritisiert und sieht in § 873 die abschließenden Voraussetzungen dafür, um ein dingliches Vorkaufsrecht zu bestellen, eine Analogie zu § 311 b Abs. 1 wird abgelehnt.[284] So sehr die Kritik daran auch begründet sein mag, da die Rechtsprechung hier das Trennungsprinzip missachtet, so wenig beachtet man dabei aber den Ausgangspunkt des RG. Es erkannte gar keinen Widerspruch zum Trennungsprinzip, da das dingliche Vorkaufsrecht identische Pflichten wie das schuldrechtliche erzeuge und deswegen in diesem aufgehe. Unter dieser Praemisse ist der Rechtsprechung völlig zuzustimmen. Das Trennungsprinzip kann nur durchbrochen werden, wenn zwei Rechtsgeschäfte tatsächlich trennbar sind. Bei dem in seiner Konstruktion ohnehin zweifelhaften dinglichen Vorkaufsrecht verschwimmen die Grenzen zwischen dinglichen und persönlichen Rechten (oben § 2 IV 3 a).

Vergleichbare Probleme ergeben sich bei der Frage, ob die Abtretung des Auflassungsanspruchs oder Eigentumsverschaffungsanspruchs einer Beurkundungspflicht unterliegt. Die Praxis lehnt hier eine Pflicht ab, die Abtretung zu beurkunden und stützt dies im wesentlichen auf den Wortlaut des § 311 b Abs. 1 und das Trennungsprinzip.[285] Das Gegenteil versuchte man mit dem Zweck des § 311 b Abs. 1 zu begründen und sich so über den Wortlaut der Norm hinweg zu setzen.[286] Methodisch geht das nicht an. Solange man sich zum Trennungsprinzip

---

[283] RGZ 110, 327, 333.

[284] *Baur/Stürner* § 21 Rn. 27; *Maurer* (Fußn. 29), 65; MünchKomm/*H. P. Westermann* § 1094 Rn. 23; *Schurig*, Das Vorkaufsrecht im Privatrecht (1975), 116; *Soergel/Stürner* § 1094 Rn. 7; *Staudinger/ Mader* § 1094 Rn. 23; *Staudinger/Wufka* § 313 Rn. 24.

[285] BayObLG NJW 1976, 1895, 1896; so bereits RGZ 53, 268, 270; RGZ 65, 227, 241; RGZ 108, 60, 62; RGZ 111, 298, 300; RGZ 155, 172, 177; aus der Lit.: *Staudinger/Wufka* § 313 Rn. 26 mwN.

[286] *Ertl* DNotZ 1976, 68, 78ff.

bekennt, muss man zwischen Erwerben und Verpflichten unterscheiden. Der Gesetzeswortlaut gründet sich in § 311 b Abs. 1 auf dem Trennungsdenken. Eine andere, rechtspolitische Frage ist es, ob dingliche und schuldrechtliche Geschäfte unterschiedlichen Formvorschriften unterworfen werden sollten. Dagegen sprechen pragmatische Gründe. *De lege lata* lassen sich aber die unterschiedlichen Formvorschriften für dingliche und schuldrechtliche Rechtsgeschäfte nicht hinweg interpretieren.

2. Zur Gesamtbetrachtung bei Schenkungen

Schenkungen der Eltern an ihre minderjährigen Kinder können verschiedene Hintergründe haben, von der vorweggenommenen Erbfolge bis zu einer schlichten Zuwendung *donandi causa*. Auch hier unterscheidet das Gesetz zwischen dem Schenkungsversprechen als *causa* und deren Vollzug, der schenkweisen Übereignung. Die Wirksamkeit derartiger Schenkungen hängt nach § 107 davon ab, ob der beschränkt Geschäftsfähige durch sie einen rechtlichen Vorteil erlangt. Anlässlich einer älteren Entscheidung des BGH[287] bildete sich eine literarische Ansicht, wonach der rechtliche Vorteil oder Nachteil nur aus einer Gesamtbetrachtung zwischen dem kausalen und dem dinglichen Geschäft bestimmt werden könne. Dazu plädierte man, das Trennungsprinzip jedenfalls für diesen Fall aufzugeben.[288] Im Jahre 1980 hatte der BGH diese Begründung aufgegriffen.[289] Der Entscheidung lag folgender Sachverhalt zugrunde: Der Vater wollte seinem minderjährigen Sohn einen hälftigen Miteigentumsanteil an einer Eigentumswohnung in einem notariell beurkundeten Schenkungsvertrag zuwenden. Das Grundbuchamt lehnte jedoch die Eintragung ab, da die Schenkung dem Minderjährigen keinen ausschließlich rechtlichen Vorteil bringe und deswegen ein Ergänzungspfleger nach § 1909 zu bestellen sei. Im Ergebnis bestätigte der BGH diese Rechtsauffassung und durchbrach dabei das Trennungsprinzip. Er gab dabei ausdrücklich eine ältere Entscheidung auf[290] und begründete sein Ergebnis mit einer Gesamtbetrachtung von dinglichem und schuldrechtlichem Geschäft. Es sei mit dem Schutzzweck des § 107 unvereinbar, wenn der Vorteil für den Minderjährigen nur isoliert aus einem lukrativem Grundgeschäft folge, ohne den Blick auf die rechtlichen Nachteile zu werfen, die mit dem Erfüllungsgeschäft verbunden sind.[291] Der BGH schloss sich damit einer früher geäußerten Kritik

---

[287] BGHZ 15, 168.

[288] *Lange* NJW 1955, 1339, 1343; *H. Westermann* Anm. JZ 1955, 244.

[289] BGHZ 78, 28 = NJW 1981, 109; dazu: *Gitter/Schmitt* JuS 1982, 253; *Jauernig* JuS 1982, 576.

[290] BGHZ 15, 168.

[291] BGHZ 78, 28, 34; BGH vom 23. Mai 2000 15 W 119/00; zust. *Medicus* Rn. 565; MünchKomm/ *Schmitt* § 107 Rn. 38f; *Coester-Waltjen* JURA 1994, 668, 669 mit dem Hinweis, dass man dies nicht als Überwindung des Abstraktionsprinzips missverstehen dürfe; siehe auch OLG Oldenburg DNotZ 1989, 92

an, die die formale Trennung als ein »elegantes Jonglierspiel mit den Bällen des § 107 und § 181 kritisierte.[292] Sofern das schuldrechtliche Geschäft wirksam sei, komme es auf die Gültigkeit des dinglichen Geschäfts nicht mehr an. Diese frühen Stellungnahmen beurteilen das Trennungs- und Abstraktionsprinzip kritisch und warnen vor dessen Übertreibung. Deutlich forderte *H. Westermann*, die Abstraktion auf die Wirkung einer Verfügung gegenüber Dritten zu beschränken und den Schutz durch § 107 nicht auszuhebeln.[293]

Über das Bedürfnis, den nicht voll Geschäftsfähigen vor Danaergeschenken zu schützen, besteht Einigkeit. Verschieden sind allein die Konstruktionen, wobei allerdings grundsätzlich zwei Rechtsfragen auseinander zu halten sind: Zum einen geht es um die Frage, welche Rechtsgeschäfte bei der Nachteilsbetrachtung zu berücksichtigen sind. Zum anderen stellt sich die Frage, ob § 181 nicht nur einer teleologischen Reduktion zugänglich ist, wenn man als rechtliche Nachteile nur solche des Verpflichtungsgeschäfts ansieht. Bei der Folgebetrachtung nach § 107 trennt die herrschende Meinung zwischen Verpflichtung und Verfügung. Nachteilig sind danach alle persönlichen Verpflichtungen, die Zuwendung eines dingliche belasteten Grundstücks hingegen nicht. Der Grund für diese Differenzierung sollen die unterschiedlichen Haftungsfolgen sein. Bei einer dinglichen Belastung hafte der beschränkt Geschäftsfähige nur mit dem Grundstück, bei einer persönlichen Belastung hingegen *cum viribus*.[294]

Der Sache nach greift man hier die Unterscheidung zwischen dem dinglichen und dem persönlichen Recht auf, als Wesenzug des Trennungsprinzips. Da die Abgrenzung beider Rechte oft zweifelhaft ist, kann es kaum verwundern, wenn sich die Praxis zum rechtlichen Vorteil (§ 107) in einer Kasuistik auflöst. Der Erwerb eines grundpfandrechtlich gesicherten Grundstücks bildet nach der herrschenden Meinung keinen relevanten Nachteil, da nur Duldungspflichten des Minderjährigen entstünden.[295] Bedenkt man, dass der Gesetzgeber die hypothekarische Haftung auch als eine Verpflichtung ansah,[296] so ist diese Praemisse zweifelhaft. Immerhin soll aber die Schenkung eines reallastbehafteten Grundstücks einen Rechtsnachteil bedeuten, da den Inhaber des belasteten Grundstücks eine persönlichen Leistungspflicht treffe.[297] Noch zweifelhafter ist die Rechtslage, wenn ein dingliches Vorkaufsrecht an einem geschenkten Miteigentumsanteil begründet wird. Auch dies soll rechtlich vorteilhaft sein, da eine persönliche Ver-

---

[292] *Lange* NJW 1955, 1339; *Westermann* Anm. JZ 1955, 244; *Enneccerus/Nipperdey* § 151 II 1 (Fußn. 3, 930f) ; *Flume* § 13/7 b.

[293] *H. Westermann* Anm. JZ 1955, 244.

[294] RGZ 148, 3212, 324; BayObLGZ 1979, 49, 53; *Bork* Rn. 998; MünchKomm/*Schmitt* § 107 Rn. 19ff, 40.

[295] BayObLG NJW 1967, 1912; LG Aachen FamRZ 1969, 610; *Flume* § 13/7b; *Stürner* AcP 173 (1973), 402, 429.

[296] Oben § 2 IV 2 a.

[297] MünchKomm/*Schmitt* § 107 Rn. 40.

pflichtung erst entstünde, wenn das Vorkaufsrecht ausgeübt werde.[298] Keine Bedeutung misst man dem bei, dass die Haftung in der Zwischenzeit wie ein Damoklesschwert über dem beschränkt Geschäftsfähigen schwebt. Schließlich ist sich beim Nießbrauch die Rechtsprechung selbst uneins. Während die Zivilgerichte hier von einem ausschließlich rechtlichen Vorteil für den Minderjährigen ausgehen, da ihn nur eine dingliche Haftung treffe,[299] betont die Finanzrechtsprechung das Gegenteil, da den Nießbraucher jedenfalls auch Pflichten treffen.[300] Man kann diese Pflichten als unerheblich abtun, muss aber dann zwischen wesentlichen und unwesentlichen Pflichten unterscheiden.[301] Da diese Einordnung mit §107 unvereinbar ist, sollte man richtigerweise auch die Pflichten aus dem Nießbrauch oder der Dienstbarkeit als Rechtsnachteil ansehen.[302]

Die beschriebenen Ansätze zum Begriff des rechtlichen Vorteils zeigen allesamt, dass die Wirkungen dinglicher Rechtsgeschäfte im Rahmen des §107 berücksichtigt werden können. Um den damit einhergehenden Bruch mit dem Trennungsprinzip zu vermeiden, bemüht eine Gegenansicht eine teleologische Reduktion des §181.[303] Nicht für das schuldrechtliche Grundgeschäft, wohl aber für das Erfüllungsgeschäft muss danach ein Pfleger bestellt werden, da §181 letzter Halbsatz zu Gunsten des Schutzes beschränkt Geschäftsfähiger nicht angewendet werden dürfe. Man hat sich darum bemüht, diese teleologische Reduktion ausführlich zu begründen,[304] kommt dabei aber im Ergebnis auch nicht umhin, ein rechtlich nachteiliges dingliches Geschäft als Reduktionsgrund anzusehen. Zu einem Gutteil liegen diese Probleme im verfehlten Konzept des §181 selbst. Das reine Kausalprinzip würde den Konflikt nicht lösen, da es hier nicht darum geht, ob das Erfüllungsgeschäft trotz einer wirksamen *causa* unwirksam sein kann. Die eingangs betonte selbständige Bedeutung des Trennungsprinzips, wonach das Erfüllungsgeschäft unwirksam ist, obwohl die *causa* wirksam ist, zeigt gerade schwer wiegende Folgen in der beschriebenen Konstellation. Daher versucht die Gesamtbetrachtung diese Nachteile zu umgehen und hebt faktisch das Trennungsprinzip auf. Sie wird aber den Fällen nicht gerecht, in denen der Nachteil des dinglichen Geschäfts in der Zwischenzeit entfällt oder der beschränkt Geschäftsfähige nunmehr volljährig ist.[305] Auch praktisch umständliche Folgen zeitigt die Gesamtbetrachtung: Bereits für das Kausalgeschäft ist danach ein Pfleger zu bestellen, der wegen §925 a den Minderjährigen beim Schenkungsversprechen

---

[298] BayObLG NJW 1998, 3574, 3576; zust. MünchKomm/*Schmitt* §107 Rn. 40.

[299] RGZ 148, 321, 323; BayObLGZ 1979, 49, 53; BayObLG NJW 1998, 3574, 3576; OLG Stuttgart BWNotZ 1955, 273; so auch OLG Colmar OLGE 24, 29.

[300] BFH NJW 1981, 141, 142; BFH NJW-RR 1990, 1035, 1036.

[301] So im Ergebnis: *Stürner* AcP 173 (1973), 402, 428 für Nießbrauch und Dienstbarkeit.

[302] So *Köhler* JZ 1983, 225, 227, der einen »sorgerechtlichen Ansatz« wählt.

[303] *Feller* DNotZ 1989, 66, 75ff; *Jauernig* JuS 1982, 756; *Ultsch* JURA 1998, 524, 527f. Dagegen: *Bork* Rn. 1002f; *Medicus* Rn. 565.

[304] *Feller* DNotZ 1989, 66, 75ff.

[305] *Feller* DnotZ 1989, 66, 74.

vertritt. Eine weitere Mitwirkung des Pflegers beim Erfüllungsgeschäft ist dann aber reichlich überflüssig, obwohl ja aus diesem der rechtliche Nachteil folgt. Gerade eine solche Mitwirkung scheint aber der BGH zu verlangen, indem er ausführt, dass der Pfleger beim Erwerb einzuschalten sei.[306] Dieser Mitwirkung bedarf es nach der Konstruktion von der Gesamtbetrachtung aber nur beim schuldrechtlichen Verpflichtungsgeschäft.[307] Die Gesamtbetrachtung führt sich dadurch selbst *ad absurdum*, da die Systematik des BGB auf das Trennungsprinzip zugeschnitten ist. Sie würde erst Sinn machen, wenn man die Formerfordernisse der §§ 311 b, 925a zu einem einheitlichen Tatbestand zusammen zieht. Dieser Gesichtspunkt lässt das Pendel *de lege lata* gegen das Konstrukt von der Gesamtbetrachtung ausschlagen. Will man daher den Schutz beschränkt Geschäftsfähiger nicht leer laufen lassen und sich nicht auf das wagemutige Konzept einlassen, die Vorschrift des § 181 teleologisch zu reduzieren, so muss man jeden Grundstückserwerb als ein zustimmungsbedürftiges Rechtsgeschäft ansehen.[308] In einem reinen Einheitsprinzip stellen sich die beschriebenen Probleme nicht. Das Trennungsprinzip kompliziert daher die Rechtslage in der beschriebenen Konstellation und birgt keinen rechtspolitischen Vorteil. Es ist deswegen bemerkenswert, wenn der BGH im Ergebnis sich einem Einheitsprinzip annähert, auch wenn dadurch das dogmatische Gerüst des Trennungsprinzips gesprengt wird.

3. Trennung bei zeitlich gestreckten Erwerbsvorgängen

Um keine Durchbrechung des Trennungsprinzips geht es bei zeitlich gestreckten Erwerbsvorgängen. Als Paradebeispiel hierfür sei hier der Eigentumsvorbehalt genannt. Um den systematischen Stellenwert des Trennungsprinzips zu verdeutlichen, ist ein Rechtsvergleich unerlässlich. Nicht nur das deutsche BGB, sondern auch ausländische Rechtsordnungen erkennen den Eigentumsvorbehalt an. Für das deutsche BGB bereitet es keine Schwierigkeiten, die Rechtsverhältnisse zu klären: Nach dem Trennungsprinzip besteht einerseits ein wirksamer Kaufvertrag, andererseits wurde aber noch nicht übereignet. Es ist aber zu betonen, dass weder das Trennungsprinzip noch der Verfügungsschutz nach § 161 zwingend die Entstehung eines Anwartschaftsrechts gebieten.

Rechtsordnungen, die sich auf das reine Vertragsprinzip stützen, können den Eigentumsvorbehalt widerspruchslos nicht erklären. Anhand des französischen Rechts hat man dies beobachten können.[309] In Frankreich setzte sich der Eigentumsvorbehalt (*réserve de propriété*) endgültig mit der loi no. 80–335 vom 12. Mai

---

[306] BGHZ 78, 28, 34f.

[307] Siehe auch *Ultsch* JURA 1998, 524, 527 mit dem Hinweis, dass ein eigenes Bedürfnis für die Pflegerbestellung bei der Auflassung nur erfüllt sei, wenn das Grundgeschäft unwirksam sei.

[308] So der Vorschlag von *Köhler* JZ 1983, 225, 228ff; *ders.* § 10 Rn. 16. Teile des Schrifttums halten die dingliche Verfügung für wirksam: *Bork* Rn. 1003; *Larenz/Wolf* § 25 Rn. 26.

[309] Ausführlich zur Rechtslage in Frankreich: *Stadler* (Fußn. 6), 278ff.

1980 durch. Unabhängig von der rechtlichen Konstruktion gewährt Art. 121 loi no. 85–98 dem Verkäufer ein Aussonderungsrecht in der Insolvenz des Käufers, vorausgesetzt, dieser ist insolvenzfähig.[310] Diese Vorschrift gestattet den Parteien außerdem, den Eigentumsübergang aufschiebend bedingt davon abhängig zu machen, dass der Kaufpreis entrichtet wird. Eine solche Vereinbarung bedarf allerdings der Schriftform. Während der Schwebezeit gilt der Verkäufer nach wie vor als Eigentümer. Diese Konstruktion ist mit dem reinen Vertragsprinzip des *Code Civil* unvereinbar. Nach Art. 1138 Code Civil hat der Kaufvertrag eigentumsübertragende Wirkung (*effet translativ*). Für diesen Eigentumsübergang ist weder die Übergabe der Sache erforderlich noch muss ein gesonderter dinglicher Vertrag geschlossen werden, da das französische Recht strikt auf dem Einheitsprinzip beruht und man den Parteien nicht gestattet, ein Trennungsprinzip zu vereinbaren. Deswegen war und ist nach wie vor im französischen Recht umstritten, wie der Eigentumsvorbehalt dogmatisch zu konstruieren ist. Im Jahre 1982 hat die *cour de cassation* in einer grundlegenden Entscheidung dem Eigentumsvorbehalt ein dogmatisches Gewand verliehen, das der Sache nach dem deutschen Trennungsprinzip nahe kommt: Der Kaufvertrag ist bei einem Eigentumsvorbehalt unbedingt geschlossen, aber das Eigentum geht erst aufschiebend bedingt durch die vollständige Zahlung des Kaufpreises über. Die Bedenken aus dem *effet translativ* nach Art. 1138 *Code Civil* tat die *cour de cassation* mit dem Hinweis auf die Privatautonomie ab. Art. 1138 *Code Civil* sei kein zwingendes Recht, so dass die Parteien den Eigentumsübergang abweichend regeln könnten.[311] Eine genauere dogmatische Absicherung vermisst man in dem Urteil, der harsche Urteilsstil scheint keinen Widerspruch zu dulden. Gerade diesen gab es vor und gibt es nach der Entscheidung, wobei man allerdings weniger den getrennten Eigentumsübergang angreift.[312] Der Sache nach trennt man daher auch im französischen Recht zwischen bestimmten obligatorischen Wirkungen und einem dinglichen Erfolg, obwohl dies dem Einheitsprinzip nach dem *Code Civil* widerspricht. Weder die Praxis noch die Lehre sehen darin jedoch ein unverbrüchliches Dogma. Ein Trennungsdenken kennt daher auch ein reines Vertragsprinzip; zum Nachdenken über ein selbständiges Sachenrecht hat der Eigentumsvorbehalt allerdings keinen Anlass gegeben.

Im italienischen Recht hingegen stellen sich kaum Probleme bei dem Versuch, den Eigentumsvorbehalt zu erfassen. Grundsätzlich gilt hier das Konsensprinzip

---

[310] Loi du 25 janvier rélative au redressement et à la liquidation judiciaires des entreprises, Journal officiel 1985, 1097.

[311] Cour de Cassation, Octobre 19, 1982, Bulletin Cour de Cassation 1982 No. 321 « Néochrome Bayer/Mécarex ».

[312] Ausführlich dazu: *Pérochon*, La réserve de propriété (1988), Tz. 73 ff (68 ff) ; v. *Breitenstein*, Revue trimestrielle de droit commercial 1980, 43; *Demoures*, Revue trimestrielle de droit commercial 1982, 33. Auf die weiteren Kritikpunkte ist hier nicht einzugehen, da jedenfalls die Trennung des Eigentumsübergangs als solcher im Schrifttum nicht kritisiert wird.

(Art. 1470 *Codice Civile*), so dass die *causa* und die Verfügung nicht getrennt werden. Diesen allgemeinen Grundsatz führt das italienische Recht jedoch nicht strikt durch. Es unterscheidet weiter zwischen einem rein schuldrechtlichen Kaufvertrag (*vendita obligatoria* – Art. 1476 Nr. 2 *Codice Civile*) und dem Kaufvertrag mit dinglicher Wirkung (*vendita ad effeti reali*). Letzterer ist der Regelfall, reine *vendita obligatoria* sind die Ausnahme.[313] Die Parteien können aber privatautonom bestimmen, ob das Eigentum sofort durch den Kaufvertrag übergeht oder erst durch ein weiteres Übereignungsgeschäft. In der Terminologie des BGB gesprochen, können die Parteien damit ein Trennungsprinzip vereinbaren. Diese sehr elegante Lösung des *Codice Civile* verbindet die Vorteile des Trennungsprinzips mit denen des reinen Vertragsprinzips. In der Tat bildete das deutsche Recht das Vorbild dafür, als im Jahre 1942 der italienische Gesetzgeber die *vendita obligatoria* einführte.[314] Im übrigen sah man jedoch keinen Anlass, das Trennungsprinzip allgemein einzuführen. Art. 1523 *Codice Civile* fasst den Eigentumsvorbehalt als einen Ratenkauf auf, bei dem der Käufer das Eigentum mit der Zahlung der letzten Kaufpreisrate erwirbt, aber die Sachgefahr bereits bei der Übergabe trägt. Die Praxis und die traditionelle Ansicht stufen die *vendita con riserva di proprietà* als Eigentumsübertragung auf, die unter der aufschiebenden Bedingung der Kaufpreiszahlung steht. Ein hybrides Recht wie das im deutschen Recht anerkannte Anwartschaftsrecht entsteht jedoch nicht.[315] Diese Ansicht ist in neuerer Zeit allerdings deutlicher Kritik ausgesetzt. Man versucht, den Eigentumsvorbehalt den *vendita obligatoria* zuzuordnen[316] ohne allerdings immer deutlich die Unterschiede zur herrschenden Ansicht herauszustellen. Wie die herrschende Ansicht so muss auch dieses Konzept zwischen einem Grundgeschäft und einem Vollzugsgeschäft trennen. Die Anhänger von der aufschiebenden Bedeutung verteidigen ihre Ansicht, indem sie die Privatautonomie betonen: Es müsse den Parteien unbenommen bleiben, vom Konsensprinzip abzuweichen. Damit ist ein entscheidender Gesichtspunkt angesprochen, der im deutschen Recht naturgemäß nicht im Vordergrund stehen kann, da das Trennungsprinzip hier die Regel ist. Rechtsgeschäfte in einen Verpflichtungs- und Verfügungsakt zu trennen, verwirklicht ein Bedürfnis der Privatautonomie. Es tritt gerade beim Eigentumsvorbehalt deutlich hervor, wenn die Parteien das Bedürfnis haben, den Vollzug auszusetzen, obwohl der Kaufvertrag abgeschlossen ist.

Die im italienischen Recht bekannte Trennung zwischen schuldrechtlichem Geschäft und Vollzugsmoment kennt auch der portugiesische *Código Civil*. Das portugiesische Zivilrecht geht zunächst vom reinen Vertragsprinzip aus: Die Be-

---

313 Näher dazu: *Jayme*, FS Mühl (1981), 339ff.

314 *Jayme* FS Mühl (1981),

315 Cass. 3 aprile 1980, n. 2167 Foro italiano, Rep 1980; *Barbiera*, Garanzia del credito e autonomia privata (Napoli 1971), 228; *Fernando Bocchini*, La vendita di cose mobili, in: *Schlesinger* (ed.), Il Codice Civile (1994ff), Art. 1523 Nr. 3 (3. Absatz mwN Fußn. 17–19).

316 *Cabella Pisu*, in: *Cendon*, Commentaio al codice civile IV, Art. 1523 Anm 2.

gründung oder die Übertragung dinglicher Rechte an einer bestimmten Sache geschieht alleine durch einen Vertrag, vorbehaltlich der im Gesetz bestimmten Ausnahmen (Art. 408 Abs. 1).[317] Diese sogenannten *Contratos com eficácia real* sind der gesetzliche Regelfall. Die Schwächen des reinen Vertragsprinzips hat der *Código Civil* jedoch beseitigt. Art. 409 Abs. 1 *Código Civil* gestattet den Parteien ausdrücklich, einen Eigentumsvorbehalt (*reserva da propriedade*) zu vereinbaren. Nach dieser Vorschrift ist es erlaubt, das Eigentum an der zu veräußernden Sache vorzubehalten, bis der andere Teil ganz oder teilweise seine Verpflichtung erfüllt hat.[318] In der Systematik des Gesetzes ist der Eigentumsvorbehalt als eine Ausnahme vom reinen Vertragsprinzip geregelt. Die Vertragsparteien dürfen danach privatautonom bestimmen, ob der Kaufvertrag eine dingliche Wirkung haben soll oder nicht. Ganz im Sinne der Privatautonomie deutet auch das Schrifttum den Eigentumsvorbehalt.[319] Es muss den Parteien unbenommen bleiben, wann sie dingliche Wirkungen hervorrufen wollen. Art. 409 Abs. 1 *Código Civil* gestattet es, den Eigentumsübergang über die Erfüllung hinaus von dem Eintritt eines beliebigen anderen Ereignisses abhängig zu machen. Es bereitet auch hier keine Schwierigkeiten, das schuldrechtliche Geschäft und die Eigentumsübertragung zu trennen, obwohl der *Código Civil* kein autonomes Sachenrecht kennt. Das portugiesische Zivilrecht kennt daher durchaus ein Trennungsdenken, ohne dies zum einem Trennungsprinzip zu erheben.

Von allen Rechtsordnungen des romanischen Rechtskreises lehnt sich das spanische Zivilrecht bei der Übereignung am deutlichsten an das römische Recht an. Bei der Eigentumsübertragung unterscheidet der spanische *Código Civil* nicht zwischen Fahrnis und Liegenschaften. Das Eigentum an beiden Rechtsobjekten geht durch den *título* und *modo* über. So bestimmt Art. 609 Abs. 2 *Código Civil*, dass das Eigentum als »die Folge bestimmter Verträge durch die Übergabe« erworben und übertragen wird.[320] Dabei geht das spanische Zivilrecht nur von einem Vertrag aus und trennt grundsätzlich nicht zwischen einem dinglichen und einem obligatorischen Rechtsgeschäft. Der Eigentumsübergang ist systematisch

---

[317] Art. 408 No. 1: A constituiçao ou transferência de direitos reais sobre coisa determinada dá-se por mero efeito do contrato, salvas as excepçoes previstas na lei.

[318] Art. 409 No. 1: Nos contratos de alienaçao é lícito ao alienante reservar para si a propriedade da coisa até ao cumprimento total ou parcial das obrigaçoes da outra parte ou até à verificaçao de qualquer outro evento. Art. 408 Abs. 2 regelt außerdem den Eigentumsübergang an einer künftigen Sache oder einer noch nicht bestimmten Sache. Damit ist auch der Eigentumsübergang bei Gattungsschulden gesetzlich geregelt.

[319] Siehe dazu etwa: *José António Barreto Nunes*, Revista do Ministério Público 1996, 139, 144f; *António Pinto Monteiro*, O Direito 1990, 555, 560.

[320] Art. 609 Abs. 2: La propriedad y los demás derechos sobre los bienes se adquieren y transmiten por la ley, por la donación, por sucésion testada e intestada, y por consecuencia de ciertos contratos mediante la tradicíon. Wenn hier von dem spanischen Zivilrecht gesprochen wird, ist dies etwas vergröbernd. Nebenher existieren auch in Navarra zivilrechtliche Vorschriften, Katalonien kennt ein eigenes Zivilgesetzbuch und schließlich gelten auch in Aragon und Galicien einige zivilrechtliche Besonderheiten. Darauf kann hier nicht eingegangen werden.

bei den Wirkungen der Obligationen angesiedelt und dort geregelt in Art. 1095 *Código Civil.* Nach dieser Vorschrift erlangt der Gläubiger das dingliche Recht (*derecho real*) an der Sache und damit das Eigentum erst, wenn sie ihm übergeben wurde.[321] In enger Anlehnung an die *titulus-modus* Lehre müssen kumulativ ein Kaufvertrag abgeschlossen und die verkaufte Sache übergeben werden, damit der Erwerber das Eigentum erlangt. Obwohl im spanischen Zivilrecht eine dem italienischen und portugiesischen Zivilrecht vergleichbare Bestimmung darüber fehlt, ob das Eigentum auch in anderen Fällen übergehen kann, hat dies die Praxis nicht gehindert, einen Eigentumsvorbehalt (*reserva de dominio*) anzuerkennen. Der *Tribunal Supremo* stuft den Eigentumsvorbehalt als eine Sicherheit ein und leitet aus dem Grundsatz der Vertragsfreiheit nach Art. 1255 *Código Civil* ab, dass die Parteien den automatischen Eigentumsübergang durch *título* und *modo* suspendieren können. Erst mit der Erfüllung der vereinbarten aufschiebenden Bedingung wird der Käufer zum Eigentümer.[322] Aus einer auf das deutsche Recht verengten Perspektive mag man diese eher undogmatische Verankerung kritisieren, da sie mit dem reinen Einheits- und Traditionsprinzip des *Código Civil* bricht. Weder Praxis noch Lehre sehen allerdings das Prinzip des *título* und *modo* als unüberwindbares Dogma an, sondern gestatten es der Parteivereinbarung, davon abzuweichen. Die Methode ähnelt daher der französischen Rechtsprechung und wie diese erreichte die spanische Rechtsfortbildung damit genau das Ergebnis, wie es in Italien und Portugal kodifiziert ist.

Auch das englische Recht kennt einen Eigentumsvorbehalt aber kein dem deutschen Recht vergleichbares Trennungsprinzip. Dem Grundsatz nach beruht auch das englische Recht auf dem Einheitsprinzip, wie sich aus dem *Sale of Goods Act 1979* (SGA) ergibt.[323] Als Oberbegriff für Kaufverträge verwendet das englische Recht den Begriff *contract of sale* (Sec. 61 (1) SGA), wobei jedoch nach der Wirkung der Verträge unterschieden wird. *Sale of goods* meint eine entgeltliche Eigentumsübertragung durch einen Kaufvertrag, wie dies Sec. 2 (4) SGA ausdrückt, während bei einem *agreement to sell* der Käufer mit Vertragsschluss noch nicht Eigentümer wird (Sec. 2 (5) SGA).[324] Nach Sec. 17 (1) SGA können die Parteien grundsätzlich selbst bestimmen, wann das Eigentum an der Sache übergeht, jedoch geht im Zweifel das Eigentum an der beweglichen Sache bereits mit dem Ab-

---

[321] Art. 1095. Es acreedor tiene derecho a los frutos de la cosa desde que nace la obligación de entregarla. Sin embargo, no adquirirá derecho leal sobre ella hasta que le haya sido entregada.

[322] Tribunal Supremo, 10. Junio 1958, Jurisprudencia Civil 1958, 1306, 1319; ebenso aus dem Schrifttum etwa: *Bercovitz*, Commentarios al Código Civil (2002) Art. 1445 Rn. 5; siehe auch *Fröhlingsdorf/Cremades* RIW 1983, 812, 813.

[323] Abgedruckt in Halsbury's Statutes of England and Wales, Vol. 39 (1995).

[324] Sec. 2 (4): Where under a contract of sale the property in the goods is transferred from the seller to the buyer by a contract is called a sale.

Sec. 2 (5): Where under a contract of sale the transfer of the property in the goods is to take place in the future time or subject to some condition later to be fulfilled the contract is called an agreement to sell.

schluss des Kaufvertrages über (Sec. 18 Rule 1 SGA).[325] Das reine Vertragsprinzip ist damit nicht zwingend, sondern steht zur Disposition der Parteien, eine Parallele zum oben beschriebenen italienischen Zivilrecht. Den Eigentumsvorbehalt fasst die englische Praxis ebenso wie das deutsche Recht als eine bedingte Eigentumsübertragung auf. In einer grundlegenden Entscheidung aus dem Jahre 1990 hat das *House of Lords* dies bekräftigt. Die Entscheidung erging zwar zum schottischen Recht, hat aber Bedeutung für das englische Recht als solches, da sich das *House of Lords* auf Sec. 19 (1) SGA stützte, um den Eigentumsvorbehalt zu erklären:[326] Diese Vorschrift erlaubt es den Parteien, das Eigentumsübergang an einer konkretisierten Sache davon abhängig zu machen, dass eine Bedingung erfüllt wird.[327] In der Entscheidung wurde betont, dass es sich bei einem Eigentumsvorbehalt, den der deutsche Lieferant mit dem schottischen Abnehmer vereinbart hatte, nicht um ein Sicherungsrecht handele, sondern nur um eine aufschiebend bedingte Eigentumsübertragung. Aus diesem Grunde war auch die Registrierungspflicht nach Sec. 395 des *Companies Act* nicht erforderlich, die den Eigentumsvorbehalt faktisch obsolet gemacht hätte.[328] In der englischen Terminologie handelt es sich bei einem Eigentumsvorbehalt zunächst um einen bloßen *contract*, während *sale of goods* sowohl eine Eigentumsübertragung (*conveyance*) als auch ein *contract* ist.[329] Allerdings wandelt sich das *agreement to sell* in einen *sale of goods* um, wenn die Bedingung erfüllt wird. Wie im deutschen Recht wird der Käufer mit dem Bedingungseintritt automatisch Eigentümer der Kaufsache (Sec. 2 (6) SGA).[330] Die Konstruktionen ähneln sich daher stark, obwohl das englische Recht bei beweglichen Sachen weder ein Trennungs- noch ein Abstraktionsprinzip kennt.

Resümiert man die Rechtsvergleichung, so zeigt sich, dass aus deutscher Perspektive die Bedeutung des Trennungsprinzips als Erklärungsvehikel für den Eigentumsvorbehalt überschätzt wird. Ein Eigentumsvorbehalt ist auch in solchen Rechtsordnungen konstruierbar, die kein eigenständiges, auf einem Trennungs-

---

[325] Sec. 17 (1): Where there is a contract for the sale of specific or ascertained goods, the property in them is transferred to the buyer at such time as the parties by the contract intend it to be transferred. Sec. 18 Rule 1: Where there is an unconditional contract for the sale of specific goods in a deliverable state the property in the goods passes to the buyer when the contract is made.

[326] *House of Lords* 3 All England Law Reports (1990), 481 Armour vs. Thyssen Edelstahlwerke AG. Siehe dazu aus deutscher Sicht: *Kessel* RiW 1991, 812, 817f.

[327] Sec. 19 (1): Where there is a contract for the sale of goods or where goods are subsequently appropraited to the contract, the seller may, by the terms of the contract or appropriation, reserve the right of disposal of the goods until certain conditions are fulfilled; and in such a case, notwithstanding the delivery of the goods to the buyer, _ the property in the goods does not pass the buyer until the conditions imposed by the seller are fulfilled.

[328] *House of Lords* 3 All England Law Reports (1990), 481, 485 Armour vs. Thyssen Edelstahlwerke AG.

[329] *Sealy*, in: Benjamin's Sale of Goods, Para 1–028.

[330] Sec. 2 (6): An agreement to sell becomes a sale, when time elapses or the conditions are fulfilled subject to which the property in the goods is to be transferred.

prinzip beruhendes Sachenrecht kennen. Wie sich an den unterschiedliche ausgestalteten Rechtsordnungen des romanischen Rechtskreises zeigte, bereitet es allein dem reinen Vertragsprinzip Schwierigkeiten, den Eigentumsvorbehalt zu erklären. Die französische Praxis steht damit dogmatisch ohne Fundament. Das Trennungsprinzip tut sich hier in der Tat einfacher, den aufgeschobenen Eigentumsübergang zu erklären, da der Schuldvertrag danach *per se* keine dinglichen Wirkungen erzeugt. Diese Vorteile schwinden jedoch, wenn man den Parteien gestattet, vom Vertragsprinzip abzuweichen. Gerade das italienische Recht ist hier besonders elegant und geht grundsätzlich vom Vertrags- bzw. Einheitsprinzip aus, gesteht es den Parteien jedoch zu, die eigentumsrechtlichen Wirkungen vom Kaufvertrag abzuspalten. Ebenso gestaltet sich die Rechtslage in England, das jedoch wie Italien ohne ein Trennungsprinzip auskommt. Eine Trennung zwischen eigentumsrechtlichen und obligatorischen Wirkungen hat daher noch nicht notwendig ein Trennungsprinzip und damit ein selbständiges Sachenrecht zur Folge.

V. Trennung und Abstraktion im Liegenschaftsrecht

1. Zum Eigentumserwerb an Liegenschaften

a) Eintragungsgrundsatz und Prüfungspflichten

Eine Einigung und eine Eintragung sind nötig für eine Rechtsänderung an Grundstücken (§ 873 Abs. 1). Bei der Übereignung von Grundstücken verlangt das Gesetz noch zusätzlich eine Auflassung (§ 925). Im Gegensatz zur Übereignung beweglicher Sachen sind Grundstücksgeschäfte formalisiert und an das Grundbuch gebunden. Außerhalb des Grundbuchs können dingliche Rechtsgeschäfte über Liegenschaftsrechte nicht abgeschlossen werden. Die Grundbucheintragung begründet konstitutiv ein Liegenschaftsrecht und gleicht dadurch die materielle Rechtslage und den Grundbucheintrag weitgehend an. Diese Rechtstechnik verweist bereits äußerlich erkennbar auf die Trennung von schuldrechtlichem Geschäft und dem Vollzugsakt, wie auch die Auflassung verdeutlicht: Kraft seiner Ausgestaltung als besondere Formvorschrift[331] hebt § 925 Abs. 1 das dingliche Rechtsgeschäft vom schuldrechtlichen Rechtsgeschäft ab. Die Einigung und die Auflassung sind außerdem abstrakt von zugrunde liegenden Rechtsgeschäft. Allerdings mildert der Zweck der Auflassung die Folgen des Abstraktionsprinzips: Die Vorschrift schützt in erster Linie das öffentliche Interesse an einem richtigen Grundbuchbestand und dient der Klarheit des Rechtsverkehrs.[332] Sie ist damit ein wichtiges Instrument, um Mängel der Rechtsgeschäfte im Vorfeld zu überprüfen und zu beseitigen. Im Vordergrund stehen dabei Mängel in der dingli-

[331] *Baur/Stürner* § 22 Rn. 1; *Jauernig/Jauernig* § 925 Rn. 3; *Soergel/Stürner* § 925 Rn. 1.
[332] *Einsele* DNotZ 1996, 835, 852; MünchKomm/*Kanzleiter* § 925 Rn. 1.

chen Berechtigung, da der Notar dafür Sorge zu tragen hat, dass die dingliche Berechtigung und damit die materielle Rechtslage sowie der Grundbuchbestand später nicht auseinander fallen. Gleichzeitig können jedoch etwaige schuldrechtliche Mängel aufgedeckt werden, sofern sie nicht schon bei der Beurkundung des Grundgeschäfts (§ 311 b Abs. 1 Satz 1) beseitigt wurden. Dies ergibt sich aus § 925 a, wonach eine Auflassungserklärung nur entgegengenommen werden darf, wenn die notariell beglaubigte Urkunde vorgelegt oder gleichzeitig mit der Auflassung errichtet wird. Im letzten Fall hat der Notar zu prüfen, ob schuldrechtliche Mängel bestehen. Aber auch dann, wenn die Parteien eine bereits ausgefertigte Vertragsurkunde bei der Auflassung vorlegen, muss der Notar jedenfalls dann, wenn er Zweifel an der Wirksamkeit des Grundgeschäfts hat, dieses näher untersuchen.[333] Die Art und Wiese, wie die Übertragung an Grundstücken ausgestaltet ist, dürfte daher in den meisten Fällen verhindern, dass trotz eines schuldrechtlichen Mangels eine Grundbucheintragung vollzogen wird.

Vervollständigt wird die dingliche Einigung erst durch den Grundbucheintrag als Publizitätsakt. Die Reichweite der grundbuchrechtlichen Prüfungspflicht hängt allerdings entscheidend davon ab, ob das formelle oder materielle Konsensprinzip gilt. Stellt der verlierende Teil (§ 13 Abs. 1 Satz 2 GBO) einen Eintragungsantrag, so begnügt sich das Gesetz mit dessen Bewilligung (§ 19 GBO). Das Einverständnis des Betroffenen ersetzt dabei den Nachweis gegenüber dem Grundbuchamt, ob die materiell rechtlichen Voraussetzungen für die Eintragung erfüllt sind. Das formale Konsensprinzip blendet damit das materielle Recht zur Gänze aus, das Grundbuchamt hat überhaupt kein materielles Recht zu prüfen.[334] Ein möglicherweise unrichtiges Grundbuch nimmt das formelle Konsensprinzip hin. Dogmatisch lässt sich dies am Besten erklären, indem man in der Bewilligung eine verfahrensrechtliche Erklärung sieht.[335]

Grundsätzlich anders gestaltet sich die Rechtslage beim materiellen Konsensprinzip, wie es das Gesetz für die Eigentumsübertragung an Grundstücken vorsieht (§ 20 GBO). Im Gegensatz zum formellen Konsensprinzip ist hier der neue Eigentümer nur dann in das Grundbuch einzutragen, wenn die erforderliche Einigung des Berechtigten und des anderen Teils erklärt wird. Den Nachweis dieser Erklärungen beschränkt § 29 Abs. 1 Satz 1 GBO auf öffentliche oder öffentlich beglaubigte Urkunden. Diese sind grundsätzlich die ausschließliche Erkenntnisquelle für das Grundbuchamt. Die materiellen Prüfungspflichten des Grundbuchamts beschränken sich damit darauf, die verfahrensrechtliche Verwertbar-

---

333 MünchKomm/*Kanzleiter* § 925 a Rn. 3.

334 Die Rechtfertigung dieses Prinzips dürfte in der Erfahrungstatsache zu sehen sein, dass der Betroffene nur bewilligt, wenn er sich auch tatsächlich mit dem gewinnenden Teil gemäß dem materiellen Recht geeinigt hat (*Baur/Stürner* § 16 Rn. 4, 20).

335 BGHZ 84, 202, 207; BayObLG NJW-RR 1993, 283; OLG Hamm RPfleger 1989, 148, 149; *Baur/Stürner* § 16 Rn. 26.

keit der vorgelegten Einigung zu prüfen.[336] Die eingeschränkte Prüfungspflicht des Grundbuchamtes begründen auch viele mit dem Abstraktionsprinzip, eine Entscheidung des OLG Frankfurt zeigt dies deutlich: Obwohl der zugrunde liegende Kaufvertrag nichtig war, nahm das OLG eine Pflicht des Grundbuchamts an, den Erwerber einzutragen, da die Auflassung als solche von diesem Mangel nicht berührt werde und deswegen wirksam sei.[337] Die Prüfungspflichten nach § 20 GBO als Ausdruck des Abstraktionsprinzips anzusehen, ist allerdings missverständlich. Gewiss verwirklicht es das Abstraktionsprinzip, wenn man das Grundbuchamt darauf beschränkt, nur Mängel des dinglichen Rechtsgeschäfts zu prüfen. Auch unter Geltung eines Kausalprinzips könnte man die Prüfungspflichten beschränken, da die Grundbucheintragung als Verwaltungsakt eigenen Voraussetzungen genügt.[338] Die beschränkte Prüfungspflicht in § 20 GBO ist damit nicht ein zwingender Ausfluss des Abstraktionsprinzips. Die Bewilligung als solche ist jedenfalls nicht abstrakten Charakters,[339] da sie als reine Verfahrenshandlung an keine materielle Voraussetzungen gebunden ist.

b) *Zur Geschäftseinheit bei der Grundstücksübereignung*

Das Gesetz verbietet eine bedingte Auflassung (§ 925 Abs. 2) und nimmt den Parteien dadurch die Möglichkeit, die Übereignung in Abhängigkeit von der schuldrechtlichen *causa* zu stellen. Eine solche Abhängigkeit kann jedoch durch eine Geschäftseinheit hergestellt werden. Der BGH hat sich erst relativ spät im Jahre 1979 dazu geäußert, dafür aber recht apodiktisch: Das Grund- und das Erfüllungsgeschäft könnten zwar zu einer Geschäftseinheit nach § 139 zusammengefasst werden. Ein derartiger Parteiwille könne jedoch nicht zwingend zwischen dem Grundgeschäft und der Auflassung angenommen werden.[340] Unklar bleibt an der Entscheidung, ob die Geschäftseinheit bei der Grundstücksübertragung generell ausgeschlossen sein soll, oder nur aus dem *in concreto* ableitbaren Parteiwillen ausgeschlossen war.

In der Folgezeit hatte sich der BGH deswegen mehrfach mit dem Problem zu befassen. Eine Geschäftseinheit zwischen dem Kaufvertrag und der Auflassung

---

[336] *Ertl* Anm. DNotZ 1990, 30, 40; *Munzig* in: Kunze/Ertl/Herrman/Eickmann § 20 Rn. 4; *Wolfsteiner* DNotZ 1987, 67, 81f;

[337] OLG Frankfurt DNotZ 1981, 40, 41. Als verfahrensrechtlichen Ausdruck des Abstraktionsprinzips sehen § 20 GBO auch: *Buchholz*, Abstraktionsprinzip im Immobliarrecht (1978), 6ff; *Mössinger* in: Bauer/v. Oefele § 20 Rn. 232; *Stadler* (Fußn. 6), 59;

[338] *Heck*, Das abstrakte Rechtsgeschäft, 35f; *Lange* AcP 145 (1939), 371; *ders.* AcP 146 (1941), 38, 49; *Locher*, Die Neugestaltung des Liegenschaftsrechts (1942), 70; *Schroeder*, FS Bosch (1976), 875, 883.

[339] So aber *Baur/Stürner* § 16 Rn. 29. Das dort dafür als Beleg genannte Beispiel, in dem eine Löschungsbewilligung erteilt wird, auch wenn das fragliche Recht entstanden ist, deutet auf das Gegenteil: Es knüpft die Bewilligung an überhaupt keine materiellen Voraussetzungen an, dazu sogleich im Text.

[340] BGH NJW 1979, 1495.

nahm der BGH allerdings in keinem der entschiedenen Fälle an, schloss aber andererseits auch nicht ausdrücklich aus, dass §139 anwendbar sein könne.[341] Die bereits angesprochenen Unstimmigkeiten im Schrifttum darüber, ob §139 das Grund- und das Erfüllungsgeschäft verbinden kann, finden in der inkonsistenten Rechtsprechung ihre Ursache: Während bei der Übereignung beweglicher Sachen großzügiger eine Geschäftseinheit angenommen wird, bei der Zession sogar regelmäßig, tut sich die Rechtsprechung bei Grundstücksübereignungen schwer. Die nahe liegende Schlussfolgerung, dass §139 auf Grundstücksübereignungen überhaupt nicht anwendbar ist, findet sich in der Rechtsprechung jedoch nicht. Damit besteht auch hier das bereits kritisierte Defizit, dass die Grundlagen dafür ungeklärt sind, wann aus dem Parteiwillen eine Geschäftseinheit zu folgern ist. Wie schon oben herausgearbeitet wurde, handelt es sich hier um die Frage, wie die Willenserklärungen der Parteien auszulegen sind.[342] Nach der Art des übertragenen Gegenstandes zu unterscheiden, wäre eine wenig brauchbare Lösung. §139 unterscheidet nicht danach, sondern gilt für alle Rechtsgeschäfte, unabhängig davon, ob bewegliche Sachen, Liegenschaften oder Rechte den Gegenstand des Austauschgeschäfts bilden.

2. Erwerbsverbote

Der Veräußerer kann sich gegen Verfügungen des Erwerbers auf drei verschiedene Arten schützen. Stellt sich heraus, dass der Kaufvertrag nichtig ist, kann sich der Verkäufer seinen Bereicherungsanspruch gegen den Käufer nach §883 Abs. 1 durch eine Vormerkung sichern lassen[343] und genießt einen Verfügungsschutz nach §883 Abs. 2 Satz 1, wenn der Erwerber das Grundstück weiter veräußert. Allerdings setzt dies voraus, dass der Erwerber bereits in das Grundbuch eingetragen ist. Auch ein Veräußerungsverbot nach §§135, 136 BGB, 938 Abs. 2 ZPO kann den rechtsgrundlosen Veräußerer vor einer weiteren Verfügung des Erwerbers schützen. Auch hier kommt es darauf an, dass der Veräußerer das Eigentum des Erwerbers jedenfalls glaubhaft macht (§§936, 920 Abs. 2 ZPO). Das Veräußerungsverbot setzt damit einen bereits eingetragenen Erwerber voraus. Das Gesetz sieht jedoch kein Mittel vor, kraft dessen der rechtsgrundlos Veräußernde verhindern kann, dass der Erwerber in das Grundbuch eingetragen wird. Mit dem Abstraktionsprinzip steht das Schweigen des Gesetzes durchaus im Einklang. Mängel des Grundgeschäftes sind für die Auflassung unerheblich und durch das Grundbuchamt auch nicht nachzuprüfen. Gerade bei Grundstücksübertragungen liegt zwischen dem Abschluss des Kaufvertrages und der Auflassung eine mehr oder weniger lange Zeitspanne, bis der Eigentumserwerb durch den Grundbuchein-

---

341 BGH NJW 1981, 1597; BGHZ 89, 43; BGH NJW 1985, 3006; BGH NJW 2005, 415, 417.

342 Oben III 4

343 Diese Möglichkeit ist weitgehend unbestritten: RGRZ 139, 353, 355; MünchKomm/*Wakke* §883 Rn. 13; teilweise anders: *Staudinger/Gursky* §883 Rn. 42.

trag vollzogen wird. Erkennt der Veräußerer in dieser Zeit, dass das Grundgeschäft nichtig ist, so müsste er dem Erwerb tatenlos zusehen, wenn die Parteien den Mangel des schuldrechtlichen Geschäfts zwischenzeitlich nicht beseitigen können. Durch einen Widerruf der Auflassungserklärung kann der Veräußerer zwar verhindern, dass das Eigentum wechselt. Ist die Auflassungserklärung jedoch bindend, scheidet diese Möglichkeit aus. Der Kondiktionsanspruch des Verkäufers lässt sich auch nicht im Wege der einstweiligen Verfügung vormerken (§ 885), da der Käufer nicht voreingetragen wurde, kann eine derartige Vormerkung nicht eingetragen werden.

Das Abstraktionsprinzip führt hier im Ergebnis zu einem automatischen Eigentumserwerb, der den Interessen des Veräußerers entgegenlaufen kann. Diese Rechtslage kann man als lösungsbedürftig ansehen und ein Instrument entwickeln, dass bereits den Erwerb verhindert. Genauso kann man allerdings die beschriebenen Schutzmöglichkeiten des Erwerbers für abschließend halten und den Veräußerer im Ergebnis auf die bereicherungsrechtliche Rückabwicklung verweisen.[344] Die Rechtsprechung hat sich zum ersten Weg bekannt und ermöglicht dem Veräußerer, sich durch ein Erwerbsverbot zu schützen.[345] Im Jahre 1927 hatte das Reichsgericht in einem prozessrechtlich besonders zugeschnittenen Fall erstmalig ein Erwerbsverbot anerkannt:[346] Dem Sachverhalt dieser Entscheidung lag ein Schwarzkauf zugrunde, wegen der damaligen Inflation ein typischer Fall. Der Verkäufer erwirkte eine einstweilige Verfügung, durch die dem Erwerber aufgegeben wurde, keinen Antrag auf die Umschreibung des Eigentums zu stellen oder einen bereits gestellten Antrag zurückzunehmen. Dem Anwalt des Verkäufers unterlief jedoch ein Fehler bei der Zustellung, so dass der Formmangel nach § 311 b Abs. 1 Satz 2 geheilt wurde. Im Folgeprozess machte der Verkäufer Schadensersatzansprüche gegenüber seinem Anwalt geltend, da dieser durch die unterlassene Zustellung den Eigentumsverlust verursacht habe. Dies wiederum hing davon ab, ob das Erwerbsverbot tatsächlich einen Eigentumserwerb des Käufers verhindert hatte. Das Reichsgericht nahm dies an und begründete das Erwerbsverbot mit einem prozessrechtlichen Ansatz. Die Rechtsfolgen eines Erwerbsverbots folgerte es aus §§ 935, 938 Abs. 2 ZPO und legte dem Grundbuchrichter die Pflicht auf, dieses Erwerbsverbot zu beachten. Die materiell-rechtliche Begründung fällt knapp aus: Die Anforderungen des Rechtsverkehrs nötigten dazu, gerichtliche Erwerbsverbote den behördlichen Veräußerungsverboten nach § 136 gleich zu stellen.[347] Welche Anforderungen des Rechtsverkehrs dies sind, führte das Reichsgericht jedoch nicht weiter aus. Vielmehr betonte es ausdrücklich, dass

---

[344] *Stadler* (Fußn. 6), 510ff

[345] RGZ 117, 287; RGZ 120, 118; KG JW 1923, 762; KG JW 1923, 306; KG JFG 18, 192; BGH NJW 1983, 565; BayObLG Rpfleger 1978, 306; BayObLG NJW-RR 1997, 913; KG DNotZ 1962, 400; OLG Hamm DNotZ 1970. 662; OLG München FamRZ 1969, 151.

[346] RGZ 117, 287.

[347] RGZ 117, 287, 291.

§ 938 Abs. 2 ZPO keinen abschließenden Katalog für die gerichtlichen Maßnahmen aufstelle und dass deswegen ein Erwerbsverbot spiegelbildlich zu einem Veräußerungsverbot möglich sein müsse.[348] In den Folgeentscheidungen der Gerichte finden sich weder eine weitere Begründung noch Überlegungen dazu, wie sich das Erwerbsverbot zum Abstraktionsprinzip verhält. Vielmehr begründet man das Erwerbsverbot allgemein mit dem Hinweis auf § 938 Abs. 2 ZPO.[349]

Neben grundbuchrechtlichen Folgen hat das Erwerbsverbot auch materielle Rechtswirkungen. Konstruktiv schützt es nach der Rechtsprechung wie eine Grundbuchsperre und stellt ein *ex officio* zu beachtendes Hindernis für die Grundbucheintragung dar. Es untersagt dem Erwerber, den Eintragungsantrag nach § 13 GBO zu stellen oder aufrecht zu erhalten und ist ein Eintragungshindernis im Sinne des § 18 GBO.[350] Dieses Verbot ist allerdings nicht eintragungsfähig, da der Erwerber nicht voreingetragen ist, § 39 GBO.[351]

Materiell-rechtlich durchbricht das Erwerbsverbot die äußere Abstraktion. Der Erwerb hängt nach dem Abstraktionsprinzip nicht von einem wirksamen Rechtsgrund ab, so dass ein fehlender Rechtsgrund folglich auch nicht dem Erwerb entgegenstehen kann. Weder das RG noch später den BGH hinderte dies jedoch daran, die Rechtsprechung über die Erwerbsverbote fortzuführen. Der Widerspruch zum Abstraktionsprinzip wurde nicht einmal angesprochen, sondern anscheinend stillschweigend hingenommen oder übersehen. Überwiegend folgt das Schrifttum dieser Rechtsprechung und hält das Erwerbsverbot für eine zulässige Konstruktion.[352] Es sind jedoch auch Stimmen laut geworden, die die grundbuchrechtlichen wie auch die materiell-rechtlichen Folgen des Erwerbsverbots kritisieren, ohne dass diese Kritik die Rechtsprechung beeindruckt hat.

Besonders umstritten sind die grundbuchrechtlichen Folgen des Erwerbsverbots, wobei aber die im Schrifttum vorgeschlagenen Konstruktionen auch in

---

[348] RGZ 117, 287, 292.

[349] BGH NJW 1983, 565; BayObLG NJW-RR 1997, 913; OLG Hamm DNotZ 1970, 661, 662.

[350] RGZ 117, 287, 290; RGZ 120, 118; BGH FamRZ 1969, 151, 152; BayObLG RPfleger 1978, 306; BayObLG NJW-RR 1997, 913; OLG Hamm DNotZ 1960, 661, 662. KG MDR 1977, 500; *Hübner* Rn. 974; *Jauernig/Jauernig* § 888 Rn. 8; RGRK/*Augustin* § 888 Rn. 24; *Soergel/Stürner* § 888 Rn. 13. Eine Grundbuchsperre soll das Erwerbsverbot auch dann begründen, wenn sowohl der Eintragungsantrag als auch die Eintragungsbewilligung beim Grundbuchamt eingegangen sind (OLG Hamm DNotZ 1970, 660, 661; zust. *Soergel/Stürner* § 888 Rn. 13).

[351] BayObLG NJW-RR 1997, 913. Ausnahmsweise kann das Erwerbsverbot in das Grundbuch eingetragen werden, wenn zu Gunsten des Erwerbers eine Auflassungsvormerkung eingetragen wurde (LG Tübingen BWNotZ 1984, 39).

[352] *Bamberger/Roth/Wendtland* § 136 Rn. 7; *Baur/Stürner* § 15 Rn. 32; *Erman/Palm* § 136 Rn. 15; *Foerste*, Grenzen der Durchsetzung von Verfügungsbeschränkung und Erwerbsverbot im Grundstücksrecht (1986), 121f, 132; *Jahr*, GS Schultz (1987), 117, 143f; *Jauernig/Jauernig* § 888 Rn. 8; MünchKomm/*Mayer-Maly/ Armbrüster* § 136 Rn. 9; *Pohlmann*, Die Heilung formnichtiger Verpflichtungsgeschäfte (1992), 98ff, 145ff; *Soergel/Hefermehl* § 136 Rn. 30f; *Weng*, Das Erwerbsverbot (1966), 33ff; *Westermann/Eickmann* § 84 VI 4; *Wilhelm* Rn. 733 Fn. 476; einschränkend: *Staudinger/Kohler* § 136 Rn. 22f.

Konflikt mit dem Abstraktionsprinzip geraten. So hat man im Schrifttum vorgeschlagen, statt als Grundbuchsperre das Erwerbsverbot dergestalt auszulegen, dass es die Auflassung der Beteiligten suspendiere.[353] Die äußere Abstraktion bietet für eine derartige Suspendierung aber keinen Anlass. Umstritten sind auch die Rechtsfolgen, wenn der Erwerber entgegen dem Tenor des Erwerbsverbots gleichwohl in das Grundbuch eingetragen wird. Eine abstraktionskonforme Lösung müsste den Veräußerer hier auf einen Bereicherungsanspruch verweisen, durch den er die Buchposition des Erwerbers herausverlangen kann. Gleichwohl hält eine verbreitete Ansicht das Grundbuch für unrichtig (§ 894) und billigt dem Veräußerer die Möglichkeit zu, einen Widerspruch nach § 899 einzutragen.[354] Der schuldrechtliche Mangel wird hier über das richterliche Erwerbsverbot in einen dinglichen Mangel transformiert, da § 894 an sich keine rein schuldrechtlichen Mängel erfasst. Solche Spannungen mit dem Abstraktionsprinzip wirft aber auch die Konstruktion auf, wonach der verbotswidrig Eingetragene zwar Eigentümer wird, sein Erwerb ist jedoch analog §§ 135 Abs. 1 Satz 1, 136 relativ unwirksam sein soll. Der Veräußerer soll danach nun das Eigentum kondizieren und sich diesen Anspruch durch eine Vormerkung sichern können.[355] Auch diese Konstruktion muss letztlich davon ausgehen, dass der Erwerb wegen eines schuldrechtlichen Mangels unwirksam ist und durchbricht dadurch das Abstraktionsprinzip.

Gleich wie man die grundbuchrechtlichen Folgen oder die Rechtslage bei einer verbotswidrigen Eintragung konstruiert, ergeben sich Widersprüche zum Abstraktionsprinzip. Die grundsätzliche Kritik des Schrifttums am Erwerbsverbot ist allerdings in der Minderzahl.[356] Bei näherer Betrachtung überzeugen die Bedenken nicht, die gegen die grundsätzliche Zulässigkeit dieser Rechtsfigur vorgebracht werden. Der oft vorgetragene Einwand, ein Erwerbsverbot verstoße gegen § 878,[357] geht an der Sache vorbei. § 878 ist nur auf Mängel in der Verfügungsmacht zugeschnitten, um die es beim Erwerbsverbot nicht geht. Abgesehen davon erfasst die Vorschrift keine Verfügungsbeschränkungen außerhalb des Grundbuchs.[358] Ein richterliches Verfügungsverbot könnte daher selbstredend

---

[353] *Habscheid*, FS Schiedermair, 245; *Foerste* (Fußn. 352), 137ff; dem folgend: *Böttcher* BWNotZ 1993, 25, 33ff.

[354] *Habscheid*, FS Schiedermair (1976), 245, 254; *Jahr*, GS Schultz (1987), 117, 138; *Weng* (Fußn. 352), 117f.

[355] OLG Hamm DNotZ 1970, 661, 663; OLG München OLGZ 1969, 196, 198; *Baur/Stürner* § 15 Rn. 32; *Kohler*, Das Verfügungsverbot gemäß § 938 Abs. 2 ZPO im Liegenschaftsrecht (1984), 133; MünchKomm/*Wacke* § 888 Rn. 23; *Soergel/Stürner* § 888 Rn. 24. Diesem Anspruch mag im Einzelfall § 814 entgegenstehen, wenn die Rückforderung des Eigentums sich als ein *venire contra factum proprium* darstellt. Das RG sprach den Kondiktionsausschluss in seiner ersten Entscheidung zu den Erwerbsverboten an, lehnte ihn aber im konkreten Fall ab (RGZ 117, 287, 295). Siehe dazu auch *Habscheid*, FS Schiedermair (1976), 245, 252f.

[356] Gegen ein Erwerbsverbot: *Flume* § 17/6 e; *Medicus* Rn. 665; MünchKomm/*Wacke* § 888 Rn. 24 (siehe aber auch Rn. 25 aE); *Staudinger/Gursky* § 888 Rn. 87; *Wolff/Raiser* § 45 I 1

[357] *Flume* § 17/6 e; MünchKomm/*Wacke* § 888 Rn. 24; *Staudinger/Gursky* § 888 Rn. 87.

[358] *Soergel/Stürner* § 878 Rn. 4.

einen Erwerb vereiteln, ohne dass dem § 878 entgegenstünde. Versteht man das Erwerbsverbot als Spiegelbild zu einem richterlichen Verfügungsverbot nach § 938 Abs. 2 ZPO, so zeigt sich, wie wenig die Wertung aus § 878 das Erwerbsverbot in Frage stellen kann. Das Erwerbsverbot kann ja gerade nicht in das Grundbuch eingetragen werden.[359] § 892 Abs. 2 spricht ebenso wenig gegen ein Erwerbsverbot.[360] Leitet man die Ermächtigung, ein Erwerbsverbot auszusprechen, aus § 938 Abs. 2 ZPO ab, so kommt es auf den guten Glauben des Erwerbers ohnehin nicht an. Auch der an den Schwarzkauffällen ausgerichtete Einwand, dass ein Erwerbsverbot es dem Verkäufer gestatte, sich zu seinem gegebenen Wort in Widerspruch zu setzen, ist nicht durchschlagend.[361] Im Grundsatz deckt in solchen Fällen das Erwerbsverbot ja ein nichtiges Grundgeschäft auf. Rechtsethische Bedenken stellen sich nicht, da sich ja der Erwerber ebenso auf einen Schwarzkauf eingelassen hat. Das Erwerbsverbot vereitelt aber im Ergebnis die Heilungsmöglichkeit des § 311 b Abs. 1 Satz 2, woraus man zusätzliche Bedenken gegen diese Rechtsfigur hergeleitet hat.[362] Die Heilungsmöglichkeit ist jedoch kein unaufhaltsamer Automatismus. § 311 b Abs. 1 Satz 2 normiert nur positiv und abschließend die Voraussetzungen, wann ein formnichtiger Kaufvertrag geheilt werden kann, enthält aber keine Aussage darüber, ob und wodurch diese Heilung verhindert werden kann.[363]

Bislang hat die Rechtsprechung noch nicht den Schritt vollzogen und das Erwerbsverbot auf alle Nichtigkeitsgründe ausgedehnt. Dies liegt jedoch nahe und ließe sich besser vertreten, als ein Erwerbsverbot nur bei einem formnichtigen Rechtsgeschäft anzuerkennen.[364] Die Bedenken gegen aus dem Abstraktionsprinzip[365] greifen nicht durch. Dem Richter bleibt es im Verfügungsverfahren unbenommen, sich über dieses Prinzip hinweg zu setzen. Erkennt man das Erwerbsverbot bei formnichtigen Verträgen an, so geht es um die folgerichtige Weiterentwicklung dieses Rechtsinstituts. Der Grundsatz, wesentlich Gleiches gleich zu

---

[359] Siehe auch *Pohlmann* (Fußn. 352), die darauf hinweist, dass das Erwerbsverbot nur dazu dienen soll, um Einwendungen aus dem Kausalverhältnis geltend zu machen. Für die §§ 878, 892 Abs. 2 sei dies unerheblich, da das Vertrauen des Erwerbers in diese Mängel nicht schutzwürdig sei (150). Dem ist zuzustimmen, wenngleich die Argumentation hier darauf beruht, dass § 878 von vornherein nicht alle Verfügungsverbote erfasst.

[360] AA wiederum MünchKomm/*Wacke* § 888 Rn. 24; *Staudinger/Gursky* § 888 Rn. 87.

[361] So jedoch MünchKomm/*Wacke* § 888 Rn. 24; dem folgend: *Staudinger/Gursky* § 888 Rn. 87.

[362] *Flume* § 17/6 a; *Staudinger/Gursky* § 888 Rn. 87.

[363] Siehe auch *Foerste* (Fußn. 352), 125; zust. auch *Stadler* (Fußn. 6), 511.

[364] Dies räumen auch *Medicus* Rn. 665 (2. Absatz) und MünchKomm/*Wacke* § 888 Rn. 25 (siehe jedoch auch dort Fußn. 87) als Gegner des Erwerbsverbots ein. *Staudinger/Gursky* (§ 888 Rn. 88) ist der Ansicht, dass nicht nur bei einer nichtigen Auflassung sondern dass auch bei einer Kausalnichtigkeit ein Widerspruch eingetragen werden könne. Deswegen sei ein Erwerbsverbot auch für die übrigen Nichtigkeitsgründe entbehrlich.

[365] So *Häsemeyer*, Die gesetzliche Form der Rechtsgeschäfte (1971), 255f; *Stadler* (Fußn. 6), 511 die das Erwerbsverbot strikt auf formnichtige Kaufverträge beschränken möchte.

behandeln, gebietet es, das Erwerbsverbot auf alle Nichtigkeitsgründe zu erstrecken. Die primäre Rechtsfolge aller Nichtigkeitsgründe deckt sich selbstredend, nach den Tatbeständen zu differenzieren, wäre willkürlich. Dies wird besonders deutlich, wenn ein Vertrag neben einem Formmangel nach § 311 b Abs. 1 Satz 1 an einem weiteren Nichtigkeitsgrund leidet. Stützt sich eine Partei zunächst auf einen der allgemeinen Nichtigkeitsgründe, so müsste man ein Erwerbsverbot ablehnen aber später doch wieder zulassen, wenn die Beteiligten erkennen, dass der Kaufvertrag auch eine mangelhafte Form hat. Entwickelt man das Erwerbsverbot folgerichtig weiter, so muss man dem Verkäufer gestatten, in allen Fällen ein Erwerbsverbot zu erwirken. Für diese Fälle ist dann das Abstraktionsprinzip bei der Grundstücksübereignung aufgehoben und damit nähert sich die Auflassung einem Kausalprinzip an.

3. Abstraktion bei der Bestellung beschränkter dinglicher Rechte

Es gilt als juristisches Gemeingut, dass auch bei der Bestellung beschränkter dinglicher Rechte an Grundstücken das Abstraktionsprinzip gilt.[366] Ganz so selbstverständlich, wie dies allgemein erwähnt wird, ist dies jedoch nicht. Auf den ersten Blick scheint der Zweck des Abstraktionsprinzips bei der Bestellung beschränkter dinglicher Rechte gar nicht betroffen. Die Motive sehen den Verkehrsschutz als Domäne von Veräußerungsgeschäften und hatten dabei den Eigentumserwerb eines Dritten im Auge.[367] Bei der Bestellung beschränkter dinglicher Rechte kann der Verkehrsschutz *a priori* auch nur die weitere Übertragung des beschränkten dinglichen Rechts umspannen. Sofern dies überhaupt möglich ist, ist der Dritterwerber von der Pflicht befreit, die Wirksamkeit des Grundgeschäfts zu überprüfen, das dem beschränkten dinglichen Recht zu Grunde liegt. Dieser Schutz des Dritten setzt allerdings voraus, dass das dingliche Recht übertragbar ist, worauf noch einzugehen sein wird.

Die äußere Abstraktion schlägt sich *inter partes* darin nieder, indem der Eigentümer ein beschränktes dingliches Recht kondizieren kann, wenn die zugrunde liegende *causa* nichtig ist. Bei einem Kausalprinzip stünde ihm ein Grundbuchberichtigungsanspruch zu. Begrifflich lässt sich auch die innere Abstraktion für die Bestellung beschränkter dinglicher Rechte beschreiben: Das dingliche Rechtsgeschäft besteht danach aus dem reinen Bestellungsakt, der mit weiteren Zwecken nicht mehr angereichert werden kann. Gerade dies kann jedoch auf Probleme stoßen, wenn im Einzelfall schuldrechtliche und dingliche Bestandteile in einem be-

[366] Für die **Dienstbarkeit**: BGH NJW 1974, 2123f; MünchKomm/*Falckenberg* § 1018 Rn. 4. Für den **Nießbrauch**: BayObLGZ 1979, 273, 277; MünchKomm/*Pohlmann* Vor § 1030 Rn. 15. Für die **Reallast**: RGZ 85, 244, 247; RGZ 113, 93, 103; BayObLGZ 1959, 301, 304; BayObLG DNotZ 1970, 415; MünchKomm/*Joost* § 1105 Rn. 57. Für die **Grundschuld** und **Hypothek**: RGZ 85, 92; MünchKomm/*Eickmann* § 1191 Rn. 10.

[367] Siehe dazu oben I 3.

schränkten dinglichen Recht verschmelzen. Dies rückt natürlich sogleich die dinglichen Nutzungsrechte in den Vordergrund, mit deren Erörterung zu beginnen ist.

a) Dienstbarkeiten

aa) Äußere Abstraktion

Dienstbarkeiten, sei es als beschränkte persönliche Dienstbarkeit (§ 1090) oder Grunddienstbarkeit (§ 1018), können verschiedene Schuldverhältnisse als *causa* haben. Nach den allgemeinen Grundsätzen zur äußeren Abstraktion hat das unwirksame Grundgeschäft keine Auswirkungen auf die abstrakte Bestellung einer Dienstbarkeit. Der BGH hat im Jahre 1988 eine bemerkenswerte Wende in seiner Rechtsprechung zur abstrakten Gestaltung der Dienstbarkeit eingeleitet.[368] Den Entscheidungen lagen sittenwidrige Getränkebelieferungsverträge zugrunde, die durch eine Dienstbarkeit abgesichert waren. Nach dem Sachverhalt der Entscheidung vom 8. April 1988 ließ der Beklagte im Jahre 1960 auf seinem Grundstück eine Dienstbarkeit zu Gunsten des jeweiligen Eigentümers eines Nachbargrundstücks eintragen, auf dem Bier hergestellt wurde. Das Nachbargrundstück gehörte ebenso dem Kläger. Die Grunddienstbarkeit lautete: »Grunddienstbarkeit am ganzen Grundstück des Inhalts, dass keine Wirtschaft, kein Flaschenbierhandel, kein Kaffee mit Bierausschank, wie überhaupt keinerlei Bierverkauf und auch keinerlei sonstige Gewerbe, Geschäft, Handelsunternehmen oder Amt betrieben werden darf.« Im Jahre 1962 veräußerte der Beklagte das belastete Grundstück an den K und schloss mit ihm eine privatschriftliche Vereinbarung. Darin verpflichtete sich K, mindestens für 30 Jahre ausschließlich das auszuschenkende Bier von der Beklagten zu beziehen. Die Bezugsverpflichtungen verlängerten sich um weitere fünf Jahre, wenn sie nicht fristgemäß gekündigt wurden. K veräußerte das belastete Grundstück an den Kläger, der im anschließenden Rechtsstreit gegen K beantragte, die Grunddienstbarkeit zu löschen. Der BGH hielt die Bezugsverpflichtung für sittenwidrig, da ihre Laufzeit zu lange sei. Entgegen der bisherigen Rechtsprechung berührt das nach der Ansicht des BGH jedoch nicht die Dienstbarkeitsbestellung.[369] Mit der äußeren Abstraktion steht dies in Einklang. In einer anderen Entscheidung lehnte es der BGH zudem ab, dass das sittenwidrige Grundgeschäft zugleich die abstrakte Dienstbarkeit erfasse: Die Bestellung einer Dienstbarkeit erachtet das Gericht weder als den Vollzug einer sittenwidrigen Leistung, noch soll sie sittenwidrige Zwecke verfolgen.[370]

---

[368] BGH NJW 1988, 2362, BGH NJW 1988, 2364.

[369] BGH NJW 1988, 2362, 2363 unter Berufung auf BGH NJW 1988, 2364. Anders noch BGHZ 74, 293, 297; BGH NJW 1979, 2149, 2150; BGH NJW 1981, 343, 344; OLG Karlsruhe NJW-RR 1987, 1419. Dem zustimmend etwa *Amann* DNotZ 1986, 578,

[370] BGH NJW 1988, 2364.

In der Folgezeit hat der BGH diese Rechtsprechung weitergeführt und erkennt seither isolierte Dienstbarkeiten an, wenn das schuldrechtliche Rechtsgeschäft noch nicht abgeschlossen wurde oder unwirksam ist.[371] Man mag diese Rechtsprechung als Rückbesinnung auf das Abstraktionsprinzip begrüßen. Dabei darf man allerdings nicht aus dem Blickfeld verlieren, dass die durch diese Praxis verfestigte Rechtsfigur der Sicherungsdienstbarkeit einige Schwierigkeiten mit dem *numerus clausus* der Sachenrechte aufwirft.[372] Ganz abgesehen davon zeigt die geschilderte Entscheidung, wie wenig systematisch die Rechtsprechung die Frage behandelt, wann sich ein sittenwidriges Grundgeschäft auf das dingliche Rechtsgeschäft auswirkt. Dienstbarkeiten zur Sicherung einer Bezugsverpflichtung können auch dazu eingesetzt werden, um den Abschluss einer Bezugsbindung zu erzwingen.[373] Wenn die Bezugsbindung aber gegen § 138 Abs. 1 verstoßen sollte, lässt sich nur schwer begründen, warum das Druckmittel zum Abschluss dieser Bezugsbindung wirksam bleibt. Die Dienstbarkeit steigert die Wirkung der Bezugsbindung, so dass man ihr durchaus den Vollzug eines sittenwidrigen Rechtsgeschäfts sehen könnte. Abgemildert wird dies immerhin dadurch, indem der BGH eine Verpflichtung im Sicherungsvertrag für möglich hält, dass der Berechtigte die Dienstbarkeit zurück zu gewähren hat, wenn der Bezugsvertrag unwirksam ist.[374]

Vom Standpunkt einer reinen Lehre aus, mag man dieser Kehrtwende Beifall zollen.[375] Allerdings ist vor dem kartellrechtlichen Hintergrund mehr als fraglich, ob der BGH dadurch das erforderliche wettbewerbspolitische Fingerspitzengefühl bewiesen hat. Bei der Frage, ob eine Dienstbarkeit eine Wettbewerbsbeschränkung ist, betrachtet der Kartellsenat des BGH das dingliche und dem schuldrechtliche Geschäft insgesamt und bindet sich nicht an das Trennungs- und Abstraktionsprinzip.[376] Derart lange Bezugspflichten wie in dem Ausgangsfall sind jedoch kartellrechtlich nichtig und wegen der durch den BGH anerkannten Gesamtbetrachtung damit auch die Dienstbarkeit.[377] Hält man daher bei wettbewerbsbeschränkenden Dienstbarkeiten an dem Abstraktionsprinzip fest, so verteidigt man ein Dogma, dass gerade für diese Konstellation jeden teleologischen Gehalt verloren hat. Eine Rückkehr des BGH zur alten Rechtsprechung ist daher begrüßenswert.

---

[371] BGH WM 1992, 951, 953; BGH NJW-RR 1989, 519.

[372] Näher dazu unten § 6 IV 3.

[373] So MünchKomm/*Falckenberg* § 1018 Rn. 4.

[374] BGH NJW 1988, 2362, 2363. *Münch* (ZHR 157 [1993], 559, 592f) hält dies für den Regelfall, was der BGH indes nicht explizit festgestellt hat.

[375] So z. Bsp. *Amann* DNotZ 1986, 578, 581.

[376] BGH WUW/E BGH 2158, 2160 Anschlußvertrag; *Emmerich* in: Immenga/Mestmäcker § 16 Rn. 33.

[377] Hier mag vorerst der Hinweis genügen, ausführlich dazu unten § 6 IV 3.

bb) Abstraktion und Begleitschuldverhältnis

Erst im Jahre 1985 hat die Rechtsprechung anerkannt, dass auch im Rahmen einer Dienstbarkeit zwischen dem Grundstückseigentümer und dem Berechtigten ein gesetzliches Schuldverhältnis entsteht.[378] Zuvor war diese Frage umstritten und in einer älteren Entscheidung aus dem Jahre 1959 lehnte es der BGH ab, aus § 1020 ein gesetzliches Schuldverhältnis herzuleiten, das neben der Dienstbarkeit stehe.[379] Der Grund dafür sollte in einer doppelten Funktion des § 1020 liegen, der in der Lesart der alten Rechtsprechung nicht nur die Ausübung, sondern auch den Inhalt einer Dienstbarkeit begrenze.[380] Wenn man § 1020 formal auch dem Inhalt einer Dienstbarkeit zurechnet, lässt sich der Charakter dieser Vorschrift als eine das dingliche Recht definierende Norm leicht begründen. Ein solches Verständnis ist indessen problematisch, wie der BGH in einer späteren Entscheidung ausdrücklich feststellte:[381] »Ein gesetzlich normiertes Schuldverhältnis kann begrifflich ... Rechte und Ansprüche sowohl nach ihrem Inhalt nach als auch ihrer Ausübung beschränken.« Die ältere Rechtsprechung lässt sich ganz im Sinne der traditionellen Lehre verstehen und trennt zwischen dinglichem und obligatorischen Recht, während die jetzige Ansicht im Ergebnis eine hybride Form anzuerkennen scheint. Geht man von einer formalen Trennung zwischen Inhalt und Ausübung eines Rechts aus, so kann eine Vorschrift, die sich auf den Inhalt eines dinglichen Rechts auswirkt, nur dinglicher Natur sein.[382] Gerade für § 1020 ist eine solche Trennung jedoch unbegründbar, wie der BGH festgestellt hat.

Das so beschriebene Schuldverhältnis entsteht nach allgemeiner Ansicht mit der Dienstbarkeit kraft Gesetzes.[383] Es muss damit weder gesondert vereinbart werden, noch bedarf es über die Bestellung einer Dienstbarkeit weiter reichender Entstehungsvoraussetzungen. Ohne Entstehung des dinglichen Rechts entsteht

---

[378] BGHZ 95, 144, 146f = BGH NJW 1985, 2944; BGHZ 106, 348, 350; BGH NJW 1994, 2757; siehe auch *Heß* AcP 197 (1997), 489, 492.

[379] BGH LM § 242 [D] BGB Nr. 31.

[380] BGH LM § 242 [D] BGB Nr. 31; *Wolff/Raiser* § 106 VI 1 zu Fn. 38.

[381] BGH NJW 1985, 2944, 2945. Von einer rein theoretischen Bedeutung ist es, ob die Ableitung es Begleitschuldverhältnisses aus § 1020 glücklich ist. Der BGH hat in der grundlegenden Entscheidung BGHZ 95, 144, 146 diese Vorschrift als Ausdruck des Begleitschuldverhältnisses angesehen. Im Schrifttum kritisierte man daran, dass es der Norm des § 1020 nicht bedurft hätte, wenn der Gesetzgeber von einem Begleitschuldverhältnis ausgegangen wäre, sondern § 242 würde dann zur Ableitung ausreichen (*Heß* AcP 198 (1998), 489, 492, 503 [»Binnenverhältnis«]; *Staudinger/Mayer* § 1018 Rn. 134).

[382] Nach *Staudinger/Mayer* § 1018 Rn. 136 sei noch nicht abschließend erklärt, ob das Begleitschuldverhältnis zum Inhalt des dinglichen Rechts rechnet. Der BGH hat in seiner Grundsatzentscheidung zwar den Begriff »dingliches Recht« vermieden. Indem er aber von »Inhalt eines Rechts« spricht, kann nichts anderes gemeint sein, als der Inhalt der Dienstbarkeit. Deswegen ist diese Frage in Wirklichkeit geklärt.

[383] BGHZ 95, 144, 146; BGHZ 106, 348, 360; BGH NJW 1994, 2757; BayObLG DNotZ 1991, 257; *Amann* DNotZ 1989, 531, 534; MünchKomm/*Falckenberg* § 1020 Rn. 2; *Soergel/Stürner* § 1020 Rn. 1; *Staudinger/Mayer* § 1020 Rn. 1, § 1018 Rn. 134; aA vor dem Hintergrund der älteren Rechtsprechung noch RGRK/*Rothe* § 1020 Rn. 1; *Wolff/Raiser* § 107 II Fußn. 3.

damit auch nicht das dingliche Schuldverhältnis. In diesem Sinne ist das gesetzliche Schuldverhältnis untrennbar mit dem dinglichen Recht verknüpft.[384] Es teilt mit dem dinglichen Recht daher auch folgerichtig die Sukzessionswirkung und entsteht gleichsam automatisch zwischen dem Berechtigten und dem jeweiligen Inhaber des Grundstücks.[385]

Daneben können die Parteien einer Dienstbarkeit weitere schuldrechtliche Abreden treffen, die dem Inhalt der Pflichten bei der Dienstbarkeit entsprechen oder von ihnen abweichen. Es handelt sich dabei um Nebenabreden, die nicht kraft Gesetzes, sondern kraft Vereinbarung entstehen und damit um ein vertraglich begründetes Schuldverhältnis.[386] Wenn allerdings § 1020 als schuldrechtliche eingestufte Norm auch den Inhalt eines Rechts beeinflussen kann, so hat man dadurch das Trennungsprinzip bei der Dienstbarkeit teilweise aufgegeben. Das Abstraktionsprinzip hat dann keinen Anknüpfungspunkt. Diese Rechtsentwicklung hinterlässt als Fazit, dass es schuldrechtliche Vorschriften geben kann, die den Inhalt einer Dienstbarkeit bestimmen und solche, die die *causa* bilden. Das als rechtstechnische Leistung gelobte Trennungs- und Abstraktionsprinzip verliert hier seine immer wieder betonte systemordnende Kraft.[387] Bedenkt man, dass die Pflichten aus §§ 1020, 1021 auch in dem schuldrechtlichen Vertrag geregelt werden könnten, so zeigt sich, dass das Trennungsdenken bei der Dienstbarkeit letztlich fehl am Platze ist: Ein und dieselbe Pflicht müsste einerseits der *causa* zugeschlagen werden, andererseits wäre sie inhaltsbestimmender Teil des gesetzlichen Schuldverhältnisses. Die Zuordnung eines Schuldverhältnisses als Kausalverhältnis und Begleitschuldverhältnis ist daher gerade bei der Dienstbarkeit willkürlich. Dadurch verliert das Trennungsprinzip seine methodische Überzeugungskraft: Bei Veräußerungsgeschäften mag es noch angehen, wegen des unterschiedlichen Pflichteninhalts zwischen einer Verfügung und einer Verpflichtung zu trennen. Bei der Bestellung einer Dienstbarkeit mit einem Begleitschuldverhältnis überzeugt die Trennung nicht mehr, da dieses dingliche Rechtsgeschäft gerade nicht mehr neutral ist.

cc) Zur Trennung zwischen dinglichem Wohnrecht und Mietrecht

(1) Einem dinglichen Wohnrecht (§ 1093) kann ein beliebiges Schuldverhältnis zugrunde liegen, wie ein Rechtskauf oder ein sonstiger Schuldvertrag, der die Pflicht enthält, ein Wohnrecht zu bestellen.[388] Erhebliche Probleme bereitet aber das Verhältnis zwischen einem dinglichen Wohnrecht und einem Mietvertrag und belegt, dass die Trennung und Abstraktion bei den Dienstbarkeiten keine nach-

---

[384] *Amann* DNotZ 1989, 531, 534.

[385] *Amann* DNotZ 1989, 531, 535f; *Heß* AcP 198 (1998), 489, 493; *Staudinger/Mayer* § 1018 Rn. 136.

[386] *Amann* DNotZ 1989, 532, 534.

[387] Kritisch dazu auch *Säcker*, FS Boguslavskij (2004), 805, 812.

[388] BGH NJW-RR 1999, 376 = DNotZ 1999, 500.

vollziehbare Grundlage hat. Die Gründe dafür lassen sich kurz skizzieren. Da obligatorische Rechte nicht eintragungsfähig sind, besteht das Bedürfnis, einen Mietvertrag von einem Wohnrecht abzugrenzen. Auch Analogien sollen nach der herrschenden Ansicht nicht möglich sein. Der BGH lehnt eine analoge Anwendung mietvertraglicher Vorschriften auf das dingliche Wohnrecht ab, da der Inhaber eines dinglichen Wohnrechts eine grundverschiedene Rechtsposition von der eines Mieters habe.[389] Diese Aussage ließe vermuten, dass die Abgrenzung des dinglichen Wohnrechts von der Miete ein unproblematisches Unterfangen sein könnte. Gerade dies ist jedoch nicht der Fall. Die Abgrenzungsversuche und die Versuche, ob ein inhaltsgleicher Mietvertrag neben einem Wohnrecht denkbar ist, haben viel geistige Kraft beansprucht, ohne in ein befriedigendes Ergebnis zu münden.

(2) Die Rechtsprechung und die herrschende Lehre stehen auf dem Standpunkt, dass für ein- und dieselbe Wohnung ein Mietvertrag und ein dingliches Wohnrecht nebeneinander bestehen könne.[390] Im älteren Schrifttum dagegen vorgetragene Bedenken haben sich nicht durchsetzen können und vermochten nicht zu überzeugen.[391] In der Tat muss man ein Nebeneinander von einem Mietvertrag und einem dinglichen Wohnrecht annehmen, wenn sich dies aus der Vertragsauslegung ergibt. Allerdings sind dadurch die weiteren Probleme vorgezeichnet. Der Rechtsinhalt eines Mietrechts und eines dinglichen Wohnrechts sind teilweise deckungsgleich, da beide dem Berechtigten ein Besitzrecht an einer Wohnung einräumen (§§ 1093 Abs. 1 Satz 2, 1036 Abs. 1 einerseits, § 535 Abs. 1 andererseits). Abgrenzungsschwierigkeiten von dem Mietvertrag bereitet das Schuldverhältnis zwischen dem Besteller und dem Berechtigten.[392] Die Beteiligten eines dinglichen Wohnrechts können zusätzliche Nebenpflichten vereinbaren, die den Inhalt des dinglichen Rechts ausgestalten, sofern der Kern des dinglichen Rechts nicht betroffen ist.[393] Wenn die Parteien ein Nebeneinander von einem dinglichen Wohn-

---

[389] BGH ZMR 1970, 11; LG Düsseldorf WM 1988, 166; MünchKomm/*Joost* § 1093 Rn. 8; *Soergel/ Stürner* § 1093 Rn. 9; *Staudinger/Mayer* § 1093 Rn. 9.

[390] BGH WM 1965, 649, 650; BGH NJW 1963, 1247; BGH NJW 1974, 2123; BGH NJW 1985, 1025; BGH ZMR 1970, 11; RG Gruchot 52 (1908), 1200; RG JW 1932, 1059, 1060; *Kroll*, Das dingliche Wohnungsrecht im Verhältnis zum Mietrecht (2004), 91–94; MünchKomm/*Joost* § 1090 Rn. 40; *Palandt/ Bassenge* § 1093 Rn. 7; *Soergel/Stürner* § 1093 Rn. 7; *Staudinger/Mayer* § 1093 Rn. 11.

[391] Teilweise nahm man an, dass das dingliche Wohnungsrecht einen Mietvertrag verdränge (*Roquette* NJW 1957, 525). Wie dies mit der Vertragsauslegung zu vereinbaren ist, wenn die Parteien ausdrücklich beides wollen, konnte diese Ansicht jedoch nicht schlüssig nachweisen. Den Parteiwillen missachtet eine noch heute vereinzelt vertretene Ansicht, wonach entweder ein Wohnrecht oder ein Mietvertrag bestehe (*Emmerich/Sonnenschein* Miete Vor §§ 535, 536 Rn. 23; *Nouvertné*, Dienstbarkeiten und Reallasten als Sicherungsmittel (1986), 69ff; ähnlich auch *Frank* Anm. DNotZ 1999, 503, 505. Gegen diese Ansätze ausführlich *Kroll* (Fußn. 390), 84–91.

[392] Dieses Schuldverhältnis ist allgemein anerkannt, siehe nur MünchKomm/*Joost* § 1093 Rn. 8.

[393] Zu diesem Problem siehe unten § 6 I 2; siehe dazu vorerst: *Amann* DNotZ 1989, 531, 561; *Kroll* (Fußn. 390), 58ff; *Staudinger/Mayer* § 1093 Rn. 44.

recht und einem Mietvertrag wollen, oder dies gerade in Frage steht, beginnen die Auslegungsprobleme. Die Auslegung steht dann hier vor dem Problem, die einzelnen Pflichten einem Rechtsverhältnis zuzuordnen und damit das dingliche Recht von dem schuldrechtlichen Nutzungsrecht abzugrenzen. Die dafür angebotenen Kriterien sind jedoch reichlich formal und kapitulieren im Grunde vor der Aufgabe, einen Mietvertrag und ein dingliches Wohnrecht nach inhaltlichen Kriterien abzugrenzen. Untauglich ist der in der Rechtsprechung verwendete »Belastungswille«: Es spreche danach für ein dingliches Wohnrecht, wenn die Parteien den Willen, das Grundstück selbst zu belasten, hinreichend klar ausdrücken, wobei jedoch im Zweifel eine schuldrechtliche Verpflichtung anzunehmen sei.[394] Die dogmatische Unterscheidung zwischen einer Belastung und einer Verpflichtung hilft aber nicht weiter, wenn sich die Rechtsfolgen beider Rechtsfiguren decken.[395] Den Parteien wird zudem der konstruktive Unterschied einer Belastung zu einer Verpflichtung nicht immer geläufig sein, so dass dieser dogmatische Gesichtspunkt ungeeignet für die Auslegung ist. Wenn die Vertragsurkunde eine Überschrift enthält, mag dies ein Anhaltspunkt sein, aber auch nicht mehr. Der übereinstimmende Wille der Parteien ist entscheidend und nach dem Grundsatz *falsa demonstratio non nocet* kann ein so bezeichneter Mietvertrag in Wahrheit ein dingliches Wohnrecht darstellen.[396] Wenig ertragreich ist es außerdem, auf die Dauer des vereinbarten Rechts abzustellen. Ein auf Lebenszeit eingeräumtes Wohnrecht spricht nicht zwingend für ein dingliches Wohnrecht,[397] da auch ein Mietvertrag nach § 544 Satz 2 für die Lebenszeit des Mieters abgeschlossen werden kann.[398] Die Rechtsprechung greift vor dem Hintergrund dieser Unzulänglichkeiten oft darauf zurück, ob dem Berechtigten eine umfassende Rechtsposition eingeräumt werden soll.[399] Allerdings spiegelt dieser Gedanke nur einen klaren Abgrenzungsansatz vor, da die Wirkungen der Wohnraummiete einem dinglichen Recht nahekommen. Da dies bereits dargelegt wurde,[400] ist hier nur noch kurz zusammen zu fassen: Zum einen genießt das Besitzrecht des Mieters umfassenden Schutz gegenüber Verletzungshandlungen Dritter. Zum anderen

394 BGH NJW 1974, 702; BGH WM 1966, 1088, 1089; OLG Bamberg NJW-RR 1994, 1360; OLG Hamm DNotZ 1957, 314; RGZ 54, 233, 236; LG Gießen FamRZ 1966, 504.

395 Kritisch daher *Staudinger/Mayer* § 1093 Rn. 10.

396 RGZ 54, 233, 236; siehe auch LG Gießen FamRZ 1996, 1504. Zustimmend: *Kroll* (Fußn. 390), 96; *Staudinger/Mayer* § 1093 Rn. 10; zweifelnd: MünchKomm/*Joost* § 1090 Rn. 40 Fußn. 192. Teilweise meint man, dass die Bezeichnung ein gewichtiges Indiz sei, wenn sie vor einem Notar abgegeben wurde (LG Düsseldorf ZMR 1957, 56; LG Wuppertal NJW 1963, 320). Siehe dazu zusammenfassend: *Hofstetter* ZEV 1996, 17.

397 So jedoch *Kroll* (Fußn. 390), 96; MünchKomm/*Joost* § 1090 Rn. 40 Fußn. 193.

398 Die Praxis hat daher auch hier einen Mietvertrag angenommen: BGH NJW 1979, 716, 717 [allerdings handelte es sich dabei um eine beiläufige Frage, die sich im Rahmen des Eigentümer-Besitzer-Verhältnisses stellte]; LG Köln NJW 1973, 1881.

399 BGH WM 1965, 649, 650f; BGH ZMR 1970, 11; LG Aachen WuM 1979, 9. Aus der Literatur: MünchKomm/*Joost* § 1090 Rn. 40, *Staudinger/Mayer* § 1093 Rn. 10.

400 § 2 V 1 b.

drückt den Belastungsgedanken der mietrechtliche Sukzessionsschutz aus, da nach § 566 Abs. 1 der Erwerber in die Rechte des bisherigen Vermieters eintritt. Es handelt sich hier um ein terminologisches Problem, ohne dass substantiell unterschiedliche Wirkungen feststellbar wären. Die unterschiedliche Behandlung des Mietrechts und der dinglichen Rechte in der Zwangsvollstreckung schließlich kann kein entscheidender Abgrenzungsgesichtspunkt sein, da die Vorschriften des Vollstreckungsrechts an eine materiell-rechtliche Qualifikation anknüpfen. Im Ergebnis bleibt nur noch der Rückgriff auf die jeweiligen Pflichten aufschlussreich, der allerdings seinerseits eine Aporie offenbart. Die Vorschriften der § 1093 Abs. 2, 3 sind abdingbar und können daher kaum als Abgrenzungskriterium herangezogen werden.[401] Auch die Vorschriften über den Nießbrauch, auf die § 1093 Abs. 1 Satz 2 verweist, erlauben keine sichere Abgrenzung des Wohnrechts zum Mietrecht. Die Erhaltungspflicht trägt zwar grundsätzlich der Wohnungsberechigte (§§ 1093 Abs. 1 Satz 2, 1041), während der Vermieter nach § 535 Abs. 1 Satz 2 zur Instandhaltung der Mietsache verpflichtet ist. Allerdings ist § 1041 nach allgemeiner Ansicht abdingbar.[402] Der Rückschluss von einer Erhaltungspflicht auf ein dingliches Wohnrecht ist damit nicht zwingend. Ansonsten wird sich die Pflicht aus § 1041 Satz 2, Ausbesserungen und Erneuerungen vorzunehmen, oft mit der in Mietverträgen regelmäßig abgewälzten Pflicht zu Schönheitsreparaturen decken. Gleiches gilt für die in Mietverträgen oft vereinbarte Kleinreparaturklauseln.[403] Hält man diese Klauseln für zulässig, sofern sie sich auf Bagatellreparaturen begrenzen,[404] unterscheiden sich die Instandhaltungspflichten beim dinglichen Wohnrecht und der Miete nur graduell aber nicht prinzipiell. Damit ist aber das Kriterium, wen die Instandhaltungspflichten und die entsprechenden Kosten dafür treffen, kein verlässlicher Gesichtspunkt mehr, nach dem man ein dingliches Wohnrecht von einem Mietvertrag unterscheiden könnte.[405] Welchen Umfanges daher der Eigentümer zur Unterhaltung des Gebäudes verpflichtet ist, werden die Parteien daher in aller Regel vertraglich zu regeln haben. Eine etwaige Unterhaltungspflicht des Eigentümers wird dann aber über § 1021 zum Inhalt des dinglichen Rechts und kraft dieser Vorschrift ist der Eigentümer zu positivem Tun verpflichtet.[406] Damit decken sich aber strukturell die Unterhaltungspflicht

---

[401] Siehe etwa: BayObLG DNotZ 1981, 124, 127; *Staudinger/Mayer* § 1093 Rn. 48; *Wegmann* ZEV 1994, 275..

[402] § 6 I 2 b bb (1). Zu den weiteren Einzelheiten im Rahmen eines dinglichen Wohnrechts siehe etwa *Kroll* (Fußn. 390), 47–55; MünchKomm/*Joost* § 1093 Rn. 9.

[403] Zur Zulässigkeit dieser Klauseln siehe etwa BGH WuM 1992, 355; *Palandt/Weidenkaff* § 535 Rn. 43f mwN.

[404] Diese Restriktion hat der BGH aus § 536 Abs. 4 abgeleitet, BGH WuM 1992, 355; siehe dazu im Überblick: *Emmerich/Sonnenschein* §§ 535, 536 Rn. 47.

[405] Ebenso *Kroll* (Fußn. 390), 101; aA ohne nähere Analyse jedoch *Haegele* RPfleger 1973, 349f.

[406] MünchKomm/*Joost* § 1093 Rn. 10; *Staudinger/Mayer* § 1093 Rn. 45. In der Praxis vereinbart man oft, dass der Eigentümer verpflichtet ist, die Räume in einem bewohnbaren und beheizbaren Zustand zu erhalten, BayObLGZ 1980, 176, 177; OLG Frankfurt NJW-RR 1989, 146. Der

des Vermieters und des Eigentümers. Als dinglicher Rechtsinhalt ist die Unterhaltungspflicht nach § 1021 eintragbar und bindet damit den Rechtsnachfolger des Eigentümers.

Auch bei der Frage, wer die Betriebskosten und die sonstigen Lasten trägt, ergeben sich Abgrenzungsprobleme zwischen einem dinglichen Wohnrecht und einem Mietvertrag. Bei einem Mietvertrag können die Parteien vereinbaren, wer die Betriebskosten trägt (§ 556 Abs. 1 Satz 1). Der zu entrichtende Mietzins umfasst daher nicht zwangsläufig die Betriebskosten. Im Rahmen eines dinglichen Wohnrechts ist die Frage noch nicht abschließend geklärt, wer die Betriebskosten zu tragen hat. Der Sache nach handelt es sich um das Problem, ob die Betriebskosten unter die Kosten einer gewöhnlichen Aufwendung nach § 1041 zu subsumieren sind.[407] Die Praxis behilft sich hier damit, indem sie eine zum Inhalt des dinglichen Rechts gehörende Verpflichtung des Eigentümers gestattet, die laufenden Betriebskosten zu tragen.[408] Auch hier wiederum beseitigt die weitgehende Inhaltsfreiheit im Rahmen eines dinglichen Wohnrechts die Trennung zum Mietvertrag.

Die Abgrenzungsfragen konzentrieren sich damit darauf, ob in einer Abrede ein Entgelt vereinbart wurde. Nach der überwiegenden Ansicht ist das Wohnrecht ein unentgeltliches Recht. Eine Entgeltabrede kann danach nicht als Inhalt des dinglichen Rechts in das Grundbuch eingetragen werden.[409] Die Parteien sollen aber eine Entgeltabrede als Nebenpflicht vereinbaren können, die im Falle der Grundstücksveräußerung allerdings nicht nach § 566 übergeht, sondern einer Abtretung bedarf. Die Begründung dafür ist die Trennung schuld- und dinglicher Rechte einerseits, sowie der Typenzwang andererseits. Allerdings ist diese Aussa-

---

BGH geht allerdings bei Gemeinschaftsanlagen (§ 1093 Abs. 3) davon aus, dass außergewöhnliche Erhaltungsmaßnahmen und deren Kosten den Eigentümer treffen. Dies ergebe sich »unmittelbar aus den Vorschriften des Sachenrechts« (BGHZ 54, 234, 238f. für die Kosten einer Umstellung der Zentralheizung auf Heizöl; ebenso: RGRK/*Rothe* § 1093 Rn. 8; *Staudinger/Mayer* § 1093 Rn. 39 aE). Die »unmittelbare« Ableitung aus den Vorschriften des Sachenrechts ist jedoch zweifelhaft, da diese Vorschriften schlichtweg keine Aussage darüber treffen, wer die außergewöhnlichen Maßnahmen zu tragen hat. Der Umkehrschluss aus der abdingbaren Norm des § 1041 trägt dieses Ergebnis nicht. Teilweise meint man, dass der Berechtigte die außergewöhnlichen Unterhaltungsmaßnahmen selbst vornehmen dürfe und der Eigentümer die Kosten dafür gemäß §§ 1049, 684 Satz 1, 818 Abs. 2 zu tragen habe (*Amann* DNotZ 1982, 396, 407 im Anschluss an MünchKomm/*Joost* § 1093 Rn. 14). Ebenso im Grundsatz auch *Kroll* (Fußn. 390), 52f, wobei allerdings die Kosten anteilig nach der Nutzungszeit aufzuteilen seien.

407 Siehe dazu näher *Kroll* (Fußn. 390), 56 mit dem Vorschlag, dass der Berechtigte die verbrauchsbedingten Kosten zu tragen habe, der Eigentümer die verbrauchsunabhängigen Kosten.

408 BayObLGZ 1980, 176, 179 [Kosten für Heizung und Müllabfuhr]; OLG Schleswig NJW-RR 1994, 1359 = DNotZ 1994, 895, 896; *Amann* DNotZ 1982, 396; *ders.* DNotZ 1898, 531, 534; *Hess* AcP 198 (1998), 489, 513 verweist hier auf eine Analogie zu § 33 Abs. 4 WEG; dem zustimmend: *Staudinger/ Mayer* § 1093 Rn. 46; MünchKomm/*Joost* § 1093 Rn. 10, 13.

409 BGH WM 1965, 649, 652; BGH WM 1966, 1088, 1089; BGH BB 1968, 767; BayObLG RPfleger 1993, 189; LG Braunschweig ZMR 1977, 244; *Haegele* Rpfleger 1973, 349, 351; *Jauernig/Jauernig* § 1093 Rn. 5; *Kroll* (Fußn. 390), 62; MünchKomm/*Joost* § 1093 Rn. 7; *Palandt/Bassenge* § 1093 Rn. 14; *Soergel/Stürner* § 1093 Rn. 7; *Staudinger/Mayer* § 1093 Rn. 14; *Wegmann* ZEV 1994, 275.

ge wiederum in mehrerer Hinsicht zu relativieren, da die Praxis den Parteien verschiedene Gestaltungsmöglichkeiten einräumt, um das Entgelt mit dem Wohnrecht zu verbinden. Grundbuchfähig ist danach die Abrede, dass das Wohnungsrecht auflösend bedingt ist, wenn das Entgelt vollständig oder teilweise nicht gezahlt wird.[410] Ähnlich einer Sicherungsabrede können die Parteien aber auch eine schuldrechtliche Verpflichtung vereinbaren, bei Zahlungsverzug das Wohnrecht aufzuheben.[411] Schließlich gestattet eine umstrittene Rechtsprechung auch, die Ausübung einer Dienstbarkeit unter die Bedingung zu stellen, dass die Gegenleistung fristgerecht bzw. ordnungsgemäß erbracht wird. Wenn die Bedingung nicht erfüllt ist, kann der Eigentümer die Ausübung der Dienstbarkeit untersagen.[412] Im Ergebnis nimmt eine solche Abrede aber Einfluss auf den Inhalt des dinglichen Rechts, da sich Ausübung und Inhalt begrifflich aber nicht in ihren Wirkungen trennen lassen.[413] Aus diesem Grunde lässt sich allerdings diese Konstruktion nicht ablehnen, da für sie ein *argumentum maiore ad minus* spricht.[414] Deswegen sollte man bei einer solchen Vereinbarung auch eine Bezugnahme nach § 874 gestatten.[415]

Die hier im Überblick geschilderten Möglichkeiten, das Entgelt auf eine rechtstechnische Art und Weise mit dem Wohnungsrecht und der Dienstbarkeit allgemein zu verknüpfen, zeigen, dass die Trennung zwischen schuldrechtlicher Vereinbarung und dinglichem Rechtsgeschäft im Gestrüpp der Kautelarjurisprudenz untergeht. Die Praxis räumt den Parteien weitgehend Gestaltungsmöglichkeiten ein, mit denen sie im Ergebnis die Pflichten aus einem Mietvertrag und aus einer Dienstbarkeit angleichen oder sogar in einen Bedingungszusammenhang stellen können. Dadurch verschwimmen die Grenzen des Trennungsprinzips und damit fehlt es an einer Vorbedingung für das Abstraktionsprinzip. Die Abstraktion kann damit nur noch an eine im Einzelfall mehr oder weniger diffus ermittelte Trennung anknüpfen.

---

[410] OLG Karlsruhe DNotZ 1968, 432, 434; OLG Frankfurt a.M. RPfleger 1974, 430; *Haegele* RPfleger 1973, 349, 351; *Kroll* (Fußn. 390), 62, 87f; MünchKomm/*Joost* § 1093 Rn. 7, 21; *Ripfel* DNotZ 1968, 404, 406; *Soergel/Stürner* § 1093 Rn. 7; *Staudinger/Mayer* § 1093 Rn. 14.

[411] OLG Köln NZM 1998, 930, 931; *Staudinger/Mayer* § 1093 Rn. 14.

[412] OLG Karlsruhe DNotZ 1968, 432, 434 (für eine Grunddienstbarkeit); BGHZ 54, 10, 18 (obiter dictum); OLG Frankfurt a.M. RPfleger 1974, 430; *Amann* DNotZ 1982, 396, 402; *Bamberger/Roth/ Wegmann* § 1018 Rn. 46; *Erman/Grziwotz* § 1093 Rn. 4; *Palandt/Bassenge* § 1018 Rn. 12; RGRK/ *Rothe* § 1018 Rn. 21; *Ripfel* DNotZ 1968, 404, 406; *Staudinger/Mayer* § 1093 Rn. 14.

[413] Aus diesem Grunde lehnt man eine Ausübungsbedingung teilweise ab und deutet sie in eine normale Bestandsbedingung um: MünchKomm/*Falckenberg* § 1018 Rn. 7. Siehe dazu schon oben V 3 a bb. Kritisch auch: *Soergel/Stürner* § 1093 Rn. 7.

[414] So zutreffend *Staudinger/Mayer* § 1093 Rn. 14.

[415] Dies ist allerdings umstritten. Bejahend: OLG Karlsruhe DNotZ 1968, 432; wohl auch BGHZ 54, 10, 18; *Staudinger/Mayer* § 1018 Rn. 14. Ablehnend: OLG Frankfurt RPfleger 1974, 430; *Ripfel* DNotZ 1968, 404, 406. Die Möglichkeit einer Bezugnahme nach § 874 übersieht *Kroll* (Fußn. 390), 90.

(3) Die äußere Abstraktion können die Parteien dadurch einschränken, indem sie den Bestand des Mietvertrags als Bedingung für das Wohnrecht vereinbaren.[416] Ob eine solche Bedingung gewollt ist, ist eine Auslegungsfrage, deren Eckpunkte bereits dargestellt wurden. Sieht man von der im Schrifttum weitgehend unbeachteten Möglichkeit ab, eine Geschäftseinheit zwischen einem Mietvertrag und einem dinglichen Wohnrecht zu begründen, so ist das dingliche Wohnrecht grundsätzlich von dem zugrunde liegenden Schuldverhältnis äußerlich abstrahiert. Gerade wenn Nebeneinander ein dingliches Wohnrecht und ein Mietvertrag bestehen, führt dieser Ausgangspunkt zu eigenartigen Konsequenzen, wie eine neuere Entscheidung des BGH verdeutlicht: Der Kläger ist Eigentümer eines Wohnhauses, das er von einer Erbengemeinschaft erwarb. Zuvor existierte bereits ein Mietverhältnis, für das zusätzlich ein dingliches Wohnrecht beim Abschluss des Kaufvertrages bestellt wurde. Da in der Zwischenzeit ein Räumungsurteil erging, beantragte der Kläger die Löschung des dinglichen Wohnrechts.[417] Die Löschungsklage lehnte der BGH jedoch ab. Die Rechtskraft des Räumungsurteils erfasse nicht das dingliche Wohnrecht. Das Grundbuch sei außerdem richtig, da der Rechtsgrund für das dingliche Wohnrecht die Verpflichtung sei, ein Wohnungsrecht zu bestellen. Dieses Schuldverhältnis sei weder beendet noch sei dessen Erfüllung unmöglich geworden.[418] Als Revisionsinstanz hatte sich der BGH nicht mehr mit der weiteren praktischen Fragen zu beschäftigen wie zurückabzuwickeln ist. Allein kraft des dinglichen Wohnrechts hatte Berechtigte noch ein Recht zum Besitz (§§ 1093 Abs. 1 Satz 2, 1036 Abs. 1). Damit gerät die Frage, ob die dingliche Buchposition kondizierbar ist, zu einer Suche nach der *causa* des dinglichen Wohnrechts. Oftmals wird dies der zugrundeliegende Mietvertrag sein. Im vorliegenden Fall scheint der BGH die *causa* jedoch in einer nicht näher definierten schuldrechtlichen Verpflichtung zu sehen, ein dingliches Wohnrecht zu bestellen.[419] Diese Konstruktion ähnelt einer Sicherungsabrede. Wenn es allerdings der Zweck dieser Abrede sein soll, einen Mietvertrag abzusichern, ist zweifelhaft, ob eine derartige Abrede mit dem Typenzwang vereinbar ist. Man lehnt sie teilweise als eine »Verdinglichung« des Mietrechts ab.[420] Berücksichtigt man allerdings,

[416] BGH WM 1966, 1089; BGH NJW-RR 1999, 376, 377 = BGH DNotZ 1999, 500; OLG München DWW 2000, 160; MünchKomm/*Joost* § 1090 Rn. 41; *Staudinger/Mayer* § 1093 Rn. 9. Die ältere entgegenstehende Rechtsprechung ist überholt (BGH WM 1965, 649, 650; BGH BB 1968, 707; BGH NJW 1974, 2123).

[417] BGH NJW-RR 1999, 376 = BGH DNotZ 1999, 500. Da die Bestellungsmodalitäten des dinglichen Wohnrechts nicht abschließend geklärt waren, stützte sich die Entscheidung hier auf § 891 Abs. 1.

[418] BGH DNotZ 1999, 500, 502. Wegen der Unmöglichkeit verweist der BGH auf seine Entscheidungen abgedruckt in NJW 1980, 179, NJW 1984, 2157, 2158. Dafür sind die Entscheidungen jedoch unergiebig, da BGH NJW 1984, 2157, 2158 die Unmöglichkeit nur kurz anspricht und ablehnt. BGH NJW 1980, 179 verweist auf die ältere Entscheidung WM 1966, 739 und enthält sonst keine näheren Ausführungen zum Problem.

[419] BGH DNotZ 1999, 500, 502f.

[420] *Kroll* (Fußn. 390), 105f.

dass die Grenzen zwischen einem dinglichen Wohnrecht und einer Miete ohnehin fließend und rein konstruktiv sind, so kann man eine solche Sicherung nicht von vornherein ablehnen.[421] Im Ergebnis bietet sich hier jedoch wiederum § 139 als Lösung an. Wenn der Mietvertrag beendet ist, macht die davon getrennte Verpflichtung, ein dingliches Wohnrecht zu bestellen, keinen Sinn. Erlischt daher der Mietvertrag, so erlischt damit auch die schuldrechtliche Verpflichtung, ein dingliches Wohnrecht zu bestellen. In dem beschriebenen Fall war das dinglichen Wohnrecht als Buchposition kondizierbar (§ 812 Abs. 1 Satz 2 1. Var.), da dessen Rechtsgrund nachträglich wegfiel. Der Ausübung steht § 821 entgegen.

b) Nießbrauch

Der Nießbrauch wirft in dem hier zu besprechenden Zusammenhang die meisten Schwierigkeiten auf. Da die Vorschriften über den Nießbrauch zu einem Gutteil schuldrechtlicher Natur sind, die zudem auch noch den Inhalt dieses Rechts bestimmen können,[422] scheinen innere und äußere Abstraktion nur schwer durchführbar. Dabei stellt sich für den Nießbrauch überhaupt nicht das Problem, wie ein weiterer Erwerber zu schützen ist. Einen Zweiterwerber des Nießbrauchs kann es grundsätzlich nicht geben: Nach § 1059 Satz 1 ist der Nießbrauch grundsätzlich unübertragbar, die nach § 1059 Satz 2 zulässige Ausübungsunterlassung ist rein schuldrechtlicher Natur.[423] Die »Sicherheit und Leichtigkeit des Rechtsverkehrs« als innere Rechtfertigung für das Abstraktionsprinzip ist hier gar nicht betroffen. Veräußert der Eigentümer das nießbrauchsbehaftete Grundstück, so verfängt der Verkehrsschutz ebenfalls. Das Abstraktionsprinzip bedeutet hier, dass der Erwerber ein belastetes Grundstück erwirbt, obwohl das der Nießbrauchsbestellung zugrunde liegende Rechtsgeschäft nichtig ist. Mit dem Verkehrsschutz hat diese Konstellation nichts zu tun, im Gegenteil: es wird dem Erwerber zunächst eine Grundstücksbelastung aufgebürdet, die er unter der Geltung eines Kausalprinzips nicht zu tragen hätte. Kommt damit ein Verkehrsschutz von vornherein nicht in Betracht, so stellt sich die Frage, ob das Abstraktionsprinzip bei der Bestellung eines Nießbrauchs nicht obsolet ist. Im Schrifttum hat man diese Frage bislang eher stiefmütterlich behandelt.[424]

In Reinform ist die innere Abstraktion ist beim Nießbrauch undurchführbar, da bereits die Trennung zwischen einem dinglichen und obligatorischen Recht

---

[421] MünchKomm/*Joost* § 1090 Rn. 41 trotz skeptischer Einstellung gegenüber einer Sicherungsdienstbarkeit (§ 1090 Rn. 14ff).

[422] Näher dazu bei den Ausführungen zum *numerus clausus* im Sachenrecht, § 6 I 2 a.

[423] Mot. III, 293; Prot. III, 762f; MünchKomm/*Pohlmann* § 1059 Rn. 7; *Soergel/Stürner* § 1059 Rn. 2; *Staudinger/Frank* § 1059 Rn. 18. Eine Ausnahme bildet lediglich § 1059 a für die Universalsukzession bei juristischen Personen oder rechtsfähigen Personengesellschaften. Nach § 1059 Abs. 1 Nr. 1 kann jedoch der Übergang des Nießbrauchs ausgeschlossen werden.

[424] Siehe jedoch die Analyse von *Schön*, Der Nießbrauch an Sachen (1992), 250–252.

beim Nießbrauch verschwimmt. Die wirtschaftliche Bestimmung der Sache (§ 1036 Abs. 2) ist zum zentralen Begriff aufgestiegen, um den Inhalt des Nießbrauch zu konkretisieren.[425] Einige Bestimmungen des Nießbrauchsrechts konkretisieren zwar die wirtschaftliche Bestimmung, wie beispielsweise das Umgestaltungsverbot (§ 1037 Abs. 1), oder die Erhaltungspflicht des Nießbrauchers (§ 1041), sind jedoch nicht abschließend. In der Praxis wird der Nießbrauch stets bestellt, um einen bestimmten Zweck zu verfolgen, sei es als Versorgungsnießbrauch, Sicherungsnießbrauch oder Vermächtnisnießbrauch. Diese Zwecke ergeben sich aber aus dem zugrunde liegenden Rechtsgeschäft. Legt man den Begriff »wirtschaftliche Bestimmung« subjektiv aus und gestattet man den Parteien daher, ihn selbst zu definieren, vermischen sich *causa* und dingliches Nutzungsrecht.[426] Mit anderen Worten konkretisiert das Schuldverhältnis den Begriff der »wirtschaftlichen Bestimmung« und damit den Inhalt des Nießbrauchs als solchen. Es ist allerdings nicht unumstritten, ob der Begriff »wirtschaftliche Bestimmung« subjektiv ausgelegt werden kann. Nach einer bisweilen vertretenen objektiven Auslegung ist der Wille des Eigentümers nicht entscheidend, welche wirtschaftliche Bestimmung das Objekt des Nießbrauchs hat, sondern es komme auf die objektiv gegebenen Umstände bei der Bestellung an.[427] Eine wirtschaftliche Bestimmung kann aber gar nicht derart objektiviert werden, da in einem System freien Wettbewerbs die Parteien selbst wirtschaften und sich in ihrer subjektiven Zweckbestimmung gerade die wirtschaftliche Freiheit des Einzelnen ausdrückt. Es obliegt damit dem Einzelnen, seinen Nutzen zu maximieren und den Inhalt des Nießbrauchs voll auszuschöpfen. Der individualistische Ansatz des Privatrechts muss es dem Einzelnen überlassen, ob er ökonomisch sinnvoll vorgeht. Eine rein objektive Auslegung läuft daher Gefahr, in ein paternalistisches Rechtsdenken umzuschlagen. Diese Gefahr besteht aber auch, wenn man die wirtschaftliche Bestimmung nach subjektiven und objektiven Kriterien bestimmt, wie dies teilweise vertreten wird.[428] Zudem ist diese Ansicht unpraktikabel, da offen bleibt, in welchem Verhältnis die beiden Kriterien zueinander stehen. Wenn die wirtschaftliche Bestimmung des Eigentümers einer wie auch immer zu ermittelnden objektiven wirtschaftlichen Bestimmung widerspricht, stellt sich die Frage, auf welche Bestimmung es ankommen soll. Am besten definiert man daher den

---

425 Dazu bereits Mot. III, 504.

426 Anders jedoch *Goebel*, Der Nießbrauch an Personengesellschaftsanteilen (2004), 72f. Der hier vorgebrachte Einwand, dass ein Gegenstand ohnehin »implizit einem Zweck« gewidmet ist, da anderenfalls gar nicht identifizierbar, ist aus einer rechtsphilosophischen Sicht sicherlich zutreffend. Indes geht die innere Abstraktion davon aus, dass eine Sache als raumfüllender Körper zweckfrei übereignet wird. Es stellt sich gerade die Frage, ob dieser Ausgangspunkt auch bei der Bestellung beschränkter dinglicher Rechte zutreffen kann.

427 *Hub*, Der Inhalt von Dienstbarkeiten (1966), 41; *Soergel/Stürner* § 1036 Rn. 3.

428 RGRK/*Rothe* § 1036 Rn. 4.

Kernbegriff des Nießbrauchs subjektiv.[429] Entscheidend ist damit der Parteiwille oder der Wille des Erblassers, wenn dieser einen Vermächtnis- oder Vorbehaltsnießbrauch bestellt hat. Lässt der Parteiwille keine Rückschlüsse auf die wirtschaftliche Bestimmung der Sache zu, so ist im Wege der ergänzenden Vertragsauslegung zu ermitteln, was die Parteien sinnvoll vereinbart hätten. In diesem für den Nießbrauch einzig brauchbaren subjektiven Ansatz verbirgt sich aber ein Bruch mit der inneren Abstraktion. Ohne den Rückgriff auf die zugrunde liegende *causa* lässt sich gar nicht feststellen, welche genaue Nutzung der Nießbrauch bezweckt.[430]

Wie schon eingangs angeschnitten, sind ein Gutteil der Vorschriften über den Nießbrauch schuldrechtlicher Natur und nach der noch später zu beschreibenden Rechtsprechungen unabdingbar, wenn der Wesenskern des Nießbrauchs betroffen ist.[431] Damit steht nach dieser Rechtsprechung fest, dass schuldrechtliche Vorschriften selbst durch das Wesen eines dinglichen Rechts definiert werden können. Wird der Wesenskern missachtet, so schlägt dies aber auch den Nießbrauch als solchen durch. Die innere Abstraktion ist damit als Folge der verschwommenen Trennung undurchführbar. An der äußeren Abstraktion ließe sich zwar noch formal festhalten, sie macht indes wenig Sinn, wenn die innere Abstraktion ins Leere läuft. Die Abgrenzung zwischen solchen schuldrechtlichen Normen, deren Nichtigkeit den Nießbrauch nicht berührt und solchen schuldrechtlichen Vorschriften, die anhand des Wesensdogmas gemessen werden, ist dann willkürlich. Nicht einmal der Blick auf die im Sachenrecht enthaltenen schuldrechtlichen Normen hilft hier weiter, da diese nicht alle wesensbestimmend für den Nießbrauch sind.[432] An der Abstraktion des Nießbrauchs vom schuldrechtlichen Grundgeschäft festzuhalten, rettet zwar formal das Abstraktionsprinzip, aber die Willkür eines solchen Dogmas ist kaum zu überbrücken.

---

[429] So die vordringende Ansicht: *Schön* (Fußn. 424), 58ff; *Goebel* (Fußn. 426), 69f; MünchKomm/ *Pohlmann* § 1036 Rn. 11; *Staudinger/Frank* § 1036 Rn. 13.

[430] Widersprüchlich dazu *Schön* (Fußn. 424), 250: Zutreffend arbeitet *Schön* heraus, dass der Nießbrauch nicht als solcher Vermögensnießbrauch, Sicherungsnießbrauch, Vermächtnisnießbrauch oder Vorbehaltsnießbrauch sein könne. Erst die zugrunde liegende causa verdeutliche den subjektiven Zweck, der mit der Zuwendung bzw. dem Vorbehalt des Nießbrauchs verfolgt werde. Der folgende Schluss *Schöns* überrascht aber nach diesen Ausführungen. Die sachenrechtliche Struktur des Nießbrauchs bestimme sich lediglich danach, »wie das Verhältnis des Nießbrauchers zum jeweiligen Eigentümer im gesamtwirtschaftlichen Interesse an einer optimalen Nutzung der Sache zu bestimmen« sei (250 letzter Satz). Subjektive Zwecksetzungen fasst *Schön* »vorrangig« als Gegenstand des kausalen Verpflichtungsgeschäfts auf (251 erster Satz). Nach den eigenen Praemissen lässt sich diese Schlussfolgerung nicht ziehen. Es spielt keine Rolle, ob die Zwecke »vorrangig« dem Verpflichtungsgeschäft zuzuordnen sind, sondern entscheidend ist, *dass* diese Zwecke sich auf den Inhalt des Nießbrauch auswirken; dazu sogleich im Text.

[431] Unten § 6 I 2.

[432] Dazu ausführlich wiederum unten § 6 I 2.

c) *Zur Abstraktion bei der Grundschuld*

Die strukturellen Unterschiede zwischen der Hypothek und der Grundschuld wurden bereits einleitend erklärt. Auf das Akzessorietätsprinzip bei der Hypothek ist hier nicht mehr weiter einzugehen, wohl aber darauf, ob und durch welche Gestaltungen kausale Elemente bei der Bestellung einer Grundschuld einfließen. In der Diskussion um ein europäisches Grundpfandrecht hat man deren abstrakte Rechtsnatur als Vorbild gerühmt.[433] Allerdings ging der Gesetzgeber bei der Grundschuld sogar weiter. Während Austauschgeschäfte auf einer schuldrechtlichen Grundlage beruhen, fordert die Grundschuld überhaupt kein Kausalverhältnis und kann wirksam ohne ein solches bestellt werden. Damit ist kein Schuldverhältnis nötig, von dem die Grundschuld abstrahiert werden müsste. Deswegen ist es missverständlich, die Grundschuld als abstraktes Recht zu bezeichnen. Sie lebt nicht so sehr vom Gegensatz zwischen dem Schuld- und dem Sachenrecht, sondern bildet ein eigenständiges Recht. In den Gesetzesberatungen wurde dies ausdrücklich betont, indem man die Grundschuld als eine abstrakte Realobligation einstufte.[434] Gleichwohl liegt der Grundschuld regelmäßig ein Schuldverhältnis zu Grunde, das verschiedene Zwecke verfolgen kann, auf die hier aber nicht weiter einzugehen ist.[435]

aa) *Die Verklammerung der Rechtsverhältnisse bei der Sicherungsgrundschuld*

Sieht man in der Sicherungsgrundschuld ein fiduziarisches Recht, so sind auch hier drei Rechtsverhältnisse zu unterscheiden. Zur gesicherten Forderung tritt die Sicherungsabrede hinzu und schließlich der dingliche Bestellungsakt. Der schuldrechtliche Sicherungsvertrag bildet wie bei der Sicherungsübereignung den Rechtsgrund für die dingliche Bestellung der Sicherungsgrundschuld.[436] Die Mängel der Sicherungsabrede sollen nach der überwiegenden Ansicht die Grundschuld als solche nicht berühren. Nach den bereits oben dargelegten Durchbrechungen des Abstraktionsprinzips gilt dieser Satz für die Anfechtung und die Inhaltskontrolle nach den §§ 134, 138, 307 jedoch nur *cum grano salis*.[437] Bei einem wucherähnlichen Rechtsgeschäft hat der BGH ausdrücklich anerkannt, dass dieses auch die Bestellung der Grundschuld erfasse, während ein sittenwidriger Si-

---

[433] Näher dazu oben § 1 II 2.

[434] Dazu oben § 2 IV 2 a.

[435] Siehe dazu: *Huber* (Fußn. 30), 18ff.

[436] BGH NJW-RR 1996, 234, 235; *Bamberger/Roth/Rohe* § 1191 Rn. 4; *Huber* (Fußn. 30), 87f; MünchKomm/*Eickmann* § 1191 Rn. 15; *Palandt/Bassenge* § 1191 Rn. 16; *Staudinger/Wolfsteiner* Vorbem zu §§ 1191ff Rn. 29; *Weber* AcP 169 (1969), 237, 238. AA *Neuhof/Richrath* NJW 1996, 2894 mit einem konstruierten Modell von der »Doppelkausa«; dagegen zutreffend *Bülow* NJW 1997, 641; *Michel* (Fußn. 30), 137f.

[437] Oben III 2, 3.

cherungsvertrag die Grundschuldbestellung nicht berühre.[438] Das ist allerdings zweifelhaft. Nimmt man die oben beschriebene Formel ernst, wonach das dingliche Geschäft auch nichtig ist, wenn gerade im dinglichen Vollzug des Verpflichtungsgeschäfts der sittlich missbilligenswerte Vorgang liegt oder die Parteien mit der Verfügung sittenwidrige Zwecke verfolgen, so muss sich ein sittenwidriger Sicherungsvertrag stets auf die Grundschuldbestellung auswirken. Die Sicherungsvereinbarung enthält gerade die Verpflichtung, eine Grundschuld zu bestellen.[439] Deren Bestellung ist mithin stets der Vollzug des sittlich zu missbilligenden Vorgangs.[440]

Diese Konsequenz aus der »Vollzugsformel« scheint die Rechtsprechung vermeiden zu wollen, wohl um die Flexibilität der Grundschuld zu sichern. Die bestellte Sicherheit soll wirksam bleiben und dient bei einem nichtigen Grundgeschäft dazu, einen bereicherungsrechtlichen Anspruch zu sichern.[441] Sofern die Sicherungsabrede dies nicht ausdrücklich bestimmt, kann dies deren ergänzende Auslegung ergeben. Aus der abstrakten Grundschuldbestellung wird man eine solche Auslegung aber nicht ableiten können, da dies mit dem Grundsatz der inneren Abstraktion unvereinbar wäre. Allerdings setzt diese ergänzende Auslegung voraus, dass die Sicherungsabrede überhaupt wirksam ist, da ein unwirksamer Vertrag nicht auslegungsfähig ist. Damit ist die bereits oben behandelte Frage angesprochen, auf welche Weise die Rechtsverhältnisse bei einem fiduziarischen Recht verklammert sind. Die Rechtsprechung trennt die verschiedenen schuldrechtlichen Rechtsverhältnisse nicht immer deutlich. Wenn der Darlehensvertrag nichtig ist, bliebe zu klären, ob sich dies auf die Sicherungsabrede überhaupt auswirkt. Das schuldrechtliche Forderungsgeschäft bildet mit dem Sicherungsvertrag eine Geschäftseinheit nach §139, so dass beide ihr rechtliches Schicksal teilen.[442] In diesem Falle ist die Grundschuld aus §812 Abs. 1 Satz 1 1. Var. zurückzugewähren, ihrer Durchsetzung steht die Bereicherungseinrede aus §821 entge-

---

[438] BGH WM 2000, 1580, 1582 = NJW-RR 2000, 1431; siehe auch BGH NJW 1994, 1275; BGH NJW 1982, 2767; *Joswig* ZfiR 2000, 184, 189f; *Staudinger/Wolfsteiner* §1191 Rn. 16.

[439] BGH NJW 1990, 392; *Huber* (Fußn. 30), 75; MünchKomm/*Eickmann* §1191 Rn. 30; *Staudinger/ Wolfsteiner* Vorbem zu §§1191ff Rn. 30.

[440] MünchKomm/*Eickmann* §1191 Rn. 49 geht deswegen bei einer anfänglichen Übersicherung davon aus, dass die Sittenwidrigkeit des Bestellungsakts auch den dinglichen Bestellungsakt erfasse. Das OLG Köln ZiP 1999, 2092 hielt auch bei einem nichtigen Darlehensvertrag die Grundschuldbestellung für unwirksam. Dagegen ausdrücklich BGH WM 2000, 1580, 1582.

[441] Siehe zB. BGH WM 2000, 1580, 1582; BGH WM 1994, 583, 584; *Staudinger/Wolfsteiner* Vorbem zu §§1191ff Rn. 16. Nach der Rechtsprechung sollen alle Ansprüche gesichert werden, die typischerweise und unmittelbar aus dem Scheitern des Kreditgeschäfts entstehen, wenn dies der Sicherungsnehmer nicht veranlasst hat (BGHZ 114, 57). Schadensersatzansprüche sind allerdings nur erfasst, wenn die Sicherungsgrundschuld dazu dient, eine eigene Schuld abzusichern, nicht hingegen eine fremde Schuld (*Huber* [Fußn. 30], 107; dem folgend: MünchKomm/*Eickmann* §1191 Rn. 41).

[442] III 5 a, III 4. Siehe auch *Staudinger/Wolfsteiner* Vorbem zu §§1191ff Rn. 28.

gen.[443] Der Bereicherungsanspruch kann daher nur durch die Grundschuld gesichert sein, wenn die Sicherungsabrede durch die Parteien von der Geschäftseinheit ausgeschlossen ist. Dies ist wiederum eine Frage der Vertragsauslegung. Enthält die Sicherungsabrede jedoch keine Regelung für den Fall, in dem der Darlehensvertrag nichtig ist, so ist § 139 einschlägig und für die ersatzweise Sicherung des Bereicherungsanspruches besteht kein vertraglicher Anhaltspunkt.

Richtigerweise hat man den Parteien auch die Möglichkeit einzuräumen, eine Geschäftseinheit zwischen der Grundschuldbestellung und der Sicherungsabrede zu vereinbaren, da eine Geschäftseinheit zwischen *causa* und dinglichem Geschäft nicht von vornherein ausgeschlossen ist.[444] Auch gegen eine vereinbarte Geschäftseinheit zwischen dem Forderungsgeschäft und der Grundschuldbestellung bestehen keine durchgreifenden Gründe. Das Reichsgericht lehnte allerdings eine solche Geschäftseinheit ab und berief sich dabei auf das Abstraktionsprinzip, ging dabei aber fehlerhaft davon aus, dass die aus einem »Kreditabkommen« entspringenden Forderungen der Rechtsgrund für die Sicherungsgrundschuld seien.[445] Eine solche Beschneidung der Privatautonomie kann das Abstraktionsprinzip jedoch nicht begründen, wie bereits oben ausgeführt wurde.[446] Die viel zitierte Entscheidung des Reichsgerichts beruht auf unzutreffenden dogmatischen Annahmen und gibt deswegen für die Möglichkeit, eine Geschäftseinheit zu vereinbaren, nichts her.

Der lose Zusammenhang zwischen Grundschuld und gesicherter Forderung steht im Gegensatz zur Hypothek und bietet Gefahren für den Schuldner. Daher hat man früh versucht, den Zusammenhang zwischen der gesicherten Forderung und der Grundschuld durch die Lehre von der Zweckgemeinschaft zu verdichten.[447] Ausgangspunkt dieser Lehre ist der zutreffende Befund, dass der Grundschuldgläubiger jeweils zwei Berechtigungen hat, die er nur einmal zu beanspruchen hat. Über die Schlussfolgerungen daraus konnte man sich jedoch nicht abschließend verständigen. Im Kern kennzeichne diese Zweckgemeinschaft eine Aufhebungsgemeinschaft, die analog zu §§ 422, 428 hergeleitet wird. Zahlt der Eigentümer des belasteten Grundstücks, so verliert der Gläubiger die persönliche Forderung, zahlt der persönliche Schuldner, so verliert der Gläubiger das Grund-

---

443 Der Rückgewähranspruch aus der Sicherungsabrede kommt nur in Betracht, wenn die Grundschuld bestellt wurde, die Verhandlungen über das Darlehen allerdings scheiterten, wenn die Forderung nicht valutiert wurde oder befriedigt wurde (*Brehm/Berger* § 8 Rn. 29; *Wilhelm* Rn. 1577).

444 Näher dazu oben III 4. Ebenso *Michel* (Fußn. 30), 133f; der – soweit ersichtlich – als einziger das Problem näher behandelt. Ähnlich BGHZ 106, 1. Anders *Staudinger/Wolfsteiner* § 1191 Rn. 4, wobei jedoch zu Unrecht die Entscheidung RGZ 145, 155 dazu herangezogen wird.

445 RGZ 145, 155, 156. Der Ansicht des Reichsgerichts folgen: *Bamberger/Roth/Rohe* § 1192 Rn. 78; *Baur/Stürner* § 45 Rn. 40. Gegen die Entscheidung des RG: MünchKomm/*Eickmann* §§ 1191 Rn. 41.

446 III 4.

447 *Heck* § 76/6, § 78, § 82; diese Lehre weiterführend: *Küchler*, Die Sicherungsgrundschuld (1939).

pfandrecht.[448] Der Vorteil dieser Lehre liegt darin, dass sich die oftmals diffuse Unterscheidung erübrigt, ob auf die Grundschuld oder die persönliche Forderung gezahlt wurde. Trotz dieser Vereinfachung lehnte man die Theorie von der Zweckgemeinschaft ab. In der Tat ist die Ableitung dieser These nicht zwingend, da die §§ 1191, 1192 gerade gegen einen derartigen Zusammenhang zwischen Forderung und dem dinglichen Recht sprechen. Entscheidend ist jedoch hier das Abstraktionsprinzip: Wegen der inneren Abstraktion ist die Grundschuld auch von den Zwecken des Grundgeschäfts unabhängig. Die damit verbundenen Zwecke beeinflussen die Sicherungsgrundschuld gerade nicht.[449]

Zusammenfassend betrachtet fällt auf, dass die Rechtsprechung dazu neigt, die Abstraktion der Grundschuld stärker zu betonen, als die abstrakte Rechtsnatur der Sicherungsübereignung. Bei dieser ist man offenbar eher dazu bereit, Mängel des Grundgeschäfts auf das Erfüllungsgeschäft durchschlagen zu lassen.[450] Man wird aber beide Sicherungsrechte gleich zu behandeln haben. Nach der hier zu den Treuhandgeschäften aufgestellten These modifiziert bereits der fiduziarische Charakter eines Rechts das Trennungs- und Abstraktionsprinzip.[451] Geht man von dem fiduziarischen Charakter der Sicherungsgrundschuld aus, so müssen Mängel des Sicherungsvertrages auf das dingliche Recht durchschlagen.

bb) Bedingungszusammenhang

Es bestehen keine grundsätzlichen Bedenken, den Bestand der Forderung als Bedingung für die Grundschuld zu vereinbaren. Praktisch relevant sind diese Konstellationen aber eher weniger. Während die einhellige Ansicht eine derartige Vereinbarung bei der Sicherungsabtretung und -übereignung für möglich hält, streitet man darüber bei der Sicherungsgrundschuld. Der eingangs beschriebene Bedingungszusammenhang gestaltet die Grundschuld akzessorisch und damit auch teilweise kausal. Gerade dies hat man im Schrifttum immer wieder kritisiert,[452] die Gründe dafür überzeugen jedoch nicht. Es erweckt den Eindruck, als wollten die Kritiker der Bedingungskonstruktion möglichst viel an Abstraktion retten, obwohl ihre Ansicht dem klaren Willen des Gesetzgebers zuwiderläuft. Die zweite Kommission strich das noch im ersten Entwurf (§ 1137) enthaltene Verbot bedingter und betagter Grundschulden. Die Begründung dafür fällt kurz aus: Es bestünde kein hinreichender Grund, durch ein gesetzliches Verbot eine bedingte

---

448 *Heck* § 100/5 (412f); *Küchler* (vorige Fußn.), 94ff.

449 So grdl. *Huber* (Fußn. 30), 32ff; siehe auch BGHZ 105, 154; *Baur/Stürner* § 45 Rn. 2; *Staudinger/ Wolfsteiner* Vorbem zu §§ 1191ff Rn. 19 mwN.

450 Näher oben III 5.

451 Oben III 5 b.

452 *Jauernig* NJW 1982, 268, 269; *Jauernig/Jauernig* § 1191 Rn. 8; *Rheinstein* JW 1932, 237, 242; *Soergel/Konzen* §§ 1191, 1192 Rn. 12; *Stadler* (Fußn. 6), 584f; *Staudinger/Wolfsteiner* § 1191 Rn. 4; *Weber* AcP 169 (1969), 237, 242.

oder betagte Grundschuld zu verbieten.[453] Diese Entscheidung des Gesetzgebers belegt, wie man einerseits bestrebt war, die Typenvielfalt bei den Grundpfandrechten aufrecht zu erhalten, andererseits aber eine Annäherung dieser Rechte nicht kategorisch ablehnte. In der Tat nähert ein Bedingungszusammenhang beide Grundpfandrechte aneinander an, da eine bedingte Sicherungsgrundschuld vergleichbare Rechtsfolgen zeitigt, wie § 1163 für die Hypothek. Dem Gesetz lassen sich keine Anhaltspunkte entnehmen, warum es nicht möglich sein soll, eine Grundschuld bedingt durch die Existenz der Forderung zu bestellen. Der viel zitierte § 1192 steht dem nicht entgegen. Berücksichtigt man die Entstehungsgeschichte, so handelt es sich bei dieser Vorschrift um keine Verbotsnorm. Sie untersagt es den Parteien folglich nicht, rechtsgeschäftlich eine Akzessorietät herbeizuführen.[454] § 1192 ist eine rein technische Vorschrift, die klärt, welche Vorschriften für den Regelfall anwendbar sein sollen. Mit weiteren normativen Zwecken lässt sich diese Bestimmung nicht aufladen, insbesondere kann man aus ihr kein unabdingbares Wesen der Grundschuld als abstraktes Recht herleiten. Überzeugend geht daher die überwiegende Ansicht davon aus, dass die Grundschuld bedingt bestellt werden kann,[455] nähert sich dadurch aber dem Kausalprinzip an. Gleichzeitig ist diese Rechtslage ein durchgreifendes Argument dafür, warum die Parteien auch eine Geschäftseinheit zwischen der Sicherungsabrede und der Grundschuld vereinbaren können. Allerdings hat diese Streitfrage, wie einleitend bereits angeschnitten, eine eher theoretische Bedeutung, da die Kreditgeber in aller Regel einen solchen Bedingungszusammenhang ausschließen und sich darauf erst gar nicht einlassen werden.

VI. Abstraktionsprinzip und Rückabwicklung

In reinen Zwei-Personenverhältnissen wirkt sich der Unterschied zwischen kausaler Gestaltung und Abstraktion eher gering aus und konzentriert sich auf Rückabwicklungsprobleme. Eine kausale Gestaltung gewährt dem Verfügenden eine Vindikation, bei einer abstrakten Gestaltung kommt nur eine Kondiktion in Frage. Daher konzentrieren sich die Unterschiede hier darauf, beide Rückabwicklungsarten abzustimmen. Abstimmungsbedarf besteht hier bei der Herausgabe der Sache und bei dem Nutzungsersatz.

---

453 Prot. III, 710.

454 In diesem Sinne auch: *Becker-Eberhard* (Fußn. 30), 361; *Huber* (Fußn. 30), 45; *Michel* (Fußn. 30), 131.

455 Neben den Nachweisen aus der vorigen Fußnote siehe auch: RG JW 1934, 3125 (im dogmatischen Ausgangspunkt widerspricht dazu RGZ 145, 155, 156); OLG Celle DNotZ 1954, 473; *Erman/Wenzel* § 1191 Rn. 8; *Huber* (Fußn. 30), 44ff; MünchKomm/*Eickmann* § 1191 Rn. 19 mwN; *Wilhelm* Rn. 1576.

1. Der Rückerwerb des Nichtberechtigten

a) *Herausgabeansprüche in Veräußerungsketten*

Zu teleologischen Spannungen führt das Abstraktionsprinzip beim Rückerwerb vom Nichtberechtigten. Dessen ausgiebige Diskussion im Schrifttum sollte aber nicht darüber hinweg täuschen, dass derartige Fallgestaltungen bislang noch nicht praktisch relevant wurden.[456] Es ist bemerkenswert, dass man zwar seit Geltung des BGB zäh um die richtige Lösung der Fälle ringt, aber andererseits kein Konsens darüber herrscht, welche Fälle zu betrachten sind. Der Rückerwerb des Nichtberechtigten knüpft an einen vorangegangenen gutgläubigen Erwerb. Leitbildhaft sind die Fälle, in denen der Nichtberechtigte den Besitz an der Sache weitergegeben hat, ohne dazu durch den Eigentümer berechtigt zu sein. Denkbar sind aber auch Fälle, in denen sowohl das schuld- als auch das sachenrechtliche Geschäft nichtig sind. Während über diese Ausgangssituationen Einigkeit herrscht, ist umstritten, ob auch die Konstellationen zu berücksichtigen sind, in denen der ursprüngliche Eigentümer einer Verfügung des Nichtberechtigten zustimmte. Denkbar ist dies im Rahmen von verlängerten Eigentumsvorbehalten oder bei Kommissionsgeschäften (§ 383 HGB). Die besseren Gründe sprechen dafür, auch diese Fälle in die Betrachtung aufzunehmen, da in allen beschriebenen Konstellationen der Nichtberechtigte mehr zurückerwirbt, als er ehemals hatte.[457] Der Rückerwerb des Nichtberechtigten ist damit nur ein Ausschnitt aus der allgemeinen Frage, wie innerhalb einer Veräußerungskette zurück abzuwickeln ist. Dies hebt das Problem über ein sachenrechtliches Exoticum hinaus, da entwickelte Vertriebsstrukturen gerade durch Veräußerungsketten gekennzeichnet sind.

Für die bereicherungsrechtliche Rückabwicklung ist der Unterschied zwischen einer entgeltlichen und unentgeltlichen Verfügung des Nichtberechtigten bedeutsam. Bei einer entgeltlichen Verfügung des Nichtberechtigten sperrt § 816 Abs. 1 Satz 1 einen Herausgabeanspruch gegenüber dem gutgläubigen Erwerber und verweist den ursprünglichen Eigentümer auf einen Anspruch gegenüber dem Verfügenden.[458] Der gutgläubige Erwerb erweist sich hier als bestandskräftig ge-

---

[456] Über alles lässt sich anscheinend streiten. So meint man, dass der Rückerwerb vom Nichtberechtigten in der Praxis eine häufig vorkommende Fallgestaltung sei (*Braun* ZiP 1998, 1469), wogegen vordergründig die fehlende Rechtsprechung spricht. Die überwiegende Ansicht betont die geringe praktische Bedeutung der einschlägigen Fälle (*Staudinger/Wiegand* § 932 Rn. 114; *Weber* JuS 1999, 1, 9).

[457] *Braun* ZiP 1998, 1469; *v. Caemmerer*, FS Boehmer (1954), 145; 155; *Kohler* JuS 1990, 530, 532. AA: *Krapp*, Der Rückerwerb des Nichtberechtigten (1955), 9.

[458] Der Inhalt dieses Anspruchs ist bekanntlich umstritten. Die Rechtsprechung und die herrschende Lehre fassen unter die Herausgabepflicht nach § 816 Abs. 1 Satz 1 auch einen Anspruch auf Erlösherausgabe, auch wenn diese den objektiven Wert der Sache übersteigt (BGHZ 29, 157, 159f; BGH WM 1975, 1179, 1180f; BGH WM 1978, 755f [obiter]; BGH NJW 1997, 190; siehe auch OLG Hamm NJW-RR 1995, 1010; *Erman/Westermann* § 816 Rn. 20; *Larenz/Canaris* § 72 I 2 a; *Reuter/Martinek* § 8 I 4 d jeweils mwN). Die Kritik an dieser Ansicht ist erheblich und stützt

genüber Herausgabeansprüchen. Allerdings verleiht der unentgeltliche Erwerb beweglicher Sachen bekanntlich eine schwache Rechtsposition. Nach § 816 Abs. 1 Satz 2 kann der ursprüngliche Eigentümer von dem gutgläubigen aber unentgeltlichen Erwerber die Herausgabe der Sache verlangen. Während diese Vorschrift an die Verfügung eines Nichtberechtigten anknüpft, erweitert § 822 den Herausgabeanspruch des Eigentümers auch auf eine Verfügung eines Berechtigten, der eine Sache unentgeltlich weiter gegeben hat, wobei allerdings die *causa* im Verhältnis zwischen dem ursprünglichen Eigentümer und dem Empfänger fehlt. Sofern der Dritte entgeltlich erwirbt, betrachtet das Gesetz damit dessen Eigentumserwerb als kondiktionsfest und begrenzt die Rückabwicklung *inter partes* auf schuldrechtliche Ansprüche. In neuerer Zeit hat man dieses Modell angegriffen und will dem ursprünglichen Eigentümer eine Eingriffskondiktion gegen den gutgläubigen Erwerber zugestehen: Der Vorrang der Leistungskondiktion greife nicht ein, da der Verfügende nur den Besitz geleistet habe und der Rechtsgrund im Verhältnis des Verfügenden zum Erwerber für den ursprünglichen Eigentümer unerheblich sei. Eine Sperrwirkung des § 816 Abs. 1 Satz 1 wird abgelehnt, da »ein hohes Maß an Verkehrsschutz« verwirklicht werde, wenn der Erwerber den Ersatz von Aufwendungen geltend machen könnte.[459] In Wirklichkeit beseitigt diese Ansicht aber den Verkehrsschutz durch die Vorschriften über den gutgläubigen Erwerb. Aufwendungsersatzansprüche stehen jedem zu, der Aufwendungen getätigt hat, unabhängig davon, ob er gutgläubig erworben hat oder nicht. Die §§ 932ff, 892f sind gerade der Rechtsgrund für das erworbene Eigentum und schließen eine Eingriffskondiktion nach § 812 Abs. 1 Satz 1 2. Var. aus.[460] Durch eine verfassungsrechtlich begründete Skepsis gegenüber den Vorschriften über den gutgläubigen Erwerb lässt sich methodisch auch kein Anspruch aus § 812 Abs. 1 Satz 1 2. Var. konstruieren,[461] zumal ein Verstoß der §§ 932ff, 892f gegen die verfassungsrechtlich geschützte Eigentumsgarantie nicht begründbar ist.[462]

Die in diesem Rückabwicklungsmodell vorausgesetzte Trennung zwischen einem schuld- und sachenrechtlichen Geschäft gilt auch allgemein bei Veräußerungsketten und sperrt einen direkten Herausgabeanspruch des ursprünglichen Eigentümers. Sind in einer Veräußerungskette sowohl das erste als auch das nachfolgende Kausalgeschäft unwirksam, so kommt eine Leistungskondiktion nur

---

sich im Wesentlichen darauf, dass der durch den Verfügenden erlangte Vermögensvorteil die Befreiung von einer Verbindlichkeit sei, keinesfalls der Erlös (zB.: *v. Caemmerer*, FS Rabel I (1954), 333, 357f, 381f; *Medicus* BR Rn. 723; *Staudinger/Lorenz* § 816 Rn. 23, 25). Dem ist hier nicht weiter nachzugehen.

[459] *Peters*, Der Entzug des Eigentums an beweglichen Sachen durch gutgläubigen Erwerb (1991), 106–109.

[460] *Ellger*, Bereicherung durch Eingriff (2002), 490, 495; *Erman/Westermann* § 816 Rn. 2; *Larenz/ Canaris* § 67 III 2 a (138f); MünchKomm/*Lieb* § 812 Rn. 282, 334 mwN.

[461] So anscheinend *Peters* (Fußn. 459), 1ff.

[462] *Hager*, Verkehrsschutz durch redlichen Erwerb (1990), 81f; *Staudinger/Lorenz* § 816 Rn. 2.

zwischen den jeweiligen Parteien des Kausalverhältnisses in Betracht.[463] Eine Analogie zu § 816 Abs. 1 Satz 2 scheidet hier aus, da der unentgeltliche Erwerb im Rahmen dieser Vorschrift dem rechtsgrundlosen Erwerb nicht gleich zu stellen ist.[464] Folgerichtig ist deswegen auch ein Anspruch aus einer Eingriffskondiktion (§ 812 Abs. 1 Satz 1 2. Var.) gegenüber dem gutgläubigen Erwerber ausgeschlossen. Damit ist die im Schrifttum ehemals viel diskutierte Entscheidung zwischen einer Einheits- oder einer Doppelkondiktion angesprochen. Eine Einheitskondiktion gegenüber dem gutgläubigen Dritterwerber ist mit einer getrennten und abstrakten Übereignung unvereinbar. Allein die Mängel im Verhältnis zwischen Veräußerer und Erwerber sind relevant. Der Dritte erwirbt daher auch, wenn eines oder beide Rechtsgeschäfte rechtsgrundlos sind. Im aktuelleren Schrifttum kritisiert man dies nur noch vereinzelt und sieht in einem Kondiktionsausschluss eine doktrinäre Anwendung des Satzes von der Relativität der Schuldverhältnisse. Wenn das Kausalverhältnis zwischen dem Verfügenden und dem Erwerber unwirksam sei, soll der Eigentümer von letzterem wegen einer Bereicherung in sonstiger Weise kondizieren können, müsse sich dafür aber alle Einreden des Erwerbers gegen den Verfügenden entgegenhalten lassen.[465] Diese Ansicht darf als widerlegt gelten, gleichwohl wirft diese Diskussion ein Schlaglicht darauf, welchen Umfanges das Abstraktionsprinzip einen Verkehrsschutz verwirklicht. Der gutgläubige Erwerb ist nach dem BGB unabhängig davon, ob *cum* oder *sine causa* erworben wurde. Bei einer rechtsgrundlosen Verfügung steht dem Eigentümer daher auch nur ein Anspruch aus § 816 Abs. 1 Satz 1 gegen den Verfügenden zu.[466] Deswegen geht die Kritik, dass die Relativität des Schuldverhältnisses übertrieben werde, an der Sache vorbei. Aber auch ein reines Kausalprinzip muss für einen gutgläubigen Erwerb nicht zwingend ein wirksames Grundgeschäft fordern. Entscheidend ist allein, welche abschließenden Voraussetzungen man an den gutgläubigen Erwerb knüpft. Lässt man einen scheinbaren Erwerbstitel genügen, wie im französischen Recht, so gelangt man auch zu einem Verkehrsschutz ohne Abstraktionsprinzip.[467] Dies relativiert die Rechtfertigung des Abstraktionsprinzips als Instrument des Verkehrsschutzes erheblich.

---

[463] Noch nicht abschließend geklärt ist, welchen Inhalt die Leistungskondiktion des Erstleistenden gegenüber dem zweiten Leistenden hat. Nach der wohl vorherrschenden Ansicht ist der Leistungsgegenstand selbst erlangt (*Larenz/Canaris* § 70 II 2 b; MünchKomm/*Lieb* § 812 Rn. 48). Nach der Lehre von der sogenannten Doppelkondiktion könne nur ein Bereicherungsanspruch kondiziert werden (*Bamberger/Roth/Wendehorst* § 812 Rn. 114).

[464] *Larenz/Canaris* § 70 II 2 a; anders in einem besonderen Fall BGHZ 37, 363, 368ff. Die Aussagen dieser Entscheidung sind allerdings nicht verallgemeinerungsfähig.

[465] *Kupisch*, Gesetzespositivismus im Bereicherungsrecht (1978), 97f.

[466] *v. Caemmerer* FS Boehmer (1954), 145, 156; *Erman/Westermann* § 816 Rn. 10; MünchKomm/ *Lieb* § 816 Rn. 40f; RGRK/*Heimann-Trosien* § 816 Rn. 19; *Staudinger/Lorenz* § 816 Rn. 17 jeweils mwN.

[467] Siehe dazu die rechtsvergleichenden Ausführungen bei *Staudinger/Lorenz* § 816 Rn. 17.

Die Relativität des Schuldverhältnisses gilt auch beim Rücktritt. Das Rückabwicklungsschuldverhältnis erfasst nur die Parteien selbst und blendet den Dritterwerber aus. Die ursprüngliche Herausgabepflicht des Rücktrittsgegners entfällt, wenn dieser die Sache weiter veräußert hat. § 346 Abs. 2 Nr. 1 gewährt dem Rücktrittsberechtigten dann nur einen Wertersatzanspruch.[468] Auch hier kommt ein Durchgriff auf den Erwerber nicht in Betracht. Diese Konsequenzen des Rücktrittsrechts und der bereicherungsrechtlichen Rückabwicklung sind sogleich für den Rückerwerb des Eigentums zu schildern.

b) Zur Bestandskraft des Rückerwerbs

Das skizzierte Rückabwicklungsmodell des BGB differenziert nicht danach, ob in der Zwischenzeit der Nichtberechtigte das Eigentum zurückerworben hat. Eine Anschauungslücke kann man dem Gesetzgeber deswegen aber nicht vorhalten. Wenn der rückübertragende Dritte das Eigentum gutgläubig erworben hat, so leben nach den Materialien die Rechte Dritter nicht wieder auf.[469]

Diesen Standpunkt aus den Materialien hat man allerdings schon früh in Frage gestellt und es ist nach wie vor umstritten, ob man den Rückerwerb des Nichtberechtigten als schützenswerten und damit kondiktionsfesten Erwerb ansieht. In den einschlägigen Konstellationen gehen das Abstraktionsprinzip und der gutgläubige Erwerb eine *mesalliance* ein. Der Rückerwerber erhält mehr, als ihm ursprünglich zustand.[470] Dieser nicht von der Hand zu weisende Gesichtspunkt verdichtet sich zu einer überraschenden Bevorzugung der Gläubiger in der Zwangsvollstreckung: Die Gläubiger des Rückerwerbers könnten in die nunmehr in dessen Eigentum stehende Sache vollstrecken, obwohl sie zuvor nie zum Schuldnervermögen gehörte.[471] Diese willkürliche Folge vermeidet die These, wonach das Eigentum auf den Eigentümer automatisch zurückfalle. Im Gesetz lässt sich diese These jedoch ebenso wenig verankern, wie sie mit dem Abstraktionsprinzip in Einklang zu bringen ist. Wer den automatischen Rückerwerb des Eigentümers mit dem »Geschäft für den, den es angeht« begründet,[472] muss mit Unterstellungen arbeiten und setzt sich dem Vorwurf aus, die Praemissen nach dem gewünschten Ergebnis zu schneidern. Bereits der Wille des rückübertragen-

[468] Die Vorschrift des § 346 Abs. 2 Nr. 1 ist jedoch an systematisch unglücklicher Stelle im Gesetz eingefügt. Siehe dazu etwa *Kaiser* JZ 2001, 1057, 1059.

[469] Prot. III, 215. Man diskutierte noch den Fall, in dem der Erwerber bösen Glaubens sei ohne dass der Veräußerer davon Kenntnis hat, hielt diese Fälle jedoch für derart selten, dass kein Bedürfnis für eine besondere Vorschrift bestehe, sondern verwies die dritten Berechtigten auf Bereicherungs- und Deliktsansprüche gegenüber dem ersten Erwerber.

[470] So z.B.: *Braun* ZiP 1998, 1469.

[471] Siehe dazu nur *Hager* (Fußn. 462), 183f.

[472] So *v. Caemmerer*, FS Boehmer (1954), 145, 159f; *Enneccerus/Lehmann* § 225 I 2 (901); aus neuerer Zeit: *Kohler* JuS 1990, 530, 532 Fußn. 9; *Koppensteiner/Kramer*, Ungerechtfertigte Bereicherung, 99.

den Erwerbers, an den wahren Berechtigten übereignen zu wollen, erweist sich als irreführend. Der Erwerber geht davon aus, dass der nicht berechtigte Veräußerer der Eigentümer war und hat daher keinen Anlass, sich über eine Übereignung an den »wahren Berechtigten« Gedanken zu machen. Dieser Fall mag nur in Betracht kommen, wenn der rückübertragende Erwerber nach seinem Erwerb die wahren Verhältnisse aufdeckte. An dem Willen des Nichtberechtigten, als Vertreter des ursprünglichen Eigentümers aufzutreten, scheitert die Konstruktion endgültig. Gleichwohl hat man versucht, dem Nichtberechtigten einen solchen Willen aufzuzwingen, indem man analog § 162 einen entgegenstehenden Willen für unbeachtlich erklären will.[473] Dies trägt den schalen Beigeschmack, dass der Nichtberechtigte nur das zu wollen habe, was ins dogmatische Konzept passt. Bei einem gutgläubigen Rückerwerber scheitert auch die Analogie zu § 162.[474] Gleichwohl erlebte die These von dem »Geschäft für den, den es angeht« in neuerer Zeit eine sachenrechtlich bemäntelte Renaissance: § 932 Abs. 1 verleihe dem Nichtberechtigten um des Erwerbers willen eine Verfügungsmacht, die bei der Rückgängigmachung in eine Erwerbsmacht umschlage: Beruhe der Rückerwerb des Nichtberechtigten auf einer Rückabwicklung, so habe dieser nun die Macht, im eigenen Namen aber mit Wirkung für den Nichtberechtigten abzurechnen.[475] Auch diese Konstruktion wirkt verkünstelt und beruht schon auf einer zweifelhaften Einordnung des § 932 Abs. 1. Diese Vorschrift verleiht dem verfügenden Nichtberechtigten keine Verfügungsmacht, sondern überwindet dessen fehlende Verfügungsmacht. Deswegen kann es spiegelbildlich auch keine Erwerbsmacht des Rückerwerbers geben.

Nicht zu überzeugen vermag auch der Versuch, die Veräußerung des Nichtberechtigten unter die auflösende Bedingung zu stellen, dass bei einer Rückveräußerung die ursprünglichen Eigentumsverhältnisse wieder hergestellt werden.[476] Dieses Konzept arbeitet auch wie die Vertretungslösung mit einer Unterstellung und versucht, rechtspolitische Erwägungen in ein dogmatisches Gewand zu kleiden.[477] Die übrigen Befürworter eines automatischen Rückerwerbs des Eigentümers haben die gesetzliche Not zur teleologischen Tugend gemacht. Als Anknüpfungspunkt dient die Lehre vom Verkehrsgeschäft und es ist danach zu unterscheiden, warum der Nichtberechtigte zurückerwirbt. Der Nichtberechtigte soll nur das Eigentum an der Sache erwerben, wenn *causa* dafür ein zwischen ihm und dem Erwerber abgeschlossener Austauschvertrag ist, wie etwa ein (Rück)Kauf oder Tausch. Stellt sich hingegen der Rückerwerb als Rückabwicklung dar, sei es über das Bereicherungsrecht oder den Rücktritt, soll das Eigentum direkt dem ur-

[473] *Koppensteiner/Kramer*, Ungerechtfertigte Bereicherung, 99.
[474] *Hager* (Fußn. 462), 186, *Musielak*, Liber Amicorum Kegel (2002), 125, 130f.
[475] *Wilhelm* Rn. 921f.
[476] So jedoch *Ewald* IherJb 76 (1926), 233, 287ff.
[477] Näher zur Kritik: *Haymann* IherJb 77 (1927), 188, 263; *Musielak*, Liber Amicorum Kegel (2002), 125, 131f; *Nüßgens*, Der Rückerwerb des Nichtberechtigten (1939), 18f.

sprünglichen Eigentümer zufallen.[478] Auf eine dogmatische Ableitung aus dem Gesetz wird dabei verzichtet, man beruft sich auf eine Gesetzeslücke. Im Wege der teleologischen Reduktion könne daher der gutgläubige Erwerb solche Erwerbstatbestände nicht schützen, denen eine Rückabwicklung nachfolgt, da hier der Verkehrsschutz als Zweck des Gutglaubensschutzes nicht eingreife.[479] Selbst wenn man die teleologische Ableitung für überzeugend hält, so sind die Folgeprobleme dieser Ansicht zivilrechtlich nur schwer zu bewältigen. So ist ungeklärt, ob das ursprüngliche Eigentum wieder *ex nunc* aufleben soll oder zwischenzeitlich nur »ruhte« und damit stellt sich die kaum beantwortbare Frage, ob der Rückerwerber von Anfang an nicht als Eigentümer der Sache zu betrachten ist oder erst zum Zeitpunkt des Rückerwerbs. Die Materialien hielten allerdings eine Aufleben der Rechte Dritter mit dem Gutglaubenserwerb für unvereinbar.[480] Der Rückerwerb des Nichtberechtigten ist damit gleichsam das Spiegelbild des vorangegangenen gutgläubigen Erwerbs. Für den Gesetzgeber stellte sich deswegen erst gar nicht die Notwendigkeit, gesonderte Regeln für den Rückerwerb aufzustellen.[481]

Die Kritiker der beschriebenen Ansicht stützen sich vornehmlich darauf, dass ein automatischer Rückfall des Eigentums auf den ursprünglichen Eigentümer auf die *causa* des Geschäfts zwischen dem Veräußerer und Erwerber abstelle und deswegen mit dem Abstraktionsgrundsatz unvereinbar sei. Aus diesem Grunde lehnt man es ab, den Rückerwerb des Nichtberechtigten besonderen Regelungen zu unterstellen.[482] In der Tat bestehen bei einem automatischen Rückfall an den Eigentümer Spannungen mit dem Grundsatz der äußeren Abstraktion: Die zugrunde liegende *causa* entscheidet hier über die dinglichen Rechtsfolgen. Dies hat man mit dem Argument zu widerlegen versucht, dass es nur um die Frage gehe, für wen das dingliche Geschäft wirke.[483] So recht überzeugt dies nicht. Auf der

---

[478] *Baur/Stürner* § 52 Rn. 4; *v. Caemmerer*, FS Boehmer (1954), 145, 158; *Coing*, Die Treuhand kraft privaten Rechtsgeschäfts (1973), 196; *Erman/Michalski* § 932 Rn. 14; *Gernhuber* JuS 1988, 355, 363; *Hübner*, Der Rechtsverlust im Mobiliarsachenrecht (1955), 87 Fußn. 55; *Lopau* JuS 1971, 233f; MünchKomm/*Wacke* § 892 Rn. 74; *Reichel* GrünhutsZ 42, 257; *Schmelzeisen* AcP 144 (1938), 48f; *Schwab/Prütting* Rn. 438; *Staudinger/Lorenz* § 816 Rn. 22; *Tiedtke*, Gutgläubiger Erwerb (1985), 48f; *Wilhelm* Rn. 921f; *Wolf* Rn. 435. Ohne jede Differenzierung: *Braun* ZiP 1998, 1469; *Eichler* II 1 778f; *J. Schmidt*, Aktionsberechtigung und Vermögensberechtigung (1969), 145ff (Fußn. 165). Nach *Peters* (Fußn. 459), 150f. gebiete dies eine verfassungskonforme Auslegung um den gutgläubigen Erwerb mit Art. 14 in Einklang zu bringen.

[479] Von den Nachweisen aus der vorigen Fußn. siehe insbesondere *Braun* ZiP 1998, 1469ff.

[480] Prot. III, 215.

[481] *Musielak*, Liber Amicorum Kegel (2002), 125, 134.

[482] *Hager* (Fußn. 462), 184ff; *Jauernig/Jauernig* § 932 Rn. 2; *Krawielicki* IherJb 81 (1931), 257, 310; MünchKomm/*Quack* § 932 Rn. 64; *Maurer* (Fußn. 29), 70ff; *Musielak*, Liber Amicorum Kegel (2002), 125, 130ff; *Oertmann* JR 1930, 169; *Palandt/Bassenge* § 932 Rn. 17; RGRK/*Pikart* § 932 Rn. 34f; *Soergel/Henssler* § 929 Rn. 40f; *Staudinger/Gursky* § 892 Rn. 222; *Staudinger/ Wiegand* § 932 Rn. 120ff; *Stoevesandt*, Der Rückerwerb des Nichtbrechtigten (1936), 73; *Westermann/Gursky* § 47 II 3; *Wiegand* JuS 1971, 62, 64ff.

[483] *Braun* ZiP 1998, 1469, 1472; *Wieling* § 10 VI 2 b; *Wilhelm* Rn. 923.

Grundlage des Trennungs- und Abstraktionsprinzips entscheidet allein das dingliche Rechtsgeschäft darüber, wem eine Sache zuzuordnen ist. Wenn sich der Erwerber und der Nichtberechtigte über den Eigentumsübergang geeinigt haben, ist die *causa* dafür an sich unerheblich. Das Abstraktionsprinzip immunisiert das dingliche Geschäft gegenüber dem schuldrechtlichen Geschäft und dessen Zwecken. Gegner eines automatischen Rückfalls an den ursprünglichen Eigentümer stellen schließlich ganz grundsätzlich darauf ab, dass bei einem schuldrechtlichen Mangel nur nach den schuldrechtlichen Vorschriften zurück abzuwickeln sei, was letztlich auch in der Konsequenz eines selbständigen Sachenrechts liege.[484] Gegen die These vom automatischen Rückerwerb des Eigentümers wird schließlich noch oft eingewandt, dass sich bei Liegenschaften der Erwerb außerhalb des Grundbuchs vollziehe.[485] Das ist kein durchgreifendes Gegenargument, da sich im Wege der Grundbuchberichtigung die Buchlage an die wahre Rechtslage angepasst werden könnte.

Lässt sich damit der automatische Rückerwerb des Eigentümers nicht begründen, ohne gleichzeitig mit dem Abstraktionsprinzip zu brechen, so hat man in neuerer Zeit versucht, wenigstens die vollstreckungsrechtlichen Folgen des Rückerwerbs des Nichtberechtigten zu mildern.[486] Allerdings stimmt bereits die umfangreiche Begründung dieser Ansicht skeptisch. So soll dem ursprünglichen Eigentümer ein Bereicherungsanspruch gegen den Rückerwerber aus § 812 Abs. 1 Satz 1 2. Var. auf Herausgabe des erlangten Eigentums zustehen. *Maiore ad minus* sei dieser Herausgabeanspruch analog zu § 1007 mit einem Vollstreckungs- und Sukzessionsschutz zu versehen. Den Bruch mit dem Abstraktionsprinzip kann auch diese Lösung nicht überspielen und verschiebt ihn vom materiellen Recht ins Vollstreckungsrecht.[487] So ist bereits an der Praemisse zu zweifeln, dass dem Eigentümer ein Herausgabeanspruch aus § 812 Abs. 1 Satz 1 2. Var. zustehen soll. Das oben beschriebene Rückabwicklungsmodell[488] steht einem solchen Anspruch entgegen. Nimmt man daher einen solchen Anspruch des Eigentümers gegen den Rückerwerber an, bricht man mit dem Grundsatz, dass der gutgläubige Erwerb einen Rechtsgrund bildet. Gerade das Argument gegen den automati-

---

[484] *Staudinger/Wiegand* § 932 Rn. 122.

[485] *Hager* (Fußn. 462), 188; *Musielak*, Liber Amicorum Kegel (2002), 125, 139f; *Staudinger/Gursky* § 892 Rn. 222. Auch einige Anhänger des automatischen Eigentumsrückfalls lehnen bei Grundstücken einen automatischen Erwerb außerhalb des Grundbuchs ab: *Wieling I* § 20 II 3 i bb; wohl auch *Wolff/Raiser* § 45 II 2.

[486] *Hager* (Fußn. 462), 190–224.

[487] Zu den Folgen des Abstraktionsprinzips in der Zwangsvollstreckung sogleich unten 3 a. Während *Hager* (Fußn. 462) einen automatischen Rückfall des Eigentums an den Eigentümer als Bruch mit dem Abstraktionsprinzip ansieht (184), beurteilt er sein eigenes Konzept großzügiger: Die zugestandene Durchbrechung beschränke sich auf einen engen Bereich, da sie auf einem unfreiwilligen Eigentumsverlust beruhe. Zudem sei das Abstraktionsprinzip kein absoluter Wert, der gegen jede Verdinglichung von Ansprüchen aus dem früheren Eigentum spreche (215f). Methodisch ist das zweifelhaft.

[488] Oben sub VI 1 a.

schen Rückerwerb des Eigentümers, wonach eine ehemals erloschene Rechtsposition wieder auflebt, lässt sich auch diesem Konzept entgegenhalten. Wenn der Dritte gutgläubig erworben hat, erübrigen sich dadurch auch Kondiktionsansprüche gegen ihn und der Rückerwerb muss gegenüber Bereicherungsansprüchen bestandskräftig sein. Auch die Analogie zu § 1007 verfängt, da diese Norm rechtspolitisch umstritten ist[489] und deswegen Zurückhaltung gegenüber Analogien geboten sind. Abgesehen davon hat der Eigentümer als früherer Besitzer durch die Veräußerung an den Verfügenden seinen Besitz aufgegeben. Anderenfalls hätte er diesem die Sache gar nicht übereignen können, da der Übergabetatbestand nach § 929 Satz 1 eine vollständige Besitzaufgabe auf Seiten des Veräußerers verlangt. Deswegen sperrt schon der Wortlaut des § 1007 Abs. 3 Satz 1 2. Var. eine Analogie.

2. Abstimmungsprobleme bei der Rückabwicklung

Ist das zwischen dem Veräußerer und dem Erwerber abgeschlossene Grundgeschäft nichtig, so scheidet nach dem Abstraktionsprinzip eine Vindikation (§ 985) des Veräußerers gegen den Erwerber aus. Einzig eine bereicherungsrechtliche Haftung nach den §§ 812 Abs. 1, 818f kommt in Betracht. So trivial diese Feststellung auch sein mag, umso schwieriger sind die Probleme, beide Rückabwicklungsarten abzugleichen. Im Kern geht es hier darum, das Bereicherungsrecht mit dem Eigentümer-Besitzer Verhältnis abzustimmen. Dabei stellt sich die Frage, ob unterschiedliche Rechtsfolgen formal durch das Abstraktionsprinzip begründbar sind oder ob Wertungswidersprüche entstehen.

a) Herausgabeansprüche

Herausgabeansprüche können nach der nunmehr herrschenden Ansicht sowohl auf § 985 als auch auf § 812 Abs. 1 gestützt werden. Bei allen Streitigkeiten über die Einzelheiten herrscht Übereinstimmung darüber, dass sowohl die Leistungskondiktion wie auch die Nichtleistungskondiktion dem Eigentümer einen Anspruch auf Herausgabe der Sache geben. Je nachdem, was der Anspruchsgegner erlangt hat, können sowohl das Eigentum wie auch der Besitz Gegenstand eines Kondiktionsanspruchs sein. Geht es damit um die Wiederherstellung der Besitzlage, so besteht zwischen bereicherungsrechtlichen Ansprüchen und § 985 Idealkonkurrenz.[490] Bereits oben[491] wurde darauf hingewiesen, dass die Praxis zu der Frage,

---

[489] Siehe dazu etwa: MünchKomm/*Medicus* § 1007 Rn. 3 und dessen Einschätzung Rn. 2: »Insgesamt ist § 1007 mehr eine Vorschrift für Grübler als für die Praxis«.

[490] Diese früher noch bestrittene Lösung ist heute allgemein anerkannt und daher nicht mehr weiter zu vertiefen. Zum historischen Streitstand siehe nur *Staudinger/Gursky* Vorbem zu §§ 989–993 Rn. 39ff; *Waltjen* AcP 175 (1975), 109ff.

[491] III 3 b.

ob ein Verbotsgesetz auch das dingliche Geschäft erfasst, auch von den Rechtsfolgen geleitet ist. Die gleiche Überlegung stellt sich bei sittenwidrigen Geschäften. Auf das Abstraktionsprinzip zugeschnitten, bedeutet dies, dass bei einem schuldrechtlichen Mangel eine rein bereicherungsrechtliche Abwicklung an §817 Satz 2 scheitern kann. Einen derartigen Kondiktionsausschluss sieht das Gesetz für §985 nicht vor. Deswegen ist nach wie vor umstritten, ob §817 Satz 2 analog auf den Herausgabeanspruch anzuwenden ist.[492] Der BGH verneint dies in ständiger Rechtsprechung und stützt sich vornehmlich darauf, dass §817 Satz 2 eine zivilrechtsfremde Norm sei, die zu unbilligen Ergebnissen führen könne und deshalb in Grenzen zu handhaben sei.[493] Das Schrifttum steht weitgehend auf dem entgegengesetzten Standpunkt und streitet dafür, §817 Satz 2 analog auf den Herausgabeanspruch aus §985 anzuwenden.[494] Die Meinungsverschiedenheiten kreisen um den Zweck des §817 Satz 2 einerseits, sowie andererseits um die Frage, wann auch das Erfüllungsgeschäft nach den §§134, 138 nichtig ist. Erst das Abstraktionsprinzip hat die Streitigkeiten um den letzten Gesichtspunkt genährt. Das Bedürfnis, den Kondiktionsausschluss bei der bereicherungsrechtlichen Rückabwicklung mit dem Herausgabeanspruch zu harmonisieren entstand jedoch daraus, dass der Gesetzgeber die Folgen einer Doppelnichtigkeit nicht durchdacht hatte. Die strenge Abstraktionslogik stand dem anscheinend im Wege.

Quell der Wertungswidersprüche ist bereits die Praemisse, dass besonders schwere Sittenverstöße zur Doppelnichtigkeit führen und deswegen bei der Rückabwicklung nach §985 bevorzugt würden. Dieses im Schrifttum immer wieder betonte Argument, um §817 Satz 2 auch auf den Herausgabeanspruch nach §985 anzuwenden,[495] missachtet die Voraussetzungen, unter denen nach der Rechtsprechung auch die Verfügung sittenwidrig ist. Wenn im Vollzug gerade das sittenwidrige Element liegt, bedeutet dies noch nicht, dass dieser Sittenverstoß besonders schwer wiegt. Wenn man bei §138 mit Recht eine Abstufung nach Sittenwidrigkeitsgraden ablehnt, muss man dies auch bei §817 Satz 2. Ebenso hat es

[492] Hier soll nur das Problem geschildert werden, dass wegen der Nichtigkeit von *causa* und Verfügung die §§812 Abs. 1 und 985 konkurrieren. Die Frage, ob §817 Satz 2 auch auf den Herausgabeanspruch anwendbar ist, stellt sich auch, wenn das Eigentum überhaupt nicht übertragen werden sollte. Das hier beschriebene und schon in den Materialien diskutierte Problem, über den Irrtum im Zuwendungsgrund muss den identischen Regeln folgen (zusammenfassend zum Streitstand: *Michalski* JURA 1994, 232, 233f).

[493] BGHZ 41, 341, 349; BGHZ 43, 365, 369; BGHZ 63, 365, 367; BGHZ 75, 299, 305; BGH NJW 1992, 310, 311; siehe auch RGZ 70, 1, 5f; RGZ 85, 293, 294f. Dem zustimmend aus dem Schrifttum: *Bamberger/Roth/Fritzsche* §985 Rn. 37; *Staudinger/Gursky* §985 Rn. 108 mwN.

[494] *Baur/Stürner* §5 Rn. 52; *v. Caemmerer* SJZ 1950, 650; *Erman/Westermann* §817 Rn. 4, 11; *Honsell* JZ 1975, 441; *Larenz/ Canaris* §68 III 3 e; *Medicus* BR Rn. 697; *Michalski* JURA 1994, 232, 234ff; *Raiser* JZ 1951, 718; *Staudinger/Lorenz* §817 Rn. 14; *Wolff/Raiser* §84 IV 4; *Zimmermann* JR 1985, 48, 49.

[495] *v. Caemmerer* SJZ 1950, 650; *Erman/H.P. Westermann* §817 Rn. 4; *Honsell* JZ 1975, 551; *ders.*, Die Rückabwicklung sittenwidriger und verbotener Geschäfte (1974), 57; *Raiser*, JZ 1951, 718.

auf die Qualität des Sittenverstoßes keinen Einfluss, ob die Parteien mit der Verfügung sittenwidrige Zwecke verfolgen. Die Rechtsprechung hat es gerade vermieden, auf verschieden intensive Sittenverstöße abzustellen. Nachvollziehbare Gesichtspunkte für eine derartige Einteilung lassen sich auch kaum finden.[496]

Im Innenverhältnis zwischen dem Gläubiger und dem Schuldner spielt es nur eine geringe Rolle, ob nach §§ 812ff oder §§ 985ff zurückabgewickelt wird. Die Unterschiede äußern sich darin, dass gegenüber einem Bereicherungsanspruch der Entreicherungseinwand möglich ist. Ansonsten versucht man teilweise die Unterschiede zwischen einer Vindikation und einer Kondiktion zu nivellieren und hält deren Abgrenzung für kein sinnvolles Kriterium um zu bestimmen, ob § 817 Satz 2 anwendbar ist.[497]

Solange keine Dritten beteiligt sind, besteht in der Tat kein Anlass, beide Ansprüche ungleich zu behandeln. Da Problem liegt aber weniger darin, dass beide Anspruchsgrundlagen aufeinander abzustimmen sind, sondern dass die anerkannten Korrekturen des § 817 Satz 2 nicht ausreichend gewürdigt werden. Die *ratio* dieser Vorschrift ist bekanntlich umstritten und in der bereicherungsrechtlichen Dogmatik ist man sich darin einig, ihren Anwendungsbereich einzugrenzen. Wenn § 817 Satz 2 eine sittenwidrige Vermögenslage verfestigt, ist die Vorschrift teleologisch zu reduzieren und folglich unanwendbar.[498] Wenn der Vollzug damit sittenwidrig ist, steht § 817 Satz 2 keiner bereicherungsrechtlichen Rückabwicklung entgegen. *Per definitionem* ist hier die Vermögenslage auch sittenwidrig, so dass ein Kondiktionsausschluss unanwendbar ist. Auch wenn die Parteien mit dem Erfüllungsgeschäft sittenwidrige Zwecke verfolgen, wäre es widersinnig, § 817 Satz 2 anzuwenden, da diese Vorschrift dann gerade den Zustand legitimieren würde, den die Rechtsordnung verbietet. Wendet man diese Restriktionen des § 817 Satz 2 konsequent an, dann entlarven sich die Widersprüche zu § 985 als ein Scheinproblem, vorausgesetzt, man erkennt die Praemissen der Rechtsprechung an, wann ein Verfügungsgeschäft sittenwidrig ist. Bei Austauschgeschäften ist damit § 817 Satz 2 in den Fällen stets teleologisch zu reduzieren, in denen auch ein Vindikationsanspruch in Betracht kommt. Schließlich nötigt der hier vertretenen Standpunkt auch nicht dazu, den Zweck des § 817 Satz 2 näher zu beleuchten, da die beschriebene Restriktion dieser Vorschrift unabhängig davon anerkannt ist, welchen Zweck man ihr beimisst.

Es wirkt deswegen auch reichlich verkünstelt, die sittliche Indifferenz von Verfügungsgeschäften zu betonen, um § 985 von der Vorschrift des § 817 Satz 2 abzuschotten und um die beschriebenen Widersprüche bei der Rückabwicklung zu

---

[496] *Dauner* JZ 1980, 495, 498; *Michalski*, JURA 1994, 232, 235; MünchKomm/*Lieb* § 817 Rn. 26; *Staudinger/Gursky* § 985 Rn. 108.

[497] *v. Caemmerer*, SJZ 1956, 650f; zust. *Honsell* (Fußn. 495), 56f; *Raiser* JZ 1951, 718.

[498] So BGH WM 1990, 799, 802 [für die damals noch nichtige Bordellpacht]; siehe auch im Ansatz schon BGHZ 41, 341, 344; *Larenz/Canaris* § 68 III 3f; MünchKomm/*Lieb* § 817 Rn. 28 *Staudinger/ Lorenz* § 817 Rn. 11 [3. Abs.] jeweils mwN.

vermeiden.[499] Dass Verfügungsgeschäfte als solche nicht sittlich neutral sind, wurde bereits oben dargelegt[500] und ist hier nur noch zu erinnern.

b) Nutzungsersatz

Das eigentliche Konkurrenzproblem beschränkt sich damit auf die Nebenfolgen der Vindikation und damit auf die Nutzungsherausgabe nach §§ 812 Abs. 1, 818 oder § 987f. Die Schwierigkeiten ergeben sich daraus, dass dem Gesetzgeber die Feinabstimmung zwischen der bereicherungsrechtlichen Nutzungsherausgabe und der nach §§ 987f misslungen ist. Nach § 818 Abs. 1 haftet der Bereicherungsschuldner auf die gezogenen Nutzungen, während nach §§ 987 Abs. 1, 990 Abs. 1 nur der bösgläubige Besitzer einen Nutzungsersatz schuldet. Überschneidungen zwischen der Nutzungsherausgabe nach § 987f und einer Leistungskondiktion können sich daher nur ergeben, wenn sowohl eine Vindikationslage besteht als auch der Rechtsgrund fehlt. Sofern nur das schuldrechtliche Geschäft nichtig ist, greift ausschließlich die Leistungskondiktion ein. Damit sind die Fälle der sogenannten Doppelnichtigkeit angesprochen, in denen sowohl das schuldrechtliche Grundgeschäft wie auch das dingliche Geschäft unwirksam sind. Mindestens fünf verschiedene Lösungsmodelle schlagen Rechtsprechung und Schrifttum vor.

Bemerkenswerterweise hat sich jedoch die Ansicht nicht durchgesetzt, die eine ausschließliche Geltung der §§ 987f fordert,[501] obwohl dies den gesetzgeberischen Absichten am Nächsten läge. Der Gesetzgeber führte aus, dass die »Kondizierbarkeit von Nutzungen« den Eigentumsbegriff überspanne und schloss deshalb bereicherungsrechtliche Ansprüche aus.[502] Die Gesetzesmaterialien noch im geistigen Hintergrund lehnte eine ältere Entscheidung des RG eine Nutzungsherausgabe nach Bereicherungsrecht ab, da die §§ 987f einen Rechtsgrund bildeten, wenn sie nicht einschlägig sind.[503] Diese Begründung ist offensichtlich unhaltbar. Rechtsgründe können viele Quellen haben, ebenso kann aus verschiedenen Gründen der Rechtsgrund fehlen. Die §§ 987f können dafür keine Exklusivität beanspruchen. Für die Exklusivität der §§ 987f gegenüber der Leistungskondiktion führte man anderenfalls drohende Wertungswidersprüche an: Die §§ 987f seien auf jeden unberechtigten Besitzer anwendbar, ohne Rücksicht darauf, ob er schuldrechtlich mit dem Eigentümer verbunden sei. Sofern man hier die Leistungskondiktion anwende, hafte der Besitzer schärfer, der die Sache unmittelbar

[499] Beispielhaft: *Becker* NJW 1952, 54; *Dauner* JZ 1980, 495, 498; *Honsell* (Fußn. 495), 52ff; *Michalski* JURA 1994, 232, 235.

[500] Oben III 3 c aa.

[501] *Brehm/Berger* § 8 Rn. 33; *Krawielicki*, Die Grundlagen des Bereicherungsanspruchs (1936), 56 (Fußn. 199); *Wieling* AcP 169 (1969), 138ff.

[502] Mot. III, 401; Prot. III, 677ff.

[503] RG JW 1912, 690; RGZ 137, 206, 207.

vom Eigentümer erlangt habe.[504] Auch dieses Argument überzeugt nicht und verkehrt das eingangs beschriebene Problem. Die Wertungswidersprüche ruft aber das Abstraktionsprinzip hervor: Wenn sowohl Kausal- wie auch Erfüllungsgeschäft nichtig sind, würde der Besitzer milder haften, wenn man nur die §§ 987f anwendet. Der zusätzliche Mangel, die Nichtigkeit des Erfüllungsgeschäfts, käme dann dem Besitzer zugute, obwohl er schärfer nach Bereicherungsrecht haften würde, wenn nur das schuldrechtliche Geschäft nichtig ist.

Man hat versucht, diesen Wertungswiderspruch wiederum durch eine Korrektur des Bereicherungsrechts zu beseitigen. Bei einem doppelnichtigen Veräußerungsgeschäft habe der Schuldner das Recht, die gezogenen Nutzungen wie ein Besitzer zu behalten.[505] Diese Korrektur beseitigt die Wertungswidersprüche jedoch nicht und lässt sich zudem aus dem Gesetz nicht ableiten. Es bleibt hier nach wie vor unklar, warum der Besitzer schärfer haftet, wenn nur das schuldrechtliche Grundgeschäft nichtig ist. Zudem fehlt der gesetzliche Anhaltspunkt dafür, warum ausgerechnet bei einer Doppelnichtigkeit die Rechtsfolgen des § 818 Abs. 1 zu korrigieren sind, obwohl das Gesetz einen anderen Wortlaut aufweist. Vorrangig die §§ 987f anzuwenden, führt zu unausräumbaren Wertungswidersprüchen.

Alle derzeit vertretenen Ansichten sind sich daher in dem Ergebnis einig, dass der Eigentümer von dem Besitzer bei einem doppelnichtigen Geschäft die Nutzungen nach den Grundsätzen des § 818 Abs. 1 herausverlangen kann. Die Wertungswidersprüche wären anderenfalls offensichtlich. Sie zeigen aber auch, dass das Abstraktionsprinzip beim Nutzungsersatz durch den Gesetzgeber nur unzureichend verarbeitet wurde. Indem man die Rechtsfolgen angleicht, ebnet man auch die Unterschiede zwischen dem abstrakten dinglichen Rechtsgeschäft und der *causa* ein. Dessen muss man sich bei jedem Lösungsvorschlag bewusst sein.

Im Anschluss an eine Entscheidung des großen Zivilsenats des RG[506], lösen die Rechtsprechung und Teile des Schrifttums das Problem über § 988 analog.[507] Trotz der umfänglichen Begründung des RG geht es nicht an, einen unentgeltlichen Erwerb einem rechtsgrundlosen Erwerb gleichzustellen. Konsequent weitergedacht führte dies dazu, dass jede Schenkung einer *causa* entbehrt. Diese Begründung wäre indes systemwidrig. Methodisch bliebe daher nur der Weg, allein im Rahmen des § 988 unentgeltlich und rechtsgrundlos gleichzustellen. Dies würde ein- und denselben Rechtsbegriff innerhalb des BGB unterschiedlich auslegen und ist deshalb willkürlich. Das RG sah in seiner Lösung keinen Wertungswider-

---

504 *Wieling* AcP 169 (1969), 138, 141; *Brehm/Berger* § 8 Rn. 33.

505 *Wieling* AcP 169 (1969), 138, 141f.

506 RGZ 163, 348, 357.

507 BGHZ 7, 208, 210; BGHZ 10, 350, 357; BGHZ 32, 76, 94; BGHZ 71, 216, 226; BGHZ 109, 179, 190f; BGHZ 120, 204, 215; BGH NJW 1995, 454; BGH NJW 1995, 2627; OLG Brandenburg OLGR 1995, 70; OLG Düsseldorf OLGR 1996, 153. Aus der Literatur: *Enneccerus/Lehmann* § 223 III 2 (892f); *Haymann* IherJb 77 (1927), 188, 243; *v. Lübtow* AcP 150 (1949), 252, 258; RGRK/*Pikart* § 988 Rn. 4; *Rothoeft* AcP 163 (1964), 215, 272.

spruch, da sich so am besten der Grundsatz von der Exklusivität des Eigentümer-Besitzer Verhältnisses aufrecht erhalten lasse.[508] Indes wandelt diese Begründung den Wunsch zur Wirklichkeit. Die so bezeichnete Exklusivität des Eigentümer-Besitzer Verhältnisses gegenüber dem Bereicherungsrecht darf nicht dazu instrumentalisiert werden, um über die Systematik des BGB hinwegzugehen.

Neben den geschilderten methodischen Bedenken sind es auch systematische Gründe, die gegen eine Gleichstellung von rechtsgrundlosem und unentgeltlichen Erwerb sprechen. Da diese im Schrifttum ausführlich erörtert wurden, sind sie hier nur kurz zusammenzufassen: Ein entgeltliches Austauschgeschäft verliert diesen Charakter nicht dadurch, wenn es nichtig ist.[509] Zum Schwur kommt es bei Mehrpersonenverhältnissen, eine Konstellation, mit der sich die Rechtsprechung noch nicht zu befassen hatte, bei der sie aber zu einem Umdenken genötigt wäre. Verdeutlicht an dem Beispiel einer doppelnichtigen Veräußerungskette, »bissen den letzten die Hunde«: Dieser wäre dem Anspruch des Eigentümers aus § 988 ausgesetzt, obwohl dem Dritten der Besitz an dieser Sache von dem Vorbesitzer geleistet wurde. Der Vorrang der Leistungskondiktion würde so durchbrochen. § 988 ordnet die Nutzungsherausgabe aber nur deswegen an, weil der unentgeltliche Besitzer nicht das Rückholrisiko trägt. Als Minimalform des gutgläubigen Erwerb darf der Besitzer bei § 987 die Nutzungen behalten, da er umgekehrt dieses Risiko trägt und ihm hier ein Lösungsrecht versagt wird.[510] Nach der Ansicht der Rechtsprechung würde der Besitzer nicht nur die Herausgabe der Sache und Nutzungsersatz schulden, sondern könnte auch den an den Vorbesitzer gezahlten Kaufpreis nicht nach § 818 Abs. 3 BGB entgegenhalten.[511] Der Dritte stände somit schutzlos da.

Es besteht deswegen Einigkeit, dass eine Leistungskondiktion dem Eigentümer einen Anspruch auf Nutzungsherausgabe bei einem doppelnichtigen Geschäft gewährt. Umstritten ist hier wiederum, ob die Leistungskondiktion parallel gelten soll,[512] oder den §§ 987f BGB vorgeht.[513]

---

[508] RGZ 163, 348, 359f.

[509] *v. Caemmerer*, FS Boehmer (1954), 145, 154.

[510] *Staudinger/Gursky* Vorbem zu §§ 987–993 Rn. 44.

[511] Zur (nicht anerkannten) Abzugsmöglichkeit des gezahlten Kaufpreises: BGHZ 55, 176, 179; BGHZ 109, 139, 145; MünchKomm/*Lieb* § 818 Rn. 91; *Staudinger/Lorenz* § 818 Rn. 37. Das RG hat immerhin konsequent aber gleichsam unhaltbar den gezahlten Kaufpreis unter § 818 Abs. 3 subsumiert (RGZ 163, 348).

[512] *Dimopoulos-Voisikis*, Die bereicherungs- und deliktsrechtlichen Elemente der §§ 987–1003 BGB, (1966), 250f; *Jauernig/Jauernig* Vorbem § 987ff Rn. 13; *Kindl* JA 1996, 115, 120f; *Larenz/Canaris* § 74 I 1 a; *Medicus* Rn. 600; MünchKomm/*Medicus* § 988 Rn. 8f; *Palandt/Bassenge* § 988 Rn. 10; *Roth* JuS 1997, 897, 899f; *Schreiber* JURA 1992, 533, 534; *Staudinger/Gursky* vor §§ 987ff Rn. 40f; *Wolf* Rn. 205. Einige Stimmen gehen sogar davon aus, dass nicht nur die Leistungskondiktion, sondern auch die Nichtleistungskondiktion in Idealkonkurrenz zu dem Nutzungsersatz nach §§ 987f stehen: *Baur/Stürner* § 11 Rn. 38, 53; *Pinger*, Funktion und dogmatische Bedeutung des Eigentümer-Besitzer-Verhältnisses (1973), 48ff; *Wolff/Raiser* § 85 II 6

[513] *v. Caemmerer*, FS Boehmer (1954), 145, 154; *G. Hager* JuS 1987, 877, 880; *Kohler*, Die

Die Diskussion scheint sich an dieser Stelle in einer methodischen Schieflage zu befinden. Nach der Konkurrenzlehre kann eine Norm nur durch eine andere verdrängt werden, die tatbestandlich erfüllt ist. Scheidet eine Nutzungsherausgabe nach §§ 987f BGB aus, wie dies bei einem doppelnichtigem Veräußerungsgeschäft und einem gutgläubigen Besitzer der Fall ist, fehlt es an einer Norm, die neben dem Bereicherungsrecht einen Anspruch auf Nutzungsherausgabe gewährt.

Gleich welcher Lösung sich man anschließt, so wird deutlich, dass beim Nutzungsersatz alle Unterschiede eingeebnet werden, die aus dem Abstraktionsprinzip folgen. Der Sache nach geht es um die Begründung, warum die Wertung des § 993 Abs. 1 letzter HS nicht für Ansprüche auf Nutzungsherausgabe aus einer Leistungskondiktion gelten soll. Echte Konkurrenzverhältnisse können sich daher nur stellen, wenn der Besitzer nach § 987 die Herausgabe der Nutzungen schuldet. Betrachtet man die Konstellation, bei zwar eine Nutzungshaftung aus § 812 Abs. 1 Satz 1 1. Fall in Betracht käme, nicht aber eine Haftung aus § 987, ist der Zweck beider Ansprüche gegenüber zu stellen. Der Zweck der Leistungskondiktion, fehlgeschlagene Austauschverhältnisse zurück abzuwickeln, ändert sich nicht dadurch, dass auch das Erfüllungsgeschäft nichtig ist. Wie oben gezeigt, führt es zu Wertungswidersprüchen, wenn man Ansprüche aus der Leistungskondiktion auf Nutzungsherausgabe ausschließt. Das zusätzlich nichtige Erfüllungsgeschäft würde dem Bereicherungsgläubiger einen Anspruch versperren, der ihm an sich zustünde. Sofern der Besitzer gutgläubig ist, kommt man mithin nicht umhin, einen Nutzungsersatzanspruch aus §§ 812 Abs. 1 Satz 1 1. Var., 818 Abs. 1 anzunehmen. Die Materialien haben diese Konstellation offenbar nicht bedacht, da sie von einem strengen »entweder-oder« auszugehen scheinen, indem entweder das Kausalgeschäft oder das dingliche Geschäft nichtig ist. In dieser Konstellation ist § 993 Abs. 1 letzter Halsbsatz daher teleologisch zu reduzieren.

Konkurrenzprobleme im eigentlichen Sinne stellen sich erst, wenn der Besitzer bei einem doppelnichtigen Geschäft die Nutzungsherausgabe nach § 987 als auch nach §§ 812 Abs. 1 Satz 1 1. Var. schuldet. Bereicherungsrechtlich haftet ein solcher Besitzer nach den allgemeinen Vorschriften im Sinne des § 818 Abs. 4, es trifft ihn damit eine Verzugshaftung wie in § 990 Abs. 2 und die allgemeine Haftung für Pflichtverletzungen nach § 280. Hier stehen auf der tatbestandlichen Seite die §§ 987 und 812 Abs. 1 Satz 1 1. Var. in der Tat »ungestört nebeneinander«. Gleich-

---

Rückabwicklung gescheiterter Austauschverträge (1989), 439ff; *Reuter/Martinek* 681ff; *Waltjen* AcP 175 (1975), 109ff; *Wilhelm* Rn. 633. Wieder andere wollen im Regelfall die Leistungskondiktion vorrangig anwenden. Die Idealkonkurrenz zwischen den §§ 987f und der Leistungskondiktion sei jedoch geboten, wenn der fragliche Nichtigkeitsgrund bezwecke, einen Vermögensbestand vor Einbußen zu schützen (*Köbl* , Das Eigentümer-Besitzer-Verhältnis im Anspruchssystem des BGB (1971), 259ff; *Schwab/Prütting* Rn. 568; *Stadler* [Fußn. 6], 234). Zu anderen Ergebnissen gelangt diese Ansicht nicht, überfrachtet die ohnehin schon verzweigte Diskussion aber zusätzlich mit einer Differenzierung nach Nichtigkeitsgründen. Es ist aber zweifelhaft, ob man die Nichtigkeitsgründe wirklich derart unterschiedlich behandeln sollte. Im hier interessierenden Zusammenhang soll dieser Ansicht daher nicht mehr näher nachgegangen werden.

wohl sprechen auch hier die besseren Gründe dafür, von einem Vorrang der Leistungskondiktion auszugehen. § 987 trägt der besonderen Rechtslage bei der Rückabwicklung gegenseitiger Verträge nicht Rechnung, sondern ist allein auf dingliche Mängel zugeschnitten. Ein Bedürfnis dafür, § 812 Abs. 1 Satz 1 1. Var. und § 987 nebeneinander anzuwenden sieht man jedoch in dem konstruierten Fall, in dem der Schuldner einem Herausgabeanspruch aus § 985 und einem Anspruch aus § 812 Abs. 1 Satz 1 1. Var. verschiedener Gläubiger ausgesetzt ist.[514] Es dürften sich hierfür indes kaum realitätsnahe Fälle finden lassen, da schließlich nur eine Partei nach § 985 die Herausgabe verlangen kann und eine andere den Nutzungsersatz. Zudem ist die Konkurrenzregel des § 993 Abs. 1 letzter Hs. gar nicht betroffen sein, wenn Bereicherungsgläubiger kein Anspruch aus dem Eigentümer-Besitzer-Verhältnis zusteht.

Der Vorrang der Leistungskondiktion folgt vielmehr aus einer pragmatischen Erwägung: Es ist zwingend, einen Anspruch aus einer Leistungskondiktion wegen der Nutzungen zuzulassen, darüber besteht Einigkeit. Da mit keinen operationablen Mitteln erklärbar ist, welche Normen aus dem Eigentümer-Besitzer Verhältnis daneben gelten sollen und welche nicht, bleibt nur die Entscheidung für einen Normenkomplex und damit die *condictio indebiti*.

3. Exkurs: Verfahrensrechtliche Folgen der Trennung und Abstraktion

Über eine kritische Bestandsaufnahme des Trennungs- und des Abstraktionsprinzips greift es hinaus, die verfahrensrechtlichen Folgen zu schildern. Gerade wegen der Rechtsfolgen des Abstraktionsprinzips in der Zwangsvollstreckung und der Insolvenz hat man es immer wieder rechtspolitisch kritisiert. Die Darstellung schuldet aus Gründen der Vollständigkeit, einen ebenso kurzen wie kritischen Überblick der Diskussion zu geben.

a) Zwangsvollstreckung

Die äußere Abstraktion ist die Ursache dafür, dass der Erwerber der Eigentümer der Sache ist, auch wenn die *causa* nichtig ist. Der Verkäufer hat damit einzig einen schuldrechtlichen Anspruch aus § 812 Abs. 1 Satz 1 gegen den Käufer. Vollstrecken die Gläubiger des Erwerbers in dessen Vermögen, stellt sich die Frage, ob der Verkäufer vor dem Zugriff der Drittgläubiger zu schützen ist. Im Schrifttum war die Antwort auf diese Frage seit jeher umstritten und es vermischen sich rechtspolitische mit dogmatischen Erwägungen. Vollstreckungsrechtlich geht es darum, ob dem kausalos Verfügenden die Drittwiderspruchsklage nach § 771 Abs. 1 ZPO zusteht, wenn Gläubiger des Erwerbers in dessen Vermögen vollstre-

[514] *Staudinger/Gursky* Vorbem. Zu §§ 987ff Rn. 43.

cken wollen. Der Wortlaut dieser Vorschrift ist nicht allzu glücklich formuliert,[515] die Formulierung »ein die Veräußerung hinderndes Recht« scheint zunächst auf dingliche Berechtigungen hinzuweisen. Einigkeit besteht mittlerweile darüber, dass nicht nur dingliche Rechte unter diese Vorschrift fallen, im übrigen ist streitig, wie das Widerspruchsrecht zu kennzeichnen ist (dazu bereits oben § 2 III 2 c). Einer wirtschaftlichen Betrachtung[516] steht eine am Gesetzeszweck ausgerichtete Ansicht gegen.[517] Diese Ausgangspunkte eröffnen Auslegungsspielräume. Einigkeit besteht, dass dingliche Rechte in jedem Falle ein die Veräußerung hinderndes Recht begründen, aber bereits bei Treuhandverhältnissen hat man diese Sichtweise relativiert. Bei der eigennützigen Treuhand hat der Sicherungsgeber nach allgemeiner Ansicht ein Widerspruchsrecht.[518] Gleiches gilt für die fremdnützige Treuhand.[519] Die überschießende Macht des Treunehmers im Außenverhältnis wird so vollstreckungsrechtlich gebändigt. Aber auch obligatorische Herausgabeansprüche wie geregelt in §§ 546 Abs. 1, 667, 695, begründen ein Widerspruchsrecht.[520]

Da die Interventionsrechte abgelöst von der dinglichen Betrachtung verstanden werden, hat man versucht, den Bereicherungsanspruch des rechtsgrundlos Verfügenden als ein die Veräußerung hinderndes Recht im Sinne des § 771 Abs. 1 ZPO einzuordnen.[521] Eine rechtspolitische Schwäche des Abstraktionsprinzips wird dadurch gemindert, ohne dass deswegen das Prinzip selbst aufgegeben werden muss. Methodisch ist das unbefriedigend, da man Symptome, nicht aber deren Ursachen kuriert. So wahrt man für das Zivilrecht das Abstraktionsprinzip und nimmt dafür dogmatische Brüche in anderen Rechtsgebieten hin. Der Sache nach handelt es sich um einen Problemtransfer. Unter systematischen Erwägungen erscheint es auch zweifelhaft, Durchbrechungen des Abstraktionsprinzips einerseits abzulehnen, andererseits aber dessen unerwünschte Folgen zu bekämpfen. Die als rechtspolitisch unbefriedigend empfundene Situation des rechtsgrundlos Veräußernden in der Zwangsvollstreckung ergibt sich nicht nach dem Kausalprinzip. Lässt man Durchbrechungen des Abstraktionsprinzips zu, stellen sich damit die beschriebenen Probleme in der Zwangsvollstreckung nicht. Dies mag die Rechtsprechung dazu veranlasst haben, in manchen Fällen das Abstraktionsprinzip großzügig zu durchbrechen und damit zu einem Kausalprinzip zu gelangen. Entscheidend ist jedoch, dass man an der Dogmatik des dinglichen Rechts

---

[515] Darüber ist man sich einig, vgl. MünchKomm/*K. Schmidt* § 771 Rn. 16 mwN.

[516] ZB *Brox/Walker* Rn. 1415.

[517] *Stein/Jonas/Münzberg* § 771 Rn. 15; *Gernhuber* JuS 1988, 112.

[518] BGHZ 111, 146; BGHZ 118, 201, 207; *Gaul*, FS Serick (1992), 105, 134ff; MünchKomm(ZPO)/ *K. Schmidt* § 771 Rn. 28; *Stein/Jonas/Münzberg* § 771 Rn. 22a.

[519] BGHZ 11, 37, 41; BGH NJW 1959, 1223, 1224; BGH NJW 1993, 2622; BGH NJW 1996, 1543; *Henssler* AcP 196 (1996), 51; *Stein/Jonas/Münzberg* § 771 Rn. 22.

[520] *Stein/Jonas/Münzberg* § 771 Rn. 31.

[521] *Stadler* (Fußn. 6), 481f; ähnlich *Hager* (Fußn. 462), 190ff beim Rückerwerb des Nichtberechtigten.

selbst rüttelt, wenn man einen bereicherungsrechtlichen Widerspruchsgrund anerkennen würde. Es geht nicht an, auf der einen Seite den Vollstreckungsschutz als Merkmal eines dinglichen Rechts zu bezeichnen, auf der anderen Seite aber einen Bereicherungsanspruch unter §771 Abs. 1 ZPO zu subsumieren. Dies verwischt die Grenzen zwischen obligatorischem und dinglichem Recht. Keineswegs sichert man dadurch das Abstraktionsprinzip als sachenrechtliches Prinzip, sondern hebt dadurch die rechtliche Selbständigkeit der Verfügung auf. Bei der Treuhand hat man sachlich sich von der starren Einordnung der dinglich-absoluten Rechte getrennt. Aus dem Widerspruchsrecht des Treugebers lässt sich deswegen kein allgemeines Widerspruchsrecht des causalos Verfügenden herleiten.

Betrachtet man das Problem rechtspolitisch, so soll hier nicht bestritten werden, dass das Abstraktionsprinzip den Verkäufer in der Zwangsvollstreckung schutzlos lässt. Diese Mängel lassen sich *de lege lata* aber kaum heilen. Gewiss mag man daran zweifeln, ob in der vollstreckende Gläubiger auch dann zu schützen ist, wenn er auf einen bestimmte, causalos übereignete Sache zugreift.[522] Ihn deswegen allerdings zuzumuten, auf schuldrechtliche Ansprüche Rücksicht zu nehmen, bricht mit den Grundsätzen des Vollstreckungsrechts. Von solchen Nachforschungsobliegenheit ist der Vollstreckungsgläubiger grundsätzlich befreit. Um es zu betonen: Es wird hier nicht verkannt, dass das Abstraktionsprinzip in der Zwangsvollstreckung zu unangemessenen Folgen führt. *De lege lata* lässt sich dies jedoch nur abmildern, indem man das Abstraktionsprinzip durchbricht, das Vollstreckungsrecht ist ungeeignet für derartige Korrekturen.

b) Insolvenz

Der bei der Zwangsvollstreckung verdeutlichte Problemtransfer zeigt sich besonders deutlich in der Insolvenz. Die insolvenzrechtlichen Folgen des Abstraktionsprinzips haben zu einem Gutteil die rechtspolitische Debatte erst entfacht. Im Kern dreht sich diese Debatte darum, ob und wie die Folgen der Abstraktion in der Insolvenz zu bändigen sind. Das Abstraktionsprinzip führt dazu, dass eine rechtsgrundlos übereignete Sache zur insolvenzrechtliche Sollmasse gehört: Nach §35 InsO erfasst das Insolvenzverfahren, das gesamte Vermögen, das der Schuldner ab der Eröffnung des Insolvenzverfahrens erlangt. Auch wenn sich die Aussonderungsrechte oftmals von der dinglichen Grundlage getrennt haben, so entscheidet in erster Linie die formale Eigentumsposition des Schuldners darüber, ob eine Sache zu seinem Vermögen gehört. Unerheblich ist dafür nach dem Abstraktionsprinzip, ob die fragliche Sache kondizierbar ist. Ein Kausalprinzip wirkt sich in der Insolvenz des Schuldners anders aus, unabhängig davon, ob es zusätzlich durch ein Trennungsprinzip angereichert ist. Ein nichtiger Kaufvertrag

---

[522] Siehe dazu: *Stadler* (Fußn. 6), 482.

verschafft dem Erwerber kein Eigentum. In dessen Insolvenz könnte der Verkäufer kraft seines nach wie vor bestehenden Eigentumsrechts aussondern.

In der rechtspolitischen Diskussion ist umstritten, ob diese Folgen des Abstraktionsprinzips hinzunehmen sind. Viele halten diese insolvenzrechtliche »Enteignung« des Veräußerers für untragbar,[523] wobei sich die Kritiker über des Problemes Lösung uneins sind. Für rechtspolitisch geglückt halten offenbar nur wenige Stimmen die insolvenzrechtlichen Folgen der Abstraktion.[524] Die eigene Stellungnahme dazu wird die rechtspolitischen von den rechtsdogmatischen Erwägungen trennen, was in der Diskussion nicht immer hinreichend deutlich geschieht.

Es liegt nahe, den Verkehrsschutz nicht nur als Rechtfertigung des Abstraktionsprinzips selbst, sondern auch als Rechtfertigung der insolvenzrechtlicher Folgen heranzuziehen. Bei einem Kausalprinzip müsste auch im Insolvenzverfahren untersucht werden, ob die schuldrechtlichen Verträge wirksam sind, während nach dem Abstraktionsprinzip diese Prüfung entbehrlich ist. Darin sieht man einen Vorteil dieses Prinzips, indem es die Insolvenzverfahren von »aufwändigen Streitigkeiten« um die Wirksamkeit schuldrechtlicher Verträge entlaste.[525] Mit dieser Parallelwertung bewegt man sich jedoch auf methodisch unsicherem Boden und folgert zu pauschal, da neben der Rechtssicherheit noch andere Prinzipien das Insolvenzrecht bestimmen. Gerade bei Großinsolvenzen dürfte sich zudem der besagte Vorteil nicht messbar niederschlagen, da bereits hier die Abtrennung der Istmasse von der Sollmasse als solche ein umfangreicheres Unterfangen ist.

Die rechtspolitische Kritik an den insolvenzrechtlichen Folgen der Abstraktion nährt sich im wesentlichen an dem Vorverständnis, dass der rechtsgrundlose Erwerb nur ein vorübergehender ist, da kondizierbar. In der Tat vergrößert die causalos übereignete Sache die Insolvenzmasse, obwohl sie dem Verkäufer bereicherungsrechtlich gebührt. Während zivilrechtlich der Eigentumserwerb durch einen Bereicherungsanspruch rückgängig gemacht werden könnte, so verewigt die Insolvenz den Eigentumsentzug. Dies ist umso bedenklicher, da beim Abschluss der Kaufvertrages die drohende Insolvenz des Erwerbers regelmäßig nicht erkennbar und vorhersehbar sein wird. Gerade diesen Umstand hat man oft hervorgehoben und damit die Schutzwürdigkeit des rechtsgrundlos Veräußernden betont. Dieser habe dem Rückgewährschuldner nicht freiwillig, sondern un-

---

[523] *Assfalg*, Die Behandlung von Treugut im Konkurse des Treuhänders (1960), 151ff; *Heck*, Das abstrakte dingliche Rechtsgeschäft (1937), 18ff; *Kaehler*, Bereicherungsrecht und Vindikation (1972), 304ff; *Kegel*, FS Mann (1977), 57, 81f; *Lange* AcP 146 (1941), 28, 32f; *Larenz* § 29 II d; *May* (Fußn.), 36f, 70; *Westermann/H.P. Westermann* § 4 III; *Wiegand* AcP 190 (1990), 112, 123ff; *Stadler* (Fußn. 6), *Tiedtke*, DB 1982, 1709, 1710; *v. Tuhr* AT II/2 111f; *J. Schröder*, FS Bosch (1976), 875, 890f.

[524] *Baur/Stürner* § 5 Rn. IV 1; § 51 VIII; *Flume* § 12 III 3; *Grigoleit* AcP 199 (1999), 379, 387ff; *Peters* JURA 1986, 449, 457f; *Schäfer* (Fußn. 71), 80ff.

[525] *Grigoleit* AcP 199 (1999), 371, 388.

bewusst einen Kredit eingeräumt.[526] Der Sache nach lässt sich diese Kritik aber auch auf das Abstraktionsprinzip allgemein anwenden. Auch hier führt eine Weiterveräußerung durch den Erwerber dazu, dass der Eigentümer sein Eigentum verliert. Ohne das Abstraktionsprinzip für das Zivilrecht in Frage zu stellen, kann man dessen insolvenzrechtliche Wirkungen gar nicht folgerichtig kritisieren. Gleichwohl hat man versucht, den Grundsatz der *par condicio creditorum* in der Insolvenz dafür fruchtbar zu machen, um das Abstraktionsprinzip zu rechtfertigen.[527] Zweifelsohne spielt es in der Insolvenz keine Rolle, ob ein Kredit bewusst eingeräumt wurde oder nicht. Gleichwohl konkretisiert das Abstraktionsprinzip nicht die *par condicio creditorum*. Eher erscheint die rechtsgrundlos übertragene Sache als eine zufällige Mehrung der Insolvenzmasse, mit der ihrerseits nicht die Insolvenzgläubiger rechnen konnten. Analysiert man die Rechtslage ökonomisch, so wirkt sich das Abstraktionsprinzip kontraproduktiv aus: Es privilegiert in der Insolvenz den regelmäßig gesicherten Ratenkauf gegenüber sofort abgewickelten Kaufverträgen. Dies kann den Verkäufer dazu veranlassen, auf einen Eigentumsvorbehalt auszuweichen, auch wenn dies nicht Not täte. Solche Ausweichstrategien entziehen jedoch dem Wirtschaftskreislauf Geldmengen und wirken sich unter anderem wachstumshemmend aus. Das bisweilen übertriebene Sicherungsbedürfnis der Gläubiger findet seine Ursache auch in den insolvenzrechtlichen Problemen des Abstraktionsprinzips.

Sind damit die rechtspolitischen Nachteile des Abstraktionsprinzips in der Insolvenz nicht von der Hand zu weisen, stellt sich die Frage, ob bereits *de lege lata* für Abhilfe gesorgt werden kann. Dies lässt sich derzeit nur bewerkstelligen, indem man den Bereicherungsanspruch des rechtsgrundlos Verfügenden als Aussonderungsrecht deutet. Bereits in den Protokollen hatte man dies ausführlich diskutiert und letztlich abgelehnt: Ein derartiges Aussonderungsrecht »würde ... die Bedeutung des dinglichen Vertrages für das Sachenrecht in einer Weise abschwächen, dass es zweifelhaft wäre, ob dieses Institut noch praktisch brauchbar wäre«.[528] Ohne das Abstraktionsprinzip in Frage zu stellen, wollen einige den Bereicherungsanspruch des rechtsgrundlos Verfügenden als Aussonderungsrecht im Sinne des § 47 InsO einstufen.[529] Abgesehen davon, dass dies dem klaren Willen des Gesetzgebers widerspricht, kann dies rechtsdogmatisch nicht überzeugen. Auf den Treuhandgedanken lässt sich ein derartiges Aussonderungsrecht nicht stützen.[530] Anderenfalls würde man über den Umweg des Insolvenzrechts das

---

526 *Behr*, Wertverfolgung (1986), 498f; *Kaehler* (Fußn. 523), 304ff; *Stadler* (Fußn. 6), 456ff; *v. Tuhr* AT II/2 112.

527 *Grigoleit* AcP 199 (1999), 371, 388; *Schäfer* (Fußn. 71), 83. Soweit *Schäfer* jedoch darauf verweist, dass jede Partei das Insolvenzrisiko ihres Vertragespartners zu tragen habe, ist dies ein Zirkelschluss. Gerade dies ist ja zu beweisen. Siehe auch Prot. II, 723.

528 Prot. II, 723f (Zitatstelle auf S. 724).

529 *Assfalg* (Fußn. 523), 151ff; *Behr* (Fußn. 526), 175ff, 613ff; *Kaehler* (Fußn. 523), 304ff; *Stadler* (Fußn. 6), 449ff;

530 Ebenso: *Behr* (Fußn. 526), 608; *Grigoleit* AcP 199 (1999), 379, 387. Entgegen *Behr* folgt

Abstraktionsprinzip selbst in Frage stellen: Der Vergleich zum Treuhandrecht trägt nur, wenn man annimmt, dass der rechtsgrundlos Verfügende wegen seines Bereicherungsanspruches das wirtschaftliche Eigentum am Kondiktionsobjekt innehat. Dem ist jedoch nicht so. Der Treugeber erhält eine überschießende Rechtsmacht, wobei sich aber beide Parteien dessen bewusst sind und deswegen in der Sicherungsabrede die Folgen dieser überschießenden Rechtsmacht bändigen. Bei einem Kaufvertrag planen die Beteiligten von vornherein einen endgültigen Eigentumserwerb und sehen die Veräußerung nicht als Zwischenlösung an. Dem Treunehmer ist bewusst, dass er das Eigentum nicht für beliebige Zwecke verwenden darf, sondern nur für den Treunehmer hält.[531] Diese Interessenlage bei der Treuhand setzt der Begriff des wirtschaftlichen Eigentums technisch um und spiegelt in diesem Sinne den Willen der Parteien wider. Eine vergleichbare Interessenlage ergibt sich nicht wegen der Abstraktion und kann auch nicht dadurch herbeibeschworen werden, indem man dem Empfänger einer rechtsgrundlosen Leistung als Interessenwahrer des früheren Eigentümers sieht, der eine Position innehat, die ihm *inter partes* nicht zustehen soll.[532] Abgesehen davon normiert §51 Abs.1 Nr.1 InsO abschließend alle Fälle, in denen einem Treugeber ein Aussonderungsrecht zusteht. Die konstruktiven Schwierigkeiten, die ein bereicherungsrechtliches Aussonderungsrecht mit sich bringen würde, sind zudem unüberwindbar. *Medicus* hat diese Probleme schlagwortartig mit dem Symmetrieargument verdeutlicht:[533] In der Insolvenz des Verkäufers ist das geleistete Geld nicht mehr identifizierbar, eine Geldwertvindikation lehnt die herrschende Meinung mit guten Gründen ab.[534] Dies gebietet es nach dem Symmetrieargument, den Verkäufer auch in der Insolvenz des Käufers mit der Quote abzuspeisen. Allerdings ist dieses Gleichbehandlungsargument dann nicht zwingend, wenn man dem Rückzahlungsanspruch des Käufers in der Insolvenz privilegiert. Gerade dies lässt sich jedoch nicht begründen, ohne gleichzeitig das Abstraktionsprinzip insgesamt in Frage zu stellen. Unter der Geltung eines Kausalprinzips ließe sich ein derartiges Privileg in der Insolvenz des Geldschuldners gut begründen: Da in der Insolvenz des Käufers ein Recht zur Aussonderung bestehen würde, müsste man dies auch symmetrisch in der Insolvenz des Verkäufers einräumen. Diese Logik versperrt jedoch das Abstraktionsprinzip.

---

dies jedoch nicht notwendig daraus, dass der von der Rechtsprechung verwendete Treuhandbegriff zu vage sei. Die grundsätzlichen Rechte und Pflichten des Treugebers und des Treunehmers hat die Rechtsprechung im Laufe der Zeit fixieren können. AA jedoch *Assfalg* (Fußn. 523), 151; *Stadler* (Fußn. 6), 453ff.

531 Dazu grdl. *Canaris*, FS Flume I (1978), 371, 406f; dem folgend: *Grigoleit* AcP 199 (1999), 379, 387.

532 So jedoch *Stadler* (Fußn. 6), 454, die jedoch ein Aussonderungsrecht ausschließt, wenn ein Bereicherungsanspruch an §814 scheitern würde (458f).

533 *Medicus* Rn. 230; dem folgend: *Grigoleit* AcP 199 (1999), 371, 389; *Hager*, Verkehrsschutz durch redlichen Erwerb (1990), 216.

534 Siehe dazu nur: MünchKomm/*Medicus* §985 Rn. 16f mwN.

VII. Thesen und Folgerungen

1. Zum Stellenwert der Abstraktion

Das Abstraktionsprinzip wird praktisch nicht derart unumstößlich durchgeführt, wie man auf den ersten Blick vermuten mag. Dessen Stellenwert lässt sich auch nicht danach beurteilen, wie oft es eingehalten oder durchbrochen wird. Ertragreicher ist es, die gemeinsamen Klammern herauszuarbeiten, wann das Abstraktionsprinzip aufgehoben ist oder aufgehoben werden sollte. Folgende Gesichtspunkte spielen dabei eine Rolle:

a) Lex posterior und gewandelte Normsituation

Die Kontrolle allgemeiner Geschäftsbedingungen ist paradigmatisch dafür, wie sehr eine geänderte Normsituation bestehende Grundsätze ändert. Auf das Abstraktionsprinzip hat die Rechtsprechung bei der Inhaltskontrolle nach § 307 keine Rücksicht genommen. Gerade bei dinglichen Sicherungsrechten ist das dingliche Geschäft unwirksam, wenn eine allgemeine Geschäftsbedingungen § 307 unvereinbar ist.[535] Es sprechen auch keine teleologischen oder systematischen Argumente dagegen, anders zu entscheiden. Dies wurde oben dargelegt. Zurückdrehen lässt sich dieses Rad nicht mehr, im Gegenteil: Wenn die Kontrolle allgemeiner Geschäftsbedingungen keine Rücksicht auf das Abstraktionsprinzip nimmt, so muss sich dies auch auf die Inhaltskontrolle nach § 138 auswirken. Die Wirksamkeit eines dinglichen Geschäfts kann nicht davon abhängen, ob eine vorformulierte Vertragsbedingungen existiert oder eine identische Klausel individuell ausgehandelt wird. Es lässt sich nicht vermitteln, warum eine mit § 307 unvereinbare Klausel zur Unwirksamkeit des dinglichen Geschäfts führen kann, eine im übrigen gleichlautende, aber nicht vorformulierte Klausel nach § 138 nur das Verpflichtungsgeschäft erfassen soll. Der BGH hat in seiner Rechtsprechung diesen Widerspruch weitgehend vermieden, gleichwohl entsteht dadurch eine inkonsistente Rechtslage bei der Sittenwidrigkeitskontrolle. Auch wenn die Rechtsprechung gebetsmühlenhaft wiederholt, dass ein Sittenverstoß nicht automatisch das Erfüllungsgeschäft erfasse, so subsumiert sie nicht mehr unter die von ihr entwickelte Formel, wann der Sittenverstoß das dingliche Geschäft infiziert. Wann das dingliche Rechtsgeschäft sittenwidrig ist, hat sich daher in mehr oder weniger konturenloses Fallrecht aufgelöst. Man mag hier das Abstraktionsprinzip hochhalten und dessen Durchbrechung über § 138 Abs. 1 ganz ablehnen. Die Rechtsprechung spiegelt dies jedoch ebenso wenig wider, wie ein solches Konzept die Spannungen zu § 307 erklären könnte. Gewiss spielt die Sicherungsüber-

---

[535] Siehe oben III 3 a, 5 b.

eignung bei den Durchbrechungen des Abstraktionsprinzips eine erhebliche Rolle, die einschlägigen Entscheidungen beschränken sich jedoch nicht darauf.[536]

Für die Forderungsabtretung hat die Rechtsprechung das Abstraktionsprinzip faktisch aufgegeben. Dies ist um so bemerkenswerter, da aus rechtspolitischer Sicht gerade darin ein Vorteil des Abstraktionsprinzips gesehen wurde, dass es die Verkehrsfähigkeit von Forderungen erlaube. In der Praxis jedoch führte das Abstraktionsprinzip oftmals zu Ergebnissen, die die Rechtsprechung nicht bereit war hinzunehmen. Gerade die ausufernden Sicherungsabtretungen nötigten die Rechtsprechung oftmals dazu, auch die dingliche Abtretung für nichtig zu erklären, wobei sich die Rechtsprechung aber nicht nur darauf beschränkte. Die Praxis wendet sich hier dem Kausalprinzip hin.[537] Dies lässt sich auch systematisch absichern. Wer eine Forderung mit erhöhter Verkehrsfähigkeit versehen will, dem bleibt es unbenommen, diese als Inhaber- oder Orderpapier zu verbriefen. Gewiss decken diese Papiere nicht alle denkbaren Bedürfnisse des Rechtsverkehrs ab, aber ungeachtet dessen typisieren sie einen Verkehrsschutz, für den bei einer unverbrieften Forderung kein Raum ist.

b) Dogmatische Unstimmigkeiten

Dogmatische Unstimmigkeiten zeigte die Begründung, mit der die herrschende Ansicht weitere Durchbrechungen des Abstraktionsprinzips ablehnt. Bei der Anfechtung zunächst zeigt sich ein widersprüchliches Bild. Während man einhellig davon ausgeht, dass bei einer arglistigen Täuschung stets das dingliche Geschäft anfechtbar sei, lehnt man einen Kausalzusammenhang zwischen Irrtum und Verfügung bei den übrigen Irrtumsfällen ab. Im wesentlichen bleibt dies unbegründet oder wird erst gar nicht problematisiert. Die besseren Gründe sprechen allerdings dafür, dass bei der Anfechtung die Abstraktion stets durchbrochen ist.[538] Anzeichen in der spärlichen Rechtsprechung sprechen für diese Ansicht. Die im Schrifttum genannte Konstellation, dass die Verpflichtung und die Verfügung jeweils von unterschiedlichen Mängeln befallen sind,[539] erweist sich nach der hier vertretenen Ansicht als ein Scheinproblem. Bereits die Anfechtung des Grundgeschäfts beseitigt das Verfügungsgeschäft, so dass es nicht mehr darauf ankommt, ob das Verfügungsgeschäft irrtumsbehaftet ist.

In den übrigen Fällen hat die Rechtsprechung stets betont, das die Abstraktion kein formaler Ausgangspunkt sein kann, der die Privatautonomie verdränge. Einerseits betont die Praxis, Durchbrechungen des Abstraktionsprinzips über § 139 oder einen Bedingungszusammenhang nur in Ausnahmefällen zuzulassen, ande-

---

536 III 3 c.

537 III 6 c.

538 Oben III 2. So auch *Grundmann* JA 1985, 80, 84.

539 *Schreiber/Kreutz* JURA 1989, 617, 619 mit einem (konstruierten) Beispiel; *Stadler* (Fußn. 6), 175 (Fußn. 5).

rerseits bildet sie solche Ausnahmefälle. Gerade bei der Sicherungsübereignung ist dies deutlich geworden. Man mag dies als Ausdruck dessen sehen, dass die Rechtsprechung versucht, die Folgen dieses Rechtsinstituts beherrschbar zu gestalten. Dies ändert jedoch nichts am Grundsatz.

c) Fortentwickelte Rechtsinstitute

Im Liegenschaftsrecht hat die Rechtsprechung durch das Erwerbsverbot dem Veräußerer ein Instrument gegeben, um das Abstraktionsprinzip aus den Angeln zu heben. Die dogmatischen Bedenken gegen dieses Rechtsinstitut haben sich letztlich nicht durchsetzen können. Deswegen kann es nur noch darum gehen, die Grundsätze der Rechtsprechung folgerichtig fortzuentwickeln. Deswegen ist das Erwerbsverbot auf alle Nichtigkeitsgründe auszudehnen, da kein erkennbarer Grund besteht, es nur bei Formfehlern des Grundgeschäfts anzuwenden.[540] Die Grundbuchpublizität wird dadurch nicht beeinträchtigt, da das Erwerbsverbot in erster Linie eine kondizierbare Buchposition verhindert.

Auch bei Treuhandgeschäften sprechen gute Gründe dafür, die Abstraktion aufzugeben. Auch wenn der Treunehmer eine sachenrechtlich überschießende Rechtsmacht hat, ist diese doch fiduziarisch gebunden. Wenn die Treuhandabrede nichtig ist, erhält der Treunehmer ein *aliud.* Diese Verklammerung zwischen der Sicherungsvereinbarung und dem dinglichen Geschäft ist auch bei der Abstraktion Rechnung zu tragen. Die Rechtsprechung hat daher auch bei der Sicherungsübereignung Durchbrechungen des Abstraktionsprinzips anerkannt. Dieses Rad lässt sich kaum zurückdrehen, so dass es auch hier wiederum darum geht, das Einzelfallrecht einer einheitlichen Lösung zuzuführen. Dazu dient der hier gemachte Vorschlag, wonach bei Treuhandgeschäften die Sicherungsabrede und das dingliche Geschäft verknüpft sind und das Abstraktionsprinzip nicht anwendbar ist.[541]

2. Abstraktion bei unübertragbaren Rechten?

Das axiomatische Beharren auf dem Abstraktionsprinzip versperrt den Blick auf dessen teleologischen Gehalt. Wenn Zweck dieses Prinzips der Verkehrsschutz ist,[542] muss es folglich leer laufen, wenn ein Verkehrsschutz ausscheidet. Dies lenkt den Blick auf die dinglichen Nutzungsrechte. Die Grunddienstbarkeit, die beschränkte persönliche Dienstbarkeit und der Nießbrauch sind unübertragbar (§§1059 Satz 1. 1092 Abs. 2).[543] Ein Dritterwerb dieser Rechte scheidet aus und

---

[540] Oben V 2.
[541] Oben III 5 b.
[542] Dazu oben II 3.
[543] Für die Grunddienstbarkeit folgt dies daraus, da sie wegen des erforderlichen Grund-

damit auch insoweit ein Verkehrsschutz. Hier verfehlt das Abstraktionsprinzip von vornherein seine Regelungsaufgabe. Es ist damit bei der Bestellung dingliches Nutzungsrechte funktionslos. Eine andere Frage ist, ob dies gebietet, hier ein Kausalprinzip einzuführen.

a) Das Interesse am isolierten Fortbestand eines Nutzungsrechts

Betont man die äußere Abstraktion bei der Bestellung eines beschränkten dinglichen Rechts, so können isolierte dingliche Rechte entstehen. Bei der Grundschuld hat der Gesetzgeber ausdrücklich betont, dass diese keine Forderung voraussetzt.[544] Damit ist aber noch keine Entscheidung dafür getroffen, ob auch Nutzungsrechte als isolierte Rechte denkbar sind, da sie im Gegensatz zu einer Grundschuld nicht übertragbar sind. Unter strenger Betonung des Abstraktionsprinzips[545] hält die überwiegende Ansicht auch sog. isolierte Dienstbarkeiten für zulässig, die ohne das schuldrechtliche Grundgeschäft oder – im Falle einer Sicherungsdienstbarkeit – ohne eine Sicherungsabrede bestehen.[546] Dafür hat man die Interessen der Parteien angeführt. So soll der isolierte Fortbestand des dinglichen Rechts den Parteien eine kostenträchtige Neubestellung ersparen und sichere den Rang. Zudem biete das Abstraktionsprinzip bei einer Sicherungsdienstbarkeit den Vorteil, dass die Parteien eine wettbewerbsrechtlich verbotene Bezugsverpflichtung durch eine wettbewerbskonforme Verpflichtung ersetzen könnten und dabei auf die alte Dienstbarkeit als Sicherungsmittel zurückgreifen können.[547]

Dies würdigt die Interessen der Parteien jedoch zu einseitig. Der Gebundene hat kein erkennbares Interesse am Fortbestand der Dienstbarkeit, sondern einzig das bindende Unternehmen. Betont man hier das Abstraktionsprinzip, so kann das bindende Unternehmen weitgehend risikolos arbeiten und verliert die Dienstbarkeit nicht. Dadurch kann sich auch ein faktisches Übergewicht des Berechtigten bei den Vertragsverhandlungen über die Bezugsverpflichtung ergeben und den Dienstbarkeitsberechtigten in die Lage versetzen, solche Bedingungen der Ausschließlichkeitsbindung durchzusetzen, die er ohne die Dienstbarkeit

---

stücksvorteils nach § 1019 wesentlicher Bestandteil des herrschenden Grundstücks ist, MünchKomm/*Falckenberg* § 1018 Rn. 63.

[544] Oben V 3 c.

[545] Siehe dazu schon oben V 3 a.

[546] BGH NJW 1985, 2474; BGH NJW 1988, 2364, 2365; BGH WM 1992, 952; *Amann* DNotZ 1986, 582, 585 ; *Stürner* AcP 194 (1994), 265, 290; MünchKomm/*Falckenberg* § 1018 Rn. 4; *Staudinger/ Mayer* § 1018 Rn. 117; *Münch* ZHR 157 (1993), 559, 564 sieht in der Rechtsfigur einer isolierten Dienstbarkeit eine unnötige Belastung des Grundbuchverfahrens.

[547] *Stürner* AcP 194 (1994), 265, 288; ähnlich: *Bormann*, Wettbewerbsbeschränkungen durch Grundstücksrechte (2003), 199f, 210 mit dem zusätzlichen Hinweis, dass nur unter der Geltung des Trennungs- und Abstraktionsprinzips Sicherungsrechte verständlich seien. Dass dies allerdings die Sicht auf den Kopf stellt und mit sonstigen von der herrschenden Ansicht angenommenen Grundsätzen bricht, wurde bereits oben dargestellt (III 5 b).

nicht erzwingen könnte. In dieser Konstellation wirkt sich die äußere Abstraktion wie eine geltungserhaltende Reduktion aus, da sie dem bindenden Unternehmen weitgehend risikoloses Arbeiten ermöglicht und die Sanktionswirkung von Verbotstatbeständen nivelliert. Nicht nur bei der Sicherungsdienstbarkeit sondern auch bei den übrigen Fällen, in denen ein dingliches Nutzungsrecht bestellt wurde, lässt sich ein beiderseitiges Interesse der Parteien am abstrakten Fortbestand des dinglichen Rechts nicht ohne weiteres feststellen. Das dingliche Nutzungsrecht ist in seiner konkreten Ausgestaltung typischerweise auf ein bestimmtes Grundgeschäft zugeschnitten. Wegen der nur willkürlichen Trennung zwischen dem schuldrechtlichen und dem dinglichen Geschäft sind beide Ebenen enger verzahnt, als bei reinen Austauschgeschäften. Besteht das schuldrechtliche Geschäft nicht mehr, so macht ein Nießbrauch oder eine Dienstbarkeit mit ihrem konkret vereinbarten Inhalt keinen Sinn mehr.

Da die Trennung zwischen dem schuldrechtlichen und dem dinglichen Geschäft bei dinglichen Nutzungsrechten mehr oder weniger willkürlich ist und keiner sachlichen Logik folgt,[548] spricht systematisch nichts dagegen, das Abstraktionsprinzip hier aufzugeben. Das Trennungsprinzip als eine Vorbedingung des Abstraktionsprinzips ist bei den dinglichen Nutzungsrechten nur unzureichend. Da außerdem kein Verkehrsschutz in Betracht kommen kann, ist der Gehalt des Abstraktionsprinzips teleologisch zu reduzieren. Das Kausalprinzip spiegelt hier die beiderseitigen Interessen besser wider.

b) Grundbuchpublizität und Kausalprinzip

Auch das Publizitätsprinzip bei der Bestellung dinglicher Nutzungsrechte an Grundstücken steht einem Kausalprinzip nicht entgegen. Fehlt der Rechtsgrund für die Bestellung eines dinglichen Nutzungsrechts, so ist unter der Geltung des Abstraktionsprinzips das Grundbuch richtig. Erst § 812 Abs. 1 Satz 1 gewährt hier dem Besteller einen Anspruch, die Buchposition zu kondizieren. Ein reines Kausalprinzip führt hingegen dazu, dass Grundbuch als solches unrichtig ist. Der Eigentümer des scheinbar belasteten Grundstücks kann in diesem Falle einen Grundbuchberichtigungsanspruch nach § 894 geltend machen.[549] In jedem Falle ist die Belastung ohne Rücksicht auf das Publizitätsprinzip rückgängig zu machen. Der Unterschied zwischen dem Kausal- und dem Abstraktionsprinzip beschränkt sich auf die in Betracht kommende Rechtsgrundlage. Zweifelsohne wird unter der Geltung des Abstraktionsprinzips das Grundbuch in mehr Fällen formal richtig sein, als bei einem Kausalprinzip. Rechtspolitisch betrachtet lässt sich dadurch das Abstraktionsprinzip allerdings nicht rechtfertigen. Den Schutz des

---

548 V 3 a, b.

549 Dessen Aktivlegitimation ergibt sich daraus, dass er durch die falsche Eintragung beeinträchtigt ist. Siehe dazu näher *Staudinger/Gursky* § 894 Rn. 71.

Dritten gewährleistet der gutgläubige Erwerb im Liegenschaftsrecht (§§ 892, 893). Der Erwerber erlangt eine vollwertige Rechtsposition, so dass er folgerichtig als Berechtigter weiter verfügen kann.[550] Das Grundbuch wird damit durch den gutgläubigen Erwerb gleichsam wieder richtig. Diese Rechtsfolgen treten aber unabhängig von dem Trennungs- und Abstraktionsprinzip ein.

Schwierigkeiten ergeben sich, wenn der Besteller das rechtsgrundlos belastete Grundstück in der Zwischenzeit weiter veräußert. Der Erwerber muss zunächst von der Grundstücksbelastung ausgehen, da sie durch das Grundbuch ausgewiesen ist, § 891 Abs. 1. Ein relevantes Vertrauen des Erwerbers auf die Richtigkeit des Grundbuchinhalts ist in diesem Fall jedoch nicht anzuerkennen. Die Belastung des Grundstücks wird regelmäßig die Folge haben, dass der Kaufpreis des Grundstücks entsprechend gemindert wurde. Besteht das belastete Recht nicht oder ist es kondizierbar, so ist nur das Aequivalenzinteresse zwischen den Parteien des Kaufvertrags betroffen, da der Käufer regelmäßig einen geringeren Betrag zu entrichten hat, wenn er ein belastetes Grundstück erwirbt. Der Verkehrsschutz als solcher ist in dieser Konstellation nicht berührt, sondern es handelt sich um Haftungsfragen wie § 435 Satz 2 belegt. Aus dem Kausalprinzip ergibt sich in diesen Fällen zwanglos, dass ein dingliches Nutzungsrecht zu Unrecht eingetragen ist und daher einen Rechtsmangel darstellt.

c) Übergang zum Kausalprinzip bei dinglichen Nutzungsrechten

Wenn man das Abstraktionsprinzip wegen dessen verkehrsschützender Wirkungen befürwortet, so muss man folgerichtig auch nach dessen Sinn fragen, wenn ein solcher Verkehrschutz nicht in Betracht kommt. Weder die Grundbuchpublizität noch relevante Interessen Dritter sind ausschlaggebende Gründe dafür, das Abstraktionsprinzip bei der Bestellung dinglicher Nutzungsrechten zu rechtfertigen. Dass ein beiderseitiges Interesse der Parteien an einem isolierten Fortbestand eines dinglichen Nutzungsrechts besteht, lässt sich in der Allgemeinheit nicht behaupten und kommt einer sonst abgelehnten geltungserhaltenden Reduktion nahe. Verfehlt das Abstraktionsprinzip bei der Bestellung dinglicher Nutzungsrechte seinen Zweck, so ist es teleologisch zu reduzieren. Ein Übergang zum reinen Kausalprinzip bei dinglichen Nutzungsrechten ist deswegen gerechtfertigt. Methodisch lässt sich die teleologische Reduktion des Abstraktionsprinzips bei unübertragbaren Rechten rechtfertigen, da es kein unverbrüchliches Axiom ist, sondern als rechtssatzförmiges Prinzip Ausnahmen verträgt.[551] Diese teleologische Reduktion ist unabhängig davon, ob man den Verkehrsschutz des Abstraktionsprinzips für angemessen hält oder als überschießende konstruktive Folge die-

---

[550] ZB.: MünchKomm/*Wacke* § 892 Rn. 71, 74; *Staudinger/Gursky* § 892 Rn. 219.

[551] Näher § 1 III.

ses Prinzips.[552] Wenn die Trennung als konstruktive Grundlage für die Abstraktion bei den dinglichen Nutzungsrechten nur noch rudimentär durchführbar ist, so ist der dogmatische Weg dafür geebnet, auf die Abstraktion zu verzichten. Das Kausalprinzip besitzt hier sogar *de lege lata* eine stärkere Überzeugungskraft als das Abstraktionsprinzip.

3. Zum Stellenwert des Trennungsprinzips

Die Praxis durchbricht das Trennungsprinzip selten. Nach der Rechtsprechung des RG ist die Übertragung von Formvorschriften auf das dingliche Vorkaufsrecht keine Durchbrechung des Trennungsprinzips, da das RG dessen dinglichen Charakter nicht anerkennt. Das Defizit der neueren Rechtsprechung liegt darin, das Ergebnis des RG übernommen zu haben, ohne sich mit dessen Begründung auseinander zu setzen.[553] Eine echte Durchbrechung des Trennungsprinzips ist jedoch die Gesamtbetrachtung bei Schenkungen an Minderjährige. Der Sache nach hat sich die Rechtsprechung bei den beschriebenen Schenkungen an Minderjährigen zu einem Einheitsprinzip bekannt und Widersprüche umgangen, die das Trennungsprinzip erzeugt.[554] Ein Einheitsprinzip könnte auch hier manches vereinfachen, die im Schrifttum zur Lösung vorgeschlagene teleologische Reduktion des § 181 kommt auch nicht ohne einen Bruch mit dem Trennungsprinzip aus.

Eine Trennung ist ohne eine Abstraktion nur in einem Fall sinnvoll: Wenn ein dingliches Rechtsgeschäft (noch) nicht wirksam sein soll, obwohl das schuldrechtliche Rechtsgeschäft wirksam ist, zeigt sich der eigenständige Wert des Trennungsprinzips.[555] Der Eigentumsvorbehalt verdeutlicht dies. Ausländische Rechtsordnungen, die vom reinen Vertragsprinzip ausgehen, haben erhebliche Schwierigkeiten, den Eigentumsvorbehalt dogmatisch zu erklären. Ein reines Vertragsprinzip ist unfähig, eine aufschiebend bedingte Übereignung dogmatisch zu erfassen. Wie jedoch der Rechtsvergleich zeigt, ist das Vertrags- oder Einheitsprinzip kein unüberwindbares Dogma. Besonders gelungen ist hier die ebenso einfache wie ausreichend differenzierende Regelung im italienischen *Codice Civile*, da sie eine Trennung erlaubt, wenn dies notwendig ist, im Übrigen aber auf dem Einheitsprinzip beruht. Nicht *de lege lata*, wohl aber *de lege ferenda* könnte diese Regelung als Vorbild herhalten. Der bedingte Eigentumserwerb ist jedoch der einzige Fall, in dem das Trennungsprinzip eine besondere Bedeutung erlangt. Diese Bedeutung hat es unabhängig davon, ob ein Abstraktions- oder Kausalprinzip gilt. Das Trennungsprinzip ist hier nur ein rechtstechnisches Prinzip, das

---

[552] Zur rechtspolitischen Kritik oben II 3.
[553] Oben IV 1.
[554] Oben IV 2.
[555] Siehe dazu und zum Folgenden oben IV 1.

bestimmte Rechtsfiguren besser erklären kann.[556] Ein eigenständiges Sachenrecht lässt sich darauf aber nicht aufbauen, da sich die eigenständige Bedeutung des Trennungsprinzips auf den Eigentumsvorbehalt beschränkt.

[556] So auch das Fazit von *Joost*, FS Zöllner (1998), 1161, 1167. Die von *Joost* hervorgehobene systematische Überlegenheit des Trennungsprinzips beim Gattungskauf (1167) ist nicht von der Hand zu weisen. Allerdings ist dieser (und die weiteren von *Joost*) aufgeführten Fälle noch kein Anlass, ein selbständiges Sachenrecht allein auf dem Trennungsprinzip aufzubauen.

§4 Das Publizitätsprinzip

I. Funktionen und Begriff

Das Publizitätsprinzip gilt als ein weiterer Baustein des Sachenrechts. Indes kann das Sachenrecht das Publizitätsprinzip nicht ausschließlich für sich beanspruchen, da die Publizität auch in anderen Rechtsgebieten wie im Handels- oder Gesellschaftsrecht eine Rolle spielt.[1] Das Handelsregister dient der Publizität, das allgemeine Unternehmensrecht kommt ohne Publizität nicht aus. Im Gegensatz zu den übrigen Sachenrechtsprinzipien ist das Publizitätsprinzip begrifflich unklar. Schlicht übersetzt bedeutet Publizität Offenkundigkeit. Offenkundig muss nur sein, was nicht im Verborgenen bleiben darf. Damit ist ein normativer Gedanke angesprochen: Wann ein Rechtsverhältnis zu publizieren ist, steht in der Entscheidung des Gesetzgebers. Die Publizität ist somit keine Folge einer sachlichen Logik. Problematisch ist es allerdings, den Begriff näher zu fassen und rechtlichen Kategorien zugänglich zu machen. Nicht alle Tatsachen sind für die Betrachter in gleicher Weise offenkundig. Tatsachen können rechtliche Verhältnisse nicht in gleicher Präzision widerspiegeln wie naturwissenschaftliche Erkenntnisse. Der Schluss von dem Sein auf das Sollen ist damit als solcher schon alles andere als eindeutig. Dies liegt zu einem Gutteil daran, dass eine ausdifferenzierte Rechtsordnung auch unanschaulich ist. Gleich, für welchen Publizitätsträger man sich entscheidet, muss man sich eines Dilemmas bewusst sein: Ein einfacher Publizitätsträger mag zwar ausdrucksstark sein, läuft aber Gefahr, rechtliche Differenzierungen einzuebnen. Nur ein verlässlicher Publizitätsträger vermag eine präzise Auskunft über Rechtsverhältnisse zu geben. Die einfachste Lösung ist es, rechtliche relevante Vorgänge schriftlich bei einer öffentlichen Stelle zu dokumentieren. Öffentliche Register wie das Handelsregister oder die beim deutschen Patent- und Markenamt geführten Register halten schriftlich fest, was der Publikation bedarf. Im Liegenschaftsrecht übernimmt bekanntlich das Grundbuch die Aufgabe, bestimmte Rechte und Rechtsverhältnisse öffentlich zu dokumentieren.

Nach der Wertentscheidung des Gesetzgebers soll das Publizitätsprinzip nicht nur im Liegenschaftsrecht sondern auch im Mobiliarsachenrecht gelten. Da jedoch der Gesetzgeber hier auf ein Register verzichtete, muss der Besitz als

---

[1] Siehe dazu den Überblick bei *Merkt*, Unternehmenspublizität (2001), 18ff.

Grundlage für die Publizität herhalten. Wie bereits eingangs erwähnt,[2] erregte gerade diese Entscheidung viele Kontroversen. Damit stellen sich die drei grundlegenden Fragen, ob der Besitz dazu geeignet ist, als Publizitätsträger zu dienen, die gesetzestechnische Umsetzung gelungen ist und schließlich wie die Rechtsentwicklung im Laufe der Zeit diesen Grundsatz beeinflusst hat. Um eine methodisch verwertbare Aussage zu erhalten, verzichtet die Darstellung auf rechtspolitische Begründungen. Wie schon eingangs hervorgehoben[3] läuft eine derartige Begründung Gefahr, ein rechtspolitisch motiviertes Erklärungsmodell an die Stelle der gesetzlichen Wertungen zu setzen. Es sollen hier die Systembrüche als solche offen gelegt werden und nicht durch mehr oder weniger kunstvolle Konstruktionen verschleiert.

1. Publizitätszwecke und Interessen

Das Publizitätsprinzip folgt wie schon erwähnt weder logischen Gründen[4] noch bestehen naturrechtliche Grundsätze, die es verlangen. Damit ist das Publizitätsprinzip eine Wertentscheidung und deswegen sind die Interessen zu beschreiben, die hinter dieser Wertentscheidung stecken. Grob skizziert, können Interessen der Allgemeinheit und der Beteiligten es gebieten, einen Eigentumswechsel oder eine Eigentumsänderung sichtbar zu machen.[5] Diese Interessen sind aber reichlich allgemein und müssen präzisiert werden. Anzuknüpfen ist dabei an das jeweilige sachenrechtliche Rechtsgeschäft. Nicht weniger als sieben Zwecke stehen hinter dem Publizitätsprinzip, die sich aus den Interessen der aktuellen oder potentiellen Rechtsinhaber destillieren lassen.[6]

Die nicht näher abgegrenzte Allgemeinheit scheidet als Interessenträger von vornherein aus. Im Liegenschaftsrecht beschränkt § 12 GBO den Kreis der Einsichtsberechtigten: Nur wer ein berechtigtes Interesse darlegt, kann das Grundbuch einsehen. Behörden haben nicht zuletzt aus fiskalischen Gründen ein uneingeschränktes Einsichtsrecht, § 43 Abs. 1 GBVfg. Ein öffentliches Register wie das Handelsregister ist das Grundbuch gleichwohl nicht wie sich aus § 12 GBO ergibt.[7] Es dient nicht nur Publizitätszwecken, da einem umfassenden Einsichtsrecht das Recht auf informationelle Selbstbestimmung des Grundeigentümers

---

[2] § 1 II 2 b.

[3] § 1 III 2.

[4] *Wacke*, Das Besitzkonstitut als Übergabesurrogat in der Rechtsgeschichte und Rechtsdogmatik, (1974), 30.

[5] *Krause* AcP 145 (1939), 312f.

[6] *Wacke* (Fußn. 4), führt daneben auch staatliche, insbesondere fiskalische Interessen an (S. 31). Für das Sachenrecht sind diese Interessen bedeutungslos. Erbrechtlich motiviert sind der Übereilungsschutz und der Schutz vor der Umgehung der erbrechtlichen Formstrenge (S. 31). Dem ist hier nicht weiter nachzugehen.

[7] MünchKomm/*Wacke* Vor § 873 Rn. 17 a.

entgegensteht.[8] Gegenüber der Allgemeinheit strebt das Grundbuch daher keine Publizität an. Auch im Fahrnisrecht scheidet die Allgemeinheit als Träger eines Publizitätsinteresses aus. Dies folgt schon daraus, dass der Besitz als Publizitätsträger im Fahrnisrecht ungeeignet ist, gegenüber allen erdenklichen Dritten die Rechtslage zu dokumentieren. Das Grundbuch verdeutlicht die Rechtslage auch über eine größere räumliche Distanz, während aus dem Besitz nur die Personen Schlussfolgerungen ziehen können, die in eine bestimmte räumliche Nähe zu der körperlichen Sache gelangen. Damit ist der Kreis derjenigen von vornherein beschränkt, zu deren Gunsten der Publizitätsgrundsatz im Fahrnisrecht gelten soll. Diese Erkenntnis ist nicht neu, sondern findet sich bereits in den Gesetzesmaterialien. Im Zusammenhang mit dem Faustpfandrecht heißt es hier, dass es nur für solche Personen erkennbar sein müsse, die ein Recht an der verpfändeten Sache erwerben wollen.[9] Allen erdenklichen Dritten gegenüber ist daher keine Publizität angestrebt.

Dies relativiert die Bedeutung des Publizitätsprinzips. Entscheidend sind damit die Interessen der Beteiligten. Näher umreißen lässt sich dieser Personenkreis durch die denkbaren Änderungen, die ein dingliches Recht erfahren kann. Im Vordergrund steht dabei das Interesse des Eigentümers, vor einem unfreiwilligen Rechtsverlust durch einen Entzug des Eigentums geschützt zu werden. Gegensätzlich dazu verlaufen die Interessen des Erwerbers. Zum einen möchte er überhaupt Eigentum erwerben, zum anderen dieses Eigentum frei von Rechten Dritter. Die positive Publizität im Liegenschaftsrecht (§§ 891 Abs. 1, 892) gibt dem Erwerber damit dies Sicherheit, einerseits vom Berechtigten zu erwerben und andererseits später als Eigentümer im Rechtsverkehr anerkannt zu werden. Auf den ersten Blick scheint § 1006 das Gegenstück dazu im Fahrnisrecht zu sein; indes wird die Vorschrift allgemein anders ausgelegt, wie noch näher auszuführen ist.[10] Aus der positiven Publizität im Liegenschaftsrecht folgt auch grundsätzlich, dass der Erwerber auf die Eigentümerstellung des eingetragenen Veräußerers vertrauen darf. Den Konflikt zwischen Erhaltungs- oder Bewahrungsinteresse des Eigentümers und dem Erwerbsinteresse lösen deswegen die Vorschriften über den gutgläubigen Erwerb (§§ 892, 893, 932ff) und die Ersitzung (§§ 900, 937ff) zu Gunsten des Gutgläubigen.

Schließlich dient das Publizitätsprinzip auch dazu, die persönlichen Gläubiger des Eigentümers zu schützen.[11] Deren Interessen sind weit gesteckt. Im Liegenschaftsrecht gibt das Grundbuch Auskunft darüber, ob es sinnvoll ist, ein Grund-

[8] Gebildet wurde das Recht auf informationelle Selbstbestimmung durch BVerfGE 65, 1. Zum Recht auf informationelle Selbstbestimmung im Grundbucheinsicht: *Melchers* RPfleger 1993, 309, 311ff.

[9] Prot. III, 4168.

[10] Unten sub IV 3 a.

[11] *Wacke* (Fußn. 4), 31.

stück zu belasten bzw. welchen Rang ein Grundpfandrecht einnimmt. Es erleichtert dadurch die Beleihungsfähigkeit von Grundstücken und stellt Immobiliarkredite auf eine sichere Basis. Im Fahrnisrecht decken sich diese Sicherungsinteressen. Hier ist allerdings von vornherein die tatsächliche Basis unsicherer, da der Besitz alleiniger Publizitätsträger ist und das Gesetz keine Registrierung dinglicher Rechte an beweglichen Sachen kennt. Schon die Gesetzesbegründung betont, dass aus dem Besitz an einer Sache nicht auf ein unbelastetes Eigentum geschlossen werden könne: »Die Gläubiger sind im Allgemeinen nicht berechtigt, sich darauf zu verlassen, dass alle im Besitz des Schuldners befindlichen Sachen diesem auch gehören«.[12] Welche Zwecke der Besitz gegenüber den Gläubigern dann erfüllen soll, ist fraglich und erst später zu analysieren.[13] Bereits jetzt zeichnet sich ab, dass Publizitätsinteressen idealtypisch durch das Grundbuch verwirklicht werden, im Fahrnisrecht melden sich jedoch erste Zweifel.

2. Publizitätsprinzip und Rechtsschein

Die Motive beschreiben den Zweck des Publizitätsprinzips als Rückschluss vom Tatsächlichen auf das Rechtliche. Es soll das dem Rechtsverhältnis entsprechende tatsächliche Verhältnis äußerlich hervortreten lassen.[14] Sinn des Publizitätsprinzips ist damit ein Schluss von dem Sein auf das Sollen. Ein sinnhaft wahrnehmbares Faktum soll damit für ein Recht sprechen. Abgekürzt geht es um den Rechtsschein, der von einem bestimmten Rechtsscheinträger ausgeht. Nähert man sich der Frage, welche Rechtswirkungen zu publizieren sind, bietet § 873 Abs. 1 einen ersten Anhaltspunkt: Die Begründung, Aufhebung oder Änderung eines Rechts sind einzutragen. Damit ist das gesamte Spektrum der dinglichen Grundstücksrechte einschließlich des Eigentums eintragbar. Allgemein gesprochen, dient damit das Grundbuch dazu, die dingliche Rechtslage an einem Grundstück zu publizieren. Die Rechtsverhältnisse sind dadurch offenkundig, da schriftlich fixiert. Dieses Faktum erlaubt den Rückschluss von dem Sein auf das Sollen. Bei beweglichen Sachen maß der Gesetzgeber dem Besitz eine vergleichbare Funktion zu: Er sollte über alle zulässigen dinglichen Rechte an beweglichen Sachen Auskunft geben.[15] Nach dem Grundgedanken des Publizitätsprinzips kann der Besitz nur als Publizitätsträger dienen, wenn er dazu geeignet ist, unsichtbare Rechtsverhältnisse wahrnehmbar zu gestalten. Der Besitz selbst muss daher ein äußerlich wahrnehmbares Faktum sein, das einen Rückschluss auf die Rechtslage erlaubt.[16] An

[12] Prot. III, 3689f.
[13] Unten sub IV 3 b.
[14] Mot. III, 801.
[15] Mot. III, 333 (zweifelnd); Mot. III, 801.
[16] *Weber*, Das Publizitätsprinzip im schweizerischen Recht der beweglichen Sachen (1965), 3f; siehe auch *Süß*, Festschrift für Wolff (1952), 141, 143f.

dieser Erkenntnis kommt man nicht vorbei: Als rechtliches Abstraktum könnte der Besitz allenfalls unzureichend Auskunft über die Rechtslage geben und stünde dann nicht mehr im Dienst des Publizitätsprinzips. Der Schluss von einem Abstraktum auf ein anderes Abstraktum ist eine rechtliche Wertung, aber kein Schluss von einem Sein auf das Sollen. Methodisch deckt dies die Achillesverse des Besitzes auf. Als konkret wahrnehmbares Faktum ist der Besitz als solcher kein Rechtsbegriff und damit jeder Subsumtion unzugänglich. Auf der anderen Seite ist das Bedürfnis unabweisbar, den Begriff für die Rechtsanwendung fassbar zu gestalten. Damit verbindet der Besitz ein tatsächliches Faktum mit einer rechtlichen Wertung, die darin besteht, ob ein tatsächlicher Zustand als Besitz einzuordnen ist. Der Rechtsscheinträger selbst muss daher rechtlichen Wertungen gegenüber weitgehend immun sein, will er seine Aufgabe als verlässliche Dokumentation von Rechten erfüllen. Dies bestätigt der Vergleich zu dem Grundbuch und dem Handelsregister. Beide Register gelten auch deswegen als verlässlich, da ihr Inhalt grundsätzlich nicht auslegungsfähig ist, sondern bestimmte Rechtsverhältnisse mit Beweiskraft dokumentieren. Während der Entstehungsgeschichte zum BGB ordnete man dem Besitz eine vergleichbare Dokumentationsfunktion zu:[17] Der Besitz wurde als formelle Legitimation für ein dingliches Recht angesehen, man sah darin eine Wandlung des Besitzes, die ihn den Geweren des alten deutschen Rechts näherrückte.[18] Man ging sogar noch einen Schritt weiter und maß dem Besitz die Verlässlichkeit des Grundbuchs zu: Bei den Verhandlungen zum 15. Deutschen Juristentag vertrat man die These, dass Grundbuch und Besitz gleichsam dazu geeignet seien, Rechtsverhältnisse kund zu tun.[19],[20]

Rückblickend betrachtet, erscheinen die Ausführungen nachgerade euphorisch. Der Vergleich mit dem Grundbuch zeigt, dass der Besitz, verstanden als tatsächliches Faktum, keine derart eindeutigen Rückschlüsse auf die Rechtslage ermöglicht. Das Grundbuch erlaubt einen eindeutigen Rückschluss auf Rechte und Rechtsverhältnisse, da diese bezeichnet sind. Der Rechtsschein des Grundbuchs

---

[17] Ausführlich dazu: *Hübner*, Der Rechtsverlust im Mobiliarsachenrecht (1955), 56ff.

[18] *O. v. Gierke*, Die Bedeutung des Fahrnisbesitzes für streitiges Recht nach dem Bürgerlichen Gesetzbuch für das Deutsche Reich (1897), 9f; *Meyer*, Das Publizitätsprinzip im Deutschen Bürgerlichen Recht (1909), 5ff (6). Prägnante Zusammenfassung zu dem Begriff und den Aufgaben der Gewere: *Wilhelm* Rn. 402 mwN.

[19] *Reuling*, Verhandlungen des 15 DJT II, 72; im Anschluss daran ein großer Teil der zeitgenössischen Lehre: *O. v. Gierke* (Fußn. 18), 36; *Meyer* (Fußn. 18), 1, 41; *Schmelzeisen* AcP 136 (1932), 38, 39; *Wellspacher*, Das Vertrauen auf äußerliche Tatbestände im Bürgerlichen Rechte (1906), 1ff, 121ff; *ders.* GrünhutsZ 31 (1904), 631.

[20] Ihren Ausgangspunkt nahm das Publizitätsprinzip im Grundstücksverkehr und damit durch das Grundbuch. Bereits im frühen Mittelalter sorgten öffentliche Register dafür, dass die Eigentumsverhältnisse an Liegenschaften ersichtlich waren. Die Kreditwirtschaft bildete die nächste Etappe, in der die Offenkundigkeit der Rechtsverhältnisse eine Rolle spielten. Hauptsächlich um den Hypothekengläubiger zu schützen, errichtete man sog. Hypothekenbücher, aus denen Belastungen des Grundeigentums hervorgingen. Ausführlich zur Geschichte öffentlicher Register (am Beispiel des Berliner Grundbuchswesens): *Rehme*, FS Otto v. Gierke (1911), 525ff.

ist als solcher unteilbar und weist auf einen bestimmten Umstand hin. Die eindeutige Zuordnung eines Rechtsverhältnisses zu einer Tatsache ist damit technische Aufgabe des Rechtsscheins. Eine alternative Zuordnung kann deshalb nicht aus einem tatsächlichen Faktum folgen. Dem Besitz ordnet das Gesetz jedoch hybride Wirkungen zu. Nach § 1006 Abs. 1 bildet er die Vermutungsgrundlage für ein erworbenes Eigentum. Sofern man allerdings die Übergabe der Pfandsache nach § 1205 Abs. 1 ebenso als Publizitätsakt versteht, verdunkelt man den Rechtsschein. Der Besitz des Pfandnehmers soll hier ersichtlich nicht auf dessen Eigentum hinweisen. Ganz im Gegenteil stellt das Gesetz beim Pfandrecht durch die §§ 1227, 1006 eine Vermutung zu Gunsten des Pfandgläubigers her. Ein- und derselbe Rechtsscheinträger soll daher auf unterschiedliche Rechte hinweisen. Vergleicht man beide Rechtswirkungen, so folgt aus dem Besitz als Faktum nicht mehr notwendig ein bestimmtes Recht, sondern man könnte entweder auf ein beschränktes dingliches Recht oder das Vollrecht Eigentum schließen. Ein alternativer Rechtsschein ist jedoch logisch ausgeschlossen. Um deswegen nicht zu widersprüchlichen Ergebnissen zu gelangen, musste durch den Fremd- und Eigenbesitz ein Willenselement eingeführt werden, um die Publizitätswirkungen des Besitzes zu kanalisieren. Weitere Zweifel am Besitz als Rechtsscheinträger melden sich daher auch hier.

II. Die dogmatische Begründung des Publizitätsprinzips

1. Publizitätsprinzip und absolutes Recht

Warum das Publizitätsprinzip im Sachenrecht betont wird, im Schuldrecht hingegen keine Rolle spielt, begründet man vielfach mit der Eigenart des Sachenrechts selbst. Obligatorische Rechte bedürfen danach keiner Publizität, da sie nur *inter partes* wirken. Diese Betrachtung mag für vertragliche Schuldverhältnisse überzeugen, da hier die Parteien einvernehmlich ein obligatorisches Recht begründet haben und deswegen auch über den Bestand dieses Rechts unterrichtet sind. Ein besonderes Publizitätserfordernis würde hier leer laufen. Auch bei den gesetzlichen Schuldverhältnissen ist eine Publizität unnötig. Bei den Leistungskondiktionen finden sich die Parteien des ursprünglichen Schuldvertrages wieder, auch hier sind die Rechtsverhältnisse offenkundig. Durch die Geschäftsführung offenbaren sich die Rechtsverhältnisse bei der berechtigten Geschäftsführung ohne Auftrag (§§ 683 Satz 1, 677): Indem der Geschäftsführer mit einem tatsächlichen oder vermuteten Geschäftsführungswillen ein fremdes Geschäft übernimmt, greift er in die Rechtssphäre des Geschäftsherrn ein. Bereits dadurch können die Rechtsverhältnisse zugeordnet werden. Im Deliktsrecht und bei den sog. Nichtleistungskondiktionen beantwortet sich die Frage vergleichbar. Der deliktische Eigentumsschutz in § 823 Abs. 1 schützt ein absolutes Recht und wirkt damit potentiell gegenüber jedermann.[21] Es zeichnet die durch § 823 Abs. 1 geschützten Rechtspositionen gerade aus, dass sie »sozialtypisch« offenkundig sind, wenn auch dieser Aspekt nicht verabsolutiert werden darf.[22] Auch hier aktualisiert sich das gesetzliche Schuldverhältnis dadurch, dass der Täter durch sein Verhalten den Tatbestand des § 823 Abs. 1 erfüllt. Die Nichtleistungskondiktionen setzen voraus, dass jemand in den Zuweisungsgehalt eines fremden Rechts eingreift, der sich für den Regelfall am Deliktsschutz orientiert.[23] Als Deliktstatbestand in bereicherungsrechtlichem Gewand gelten auch hier die Erwägungen, warum das entstehende gesetzliche Schuldverhältnis offenkundig ist: Durch den Eingriff in das Rechtsgut, das einem anderen zugewiesen ist, aktualisiert sich das gesetzliche Schuldverhältnis zwischen Bereicherungsgläubiger und Bereicherungsschuldner.

Im Gegensatz zu obligatorischen Rechten geht man davon aus, dass dingliche Rechte absolut wirken. Jedermann müsse daher erkennen, wem ein dingliches Recht zusteht. Unsichtbares soll durch die Publizität sichtbar werden. Das Publizitätsprinzip stellt sich danach als die zwingende Ableitung aus dem absoluten Recht dar.[24] Diese Ableitung ist überzeugt nicht.[25] Bereits einleitend wurde dargestellt, dass die Begriffe »dingliches Recht« und »absolutes Recht« in keiner zwingenden Verbindung zueinander stehen. Die Definition des »dinglichen Rechts« stellt nicht auf die Rechtswirkungen ab, sondern nur auf einen Rechtsinhalt. Damit ist die These, dass ein dingliches, absolutes Recht stets publiziert werden müsse, nur richtig, wenn die Rechtsordnung dies für alle absoluten Rechte durchführt. Dem ist jedoch nicht so. Die Immaterialgüterrechte gewähren absolute Rechte, ohne dass diese deswegen als dingliche Rechte einzustufen wären. Verdeutlichen lässt sich dies anhand des Urheberrechts. § 97 Abs. 1 UrhG gewährt dem Urheber ein ausschließliches Recht, gegenüber jedermann hat er Ansprüche, wenn sein Urheberrecht verletzt wurde. Dieses negative Ausschließlichkeitsrecht wirkt als absolutes Recht, dies lässt sich nicht ernsthaft bestreiten.[26] Dabei verzichtet das Urheberrecht auf Formalitäten. Es entsteht bereits durch

---

[21] Für § 823 Abs. 1 ist dies weitgehend anerkannt (siehe dazu MünchKomm/*Wagner* § 823 Rn. 136f).

[22] Verabsolutierend jedoch: *Fabricius* AcP 160 (1961), 271, 290ff; kritisch: *Löwisch*, Der Deliktsschutz relativer Rechte (1970), 42ff; *Medicus*, FS Steffen (1995), 333, 335f; MünchKomm/*Wagner* § 823 Rn. 137; vermittelnd: *Larenz/Canaris* § 76 I 1 (374f).

[23] Die Einzelheiten sind nach wie vor außerordentlich umstritten, hier aber nicht weiter zu vertiefen. Siehe dazu näher: *Larenz/Canaris* § 69 I 1 (S. 168ff).

[24] *Einsele* JZ 1990, 1005, 1006f; *Jauernig/Jauernig* Vor § 854 Rn. 4; *Martinek* AcP 188 (1988), 573, 576; *Merkt* (Fußn. 1), 18; MünchKomm/*Rinne* Einl. Rn. 21; *Rothkegel*, Der Eigentumserwerb durch Verarbeitung (1974), 17; *Schwab/Prütting* Rn. 31; *Soergel/Henssler* Vor § 929 Rn. 9; *Wadle* JZ 1974, 689, 694; *Weber* Sachenrecht I § 4 Rn. 3; *Wilhelm* Rn. 19; *Wolff/Raiser* § 4 II 4 (23); *Wolf* Rn. 25.

[25] In diesem Sinne auch: *Süß* FS Wolff (1952), 139, 162f; *Wacke* (Fußn. 4), 29 mit Fußn. 85; *Weber* (Fußn. 16), 89

[26] Siehe dazu aus dem urheberrechtlichen Schrifttum: *Schricker/Schricker* Einleitung Rn. 18f.

den Schaffensvorgang und bedarf nicht etwa einer Registereintragung.[27] Auch auf einen etwaigen Besitz kommt es nicht an. Der Urheber muss weder »Besitz« an seinem Werk haben, noch weist der Besitz eines Dritten auf dessen Urheberschaft hin. Urheberrechtler zweifeln den absoluten Charakter des Urheberrechts wegen dessen fehlender Publizität ebenso wenig an, wie Sachenrechtler an dem absoluten Recht als Wurzel der Publizität. Dies nährt dogmatische Zweifel: Bedarf ein absolutes Recht zwingend der Publizität? Nur wenn man das Urheberrecht als Ausnahme ansieht, muss man diese Frage bejahen. Dies lässt sich aber schwerlich behaupten, auch wenn andere Immaterialgüter einen Publizitätsakt verlangen.[28] Dogmatisch betrachtet, gibt beim Urheberrecht nicht die Wirkung eines Rechts den Ausschlag darüber, ob es der Publizierung bedarf, sondern dessen Inhalt. Nach der allgemeinen Ansicht ist es mit dem persönlichkeitsrechtlichen Gehalt des Urheberrechts unvereinbar, den Schutz dieses Rechts von einem Publizitätsakt unabhängig zu machen. Daraus lässt sich die erste Schlussfolgerung für den Zusammenhang von Publizitätsprinzip und »absolutem Recht« ziehen: Wie das Beispiel des Urheberrechts zeigt, ist der Rechtsinhalt entscheidend dafür, ob ein Recht der Publizität bedarf. Im Sachenrecht lässt sich der Publizitätsgedanke deswegen nicht als Ableitung aus der Natur der Sache verankern. Sofern man auf dem Standpunkt steht, dass das Sachenrecht wegen seines Rechtsinhalts ein Publizitätsprinzip fordert, ist das eine gesetzte Praemisse, die der Gesetzgeber aber nicht gesetzt hat. Er folgerte aus der Wirkung der dinglichen Rechte eine Publizität. Aus der Wirkung lässt sich jedoch nichts folgern.

Auch der umgekehrte Schluss von der Publizität auf den absoluten Charakter eines Rechts trügt. Dies lässt sich exemplarisch am Beispiel des Handelsregisters verdeutlichen. Nach § 15 Abs. 1 HGB nimmt nur eine einzutragende Tatsache an der Publizitätsfunktion des Handelsregisters teil. Wann eine Tatsache einzutragen ist, ist eine gesetzgeberische Wertentscheidung, die sich auf keinen allgemeinen Grundgedanken zurückführen lässt. Vielmehr sind unterschiedliche Aspekte dafür entscheidend, keineswegs aber der Charakter als absolutes Recht. Schließlich gestattet es das Schuldrecht, Rechte zum Besitz einzuräumen, ohne dass für die Vertragstypen ein *numerus clausus* gilt. Der schuldrechtlich gestattete Besitz verweist hier auf eine obligatorische Berechtigung. Unterstellt, der Besitz schaffe Publizität, so verweist er hier nicht auf ein »dingliches Recht«.

---

[27] Dies ergibt sich auch aus den völkerrechtlichen Konventionen zum Urheberrecht, siehe etwa Art. III Nr. 1 Welturheberrechtsabkommen in der Pariser Fassung vom 6. September 1952.

[28] Dies gilt für Marken, Patente, Gebrauchsmuster und Geschmacksmuster. Die Ausschließlichkeitsrechte entstehen hier durch einen Publizitätsakt, den das Gesetz jeweils unterschiedlich ausgestaltet. Das Markenrecht entsteht gemäß § 4 MarkenG durch die Eintragung in das Register, das Patentrecht durch den veröffentlichten Erteilungsbeschluss (§ 58 Abs. 1 Satz 3 PatG), das Gebrauchsmuster durch Eintragung in das Register (§ 11 Abs. 1 GebrmG); ebenso das Geschmacksmuster (§ 27 Abs. 1 GeschmMG)

Bereits auf einer systematischen Ebene zeigt sich, dass absolutes Recht und Publizität einander nicht bedingen. Es gibt absolute Rechte ohne Publizität ebenso wie Publizität ohne absolutes Recht. Dogmatische Zusammenhänge lassen sich damit entgegen einer verbreiteten Ansicht nicht herstellen. Wenn die Gesetzesbegründung gleichwohl das Publizitätsprinzip aus der Wirkung der dinglichen Rechte als absolute Rechte herleitet, ist dies unzutreffend. In Wirklichkeit handelt es sich dabei um eine fehlerhaft gesetzte Praemisse. Das Publizitätsprinzip aus dem Begriff des absoluten Rechts herzuleiten, ist damit verfehlt. Der Begriff »absolutes Recht« ist inhaltsneutral, sondern stellt nur auf die Wirkung eines Rechts ab. Entscheidend müssen jedoch die materiellen Interessen sein, auf die sich ein Publizitätsprinzip gründet. Darüber sagt der Begriff allerdings nichts aus.

2. Verkehrsschutz und Publizität

Das eingangs beschriebene Erwerberinteresse markiert zugleich eine weitere Dimension des Publizitätsprinzips: Offenkundige Rechtsverhältnisse dienen dem Verkehrsschutz und sollen den Rechtsverkehr leichter und sicherer gestalten. Im Liegenschaftsrecht sorgen der öffentliche Glaube des Grundbuchs (§ 891) und die Vorschriften über den gutgläubigen Erwerb für den Verkehrsschutz. Im Fahrnisrecht dienen einerseits das Traditionsprinzip, andererseits der gutgläubige Erwerb dem Verkehrsschutz. Hinzu kommt das Abstraktionsprinzip als weiteres verkehrsschützendes Instrumentarium. Das BGB treibt den Schutz dritter Erwerber damit auf die Spitze und stellt bei beweglichen Sachen drei Rechtsinstitute zu deren Schutz zur Verfügung. Diese Rechtsinstitute bedingen indes einander nicht. Das Abstraktionsprinzip setzt weder das Traditionsprinzip voraus, noch bedingt es einen gutgläubigen Erwerb. Im Gegenteil: Wie bereits schon dargestellt wurde, reicht der Verkehrsschutz durch das Abstraktionsprinzip wesentlich weiter als der Verkehrsschutz durch den gutgläubigen Erwerb, da Dritte auch dann vom Berechtigten das Eigentum erwerben, wenn ihnen der schuldrechtliche Mangel des vorangegangenen Rechtsgeschäfts bekannt ist. Dieser erweiterte Verkehrsschutz gegenüber dem gutgläubigen Erwerb wurde aus rechtspolitischer Sicht zu Recht kritisiert.[29] Da der Gesetzgeber den gutgläubigen Erwerb wesentlich später konzipierte als das Abstraktionsprinzip, liegt der Verdacht nahe, dass diese Wertungswidersprüche noch nicht hinreichend durchdrungen wurden.

Aber auch das Traditionsprinzip und der gutgläubige Erwerb bedingen einander nicht. Gerade deswegen bewerten einige das Traditionsprinzip und den gutgläubigen Erwerb als eine überflüssige Verdoppelung des Verkehrsschutzes.[30] Wie noch zu zeigen sein wird, stand das Traditionsprinzip bereits fest, als der gutgläubige Erwerb noch nicht geplant war. Aus den Materialien geht im übrigen

---

[29] Dazu bereits oben § 3 II 3.

[30] *Hromadka* JuS 1980, 89, 94; *Wacke* (Fußn. 4), 38f.; auch *Staudinger/Wiegand* Vorbem zu §§ 929ff Rn. 19ff.

auch nicht hervor, dass der Gesetzgeber sich darum bemüht hätte, Tradition und gutgläubigen Erwerb abzustimmen. Systematische Spannungen zwischen dem Traditionsprinzip und dem gutgläubigen Erwerb sind dadurch vorgezeichnet. Bereits auf den ersten Blick rückt dies den strengen Übergabeersatz beim Pfandrecht in ein kritisches Licht, da hier der Verdacht besteht, dass der Gesetzgeber die Möglichkeiten eines gutgläubigen Erwerbs nicht ausreichend ausgelotet hatte. Wann eine Übergabe (neben der Einigung) das Eigentum verschafft, hat das Gesetz für den Erwerb vom Berechtigten und vom Nichtberechtigten zudem unterschiedlich ausgestaltet. Prinzipiell muss man sich deswegen die Frage stellen, ob die Tradition als verkehrsschützendes Element nicht stark relativiert ist und letztlich andere Zwecke verfolgt als den Eigentumsübergang zu publizieren. Immerhin ist es gesetzestechnisch nicht ausgeschlossen, das Traditionsprinzip und den gutgläubigen Erwerb als verkehrsschützende Rechtsinstitute nebeneinander zu etablieren. Die im Schrifttum kritisierte überflüssige Verdoppelung des Verkehrsschutzes ändert für sich genommen noch nichts an der Ausgestaltung der *lex lata.* Es bleibt aber wie beim Abstraktionsprinzip gleichwohl der Frage nachzugehen, ob und inwieweit die Rechtsprechung das Traditionsprinzip verändert hat.

Die Verdoppelung des Verkehrsschutzes im Liegenschaftsrecht durch die Eintragung als Publizitätsakt und den gutgläubigen Erwerb wird allgemein nicht kritisiert. Dies liegt daran, dass der gutgläubige Erwerb nach §§ 892, 893 selbst an den Registerbestand anknüpft und mit dem Publizitätsmittel viel enger verwoben ist, als der gutgläubige Erwerb beweglicher Sachen. Zudem gilt der Eintragungszwang nach § 873 Abs. 1 grundsätzlich ausnahmslos, so dass weder ein Erwerb vom Berechtigten noch ein Erwerb vom Nichtberechtigten ohne eine Grundbucheintragung möglich ist. Die Grundbucheintragung ist damit auch ausnahmslos der Rechtsscheinträger, während bereits die §§ 929 Satz 2 930, 931 die Übergabe als Publizitätsmittel mehr oder weniger beseitigen.

III. Publizität im Liegenschaftsrecht

Über den Sinn und Wert des Grundbuches als Publizitätsträger ist man sich einig. Eine grundsätzliche rechtspolitische und rechtssystematische Kritik an diesem System wurde nicht geäußert. Das BGB knüpft die Publizität des Grundbuchs an die Eintragung und stellt die Publizität der Liegenschaftsrechte durch einen Eintragungszwang sicher. Der Eintragungszwang und die Publizitätswirkungen des Grundbuchs sind damit aufs engste verknüpft. Es ist hier nochmals hervor zu heben, dass keine durch die Natur der Sache vorgegebenen Publizitätswirkungen des Grundbuchs bestehen, sondern eine Frage der positiv-rechtlichen Ausgestaltung. Konstruktive Notwendigkeiten wie beim Trennungs- und Abstraktionsprinzip gibt es daher bei den Publizitätswirkungen nur beschränkt. Dies bestätigt auch der Rechtsvergleich, der im Folgenden den Standpunkt des BGB verdeutlichen soll.

1. Eintragungszwang und Vertragsprinzip

Das Grundbuchsystem des BGB beruht wesentlich auf dem Eintragungszwang: Die Übertragung von Grundstücken und deren Belastung bedürfen der Eintragung in das Grundbuch (§ 873 Abs. 1). Diese Eintragung wirkt konstitutiv, da erst durch sie ein Eigentum an einem Grundstück oder ein beschränktes dingliches Recht daran entsteht. Gleichzeitig beschränkt der Eintragungszwang die Inhaltsfreiheit der Parteien, da eine bloße Einigung nicht für den Eigentumsübergang ausreicht, sondern erst zusätzlich die Entragung in das Grundbuch. Der Gesetzgeber bewertete das Interesse des Rechtsverkehrs an klaren Eigentumsverhältnissen bei Liegenschaften höher, als die teilweise Inhaltsfreiheit der Parteien. Gleichzeitig führt dieser Eintragungszwang zu einer zwangsweisen Publizität aller Liegenschaftsrechte: Was eingetragen ist, nimmt gleichsam automatisch am Verkehrsschutz durch die §§ 891, 892f teil. Alle Rechte an Liegenschaften entstehen konstitutiv durch die Eintragung in das Grundbuch: Dies gilt für das Eigentum (§ 873 Abs. 1), für dessen Belastungen durch Dienstbarkeiten, Nießbrauch oder Grundpfandrechte,[31] für das Erbbaurecht und grundsätzlich auch für das Wohnungseigentum.[32] Das BGB kennzeichnet damit der umfassende Eintragungszwang für alle Rechte an Liegenschaften.

Was hier wie eine trockene Schilderung des Rechtszustandes anmuten mag, war jedoch zur Entstehungszeit des BGB ein bedeutender Schritt und ist auch noch heute beachtlich, wenn man die europäischen Privatrechte vergleicht. Die erste Kommission fand drei verschiedene Systeme in den Partikularrechten vor, nach denen sich die Eigentumsübertragung an Grundstücken oder Bestellung von Rechten an Grundstücken richtete: Das historisch älteste System war das Pfandbuchsystem, das für den Erwerb einer Hypothek oder vergleichbaren Grundstücksbelastung eine Eintragung in ein Pfand- oder Hypothekenbuch vorsah.[33] Das Eigentum an Grundstücken bedurfte in den Ländern mit Pfandbuchsystem keiner Eintragung in das Grundbuch: So ging etwa nach dem württembergischen Recht das Eigentum an einem Gebäude oder Grundstück bereits über, wenn die Parteien (unter anderem) einen schriftlichen Kaufvertrag abgefasst hatten.[34] Die treibende Kraft für die Errichtung von Pfandbüchern war der Realkredit und das wirtschaftliche Bedürfnis der Kreditgeber, den Wert einer Grundstücksbelastung einschätzen zu können. Dies war nur möglich, wenn bestehende

---

[31] Auflistung aller einzutragenden Rechte bei *Soergel/Stürner* § 873 Rn. 26.

[32] Beim Erbbaurecht verweist § 11 Abs. 1 ErbbauVO auf die Vorschriften des § 873. Der Eintragungszwang für Wohnungseigentum ergibt sich aus § 4 Abs. 1 WEG. Zu den sog. Wohnungs- oder Teileigentumsgrundbuchblättern siehe MünchKomm/*Commichau* WEG Vor § 1 Rn. 49.

[33] Eine Übersicht zu diesen Partikularrechten findet sich in Mot. III, 14. Es handelte sich um Bayern, Württemberg-Hohenzollern, Mecklenburg (für ritterschaftlichen Grundbesitz), Schwarzburg-Rudolstadt sowie um das Herzogtum Lauenburg.

[34] Näher: *Lang*, Handbuch des im Königreich Württemberg geltenden Sachenrechts (1893) § 53.

Belastungen vollständig dokumentiert waren und deren Rang danach bestimmt werden konnte. Als Vorbild für das BGB schließlich diente das Grundbuchssystem Preußens aus dem Jahre 1872, welches für alle dinglichen Rechte an Grundstücken einen Eintragungszwang vorsah.[35] Nicht als Vorbild hingegen diente das französische Transkriptions- und Inskriptionsprinzip, wie es in einigen deutschen Ländern ehemals galt.[36] Der Gesetzgeber lehnte dieses System nicht zuletzt deswegen ab, weil es nur fragmentarisch den Verkehr schützt.

Die europäischen Privatrechte haben ein unterschiedliches Verständnis davon, ob und welche Rechtsgeschäfte über Liegenschaftsrechte zu publizieren sind. Im romanischen Rechtskreis kennt der französische *Code Civil* nur Publizitätsfragmente im Liegenschaftsrecht. Mit dem strengen naturrechtlich orientierten Vertragsprinzip des *Code Civil* verträgt sich kein Eintragungszwang für diese Rechte. So bestimmt Art. 1583 *Code Civil* ausdrücklich, dass auch bei Grundstücken das Eigentum durch den Abschluss des Kaufvertrages auf den Käufer übergeht.[37] Ein Grundregister betrachtete man bei der Schaffung des *Code Civil* als einen unzulässigen Eingriff in die Privatsphäre des Einzelnen.[38] In Elsass-Lothringen haben sich allerdings noch Reste des ehemals dort geltenden deutschen Grundbuchsystems erhalten. Grundsätzlich gilt das Vertragsprinzip des *Code Civil* auch bei der Übereignung von Grundstücken. Für den Inhalt des Registers spricht allerdings eine »*présomption simple d'exactitude*« – eine einfache und damit widerlegliche Richtigkeitsvermutung. Die Ähnlichkeit zu § 891 ist nicht zu übersehen.[39] Insgesamt nähert sich das französische Recht trotz des vom BGB abweichenden Übereignungskonzepts einem Grundbuchssystem an. Einen ersten Schritt dazu bildet die *publicité foncière* aus dem Jahre 1955.[40] Das derzeitige französische Registersystem beruht auf drei Registern, dem Hypothekenregister (*registre des inscritptions*), dem allgemeinen Register (*registre des publications*) und einer Immo-

---

[35] Siehe dazu *Schubert* Die Entstehung der Vorschriften des BGB über Besitz und Eigentumsübertragung (1966), 97ff.

[36] Dieses aus dem *Code Civil* stammende System galt seinerzeit in der bayerischen Pfalz, in Baden, der hessischen Provinz Rheinhessen, in Elsass-Lothringen und in der preußischen Rheinprovinz.

[37] Ein anderes, hier aber nicht zu vertiefendes Problem ist, welcher Vertrag als Kaufvertrag im Sinne des Art. 1583 *Code Civil* zu werten ist. Die Zweifel rühren daher, da in Frankreich traditionell erst ein privatschriftliches Kaufversprechen vereinbart wird (Art. 1589 *Code Civil* – *promesse de vente*), dem erst später der notarielle Kaufvertrag nachfolgt. Art. 1589 *Code Civil* stellt die *promesse de vente* dem Kaufvertrag gleich, so dass nach zeitgemäßer Deutung bereits mit dem Abschluss der *promesse de vente* das Eigentum an dem Grundstück übergeht (*v. Hoffmann*, Das Recht des Grundstückskaufs (1982), 24 mwN Fußn. 39). Anders ist die Rechtslage in *Lousiana.* Nach Art. 1462 des dort geltenden *Code Civil* geht durch das Kaufversprechen noch kein Eigentum am Grundstück über.

[38] *Marty/Raynaud* III/1, No. 367; *v. Hoffmann* (Fußn. 37), 25.

[39] *Lotz*, Droit civil alsacien-lorrain (1977) Tz. 90f; *Wagemann*, Funktion und Bedeutung von Grundstücksregistern (2002), 32.

[40] Décret No. 55–22 du 4 Janvier 1955 (Décret portant réforme de la publicité foncière) sowie Décret No. 55–1350 du 14 Octobre 1955.

bilienregistratur, die nach Personen und Grundstücken geordnet die einzelnen Eintragungen auflistet (*fichier immobilier*). Gegenüber einem einheitlichen Grundbuch ist dieses Nebeneinander von drei verschiedenen Registern umständlich, da der Erwerber vor dem Abschluss eines Rechtsgeschäfts die verschiedenen Register einsehen müsste. Das in Abteilungen aufgeteilte deutsche Grundbuch ist demgegenüber übersichtlicher.

Das aufwändige französische Registriersystem schreibt für die Eigentumsübertragung obligatorisch die Eintragung in das Register vor[41] und nähert sich damit einem Eintragungszwang an. Gleichwohl hält das französische Recht strikt an dem Vertragsprinzip fest und hat sich dogmatische Schwierigkeiten geschaffen, da trotz des Eintragungszwangs die Registereintragung nur deklaratorische Bedeutung hat. Der Eintragungszwang lässt sich außerdem rechtspolitisch nur rechtfertigen, wenn ein eingetragenes Recht rechtliche Vorteile bietet. Im Ergebnis führt dies dazu, dass nach französischem Recht ein nicht eingetragenes Eigentum abgeschwächte Wirkungen gegenüber einem eingetragenen Eigentum hat. Ein unveröffentlichter Eigentumserwerb entfaltet nur Wirkungen *inter partes*, nicht aber gegenüber Dritten. Dafür schuf man den Kunstbegriff »*inopposabilité aux tiers*«: Dritten gegenüber kann ein unveröffentlichter Eigentumserwerb nicht entgegengehalten werden.[42] Diese Konstruktion zielt im wesentlichen auf einen Verfügungsschutz ab: Bei einem Doppelverkauf eines Grundstücks setzt sich der publizierte Erwerbsvorgang gegenüber dem unveröffentlichten durch. Nur derjenige Ersterwerber, dessen Erwerbsvorgang veröffentlicht wurde, kann damit einen Doppelverkauf verhindern. Umgekehrt wird ein Zweiterwerber zum Eigentümer des Grundstücks, wenn der erste Verkauf nicht publiziert wurde. Die französische Praxis macht davon nur eine Ausnahme, wenn der Zweiterwerber positiv den Ersterwerb kennt, da er dann ein Delikt im Sinne des Art. 1382 *Code Civil* begehe.[43] Wenn nicht ausdrücklich, so gestaltet der Sache nach das französische Recht die Eintragung als konstitutiven Akt. Ohne die Eintragung erhält der Erwerber kein vollwertiges Eigentum: Die Rechtsposition des nicht eingetrage-

---

[41] Art. 28 Décret no. 55–22 du 4 Janvier 1955: Sont obligatoirement publiés au bureau des hypothèques de la situation des immeubles : 1. Tous actes, même assortis d'une condition suspensive, et toutes décisions judiciaires, portant ou constantant entre vifs : a) Mutation ou constitution de droits réels immobliers autres que les privilèges et hypothèques, qui sont conservés suivant les modalités prévues au code civil.

[42] Art. 30 No. 1 Décret no. 55–22 du 4 Janvier 1955: Les actes et décisions judiciaires soumis à publicité par applicatiob du 1 de l'article 28 sont, s'ils n'ont pas été publiés, inopposables aux tiers, qui, sur le même immeubles, ont acquis, du même auteur, des droits concurrents en vertu d'actes ou de décisions soumis à la même obligation de publicité et publiés, ou ont fait inscrire des privilèges ou hypothèques. Ils sont ègalement inopposables, s'ils sont été publiés, lorsque les actes, décisions, privilèges ou hypothèques, invoqués par ces tiers, ont été antérieurment publiés. Gleiches schreiben die Artt. 939, 941 für den unentgeltlichen Erwerb vor.

[43] Cass. Civ. JCP 1968.II. 15 587. Diese Rechtsprechung ist allerdings umstritten und in den Einzelheiten hier nicht nachzuzeichnen. Einen kurzen Überblick gibt *Spellenberg*, FS Lorenz (1991), 779, 791f mwN.

nen Erwerbers entspricht keinem absoluten Recht, da sie nur *inter partes*, nicht aber *erga omnes* wirkt.[44] Dogmatische Schwierigkeiten sind dadurch vorgezeichnet, da auch nach der französischen Rechtsansicht die »dinglichen Rechte« (*droits réels*) gegenüber jedermann wirken. Die Grundstücksübereignung muss danach als Ausnahme von dem Grundsatz verstanden werden, dass das Eigentum grundsätzlich gegenüber jedermann wirkt.[45] Der konstitutive Eintragungszwang nach deutschem Recht hat demgegenüber den Vorteil, eine dogmatisch klare Lösung zu bieten. Er sorgt für klare Rechtsverhältnisse, indem er die Grundbucheintragung als Entstehungsvoraussetzungen für ein Liegenschaftsrecht vorsieht.

Im spanischen Zivilrecht lassen sich ähnliche Tendenzen wie im französischen Recht beobachten. Grundsätzlich beruht der *Código Civil* auf einem Pfandbuchssystem: In ein öffentliches Register einzutragen sind nur Hypotheken, wie dies Art. 1875 Abs. 1 *Código Civil* in Verbindung mit der *ley hipotecaria* vorschreibt.[46] Die Übertragung von Grundstücken hingegen vollzieht sich wie bei beweglichen Sachen durch *título* und *modo* und ist grundsätzlich formfrei.[47] Wie im französischen Recht bestehen auch nach dem spanischen Recht einige Zwänge, ein Grundstück in das Register (*Registro de la propriedad*) eintragen zu lassen. Bei einem Doppelverkauf erwirbt derjenige das Eigentum, der zuerst in das Grundstück eingetragen wurde, Art. 1473 Abs. 2 *Código Civil.* Das eingetragene Eigentum verschafft damit eine Art Verfügungsschutz. Ohne eine Eintragung ist ein spanisches Grundstück außerdem schwerer verkäuflich und nicht beleihbar. Die spanische Kreditpraxis verlangt, dass das Eigentum an dem Grundstück durch einen Registereintrag nachgewiesen ist, so dass zwar nicht *de lege* aber doch *de facto* ein Eintragungszwang besteht, wenn ein Grundstückskauf in Raten beglichen wird. Der Grund dafür besteht hier in dem Gutglaubensschutz Dritter. Dritte Erwerber sind in ihrem guten Glauben auf die Wirksamkeit des Kaufvertrages nur geschützt, wenn das Grundeigentum im *Registro de la propriedad* eingetragen ist, Art. 34 *ley hipotecaria*.[48] Der Erwerber liefe daher Gefahr, sein

---

[44] Auch wenn man den Begriff des absoluten Rechts als wenig aussagekräftig ansieht (§ 2 III 2 a), so zeigt sich doch, dass ohne den Eintrag kein Rechtsbündel entstehen kann. Nur der Veräußerer kann das entstandene Eigentum verletzen, nicht aber ein Dritter.

[45] *Duclos*, L'opposabilité. Essai d'une théorie générale (1984).

[46] Art. 1875 *Código Civil* vor: Además de los requisitos exigidos en el artículo 1.857, es indispensable, para que la hipoteca quede válidamente constituida, que el documento en que se constituya sea inscrito en el Registro de la propriedad.

[47] Im Gegensatz zum französischen Recht muss das Grundstück damit grundsätzlich übergeben werden. Zum Eigentumsübergang nach spanischem Recht siehe auch oben § 3 IV 3.

[48] Artículo 34: El tercero que de buena fe adquiera a título oneroso algún derecho de persona que en el Registro aparezca con facultades para transmitirlo, será mantenido en su adquisición, una vez que haya inscrito su derecho, aunque después se anule o resuelva el del otorgante por virtud de causas que no consten en el mismo Registro.

Wegen der eigenartigen Formulierung, dass der Erwerber in seinem Erwerb zu schützen sei (*»será mantenido en su adquisición«*) ist in Spanien nach wie vor umstritten, ob der Dritte Eigentümer wird oder lediglich eine unangreifbare Eigentumsposition hat. Dieser Frage ist hier nicht

Grundeigentum zu verlieren, wenn er sich nicht vorher das Eigentum des Veräußerers aufwändig recherchiert hat. Aus diesem Grunde scheuen sich auch die Kreditgeber, einen hypothekarisch gesicherten Kredit zu gewähren, wenn sie jederzeit Gefahr laufen müssten, dass der Kreditnehmer oder ein Dritter nicht Eigentümer des Grundstücks ist. Diese Rechtslage führt außerdem dazu, dass Grundstückskaufverträge regelmäßig beurkundet werden, obwohl durch den *Código Civil* nicht vorgeschrieben. Nach Art. 3 *ley hipotecaria* kann ein Grundstück nur in das Eigentumsregister eingetragen werden, wenn das Eigentum durch eine »öffentliche Niederschrift« (*escritura pública*) nachgewiesen wird. Dies geschieht durch eine notarielle Beurkundung, wobei allerdings in diesem Falle das Eigentum bereits mit der Niederschrift dieser Urkunde übergeht (Art. 1462 Abs. 2 *Código Civil*). Die später nachfolgende Eintragung in das Eigentumsregister hat nur noch eine deklaratorische Bedeutung. Die übrigen Rechte an Grundstücken bedürfen allerdings auch keiner Eintragung in das Register, um wirksam zu werden. Insgesamt nähert sich das spanische Transkriptionssystem dem Grundbuchssystem an: Das spanische Zivilrecht stuft zwar das nicht eingetragene Eigentum nicht herab, wie dies in Frankreich geschieht, schützt aber ein nicht eingetragenes Recht geringer gegen beeinträchtigende Verfügungen. Der nicht eingetragene Grundeigentümer läuft Gefahr, sein Eigentum zu verlieren, während umgekehrt der Dritte bei einem eingetragenen Eigentum des Veräußerers einen größeren Verkehrsschutz genießt.

Auch hier zeigt sich, dass ein Grundbuchsystem mit einem konstitutiven Eintragungszwang und verkehrsschützenden Wirkungen vorteilhafter ist und zu einfachen Lösungen gelangt. Die Unterscheidung zwischen einem eingetragenen und einem nichteingetragenen Grundeigentum erübrigt sich danach. Es gelten einheitliche Regelungen für ein und dasselbe Recht.

Schließlich kennen das australische und das englische Recht ein kodifiziertes Grundbuchssystem:[49] Seit dem Jahre 1858 gilt in Australien das *Torrens-System*, das eine konstitutive Eintragung für alle Grundstücksrechte vorschreibt.[50],[51] Die

---

nachzugehen. Ein weiterer Zwang zur Eintragung mag sich daraus ergeben, dass bei einer staatlichen Enteignung eines Grundstücks (*expropriacion)* regelmäßig nur entschädigt wird, wenn das Grundstück im Register eingetragen ist. Rechtstatsächlich stehen allerdings die relativ hohen Kosten einer Registrierung entgegen.

[49] Zum amerikanischen Recht siehe ausführlich: *Stadler*, Gestaltungsfreiheit und Verkehrsschutz durch redlichen Erwerb (1996), 500ff, 515ff.

[50] *Spellenberg* FS Lorenz (1991), 779, 785ff. Das *Torrens-System* gilt außerdem in Neuseeland, Teilen Kanadas und einigen Staaten der Vereinigten Staaten von Amerika. Australien wird hier als Ursprungsland dieses Systems genannt, das englische Recht als dessen Ausprägung in den europäischen Privatrechten.

[51] Nach dem *Common Law* geht das Eigentum an Grundstücken in drei Schritten über: Dem Kaufvertrag (*contract of sale*) folgt die Titelüberprüfung (*investigation of title*) an die sich die Eigentumsübertragung anschließt (*conveyance*). Wie schon aus der Bezeichnung *contract of sale* folgt, wird der Käufer durch den Abschluss des Grundstückskaufvertrages noch kein Eigentümer, sondern erlangt erst *equitable interest* an dem Grundstück, der Verkäufer ist in der Schwe-

erstmalige Eintragung des Grundstücks geschieht in einem behördlichen Verfahren, in dem die Eigentümerstellung geprüft wird. England führte das *Torrens-System* in leicht veränderter Form durch den *Land Register Act 1925* (LRA 1925) ein.[52] Im übrigen unterscheidet der LRA 2002 zwischen zwingenden[53] und fakultativen Eintragungen.[54] Diese Unterscheidung beruht darauf, dass eine längere Übergangsfrist vonnöten war, um alle Grundstücksrechte in einem Register zu erfassen. Der LRA 2002 hat allerdings die zwingende Titelregistrierung erweitert, so dass künftig unregistrierte Rechte an Grundstücken seltener werden. Das Grundeigentum entsteht konstitutiv durch die Eintragung in das »Landregister« wie Sec. 58 (1) des LRA 2002 hervorhebt. Grundsätzlich weist das Register den Eingetragenen als Eigentümer (*proprietor*) aus.[55] Die rechtsgeschäftlichen Erklärungen der Parteien haben im Gegensatz zum deutschen Recht aber auch zum romanischen Rechtskreis keinen Einfluss auf die Eigentumsänderung. Schlagwortartig umreißt die englische Wissenschaft diesen Grundsatz als »*title by registration*«.[56] Gleichwohl bestehen hier deutliche Parallelen zum Grundbuchsystem, da die Eintragung in ein Register ein Grundstücksrecht erst entstehen lässt. Auch der Umstand, dass alleine durch die Eintragung das Eigentum an dem Grundstück übergeht, ist nicht zu überschätzen. Der Registerbeamte ist verpflichtet, vor der Eintragung formell und materiell zu prüfen. Er hat daher grundsätzlich zu un-

---

bezeit bis zur Vollendung des Eigentumserwerbs *trustee* des Käufers. Die *conveyance* ist ein förmlicher Akt. Die unterzeichnete, gesiegelte Urkunde wird dabei von dem Veräußerer dem Erwerber ausgehändigt (*signed, sealed and delivered deed*). Durch diesen Akt wird der Erwerber Eigentümer des Grundstücks. In diesem Verfahren kann man Trennungsaspekte erblicken. Die Grundstücksübereignung nach dem *Common Law* gilt heute in der Hauptsache in den Vereinigten Staaten von Amerika. Das englische Recht hat von den *Common Law* Grundsätzen mittlerweile Abstand genommen.

[52] Der *Land Register Act 1925* wurde in der Zwischenzeit mehrfach ergänzt, zuletzt im Jahre 2002 (LRA 2002).

[53] Siehe dazu Sec. 4 LRA 2002: (1) The requirement of registration applies on the occurence of any of the following events:

(a) the transfer of a qualifiying estate (i) for valuable or other consideration, by way of gift or in pursuance of an order by any court or (ii) by means of an assent (including a vesting assent);

(b) the transfer of an unregistered legal estate in land in circumstances where section 171A of the Housing Act applies.

Der *Lord Chancellor* ist nach Sec. 5 LRA 2002 dazu ermächtigt, den Katalog des Sec. 4 LRA 2002 zu verbessern und auszudehnen

[54] Sec. 3 LRA 2002: (1) This section applies to any unregistered legal estate wchich is an interest of any of the following kinds: (a) an estate in land, (b) a rentcharge, (c) a franchise, and (d) a profit à prendre in gross.

[55] Sec. 58 LRA 2002: (1) If, on the entry of a person in the register as the proprietor of a legal estate, the legal estate would not be otherwise vested to him, it shall be deemed to be vested in him as a result of registration. Darin liegt eine bedeutsame Änderung gegenüber den Vorschriften des LRA 1925. Sec. 101 (1) des LRA 1925 gestattete den Parteien, über registriertes Land in gleicher Art und Weise zu verfügen, wie über unregistriertes Land. Dieses Nebeneinander will LRA 2002 vermeiden. Überholt daher die Ausführungen von *Wagemann* (Fußn. 39), 44ff.

[56] *Gray*, Elements of Land Law, 180.

tersuchen, ob die materielle Rechtslage eine Eintragung rechtfertigt.[57] Dadurch ist sichergestellt, dass die eingetragene Rechtsposition der wahren Rechtslage entspricht. Das deutsche Recht ist hier großzügiger, da es die grundbuchrechtlichen Prüfungspflichten nicht derart weit steckt.

Für eine derzeit noch nicht absehbare europäische Harmonisierung des Immobiliarrechts erlaubt der Rechtsvergleich gleichwohl einige Schlussfolgerungen: Die Mitgliedstaaten mit einem aufwändig errichteten Registersystem werden dieses kaum einer Harmonisierung opfern wollen. Gerade für England wäre dies kontraproduktiv, da man dort über Jahrzehnte versucht hat, das gesamte Grundeigentum systematisch zu erfassen. Auf der anderen Seite zeigen sich in den hier erwähnten Mitgliedstaaten, die ein Transkriptionssystem kennen, deutliche Tendenzen zu einem Eintragungszwang zu gelangen: Frankreich hat Eintragungspflichten ausdrücklich normiert, während das spanische Recht nur ein eingetragenes Grundeigentum mit Publizitätswirkungen versieht. Mit einem reinen Vertragsprinzip, auf dem das Transkriptionssystem aufbaut, harmoniert dies nicht wie besonders deutlich die dogmatischen Brüche im französischen Recht zeigen. Die Errichtung von Grundregistern führt damit zwangsläufig dazu, dass das reine Vertragsprinzip im Grundstücksrecht zurückgedrängt wird. Es ist demgegenüber eine rechtstechnische Frage, ob man ausschließlich an die Eintragung den Eigentumsübergang knüpft oder wie im deutschen Recht an die Eintragung und eine Einigung.

2. Publizitätswirkungen des Grundbuchs

Der Wert eines Grundbuchs zeigt sich besonders dann, wenn Sein und Schein abweichen. Auch ein unrichtiges Grundbuch erzeugt einen Rechtsschein und verwirklicht den Verkehrsschutz. Gerechtfertigt sind diese Wirkungen nur, wenn bereits verfahrensmäßig weitgehende Sicherungen vorgesehen sind, um ein unrichtiges Grundbuch zu verhindern. Erst durch diese Verzahnung von materiellem und formellem Recht gewinnt das Grundbuch an Aussagekraft. Es existieren allerdings keine gleichsam durch die Natur der Sache vorgegebenen Publizitätswirkungen eines Grundbuchs. Die rechtlichen Folgen des Rechtsscheins lässt sich im Grundbuchssystem unterschiedlich ausgestalten. Nach dem *Torrens-System* erwächst der Registereintrag in formelle Rechtskraft. Sein Inhalt kann daher grundsätzlich nicht beseitigt werden, so dass eine Entschädigung für den Rechtsverlust vorzusehen ist, wenn sich das Register als materiell unrichtig herausstellt. Der Verkehrsschutz nach diesem System ist absolut und damit unabhängig von einem guten oder bösen Glauben des Erwerbers und weist damit bemerkenswerte Parallelen zum Abstraktionsprinzip auf.[58] Die positive Kenntnis von einem unrichti-

---

[57] Siehe etwa Rule 29 Land Register Rules 2003.

[58] So auch *Stadler* (Fußn. 49), 501. Die Kritik *Stadlers* gegen *Spellenberg* (FS für Lorenz

gen Registereintrag ist grundsätzlich unerheblich, sofern der Erwerber den Registereintrag nicht durch eine Arglist (*fraud*) erlangt hat.[59] Aus rechtspolitischer Sicht sind damit auch die entscheidenden Kritikpunkte am *Torrens-System* vorgezeichnet. Vergleichbar zum Abstraktionsprinzip ist der Verkehrsschutz nach dem reinen *Torrens-System* überzogen, da er auch solchen Personen einen Rechtserwerb gestattet, die positiv wissen, dass der Veräußerer nicht berechtigt ist. Die Arglist als Schranke des Rechtserwerbs kann nicht alle Fälle abdecken, da sie nur auf engen Anwendungsbereich beschränkt ist.

a) Die Vermutungswirkungen des Grundbuchs

Die Schöpfer des BGB entschieden sich gegen eine formale Rechtskraft des Grundbuchseintrags, wie dies einige Partikulargesetze kannten.[60] Da aber das Publizitätsprinzip im Liegenschaftsrecht unstreitig gelten sollte und das Grundbuch eine verlässliche Dokumentation bilden sollte, war der gesetzestechnische Weg mehr oder weniger vorgezeichnet. Er bestand darin, den öffentlichen Glauben des Grundbuchs mit einem Grundbuchsberichtigungsanspruch zu kombinieren und einen gutgläubigen Erwerb nach den §§892, 893 zuzulassen. Der Grundbucheintrag erwächst zwar nicht in formaler Rechtskraft, sondern er ist die Grundlage für zwei Vermutungen: Zum einen wird die materielle Richtigkeit des Grundbuchs (§891 Abs.1) vermutet, zum anderen die Nichtexistenz eines gelöschten Rechts (§891 Abs.2). Bedeutung erlangen diese Vermutungen für die Beweislast in gerichtlichen oder behördlichen Verfahren:[61] Wer die materielle Unrichtigkeit des Grundbuchs behauptet, hat dies zu beweisen (§292 ZPO). Diese Vermutungswirkungen reichen weniger weit, als das Prinzip der formalen Rechtskraft nach dem *Torrens-System*, verschaffen dem Eingetragenen gleichwohl eine günstige Rechtsposition und sind der wesentliche Grund dafür, warum das Grundbuch im Rechtsverkehr eine verlässliche Dispositionsbasis darstellt.

[1991], 779, 785, wonach das australische System ohne das Abstraktionsprinzip auskomme), geht aber fehl: Das australische Recht beruht nicht auf dem Trennungs- und Abstraktionsprinzip, das *Torrens-System* verzichtet gänzlich auf rechtsgeschäftliche Elemente bei der Eintragung in das Grundbuch.

[59] Näher dazu *Spellenberg*, FS Lorenz (1991), 779, 786ff, dort auch zu den beschränkten Ausnahmen von diesem Grundsatz mit Beispielen aus der neuseeländischen und australischen Praxis. Zu den davon abweichenden Grundsätzen im englischen Recht siehe sogleich sub a.

[60] Mot. III, 153; Prot. III, 48; siehe dazu auch MünchKomm/*Wacke* Vor §873 Rn. 12; *Schubert* (Fußn. 35), 107; *Staudinger/Gursky* §891 Rn. 1. *Johow* bezeichnete in seinem Teilentwurf ein Prinzip der formalen Rechtskraft als eine Anomalie im geltenden Recht (Vorentwurf 182). In einer formellen Rechtskraft erwuchsen die Grundbücher nach dem Recht von Hamburg, Lübeck, Mecklenburg (soweit kein ritterschaftlicher Grundbesitz betroffen war), Sachsen und dem bayerischen Entwurf. Siehe dazu die Übersicht in Mot. III, 28ff.

[61] Sie gilt selbstredend im Zivilprozess und außerdem im Grundbuchverfahren, siehe dazu ausführlich: *Staudinger/Gursky* §891 Rn. 62–74.

Die Publizitätswirkungen des Grundbuchs hängen entscheidend davon ab, was Gegenstand der Vermutungen ist und wie weit diese reichen. Bei der positiven Vermutung nach § 891 Abs. 1 knüpft das BGB dabei an die einzutragenden Tatsachen an. Die rechtstechnische Besonderheit dieser Vorschrift ist, dass sie selbst aus diesen Vermutungen bestimmte Folgen ableitet und nicht die eintragungspflichtigen Tatsachen selbst vermutet, sondern den Bestand des Rechts. Es handelt sich bei dieser Vorschrift mithin um eine Rechtszustandsvermutung.[62] Vermutet und damit vom Vermutungsgegner zu widerlegen wird der Bestand des Rechts als solches. Der Richter muss mithin nicht mehr unter die publizierten Tatsachen selbst subsumieren, da die Vermutung nach § 891 Abs. 1 diese Subsumtion vorwegnimmt. Damit bewegt sich die Publizität im Liegenschaftsrecht auf einem abstrakten Niveau. Ein als solches nicht sichtbares Recht wird kraft des Grundbuchs gleichsam visualisiert.

Den Charakter des § 891 Abs. 1 als Rechtszustandsvermutung hat man nur vereinzelt bestritten und sich dabei auf eine Stelle in den Motiven gestützt, wonach die zum Erwerb oder der Aufhebung des Rechts erforderlichen Tatsachen den Gegenstand der Vermutung bilden würden.[63] Aus dieser Aussage lassen sich jedoch keine Schlussfolgerungen ableiten, da die zweite Kommission das Publizitätsprinzip im Liegenschaftsrecht abweichend vom ersten Entwurf ausgestaltete.[64] Insbesondere der gutgläubige Erwerb im Liegenschaftsrecht wurde gegenüber dem Vorschlag im ersten Entwurf deutlich zurück genommen. Der erste Entwurf versagte bereits einen gutgläubigen Erwerb, wenn der Dritte die Tatsachen kannte, aus denen die Unrichtigkeit des Grundbuchs folgte. Dogmatisch folgerichtig war dies nur, wenn man dadurch die Vermutungsbasis als entkräftet ansah. Der zweite Entwurf und nunmehr das Gesetz erachtet die Tatsachenkenntnis des Dritten für unerheblich.[65] Dies bedeutet zugleich, dass sich die Vermutung nicht auf die erwerbsbegründenden Tatsachen bezieht, da anderenfalls die Vorschriften über den gutgläubigen Erwerb nicht mehr systemkonform erklärbar

---

[62] MünchKomm/*Wacke* § 891 Rn. 1; *Rosenberg*, Die Beweislast auf der Grundlage des BGB und der ZPO (1965), § 16; *Schwab/Prütting* Rn. 211; *Soergel/Stürner* § 891 Rn. 10; *Staudinger/Gursky* § 891 Rn. 2; *Westermann/Eickmann* § 71 III; *Wolff/Raiser* § 44 I; *Kuttner* IherJb 61 (1912), 109, 141 ff; siehe auch OLG Köln MittRhNotK 1995, 321. AA allerdings *Medicus*, FS Baur (1981), 63, 71 ff, wonach § 891 Abs. 1 im Ergebnis wie § 1006 Abs. 1 Satz 1 als eine Erwerbsvermutung zu verstehen sei. Abgesehen davon, dass der Wortlaut des § 891 Abs. 1 diese Auslegung nicht trägt, überzeugen auch die dafür genannten Gründe nicht. Das Grundbuch ist ein verlässlicherer Rechtsträger als der Besitz, so dass entgegen *Medicus* eine Rechtszustandsvermutung auch sachgerecht ist. Daran ändert auch das formelle Konsensprinzip nichts: Hier beruht die Richtigkeitsgewähr des Grundbuchs auf der Erfahrungstatsache, dass der Betroffene nur bewilligt, wenn er sich tatsächlich mit der anderen Partei geeinigt hat (näher § 3 V 1 a).

[63] *Musielak*, Die Grundlagen der Beweislast im Zivilprozess (1975), 76 ff. unter Berufung auf Mot. III, 155.

[64] So auch MünchKomm/*Wacke* § 891 Rn. 1 Fußn. 3; *Staudinger/Gursky* § 891 Rn. 2.

[65] *Lutter* AcP 164 (1964), 122, 163; *Staudinger/Gursky* § 892 Rn. 134; zur Konzeption des gutgläubigen Erwerbs nach den §§ 892, 893 sogleich sub b.

wären. Abgesehen davon geht die These von der Tatsachenvermutung des Grundbuchs ins Leere, wenn das formelle Konsensprinzip (§ 19 GBO) gilt. Neben der Bewilligung des Betroffenen untersucht das Grundbuchamt hier nur noch dessen Voreintragung und trägt aufgrund dieser Tatsachen ein Recht in das Grundbuch ein. Ein Erwerbsvorgang tritt hier nicht zu Tage. Aus der Einordnung der positiven Publizität als Bestandsvermutung ergibt sich schließlich deren Vermutungsinhalt. Zunächst vermutet das Gesetz die Rechtsinhaberschaft des Eingetragenen, nicht allerdings dessen Geschäftsfähigkeit oder das Fehlen von Verfügungsbeschränkungen.[66] Daneben wird vermutet, dass das fragliche Recht wirksam entstanden ist und damit dessen gesetzliche Tatbestandsvoraussetzungen erfüllt sind.[67] Die Vermutung aus § 891 Abs. 1 erstreckt sich auch auf den Betrag einer Hypothek, da dieser nach § 1115 Abs. 1 in das Grundbuch einzutragen ist. Bei akzessorischen Rechten ist allerdings zu differenzieren, wie weit die Vermutung reicht: Für die Verkehrshypothek erstreckt § 1138 die Vermutung des § 891 Abs. 1 auch auf den Bestand der Forderung. Bei den übrigen akzessorischen Rechten wie dem Pfandrecht an einem Liegenschaftsrecht oder einer Sicherungshypothek wird die Existenz der gesicherten Forderung nicht vermutet. § 1184 Abs. 1 stellt dies für die Sicherungshypothek ausdrücklich klar.[68]

Das folgerichtige Spiegelbild zur positiven Vermutung nach § 891 Abs. 1 ist die Erlöschensvermutung nach § 891 Abs. 2. Wenn die Grundbucheintragung als solche nicht in formeller Rechtskraft erwächst, kann es auch nicht die Löschung eines Grundbucheintrags nach § 46 GBO. Erst zusammen mit der Aufgabeerklärung nach § 875 Abs. 1 Satz 1 entfaltet eine Löschungserklärung eine materielle Wirkung. Eine *ex tunc* Wirkung kann die Vermutung aus § 891 Abs. 2 nicht entfalten, da sie erst zeitlich an eine Löschung eines eingetragenen Rechts anknüpft. Für den Zeitraum vor dieser Löschung ist daher die Vermutung aus § 891 Abs. 1 anwendbar. Dient eine Löschung nicht der Grundbuchberichtigung, so folgt aus § 891 Abs. 1 die positive Vermutung, dass das Recht zuvor bestanden hat.[69] Die

---

[66] Letzteres ist allerdings umstritten und hier nur kurz zu skizzieren: Da das Grundbuchamt nicht prüft, ob die Beteiligten geschäftsfähig sind, kann das Grundbuch dies auch nicht vermuten. Gleiches gilt für Verfügungsbeschränkungen. Wer als Erbe ohne Nacherbenvermerk (§ 51 GBO) eingetragen ist, gilt nicht ohne weiteres als uneingeschränkt verfügungsbefugt. Die Verfügungsbeschränkungen der §§ 2113 ff setzen sich mithin durch (*Erman/Lorenz* § 891 Rn. 29; *Palandt/Bassenge* § 891 Rn. 29; *Staudinger/Gursky* § 891 Rn. 29; aA und unzutreffend: OLG Frankfurt a.M. RPfleger 1991, 361).

[67] BGH DNotZ 1987, 493; RGZ 116, 177, 181; RG JW 1912, 196; MünchKomm/*Wacke* § 891 Rn. 4; *Soergel/Stürner* § 891 Rn. 10; *Staudinger/Gursky* § 891 Rn. 19 jeweils mwN.

[68] Allgemeine Ansicht, vgl. MünchKomm/*Wacke* § 891 Rn. 6; *Soergel/Stürner* § 891 Rn. 10; *Staudinger/Gursky* § 891 Rn. 19. Damit ist zugleich die im Rahmen der Akzessorietätsdiskussion vertretene Ansicht widerlegt, dass das Gesetz die Existenz der Forderung zum Tatbestandsmerkmal eines dinglichen Rechts erhebe (§ 3 I 2 c, V 3 c). Wenn dem so wäre, ließe sich die Vorschrift des § 1184 Abs. 1 nicht erklären.

[69] BGHZ 53, 355, 358f; *Joswig* ZfIR 2001, 613; MünchKomm/*Wacke* § 891 Rn. 23; *Soergel/*

praktische Bedeutung des § 891 Abs. 2 ist schmal. Allerdings herrscht über die Reichweite dieser Vorschrift Unsicherheit, da nach wie vor noch nicht abschließend geklärt ist, wie die negative Vermutung aus § 891 Abs. 2 mit dem Eintragungszwang verzahnt ist. Die herrschende Meinung lehnt einen solchen Zusammenhang zwischen § 891 Abs. 2 und dem Eintragungsgrundsatz nach § 873 Abs. 1 ab und beschränkt die Vermutung darauf, dass das ehemals eingetragene Recht auch tatsächlich erloschen ist. Eine Vollständigkeitsvermutung des Grundbuchs dergestalt, dass nicht eingetragene Rechte nicht bestehen, lasse sich aus § 891 Abs. 2 nicht ableiten.[70] Dem hat man nur vereinzelt widersprochen: Im Geltungsbereich des Eintragungszwangs sei nach dessen Wesen die Nichtexistenz nicht eingetragener Rechte zu vermuten, woraus sich eine Vollständigkeitsvermutung des Grundbuchs ableiten lasse.[71]

Nach praktischen Beispielen, in denen diese Debatte eine Rolle spielen könnte, sucht man vergebens. Wenn die Eintragung konstitutives Merkmal für das Entstehen eines Liegenschaftsrechts ist, so kann niemand schlüssig vortragen, ihm stehe ein solches Recht zu, obwohl es nicht eingetragen ist. Nur bei deklaratorischen Eintragungen kann daher die eine Vollständigkeitsvermutung überhaupt eine Rolle spielen. Damit sind relative Verfügungsverbote angesprochen, die zwar auch ohne Eintragung in das Grundbuch wirksam sind, aber gleichwohl eingetragen werden können.[72]

Gerade für diese Fälle enthält jedoch § 892 Abs. 1 Satz 2 eine abschließende Regelung, die im Ergebnis einer Vollständigkeitsvermutung entspricht. Wenn keine Verfügungsbeschränkung eingetragen ist und der Erwerber eine solche auch nicht kennt, erwirbt er das Grundstück kraft gutgläubigen Erwerbs. Es besteht kein praktisches Bedürfnis, über diese Fälle hinaus eine allgemeine Vollständigkeitsvermutung anzunehmen.

b) Zum gutgläubigen Erwerb im Liegenschaftsrecht

Im Gegensatz zum Fahrnisrecht war bei den Gesetzesberatungen unumstritten, dass ein gutgläubiger Erwerb im Liegenschaftsrecht zuzulassen ist. Der gutgläubige Erwerb im Liegenschaftsrecht ist kein Widerspruch zum Publizitätsgedan-

---

Stürner § 891 Rn. 11; *Staudinger/Gursky* § 891 Rn. 32 mwN; *Wolff/Raiser* § 44 I; aA noch RGZ 121, 318, 320.

[70] *Baur/Stürner* § 10 Rn. 12; *Jauernig/Jauernig* § 891 Rn. 6; RGRK/*Augustin* § 891 Rn. 37; *Staudinger/Gursky* § 891 Rn. 35; *Westermann/Eickmann* § 71 III 1.

[71] MünchKomm/*Wacke* § 891 Rn. 23.

[72] Darunter fallen beispielsweise die Verfügungsbeschränkungen bei der Anordnung der Nachlassverwaltung (§ 1984 Abs. 1), die Verfügungsbeschränkungen des Vorerben nach § 2113 Abs. 1, 2; die Verfügungsbeschränkungen bei der Testamentsvollstreckung (§ 2211). Aus dem Verfahrensrecht sind zu nennen: §§ 23, 146 ZVG (Beschlagnahme durch die Zwangsversteigerung oder Zwangsverwaltung); §§ 21 Abs. 2, 23, 81 InsO (Eröffnung des Insolvenzverfahrens); § 111 c Abs. 2, 5 StPO (Eröffnung des Strafverfahrens).

ken, sondern nur dessen weitere Umsetzung. Da das Publizitätsprinzip auch den Interessen des Rechtsverkehrs dient, muss der Dritte in seinem guten Glauben daran geschützt werden, vom Berechtigten zu erwerben. Aus diesem Grunde verknüpfte § 837 des ersten Entwurfs die positive Publizität des Grundbuchs mit dem rechtsgeschäftlichen Erwerb. Der gutgläubige Erwerb sollte nur dann ausgeschlossen sein, wenn der Erwerber positiv die Unrichtigkeit des Grundbuchs kennt oder die Tatsachen, die zu dessen Unrichtigkeit führten.[73] Die zweite Kommission verlieh dem gutgläubigen Erwerb im wesentlichen seine heutige Gestalt und klammerte entgegen dem ersten Entwurf den gutgläubigen Erwerb in der Zwangsvollstreckung aus.[74] Auch die erwerbsschädliche Kenntnis des Erwerbers beschränkte die zweite Kommission darauf, dass der Erwerber die Unrichtigkeit des Grundbuchs kennt. Die bloße Kenntnis der Tatsachen, aus denen sich die Unrichtigkeit des Grundbuchs ergibt, steht danach einem gutgläubigen Erwerb nicht entgegen.[75] Bösgläubig ist der Erwerber im Sinne des § 892 Abs. 1 damit nur, wenn er die wahre Rechtslage kennt und deswegen das Grundbuch für unrichtig hält. Die Tatsachenkenntnis ist dafür weder eine hinreichende noch notwendige Bedingung, da der Erwerber auch dann bösgläubig ist, wenn er sicher von dem fehlenden Eigentum des Veräußerers ausgeht, ohne die dem zugrunde liegenden Tatsachen zu kennen.[76]

Die Einzelheiten des gutgläubigen Erwerbs im Liegenschaftsrecht sind hier weiterhin nicht nachzuzeichnen, sondern nur die Schnittstellen zum Publizitätsprinzip aufzuzeigen. Im Gegensatz zum gutgläubigen Erwerb an beweglichen Sachen werfen die §§ 892, 893 nur wenige praktische Probleme auf. Dies dürfte einerseits durch die klare Gesetzesfassung bedingt sein und andererseits durch das formalisierte Grundbuchverfahren, das falsche Grundbucheintragungen zu vermeiden sucht.[77]

Auf der positiven Publizität des Grundbuchs beruhend, verwirklicht das Gesetz in den §§ 892, 893 das reine Rechtsscheinprinzip.[78] Der Grundbuchinhalt ist die ausschließliche Rechtsscheingrundlage, unerheblich ist, ob der Dritte den Inhalt des Grundbuchs kannte oder eine rechtsgeschäftliche Disposition im Vertrauen auf den Rechtsschein getroffen hat. Eine Kausalität zwischen dem Rechtsschein und dem rechtsgeschäftlichen Verhalten des Erwerbers ist nicht erforderlich. Da der Gutglaubensschutz mit dem Eintragungsgrundsatz verzahnt ist, ist es unerheblich, ob das zugrundeliegende Veräußerungsgeschäft entgeltlich oder unent-

---

[73] Vgl. Mot. III, 212ff; Ausführlich: *Schubert* (Fußn. 35), 109–114.

[74] Prot. III,77–79.

[75] Prot. VI, 222 anders noch Prot. III, 85f.

[76] *Lutter* AcP 164 (1964), 122, 163; MünchKomm/*Wacke* § 891 Rn. 50; *Staudinger/Gursky* § 891 Rn. 134; *Wolff/Raiser* § 45 I 5 b; siehe auch RG JW 1936, 804.

[77] *Baur/Stürner* § 23 Rn. 5; MünchKomm/*Wacke* § 892 Rn. 5; *Staudinger/Gursky* § 892 Rn. 7.

[78] Grdl. *H. Westermann* JuS 1963, 1, 6f; *Canaris*, Die Vertrauenshaftung im deutschen Privatrecht (1971), 471f; MünchKomm/*Wacke* § 892 Rn. 4; *Staudinger/Gursky* § 892 Rn. 6; *Wiegand* JuS 1975, 205, 207f.

geltlich ist. Unter dem Stichentscheid des Vorsitzenden lehnte es die zweite Kommission ab, den gutgläubigen Erwerb im Liegenschaftsrecht nur auf entgeltliche Geschäfte zu beschränken. Die Gründe dafür vermengen allerdings das Abstraktionsprinzip mit dem Publizitätsprinzip. Wegen der abstrakten Natur der dinglichen Rechtsgeschäfte könne bei der Eintragung kein Nachweis über das Kausalgeschäft verlangt werden.[79] Allein dies ist noch kein unüberwindbares Hindernis. Da nach §925 a die Auflassung nur entgegengenommen werden soll, wenn die notarielle Beurkundung über das Grundgeschäft vorgelegt oder gleichzeitig errichtet wird, ist das Kausalgeschäft bei der Auflassung gegenwärtig. Demgemäß wäre es durchaus denkbar, die notariell überprüften Unterlagen dem Eintragungsantrag beizulegen. Im Ergebnis ist die Entscheidung des Gesetzgebers, auch den gutgläubigen unentgeltlichen Erwerb im Liegenschaftsrecht zuzulassen, rein pragmatischer Natur. Man sah den unentgeltlichen Erwerber als schutzbedürftig an. Es widerspreche dem Verkehrsschutz, wenn man jedem Dritten gestatte, unter Berufung auf das Rechtsgeschäft zwischen dem Schenker und dem Beschenkten den gutgläubigen Erwerb zu Fall zu bringen.[80] Dieser Gedanke würde an sich auch für den gutgläubigen Erwerb an beweglichen Sachen Geltung beanspruchen. Warum der Gesetzgeber hier jedoch anders entschied, ist eine Wertungsfrage.

Unerheblich ist für den gutgläubigen Erwerb schließlich auch, ob der Veräußerer den Rechtsschein veranlasst hat, im Gegensatz zum Fahrnisrecht ist ein gutgläubiger Erwerb im Liegenschaftsrecht auch an abhanden gekommenen Sachen möglich.[81] Diese weit reichende Regelung steigert nochmals die Publizitätswirkung des Grundbuchs, da dessen positive Aussagen abschließend den Vertrauenstatbestand dokumentieren. Aus dem Grundbuch geht schließlich nicht hervor, ob eine Liegenschaft abhanden gekommen ist. Nur bei einem eingetragenen Widerspruch oder der positiven Kenntnis ist der gutgläubige Erwerb ausgeschlossen. Das Regelungskonzept der §§892, 893 differenziert damit wenig und wirkt durchaus »grob«.[82] Allerdings ist dies noch kein rechtspolitischer Tadel. Die Vorschriften der §§892, 893 gaben bislang nur wenig Anlass für höchstrichterliche Entscheidungen, so dass man ihren Wert für die Rechtssicherheit kaum bezweifeln kann.

3. Abschließende Bewertung

a) Grundbuchsystem und Transaktionskosten

Aus ökonomischer Sicht betrachtet, hat das Publizitätsprinzip die Aufgabe, Informationen offen zu legen, um Transaktionskosten zu minimieren. Externe Ef-

---

79 Prot. III, 82f.
80 Prot. III, 84.
81 Siehe etwa: *Medicus* JURA 2001, 294, 297; *Staudinger/Gursky* §892 Rn. 6.
82 So *Lutter* AcP 164 (1964), 122, 125; zustimmend: *Staudinger/Gursky* §892 Rn. 8.

fekte sollen dabei weitgehend vermieden werden. Vergleicht man unter diesem Gesichtspunkt die einzelnen Rechtsordnungen, so schlägt das Pendel deutlich zu Gunsten eines registrierten Grundeigentums aus. Die Publizität öffentlicher Register reduziert den Transaktionskostenaufwand des Erwerbers erheblich. Demgegenüber sind die Transkriptionssysteme mit ihrer rudimentär ausgestalteten Publizität erwerberfeindlich. Es ist deswegen bemerkenswert, dass die hier geschilderten Rechtsordnungen Frankreichs und Spaniens gleichwohl versuchen, Publizitätselemente einzufügen, obwohl sich dies mit einem Vertragssystem nicht verträgt. Unter Kostengesichtspunkten sind diese Systeme gleichwohl ineffizient. Das französische Recht läuft auf einen faktischen Eintragungszwang hinaus, kennt aber weder eine positive Publizität noch einen gutgläubigen Erwerb im Liegenschaftsrecht. Es erspart dem Erwerber daher keine Informationskosten, da dieser Nachforschungen über den Eigentumstitel anstellen muss, wenn er seines Erwerbs sicher sein will. Die beschriebene Rechtslage nach dem *Código Civil* erspart dem Erwerber immerhin diese Kosten, da hier im Ergebnis ein gutgläubiger Erwerb möglich ist. Gleichwohl sind auch hier die Publizitätswirkungen nicht umfassend. Da außerdem der Eintragungszwang nur ansatzweise gilt, ist die Registerführung ineffizient, zumal die Kosten des Registriersystems nur durch höhere Gebühren ausgeglichen werden können, was gerade bei kleineren Grundstücken die Parteien an einer Registrierung hindern wird. Bei nicht registriertem Grundeigentum treffen den Erwerber zudem auch hier mehr oder weniger hohe Transaktionskosten.

Das englische Liegenschaftsrecht Recht kennt keinen vergleichbaren öffentlichen Glauben des Registers wie das deutsche Grundbuch. Dies liegt daran, dass auch hier der Eintrag im *Land Register* grundsätzlich in formaler Rechtskraft erwächst. Die Transaktionskosten sind hier jedoch nicht anders verteilt als nach dem deutschen System. Im englischen Recht treffen den Erwerber grundsätzlich keine Nachforschungspflichten, nach deutschen Recht schadet nur die positive Kenntnis von der Unrichtigkeit des Grundbuchs. Zu Nachforschungen ist der Erwerber auch hier nicht gehalten. Ein entscheidender Nachteil des englischen Registerrechts gegenüber dem deutschen System ist allerdings, dass es unerheblich ist, ob der Erwerber weiß, dass der Registerinhalt unrichtig ist. Die englische Praxis muss sich hier mit der Arglisteinrede behelfen,[83] die nicht immer einfach zu beweisen ist. § 892 ist hier deutlich flexibler, da bei positiver Kenntnis des Erwerbers ein gutgläubiger Erwerb ausgeschlossen ist.

b) Registerpublizität und schuldrechtliche Rechtspositionen

Die diffuse Unterscheidung zwischen dinglichem und obligatorischem Recht strahlt auch auf die Publizität des Grundbuchs aus. Knüpft man die Publizitäts-

---

[83] Oben III 2.

wirkungen des Grundbuchs an den Charakter als dingliches Recht, schafft man Wertungswidersprüche bei bestimmten Gestaltungen des Erbbaurechts und des Wohnungseigentums. Bereits im allgemeinen Teil wurde darauf hingewiesen, dass hier die Grenzen zwischen dem dinglichen und dem obligatorischen Recht verschwimmen.[84] § 2 ErbbauVO gestattet den Parteien, bestimmte Abreden *inter partes* zum Inhalt des dinglichen Rechts zu erheben, setzt aber die Eintragung im Grundbuch voraus. Getreu der gesetzlichen Systematik müssen daher auch diese Abreden dem Verkehrsschutz durch die §§ 892, 893 unterfallen.

Allerdings ist dies umstritten. Jede der dazu vertretenen Ansichten kommt in Begründungsschwierigkeiten, wenn man mit dem Begriff des dinglichen Rechts arbeitet. So kennzeichnet die Debatte eine *mesalliance* von dogmatischen Brüchen und rechtspolitischen Forderungen. In dogmatische Brüche verwickelt sich besonders die herrschende Ansicht. Die nach § 2 ErbbauVO eingetragenen Rechte sollen danach nicht am öffentlichen Glauben nach §§ 892, 893 teilnehmen, da der Sinn des § 2 ErbbauVO nur darin bestehe, den Rechtsnachfolger an die Rechte und Pflichten zu binden.[85] Sieht man allerdings den Sukzessionsschutz als Merkmal eines dinglichen Rechts an, so führt sich diese Begründung selbst *ad absurdum*. Aber auch die im Ergebnis zutreffende Gegenansicht[86] tut sich schwer: Einerseits teilt man den Ausgangspunkt, dass die Abreden nach § 2 ErbbauVO schuldrechtlicher Natur sind, andererseits betont man die gesetzliche Formulierung, wonach die Abreden zum Inhalt des dinglichen Rechts gehören. Im starren Dualismus zwischen dinglichem und persönlichen Recht gefangen, wird man keine befriedigende Erklärung finden können. Der Weg aus diesem Dilemma ist nur gangbar, wenn man von der Verknüpfung zwischen Eintragung und Grundbuch ausgeht. Will man die Publizität des Erbbaugrundbuchs nicht entwerten, so muss man die §§ 892, 893 auf die Abreden nach § 2 ErbbauVO anwenden. Der zu unrecht eingetragene Heimfallanspruch nach § 2 Nr. 4 ErbbauVO unterliegt daher dem redlichen Erwerb. Umgekehrt geht dieser Anspruch unter, wenn er nach fälschlich gelöscht wurde.[87] Lässt man für die Abreden nach § 2 ErbbauVO keinen gutgläubigen Erwerb zu, so kann sich der Erwerber nicht mehr auf den Inhalt des Grundbuchs verlassen.

Die hier verfochtene Lösung gelangt zu einer folgerichtigen Begründung, indem sie auf das Verhältnis zwischen Eintragung und Publizitätswirkungen abstellt. Auf die unbrauchbare Unterscheidung zwischen dem dinglichen und dem

---

[84] § 2 III 2 b bb.

[85] *Ingenstau/Hustedt* § 2 Rn. 5 (sub 3); *v. Oefele/Winkler*, Handbuch des Erbbaurechts Rn. 4.37; *Ranft*, Die Verdinglichung des Erbbaurechtsinhalts (1993), 34f; wohl auch *Bamberger/Roth/Maaß* § 2 ErbbVO Rn. 19; *Demharter* DNotZ 1991, 28, 33 (für das WEG).

[86] *Meikel/Streck* § 53 Rn. 50; *Staudinger/Gursky* § 892 Rn. 206; *Staudinger/Rapp* § 2 ErbbVO Rn. 6 (2. Abs., allerdings geht *Rapp* auf die Diskussion nicht ein); *Weichhaus* RPfleger 1979, 329, 332.

[87] Vgl. *Staudinger/Gursky* § 892 Rn. 206.

persönlichen Recht ist dabei zu verzichten, da sich daraus für die Abreden nach § 2 ErbbauVO nichts ableiten lässt. Dass es nicht schwer fällt, diese Unterscheidung für die Lösung dogmatischer Zweifel aufzugeben, wurde schon einleitend betont.[88]

Eine vergleichbare, jedoch ungleich stärker ausgetragene Debatte entzündete sich im Wohnungseigentumsrecht. Ähnlich § 2 ErbbauVO gestatten es das WEG, Abreden *inter partes* eintragen zu lassen. Nach § 5 Abs. 4 WEG können die Wohnungseigentümer ihr Rechtsverhältnis untereinander zum Inhalt des Sondereigentums erheben, wobei diese Abreden gemäß § 10 Abs. 2 WEG in das Grundbuch einzutragen sind, wenn sie das Gesetzesrecht ergänzen oder davon abweichen. Zwischen den Parteien sind solche Abreden auch ohne eine Eintragung in das Wohnungsgrundbuch wirksam. Ihre Eintragung bindet allerdings die Rechtsnachfolger. Diese Regelungstechnik gilt auch bei Vereinbarungen über den Inhalt eines Dauerwohnrechts nach § 33 Abs. 4 WEG. Für die Frage, ob hier ein gutgläubiger Erwerb in Betracht kommt, ist zu unterscheiden:

Ein nicht eingetragenes Sondernutzungsrecht kann nach § 398 an ein Mitglied der Wohnungseigentümergemeinschaft übertragen werden oder an einen Dritten, wenn dieser zeitgleich mit der Zession Mitglied der Gemeinschaft wird.[89] An Dritter außerhalb der Wohnungseigentümergemeinschaft kann das Sondernutzungsrecht nicht übertragen werden, § 399 1. Var.[90] Ein gutgläubiger Erwerb eines in Wahrheit nicht bestehenden Sondernutzungsrechts scheidet hier aus, da kein Rechtsscheinträger das Sondernutzungsrecht dokumentiert. Stark umstritten ist jedoch, ob ein eingetragenes Sondernutzungsrecht gutgläubig erworben werden kann. Bei dieser Streitigkeit tauchen alle Argumente auf, die in der Paralleldiskussion zum Erbbaurecht angeführt werden. Allerdings gewinnen sie dadurch nicht an Überzeugungskraft.

So darf es für die Frage, ob ein gutgläubiger Erwerb eines Sondernutzungsrechts möglich ist, nicht darauf ankommen, nach welcher Vorschrift dieses Recht materiell-rechtlich übertragen wird. Gerade dies ist jedoch der Standpunkt einer Minderheit, die für ihren Standpunkt den Unterschied zwischen dinglichem und obligatorischen Recht bemüht. Da auch ein eingetragenes Sondernutzungsrecht eine schuldrechtliche Rechtsposition sei, könne sie nur gemäß § 398 zediert werden. Ein gutgläubiger Erwerb bei einer Zession komme jedoch nicht in Betracht.[91] Diese Begründung kann nicht überzeugen. Wie schon im allgemeinen Teil betont, widerspricht es einer zeitgemäßen Dogmatik, aus dem Unterschied

---

[88] § 2 VI 1.

[89] Siehe dazu etwa *Schuschke* NZM 1999, 241, 254 mwN.

[90] *Weitnauer/Lüke* § 15 Rn. 35; *Weitnauer* Anm. DNotZ 1990, 385, 388.

[91] *Bornemann*, Der Erwerb von Sondernutzungsrechten im Wohnungseigentumsrecht (2000), 179, 190; *Palandt/Bassenge* § 10 WEG Rn. 10; *Schnauder*, FS Bärmann und Weitnauer (1990), 567, 590f; *Weitnauer/Lüke* § 15 Rn. 35; *Weitnauer*, FS Larenz (1983), 704, 719; *ders.* Anm. DNotZ 1990, 385, 388; *ders.*, FS Niederländer (1991), 455.

zwischen dem dinglichen und dem obligatorischen Recht Rechtsfolgen abzuleiten. Lässt man sich dennoch auf ein Denken in diesen Kategorien ein, so kommt man nicht umhin, die Abreden nach § 10 Abs. 2 WEG als hybrid anzusehen, da es sich um eine schuldrechtliche Abrede mit Sukzessionsschutz und damit einer teilweise absoluten Wirkung handelt.[92] Deswegen lässt sich aus der Rechtsnatur der eingetragenen Abreden kein zuverlässiges Ergebnis ableiten. Wer dies dennoch versucht, gerät in die Gefahr, tautologisch zu begründen. Für den BGH und eine verbreitete Ansicht im Schrifttum stellen sich die eben beschriebenen Probleme nicht, da sie den Übergang des Sondereigentums der Norm des § 873 unterwerfen. Eine Zession hat der BGH als Übertragungsform ausdrücklich abgelehnt.[93] Deswegen ist es konsequent, auf dieser Grundlage einen gutgläubigen Erwerb zuzulassen wie dies der Praxis der Instanzgerichte entspricht.[94]

Auch dies ist auf Widerspruch gestoßen. So lehnt man eine direkte Anwendung des § 892 ab, da das Sondernutzungsrecht kein Liegenschaftsrecht sei.[95] Allerdings ist dieser Einwand formalistisch und wird auch nicht zwingend durch den Wortlaut des § 892 Abs. 1 Satz 1 gedeckt. Ein eingetragenes Sondernutzungsrecht beruht auf einem soliden Publizitätsträger. Der Grundsatz, dass die Eintragung die Reichweite des Gutglaubensschutzes vorbestimmt, gilt auch im Wohnungseigentumsrecht. Wollte man bei Sondernutzungsrechten anders entscheiden, würde man das Grundbuch als Publizitätsträger deutlich entwerten. Gewichtiger ist der zweite Einwand gegen den gutgläubigen Erwerb eines Sondernutzungsrechts: Man leugnet dafür ein Verkehrsbedürfnis, da eine Übertragung innerhalb der Wohnungseigentümergemeinschaft kein Verkehrsgeschäft sei.[96] Der gutgläubige Erwerb im Liegenschaftsrecht setzt zwar als ungeschriebenes Merkmal ein Verkehrsgeschäft voraus und damit die Übertragung an einen Dritten voraus.[97]

---

[92] Näher § 2 III 2 b bb, VI 1.

[93] BGHZ 73, 145, 148f; *Bärmann/Pick* Vor § 10 Rn. 23; *Bärmann/Pick/Merle* § 10 Rn. 55; *Böttcher* BWNotZ 1996, 80, 92; *Merle* RPfleger 1978, 86, 87; *Röll*, FS Seuß (1987), 233, 238f; *ders.* Anm. Mitt BayNotV 1990, 85, 87; *F. Schmidt* MittBayNot 1985, 237, 246; *Schweiger*, Sondernutzungsrechte im Wohnungseigentum (1987), 182f; *Staudinger/Gursky* § 892 Rn. 206 jeweils mwN. Siehe auch *Ertl*, FS Seuß (1987), 151, 153ff wonach gemäß § 398 zu übertragen sei, aber eine Analogie zu § 893 in Betracht komme. Ohne diese Konstruktion einen gutgläubigen Erwerb befürwortend allerdings *ders.* DNotZ 1988, 4, 20.

[94] BayObLG DNotZ 1990, 382, 383; BayObLG RPfleger 1991, 308; BayObLG FGPrax 1999, 2f lässt offen; OLG Frankfurt aM FGPrax 1997, 214; OLG Stuttgart NJW-RR 1986, 315, 318; OLG Stuttgart Wohnungseigentum 1999, 119. Aus der Lit.: *Bärmann/Pick* § 8 Rn. 32; *Ertl* DNotZ 1988, 4, 20 RGRK/*Augustin* § 10 WEG Rn. 23, 38; *Staudinger/Gursky* § 892 Rn. 206.

[95] *Demharter* DNotZ 1991, 28, 33f; *Schnauder*, FS Bärmann und Weitnauer (1990), 567, 594; so auch *Lüke/Becker* Anm. DNotZ 1996, 676, 677f, die sogar den Typenzwang für ihr Ergebnis bemühen.

[96] *Bornemann* (Fußn. 91), 191; *Schnauder*, FS Bärmann und Weitnauer (1990), 567, 594; *Weitnauer* Anm. DNotZ 1990, 385, 388. Auch das OLG Stuttgart NJW-RR 1986, 315, 318 betont diesen Gesichtspunkt und will einen gutgläubigen Erwerb nur zulassen, wenn Veräußerer und Erwerber nicht wirtschaftlich identisch sind.

[97] Siehe dazu nur *Staudinger/Gursky* § 892 Rn. 90–93.

Allerdings sind die Maßstäbe, wann ein Rechtsgeschäft kein Verkehrsgeschäft ist, alles andere als eindeutig. Man sollte jedenfalls nicht vorschnell ausschließen, dass ein Verkehrsgeschäft zwischen den Mitgliedern einer Wohnungseigentümergemeinschaft möglich ist. Wenn die Übertragung des Sondernutzungsrechts mit der Begründung des Wohnungseigentums zeitlich zusammenfällt, dürfte der Erwerber als Dritter anzusehen sein, da er bislang außerhalb der Wohnungseigentümergemeinschaft stand. Für die übrigen Fälle lässt sich eine pauschale Lösung nicht finden. Als besondere Form der Bruchteilsgemeinschaft[98] ist die Wohnungseigentümergemeinschaft nicht durch ein vergleichbar starkes rechtliches Band verbunden, wie es die Mitglieder einer Personengesellschaft sind. Erst wenn das rechtliche Verhältnis der Wohnungseigentümer untereinander eine vergleichbare Regelungsdichte wie bei einer Gesellschaft aufweist, dürfte ein Verkehrsgeschäft fraglich sein.[99] Dies ist eine Frage des Einzelfalles, deren Beantwortung allerdings nicht das Thema dieses Abschnitts ist.

An der grundsätzlichen Frage, ob auch im Grundbuch eingetragene schuldrechtliche Abreden am Gutglaubensschutz teilnehmen können, ändert der zuletzt genannte Gesichtspunkt jedoch nichts. Für das Wohnungseigentum sind damit die Weichen gestellt, auch bei den Abreden nach §2 ErbbauVO sind die §§892, 893 anzuwenden. Die Unstimmigkeiten über den Verkehrsschutz beim Erbbaurecht und beim Wohnungseigentum eröffnen gleichzeitig eine Perspektive für eine Gesetzestechnik *de lege ferenda.* Was in das Grundbuch einzutragen ist und damit am öffentlichen Glauben teilnimmt, ist eine Wertentscheidung des Gesetzgebers. Die Rechtslage beim Erbbaurecht und dem Wohnungseigentum beweist, dass nicht nur dingliche Rechte eintragungsfähig sind. Vielmehr können auch schuldrechtliche Rechtspositionen öffentlichen Glauben genießen. Es entspricht damit auch keiner vorgegebenen Sachlogik, dass nur dingliche Rechte grundbuchfähig sein können. Rechtsvergleichend betrachtet, bestätigt dies das englische Recht, das bestimmten Umfanges eine Eintragung in ein Register kennt, aber nicht die Unterscheidung zwischen dinglichem und persönlichem Recht. Diese Gesichtspunkte zwingen zu der Erkenntnis, dass man auch schuldrechtliche Rechtspositionen als grundbuchfähig anerkennen könnte. Besonders nahe liegt dies, wenn sich der Rechtsinhalt eines obligatorischen Vertrages und eines dinglichen Rechts überschneiden. Damit ist das Verhältnis zwischen Miete, Pacht und den dinglichen Nutzungsrechten angesprochen. *Prima facie* spräche nichts dagegen, Miete und Pacht an Grundstücken künftig als grundbuchfähig anzusehen. Wie das Erbbaurecht und das Wohnungseigentum beweisen, sind die auftretenden Fragen bei eingetragenen schuldrechtlichen Rechtspositionen durchaus zu bewältigen. Von dem aussagelosen Dualismus zwischen dinglichem und per-

[98] Zur rechtlichen Einordnung der Wohnungseigentümergemeinschaft siehe etwa MünchKomm/ *Commichau* Vor §1 WEG Rn. 28ff mwN.

[99] Siehe zu den gesellschaftsrechtlichen Fällen: *Staudinger/Gursky* §892 Rn. 102–105.

sönlichem Recht hat man sich bei der Betrachtung zu trennen. Um dem hier verfochtenen Anspruch, Rechtsdogmatik und Rechtspolitik zu trennen, gerecht zu werden, ist an dieser Stelle darauf noch nicht einzugehen.

IV. Der Besitz als Publizitätsträger

Bei beweglichen Sachen ist der Besitz der Publizitätsträger. Dieser Satz gehört ebenso zum Allgemeingut wie die Aussage, dass der Besitz nur unvollkommen für Publizität sorgen könne.[100] Kaum ein Teil des bürgerlichen Rechts wurde derart intensiv untersucht wie der Besitz. Seit dem Jahre 1803, in dem Savigny seine berühmte Schrift veröffentlichte,[101] riss der Strom der Arbeiten zum Besitz nicht ab.[102] Der Besitz durchlief bei der Schaffung des BGB mehrere Metamorphosen. Welche Bedeutung diese für das Publizitätsprinzip haben, ist kurz darzustellen, da ohne die historische Entwicklung des Besitzes die gesetzliche Regelung unverständlich ist. Mit dem römischen und dem germanischen Recht hatte der Gesetzgeber zwei gegensätzliche Vorläufer: Das germanische Recht baute auf den Geweren auf. Sie hatten eine zentrale Bedeutung und bildeten das »Kleid des Sachenrechts«, da sie das Publizitätsprinzip verwirklichten.[103] Die Gewere, verstanden als Gewahrsam an einer Sache, hatten eine Legitimationswirkung. Wer sie innehatte, galt als Inhaber eines dinglichen Rechts. Im Streit um ein dingliches Recht genoss der Inhaber der Gewere bestimmte Beweisvorteile.[104]

Bereits früh verdrängte das römische Recht in der Deutung der Glossatoren die Gewere als Rechtsinsitut, nicht jedoch das Publizitätsprinzip. Dabei kannte das römische Recht kein dem germanischen Recht vergleichbares Publizitätsprinzip und musste folglich den Besitzbegriff nicht auf dieses Prinzip zuschneiden. Das eher heterogene römische Besitzrecht schnitt die Besitzarten auf die jeweilige Funktion zu, der sie zu dienen hatten. So knüpfte die *possessio cilvilis*, der Ersit-

---

[100] *Wolff/Raiser* § 4 II 4 (23).

[101] *v. Savigny*, Das Recht des Besitzes.

[102] Beispielhaft seien (in zeitlicher Reihenfolge) erwähnt: *Goldtschmidt*, Grundlagen der Besitzlehre (1884); *O. v. Gierke*, Die Bedeutung des Fahrnisbesitzes für streitiges Recht nach dem Bürgerlichen Gesetzbuch für das Deutsche Reich (1897); *Sokolowski*, Philosophie im Privatrecht, Band II: Der Besitz im klassischen und dem deutschen bürgerlichen Gesetz (1907); *Kress*, Besitz und Recht (1909); *Hübner*, Der Rechtsverlust im Mobiliarsachenrecht (1955), *Sandtner*, Kritik der Besitzlehre (1968); *Schwake*, Zur Entwicklung des Besitzbegriffs im 19. Jahrhundert unter dem Einfluss Savignys (1984); *Hedinger*, System des Besitzrechts (1985); *Ernst*, Eigenbesitz und Mobiliarerwerb (1992), *Hartung*, Besitz und Sachherrschaft (2001); *Sosnitza*, Besitz und Besitzschutz (2003).

[103] So die berühmte Beschreibung des *Otto v. Gierke*, Deutsches Privatrecht II, § 113 IV, 189. Hier werden die Gewere nur in ihrer Bedeutung für das Recht an beweglichen Sachen beschrieben.

[104] *v. Gierke* (vorige Fußn.), 191; *E. Huber*, Die Bedeutung der Gewere im Deutschen Sachenrecht, Berner Festschrift für Halle (1894), 8ff.

zungsbesitz, unter anderem an die tatsächliche Sachherrschaft an, war aber in der Hauptsache darauf beschränkt, den Ersitzungstatbestand auszufüllen.[105] Andere tatsächliche Gewaltverhältnisse wie die *detentio* fasste das römische Recht nicht als Besitz auf.[106] Die tatsächliche Sachherrschaft war damit nach römischem Recht nicht die gemeinsame Klammer des Besitzrechts, sondern ein Faktum, das für die rechtliche Einordnung von untergeordneter Bedeutung war.

1. Das Besitzrecht im historischen Spiegel

a) Besitz und »Inhabung« im ersten Entwurf

Der 1. Entwurf zum BGB stellte eine Mischung aus dem römischen Besitzrecht und dessen deutschrechtlich beeinflussten Weiterentwicklungen dar.[107] Er baute auf der strengen Unterscheidung von »Inhabung« und »Besitz« auf (vgl. §797 Abs. 1 des ersten Entwurfs). Die Inhabung bedeutete die tatsächliche Gewalt über die Sache, der Besitz verlangte den Willen, die Sache als eigene zu haben (Besitzwille). Diese strikte Trennung und die Terminologie entstammen dem gemeinen römischen Recht. Als Besitzer galt damit nur der heute so definierte Eigenbesitzer.[108] Für diese Trennung führte die erste Kommission rechtstechnische Gründe an: Der Besitz war allein deswegen geregelt, »um dadurch häufig vorkommende Voraussetzungen von Rechtsnormen, welche in anderen Abschnitten sich finden, zu bestimmen«.[109] Die Motive zählten hier die Vindikation, Ersitzung, die Tradition sowie die Okkupation und die Dereliktion auf.[110] Die heutigen Besitzschutzansprüche knüpften nach dem Entwurf der ersten Kommission an die Inhabung an und damit an den tatsächlichen Sachzugriff. Der hier geregelte Besitzschutz war rein possesorischer Natur und stand der Sache nach Notwehrrechten nahe. Diese Trennung zwischen Inhabung als tatsächlicher Erscheinung, Besitz als verrechtlichtes Faktum und dem Eigentum findet philosophische Wurzeln bereits bei Kant. Er unterscheidet zwischen dem »intelligiblen Besitz« als Besitz ohne Inhabung (*detentio*) und dem physischen Besitz.[111] Es ist hier nicht der Frage

[105] Siehe etwa *Kaser/Knütel* § 19 Rn. 8. Neben der tatsächlichen Sachherrschaft erforderte der Ersitzungsbesitz einen Eigenbesitzwillen und eine *iusta causa possessionis* (Erwerbstitel).

[106] *Ernst* (Fußn. 102), 1f.; *Kaser/Knütel* § 19 Rn. 16.

[107] Die deutschrechtlichen »Gewere« nahm man allerdings bewusst nicht auf, da in keinem deutschem Territorium mehr praktiziert, siehe dazu *Schubert* (Fußn. 35), 60. Hier wird die Entstehungsgeschichte nur insoweit wiedergegeben, wie dies für den Besitz als Publizitätsträger bedeutsam ist. Im Detail stritt man besonders über den Besitzschutz. Darauf ist hier nicht näher einzugehen, näher dazu *Schubert*, aaO, 57ff.

[108] *Hartung* (Fußn. 102), 98f; *Schubert* (Fußn. 35), 60 m.w.N. Fußn. 311.

[109] Motive III, 78.

[110] Vgl. vorige Fußn. Der Entwurf vollzog damit in orthodoxer Form die aus dem römischen Recht bekannte Unterscheidung zwischen *possessio* und *detentio*.

[111] *Kant*, Metaphysik der Sitten, Allgemein Rechtslehre § 1.

nachzugehen, ob sich der Gesetzgeber davon leiten ließ. Fest steht jedoch, dass bereits der erste Entwurf mit der römisch rechtlichen Tradition brach, da er Mietern und Pächtern Besitzschutzrechte zubilligte, die an die reine Inhabung anknüpften.[112] Gleicht man bereits an dieser Stelle ab, welche Zusammenhänge zwischen dem Besitz und dem Publizitätsprinzip bestehen, so nähren sich Zweifel. In den Ausführungen zum Publizitätsprinzip betonen die Motive, dass aus dem Tatsächlichen auf das Rechtliche geschlossen werden solle.[113] Dieses Faktum ist die Inhabung, nicht aber der Besitz. Der Besitz erscheint im ersten Entwurf als verrechtlichter Eigenbesitz, den die Motive nicht als tatsächliches Faktum verstanden, sondern als einen rechtlichen Klammerbegriff. Der Ausgangspunkt in den Motiven, dass der Besitz als Publizitätsträger diene, ist damit verfehlt. Die Motive wollten damit etwas in Einklang bringen, was nicht zu vereinbaren war: Offenkundigkeitsprinzip und Besitz. Das Offenkundigkeitsprinzip ist germanischen Ursprunges, dem römischen Recht war es in einer vergleichbar rigorosen Form unbekannt. Im germanischen Recht wiesen die Gewere, verstanden als tatsächliche Sachherrschaft, auf das Eigentum hin. Der Inhaber der Sachgewalt galt als Berechtigter.[114] In das BGB selbst sollte die im Übrigen schillernde Figur der Gewere nicht aufgenommen werden, da dieser Begriff in den Partikularrechten weitgehend bedeutungslos war. Im Gegensatz zum germanischen Recht kannte das römische Recht keinen Offenkundigkeitsgrundsatz, dafür aber den Besitz. Damit bestand im römischen Recht kein Zwang, den Besitz den Voraussetzungen eines Publizitätsgrundsatzes anzugleichen.

Der erste Entwurf kannte in § 805 Abs. 1 ein Besitzkonstitut, regelte es aber unter dem Gesichtspunkt des Eigentumswechsels. Einem Dritten konnte nach dieser Vorschrift eine Sache auch dadurch übergeben werden, indem der bisherige Besitzer dem Dritten gegenüber erklärte, die tatsächliche Gewalt für ihn auszuüben. Versucht man, das Besitzrecht des ersten Entwurfs kurz zu charakterisieren, so fällt zum einen auf, dass der Besitz als Rechtsfigur verstanden wurde und nicht mit der tatsächlichen Sachherrschaft gleichgesetzt war. Wie sich aus den Motiven selbst ergibt, regelte man das Besitzrecht einheitlich in einem gesonderten Abschnitt, um die das BGB kennzeichnende »Klammertechnik« in Gesetzesform zu gießen. Die tatsächliche Sachherrschaft war nur für den Besitzschutz entscheidend. Für die weiteren Ausführungen ist bedeutsam, dass bereits nach den Motiven die tatsächliche Sachherrschaft nicht notwendige Voraussetzung für die Rechtsnormen war, die an den Besitz anknüpften. Das Besitzrecht des ersten Entwurfes erfuhr erhebliche Kritik. Einer der Hauptkritiker bezeichnete ihn als »ver-

---

112 *Ernst* (Fußn. 102),18f; *Schubert* (Fußn. 35), 72.

113 Mot III, 801.

114 *O. v. Gierke* II, 191, *ders.* (Fußn. 102, 17f (»äußere Legitimation«); *Huber*, Berner Festschrift für Halle (1894), 22. Aus »neuerer« Zeit dazu zusammenfassend: *Weber* (Fußn. 16), 78ff.

künstelt und verschroben«.[115] Die zweite Kommission sah sich daher gehalten, das Besitzrecht gänzlich umzuarbeiten.[116]

b) Der »Besitzpragmatisums« im zweiten Entwurf

Der zweite Entwurf gab die strenge Trennung zwischen Inhabung und Besitz auf und regelte das Besitzrecht insgesamt pragmatischer. Der Besitz diente als Klammerbegriff für die tatsächliche Gewalt und weiterer als Besitz eingestufter Verhältnisse. Unter dem Eindruck der vorangegangenen Kritik regelte der zweite Entwurf den Besitz nicht mehr in der epischen Breite des ersten Entwurfs. Das Normendickicht lichtete die zweite Kommission, indem sie nur noch solche Vorschriften in das Gesetz aufnehmen wollte, die für den Besitzschutz bedeutsam sind.[117] Die tatsächliche Sachherrschaft über eine Sache bezeichnete man nun allgemein als Besitz (§ 777 Abs. 1 zweiter Entwurf = § 854 Abs. 1). Dadurch ging die »Inhabung« des ersten Entwurfs im Besitzbegriff auf. Gleichzeitig klangen aber noch Elemente aus dem ersten Entwurf nach. Obwohl der Eigenbesitz als besondere Kategorie besonders kritisiert wurde,[118] hielt die zweite Kommission daran fest. Sie erachtete ihn für bestimmte Vorschriften wie die Ersitzung, den Fruchterwerb und das Besitzkonstitut für unentbehrlich.[119] Weiterhin trieb die zweite Kommission die Aufspaltung des Besitzbegriffes auf die Spitze. Dies zeigt sich besonders bei der Besitzdienerschaft und dem mittelbaren Besitz. § 778 des zweiten Entwurfes (§ 855) regelte den Besitzdiener und verrechtlichte dadurch den Besitz weiter. Der Sache nach beruhte dieses Rechtsinstitut auf der Trennung zwischen einer besitzschutzlosen Inhabung und dem Besitz. Da die zweite Kommission jedoch den Besitz als Oberbegriff verstand und die Konstruktion der Inhabung ablehnte, ordnete sie hier aus pragmatischen Gründen den Besitz dem Besitzherrn zu. Dabei ging die zweite Kommission ausdrücklich davon aus, dass der Besitzdiener der Inhaber der tatsächlichen Sachherrschaft sei. Aus dieser Sachherrschaft sollten jedoch keine Ansprüche oder ein Zurückbehaltungsrecht des Besitzdieners gegenüber dem Geschäftsherrn folgen.[120] Publizitätsgedanken standen hierbei nicht im Vordergrund, sondern nur die Frage, wie innerhalb eines Abhängigkeitsverhältnisses die zivilrechtlichen Ansprüche sachgerecht zu regeln sind. Vom Publizitätsgedanken ließ sich die zweite Kommission auch nicht leiten,

---

115 *Otto v. Gierke*, Der Entwurf eines bürgerlichen Gesetzbuchs und das deutsche Recht (1889), 294.

116 Die zeitgenössische Kritik ist hier im Einzelnen nicht darzustellen. Siehe dazu ausführlich *Schubert* (Fußn. 35), 73ff mwN.

117 Prot. III, 28.

118 *Ihering*, Der Besitzwille, zugleich eine Kritik der herrschenden juristischen Methode (1889), 492f; siehe auch *Bekker* IherJb 30 (1891), 235, der gänzlich auf ein subjektives Besitzelement verzichtete (z.B. 336f).

119 Prot. III, 227f.

120 Prot. III, 31f.

als sie den mittelbaren Besitz weiter entwickelte. Vielmehr stand hier im Vordergrund, insbesondere einem Vermieter oder Verpächter Besitzschutzansprüche einzuräumen: Eine besondere Vorschrift über den mittelbaren Besitz hielt man deswegen für notwendig um auch solchen Personen den Besitzschutz zu gewähren, die zwar nicht die tatsächliche Gewalt über die Sache ausüben, jedoch kraft des Besitzmittlungsverhältnis ihre tatsächliche Beziehung zu der Sache nicht gänzlich aufgegeben haben.[121] Bei den Beratungen der zweiten Kommission schlug man entgegengesetzt dazu vor, die Vorschrift über den mittelbaren Besitz gänzlich zu streichen, da für einen besonderen Besitzschutz des mittelbaren Besitzers kein Bedürfnis bestehe. Außerdem widerspreche die Vorschrift § 854, indem sie den Besitzschutz von der tatsächlichen Gewalt ablöse.[122] Die Kommissionsmehrheit lehnte dies ab, ohne allerdings die Bedenken entkräften zu können.

c) *Zwischenergebnis*

Terminologisch und konstruktiv war das Besitzrecht des BGB daher eine schwere Geburt. Der Besitz stellt sich danach als ein unterschiedlich definiertes Phänomen dar, das grundsätzlich durch die Sachherrschaft einer Person gekennzeichnet wird. Um jedoch für bestimmte Fälle aus der tatsächlichen Sachherrschaft keine Rechte herleiten zu können, wurde die tatsächliche Sachherrschaft für den Besitzdiener als Besitz wegdefiniert. Umgekehrt meinte man, den Besitz in bestimmten Fällen noch durch den Eigenbesitz anreichern zu müssen. In der ganzen Diskussion um das Besitzrecht spielte der Besitz als Publizitätsträger keine Rolle. Man stellte sich nicht die Frage, ob der Besitz dazu geeignet sei, ein Rechtsverhältnis hervortreten zu lassen. Es bedarf keiner genauen Feststellung über den Inhalt des Publizitätsbegriffes um zu folgern, dass der Besitz als Publizitätsträger untauglich ist. Publizitätsprinzip und Besitz passen nicht zueinander. Der Gesetzgeber übernahm im wesentlichen den Besitz so, wie er im römischen Recht verstanden wurde und änderte ihn nur *en detail*. Gleichzeitig befrachtete er den Besitz mit einer Aufgabe, die er im römischen Recht gar nicht wahrnehmen konnte und auf die er folglich gar nicht zugeschnitten war. Analysiert man, wie sich das Besitzrecht historisch entwickelte, so gewinnt man den Eindruck, als sei im Laufe der Verhandlungen über das BGB die Publizitätsfunktion des Besitzes aus den Augen verloren worden. Misslich erscheint nur, dass bei den Verhandlungen zum BGB nicht mehr überprüft wurde, inwieweit das zu schaffende Besitzrecht tatsächlich der Publizität dient. Es lässt sich darüber allenfalls spekulieren, aber nicht wissenschaftlich solide darüber befinden. Zugespitzt formuliert, dient das römische Recht einem germanischen Prinzip. Jedoch war es für das germanische Publizi-

[121] Prot. III, 221. Ausführlich zur Entstehungsgeschichte des mittelbaren Besitzes: *Schnatenberg*, Der falsch verstandene mittelbare Besitz (1995), 85ff.

[122] Prot. III, 222f.

tätsprinzip undenkbar, auf dem römischen Besitz aufzubauen, wie umgekehrt der römisch-rechtlich orientierte Besitz nicht eine Funktion übernehmen konnte, zu der er außerstande war. Dieser grundlegende Widerspruch im BGB lässt sich im Kern nur schwer ausräumen. Vor diesem Hintergrund ist damit Zurückhaltung gegenüber allen Versuchen geboten, Besitz und Publizitätsprinzip im Sachenrecht dogmatisch zu modellieren.

2. Publizitätsprinzip und Besitzformen

Alle Besitzarten betrachtet das Gesetz als gleichwertig. Die verschiedenen Besitzarten lassen sich allerdings sinnvoll nicht mehr auf eine einheitliche Definition zurückführen.[123] Eine andere Frage ist es, ob sich wegen der vielfältigen Besitzarten Spannungen mit dem Dogma von der Gleichwertigkeit des Besitzes ergeben. Hier interessiert besonders die Frage, ob und inwieweit die verschiedenen Besitzformen eine aussagekräftige Publizitätsgrundlage bilden.

a) Tatsächliche Sachherrschaft als Anknüpfungspunkt

Das BGB verzichtet darauf, den unmittelbaren Besitz zu definieren, sondern regelt in § 854 Abs. 1 nur dessen Erwerb: Wer die tatsächliche Sachherrschaft über eine Sache erlangt, ist deren Besitzer. Allgemein deutet man diesen Tatbestand zugleich als Definition des unmittelbaren Besitzes: Besitz ist danach die tatsächliche Herrschaft einer Person über eine Sache.[124] Auf einen ersten, groben Blick zeigt die tatsächliche Sachherrschaft deutliche Parallelen zu den Geweren auf, die im Grundsatz an ein tatsächliches Element anknüpfen. Damit erlaubt die tatsächliche Sachherrschaft des Besitzers, auf das dahinter stehende Recht zu schließen. In diesem grob strukturierten Zusammenhang scheint der Besitz zunächst als Publizitätsträger für Rechte an beweglichen Sachen geeignet. Versteht man den Besitz als eindeutig wahrnehmbares Faktum, so kann er tatsächlich die Rechtslage ebenso solide wiedergeben, wie das Grundbuch. Es muss kaum hervorgehoben werden, dass dem nicht so ist. Der Begriff der »tatsächlichen Sachherrschaft« ist allerdings umstritten, es wird sogar generell bestritten, dass der Besitz der tatsächlichen Sachherrschaft gleichzusetzen ist.[125] Dabei deckt sich der Ausgangspunkt der herrschenden Ansicht noch mit dem Publizitätsprinzip: Die Verkehrsanschauung bestimmt danach, ob eine tatsächliche Sachherrschaft bestehe,[126] einer

---

[123] *Joost*, GS Schultz (1987), 167f; 181f; MünchKomm/*Joost* Vor § 854 Rn. 2; *Staudinger/Bund* Vorbem zu §§ 854ff Rn. 34ff mwN.

[124] MünchKomm/*Joost* § 854 Rn. 3; im Ergebnis auch *Soergel/Stadler* § 854 Rn. 4 (»auf engste mit der tatsächlichen Gewalt verknüpft«). Die tatsächliche Gewalt entspricht der tatsächlichen Sachherrschaft, BGHZ 57, 166, 168.

[125] So namentlich *Ernst* (Fußn. 102), 28ff et passim; *Hartung* (Fußn. 102), 160ff.

[126] BGHZ 101, 186, 188; BGH DB 1971, 40; BGH WM 1970, 1518, 1519; *Baur/Stürner* § 7

juristischen Begriffsbildung entziehe sich die tatsächliche Sachherrschaft als elementarer Begriff.[127] Orientiert am Publizitätsgedanken besticht dieser Ausgangspunkt zunächst, da er suggeriert, dass der Rechtsverkehr eine homogene Anschauung über den Begriff der Sachherrschaft habe. Die Sachherrschaft stellt sich danach als etwas Offenkundiges dar, so dass über ihre Existenz nicht zu streiten ist, sondern nur die Verkehrsanschauung zu befragen ist. Bei näherer Betrachtung entpuppt sich der Rückgriff auf die Verkehrsanschauung als aussagelose Formel und ist deswegen abzulehnen.[128]

Während das Grundbuch als solches kraft des § 891 ein Beweismittel für Rechte und Rechtsverhältnisse ist, liegt es beim Besitz anders. Der unmittelbare Besitz verstanden als tatsächliche Gewalt ist kein Beweismittel, sondern ein Rechtsbegriff, dessen Voraussetzungen selbst dem Beweis zugänglich sind. Die tatsächliche Sachherrschaft ist damit ein rechtliches Abstraktum und nicht notwendig eine unbeweisbare Tatsache. Was im Einzelfall aber erst eines Beweises bedarf, erzeugt keinen Rechtsschein und ist damit ein untauglicher Publizitätsträger.

Entkräften ließe sich dieser Einwand nur, wenn die tatsächliche Sachherrschaft juristisch eindeutig beschreibbar ist. Die Praxis zeigt jedoch, dass die tatsächliche Sachherrschaft nicht einheitlich definierbar ist, sondern oft am Fall ausgerichtet ist und sich daher einem Fallgruppenrecht nähert. Generell bettet man die Definition in ein Merkmalsbündel ein: Die tatsächliche Sachherrschaft verlangt danach eine räumliche Beziehung einer Person zu einer Sache, die auf eine bestimmte Dauer angelegt ist und eine physische Einwirkungsmöglichkeit auf die Sache gestattet.[129] Die räumlich bedingte Einwirkungsmöglichkeit lässt sich jedoch abstrakt-generell nicht bestimmen. Einfache Sachverhalte werfen anscheinend Zweifel auf, ob ein unmittelbarer Besitz überhaupt begründet wurde. Bei der Schlüsselübergabe zu einem Raum differenziert die herrschende Meinung nach dem Zweck, auch wenn sich am tatsächlichen Näheverhältnis im Einzelnen nichts ändert. Dem Grundsatz nach vermittelt der Schlüssel zu einem verschlossenen Raum die Sachherrschaft über den Raum selbst und die dort auffindbaren Sachen. Behält nun der Vermieter offen einen Schlüssel zurück, so soll dies dessen unmittelbaren Mitbesitz begründen.[130] Dies vermag normativ betrachtet zu überzeugen. Unklar und umstritten ist jedoch, ob ein solcher unmittelbarer Mitbesitz

---

Rn. 5; *Eichler* II/1, 7; *Erman/Lorenz* § 854 Rn. 2; *Jauernig/Jauernig* § 854 Rn. 2; RGRK/*Kregel* § 854 Rn. 7: *Schwab/Prütting* Rn. 52; *Soergel/Stadler* § 854 Rn. 4; *Staudinger/Bund* § 854 Rn. 6, 11; *Westermann/Gursky* § 9 I 4; *Wieling I* § 4 I 1 a (131). *Wolf* Rn. 162; *Wolff/Raiser* § 5 III (25).

[127] *Wolff/Raiser* § 5 III (25). So bereits *Goldtschmidt*, Vermischte Schriften 1, 49.

[128] *Hartung* (Fußn. 102), 128f; *Ernst* (Fußn. 102), 42f; *Hedinger* (Fußn. 102), 16; *Kegel*, FS v. Caemmerer (1978), 149f; MünchKomm/*Joost* § 854 Rn. 4.

[129] RGZ 74, 146, 149; RGZ 75, 221, 223; RGZ 92, 265, 267; *Baur/Stürner* § 7 Rn. 6f; *Brehm/Berger* § 3 Rn. 6; *Erman/Lorenz* § 854 Rn. 3; *Müller-Erzbach* AcP 142 (1936), 5, 16f; *Palandt/Bassenge* § 854 Rn. 2; RGRK/*Kregel* § 854 Rn. 2; *Schwab/Prütting* Rn. 53; *Staudinger/Bund* § 854 Rn. 10.

[130] BGH NJW 1979, 715.

auch entsteht, wenn ein Schlüssel im Rahmen von Mietverhältnissen heimlich zurückbehalten wird. Eine verbreitete Ansicht nimmt hier den Alleinbesitz des Mieters an,[131] während eine Gegenansicht auch hier von einem Mitbesitz und damit einem tatsächlichen Gewaltverhältnis für den Vermieter ausgeht.[132] Hier ändert sich das Näheverhältnis zur Sache aber nicht dadurch, indem der Schlüssel heimlich zurückgehalten wird. Wer hier gleichwohl einen Alleinbesitz des Mieters annimmt, normativiert dadurch das räumliche Näheverhältnis. Bei Stahlkammerfächern nimmt die herrschende Meinung an, dass der Inhaber des Schlüssels den alleinigen unmittelbaren Besitz am Inhalt des Schließfaches innehat.[133] Auch das hat man angezweifelt, da ja der Kunde ohne den Willen der Bank keinen Zutritt zu dem Schließfach als solches habe.[134] Beide Fälle zeigen, dass das räumliche Näheverhältnis verschieden verstanden werden kann und durch normative Wertungen angereichert ist. Dadurch verliert der Begriff der tatsächlichen Sachherrschaft an tatsächlicher Qualität und wird immer mehr in eine rechtlich anerkannte Sachherrschaft umgedeutet. Gleich wie man zu diesen Einzelfällen stehen mag, sie zeigen, wie wenig Faktisches der tatsächlichen Gewalt noch innewohnt.

Eine zeitliche Mindestschranke für die tatsächliche Sachherrschaft ist jedoch abzulehnen. Welche Frist eine ausreichende Mindestdauer ergibt, lässt sich im Allgemeinen nicht feststellen. Man verweist statt dessen auf Kathederbeispiele wie das Niederlassen eines Spaziergängers auf einer Parkbank, wodurch der Spaziergänger noch nicht zum Besitzer der Parkbank werde. Die Einwirkungsmöglichkeit ist jedoch nicht zeitbedingt, sondern setzt nur eine räumliche Nähe voraus.[135]

Zeigen damit schon die Beispiele, wie unklar der Begriff der tatsächlichen Sachherrschaft im Gegensatz zum Grundbuch ausfällt, so versucht die herrschende Ansicht gleichwohl einen weiteren Publizitätsgedanken in § 854 Abs. 1 hineinzulesen, indem sie verlangt, dass die räumliche Nähe erkennbar sein müsse.[136] Auch das ist aber keine sinnvolle Präzisierung, da unklar bleibt, was hier erkennbar sein soll. Bis zu welcher Distanz kennzeichnet eine räumliche Nähe für einen Dritten eine Sachherrschaft? Eine allgemeine Antwort darauf lässt sich nicht finden. Zudem ist es für einen Dritten in aller Regel nicht erkennbar, ob eine Sache besitzlos

---

[131] RGZ 103, 100, 101; *Staudinger/Bund* § 854 Rn. 49.

[132] MünchKomm/*Joost* § 854 Rn. 29; *Palandt/Bassenge* § 854 Rn. 6; *R. Schmidt* AcP 134 (1931), 1, 21ff; *Westermann/Gursky* § 9 II 5.

[133] OLG Düsseldorf NJW-RR 1996, 839, 840; OLG Celle JW 1927, 73; *Baur/Stürner* § 55 Rn. 17; MünchKomm/*Joost* § 866 Rn. 4; *Palandt/Bassenge* § 866 Rn. 2; RGRK/*Kregel* § 866 Rn. 6; *Westermann/Gursky* § 9 II 5.

[134] *O. Werner* JuS 1980, 175, 176; im Anschluss daran: *Soergel/Stadler* § 854 Rn. 6.

[135] *Hartung* (Fußn. 102), 130ff; MünchKomm/*Joost* § 854 Rn. 11f; *Soergel/Stadler* § 854 Rn. 8; *Westermann/Gursky* § 9 II 7.

[136] BGHZ 44, 27, 32; RGZ 77, 202, 208; *Brehm/Berger* Rn. 3.7; *Erman/Lorenz* § 854 Rn. 2; *Jauernig/Jauernig* § 854 Rn. 2; teilweise anders *Soergel/Stadler* § 854 Rn. 7, wonach nur der Erwerb des Besitzes erkennbar sein müsse; siehe auch *Baur/Stürner* § 7 Rn. 16.

ist oder nur vorübergehend dem Zugriff des Eigentümers entzogen ist. Es handelt sich bei der »Erkennbarkeit« daher nicht um Rechts-, sondern um Beweisfragen.[137]

Zusammengefasst zeigt sich, dass der unmittelbare Besitz nur wenig dazu geeignet ist, einen Publizitätsträger zu bilden.[138] Gerade in Grenzfällen ist immer wieder unklar, ob eine Person die tatsächliche Gewalt über eine Sache innehat oder nicht. Keinesfalls erlaubt der Besitz annähernd so zuverlässige Rückschlüsse wie das Grundbuch. Ein Publizitätsträger darf allerdings nicht zweideutig sein, da er sonst seine innere Legitimation selbst *ad absurdum* führt. Sobald allerdings der Begriff der tatsächlichen Sachherrschaft normativiert wird, schließt man von einem rechtlichen Abstraktum auf ein anderes rechtliches Abstraktum: Ein normativer Begriff wandelt sich dadurch zugleich in einen Rechtsscheinträger. Von einem Publizitätsträger entfernt sich die Sachherrschaft in diesem Falle deutlich. Allenfalls für eindeutige Fälle vermag der unmittelbare Besitz eine beschränkte Aussagekraft zu gewährleisten, nicht hingegen in Zweifelsfällen. Solche Zweifel auszuräumen ist aber gerade die Aufgabe eines Publizitätsträgers.

b) Zum offenkundigen Besitz bei der Besitzdienerschaft

Kein Besitzer ist, wer die tatsächliche Gewalt für einen anderen in dessen Haushalt oder Erwerbsgeschäft ausübt oder in einem ähnlichen Verhältnis, aufgrund dessen er Weisungen wegen der beweglichen Sache befolgen muss (§ 855).[139] Die-

---

[137] MünchKomm/*Joost* § 854 Rn. 15; dem folgend: *Hartung* (Fußn. 102), 130ff. Dagegen *Soergel/ Stadler* § 854 Rn. 7 Fußn. 27. Der dort vorgebrachte Einwand gegen die Ansicht von *Joost* greift aber nicht durch. Der unbeobachtete Finder ist auch dann Besitzer, wenn man niemand den Fund erkennen konnte und deswegen eine abstrakte Erkennbarkeit ausscheidet.

[138] So auch *Picker* AcP 188 (1988), 511, 562 der kritisiert, dass der unmittelbare Besitz zu »abstrakt und esoterisch« sei.

[139] Anhand welcher Kriterien der Begriff »Besitzdiener« zu konkretisieren ist, ist umstritten. Der BGH und die wohl herrschende Meinung verlangen ein »soziales Abhängigkeitsverhältnis« (BGHZ 27, 360, 363; BGH LM § 1006 BGB Nr. 2; RGZ 71, 248, 251; *Erman/Lorenz* § 855 Rn. 2; *Palandt/Bassenge* § 855 Rn. 1; RGRK/*Kregel* § 855 Rn. 5; *Staudinger/Bund* § 855 Rn. 6; *Wolff/ Raiser* § 6 III). Daraus ist nicht ersichtlich, was ein solches Abhängigkeitsverhältnis ausmacht. In einem Subordinationsverhältnis kann diese Abhängigkeit nicht bestehen (so jedoch *Wolff/Raiser* § 6 III), da das Zivilrecht von der Gleichordnung der Beteiligten ausgeht. Der Begriff der »sozialen Abhängigkeit« ist viel zu unbestimmt, als dass sich aus ihm konkrete Folgerungen ableiten lassen (*Hartung* [Fußn. 102], 211; *Müller-Erzbach* AcP 142 (1936), 5, 27f; MünchKomm/*Joost* § 855 Rn. 1; *Wieling* I § 4 IV 1 a bb). Auch andere Ansätze sind dogmatischen Bedenken ausgesetzt: So stellt man teilweise darauf ab, dass sich der Besitzdiener bewusst dem Willen des Besitzherrn unterstelle und dies für die Verkehrsanschauung erkennbar sei (*Wieling* I § 4 IV 1 a). Die Verkehrsanschauung ist jedoch ein denkbar ungeeignetes Kriterium, da die Maßstäbe, nach denen sie entscheidet, intransparent sind. Konkreter lässt sich der Begriff dadurch fassen, indem man für ein Besitzdienerverhältnis eine derart intensive Weisungsgebundenheit verlangt, so dass dem sofortigen Zugriff des Besitzherrn keine Hindernisse entgegenstehen (MünchKomm/*Joost* § 855 Rn. 5; dem folgend: *Witt* AcP 201 (2001), 165, 166). Der im Schrifttum dagegen vorgebrachte Einwand einer *petitio principii* (*Hartung* [Fußn. 102], 220) überzeugt nicht: Die Zugriffsmög-

se Person ist Besitzdiener, der Weisungsberechtigte ist Besitzer. In einer arbeitsteiligen Wirtschaft mit gestaffelten Produktionsabläufen existiert ein »Volk von Besitzdienern«,[140] so dass die praktische Bedeutung dieses Tatbestandes groß ist. Die große praktische Bedeutung der Besitzdienerschaft gibt damit auch Auskunft darüber, ob und welchen Maßes das Publizitätsprinzip ein lebendiges Sachenrechtsmerkmal ist. Das Gesetz betrachtet allein den Besitzherrn als Besitzer, so dass sich die Frage stellt, ob dieser Besitz offenkundig ist und damit ein brauchbarer Publizitätsträger sein kann. Wie bereits bei den Ausführungen zu §854 Abs. 1 betont, so kann auch bei §855 der Besitz seine Aufgabe als Publizitätsträger nur erfüllen, wenn man ihn möglichst wertungsfrei hält und auf tatsächliche Fakten beschränkt. Der herrschenden Ansicht gelingt dies, da sie bei §855 von einem Gleichlauf zwischen Besitz und tatsächlicher Sachherrschaft ausgeht: Der Besitzherr hat danach die tatsächliche Sachherrschaft inne und ist in diesem Sinne der Besitzer. Dem Besitzdiener ordnet man keine besitzrechtlich relevante Stellung gegenüber dem Eigentümer zu.[141] Diese systematische Einordnung gestattet es, das Traditionsprinzip zu wahren, wenn bei der Eigentumsübertragung Besitzdiener eingeschaltet sind. Vom Standpunkt der herrschenden Meinung aus ergeben sich daher keine Reibungspunkte zum Publizitätsprinzip, da innerhalb des §855 Sachherrschaft und Besitz zusammenfallen.

Diese Deutung überzeugt jedoch nicht, da sie sowohl der Entstehungsgeschichte widerspricht und sich auch nicht in der Praxis widerspiegelt. Wie bereits ausgeführt (oben III 1 b), fügte erst die zweite Kommission den heutigen §855 ein um klarzustellen, dass der Besitzdiener keine Besitzschutzrechte gegenüber dem Besitzherrn haben sollte. Mithin ging der Gesetzgeber davon aus, dass der Besitzdiener Inhaber der tatsächlichen Gewalt sei.[142] §855 stellt sich danach als Ausnahmenorm dar, da hier eine andere Person als Besitzer behandelt wird, die nicht die tatsächliche Sachherrschaft innehat. Analysiert man die Praxis, so zeigt sich, dass sich der Besitz des Besitzherrn von einer tatsächlichen Sachherrschaft abgelöst

lichkeit des Besitzers ist nicht die Rechtsfolge des §855 und kann daher sehr wohl ein Tatbestandsmerkmal darstellen. Zu bedenken ist aber, dass diese tatsächliche Zugriffsmöglichkeit fehlt, wenn eine große räumliche Distanz zwischen Besitzherrn und Besitzdiener besteht. Je weiter sich daher der Besitzdiener räumlich vom Besitzherrn entfernt, desto eher würde sich das besitzrechtliche Band zu diesem lösen. Neuerdings möchte man durch das Kriterium der Fremdnützigkeit den Besitzdiener beschreiben (*Hartung* [Fußn. 102], 231ff; dagegen: MünchKomm/*Joost* §855 Rn. 6; *Westermann/Gursky* §10 II 1). Dieses Kriterium mag für eine Vielzahl von Fällen der zutreffende Ansatzpunkt sein. Entstanden ist es jedoch aus einer Interessenabwägung zwischen den Beteiligten, bei der stets die Gefahr besteht, dass die im Einzelfall als angemessen empfundenen Rechtsfolgen in Interessen umformuliert und in den Tatbestand implementiert werden.

[140] So das Schlagwort nach *Baur/Stürner* §7 Rn. 69.

[141] RGZ 71, 248, 251; *Eichler* II/1, 29; *Palandt/Bassenge* §855 Rn. 1; RGRK/*Kregel* §855 Rn. 5; *Soergel/Stadler* §855 Rn. 2; *Westermann/Gursky* §10 II (89); *Wieling* I §4 IV 1 a (156); *Wilhelm* Rn. 339.

[142] Prot. III, 3340 = Mugdan III, 504.

hat und allein die Weisungsbefugnis ausschlaggebend dafür ist, ob der Besitzherr als Besitzer einzuordnen ist. Beispielsweise stuft man einen Hausverwalter als Besitzdiener ein, hingegen den auswärts wohnenden Hauseigentümer als Besitzer, obwohl dieser keine räumliche Nähe zum Objekt hat.[143] Das Reichsgericht sah einen Handlungsreisenden nicht als Besitzer der Musterstücke an, sondern nur als Besitzdiener.[144] Die beiden beispielhaft herausgegriffenen Fälle[145] zeigen, dass der Besitz des Besitzherrn keine tatsächliche Sachherrschaft ist, wovon bereits auch die Gesetzesbegründung ausging. Diesen Befund bestätigt auch die Übereignung durch oder an einen Besitzdiener. Zwei Fallgestaltungen sind hier denkbar: War der Erwerber bisher nur der Besitzdiener des Veräußerers, genügt es für eine Übergabe, wenn das Besitzdienerverhältnis aufgehoben wird und nunmehr der Besitzdiener zum Eigenbesitzer wird.[146] Auf eine Besitzübergabe verzichtet die herrschende Ansicht, was sich indes nicht damit verträgt, dass der Besitzdiener keinen Besitz haben soll. Die umgekehrte Konstellation, in der der Veräußerer zum Besitzdiener seines früheren Besitzdieners wird, verdeutlicht dies: Auch hier geht man meist von einer Besitzübergabe aus.[147]

Nicht nur in den beschriebenen Übergabekonstellationen sondern allgemein verlangt eine verbreitete Ansicht, dass das Abhängigkeitsverhältnis nach außen erkennbar sein müsse.[148] Diese Forderung ist geradezu verräterisch. Sofern man den Besitz des Besitzherrn als eine tatsächliche Sachherrschaft einordnet, bedarf es dieses Kriteriums nicht, da die Sachherrschaft bereits als solche erkennbar sein müsste. Davon scheint aber die Rechtsprechung selbst nicht auszugehen, so dass die tatsächliche Sachherrschaft des Besitzherrn nichts anderes als ein Lippenbekenntnis ist. Um eine Restpublizität aufrecht zu erhalten, überzeugt es aber auch nicht, ein äußerlich erkennbares Abhängigkeitsverhältnis zu verlangen. Bereits der Ausgangspunkt ist unklar: Wie soll ein Dritter erkennen, dass der Besitzdiener Weisungen unterliegt? Zudem wird diese Abhängigkeitsverhältnis nicht erkennbar sein, wenn sich der Besitzherr in einer größeren räumlichen Entfernung von der dem Besitzdiener anvertrauten Sache befindet.[149] An der Besitzdienerschaft ändert diese Entfernung überhaupt nichts.

---

143 LG Mannheim WuM 1974, 60.

144 RGZ 71, 248, 251.

145 Weitere Beispiele bei MünchKomm/*Joost* § 855 Rn. 14; *Soergel/Stadler* § 855 Rn. 10.

146 *Baur/Stürner* § 51 Rn. 14; *Martinek* AcP 188 (1988), 573, 583f; *Soergel/Henssler* § 929 Rn. 56; *Staudinger/Wiegand* § 929 Rn. 48.

147 *Martinek* AcP 188 (1988), 573, 583f; *Jauernig/Jauernig* § 929 Rn. 10; *Soergel/Henssler* § 929 Rn. 59; *Weber* JuS 1998, 577, 579; aA zu beiden Konstellationen: *Süß*, FS Wolff (1952), 151, 152; kritisch MünchKomm/*Quack* § 929 Rn. 121.

148 RGZ 77, 201, 209; BGHZ 27, 360, 363; BGH DB 1956, 963; BGH LM § 1006 Nr. 2

149 So zu Recht: *Joost* (MünchKomm § 855 Rn. 11). Das Schrifttum verlangt deswegen bei § 855 nicht, dass Abhängigkeitsverhältnis nach außen hervortreten müsse (*Baur/Stürner* § 7 Rn. 67; *Erman/ Lorenz* § 855 Rn. 9; *Soergel/ Stadler* § 855 Rn. 4; *Westermann/Gursky* § 10 II 5; *Wolff/Raiser* § 6 III).

Versucht man nach alledem, § 855 systematisch einzuordnen, so ist in der Tat davon auszugehen, dass hier die tatsächliche Gewalt und der Besitz auseinander fallen.[150] Dies findet seine Ursache letztlich darin, dass der Gesetzgeber in bestimmten Situationen Besitzschutzansprüche eines Besitzdieners für unangemessen hielt. So richtig dieser Gedanke sein mag, so wenig hat der Gesetzgeber dabei den pauschalen Satz bedacht, dass der Besitz der Publizitätsträger im Fahrnisrecht sei. Die der Besitzdienerschaft zugeordneten Funktionen sind mit der Funktion des Besitzes als Publizitätsträger unvereinbar. Das Rechtsinstitut des Besitzdieners lässt damit nicht nur die Publizitätsfunktion des Besitzes verschwimmen,[151] sondern bricht streng genommen auch mit dem Trennungs- und Abstraktionsprinzip. Mit Rücksicht auf ein relatives Verhältnis zwischen dem Prinzipal und dem Besitzdiener, wird letzterem der Besitz abgesprochen. Dies entwertet den äußerlich erkennbaren Besitz als Vermutungsträger. Das Fazit fällt demgemäß negativ aus: Bei der Besitzdienerschaft spricht das Faktum der tatsächlichen Sachherrschaft nicht für das Eigentum. Die wahren Eigentumsverhältnisse verbergen sich hinter dem Rechtsverhältnis zwischen dem Besitzherrn und dem Besitzdiener.

c) Mittelbarer Besitz und Publizität

Das Gesetz stuft den mittelbaren Besitzer als echten Besitzer ein: Besitzt jemand eine Sache kraft eines Rechtsverhältnisses, durch das er auf Zeit einem anderen gegenüber zum Besitz berechtigt ist, so ist auch der andere Besitzer (mittelbarer Besitz, § 868). Die Konstruktion des mittelbaren Besitzes war schon bei der Entstehung des BGB streitig und ist nach wie vor in einigen Eckpunkten umstritten. Wie der mittelbare Besitz das Publizitätsprinzip verwirklicht, wird zwiespältig behandelt: Einerseits betont man, dass der mittelbare Besitz das Publizitätsprinzip aufweiche, andererseits versucht man eine Brücke zum Publizitätsprinzip herzustellen und den mittelbaren Besitz einem Faktum nahe zu rücken. Die bislang überwiegende Ansicht deutet den mittelbaren Besitz als eine Form vergeistigter oder vermittelter Sachherrschaft.[152]

Die Gründe dafür überzeugen nicht und wirken gekünstelt. Meist begründet man die tatsächliche Sachherrschaft des Besitzmittlers mit den Tatbestandsmerkmalen des § 868 selbst: Das in dieser Vorschrift vorausgesetzte Besitzmittlungs-

---

[150] *Hartung* (Fußn. 102), 207; MünchKomm/*Joost* § 855 Rn. 1; inzident auch *Soergel/Henssler* § 929 Rn. 59.

[151] Ebenso: *Hübner*, (Fußn. 102), 65; *Witt* AcP 201 (2001), 165, 166.

[152] BGH NJW 1955, 499; *Bamberger/Roth/Fritzsche* § 868 Rn. 2; *Bruns*, Besitzerwerb durch Interessenvertreter (1910), 40, 155; *Erman/Lorenz* § 868 Rn. 2; *Jauernig/Jauernig* § 854 Rn. 3; *Palandt/Bassenge* § 868 Rn. 1; RGRK-*Kregel* § 868 Rn. 3; *Schönfeld* JZ 1959, 301, 302; *Soergel/Stadler* § 868 Rn. 2; *Staudinger/Bund* § 868 Rn. 5; *Westermann/Gursky* § 17/5; *Wolff/Raiser* § 8 I 1 (31); *Wilhelm* Rn. 453.

verhältnis dokumentiere die tatsächliche Sachherrschaft des mittelbaren Besitzers.[153] Diese wiederkehrende Formulierung ist jedoch eine reine Behauptung und keine Begründung.[154] Das Besitzmittlungsverhältnis ist ein Rechtsverhältnis, so dass im Ergebnis dies darauf hinausläuft, aus einem rechtlichen Verhältnis auf die Sachherrschaft und damit auf eine Tatsache zu schließen. Den Kern des Publizitätsprinzips stellt ein solches Vorgehen geradezu auf den Kopf. Ebenso wenig überzeugt auch der oft gegebene Hinweis, dass der mittelbare Besitzer ja nur eine zeitlich begrenzte Sachherrschaft habe: Sie äußere sich deswegen, da der mittelbare Besitzer einen Herausgabeanspruch gegenüber dem Besitzmittler habe.[155] Jedoch widerlegt sich dieses Argument selbst. Wenn der mittelbare Besitzer eine tatsächliche Sachherrschaft haben soll, stellt sich die Frage, warum er dann noch eines Herausgabeanspruches bedarf.[156] Vielmehr spielt das Zeitelement für den Elementarbegriff der tatsächlichen Sachherrschaft keine Rolle. Die mutmaßliche Dauer der Sachherrschaft ändert nichts an deren faktischem Zustand. Auch ein Herausgabeanspruch ändert daran nichts, da dieser ein rechtliches Element ist, die Sachherrschaft ein rein faktisches. Das Vorgehen der überwiegenden Ansicht erweist sich damit als methodisch unhaltbar. Die tatsächliche Sachherrschaft ist ein Elementarbegriff der an Faktisches anknüpft, aber nicht durch gesetzliche Wertungen definierbar ist.[157] Im Ergebnis läuft daher die herrschende Meinung darauf hinaus, das gewünschte Ergebnis aus dem Tatbestand abzuleiten, der gerade diese Frage offen lässt: § 868 enthält keinen Hinweis, ob der mittelbare Besitz wirklich als Sachherrschaft zu verstehen ist.[158]

So nehmen die Stimmen im Schrifttum zu, die den mittelbaren Besitz nicht als abgeschwächte Form einer tatsächlichen Sachherrschaft verstehen.[159] Im dogmatischen Konzept ist man sich jedoch uneins: Verbreitet ist die Annahme, dass der mittelbare Besitz eine gesetzliche Fiktion sei und im Wesentlichen nur den Sinn habe, die Rechtsfolgen des Besitzes auf den mittelbaren Besitzer zu erstrecken.[160]

---

[153] *Westermann/Gursky* § 17/5f; *Staudinger/Bund* § 868 Rn. 5.

[154] So auch die Kritik von *Ernst* (Fußn. 102), der der herrschenden Ansicht vorwirft, unjuristisch vorzugehen, da sie sich nicht am Tatbestand des § 868 orientiere.

[155] *Soergel/Stadler* § 868 Rn. 2; *Staudinger/Bund* § 868 Rn. 5.

[156] Kritisch dazu auch *Ernst* (Fußn. 102), 108f, 124f; *Hartung* (Fußn. 102), 264; *Wieling I* § 6 I 2 a (214); *ders.*, Studi Sanfilippo, 732f. Alle Autoren weisen darauf hin, dass der Besitzmittler die tatsächliche Gewalt gerade für den Zeitpunkt aufgebe, für den der Besitzmittler besitzen darf. *Wieling* (AcP 184 [1984], 439, 453f) weist zutreffend darauf hin, dass auch ein Eigenbesitzer, der sein Grundstück zu einem unbefristeten Erbbaurecht überträgt, ein mittelbarer Besitzer sein muss. Auch aus diesem Grunde ist die zeitliche Beschränkung des mittelbaren Besitzes und damit auch der Herausgabeanspruch eine irreführende Kategorie, um den mittelbaren Besitz zu beschreiben.

[157] Plastisch MünchKomm/*Joost* § 868 Rn. 5: Die Welt des Geistes ist eine andere als die der Tatsachen.

[158] Kritisch zu dem Vorgehen der herrschenden Ansicht auch *Ernst* (Fußn. 102), 102.

[159] *Ernst* (Fußn. 102), 102ff; *Hartung* (Fußn. 102), 256ff; MünchKomm/*Joost* § 868 Rn. 6; *Pikker* AcP 188 (1988), 511, 532f; *Schnatenberg* (Fußn. 121), 154; *Wieling* AcP 184 (1984), 440.

[160] *Wendt* AcP 187 (1897), 40, 49; *Müller-Erzbach* IherJb 53 (1908), 331, 362; *Wieling*, Studi

Stillschweigend setzt diese Ansicht den Besitz mit der tatsächlichen Sachherrschaft gleich. Dies hat man neuerdings kritisiert und will das Problem dadurch lösen, indem man die tatsächliche Sachherrschaft vom Besitzbegriff abspaltet und den Besitzmittler als Eigenbesitzer versteht, der keine tatsächliche Sachherrschaft innehat.[161] Im Rahmen dieser Untersuchung ist dazu nur kurz Stellung zu beziehen. Wie die historische Analyse zeigt, diente der Begriff des mittelbaren Besitzes dazu, dem Vermieter und vergleichbaren Personen einen Besitzschutz einzuräumen und somit die Vorschrift des §869 zu rechtfertigen. Als einfachster Weg erschien dem Gesetzgeber, die als schutzbedürftig erkannten Personen auch als Besitzer zu bezeichnen. Der mittelbare Besitzer dient als rechtliches Versatzstück dazu, einem Besitzer ohne Sachherrschaft Besitzschutzrechte einzuräumen.[162] Somit stellt sich auch die Vorschrift des §868 als Ergebnis des umstrittenen Besitzschutzes dar. Publizitätsfragen stellten sich seinerzeit für den Gesetzgeber ebenso wenig wie die Frage, ob der mittelbare Besitz als Sachherrschaft zu deuten ist. Gerade das Beispiel des mittelbaren Besitzes verdeutlicht, wie weit der Besitzbegriff aufgespalten ist und sich von seinem ursprünglichen Ziel lösen muss, als Publizitätsträger zu dienen. Der Gesetzgeber versah den Besitz daneben mit anderen Aufgaben, die das Publizitätsbedürfnis *ad absurdum* führen. Publizität, tatsächliche Sachherrschaft und mittelbarer Besitz lassen sich daher nicht zusammenfügen.

Zu welchen Schieflagen die Absicht des Gesetzgebers geführt hat, indem er den mittelbaren Besitz einerseits auf den Besitzschutz zuschnitt, andererseits aber als besondere Besitzform definierte, zeigt die Diskussion um die Tatbestandsmerkmale des §868. Seit Entstehen des BGB hat diese Debatte nicht nachgelassen, geschweige denn, dass man von einer einheitlichen Lösung sprechen könnte. So soll der mittelbare Besitz davon abhängen, dass der Besitzmittler den Willen hat, für den mittelbaren Besitzer zu besitzen.[163] Von diesem Erfordernis rückt man jedoch wieder ab, wenn das Besitzmittlungsverhältnis seine Grundlage in einem gesetzlichen Schuldverhältnis findet.[164] Die genauere Analyse zeigt, dass der Besitz-

Sanfilippo, 732f, 736; *ders.* AcP 184 (1984), 440, 441; *Siebert* ZHR 93 (1929), 1, 19; krit. dazu *Ernst* (Fußn. 102), 107f.

161 *Ernst* (Fußn. 102), 102f.

162 So auch *Ernst* (Fußn. 102), 104f, der jedoch darauf abstellt, dass der mittelbare Besitzer als Eigenbesitzer stets die possessorischen Besitzschutzrechte genösse. Dies wiederum setzt voraus, dass der possessorische Besitzschutz nicht an die tatsächliche Sachherrschaft anknüpft (wovon *Ernst*, 112f. ausgeht).

163 RGZ 135, 75, 78; BGH NJW 1955, 499; *Michalski* AcP 181 (1981), 384, 387; RGRK/*Kregel* §868 Rn. 9; *Soergel/Stadler* §868 Rn. 9; *Staudinger/Bund* §868 Rn. 24; *Tiedtke* WM 1978, 446, 452; *Westermann/Gursky* §19 I 2 (127); siehe auch *Picker* AcP 188 (1988), 511, 532 Fußn. 54 zur historischen Entwicklung dieses Grundsatzes.

164 BGHZ 9, 73, 78f; BGH MDR 1954, 95; BayObLGZ 1953, 273, 277; OLG Düsseldorf FamRZ 1999, 652, 653; RGZ 98, 131, 135; *Erman/Lorenz* §868 Rn. 6; MünchKomm/*Joost* §868 Rn. 21; *Staudinger/Bund* §868 Rn. 24; kritisch dazu *Westermann/Gursky* §18/2; differenzierend: *Soergel/ Stadler* §868 Rn. 9 mit dem Hinweis, dass niemanden gegen seinen Willen der Besitz

mittlungswille auf den schuldrechtlichen Beziehungen der Parteien beruht: Bei einem vertraglich vereinbarten Besitzmittlungsverhältnis ergibt er sich bereits aus den Willenserklärungen, bei einem gesetzlichen Besitzmittlungsverhältnis ist er entbehrlich. Damit ist dieser Wille letztlich überflüssig, da er nichts aussagt, was sich nicht bereits aus dem zugrunde liegenden Schuldverhältnis ergibt.[165] Ihn damit zu einem vermeintlichen Tatbestandsmerkmal des § 868 auszuarbeiten ist verfehlt. Gleichzeitig offenbart dies auch, dass sachenrechtliche Wertungen nicht immun gegenüber schuldrechtlichen sind. Dies verschleiern die Begriffe »gesetzliches Besitzmittlungsverhältnis« und »Besitzmittlungswille«. Beide verdienen nicht ein eigenes sachenrechtliches Etikett.[166] Dies leitet zu der im besonders umstrittenen Frage über, welche Anforderungen an das Besitzmittlungsverhältnis zu stellen sind. Besonders bei Sicherungsübereignungen verlangen Rechtsprechung und herrschende Meinung, dass zwischen dem Besitzmittler und dem mittelbaren Besitzer ein Rechtsverhältnis bestehe, das eine Verwaltungspflicht oder ein Nutzungsrecht des mittelbaren Besitzers begründe (sog. konkretes Besitzkonstitut).[167] Mit dieser These ist nichts gewonnen und noch weniger erklärt. Aus dem »Wesen« des mittelbaren Besitzes ist ein konkretes Besitzkonstitut nicht ableitbar.[168] Das Besitzmittlungsverhältnis ist nichts anderes als ein Schuldverhältnis. Die gesetzlichen Schuldverhältnisse lassen jedoch keine Lücken: Ist das zwischen den Parteien vereinbarte vertragliche Schuldverhältnis unwirksam, so entsteht zwischen den Parteien ein gesetzliches Schuldverhältnis, sei es eine Geschäftsführung ohne Auftrag (§§ 677ff), ein bereicherungsrechtliches Schuldverhältnis (§§ 812ff), ein deliktisches (§ 823ff) oder gar ein Eigentümer-Besitzer-Verhältnis (§§ 987ff). Mithin besteht zwischen den Parteien stets ein Schuldverhältnis. Indem man die vermeintlich sachenrechtliche Selbständigkeit eines Besitzmittlungsverhältnisses hervorhebt, täuscht man über diesen Umstand hinweg. Der Ruf nach dem konkreten Besitzmittlungsverhältnis zweifelt letztlich an, ob die Pflichten aus diesen Schuldverhältnissen ausreichend für eine Sicherungsübereig-

---

aufgedrängt werden dürfe. Betrachtet man den mittelbaren Besitz als Rechtsverhältnis, ist diese Schlussfolgerung nicht zwingend: Der deliktisch handelnde unmittelbare Besitzer oder der Geschäftsführer begründet wissentlich seinen Besitz. Dem mittelbaren Besitzer wird in diesen Fällen der Besitz nicht aufgedrängt, da ihn das Gesetz durch § 869 besser stellt und zusätzliche Besitzschutzansprüche einräumt.

165 So im Ergebnis auch: MünchKomm/*Joost* § 868 Rn. 21; *Hartung* (Fußn. 102), 264f; Ablehnend bereits: *Ihering*, Der Besitzwille (1889), 339f.

166 Im Ergebnis auch *Ernst* (Fußn. 102), 126f, wonach das Besitzmittlungsverhältnis kein wirklich-keitsartiges, neben dem Rechtsverhältnis herlaufendes Tatsachenverhältnis sei.

167 RGZ 49, 170, 173; RGZ 54, 396ff; RGZ 98, 131, 133; RGZ 132, 183ff; BGH NJW 1979, 2308; 2309; *Baur/Stürner* § 51 Rn. 22; *Jauernig/Jauernig* § 868 Rn. 5; *Palandt/Bassenge* § 868 Rn. 20; *Staudinger/Bund* § 868 Rn. 20; *Westerman/H.P. Westermann* § 41 II 2 b; *Wolff/Raiser* § 67 I 1.

168 *Ernst* (Fußn. 102), 131ff; *Heck* 500ff; *Kohler* ArchBürgR 18 (1900), 76ff; *Medicus* BR Rn. 491; MünchKomm/*Joost* § 868 Rn. 14; *Soergel/Stadler* § 868 Rn. 6; *Staudinger/Wiegand* § 930 Rn. 18–25. Bei der Übereignung nach § 930 wird auf diese Frage noch einmal einzugehen sein.

nung sind. Dies ist jedoch eine rechtspolitische Forderung, die ihr Anliegen mit einem rechtlichen Konstrukt bemäntelt.[169] Trügerisch ist auch der oft hervorgehobene Satz, dass das zwischen den Parteien bestehende Rechtsverhältnis nicht wirksam sein müsse.[170] Zwischen den Beteiligten besteht dann ein gesetzliches Schuldverhältnis, aus dem sich Rechte und Pflichten ergeben. Einen Herausgabeanspruch des mittelbaren Besitzers normieren alle diese Rechtsverhältnisse (§§ 812 Abs. 1, 823 Abs. 1, 677, 667), die Pflichten drücken sich im Haftungsmaßstab aus.

Der Befund zeigt damit insgesamt, dass der mittelbare Besitz keine Publizitätswirkungen erzeugt. Er knüpft an kein Faktum an wie die tatsächliche Sachherrschaft, sondern an rechtliche Voraussetzungen.[171] Der mittelbare Besitz ist damit richtigerweise ein Rechtsverhältnis.[172] Diese Sichtweise liegt auch den Protokollen zugrunde:[173] Von einer vergeistigten Sachherrschaft ist nicht die Rede, die mittelbaren Besitzer charakterisierte man als Personen, die in Folge eines Rechtsverhältnisses noch in einer Beziehung zur Sache stehen.[174] Als vergeistigte Sachherrschaft lässt sich der mittelbare Besitz insgesamt nicht verstehen. Im Gegenteil: Sämtliche Versuche, dem mittelbaren Besitz inhaltliche Konturen zu verleihen, müssen auf das zwischen den Parteien bestehende Schuldverhältnis zurückgreifen. Schuldverhältnisse stehen jedoch nicht im Dienste der Publizität. Auch aus diesem Grunde sind alle Versuche untauglich, vermeintliche Publizitätsreste in § 868 hineinlesen zu wollen. Der mittelbare Besitz ist nur das gesetzliche Kürzel, um dem mittelbaren Besitzer Besitzschutzrechte einzuräumen. Ansonsten ist er ein Besitz ohne Publizität. Die Folgen dessen reichen weit. Die Tatbestände des Sachenrechts, die an den mittelbaren Besitz anknüpfen, sind publizitätslos. Wie noch zu zeigen sein wird, wirkt sich diese Einordnung auf streitige Rechtsfragen bei den einzelnen Vorschriften aus. Gleichzeitig rüttelt bereits diese Erkenntnis an der Solidität des Publizitätsprinzips. Durch die Anerkennung des mittelbaren Besitzes führt das Gesetz selbst den Grundsatz teilweise *ad absurdum*.

---

[169] Ähnlich die Kritik von *Staudinger/Wiegand* § 930 Rn. 24.

[170] *Baur/Stürner* § 7 Rn. 45; *Michalski* AcP 181 (1981), 384, 396f unter Berufung auf Mot. III, 99. Zur Gegenansicht siehe *Wieling* AcP 184 (1984), 439, 441 Fußn. 8.

[171] In diesem Sinne auch *Hübner* (Fußn. 102), 65; *Kohler* ArchBürgR 18 (1900), 1, 58.

[172] So MünchKomm/*Joost* § 868 Rn. 10 mit dem Hinweis auf RG JW 1931, 2904, 2906; dem folgend: *Brehm/Berger* § 3 Rn. 15; im Ergebnis auch *Hartung* (Fußn. 102), der den mittelbaren Besitz als Rechtsverhältnis zum Schutz der Kontinuitätsinteressen wertet (282ff). Ähnlich *Schwab/Prütting* Rn. 82 wonach der mittelbare Besitz nicht auf einer Sachherrschaft beruhe, sondern auf der rechtlichen Stellung des mittelbaren Besitzers gegenüber dem unmittelbaren Besitzer.

[173] Anders *Schönfeld* JZ 1959, 301, 302, der allerdings die Quellen nicht erschöpfend wiedergibt, sondern eher intentional zitiert (Fußn. 17).

[174] Prot. III, 223, 203f.

d) Die Willensrichtung des Besitzers

Wer eine Sache als ihm gehörend besitzt, ist Eigenbesitzer, § 872. Der Gesetzgeber hielt diese Vorschrift für unverzichtbar, sie sollte im Gesetz wiederkehrende Begriffe vor die Klammer ziehen.[175] Als derartiger Klammerbegriff ist der Eigenbesitz von Bedeutung für die Ersitzung (§ 937 Abs. 1), die Aneignung (§ 958 Abs. 1) und die Vermutungen nach § 1006 Abs. 1, 3. Für den Eigenbesitz kommt es nur darauf an, ob jemand den inneren Willen hat, mit einer Sache wie ein Eigentümer zu verfahren.[176] In neuerer Zeit hat man versucht, den Eigenbesitz zum zentralen Begriff beim Erwerb beweglicher Sachen zu gestalten:[177] Ausgangspunkt ist dabei, dass die tatsächliche Gewalt über eine Sache und der Wille, eine Sache wie ein Eigentümer zu besitzen, in einem Aliud-Verhältnis zueinander stehen. Der tatsächliche Sachzugriff ist für diesen Willen unerheblich.[178] Die entgegengesetzte herrschende Ansicht begreift den Eigenbesitz als echten Besitz und damit grundsätzlich als die tatsächliche Sachherrschaft verbunden mit dem Willen, die Sache für eigene Zwecke wie ein Eigentümer zu nutzen.[179] Dabei wird übergangen, dass durch die Aufspaltung des Besitzbegriffs auch der Eigenbesitz unterschiedliche Schattierungen annimmt. Der mittelbare Eigenbesitz gründet sich ebenso wenig auf eine tatsächliche Sachherrschaft wie der Eigenbesitz des Besitzherrn. Die herrschende Ansicht betrachtet damit den Eigenbesitz zu pauschal; in diesem Gesichtspunkt ist der neueren Lehre zum Eigenbesitz zuzustimmen.

Versucht man, den Eigenbesitz mit dem Publizitätsprinzip abzugleichen, so ergibt die literarische Bestandsaufnahme weitgehend ein Vakuum. Die Lücke ist empfindlich, da der Eigenbesitz als Klammerbegriff eine weit reichende Bedeutung hat. Er soll eine der »Wirklichkeitswelt angehörige Elementartatsache« sein, wie vereinzelt im Schrifttum vertreten wird.[180] Greifbare Bezüge zur Welt der Tatsachen hat der Eigenbesitz jedoch nicht. Ohne eine ontologische Betrachtung über die Tatsachenwelt entfalten zu wollen, ist unverkennbar, dass der Eigenbesitzwille ein innerer Zustand ist, der sich Dritten nicht notwendig zeigen muss. Der »*animus domini*« ist unsichtbar, der Besitzbegriff damit abstrahiert. Eine Publizitätsfunktion hatte der Gesetzgeber dem Eigenbesitz gar nicht zugedacht. Als Klammerbegriff sollte er nur Tatbestandsmerkmale bestimmter originärer Tatbestände in einer Norm zusammen fassen. Mehr lässt sich aus § 872 nicht für systematische Zwecke destillieren. Wie noch bei den einzelnen Tatbeständen auszuführen sein wird, stellt sich der Eigenbesitz als eine Art vorgelagerter Eigentums-

---

[175] Prot. III, 227; siehe auch *Auerbach*, Merkmale und Bedeutung des Eigenbesitzes (1905), 39ff; *Kreß*, Besitz und Recht (1909), 241ff.

[176] *Medicus* JURA 2001, 294, 297; MünchKomm/*Joost* § 872 Rn. 3.

[177] *Ernst* (Fußn. 102), insb. 38ff. Kritisch gegenüber diesem Konzept besonders *Wilhelm* Rn. 400 Fußn. 1.

[178] *Ernst* (Fußn. 102), 38ff.

[179] MünchKomm/*Joost* § 872 Rn. 1, 13; *Soergel/Stadler* § 872 Rn. 1.

[180] *Ernst* (Fußn. 102), 38f.

wille dar, der sich mangels Eigentums nur auf dessen Substrat und damit den Besitz beziehen kann.[181] Zuzugeben ist der These, die den Eigenbesitz als *aliud* zur tatsächlichen Sachherrschaft behandelt, dass die Gesetzgebungsgeschichte alles andere als stimmig ist. Die eingangs kritisierte besitzrechtliche Metamorphose wirkt sich spürbar auf die Stellung des Eigenbesitzes aus:[182] Mit dem römischen Recht fand der Gesetzgeber die *civilis possessio* als tatbestandliches Versatzstück der Ersitzung vor.[183] Nach dem ersten Entwurf stellte sich heraus, dass der Besitzbegriff bedeutungslos für den Besitzschutz war, der nur an die Inhabung anknüpfte.[184] Die zweite Kommission verschmolz den Besitz und die Inhabung, der noch im ersten Entwurf ausführlich geregelte Erwerb und Verlust des Eigenbesitzes entfiel, da man ihn für überflüssig hielt.[185] Der Eigenbesitz hatte sich nur noch mit einer Vorschrift zu begnügen, dessen Rolle im gemeinen Recht und die heterogene Rolle der Inhabung fasste der Gesetzgeber in einem Begriff zusammen.[186] Dies stiftet Verwirrung, ist aber kein Anlass, den Eigenbesitz zu »rekonstruieren« und ihn derart restauriert zum Zentralbegriff bei der Eigentumsübertragung zu erheben.[187] Die Entwicklung der Besitznormen legt vielmehr den Schluss nahe, dass dem Eigenbesitz die *civilis possessio* als Vorbild diente, deren rechtssystematische Bedeutung jedoch gering war. Für die rechtsgeschäftliche Eigentumsübertragung spielte sie keine Rolle und es sind keine Anhaltspunkte dafür erkennbar, dass der Gesetzgeber dies anders sah. Es bleibt daher festzuhalten, dass der Eigenbesitz – wie der mittelbare Besitz und der Besitz des Besitzherrn – kein offenkundiger Besitz ist.

3. Publizitätswirkungen des Besitzes

In der gegenwärtigen Literatur befürwortet niemand die uneingeschränkte Eignung des Besitzes als Publizitätsträger. Im Gegensatz dazu stehen frühe Äußerungen aus der Entstehungsgeschichte des BGB. Mit einer bemerkenswerten Hartnäckigkeit hielt sich das auf dem 15. Deutschen Juristentag geprägte Schlagwort von der Funktionsgleichheit zwischen Besitz und Grundbuch.[188] Die erste Kommission griff dieses blasse Schlagwort auf und adelte es zu einer *ratio iuris*.[189]

---

[181] Die weiteren Konsequenzen des Eigenbesitzkonzepts werden bei den jeweiligen Übergabetatbeständen noch näher ausgeführt werden. Hier genügt zunächst nur die Feststellung, dass auch der Eigenbesitz publizitätsfrei ist.

[182] Dazu die gründliche Analyse von *Ernst* (Fußn. 102), 3–24.

[183] *Kaser*, Das Römisches Privatrecht (Erster Abschnitt), § 94 I, II (385).

[184] *Ernst* (Fußn. 102), 19f; *Planck* AcP 75 (1889), 327, 394.

[185] Näher: *Jacobi* ArchBürgR 2 (1889), 31, 52; *Strohal* IherJb 29 (1890), 336, 360; *Wendt* AcP 74 (1889), 135, 153.

[186] Prot. III, 226ff.

[187] So jedoch *Ernst* (Fußn. 102), 24.

[188] *Reuling*, Verhandlungen zum 15. Deutschen Juristentag II, 72.

[189] Mot. III, 344.

Wie bereits die Entstehungsgeschichte des Besitzrechts und die hier hervorgehobenen Besitzfunktionen zeigen, ist diese Analogie unbrauchbar. Dabei war der Ausgangspunkt der ersten Kommission noch halbwegs vertretbar, der zwischen Inhabung und Besitz unterschied. Spätestens der aufgespaltene Besitzbegriff des gegenwärtigen BGB muss diese These jedoch widerlegen. Bei der Schaffung des mittelbaren Besitzes und der Besitzdienerschaft standen für den Gesetzgeber andere Motive im Vordergrund als der Publizitätsgedanke. In beiden Fällen verlagerte er die Rechtsfolgen des Besitzes, um bestimmte Rechtsfolgen aus der offenkundigen tatsächlichen Sachherrschaft der Besitzdiener und unmittelbaren Fremdbesitzer zu verhindern. Diese Zwecke sind mit dem Publizitätsgedanken unvereinbar. Mittlerweile erkennt man einhellig an, dass der Besitz ein untauglicher Publizitätsträger im Fahrnisrecht ist.[190] Wenn an dieser Erkenntnis nicht vorbeizukommen ist, so sind daraus zwingend Schlussfolgerungen für die einzelnen Tatbestände des Gesetzes zu ziehen, die an den Besitz anknüpfen. Das Publizitätsprinzip steht insgesamt auf einer brüchigen Grundlage. Auch wenn noch *en detail* zu untersuchen ist, wie der Publizitätsverlust des Besitzes mit den einzelnen Tatbeständen in Einklang zu bringen ist, so zeichnet sich eindeutig ab, dass das Publizitätsprinzip im Fahrnisrecht obsolet ist.

a) Die Erwerbsvermutungen nach § 1006

aa) Zum unmittelbaren Besitz als Vermutungsgrundlage

Auf den ersten Blick scheint § 1006 Abs. 1 Satz 1 die These von der Funktionsgleichheit zwischen Besitz und Grundbuch zu bestätigen: Zu Gunsten eines Besitzers einer beweglichen Sache wird vermutet, dass er Eigentümer der Sache ist. § 1006 Abs. 3 erstreckt diese Vermutung auf den mittelbaren Besitzer. Die unbefangene Gesetzeslektüre trügt jedoch, da die herrschende Ansicht diese Vermutungstatbestände einschränkend auslegt. So sind die Vermutungen aus § 1006 nur auf den Eigenbesitzer und nicht auf jeden Besitzer anwendbar.[191] Bereits dies zeigt eine signifikante Schwäche des Besitzes als Rechtsscheinträger gegenüber

[190] So bereits *Wellspacher*, Das Vertrauen auf äußere Tatbestände (1906), 11f. für den mittelbaren Besitz; *Bauer*, FS Bosch (1976), 1, 18; *Ernst*, FS Gernhuber (1993), 95, ff; *Giehl* AcP 161 (1962), 357, 363ff; *Hager*, Verkehrsschutz durch redlichen Erwerb (1990), 240f; *ders.* ZiP 1993, 1146, 1449f; *Hübner* (Fußn. 102), 65ff; *Kindl* AcP 201 (2001), 391, 392f; *v. Lübtow*, FS der Juristischen Fakultät der Freien Universität Berlin zum 41. Deutschen Juristentag (1955), 119, 230ff; *Müller* AcP 137 (1933), 86ff; *Rebe* AcP 173 (1973), 186, 193f; *Staudinger/Wiegand* Vorbem zu §§ 932ff Rn. 29; *Zweigelt* RabelsZ 23 (1958), 1, 17. Die herrschende Ansicht beruft sich dabei auf die besitzlosen Mobiliarsicherheiten, auf die weiter unten erst einzugehen ist (VIII 2, 3). Immerhin kritisch zur Rolle des Besitzes als Rechtsschein- bzw. Publizitätsträger: *Medicus* JURA 2001, 294; *Soergel/ Henssler* § 932 Rn. 2; *Weber* JuS 1999, 1.

[191] BGH NJW 1994, 939, 940; BGH NJW 1961, 777, 778; BGH WM 1964, 788; *Baur/Stürner* § 10 Rn. 5; *Brehm/Berger* § 7 Rn. 83; *Medicus*, FS Baur (1981), 63, 69; MünchKomm/*Medicus* § 1006 Rn. 6; RGRG/*Pikart* § 1006 Rn. 8; *Staudinger/Gursky* § 1006 Rn. 6.

dem Grundbuch auf: Das Grundbuch dokumentiert objektiv, der Besitz nur subjektiv. In der Tat macht es keinen Sinn, dem erklärten Fremdbesitzer die Vermutungen aus § 1006 zur Seite zu stellen, da dieser ja ein fremdes Eigentum nicht bestreitet. Der Eigenbesitz entwertet gleichwohl die Publizitätswirkung des Besitzes, da nicht mehr ein sei es auch noch so verschwommen erkennbares Faktum die Vermutungsbasis darstellt, sondern ein unsichtbarer Wille des Besitzers. Immerhin schwächt die Rechtsprechung dieses Erfordernis wiederum dadurch ab, indem sie eine tatsächliche Vermutung annimmt, die für den Eigenbesitz streiten soll.[192]

Im Gegensatz zu § 891 Abs. 1 sieht man in § 1006 Abs. 1 Satz 1, Abs. 3 jedoch keine Rechtszustandsvermutung, sondern eine bloße Erwerbsvermutung. Diese Vorschriften vermuten danach nur, dass der Eigenbesitzer zugleich mit dem Besitz auch das Eigentum erworben hat.[193] Dadurch erweitern sich die Widerlegungsmöglichkeiten des Beweisgegners: Da die Vorschrift unanwendbar ist, wenn das Eigentum vor oder nach dem Besitzerwerb erworben wurde, kann der Beweisgegner genau durch diesen Nachweis die Vermutung entkräften.[194] Durch diese weitere Einschränkung des § 1006 nimmt die herrschende Meinung die Publizitätswirkung des Besitzes erheblich zurück. Da der Besitz als solcher allenfalls eine blasse Aussagekraft hat, mag dieses Anliegen berechtigt sein. So gesteht die herrschende Meinung einmütig zu, dass eine Rechtszustandsvermutung aus § 1006 den Beweisbelasteten überfordere: Dieser müsste in diesem Fall generell den fehlenden Eigentumserwerb des Besitzers nachweisen.[195] Gerade dies ist allerdings die Beweisfolge des § 891 Abs. 1, bei der keine Bedenken an einer derartigen Beweislast geäußert werden. Hinter der These von der Erwerbsvermutung verbirgt sich daher eine grundsätzliche Skepsis an der Eignung des Besitzes als Publizitätsträger. Der Wortlaut des Gesetzes deutet in eine andere Richtung, da dieser für den Charakter des § 1006 als Erwerbsvermutung keine Anhaltspunkte enthält. Dies versucht man dadurch zu entkräften, indem man den Wortlaut für präzisierungsbedürftig hält[196] und ergänzend auf § 1006 Abs. 1 Satz 2 verweist. Aus dieser Vorschrift ergebe sich gerade, dass die Vermutungen nur auf Erwerbstatbestände zugeschnitten seien.[197] Zwingend ist dieser systematische Schluss

---

[192] BGHZ 54, 319, 324; BGH NJW-RR 1989, 651; BGH NJW 1994, 939, 940.

[193] BGHZ 64, 395, 396; BGH WM 1964, 1026; BGH NJW 1967, 2008; BGH NJW 1984, 1456; BGH NJW-RR 1989, 1453; BGH NJW 1994, 939, 940; BGH NJW 1995, 1292; OLG Düsseldorf NJW 1996, 839, 841; *Baur/Stürner* § 10 Rn. 6, 9; *Brehm/Berger* § 7 Rn. 81; *Hadding* JuS 1972, 183, 184; *Medicus* BR, FS Baur (1981), 63, 65; MünchKomm/*Medicus* § 1006 Rn. 13; *Palandt/Bassenge* § 1006 Rn. 4; *Schwab/Prütting* Rn. 584; RGRK/*Pikart* § 1006 Rn. 16; *Staudinger/Gursky* § 1006 Rn. 7; *Werner* JA 1983, 617, 620; *Wolf* JuS 1985, 941, 943.

[194] Siehe BGH NJW 1984, 1456 (zum angeblichen Besitzerwerb vor dem Eigentumserwerb – dazu *Wolf* JuS 1985, 941); OLG Köln NJW-RR 1997, 1420; *Baur/Stürner* § 10 Rn. 6; MünchKomm/*Medicus* § 1006 Rn. 15; *Staudinger/Gursky* § 1006 Rn. 7.

[195] *Medicus*, FS Baur (1981), 63 ff; *Staudinger/Gursky* § 1006 Rn. 7; *Wolff/Raiser* § 22 I.

[196] So zB. MünchKomm/*Medicus* § 1006 Rn. 13; *Staudinger/Gursky* § 1006 Rn. 7.

[197] BGH NJW 1984, 1456, 1457; *Staudinger/Gursky* § 1006 Rn. 7; *Wolf* JuS 1985, 941, 943.

nicht. § 1006 Abs. 1 Satz 2 will nur Wertungswidersprüche zum materiellen Recht vermeiden, da eine abhanden gekommene Sache nach § 935 Abs. 1 nicht erworben werden kann. Abgesehen davon ist § 1006 Abs. 1 Satz 2 nur *inter partes* zwischen dem aktuellen Besitzer und dem Vorbesitzer anwendbar und nicht allgemein wie die Vermutungen aus § 1006 Abs. 1 Satz 1, Abs. 3.[198] Die Probleme sitzen allerdings noch tiefer. Deutet man diese Vorschriften als Erwerbsvermutung, so führt dies zu willkürlichen Veränderungen der Beweislast. In der Lesart der herrschenden Ansicht ist § 1006 Abs. 1 Satz 1 zwar auf einen Erwerb nach § 929 Satz 1 anwendbar, nicht hingegen auf einen Erwerb nach § 929 Satz 2. Lässt man allerdings im Rahmen des § 929 Satz 2 eine antizipierte Einigung zu,[199] so verschwimmen die Grenzen zwischen einer *brevi manu traditio* und einer Übereignung nach § 929 Satz 1, da prinzipiell beide Übereignungsformen austauschbar sind.

Letztlich belegen diese Unstimmigkeiten nur, wie wenig aussagekräftig der unmittelbare Besitz als Publizitäts- und Vermutungsträger ist. Das Gesetz selbst ordnet ihm durch die Verweisungen in den §§ 1065, 1227 hybride Vermutungswirkungen zu. Aus dem unmittelbaren Besitz lässt sich danach nicht immer auf den gleichzeitigen Eigentumserwerb schließen. Nach § 1065 spricht die entsprechend anwendbare Vermutung aus § 1006 nicht für das Eigentum des Nießbrauchers, wohl aber für dessen Stellung als Inhaber eines beschränkten dinglichen Rechts. Nicht anders vermutet § 1227, dass der Pfandgläubiger ein Recht zum Besitz hat. Macht der Eigentümer einen Herausgabeanspruch aus § 985 geltend, so muss er beweisen, dass das Besitzrecht des Anspruchsgegners nicht auf einem Pfandrecht beruht. Der unmittelbare Besitz ist damit nicht nur *per definitionem* sondern auch in seiner gesetzlichen Ausarbeitung eine stark verblasste Vermutungsgrundlage. Die Auslegung des § 1006 Abs. 1 Satz 1 als Erwerbsvermutung trägt dem Rechnung, gerät aber ihrerseits in Wertungswidersprüche. Letztlich belegt dies, dass § 1006 Abs. 1 Satz 1 *de lege ferenda* gestrichen werden sollte.

bb) Zur Reichweite des § 1006 Abs. 3

Zu schweren Widersprüchen führt allerdings § 1006 Abs. 3, da diese Vorschrift den Eigentumserwerb nach § 930 und § 931 unterschiedlich behandelt. Nur der Erwerber kraft eines Besitzkonstituts könnte sich auf die Vermutung aus § 1006 Abs. 3 stützen, nicht hingegen derjenige, der durch Abtretung eines Herausgabeanspruchs erworben hat. Da sich beide Normen nicht immer klar abgrenzen lassen und die Übereignung nach § 931 mit der nach § 930 weitgehend austauschbar ist, erscheint die unterschiedliche Beweissituation willkürlich. Besonders deutlich werden die Wertungswidersprüche, wenn man die Beweislast bei der Übereignung vom Berechtigten nach § 931 und vom Nichtberechtigten nach § 934 2. Var. gegenüberstellt: Da beim Erwerb vom Nichtberechtigten der Eigenbesitz

---

198 Siehe dazu ausführlich: *Hartung* (Fußn. 102), 268f.

199 Siehe V 3 a.

des Erwerbers und die Einigung zusammenfallen, ist § 1006 Abs. 3 anwendbar, nicht hingegen, wenn vom Berechtigten nach § 931 erworben wird. Ein sachlicher Grund dafür besteht nicht, beide Übereignungsformen unterschiedlich zu behandeln.[200] Er kann auch nicht in der mangelnden Publizität der Übereignungsformen nach §§ 929 Satz 2, 931 erblickt werden.[201] Auf eine Übereignung nach § 930 ist § 1006 Abs. 3 anwendbar, obwohl die Übereignung durch ein Besitzkonstitut auf Publizitätsinteressen verzichtet.[202] Dafür, wie diese Wertungswidersprüche zu vermeiden sind, kann die herrschende Ansicht kein schlüssiges Konzept anbieten. In der Tat muss jeder Vorschlag von der Publizitätswirkung des Besitzes mehr oder weniger Abstand nehmen. Dies gilt auch für den Vorschlag, wonach bei den Übereignungen nach §§ 929 Satz 2, 931 die Vermutung bereits ab dem Zeitpunkt der Einigung eingreifen soll.[203] Dadurch löst sich die Erwerbsvermutung von der Publizitätsgrundlage ab und vermutet wird letztlich, dass sich die Parteien geeinigt haben. Gerade für diesen Eigentumserwerb sollen aber § 1006 Abs. 1 Satz 1, Abs. 3 Rückschlüsse erlauben. Im Ergebnis liefe ein derartiges Konzept auf die Beweisführung mit dem Beweisthema hinaus.

In Wirklichkeit offenbart § 1006 Abs. 3 drastisch, wie wenig die zweite Kommission den von ihr ausgeweiteten mittelbaren Besitz überblickt hat. Der mittelbare Eigenbesitz ist als Vermutungsgrundlage ungeeignet, da es sich um kein wahrnehmbares Faktum handelt. Zudem ist er auch nicht konstitutiv für einen Eigentumserwerb und damit letztlich nichtssagend.[204] *Inter partes* zwischen dem mittelbaren Besitzer und dem Besitzmittler hebt sich § 1006 Abs. 3 selbst auf: Behauptet der Besitzmittler sein Eigentum, so gibt er dadurch den Besitzmittlungswillen auf und zerstört den mittelbaren Besitz. Die Vermutung des § 1006 Abs. 3 liefe dann ins Leere.[205] Da die herrschende Ansicht auch § 1006 Abs. 3 nur beim zeitlichen Zusammenfallen von Besitz- und Eigentumserwerb anwendet, wird sich das beschriebene Problem eher selten auswirken.[206] Dies kann jedoch das grundsätzliche dogmatische Defizit der Vorschrift nicht überspielen. Allein gegenüber einem besitzenden Dritten, der nicht Besitzmittler ist, kann § 1006 Abs. 3 eine Rolle spielen. Gerade hier führt die Vorschrift allerdings zu eigenartigen Ergebnissen, die an einer viel diskutierten Entscheidung des BGH verdeutlicht werden sollen:[207] Der Vorbehaltskäufer übereignete unter einem Eigentumsvorbehalt erworbene Kopier-Oberfräsen an die beklagte Bank zur Sicherheit. Der Käufer

---

200 *Wolf* JuS 1985, 941, 943; dem folgend: *Hartung* (Fußn. 102), 268f.

201 So jedoch *Staudinger/Gursky* § 1006 Rn. 7; *Wieling I* § 12 VIII 2 a Fußn. 30.

202 V 3 b.

203 *Wolf* JuS 1985, 941, 944.

204 So *Picker* AcP 188 (1988), 511, 557 in seiner gründlichen Analyse zur Entstehungsgeschichte der Vorschrift des § 1006.

205 *Hartung* (Fußn. 102), 266; *Picker* AcP 188 (1988), 511, 557.

206 Vgl. *Hartung* (Fußn. 102), 267.

207 BGH LM Nr. 11 zu § 1006 BGB = JZ 1969, 433. Der Sachverhalt wird hier vereinfacht wiedergegeben.

versicherte dabei, dass sämtliche Rechnungen bezahlt seien und der Eigentumsvorbehalt nicht mehr bestehe. Nach der Insolvenz des Käufers stritten sich der klagende Vorbehaltslieferant und die beklagte Bank um das Eigentum, wobei umstritten war, ob die Rechnungen tatsächlich alle bezahlt wurden. Der BGH führte aus, dass bis zum Abschluss der Sicherungsübereignung die Vermutung aus § 1006 Abs. 2 für den Vorbehaltslieferanten spreche. Durch den Abschluss der Sicherungsübereignung habe der Käufer jedoch den mittelbaren Besitz zu dem Vorbehaltslieferanten beendet, so dass ab diesem Zeitpunkt die Eigentumsvermutung aus § 1006 Abs. 2, 3 für die Beklagte eingreife. Aus diesem Grunde war die Klage des Vorbehaltslieferanten abzuweisen.[208] Bemerkenswert an dieser Entscheidung ist, dass die Vermutung nach § 1006 Abs. 3 damit zum Spielball des unmittelbaren Besitzers wird. Indem er den mittelbaren Besitz aufkündigt und die Sache weiter veräußert, bestimmt er letztlich, zu wessen Gunsten die Vermutung eingreift. Der Erwerber steht zudem in einer beweisrechtlich günstigeren Position, als sie der Vorbehaltskäufer hatte. Dieser hätte die vollständige Zahlung des Kaufpreises gegenüber dem Verkäufer nachweisen müssen, der Sicherungsnehmer muss dies hingegen nicht.[209] Auch eine Disharmonie zu § 933 hat man bemerkt: Wenn ein gutgläubiger Erwerb des Sicherungsnehmers nach dieser Vorschrift ausscheide, sei es widersprüchlich, zu dessen Gunsten die Vermutung nach § 1006 Abs. 3 anzuwenden.[210] Man hat versucht, diesen Einwand dadurch zu entkräften, dass eine günstigere Vermutungslage des Erwerbers sich aus dem Konzept des § 1006 ergebe. Da diese Vorschrift auf der vermuteten Übereinstimmung von Besitzerwerb und Eigentumserwerb abstelle, könne in der Tat der Erwerber nach dieser Vorschrift besser gestellt werden als sein Rechtsvorgänger.[211] Damit versucht man aber, einen Widerspruch durch eine widersprüchliche These auszuräumen. Die zeitliche Koinzidenz von Eigenbesitzerwerb und Eigentumserwerb ist ihrerseits Quell von Widersprüchen. Durch eine einschränkende Auslegung des § 930 hat man versucht, diese Wertungswidersprüche auszuräumen. Die Übereignung nach § 930 setze den Eigenbesitz des Übertragenden voraus, den dieser nicht hatte und der deshalb auch nicht übertragen werden könne.[212] Dieses Verständnis zu § 930 konnte sich aber nicht durchsetzen und entspricht nicht der vorherrschenden Auslegung dieser Vorschrift. Mit weit ausgreifenden Überlegungen versuchte man, die Vermutung nach § 1006 Abs. 3 dadurch zu entschärfen, indem man die

[208] BGH JZ 1969, 433. Zustimmend: MünchKomm/*Medicus* § 1006 Rn. 11; RGRK/*Pikart* § 1006 Rn. 34; *Serick III* § 38 II 9 a (469f); *Staudinger/Gursky* § 1006 Rn. 19, 22.

[209] *Picker* AcP 188 (1988), 511, 556; siehe auch *Wilhelm* Rn. 898, 904.

[210] *Picker* AcP 188 (1988), 511, 556.

[211] *Staudinger/Gursky* § 1006 Rn. 22. Als Beispiel wird hier der Weiterverkauf einer Vorbehaltssache angeführt, deren Erwerb an der Bösgläubigkeit des Dritten scheitert. Wenn streitig sei, ob der Kaufpreis gezahlt ist, spreche auch hier die Eigentumsvermutung nach § 1006 Abs. 1 für den Erwerber. Dem zustimmend: MünchKomm/*Medicus* § 1006 Rn. 11 Fußn. 30.

[212] *Ernst* (Fußn. 102), 249.

Vermutungsgrundlage auf den prioritätsälteren Herausgabeanspruch stützt.[213] So sehr das Anliegen dieser These berechtigt sein mag, die Wirkungen des § 1006 Abs. 3 auf ein widerspruchsfreies Maß zurückzustutzen, so wenig lässt sie sich jedoch im Gesetzeswortlaut verankern.[214] Dabei sind allerdings die Gründe für diese Reduktion überzeugend: Die zweite Kommission hatte die schematische Gleichsetzung des mittelbaren Besitzes mit dem unmittelbaren Besitz nicht in allen Konsequenzen durchdrungen. Der mittelbare Besitz ist als Vermutungsträger ungeeignet und im Ergebnis ein Rechtsverhältnis.[215] Sieht man den mittelbaren Besitz allerdings als Rechtsverhältnis, so ist der plötzliche Gesinnungswandel des unmittelbaren Besitzers eine Pflichtverletzung. Genau dieser Gesinnungswechsel ist jedoch der archimedische Punkt.[216] Die oben beschriebenen Probleme ergeben sich gerade daraus, dass man dem unmittelbaren Besitzer gestattet, das Besitzmittlungsverhältnis aufzukündigen.[217] Darin klingt noch deutlich die Vorstellung nach, dass der mittelbare Besitz eine vergeistigte Sachherrschaft sein soll, die folglich auch durch einen Gesinnungswandel des unmittelbaren Fremdbesitzers beendet werden kann. Diese Ansicht ist jedoch in dieser Form nicht haltbar. Bei einem gesetzlichen Besitzmittlungsverhältnis verzichtet die Rechtsprechung auf einen Besitzmittlungswillen,[218] so dass folgerichtig ein Gesinnungswandel des unmittelbaren Besitzers unerheblich ist. Aber auch bei einem vertraglichen Besitzmittlungsverhältnis lässt sich nicht anders entscheiden. Da der mittelbare Besitz ein Rechtsverhältnis ist, können für ihn auch nur die Grundsätze gelten, nach denen Rechtsverhältnisse allgemein beendet werden können. Daraus hat man die Folgerung abgeleitet, dass der mittelbare Besitz durch einen Gesinnungswandel

---

[213] *Picker* AcP 188 (1988), 511, 558ff, 567.

[214] So auch *Staudinger/Gursky* § 1006 Rn. 22.

[215] *Picker* AcP 188 (1988), 511, 532, 557, 564; siehe dazu auch schon oben sub IV 2 b.

[216] Dies hat bereits *Picker* AcP 188 (1988), 511, 532 gesehen, aber an diesem Punkt nicht angesetzt. Ebenso *Hartung* (Fußn. 102), 264ff. Bereits *Ihering* erkannte die Probleme, die sich ergeben, wenn man einen Besitzmittlungswillen verlangt: Es stehe dann im Belieben des unmittelbaren Besitzers, das Besitzmittlungsverhältnis zu beenden. Darin sieht *Ihering* einen »Sprung in den Abgrund«, die Anarchie werde dadurch zum Rechtsprinzip (Der Besitzwille [1889], 329f). *Leonhard*, FS v. Gierke (1911), 19, 22 nennt den Besitzwillen das »Schmerzenskind der Besitzlehre«.

[217] Nach der herrschenden Ansicht kann der Besitzmittler den mittelbaren Besitz dadurch beenden, indem er den Besitzmittlungswillen aufgibt, sofern dieser Wille zur Aufgabe nur objektiv erkennbar ist (BGH WM 1965, 1254f; BGH JZ 1969, 433; RGZ 119, 152, 153f; RGZ 135, 75, 80; *Baur/Stürner* § 7 Rn. 57; MünchKomm/*Joost* § 868 Rn. 30; *Schwab/Prütting* Rn. 83; *Soergel/Stadler* § 868 Rn. 19; *Staudinger/Bund* § 868 Rn. 86; *Westermann/Gursky* § 19 II 3; *Wolf* Rn. 187).

[218] BGHZ 9, 73, 79 [Erbhofrecht]; BGH NJW 1953, 1868; BayObLGZ 1953, 273, 277; BayObLGZ 1961, 289, 303; *Palandt/Bassenge* § 868 Rn. 7. Anders große Teile des Schrifttums: *Bamberger/Roth/ Fritzsche* § 868 Rn. 7; *Eichler II/1*, 17; *Jauernig/Jauernig* § 868 Rn. 3; MünchKomm/*Joost* § 868 Rn. 17; *Soergel/Stadler* § 868 Rn. 4; *Westermann/Gursky* § 18/2; *Wieling* I § 6 II 4. Vorsichtig: *Staudinger/Bund* § 868 Rn. 24 (könne in der Allgemeinheit nicht aufrecht erhalten werden).

des unmittelbaren Besitzers überhaupt nicht beendet werden kann.[219] Bindet man wie hier den Besitzmittlungswillen an das vertragliche Verhältnis, so müssen für seine Beendigung die Grundsätze gelten, die für die Beendigung dieses Vertragsverhältnisses gelten. In jedem Fall ist aber entgegen der herrschenden Ansicht[220] zu fordern, dass der unmittelbare Besitzer gegenüber dem mittelbaren Besitzer das Besitzmittlungsverhältnis widerruft. Dies ergibt sich nicht zuletzt auch daraus, dass auch eine Einigung nur durch eine Erklärung gegenüber dem bisherigen Eigentümer widerrufen werden könnte.[221] In dieser Auslegung lassen sich die beschriebenen Wertungswidersprüche zu § 1006 Abs. 3 befriedigend lösen. *Inter partes* ist diese Vermutung noch sinnvoll, im Außenverhältnis harmoniert § 1006 Abs. 3 mit der Vorschrift des § 933. Die hier vorgeschlagene Lösung trägt damit dem fehlenden Rechtsschein des mittelbaren Besitzes Rechnung. Allerdings ist die hier beschriebene Entscheidung des BGH danach anders zu lösen: Durch die anschließende Sicherungsübereignung konnte der Vorbehaltskäufer das rechtliche Band zum Vorbehaltsverkäufer nicht durchtrennen. Damit streitet nach wie vor § 1006 Abs. 3 für dessen Eigentumserwerb. Übersehen werden darf aber nicht, dass sich der hier vorgeschlagene Korrekturversuch von dem mittelbaren Besitz als vergeistigter Sachherrschaft lösen muss und damit auch gleichzeitig die Irrwege verdeutlicht, zu der dieses Verständnis des mittelbaren Besitzes führt. Eine vergeistigte Sachherrschaft ist mehr vergeistigt als tatsächlich. *De lege ferenda* allerdings sollte § 1006 Abs. 3 gestrichen werden.

b) Negative Publizität?

Die positive Publizität des Besitzes wird durch die Praxis zu § 1006 stark relativiert. Spiegelbildlich stellt sich die Frage, ob der Besitz auch eine negative Publizität erzeugt. Im Schrifttum versuchte man, dem Besitz eine negative Publizität beizumessen: Dadurch, dass gerade der Schuldner keinen Besitz an einer bestimmten Sache habe, sei er außer Stande, sie als unbelastet auszugeben.[222] Diese am Faustpfandrecht entwickelte Deutung vermag jedoch nicht zu überzeugen, wenn man sich die Grundsätze vergegenwärtigt, die für Vermutungen gelten. Auch eine negative Publizität ist ohne einen Publizitätsträger nicht denkbar. Es unterscheiden sich nur die Folgen, die das Gesetz an den Publizitätsträger knüpft: Bei einer positiven Publizität knüpft das Gesetz die positive Existenz eines Rechts oder

---

219 *Boehmer* II/2, 41 ff, 52; *Hartung* (Fußn. 102), 281 ff; *Kreß*, Besitz und Recht (1909), 215 ff; *Müller-Erzbach* AcP 142 (1936), 5, 58 ff;

220 BGH WM 1965, 1254 f; RGZ 119, 152, 154; RGZ 135, 75, 80; *Staudinger/Bund* § 868 Rn. 86; *Wieling I* § 6 III 3 a (232).

221 So grdl. *Hager* WM 1980, 666, 671; siehe auch MünchKomm/*Joost* § 868 Rn. 30 Fußn. 76: »beachtliche Gründe«.

222 *Hromadka*, Die Entwicklung des Faustpfandprinzips im 18. und 19. Jahrhundert, 1971, 177; *ders.* JuS 1980, 89, 90.

Rechtsverhältnisses an einen Vermutungsträger. Bei der negativen Publizität folgt umgekehrt aus dem Vermutungsträger die Nichtexistenz eines Rechts oder Rechtsverhältnisses. Die negative Publizität beim Besitz ist der Schluss von einem Nichts auf ein Nichts, da ihr ein Vermutungsträger fehlt. Daher ist eine negative Publizität ist kein Erkenntnisgewinn und vielmehr missverständlich, wenn man vergleicht, wie die negative Publizität typischerweise gesetzlich ausgestaltet ist. Die negative Publizität des Handelsregisters findet ihre Erklärung darin, dass dessen Vollständigkeit und damit Richtigkeit unterstellt wird. Hier wird ein typisiertes Vertrauen darin geschützt, dass eine Tatsache nicht existiert.[223] Dieses Vertrauen rechtfertigt sich auch daraus, dass für gewöhnlich das Handelsregister positive Aussagen enthält. Die Grundgedanken der Vermutungsregelung des Grundbuchs nach § 891 Abs. 2 kann der Besitz ebenso nicht erfüllen. Die Vorschrift des § 891 Abs. 2 rechtfertigt sich aus dem Vollständigkeitspostulat des Grundbuchs: Da alle Rechte an Grundstücken einzutragen sind, ist es nur folgerichtig, dass die Vermutung nach § 891 Abs. 1 abschließend ist.[224] Dies bestätigt § 892 für den gutgläubigen Erwerb im Liegenschaftsrecht: da aus § 892 Abs. 1 Satz 1 nicht nur die Richtigkeit sondern auch die Vollständigkeit des Grundbuchs vermutet, darf der Erwerber darauf schließen, dass alle relevanten Rechtsverhältnisse an dem Grundstück publiziert sind. Ein derartiges Vollständigkeitspostulat kann für den Besitz nicht gelten. Wie schon beschrieben, sind die Vermutungswirkungen des Besitzes hybride und nicht immer eindeutig.[225] Damit ist eine negative Publizität im Fahrnisrecht ein Irrweg. Der Besitz lässt allenfalls Rückschlüsse eines Dritten zu, wenn er besteht. Anders gewendet ist es eine überflüssige und wirklichkeitsfremde Konstruktion, wenn man eine negative Publizität dergestalt konstruiert, dass ein Dritter aus einem Nichts auf ein Nichts schließt. Um dies zu erklären bedarf es keiner kunstvoll aber dogmatisch unhaltbar konstruierten negativen Publizität. Weder in der Rechtsprechung noch im Schrifttum ist daher zu Recht der Gedanke von der negativen Publizität des Besitzes aufgegriffen worden. Die Besitzübergabe beim Pfandrecht lässt sich daher nicht im Sinne einer negativen Publizität deuten.

V. Das Publizitätsprinzip beim Fahrniserwerb vom Berechtigten

1. Das Traditionsprinzip und seine Funktionen

Die Übereignung beweglicher Sachen nach § 929 Satz 1 ist auf den ersten Blick ein Kombinationstatbestand, der sich aus einem Rechtsgeschäft und einem tatsächli-

[223] *John* ZHR 140 (1976), 236, 239f; *M. Reinicke* JZ 1985, 272, 275f.
[224] Missverständlich *Staudinger/Gursky* § 891 Rn. 35 wonach § 891 Abs. 2 keine negative Vermutung dafür sei, dass das behauptete Recht nicht besteht.
[225] Oben I 2.

chen Akt – der Besitzübertragung – zusammensetzt. Diese Kombination relativiert die Einigung einerseits und die Besitzübergabe andererseits. Nicht allein die Übergabe, sondern nur die Einigung und die Übergabe haben einen Eigentumswechsel zur Folge. Eine reine tatsächliche Übergabe des Besitzes zieht noch keine Rechtsfolgen nach sich, ebenso wie eine reine Einigung über den Eigentumserwerb ohne Übergabe (oder Übergabeersatz) wirkungslos ist. Diese Deutung der §§ 929ff als Doppeltatbestand, bestehend aus einer Einigung und einer Übergabe des Besitzes, ist unbestritten.[226] Warum der Gesetzgeber auf einem derartigen Doppeltatbestand aufbaute, erklärt die Gesetzesgeschichte: Auf der einen Seite abstrahierte und trennte der Gesetzgeber die dingliche Einigung und wollte daneben auch das gemeinrechtliche Traditionsprinzip verankern, an das viele Partikularrechte anknüpften. Durch eine Kombination beider Prinzipien schienen die Schwierigkeiten ausgeräumt. Die Übergabe wurde so zu einem selbständigen Tatbestandsmerkmal einer Eigentumsübertragung und sollte nicht nur eine Form der Übereignung darstellen.[227] Allerdings entwickelte sich das Traditionsprinzip keinesfalls widerspruchsfrei. Der vorerst kursorisch skizzierte erste Blick wird einen zweiten Blick eröffnen, der an dem bisher vorherrschenden Verständnis des Traditionsprinzips rüttelt.

a) *Zur Publizitätsfunktion der Übergabe*

Es ist unbestritten, dass das Traditionsprinzip einer der Leitgedanken für die Eigentumsübertragung nach den §§ 929ff ist. Übersetzt als Übergabegrundsatz gibt es nur die Formulierung in § 929 Satz 1 wider, der zum Eigentumsübergang die Übergabe des Besitzes fordert. Eine solche Deutung dieses Prinzips, das damit nur auf das positive Recht verweist, wäre banal. Entscheidend für die Ausarbeitung dieses Prinzips ist, welchen Zwecken es dienen soll. Dabei zeigt sich ein bemerkenswerter Unterschied zwischen einer heute verbreiteten Deutung und dem Willen des Gesetzgebers. Das Traditionsprinzip wird meist in einen Zusammenhang mit dem Publizitätsprinzip gestellt: Die Übergabe ist in dieser Deutung ein Publizitätsmittel.[228] Tradition und Publizität hängen danach zusammen, da die Übergabe den Eigentumsübergang versinnbildlichen soll. In abgeschwächter Form betrachten andere das Traditionsprinzip als Ausfluss des Publizitätsprin-

---

[226] Ein rein begrifflicher und theoretischer Streit entbrannte deshalb darüber, ob die Einigung ein dinglicher Vertrag sei. Dies wurde deswegen abgelehnt, weil ja erst die Kombination von Einigung und Tradition zum Eigentumswechsel führe (*Wolff/Raiser* § 38 II 2). Die heute herrschende Ansicht sieht unabhängig davon in der Einigung einen dinglichen Vertrag (BGHZ 28, 16, 19; RGZ 132, 183, 188; *Erman/Michalski* § 929 Rn. 3; *Heck* § 29/5; *Staudinger/Wiegand* Vorbem zu §§ 929ff Rn. 12). Von praktischer Relevanz ist diese Streitigkeit allerdings nicht.

[227] Prot. III, 196.

[228] So die traditionelle Ansicht: *Erman/Michalski* § 929 Rn. 1; *Heck* § 56/3; *Hromadka* JuS 1980, 89, 90; MünchKomm/*Quack* § 929 Rn. 3; *Schwab/Prütting* Rn. 371; *Soergel/Henssler* Vor § 929 Rn. 10; *Weber* JuS 1998, 577. Siehe auch *Baur/Stürner* § 52 Rn. 44 (sub II).

zips, wobei die Publizität nur einen zu trennenden Nebeneffekt der Übergabe bilden soll.[229]

Analysiert man die Gesetzgebungsgeschichte, so zeigt sich ein anderes Bild. Während die Grundsätze der Eigentumsübertragung nach § 929 Satz 1 fest standen, entwickelte sich das Besitzrecht nicht geradlinig. Die unterschiedlichen Vorstellungen darüber wurden nur dort ausgetragen und man versäumte es, aus dem zwischenzeitlich geänderten Besitzverständnis Konsequenzen für die Übereignung und Übergabe der Sache zu ziehen. In den Motiven zu dem (jetzigen) § 929 Satz 1 definierte der Gesetzgeber die Übergabe: »Die Übergabe ist ein Wechsel des unmittelbaren Besitzes, durch ein Geben und Nehmen zwischen Veräußerer und Erwerber«.[230] Der Besitzverlust des bisherigen Eigentümers korrespondiert mit dem Erwerb des unmittelbaren Besitzes durch den neuen Eigentümer. In diesem Sinne drückt das Traditionsprinzip zwei Publizitätswirkungen aus. Zum einen soll die Besitzaufgabe ausdrücken, dass der bisherige Eigentümer sein Eigentum verliert, zum anderen soll es den Eigentumserwerb des künftigen Besitzers verdeutlichen. Der erste Entwurf war damit noch ganz der körperlichen Übergabe von Hand zu Hand verhaftet.

Die Funktion dieser Übergabe sah der Gesetzgeber darin, Besitz und Recht deckungsgleich zu halten: »Wie im Imobiliarrecht das Eintragungsprinzip der Richtigerhaltung des Grundbuchs dient, so dient im Mobiliarrecht das Traditionsprinzip ähnlichen Zwecken, indem es ein Auseinanderfallen von Besitz und Recht verhütet ...«.[231] Ersichtlich ist diese Annahme noch durch die These von der Funktionsgleichheit des Grundbuchs und des Besitzes geprägt. Gerade dieser Ausgangspunkt ist gleichzeitig der Grund dafür, warum das Traditionsprinzip im geltenden Recht große Risse zeigt.[232] Bereits in den Motiven regten sich schon Zweifel darüber, ob das Traditionsprinzip dieser Aufgabe überhaupt gewachsen ist. So erkannte man, dass es von großen praktischen Wert sei, einen Rechtszustand kund zu tun, der Besitz und dessen Übergabe könne dies gegenüber dem Grundbuch indes nur unvollkommen.[233] Allerdings veranlasste diese Erkenntnis nicht dazu, auf den Traditionsgrundsatz gänzlich zu verzichten. Die Gründe dafür sind vor allem historischer Natur: Das Traditionsprinzip galt in weiten Teilen des damaligen deutschen Reiches, so dass dessen Aufgabe einen tiefen Einschnitt bedeutet hätte. Dem historischen Gesetzgeber lag dies jedoch fern. Das BGB sollte in erster Linie vereinheitlichen und nicht reformieren.[234] Aber die rechtsdog-

229 *Staudinger/Wiegand* Vorbem zu §§ 929ff Rn. 21; *Wiegand*, FS 50 Jahre BGH I (2000), 753, 767; dem folgend: *Bamberger/Roth/Kindl* § 929 Rn. 2; *Westermann/H. P. Westermann* § 37/1; siehe auch *Martinek* AcP 188 (1988), 573, 576. Ähnlich auch *Bauer*, FS Bosch (1976), 1, 14.

230 Mot. III, 97ff, 335.

231 Mot. III, 333.

232 Zur Kritik an der Funktionsgleichheit zwischen Besitz und Grundbuch siehe bereits oben IV 3.

233 Mot. III, 333.

234 Ausführlich dazu: *Wacke* (Fußn. 4), 3ff.

matischen Systembrüche waren vorgezeichnet. Der strikte Übergabegrundsatz nach § 929 Satz 1 blieb unangetastet, während die Übereignungstatbestände der §§ 930, 931 hitzig diskutiert wurden. Schließlich wurde das gesamte Besitzrecht durch die zweite Kommission umgestaltet und der gutgläubige Erwerb ausgearbeitet. Der in der zweiten Kommission ausgeweitete mittelbare Besitz konnte dem Traditionsprinzip nicht mehr gerecht werden, da er auch ohne körperliche Übergabe übertragen werden kann.

In den Protokollen zum zweiten Entwurf verschliff der Gesetzgeber die ursprüngliche Bedeutung des Traditionsprinzips. Das Problem drängte sich bei den Beratungen zu § 874 des zweiten Entwurfs (§ 930) geradezu auf. Sollen die Übergabe und ihre Surrogate ausschließlich Publizitätszwecken dienen, lässt sich diese Norm nicht begründen. Folgerichtig heißt es in den Protokollen, dass es nicht wesentlicher Zweck der Übergabe sei, den Übergang des Eigentums erkennbar zu machen. Schließlich könne »das durch die Übergabe hergestellte Besitzverhältnis nicht die Gewähr der Dauer« bieten, da es jeden Augenblick verändert werden könne.[235] Diese Erkenntnis lässt sich nicht bezweifeln, die Schlussfolgerungen sind jedoch unausgegoren. Eine Eigentumsposition muss nicht zwangsläufig dauerhaft sein, auch vorübergehend kann ein Eigentum entstehen. Die in den Protokollen genannten Bedenken sind jedoch allgemein gehalten und nicht nur auf § 930 zugeschnitten. Gleichwohl stellte die zweite Kommission die Publizitätswirkungen des Traditionsprinzips nicht generell in Frage und ließ den Übertragungstatbestand nach § 929 Satz 1 unangetastet. Im Laufe der Gesetzgebungsgeschichte verlor dieses Prinzip jedoch seine Bedeutung für die Publizität, so dass sich die Frage stellt, ob es nicht obsolet ist. Schon bei in Kraft treten des BGB wurde darauf hingewiesen, dass die Übergabe nach § 930 weder für Dritte erkennbar sei, noch dem eng verstandenen Traditionsgrundsatz gerecht werde.[236]

Dabei erkannte man früh, dass die Übergabe als solche ein untaugliches Mittel dafür ist, um den Eigentumsübergang zu publizieren.[237] Aus einer Übergabe einer Sache kann nicht zwingend darauf geschlossen werden, dass diese Sache auch übereignet werden soll. Die Miete, die Pacht, die Leihe und die Verwahrung setzen allesamt voraus, dass eine Sache übergeben wird, ohne dass dadurch das Eigentum übergeht. Auch der Nießbrauch setzt nach § 1032 den Besitz des Nießbrauchers voraus. Als Eigentümer kann man den Nießbraucher deswegen nicht

---

[235] Prot. III, 197.

[236] *Kohler* ArchBürgR 18 (1900), 1, 57f.

[237] *Stöver* ArchBürgR 26 (1905), 149, 173; *Simon*, Die rechtliche Natur der sachenrechtlichen Enigung (1911), 15; *Sintzing*, Die Übereignung beweglicher Sachen (1911), 16 »Übergabe ist als Rechtszeichen völlig ungeeignet«; *v. Tuhr* ZffranzR 30 (1899), 527, 529. Aus neuerer Zeit: *Eichler*, Die Rechtslehre vom Vertrauen (1950), 102 Fußn. 125; *Lorenz*, Fahrnisübereignung und Leistungswille (1990), 13f; *Pawlowski*, Der Rechtsbesitz im geltenden Sachen- und Immaterialgüterrecht (1961), 22; *Süß*, FS Wolff (1952), 141, 165.

ansehen. Die Übergabe ist damit ein Januskopf und lässt keine eindeutigen Rückschlüsse auf die dingliche Rechtslage zu.

Deswegen lässt sich dem Traditionsprinzip auch keine Verschaffungsfunktion zuordnen, wie dies im Schrifttum teilweise vertreten wird:[238] Diese Funktion soll danach dem Erwerber die Ausübung seines Eigentums gewährleisten; er soll durch die Besitzübergabe in die Lage versetzt werden, die tatsächliche Sachherrschaft zu nutzen. Sofern man dem Traditionsprinzip eine solche Verschaffungsfunktion zumisst, lassen sich konkrete Folgerungen aus ihr nicht ableiten. Die Frage, ob und wie die zu übereignende Sache genutzt werden soll, steht im Belieben des Erwerbers und hängt nicht von der Übergabe ab. Diese »Verschaffungsthese« hat zudem Probleme, § 930 zu erklären, da es das Gesetz auch als Übergabe ansieht, wenn nicht der Erwerber, sondern ein Besitzmittler die Sache nutzt.

b) Die Übergabe und das simulierte Rechtsgeschäft

Der Gesetzgeber ging deutlich davon aus, dass das Traditionsprinzip ein notwendiger Bestandteil des BGB sein müsse.[239] Allerdings haben sich dessen Funktionen im Laufe der Entstehungsgeschichte gewandelt. Bei der Diskussion um den heutigen § 930 misst der Gesetzgeber der Übergabe nur noch eine Beweisfunktion zu. Im Wesentlichen solle sie nur den ernstlichen Willen feststellen, dass eine »dingliche Wirkung beabsichtigt« sei.[240] Deswegen stellte es sich für den Gesetzgeber nicht als Widerspruch dar, auf eine Übergabe zu verzichten, wenn der Wille der Parteien eindeutig erkennbar ist, eine Sache zu übereignen. Die vergeistigten Übergabeformen der §§ 930, 931 sind aus dieser Perspektive kein Systembruch.[241] Gleichzeitig stufte die zweite Kommission gegenüber dem ersten Entwurf die Publizitätsfunktion der Übergabe als unwesentlich herab. Wenn der Besitz seine Rolle als Publizitätsträger verlor, so konnte er auch nicht mehr uneingeschränkt dem Verkehrsschutz dienen. Die Motive sahen dies wegen ihres abweichenden Besitzverständnisses noch anders, da das Traditionsprinzip ein Auseinanderfallen von Besitz und Eigentum verhindern sollte.[242] Es diente damit dem Erwerberschutz. In diesem Sinne haben auch die Stellungnahmen zum ersten Entwurf das

---

[238] *Martinek* AcP 188 (1988), 573, 577; ablehnend: *Wadle* JZ 1974, 689, 694: »Der Realakt Übergabe – so könnte man verallgemeinernd sagen – hat nicht die Funktion, dem Erwerber Besitz zu verschaffen; er soll vielmehr die Publizität der gewollten Rechtsänderung bewirken«. Diese Gegenkritik wiederum übersieht, dass in den Protokollen nicht mehr die Publizitätsfunktion der Übergabe hervorgehoben wurde.

[239] Siehe dazu Prot. III, 197.

[240] Prot. III, 197.

[241] So bereits *Bauer*, FS Bosch (1976), 1, 17; wonach die §§ 929–931 sachgerecht, widerspruchslos und ohne systematische oder dogmatische Brüche die Übereignung regeln würden. Siehe auch *Wiegand* FS BGH I (2002), 753, 767; *Brehm/Berger* § 26 Rn. 12. Der weitere Text wird darstellen, ob dieser Schluss überzeugen kann.

[242] Mot. III, 333.

Traditionsprinzip verstanden.[243] Diese Deutung verlangt einen offenkundigen Eigentumswechsel, entspricht aber nicht mehr den Protokollen. Offenbar haben sich diese frühen Stellungnahmen im juristischen Gedächtnis festgesetzt und dabei den Paradigmenwechsel in den Protokollen verdrängt. So verlangt man auch noch heute, dass der Eigentumswechsel gemäß § 929 Satz 1 nach außen erkennbar sein müsse.[244] Dem klaren Willen des Gesetzgebers, wie er in den Protokollen ausgedrückt ist, widerspricht dies. Deswegen ist für § 929 Satz 1 nicht erforderlich, dass die Übergabe äußerlich erkennbar ist, zumal man schon in Verlegenheit gerät, den Kreis der Personen festzulegen, für den die Übergabe erkennbar sein soll.[245] Im zweiten Entwurf schließlich hatte die Übergabe auch gar nicht mehr die Aufgabe, Besitz und Eigentum deckungsgleich zu halten. Sofern beide Positionen auseinanderfallen, erlaubt das Gesetz einen gutgläubigen Erwerb. Das Traditionsprinzip verlor damit seine ursprüngliche Aufgabe, die zu erfüllen es ohnehin nur schwer im Stande war.[246] Dies erklärt auch die oben zitierte zurückhaltende Formulierung in den Protokollen, wonach es kein wesentlicher Zweck der Übergabe sei, die Eigentumsverhältnisse erkennbar werden zu lassen. Erstaunlicherweise beurteilt man erst in neuerer Zeit die Übergabe unter den beschriebenen Gesichtspunkten und stellt sie nicht mehr ausschließlich unter die Kuratel des Publizitätsprinzips.[247] Allerdings harren die Erwägungen in den Protokollen nach wie vor ihrer wissenschaftlichen Aufbereitung. Denkt man die These weiter, dass die Übergabe in erster Linie dazu dient, den Übergabewillen festzustellen, so rückt dies das Traditionsprinzip als solches in ein gänzlich anderes Licht.

Die Erwägungen in den Protokollen gestatten noch weitere Schlussfolgerungen: Wenn der beabsichtigte Eigentumswechsel aus dem Willen der Parteien zweifelsfrei ableitbar ist, dann ist auch die Übergabe *inter partes* als solche funktionslos. Es bedarf ihrer in diesem Falle nicht, um den »ernstlichen« Übereignungswillen festzustellen. Der Eigentumswechsel folgt dann allein aus den Einigungserklärungen der Parteien. Damit stellt sich die Frage nach der sinnvollen Restfunktion der Übergabe. Im Schrifttum versucht man, dieses Vakuum durch eine Interessenabwägung zu füllen: Die Publizitätsinteressen müssten gegenüber höherwertigen Interessen zurücktreten, wie dies die §§ 929 Satz 2–931 ausdrü-

[243] Siehe etwa: *Bornemann*, Gutachten zum 14 DJT (1878), 113.

[244] *Martinek* AcP 188 (1988), 573, 576ff, 599; MünchKomm/*Quack* § 929 Rn. 117.

[245] Auf eine äußere Erkennbarkeit der Übergabe nach § 929 Satz 1 verzichten daher: *Bamberger/Roth/Kindl* § 929 Rn. 23; *Soergel/Henssler* § 929 Rn. 53; *Staudinger/Wiegand* § 929 Rn. 66; *Westermann/H.P. Westermann* § 40 III 1.

[246] *Wacke* (Fußn. 4) bezeichnet daher das Traditionsprinzip als behelfsmäßige Krücke (38). Die zwischenzeitliche Funktionsüberschneidung betont auch *Staudinger/Wiegand* Vorbem zu §§ 929ff Rn. 16.

[247] Grdl. *Staudinger/Wiegand* Vorbem zu §§ 929ff Rn. 19–26; *Wiegand*, FS 50 Jahre BGH I (2000), 753, 767; dem folgend: *Bamberger/Roth/Kindl* § 929 Rn. 2; *Brehm/Berger* § 27 Rn. 32; *Westermann/ H.P. Westermann* § 37/1; *Lorenz*, Fahrnisübereignung und Leistungswille (1990), 16; *Wilhelm* Rn. 19. Ansatzweise auch schon *Peters* JURA 1986, 449.

cken.[248] Allerdings sind die Publizitätsinteressen alles andere als klar umrissen. Der Gesetzgeber sah als Interessenträger ohnehin nur die Beteiligten an, nicht aber die Allgemeinheit. Wenn aber im Einzelfall die Übereignung nach § 929 Satz 1 mit den Übereignungsformen nach §§ 929 Satz 2–931 austauschbar ist, so stellt sich nachdrücklich die Frage nach dem Sinn einer Übergabe. Dies zeigt, dass der Gedanke der Interessenabwägung das Problem nur unvollkommen erfasst und keine greifbaren Maßstäbe für eine solche Abwägung aufstellen kann. Es geht letztlich um die Frage, ob man dem Parteiwillen gestattet, im Einzelfall auf eine körperliche Übergabe zu verzichten. In den §§ 929 Satz 2–931 erlaubt dies das Gesetz. Ist es im Einzelfall nur eine konstruktive Frage, ob eine Übereignung nach diesen Vorschriften oder nach § 929 Satz 1 einschlägig ist, so muss man auch hier den Parteien gestatten, auf das Übergabeerfordernis zu verzichten. Anderenfalls verstieße man gegen das Verbot, wesentlich Gleiches willkürlich ungleich zu behandeln. Der Wortlaut des Gesetzes steht dem kaum entgegen: Wenn diese Vorschrift für den Eigentumsübergang verlangt, dass der Eigentümer die Sache dem Erwerber übergibt und beide darüber einig sind, dass das Eigentum übergehen soll, so wird die Übergabe dadurch als eine Form der Einigung verstanden. Sie soll nur dem ernstlichen Übereignungswillen dokumentieren. Der zweite Entwurf kehrte damit zu dem Modell *Windscheids* zurück, wonach sich in der Besitzübergabe nur der Wille manifestierte, eine Sache zu übereignen. Die Motive lehnten dies noch ab,[249] aber der zweite Entwurf machte sich diesen Gedanken zu eigen,[250] ohne allerdings in das System der §§ 929ff einzugreifen. Der naheliegende Schluss, dass eine Übergabe nicht erforderlich ist, wenn der Wille der Parteien eindeutig auf eine Eigentumsübertragung schließen lässt, findet sich nicht ausdrücklich in den Protokollen. Dem oben beschriebenen Vereinheitlichungsstreben hätte dies einen Abbruch getan. Dieser Schluss entspricht aber dem Sinn der Übergabe. Wenn sie vor simulierten Rechtsgeschäften schützen soll, ist die Übergabe nur eine Form, eine Art Beweisanzeichen für die Einigung.[251] Da nun aber die Übergabe nur die Interessen der Parteien schützt, wie die Protokolle betonen,[252] ist es nur folgerichtig, den Parteien die Entscheidung darüber zu belassen, ob sie ein körperliche Übergabe als Übereignungsform wählen wollen. Über Interessen der Allgemeinheit disponieren die Parteien dadurch nicht, da das Publizitätsprinzip diese Interessen nicht schützt. Man muss dem Gesetzgeber daher vorhalten, seine eigenen Praemissen nicht konsequent zu Ende gedacht zu haben.

---

[248] *Staudinger/Wiegand* Vorbem zu §§ 929ff Rn. 24.

[249] Mot. III, 336: »Anlangend das Verhältnis zur Übergabe so beschloss man zum Ausdruck zu bringen, dass die Übergabe zu der Vereinbarung hinzukommen müsse; die Übergabe stelle nicht die Form dar, in welcher die Eigentumsübertragung zu Tage trete, sondern sei ein selbständiges Erfordernis für die Eigentumsübertragung«.

[250] So auch *Staudinger/Wiegand* § 929 Rn. 56.

[251] *Brehm/Berger* § 26 Rn. 12 sprechen von Seriositätsindiz.

[252] Dazu oben I 1.

Versucht man dies, so muss es genügen, wenn sich die aktuellen Besitzverhältnisse auf den Willen des oder der Veräußernden zurückführen lassen. Dabei nähert sich § 929 Satz 1 einem Vertragsprinzip an, da der Besitzwechsel *inter partes* keine Rolle mehr spielt. Aus dieser Perspektive hat die Übergabe nur eine Bedeutung, wenn am ernstlichen Übereignungswillen Zweifel bestehen. Allerdings ist die praktische Relevanz dieser Konstellation gering, wenn nicht gar theoretisch. Oftmals werden Zweifel am Übereignungswillen die Übereignung selbst hinfällig machen, wobei es sich um ein allgemeines Problem der Rechtsgeschäftslehre handelt.

c) *Einigungsbezug der Übergabe?*

Einigung und Übergabe sind nach der herrschenden Ansicht nicht ausreichend für eine Eigentumsübertragung. Man verlangt zusätzlich einen willentlichen Zusammenhang zwischen Einigung und Übergabe: Die Übergabe müsse zu Übereignungszwecken geschehen, sie müsse sich auf die konkrete Einigung beziehen.[253] Sinn dieses Bezugs soll es sein, den Besitzwechsel dem gewollten Rechtsgeschäft zuzuordnen. Eine Übergabe könne anderenfalls auch als hybrid zu deuten sein, entweder zur Begründung eines Pfandrechts, als Übergabe im Rahmen eines Mietvertrages oder als Übereignung.[254] Diese Formel drückt letztlich die Zweifel an der Übergabe als Publizitätsmittel aus. Zweifelsohne ist sie ein Januskopf, der nichts klarstellt. Aber gleichwohl verliert die These von dem Einigungsbezug der Übergabe die Einigung selbst aus dem Auge. In Wirklichkeit ist auf einen wie auch immer gearteten inneren Bezug zwischen der Übergabe und der Einigung zu verzichten.[255] Nach dem hier vertretenen Konzept ist eine Übergabe eine schlichte Dokumentation des Übereignungswillens. Daher können Übergabe und Übereignung gar nicht auseinander fallen, da die Übergabe nichts anderes dokumentieren kann, als gewollt. Vielmehr würdigt das Konzept vom »Einigungsbezug der Übergabe« nicht hinreichend die Einigung selbst. Um das genannte Beispiel aufzugreifen, will der Veräußerer durch die Übergabe kein Pfandrecht begründen. Zwischen den Parteien kann daher in dieser Konstellation gar kein Pfandrecht entstehen, sei es man legt die Einigungserklärung normativ aus, sei es, man nimmt einen Dissens zwischen den Parteien an.[256] Der innere Bezug

---

[253] *v. Caemmerer* JZ 1963, 588; *Martinek* AcP 188 (1988), 572, 583; *Palandt/Bassenge* § 929 Rn. 11; *Schapp/Schur* Rn. 177; *Wadle* JZ 1974, 691; *Weber* JuS 1998, 577, 579; *Wolff/Raiser* § 66 II 4 Fußn. 25; *Wolf* Rn. 529; beiläufig: BGH NJW 2005, 359, 363.

[254] *Martinek* AcP 188 (1988), 573, 582; *Wolff/Raiser* § 66 II 4 Fußn. 27.

[255] *Bamberger/Rohth/Kindl* § 929 Rn. 27; *Brehm/Berger* § 27 Rn. 15; *Staudinger/Wiegand* § 929 Rn. 88; *Westermann/Westermann* § 40 II 4; *Wiegand*, FS 50 Jahre BGH I (2000), 753, 764f; so bereits *Zitelmann* IherJb 70 (1921), 1, 16.

[256] Siehe *Staudinger/Wiegand* § 929 Rn. 86; *Wiegand*, FS 50 Jahre BGH I (2000), 753, 766. *Wiegands* Kritik an der herrschenden Meinung ist vollkommen zuzustimmen. Die Deutung der herrschenden Meinung verbindet die Übergabe mit einem rechtsgeschäftsähnlichen Moment, obwohl stets der Charakter als tatsächlicher Vorgang betont wird. In der Tat scheint sich nach

der Übergabe zur Einigung ist damit funktionslos und lässt sich entgegen den Protagonisten dieser These auch nicht aus der Rechtsprechung des BGH ableiten. Die dafür angeführten Entscheidungen des BGH beschäftigen sich zum einen mit der Frage, wann der Besitz mit dem Willen des Veräußerers weggegeben wurde oder ob eine verbotene Eigenmacht begangen wurde. Zum anderen handeln die Entscheidungen darüber, ob der Besitzaufgabewille (§ 856 Abs. 1) erkennbar nach außen betätigt wird.[257] Eine praktische Relevanz hat der geforderte »Einigungsbezug« bei der Übergabe nicht erlangt. Als denkbarer Anwendungsfall könnte man allenfalls den Veräußerer anführen, der bei der Übergabe die frühere Einigung vergessen hat und bei der Übergabe die Sache nur noch verleihen will.[258] Aber hier folgt schon aus dem Empfängerhorizont, dass dieser Willenswechsel nicht beachtlich ist. Die auftretenden Fragen sind daher bei der Einigung zu lösen. Auf eine Übergabe zu Übereignungszwecken kommt es nicht an.

2. Der verschliffene Übergabebegriff in § 929 Satz 1

Die unausgegorene Haltung der Gesetzesmaterialien zur Übergabe muss sich zwangsläufig darin niederschlagen, wie einzelne Übergabekonstellationen dem Traditionsprinzip zuzuordnen sind. Der Übergabebegriff aus der Sicht der Motive geht von einer einfachen Verkehrswirtschaft ohne eine ausgefächerte Vertriebsstruktur aus. Im Laufe der Zeit etablierten sich jedoch besondere, dem Gesetzgeber unbekannte Vertriebsstrukturen, die dadurch gekennzeichnet sind, dass der Eigentümer nicht mehr *in personam* sondern oft durch einen Stellvertreter eine Einigungserklärung annimmt oder abgibt. Damit einher ging das Bedürfnis, den rechtsgeschäftlichen Varianten einer Einigung einen entsprechende tatsächlichen Akt zur Seite zu stellen. Die Rechtsgeschäftslehre erlaubt es, dass sowohl auf Seiten des Veräußerers wie auch auf Seiten des Erwerbers Stellvertreter eingeschaltet werden. Während § 164 Abs. 1 klärt, wem die Willenserklärungen zugerechnet werden, regelt der Besitz dies nicht ausdrücklich. Aus der rechtsgeschäftlichen Variationsbreite bei der Einigung entsteht aber zwingend das Bedürfnis, auch bei der Besitzübergabe zurechnen zu können, auch wenn der Gesetzgeber diese Zurechnungsfragen bei der Konzeption des Besitzrechts nicht im Auge hatte.

Die §§ 930, 931 sind nicht in der Lage, alle Übergabearten aufzufangen. Bereits das Reichsgericht entwickelte § 929 Satz 1 daher zu einer Art Generalklausel für eine Besitzübergabe und setzte beim Übergabebegriff selbst an: Die Übergabe sei

---

dem Konzept von dem »Einigungsbezug der Übergabe« die Übergabe selbst so weit verselbständigt zu haben, dass dabei der Blick auf die Einigung verloren geht.

[257] Siehe dazu die Analyse von *Wiegand*, FS 50 Jahre BGH I (2000), 753, 766. Die wohl hM stützt sich zu Unrecht auf: RGZ 75, 221, 223; RGZ 92, 265; RGZ 137, 23, 25; BGHZ 67, 207, 209; BGH NJW 1979, 714; BGH MDR 1959, 1006; BGH DB 1970, 294.

[258] Beispiel von *Kindl* (*Bamberger/Roth* § 929 Rn. 27), der aber im Ergebnis zu Recht den Gesinnungswandel und damit das Kriterium des Einigungsbezugs für unerheblich hält.

zwar eine Übertragung des unmittelbaren Besitzes, jedoch lasse dies offen, ob auf der Veräußerer- oder der Erwerberseite ein Mittelsmann eingeschaltet werden dürfe.[259] Diese Rechtsprechung ebnete den Weg dafür, den Besitzwechsel von der Veräußerer- und der Erwerberseite abzutrennen. Entgegen den anders lautenden Ausführungen in den Motiven steht die ganz vorherrschende Ansicht auf dem Standpunkt, dass der Besitz nicht notwendig zwischen dem Veräußerer und dem Erwerber wechseln müsse. Einen Bruch mit dem Traditionsprinzip sieht man darin nicht.[260] Legt man den Übergabebegriff derart weit aus, so verliert er jede Publizitätsfunktion, da die äußerlich wahrnehmbaren Fakten keinen Rückschluss mehr auf die Parteien der Einigung erlauben. Bereits oben wurde ausgeführt, dass diese Auslegung nicht den Protokollen widerspricht.

Im Laufe der Zeit abstrahierte sich der Übergabebegriff immer mehr. Wie allgemein vertreten wird, sollen für eine Übergabe im Sinne des § 929 Satz 1 drei Elemente entscheidend sein: Der bisherigen Eigentümer muss den unmittelbaren Besitz verlieren, der Erwerber muss ihn erhalten, schließlich muss der bisherige Eigentümer den Besitzwechsel veranlasst haben.[261] Damit scheint die begriffliche Klammer gefunden, um alle denkbaren »Übergabekonstellationen« unter § 929 Satz 1 zu fassen, sofern sie sich nicht bereits unter die §§ 930, 931 subsumieren lassen. Von der historischen Vorstellung hat sich dieser Übergabebegriff entfernt. Man verzichtet sogar darauf, den Begriff allgemein zu definieren, sondern legt ihn anhand der beschriebenen drei Elemente einzelfallbezogen aus.[262] Für diese Einzelfallbeurteilung kann der Publizitätsgedanke keine Rolle mehr spielen, da ansonsten stets eine unmittelbare Übergabe vom Erwerber auf den Veräußerer zu fordern wäre.

a) *Aufhebung und Begründung von Besitzdienerschaft*

Als Übergabe im Sinne des § 929 Satz 1 sieht man den Wechsel der Besitzform zwischen dem Veräußerer und dem Erwerber an. Bei einer formalen Subsumtion sind auf den ersten Blick alle Merkmale einer Übergabe erfüllt: Der Veräußerer

---

[259] RGZ 137, 23, 25.

[260] MünchKomm/*Quack* § 929 Rn. 111ff; *Martinek* AcP 188 (1988), 573, 588; RGRK/*Pikart* § 929 Rn. 26; *Soergel/Henssler* § 929 Rn. 49; *Weber* JuS 1998, 577, 578; *Westermann/H.P. Westermann* § 40 I.

[261] *Bamberger/Roth/Kindl* § 929 Rn. 19; *Baur/Stürner* § 51 Rn. 12; *Brehm/Berger* § 27 Rn. 12; *Weber* JuS 1998, 577, 578; *Soergel/Henssler* § 929 Rn. 52; *Schapp/Schur* Rn. 181; *Staudinger/Wiegand* § 929 Rn. 62, 63; *Westermann/H.P. Westermann* § 40 III 1.

[262] *Soergel/Henssler* § 929 Rn. 52; *Staudinger/Wiegand* § 929 Rn. 61; *Weber* JuS 1998, 577, 579. Dagegen *Martinek* AcP 188 (1988), 573, 598, wonach sich der Übergabebegriff bestimmten Definitionsmerkmalen beugen muss und nicht vom Einzelfall abhängig gemacht werden dürfe. Es ist müßig darüber zu streiten, ob eine Übergabebegriff für alle denkbaren Fälle gefunden werden kann. Vor dem Hintergrund der Materialien ist dies auch entbehrlich, da die Übergabe nur ein Beweisanzeichen für eine ernsthaft gewollte Übereignung ist. Es geht aber nicht an, den Einigungswillen der Parteien in ein mehr oder weniger begriffliches Übergabekorsett zu kleiden.

verliert den Besitz und der Erwerber erlangt den Besitz. Eine Variante hiervon ist, wenn der Veräußerer Besitzdiener wird und demgemäß der Erwerber Besitzer. Die Umwandlung von Besitz in eine Besitzdienerschaft auf der Veräußererseite sowie die Umwandlung von Besitzdienerschaft in Besitz auf der Erwerberseite werden damit jeweils als Formen einer Übergabe im Sinne des § 929 Satz 1 betrachtet.[263] Konstruktiv bereitet hier der Übergabebegriff in dem Verständnis der herrschenden Meinung keine Probleme: Der Erwerber verliert seinen bisherigen Besitz und veranlasst den Besitzerwerb. Für außenstehende Dritte sind diese Vorgänge jedoch nicht erkennbar.[264] Im Schrifttum hat man immer wieder versucht, einen Publizitätsakt in diese Arten der Übergabe hineinzulesen: Es würden sich hier auch ohne räumliche Bewegung die Herrschaftsverhältnisse offenkundig ändern, da die Aufhebung oder Begründung einer Besitzdienerschaft ein »nach außen zu Tage tretender, spürbarer Realakt« sei.[265] Offen bleibt in diesen Erklärungsversuchen allerdings, was nach außen tritt. Allein aus einem Realakt lässt sich noch nicht auf die äußerliche Erkennbarkeit schließen, auch der Urheber schafft ein zunächst unbekanntes Werk durch einen Realakt. Der Begriff des Besitzdieners selbst beraubt hier die Übergabe ihrer Publizität, da es sich um einen normativen Zweckbegriff handelt. Obwohl der Besitzdiener den tatsächlichen Zugriff auf die Sache hat, soll er doch nicht als Besitzer behandelt werden. Deswegen ist bereits bei der Besitzdienerschaft selbst von Publizität keine Rede mehr. Aus diesem Grunde ist es auch verfehlt, bei einer Aufhebung oder Begründung von Besitzdienerverhältnissen Traditions- und Publizitätswirkungen im Rahmen von § 929 Satz 1 zu konstruieren. Diese Wirkungen gibt es nicht. Der Gesetzgeber hat dies selbst beim Begriff des Besitzdieners hingenommen und dessen unmittelbaren Besitz normativiert. Wenn schon der Begriff des Besitzdieners die Publizität durchbricht, so kann erst Recht die Aufhebung und Begründung der Besitzdienerschaft im Rahmen von § 929 Satz 1 nicht für eine Publizität sorgen. Gleichwohl verlangt man teilweise, dass bei der Aufhebung oder Begründung der Besitzdienerschaft das Abhängigkeitsverhältnis nach außen erkennbar sein müsse.[266] Wie wenig dies durchführbar ist, wurde bereits oben dargelegt.[267] Im Ergebnis rückt die Aufhebung und Begründung von Besitzdienerverhältnissen das Traditionsprinzip dem reinen Vertragsprinzip nahe.[268] Für die hier verfochtene These, wonach die Übergabe ein verzichtbare Beweisanzeichen ist, wenn sich der

---

[263] *Bambeger/Roth/Kindl* § 929 Rn. 21, 24; *Baur/Stürner* § 51 Rn. 14; *Brehm/Berger* § 27 Rn. 16–18; *Jauernig/Jauernig* § 929 Rn. 10; *Martinek* AcP 188 (1988), 573, 584; *Schwab/Prütting* Rn. 376; *Soergel/Henssler* § 929 Rn. 56, 59; *Staudinger/Wiegand* § 929 Rn. 49; *Wolf* Rn. 535;. Vgl. auch RGZ 103, 151; RGZ 137, 23; BGH NJW 1959, 1536, 1539; BGH BB 1960, 881; BGHZ 92, 280, 288.

[264] *Süß*, FS Wolff (1952), 139, 151.

[265] So *Martinek* AcP 188 (1988), 573, 584f; dem folgend: MünchKomm/*Quack* § 929 Rn 117.

[266] *Erman/Lorenz* § 855 Rn. 2; *Soergel/Stadler* § 855 Rn. 4; *Staudinger/Bund* § 855 Rn. 15.

[267] IV 2 b.

[268] So *Süß*, FS Wolff (1952), 139, 151f; dagegen (wenig überzeugend): *Baur/Sürner* § 51 Rn. 14.

ernsthafte Übereignungswille feststellen lässt, werfen die beschriebenen Fälle keine Probleme auf. Es kommt alleine auf die Einigungserklärungen der Parteien an. Die jeweilige Änderung der Besitzdienerverhältnisse spielt nur eine Rolle für die Besitzschutzansprüche. Dieses Modell bietet den Vorteil, der Entstehungsgeschichte gerecht zu werden und vermeidet die begriffsjuristischen Verkünstelungen, zu denen das herkömmliche Übergabeverständnis verleitet.

b) Einschaltung von Besitzmittlern

Bei einer Übereignung nach § 929 Satz 1 können auch Besitzmittler eingeschaltet sein, da die §§ 930, 931 nicht abschließend die Fälle regeln, in denen der mittelbare Besitz bei der Einigung übergeht. Auf der Erwerberseite kann ein Besitzmittler als Übergabeperson eingeschaltet werden. Hier verliert der Veräußerer den mittelbaren Besitz, der unmittelbare Besitz geht nicht vom Veräußerer auf den Erwerber über. Gleichwohl ist diese Konstellation als eine Übergabe im Sinne des § 929 Satz 1 anerkannt, da der unmittelbare Besitz nicht zwingend zwischen dem Veräußerer und dem Erwerber wechseln müsse.[269] Auch der Parteiwechsel eines Besitzmittlungsverhältnisses ist eine Übergabe, wie bereits das Reichsgericht früh erkannte: V veräußerte an den Erwerber 50 Kisten Ölsardinen, die er bei seinem Lagerhalter eingelagert hatte. Seinen Lagerhalter wies V an, »das weitere« mit dem Erwerber zu vereinbaren. Als Übergabe im Sinne des § 929 Satz 1 sah man es an, wenn der Lagerhalter dieser Weisung nachkommt, mit dem Erwerber einen Lagervertrag abschloss und dadurch diesem den Besitz mittelt.[270] Daraus entwickelte sich der allgemeine Satz, dass es für eine Übergabe genüge, wenn der Veräußerer seinen Besitzmittler anweist, dem Erwerber den Besitz zu mitteln und der Besitzmittler dem nachkommt. Es genügt folglich für eine Übergabe nach § 929 Satz 1, wenn der Erwerber nur mittelbaren Besitz erlangt, sofern kein mittelbarer Besitz beim Veräußerer verbleibt.[271] Im Ergebnis mag dem zuzustimmen sein, mit einer körperlichen Übergabe im engeren Sinne hat diese Konstellation nichts mehr gemein, der Besitzwechsel ist unsichtbar.[272] Die Sachherrschaft verbleibt beim Besitzmittler, weder der Veräußerer noch der Erwerber haben diese inne. Der beschriebene Fall liegt den Übergabetatbeständen in §§ 930, 931 nahe. So lässt er sich dahingehend abwandeln, dass der Veräußerer nach § 931 das Eigentum dem Erwerber überträgt, indem er diesem den Anspruch aus dem Besitzmittlungsverhältnis gegenüber dem Lagerhalter überträgt. Wegen der mangelnden Außenwirkung und einer befürchteten

[269] *Martinek* AcP 188 (1988), 573, 588; siehe auch *Soergel/Henssler* § 929 Rn. 59.

[270] RGZ 103, 151, 154.

[271] BGHZ 92, 280, 288; BGH NJW 1959, 1536; BGH BB 1960, 881; BGH NJW 1971, 1608; siehe auch BGHZ 56, 123, 128; *Bamberger/Roth/Kindl* § 929 Rn. 22; *Baur/Stürner* § 51 Rn. 15; *Erman/ Michalski* § 929 Rn. 12; *Jauernig/ Jauernig* § 929 Rn. 10; 12; *Palandt/Bassenge* § 929 Rn. 24; *Soergel/Henssler* § 929 Rn. 55; *Staudinger/Wiegand* § 929 Rn. 49; *Tiedtke* WM 1978, 446.

[272] Ablehnend daher: *Martinek* AcP 188 (1988), 573, 587; *Wolff/Raiser* § 66 I 1 (Fußn. 7 S. 235).

Umgehung des § 931 lehnt man in dieser Konstellation vereinzelt eine Übergabe ab.[273] Aber das überzeugt nicht und deutet die Zwecke des Traditionsprinzips fehlsam. Die Übergabe muss nicht äußerlich erkennbar sein, wie bereits mehrfach ausgeführt wurde. Deswegen handelt es sich auch um keine Umgehung des § 931. Die Konstellation verdeutlicht die *crux*, die der körperliche Übergabebegriff schafft: Legt man die Übergabe nach § 929 Satz 1 eng aus, so müsste der Erwerb in dem beschriebenen Fall scheitern. Dies hindert die Parteien jedoch nicht daran, die Sache nach § 931 wirksam zu übertragen. Wenn die Parteien diese Möglichkeit haben, dann entartet ein enger Übergabebegriff zur reinen Förmelei. Sieht man mit der hier vertretenen Ansicht das Besitzmittlungsverhältnis als ein reines Rechtsverhältnis an, so handelt es sich um eine rein vertragliche Übereignung. Diese Konstellation bestätigt daher die These, dass auf eine Übergabe verzichtet werden kann, wenn der Wille der Parteien zweifelsfrei auf eine Übereignung gerichtet ist. Die herrschende Ansicht gelangt zu diesem Ergebnis durch Besitzkonstruktionen, greift aber der Sache nach auf das Vertragsprinzip zurück. Selbstredend kann auch ein Besitzmittler auf der Erwerberseite eingeschaltet sein: Eine Übergabe im Sinne des § 929 Satz 1 ist die Aushändigung der Sache an den Besitzmittler des Erwerbers auf dessen Weisung. Der Eigentumserwerb des Erwerbers vollzieht sich hier dadurch indem der Besitzmittler unmittelbaren Fremdbesitz begründet und dadurch der Erwerber mittelbaren Besitz erlangt.[274] Schließlich können folgerichtig auf der Seite des Veräußerers und des Erwerbers Besitzmittler eingeschaltet sein, oder Besitzmittler und Besitzdiener kombiniert sein. In diesen Fällen fehlt es an einem unmittelbaren Besitzwechsel zwischen dem Veräußerer und dem Erwerber. Begriffliche Überspitzungen und kunstvolle Konstruktionen zum Besitzwechsel können hier nicht darüber hinwegtäuschen, dass die Übergabe unsichtbar ist. Dies ist als solches hier gar nicht zu kritisieren. Nach dem hier vertretenen Konzept lässt sich aber in den beschriebenen Fällen auf eine Übergabe ganz verzichten, sofern die Willenserklärungen eindeutig sind.

c) *Der Geheißerwerb*

Besondere Spannungen zum Traditions- und Publizitätsprinzip in der herkömmlichen Deutung erzeugt der Geheißerwerb.[275] Bereits im Jahre 1914 wurde der

---

[273] So jedoch der Lösungsvorschlag von *Martinek* AcP 188 (1988), 573, 604.

[274] *Bamberger/Roth/Kindl* § 929 Rn. 25; *Brehm/Berger* § 27 Rn. 19; *Jauernig/Jauernig* § 929 Rn. 12; MünchKomm/*Quack* § 929 Rn. 119; *Palandt/Bassenge* § 929 Rn. 14. Bejahend auch *Martinek* AcP 188 (1988), 573, 593ff, der allerdings widersprüchlich dazu eine Übergabe ablehnt, wenn die Parteien eines Besitzmittlungsverhältnisses wechseln (587f). Der Publizitätsfunktion der Übergabe sei durch den konkreten Einigungsbezug Genüge geleistet (595). Abgesehen davon, dass dieser konkrete Einigungsbezug auch bei dem von *Martinek* bekämpften Wechsel des Besitzmittlungsverhältnisses besteht, kommt es auf dieses Erfordernis auch nicht an (siehe dazu oben V 1 c).

[275] Die Terminologie geht auf *Martin Wolff* zurück (*Wolff/Raiser* § 66 I 1). Bevor der BGH

Grundstein für den später so bezeichneten Geheißerwerb gelegt. Sofern Gehilfen bei der Übergabe mitwirken, sollte es danach für eine Übergabe zwischen dem Verkäufer und dem Käufer genügen, wenn der Verkäufer seinen Lieferanten veranlasst, die Ware an seinen Abnehmer zu liefern.[276] Allgemein betrachtet kennzeichnet es den Geheißerwerb, wenn Hilfspersonen bei der Übergabe handeln, die weder Besitzdiener noch Besitzmittler sowohl des Veräußerers als auch des Erwerbers sind. Daraus wird deutlich, dass der Geheißerwerb in verschiedenen Konstellationen auftritt. In der ersten Konstellation »geheißt« der Veräußerer einen unmittelbaren Besitzer, eine verkaufte Sache dem Erwerber zu übergeben. Umgekehrt ist der Geheißerwerb in der Form denkbar, dass der Erwerber den Veräußerer anweist, die Sache einem Dritten zu übergeben. Kombiniert man beide Fälle, so gelangt man zu einem doppelten Geheißerwerb, bei dem sowohl auf Seiten des Veräußerers wie auch auf Seiten des Erwerbers Geheißpersonen eingeschaltet sind. Dabei nimmt die herrschende Ansicht einen Durchgangserwerb der Beteiligten an: Auch derjenige, der nie den Besitz an der übereigneten Sache erlangt hatte, soll danach für eine juristische Sekunde als Zwischenerwerber das Eigentum erlangen.[277] Nach dem hier vertretenen Konzept ergibt sich dieser Durchgangserwerb zwanglos: Die Übergabe dient nur als Beweisanzeichen für die Einigung und ist entbehrlich, wenn bereits die Willenserklärungen der Parteien eindeutig sind. Der Sache nach erkennt die herrschende Meinung mit dem Durchgangserwerb gleichzeitig das Vertragsprinzip an. Sie ist dabei von dem Bestreben geleitet, die dinglichen Rechtsgeschäfte und die schuldrechtlichen Verträge gleichlaufen zu lassen. In neuerer Zeit hat man das Konstrukt des Durchgangserwerbs als überflüssig bezeichnet,[278] ohne dass dies die herrschende Meinung ins Wanken gebracht hätte. Mit einer Besitzübergabe im herkömmlichen Sinne verträgt sich die These vom Durchgangserwerb in Geheißfällen nicht. Allerdings überzeugt auch nicht die Gegenposition, wonach nur der Letztempfänger das Eigentum erwirbt: Der Eigentumserwerb des Anweisenden sei danach keine gedachte Bedingung für den Letzterwerb des Empfängers. Der Anweisende erwer-

diesen Begriff in seine ständige Rechtsprechung einführte (seit BGHZ 36, 56), verwandte man Begriffe wie »Übergabe auf Weisung« oder »Übereignung durch Anweisung zur Übergabe« (*v. Caemmerer* JZ 1963, 586).

[276] *Planck/Brodmann* § 929 Anm. 5. Im Schrifttum wurde dargelegt, dass die Verweise nicht überzeugen, auf die *Brodmann* seine Ansicht stützte (*Wadle* JZ 1974, 689, 690 Fußn. 12). Dem Siegeszug des Geheißerwerbs hat dies jedoch keinen Abbruch getan.

[277] BGH WM 1969, 186; BGH NJW 1986, 1166; *Baur/Stürner* § 51 Rn. 17; *Brehm/Berger* § 27 Rn. 22; *v. Caemmerer* JZ 1963, 586, 587; *Flume*, FS E. Wolf (1985), 61, 65; *Hager* (Fußn. 190), 278 ff; *Kindl*, Rechtsscheintatbestände und ihre rückwirkende Beseitigung (1999), 335; *Kolb*, Geheißerwerb (1997), 83 ff; *Martinek* AcP 188 (1988), 573, 615; MünchKomm/*Quack* § 929 Rn. 146; *Palandt/ Bassenge* § 929 Rn. 20; *Soergel/Henssler* § 929 Rn. 64; *Westermann/H.P. Westermann* § 40 III 3 a; *Wieling* JZ 1977, 291, 294; *Wilhelm* Rn. 804; *Wolf* Rn. 402.

[278] *Ernst* (Fußn. 102), 89–91 mwN. Fußn. 162; *Lorenz*, Fahrnisübereignung und Leistungswille (1990), 172 ff.

be nur hilfsweise, wenn der Erwerb des Letztempfängers fehlschlägt.[279] Bei dieser Deutung werden die Einigungserklärungen der Parteien übergangen, deren Zurechnung einen Durchgangserwerb verlangt. Ein Direkterwerb verkompliziert zudem die Rechtslage unnötig, da ähnlich wie beim Bereicherungsausgleich in den Anweisungsfällen die Zuwendung von den Kausalverhältnissen abgekoppelt wird. Dort sprechen Gründe des Verkehrsschutzes dafür, beim Geheißerwerb sind vergleichbare Gründe nicht ersichtlich. Aber auch den Parteiinteressen wird ein Durchgangserwerb am Besten gerecht: Jeder Veräußerer wird dadurch in die Lage versetzt, seine Forderung gegen den Erwerber durch einen Eigentumsvorbehalt abzusichern. Der Übereignungsmodus ändert an diesem Sicherungsinteresse nichts.[280]

aa) Übergabe auf Geheiß des Veräußerers

Den Ausgangspunkt der Rechtsprechung des BGH zum Geheißerwerb bildete der berühmte »Koks«-Fall, aus dem Jahre 1961:[281] Die Beklagte hatte bei dem Kohlehändler H im Sommer 1958 Koks auf Abruf bestellt und bezahlt. Als die Beklagte bei H den Koks abrief, hatte H bereits sein Kohlengeschäft aufgegeben, was die Beklagte jedoch nicht wusste. H sagte gleichwohl der Lieferung zu und gab die Bestellung an die Klägerin weiter, wovon die Beklagte wiederum nichts wusste. Darauf lieferte die Klägerin den Koks an die Beklagte unter einem Eigentumsvorbehalt. Die Beklagte verweigerte es, den Kaufpreis zu entrichten, da sie bei der Klägerin keinen Koks bestellt und diesen bereits bei H bezahlt habe. Da zwischen der Klägerin und der Beklagten kein Kaufvertrag zustande gekommen war, stellte sich die Frage, ob der Klägerin Ausgleichsansprüche aus §§ 990, 812 Abs. 1 Satz 1 1. Var. zustehen. Beide Ansprüche scheiden aus, wenn die Beklagte das Eigentum gutgläubig erworben hatte. Im Rahmen des gutgläubigen Erwerbs (§§ 929 Satz 1, 932) thematisierte der BGH zum ersten Mal den Geheißerwerb, begründet ihn seinerseits jedoch nur kryptisch. Die für einen gutgläubigen Erwerb nach § 932 Abs. 1 notwendige Übergabe müsse nicht notwendig dadurch geschehen, dass der Veräußernde selbst dem Erwerber den Besitz überträgt. Vielmehr genüge es, wenn der Besitz von einem Dritten als unmittelbaren Besitzer auf Geheiß des Veräußerers übertragen werde. Unnötig sei es, dass der unmittelbare

279 *Ernst* (Fußn. 102), 90.

280 Für die hier zu besprechende Themenstellung ist der beschriebene Streitstand allerdings ohne weitere Bedeutung. Deswegen mögen die knappen Hinweise hier genügen. In neuerer Zeit hat vor allem *Hager* (Fußn. 190) ausgeführt, dass ein Durchgangserwerb die zu bevorzugende Lösung ist. Man mag zwar die »juristische Sekunde« für lebensfremd halten (so *Lopau* JuS 1978, 773, 774), allerdings spricht dies nicht entscheidend gegen sie. Lebensnähe ist keine zwingende Anforderung an eine juristische Konstruktion, wie das Trennungsprinzip verdeutlicht.

281 BGHZ 36, 56 = NJW 1962, 299; dazu: *v Caemmerer* JZ 1963, 586. Die bisweilen für den Geheißerwerb zitierte Entscheidung des Reichsgerichts (RGZ 93, 233) befasste sich nicht mit diesem Problem.

Besitzer dem Veräußerer nicht den Besitz mittle.[282] Um eine ausführliche Begründung müht sich das Gericht nicht. Der BGH stützt seine Ansicht auf die »fast allgemeine Ansicht in der Rechtslehre« und schließt sich ihr begründungslos an.[283] Offenbar war die Entscheidung von dem Bemühen geleitet, dem Empfänger einen gutgläubigen Erwerb zu ermöglichen.[284] Das mag rechtspolitisch sicher zu begrüßen sein. Jedes andere Ergebnis in der Entscheidung hätte dazu führen müssen, dass ein Dritter einem anderen eine Kaufsache aufdrängen kann, für die der Empfänger eine Ausgleichsleistung erbringen muss. Die erste Konstellation des Geheißerwerbs, in der der Veräußerer die Sache durch eine Geheißperson dem Dritten aushändigt, war damit anerkannt. Ausführungen zum Traditions- und Publizitätsprinzip finden sich in der Entscheidung jedoch nicht.

Bereits vor dieser Entscheidung des BGH versuchte man, den Geheißerwerb in das Übereignungssystem des BGB einzupassen. Dabei beugte man sich von vornherein dem Verkehrsbedürfnis an einem Geheißerwerb und verwarf ihn nicht generell. Ökonomisch betrachtet ist es unsinnig, eine Übergabe von Person zu Person zu verbieten und den Parteien eine einzige Lieferung zu untersagen. Das starre Übergabeprinzip zwänge den Parteien Kosten auf, die sie gerade durch die Lieferung auf Geheiß vermeiden wollen.[285] Allerdings ist es nicht die Aufgabe des Zivilrechts, die Kosten der Beteiligten zu minimieren. Wenn das Gesetz überflüssige Kosten und Risiken produziert, dann ist deren Beseitigung eine rechtspolitische Forderung. Der Sache nach bewegen sich aber alle Erklärungsversuche auf diesem methodisch zweifelhaften Boden, indem sie auf das Verkehrsbedürfnis abstellen. Erschwerend kommt hinzu, dass viele Modelle in der Übergabe einen Publizitätsakt sehen, der zu einem tatsächlichen Wechsel der Sachherrschaft führen muss. So verstanden, lässt sich die Übergabe nur verkünstelt erklären.[286]

Am ältesten ist der Versuch, den Geheißerwerb als eine vorweg genommene *brevi manu traditio* anzusehen.[287] Die herrschende Meinung folgt diesem Gedanken nur bei der Einigung. Bereits nach Konkretisierung der Ware nehmen die Beteiligten mit Abschluss des Kaufvertrages stillschweigend die Einigung über den

---

[282] BGHZ 36, 56, 60f.

[283] BGHZ 36, 56, 61. Eigenartig ist ein weiterer Begründungsansatz des BGH (aaO 62). Er stützt sich darauf, dass eine ältere Entscheidung (BGHZ 10, 81) »eher« für die herrschende Ansicht und damit die Zulassung eines Geheißerwerbs spreche. Das ist Kaffeesatzleserei.

[284] Dafür spricht deutlich der etwas eigenartige Aufbau der Entscheidung. Nach der Feststellung, dass die Entscheidung des angegriffenen Berufungsurteils (keine Ausgleichsansprüche) zutrifft, wenn die Beklagte gutgläubig Eigentum erworben hat, hätte sich der BGH damit begnügen können und dürfen, zur näheren Klärung zurück zu verweisen. Gleichwohl führte der BGH noch einiges zur Übergabe auf Geheiß aus. Es ist mehr als misslich, wenn diese Entscheidung den Ausgangspunkt der ganzen Rechtsprechung zum Geheißerwerb bildet.

[285] In der Hauptsache sind dies Transport- und Lagerkosten, *Kolb* (Fußn. 277), 82.

[286] *Ernst* (Fußn. 102), 88 bemerkt deswegen zu Recht die »Mühsal der heutigen Doktrin«.

[287] *v. Tuhr* IherJb 48 (1904), 1, 43; *ders.* AT II, 383 Anm. 16; im Anschluss daran: *Holtkamp*, Eigentumserwerb und bereicherungsrechtliche Rückabwicklung beim Streckengeschäft (1979), 15f.

Eigentumsübergang und die Besitzverschaffung vorweg.[288] Für die Besitzlage konnte sich die Konstruktion einer vorweggenommenen *brevi manu traditio* nicht durchsetzen, da es ihr nicht gelingt, den Eigentumserwerb zu erklären, wenn die Geheißperson auf der Erwerberseite steht. Teilweise hat man § 185 Abs. 2 Satz 1 2. Var. als Erklärungsvehikel bemüht und sieht in der Verfügung des Zwischenhändlers eine Verfügung des Nichtberechtigten, die durch dessen Durchgangserwerb konvaleszieren soll.[289] Auch dieser Vorschlag vermag nicht, den Geheißerwerb in das System des § 929 Satz 1 einzubetten: Der Zwischenhändler verfügt als Berechtigter.[290]

Die Versuche, den durch den Veräußerer veranlassten Geheißerwerb in das bestehende System der Übereignungsvorschriften einzubetten, dürften damit als gescheitert gelten und spiegeln konstruktionsjuristischen Eifer wider. Aus dieser Perspektive scheint es nur folgerichtig, beim Begriff »Übergabe« selbst anzusetzen, wie dies in neuerer Zeit vorgeschlagen wurde.[291] Eine Übergabe nach § 929 Satz 1 soll danach vorliegen, wenn der unmittelbare Besitz ausgetauscht wird, dieser einen konkreten Einigungsbezug habe und schließlich der Veräußerer wegen des Besitzwechsels nunmehr besitzlos sei.[292] Wie bereits dargelegt wurde, kommt es auf den »konkreten Einigungsbezug« bei der Übergabe gerade nicht an, so dass dieses Kriterium der Sache nach überflüssig ist. Selbst wenn man den Standpunkt dieses »Übergabebegriffes« weiterverfolgt, führt er jedoch nicht weiter, da er die Übergabe *inter partes* als tatsächliches Faktum hinweg definiert. Eine richtige »Definition« für den Geheißerwerb lässt sich nicht aus Fällen ableiten, in denen Hilfspersonen an der Übergabe beteiligt sind. Hier gelingt die formale Subsumtion unter den Begriff »Übergabe«, weil der Gesetzgeber hier im Besitzrecht die Ursache dafür gelegt hat. Unter gesetzlich anerkannte Besitzformen ließen sich diese Fälle noch subsumieren. Die besitzrechtliche Stellung von Geheißpersonen erfasst das BGB jedoch nicht, der Besitz dieser Personen ist schlichtweg unerheblich. So verweist man derzeit weitgehend darauf, dass das Traditionsprinzip beim Geheißerwerb durchbrochen sei oder kein unüberwindbares Hindernis darstelle.[293] Der Sache nach erkennt man dadurch das Vertragsprinzip an und sollte sich

---

[288] BGH NJW 1982, 2371, 2372; siehe auch BGH NJW 1968, 1929, 1932; BGH NJW 1986, 1166; *Flume*, FS E. Wolf (1985), 61, 63; *Gursky* JZ 1984, 604, 606; *Hager* (Fußn. 190), 278; *ders.* ZiP 1993, 1929, 1932; *Kindl* (Fußn. 277), 336; *Padeck* JURA 1987, 454, 463.

[289] *v. Caemmerer* JZ 1963,586, 587; *Hassold*, Zur Leistung im Dreipersonenverhältnis (1981), 74; *Wolff/Raiser* § 66 I 1 a.

[290] Näher zur Kritik: *Hager* (Fußn. 190), 282; *Kindl* (Fußn. 277), 336; *Kolb* (Fußn. 277), 98f.

[291] *Martinek* AcP 188 (1988), 573, 601ff.

[292] *Martinek* AcP 188 (1988), 573, 598, 603f.

[293] *Hager* (Fußn. 190), 282. Im Schrifttum drückt man die Verlegenheit darüber, wie der Geheißerwerb mit dem klassischen Übergabegrundsatz vereinbar ist, verschieden aus: Man spricht von einem weitherzigen Umgang mit dem Traditionsprinzip (*v. Caemmerer* JZ 1963, 586, 587; *Bamberger/Roth/ Kindl* § 929 Rn. 28) oder hält es für »stark zurückgedrängt« (*Weber* JuS 1998, 577, 579). Offene Bekenntnisse äußert man selten: *Westermann/H.P. Westermann* § 40 III 3 b

auch offen dazu bekennen. Deutet man wie hier die Übergabe nur als ein im Einzelfall entbehrliches Beweisanzeichen, so lässt sich das Geheiß des Erwerbers zwanglos unter § 929 Satz 1 fassen.

bb) Die Übergabe auf Geheiß des Erwerbers

In der zweiten Entscheidung zum Geheißerwerb hatte sich der BGH mit der umgekehrten Konstellation auseinander zu setzen, in der die Geheißperson auf der Erwerberseite tätig ist.[294] Dem Sachverhalt lag ein drittfinanziertes Rechtsgeschäft zugrunde, wonach der Käufer einige Sattelschlepper von dem Hersteller erwarb und das Eigentum an diesen der finanzierenden Bank vorab zur Sicherheit übertrug. Als die Bank die Kaufsumme gegenüber dem Hersteller auskehrte, verlangte sie jedoch, dass die Sattelschlepper ihr unmittelbar übereignet werden. Der BGH führte aus, dass die Bank Eigentümerin der Sattelschlepper nach § 929 Satz 1 geworden sei. Die dafür notwendige Übergabe sah er darin, dass der Veräußerer hier im Einverständnis mit dem Erwerber die Sache einem Dritten körperlich übergebe. Noch knapper als in der ersten Entscheidung zum Geheißerwerb fällt hier die Begründung aus. Der BGH beschreibt seine Ansicht als »allgemeine Meinung« und stützt sich auf das »Koks«-Urteil, das jedoch seinerseits keine besondere Begründung enthält. So wurde die »fast allgemeine Ansicht in der Rechtslehre« zu einer »allgemeinen Ansicht«. Auch dieser Konstellation widmete das Schrifttum seine Aufmerksamkeit. Fast resignierend bestätigt man hier eine »Durchbrechung« oder einen »Widerspruch« zum Traditionsprinzip, nimmt diesen Widerspruch aber wie bei einem Geheiß auf der Veräußererseite hin, da für die Erwerbsform ein Verkehrsbedürfnis spreche.[295] Das dogmatische Defizit und das stillschweigende Bekenntnis zum Vertragsprinzip setzt sich hier fort. Immerhin versucht man teilweise, den Geheißerwerb einzuschränken und die Fälle auszuklammern, in denen der Erwerber nicht als Veräußerer gegenüber dem Letztempfänger auftritt.[296] Die Beispiele für einen derart isolierten Geheiß auf der Erwerberseite lassen sich nur gekünstelt konstruieren: Der Erwerber geheißt hier dem Veräußerer, einem Dritten den unmittelbaren Besitz an einer Sache einzuräumen. Die möglicherweise nur geringe praktische Bedeutung dieser Fälle, spricht nicht zwingen dagegen, auch hier einen Geheißerwerb zuzulassen. Allerdings zeigt die literarische Diskussion über diese Konstellation, wie fragwürdig die Dogmatik zum Geheißerwerb bisweilen ist. Wenn man für den Geheißerwerb das Traditionsprinzip durchbricht oder für unbeachtlich hält, muss man folgerichtig auch

---

spricht zutreffend davon, dass man das Publizitätsprinzip geopfert habe. Deutlich auch *Brehm/Berger* § 27 Rn. 32: Widerspruch zum Traditionsprinzip.

[294] BGH WM 1969, 831 = LM Nr. 19 § 929 BGB; siehe auch BGH NJW 1999, 425.

[295] Siehe dazu die Nachweise oben sub aa).

[296] *Kindl* (Fußn. 277), 334f; *Kolb* (Fußn. 277), 94ff; *Jauernig/Jauernig* § 929 Rn. 17; siehe auch OLG Frankfurt NJW-RR 1986, 470, 471.

diese Konstellation anerkennen.[297] Die Kritik der Gegenansicht fällt auf sie zurück: Zweifelsohne fallen in dieser Konstellation der Besitz und das Eigentum dauerhaft auseinander. Die Dauer dieser Diskrepanz ist aber nicht entscheidend, sondern, dass man sie überhaupt hinnimmt. Das möglicherweise mangelnde Verkehrsbedürfnis ist kein Argument, um den Geheißerwerb des nicht veräußernden Erwerbers abzulehnen. Von der statistischen Häufigkeit einer Konstellation darf eine rechtliche Anerkennung nicht abhängen.

cc) Die Kombination von Geheißpersonen und das Streckengeschäft

Ausgehend davon, dass sowohl auf der Veräußererseite wie auch auf der Erwerberseite Geheißpersonen tätig sein können, war es nur noch eine Frage der Zeit, bis der BGH auch die Kombination beider Konstellationen anerkannte. Sowohl auf der Erwerber-, wie auch auf der Veräußererseite können Geheißpersonen eingeschaltet sein. In der dritten Entscheidung zum Geheißerwerb erkannte der BGH die Kombination von Geheißpersonen an.[298] Ein Großhändler (G) lieferte Elektrogeräte direkt an die Endverbraucher aus, stand mit diesen aber in keiner vertraglichen Beziehung. Vielmehr bestellte ein ehemaliger Finanzbeamter (F) bei dem Einzelhändler (E) die Elektrogeräte, indem er vorspiegelte, für eine Behörde zu handeln. Darauf bestellte E die Geräte bei G. Die Geräte setzte in Wirklichkeit ein selbständiger Kundenwerber (K) gegenüber den Endverbrauchern ab. Kaufverträge bestanden damit zwischen G und E, zwischen E und F, zwischen F und K, sowie zwischen K und den Endverbrauchern. Sowohl G als auch E hatten sich das Eigentum an den Geräten bis zur vollständigen Bezahlung des Kaufpreises vorbehalten, F leitete diesen Vorbehalt jedoch nicht weiter. Darauf nahm G den D auf Erlösherausgabe nach § 816 Abs. 2 in Anspruch. Auch dieser Sachverhalt stand damit im Zeichen des gutgläubigen Erwerbs. Eine Übergabe im Sinne des § 929 Satz 1 bejahte der BGH, verwies aber zur Frage, ob der beklagte Kundenwerber gutgläubig sei, gemäß § 565 ZPO an das Berufungsgericht zurück. Unter Rückgriff auf seine ersten Entscheidungen zum Geheißerwerb führte der BGH aus, dass für eine Übergabe weder der Veräußerer selbst seinen Besitz auf den Erwerber übertragen noch der unmittelbare Besitz gerade auf den Erwerber übergehen müsse.[299] Die Parteien, die an der Übergabe der Sache beteiligt sind, wurden damit endgültig von den Parteien abstrahiert, die die Einigung vereinbart haben. Positiv gewendet, kombinierte der BGH dann beide Formen des Geheißerwerbs: »Es können auch beide Möglichkeiten in der Weise kombiniert werden, dass auf Geheiß des Erwerbers der Veräußerer den dritten unmittelbaren Besitzer anweist, den unmittelbaren Besitz auf einen vierten zu übertragen«.[300] Aus diesem

---

[297] So *Hager* (Fußn. 190), 285f; *Musielak* JuS 1992, 713, 716; *Soergel/Henssler* § 929 Rn. 61.

[298] BGH NJW 1973, 141 »Elektrogeräte II«. Dazu: *Wadle* JZ 1974, 689.

[299] BGH NJW 1973, 141, 142.

[300] BGH NJW 1973, 141, 142. In der vorliegenden Entscheidung hatte der BGH bereits die

Grunde nahm der BGH an, dass F die Geräte dem Beklagten übergeben habe. Weitere dogmatische Klärungen zum Geheißerwerb finden sich in der Entscheidung nicht mehr. Sie werden ersetzt durch einen Verweis auf die weitgehend unbegründeten Urteile, die hier bereits vorgestellt wurden.

Keine Besonderheit gegenüber der letztgenannten Konstellation, sondern nur eine Kette von Kaufverträgen kennzeichnen das Streckengeschäft, wie es etwa im Mineralölhandel verbreitet ist.[301] Im Gegensatz zu der Ausgangskonstellation beim doppelten Geheißerwerb sind hier mehrere Kaufverträge hintereinandergeschaltet. Auch hier bejaht man allgemein einen Durchgangserwerb der Beteiligten[302] und nimmt die Durchbrechung des Traditionsprinzips hin.[303] Lässt man den Geheißerwerb allgemein zu, so besteht auch kein Anlass, bei Streckengeschäften eine Ausnahme zu machen, da die Anzahl der Geheißpersonen und abgeschlossenen Kaufverträge grundsätzlich keine Rolle dafür spielen kann, diese Übereignungsformen abzulehnen. Die Parteien der jeweiligen dinglichen Einigung richten sich nach den Kaufvertragsparteien. In dieser Konstellation verbleiben keine Publizitätsreste, die Übergabe ist vergeistigt. Wie schon eingangs beschrieben nimmt man auch dies hin, um Verkehrsbedürfnissen gerecht zu werden. Nach der hier vertretenen Deutung des § 929 Satz 1 lässt sich die Übereignung beim Streckengeschäft mühelos erklären. Gleichzeitig zeigt diese Konstellation aber auch, wie fiktiv es ist, eine Einigung von dem schuldrechtlichen Grundgeschäft zu trennen. Ohne Rückgriff auf die *causa* könnten die Parteien der dinglichen Einigung gar nicht mehr bestimmt werden. Auch diese Konsequenz wird allgemein hingenommen und liegt in der Natur der Sache, wenn man auf eine Übergabe verzichtet. Indem man das Streckengeschäft anerkannte, hat man daher nicht nur von der Übergabe im Sinne des § 929 Satz 1 Abschied genommen, sondern auch den fiktiven Charakter des Trennungsprinzips entlarvt. Der neutrale und abstrakte Charakter der dinglichen Einigung gegenüber dem schuldrechtlichen Grundgeschäft lässt sich damit bei Streckengeschäften nicht aufrecht erhalten. Dies verdeutlicht geradezu lehrbuchhaft, dass mit einer Aufgabe eines Sachenrechtsprinzips auch andere Prinzipien in Gefahr geraten und die schon in der Einleitung erwähnten systematischen Widersprüche entstehen.

Rechtsprechung zu den späteren Streckengeschäften vorweg genommen, in dem er ausführte, dass auch der vom Veräußerer angewiesene Dritte, wenn er nicht selbst unmittelbarer Besitzer einer Sache sei, einen anderen unmittelbaren Besitzer anweisen dürfe, die Sache an den Erwerber oder einen von diesem benannten Empfänger zu übertragen. Der Großhändler wurde dadurch zur Geheißperson in eigener Sache.

301 BGH NJW 1982, 2371; BGH NJW 1986, 1166.

302 BGH NJW 1982, 2371, BGH NJW 1986, 1166f; *Hager* ZiP 1993, 1446; *Gursky* JZ 1984, 604, 606; *ders.* JZ 1991, 496, 498f; *Soergel/Henssler* § 929 Rn. 64; *Weber* JuS 1998, 577, 579.

303 *Gursky* JZ 1984, 604, 606; *ders.* JZ 1991, 496, 499; *Martinek* AcP 188 (1988), 573, 615ff; MünchKomm/*Quack* § 929 Rn. 146; *Padeck* JURA 1987, 454, 464; *Soergel/Henssler* § 929 Rn. 65.

3. Publizitätsfreie Übereignungsformen

a) *Brevi Manu Traditio* – § 929 Satz 2

Sofern der Eigentümer bereits die Sache besitzt, genügt nach § 929 Satz 2 die schlichte Einigung zwischen Veräußerer und Erwerber, damit dieser Eigentümer wird. Ihren praktischen Hauptanwendungsfall hat die Vorschrift bei der Rückübereignung von Sicherungsgut, da Sicherungsübereignungen in aller Regel nicht mehr auflösend bedingt abgeschlossen werden.[304] Konsequent erscheint diese Norm vor dem Hintergrund, mit dem die zweite Kommission die Übergabe belegte: Sie sollte den Übergabewillen ausdrücken und erstarrt zu einer reinen Förmelei, wenn der Erwerber bereits die Sache besitzt. Folgerichtig sieht der BGH in der *brevi manu traditio* keinen eigenen Erwerbstatbestand, sondern nur eine klarstellende Norm.[305]

Der Gesetzgeber ließ die rechtliche Konstruktion der *brevi manu traditio* ungeklärt, ob bewusst oder unbewusst, ist dabei unerheblich.[306] Ob die Übereignung nach § 929 Satz 2 Publizitätsspuren enthält, ist nach wie vor noch nicht abschließend geklärt. Teilweise sieht man auch bei einer *brevi manu traditio* das Traditionsprinzip als gewahrt an, da eine Sache übergeben werde.[307] Die verbreitete Gegenansicht deutet den Eigentumswechsel nach § 929 Satz 2 als reinen Konsensualakt, der für Dritte nicht erkennbar sei.[308] Umreißt man die Tatbestandselemente des § 929 Satz 2, so lassen sich keine Publizitätsanzeichen erkennen. Allgemein verlangt man für § 929 Satz 2 zum einen eine Einigung und zum anderen den bereits bestehenden Besitz des Erwerbers, sei es ein mittelbarer Besitz oder ein durch einen Besitzdiener des Erwerbers ausgeübten Besitz. Der Eigentumswechsel vollendet sich dadurch, dass der Erwerber seinen bisherigen Fremdbesitz in den Eigenbesitz nach § 872 umwandelt.[309] Allein durch willentliche Elemente

---

[304] *Soergel/Henssler* § 929 Rn. 74. Siehe auch BGH NJW 1976, 1539: Erwerb eines Scheinbestandteils durch einen Mieter.

[305] BGHZ 56, 123, 130; siehe auch *Soergel/Henssler* § 929 Rn. 73; *Staudinger/Wiegand* § 929 Rn. 120.

[306] *Staudinger/Wiegand* § 929 Rn. 118. Teilweise ist man im Schrifttum der Ansicht, dass § 929 Satz 2 gar nicht die *brevi manu traditio* regele, *Ernst* (Fußn. 102): Die *brevi manu traditio* sei nur in § 854 Abs. 2 geregelt, während § 929 Satz 2 nur den Fall erfasse, in dem der Erwerber bereits Eigenbesitzer sei. Die *brevi manu traditio* nach § 854 Abs. 2 sei danach ein Unterfall einer Übergabe nach § 929 Satz 1, während die Vorschrift des § 929 Satz 2 nur eine Übereignung ohne Wechsel des Eigenbesitzes regele. Begründet wird dies damit, dass die Motive die Übereignung nach § 929 Satz 2 ursprünglich auf den Fall zugeschnitten hätten, in dem der Detentor zum Eigentümer einer Sache werden soll (83f). Dem ist hier nicht weiter nachzugehen, da die Begründung nicht zwingend erscheint. *Ernst* verschiebt einen Gutteil der Übereignungskonstellationen zwischen § 929 Satz 1 und § 929 Satz 2. Darauf ist im Folgenden einzugehen.

[307] *Martinek* AcP 188 (1988), 573, 592; *Roth* ZvglRWiss 92 (1993), 371, 377.

[308] *Baur/Stürner* § 51 Rn. 20; *Ernst* (Fußn. 102) 81; *Soergel/Henssler* § 929 Rn. 73; *Staudinger/Wiegand* § 929 Rn. 118; *Süß*, FS Wolff (1952), 141, 151.

[309] *Soergel/Henssler* § 929 Rn. 74; *Weber* JuS 1998, 577, 580.

geht damit das Eigentum über. Die Umwandlung in Eigenbesitz ist für Dritte aber in aller Regel unsichtbar.[310]

Die Grenzen zwischen § 929 Satz 1 und dem Tatbestand nach § 929 Satz 2 sind aber nicht derart eindeutig, wie es diese Schilderung vermuten ließe. Von akademischer Bedeutung ist die Abgrenzung beider Tatbestände nicht: Der gutgläubige Erwerb bei einer Übereignung nach § 929 Satz 2 setzt voraus, dass der Erwerber bereits den Besitz erlangt hat (§ 932 Abs. 1 Satz 2), während für den gutgläubigen Erwerb bei einer Übereignung nach § 929 Satz 1 die Vorschrift des § 932 Abs. 1 Satz 1 einschlägig ist. Lässt man eine vorweggenommene Einigung nach § 929 Satz 2 zu,[311] so verschwimmen die Grenzen zwischen der Übergabe nach § 929 Satz 1. Dies zeigte sich bereits oben beim Geheiß des Veräußerers: Während die herrschende Ansicht hier von einer Übereignung nach § 929 Satz 1 ausgeht, ließe sich dieser Fall auch unter die *brevi manu traditio* fassen. Die Übergabe der Sache an den Besitzdiener des Erwerbers ließe sich alternativ zur Übergabe nach § 929 Satz 1 als vorweggenommene Einigung nach § 929 Satz 2 verstehen. Umstritten ist lediglich, ob der Veräußerer eine Sache durch eine *brevi manu traditio* an seinen Besitzdiener übereignen kann. Die herrschende Meinung lehnt dies ab, da sie den Besitzdiener nicht als Besitzer einstuft.[312] Geht man allerdings mit der herrschenden Ansicht davon aus, dass hier der Erwerb nach § 929 Satz 1 nicht sichtbar sein muss, so ist es letztlich ein konstruktives Problem, welchen Übereignungstatbestand man anwendet. Unverkünstelt wäre es hier, eine Übereignung nach § 929 Satz 2 anzunehmen, da sich ja nur die Willensrichtung ändert, nicht aber die Sachherrschaft.[313] Zu der Debatte soll hier nicht Stellung genommen werden, da nach dem hier vertretenen Konzept ohnehin eine Einigung ausreichend wäre. Abgesehen davon zeigt aber gerade diese Debatte, dass die kunstvoll begründeten Publizitätswirkungen bei der Übergabe durch Hilfspersonen fiktiv sind. Anderenfalls könnte man kaum darüber streiten, ob eine unsichtbare Übergabe im Sinne des § 929 Satz 2 eine Übergabe nach § 929 Satz 1 ersetzen kann.

---

[310] Die fehlende Publizität des Eigenbesitzes wurde oben schon dargelegt, IV 2 d. Siehe auch *Ernst* (Fußn. 102), 87; *Staudinger/Wiegand* § 929 Rn. 125 [2. Absatz].

[311] So die hM: *Bamberger/Roth/Kindl* § 929 Rn. 32; *Baur/Stürner* § 51 Rn. 20; *Staudinger/Wiegand* § 929 Rn. 120; *v. Tuhr* IherJb 48 (1904), 1, 43; *ders. II/1* 383; *Westermann/H. P. Westermann* § 40 IV; MünchKomm/*Quack* § 929 Rn. 154, 102; anders nur *Wolff/Raiser* § 66 II (wo allerdings generell eine antizipierte Einigung abgelehnt wird); wohl auch *Jauernig/ Jauernig* § 929 Rn. 20 [beschränkt auf die *brevi manu traditio*].

[312] *Baur/Stürner* § 51 Rn. 14 Fußn. 2; *Jauernig/Jauernig* § 929 Rn. 10, 11; *Martinek* AcP 188 (1988), 573, 583; *RGRK/Pikart* § 929 Rn. 61; *Staudinger/Wiegand* § 929 Rn. 125.

[313] *Süß*, FS Wolff (1952), 141, 151; MünchKomm/*Quack* § 929 Rn. 158; *Westermann/H. P. Westermann* § 40 III 2; *Wieling I* § 9 I 2 b.

b) Das Besitzkonstitut als Übergabeersatz

Nach dem Wortlaut des § 930 »ersetzt« die Vereinbarung eines Besitzmittlungsverhältnisses die Übergabe. Damit setzt sich die Übereignung durch ein Besitzkonstitut aus zwei Verträgen zusammen. Schon in den Protokollen hatte man heftig darüber diskutiert, ob das *constitutum possessorium* überhaupt mit dem Traditionsprinzip vereinbar sei, da es einen rein vertraglichen Eigentumsübergang erlaube.[314] Die Mehrheit der Kommission erkannte dies und nahm es hin. Dafür führte man praktische Gründe an, die »vom Gesetzgeber nicht ignorirt werden« könnten.[315] Wie schon eingangs angeschnitten, maß man dem Traditionsprinzip eine Bedeutung nur zu dem Zweck zu, den Willen zu verdeutlichen, dass das Eigentum übertragen werden soll. Zweck der Übergabe sei es nicht ausschließlich, den Eigentumsübergang kenntlich zu machen.[316] Die Rücksicht auf das praktische Bedürfnis bedeutet der Sache nach, dass der Gesetzgeber eine Publizität bei einer Übereignung nach § 930 für unnötig hielt. Das Interesse Dritter, den Eigentumsübergang erkennen zu können, hielt der Gesetzgeber für unerheblich. Von diesem Standpunkt aus betrachtet, ist es verfehlt, eine Publizitätswirkung bei § 930 zu konstruieren oder durch begriffliche Feinarbeit herbei zu definieren. Die Vorschrift drückt das reine Vertragsprinzip bei der Übereignung aus.

Kern der Übereignung durch ein Besitzkonstitut ist eine Willensänderung der jeweiligen Besitzer, der Erwerber wird zum Eigenbesitzer, der Veräußerer zum Fremdbesitzer. Die tatsächliche Sachherrschaft wechselt nicht. Nach der hier vertretenen Ansicht erhält der mittelbare Besitzer auch keine vergeistigte Sachherrschaft, da der mittelbare Besitz ein Rechtsverhältnis ist. Auf der rechtsgeschäftlichen Ebene lässt sich der Wille des Erwerbers, eine Sache als eigene zu besitzen, allenfalls synthetisch, nicht aber real von dem Willen trennen, das Eigentum an der Sache zu erwerben. Bedeutsam ist der mittelbare Besitz des Erwerbers nur für die Besitzschutzansprüche, deren Notwendigkeit allerdings der Gesetzgeber kaum überzeugend nachweisen konnte. Auch auf Seiten des Veräußerers lässt sich der Fremdbesitzerwille nur künstlich von dem Willen trennen, die Sache zu übereignen. Der Besitzer betrachtet die Sache gerade deswegen nicht als ihm gehörend, weil er sie übereignet hat. Es bedarf keiner eingehenden Erörterungen, dass ein derartiger Eigentumswechsel äußerlich nicht erkennbar ist.[317]

Gleichwohl wirkt die Vorstellung davon, dass die Übergabe der Publizität zu dienen habe, bei einigen Auslegungsfragen des § 930 nach. Insbesondere bei der

---

[314] Prot. III, 197.

[315] Prot. III, 197. Die Protokolle betonen außerdem, dass das Besitzverhältnis ja jederzeit wieder geändert werden könne. Außerdem könnten die Parteien ein Verbot des *constitutum possessorium* jederzeit umgehen, indem sie »alsbald nach der Übergabe der Sache eine Rückübertragung vornähmen«. So bereits schon *Leonhardt*, Gutachten zum 15. DJT (1880), 91, 95.

[316] Prot. III, 197.

[317] *Erman/Michalski* § 930 Rn. 7; *Soergel/Henssler* § 930 Rn. 8, siehe aber auch Rn 2.

Sicherungsübereignung regt sich oftmals das rechtspolitische Bewusstsein,[318] aber auch bei der umstrittenen Frage, ob das Besitzkonstitut nach § 868 konkret sein muss oder ob ein abstraktes Konstitut genügt. Das Publizitätsprinzip kann auf die letzte Frage keine Antwort geben, da es bei dieser Diskussion um zwei Ebenen geht, die als solche mit dem Publizitätsprinzip nichts zu tun haben. Zum handelt es sich hierbei um ein Problem der Vertragsauslegung, zum anderen um ein Wertungsproblem.[319] Der BGH hält vordergründig an dem konkreten Besitzmittlungsverhältnis fest, hat aber eher beiläufig dessen Anforderungen heruntergeschraubt: Es genügt für ein konkretes Besitzmittlungsverhältnis, wenn eine Partei weiter im Besitz einer übereigneten Sache verbleiben soll und damit weiter arbeiten darf. Ein solcher Verpflichtungsgrund kann sich auch stillschweigend aus dem Verhalten der Parteien nach dem Grundsatz von Treu und Glauben ergeben.[320] Von Publizitätsgedanken ist diese Entscheidung nicht getragen, sondern berührt nur den Bestimmtheitsgrundsatz, der seinerseits nicht ein strukturprägendes Prinzip des Sachenrechts ist.[321] Sieht man im Einklang mit den Protokollen den Sinn des Besitzkonstituts im Rahmen des § 930 darin, den ernsthaften Übereignungswillen zu dokumentieren, so entlarvt sich die Diskussion als ein Scheinproblem.[322] Bereits die zweite Kommission diskutierte das Problem ausführlich und führte aus, dass ein abstraktes *constitutum* in der Wirklichkeit nicht vorkomme, da immer ein Rechtsverhältnis bestehen müsse, wenn die Parteien einerseits den Eigentumsübergang ernstlich wollen und andererseits der Besitz beim Veräußerer verbleiben soll.[323] Deutlicher kann man das Problem kaum ausdrücken und lösen.

c) Die Abtretung von Herausgabeansprüchen – § 931

Besonders deutlich verzichtet § 931 auf das Traditions- und Publizitätsprinzip: Sofern ein Dritter im Besitz der Sache ist, kann die Übergabe dadurch ersetzt werden, indem der Eigentümer dem Erwerber den Anspruch auf die Herausgabe der zu übereignenden Sache abtritt. Bereits durch eine Einigung und die Zession des Herausgabeanspruchs geht das Eigentum über. Eine Mitwirkung oder gar die Kenntnis des Besitzers ist dazu nicht erforderlich. Beide Vorgänge sind Rechtsge-

---

318 Dazu näher erst unten VIII 2 a.

319 Siehe dazu schon IV 2 c mwN.

320 BGH NJW 1979, 2308, 2309.

321 Näher dazu bereits oben § 1 III 3 a.

322 So grdl. *Wiegand*, FS 50 Jahre BGH I (2000), 753, 768f.

323 Prot. III, 198. Dabei gingen die Protokolle ausdrücklich davon aus, dass ein solches Konstitut auch ein vermeintliches sein könne (198). *Wiegand* (vorige Fußn.), 769 hat diesen Gesichtspunkt hervorgehoben und folgert daraus überzeugend ein weiteres Argument gegen die These vom konkreten Besitzkonstitut. Wen auch ein vermeintliches Konstitut in den Augen des Gesetzgebers genügt, dann zeigt dies doch, dass auch in diesem Fall die Rechte und Pflichten der Parteien deutlich genug fixiert sind.

schäfte, so dass § 931 damit eine Übereignung nach dem Vertragsprinzip gestattet. Regelmäßig wird die Einigung mit der Zession zusammenfallen und bildet dann mit ihr einen einheitlichen Vorgang, wenn auch beide Geschäfte rechtlich zu trennen sind.[324]

Darüber, welcher Herausgabeanspruch abzutreten ist, hat man lange gestritten. Der BGH hat diese Frage im Jahre 1959 geklärt: Nach dem hier vereinfacht wiedergegebenen Sachverhalt hatten die Parteien vereinbart, dass der Veräußerer alle Rechte an einer Vorbehaltssache an den Erwerber abtrat, insbesondere alle »Rechte zur Eigentumsübertragung«.[325] Vorausgesetzt, der Veräußerer ist mittelbarer Besitzer, so entnimmt der BGH dem Zweck des § 931, dass unter Abtretung des Herausgabeanspruchs im Sinne dieser Vorschrift die Abtretung des Anspruchs aus dem Besitzmittlungsverhältnis zu verstehen ist.[326] Dadurch erteilte das Gericht einer Deutung des § 931 als Vindikationszession eine Absage. Die in § 931 gemeinte Abtretung entspricht damit der Abtretung nach § 870. Dies ist heute allgemeine Ansicht.[327] Bereits *Strohal*, auf dessen Anregung § 870 beruht, hatte dies hervorgehoben,[328] gleichwohl hielt sich lange die Ansicht, dass auch der Anspruch aus § 985 zediert werden müsse.[329] Dies hat sich mittlerweile als Irrtum herausgestellt: Der Eigentumserwerb nach § 931 ist die Folge der Abtretung, so dass dadurch dem Erwerber ein eigener Herausgabeanspruch nach § 985 zusteht.[330] Eine Zession dieses Anspruches müsste ins Leere gehen. Abgesehen davon ist der Vindikationsanspruch nach der herrschenden Ansicht als solcher unabtretbar.[331] Ausgehend von dieser Konstruktion war es nur ein kurzer Schritt,

---

[324] *Erman/Michalski* § 929 Rn. 3; *Soergel/Henssler* § 929 Rn. 1; *Staudinger/Wiegand* § 929 Rn. 13.

[325] BGH NJW 1959, 1536.

[326] BGH NJW 1959, 1536, 1538.

[327] *Bamberger/Roth/Kindl* § 931 Rn. 4; *Baur/Stürner* § 51 Rn. 36; *Brehm/Berger* § 27 Rn. 45; *Erman/ Michalski* § 931 Rn. 3; *Ernst* (Fußn. 102), 279; *Neumayer*, FS Bosch (1970), 305, 308f; *Schwab/ Prütting* Rn. 382; *Soergel/Henssler* § 931 Rn. 8; *Staudinger/Wiegand* § 931 Rn. 11; *Weber* JuS 1998, 577, 581; *Westermann/H.P. Westermann* § 42 II 4; *Wilhelm* Rn. 821.

[328] *Strohal* IherJb 38 (1898), 1, 94. Auf Seite 92 Fußn. 87 weist *Strohal* auf seinen eigenen Einfluss bei der Fassung des Gesetzes hin.

[329] Namentlich vertreten von *Oertmann* AcP 113 (1915), 55, 92; *ders* IherJb 61 (1912), 64ff.; siehe auch RGZ 52, 385, 394.

[330] Grdl. *Neumayer*, FS Bosch (1970), 305, 306; *Brehm/Berger* § 27 Rn. 46; *Soergel/Henssler* § 931 Rn. 8; *Staudinger/Wiegand* § 931 Rn. 13.

[331] *Bamberger/Roth/Kindl* § 931 Rn. 6; *Brehm/Berger* § 27 Rn. 46; *Erman/Michalski* § 931 Rn. 3; *Jauernig/Jauernig* § 931 Rn. 10; *Palandt/Bassenge* § 931 Rn. 3; *SoergelHenssler* § 931 Rn. 8; *Staudinger/Wiegand* § 931 Rn. 15; *Weber* JuS 1998, 577, 582; *Westermann/H.P. Westermann* § 42 II 4 a. Ausführlich dazu *Neumayer*, FS Lange (1970), 305 der zu Recht darauf hinweist, dass anderenfalls die Vorschrift des § 986 Abs. 2 nicht zu erklären sei (314ff). Sofern der Anspruch aus § 985 abtretbar sein sollte, würden bereits die §§ 413, 404 den rechtmäßigen Besitzer schützen. § 986 Abs. 2 setzt aber gerade eine neu entstandene Eigentümerstellung voraus, die nicht auf einer durch Zession begründeten Vindikationslage beruht. So auch schon *Kohler* ArchBürgR 18 (1900), 67, 89ff der für den »Notfall« gleichwohl eine Zession des Vindikationsanspruchs annahm.

um die besitzlose Übereignung analog § 931 zu behandeln und die Vorschrift als Ausdruck eines reinen Vertragsprinzips einzustufen. Ein Bedürfnis dafür besteht, wenn der Veräußerer keinen abtretbaren Herausgabeanspruch gegenüber einem Dritten hat, aber gleichwohl Eigentümer der zu übereignenden Sache ist.[332] In diesem Falle genügt die bloße Einigung über den Eigentumsübergang.[333]

Nicht nur in diesem eher exotischen Fall,[334] sondern auch im Regelfall, bei dem ein Anspruch aus dem Besitzmittlungsverhältnis abgetreten wird, ist der Eigentumswechsel nicht erkennbar. Damit verlässt § 931 eindeutig das Publizitätsprinzip.[335] Publizitätsfragmente lassen sich in dieser Vorschrift auch nicht darin sehen, dass der Veräußerer den Besitz völlig aufgibt,[336] da der für § 931 erforderliche mittelbare Besitz des Veräußerers äußerlich nicht erkennbar ist. Aus den Protokollen ergibt sich auch, dass der Gesetzgeber bewusst auf einen offenkundigen Eigentumsübergang verzichtete. Ganz einer liberalen Anschauung verhaftet, hielt der Gesetzgeber diese Regelung für erforderlich, um den Verkehrsinteressen entgegenzukommen: Zum einen sollte der Eigentumsübergang zwischen dem Veräußerer und dem Erwerber einfach gestaltet werden, zum anderen sollte der unmittelbare Besitzer durch § 986 Abs. 2 geschützt sein. Damit stellt sich § 931 als Ausgleich zwischen den Verkehrsinteressen und dem Schutz des Besitzers dar. Die Abtretung des Herausgabeanspruchs erschien dem Gesetzgeber als das geeignete Mittel, »den auf den unmittelbaren Eintritt der dinglichen Rechtswirkung gerichteten Parteiwillen außer Frage« zu stellen.[337] Auch hier tritt deutlich die Funktion der Übergabe und ihrer Surrogate zu Tage, den ernsthaften Übergabewillen der Parteien zu dokumentieren. Die Begründung musste deswegen nicht darauf eingehen, ob § 931 dem Publizitätsprinzip gerecht wird. Wenn der Wille des Veräußerers und des Erwerbers auf die sofortige Eigentumsübertragung gerichtet sei, so bestehe kein Grund, dem Willen der Parteien diese Wirkung zu versagen – dies betont die Gesetzesbegründung ausdrücklich.[338] Das Publizitätsprinzip ist daher kein Grund, der gegen einen Eigentumswechsel nach § 931 spricht.

---

[332] Die Übereignung besitzloser Sachen ist danach keine eigene Kategorie, sondern ein Unterfall, in dem der Veräußerer keinen Herausgabeanspruch hat (So zu Recht *Staudinger/Wiegand* § 931 Rn. 15).

[333] Zur analogen Anwendung des § 931 auf besitzlose Sachen: *Erman/Michalski* § 931 Rn. 2; MünchKomm/*Quack* § 931 Rn. 11; *Soergel/Henssler* § 931 Rn. 7; *Staudinger/Wiegand* § 929 Rn. 17. AA allerdings *Avenarius* JZ 1994, 511, 512, der auf die Heranziehung einer Vorschrift verzichtet.

[334] *Avenarius* (JZ 1994, 511) nennt als Beispiel die (tatsächlich stattgefundene) Versteigerung eines Mondautos aus der sowjetischen Raumfahrt.

[335] *Bamberger/Roth/Kindl* § 931 Rn. 1; MünchKomm/*Quack* § 931 Rn. 2; *Soergel/Henssler* § 931 Rn. 1; *Staudinger/Wiegand* § 931 Rn. 1; *Süß*, FS Wolff (1952), 139, 152; *Weber* JuS 1998, 577, 581.

[336] So jedoch *Soergel/Henssler* § 931 Rn. 1.

[337] Prot. III, 201–204; Zitatstelle auf S. 203.

[338] Prot. III, 204.

V. Besitz, Publizität und Gutgläubiger Erwerb

1. Rechtsschein und Publizitätsverlust des Besitzes

Publizität und gutgläubiger Erwerb sind kein Widerspruch, sondern letzterer eine konsequente Fortführung des Publizitätsgedankens: Wenn der Besitz idealtypisch auf das Eigentum hinweisen soll, so muss dieser Rechtsschein die fehlende Verfügungsmacht überlagern. Im Liegenschaftsrecht hat das Gesetz diesen Aspekt des Publizitätsprinzips in Reinform umgesetzt und gestattet einen gutgläubigen Erwerb allein kraft des Rechtsscheinprinzips.[339] Ganz im Gegensatz dazu war der gutgläubige Erwerb im Fahrnisrecht bei den Gesetzesberatungen umstritten. Bis in die Gegenwart hat dieses Rechtsinstitut offenbar seine dogmatische Anziehungskraft nicht eingebüßt.[340] Die hier näher zu untersuchende Frage, wie die Publizitätswirkung des Besitzes und der gutgläubige Erwerb zusammenhängen, ließe sich zunächst idealtypisch beantworten. Wenn der Besitz ein Eigentumszeichen ist, so verwirklicht der gutgläubige Erwerb den Publizitätsgedanken. Auf diesem Standpunkt steht die Rechtsprechung: Grund für den gutgläubigen Erwerb vom Nichtberechtigten sei der Rechtsschein des Besitzes und der gute Glaube des Erwerbers, wie der BGH in seiner ständigen Rechtsprechung betont.[341] Diese Sichtweise ist allerdings vergröbernd. Der Rechtsschein des unmittelbaren Besitzes ist bereits als solcher zweifelhaft, die übrigen Besitzarten sind äußerlich nicht erkennbar und damit ohne offenkundige Aussagekraft. Dies wurde bereits oben dargelegt.[342] Welche Schlüsse für den gutgläubigen Erwerb daraus zu ziehen sind, ist nach wie vor umstritten.

Denkbar sind allerdings zwei gegensätzliche Lösungen: Will man nicht auf die positive Publizität des Besitzes verzichten, so böte es sich an, am Scheintatbestand anzusetzen und diesen mit zusätzlichen Erfordernissen anzureichern.[343] Die Kriterien dafür lassen sich aber dem positiven Recht nicht mehr entnehmen. Abgesehen davon ist es zweifelhaft, ob sich hier wirklich greifbare Kriterien auffinden lassen. So reicherte man den objektiven Rechtsscheintatbestand dadurch an, indem man nur ein solches Innehaben als Vertrauenstatbestand auffasst, das nach verkehrsüblicher Auffassung als Ausdruck der Stellung eines Eigentümers oder

339 Oben III 2.

340 Auf alle Schattierungen des gutgläubigen Erwerbs einzugehen, ist nicht das Thema dieses Abschnitts, sondern wäre ein eigenes Buch. Hier ist nur auf die Zusammenhänge zwischen Publizität und gutgläubigem Erwerb einzugehen. Für die Einzelheiten muss auf das fortlaufend zitierte Schrifttum verwiesen werden.

341 BGHZ 10, 81, 86; BGHZ 34, 153, 158; BGHZ 56, 123, 128f; BGH LM Nr. 2 zu § 932 BGB; RGZ 72, 309, 312; RGZ 108, 269, 271. Aus der Literatur siehe etwa: *Baur/Stürner* § 52 Rn. 3; *Erman/ Michalski* Vor §§ 932–936 Rn. 1; *Eichler* II 1, 156; *Tiedtke*, Gutgläubiger Erwerb (1985), 1.

342 Siehe dazu bereits oben IV.

343 *Hübner* (Fußn. 102), 97ff, 124ff. Wieder andere vermengen diese zusätzlichen objektiven Anknüpfungspunkte mit der Besitzverschaffungsmacht: *Giehl* AcP 161 (1962), 357, 374f; *Rebe* AcP 173 (1973), 186, 194.

eines Verfügungsberechtigten gewertet werden könne.[344] Hier wird aber nur ein unklarer Rechtsscheinträger durch einen anderen unklaren Maßstab ergänzt. Solange eine bewegliche Sache nicht als Eigentum registriert ist, müssen alle Anknüpfungspunkte an eine wie auch immer zu beschreibende Stellung des Veräußerers unklar bleiben.[345]

Das heute verbreitet vertretene Gegenmodell von der Besitzverschaffungsmacht[346] fragt deswegen danach, ob der gutgläubige Erwerber zurechenbar den Besitz an der Sache erlangt hat. In der Tat hat bereits der Gesetzgeber diesen Gesichtspunkt hervorgehoben. In der Begründung zum heutigen § 934 1. Var. stellte der Gesetzgeber die Besitzverschaffungsmacht dem Besitz als Rechtsscheinträger gleich: Aufgrund der Abtretung erlange der Erwerber eine wirkliche rechtliche Herrschaft über die Sache. Die Fähigkeit des Veräußerers, dem Erwerber diese Herrschaft zu verschaffen, sei eine berechtigte Vertrauensgrundlage.[347] Dies sollte man aber nicht als Fingerzeig dafür verstehen, dass die Besitzverschaffungsmacht dem Konzept des Gesetzes entspricht oder den Willen des historischen Gesetzgebers widerspiegelt. Wie noch später zu zeigen ist, ist § 934 1. Var. ein rechtspolitischer Missgriff des Gesetzgebers und beruht auf einer mangelhaften Durchdringung des Besitzrechts. Näher betrachtet, ist die Besitzverschaffungsmacht ist kein objektiven Rechtsscheinträger, sondern im Ergebnis stellt dieses Modell darauf ab, ob der Erwerber das erhalten hat, was der Veräußerer versprochen hat. Ihre Anhänger gestehen dies auch zu[348] und ziehen damit die unvermeidliche Konsequenz aus dem vergeistigten Übergabebegriff. Von einer positiven Publizität des Besitzes trennt sich diese Ansicht, da nach ihr unerheblich ist, ob der Veräußerer überhaupt den Besitz an der veräußerten Sache hatte. Verglichen mit dem Grundbuch, erlaubt damit die These von der Besitzverschaffungsmacht einen gutgläubigen Erwerb ohne Publizitätsanzeichen.

Gerade dieser Befund ist aber der Anlass, die Praemissen der Besitzverschaffungsmacht in Frage zu stellen. Es ist zweifelhaft, ob mit diesem Konzept eine ge-

---

[344] *Hübner* (Fußn. 102), 124.

[345] Gegen diese Vorschläge auch: *Hager* (Fußn. 190), 243f., wonach die besagten Konzepte stillschweigend auf eine Besitzverschaffungsmacht hinausliefen. Diese Analyse dürfte etwas gewagt sein, da die Besitzverschaffungsmacht nicht das ausschließliche objektive Kriterium sein soll.

[346] *Hager* (Fußn. 190), 245ff; *Giehl* AcP 161 (1962), 357, 378; *Hager*, FS 50 Jahre BGH I (2000), 777, 787; *Medicus* BR Rn. 564; *Musielak* JuS 1992, 713, 717; *Reinicke/Tiedtke* NJW 1994, 345, 349; *Staudinger/Wiegand* § 932 Rn. 20; *Tiedtke* JURA 1983, 460; *Viehweg/Werner* § 5 Rn. 16; *Westermann/ Gursky* § 45 III 1 a; *Weber* JuS 1999, 1, 2; *Wiegand* JuS 1974, 201, 202; *Wolff/ Raiser* § 69 II 2 a. Hybrid die Position von *Soergel/Henssler* § 932 Rn. 12 (Besitz als Rechtsscheinträger), Rn. 12 (Besitzverschaffungsmacht als entscheidendes Element des objektiven Rechtsscheintatbestandes). Kritisch zu dieser Lehre: *Kindl* AcP 201 (2001), 391, 393, der sie zwar für hilfreich ansieht, aber für ungeeignet hält, wenn nur der mittelbare Besitz erlangt wird (anders offenbar *ders.* [Fußn. 277], 312, 339).

[347] Prot. III, 210.

[348] Siehe nur *Hager* (Fußn. 190), 248.

meinsame Klammer für alle Fälle des gutgläubigen Erwerbs gefunden ist.[349] Es kann sich nicht vollends von dem Verständnis der Übergabe als Publizitätsakt trennen. Hält man den Besitz als Rechtsscheinträger für unzureichend, so ist es sachenrechtlich unerheblich, ob der Veräußerer verspricht, diesen Besitz zu verschaffen. Bereits im Kaufvertrag verpflichtet sich der Veräußerer, die Sache zu übergeben, so dass die Besitzverschaffungsmacht nichts Anderes ist, als die Fähigkeit, den Kaufvertrag zu erfüllen. Auf eine andere systematische Ebene lässt sich die versprochene Besitzverschaffungsmacht nicht heben, da auch einem Nichtbesitzer diese Fähigkeit zugesprochen wird.[350] Der gutgläubige Erwerb reduziert sich folgerichtig darauf, dass der Erwerber den Besitz wie versprochen erhalten hat und die erlangte Sache nicht abhanden gekommen ist. Die Besitzverschaffungsmacht ist folglich auch nicht dem Besitz als Grundlage des Rechtsscheins gleichzustellen. Dies verschleiert die schuldrechtliche Grundlage der Besitzverschaffungsmacht und beweist nur dogmatische Verkünstelungen. Von einem schuldrechtlichen Geschäft geht kein Rechtsschein aus. Sieht man die Besitzverschaffungsmacht gleichwohl als eine Art Rechtsschein, so ebnet man dadurch die Trennung zwischen Schuld- und Sachenrecht teilweise ein.

Der kleinste gemeinsamer Nenner für den gutgläubigen Erwerb ist nach der These von der Besitzverschaffungsmacht danach die Vorschrift des § 934 2. Var., aus der sich zwingend die Richtigkeit des Modells ergeben soll.[351] Diese Herleitung hat man kritisiert, da sie auf einen Rechtsschein verzichte und diese Vorschrift als Ausnahmenorm eng auszulegen sei.[352] An dieser Kritik ist nur berechtigt, dass sich die Besitzverschaffungsmacht nicht auf diese Vorschrift berufen kann, da sie die Gesetzesbegründung nur zu § 934 1. Var. erwähnt. Im Übrigen lässt der »vergeistigte« Übergabebegriff keine andere Wahl, als auf einen positiven Rechtsschein zu verzichten. Abgesehen davon verfängt das Argument *singularia non sunt extenda* bereits methodisch. Untersucht man die Protokolle, so rechtfertigt § 934 2. Var. ein schlichter Umstand: Wenn der Erwerber den Besitz an der Sache erlangt, so rechtfertigt dies dessen Vertrauen auf die Eigentümerstellung des Veräußerers.[353] Auf eine Besitzverschaffungsmacht kommt es nicht an.

[349] Zweifelnd auch *Kindl* AcP 201 (2001), 391, 393. *Hager* (Fußn. 190) räumt ein, dass die Figur der Besitzverschaffungsmacht nicht alle Probleme aus der Welt schafft, aber auf eine Reihe von Streitfragen zurückwirke (245). Es ist gleichwohl zweifelhaft, mit großem Begründungsaufwand ein Modell zu konstruieren, um dessen allgemeine Bedeutung in gewisser Weise wieder selbst zurückzunehmen.

[350] Siehe dazu etwa: BGHZ 36, 56, 60; *Bauer*, FS Bosch (1976), 1, 9f; *v. Caemmerer* JZ 1963, 586, 588; *Martinek* AcP 188 (1988), 573, 625; MünchKomm/*Quack* § 932 Rn. 145; *Musielak* JuS 1992, 713, 716; *Soergel/Henssler* § 932 Rn. 13; *Staudinger/Wiegand* § 932 Rn. 20; *Wiegand* JuS 1974, 201, 202.

[351] Siehe dazu nur *Hager* (Fußn. 190), 249.

[352] *Martinek* AcP 188 (1988), 573, 636f.

[353] Prot. III, 209f.

2. Der verschliffene Übergabebegriff und die sofortige Ersitzung

Der Zweck der Besitztradition, in erster Linie einen Rückschluss auf den ernsthaften Übereignungswillen der Parteien zu erlauben, schlägt auf den gutgläubigen Erwerb durch. Ausgehend von dieser Praemisse ist es von vornherein unstimmig, auf den Besitz als Rechtsscheinträger beim gutgläubigen Erwerb nach §§ 929 Satz 1, 932 abzustellen. Da die Übereignungsformen bei diesen Tatbeständen deckungsgleich sind,[354] hat die Übergabe bei einem rechtsgeschäftlichen Erwerb vom Nichtberechtigten den gleichen Zweck wie beim Erwerb vom Berechtigten. An dieser Erkenntnis kommt man nur vorbei, wenn man die Übergabe nach § 929 Satz 1 und die nach den §§ 929 Satz 1, 932 mit unterschiedlichen Zwecken belegt. In der Tat hat man im Schrifttum eine derartige Relativität des Übergabebegriffes vertreten, da der Übergabebegriff auf jeweils bestimmte Interessenlagen und Fallgruppen zugeschnitten sei: Beim gutgläubigen Erwerb diene die Eigentumsübertragung dazu, die fehlende Rechtszuständigkeit des Veräußerers auszugleichen.[355] Folgerichtig hält man beim Erwerb vom Berechtigten »Durchbrechungen« des Traditionsprinzips für angemessen, beim gutgläubigen Erwerb hingegen nicht.[356]

Dies überzeugt wenig. Der Sache nach vermengt diese Ansicht die Zwecke des eng verstandenen Traditionsprinzips mit dem gutgläubigen Erwerb. Dem Gesetzgeber schwebte beim rechtsgeschäftlichen Erwerb vom Berechtigten und dem Erwerb vom Nichtberechtigten kein unterschiedlicher Übergabebegriff vor. Ausdrücklich verweist § 932 Abs. 1 auf die Übergabe nach § 929 Satz 1. Für die These von den relativen Übergabezwecken spricht auch nicht § 933,[357] da der Gesetzgeber allgemein die in § 930 zum Ausdruck kommende Funktion der Übergabe nicht für den allgemeinen Übereignungstatbestand nach § 929 Satz 1 durchdachte.

Da sich allerdings die verschliffenen Übergabeformen nach § 929 Satz 1 weitgehend dem Vertragsprinzip annähern, stellt sich die Frage, wie sich dieses Verständnis auf den gutgläubigen Erwerb auswirken muss. Das bereits oben kritisierte Anschauungsdefizit aus den Gesetzesmaterialien beim rechtsgeschäftlichen Er-

---

[354] Vgl. Prot. III, 207; *Bamberger/Roth/Kindl* § 932 Rn. 1; *Baur/Stürner* § 52 Rn. 13; *Hager* (Fußn. 190), 246ff; *Jauernig/Jauernig* § 932 Rn. 15; *K. Müller* Rn. 2398a; MünchKomm/*Quack* § 929 Rn. 112; § 932 Rn. 6, 16; *Soergel/Henssler* § 932 Rn. 5; *Weber* JuS 1999, 1, 2; *Westermann/Gursky* § 47 I 1.

[355] *Staudinger/Wiegand* Vorbem zu §§ 929ff Rn. 26. Der radikale Vorschlag, den Übergabebegriff des § 932 Abs. 1 enger auszulegen als den des § 929 S. 1 (*Wieser* JuS 1972, 567, 569) hat sich hingegen zu Recht nicht durchsetzen können. Diese Sichtweise läuft Gefahr, sich in prinzipiellen Grundsatzfragen über die Rechtfertigung des gutgläubigen Erwerbs zu versteigen und widerspräche nicht nur der historischen Ausgangslage sondern auch dem klaren Gesetzeswortlaut. Zumal bleibt völlig offen, welche Grenzen zwischen § 929 Satz 1 und der Übergabe nach § 932 Abs. 1 zu ziehen wären.

[356] *Picker* AcP 188 (1988), 511, 524; *Wacke* (Fußn. 4), 43f, 48ff; *Wadle* JZ 1974, 689, 691.

[357] Dazu sogleich unter 3 a.

werb vom Berechtigten setzt sich beim gutgläubigen Erwerb fort und spiegelt sich deutlich in der Begründung zu § 934 2. Var. wider. Wie schon oben ausgeführt, begründete der Gesetzgeber diese Vorschrift damit, dass sich das Vertrauen des Erwerbers auf die Eigentümerstellung des Veräußerers realisiere, wenn der Erwerber den Besitz erlangt.[358] Die Tatbestände der §§ 932 Abs. 1 Satz 1, 2, 933 sind dann aber obsolet.

Die dingliche Einigung und der zurechenbar erlangte Besitz des Erwerbers sind damit die gemeinsame Klammer. Den gutgläubigen Erwerb rückt dies in die Nähe einer *sofortigen Ersitzung kraft eines Verkehrsgeschäfts*.[359] Allein dieses Modell ist sachgerecht, da es nicht darauf ankommt, was der Veräußerer vorgibt, als Berechtigter verschaffen zu können, sondern darauf, was der Erwerber erlangt hat. Der gutgläubige Erwerb hängt damit folglich ab, ob der Erwerber kraft einer Einigung mit dem Nichtberechtigten zurechenbar Besitz erlangt hat. Die Ersitzung mit ihrer langen Ersitzungsfrist hat ihre Hauptbedeutung beim Erwerb abhanden gekommener Sachen. Auf eine Besitzverschaffungsmacht kommt es nicht an. Das hier beschriebene Modell zieht die Konsequenzen aus der Gesetzesbegründung und daraus, dass sich die Übereignung nach § 929 Satz 1 faktisch einem Vertragsprinzip angenähert hat. Wenn die Übergabe nicht in erster Linie Publizitätsträger ist, verfehlt sie diese Aufgabe auch beim Erwerb vom Nichtberechtigten. Alle Versuche, einen Rechtsscheintatbestand an die Übergabe zu knüpfen, sind damit von vornherein zum Scheitern verurteilt. Rechtsordnungen, die nicht an den Übergabegrundsatz anknüpfen, aber gleichwohl einen gutgläubigen Erwerb zulassen, knüpfen nur an den Besitzposition des Erwerbers an: Konsequent konstruiert daher der *Code Civil* den gutgläubigen Erwerb als das gutgläubige Erlangen des Eigenbesitzes.[360] Anhand der verschiedenen Übergabekonstellationen ist das Konzept der sofortigen Ersitzung nunmehr vorzustellen:

a) Nicht sichtbare Übergabe

Die Einschaltung von Hilfspersonen bei der Übereignung erlaubt einen unsichtbaren Eigentumserwerb. Allerdings ist das praktische Anschauungsmaterial für den gutgläubigen Erwerb bei diesen Übergabeformen eher schmal.[361] Wie bereits

---

[358] Prot. III, 209f.

[359] Auf die Lehre vom Verkehrsgeschäft ist hier nicht weiter einzugehen. Siehe dazu *Wittkowski*, Die Lehre vom Verkehrsgeschäft (1990).

[360] Dies folgt aus der berühmten Regel des Art. 2279 Satz 1 *Code Civil:* « En fait de meubles, la possession vaut titre ». Das Erfordernis des guten Glaubens leitet die französische Praxis aus Art. 1141 *Code Civil* ab. Siehe dazu näher mit Nachweisen: *Minuth*, Besitzfunktionen beim gutgläubigen Mobiliarerwerb im deutschen und französischen Recht (1990), 204ff. Die herrschende französische Lehre nimmt hier an, dass ein vollwertiges Eigentum entstehe (*Marty-Raynaud* No. 418). Die Rechtslage weicht insoweit vom Grundstücksrecht ab (oben III 1).

[361] Siehe dazu etwa OLG München NJW 1987, 1830; OLG Köln VersR 1994, 1428; OLG Frankfurt OLGZ 89, 198; RGZ 71, 248.

oben ausgeführt wurde, vollzieht sich in den meisten Fällen die Übergabe durch die Umwandlung der Besitzverhältnisse. Ist ein Besitzmittler bei der Übergabe eingeschaltet, sind die Grenzen zur Übereignung nach § 931 fließend und damit ein schlagendes Argument dafür, § 934 2. Var. als allgemeinen Tatbestand für den gutgläubigen Erwerb anzusehen.[362] Das entscheidende Zurechnungselement bildet hier neben der Einigung und dem erlangten Besitz die Vorschrift des § 935 Abs. 1 Satz 2, so dass es grundsätzlich darauf ankommt, ob der Besitzmittler unfreiwillig seinen Besitz verliert.[363] Wie sehr sich der gutgläubige Erwerb von einem Rechtsscheintatbestand entkoppelt hat, zeigen aber die Fälle, in denen ein Besitzdiener eine Sache veruntreut. Sieht man den Besitz als objektiven Rechtsscheintatbestand an, so müsste ein gutgläubiger Erwerb von einem Besitzdiener stets ausgeschlossen sein, da dieser nach der herrschenden Ansicht kein Besitzer ist.[364] Diese Lösung wird derzeit jedoch nicht mehr vertreten, sondern man konzentriert sich auf die Frage, ob und wann eine Sache abhanden gekommen ist, wenn sie ein Besitzdiener veruntreut. Die darüber ausgetragene Debatte verdeutlicht aber nur, in welch desolatem Zustand sich das Publizitätsprinzip befindet. Keine der vertretenen Lösungen kann vollends befriedigen und führt mehr oder weniger zu Systembrüchen. Die wohl vorherrschende Ansicht löst die Fälle über § 935 Abs. 1. Es entscheide der Wille des Eigentümers, ob eine Sache abhanden gekommen sei. Gebe der Besitzdiener die Sache willentlich fort, so sei sie abhanden gekommen. Das Reichsgericht begründete dies damit, dass bei der Besitzdienerschaft die tatsächliche Gewalt und der Besitz aufgespalten seien. Unabhängig davon sei jedoch der Besitzdiener in der Lage, einem anderen den Besitz einzuräumen.[365] Die heute übliche Erklärung deutet das Verhalten des Besitzdieners als Turnen auf einer juristischen Reckstange: Indem der Besitzdiener die Sache weisungswidrig weggebe, schwinge er sich selbst zum Besitzer auf.[366] Unerörtert bleibt, ob überhaupt ein Rechtsschein existiert, der einen gutgläubigen Erwerb legitimieren könnte, obwohl dies relevant werden muss, wenn ein Besitzdiener Gelder veruntreut, an denen ein gutgläubiger Erwerb möglich ist (§ 935 Abs. 2).[367]

---

362 Siehe zu den einzelnen Konstellationen oben IV 2 b.

363 Siehe dazu nur: *Braun* JZ 1993, 391, 392.

364 So konsequent: *Wellspacher*, Das Vertrauen auf äußere Tatbestände im bürgerlichen Recht (1906), 19; *Wiegand* JuS 1974, 201, 205. *Wiegand* hat seine Ansicht jedoch später relativiert, siehe dazu *Staudinger/Wiegand* § 935 Rn. 14 und sogleich im Text.

365 RGZ 71, 248, 253; RGZ 106, 4, 6; RG JW 1908, 527; RG WarnR 1926 Nr. 48.

366 OLG München NJW 1987, 1830; OLG Köln VersR 1994, 1428; OLG Frankfurt OLGZ 1989, 198; *Bamberger/Roth/Kindl* § 935 Rn. 6; *Baur/Stürner* § 52 Rn. 39; *Brehm/Berger* § 27 Rn. 81; *Enders*, Der Besitzdiener – Ein Typusbegriff (1991), 114 ff; *Jauernig/Jauernig* § 935 Rn. 8; *Müller* Rn. 2412; MünchKomm/*Quack* § 935 Rn. 11; *Musielak* JuS 1992, 713, 723; *Palandt/Bassenge* § 935 Rn. 8; *Schwab/Prütting* Rn. 76; *Soergel/Henssler* § 935 Rn. 8; *Soergel/Stadler* § 855 Rn. 11; *Staudinger/Bund* § 855 Rn. 28; *Weber* JuS 1999, 1, 9; *Westermann/Gursky* § 49 I 6; *Wilhelm* Rn. 875; *Witt* AcP 201 (2001), 165, 179.

367 So zu Recht die Kritik von *Hager* (Fußn. 190), 250 f. Nach *Hagers* Schrift erschienene Stel-

Diese dogmatische Abstinenz stützt die hier aufgeworfene These, dass es nur auf den zurechenbar erlangten Besitz ankommt und nicht auf einen wie auch immer zu beschreibenden Rechtsschein. Die herrschende Ansicht sorgt gleichwohl für Ungereimtheiten in der Besitzlehre, da sie die tatsächliche Sachherrschaft von dem Besitz trennen muss. In diesem Falle ist allerdings nicht mehr der Satz haltbar, dass der Besitz Rechtsscheinträger sei. Vielmehr entscheidet das Innenverhältnis zwischen dem Besitzdiener und dem Besitzherrn darüber, ob eine Sache abhanden gekommen ist. Überwiegend lehnt man nämlich ein Abhandenkommen ab, wenn der Besitzdiener als Ladenangestellter nach § 56 HGB legitimiert ist.[368] Der Besitz als Rechtsscheinträger wird dadurch relativiert.

Es soll hier nicht verschwiegen werden, dass diese Lösungen umstritten sind. Da nicht vom Thema gedeckt, ist darauf nur kurz einzugehen. Im Gegensatz zur herrschenden Ansicht, versuchen manche, einen objektiven Rechtsschein einzuführen. Meist lehnt man deswegen ein Abhandenkommen ab, wenn ein Besitzdiener äußerlich wie ein Besitzmittler auftrete,[369] was einige daran konkretsieren, ob sich die Sache außerhalb der räumlichen Herrschaftssphäre befindet.[370] Aber diese Ansicht erzeugt Abgrenzungsprobleme, da Maßstäbe fehlen, nach denen sich bestimmen soll, wer Besitzdiener ist, das Kriterium der »räumlichen Herrschaftssphäre« ist seinerseits zu unscharf, um verlässliche Lösungen zu bieten. Die besseren Gründe sprechen dafür, hier § 935 Abs. 1 Satz 2 *analog* anzuwenden. § 855 soll letztlich nur klarstellen, dass der Besitzdiener keine Besitzschutzansprüche gegen den Besitzherrn gelten machen soll.[371] Man mag diese Gleichstellung als Gleichschaltung der Besitzarten empfinden, aber letztlich liegen die Probleme in der unausgegorenen Gestaltung des Besitzrechts selbst.

b) Zum gutgläubigen Geheißerwerb

Indem man einen Geheißerwerb vom Berechtigten anerkannte, zeichnete man die Rechtslage zum gutgläubigen Erwerb vor. Verzichtet man hier auf das Traditionsprinzip, so kann die Besitzübergabe auch keinen Rechtsscheinträger mehr für den gutgläubigen Erwerb bilden. Die Dissonanzen zwischen dem Traditionsprinzip in seiner herkömmlichen Deutung klingen beim gutgläubigen Geheißerwerb

---

lungnahmen umschiffen diesen neuralgischen Punkt, indem sie ihn erst gar nicht zur Kenntnis nehmen.

[368] *Baur/Stürner* § 52 Rn. 39; *Hartung* (Fußn. 102), 223; *Jauernig/Jauernig* § 935 Rn. 8; *Soergel/Henssler* § 935 Rn. 8; *Staudinger/Bund* § 855 Rn. 28; *Westermann/Gursky* § 49 I 6; aA: *Musielak* JuS 1992, 713, 723.

[369] *Erman/Michalski* § 935 Rn. 6; *Hübner* (Fußn. 102), 107; *Schmelzeisen* AcP 136 (1932), 129, 149f; *Staudinger/Wiegand* § 935 Rn. 14; *Wolf* Rn. 431.

[370] *Müller-Erzbach* AcP 142 (1936), 5, 29f; MünchKomm/*Joost* § 855 Rn. 23; *Wieling I* § 10 IV 1 c; *ders.* JZ 1977, 291, 295.

[371] So *Ernst* (Fußn. 102), 32f. Siehe auch *Hager* (Fußn. 190), 405, der nicht ganz überzeugend mit der Besitzverschaffungsmacht des Besitzdieners arbeitet. Die Kritik von *Wilhelm*, dass man dadurch den sorgfältigen pater familias mit übermäßigen Selbstwahrnehmungs- oder Vorsorgeobliegenheiten belaste (Rn. 875) überzeugt kaum. Es geht gerade darum, dieses »Übermaß« festzustellen und nicht zu behaupten.

nach. So kann sich die herrschende Meinung nach wie vor noch nicht von dem fragwürdigen Dogma trennen, dass die Übergabe vornehmlich Publizitätswirkung hat. Wenn die Übergabe aber beim Geheißerwerb vom Berechtigten jede Außenwirkung verloren hat, so kann sie auch beim Geheißerwerb vom Nichtberechtigten kein Rechtsscheinträger sein. Befindet sich eine Geheißperson auf der Erwerberseite und ist mindestens eine dieser Personen nicht verfügungsberechtigt, so hat der Erwerber gleichwohl keinen Anlass, über die Berechtigung nachzufahnden. Erkennt man diese Übergabeart an, so darf man dem Erwerber im Gegenzug auch keine gesteigerten Sorgfaltsanforderung auferlegen. Es verbleibt dann bei der Grundregel des § 934 2. Var.: Im zurechenbar erlangten Besitz manifestiert sich das Vertrauen des Erwerbers auf die Einigungserklärung des Veräußerers. Nach der These von der Besitzverschaffungsmacht ist hier nicht anders zu entscheiden.

Auch bei einer Geheißperson auf der Erwerberseite muss man einen gutgläubigen Erwerb zulassen. Die umstrittene Frage, ob der Erwerber hier das Eigentum erlangen konnte, obwohl er nie den Besitz an der Sache hatte, bejaht der BGH.[372] Diese Streitfrage ist ohne praktische Bedeutung. Sofern der nichtbesitzende »Erwerber« gutgläubig ist, ist er keinen Ansprüchen des ursprünglichen Eigentümers ausgesetzt. Ein Anspruch aus § 985 scheitert am fehlenden Besitz, ein deliktischer Anspruch am Verschulden. Einem Bereicherungsanspruch kann der Empfänger § 818 Abs. 3 entgegenhalten. Ist der Nichtbesitzende bösgläubig, konnte er nie das Eigentum erwerben und ist folgerichtig auch allen Ansprüchen des Eigentümers ausgesetzt. Über diese Ergebnisse herrscht heute weitgehend Einigkeit, wobei man aber meist das Ergebnis auf die bestätigte Besitzverschaffungsmacht des Veräußerers stützt, die ihrerseits ihre Grundlage in § 934 2. Var. finden soll.[373] Nach der hier vertretenen Ansicht kommt es nur darauf an, ob sich der Besitz bei der Person befindet, die auf eine Einigung vertraut hat. Danach erwirbt der Besitzer auch, wenn die Geheißperson auf der Erwerberseite steht. Auf eine Besitzverschaffungsmacht kommt es nicht an.

Die eigentlichen Probleme stellen sich daher erst bei Missverständnissen über die Geheißlage. In dem berühmten »Hemdenfall« hat der BGH auch hier einen gutgläubigen Erwerb zugelassen: V sollte die Hemdenfabrik des X sanieren. Im eigenen Namen verkaufte V Hemden an den E und veranlasste X, die Hemden an E zu liefern. X lieferte diese Hemden, war aber der Ansicht, gegenüber E eine eigene Pflicht zu erfüllen.[374] Der BGH gestattete hier einen gutgläubigen Erwerb

---

[372] BGH NJW 1973, 141, 142; *Staudinger/Wiegand* § 932 Rn. 18. Näher: *Martinek* AcP 188 (1988), 573, 639f.

[373] *Hager* (Fußn. 190), 286ff; *Kindl* (Fußn. 277), 339ff; *Kolb* (Fußn. 277), 132ff; MünchKomm/ *Quack* § 932 Rn. 17; *Musielak* JuS 1992, 713, 716; RGRK/*Pikart* § 932 Rn. 16; *Schapp/ Schur* Rn. 227; *Schreiber* Rn. 168; *Soergel/Henssler* § 929 Rn. 932 Rn. 13; *Staudinger/Wiegand* § 932 Rn. 21, 24; *Wolff/Raiser* § 69 II 2 a (255); *Wadle* JZ 1974, 689, 693ff.

[374] BGH NJW 1974, 1132 = JZ 1975, 27 m. Anm *v. Olshausen;* dazu außerdem: *Picker* NJW

und begründete dies mit dem Empfängerhorizont sowie bereicherungsrechtlichen Erwägungen. Die Begründung und das Ergebnis hat man im Schrifttum immer wieder gescholten.[375] Indes vermögen weder die bereicherungsrechtlichen noch die sachenrechtlichen Gegenargumente zu überzeugen. Dabei ist der betriebene konstruktive Aufwand groß und verdunkelt die eigentlichen Zurechnungsfragen. Die Gegner des BGH betonen, dass die Besitzverschaffungsmacht des Veräußerers tatsächlich bestehen müsse, indem sich die Geheißperson den Weisungen des Veräußerers tatsächlich unterwirft.[376]

Diese Ansicht belegt, zu welchen Missverständnissen die Besitzverschaffungsmacht führen kann, da sie offensichtlich dazu verleitet, nach einem positiven Anhalt für einen Rechtsschein auf der Seite des Veräußerers zu suchen. Darauf kommt es aber nicht an. Aber offenbar ist diese These zu verschiedenen Folgerungen fähig: Auf ihrer Grundlage bejahen viele einen gutgläubigen Erwerb in der beschriebenen Fallgruppe, da entscheidend allein die realisierte Besitzverschaffungsmacht sei.[377] Nach der hier vertretenen Ansicht ist ein gutgläubiger Erwerb ohne Umschweife anzunehmen. Der gutgläubige Erwerber hat zurechenbar den Besitz an der Sache erhalten und deswegen wird sein Vertrauen auf die Einigung mit dem Nichtberechtigten geschützt. Dies setzt voraus, dass sich der Erwerber überhaupt mit dem Nichtberechtigten geeinigt hat, was aber eine Auslegungs- und Beweisfrage ist.[378]

Die Kritik an der Rechtsprechung des BGH ist von dem von vornherein untauglichen Unterfangen geleitet, einen positiven Rechtsscheintatbestand zu konstruieren. Um dessen Erfordernis zu belegen, hat man sich in mehr oder weniger

---

1974, 1790; *Weitnauer* NJW 1974, 1729. Der Sachverhalt wird hier stark vereinfacht wiedergegeben. Siehe auch die ähnliche Konstellation in BGHZ 36, 56.

[375] *Picker* NJW 1974, 1790, 1793ff; *Weitnauer* NJW 1974, 1729, 1732ff; *Joerges* JuS 1975, 517, 519; *Köndgen*, FS Esser (1975), 55, 72; *v. Olshausen* Anm. JZ 1975, 30; *Mühl*, Festgabe v. Lübtow (1980), 547ff; *Wilhelm* AcP 175 (1975), 304, 321

[376] *Baur/Stürner* §52 Rn.13; *Brehm/Berger* §27 Rn.56; *v. Caemmerer* JZ 1963, 586, 587; *Ernst* (Fußn. 102), 92f; *Flume*, FS E. Wolf (1985), 61, 69f; *Holtkamp*, Eigentumserwerb und bereicherungsrechtliche Rückabwicklung beim Streckengeschäft (1979), 44ff; *Jauernig/Jauernig* §932 Rn.15; *Lopau* JuS 1975, 773, 774f; *v. Olshausen* Anm. JZ 1975, 31; *Medicus* BR Rn.564; *Palandt/Bassenge* §932 Rn.4; *Picker* NJW 1974, 1790, 1794; *Rebe* AcP 173 (1973), 186, 194 Fußn.47; *Schapp/Schur* Rn.227; *Schreiber* Rn.168; *Tiedtke* JURA 1983, 460, 463f; *ders.*, Gutgläubiger Erwerb (1985), 12f; *Wadle* JZ 1974, 689, 692; *Weitnauer* NJW 1974, 1729, 1733; *Wilhelm* Rn.838; *ders.* AcP 175 (1975), 304, 346 Fußn.149; ebenso auch *Martinek* AcP 188 (1988), 573, 629ff.

[377] Mit dieser oder ähnlicher Begründung: *Bamberger/Roth/Kindl* §932 Rn.9; *Bauer*, FS Bosch (1976), 1, 22 Fußn.73; *Hager* (Fußn. 190), 289f; *Kindl* (Fußn. 277), 344; *Kolb* (Fußn. 277), 155ff; *Musielak* JuS 1992, 713, 717f; RGRK/*Pikart* §932 Rn.16; *Schwab/Prütting* Rn.428; *Soergel/ Henssler* §932 Rn.14; *Staudinger/ Wiegand* §932 Rn.24; *Westermann/Gursky* §47 I 1 a; *Wieling I* §10 III 6; *ders.* JZ 1977, 291, 295f; *Wolf* Rn.565.

[378] Siehe auch *Staudinger/Wiegand* §932 Rn.23. *Weitnauer* (NJW 1974, 1729, 1733) kritisiert den BGH (NJW 1974, 1132), dass dieser keine Einigung festgestellt hatte und sie sich auch nicht aus dem Urteil ergab. Die Einigung mit dem Nichtberechtigten liegt aber nahe, da unklar ist, warum der Beklagte sonst den geltend gemachten Anspruch bestritten hat.

komplizierten dogmatischen Gebäuden geradezu festgebissen, was aber auch gleichzeitig den Schluss darauf zulässt, dass bereits an der Praemisse anzusetzen ist. So kann es kaum überzeugen, die Unterwerfung unter die Anweisung des Veräußerers darauf zu stüzen, dass eine Übergabe stets zu Übereignungszwecken geschehen müsse.[379] Durch diesen dogmatischen Kunstgriff lässt sich in der Tat eine Übergabe ablehnen, da die scheinbare Geheißperson nicht mit Blick auf die Einigung zwischen dem Veräußerer und dem Erwerber übergebe, sondern mit Blick auf eine eigene Einigung. Dies wiederum stützt die These, dass sich die Geheißperson tatsächlich den Weisungen des Veräußerers zu unterwerfen habe und es deswegen kein scheinbares Geheiß geben könne. Auf einen »Einigungsbezug der Übergabe« kommt es jedoch nicht an, wie bereits oben ausführlich dargestellt wurde.[380] Ganz abgesehen davon bleibt aber auch die These vom »Einigungsbezug der Übergabe« auf der halben dogmatischen Wegstrecke stehen. Dieser Bezug kann ja nur willentlich hergestellt werden, so dass sich dann die Frage stellt, warum er nicht aus der Sicht des Empfängers zu beurteilen ist. Es ist bemerkenswert, dass dieser Gesichtspunkt von den Vertretern des »Einigungsbezugs« überspielt wird und dessen systematische Einordnung offen bleibt. Legt man allerdings auch diesen Bezug nach dem Empfängerhorizont aus, so erübrigt sich die These vom Einigungsbezug und damit von der tatsächlichen Unterwerfung des Angewiesenen. Der Empfänger muss die Übergabe als finale Verknüpfung zur Einigung mit dem Veräußerer verstehen.[381]

Die Lehre vom Empfängerhorizont schließt damit den Kreis und löst den gordischen Knoten auf.[382] Folgerichtig können weder die bereicherungsrechtliche

---

[379] So jedoch: *v. Caemmerer* JZ 1963, 586, 588; *Martinek* AcP 188 (1988), 573, 610ff; *Picker* NJW 1974, 1790, 1795; *Wadle* JZ 1974, 689, 693f.

[380] Oben IV 1 c. Ausdrücklich im Rahmen des gutgläubigen Geheißerwerbs ablehnend: *Staudinger/ Wiegand* § 932 Rn. 23. Kritisch dazu auch: *Musielak* JuS 1992, 713, 717f.

[381] *Hager* (Fußn. 190) hält diesen finalen Bezug für notwendig und sieht ihn sogar in § 936 Abs. 1 Satz 3 verankert, stellt aber im Ergebnis auf den Empfängerhorizont ab (292; ebenso: *Kindl* [Fußn. 277], 343f; *Musielak* JuS 1992, 713, 717f; *Westermann/Gursky* § 47 I 1 a). Dagegen jedoch *Martinek* AcP 188 (1988), 573, 633: Er versucht dies mit dem Hinweis zu entkräften, dass im fraglichen Fall das »Traditionsprinzip und damit das Interesse der Allgemeinheit und des Rechtsverkehrs an der Eindeutigkeit der Zuordnungsverhältnisse« berührt sei. Überzeugen kann dieser Einwand nicht. Dass die Publizität nicht im Allgemeininteresse liegt, wurde bereits einleitend dargestellt (oben sub I). Aber selbst wenn man diesen unzutreffenden Gedanken weiter verfolgt, schließt er keineswegs aus, die Lehre vom Empfängerhorizont anzuwenden. Sie dient gerade dazu, das Interesse des Rechtsverkehrs umzusetzen, indem sie nicht subjektive Zwecksetzungen, sondern dass, was die Adressaten erkennen können, für entscheidend hält. Aus dieser Perspektive ergibt sich daher kein Widerspruch zwischen dem Verkehrsschutz und dem Empfängerhorizont. Letztlich belegt diese Debatte, wie vage die Schlüsse von einem allgemein verstanden Publizitätsprinzip auf konkrete Einzelfragen sind.

[382] Anders jedoch *Brehm/Berger* § 27 Rn. 56, da bei der Lehre vom Empfängerhorizont nur solche Umstände berücksichtigt werden könnten, die dem anderen Teil erkennbar oder zurechenbar seien. Für die Deutung des Empfängers habe hingegen die scheinbare Geheißperson keine Anhaltspunkte. An dem Ausgangspunkt ist nicht zu zweifeln: Umstände, die dem Erklärenden nicht erkennbar sind, bleiben nach der neueren Lehre vom Empfängerhorizont außen vor

Rechtslage noch die sachenrechtliche auseinander fallen. Bereicherungsrechtlich ergab sich in der Entscheidung eine Diskrepanz zwischen dem Leistungswillen des Veräußerers und dem Empfängerhorizont. Bekanntlich ist stark umstritten, ob es hierbei auf die Sicht des Leistenden oder des Empfängers ankommt. Sieht man in der Tilgungsbestimmung jedenfalls eine rechtsgeschäftsähnliche Handlung, so führt kein Weg daran vorbei, sie aus der Sicht des Empfängers auszulegen, wie es der BGH getan hat.[383] Folglich durfte der Erwerber nicht davon ausgehen, dass der Überbringer das Eigentum an ihn leiste. Eigenartigerweise untersucht der BGH erst anschließend im Rahmen des § 816 Abs. 1 Satz 1 die Frage, ob der Erwerber gutgläubig erworben hat. Dieser Vorgehensweise hat man vorgeworfen, sie stelle die Rechtslage auf den Kopf und ziehe unstatthaft vom Bereicherungsrecht Schlussfolgerungen auf die dingliche Rechtslage.[384] Allerdings ist dieser Vorwurf nicht berechtigt. Es handelt sich weniger um ein dogmatisches Problem, als um eine Frage der Maßstäbe: Die Lehre vom Empfängerhorizont kommt bereicherungsrechtlich und sachenrechtlich zu einem identischen Ergebnis, so dass sich die Streitfrage als Scheinproblem entpuppt. Wer mit anderen

(*Canaris*, Die Vertrauenshaftung im deutschen Privatrecht [1971], 344 Fußn. 43; *Medicus* Rn. 326). Aber hier ist dem Eigentümer erkennbar, dass er Übereignungshandlungen vornimmt. Unerheblich ist, ob der Eigentümer auch erkennen kann, dass der Erwerber in Wahrheit meint, sich mit einem anderen geeinigt zu haben. Fordert man dies, so überspannt man die Lehre vom Empfängerhorizont und beraubt sie weitgehend ihres praktischen Anwendungsbereichs. Diese Kritik richtet sich auch gegen *Weitnauer*, der im Hemdenfall einen Dissens zwischen dem Übereignenden und dem Erwerber annimmt (NJW 1974, 1729, 1733). Aber darum geht es nicht. Der Dissens kann erst eingreifen, wenn zuvor alle Auslegungsmethoden versagen. Wendet man zutreffend die Lehre vom Empfängerhorizont an, so scheidet ein Dissens aus.

[383] BGH NJW 1974, 1132, 1134; außerdem: BGHZ 47, 128, 130; BGHZ 55, 176, 179; BGHZ 58, 184, 188; BGHZ 67, 232, 241; BGHZ 152, 307, 312. Aus der Literatur siehe etwa: *Bamberger/Roth/Wendehorst* § 812 Rn. 20; *Baur/Stürner* § 53 Rn. 31; *Larenz/Canaris* § 70 III 3 b; *Wieling* JZ 1977, 391, 395; MünchKomm/*Füller* § 951 Rn. 18 mwN. Die Gegenansicht stellt auf den Willen des Leistenden ab und kommt folgerichtig zu einer Leistungskondiktion. Den nötigen Schutz des Empfängers soll alleine § 818 Abs. 3 bewerkstelligen: *Köndgen*, FS Esser (1975), 55, 71 f; *Medicus* BR Rn. 688; *Schnauder* NJW 1999, 2841; *Staudinger/Gursky* § 951 mwN. Das vermag kaum zu überzeugen und versagt, wenn der Leistungsempfänger bereits vorgeleistet hat. In der hier vorliegenden Konstellation des gutgläubigen Geheißerwerbs ist es zudem evident falsch, auf § 818 Abs. 3 abzustellen. Der an einen Dritten gezahlte Kaufpreis kann im Rahmen des § 818 Abs. 3 nicht bereicherungsmindernd entgegengehalten werden (BGHZ 47, 128, 130; BGH NJW 1970, 2059; *Larenz/Canaris* § 73 I 5). Darauf hat *Hager* (Fußn. 190), 297 f. zu Recht hingewiesen und kritisiert diese Lösung als Notbehelf. Denkt man die These fort, dass es auf den Leistungswillen des Empfängers ankomme, so wäre der Empfänger nicht nur einem Anspruch aus einer Leistungskondiktion, sondern auch einem Vindikationsanspruch ausgesetzt. Der Empfänger seinerseits müsste die Ware an den Eigentümer herausgeben und trüge zudem das Risiko, den gezahlten Kaufpreis nicht zu erhalten. Diese Kumulation von Risiken muss befremden, da der Veräußerer, als *spiritus rector* eine weitgehend risikofreie Stellung erhält.

[384] *Joerges* JuS 1975, 514, 519; *Köndgen*, FS Esser (1975), 55, 72; *Mühl*, FS v. Lübtow (1980), 547, 563; *Wilhelm* AcP 175 (1975), 304, 321; kritisch auch *Hager* (Fußn. 190), 295 ff, der im Ergebnis gleichwohl dem BGH folgt.

Worten die Leistung zutreffend nach dem Empfängerhorizont auslegt, muss diesen Maßstab auch bei dem Verhalten des Übergebenden ansetzen.

Als eine Flucht in Begriffe wirkt es, wenn man den BGH damit zu entkräften meint, indem man darauf abstellt, dass der gute Glaube an das Vorliegen eines Rechtsscheintatbestands nicht geschützt sei.[385] Der statt dessen vorgeschlagene Rechtsscheintatbestand, gekennzeichnet durch die folgsame Ausführung des Geheißes, ist aber aussagelos. In Wirklichkeit werden hier Zurechnungsfragen zu einem Rechtsscheintatbestand verarbeitet. Die Kritik fällt deswegen auf ihre Schöpfer zurück, da es beim Geheißerwerb an einem objektiven Anknüpfungspunkt auf Seiten des Veräußerers fehlt. Nach welchen Grundsätzen der Besitzverlust zuzurechnen ist, ist umstritten und hier nur kurz anzuschneiden, da sich die Maßstäbe dafür nicht aus dem Publizitätsprinzip ableiten lassen. Der Besitzverlust wird dem Eigentümer nicht zugerechnet, wenn die Sache ohne seinen Willen aus seiner tatsächlichen Herrschaftssphäre entzogen wurde.[386] Zum neuralgischen Punkt für die Zurechnung entpuppt sich dabei die Frage, wie der Besitzaufgabewille rechtlich einzustufen ist. Die wohl überwiegende Ansicht betrachtet den Besitzaufgabewillen als einen »tatsächlichen Willen«,[387] wobei allerdings die Folgerungen, die daraus gezogen werden, uneinheitlich sind. Wird der Eigentümer getäuscht, wie in dem beschriebenen Fall, so lehnt die herrschende Ansicht ein Abhandenkommen im Sinne des § 935 Abs. 1 ab, da dies nach wie vor eine freiwillige Besitzaufgabe sei.[388] Im Ergebnis harmoniert dies mit der Auslegung nach dem Empfängerhorizont, da ja auch in der allgemeinen Rechtsgeschäftslehre die Auslegung vorrangig zur Anfechtung ist.

3. Mittelbarer Besitz und gutgläubiger Erwerb

a) Begründung mittelbaren Besitzes

Publizitätsinteressen spielen keine Rolle, wenn der mittelbare Besitz vom Berechtigten erworben wird, § 930. Ist der künftige mittelbare Fremdbesitzer nicht ver-

---

385 *Lopau* JuS 1975, 773, 775; *Medicus* BR Rn. 564; *Picker* NJW 1974, 1790, 1795; *Flume*, FS E. Wolf (1985), 61, 69.

386 *Wolff/Raiser* § 69 I 1 haben für das Abhandenkommen folgende klassische, aber stilistisch nicht gerade elegante Formel entwickelt: »Abhanden gekommen sind die dem unmittelbaren Besitzer ohne seinen Willen aus dem Besitz gekommenen Sachen« (251). Siehe außerdem: BGH NJW 1995, 2097, 2099; RGZ 71, 248, 253; RGZ 101, 224, 225; *Bamberger/Roth/Kindl* § 935 Rn. 3; *Baur/Stürner* § 52 Rn. 43; *Erman/Michalski* § 935 Rn. 2; *Soergel/Henssler* § 935 Rn. 4 mwN.

387 *Baur/Stürner* § 52 Rn. 43; *Erman/Michalski* § 935 Rn. 3; MünchKomm/*Quack* § 935 Rn. 8; *Staudinger/Wiegand* § 935 Rn. 11; *Westermann/Gursky* § 49 I 3; *Wieling I* § 10 V 3 a. Ausführlich dazu *Hager* (Fußn 190), 384ff, der bemerkt, dass auf dem unklaren dogmatischen Fundament der herrschenden Ansicht ein buntes Meinungsbild gedeihe (388).

388 RGZ 101, 224, 225; BGHZ 4, 10, 35; OLG Karlsruhe NJW-RR 1998, 1761. Ausführlich dazu: *Kindl* (Fußn. 277), 350ff; MünchKomm/*Quack* § 935 Rn. 8; *Soergel/Henssler* § 935 Rn. 5 jeweils mwN.

fügungsberechtigt, so schränkt das Gesetz den gutgläubigen Erwerb ein. Nach § 933 wird der gutgläubige Erwerber hier nur Eigentümer, wenn er den Besitz an der Sache erlangt, wenn ihm die Sache von dem Veräußerer übergeben wird. Eine Eigentumsübertragung nach § 930 durch ein Besitzkonstitut entfaltet keine Rechtsscheinwirkung und scheidet als Grundlage für einen gutgläubigen Erwerb aus.[389] Die erste Kommission stellte dies ausdrücklich fest. Hinter einem so wenig ersichtlichen Akt wie dem *constitutum possessorium* dürfe sich der Rechtsverlust nicht verstecken.[390] Rechtspolitischer Kritik ist diese Regelung nicht ausgesetzt, dafür einer Fehldeutung. Oft betont man, dass § 933 das Traditionsprinzip wieder herstelle, der Gesetzgeber durchbreche es zwar beim Erwerb vom Berechtigten, nicht aber beim Erwerb vom Nichtberechtigten.[391] Diese Begründung ist missverständlich. Der Wortlaut des § 933 verweist zwar auf eine Übergabe nach § 929 Satz 1,[392] jedoch hat sich diese Vorschrift ihrerseits von dem eng verstandenen Traditionsprinzip entfernt. Je weiter die Übergabe im Sinne des § 929 Satz 1 abstrahiert wird, desto stärker schmälert sich damit auch der Anwendungsbereich des § 933.[393],[394]

Wenn allerdings diese Vorschrift einen gutgläubigen Erwerb nur kraft eines Besitzkonstituts ausschließt, so bedeutet dies nicht, dass auch das Besitzmittlungsverhältnis unwirksam ist. Auch ein Nichtberechtigter kann ein Besitzmittlungsverhältnis vereinbaren.[395] Die vereinzelte und ohne Begründung auf § 139 gestützte Gegenansicht[396] überzeugt nicht. Scheitert indes der gutgläubige Erwerb nach § 933, so ist das Besitzmittlungsverhältnis deswegen nicht nichtig im Sinne des § 139.[397]

---

389 *Staudinger/Wiegand* § 933 Rn. 2.

390 Mot. III, 345. Die Protokolle stützten sich auf diese Begründung: Prot. III, 209.

391 *Boehmer* I 2, 29; *Kindl* AcP 201 (2001), 391, 397; *Picker* AcP 188 (1988), 511, 524; *Wacke* (Fußn. 4), 43f, 48ff; *Wadle* JZ 1974, 689, 695.

392 BGHZ 67, 207, 208; BGH NJW 1996, 2654, 2655.

393 Ausführlich dazu *Staudinger/Wiegand* § 933 Rn. 20–28 mwN.

394 Teilweise sieht man sich gehalten, die Vorschrift des § 933 selbst zu korrigieren. Vereinbart der unwissentlich Nichtberechtigte mit dem gutgläubigen Erwerber ein Besitzkonstitut, so ist dies keine Übergabe im Sinne des § 929 Satz 1. Etwas Anderes soll jedoch gelten, wenn der Veräußerer dem Erwerber die Sache herausgibt. Obwohl dies nur eine Erfüllungshandlung ist, bejaht die Rechtsprechung hier eine Übergabe im Sinne des § 929 Satz 1, indem sie den Willen der Parteien auslegt: In Kenntnis der Rechtslage hätten die Parteien eine derartige Übereignung gewollt (BGH LM Nr. 1 zu § 933 BGB; *Soergel/Henssler* § 933 Rn. 7 [1. Absatz]; *Wieling I* § 10 IV 3 c). Damit dürften die Grenzen einer ergänzenden Vertragsauslegung überschritten sein. In Kenntnis der wahren Rechtslage wäre der Erwerber bösgläubig und der Veräußerer hätte vorsätzlich fremdes Eigentum verletzt.

395 BGHZ 50, 45; *Hager* (Fußn. 190), 332ff; *Jauernig/Jauernig* § 933 Rn. 4; ausführlich *Michalski* AcP 181 (1981), 384, 388ff; *Kindl* (Fußn. 277), 324f; MünchKomm/*Quack* § 933 Rn. 13; *Palandt/ Bassenge* § 933 Rn. 1; *Soergel/Henssler* § 933 Rn. 11; *Staudinger/ Wiegand* § 933 Rn. 7.

396 *Wolff/Raiser* § 69 II 2 c (S. 255 Fußn. 18).

397 Dieses heute allgemein anerkannte Ergebnis ist hier nicht mehr weiter zu begründen. Zur näheren Begründung siehe: *Michalski* AcP 181 (1981), 384, 388f.

b) Der Rechtsschein bei der Übertragung des mittelbaren Besitzes

Der gutgläubige Erwerb nach § 934 1. Var. hat eine der zentralen dogmatischen Streitigkeiten zum Erwerb vom Nichtberechtigten schlechthin veranlasst. Die Vorschrift gestattet einen gutgläubigen Erwerb vom Nichtberechtigten, wenn neben einer Einigung der Veräußerer seinen Anspruch aus dem Besitzmittlungsverhältnis wirksam an den Gutgläubigen abtritt. Die Übereignung nach § 931 erkennt das Gesetz damit als legitimierende Grundlage für einen gutgläubigen Erwerb an. Dadurch steht diese Vorschrift im Widerspruch zu § 933, wonach ein gutgläubiger Erwerb nur in Betracht kommt, wenn der Erwerber den Besitz erlangt. Dieser Wertungswiderspruch heizte auch die Debatte um die Rechtsscheingrundlage des § 934 1. Var. an. Praktisch bedeutsam wurde diese Debatte in der berüchtigten Fräsmaschinenentscheidung des BGH:[398] Die Klägerin verkaufte einer H. KG eine Fräsmaschine unter Eigentumsvorbehalt. Später übereignete die H. KG diese Maschine zur Sicherheit dem C, ohne dass der Restkaufpreis getilgt war. C selbst übertrug später einer englischen Ltd. die Maschine, indem er seinen Herausgabeanspruch aus dem Besitzmittlungsverhältnis zur H. KG abtrat. C konnte wegen § 933 kein Eigentum erwerben, sondern erlangte nur ein Anwartschaftsrecht, da in der fehlgeschlagenen Eigentumsübertragung die Übertragung des Anwartschaftsrechts steckt. Bei formaler Subsumtion unter § 934 1. Var. erwirbt hingegen der weiter entfernte Beklagte von gutgläubig das Eigentum. Der BGH wies daher die Herausgabeklage ab.[399]

Das Gesetz behandelt dadurch den mittelbaren Besitz unterschiedlich und regt die Parteien geradezu dazu an, § 933 zu umgehen. Der mittelbare Besitzer könnte das gesetzliche System manipulieren, indem er die zu übertragende Sache verleiht und den Anspruch aus dem Besitzmittlungsverhältnis überträgt. Rückt der mittelbare Besitzer in diesem Sinne weiter von der Sache weg, so kann ein Dritter gutgläubig das Eigentum erwerben. Der BGH sieht diesen Wertungswiderspruch: »Es ist in der Tat auffallend, dass wirtschaftlich gleich liegende Sachverhalte verschieden beurteilt werden müssen, je nachdem, ob die eine oder die andere Bestimmung (§ 933 oder § 934 1. Var.) zu Anwendung kommt...«, gesteht der BGH. Diesen Wertungswiderspruch korrigierte der BGH jedoch nicht. Vordergründig

---

398 BGHZ 50, 45.

399 BGHZ 50, 45, 50ff. Bereits das Reichsgericht hatte vergleichbare Konstellationen zu entscheiden. Berühmt geworden sind die sog. Zuckerfälle (RGZ 135, 75 dazu *Dölle* Anm. JW 1932, 1212; RGZ 138, 265; siehe auch RG JW 1932, 3763 m. Anm. *Dölle*). Von dem Fräsmaschinenfall unterscheiden sich die Fälle nur dadurch, dass der Erwerber kein Besitzmittlungsverhältnis zum Veräußerer hatte: Vereinfacht zusammengefasst lieferte der Lieferant dem Händler unter Eigentumsvorbehalt größere Mengen Zuckers. Der Zucker wurde auf den Namen des Veräußerers bei einem Lagerhalter eingelagert, von dem der Erwerber jederzeit den Zucker abrufen konnte. Der Erwerber veräußerte den Zucker durch die Abtretung eines vermeintlichen Herausgabeanspruchs an einen Dritten. Gleichzeitig gelang es dem Erwerber, den Lagerhalter dazu zu bewegen, mit dem Dritten ein Besitzmittlungsverhältnis zu vereinbaren. Der Lagerhalter seinerseits betrieb gegenüber dem ursprünglichen Eigentümer das noch zu beschreibende »Doppelspiel«.

überzeugt die Entscheidung, da ein rechtspolitisches Bedürfnis keinen Anlass bieten kann, einen klaren Gesetzeswortlaut zu korrigieren. Diesen Gesichtspunkt stellt der BGH auch selbst heraus und ergänzt, dass der Gesetzgeber bei der Regelung immerhin nicht willkürlich verfahren sei.[400] Indes ist dies ein schwacher Trost, da er nur den Schluss zulässt, dass der Gesetzgeber mit Bedacht einen Wertungswiderspruch geschaffen habe. Fast beschwichtigend versucht der BGH den Wertungswiderspruch herunter zu spielen, indem er den §§ 933, 934 das Prinzip entnimmt, dass der Gesetzgeber die Schaffung des mittelbaren Besitzes zum gutgläubigen Erwerb nicht ausreichen lasse, wohl aber seine Übertragung.[401] Diese Differenzierung zwischen »Verschaffung« und »Übertragung« überzeugt nicht und ist begrifflich überspitzt. § 934 2. Var. spricht gegen diese Differenzierung. Auch wenn der Erwerber bloß den mittelbaren Besitz erlangt, so wird er doch nach dieser Vorschrift zum Eigentümer. Auf eine Übertragung des Besitzes kommt es nicht an, sondern nur darauf, dass der Erwerber den mittelbaren Besitz erhält. Verschaffen könnte ihn der Veräußerer allerdings nicht, da er ihn nie innehatte. Damit knüpft § 934 2. Var. auch an die Begründung mittelbaren Besitzes an und gestattet den gutgläubigen Erwerb nur, wenn der Erwerber den Besitz erlangt. Die Differenzierung zwischen Begründung und Übertragung des mittelbaren Besitzes ist als solche nicht haltbar.[402] Folgerichtig überzeugt es auch nicht, wenn der BGH sein Ergebnis dadurch abzusichern sucht, indem er auf die Gleichstellung des mittelbaren Besitzes mit dem unmittelbaren abhebt. Der aus dem Besitzmittlungsverhältnis fließende Herausgabeanspruch übertrage sofort den Besitz, während bei einer Veräußerung nach § 930 noch ein Besitzrest beim Veräußerer verbleibe.[403] Bereits oben wurde dargelegt, dass § 868 den mittelbaren Besitzer deswegen so bezeichnet, um ihm Besitzschutzansprüche zuzubilligen. Die Gleichstellungsthese ist allein deswegen brüchig. Zudem erhält der Erwerber in beiden Fällen den mittelbaren Besitz, wobei aber die Übereignung nach § 931 ebenso wenig Publizitätsinteressen dient wie die nach § 933.

Versucht man sich, des Problemes Lösung zu nähern, so ist wiederum die Gesetzgebungsgeschichte aufschlussreich. Sowohl der mittelbare Besitz wie auch der gutgläubige Erwerb werden in den Gesetzesmaterialien nicht ausreichend

[400] BGHZ 50, 45, 52. Ebenso: *Michalski* AcP 181 (1981), 384, 421f.

[401] BGHZ 50, 45, 49 im Anschluss an *Westermann* § 48 II 1, 2. Aus der Literatur: *Baur/Stürner* § 52 Rn. 20; *Michalski* AcP 181 (1981), 384, 419.

[402] *Lange* JuS 1969, 162, 165; *Kindl* AcP 201 (2001), 391, 399; *Picker* AcP 188 (1988), 511, 517; *Staudinger/Wiegand* Vorbem zu §§ 932ff Rn. 15–18. Mit dem Hinweis, dass § 934 2. Var. eine Ausnahme von der Regel enthalte (*Michalski* AcP 181 [1981], 384, 419f), lässt sich dieses Problem nicht herunterspielen. Für einen Ausnahmecharakter dieser Norm sprechen keine Gründe.

[403] BGHZ 50, 45, 49. Zustimmend aus der Literatur: *Baur/Stürner* § 51 Rn. 20; *Frotz*, FS Kastner (1972), 131, 151; *Tiedtke* WM 1978, 446, 449; *ders.* JURA 1983, 460, 462; *Staudinger/Wiegand* Vorbem zu §§ 929ff Rn. 16f; *ders.* JuS 1974, 201, 202f.

verarbeitet und in ihren systematischen Konsequenzen durchdacht.[404] Dieses Defizit tritt in der Begründung zu § 934 offen zu Tage. Die zweite Kommission stützte diese Vorschrift pauschal auf das »Bedürfniß des Verkehres«: Der zur Zeit der Abtretung redliche Erwerber müsse mit der Abtretung sofort Eigentum erwerben, um über die Sache verfügen zu können. Durch die Abtretung des Herausgabeanspruches erlange der Erwerber eine wirkliche rechtliche Herrschaft über die Sache. Die Fähigkeit des Veräußerers, ihm diese Herrschaft zu verschaffen, biete eine ebenso berechtigte Grundlage für das Vertrauen des Erwerbers auf das Eigentum des Veräußerers wie der Besitz.[405]

Mit einem praktischen Bedürfnis und damit Verkehrsschutzaspekten hatte die zweite Kommission indes auch schon den heutigen § 931 begründet. Die Vorschrift des § 934 1. Var. ist damit eine Addition von Verkehrsinteressen, die der Gesetzgeber bei § 930 gerade abgelehnt hat. Sachlich klingt hier in der Begründung der Gedanke von der Besitzverschaffungsmacht an, aber dieser ist untauglich, um die unterschiedlichen Rechtsfolgen von § 934 1. Var. und § 933 zu erklären: In beiden Fällen ließe sich an die Besitzverschaffungsmacht anknüpfen.

Im Schrifttum existieren verschiedene Lösungen, um die systematischen Spannungen zwischen § 933 und § 934 1. Var. aufzulösen. Besonders beliebt ist die Konstruktion des Nebenbesitzes.[406] Der Zweck dieser Rechtsfigur ist rein negativ. Sie qualifiziert den mittelbaren Besitz des Erwerbers als Nebenbesitz, der gleichrangig neben dem Besitz des bisherigen mittelbaren Besitzers besteht. Entstehen soll dieser Nebenbesitz, wenn der Besitzmittler ein »Doppelspiel« treibe.[407] Begrifflich hat sich die Nebenbesitzlehre somit den Weg geebnet, um § 934 1. Var. einzuschränken: Der Nebenbesitz sei kein abtretbarer mittelbarer Besitz im Sinne des § 934 1. Var., so dass ein gutgläubiger Erwerb ausscheide. Löse sich hingegen der Besitzmittler endgültig von dem mittelbaren Besitzer, indem er seinen Willen ändere, so sei nur § 934 2. Var. einschlägig.[408] Die Nebenbesitzlehre wird häufig kritisiert.[409] Aus mehreren Gründen ist dieser Kritik zuzustimmen.

---

[404] So auch das Ergebnis der ausführlichen Analyse *Pickers* (AcP 188 [1988], 511, 522–533); siehe auch *Kindl* AcP 201 (2001), 391, 406.

[405] Prot. III, 210.

[406] Zuerst »entdeckt« durch *Martin Wolff* in einem Gutachten zu der Entscheidung RGZ 135, 75 (zuerst veröffentlicht: *ders.*, Sachenrecht, 7. Aufl., 1927, § 8 V S. 67), später so bezeichnet durch *Dölle* Anm. JW 1932, 1212, 3763. Aus der Literatur: *Baur/Stürner* § 7 Rn. 58f, § 52 Rn. 24; *Erman/Michalski* § 934 Rn. 2f; *Lange* JuS 1969, 162, 164; *Medicus* , FS Hübner (1984), 611ff; *ders.* Rn. 558, 561; *Paulus* JZ 1957, 44f; *Pohle* MDR 1956, 732; *Probst* ZHR 101 (1935), 199, 215; *Soergel/Henssler* § 934 Rn. 7; *Soergel/Stadler* § 868 Rn. 21; *Staudinger/Bund* § 868 Rn. 9f; *Wacke* (Fußn. 4), 55f; *Weber* JuS 1999, 1, 5f.; *Wolff/Raiser* § 8 II, § 69 II 2 d (256 Fußn. 22). Der Lehre grundsätzlich auch zustimmend: *Michalski* AcP 181 (1981), 384, 402. Nicht eindeutig MünchKomm/*Quack* § 934 Rn. 4.

[407] Die Formulierung geht zurück auf *Lange* JuS 1969, 162.

[408] *Baur/Stürner* § 52 Rn. 24.

[409] *Ernst* (Fußn. 102), 281; *Hager* (Fußn. 190), 360ff; *Hartung* (Fußn. 102), 275ff; MünchKomm/ *Joost* § 868 Rn. 20; *Kindl* (Fußn. 277), 325ff; *ders.* AcP 201 (2001), 391, 400ff; *Musielak*

Es fällt auf, dass die Nebenbesitzlehre sich wie eine punktuelle Korrektur des Gesetzes darstellt, ohne Rücksicht auf die Grundsätze des gutgläubigen Erwerbs geschweige denn auf das Publizitätsprinzip. So greift die Nebenbesitzlehre einen Wertungsgesichtspunkt auf, den sie in Begrifflichkeiten zu kleiden sucht. Dieses nicht unbeliebte Verfahren ist jedoch schon methodisch zweifelhaft. Wertungsfragen spielen bei wertungsoffenen oder auslegungsfähigen Tatbeständen eine Rolle. Die Vorschriften der §§ 933, 934 sind jedoch gerade wegen ihres Widerspruchs in Verruf geraten. Daher steckt hinter der Nebenbesitzlehre als dogmatisches Konstrukt getarnte Rechtspolitik. Wertungen sind ungeeignet, um neue Rechtsbegriffe zu schaffen. Dies ist Aufgabe des Gesetzgebers.[410] Ungeachtet dessen sprechen auch gewichtige dogmatische Gründe gegen den Nebenbesitz: Da das BGB keinen Nebenbesitz kennt, bleibt vollkommen unklar, wie er in das gesetzliche System einzuordnen wäre. Erkennt man einen Nebenbesitz an, so ist zweifelhaft, für welchen der Nebenbesitzer die Eigentumsvermutung des § 1006 Abs. 3 sprechen würde. Bei der Ersitzung führt die Nebenbesitzlehre zu Spannungen mit dem zivilrechtlichen Eigentumsbegriff. Konsequent zu Ende gedacht, müsste man bei § 937 ein Nebeneigentum mehrerer annehmen. Vertreter der Nebenbesitzlehre vermeiden diese Konsequenzen, indem sie diese Rechtsfigur nur »negativ« auf die Fälle des § 934 1. Var. beschränken.[411] Dadurch gibt man den eigenen Anspruch letztlich auf, eine dogmatische Rechtsfigur zur Seite zu stellen, die die Spannungen zwischen § 933 und § 934 1. Var. bewältigt. Auch praktisch ist es ein psychologisch kaum ermittelbares Faktum, ob der Besitzer für zwei Personen besitzen will oder nur für eine.[412] Wie im Schrifttum außerdem dargelegt wurde, ist ein doppelter Wille undenkbar, für zwei Personen zu besitzen:[413] Der Besitzer weiß ja, dass er die Sache nur einem der »mittelbaren« Besitzer herausgeben kann. Durch die Veräußerung an den Dritten bricht der Besitzer vielmehr das Besitzmittlungsverhältnis. Geht man davon aus, so ist der Nebenbesitz in Wirklichkeit ein Besitz ohne Wille, so dass die Nebenbesitzlehre ihre Praemisse selbst *ad absurdum* führt.[414]

Letztlich macht die Nebenbesitzlehre die Besitzlage zum Spielball des Besitzers: Ist der Besitzmittler so gewandt, so vermag er durch seinen »Willensopportunismus« gegenüber seinen Vertragsparteien den Anschein erwecken, dass er für sie besitzen wolle. In diesem Fall ist der nach der Nebenbesitzlehre der erste mittelbare Besitzer begünstigt. Er kann sein Eigentum nicht verlieren. Legt der Be-

---

JuS 1992, 713, 720; *Palandt/Bassenge* § 868 Rn. 2; *Picker* AcP 188 (1988), 511, 534ff; RGRK/*Kregel* § 868 Rn. 9, 21; *Staudinger/Wiegand* § 934 Rn. 3; *Wilhelm* Rn. 833.

410 AA offenbar *Medicus*, FS Hübner (1984), 611; insoweit aA auch *Picker* AcP 188 (1988), 511, 536.

411 *Medicus*, FS Hübner (1984), 611, 614f.

412 *Hager* (Fußn. 190), 360f; *Hartung* (Fußn. 102), 276f.

413 MünchKomm/*Joost* § 868 Rn. 20; *Picker* AcP 188 (1988), 511, 539f; *Tiedtke* JURA 83, 460, 465.

414 Vgl. *Hartung* (Fußn. 102), 276.

sitzmittler aus welchen Gründen auch immer die wahre Rechtslage auf, so entsteht kein Nebenbesitz, mit dem Ergebnis, dass der Zessionar zum Eigentümer wird.[415] Eine vertretbare Lösung kann die Lehre vom Nebenbesitz damit nicht bieten.

Der gegen diese Lehre zuletzt genannte Vorwurf, die Besitzlage zum Spielball des mittelbaren Besitzers zu machen, richtet sich allerdings auch gegen das derzeit vorherrschende Verständnis vom mittelbaren Besitz. Kündigt der Besitzmittler das Besitzmittlungsverhältnis auf, indem er seinen Willen ändert, so bleibt der Eigentümer schutzlos. Ein gutgläubiger Erwerb eines Dritten ist dann durchweg möglich. Deswegen setzen weitere Versuche an diesem neuralgischen Punkt an und versuchen die Befugnis des Besitzmittlers einzuschränken, das Besitzmittlungsverhältnis einseitig aufzukündigen. So soll der mittelbare Besitz erst enden, wenn der Besitzer zusätzlich zu seinem Willenswandel ein *furtum usus* begehe, wenn der Besitzmittler die Sache in Zueignungsabsicht gebraucht oder beschädigt und sich dadurch dem mittelbaren Besitzer als unrechtmäßiger Besitzer haftbar mache.[416] Es ist das Verdienst dieser Ansicht, den eigentlichen Quell der Wertungswidersprüche herausgestellt zu haben, allerdings reicht sie nicht weit genug. Auch hier hilft das Verständnis des mittelbaren Besitzes als Rechtsverhältnis weiter. Dieses Rechtsverhältnis lässt sich durch einen schlichten Willenswechsel nicht ohne weiteres beenden. Der Besitzmittlungswille ergibt sich in den hier interessierenden Fällen letztlich aus dem vertraglichen Besitzmittlungsverhältnis. Daher kann er auch nur aufgegeben werden, wenn der mittelbare Besitzer gegenüber dem Eigentümer widerruft oder kündigt. Geschieht dies und verfügt der Besitzmittler, so kommt die Sache dem mittelbaren Besitzer abhanden, § 935 Abs. 1 Satz 1. Der Besitzmittler wird in diesem Fall zum unmittelbaren Eigenbesitzer, und dessen weitere Verfügung ist nicht vom Willen des Eigentümers gedeckt. Insbesondere ist § 935 Abs. 1 Satz 2 auf diesen Fall nicht anwendbar, da der Besitzmittler nach der Erklärung gegenüber dem Eigentümer verfügt.[417] Diese weitere Verfügung ist vom Willen des Eigentümers nicht gedeckt, sofern dieser nicht nachträglich genehmigt. Verschweigt hingegen der Besitzmittler die weitere Verfügung gegenüber dem Eigentümer, so kann er dadurch das Besitzmittlungsverhältnis gegenüber diesem nicht zu Fall bringen. Es bestehen in diesem Fall zwei Besitzmittlungsverhältnisse aber kein Nebenbesitz. Nach dem Prioritätsgrundsatz müsste sich das ältere Recht durchsetzen, eine Konsequenz, die jedoch § 934 1. Var. gerade nicht zieht, da sich im Ergebnis das prioritätsjüngere Besitzmittlungsverhältnis kraft der Abtretung durchsetzt.[418] In neuerer Zeit meinte man ge-

---

[415] In kräftige Worte hat diese Kritik gekleidet: *Boehmer* II/2, 43; dem folgend: *Kindl* (Fußn. 277), 327; *ders.* AcP 201 (2001), 391, 402.

[416] *Ernst* (Fußn. 102), 239.

[417] Siehe dazu *Braun* JZ 1993, 391, 392 mit der Begründung, dass der Verfügende dann nicht mehr als Besitzmittler angesehen werden könne.

[418] Diesen Gesichtspunkt übergeht *Hartung* (Fußn. 102), 289, indem er schlichtweg feststellt,

rade hier eine Lücke entdecken zu können, da sich zwischen dem ursprüngliche Eigentümer und dem Erwerber eine Pattsituation ergebe, die der Gesetzgeber nicht bedacht habe.[419] Dies ist allerdings unzutreffend. Der Gesetzgeber begründete die Vorschrift des § 934 1. Var. unter anderem mit der Besitzverschaffungsmacht des Verfügenden. Ironischerweise hält die herrschende Ansicht dies für den zutreffenden Rechtsscheintatbestand, obwohl sie das Ergebnis dieser Vorschrift nicht immer billigen möchte. Man kann dem Gesetzgeber allenfalls vorwerfen, den mittelbaren Besitz nicht hinreichend durchdacht zu haben, eine Gesetzeslücke lässt sich jedoch aus diesem Anschauungsdefizit nicht konstruieren. Die Grenzen zwischen einer Gesetzeslücke und einem Fehler des Gesetzes sind Wertungsfragen, aber die Würfel sind bereits gefallen, wenn man die Gesetzesbegründung studiert. Der Gesetzgeber erachtete die Abtretung des Herausgabeanspruchs als vollständiges Übergabesurrogat; dass er dabei nicht alle Konstellationen durchdacht hat, ist ein Konstruktionsfehler, aber keine unechte Lücke. Damit folgt die hier vertretene Ansicht großen Umfanges der Rechtsprechung des BGH. Der Wertungswiderspruch zwischen § 934 1. Var. und § 933 ist nicht zu leugnen, aber ihn durch Konstruktionen einzuebnen, ist nicht Aufgabe der Wissenschaft. Alle darauf abzielende Versuche handeln sich den Vorwurf ein, »Erklärungsmodelle« darzustellen und eine eigene rechtspolitische Vorstellung hinter dogmatischen Kunstgebilden zu verstecken. Zu einer Korrektur des Gesetzes ist aber nur der Gesetzgeber berufen. Wie unverhohlen Rechtspolitik an die Stelle von Rechtsdogmatik tritt, zeigen die neueren Versuche, den Wertungswiderspruch zwischen den genannten Vorschriften dadurch zu beseitigen, indem man sich schlichtweg auf das Prinzip »Hand wahre Hand« besinnt und deswegen dem alten Besitzmittlungsverhältnis den Vorrang einräumt.[420] Indes muss man konsequent bleiben: Hält man ein durch den Nichtberechtigten vereinbartes Besitzmittlungsverhältnis für wirksam, so kann man später diese Entscheidung nicht mehr revidieren, sondern muss aus ihr die Konsequenzen ziehen, die das Gesetz anordnet, mögen sie auch noch so misslich sein.

Nur aus Vollständigkeitsgründen sollen noch kurz andere Lösungsansätze beschrieben werden, die allerdings das hier behandelte Thema von Publizität und gutgläubigen Erwerb nur streifen. Ein bereits oben beschriebenes Konzept versucht die Wertungswidersprüche zwischen § 933 und § 934 1. Var. dadurch aufzulösen, indem sie auf eine Anspruchspriorität abstellt:[421] Da der Besitz seine Rolle als Rechtsscheinträger nicht ausfüllen kann, soll ein

---

dass sich das prioritätsältere Besitzmittlungsverhältnis durchsetzen müsse, wenn es denn nicht erloschen sei. Der Wertungswiderspruch des Gesetzes lässt sich aber so nicht verschweigen.

[419] Den Ausdruck »Pattsituation« hat *Picker* AcP 188 (1988), 511, 551 in die Diskussion eingebracht. Daran anknüpfend: *Kindl* (Fußn. 277), 331; ähnlich *Musielak* JuS 1992, 713, 721f.

[420] Mit unterschiedlichen Begründungen im Einzelfall: *Musielak* JuS 1992, 713, 722; daran anknüpfend: *Kindl* (Fußn. 277), 331f; *ders.* AcP 201 (2001), 391, 407ff; siehe bereits auch *Müller* AcP 137 (1933), 86, 89ff, nach dessen Ansicht § 934 2. Var. überlagern soll. Solange der Dritte Erwerber keinen Besitz erhalte, werde er nicht zum Eigentümer.

[421] *Picker* AcP 188 (1988), 511, 548–554, 562ff.

gutgläubiger Erwerb immer dann zu bejahen sein, wenn der Erwerber eine bessere vermutungsbegründende Beziehung zur Sache erlangt hat, als der Eigentümer. Als Anknüpfungspunkt dafür dient nach diesem Konzept § 1006 Abs. 3, der allerdings entgegen seinem Wortlaut anders ausgelegt wird, da diese Vorschrift den wahren Anknüpfungspunkt der Vermutung verschleiere. § 1006 Abs. 3 gründe sich darauf, dass eine Partei einer anderen eine Sache auf Zeit überlasse und folglich zurückfordern könne. Damit entscheidet nach diesem Modell der zeitlich ältere Rückgewähranspruch darüber, für wen die Vermutung eingreift. Den Konflikt des § 933 mit § 934 1. Var. löst danach die Anspruchspriorität. Im Ergebnis wird § 934 1. Var. teleologisch reduziert und soll nur eingreifen, wenn der Erwerber einen älteren Herausgabeanspruch hat, als der ursprüngliche Eigentümer. Das Konzept beseitigt zwar die Wertungswidersprüche der beiden Vorschriften, aber kommt ohne selbstgesetzte Praemissen *praeter legem* nicht aus. Damit versucht es, letztlich rechtspolitische Anliegen in ein dogmatisches Gewand zu kleiden.[422] Dieses Bestreben kann aber ohne tiefgreifende Korrekturen des Gesetzes nicht gelingen. Dass § 1006 Abs. 3 an einen älteren Herausgabeanspruch anknüpft, lässt sich kaum aus der *ratio* des Gesetzes oder den Materialien herleiten. Die schematische Gleichstellung des mittelbaren Besitzes mit dem unmittelbaren Besitz ist sicher von Übel, wie *Picker* hervorhebt.[423] Gleichwohl lässt sich § 1006 Abs. 3 nicht in der beschriebenen Weise auslegen, da sich der Gesetzgeber über die Konkurrenz zweier Besitzmittlungsverhältnisse keine Gedanken gemacht hat. Es scheint daher erfolgversprechender beim mittelbaren Besitz selbst anzusetzen und zu fragen, ob ein mittelbarer Besitzer gleichzeitig zwei Personen den Besitz mitteln kann.

Das Lösungskonzept von *Hager*[424] ist demgegenüber ähnlich. Aber auch dieser Vorschlag gelangt zum beabsichtigten Ergebnis nur durch intensive Gesetzeskorrekturen.[425] So fuße § 933 in Wirklichkeit darauf, dass der bislang (und nach der Lösung *Hagers* nach wie vor) Berechtigte durch den schuldrechtlichen Herausgabeanspruch auf die Sache zurückgreifen könne. Auf dieser *ratio* beruhe auch § 934 1. Var. Die Verfügung des Besitzmittlers nach § 931 müsse daher missglücken, solange der Erwerber noch durch einen schuldrechtlichen Herausgabeanspruch auf die Sache zurückgreifen könne.[426] Es liegt in der Konsequenz dieses Modells, dass der redliche Erwerb gelingt, wenn der Herausgabeanspruch des Eigentümers erlischt. Gerade hier hat jedoch die Kritik anzusetzen: Ohne dass sich das Besitzmittlungsverhältnis zum Eigentümer ändert, könnte danach der mittelbare Besitzer das Eigentum zu Fall bringen.[427] Im Ergebnis kann der Veräußerer außerdem innerhalb einer Besitzleiter das Eigentum zu Fall bringen, wenn er (vermeintlichen) Herausgabeanspruch abtritt. Ob diese Differenzierung praktikabel ist, ist zweifelhaft. Im Ergebnis ist auch diese Ansicht den Bedenken ausgesetzt, dass der Besitzmittler über das fortbestehende Eigentum des mittelbaren Besitzers entscheiden kann. Indem man dem Besitzmittler diese Möglichkeit entzieht, setzt man auch hier wiederum an der passenderen Stelle an. Dies setzt allerdings voraus, dass man einem Gesinnungswechsel des Besitzmittlers Grenzen setzt.[428]

---

422 So auch die Kritik von *Musielak* JuS 1992, 713, 721; *Westermann/Gursky* § 48 II 3.

423 *Picker* AcP 188 (1988), 511, 553.

424 Fußn. 190, 342ff. *Hager* bezieht sich bei seinem Modell auch ausdrücklich auf den Lösungsvorschlag *Pickers* (aaO), verwirft ihn jedoch, da der redliche Erwerb nicht über § 1006 legitimiert werden könne (363 Fußn. 171).

425 Siehe dazu auch *Musielak* JuS 1992, 713, 721.

426 *Hager* (Fußn. 190), 362f.

427 Siehe auch die *Kritik* von *Kindl* (Fußn. 277), 329.

428 *Hager* (Fußn. 190) erwähnt diesen Gesichtspunkt, ist aber der Ansicht, dass offen bleiben

VI. Zur Publizität beim originären Eigentumserwerb

1. Ersitzung

Anknüpfend an das römische Recht verlangt die Ersitzung nach § 937 Abs. 1 für den Eigentumserwerb den Besitz, einen Zeitablauf und den Willen des Eigentümers, die Sache als eigene anzusehen. Nach Ablauf der 10 jährigen Ersitzungsfrist wird der gutgläubige Eigenbesitzer (§ 937 Abs. 2) vollwertiger Eigentümer.[429]

---

könne, ob der (von ihm so bezeichneten) »objektiven Theorie« zu folgen sei (266, 364). Gerade der Fremdbesitzwille des Besitzmittlers ist allerdings der neuralgische Punkt, wie die hiesigen Ausführungen verdeutlicht haben. Führt man das »objektive Modell« konsequent fort, so erledigen sich die Abstimmungsprobleme.

[429] Während diese Rechtsfolge unumstritten ist, ist nach wie vor umstritten, ob das ersessene Eigentum auch gegenüber schuldrechtlichen Rückabwicklungsansprüchen beständig ist. Entzündet hat sich diese Debatte an der berühmten »Menzel«-Entscheidung des Reichsgerichts (RGZ 130, 69): Im Frühjahr 1908 hatte die geschäftsunfähige Klägerin der Pinakothek in München 60 Originalwerke Adolf von Menzels zum Geschenk gemacht, die sie von ihrer Mutter, einer Schwester des Malers, geerbt hatte. Ihr Betreuer (damals Vormund) verlangte von der Pinakothek im Jahre 1928 Herausgabe der Bilder. Das Reichsgericht gewährte einen Anspruch aus einer Leistungskondiktion (§ 812 Abs. 1 Satz 1 1. Var.). Zu der damaligen Zeit stellte sich das Problem in voller Schärfe, da die Verjährungsfrist für den Bereicherungsanspruch länger währte, als die Ersitzungsfrist. Das ersessene Eigentum war bei schlichter Gesetzesanwendung nach dem Ablauf der Ersitzungsfrist grundsätzlich kondizierbar. Da seit der Schuldrechtsreform die bereicherungsrechtlichen Ansprüche nach § 195 in drei Jahren verjähren, stellen sich für einen Gutteil der Fälle keine Abstimmungsprobleme mehr. Nur wenn die Verjährungsfrist für Bereicherungsansprüche oder deren Ablauf gehemmt ist und gleichzeitig nicht die Ersitzungsfrist nach § 939 gehemmt ist, klaffen die Ersitzungsfrist und die Verjährungsfrist des bereicherungsrechtlichen Herausgabeanspruchs auseinander (so zutreffend *Soergel/Henssler* § 937 Rn. 7 Fußn. 16; Nach *Bamberger/Roth/Kindl* § 937 Rn. 9 sei die Rechtsfrage nunmehr obsolet). Für diesen eher exotischen Fall stellt sich nach wie vor die seit in Kraft treten des BGB umstrittene Rechtsfrage, ob der Eigentumserwerb durch die Ersitzung kondiktionsfest ist. Da die Ersitzung einen Eigentumserwerb kraft Gesetzes darstellt, sind Ansprüche aus einer Eingriffskondiktion ausgeschlossen. Anderenfalls würde man die Ersitzung als Erwerbsgrund faktisch obsolet werden lassen, da die Ersitzung notwendig das Eigentumsrecht beseitigt (*Baur/Stürner* § 53 Rn. 91; *v. Caemmerer* FS Boehmer (1954), 145, 152; *Larenz/Canaris* § 67 III 2 b / IV 2 b; MünchKomm/*Baldus* § 937 Rn. 35; *Staudinger/ Wiegand* § 937 Rn. 22f; *Westermann/Gursky* § 51 III 2 b; *Wolff/Raiser* § 71 IV [S. 265]). Dies gilt folgerichtig auch für alle Ansprüche aus § 816 Abs. 1, da hier der Erwerb nicht auf einer wirksamen oder unentgeltlichen Verfügung beruht, sondern allein auf den Vorschriften über die Ersitzung (*Soergel/Henssler* § 937 Rn. 8; aA für § 816 Abs. 1 Satz 2: *Wolf* Rn. 481). Ebenso unstreitig ist, dass die Ersitzung keine vertraglichen Herausgabeansprüche sperrt. Abgesehen davon, dass derjenige, der aufgrund eines Vertrages eine Sache besitzt, kaum gutgläubig sein wird, geht die vertragliche Sonderverbindung dem sachenrechtlichen Erwerbsgrund vor (*Haymann* IherJb 77 [1927], 188, 274f; *Soergel/Henssler* § 937 Rn. 11). Besonders umstritten ist nach wie vor die Frage, ob das ersessene Eigentum auch nach dem Ablauf der Ersitzungsfrist durch eine Leistungskondiktion herausverlangt werden kann. Die besseren Gründe sprechen dagegen. (So auch: *Bauer*, Ersitzung und Bereicherung im klassischem römischen Recht und im BGB (1989), 179ff mwN; *J. v. Gierke* ZHR 111 (1948), 39, 70ff; *Haymann* IherJb 77 [1927], 188, 268; MünchKomm/*Baldus* § 937 Rn. 38; *Schwab/Prütting* Rn. 450; *Soergel/Henssler* § 937 Rn. 10 mwN). Lässt man eine Leistungskondiktion zu, müsste man das ersessene Eigentum als Surrogat des Eigenbesitzes ansehen (So die wohl hM: RGZ aaO, *Canaris* aaO, *Petersen* JURA 1999, 297,

Wenn hier die Ersitzung als originärer Erwerbstatbestand betrachtet wird, ist dies eine Wertung, die eine Streitigkeit vorwegnimmt. Die herrschende Ansicht betrachtet die Ersitzung als eine Art des originären Rechtserwerbs,[430] während eine ältere Ansicht die Ersitzung als derivativen Erwerb deutete. Für die praktische Rechtsanwendung hat diese Streitigkeit keine Bedeutung mehr.[431] Als tatsächliches Faktum und damit als Publizitätsmittel hat der Besitz bei der Ersitzung jedoch nur eine untergeordnete Bedeutung. Dieses vorweggenommene Ergebnis folgt aus einer Analyse der gesetzlichen Tatbestände. Im systematischen Einklang zu § 1006 Abs. 1 muss es auch bei § 937 auf den Eigenbesitz ankommen: Nur wer eine Sache als ihm gehörend besitzt (§ 872), kann sie auch ersitzen. Der Ersitzer muss dies nachweisen: Er muss nicht nur die tatsächliche Dauer seines Besitzes nachweisen, sondern auch, dass er Eigenbesitz an dieser Sache hatte.[432] Damit stellt § 937 neben dem rein faktischen Elementen wie Besitz und Zeitablauf auch auf ein inneres Faktum ab. Ohne dieses innere Faktum ist der für die Publizität streitende Besitz wirkungslos. Aber auch den Besitz als tatsächliches Faktum verschleift das Gesetz. § 937 qualifiziert zunächst nicht, welcher Art der Eigenbesitz sein muss. Aus § 941 Satz 1 folgert die überwiegende Ansicht, dass nicht nur ein unmittelbarer Eigenbesitz nach §§ 854 Abs. 1, 872 für die Ersitzung notwendig ist, vielmehr kann auch ein mittelbarer Eigenbesitz ausreichend für einen späteren Eigentumserwerb nach § 937 sein.[433] Zu denken ist hier an die Fälle, in denen ein

298f; *Siehr*, FS Stoll (2001), 373, 378ff mwN; *Wiegand* aaO). Dies ist jedoch Konstruktionsjurisprudenz. Aufgrund des »erlangten Rechts«, also dem Recht zum Besitz, erwirbt der Ersitzende nicht das Eigentum, sondern zusätzlich kraft Zeitablaufs und guten Glaubens. Darüber hilft auch nicht das Argument hinweg, dass bei einer wirtschaftlichen Betrachtung das Eigentum die Frucht des Besitzes sei (so jedoch *Westermann/Gursky* § 51 III 2 b). Wie aus den vorangegangen Ausführungen deutlich wurde, hat der Besitz seine Wirkung als Rechtsscheinträger für den Eigentumserwerb weitgehend eingebüsst. Wenn man sich darüber einig ist, so kann eine wirtschaftliche Betrachtung gar nicht die Leistungskondiktion stützen. Ganz abgesehen davon bleibt hier offen, nach welchen wirtschaftlichen Kritierien sich der Eigentumserwerb bestimmen soll. Wenn man außerdem Ansprüche aus einer Eingriffskondiktion ablehnt, so kann man nicht solche aus einer Leistungskondiktion bejahen: Bei dieser war der Ersitzende zur Zeit der Besitzergreifung zum Besitz berechtigt, bei jener nicht. Diese Zufälle dürfen aber nicht über die Bestandskraft des erworbenen Eigentums entscheiden. Für die Anwendung der Leistungskonditkion spricht auch nicht, dass sie vertraglichen Rückabwicklungsansprüchen nahe steht (so allerdings *Petersen* JURA 1999, 297, 299; *Siehr*, FS Stoll [2001], 373, 383). Das Gesetz gestaltet die vertragliche Rückabwicklung anders aus als die bereicherungsrechtliche. Die Parallelität verfängt daher.

[430] *Süß* AcP 151 (1950/1951), 1, 6; *Soergel/Henssler* § 937 Rn. 6; *Staudinger/Wiegand* § 937 Rn. 17;

[431] Bedeutungslos ist die Frage auch für § 325 ZPO. Diese Norm wird heute autonom ausgelegt und der Ersitzende ist Rechtsnachfolger des ursprünglichen Eigentümers, *Staudinger/Wiegand* § 937 Rn. 17.

[432] BGH WM 1970, 1272; BGH NJW 1994, 939, 940. Steht allerdings fest, dass bislang kein Eigentum des Ersitzenden bestand, so ist die Erwerbsvermutung nach § 1006 Abs. 1, 3 (dazu oben IV 3 a aa) unwendbar, da sie an die Gleichzeitigkeit von Besitz- und Eigentumserwerb anknüpft (*Soergel/ Henssler* § 937 Rn. 13; *Staudinger/Wiegand* § 937 Rn. 2; *Wieling I* § 12 VIII 2 a).

[433] MünchKomm/*Baldus* § 937 Rn. 23; *Staudinger/Wiegand* § 937 Rn. 3.

Eigenbesitzer einem anderen die Sache zur Verwahrung übergibt. § 941 Satz 1 lässt sich in der Tat nicht anders deuten, als das der mittelbare Besitz auch für eine Ersitzung genügt. Wenn es dort heißt, dass die Ersitzung unterbrochen wird, wenn der Eigentumsanspruch gegen den Eigenbesitzer oder im Falle des mittelbaren Eigenbesitzes gegen den Besitzer gerichtlich geltend gemacht wird, so kann dies nur bedeuten, dass auch ein mittelbarer Eigenbesitz für eine Ersitzung ausreichend ist. Anderenfalls wäre es ohne Sinn, wenn das Gesetz bestimmt, dass auch bei einem mittelbaren Eigenbesitz eine Ersitzungsfrist unterbrochen werden kann. Da der mittelbare Besitz eine bereits vergeistigte Form des Besitzes ist, fehlt in dieser Konstellation jede Publizität: Es existiert kein tatsächliches Faktum, da aus der tatsächlichen Sachherrschaft nicht mehr die künftige dingliche Rechtslage ablesbar ist. Entgegen dem ersten Anschein spielt die tatsächliche Sachherrschaft bei der Ersitzung daher nur eine untergeordnete Rolle. Sie ist allein keineswegs ausreichend, um eine Ersitzung zu rechtfertigen. Das Gesetz verzichtet auf sie gänzlich beim mittelbaren Eigenbesitz. In den Vordergrund rückt vielmehr der innere Wille, eine Sache für sich haben zu wollen. Der Publizitätsgedanke bei der Ersitzung ist daher für den Regelfall des unmittelbaren Eigenbesitzes nur von nebensächlicher Bedeutung, bei der Ersitzung durch den mittelbaren Eigenbesitzer spielt er überhaupt keine Rolle. Das Gesetz weicht damit selbst ein Sachenrechtsprinzip auf oder verzichtet darauf zur Gänze. Der Abgleich mit der Entstehungsgeschichte bestätigt dies. Wie oben gezeigt wurde, hatte der Eigenbesitz unter anderem Einzug in das Gesetz gefunden, um die Ersitzung klären zu können.[434] Erkennbar ist dieser Wille nicht und sollte es auch gar nicht. Für einen originären Eigentumserwerb kraft Gesetzes spielt daher das Publizitätsprinzip keine Rolle, wie die Ersitzung bereits andeutet. Diese These ist noch für die anderen Erwerbsgründe zu erhärten.

2. Realakt und Eigentumserwerb

Die Verbindung, Vermischung und Verarbeitung (§§ 946–950) ändern die Eigentumslage an beweglichen Sachen. Nur teilweise und eher grob skizziert wird die Frage, ob diese Vorschriften dem Publizitätsprinzip dienen. Arbeitet man die einzelnen Tatbestände der §§ 946ff durch, so zeigt sich, dass sie nicht im Dienste der Publizität stehen, sondern anderen Zwecken dienen. § 946 ordnet das Eigentum an wesentlichen Bestandteilen eines Grundstücks dem Eigentümer desselben zu. Die Regel beruht auf der römisch-rechtliche Parömie *superficies solo cedit* und bevorzugt den Grundstückseigentümer.[435] Dies ist ein rein pragmatischer Gesichtspunkt, der nicht von Publizitätszwecken geleitet ist. Das Grundbuch soll eindeu-

---

[434] Oben IV 3 a.

[435] MünchKomm/*Füller* § 946 Rn. 1; *Soergel/Henssler* § 946 Rn. 1; *Staudinger/Wiegand* § 946 Rn. 1.

tig sein und nicht mit Rechten belastet, die nicht eintragungsfähig sind. Da nach den §§ 94ff wesentliche Bestandteile nicht Gegenstand besonderer Rechte sein können, geht es dem Gesetz hier um eine klare Eigentumszuordnung. Die Norm dient damit der Rechtsklarheit indem sie das Eigentum von Grundstücksbestandteilen nachvollziehbar regeln soll.[436] Dieser Zweck berührt sich nicht mit dem Publizitätsprinzip. Im Gegenteil: Aus dem Grundbuch ist ja nicht ersichtlich, wer ehedem Eigentümer des wesentlichen Bestandteils war. Inhaltlich bleibt der Grundbucheintrag durch den Akzessionserwerb unverändert. Das Grundbuch scheidet damit als Publizitätsträger aus. Auch der Besitz ist für den Eigentumserwerb belanglos. Der Grundstückseigentümer erwirbt stets die wesentlichen Bestandteile des Grundstücks, auch wenn nicht er, sondern ein Dritter Besitzer des Grundstücks ist. Ebenso negativ ist die Analyse, ob bei der Verbindung beweglicher Sachen nach § 947 das Publizitätsprinzip verwirklicht ist. Der Besitz ist hier für den Eigentumserwerb völlig unerheblich.[437] Nach § 947 Abs. 2 erwirbt der Eigentümer der Hauptsache das Eigentum an einer verbundenen Nebensache ohne Rücksicht darauf, ob er selbst oder ein Dritter die Hauptsache besitzt. Selbst wenn der Eigentümer der Hauptsache deren Besitzer ist, was im Regelfall zutreffen mag, hängt sein Eigentumserwerb von der Eigenschaft als Hauptsache ab. Dies ist eine Wertungsfrage. Die Rechtsprechung neigt zudem dazu, die Eigenschaft als Hauptsache restriktiv auszulegen,[438] so dass ein Eigentumserwerb nach dieser Vorschrift in aller Regel ausscheidet. Regelmäßig entsteht durch eine Verbindung beweglicher Sachen daher Miteigentum nach § 947 Abs. 1, wobei auch hier keinerlei Publizitätszwecke verfolgt werden. Dies folgt schon daraus, dass die Miteigentumsanteile vom Besitz vollkommen unabhängig sind, sondern sich nach dem Wertverhältnis der verbundenen Sachen bestimmen. Damit regelt die Vorschrift einen Konflikt mehrerer Eigentümer, aber nicht den zwischen Eigentümer und Erwerber. Auf solche Konflikte ist das Publizitätsprinzip jedoch von vornherein nicht zugeschnitten. Eindeutig fällt damit auch die Bewertung aus, dass bei der Vermengung oder Vermischung nach § 948 das Publizitätsprinzip bedeutungslos ist. Diese Vorschrift dient dazu, die gegenläufigen Interessen zwischen den Eigentümern der vermengten oder vermischten Sachen auszugleichen.[439] Auch hier ist die Besitzlage bedeutungslos, die Vorschrift regelt einen (Mit)eigentumserwerb ohne Publizität. Insbesondere bei der Verarbeitung nach § 950 hält sich die Ansicht, dass diese Vorschrift »in besonderem Maße« der Publi-

---

[436] *Soergel/Henssler* Rn. 1; *Staudinger/Wiegand* Rn. 1; Vorbem zu §§ 946ff RdNr. 1; *Westermann/ Gursky* § 52 I 1.

[437] Vgl. *Süß*, Festschrift für Wolff (1952), 141, 159.

[438] *Soergel/Henssler* § 947 RdNr. 7; *Staudinger/Wiegand* § 947 Rn. 7; *Westermann/Gursky* § 52 II 2.

[439] *Bamberger/Roth/Kindl* § 948 Rn. 1; MünchKomm/*Füller* § 948 Rn. 1; RGRK/*Pikart* Rn. 14; *Soergel/ Henssler* § 948 Rn. 1; *Staudinger/Wiegand* § 948 Rn. 1; *Westermann/Gursky* § 52 III a (427).

zität diene.[440] Wird dies auch betont, so bleibt unerläutert, woran das Publizitätsprinzip anknüpfen kann. Der Besitz wiederum ist für den Eigentumserwerb des Herstellers unerheblich. Nach allgemeiner Ansicht erwirbt der Hersteller auch dann das Eigentum an der neu hergestellten Sache, wenn er diese nicht besessen hat. Kommt es auf den Besitz als einzigen Publizitätsträger im Mobiliarsachenrecht nicht an, so legt dies den Schluss nahe, dass auch das Publizitätsprinzip bei § 950 keine Rolle spielt. Im übrigen bilden die Tatbestandsvoraussetzungen für den Verarbeitungserwerb keine Anknüpfungspunkte, an denen Dritte den Eigentumserwerb erkennen können. So mag zwar die Verkehrsauffassung darüber entscheiden, wann eine Sache als neu anzusehen ist,[441] dies ist für den Erwerb jedoch noch nicht ausschlaggebend. Vielmehr kommt es zusätzlich auf den Verarbeitungswert an, der jedoch keineswegs offenkundig ist. Die Rechtsprechung hat zwar die Grenze fixiert, wann der Verarbeitungswert den Soffwert erheblich unterschreitet und wann danach ein Eigentumserwerb der Herstellers ausscheidet. Allein diese subsumierbaren Größen stehen jedoch nicht im Dienste der Publizität. Vielmehr bedarf es einer Wertentscheidung, um die Tatbestandsmerkmale zu konkretisieren. Solche Wertentscheidungen verträgt das Publizitätsprinzip nicht, da es an Tatsachen anknüpft und daraus Schlussfolgerungen ableitet. Damit illustriert § 950 zugleich, dass die Rechtsklarheit nicht mit dem Publizitätsprinzip zusammenhängt. Mögen die §§ 946–950 auch für transparente Eigentumsverhältnisse sorgen,[442] so ist diese Transparenz nicht mit einer Publizität zu verwechseln. Transparent sollen die Maßstäbe sein, die das Eigentum neu zuordnen, erkennbar müssen die tatsächlichen Fakten dafür nicht sein. Auch bei den Realakten nach den §§ 946ff leitet das Publizitätsprinzip nicht den Eigentumserwerb. Die bereits erwähnte These im Schrifttum, wonach die sog. Verarbeitungsklauseln dem Publizitätsprinzip zuwiderlaufen, ist damit schief. Da § 950 diesem Prinzip nicht dient, können derartige Klauseln auch nicht damit unvereinbar sein.

3. Fruchterwerb

Der in den §§ 953ff geregelte Erwerb an Erzeugnissen und sonstigen Bestandteilen an einer Sache bezweckt wie die §§ 946ff, das Eigentum eindeutig zuzuordnen.[443] Dies bedeutet nach den vorigen Ausführungen nicht zwingend, dass die

---

[440] *Rothkegel*, Der Eigentumserwerb bei Verarbeitung (1974), 37, 48, mit fehlerhaftem Hinweis auf Prot. III, 241. Die Protokolle führen hier das Wertverhältnis als Maßstab an, nach dem in täglichen Leben erkannt werden könne, ob eine Sache dem Eigentümer gehört. Hier steht nur der Hinweis auf nachvollziehbare, nicht aber offenkundige Eigentumsverhältnisse im Vordergrund. Der Besitz wird zudem gar nicht erwähnt.

[441] BGHZ 20, 163; OGHZ 3, 351; OLG Stuttgart NJW 2002, 2889, 2890; OLG Köln NJW 1997, 2187; OLG Köln CR 1996, 600, 601 ; OLG Köln NJW 1991, 2570 ; *Baur/Stürner* § 53 Rn. 18; *Soergel/Henssler* § 950 Rn. 7.

[442] *Röthel* NJW 2005, 625, 628; *Staudinger/Wiegand* Vorbem zu §§ 946ff Rn. 9.

[443] MünchKomm/*Oechsler* § 953 Rn. 1.

Vorschriften der §§ 953ff zugleich dem Publizitätsprinzip dienen. Das BGB kombiniert in diesen Vorschriften das römisch-rechtliche Substantialprinzip mit dem deutschrechtlichen Produktionsprinzip[444] und gelangt damit zu einem verschachtelten Gesetzesaufbau. Dem Grundsatz nach gebühren Erzeugnisse und sonstige Bestandteile nach der Trennung dem Eigentümer der Sache (§ 953), wobei dies jedoch nur vorbehaltlich der §§ 954–957 gelten soll (sog. »Schachtelprinzip«). Unerheblich für den Erwerb nach § 953 ist, ob der Eigentümer die getrennten Bestandteile oder die Muttersache besitzt. Der Besitz scheidet als Publizitätsträger aus. An sonstige äußerlich erkennbare Merkmale knüpft die Vorschrift nicht an. Der Fruchterwerb nach § 953 ist damit ein Eigentumserwerb ohne Publizität. Dies gilt ebenso für § 954: Der Aneignungsberechtigte erwirbt kraft seines Rechts und muss weder die getrennten Sachen noch die Muttersache besitzen. Anders stellt sich die Situation bei § 955 dar, da hier der (gutgläubige, Abs. 1 Satz 2) Eigenbesitz an der Muttersache die Voraussetzung für den Eigentumserwerb ist. Auch dies lässt sich nicht als publizierender Besitz verstehen. Ein Vertrauen in einen Besitz ist nicht geschützt.[445] Zudem verlangt die Vorschrift den ohnehin publizitätsfernen Eigenbesitz des Erwerbers. Dem rechtsgeschäftlichen Erwerb gegenüber gestellt, ist die Vorschrift am ehesten § 934 2. Var. vergleichbar. Der bestehende Besitz ist daher entscheidend, eine Vorwirkung erzeugt der Besitz jedoch nicht. Es existiert bei § 955 ja keine Verfügung, kraft derer der Eigenbesitzer den Besitz erlangen könnte. Der Besitz hat daher eine rein rechtstechnische Funktion und beschreibt nur das Objekt, auf das sich der Wille erstreckt, eine Sache als eigene zu haben (§ 872). Hier bestätigt sich die These, dass bei einem Erwerb kraft Gesetzes das Publizitätsprinzip bedeutungslos ist.

Anders stellt sich auf den ersten Blick die Ausgangslage bei der Erwerbsgestattung nach § 956 dar. Die Vorschrift verlangt den Besitz des Erwerbers und scheint sich damit dem Publizitätsprinzip anzunähern. Dieser Gedanke scheint auf der Hand zu liegen, wenn man die Erwerbsgestattung im Sinne der »Übertragungstheorie« erklärt.[446] Diese »Theorie« ist in unterschiedlichen Schattierungen ausgearbeitet, geht aber im Kern davon aus, dass § 956 einen besonderen Fall einer vorweggenommenen Einigung nach § 929 darstellt. Die Erwerbsgestattung be-

---

444 *Wacke* JA 1981, 286; *Thielmann* SZRA 94 (1977), 76; siehe auch MünchKomm/*Oechsler* § 953 Rn. 1; *Soergel/Henssler* Vor § 953 Rn. 1; *Staudinger/Gursky* Vor § 953 Rn. 2 mwN.

445 MünchKomm/*Oechsler* § 955 Rn. 1.

446 Mot. III, 368; RGZ 78, 35, 36; *Brehm/Berger* § 29 Rn. 6 (mit deutlicher Skepsis gegenüber jeder einordnenden Theorie); *Bunsen* ArchBürgR 29 (1906), 11, 14, 22f; *Egert*, Die Rechtsbedingung im System des bürgerlichen Rechts (1974), 63f; *Francke* AcP 93 (1902), 309, 320; *Kohler* ArchBürgR 18 (1900), 1, 107f; *Palandt/Bassenge* § 956 Rn. 1; RGRK/*Pikart* § 956 Rn. 1; *Wieling* I § 11 III 5 a; *Wilhelm* Rn. 467; *Zitelmann* IherJb 70 (1921), 1, 36, 40. Wiederum einige deuten die Erwerbsgestattung im Sinne der »Anwartschaftstheorie«: Durch ein Rechtsgeschäft entstehe ein Anwartschaftsrecht des Fruchtziehungsberechtigten, so: *Schwab/Prütting* Rn. 484; *Wilhelm* Rn. 950.

deutet danach eine Übereignung künftiger (aktuell noch ungetrennter) Sachen.[447] In dieser Erklärung muss § 956 das Traditionsprinzip wahren. Spinnt man allerdings diese Hypothese weiter, so muss man § 956 letztlich ignorieren oder gänzlich für überflüssig erklären.[448] Die vordringende Ansicht deutet die Vorschrift anders (Aneignungs-, Anwartschafts- oder Erwerbstheorie) und sieht in der Erwerbsgestattung eine empfangsbedürftige Willenserklärung, durch die der Eigentümer zustimmt, dass der Berechtigte den Eigenbesitz und das Eigentum an den Bestandteilen erlangt.[449] Die praktische Bedeutung dieser Theorien ist schmal,[450] ebenso wie es methodisch nicht angeht, aus Konstruktionen oder einer Rechtsnatur Schlussfolgerungen für die praktische Rechtsanwendung abzuleiten. Der Besitz hat jedoch in keiner Erwerbskonstellation des § 956 eine Publizitätsfunktion. Der tragende Grund für den Eigentumserwerb ist die Erwerbsgestattung. Wie aus den unterschiedlichen Varianten des § 956 Abs. 1 Satz 1 hervorgeht, spielt der Besitz des Erwerbers nur eine Rolle für den Zeitpunkt, zu dem dieser das Eigentum erwirbt.

Publizitätsprobleme hat man bei der Erwerbsgestattung durch einen Nichtberechtigten nach § 957 entdeckt. In die Geschichte der kuriosen Schulbeispiele ist der von *Cosack* gebildete Fall einer Eulenspiegelei im Weinberg eingegangen: Am Rande eines Weinbergs sitzend, lädt Till Eulenspiegel vorbei kommende Wanderer ein, Trauben zu pflücken, da er davon genügend habe.[451]

Nach dem Wortlaut des § 957 könnte der andere das Eigentum an den getrennten Früchten erwerben, den guten Glauben vorausgesetzt. Seit jeher empfand man dieses Ergebnis als unbillig und suchte nach Korrekturen. Die Lösung schien gefunden in einer vermeintlichen Parallele zum gutgläubigen Erwerb. Als ungeschriebenes Tatbestandsmerkmal des § 957 verlangt die überwiegende Ansicht, dass der gestattende Nichtberechtigte der Besitzer der Sache ist.[452] In dieser Auslegung wohnt der Vorschrift ein Publizitätselement inne, auch wenn dies weder der Wortlaut noch der Gesetzgeber vorsah. In neuerer Zeit hat man jedoch nachgewiesen, dass § 957 keiner derartigen Korrektur bedarf, da in der von *Cosack* be-

---

447 Siehe dazu als Beispiel RGZ 78, 35, 36.

448 So grdl. *Heck* § 63 / 5.

449 *Bamberger/Roth/Kindl* § 956 Rn. 3; *Erman/Ebbing* § 956 Rn. 3; MünchKomm/*Oechsler* § 956 Rn. 2; *Soergel/Henssler* § 956 Rn. 2; *Staudinger/Gursky* § 956 Rn. 9; *Wolff/Raiser* § 77 IV 2.

450 BGHZ 27, 360, 364 lässt offen. *Baur/Stürner* § 53 Rn. 57 neigen der Aneignungstheorie zu, betonen mE zu Recht, dass sich Rechtsfragen nicht durch das Bekenntnis zu einer bestimmten Theorie lösen ließen. Zu denkbaren Unterschieden der Theorien: MünchKomm/*Oechsler* § 956 Rn. 2.

451 *Cosack*, Lehrbuch des deutschen bürgerlichen Rechts II, § 208 II 2 b (Beispiel IV).

452 RGZ 108, 269, 271f; RG Recht 1927 Nr. 612; *Bamberger/Roth/Kindl* § 957 Rn. 4; *Baur/Stürner* § 53 Rn. 66; *Brehm/Berger* § 29 Rn. 10; *Erman/Ebbing* § 957 Rn. 2; *Heck* § 63/7; MünchKomm/ *Oechsler* § 957 Rn. 2; RGRK/*Pikart* § 957 Rn. 2; *Schwab/Prütting* Rn. 483; *Soergel/Henssler* § 957 Rn. 3; *Staudinger Gursky* § 957 Rn. 3; *Westermann/Gursky* § 57 III 4 b; *Wiegand* JuS 1974, 545, 551; *Wilhelm* Rn. 954; *Wolff/Raiser* § 77 IV 5 b.

schriebenen Konstellation dem Eigentümer die Früchte abhanden kommen und bereits deswegen ein gutgläubiger Erwerb ausgeschlossen ist.[453]

Vielmehr liegt es näher, § 957 mit der Ersitzung zu vergleichen, bei der Eigenbesitz im Vordergrund steht und damit der Publizitätsgedanke zurücktritt.[454] Die Begründung der herrschenden Ansicht gerät zudem ins Wanken, wenn man berücksichtigt, dass § 957 auf den gesamten Tatbestand des § 956 verweist. Bei der Erwerbsgestattung im Falle des § 956 Abs. 1 Satz 1 2. Var. kommt es nur darauf an, dass der Erwerber den Besitz erlangt und nicht darauf, dass der Gestattende den Besitz hatte. Verlangt man bei § 957 hingegen stets den Besitz des Gestattenden, blendet man die zweite Erwerbsvariante stillschweigend von § 957 aus.[455] Analysiert man die Konstellationen, so wird man bei einem gestattenden Scheinbesitzer stets ein Abhandenkommen der Sache zu bejahen haben. Im Vordergrund steht deswegen das Zurechnungsmoment nach § 935 und nicht der Besitz des Gestattenden. Der Besitz des Gestattenden als stillschweigende Voraussetzung des § 957 ist damit nur eine Verlegenheitslösung und es verwundert, warum die herrschende Ansicht hier an einen Rechtsscheinträger anknüpfen möchte, den sie im Rahmen der §§ 932ff für beschränkt aussagekräftig hält.

---

[453] Grdl. *Hager*, Verkehrsschutz durch redlichen Erwerb (1990), 305f (ohne jedoch zu problematisieren, ob § 935 überhaupt anwendbar ist); früher bereits: *Wendt* AcP 89 (1899), 66. Allerdings ist im Rahmen der §§ 955, 957 streitig, inwieweit § 935 anwendbar ist. Eine wohl als Minderheit einzustufende Ansicht wendet § 935 uneingeschränkt bei dem Fruchterwerb des Eigenbesitzers nach § 955 an: Der gutgläubige Eigenbesitzer einer abhanden gekommenen Sache erwirbt kein Eigentum an solchen Sachfrüchten, die schon vor dem Diebstahl entstanden waren. Entstehen die Sachfrüchte umgekehrt erst nach dem Diebstahl, so scheidet § 935 aus (*Heck* § 63/7; *Müller* Rn. 2721; *Wolff/Raiser* § 77 III 4). Die derzeit vorherrschende Ansicht lehnt die uneingeschränkte Anwendung des § 935 ab, da die Vorschrift des § 955 einen originären Erwerbstatbestand bilde. Anderenfalls müsse nachgewiesen werden, ob eine Frucht bereits angelegt war, als die Sache abhanden gekommen war – eine im Einzelfall kaum nachweisbare Tatsache. Für den Fruchterwerb an einer abhanden gekommenen Sache spricht schließlich auch § 993 Abs. 1 2. HS, der dem gutgläubigen Besitzer die Nutzungen grundsätzlich zuweist (siehe dazu: *Baur/Stürner* § 53 Rn. 53; *Erman/Ebbing* § 955 Rn. 16; MünchKomm/ *Oechsler* § 955 Rn. 7; RGRK/*Pikart* Rn. 4; *Soergel/ Henssler* § 955 Rn. 5; *Staudinger/Gursky* § 955 Rn. 9; *Wieling* I § 11 III 4 b; *Wilhelm* Rn. 469). Anders ist die Rechtslage nach der allgemeinen Ansicht bei § 957: Die herrschende Ansicht will hier auf Bestandteile § 935 *analog* anwenden, auf Früchte hingegen nicht (*Bamberger/Roth/Kindl* § 957 Rn. 4; *Erman/Ebbing* § 957 Rn. 4; MünchKomm/*Oechsler* § 957 Rn. 3; RGRK/*Pikart* § 955 Rn. 4; *Soergel/ Henssler* § 957 Rn. 4; *Staudinger/ Gursky* § 957 Rn. 8). ME kann in dem oben angeführten Schulbeispiel § 935 bedenkenlos angewandt werden: Der »Eulenspiegel« führt sich als Eigentümer der Hauptsache auf, so dass sein Verhalten nach dem weiten Besitzverständnis der herrschenden Meinung als Besitzergreifung auch an der Hauptsache gewertet werden könnte und sei es nur für eine logische Sekunde.

[454] Darauf hat bereits *Westermann*, Sachenrecht, 5. Aufl., 1966 § 57 III 4 b hingewiesen.

[455] *Hager* (aaO), 306.

4. Eigentumserwerb durch Fund

Für den Eigentumserwerb durch Fund schließlich spielt der Besitz als Publizitätsträger überhaupt keine Rolle mehr.[456] Nach § 973 erwirbt der Finder mit dem Ablauf von 6 Monaten nach der Anzeige des Funds das Eigentum an der Sache. Es ist mittlerweile anerkannt, dass der Fund ebenso wie die Aneignung und die Ersitzung einen originären Eigentumserwerb bildet, das Eigentum an der gefunden Sache geht auf den Finder über.[457] Strukturell unterscheidet sich der Fund jedoch von den originären Erwerbstatbeständen der Aneignung und der Ersitzung. Der strukturelle Unterschied besteht zum einen darin, dass durch die Ablieferung der Fundsache bei einer Behörde die Frist für den Eigentumserwerb beginnt und damit eine hoheitliche Institution in den Erwerbsvorgang eingeschaltet ist. Zum anderen hat das Gesetz dem Besitz als Publizitätsträger keine Bedeutung für den Eigentumserwerb beigemessen. Der Eigentumserwerb des Finders gründet sich auf den Rechtsgedanken der »Verschweigung«.[458] Dies drücken die §§ 973, 974 aus: Der Finder erlangt das Eigentum gleichsam durch Zeitablauf, wenn sich kein Berechtigter bei der Behörde meldet oder bekannt geworden ist. Der Eigentumserwerb des Finders ist damit die Folge der Herrenlosigkeit.

Ein Publizitätselement könnte allenfalls die Anzeigepflicht nach § 965 Abs. 1 aufweisen, die entsteht, wenn jemand eine Sache »an sich nimmt«. Der Begriff »an sich nehmen« wird allerdings weit verstanden. In jedem Falle bedeutet er, dass jemand die tatsächliche Gewalt (Sachherrschaft) über eine Sache erlangt hat und damit den unmittelbaren Besitz.[459] Strukturell ist dies vergleichbar zur Begründung neuen Gewahrsams im Sinne des § 242 Abs. 1 StGB. Die Rechtswirkungen der »Inansichnahme« sind jedoch nicht dinglich. Vielmehr entsteht dadurch ein gesetzliches Schuldverhältnis zwischen dem Finder und dem Berechtigten. Auch ein Aneignungsrecht entsteht dadurch nicht. Zudem beeinflusst die »Inansichnahme« auch nicht den Fristbeginn für den Eigentumserwerb. Der Finder erwirbt *ex nunc* das Eigentum gemäß § 973 mit Ablauf der 6-Monatsfrist, nachdem er die Sache bei einer Behörde abgeliefert hat.[460] Eine, wenn auch fragmentarische Publizität, ließe sich dem Fund beimessen, wenn man den Eigentumserwerb auf den Zeitpunkt rückdatiert, zu dem die Sache gefunden wurde, da dann die Besitz-

---

[456] So auch die (allerdings nur kursorisch begründete) Ansicht von *Süß*, FS Wolff (1952), 139, 159.

[457] *Wolff/Raiser* § 82 VII 1; Staudinger/*Gursky* § 973 Rn. 5; *Süß* AcP 151 (1950/1951), 1, 10f.

[458] *Eichler* II/1, 60; *Krause*, Schweigen im Rechtsverkehr, 1933, 169ff; *Krusch* AcP 148 (1943), 282, 298; *Staudinger/Gursky* § 973 Rn. 4; *Strauss*, Das Fundrecht des Bürgerlichen Gesetzbuchs, 1908, 53; *Wolff/Raiser* § 82 VII 1.

[459] BGHZ 8, 130, 133.

[460] *Baur/Sürner* § 53 Rn. 78; *Erman/Ebbing* § 973 Rn. 1; *Schwab/Prütting* Rn. 503; *Staudinger/ Gursky* § 973 Rn. 6; *Wolff/Raiser* § 82 VII 1.

ergreifung konstitutiv wirken würde.[461] Indes ist diese Ansicht mit dem Wortlaut des Gesetzes unvereinbar.[462]

VIII. *Die Publizität bei Sicherungsrechten an beweglichen Sachen*

1. Publizität und Pfandrecht

a) *Zur historischen Entwicklung des Faustpfandprinzips*

Die gesetzlich geregelten Bestellungsmodalitäten in § 1205 sind strikt. Der Gesetzgeber orientierte sich teilweise an den §§ 929ff. So gleicht das Übergabeerfordernis in § 1205 Abs. 1 Satz 1 dem in § 929 Satz 1, eine Übergabe durch brevi manu traditio lässt § 1205 Abs. 1 Satz 2 ebenso wie § 929 Satz 2 zu. Bereits dieser Verweis erweckt erste Zweifel daran, ob das Übergabeerfordernis bei dem Pfandrecht tatsächlich Publizitätszwecken dienen soll, da die *brevi manu traditio* eine Übereignung ohne Publizität ist. Auf den ersten Blick wird das Publizitätsprinzip wieder hergestellt, indem eine Übergabe nach § 930 nicht in Betracht kommt, um ein Pfandrecht zu begründen.[463] Auch die »Übergabeform« in § 931 kehrt modifiziert beim Pfandrecht wieder, wobei jedoch zusätzlich der Verpfänder dem Besitzer die Verpfändung anzeigen muss.

Aus dieser gesetzlichen Systematik zieht die herrschende Ansicht die Schlussfolgerung, dass das Publizitätsprinzip beim Pfandrecht in verschärfter Weise durchgeführt sei.[464] So oft diese Formulierung wiederkehrt, so wenig wird das grundsätzliche Problem diskutiert, ob das Publizitätsprinzip solche Abstufungen verträgt. Auch das Trennungs- und Abstraktionsprinzip wird nicht in Intensitätsstufen durchgliedert. Da zudem das Pfandrecht keine nennenswerte praktische Bedeutung erlangt hat,[465] ist auch das dogmatische Interesse daran offensichtlich erlahmt. Bekanntlich führte das Faustpfandprinzip dazu, dass die Vorschriften über das Pfandrecht weitgehend totes Recht sind.

Aus den Gesetzesmaterialien geht hervor, dass das Pfandrecht sachlich unverändert blieb. Der zweite Entwurf wich nicht vom ersten ab. In der Zeit zwischen dem ersten und dem zweiten Entwurf kritisierte man das Faustpfandprinzip heftig, wobei die einzelnen Kritikpunkte auch heute noch aktuell klingen: Das Faustpfandprinzip entziehe allen die Kreditgrundlage, die ihr Mobiliar nicht ent-

---

[461] So in der Tat: *Egert*, Die Rechtsbedingung (1974), 202; RGRK/*Pikart* § 973 Rn. 6.

[462] Ausführlich dazu: *Lins*, Das Fundrecht des BGB (1994), 137ff.

[463] *Staudinger/Wiegand* § 1205 Rn. 9.

[464] *Baur/Stürner* § 55 Rn. 15; *Erman/Michalski* Einl § 1204 Rn. 6; *Heck* § 102/4; *Rittner* JZ 1965, 274; *Schwab/Prütting* Rn. 786; *Staudinger/Wiegand* Vorbem zu §§ 929ff Rn. 26; Vorbem zu §§ 1204ff Rn. 1, 22.

[465] Dies gilt jedenfalls für das Sachpfand, nicht aber das publizitätslose Rechtspfand. Aber auch hier steht die Sicherungsabtretung als funktionales Aequivalent zur Verfügung. Sachpfändungen spielen im Wesentlichen nur noch bei Verpfändung von Inhaberpapieren eine Rolle.

behren können; sie seien damit gezwungen, hochzinsige Personalkredite aufzunehmen.[466] Zu dieser wirtschaftspolitischen Kritik gesellte sich auch eine systematische: Das Faustpfandprinzip ließe sich leicht dadurch umgehen, indem man durch Mobiliarverkäufe ein Darlehen absichere.[467]

Beide Befürchtungen wirken prophetisch. In leicht abgewandelter Form »umgeht« man das Faustpfandprinzip durch die Sicherungsübereignung und den Eigentumsvorbehalt, da hier der Schuldner im Besitz der Sache ist und sie damit für seine Zwecke nach wie vor nutzen kann. Bemerkenswert ist im Rückblick, wie unbeeinflusst der Gesetzgeber gegenüber dieser Kritik blieb und den strengen Übergabegrundsatz beim Pfandrecht nie bezweifelte. Dies steigert sich noch dahin, dass auch der gutgläubige Erwerb nicht ausreichend gewürdigt wurde und man die Reichweite dieses (neuen) Rechtsinstituts noch nicht zu überblicken schien. Dabei wies man bereits 1881 im Schrifttum darauf hin, dass der gutgläubige lastenfreie Erwerb die Funktionen des Faustpfandprinzips obsolet werden lasse: Wie das Faustpfandprinzip schütze dieser den gutgläubigen Erwerber der Pfandsache und den Pfandnehmer.[468] Auch hierdurch ließ sich der Gesetzgeber nicht beeinflussen. Man mag dies als »Dogmenverliebtheit« geißeln[469] oder etwas zurückhaltender als »konservative Grundhaltung« des Gesetzgebers bewerten.[470] Der kurze historische Abriss zeigt bereits, dass der Gesetzgeber nicht konsequent die Gesetzessystematik durchdachte. Missverständnisse über die Funktion der Besitzübergabe beim Faustpfandrecht sind damit vorprogrammiert.

b) Pfandübergabe und Publizität

Eine positive Rechtsscheinbasis bildet der Besitz beim Pfandrecht nicht. Aus dem Besitz dürfe nicht darauf geschlossen werden, dass der Besitzer unbelastetes Eigentum habe, betonen die Protokolle.[471] Auch der Besitz des Pfandgläubigers ist deswegen aussagelos. Da das Eigentum an der Pfandsache nicht erlischt, sondern nach wie vor dem Verpfänder gebührt, wird der Besitz zu einem januskopfigen Publizitätsträger: Einerseits soll er dazu dienen, auf das Eigentum zu verweisen, andererseits soll er auch auf die Existenz eines beschränkten dinglichen Rechts hinweisen. Das Pfandrecht vermeidet diesen Januskopf, da es ja nur einen unmittelbaren Besitzer der Pfandsache gibt. Gleichwohl fördert es Unterschlagungen des Pfandgläubigers und stellt den Verpfänder insoweit teilweise schlechter, als

---

[466] *Leonhard* Gruchot 25 (1881), 177–221; Ebenso die ausführliche Kritik von *Wernick*, Gutachten aus dem Anwaltsstande über die erste Lesung eines Entwurfs eines bürgerlichen Gesetzbuchs (1890), 376, 379.

[467] *Leonhard*, Gutachten zum 15. DJT (1890), 91, 95f; *Wernick* (vorige Fußn.), 379.

[468] *Leonhard* Gruchot 25 (1881), 201, 210f.

[469] *Wernick*, Gutachten aus dem Anwaltsstande über die erste Lesung eines Entwurfs eines bürgerlichen Gesetzbuchs (1890), 376, 377ff.

[470] *Hromadka* (Fußn. 222), 185f.

[471] Prot. III, 443.

den Sicherungsnehmer bei einer Sicherungsübereignung, wo die Übertragung des Sicherungseigentums in aller Regel an §§ 930, 933 scheitern wird. Die Motive sahen in dem heutigen § 1205 gleichwohl einen Ausdruck des Publizitätsgedankens: Ließe man ein Pfandrecht durch ein *constitutum possessionis* zu, so trete das dem Rechtsverhältnis entsprechende tatsächliche Verhältnis nicht hervor.[472] Unerläutert bleibt in den Motiven, warum beim strikten Faustpfandprinzip der Besitz Rückschlüsse auf das Rechtsverhältnis erlaubt.

Die zweite Kommission griff diese Begründung auf und meinte, der Gläubiger dürfe keinen tatsächlichen Zustand durch ein Besitzkonstitut schaffen, der den Fortbestand des Pfandrechts verdunkele.[473] Dies kann schon *de lege lata* kaum überzeugen. Bei einer Pfandrechtsbestellung durch eine *brevi manu traditio* nach § 1205 Abs. 1 Satz 2 fehlt ein erkennbarer Publizitätsakt, da den Besitz bereits der Pfandgläubiger hat.[474] Auf die wahre Rechtslage weist der Besitz des Pfandgläubigers nicht hin: Die Erwerbsvermutung des § 1006 spricht eher für das Gegenteil und stiftet damit Verwirrung. Der Pfandgläubiger ist gerade nicht der Eigentümer, sondern nur ein dinglich Berechtigter. Auch die Begründung des Pfandrechts nach § 1205 Abs. 2 kann kaum als erkennbare Pfandrechtsbestellung gewertet werden, da die Verpfändungsanzeige nur *inter partes* nötig ist.[475] In dieser Übertragungsform sahen die Protokolle gleichwohl einen Publizitätsakt, da die Verpfändungsanzeige zur Erkennbarmachung des Pfandrechts diene.[476]

Untersucht man die Gesetzesbegründung näher, zeigt sich, dass die zweite Kommission das Publizitätsprinzip und den Verfügungsschutz des Pfandgläubigers vermengt. Die genaue Ausarbeitung der einzelnen Bestellungsmodalitäten rechtfertigen die Protokolle mit der Sicherheit des Verkehres, die »eine äußere Erkennbarkeit bestehender Pfandrechte erheische«.[477] Als Rückschluss von dem Besitz auf das Eigentum ließ sich diese Erkennbarkeit jedoch nicht darstellen. Entscheidend war vielmehr der Entzug der verpfändeten Sache: »Eine ... Erkennbarkeit werde jedoch nur dadurch bewirkt, dass die verpfändete Sache aus dem Besitze des Verpfänders in den Besitz des Pfandgläubigers übergehe«, betonen die Protokolle.[478] Dahinter steht der Schutz Dritter vor Doppelverpfändungen. Somit diente das Übergabeerfordernis bei dem Pfandrecht nicht dazu, die Bestellung eines solchen Rechts zu publizieren, sondern dem Verpfänder die Möglichkeit zu nehmen, als Nichtberechtigter über den Pfandgegenstand weiter zu verfügen.[479] Diese Technik dient auch dem Schutz des Pfandnehmers. Sofern die

472 Mot. III, 801; näher: *Hromadka* (Fußn. 222), 168.
473 Prot. III, 443.
474 *Bauer*, FS Bosch (1976), 1, 8 Fußn. 25; *Rittner* JZ 1965, 274.
475 So auch *Bauer*, FS Bosch (1976), 1, 8 Fußn. 25; Ähnlich: *Rittner* JZ 1965, 274f.
476 Prot. III, 443; siehe auch *Staudinger/Wiegand* § 1205 Rn. 22.
477 Prot. III, 445.
478 Prot. III, 445; siehe auch *Exner*, Gutachten zum 15. DJT (1890), 1, 12.
479 *Eichler* II/2, 541 Anm. 4; *Schmidt* AcP 134 (1931), 1, 6; *Staudinger/Wiegand* § 1205 Rn. 10.

Pfandsache im unmittelbaren Besitz des Verpfänders verbleiben würde, könnten Dritte an dieser Sache unbelastetes Eigentum gutgläubig erwerben (§ 936 Abs. 1). Der Verpfänder soll aber jede Einwirkungsmöglichkeit auf die Sache verlieren, damit das Pfand dem Pfandnehmer nicht entzogen wird. Damit bezweckt das Übergabeerfordernis in Wirklichkeit, den Pfandnehmer zu schützen, indem ihm das Pfandrecht nicht durch Verfügungen des Verpfänders nachträglich entzogen werden soll. Dieser Verfügungsschutz wird auch deutlich bei der Verpfändung nach § 1205 Abs. 2. Die Protokolle sprechen zwar von »Erkennbarkeit«, aber von dieser *ratio* ist die Vorschrift nicht getragen. Sie soll verhindern, dass der unmittelbare Besitzer sich gegenüber dem Pfandgläubiger befreien kann, indem er die Sache an den Eigentümer herausgibt.[480]

Das Übergabeerfordernis bei § 1205 verfolgt damit einen ganz anderen Zweck als das Übergabeerfordernis bei den §§ 929ff. Misslich ist nur, dass man beide in den Dienst des Publizitätsprinzips stellt. Aus rechtshistorischer Sicht hat man oft bezweifelt, dass die Pfandübergabe der Publizität dient.[481] Schon *Leonhard* hat während der Gesetzesberatungen darauf hingewiesen und kritisiert, dass die Grundauffassung über die Tradition beim Pfandrecht auf einer Verwechslung beruht.[482] In der Tat verwenden die Protokolle das Publizitätsprinzip nur als Schlagwort für eine gänzlich andere Regelungstechnik.[483] Die Besitzeinräumung bezwecke »die Herstellung eines äußeren das Bestehen des Pfandrechts erkennbar machenden Zustands«, führen die Protokolle aus. Allerdings müssten nur solche Personen das Pfandrecht erkennen, die ein Recht an der verpfändeten Sache erwerben wollen.[484] Auf diese Bedeutung reduziert, ist das Publizitätsprinzip nur eine Scheinbegründung. Wer ein Recht an der verpfändeten Sache erwerben möchte, kann dies nur vom Pfandgläubiger. Anhand dessen Besitzes ist das Faustpfandrecht jedoch als solches nicht erkennbar.[485] Vielmehr verbrämt der Gesetzgeber hinter dem Publizitätsgedanken einen Verfügungsschutz und tituliert dies missverständlich als Publizitätsgedanken.

---

[480] *Rittner* JZ 1965, 274, 275. Siehe auch *Staudinger/Wiegand* § 1205 Rn. 22.

[481] *Hromadka*, (Fußn. 222); *ders.* JuS 1980, 89, 91; *Rittner* JZ 1965, 274f; *Wacke* (Fußn. 4), 12f.

[482] *Leonhardt* Gruchot 25 (1881), 177, 201.

[483] AA *Staudinger/Wiegand* § 1205 Rn. 10 wonach es sich um zwei Aspekte eines einheitlichen Zwecks handele. Ebenso bereits *Schmidt* AcP 134 (1931), 1f der hier von einer Erkennbarkeit im engeren Sinne spricht. Diese Wortwahl ist eine missverständliche Begriffsjurisprudenz. Die Erkennbarkeit lässt sich nicht abstufen.

[484] Prot. III, 444.

[485] *Hromadka* (Fußn. 222), 178; *Weber* (Fußn. 16), 32ff (zur vergleichbaren Rechtslage im schweizerischen Recht). Bereits oben wurde darauf hingewiesen, dass sich die Pfandübergabe auch nicht durch die negative Publizität erklären lässt (IV 3 b).

c) *Verfügungsschutz im Pfandrecht*

Aus dieser Analyse ergeben sich Folgen dafür, wie der Übergabebegriff beim Pfandrecht *de lege lata* auszulegen ist. Nur solche Übergabeformen können ein Pfandrecht entstehen lassen, die eine weitere Einwirkung oder Verfügung des Verpfänders ausschließen.[486] Dies lässt sich aus der Gesetzesbegründung ableiten, ist im Gesetzestext sprachlich aber nur unvollkommen gefasst. Konkretisiert bedeutet das pfandrechtliche Übergabeerfordernis, dass der Verpfänder keine Besitzlage innehaben soll, die ihm eine Übereignung nach den §§ 929ff ermöglichen würde. Mit einer Publizität bei der Begründung des Pfandrechts lässt sich dies nicht vermengen. Deswegen kommt es nicht darauf an, den Übergabebegriff eng auszulegen und dessen Erkennbarkeit zu fordern, sondern nur darauf, dass dem Verpfänder eine verfügungsfähige Rechtsposition entzogen wird. Besonders deutlich zeigt dies § 1206, der beschränkten Umfanges ein Ersatz dafür ist, dass die Begründung eines Pfandrechts durch ein Besitzkonstitut ausgeschlossen ist.[487] Entsteht das Pfandrecht nach § 1206 durch Einräumung von Mitbesitz und Mitverschluss, darf der Eigentümer aus eigenen Stücken nicht mehr in der Lage sein, über die verpfändete Sache zu verfügen.[488] Gerade diese Regelung zeigt, dass sich der Verfügungsschutz und die Publizität nicht überschneiden. Der Mitbesitz ist als solcher für Dritte gar nicht erkennbar, wie die Protokolle selbst einräumen.[489] Besonders deutlich zeigt § 1206 2. Var., wie wenig es auf eine erkennbare Rechtslage ankommt: Hier modifiziert das Gesetz den Herausgabeanspruch aus dem Besitzmittlungsverhältnis, indem es anordnet, dass die nur an den Gläubiger und den Eigentümer gemeinschaftlich herausgegeben werden kann. Diese Art der Pfandrechtsbestellung lässt aber die Rechtsverhältnisse auch nicht deutlicher zu Tage treten, als eine Übereignung durch ein Besitzkonstitut.[490] Während § 1206 1. Var. durch das Tatbestandsmerkmal »Mitverschluss« eigenmächtige Verfügungen des Verpfänders ausschließt, gewährleistet § 1206 2. Var. den Verfügungsschutz dadurch, dass die Pfandsache nur gemeinschaftlich herausgegeben werden kann.

Aber auch der gesetzliche Regelfall der Pfandübergabe nach § 1205 Abs. 1 Satz 1 muss nicht zwingend dem Publizitätsprinzip gerecht werden. Die Übergabe nach dieser Vorschrift kann nur genau so erkennbar sein, wie es eine Übergabe nach § 929 Satz 1 wäre. Konsequent lässt man aber auch bei der Begründung eines Pfandrechts die Einschaltung von Besitzmittlern, Besitzdienern oder Geheißper-

---

[486] BGH NJW 1997, 2110 = JZ 1997, 1154 m. Anm. *Gursky*; *Staudinger/Wiegand* § 1205 Rn. 10.

[487] MünchKomm/*Damrau* § 1206 Rn. 1. Siehe auch *Bamberger/Roth/Sosnitza* Vor § 1204 Rn. 3; *Soergel/Habersack* § 1206 Rn. 1

[488] RGZ 53, 218, 221; MünchKomm/*Damrau* § 1206 Rn. 4 mwN.

[489] Prot. III, 442 ; *Schmidt* AcP 134 (1931), 1, 6.

[490] *Bauer*, FS Bosch (1976), 1, 8 Fußn. 25.

sonen zu[491] Erkennbar sind diese Übertragungsakte nicht, wie schon oben ausgeführt wurde. Um die vermeintliche Publizität der Pfandübergabe zu rechnen, forderte man daher, dass hier besonders strenge Anforderungen an die Erkennbarkeit zu stellen seien.[492] Dies ist in der spärlichen Praxis zu § 1205 jedoch ein Lippenbekenntnis geblieben. So hielt es das Reichsgericht bei der Übergabe des Pfands an den Besitzdiener des Pfandgläubigers für ausreichend, wenn das soziale Abhängigkeitsverhältnis des Besitzdieners erkennbar sei. Im konkreten Fall geschah dies dadurch, indem ein Angestellter des Pfandschuldners zum Besitzdiener des Pfandgläubigers wurde.[493] Es bedarf keiner besonderen Hervorhebung, dass diese Interna für Dritte nicht zu erkennen sind. Allein wegen der besitzrechtlichen Konstruktion des Besitzdieners wird hier dem Verpfänder die Verfügungsgewalt entzogen. Letztlich beweisen diese Übergabearten deutlich das Dilemma, zu dem die Besitzdienerschaft und der mittelbare Besitz führen. Sie sind bei §§ 1205 Abs. 1 Satz 1, 929 Satz 1 der Grund dafür, dass sich eine fiktive Publizität konstruieren lässt.

Ertragreich für die Frage, ob die Übergabe beim Pfandrecht dem Publizitätsgedanken dienen soll, ist der Vergleich zum französischen Zivilrecht. Vergleichbar dem deutschen Recht setzt auch das französische Zivilrecht voraus, dass die verpfändete Sache übergeben wird.[494] Nach der herrschenden wenn auch nicht unumstrittenen Ansicht ist die Pfandübergabe eine Wirksamkeitsvoraussetzung für den Pfandvertrag. Damit geht das französische Zivilrecht von der Realvertragstheorie aus.[495] Erst im Laufe der Zeit sah die französische Praxis im Übergabeerfordernis auch einen Schutz zu Gunsten Dritter. So wird die Pfandübergabe ähnlich wie im deutschen Recht dahin beschrieben, dass der Schuldner jeden Besitz an der Sache verlieren müsse (*dépossession*).[496] Wie im deutschen Recht soll daher die Pfandübergabe verhindern, dass Dritte über die Kreditfähigkeit des Schuldners getäuscht werden. Bemerkenswert ist jedoch, dass die *Cour de Cassation* da-

[491] *Bamberger/Roth/Sosnitza* § 1205 Rn. 7; *Erman/Michalski* § 1205 Rn. 6; MünchKomm/*Damrau* § 1205 Rn. 11; *Soergel/Habersack* § 1205 18; *Staudinger/Gursky* § 1205 Rn. 13.

[492] RGZ 53, 218, 220; RGZ 66, 258, 262; RGZ 71, 248, 250; RGZ 74, 146, 148; RGZ 77, 201, 209. Die Entscheidungen stellen jedoch auf die Erkennbarkeit des Besitzes ab. Allgemein: *Soergel/ Habersack* § 1205 Rn. 18.

[493] RGZ 77, 201, 209. Ablehnend dazu *Obstfelder* ZHR 56 (1905), 126, 130; da die Herrschaft des Pfandgläubigers nicht erkennbar sei und außerdem die »Geschäftsfreunde« den Angestellten noch in seiner alten Rolle wähnen. Das letzte Argument richtet sich gegen die fehlende Publizität des Besitzdieners als solchem. Dazu sogleich im Text. Gegen diese Argumentation: *Schmidt* AcP 134 (1931), 1, 50 mit dem untauglichen Hinweis, dass es sich hierbei um die »Erkennbarkeit im engeren Sinne« handele.

[494] Art. 2076 *Code Civil*: Dans tous les cas, le privilège ne subsiste sur le gage qu'autant que ce gage e été mis et est resté en la possession du créancier, ou d'un tiers convenu entre les parties.

[495] Cour de Cassation D. 1900.1.481; näher mit weiteren Nachweisen: *Ehrig*, Das Faustpfandprinzip und die dinglichen Sicherheiten an beweglichen Sachen im französischen Recht (1969), 38ff. Siehe auch bereits *Schmidt* AcP 134 (1931), 1, 50ff mit Vergleichen zum englischen, französischen und italienischen Recht.

[496] Grdl. Cour de Cassation Req. 29. 12.1875 D.1876.1.219.

von ausgeht, dass Dritte den Besitz des Schuldners grundsätzlich als unbelastetes Vermögen einstufen dürfen.[497] Diese Einschätzung steht den Ausführungen in den Materialien zum BGB diametral gegenüber, wonach Dritte gerade nicht davon ausgehen dürfen, dass das Schuldnervermögen nicht belastet sei. Die französische Praxis wirkt jedoch gegenüber der deutschen Konzeption konsistent, da der gutgläubige Erwerb im *Code Civil* rudimentär ausgestaltet ist (Art. 2279 *Code Civil*) und somit ein Schutz Dritter kaum gewährleistet ist. Die Pfandübergabe soll im Ergebnis nichts dokumentieren, sondern nur weitere Übertragungen des Schuldners verhindern. Dies hat nichts mit einer Publizität zu tun.

2. Die Publizität bei der Sicherungsübereignung

a) *Publizitätsfreie Übereignung zu Sicherungszwecken*

Es erweckt den Anschein, als seien die Sachenrechtsprinzipien in der Hauptsache bei den Sicherungsrechten an beweglichen Sachen durchdekliniert worden. Dies gilt insbesondere für die Frage, ob die Sicherungsübereignung dem Publizitätsprinzip entspricht. Wie das Pfandrecht an beweglichen Sachen hat sie die Funktion, eine Forderung abzusichern. Im Gegensatz dazu ist die Sicherungsübergeignung jedoch ein *pignus tacitum* und verlangt nicht die Übergabe des unmittelbaren Besitzes zur Rechtsbegründung. Berücksichtigt man, dass das Publizitätsprinzip bei der Übereignung beweglicher Sachen im Grenzfällen vollends aufgegeben wird, so verwundert, warum das Publizitätsprinzip überhaupt bei der Sicherungsübereignung als problematisch aufgefasst wird. Rein konstruktiv hält sich die Sicherungsübereignung in den Übereignungsformen, die das Gesetz zur Verfügung stellt. Eine Sicherungsübereignung ist damit genauso offenkundig, wie der Eigentumserwerb nach § 930 selbst. Bei § 930 verzichtete der Gesetzgeber jedoch auf jegliche Publizität, um den Interessen des Rechtsverkehrs entgegenzukommen. Bedient sich damit die Sicherungsübereignung einer zulässigen Übereignungsform, so kann man dies nicht ohne weiteres wider dem Publizitätsprinzip einstufen.[498] Mit Blick auf das Pfandrecht wird jedoch oft betont, dass die Sicherungsübereignung ein publizitätsfreies Sicherungsmittel sei.[499] So zutreffend dieser Befund ist, so missverständlich ist jedoch der Vergleich zum Pfandrecht. Wie die Ausführungen zum Pfandrecht ergeben haben, hat der Gesetzgeber hier das Publizitätsprinzip zwar betont, der Sache nach aber einen Verfügungsschutz gemeint. Beim Faustpfandprinzip steht der Besitzentzug in den Vordergrund.

[497] Vorige Fußn.; siehe auch *Ehrig* aaO, 42.

[498] Vgl. *Staudinger/Wiegand* Anh zu §§ 929–931 Rn. 54f; *Einsele* JZ 1990, 1005, 1007.

[499] Siehe etwa: *Baur/Stürner* § 57 Rn. 5; *Drobnig*, Gutachten F zum 51. DJT (1976), 57f; *Hromadka* JuS 1980, 89f; *Rottnauer*, Die Mobiliarsicherheiten unter bersonderer Berücksichtigung der besitzlosen Pfandrechte im deutschen und englischen Recht (1992), 74; *Schwab/Prütting* Rn. 415; *Soergel/ Henssler* Anh § 930 Rn. 4.

Auch die Konstruktion der Sicherungsübereignung läuft folgerichtig dem Publizitätsprinzip nicht zuwider. Äußerlich decken sich eine Übereignung zu Sicherungszwecken und eine Übereignung *solvendi causa*. Der Zweck der Sicherungsübereignung muss allerdings bei der sachenrechtlichen Wertung außen vor bleiben: Wie bei allen Treuhandgeschäften steht der treuhänderische Zweck außerhalb der sachenrechtlichen Wertung. Dies ist die Folge des starren Trennungs- und Abstraktionsprinzips. Ohne diese Prinzipien aufzugeben, lässt sich daher schwer behaupten, dass die Sicherungsübereignung nach dem geltenden Recht dem Publizitätsprinzip widerspricht. Wenn im Schrifttum daher mehr Publizität bei den Sicherungsrechten an beweglichen Sachen gefordert wird, so ist dies ein rechtspolitisches Anliegen. *De lege lata* ist eine publizitätsfreie Sicherungsübereignung möglich. Davon zu trennen ist die Frage, ob nicht aus dem Faustpfandprinzip folgt, dass die Sicherungsübereignung unzulässig ist. Diese Frage beantwortet allein der Typenzwang, nicht das Publizitätsprinzip. Diese Nuance sollte nicht vermengt werden.

b) Erkennbarkeit der Ausführungshandlung?

Auch wenn die Sicherungsübereignung sich konstruktiv im Rahmen des § 930 bewegt, der als solcher keine Publizität verlangt, haben die Ansätze nicht abgerissen, die Sicherungsübereignung erkennbar zu gestalten. Bekanntlich forderte man *de lege ferenda* ein »Registerpfandrecht« einzuführen oder wenigstens durch eine Verbriefung die Publizität sicherzustellen.[500] Diese Bemühungen sind alt. Bereits in der Kritik am ersten Entwurf tauchte dieser Vorschlag auf: man schlug vor, den Pfandbesitz einen beim Grundbuchamt registrierten Pfandvertrag gleich zu stellen.[501] Der Gesetzgeber nahm diese Anregungen allerdings nicht auf.

Die Rechtsprechung ist bemüht, Publizitätsfragmente bei der Sicherungsübereignung einzuführen und verlangt eine »Kenntlichmachung der Übereignung durch eine Ausführungshandlung«. Diese Rechtsprechung begründete bereits das RG und forderte bei einer Sicherungsübereignung, dass jedenfalls für die Beteiligten die Ausführung erkennbar sei.[502] Eine dogmatische Absicherung dieser These findet sich erstmals in der Entscheidung des RG vom 4. April 1933:[503] Eine Tuchfabrik übereignete der Klägerin 10 Webstühle zur Sicherheit. Da diese unter Eigentumsvorbehalt geliefert waren, ließ sich die Klägerin den »Anspruch auf Erwerb des Eigentums« abtreten. Mit Zahlung der letzten Rate sollte das Eigentum

[500] Zu den Vor- und Nachteilen siehe: *Drobnig*, Gutachten F zum 51. DJT (1976), F 58 – F 62 mwN; *Weinhausen*, Die Sicherungsübereignung (1928), 152.

[501] *Scholler*, Pfandrecht und Grundschuld, in: Gutachten aus dem Anwaltsstande über die erste Lesung des Entwurfs eines bürgerlichen Gesetzbuchs (Hrsg. Adams/Wilke u.a., Berlin 1980, 359, 375; näher dazu: *Hromadka* (Fußn. 222), 171f.

[502] RGZ 99, 208, 210.

[503] RGZ 144, 223.

unmittelbar auf sie übergehen. Der Beklagte schließlich betrieb die Zwangsvollstreckung aus einer Hypothek auf dem Grundstück der Tuchfabrik. Die Klägerin verlangte, dass die Zwangsvollstreckung in die Webstühle für unzulässig erklärt werde. Das RG wies die Klage ab. Es legte die Vereinbarung in der Sicherungsübereignung als vorweggenommenes Besitzkonstitut aus. Die Eigentumsübertragung solle erst künftig eintreten, wenn die Bedingung für den Wegfall des Eigentumsvorbehalts eintrete. Unter Berufung auf die bisherige Rechtsprechung fordert das RG jedoch eine Ausführungshandlung, die den endgültigen Besitz- und Eigentumsübergang auch äußerlich in Erscheinung treten lässt.[504] Genaue Kriterien stellt das RG dafür nicht auf. Die Begründung bleibt kryptisch und stellt darauf ab, dass es einer klaren Rechtsgrundlage bedürfe, wenn einander widerstreitende dingliche Rechte kollidieren.[505]

Aus heutiger Sicht ist das Urteil unvollständig, da es nicht darauf eingeht, ob das Anwartschaftsrecht aus dem Vorbehaltskauf als »Minus« übertragen wurde. Dabei handelt es sich um die Übertragung eines bereits entstandenen Rechts, so dass sich die Ausführungen des RG zum antizipierten Besitzkonstitut erübrigt hätten. Geht man von einer Übertragung des Anwartschaftsrechts aus, so hätte die Klägerin im Rahmen der Zwangsvollstreckung ein Interventionsrecht geltend machen und damit die Vollstreckung verhindern können.[506] Es mag wie eine Ironie erscheinen, dass dieses Urteil später zur Ausgangsentscheidung wurde, obwohl es die vollstreckungsrechtliche Seite nicht voll erfasste. Während das RG sich noch immerhin darum bemühte, dieses Kriterium herzuleiten, folgte der BGH dieser Rechtsprechung, verzichtete jedoch auf eine Begründung.[507]

Hinter diesen Bemühungen stehen hauptsächlich insolvenz- und vollstreckungsrechtliche Erwägungen, seltener aber das Bedürfnis, dem sachenrechtlichen Publizitätsgedanken gerecht zu werden. Das Publizitätsprinzip ist kein Selbstzweck, jedoch ist es bereits methodisch bedenklich, aus dem formalen Insolvenz- und Vollstreckungsrecht Forderungen für das materielle Sachenrecht abzuleiten. Als Verfahrensrecht haben beide Rechtsgebiete die Folgen zu verarbeiten, die sich aus dem materiellen Recht ergeben. Rechtspolitisch betrachtet, scheint das Publizitätsprinzip zudem kaum geeignet, um die Insolvenzmasse vor ihrer »Auszehrung« durch Sicherungsrechte zu retten. Offenkundige Sicherungsrechte verringern nicht den Kreditbedarf und damit nicht die Anzahl revolvierender Sicherheiten in der Insolvenz. Einzig eine strikte Inhaltskontrolle von Sicherungsvereinbarungen vermag ein übertriebenes Bedürfnis nach Sicherheiten und damit eine überbordende Anzahl von Sicherungsrechten einzudämmen. Die-

---

504 RGZ 140, 223, 231 unter Berufung auf RGZ 73, 415, 418; RG WarnRspr. 1920, 73. Die verwiesenen Urteile sind jedoch zu dieser Frage unergiebig.

505 RGZ 144, 223, 231.

506 Siehe dazu oben § 2 III 2 c, V 3.

507 BGH NJW 1958, 945; BGH WM 1960, 1223, 1226; BGH NJW 1986, 1985; BGH NJW 1991, 2144, 2146; BGH NJW 1994, 133.

ser Aufgabe hat sich die Rechtsprechung jedoch erst relativ spät zugewandt, nachdem die Diskussion über die Publizität der Sicherungsrechte schon wieder abklang. Wie die Ergebnisse bereits gezeigt haben, bedarf eine Übereignung nach § 930 keiner Publizität, so dass damit dogmatisch alle Ansätze verfehlt sind, bei der Sicherungsübereignung *de lege lata* einen Publizitätsaspekt einzuführen. Anzeichen dafür gibt es jedoch in der Praxis. So vermengen sich mehrere Gesichtspunkte bei der Frage, ob die Übereignung nach § 930 kenntlich sein soll. Das Bild verschwimmt außerdem, da die Rechtsprechung dieses Erfordernis bislang nur bei der Sicherungsübereignung eingeführt hat, bei sonstigen Übereignungen nach § 930 darauf verzichtet. Weder bei einer Übereignung nach § 930 noch bei einer Sicherungsübereignung kommt es jedoch auf Publizitätselemente an. Die beschriebenen Tendenzen in der Rechtsprechung sind damit eher von der Rechtspolitik geleitet als vom Gesetz. Deswegen sind sie abzulehnen.

3. Eigentumsvorbehalt, Anwartschaftsrecht und Publizität

Auch der Eigentumsvorbehalt wird als Beispiel dafür angeführt, wie wenig das Publizitätsprinzip im Gesetz durchgehalten wird. Im Gegensatz zur Sicherungsübereignung haben die Gesetzesmaterialien sich allerdings nicht eingehend mit der Frage auseinander gesetzt, ob der Eigentumsvorbehalt dem Publizitätsprinzip gerecht wird. Den Bruch des Eigentumsvorbehalts mit dem Publizitätsprinzip zeichnet das Gesetz dadurch vor, indem es bedingte Übereignungen beweglicher Sachen zulässt und dadurch ein Auseinanderfallen von legitimierender Besitzlage und Eigentum im Kauf nimmt. Der Vergleich zum Liegenschaftsrecht unterstreicht diesen Befund: Eine bedingte Auflassung lehnte der Gesetzgeber ab, damit Grundbuchinhalt und tatsächliche Rechtslage nicht auseinanderfallen. Man erachtete bedingte Auflassungen als Gefahr für einen sicheren Rechtsverkehr, da sie letztlich das Grundbuch als Publizitätsträger entwerten. Vielmehr sollte die Vormerkung als Surrogat für eine bedingte Auflassung dienen, die allerdings ihrerseits in das Grundbuch einzutragen ist und damit das Publizitätsprinzip wahrt.[508]

Wenn damit der Gesetzgeber bei der Auflassung die Rechtssicherheit in den Vordergrund stellte, verzichtete er auf diese Rechtssicherheit, indem er bedingte Übereignungen beweglicher Sachen zuließ. Die Besitzlage ist beim Eigentumsvorbehalt aussagelos und gestattet keine Rückschlüsse auf die Rechtsposition der Parteien: Trotz der Übergabe der Vorbehaltssache verbleibt das Eigentum daran nach wie vor beim Vorbehaltsverkäufer. Die gesetzlich zugelassene Möglichkeit, die Einigung aufschiebend bedingt zu vereinbaren, raubt der Übergabe die ihr von der herrschenden Ansicht zugedachte Publizität. Versteht man die Übergabe der Sache nur als ein Beweisanzeichen dafür, ob die Parteien ernsthaft eine Über-

---

[508] Prot. III, 181ff.

eignung wollen, so ergeben sich keine Schwierigkeiten: Die Besitzübergabe beim Eigentumsvorbehalt dient gerade nicht der Übereignung, sondern nur, um dem Vorbehaltskäufer die Nutzung der verkauften Sache zu ermöglichen. Mit anderen Worten lässt sich beim Eigentumsvorbehalt der Widerspruch zum Publizitätsprinzip nur vermeiden, wenn man die Übergabe nicht als Publizitätsakt deutet, sondern vorrangig die Einigungserklärungen der Parteien auslegt.

Wie die besitzrechtliche Stellung des Vorbehaltsverkäufers und des Käufers zu qualifizieren ist, ist im Übrigen umstritten. Ursache dessen ist der Versuch, das Eigentum des Verkäufers einerseits und das Anwartschaftsrecht des Erwerbers andererseits besitzrechtlich umzusetzen. Erkennt man das Anwartschaftsrecht als dem Eigentum wesensgleiches Minus an, so entstehen bei der besitzrechtlichen Einordnung schwer überbrückbare Wertungswidersprüche. Unter besitzrechtliche Vorzeichen kehren hier dieselben Schwierigkeiten auf, wie sie beim Deliktsschutz des Anwartschaftsrechts auftreten.[509] Der BGH betrachtet den Vorbehaltsverkäufer als mittelbaren Eigenbesitzer, den Vorbehaltskäufer als unmittelbaren Fremdbesitzer.[510] Der Vorbehaltsverkäufer kann damit die Besitzschutzansprüche nach §§ 861, 862, 869 geltend machen, wenn gegenüber dem Vorbehaltsverkäufer verbotene Eigenmacht verübt wird. Die Besitzverhältnisse komplizieren sich, wenn der Vorbehaltskäufer seine Anwartschaft zur Sicherheit auf einen Dritten überträgt: Der Sicherungsnehmer wird zum Fremdbesitzer erster Stufe, der Verkäufer zum Eigenbesitzer zweiter Stufe, der Vorbehaltskäufer bleibt unmittelbarer Fremdbesitzer.[511]

Gegen diese Besitzkonstruktion hatten sich Widersprüche geregt, da man dadurch das Anwartschaftsrecht des Vorbehaltskäufers nicht ausreichend gewürdigt sah. Am radikalsten ist der Vorschlag, den Verkäufer wegen des Eigentums als Fremdbesitzer anzusehen, wegen des Anwartschaftsrechts als Eigenbesitzer.[512] Die eigenartige Rechtsteilung, die das Anwartschaftsrecht kennzeichnet, fängt diese Ansicht auf, ist aber ihrerseits mit dem geltenden Besitzrecht kaum vereinbar. Zwei Eigenbesitzer an einer Sache sind nur bei einem Mitbesitz (§ 866) denkbar, der allerdings im Verhältnis zwischen dem Vorbehaltsverkäufer und

509 § 2 V 3.

510 BGHZ 10, 69, 71; BGHZ 28, 16, 27f; BGH NJW1953, 218. So bereits auch RGZ 54, 396; RGZ 64, 334; RGZ 95, 105, 106; RG JW 1915, 445. Ebenso die wohl herrschende Auffassung im Schrifttum: *Bamberger/Roth/Faust* § 449 Rn. 17; *Eichler* II/1, 20, 121; *Erman/Grunewald* § 449 Rn. 17; *Flume* AcP 161 (1962), 385, 397f *Georgiades*, Die Eigentumsanwartschaft beim Vorbehaltskauf (1963), 14; MünchKomm/*H.P. Westermann* § 449 Rn. 26; *Paulus* JZ 1957, 41; *Soergel/Henssler* Anh § 929 Rn. 66.

511 BGHZ 28, 16, 27; *Baur/Stürner* § 53 Rn. 35; *Soergel/Henssler* § 929 Anh. Rn. 68. Richtigerweise sind deswegen der Vorbehaltsverkäufer und der Sicherungsnehmer keine Nebenbesitzer (so jedoch *G. Paulus* JZ 1957, 41, 45; dagegen *Zunft* NJW 1957, 445, 447f). Dass die Rechtsfigur des Nebenbesitzes unhaltbar ist, wurde schon oben dargelegt (VI 3 b) und ist deswegen hier nicht mehr zu vertiefen.

512 *Serick I* § 10 V 1 (232ff).

dem Vorbehaltskäufer nicht besteht.[513] Wenn das Anwartschaftsrecht dem Vorbehaltskäufer gebührt, so ließe sich diese Rechtsposition besitzrechtlich als Eigenbesitz umsetzen. Rein konstruktiv bestritt man deswegen ein Besitzmittlungsverhältnis zwischen dem Vorbehaltsverkäufer und dem Vorbehaltskäufer, da der Vorbehaltskauf den in § 868 geregelten Verhältnissen nicht ähnlich sei. Der Käufer soll die Sache nicht auf Zeit, sondern endgültig besitzen.[514] Im Ergebnis versagt diese These dem Eigentümer die Besitzschutzansprüche und muss davon ausgehen, dass der Eigentümer überhaupt keinen Besitz an der Vorbehaltssache hat. Sein Eigentum kann er danach durch eine bloße Einigung an Dritte übereignen.[515]

Keines der beschriebenen Modelle versucht, eine besitzrechtliche Publizität beim Eigentumsvorbehalt herzustellen. Statt dessen versteigt man sich in Konstruktionen, deren praktische Bedeutung sich darauf beschränkt, ob man dem Eigentümer Besitzschutzansprüche zubilligen will. Die rechtliche Ausgestaltung des Eigentumsvorbehalts kann zwar von vornherein für keine Publizität sorgen, es ist aber bemerkenswert, wie wenig Publizitätsaspekte in der Diskussion überhaupt eine Rolle spielen. Dies untermauert den beim Besitzrecht anklingenden Befund, dass die rechtliche Qualifikation des Besitzes in erster Linie für die Besitzschutzansprüche eine Rolle spielt. Der Besitz als Publizitätsträger ist demgegenüber in den Hintergrund geraten. Die Antwort auf die Besitzlage beim Vorbehaltskauf steht und fällt im Ergebnis mit der Frage, ob man Besitzschutzansprüche des Verkäufers für notwendig hält. Im Ergebnis wird man dies ablehnen müssen, da den Verkäufer durch Eigentumsansprüche gegenüber Dritten ausreichend geschützt ist.[516] Für die verkünstelte Konstruktion eines mittelbaren Besitzes beim Vorbehaltskauf besteht daher kein Anlass.

IX. Folgerungen und Zusammenfassung

1. Materielles Recht und Rechtsschein beim Grundbuch

Das Grundbuch erfüllt seine Aufgabe als verlässliche Dokumentation von Rechten an Grundstücken. Dies verdeutlichen schon die wenigen streitigen Rechtsfragen: Während das Publizitätsprinzip im Fahrnisrecht an vielen Stellen stark um-

---

513 *Raiser*, Dingliche Anwartschaften (1961), 72f.

514 *Thiesing* ArchBürgR 20 (1902), 240ff; im Anschluss daran: *Kress*, Besitz und Recht (1909), 196ff; *Raiser* (Fußn. 513), 73 mwN. Ähnlich *Hübner* NJW 1980, 730, 734. Eher aus der Luft gegriffen wirkt die Ansicht, wonach bei verbrauchbaren Sachen in aller Regel ein Eigenbesitz des Vorbehaltskäufers bestehen soll, wenn anzunehmen ist, dass die Sache vor Zahlung der letzten Rate verbraucht sein wird (*Wocher* BB 1981, 1802, 1805).

515 *Raiser* (Fußn. 513), 74

516 So besonders *Raiser* (Fußn. 513), 74. Es ist bemerkenswert, dass die herrschende Meinung zu diesem Argument keine Stellung bezogen, geschweige denn, es widerlegt hat.

stritten ist, haben die Normen der §§ 891–894 kaum Anlass zu Streitigkeiten gegeben. Dies mag an deren präziser Formulierung liegen oder auch daran, dass quantitativ Rechtsgeschäfte über Liegenschaften hinter Rechtsgeschäften über bewegliche Sachen zurückbleiben. Darüber zu befinden, ist jedoch spekulativ. Zusätzlich sichert der Verfahrensaufwand im Liegenschaftsrecht ab, dass materielles Recht und die Buchposition möglichst deckungsgleich bleiben. Unrichtigkeiten schleichen sich deswegen seltener im Grundbuch ein. Auch dies mag erklären, warum der gutgläubige Erwerb im Liegenschaftsrecht nicht die praktische Bedeutung erlangte, die er im Fahrnisrecht hat.[517] In dieses Bild fügt es sich nahtlos ein, dass der gutgläubige Erwerb im Liegenschaftsrecht unter weniger strengen Voraussetzungen möglich ist, als nach den §§ 932ff. Die Umsetzung des Publizitätsprinzips im Fahrnisrecht ist damit zugleich einfach und differenziert. Der Rechtsvergleich hat dies unterstrichen. Rechtsordnungen ohne Grundbuchsystem versuchen, einen Eintragungszwang durch flankierende Vorschriften zu erreichen, führen aber gleichwohl zu einer Rechtsunsicherheit, wenn sie keine positive Publizität oder einen gutgläubigen Erwerb kennen. Besondere Defizite weist hier das französische Recht auf, dass deutlich einem Eintragungszwang zuneigt, aber eine eingetragene Rechtsposition nicht wesentlich vorteilhafter ausstattet, als ein unregistriertes Recht.[518] Ein Registersystem mit formaler Rechtskraft wie das *Torrens-System* gelangt zwar zu einer hohen Rechtssicherheit, aber auch naturgemäß zu holzschnittartigen Lösungen. Eine unrichtige Buchposition kann grundsätzlich nicht mehr korrigiert werden, Grundbuchberichtigungen sind nur in eingeschränktem Maße möglich. Der Widerspruch nach § 899 und die Grundbuchberichtigung nach § 894 sind hier wesentlich flexiblere Instrumente.

Auch eine ökonomische Analyse muss dem Eintragungsgrundsatz und der Publizität im Liegenschaftsrecht ein gutes Zeugnis ausstellen.[519] Das Grundbuchsystem senkt die Transaktionskosten und fördert deswegen den Güterumsatz. Die Kosten für dieses Registriersystem sind allerdings höher, als bei einem Transkriptionssystem. Bei einem umfassenden Eintragungszwang relativieren sich diese Kosten jedoch wieder, da vergleichbar zu Größenvorteilen der Kostenaufwand insgesamt sinkt. Die Rahmenbedingungen für ein umfassendes Registriersystem sind jedoch verhältnismäßig eng. Nur bei unbeweglichen und langlebigen Gütern kann ein öffentliches Register ideal funktionieren. Für den Umsatz mit Verbrauchsgütern eignet sich das System weniger und würde in eine ineffiziente Förmelei ausarten.[520]

---

517 Siehe auch *Walz* KritV 1990, 374, 385.

518 Oben III 1.

519 Oben III 3 a.

520 Näher: *Baird/Jackson*, 13 Journal of Legal Studies (1984), 299, 305; *Walz* KritV 1990, 376, 385f.

2. Der Besitz als untauglicher Publizitätsträger im Fahrnisrecht

Das Publizitätsprinzip im Liegenschaftsrecht orientiert sich in seiner Reinform an der tatsächlichen Innehabung einer Sache, an dem Besitz. Von diesem tatsächlichen Faktum sollte auf die Rechtslage zurückgeschlossen werden. Die tatsächliche Sachherrschaft erlaubt jedoch in vielen Fällen keine verlässlichen Rückschlüsse auf die materielle Rechtslage, da jene selbst ein auslegungsbedürftiger und damit nicht immer eindeutiger Tatbestand ist.[521] Dadurch dass der Gesetzgeber die verschiedensten Besitzarten einfügte, machte er dem Besitz seine Aufgabe vollends unmöglich, als aussagekräftiger Publizitätsträger zu dienen. Nicht nur ein rein tatsächliches Faktum, sondern auch die Willensrichtung qualifiziert den Besitz und zieht Rechtsfolgen nach sich. Beispielhaft seien hier nur der Eigenbesitz und der mittelbare Besitz angeführt. Diese Verrechtlichung des Besitzes führt dazu, dass er den Schluss von einem Sein auf das Sollen unmöglich macht. Je mehr man daher den Besitz verrechtlichte, desto mehr bestand die Gefahr, dass von einem rechtlichen Abstraktum auf ein anderes rechtliches Abstraktum geschlossen werden kann. Dies löst sich jedoch vom Grundanliegen der Publizität, wonach etwas sinnhaft Wahrnehmbares auf ein rechtliches Abstraktum hinweisen soll.

Mit dem Dogma von der »Gleichwertigkeit aller Besitzformen« verwob der Gesetzgeber tatsächliche und rechtliche Fakten, stellte aber beide in den Dienst der Publizität. Allerdings setzte sich der Gesetzgeber nicht damit auseinander, dass die neuen Besitzformen in Wirklichkeit das Publizitätsprinzip beseitigen, das ursprünglich auf die tatsächlichen Sachgewalt als Faktum zurückgriff. Aus dieser Perspektive betrachtet, war das Publizitätsprinzip bereits bei seiner Entstehung brüchig. Die mühsame Entstehungsgeschichte des Besitzrechts hat dazu ihren Teil beigetragen.[522] So stellt sich das gegenwärtige Besitzrecht als eine pragmatische Lösung dar, bei dessen Ausarbeitung sich der Gesetzgeber aber nicht ausschließlich von Publizitätsgedanken leiten ließ. Drastisch verdeutlichen dies die Besitzdienerschaft und der mittelbare Besitz. Beide Rechtsinstitute führte der Gesetzgeber deswegen ein, um im bestimmten Rechtsverhältnissen die Besitzschutzansprüche sachgerechter erfassen zu können. Tragender Gedanke für § 855 war es, einem Besitzdiener Besitzschutzansprüche gegenüber dem Prinzipal zu versagen.[523] Parallel verlief die Entwicklung zu § 868: Der Gesetzgeber führte den mittelbaren Besitz deswegen ein, da er dem mittelbaren Besitzer gemäß § 869 Besitzschutzansprüche einräumen wollte.[524] Die Rolle des Besitzes als Publizitätsträger geriet hierbei aus dem Blickfeld.

Die historische Entwicklung vor Augen war der Besitz *ab initio* ein untauglicher Publizitätsträger. Nur ein beschränkter Ausschnitt aus den Besitztatbestän-

---

521 IV 2 a.

522 IV 1.

523 IV 2 b.

524 IV 2 c.

den, nämlich die äußerlich wahrnehmbare tatsächliche Sachherrschaft, lässt beschränkten Umfanges Rückschlüsse auf die Rechtsverhältnisse zu. Aber selbst dieser Sachherrschaft maß der Gesetzgeber nur eine beschränkte Bedeutung für die Publizität zu. So lehnte es der Gesetzgeber ab, dass von dem Besitz auf unbelastetes Eigentum geschlossen werden könne.[525] Auch die Vermutungen aus § 1006 mussten im Laufe der Zeit restriktiv als Erwerbsvermutung ausgelegt werden, da man den Besitz als ungeeignet ansah, um vergleichbar dem Grundbuch eine Eigentumsvermutung begründen zu können. Restliche Wertungswidersprüche bleiben aber trotz einer restriktiven Auslegung des § 1006 bestehen.[526]

3. Die Scheinpublizität im Fahrnisrecht

a) Die relativen Zwecke des Traditionsprinzips

Schwer wiegenden Fehldeutungen unterlag das Traditionsprinzip. Während sich jahrzehntelang hartnäckig die Einschätzung hielt, dass die Tradition der Publizität diene, hat erst die neuere rechtsgeschichtliche Forschung Licht in das Dunkel gebracht. Die Übergabe dient bei der Übereignung nur als Auslegungshilfe dafür, ob die Parteien ernsthaft eine Übereignung wollen. Mit dem Publizitätsgedanken harmoniert dies nur in wenigen Fällen. Auch ein unsichtbarer Besitzwechsel genügt dem Traditionsprinzip, wenn der ernsthafte Bindungswille der Parteien feststeht. Offenkundig ist in diesem Falle der Eigentumsübergang jedoch nicht. Die §§ 929 Satz 2, 930, 931 durchbrechen daher nicht den Traditionsgrundsatz, sondern stellen nur besondere Anforderungen an den Besitzwechsel auf, von dem sich auf den Übereignungswillen der Parteien schließen lässt. Eine Neuausrichtung des § 929 Satz 1 ist daher überfällig. Im praktischen Ergebnis hat sich hier die Rechtsprechung stillschweigend von einem publizitätsorientierten Übergabebegriff getrennt, indem sie verschiedene vergeistige Übergabeformen wie den Geheißerwerb zuließ. Die Versuche, beim Geheißerwerb eine publizitätsorientierte Übergabe zu konstruieren, sind zwar kreativ, aber der Sache nach unnötig. Die historische und praktische Entwicklung weitergedacht, wird die Übergabe zu einem verzichtbaren Merkmal. Wenn die Erklärungen der Parteien den Rückschluss auf einen ernsthaften Übereignungswillen zulassen, ist es sinnlos, sie an eine Übergabe zu ketten. Die Übergabe ist nicht mehr als ein entbehrliches Beweisanzeichen.[527]

Auch die Übergabe beim Pfandrecht dient nicht Publizitätszwecken. Schon zur Entstehung des BGB hat man dieses Missverständnis angeprangert, ohne dass es sich im juristischen Bewusstsein verankert hätte.[528] Zusammenfassend ist hier

525 I 2.

526 IV 3 a.

527 V 1; zum Geheißerwerb V 5.

528 VIII 1.

nochmals mit Nachdruck zu betonen, dass die Übergabe beim Pfandrecht den Gläubiger vor Verfügungen seines Schuldners schützen soll. Nicht die Publizität, sondern der Verfügungsschutz sind das zentrale Anliegen des §§ 1205ff. Die Publizität ist auch kein Nebenzweck, da die §§ 1205f publizitätsfreie Übergabeformen gestatten, sofern dadurch dem Schuldner die Möglichkeit genommen wird, über die Sache zu verfügen. Die Publizität ist allenfalls ein Rechtsreflex dieser Vorschriften. Die vielerörterte Frage, ob die Sicherungsübereignung dem Publizitätsprinzip zuwiderläuft, weil sie ein besitzloses Pfandrecht bedeutet, ist daher schief gestellt.[529] Alle Versuche, Publizitätselemente in die Sicherungsübereignung hineinzulesen, sind daher im Ansatz verfehlt. Das Faustpfandprinzip ist kein gesetzlicher Anhaltspunkt dafür, *de lege lata* Publizitätselemente bei der Sicherungsübereignung einzuführen und *de lege ferenda* solche zu fordern. Die Frage, ob ein besitzloses Pfandrecht zulässig ist, berührt im übrigen den Typenzwang, nicht aber das Publizitätsprinzip.

Insgesamt zeigt sich, dass die Zwecke, die sich hinter dem Traditionsprinzip verbergen, relativ sind. Sie lassen sich mit dem Publizitätsprinzip nur in wenigen Fällen vereinbaren und laufen ihm oft zuwider. Um das berühmte Schlagwort von *Theodor Süß* aufzugreifen,[530] ist das Traditionsprinzip kein »Atavismus«, sondern allenfalls ein Rudiment des Publizitätsprinzips. Für das Publizitätsprinzip im Fahrnisrecht fällt die Bilanz somit negativ aus: Die gesetzlichen Übergabeformen stehen nicht im Dienste des Publizitätsprinzips. Wenn sie tatsächlich einen Rückschluss auf eine Änderung der sachenrechtlichen Rechtsverhältnisse zulassen, ist dies nur ein beiläufiger Nebeneffekt. Diesen Nebeneffekt nahm der Gesetzgeber in Kauf, ließ sich davon aber nicht leiten, als er die einzelnen Übergabetatbestände schuf.

b) Sofortige und zurechenbare Ersitzung

Das Publizitätsprinzip und der gutgläubige Erwerb ergänzen idealiter einander. Besonders im Liegenschaftsrecht wird deutlich, dass das Grundbuch als Publizitätsträger erst den gutgläubigen Erwerb ermöglicht. Umgekehrt erhält das Grundbuch auch seinen besonderen Wert deswegen, weil das Gesetz den gutgläubigen Erwerb vorsieht. Allerdings lässt sich dieser Befund nicht gleich einer Schablone auf den gutgläubigen Erwerb im Fahrnisrecht übertragen. Der Besitz ist ein aussageloser Publizitätsträger, so dass er als Anknüpfungspunkt für den gutgläubigen Erwerb ungeeignet ist. Die Rechtsprechung ist zwar in der Floskel erstarrt, dass der Besitz der Rechtsscheinträger für den gutgläubigen Erwerb sei, relativiert diesen Ausgangspunkt jedoch selbst. Der gutgläubige Geheißerwerb ist dafür ein augenfälliges Beispiel, da ihn die Rechtsprechung anerkennt, obwohl

[529] VIII 2.
[530] FS Wolff (1952), 141.

es hier unmöglich ist, an den Besitz als Rechtsscheinträger anzuerkennen. Auch die Besitzverschaffungsmacht, die den gutgläubigen Erwerb beim Geheißerwerb und in weiteren Konstellationen erklären soll, führt nicht weiter. Sie spiegelt einen Rechtsscheintatbestand vor, der in Wahrheit nicht existiert. Die Besitzverschaffungsmacht ist nur das missverständliche Kürzel für die Erklärung des Veräußerers, dass er in der Lage sei, das Eigentum zu verschaffen. Als objektiven Rechtsscheintatbestand muss die Besitzverschaffungsmacht daher das Versprechen des Veräußerers auffassen, das Eigentum zu verschaffen. Die These von der Besitzverschaffungsmacht scheint diesen Schluss vermeiden zu wollen, da man dadurch im Ergebnis auf einen Rechtsscheintatbestand verzichten würde. Befreit man die Sicht von dogmatischen Begriffshülsen und schält man die Essenz des gutgläubigen Erwerbs heraus, so gelangt man zu dem Modell einer zurechenbaren, sofortigen Ersitzung. Für den gutgläubigen Erwerb ist ausreichend, dass der Erwerber das erhalten hat, was der Veräußerer versprochen hat, sofern die Sache nicht abhanden gekommen ist. Auf einen positiven Rechtsscheintatbestand greift dieses Modell nicht mehr zurück. Dieser Gesichtspunkt unterscheidet es allerdings weder von der Rechtsprechung noch von der These der Besitzverschaffungsmacht. In der Praxis ist die These, dass der Besitz der Rechtsscheinträger beim gutgläubigen Erwerb sei, längst zu einem Lippenbekenntnis verkommen. Auch die These von der Besitzverschaffungsmacht knüpft an keinen positiven Rechtsscheinträger an, auch wenn der Begriff dies vorspiegelt.

Schließlich lässt sich das Publizitätsprinzip beim gutgläubigen Erwerb auch nicht dadurch restaurieren, indem man den Gedanken von der Relativität der Übergabe fruchtbar macht. Ein enger Übergabebegriff im Sinne eines Besitzwechsels von Hand zu Hand mag zwar dem Publizitätsgedanken nahe kommen, lässt sich aber mit dem Gesetz nicht vereinbaren. § 934 2. Var. verdeutlicht dies. Gleichzeitig ist diese Vorschrift die gemeinsame Klammer für die einzelnen Tatbestände des gutgläubigen Erwerbs und stützt das hier vertretene Modell der sofortigen und zurechenbaren Ersitzung. Auch die These von der Besitzverschaffungsmacht hat diese Vorschrift für sich beansprucht, indes kaum einleuchtend. Auf eine »Verschaffungsmacht« stellt § 934 2. Var. nicht ab. Ausdrücklich erwähnt nur die Gesetzesbegründung zu § 934 1. Var. die Besitzverschaffungsmacht. Allerdings ist dieses Vorschrift rechtspolitisch missglückt und wirft schwere Wertungswidersprüche zu § 933 auf, die sich nach der hier vertretenen Ansicht nur abmildern aber nicht gänzlich beseitigen lassen.

Zusammenfassend bleibt festzuhalten, dass das Publizitätsprinzip auch beim gutgläubigen Erwerb keine Rolle mehr spielt. Im Rückblick betrachtet, war dies eine zwingende Entwicklung. Wenn der Besitz ein aussageloser Publizitätsträger ist und sich die Übergabeformen vergeistigen, so muss sich dieses Publizitätsdefizit beim gutgläubigen Erwerb fortsetzen, da er an die Übergabetatbestände der §§ 929ff anknüpft.

c) Entbehrliche Publizität beim originären Erwerb

Für den originären Eigentumserwerb ist das Publizitätsprinzip bedeutungslos. Dies liegt besonders bei den Erwerbstatbeständen der §§ 946–950 nahe, da diese Vorschriften keinen Besitz des Erwerbers oder eines Veräußerers voraussetzen und damit einen Eigentumserwerb ohne einen beglaubigenden Publizitätsträger ermöglichen. Auch sonstige offenkundige Zeichen für den Erwerb weisen diese Vorschriften nicht auf.[531]

Seine Existenz als Klammerbegriff verdankt der Eigenbesitz den übrigen originären Erwerbstatbeständen. Die Ersitzung setzt zwar den Besitz des Erwerbers voraus, allerdings tritt der Eigentumserwerb erst bei dem für Dritte nicht feststellbaren Eigenbesitz ein, den § 938 immerhin vermutet.[532]

Auch die Erwerbsgründe der §§ 953–957 lassen sich nicht durch das Publizitätsprinzip erklären, da sie teilweise an den publizitätsfreien Eigenbesitz anknüpfen oder an eine Erwerbsgestattung. Bei einer Erwerbsgestattung durch einen Nichtberechtigten versuchte man, durch eine ergänzende Gesetzesauslegung einen Publizitätsgedanken einzuführen. Dies ist allerdings unnötig, da die auftretenden Sachfragen gelöst werden können, ohne dass man einen Besitz des Gestattenden verlangt.[533]

Das Bild vom publizitätsfreien, originären Erwerb schließlich vervollständigt das Fundrecht. Auch hier ist der Besitz nicht der entscheidende Erwerbsgrund. Das Eigentum des Finders beruht auf dem Gedanken der »Verschweigung« und setzt damit keinen Publizitätsakt voraus.

531 VII 2.
532 VII 1.
533 VII 3.

§ 5 Dogmatische Grundlagen des Typenzwangs

I. Begriff

1. Formalisierte Inhaltskontrolle

Sachenrechte unterliegen einem *numerus clausus*. Im Laufe der Zeit haben sich unterschiedliche Begriffsbildungen zum *numerus clausus* Prinzip entwickelt, so dass dessen rechtlicher Gehalt zu präzisieren ist. Über den Zweck des *numerus clausus* Prinzips ist man sich jedoch einig. Es begrenzt die Privatautonomie, indem die Parteien keine beliebigen dinglichen Rechte jenseits der gesetzlich zugelassenen schaffen dürfen.[1] Dies entspricht der Absicht des Gesetzgebers, der dazu jedoch reichlich ungenau ausführte: »Der Grundsatz der Vertragsfreiheit, welcher das Obligationenrecht beherrscht, hat für das Sachenrecht keine Geltung. Hier gilt der umgekehrte Grundsatz: die Betheiligten können nur solche Rechte begründen, deren Begründung das Gesetz zulässt. Die Zahl der dinglichen Rechte ist damit nothwendig eine geschlossene«.[2]

Auf den ersten Blick legt die Begründung des Gesetzgebers nahe, dass es im Sachenrecht überhaupt keine Vertragsfreiheit gebe. Dies ist jedoch missverständlich und ungenau. Das *numerus clausus* Prinzip schränkt nur die Gestaltungsfreiheit als Bestandteil der Vertragsfreiheit ein. Die Abschlussfreiheit bleibt unberührt. Es steht den Parteien daher frei zu entscheiden, ob sie ein vom Gesetz zugelassenes »dingliches« Recht begründen wollen.[3] Damit ist der materielle Gehalt dieses Prinzips offen gelegt: Der *numerus clausus* im Sachenrecht dient der Inhaltskontrolle. Die Inhaltskontrolle ist nun ihrerseits ein denkbar weiter Begriff und in der weitesten Fassung mit den Schranken der Privatautonomie gleichzusetzen.[4] Bei

---

[1] Siehe etwa: *Baur/Stürner* § 1 Rn. 7; *Brehm/Berger* § 1 Rn. 36; *Canaris*, FS Flume I (1978), 371, 376; MünchKomm/*Rinne* Einl. Rn. 11; *Soergel/Stadler* Einl Rn. 41; *Stürner* AcP 194 (1994), 265, 266; *Wolff/Raiser* § 2 II 1; *Wilhelm* Rn. 242. Teilweise anders *Wieling I* § 1 III (S. 23): Sowohl die Anerkennung der Vormerkung nach § 883 wie auch der Sukzessionsschutz der miet- und pachtrechtlichen Positionen nach »verwässerten« den Grundsatz des Typenzwangs. Schließlich sei § 1007 ein Beleg dafür, dass das *numerus clausus* Prinzip in Wirklichkeit aufgegeben sei. Dieses Ergebnis allein auf die erwähnten Normen zu stützen, scheint etwas gewagt. Zum Sukzessionsschutz näher oben § 2 III 2 b.

[2] Motive III, 3.

[3] ZB.: MünchKomm/*Rinne* Einl. Rn. 11; *Soergel/Stadler* Einl. Rn. 41; *Staudinger/Seiler* Einl zum SachenR Rn. 39; *Westermann/H. P. Westermann* § 1 I 2; *Wilhelm* Rn. 10 jeweils mwN.

[4] *Fastrich*, Richterliche Inhaltskontrolle und Privatrecht (1992), 5.

Schuldverhältnissen drückt sich die Inhaltsfreiheit in der Freiheit der Vertragsparteien aus, Rechte und Pflichten selbständig zu gestalten. Grenzen setzen dem Verbotsgesetze, die Sittenwidrigkeitskontrolle nach § 138, die §§ 307ff und das zwingende Gesetzesrecht. Dingliche Rechte kennzeichnen nach der Konzeption des Gesetzgebers keine schuldrechtlichen Pflichten, so dass der Anknüpfungspunkt anders ist. Wollen die Parteien die Rechtsfolgen eines dinglichen Rechts erzeugen, so müssen sie sich der gesetzlichen Typen bedienen. Die Inhaltskontrolle ist damit formalisiert und typisiert. Dies schließt allerdings nicht aus, dass die §§ 134, 138 und 307ff auch auf dingliche Rechtsgeschäfte anwendbar sind. Die Versuche, das Sachenrecht unter Berufung auf das Abstraktionsprinzip dagegen zu immunisieren, haben sich als wenig überzeugend dargestellt.[5] Eine flankierende Inhaltskontrolle schließt auch der Typenzwang nicht aus.

2. Typenzwang und Typenvermischung

Das *numerus clausus* Prinzip wird als Typenzwang übersetzt, der in seiner klassischen Definition die Parteien daran bindet, sich der sachenrechtlich normierten Typen zu bedienen, wenn sie ein dingliches Recht begründen wollen. Die Parteien können keine neuen Typen schaffen oder bestehende inhaltlich umgestalten.[6] Das Schrifttum differenziert vielfach zwischen Typenzwang und Typenfixierung. Während ersterer den *numerus clausus* im beschriebenen Sinne erfassen soll, soll die Typenfixierung bedeuten, dass das Gesetz den Inhalt der möglichen Berechtigungen in Umrissen umschreibt.[7] Diese Differenzierung mag begrifflich möglich sein, verdeutlicht aber nur und bringt keine zusätzliche Erkenntnis. Ohne Typenfixierung ist ein *numerus clausus* undenkbar oder anders gewendet: Sofern das Gesetz keine inhaltliche Mindestvoraussetzung für einen Sachenrechtstyp festlegt, besteht kein Typenzwang. In diesem Fall gestattet das Sachenrecht eine bestimmte Gestaltung entweder überhaupt nicht wie etwa die »Antichrese« oder räumt den Parteien Gestaltungsfreiheit ein. Der Typenzwang kann daher gar nicht ohne den Inhalt des Typs bestimmt werden.[8] Nur eine andere Begrifflichkeit ist es, wenn man zwischen negativem und positiven Typenzwang unterscheidet: Ersterer soll bedeuten, dass einem Gestaltungswillen der Parteien überhaupt keine Bedeutung zukommt, während letzterer meint, dass ein positiver Typenzwang die von den Parteien gewollten Rechtsfolgen »modifiziert« und sie auf die gesetzlichen festlegt.[9]

---

[5] Näher dazu oben § 3 III 3.

[6] MünchKomm/*Rinne* Einl SachenR Rn. 11; *Staudinger/Seiler* Einl zum SachenR Rn. 38.

[7] *Baur/Stürner* § 1 Rn. 7; *Brehm/Berger* § 1 Rn. 26; *Müller* Rn. 8; *Soergel/Stadler* Einl. Rn. 41; *Westermann/H.P. Westermann* § 1 I; *Wolf* Rn. 23.

[8] So zu Recht *Radke*, Bedingungsrecht und Typenzwang (2001), 54; *Staudinger/Seiler* Einl zum SachenR Rn. 38.

[9] So der Ansatz von *Radke* (Fn. 8), 53f.

Alle Begriffsbildungen beleuchten den Typenzwang von unterschiedlichen Seiten, beschreiben aber keine abweichenden Inhalte. Zur Klarstellung ist von dem Begriff des dinglichen Geschäfts auszugehen, dessen Inhalt ja durch das Gesetz festgelegt wird. Nach der gängigen Definition ist ein dingliches Rechtsgeschäft ein solches, durch das unmittelbar auf ein bestehendes dingliches Recht eingewirkt wird, sei es, dass es begründet, inhaltlich geändert oder aufgehoben wird. Das *numerus clausus* Prinzip kann nur an diesen drei Handlungsmöglichkeiten ansetzen. Dingliche Rechte entstehen nur unter den im Gesetz geregelten Voraussetzungen. Die Parteien können diese Voraussetzungen daher nicht abändern.[10] Umgekehrt können die Parteien auch nicht vereinbaren, wann ein dingliches Recht erlischt oder untergeht. Auch hier regelt das Gesetz abschließend die Voraussetzungen. So hatte das Reichsgericht im Jahre 1933 über eine Klausel zu befinden, wonach bei einer Hypothek die getilgten Raten als besonderes Guthaben anzusammeln waren.[11] Durch diese Klausel wurde der Erlöschenstatbestand einer Hypothek nach § 1163 Abs. 1 Satz 2 abgeändert. Das Reichsgericht hielt dies für unwirksam, da dadurch die gesetzliche Regelung außer Kraft gesetzt werde.[12] Praktisch bedeutsam bei der Frage, ob ein dingliches Recht entsteht oder untergeht, wird der Typenzwang bei den sog. Verarbeitungsklauseln im Rahmen von § 950. Nach wie vor ist noch immer streitig, ob bei diese Vorschrift durch Parteivereinbarung abgeändert werden kann.[13]

Die stärkste Auswirkung hat der Typenzwang auf den Inhalt der dinglichen Rechte: Unter der Ägide des Typenzwangs ist der Inhalt dinglicher Rechte festgelegt. Sofern das Gesetz es nicht gestattet, dürfen die Parteien von diesem Inhalt nicht abweichen. Daraus folgt, dass die Vorschriften über dingliche Rechte *ius cogens* sind. Die entscheidende Frage ist, was zum »Inhalt« eines dinglichen Rechts zählt. Es scheint dies eine zu selbstverständliche Frage zu sein, als dass sich darauf genaue Antworten finden. Für den Umgang mit dem Typenzwang muss diese Frage jedoch beantwortet werden. Der Inhalt eines dinglichen Rechts wird letztlich durch alle Bedingungen bestimmt, die seine Ausübung regeln. Darunter fällt zunächst die Frage, wem das dingliche Recht überhaut zusteht – Typenzwang bei der Aktivlegitimation. Das Sachenrecht erlaubt hier vielfältige Gestaltungen: Ein Recht kann einer Person oder mehreren Personen (Gesamtberechtigung) zustehen. Weiter erlaubt das Sachenrecht bisweilen eigene Rechte (§ 1196 Abs. 1) oder gestattet subjektiv-dingliche bzw. subjektiv-persönliche Rechte. Weiter kennzeichnet das Belastungsobjekt den Inhalt des dinglichen Rechts: Gegenstand einer Belastung kann ein Grundstück sein, bei der Gesamthypothek können es auch mehrere Grundstücke sein (vgl. § 1132). Schließlich rechnet zum Inhalt auch die Art der jeweiligen Berechtigung: Das Sachenrecht baut auf dem Dreiklang

[10] Siehe *Soergel/Stadler* Einl. Rn. 42; *Staudinger/Seiler* Einl zum SachenR Rn. 40.
[11] RGZ 142, 156.
[12] RGZ 142, 156 unter Verweis auf RGZ 108, 68.
[13] Näher dazu unten IV 2.

von Nutzungs-, Verwertungs- und Erwerbsrechten auf. Eine bestimmte Berechtigung muss sich daher unter diese Formen subsumieren lassen. Allerdings kann der Typenzwang nur funktionieren, wenn das Gesetz selbst bestimmte Anforderungen erfüllt und einen Typ klar umschreibt. Dies ist ein Auslegungsproblem und damit rücken zugleich methodische Fragen in den Vordergrund. Durch eine Auslegung darf der Typenzwang nicht weginterpretiert werden. Zwangsläufig ist die Auslegung daher besonders am Wortlaut der Vorschrift ausgerichtet, was allerdings ein hinreichend präzise gefasstes Gesetz voraussetzt. Auf den Zusammenhang mit dem Bestimmtheitsprinzip wurde hier schon eingangs hingewiesen.[14] Je weiter eine Vorschrift gefasst ist, je offener der gesetzliche Typ damit gestaltet ist, desto weniger lässt sich der Typ fixieren. Auslegungsspielräume beeinträchtigen damit den Typenzwang. Die Analyse, wie weit die einzelnen gesetzlichen Typen gefasst sind, soll vorerst noch hintangestellt werden, da sie unvollständig ohne Aufarbeitung der dogmatischen Grundlagen wäre.

II. Der Typenzwang im Lichte der Sachenrechtsprinzipien

1. Autonomes Sachenrecht und Typenzwang

a) Das dingliche Recht als Grundlage des Typenzwangs

Bei einem derart elementaren Grundsatz wie dem Typenzwang möchte man vermuten, dass die Gesetzgebungsmaterialien sich ausführlicher diesem Begriff widmeten. Dem ist jedoch nicht so. Die Aussagen zum Typenzwang im Quellenmaterial sind kryptisch.[15] Um die historischen Gründe für den Typenzwang zu ermitteln, ist man gezwungen ist, zwischen den Zeilen in der historischen Begründung einerseits zu lesen und andererseits die geschichtliche Entwicklung aufzuzeichnen. Das mittelalterliche germanische Recht gewährte die Möglichkeit, jedes auf eine bestimmte Sache bezogene Schuldverhältnis dadurch zu verdinglichen, indem die Gewere – der Besitz – eingeräumt wurden.[16] Im preußischen Allgemeinen Landrecht (ALR) findet sich dieser Grundsatz in Rudimenten wieder.[17] Schon der Redakteur des Vorentwurfes *Johow* wies auf dieses *ius ad rem* nach dem ALR hin und lehnte dessen Anerkennung im BGB ab. Ursache dessen war die Befürchtung, dass die Parteien das Eigentum aushöhlen könnten, wenn sie es selbst definieren. Der Eigentümer könne eine Sache nicht in seinem Vermögen behalten und gleichzeitig das Eigentum abschwächen, indem er willkürlich die einzelnen Befugnisse des Eigentums abspaltet. Gestatte man dies, so würde ein Recht

[14] §1 II 3.

[15] *Heck* §22 (S. 88); *Huber* JurAn 1970, 784; *Radke* (Fußn. 8), 55; *Wiegand*, FS Kroeschell (1987), 623, 625.

[16] *Wolff/Raiser* §2 II 1 (S. 9).

[17] ALR I 2 §124, 132ff; ALR I 10 §25; ALR I 19 §5f; ALR I 4 §§15ff.

verbleiben, dass die Rechtsordnung nicht mehr als Eigentum gelten lassen könne.[18] Es bleibt spekulativ, ob diese Ausführungen den Gesetzgeber dazu bewogen haben, den Typenzwang einzuführen, da die Materialien auf diese Begründung nicht detailliert zurückgreifen. Eher psychologisch als rechtsdogmatisch argumentiert daher *Heck*, wenn er sich darauf stützt, dass die Ausführungen *Johows* wohl das »Unterbewusstsein des Gesetzgebers« geprägt hätten.[19]

Eindeutig sprechen sich die Materialien gegen ein *ius ad rem* aus. Dies findet sich jedoch an versteckter Stelle bei den Diskussionen um die Vormerkung. Hier stand man diesem Rechtsinstitut zunächst skeptisch gegenüber, weil man befürchtete, dass dadurch ein *ius ad rem* geschaffen werden sollte.[20] Nachdem diese Bedenken beseitigt waren, fand die Vormerkung Aufnahme in das BGB. Die einzige Stelle, an der sich die Motive ausdrücklich zum *numerus clausus* äußern, ist eher karg. Wörtlich heißt es:[21] »Den Betheiligten kann es daher nicht freistehen, jedem beliebigen Rechte, welches sich auf die Sache bezieht, den Karakter des dinglichen zu verleihen.« Die Gesetzesbegründung fährt dann mit den eingangs wiedergegebenen Folgerungen fort: »Der Grundsatz der Vertragsfreiheit, welcher das Obligationenrecht beherrscht, hat für das Sachenrecht keine Geltung. Hier gilt der umgekehrte Grundsatz: Die Betheiligten können nur solche Rechte begründen, deren Begründung das Gesetz zulässt. Die Zahl der dinglichen Rechte ist daher nothwendig eine geschlossene«.

Ganz im Stile der Zeit ist diese Begründung der Begriffsjurisprudenz verhaftet und daher heute methodisch nicht mehr zeitgemäß. Der Gegensatz von Schuld- und Sachenrecht und damit der Unterschied zwischen dem dinglichen und dem persönlichen Recht, soll den Typenzwang im Sachenrecht rechtfertigen. Abgesehen davon, dass der Begriff des dinglichen Rechts ein Kunstbegriff ist, folgt aus ihm nicht zwingend der geschlossene Kreis dinglicher Rechte. Dingliche Rechte an Rechten genügen ebenso wenig der Definition des dinglichen Rechts wie die Grundpfandrechte. Gleichwohl unterliegen sie dem Typenzwang. Bereits im Jahre 1889 hatte man das gesetzgeberische Konzept vehement angegriffen und sich dabei auf Gründe gestützt, die auch aus der heutigen Perspektive bemerkenswert aktuell sind: Davon ausgehend, dass die Trennung zwischen einem Forderungsrecht und einem dinglichen Recht ohnehin nicht durchführbar sei, sollen volkswirtschaftliche Notwendigkeiten darüber entscheiden, ob ein Recht absolute Wirkungen haben soll. Man befürchtete, dass der Typenzwang wirtschaftliche Veränderungen verhindere und deswegen die wirtschaftliche Entwicklung hemmen würde.[22] Da diese Kritik die Rückkehr zum Modell des ALR vorschlug, fand

[18] Vorentwurf, 501.

[19] *Heck* § 22/2, 3; dem folgend *Radke* (Fußn. 8), 57.

[20] Prot. III, 114. Siehe dazu schon oben § 2 V 4.

[21] Mot. III, 3. Die zweite Kommission vertiefte die Diskussion zum *numerus clausus* nicht mehr, vgl. *Radke* (Fußn. 8), 56; *Wiegand*, FS Kroeschell (1987), 623, 625.

[22] *Fuchs*, Das Wesen der Dinglichkeit (1889). In diesem Sinne auch die bereits eingangs er-

sie keine Aufmerksamkeit des Gesetzgebers. Man hatte sich eindeutig gegen dieses Modell entschieden und sah sich daher auch nicht mehr dazu veranlasst, die inhaltliche Kritik am Typenzwang zu würdigen. Die Gesetzesbegründung übertüncht die logischen Mängel ihrer Ableitung, indem sie schlicht behauptet, dass die Zahl der dinglichen Rechte notwendig geschlossen sei. Hinter der apodiktischen Begründung verbirgt sich eine andere Befürchtung. Man wollte vermeiden, dass obligatorische Rechtspositionen auch Dritte binden, die gar nicht an der Entstehung dieses Rechts beteiligt waren.[23] Das ALR gestattete es, solchen Vereinbarungen eine Drittwirkung zuzumessen und erkannte ein *ius ad rem* an. Allerdings widerlegt sich die Gesetzesbegründung im gewissen Sinne selbst und verdeutlicht beispielhaft die Unzulänglichkeiten einer Begriffsjurisprudenz: Wenn sich dingliches Recht und persönliches Recht begrifflich trennen lassen, müssten sich die Mischformen deutlich identifizieren lassen. Die betonte Selbständigkeit des Sachenrechts hätte nicht in Frage gestanden, wenn man einen erweiterbaren Kreis dinglicher Rechte vorgesehen hätte, sofern das von den Parteien gewählte Recht nur die unmittelbare Herrschaft einer Person über eine Sache regelt. Es hätte daher dem gesetzgeberischen Anliegen Genüge getan, wenn man eine Drittwirkung obligatorischer Abreden ausdrücklich untersagt hätte wie dies im Ansatz auch durch § 137 Satz 1 geregelt wird.[24] Mit anderen Worten belegt der Begriff des »dinglichen Rechts« noch nicht zwangsläufig, dass diese Rechte abschließend sein müssen. Auch in der gemeinrechtlichen Wissenschaft wurde dieser Standpunkt nur vereinzelt vertreten, ohne ihn zu einem systembildenden Dogma zu erheben.[25]

Das dingliche Recht ist als erster Pfeiler des Typenzwangs damit mehr als brüchig. Dies belegt auch der Blick auf ausländische Rechtsordnungen, die jedenfalls teilweise einen Typenzwang kennen, aber keinen Rechtsbegriff »dingliches Recht«.[26] Die geschlossenen Sachenrechtstypen beruhen damit auf einer fehler-

---

wähnte drastische Feststellung *v. Gierkes*, wonach der Typenzwang mit Verknöcherung und Erstarrung drohe (oben § 1 II 2 c). Es lässt sich der Typenzwang allerdings auch nicht unter den Vorbehalt der wirtschaftlichen Entwicklungen stellen. Der *numerus clausus* der dinglichen Rechte ist in seinem historischen Konzept gegenüber solchen wirtschaftlichen Entwicklungen resistent. Dies mag man beklagen, aber *de lege lata* muss man dies hinnehmen.

[23] So grundlegend: *Wiegand*, FS Kroeschell (1987), 623, 633f.

[24] Dazu sogleich II 3 b.

[25] *Wiegand*, FS Kroeschell (1987), 623, 629 wonach einzig *Glück* (Ausführliche Erläuterung der Pandekten [1797] § 178) die Anzahl der dinglichen Rechte auf vier Arten beschränkte.

[26] Zum englischen Recht siehe bereits oben § 1 II 2 c. Das französische Recht kennt einen numerus clausus jedenfalls für die Sicherungsrechte. Art. 2115 *Code Civil:* « L'hypothèque n'a lieu que das les cas et suivant les formes autorisés par la loi ». Bei Nutzungsrechten schwankt die französische Praxis, da Art. 686 *Code Civil* den Parteien eine Gestaltungsfreiheit einräumt. Man stellt hier überwiegend darauf ab, ob eine Norm zur Eigentums- und Wirtschaftsordnung rechnet. Sofern dies zu bejahen ist, ist sie Bestandteil des *ordre public interne* und damit der Parteidisposition entzogen. Aus der zwingenden Natur dieser Vorschriften lässt sich allerdings ein Typenzwang ableiten (*Marty/Raynaud/Jourdain* No. 8; *Ferid/Sonnenberger II* 3 A 17–19 mwN).

haften Ableitung. Wenn die Materialien ausführen, dass die Zahl der dinglichen Rechte notwendig eine geschlossene sein müsse, so ist dies eher eine Behauptung und kein derart unverbrüchliches Axiom, wie es die Ausführungen suggerieren. Im Ergebnis stellt sich die These des Gesetzgebers, dass die dinglichen Rechte geschlossen seien, als eine Überreaktion auf die Rechtslage nach dem ALR dar. Der Typenzwang ist nicht zwingend notwendig, um zu verhindern, dass die Parteien obligatorische Rechte mit Drittwirkung ausgestalten.

b) Ungeteiltes Eigentum und Typenzwang

Die Ableitung des Typenzwangs aus dem Begriff des dinglichen Rechts und der Eigentumsbegriff des BGB greifen ineinander. Dies verdeutlichen die bereits geschilderten Ausführungen im Vorentwurf: Ein frei definierbares Eigentum höhle die Rechtspositionen aus und hebe sich selbst auf.[27] Dieses Freiheitsparadoxon veranlasste den Gesetzgeber dazu, den Typenzwang einzuführen. Auch im heutigen Schrifttum finden sich Stimmen, die den *numerus clausus* der dinglichen Rechte als Folge des Eigentumsbegriffs ansehen.[28] Auf den ersten Blick erscheint diese Begründung des Typenzwangs als plausibel. Ein zweiter Blick lässt diese Ableitung jedoch in einem anderen Licht erscheinen, da sie nur unter den historischen Rahmenbedingungen verständlich wird.

Einen eigenständigen Eigentumsbegriff zu normieren erschien dem Gesetzgeber weniger wichtig, als in § 903 die Befugnisse zu beschreiben, die aus dem Eigentum folgen. Der Gesetzgeber verzichtete deswegen darauf, den Eigentumsbegriff des BGB zu definieren.[29] Er folgte in dieser Methode *Johows* Vorentwürfen zum Sachenrecht. Der zuständige Redakteur für das Sachenrecht analysierte zwar alle Eigentumsbegriffe, die sich seinerzeit in den Kodifikationen und der Literatur fanden, hielt aber eine Definition für unnötig und praktisch ohne Bedeutung.[30] Die Anhaltspunkte für den Eigentumsbegriff des BGB sind daher in den Materialien nur schmal. Es lässt sich zuverlässig den Materialien nur entnehmen, dass das Eigentum ungeteilt ist. In den Vorentwürfen beschrieb man dieses Charakteristikum dahin gehend, dass das Gesetz zunächst das Eigentum voll gibt und das so Gegebene wieder beschränkt.[31] Ungeteilt ist das Eigentum an einer Sache, da es nur einer Person zustehen kann. Fallen Verfügungsbefugnis und Nutzungsrecht auseinander, so ändert dies nichts an der Eigentumsposition. Der Gesetzge-

[27] *Johow*, Vorentwurf, 1–3, 501; Mot. III, 262.

[28] *Wiegand* AcP 190 (1990), 112, 117; *ders.*, FS Kroeschell (1987), 623, 627ff; *Soergel/Stadler* Einl. Rn. 41; *Soergel/J.F. Baur* § 903 Rn. 6, 7; vorsichtiger *Staudinger/Wiegand* Anh zu §§ 929–931 Rn. 4. Nach *Stadler*, Gestaltungsfreiheit und Verkehrsschutz durch Abstraktion (1996), 111, ist die Reduktion des Eigentumsbegriffs eine notwendige Vorbedingung für den Typenzwang.

[29] Mot. III 257, 262f.

[30] *Johow*, 495ff.

[31] *Schubert*, Die Vorentwürfe der Redaktoren zum BGB, 503; *Staudinger/Seiler* Vorbem zu §§ 903ff Rn. 56.

ber formulierte diesen Grundsatz deutlich: »Deshalb lässt sich das Eigenthum auch nicht so theilen, dass dem Einen und dem Anderen eine Reihe bestimmter im Eigenthume liegender Befugnisse zugewiesen wird und dem beiderseitigen Rechte der Karakter des Eigentums beigemessen wird«.[32]

Die Gesetzesbegründung schloss sich damit einer Strömung an, die bereits Anfang des 19. Jahrhunderts durch *Thibaut* eingeleitet wurde und auf eine Reduktion des Eigentumsbegriffes hinauslief.[33] Im Gegensatz zu germanischen Rechtsvorstellungen und dem Allgemeinen Landrecht[34] verstand man das Eigentum als eine ausschließliche Rechtsposition. Die unter diesen Begriff zu fassenden Befugnisse sind ausschließliche Rechte. Mitte des 19. Jahrhunderts hat *Puchta* diese Doktrin in seine berühmten Leitsätze gekleidet: Neben dem körperlichen Eigentumsbegriff betonte er, dass das Eigentum die totale Unterwerfung der Sache sei und ein Recht an der Sache (*ius in re aliena*) nie die Totalität des Eigentums haben könne.[35]

Hinter diesem Eigentumsbegriff verbergen sich zwei wesentliche Grundgedanken: Das Eigentum drückt sich in der ausschließlichen Macht des Eigentümers aus, über die Sache zu verfügen. Ein getrenntes Verfügungs- und Nutzungseigentum ist dem BGB fremd, vielmehr beruht der Eigentumsbegriff des BGB auf dem Primat des Verfügungseigentums. Gleichsam spiegelbildlich zur Diskussion zum *ius ad rem* wollte man verhindern, dass die Parteien das Eigentum inhaltlich abschwächen und damit durch »obligatorische Abreden« den Inhalt eines dinglichen Rechts definieren.

---

32 Mot. III, 262.

33 *Thibaut*, Über dominium directum und utile, in: Versuche über einzelne Teile der Theorie des Rechts II (2. Aufl. 1817). Zu dieser historischen Entwicklung siehe ausführlich: *Hecker*, Eigentum als Sachherrschaft (1990), 204ff; *Lehmann*, Sachherrschaft und Sozialbindung? (2004), 137ff; *Olzen* JuS 1984, 328, 330ff; *Wiegand*, Zur theoretischen Begründung der Bodenmobilisierung in der Rechtswissenschaft: der abstrakte Eigentumsbegriff, in: *Coing/ Wilhelm*, Wissenschaft und Kodifikation des Privatrechts im 19. Jahrhundert, Band III (1976), 118ff. Zu den in der Frühzeit des BGB vertretenen Eigentumsbegriffen siehe: *H. Westermann*, Die Konstruktion des Rechts an der eigenen Sache im B.G.B. (1934), 24–30.

34 Das Allgemeine Landrecht betrachtete das Eigentum als eine summative Rechtsposition. Aus drei Rechten setzte sich das volle Eigentum zusammen: dem Recht zum Besitz, dem Recht über die Substanz zu verfügen und dem Recht, die Sache zu gebrauchen (§§ 9–12 I 8). Siehe dazu *Strauch*, FS Hübner (1984), 273, 280.

35 *Puchta*, Vorlesungen über das heutige römische Recht (4. Aufl. 1854), §§ 144, 146:
»1. Der Gegenstand des Eigenthums ist eine Sache, ein körperlicher Gegenstand.
2. Das Eigenthum ist die totale Unterwerfung der Sache.
3. In der Totalität des Eigenthums liegt auch die Ausschließlichkeit desselben, nicht gegenüber anderen Rechten, sondern gegenüber anderem Eigenthum. Es können deshalb nicht mehrere Eigenthümer derselben ganzen Sache sein. Der Begriff des Eigentums als der totalen Herrschaft über eine Sache schließt ein danebenstehendes gleiches und höheres Recht aus. Ein Recht an der Sache muß ein jus in re aliena sein. Dieses jus in re hat
a) nicht die Totalität des Eigenthums, so umfassend es auch sein möge;
b) wenn das jus in re das Eigenthum noch so sehr mindert, so ist es doch dem Eigenthume gegenüber etwas zeitiges, von welchem das Eigenthum befreit werden kann.«

Dieser erste Grundgedanke mündet in den zweiten: Nutzungs- und Verwertungsbefugnisse stellen sich nur als Abspaltungen aus dem Volleigentum und in diesem Sinne als beschränkte dingliche Rechte dar. Diese Rechte sind »*iura in re aliena*«, aber kein Eigentum. Ein beschränktes dingliches Recht gewährt seinem Inhaber eine Befugnis, die ursprünglich dem Eigentümer zustand. Diese Position ist ausschließlich. Der Eigentümer darf die jeweilige Befugnis nicht ausüben, wenn sie einem Dritten zusteht. Der Nießbrauch als umfassendes dingliches Nutzungsrecht verdeutlich dies: Der Nießbraucher ist gegenüber dem Eigentümer umfassend zur Nutzung des Nießbrauchsobjekts berechtigt, was korrespondierend damit eine eigene Nutzung des Eigentümers ausschließt. Ob man allerdings diese Rechtstechnik als Abspaltung oder Belastung des Eigentums versteht, ist nur eine Frage der Perspektive und kein grundsätzliches konstruktives Problem. Man versuchte, diesen Abspaltungsgedanken aus dem Eigentumsbegriff selbst abzuleiten. Als »Universalmutterecht« stehe das Eigentum in der Hierarchie der dinglichen Rechte oben. Alle beschränkten dinglichen Rechte stellen sich danach als Tochterrechte dar, die einen Ausschnitt aus den Rechten des Eigentümers gewähren.[36] Derzeit widmet man der dogmatischen Erfassung des Abspaltungsgedankens keine besondere Aufmerksamkeit mehr. Das ungeteilte Eigentum und die Abspaltung beschränkter dinglicher Rechte verknüpft man wie selbstverständlich mit dem Typenzwang. Der rechtliche Rückblick identifiziert *Otto von Gierke* als wesentlichen Impulsgeber, der mit seiner Theorie von der qualitativen Teilung des Eigentums bald eine breite Gefolgschaft fand.[37] Kurz gefasst, lässt sich diese qualitative Teilung derart verstehen, dass aus einem Organismus ein Gebilde abgesondert wird, ohne dass dies die Identität des Organismus verändert. Qualitativ ist diese Teilung deswegen, da das Mutterecht einen Rechtsverlust erleidet.

Ein geteiltes Eigentum entspricht daher nicht dem Konzept des BGB, es lässt sich nicht in Obereigentum (*dominium directum*) und Untereigentum (*dominium utile*) verdoppeln.[38] Das ungeteilte Eigentums ist unbeschränkt und damit umfassend. Es ist *prima facie* frei von Beschränkungen.[39] Dieses Primat ließ sich nur dadurch umsetzen, indem man den Eigentumsbegriff stark formalisierte. Das

---

[36] *Westermann*, Die Konstruktion des Rechts an der eigenen Sache im Gebiet des B.G.B. (1933), 30; *Deutsch* MDR 1988, 441.

[37] *O. v. Gierke II*, 269 (obwohl *v. Gierke* selbst dem Typenzwang kritisch gegenüber stand); *Krückmann* AcP 103 (1908), 139; 144ff; *v. Tuhr II/1* 63; *Westermann* (Fußn. 60), 33ff; darauf aufbauend auch *Schön*, Der Nießbrauch an Sachen (1992), 227.

[38] Gleichwohl existierten auch noch im 20. Jahrhundert Versuche, das Eigentum an Grundstücken in Ober- und Untereigentum zu gliedern: *Vogel* NJW 1972, 1544, 1546; *Raiser*, FG Sontis (1977), 167ff. Die herrschende Lehre hat diesen Versuchen eine Absage erteilt und derartige Bemühungen im Keim erstickt: *Kroeschell* FS Thieme (1977), 34, 66ff; *Mayer-Maly*, FS Hübner (1985), 145ff; *Staudinger/Seiler* Vorbem zu §§ 903ff Rn. 60 a.E. jeweils mwN.

[39] *Staudinger/Seiler* Vorbem zu §§ 903ff Rn. 56; Mot. III, 262.

BGB beruht damit auf einem formalisierten, abstrakten, absoluten und ungeteilten Eigentumsbegriff.[40]

Dieser formalisierte Eigentumsbegriff soll sicherstellen, dass die Parteien das Eigentum nicht aushöhlen und damit *ad absurdum* führen. Der Typenzwang knüpft damit an ein formalisiertes Eigentum an und schützt es gleichzeitig. Wenn sich der Eigentümer seiner Verfügungsbefugnis begibt, verliert er damit auch sein Eigentum. Diese Zusammenhänge beschreiben allerdings einen Idealzustand und gehen davon aus, dass die Verfügungsbefugnis dass qualitativ wichtigste Recht ist, welches das Eigentum kennzeichnet. Mit der wirtschaftlichen und der gesetzlichen Entwicklung hält dies jedoch nicht mehr Schritt.

Die gesetzliche Ausgestaltung des Erbbaurechts stellt das Primat vom Verfügungseigentum in Frage. Das Erbbaurecht als Recht an einem Grundstück verbunden mit einem Sondereigentum am Bauwerk bricht aus der Ordnung der übrigen Liegenschaftsrechte aus. Augenfällig ist, dass es wie ein Grundstück behandelt wird und ein eigenes Grundbuchblatt erhält (§ 14 ErbbauVO). Folgerichtig hat der Erbbauberechtigte die Ansprüche eines Eigentümers und kann sein Recht übertragen. Das Nutzungsrecht des Erbbauberechtigten gewährt damit Befugnisse, die für gewöhnlich dem Verfügungseigentum zugemessen werden (11 ErbbauVO). Gegenüber diesen Befugnissen tritt das Verfügungseigentum an dem belasteten Grundstück in den Hintergrund.[41]

Noch deutlicher zeichnet sich die Annäherung von Verfügungsrecht und Nutzungsrecht beim Wohnungseigentum ab.[42] Das Dauerwohnrecht nach § 31 Abs. 1 WEG ist zwar kein Verfügungseigentum, gewährt aber vergleichbare ausschließliche Rechte. Unter Ausschluss des Eigentümers kann der Berechtigte eine bestimmte Wohnung benutzen. Auch hier räumt das Gesetz dem Dauerwohnberechtigten das Recht ein, über das Dauerwohnrecht zu verfügen. Es ist vererblich und veräußerlich (§ 33 WEG). Der Grundstückseigentümer kann nach § 35 WEG zwar einer Übertragung des Dauerwohnrechts widersprechen, allerdings ist dies ein stumpfes Schwert. Eine solche Veräußerungsbeschränkung ist nicht automatischer Inhalt eines Dauerwohnrechts sondern muss erst vereinbart werden. In diesem Falle kann der Eigentümer die Zustimmung zu einer Veräußerung nur ver-

---

[40] Siehe dazu und zum folgenden näher MünchKomm/*Säcker* § 903 Rn. 4ff. Auf den Begriff »Absolutheit« brauch hier nicht mehr eingegangen zu werden. Siehe dazu bereits oben § 2 III. Die Absolutheit des Eigentumsbegriffs folgt bereits aus dessen Unteilbarkeit: Wenn nur einer Person die Befugnisse eines Eigentümers zustehen können, dann sind diese logischerweise allen übrigen Personen nicht gestattet. Die Kritik von *Seiler*, dass das »abstrakte, formalisierte, totale und absolute Eigentum« ein Monstrum sei und mit Sicherheit nicht Produkt der Gesetzgeber (*Staudinger/Seiler* Vorbem zu §§ 903ff Rn. 57) ist überspitzt und in der Sache nicht zutreffend.

[41] *Olzen*, in: J. F. Baur (Hrsg.), Das Eigentum (1989), 103, 113; *Strauch*, FS Hübner (1985), 273, 285; zur geschichtlichen Entwicklung des Erbbaurechts: *Hattenhauer*, in: J. F. Baur (Hrsg.), Das Eigentum (1989), 83, 96f.

[42] *Olzen*, in: J. F. Baur (Hrsg.), Das Eigentum (1989), 103, 113; *Strauch*, FS Hübner (1985), 273, 286.

weigern, wenn ein wichtiger Grund besteht. Eine umfassende und vorbehaltlose Veräußerungsbeschränkung besteht deshalb nicht. Ein Heimfallrecht für den Fall einer Veräußerung kann auch nicht vereinbart werden.[43]

Bei den Sicherungsrechten an beweglichen Sachen ergeben sich besondere Spannungen zum formalisierten Eigentumsbegriff. Das Verfügungseigentum des Sicherungsnehmers ist hier deutlich abgeschwächt, da er in der Insolvenz des Sicherungsgebers nur ein Absonderungsrecht hat (§ 51 Abs. 1 Nr. 1 InsO). Parallel dazu ist das Nutzungsinteresse des Sicherungsgebers aufgewertet, da ihm ein Aussonderungsrecht nach § 47 InsO zusteht.[44] Die Rechtsentwicklung hat damit die Grenzen zwischen dem ausschließlichen Verfügungseigentum und davon abgeleiteten Rechten verschoben und billigt dem Sicherungsgeber stärkere Rechte zu als dem Sicherungsnehmer. Eine vergleichbare Entwicklung zeichnete sich bei dem Anwartschaftsrecht ab.[45] Dieses Phänomen als geteiltes Eigentum zu bezeichnen[46] ist wenig hilfreich, da diese Beschreibung auf das herkömmliche Vorverständnis über den Eigentumsbegriff zurückgreift. Entscheidend für die Rechtsanwendung ist jedoch nicht die klassifikatorische Einordnung der jeweiligen Rechtspositionen, sondern die Frage, wie die ausschließlichen Rechte zwischen dem Verfügungsberechtigtem und dem Nutzungsberechtigten zu verteilen sind. Das herkömmliche Eigentumsverständnis aber auch das Schlagwort vom »geteilten Eigentum« können dies weder bestimmen noch erklären. Vielmehr beruht die Verteilung der Ansprüche zwischen dem Sicherungsnehmer und dem Sicherungsgeber auf materiellen Erwägungen, denen sich der formale Eigentumsbegriff verschließt.

Die Rechtsentwicklungen zeigen, dass das Primat des Verfügungseigentums seine Aussagekraft eingebüßt hat. Damit ist aber auch gleichzeitig der Typenzwang als solcher betroffen, da das ungeteilte Eigentum als dessen Grundlage erodiert. Das Dogma vom ungeteilten Eigentum kann die Frage nicht beantworten, wie die Rechtspositionen zwischen dem Nutzenden und dem Eigentümer zu verteilen sind. In den beschriebenen Fällen genießt das Nutzungsinteresse den Vorrang vor dem Interesse des Eigentümers, über die Sache zu verfügen. Beim Dauerwohnrecht und im Erbbaurecht ist dieses Nutzungsrecht sogar übertragbar, so dass der Eigentümer auch gegenüber den Rechtsnachfolgern des Berechtigten gebunden ist. Besonders die Rechtsposition des Sicherungsgebers aber auch die Rechtsstellung des Erbbauberechtigten oder des Dauerwohnberechtigten bezeichnete man deswegen als wirtschaftliches Eigentum.[47] Damit kehrt man aller-

---

[43] MünchKomm/*Engelhardt* § 35 WEG Rn. 1.
[44] Dazu oben § 2 III 2 c.
[45] Dazu unten im Zusammenhang § 6 IV 5.
[46] So *Strauch*, FS Hübner (1984), 273, 287f.
[47] *Baur/Stürner* § 3 Rn. 34; *Gast*, FS E. Wolf (1985), 87, 90ff (für das Anwartschaftsrecht), 96f (für die Rechtsstellung des Sicherungsgebers); *Junker* AcP 193 (1993), 348, 353f; *Reich* AcP 169 (1969), 247, 251; *Staudinger/Wiegand* Anh zu §§ 929ff Rn. 21.

dings zu einem konkreten Eigentumsbegriff zurück und betrachtet Nutzungsrecht und Verfügungsrecht als summative Positionen eines Eigentumsrechts.[48] Die hier im Überblick geschilderte Debatte hat bislang zu einem Ertrag geführt, der in keinem Verhältnis zum Aufwand steht. Wie die Rechte zwischen dem Inhaber des Verfügungsrechts und des Nutzungsrechts zu verteilen sind, kann keine der Theorien greifbar erklären.

Rechtstheoretisch sprechen die besseren Gründe dafür, sich von einem abstrakten Eigentumsbegriff zu trennen. Die Grundlagen dafür wurden bereits eingangs gelegt. Versteht man das Eigentum als ein Bündel bipolarer Rechtsverhältnisse,[49] so ist es unnötig, das Eigentum abstrakt zu definieren. Ein solches Verständnis schwächt die Freiheitsfunktion des Eigentums nicht, sondern verstärkt sie, da der abstrakte Eigentumsbegriff auf Fiktionen zurückgreift. Der Schluss von einer umfassenden Sachherrschaft über die damit verbundenen Befugnisse ist zweifelhaft, zudem ergänzen sich Ausschließlichkeitsrecht und die Verfügungsmacht nicht denknotwendig zu einem sinnvollen Ganzen. Da eine Rechtsbeziehung zwischen einem Mensch und einer Sache nicht konstruierbar ist,[50] kann es auch keine rechtlichen Kategorien zugängliche Beziehungen zwischen einem Mensch und einer Sache geben. Zu einem rechtlichen Phänomen wird damit die Beziehung eines Menschen zur Sache erst, wenn verschiedene Freiheitssphären abzugrenzen sind.[51]

Der Typenzwang verliert folglich immer dann an Aussagekraft, wenn das Nutzungsrecht in seiner Bedeutung aufgewertet ist und das Verfügungsrecht als Kernrecht des Eigentums herabgestuft. Ein Indiz dafür ist ein Eigentum auf Zeit wie bei der Sicherungsübereignung oder eine verselbständigte Nutzungsbefugnis wie beim Erbbaurecht. Sachenrechtliche Prinzipien sind auf diese Rechte nur eingeschränkt zu projizieren.

2. Typenzwang, Trennung und Abstraktion

Die oben wiedergegebenen Motive für das *numerus clausus* Prinzip[52] schneiden gleichzeitig den Zusammenhang zum Trennungs- und Abstraktionsprinzip an. Wenn das dingliche Recht die Ursache dafür ist, Sachen- und Schuldrecht zu trennen, drückt sich dies äußerlich im Trennungsprinzip aus. Das Trennungsprinzip und der Typenzwang ergänzen und bedingen damit einander.[53] Aus dieser Perspektive enthält das Sachenrecht standardisierte Rechtsformen, die es ohne die Trennung von Schuld- und Sachenrecht nicht zur Verfügung stellen könnte. Erst die Trennung und auch die Abstraktion vom schuldrechtlichen Grundgeschäft

[48] Kritisch zum Begriff des wirtschaftlichen Eigentums daher *Staudinger/Seiler* Vorbem zu §§903ff Rn. 14.

[49] §2 III 2 a.

[50] §2 II 2 c.

[51] Siehe dazu ausführlich und überzeugend: *Hecker* (Fußn. 33), 252ff.; außerdem: *Schapp* AcP 192 (1992), 355, 377.

[52] I 1.

[53] *Schön*, Der Nießbrauch an Sachen (1992), 249.

verdeutlichen damit die sachenrechtlichen Typen. Das Zusammenspiel dieser Typen soll dadurch zugleich der Rechtssicherheit und Rechtsklarheit dienen.[54] Damit erlaubt es das Trennungsprinzip die Rechtsverhältnisse zu identifizieren, denen der Gesetzgeber eine Wirkung gegenüber Dritten zuordnen wollte.

Allerdings erschöpft sich darin das Zusammenspiel zwischen dem Typenzwang und dem Trennungsprinzip. Das Trennungsprinzip wird durch eine sachenrechtliche Inhaltsfreiheit nicht berührt. Eine umfassende Inhaltsfreiheit beseitigt die formale Trennung des sachenrechtlichen Geschäfts von dem schuldrechtlichen nicht. In neuerer Zeit relativiert man das Zusammenspiel von Typenzwang und Trennungsprinzip und sieht in einer sachenrechtlichen Inhaltsfreiheit einerseits sowie dem Trennungs- und Abstraktionsprinzip andererseits keine widersprechenden Prinzipien.[55]

Betrachtet man den Typenzwang in erster Linie als Einschränkung der Gestaltungsfreiheit, stehen dieses Prinzip und das Abstraktionsprinzip in keinem Zusammenhang. Die innere Abstraktion bezieht sich nur auf die Wirksamkeitsbedingungen, die für ein sachenrechtliche Geschäft gelten. Unterstellt, man ließe eine Inhaltsfreiheit im Sachenrecht zu, so bleibt das derart ausgestaltete Sachenrecht nach wie vor von der *causa* unabhängig. Gestattet man großzügig Durchbrechungen des Abstraktionsgrundsatzes, ändern sich dadurch nicht die inhaltlichen Reichweite eines dinglichen Rechts. Wenn die Parteien nur eine Geschäftseinheit vereinbaren, hätte etwa ein Nießbrauch als Nutzungsrecht nach wie vor noch den identischen Inhalt, wie ein Nießbrauch ohne Bestehen einer Geschäftseinheit. Die innere Abstraktion erfasst damit nur Wirksamkeitsbedingungen für ein Geschäft, nimmt aber nicht auf den Inhalt eines dinglichen Rechts Einfluss.

Allenfalls aus der äußeren Abstraktion könnte man den Typenzwang ableiten: Wenn diese bedeutet, dass dingliche Rechte an einen selbständigen Tatbestand anknüpfen, der sich nicht mit einem schuldrechtlichen Tatbestand deckt, so könnte man daraus folgern, dass die Inhaltsfreiheit ein Element des Schuldrechts sei und deswegen keines des Sachenrechts. Die Ausführungen des Gesetzgebers gehen deutlich in diese Richtung, indem sie die inhaltliche Gestaltungsfreiheit dem Schuldrecht zuordnen und das Sachenrecht ausklammern. Diese Begründung ähnelt aber wieder der Ableitung des Typenzwangs aus dem »Wesen« des dinglichen Rechts und vermag bereits deshalb wenig zu überzeugen.

Vielmehr überschneiden sich der Typenzwang und der Abstraktionsgrundsatz nur insoweit, wie sie mit unterschiedlichen Techniken versuchen, den Verkehr zu schützen. Während das Abstraktionsprinzip den Erwerber von Prüfungspflich-

---

[54] Grdl. *Stürner* AcP 194 (1994), 265, 275; *Bormann*, Wettbewerbsbeschränkungen durch Grundstücksrechte (2003), 211f; *Stadler*, Gestaltungsfreiheit und Verkehrsschutz durch Abstraktion (1996), 112f.

[55] *Radke* (Fußn. 8), 56; *Wiegand* AcP 190 (1990), 112 118 [von *Radke* aaO zu Unrecht als Gegenauffassung bezeichnet]; ebenso bereits *Heck* § 23/2 (88, mit dem Hinweis, dass der Gesetzgeber Selbständigkeit und Gegensätzlichkeit vertausche).

ten befreit,[56] stellt der Typenzwang durch § 137 Satz 1 sicher, dass Dritte zu seinen Lasten kein Verfügungsverbot vereinbaren. Wenn das Gesetz daher die abstrakte Geltung zum Inhalt eines Sachenrechts erhebt, ist dies eine Praemisse, die sich nicht zwingend aus dem Typenzwang ableiten lässt.

3. Typenzwang und Publizitätsgrundsatz

Eine häufige Begründung für den Typenzwang stützt sich auf den Verkehrsschutz. Da Sachenrechte gegenüber jedermann wirken, wird der Schluss gezogen, dass ihre Zahl beschränkt sein müsse. Davon verspricht man sich Rechtsklarheit und -sicherheit sowie eine Rechtsvereinfachung. Dritte können somit die Rechte, deren Wirkungen sie potentiell ausgesetzt sein können, leicht erkennen.[57] Für sich genommen ist diese Begründung noch wenig tragfähig, da auch bei einem geschlossenen Kreis dinglicher Rechte Dritte darüber im unklaren sein können, welches Recht gewählt wurde. Daher sichert man das Ergebnis zusätzlich durch das Publizitätsprinzip ab: Die begrenzte Anzahl der Sachenrechte muss weiter durch einen Publizitätsträger für Dritte erkennbar sein.[58] Diese materielle Begründung verbindet mehrere systematische Gedanken miteinander, bei denen kritisch zu fragen ist, ob die Ableitung aus dem Publizitätsprinzip überhaupt trägt. Bereits oben wurde ausgeführt, dass die Publizität kein notwendiger Inhalt absoluter Rechte als solcher ist.[59] Absolute Rechte müssen daher nicht zwingend für Dritter erkennbar sein.

Betrachtet man weiter die sachenrechtlichen Publizitätsträger, so lässt sich die These, dass Publizitätsprinzip und Typenzwang ineinander greifen, kaum aufrecht erhalten. Im Fahrnisrecht hat der Besitz keine Aussagekraft, um Rechte an beweglichen Sachen zu dokumentieren.[60] Hier stehen der Typenzwang und das Publizitätsprinzip beziehungslos nebeneinander.

Im Liegenschaftsrecht scheinen auf den ersten Blick das Publizitätsprinzip und der Typenzwang ineinander zu greifen. Wenn man davon ausgeht, dass nur dingliche Rechte grundbuchfähig sind und der Kreis der dinglichen Rechte geschlossen ist, erreicht man ein Maximum an Verkehrsschutz. Aber dies ist wiederum nur ein Idealzustand, den das Gesetz nicht durchhalten kann. In vielen Fällen gestattet es den Parteien, auf den Inhalt der Eintragungsbewilligung Bezug zu nehmen (§ 874), so dass sich oftmals der genaue Inhalt des Grundbuchs nur aus den unter

---

[56] § 3 II 3.

[57] *Baur/Stürner* § 1 Rn. 6–12; *Jahnke* ZHR 146 (1982), 595, 602f; *Liebs* AcP 175 (1975), 1, 16, der zusätzlich anführt, das die Sicherheit des Zwangsvollstreckungsrechts gewährleistet werde; *Staudinger/Seiler* Einl zu §§ 854ff Rn. 38; *Stürner* AcP 194 (1994), 265; 276.

[58] In diesem Sinne pointiert geschildert bei *Schön*, Der Nießbrauch an Sachen (1992), 244, der selbst die Gegenansicht vertritt.

[59] § 4 II 1, 2.

[60] § 4 IX 2.

Umständen umfangreichen Grundakten entnehmen lässt. Die Publizität ist unabhängig davon, welchen Inhalt ein Recht hat, sondern besagt nur, dass der Inhalt eines Rechts eingesehen werden kann. Dem Informationsinteresse eines Dritten ist Genüge geleistet, wenn dieser sich durch das Grundbuch über die Rechtslage Klarheit verschaffen kann. Demgemäß entspräche es auch dem Publizitätsprinzip, wenn ein vom Gesetz abweichender Inhalt im Grundbuch vermerkt ist.[61] Das Erbbaurecht und das Wohnungseigentum kennen solche Ausgestaltungen des Publizitätsprinzips. Ohne Rücksicht auf die Rechtsnatur können bestimmte Vereinbarungen in das Grundbuch eingetragen werden und wirken erst dadurch gegenüber Dritten.[62] Diese Vereinbarungen sind nicht grundbuchfähig, weil sie absolute Rechte sind, sondern deswegen, weil der Gesetzgeber hier ein Informationsbedürfnis Dritter anerkannte. Dafür ist unerheblich, ob das publizierte Rechtsverhältnis dinglicher Natur ist und dem Typenzwang unterliegt. Ein Typenzwang könnte damit auch ohne Publizität bestehen. Umgekehrt könnte eine Publizität auch ohne Typenzwang erreicht werden. Die publikationsbedürftigen Rechtsverhältnisse können sich nicht nach einem bestimmten Typ ausrichten, sondern allein daran, ob ein Informationsbedürfnis Dritter besteht. Dieses Bedürfnis lässt sich jedoch nicht aus einem Dogma entwickeln sondern richtet sich nach anderen Maßstäben. Bei näherer Betrachtung greifen das Publizitätsprinzip und der Typenzwang im Liegenschaftsrecht weder ineinander oder bedingen einander. Beide Prinzipien sind entgegen einer verbreiteten Ansicht selbständig und haben keinen wechselseitigen Bezug.

III. Die Bedeutung des § 137 für den Typenzwang

1. Sicherung des Typenzwangs durch Verfügungsfreiheit

Über den Wortlaut des § 137 hat man gespottet und hielt die Vorschrift für geeignet, der Fastnachtsnummer eines Witzblattes als Muster deutschen Stils zu dienen.[63] Ursprünglich als sachenrechtliche Norm konzipiert, versetzte sie der Gesetzgeber später in den Allgemeinen Teil.[64] Der Inhalt der Vorschrift wird trotz

---

[61] So zutreffend *Schön*, Der Nießbrauch an Sachen (1992), 244 unter Berufung auf *Ehrlich*, Das zwingende und nichtzwingende Recht im Bürgerlichen Gesetzbuch für das Deutsche Reich (1899), 54.

[62] § 4 III 3 b.

[63] *Boehmer* Einführung in das Bürgerliche Recht, 2. Aufl. 1965, 81. *Liebs* wendet dagegen ein, dass sich eine sprachliche Fassung gleicher Präzision nicht finden lasse (AcP 175 (1975), 1). Wie dem auch sei: Gesetzgeber pflegen (jedenfalls bewusst) nicht zu scherzen.

[64] § 796 E 1 – die Vorläufernorm des § 137 BGB – regelte nur, dass die Verfügungsbefugnis über das Eigentum oder andere dingliche Rechte nicht vertraglich ausgeschlossen werden dürfe. Die zweite Kommission war der Ansicht, dass § 796 E 1 an der falschen Stelle geregelt sei. Für jedes veräußerliche Recht sollte die Verfügungsbefugnis nicht vertraglich abdingbar sein. Daher erweiterte man die Norm auf alle veräußerlichen Rechte und versetzte sie deswegen in den allge-

des eigenartigen Wortlauts deutlich. § 137 Satz 1 setzt zunächst voraus, dass ein Recht als solches übertragbar ist. Damit gilt die Norm nicht für solche Rechte, deren Veräußerung bereits das Gesetz ausschließt.[65] Das Urheberrecht ist als solches unübertragbar (§ 29 Satz 2 UrhG), ebenso Forderungen, wenn eine Leistung an einen anderen als den ursprünglichen Gläubiger eine Inhaltsänderung bedeutet (§ 399 1. Var). § 38 schließlich sieht in der Vereinsmitgliedschaft ein unübertragbares Recht. Im Sachenrecht selbst sind die dinglichen Nutzungsrechte als solche unübertragbar. Außerdem greift § 137 nicht ein, wenn das Gesetz den Parteien ausdrücklich gestattet, die Veräußerung eines Rechts auszuschließen. Solche Fälle finden sich im Sachenrecht häufiger. Zu nennen sind hier das dingliche Vorkaufsrecht (§§ 1098 iVm. 473 Satz 1), die Reallast (§ 1111 Abs. 2), das Erbbaurecht (§ 5 ErbbauVO) und das Wohnungseigentum (§§ 12, 35, 31 Abs. 3 WEG). Abgesehen von diesen Sonderfällen gewährleistet § 137, dass über die Gegenstände des Rechtsverkehrs verfügt werden kann. Das Gesetz bestimmt, wann eine Sache eine *res extra commercium* ist. § 137 stützt deswegen eine marktwirtschaftliche Ordnung, da die Vorschrift sicherstellt, dass im Rechtsverkehr handelbare Gegenstände existieren.[66] Daraus leitet sich auch der vollstreckungsrechtliche Gehalt der Norm ab. Sie gewährleistet, dass dem Gläubiger das der Vollstreckung unterworfene Vermögen erhalten bleibt und verhindert, dass Rechtsgegenstände der Vollstreckung entzogen werden.[67] Diese Erwägung stellten bereits die Motive heraus: Stünde des dem Berechtigten frei, »sich der Verfügung über das Recht willkürlich zu entschlagen«, könne er auf diesem Wege sein gesamtes Vermögen den Zugrif-

meinen Teil des BGB (Mugdan III, 50 = Prot. III, 3799f, ausführlich dazu: *Liebs* AcP 175 (1975), 1, 20f; s.a. *Wiegand* AcP 190 (1990), 112, 118).

[65] RGZ 136, 395, 399; *Liebs* AcP 175 (1975), 1, 7; MünchKomm/*Mayer-Maly/Armbrüster* § 137 Rn. 9; *Staudinger/Kohler* § 137 Rn. 12; aA *Berger*, Rechtsgeschäftliche Verfügungsbeschränkungen (1988), 91f. *Berger* stützt seien abweichende Ansicht darauf, dass auch bei unübertragbaren Rechten Verfügungen im Sinne eines weiten Verfügungsbegriffs möglich seien. Deswegen müsse man auch den Fall unter § 137 Satz 1 subsumieren, wenn bei einem unübertragbaren Urheberrecht dinglich wirkende Verfügungsbeschränkungen vereinbart würden (91f.). Um dem vorzubeugen, bedarf es jedoch keiner erweiternden Auslegung des § 137 Satz 1. Auf derartige Fälle lässt sich ohne Not die Vorschrift des § 29 Satz 2 UrhG iVm. § 134 anwenden. Im urheberrechtlichen Schrifttum ist diese erweiternde Auslegung des § 29 Satz 2 UrhG anerkannt (*Forkel*, Gebundene Rechtsübertragungen Band 1, Patent, Musterrechte, Urheberrecht (1977), 120f; *Schricker/Schricker* § 29 Rn. 7f).

[66] BGHZ 56, 275, 278f; BGHZ 40, 115, 118; *Berger*, (Fußn. 65), 51f; *Bülow* JuS 1994, 1, 4; *Großfeld/Gersch* JZ 1988, 937, 944; *Liebs* AcP 175 (1975), 1, 23ff, 37ff; MünchKomm/*Mayer-Maly/ Armbrüster* § 137 Rn. 4; *Staudinger/Kohler* § 137 Rn. 6; *Wiesmann*, Zur Tragweite des § 137 BGB (1991), 27 mwN. AA einzig *Raible*, Vertragliche Beschränkungen der Übertragung von Rechten (1969), 74f., wonach auch ein schuldrechtlich wirkendes Verfügungsverbot genauso wirksam sei, wie ein dingliches. Konkrete Schlussfolgerungen werden daraus jedoch nicht gezogen.

[67] *Großfeld/Gersch* JZ 1989, 937, 944; *Liebs* AcP 175 (1975), 1, 36f; *Timm* JZ 1989, 13, 18; *Wiegand*, FS Kroeschell (1987), 622, 623.

fen des Gläubiger entziehen. Im Interesse der Rechtsordnung müsse das Gesetz dem entgegen treten.[68]

Neben diesen Zwecken soll § 137 nach der überwiegenden Ansicht auch den *numerus clausus* sichern.[69] Dies hoben bereits die Motive hervor. Sie sehen § 137 als Ausfluss des Typenzwangs: »Dingliche Rechte können ... nur nach besonderen Vorschriften begründet werden. Die Konsequenz hiervon aber ist die, daß die aus dem Eigenthume oder einem anderen Rechte fließende Befugniß des Berechtigten, über das Recht zu verfügen, mit Wirkung gegen Dritte weder ausgeschlossen noch beschränkt werden kann, soweit das Gesetz nicht etwas anderes bestimmt«.[70] Der Gesetzgeber spielt hier auf die verdinglichten relativen Rechtspositionen des ALR an, die er verhindern wollte. Dem Leitbild vom Verfügungseigentum widerspricht es, wenn einem Dritten die Verfügungsmacht eingeräumt wird.

2. Drittwirkung schuldrechtlicher Positionen durch bedingte Verfügungen

Allerdings stellt das Gesetz selbst die Instrumente zur Verfügung, um schuldrechtliche Rechtspositionen zu verdinglichen. Über Bedingungskonstruktionen lassen sich die Wirkungen einer drittwirkenden schuldrechtlichen Rechtsposition erreichen. Der BGH hat zu dieser umstrittenen Frage in einem Beschluss vom 5. Dezember 1996 Stellung genommen:[71] Die Eltern übertrugen Miteigentumsanteile an einem Grundstück, wobei sich die Töchter als Erwerber dazu verpflichteten, zu Lebzeiten der Eltern nicht ohne deren Zustimmung über den Anteil zu verfügen. Für den Fall, dass gegen diese Klausel verstoßen würde, war das Recht vorbehalten, vom Vertrag zurückzutreten und die Rückübertragung des Anteils zu verlangen. Zur Sicherung dieses Anspruches wurde eine Rückauflassungsvormerkung zu Gunsten der Eltern beantragt und bewilligt. Nach der Ansicht des BGH lagen die Eintragungsvoraussetzungen für eine Vormerkung vor. Der bedingte Rückauflassungsanspruch sei eine Forderung, die durch eine Vormerkung

---

[68] Mugdan III, 43 = Mot. S. 77. In den Protokollen finden sich keine weiteren Ausführungen zum Sinn des (heutigen) § 137 BGB.

[69] BGHZ 134, 182, 186; BayObLG NJW 1978, 700, 701; OLG Zweibrücken OLGZ 1981, 167, 168; *Canaris*, FS Flume I (1978), 371, 419f; *Däubler* NJW 1968, 1117, 1120f; *Furtner* NJW 1966, 182, 185; *Großfeld/ Gersch* JZ 1989, 937, 944; *Kohler*, Die gestörte Rückabwicklung gescheiterter Austauschverhältnisse (1989), 362ff; *Liebs* AcP 175 (1975), 1, 32ff; *Staudinger/Kohler* § 137 Rn. 7; *Timm* JZ 1989, 13, 18; *Wank* JuS 1979, 402, 403; *Wiegand*, FS Kroeschell (1987), 622, 635; *Wiesmann* (Fußn. 66), 33–35. Anders wiederum *Berger* (Fußn. 65), da der *numerus clausus* einen Funktionswandel erfahren habe und nunmehr der Verkehrssicherheit diene. Der Erwerber dürfe sich darauf verlassen, dass ein Recht nicht mit unabsehbaren Belastungen behaftet ist (77f). Für diesen Funktionswandel werden aber keine Gründe vorgetragen.

[70] Mot. III, 77. Die Ausführungen beziehen sich auf § 796 E 1.

[71] BGHZ 134, 182 = JZ 1997 516 m. Anm. *Berger*; der Sachverhalt wird hier vereinfacht wiedergegeben.

sicherbar ist.[72] Die herrschende Ansicht stimmt dem zu,[73] gelangt aber in Schwierigkeiten darzutun, warum hier nicht gegen die Wertung aus § 137 Satz 1 verstoßen wird. Der BGH meinte, eine unzulässige Umgehung des § 137 Satz 1 damit abtun zu können, dass im vorliegenden Fall nur die persönliche Freiheit des Erwerbers betroffen sei, die § 137 Satz 1 gerade nicht schütze.[74] Allerdings ist der Typenzwang kein Selbstzweck, sondern dient auch dazu, die Freiheitssphären der Beteiligten abzugrenzen. Durchgreifender ist das Argument, dass ein gerichtliches und ein rechtsgeschäftliches Verfügungsverbot nicht unterschiedlich behandelt werden könnten. Wenn es zulässig ist, den aus einem Verfügungsunterlassungsvertrag folgenden Anspruch durch ein gerichtliches Veräußerungsverbot zu sichern, sei es nur folgerichtig, einen bedingten Rückauflassungsanspruch durch eine Vormerkung zu sichern.[75] Konstruktiv haben die Parteien damit die Möglichkeit, das Verfügungsrecht des Eigentümers einzuschränken. Allerdings führt dies dazu, dass das Verfügungseigentum nicht mehr beim Eigentümer verbleibt und damit im praktischen Ergebnis gegen die Regel vom unteilbaren Eigentum verstößt.[76] Im Schrifttum hat man dagegen eingewandt, dass § 161 Abs. 3 dem Dritten einen gutgläubigen Erwerb ermögliche und sich mit dem Eintritt der Bedingung erst deren verfügungsbeschränkende Wirkung aktualisiere.[77] Beide Argumente können aber kaum darüber hinwegtäuschen, dass gleichwohl eine schuldrechtliche Vereinbarung eine als dinglich angesehene Rechtsmacht beeinflusst. § 161 Abs. 3 mag die Eigentumsverhältnisse wieder ins rechte Licht rücken, ändert aber auch nichts an der ursprünglichen Diskrepanz zwischen Eigentum und Verfügungsrecht. Im Ergebnis ist hier gleichwohl der herrschenden Ansicht zu folgen, da durch eine Bedingung die Trennung zwischen dem Schuld- und Sachenrecht eingeebnet werden kann. Die von der Gegenansicht befürchtete Umgehung des § 137 Satz 1 ist damit im Gesetz bereits angelegt.

3. Zur Verfügungsfreiheit über Treugut

In einem bemerkenswerten Gegensatz zu dieser Diskussion kontrastiert die weitere Streitfrage, ob eine Treuhandabrede gegenüber Dritten wirkende Verfügungsverbote enthalten kann. Die überwiegende Ansicht besinnt sich hier wieder

---

72 BGHZ 134, 182, 186ff.

73 BayObLG NJW 1978, 700, 701; OLG Zweibrücken OLGZ 1981, 167, 169; OLG Düsseldorf OLGZ 1984, 90, 91; *Bülow* JuS 1994, 1, 5; *Furtner* NJW 1966, 182, 185; *Henssler* AcP 196 (1996), 37, 69f; *Kohler* DNotZ 1989, 339; RGRK/*Krüger-Nieland/Zöller* § 137 Rn. 29; *Schlosser* NJW 1970, 681, 682; *Staudinger/Kohler* § 137 Rn. 31.

74 BGHZ 134, 182, 186 im Anschluss an *Kohler* DNotZ 1989, 339.

75 BGHZ 134, 182, 187; *Timm* JZ 1989, 13, 21.

76 Als Verstoß gegen § 137 Satz 1 lehnen deswegen eine solche Bedingungskonstruktion ab: *Erman/ Palm* § 137 Rn. 5; *Flume II* § 17/7; MünchKomm/*Mayer-Maly/Armbrüster* § 137 Rn. 15; *Wiesmann* (Fußn. 66), 50ff jeweils mwN.

77 *Staudinger/Kohler* § 137 Rn. 31.

auf den Normzweck des § 137 Satz 1 und lehnt dies ab. Der Sicherungsnehmer kann folglich über sein Sicherungseigentum unbeschränkt verfügen. Gegensätzliche Vereinbarungen im Innenverhältnis sollen gegenüber Dritten keine Wirkung entfalten.[78] Allerdings ist eine Differenzierung zwischen einem durch eine Weiterveräußerung auflösend bedingten Eigentum und dem Treuhandeigentum nicht angezeigt. Entweder man gelangt in beiden Fällen zu einer Umgehung des § 137 Satz 1 oder man lehnt dies ab.[79] In der Tat mag man sich fragen, warum die herrschende Ansicht bei § 137 auf die Unteilbarkeit des Eigentums pocht, während gerade die Rechtslage in der Insolvenz und Zwangsvollstreckung den entgegengesetzten Weg beschreitet.[80] Wenn bereits hier die Wirkungen des Eigentums eingeschränkt werden, bedeutet es keinen großen Schritt, wenn man eine Verfügungsbeschränkung des Treunehmers »verdinglicht«. Eine solche Lösung wäre systematisch konsequent, während gerade der von der Gegenansicht angeführte ungeteilte Eigentumsbegriff das Phänomen des Sicherungseigentums nicht zu erklären vermag. Vergleichbar zum Abstraktionsprinzip so stellt sich auch bei einer abredewidrigen Verfügung des Treuhänders das Problem, wie man den Erwerb des Dritten rechtfertigt, der um die abredewidrige Veräußerung weiß oder sie grob fahrlässig nicht kannte. Selbst bei der von der herrschenden Ansicht gestatten Bedingungskonstruktion würde der Dritte hier nicht das Eigentum erwerben, §§ 161 Abs. 3, 932 Abs. 2. Bei Treuhandverhältnisse hat man deswegen vereinzelt eine auflösende Bedingung im Falle der Weiterveräußerung unterstellt,[81] aber Anhaltspunkte im Parteiwillen findet eine solche Konstruktion nicht.

Will man nicht den Weg gehen und bei treuhänderisch gebundenem Eigentum auch einem Verfügungsverbot dingliche Wirkung beimessen, so drängt sich der Vergleich zum Missbrauch der Vertretungsmacht geradezu auf.[82] Wenn für den Dritten offensichtlich ist, dass der Treuhänder durch die Verfügung seine Pflichten aus dem Innenverhältnis verletzt, ähnelt dies dem Missbrauch der Vertre-

---

[78] BGHZ 11, 37, 43; BGH NJW 1968, 1471; BGH BB 1982, 890, 891; *Berger* (Fußn. 65), 156ff; *Bülow* JuS 1994, 1, 4; *Erman/Palm* § 137 Rn. 5; *Gruber* AcP 202 (2002), 435, 438; MünchKomm/*Mayer-Maly/Armbrüster* § 137 Rn. 18; RGRK/*Krüger-Nieland/Zöller* § 137 Rn. 20; *Staudinger/Kohler* § 137 Rn. 24 mwN; *Wiesmann* (Fußn. 66), 115ff.

[79] Kritisch daher *Schlosser* NJW 1970, 681, 682–685.

[80] Siehe dazu auch *Kötz*, Trust und Treuhand (1964), 140; *Berger* (Fußn. 65) wendet dagegen ein, dass die Rechte des Treugebers in der Zwangsvollstreckung und Insolvenz den Erwerber nicht gefährden. Zudem erwerbe der Ersteher in der Zwangsversteigerung unabhängig von seinem guten Glauben. Deswegen lasse sich auch der Rechtstellung des Treugebers in der Zwangsvollstreckung und der Insolvenz nichts dafür herleiten, um eine § 137 Satz 1 bei der Treuhand zu durchbrechen (159f.). Darum geht es aber nicht. Die vollstreckungs- und insolvenzrechtlichen Fragen knüpfen insoweit an das materielle Recht an, so dass sich etwaige Rückschlüsse aus dem Verfahrensrecht verbieten. Es geht darum, ein Rechtsinstitut systemgerecht fortzubilden.

[81] *Schlosser* NJW 1970, 681, 684f.

[82] *Assfalg* NJW 1970, 1902; *Coing*, Die Treuhand kraft privaten Rechtsgeschäfts (1973), 164ff; *Schlosser* NJW 1970, 681, 682f (für die Verwaltungstreuhand); *Wank* JuS 1979, 402; ohne nähere Begründung auch *Wiegand*, FS Kroeschell (1987), 623, 643; für die Liquidationstreuhand: *Liebs* AcP 175 (1975), 1, 40.

tungsmacht. Der Dritte soll nach dieser Lösung daher nicht erwerben, wenn sich ihm der Missbrauch der Treuhand geradezu aufdrängen musste.[83] Allerdings hat der BGH diese Parallelwertung abgelehnt, da der Treuhänder im eigenen Namen handele und über ein eigenes Recht verfüge.[84] Diese formale Begründung überrascht, wenn man die vergleichbare Rechtslage bei der Testamentsvollstreckung analysiert.[85] Ohne Rücksicht auf die streitige Frage, wie die Rechtsstellung des Testamentsvollstreckers zu bestimmen ist, erkennt die Rechtsprechung hier an, dass ein Dritter aus einem erkennbaren Treubruch des Testamentsvollstreckers keine Rechte herleiten kann.[86] Die Verfügung des Testamentsvollstreckers ist in diesem Falle als solche unwirksam.[87] Wenn damit gute Gründe dafür sprechen, den Missbrauch des Treuhänders und den Missbrauch der Vertretungsmacht parallel zu behandeln, so ergeben sich jedoch Abstimmungsprobleme mit dem gutgläubigen Erwerb. Wer von einem vertragsbrüchigen Treuhänder erwirbt, darf nicht anders gestellt werden als derjenige, der von einem Nichtberechtigten erwirbt. Die subjektiven Voraussetzungen in der Person des Erwerbers müssten daher angeglichen werden.[88]

Aus der rechtsvergleichenden Perspektive ist erstaunlich, mit welcher Hartnäckigkeit man im deutschen Recht es ablehnt, Verfügungsbeschränkungen des Treunehmers ins Außenverhältnis zu tragen. Die der Treuhand verwandte Rechtsfigur des *Trust* im amerikanischen und englischen Recht bietet Anhaltspunkte dafür, wie man einen Verfügungsschutz des Treugebers ausgestalten könnte. Das englische Recht tariert den Schutz des Treugebers (*beneficiary*) und des Dritten sehr differenziert aus. Vereinbaren der Treunehmer (*trustee*) und der Treugeber ein Veräußerungsverbot, so verletzt der *trustee* seine Pflichten, wenn er gleichwohl die Sache weiter veräußert (*breach of contract*). Der Benefiziar hat gegenüber dem Erwerber ein Verfolgungsrecht, vergleichbar der Vindikation nach

[83] *Coing* (Fußn. 82), 164ff; *Gruber* AcP 202 (2002), 435, 460ff; *Wank* JuS 1979, 402, 406. *Wank* bemerkt treffend, dass man nicht gleichzeitig eine Konstruktion wählen könne, die die Vorteile einer überschießenden Rechtsmacht bietet und zugleich die Nachteile eines erleichterten Rechtsmissbrauchs vermeidet (403f).

[84] BGH NJW 1968, 1471; BGH WM 1977, 255; BGH ZiP 1998, 830 = NJW-RR 1998, 1057.

[85] So *Kötz* Anm. NJW 1974, 1471; *Wank* JuS 1979, 402, 404ff.

[86] RGZ 75, 299, 302; RGZ 83, 348, 352; RGZ 130, 131, 134; BGH NJW-RR 1989, 642f.; *Lange/ Kuchinke* § 31 VI 3 b mwN.

[87] Siehe auch MünchKomm/*Zimmermann* § 2205 Rn. 68. Gegen den Vergleich zum Testamentsvollstrecker wendet sich *Berger* (Fußn. 65): Da der Testamentsvollstrecker nur eine abgeleitete Verfügungsmacht ausübe, sei auf ihn § 137 Satz 1 nicht anwendbar. Die Parallele trüge daher, da der Sicherungsnehmer als Inhaber des Rechts verfüge (147, 154). Selbst wenn man § 137 Satz 1 nicht auf eine abgeleitete Verfugungsmacht nicht anwenden möchte (und unterstellt, der Testamentsvollstrecker habe eine solche), so besagt diese These jedoch noch nicht, warum sich durchgreifende Unterschiede zur Rechtsposition des Sicherungsnehmers ergeben. § 137 Satz 1 knüpft an die Eigenschaft eines Rechts an, veräußerlich zu sein. Die Vorschrift fragt nicht nach der Herkunft einer Verfügungsmacht.

[88] Darauf weist zu Recht *Berger* (Fußn. 65) hin, der allerdings unüberbrückbare Wertungswidersprüche befürchtet. Dazu sogleich im Text.

deutschem Recht. Allerdings wird der gutgläubige und entgeltliche Erwerber geschützt.[89] Wenn dieser den Vertragsbruch nicht kannte oder kennen konnte, ist er keinen Ansprüchen des Erwerbers ausgesetzt.[90]

Ähnlich verfährt das amerikanische Recht. Der *Uniform Trust Code* fasst den Verfügungsschutz des Treugebers in mehreren umfangreichen Vorschriften zusammen.[91] Der *Trustee* ist wie im englischen Recht und wie der Treunehmer dazu verpflichtet, die Interessen des Treugebers zu wahren. Veräußert der *Trustee* eine ihm anvertraute Ware entgegen den Vereinbarungen im Innenverhältnis, so verletzt er dadurch seine Pflichten.[92] Ein Erwerber genießt jedoch einen Gutglaubensschutz. Der *Uniform Trust Code* erreicht dies über eine Fiktion. Wenn der Erwerber nicht weiß, dass der *Trustee* seine Rechte überschreitet, so wird der Erwerber so gestellt, als habe er das Rechtsgeschäft mit einem ordnungsgemäß handelnden *Trustee* abgeschlossen.[93]

Der Rechtsvergleich belegt daher wiederum die Überreaktion des Gesetzgebers, als er § 137 Satz 1 einführte. *Inter partes* ist es unerheblich, ob eine schuldrechtliche Position verdinglicht ist oder nicht. Erst bei einer Veräußerung der belasteten Sache an Dritte stellt sich die Frage, ob das zwischen den Parteien vereinbarte Verfügungsverbot auch gegenüber dem Erwerber wirkt. Die grob wirkende Regelung des § 137 Satz 1 unterstreicht, dass der Gesetzgeber wie beim Traditionsprinzip die Bedeutung des gutgläubigen Erwerbs nicht vollends durchdrungen hat. Wenn dem Dritten das Verfügungsverbot bekannt ist, besteht kein Anlass

---

[89] Siehe dazu die ausführliche Darstellung bei *Lewin on Trusts* § 41 102–126. Die Grundsätze lauten zusammengefasst: (1) purchase vor value; (2) of the legal estate in property; (3) without notice at the time of transfer of the legal estate.

[90] Die Kenntnis (*notice*) spaltet sich im englischen Recht in eine positive Kenntnis (*actual notice*) und eine Fahrlässigkeit auf (*constructive notice*). Sec. 199 (1) *Law of Property Act* 1925 definiert diese Tatbestände näher. Den Begriff *constructive notice* versteht die englische Praxis als eine Sorgfalt, die üblicherweise erwartet werden kann: »ought as a matter of prudence having regard to what is usually done by men of business in similar circumstances« (*Eagle Trust plc vs. S.B.C. Securities Ltd [1993]* 1 W.L.R. 484 (494)). Vgl. auch *Assfalg* NJW 1970, 1902, 1903ff.

[91] Uniform Trust Code (Last revised 2003), www.law.upenn.edu/dll/ulc/uta/2001final.htm.

[92] Sec. 816 (a) A trustee shall administer the trust solely in the interests of the beneficiaries.

(b) Subject to the rights of persons dealing with or assisting the trustee as provided in Section 1012, a sale, encumbrance, or other transaction involving the investment or management of trust property entered into by the trustee for the trustee's own personal account or which is otherwise affected by a conflict between the trustee's fiduciary and personal interests is voidable by a beneficiary affected by the transaction ...

[93] Sec. 1012 (a) A person other than a beneficiary who in good faith assists a trustee, or who in good faith and for value deals with a trustee, without knowledge that the trustee is exceeding or improperly exercising the trustee's powers is protected from liability as if the trustee properly exercised the power.

Der Uniform Trust Code legt dem Erwerber keine Nachforschungspflicht auf: Sec. 1012 (b) A person other than a beneficiary who in good faith deals with a trustee is not required to inquire into the extent of the trustee's powers or the propriety of their exercise. Das amerikanische Recht ist insoweit großzügiger als die englische Praxis, die Weitere Einzelheiten dazu: *Kötz*, (Fußn. 80), 33f.

für einen Verkehrsschutz. Sofern man umgekehrt die Wertungen der §§ 161 Abs. 3, 932ff auf ein vertraglich vereinbartes Verfügungsverbot anwendet, vermeidet man eine Drittwirkung schuldrechtlicher Rechtspositionen. Die Skepsis daran, § 137 Satz 1 bei treuwidrigen Verfügungen anzuwenden, ist daher durchaus berechtigt,[94] kann aber dadurch ausgeräumt werden, indem man § 161 Abs. 3 analog anwendet. Damit ist der eigene Lösungsvorschlag dafür vorgezeichnet, wie das Sicherungseigentum zu behandeln ist. § 137 Satz 1 ist auf ein Verfügungsverbot in einer Treuhandabrede nicht anzuwenden, da bereits die Konstruktion des Treuhandeigentums sowohl dingliche und schuldrechtliche Rechtspositionen vermischt und nicht mehr dem Begriff des ungeteilten Eigentums genügen kann. Um Wertungswidersprüche zu der oben geschilderten Bedingungskonstruktion zu vermeiden, sind allerdings die §§ 161 Abs. 3, 932ff *analog* anzuwenden. Das Verfügungsverbot wirkt daher nur gegenüber dem Erwerber, wenn dieser den Vertragsbruch des Sicherungsnehmers kannte oder grob fahrlässig verkannte. Diese Lösung nähert sich der Rechtslage im englischen Recht an. Sie wertet das Verfügungsverbot auf und trägt dadurch der »verdinglichten« Rechtsstellung des Sicherungsgebers Rechnung. Bei einer treuhänderischen Übereignung von Grundstücken greift dieses Modell allerdings nur, wenn man es gestattet, den Treuhandcharakter in das Grundbuch einzutragen. Diskutiert wird dies derzeit für die Sicherungsgrundschuld und ist deswegen dort im Zusammenhang zu darzustellen.[95] Bei einem im Grundbuch eingetragenen Treuhandvermerk kann sich ein Erwerber über die Rechtsstellung des Veräußerers Gewissheit verschaffen. Im Gegensatz zur Veräußerung beweglichen Treugutes schadet dem Erwerber hier aber nur die positive Kenntnis, was sich aus den §§ 161 Abs. 3, 892 Abs. 1 ergibt.[96]

Nach diesem Modell ist eine treuwidrige Verfügung gegenüber einem bösgläubigen Erwerber unwirksam, so dass nach wie vor der Sicherungsnehmer Eigentümer der Sache ist. Rückabwicklungsprobleme stellen sich bei der Sicherungsübereignung im Übrigen nicht, da der Sicherungsgeber nach wie vor die zur Sicherheit übereignete Sache besitzt und nutzen kann. Der Rückübertragungsanspruch des Sicherungsgebers aus dem Sicherungsvertrag ist zudem nach wie vor durchsetzbar.

Problematisch sind einzig die Fälle, in denen der Treugeber nicht mehr im Besitz des Treuguts ist wie dies bei der Sicherungsübereignung von Wechseln und Schecks denkbar ist. Darauf ist hier nur kurz einzugehen, da der wertpapierrechtliche Kontext den Rahmen des Abschnittes sprengt. Beruhend auf der These vom Treuhandmissbrauch hat man im Schrifttum vereinzelt vorgeschlagen, dem Treu-

---

[94] So insbesondere *Berger* (Fußn. 65), 159–161.

[95] § 6 IV 2.

[96] Die Auflassung ist zwar bedingungsfeindlich (§ 925 Abs. 2), gleichwohl erfasst die Verweisung in § 161 Abs. 3 auch die Vorschrift des § 892 Abs. 1. Zu nennen sind hier Verfügungen über bedingungsfreundliche Grundstücksrechte (siehe dazu BayObLG NJW-RR 1986, 697; *Staudinger/Bork* § 161 Rn. 15).

geber in Analogie zu § 346 einen Rückgewähranspruch gegen den Erwerber zuzubilligen.[97] Allerdings lässt sich das dafür erforderliche Rückabwicklungsschuldverhältnis nicht konstruieren. Als Ausweg bleibt hier nur, über den Weg der Drittschadensliquidation dem Treugeber Deliktsansprüche gegenüber dem Erwerber einzuräumen.[98]

IV. Methodische Ausgangspunkte

Wenig aufgearbeitet ist bislang, wie der Typenzwang methodisch zu behandeln ist. Dies nachzuholen, ist kein akademischer Selbstzweck sondern dient dazu, die Rechtsanwendung in vorhersehbare Bahnen zu lenken und damit die Sicherheit des Rechtsverkehrs zu unterstützen. Angesprochen sind damit klassische Auslegungsfragen einerseits, aber auch mögliche Rechtsfortbildungen andererseits.

1. Die Lehre vom Typus und der Typenzwang

Überschattet werden die Auslegungsfragen von dem grundsätzlichen Problem, ob der Typenzwang nur »in einen Typus zwingt« oder feste Begriffe voraussetzt. So soll die Grunddienstbarkeit gemäß § 1018 einen Typus darstellen, da variantenreich und somit »typenoffen«.[99] Die zu beantwortende Frage lautet demnach: Bedeutet Typenzwang in Wirklichkeit »Typuszwang« oder ist »Typ« etwas anderes als »Typus«? Was auf den ersten Blick wie ein Spiel mit Begriffen anmutet, hat handgreifliche methodische Folgen. Ohne ein klares Verständnis über den »Typus« und seine methodische Bedeutung ist es unmöglich, diese Frage zu beantworten.[100] Der Typus bildet die kategorische Mitte zwischen dem sinnhaft wahrnehmbaren und in diesem Sinne Konkreten auf der einen Seite und dem abstrakten Begriff auf der anderen Seite.[101] In der Methodenlehre stellt man den Typusbegriff herkömmlich dem Klassenbegriff gegenüber: Einen Typusbegriff kennzeichnet danach seine Abstufbarkeit, es kennzeichnet ihn ein »mehr oder weniger« im Gegensatz zu einem »entweder oder« wie bei dem Klassenbegriff.[102] Zu-

---

[97] *Coing* (Fußn. 82), 166.

[98] *Canaris*, FS Flume I (1978), 371, 423.

[99] *Staudinger/Mayer* § 1018 Rn. 2.

[100] So werden dem Typus unterschiedliche Aufgaben in der Begriffsformenlehre, der Semantik und der Methodenlehre zugedacht (siehe dazu näher: *Wank*, Die juristische Begriffsbildung (1985), 124ff). Hier kann dem nicht weiter nachgegangen werden. Der Text stützt sich auf das juristische Allgemeingut zum Typus, da eine grundsätzliche Untersuchung hier mehr Aufwand als Ertrag verspricht.

[101] Grdl. *Leenen*, Typus und Rechtsfindung (1971), 31ff.; *Kuhlen*, Typuskonzeptionen in der Rechtstheorie (1977), 160ff; *Larenz*, Methodenlehre der Rechtswissenschaft, 438f, 461ff, 465, *Pawlowski* Rn. 147; *Zippelius*, FS Engisch (1969), 224, 229f.

[102] *Leenen*, (Fußn. 101), 34, 42f; *Larenz*, (Fußn. 101), 461f. *Wank* (Fußn. 100), 127 kritisiert daran, dass die juristische Methodenlehre hier die Begriffe vertausche und solche Begriffe als

sätzlich charakterisiert den Typusbegriff seine Offenheit. Die Objekte, die der Typus beschreibt, sind danach nicht statisch einteilbar, sondern untereinander durch fließende Übergänge verbunden und gleichsam »reihenförmig« geordnet.[103] Unter einen Klassenbegriff lässt sich subsumieren, ein Typusbegriff erlaubt nur Näherungswerte, da er Objekte mit fließenden Übergängen beschreibt. Ein Typusbegriff ist danach ein gleitender »Begriff«, der semiotisch darauf verzichtet, ein Phänomen begrifflich genau zu fixieren. Die praktischen Anwendungsfälle der Lehre vom »Typus« finden sich bei der Einordnung gesetzlich ungeregelter Vertragstypen. Mit dem verstärkten Aufkommen gesetzlich unkodifizierter Verträge wie Franchising, Leasing oder Factoring, entstand das Bedürfnis, diese Verträge dem geschriebenen Recht zuzuordnen. Der Typusbegriff leistete dazu seine Dienste, indem er es erlaubte, sich von begrifflichen Vorstellungen zu trennen und diese Verträge strukturell mit einzelnen gesetzlich geregelten Typen zu vergleichen.[104] Mischgebilde wurden dabei hingenommen, wie das Finanzierungsleasing zeigt, das zum einen kaufrechtliche und zum anderen mietrechtliche Züge aufweist.

Gleicht man diese praktischen Anwendungsfälle mit dem Sachenrecht ab, so zeigt sich, dass der Typuszwang kein Typenzwang sein kann. Entscheidend ist das unterschiedliche methodische Ziel, dass einem Typenzwang und dem typologischen Rechtsdenken zugrunde liegt. Das Typusdenken dient dazu, neue Phänomene gesetzlichen Kategorien anzunähern. Bei einem Typenzwang erübrigt sich dies, da die Typen im Gesetz meist klar umrissen sind. Versteht man daher den Typenzwang als »Typuszwang«, so kollidiert man unweigerlich mit dem sachenrechtlichen Bestimmtheitsgrundsatz.[105] Ein Typus ist *per definitionem* unbestimmt, da er sich zwischen konkretem und abstraktem ansiedelt. Das Ergebnis eines typologischen Denkens wäre im Sachenrecht wäre eine Typenvermischung und Typenkombination.[106] Typologisches Denken im Sachenrecht bedeutet da-

»Typus« ansehe, deren Unterbegriffe komparative Begriffe seien. Diese Unstimmigkeit beruht darauf, dass die Rechtstheorie den Typusbegriff anders vom Klassenbegriff abgrenzt, als die juristische Methodenlehre. Unabhängig davon, welches Etikett man verwendet, geht es der Sache nach um das logische Verhältnis von Merkmalen untereinander. Es besteht Einigkeit darüber, dass ein Unterschied zwischen abstufbaren und feststehenden Begriffen existiert (So auch *Wank*, aaO, 131, der den Typusbegriff der Methodenlehre als Klassenbegriff mit abstufbaren und verzichtbaren Merkmalen ansieht und letztlich einräumt, dass es sich um ein Bezeichnungsproblem (!) handele.). Daher mag hier eine weitere Stellungnahme dazu ausbleiben. Zur Abgrenzung von klassifikatorischem Begriff und komparativen Begriff näher: *Kuhlen* (Fußn. 101), 34ff.

[103] Grdl. *Leenen*, (Fußn. 101), 34f; *Rode* JR 1968, 401, 405; *Wank* (Fußn. 100), 128; *Zippelius*, FS Engisch, 224, 229ff.

[104] Zur Typenreihe bei den Vertriebsformen im Handelsrecht siehe: *Canaris*, Handelsrecht § 19 Rn. 1.

[105] Näher zu dem Zusammenhang zwischen Bestimmtheitsgrundsatz und Typenzwang § 1 II 3 a.

[106] *Canaris*, FS Flume I (1978), 371, 377.

her, den Parteien Gestaltungsfreiheit einzuräumen. Gerade dies will jedoch der Typenzwang verhindern.

Der Typenzwang knüpft damit an Begriffe an und nicht an einen Typus. Welche Gestaltung zulässig ist und welche nicht, muss sich danach idealtypisch aus einer Subsumtion unter den Gesetzeswortlaut ergeben. Idealtypisch ist diese Betrachtung deshalb, weil gesetzliche Tatbestände oft Spielraum zur Auslegung belassen. Für eine Analyse des Typenzwangs ergeben sich daher methodisch betrachtet, drei Optionen: Im idealtypischen Fall ist der Gesetzeswortlaut präzise und beschreibt damit genau die den Parteien offen stehende Inhaltsfreiheit. Da sich bereits darüber streiten lässt, wann ein Gesetzeswortlaut präzise ist, ist damit die zweite Option aufgezeigt: Es bleibt zu untersuchen, in welchen Fällen Rechtsprechung und Lehre sich noch im Rahmen des gesetzlich Zulässigen bewegen. Dabei spielt das Verhältnis von teleologischer und Wortlautauslegung eine Rolle. Der Wortlaut des Gesetzes ist die Grenze teleologischer Auslegung und lässt sich durch Gesetzeszwecke auch nicht hinweginterpretieren.[107] Da der Typenzwang begrifflich angelegt ist, bildet das Begriffssystem der sachenrechtlichen Typen die Grenze für die Inhaltsfreiheit. Dadurch soll nicht die Begriffsjurisprudenz wiederbelebt werden, sondern nur klargestellt, dass sich der Wille des Gesetzgebers im Wortlaut niederschlägt und eine teleologische Auslegung sich darüber nicht hinwegsetzen darf. Die dritte Option schließlich besteht darin, dass die Analyse des Gesetzes einen unklaren oder weit gefassten Tatbestand ergibt, der es unmöglich macht, einen sachenrechtlichen Typ inhaltlich klar zu bestimmen. An dem Grundsatz, dass der Typenzwang begrifflich orientiert ist, ändert dies allerdings nichts.

2. Zur Zulässigkeit der Rechtsfortbildung

Von besonderer Bedeutung schließlich ist, wie sich der Typenzwang und die Rechtsfortbildung zueinander verhalten. Hier ist nicht nur eine methodische Grundsatzfrage angeschnitten, sondern die Geltung des Typenzwanges überhaupt betroffen. Im Sinne des Typenzwanges wirkende Normen sprechen einen Imperativ an die Parteien aus, nicht von der *lex scripta* abzuweichen. Ob die Parteien diesen Imperativ eingehalten haben, entscheidet der Richter. Gerade diesen Unterschied zwischen den Adressaten des Typenzwanges und der Urteilsfindung im Einzelfall will man für das Verhältnis von Typenzwang und Rechtsfortbildung fruchtbar machen: Das *numerus clausus* Prinzip soll danach kein Verbot der Rechtsfortbildung enthalten, da sein Adressat die Parteien und nicht der Rechts-

---

[107] Siehe etwa *Leenen* (Fußn. 101), 175, der zu Recht bemerkt, dass bei einem begrifflich gefassten Gesetz den Begriffen eine Eigenbedeutung zukommt, die bei der Auslegung zu beachten ist. Teleologische und grammatikalische Auslegung als Gegensätze zu empfinden, sei eine scheinbare Divergenz.

anwender sind.[108] Diese These hat weitreichende Folgen. Sofern die fiduziarischen Sicherungsrechte und das Anwartschaftsrecht sich als Rechtsfortbildung darstellen sollten, wäre der Typenzwang nicht betroffen. Der ausufernden Diskussion um diese Rechte entzöge dies einen Gutteil des Nährbodens. So wäre allein die Frage, ob die Sicherungsübereignung das Pfandrecht funktional ersetzt unerheblich, da es darauf nicht ankommen könnte. Methodisch gerechtfertigt wäre es allenfalls, die Grenzen der richterlichen Rechtsfortbildung zu untersuchen, für die der Typenzwang *per definitionem* nicht gelten müsste.

Das Problem sitzt jedoch tiefer. Die These, dass der Typenzwang einer Rechtsfortbildung nicht entgegensteht, setzt eine Trennung von Gesetzesauslegung und Rechtsfortbildung voraus. In abstrakten Begriffen ist dies möglich. Die Gesetzesauslegung ist rechtstheoretisch betrachtet, ein semiotischer Erkenntnisprozess, der nach bestimmten Regeln abläuft. Die davon zu trennende Rechtsfortbildung greift eine Lücke auf und schließt sie im Wege der Analogie.[109] Damit fixiert die denkbare Bedeutung eines Wortsinnes die Grenze zwischen Auslegung und Rechtsfortbildung.[110] Die Probleme sind damit vorgezeichnet. An dieser Stelle dreht sich die juristische Diskussion im Kreise, da die Semiotik wiederum bemüht wird, um die Wortlautgrenze zu ermitteln. Sprachtheoretisch ist dies ein Unding. Die Grenze des Wortsinns kann nur dann ihre Überschreitung verhindern, wenn der Wortsinn selbst festgestellt ist. Gerade dieser soll aber erst ermittelt werden, womit das ganze Unterfangen logisch unmöglich wird.[111] Aus dieser logischen Sackgasse führen nur zwei Wege, die allerdings den grundsätzlichen Unterschied zwischen Auslegung und Rechtsfortbildung einebnen: Entweder man betrachtet die Begriffe aus einem hermeneutischen Zirkel heraus und baut damit auf einem Vorverständnis auf. Denkbar ist es auch, die Begriffe empirisch festzulegen und damit mehr oder weniger auf juristischen Konventionen aufzubauen. In diesem Sinne gibt es keinen eindeutigen Wortlaut sondern nur die Wortbedeutung, über die ein allgemeiner Konsens herrscht.[112] Will man daher die Grenze zwischen Auslegung und Rechtsfortbildung nicht zur Gänze aufgeben, so bleibt als Ausweg nur die subjektive Auslegungstheorie, die den Willen des Gesetzgebers und dessen Verständnis von der Wortbedeutung in den Vordergrund rückt.[113]

---

[108] *Canaris*, FS Flume I (1978), 371, 376; *Liebs* AcP 175 (1975) 1, 26f; *Wiegand*, FS Kroeschell (1987), 623, 640f; siehe auch *Berger* (Fußn. 65), 157.

[109] *Bydlinski*, Juristische Methodenlehre und Rechtsbegriff, 472ff; *Canaris*, Die Feststellung von Lücken im Gesetz^2 (1983), 129ff; *Klug*, FS Nipperdey (1965), 71ff; *Langhein*, Das Prinzip der Analogie als juristische Methode (1992), 117ff.

[110] Siehe etwa: *Looschelders/Roth*, Juristische Methodik im Prozess der Rechtsanwendung (1996), 145.

[111] *Busse*, Juristische Semantik (1993), 38.

[112] Näher: MünchKomm/*Säcker* Einl. Rn. 97f.

[113] *Looschelders/Roth* (Fußn. 109), 139; MünchKomm/*Säcker* Einl. Rn. 110 mwN Fußn. 292; ebenso BGHZ 3, 167, 166f; kritisch zur Grenzziehung: *Pawlowski* Rn. 264f.

Welche Probleme daraus für ein geschlossenes System dinglicher Rechte folgen, lässt sich unschwer erahnen. Die Titulierung einer Rechtsfigur als Rechtsfortbildung würde von den Fesseln des Typenzwangs befreien. Das geschlossene System dinglicher Rechte wäre dadurch *ad absurdum* geführt. Allerdings steht auch das Sachenrecht einer Rechtsfortbildung nicht entgegen. Ein solches Verbot wäre ein Rückfall in blanken Rechtspositivismus und das unhaltbare Dogma von der Lückenlosigkeit der Gesetze. In der Tat meinte der Rechtspositivismus mit dem »allgemeinen negativen Satz« Gesetzeslücken als undenkbar abzutun.[114] Den logischen Fehler dieses Satzes hat man bereits früh aufgedeckt, da aus dem Schweigen des Gesetzgebers nicht zwingend auf dessen Reden geschlossen werden kann. Eine bestimmte Rechtsfolge muss nicht notwendig das Ergebnis nur eines Tatbestandes sein. Anderenfalls wäre eine Normenkonkurrenz undenkbar.

Damit sind die Weichen gestellt, wann eine rechtsfortbildende Lückenschließung im Sachenrecht möglich ist. Es kommt offenbar auf die Art der Unvollständigkeit an, nicht jede empfundene Unvollständigkeit kann eine Rechtsfortbildung berechtigen. Anders formuliert kann nur eine solche Lücke zur Rechtsfortbildung ermächtigen, die das geschlossene System dinglicher Rechte nicht aus den Angeln hebt.

Allerdings kommt erschwerend hinzu, dass in der Methodenlehre sowohl verschiedene Arten richterlicher Rechtsortbildung als auch verschiedene Lückenbegriffe genannt werden, ohne dass deren Abgrenzung immer einfach zu ziehen wäre.[115] Nach wie vor verbreitet ist die Unterscheidung zwischen echten und unechten Lücken, auch wenn ihr Ursprung in dem verfehlten allgemeinen Satz liegt.[116] Eine echte Lücke kennzeichnet die zwingende Notwendigkeit zur Lückenfüllung, da anderenfalls das Gesetz unanwendbar wäre. Sinnvoller und präziser ist es, diese Fälle als Rechtsverweigerungslücken zu kennzeichnen.[117] An dem bekannten Beispiel des § 904 Satz 2 zeigt sich, dass bei Rechtsverweigerungslücken der Typenzwang gar nicht betroffen ist. Da die Vorschrift den Verpflichteten nicht nennt, kann die Lückenfüllung auch nicht gegen den Typenzwang verstoßen. Dies impliziert aber auch die Testfrage. Um nicht vorschnell eine solche Lücke anzunehmen, muss vorher die Funktionsfähigkeit des jeweiligen sachenrechtlichen Instituts überprüft werden. Schlichtweg nicht vorgesehene Gestaltungsformen bei den einzelnen dinglichen Rechten mögen zwar einem wirtschaftlichen Bedürfnis zuwiderlaufen, lassen aber nicht ohne Weiteres einen Lückenschluss

---

[114] *Zitelmann*, Lücken im Recht (1903), 17–19; *Kelsen*, Reine Rechtslehre , 16; zust. aus heutiger Zeit: *Langheim* (Fußn. 109), 120ff.

[115] *Wank*, Grenzen richterlicher Rechtsfortbildung (1978), 71 zählt vier verschiedene Arten der Rechtsfortbildung auf: Zur normalen Auslegung treten hinzu (1) die gesetzesimmanente Rechtsfortbildung, (2) die gesetzesüberschreitende Rechtsfortbildung, (3) Rechtsfortbildung *contra legem* bei einem Rechtsnotstand, (4) Unzulässige Rechtsfortbildung *contra legem*.

[116] *Zitelmann* (Fußn. 114), 27ff.

[117] *Canaris* (Fußn. 109), 141; ähnlich *Bydlinski*, Juristische Methodenlehre und Rechtsbegriff, 473f, der hier von logischen Lücken spricht; ebenso: *Pawlowski* Rn. 465.

zu. Darauf wird später noch bei den Typenerweiterungen durch Gesamtrechte und eigene Rechte zurück zu kommen sein.[118]

Eine sorgfältige Lückendiagnose löst allerdings auch nicht die Frage, wie die Lücke zu schließen ist. Da der Typenzwang für den lückenhaften Bereich aussagelos ist, besteht die Gefahr, dass durch die Rechtsfortbildung das innere System des *numerus clausus* selbst aufgelöst wird. Versucht man andererseits die Lücke dadurch zu schließen, indem man sich an sachenrechtlichen Normen orientiert, drohen die Grenzen zu einer unzulässigen Wortlautausdehnung zu verschwimmen. Ein deutliches Beispiel für diese methodische Gratwanderung ist die Sicherungsübereignung. Unterstellt, sie sei als ergänzende Rechtsfortbildung hinzunehmen, so ersetzt sie funktional das Besitzpfandrecht.[119] Unlösbare Systemwidersprüche sind dadurch vorprogrammiert.

V. Numerus clausus und zwingendes Recht

Der Typenzwang fixiert auch die Voraussetzungen, unter denen ein dingliches Recht entsteht. Die Parteien können sich zwar entschließen, ob sie dingliche Rechtsfolgen herbeiführen, sie können aber nicht darüber disponieren, unter welchen Voraussetzungen diese Rechtsfolgen eintreten. Was auf den ersten Blick als Selbstverständlichkeit erscheint, wird durch zwei abschließend zu diskutierende Probleme in Frage gestellt.

1. Der Herstellerbegriff in § 950 Abs. 1

a) Verkehrsanschauung und objektive Merkmale

Mag es nach dem soeben Ausgeführten als Selbstverständlichkeit erscheinen, wenn sachenrechtliche Vorschriften zwingendes Recht bilden, so verwundert die seit Jahrzehnten ausgetragene Debatte um die zwingende Rechtsnatur des § 950. Erstmals bei Verarbeitungsklauseln tauchte dieses Problem auf und damit bei der Frage, ob die Parteien bestimmen können, wer als Hersteller im Sinne dieser Vorschrift anzusehen ist. Hinter dieser Debatte steckt der rechtspolitische Grundsatzstreit, ob der Warenkreditgeber gegenüber dem Geldkreditgeber zu bevorzugen ist. Das Reichsgericht und Teile des Schrifttums sehen in der Vorschrift dispositives Recht.[120] Zweck des § 950 sei es, den Interessenkonflikt zwi-

---

[118] § 6 III.

[119] Siehe dazu bereits oben § 4 VIII 2 sowie unten § 6 IV 1.

[120] RGZ 161, 109, 113; RGZ 138, 84, 88; siehe auch KG JW 1932, 2634 Nr. 7, KG JW 1939, 563. Aus der Lit.: *Baur/Stürner* § 53 Rn. 15; *v. Bonin* ArchBürgR 38 (1913), 117, 121; *Bülow* Rn. 1023f; *Dolezalek* AcP 195 (1995), 392, 418ff; *Flume* NJW 1950, 841, 843f; *ders.* AcP 154 (1955), 560, 563; *Franke* BB 1955, 717, 718; *Günzel* DB 1949, 33; *Laufke*, FS Hueck (1959), 69, 75ff; *Stumpf-Thamm* BB 1966, 751; *Walb* BB 1953, 577, 578.

schen Stoffeigentümer und Verarbeiter zu lösen. Folglich soll die Norm nur einschlägig sein, wenn auch tatsächlich ein solcher Konflikt bestehe. Die Parteien könnten diesen Konflikt aber selbst ausräumen, indem der Stoffeigentümer und der Verarbeiter die Zuordnung selbst vereinbaren und folglich der Verarbeiter kein Eigentum erwerben soll.[121] Ergänzend beruft man sich auf das Werkvertragsrecht, da beim Werklieferungsvertrag eine Übereignungspflicht bestehe, die im übrigen Werkvertragsrecht nicht gelte, wie insbesondere § 647 zeige.[122]

Die herrschende Ansicht betrachtet § 950 als zwingendes Recht.[123] Für die zwingende Rechtsnatur und gegen die Dispositivität der Vorschrift sprechen die besseren Gründe. Als sachenrechtliche Vorschrift ist § 950 unabdingbar. Jede andere Auslegung widerspräche dem Typenzwang. Da der Kreis der dinglichen Rechte geschlossen ist, dürfen die Parteien weder neue Erwerbstatbestände schaffen noch bestehende aufheben.[124] Abgesehen von diesen grundsätzlichen Einwänden überzeugen die Gründe nicht, warum § 950 abdingbar sein soll. Interessenkonflikte zu lösen ist Aufgabe vieler Normen, ohne dass dies einen Rückschluss auf dispositives Recht zuließe. Zudem löst § 950 gar keinen Interessenkonflikt, wenn eigene Sachen verarbeitet werden, so dass bereits die Praemisse zweifelhaft wird.[125] Abgesehen davon besteht kein aufzulösender Interessenkonflikt zwischen Lieferant und Verarbeiter. Der Stoffeigentümer will nicht das Eigentum an der Sache erwerben, sondern nur den Wert der gelieferten Sache erhalten.[126] Auch das Werkvertragsrecht stützt nicht die Dispositivität des § 950. Mag das Werkvertragsrecht auch in bestimmten Fällen davon ausgehen, dass der Besteller Eigentümer wird, so trifft es keine Aussage, warum das Eigentum erworben wird. Dem Werkvertrag eine solche eigentumszuweisende Wirkung beizumessen, nähert sich einer *petitio principii*. Es bliebe zu klären, warum der Werkvertrag insoweit eine Aussage trifft, die die dingliche Eigentumszuordnung verdrängt.[127] Ebensowenig zu folgen ist einer weiteren Ansicht, wonach § 950 zwingend sei, die Parteien darüber disponieren könnten, wer Hersteller ist.[128] An der zwingenden Rechtsnatur nehmen alle Tatbestandsmerkmale teil, eine Vorschrift lässt sich nicht in einen zwingenden und nicht zwingenden Teil aufspalten.

Methodisch und dogmatisch lässt sich der zwingende Charakter des § 950 problemlos begründen. Die Auslegungsprobleme nehmen damit allerdings erst ihren

---

[121] So insb. *Flume* NJW 1950, 841, 843; dem folgend: *Baur/Stürner* § 53 Rn. 15.

[122] *Baur/Stürner* § 53 Rn. 15; *Dolezalek* AcP 195 (1995), 392, 423ff.

[123] BGH NJW 1989, 3213; MünchKomm(InsO)/*Ganter* § 47 Rn. 106; *Wadle* JuS 1982, 477, 478f; *Rothkegel*, Der Eigentumserwerb bei Verarbeitung (1974), 46ff; *Soergel/Henssler* § 950 Rn. 4.

[124] *Soergel/Henssler* § 950 Rn. 4; *Wadle* JuS 1982, 477, 479.

[125] *Rothkegel* (Fußn. 123), 29; *Soergel/Henssler* § 950 Rn. 4; *Wadle* JuS 1982, 477, 478.

[126] *Wadle* JuS 1983, 477, 479; *Staudinger/Wiegand* § 950 Rn. 29; s.a. *Hofmann* NJW 1962, 1798, 1800.

[127] *Wadle* JuS 1983, 477, 479f; ebenso: *Soergel/Henssler* § 950 Rn. 4.

[128] *Hofmann* NJW 1960, 1798, 1802f; wohl auch *Wagner* AcP 184 (1984), 14, 23f.

Anfang. Der Typenzwang knüpft an bestimmte Rechtsbegriffe an und setzt damit einen klar umrissenen Bedeutungsinhalt voraus,[129] der einer Auslegung allenfalls minimal zugänglich ist. Diese Anforderung verfehlt der Begriff des Herstellers. Aus dem Wortlaut der Norm folgt, dass derjenige, der eine Sache verarbeitet, nicht zwingend der Hersteller sein muss. Bereits die Gesetzesmaterialien stellten klar, dass Hersteller nicht nur derjenige sein kann, der verarbeiten lässt, sondern auch, wer herstellen lässt.[130] Hersteller und Verarbeiter können daher auseinander fallen.[131] Eine Regel, dass dem Verarbeiter grundsätzlich das neugeschaffene Gut gebührt, lässt sich nicht aufstellen.[132]

Die Rechtsprechung beurteilt den Hersteller nach der »Verkehrsauffassung eines mit den Verhältnissen vertrauten objektiven Betrachters«.[133] Hersteller ist derjenige, in dessen Namen und wirtschaftlichem Interesse hergestellt wird. Entscheidend ist dafür ist, wer als Geschäftsherr des Verarbeitungs- oder Umbildungsvorgangs erscheint.[134] Bedeutsam ist dies für die Stellung des Vorbehaltslieferanten beim Herstellungsprozess. Vereinbaren die Parteien eine Verarbeitungsklausel, wonach der Käufer »für« den Lieferanten verarbeitet, so sieht weist der objektive Betrachter im Sinne der Rechtsprechung dem Lieferanten das Eigentum zu.[135] Dies soll jedoch nur in der »Regel« gelten. Der Lieferant des Rohstoffes ist nur dann nicht mehr Eigentümer, »wenn sich die durch die Vereinbarung geschaffene Lage« über die Verwahrung und Verarbeitung derart geändert hat, dass eine andere Person als Hersteller anzusehen ist.[136]

Im Schrifttum hat diese Entscheidung eine lebhafte Kontroverse darüber ausgelöst, ob die Rechtsprechung im Ergebnis § 950 in das Belieben der Parteien gestellt hat. Die Formel des BGH hat man kritisiert, da sie im Ergebnis den Parteien gestatte, selbst die Herstellereigenschaft zu bestimmen. Zudem sei die »Lebensanschauung« zu vage, um daraus Schlussfolgerungen für die Herstellereigenschaft ziehen zu können.[137] Daher versuchte man den zwingenden Charakter des § 950 zu retten, indem man den Hersteller nach objektiven Maßstäben bestimmt und die fremdwirkende Verarbeitung als Zurechnungsproblem ansieht.[138] Der Strauß der angebotenen objektiven Kriterien ist bunt. Teilweise stellt man auf

---

[129] Oben § 1 II 3, § 5 IV 1.

[130] Prot. III, 243.

[131] BGHZ 14, 114, 117; *Rothkegel* (Fußn. 123), 60f.

[132] AA wohl *Staudinger/Wiegand* § 950 Rn. 30 (sub c), 32.

[133] BGHZ 112, 243, 249f = BGH NJW 1991, 1480; BGH NJW 1983, 2022, 2023; BGHZ 20, 159, 163; BGHZ 14, 114, 117; OLG Frankfurt OLGZ 1989, 198; ebenso: *Möhring* NJW 1960, 698; *Soergel/Henssler* § 950 Rn. 13, 20.

[134] BGHZ 20, 159, 162; BGH NJW 1991, 1480, 1481.

[135] BGHZ 20, 159, 163f; BGHZ 46, 117, 118f.

[136] BGHZ 20, 159, 164.

[137] *Westermann/Gursky* § 53 III 2 c; *Wadle* JuS 1982, 477, 481.

[138] *Ballerstedt* JZ 1953, 389; *Bamberger/Roth/Kindl* § 950 Rn. 10; *Kötter*, S. 94; *Möhring* NJW 1960, 697, *Neubeck* NJW 1959, *Rothkegel* (Fußn. 123), 68ff; *Säcker* JR 1966, 51; *Tasche*, S. 66ff; *Zeuner* JZ 1955, 195, 196.

strukturelle Parallelen zwischen den §§ 855, 868 ab und begreift die Verarbeitung als eine besondere Art, den Besitz an einer Sache auszuüben.[139] Kein Hersteller ist danach, wer im Rahmen eines sozialen Abhängigkeitsverhältnisses als Besitzdiener verarbeitet. Die Rechtsfolgen treten in der Person des Herstellers ein.[140] Auch bei einer Verarbeitung im Rahmen eines Besitzmittlungsverhältnisses ordnet man dem mittelbaren Besitzer den Herstellungserfolg zu und nicht dem Besitzmittler. Das Eigentum soll dem mittelbaren Besitzer zustehen, da dieser auch die übergeordnete dauerhafte Rechtsstellung innehabe.[141] Bereits hier zeigt sich, dass es misslingen muss, den Herstellerbegriff zu objektivieren. Da für Außenstehende die Besitzverhältnisse bei den §§ 855, 868 nicht ohne Weiteres erkennbar sind, kann man aus ihnen keinen objektiven Maßstab ableiten. Im Gegenteil: Der Parteiwille wird hier zum Maßstab für die Herstellereigenschaft, da diese von den Vereinbarungen der Parteien im Innenverhältnis abhängt.[142]

Auf den ersten Blick erfolgversprechender scheint der Ansatz, wirtschaftliche Gesichtspunkte zu bemühen. Wer Hersteller ist, richtet sich danach im wesentlichen nach drei Kriterien: Es kommt danach darauf an, wer die Verarbeitung veranlasst hat, wer das Eigentum an den gelieferten Rohstoffen innehat und wer das wirtschaftliche Risiko der Verarbeitung trägt.[143] Allerdings erlauben diese Wertungskriterien unterschiedliche Schlussfolgerungen. Virulent wird dies für den praktisch bedeutsamsten Fall, ob der Vorbehaltsverkäufer als Hersteller anzusehen ist. Einige Stimmen innerhalb des objektiven Ansatzes lehnen die Herstellereigenschaft des Vorbehaltsverkäufers ab, da dieser kein erhöhtes Risiko trage und den Produktionsprozess nicht steuern könne.[144] Folgerichtig scheidet hier eine Verarbeitungsklausel als Sicherungsinstrument aus und der Vorbehaltslieferant muss sich durch ein vorweggenommenes Besitzkonstitut das Eigentum an der neu hergestellten Sache übertragen lassen. Die Rechtstellung des Vorbehaltskäufers lässt sich anscheinend auch wirtschaftlich anders einstufen. So stellen einige darauf ab, dass der Vorbehaltslieferant der Eigentümer der gelieferten Sache sei, die Verarbeitung wenigstens mitveranlasst habe und ein wirtschaftliches Risiko eingehe, da er die als Sicherheit dienende Sache verliere.[145] Aus dieser Perspektive steht der Herstellereigenschaft des Vorbehaltslieferanten nichts im Wege.

---

[139] *Möhring* NJW 1960, 697, 698 (nur § 868); *Westermann/Gursky* § 53 III 2 c; *Zeuner* JZ 1955, 195, 196f.

[140] *Zeuner* JZ 1955, 195, 196.

[141] *Zeuner* JZ 1955, 195, 197; *Möhring* NJW 1960, 697, 698.

[142] *Rothkegel* (Fußn. 123), 72; siehe auch zur weiteren Kritik: *Wadle* JuS 1982, 477, 481.

[143] *Säcker* JR 1966, 51, 52 (»Geschäftsrisiko«); *Soergel/Henssler* § 950 Rn. 14; *Wadle* JuS 1982, 477, 483; ähnlich: *Staudinger/Wiegand* § 950 Rn. 33 (»bewusste und erkennbare Übernahme eines erhöhten Risikos«).

[144] *Rothkegel* (Fußn. 123), 126f; *Säcker* JR 1966, 51, 52f; *Staudinger/Wiegand* § 950 Rn. 34; *Westermann/Gursky* § 53 II 2 e; *Wieling I* § 11 II 4 i.

[145] *Wadle* JuS 1982, 477, 483; *Zeuner* JZ 1955, 195, 197; s. auch *Möhring* NJW 1960, 697, 698.

Die mühsamen Versuche, dem Herstellerbegriff eine subsumierbare Gestalt zu verleihen, können nicht darüber hinwegtäuschen, dass der Erwerbsgrund nach § 950 dem Bestimmtheitsgrundsatz nicht genügt. Die Suche nach einer subsumtionsfähigen Formel für den Begriff des Herstellers war bislang erfolglos. Eine topische Vorgehensweise löst die Auslegung ab. Selbst die Verständigung auf einheitliche Kriterien führt zu unterschiedlichen Schlussfolgerungen. Auch die Ansätze, den Herstellerbegriff objektiv zu bestimmen, müssen auf die Risikoverteilung *inter partes* oder ein Weisungsrecht zurückgreifen und damit auf einen Umstand, den das schuldrechtliche Grundgeschäft bestimmt. Die schuldrechtliche Risiko- und Pflichtenverteilung wird damit zum Maßstab für die Herstellereigenschaft.[146] In diesem Sinne stellen sich die meisten objektiven Kriterien als subjektiv dar. Damit ist letztlich die schuldrechtliche Interessenlage entscheidend, mag man sie auch objektivieren. Die zwingende Rechtsnatur des § 950 ist dadurch in Frage gestellt.

Im Kern sind diese Unstimmigkeiten bereits in der Gesetzesbegründung angelegt, da auch derjenige Hersteller sein soll, der den Verarbeitungsvorgang veranlasst. Wenn damit der Herstellerbegriff nicht dem Bestimmtheitsgrundsatz genügt, bringt dies die gesamte Vorschrift des § 950 in Verruf. Eine Typenfixierung ist unmöglich, da kein konsensfähiger Norminhalt existiert. Damit läuft der Typenzwang ins Leere und bildet keine klare Grenze dafür, unter welchen Voraussetzungen das dingliche Recht »Eigentum« bei einer Verarbeitung entsteht.

b) Rechtspolitische Stellungnahme

Diese Bestandsaufnahme zwingt dazu, einen rechtspolitischen Ausblick anzuschließen. Alle Versuche, die zwingende Rechtsnatur des § 950 zu retten, sind Einwänden ausgesetzt. Umgekehrt ist die These unhaltbar, dass § 950 dispositives Recht ist. Dieses Dilemma stellt den Sinn des § 950 rechtspolitisch in Frage. In neuerer Zeit hat man diese Vorschrift schlichtweg für überflüssig erklärt.[147] Bei allen Vorbehalten gegenüber begrifflichen Argumenten mutet es seltsam an, wenn die Rechtsprechung einen Lieferanten als Hersteller ansieht wie dies die Konsequenz von Verarbeitungsklauseln ist.[148] Im Ergebnis trennt man dadurch den Eigentumserwerb vom Verarbeitungsvorgang und gestattet den Parteien, von der Regel des § 950 abzuweichen.

Die hinter dieser Rechtsprechung verborgenen rechtspolitischen Gründe dienen einer Korrektur des Insolvenzrechts. Der verlängerte Eigentumsvorbehalt verschafft den Warenlieferanten ein Aussonderungsrecht in der Insolvenz des

---

[146] *Wagner* AcP 184 (1984), 14, 21.

[147] *Dolezalek* AcP 195 (1995), 392, 394. So bereits *Ballerstedt* JZ 1953, 389, 390 mit dem Hinweis, dass § 950 nicht mehr in eine arbeitsteilige Wirtschaft passt.

[148] *Dolezalek* AcP 195 (1995), 392, 432 weist nach, dass sowohl die englische als auch die italienische Praxis Verarbeitungsklauseln als nicht »ernsthaft« gemeint ablehnen.

Abnehmers.[149] Gegenüber den Kreditgläubigern des Verarbeitenden ist der Lieferant damit privilegiert, da diesen nur ein Absonderungsrecht nach § 51 InsO zusteht. Ohne eine Verarbeitungsklausel stünde dem Lieferanten weder ein Aussonderungs- noch ein Absonderungsrecht zu, sondern er müsste sich mit der Quote begnügen. Für die dann zwingende Bevorzugung der Kreditgläubiger gibt es jedoch ebenso wenig Gründe, wie für eine Bevorzugung der Sachgläubiger. Der BGH hat zwar einerseits Fingerspitzengefühl bewiesen, indem er über Verarbeitungsklauseln einen Durchgangserwerb des Verarbeitenden und damit ein vorrangiges Sicherungsrecht der Kreditgeber verhinderte. Auf der anderen Seite musste er dafür in Kauf nehmen, dass sich verlängerte Eigentumsvorbehalte ausweiten.

Wenn die Vorschrift des § 950 wegfiele, müssten die auftretenden Probleme im Rahmen des § 947 gelöst werden, sofern sich die Arbeitsleistung als eine Verbindung darstellt. Die Unwägbarkeiten, wer als Hersteller anzusehen ist, würden wegfallen, da § 947 nicht subjektiv anknüpft sondern allein daran, ob das Ergebnis der Verbindung eine Hauptsache ist oder nicht. Das im Regelfall nach dieser Vorschrift entstehende Miteigentum wird arbeitsteiligen Fertigungsprozessen eher gerecht als die vergröbernde Lösung des § 950. Um eine Übersicherung des Lieferanten zu vermeiden, findet sich ohnehin in den Geschäftsbedingungen des Lieferanten die durch die Rechtsprechung gebilligte Klausel, dass der Verkäufer Miteigentümer der neuen Ware wird.[150] Allerdings stößt diese Klausel auf kaum überwindbare dogmatische Hindernisse im Rahmen des § 950.[151] Ohne nähere Begründung hat der BGH seine Ansicht auf § 947 gestützt.[152] Überzeugen kann dies nicht, da § 950 *lex specialis* gegenüber § 947 ist.[153]

De lege ferenda sollte daher § 950 abgeschafft werden. Sofern nicht die Voraussetzungen einer Verbindung erfüllt sind, sollten die Parteien darüber disponieren können, wem das Eigentum an der hergestellten Sache zusteht. Dies würde gegenüber der Rechtsentwicklung keinen großen Schritt bedeuten. Der im Schrifttum betonte Rückgriff auf die Risikoverteilung kann dieses Risiko nur mit Blick auf die schuldrechtliche Pflichtenverteilung der Parteien bestimmen. Hier steht es den Parteien jedoch frei, wie sie diese Pflichten verteilen, so dass sie dadurch die Geltung des § 950 beeinflussen können. Die Rechtsprechung hat der Sache nach unter Rückgriff auf die Verkehrsauffassung die zwingende Rechtsnatur des § 950 aufgehoben. Unter der Ägide des Typenzwangs richtet sich die Verkehrsauffassung an den sachenrechtlichen Typen aus und nicht umgekehrt.

---

[149] MünchKomm(InsO)/*Ganter* § 47 Rn. 116 mwN.

[150] BGHZ 46, 117; BGHZ 79, 16; MünchKomm(InsO)/*Ganter* § 47 Rn. 110; *Wagner* AcP 184 (1984), 14, 28.

[151] Zu den einzelnen Konstruktionsversuchen näher: MünchKomm/*Füller* § 950 Rn. 27.

[152] BGHZ 46, 117, 122.

[153] In einer anderen Entscheidung hat dies der BGH bekräftigt: BGH LM Nr. 2 zu § 947; aus dem Schrifttum: *Staudinger/Wiegand* § 947 Rn. 2 mwN.

2. Der Erwerb von Schuldurkunden

Eine der klassischen sachenrechtlichen Streitfragen ist es, ob der Erwerb von Schuldurkunden nach § 952 dispositives oder zwingendes Recht ist. Nach den bisherigen Ausführungen zu den dogmatischen Grundlagen mag dies verwundern, da der *numerus clausus* der Sachenrechte die zwingende Rechtsnatur sachenrechtlicher Vorschriften nach sich zieht. Ein Erwerb kraft Gesetzes ist der Parteidisposition entzogen. Die Protokolle allerdings sahen dies anders und stützten sich auf den kuriosen Gedanken, Autogrammsammlern entgegenzukommen. Die Schuldurkunde mit dem Autogramm eines berühmten Schuldners verkörpere selbst einen Wert und müssen daher auch ein selbständiger Gegenstand des Rechtsverkehrs sein.[154] Eine verbreitete Ansicht folgt nach wie vor diesen Erwägungen und sieht in der Vorschrift des § 952 dispositives Recht,[155] allerdings steht eine klärende Entscheidung des BGH nach wie vor aus.

Bemerkenswert ist, dass § 952 als zwingendes Recht eingestuft wird, um die Eigentumslage an dem unter diese Norm zu subsumierenden Kraftfahrzeugbrief zu klären.[156] Diese Ansicht hat gleichsam Leitbildfunktion für die übrigen Anwendungsfälle der Norm. Mit der vordringenden Auffassung ist § 952 als *ius cogens* einzuordnen.[157] Da die Vorschrift im Interesse des Rechtsverkehrs eindeutig das Eigentum an einem Schuldschein zuordnen will, schützt sie Interessen, die über die bloße relative Beziehung zwischen Gläubiger und Schuldner hinausreichen. Über fremde Interessen können die Parteien jedoch nicht verfügen. Wenn man den Typenzwang unter anderem auf den Verkehrsschutz stützt, dann ist § 952 geradezu ein Musterbeispiel dafür, wann die zwingende Rechtsnatur dieser Vorschrift für klare Rechtsverhältnisse sorgt.

Ungeachtet dessen können die Parteien oder der Berechtigte darüber disponieren, ob ein Papier die Eigenschaft einer Schuldurkunde hat.[158] Der Berechtigte kann danach durch Lochen, Entwerten, Durchstreichen u.ä. die Eigenschaft als Urkunde aufheben. Die Urkunde wird dadurch zu einem selbständigen Rechtsgegenstand, eine Forderung ist jedoch nicht mehr verbrieft. Diese Dispositions-

---

[154] Vgl. Prot. III, 644.

[155] RGZ 51, 83, 85; RGZ 91, 155, 157; *Hedemann* IherJb 48 (1904), 63, 73; *RGRK/Pikart* § 952 Rn. 2; *Wolff/Raiser* § 75 II (279).

[156] OLG Stuttgart DAR 1971, 13 (unwirksamer Eigentumsvorbehalt an einem Kraftfahrzeugbrief); LG Frankfurt a.M. NJW-RR 1986, 986; AG Salzuflen DAR 1968, 184 (jeweils zur [unwirksamen] Verpfändung eines Kraftfahrzeugbriefs); Ebenso ist die Sicherungsübereignung eines Kraftfahrzeugbriefs nicht möglich: *Soergel/Henssler* § 952 Rn. 19; *Staudinger/Gursky* § 952 Rn. 26. Allerdings kann ein *inter partes* wirkendes Zurückbehaltungsrecht eingeräumt werden LG Frankfurt a.M. NJW-RR 1996, 986.

[157] *Bamberger/Roth/Kindl* § 952 Rn. 1; *Jauernig/Jauernig* § 952 Rn. 7; *Soergel/Henssler* § 952 Rn. 18; *Staudinger/Gursky* § 952 Rn. 24; *Westermann/Gursky* § 55 I 2 (S. 451); *Zöllner*, FS Raiser (1974), 249, 276.

[158] *Palandt/Bassenge* § 952 Rn. 1; *Soergel/Henssler* § 952 Rn. 19; *Staudinger/Gursky* § 952 Rn. 25.

freiheit reicht jedoch nur soweit, wie die Parteien darüber disponieren können, ob ein Schuldschein auszustellen ist. Schreibt das Gesetz vor, dass eine Urkunde auszustellen ist, so können die Parteien oder der Berechtigte die Urkundeneigenschaft nachträglich nicht beseitigen, sofern das Gesetz dies nicht wie in § 1116 Abs. 2 Satz 2 erlaubt. Die formgebundene Forderung ist dann nichtig.

§ 6 Der Typenzwang in der Rechtsentwicklung

I. Bestimmtheit und Auslegungsprobleme bei den Legaltypen

1. Zum zulässigen Inhalt von Dienstbarkeiten

Die Grunddienstbarkeit gibt dem Berechtigten das Recht, ein Grundstück in einzelnen Beziehungen zu nutzen, § 1018. Dabei muss die Grunddienstbarkeit einen Vorteil für die Benutzung des rechtlichen Grundstücks bieten, wie § 1019 einschränkend verlangt. Diese Einschränkung und die jeweilige Berechtigung grenzt die Grunddienstbarkeit von der beschränkten persönlichen Dienstbarkeit nach § 1090 Abs. 1 ab: Eine beschränkte persönliche Dienstbarkeit ist ein subjektiv-persönliches Recht und verlangt keinen Vorteil im Sinne des § 1019. Nur als subjektiv-dingliches Recht kann hingegen die Grunddienstbarkeit ausgestaltet werden, um dem Vorteilserfordernis nach § 1019 gerecht zu werden. Welchen Inhalt die Grunddienstbarkeit hat, ergibt sich aus dem dinglichen Vertrag, dem Eintragungsvermerk im Grundbuch und aus der Eintragungsbewilligung, wenn darauf Bezug genommen wurde.[1] Der Gesetzgeber stellt den Parteien in § 1018 *drei Arten* von Grunddienstbarkeiten zur Verfügung: Die erste Variante des § 1018 erfasst Benutzungsdienstbarkeiten und beschreibt deren Inhalt als Grundstücksbelastung zu Gunsten eines anderen Grundeigentümers dergestalt, dass dieser das belastete Grundstück in einzelnen Beziehungen benutzen darf. Der belastete Eigentümer muss diese Benutzung dulden.[2] In der zweiten Alternative regelt § 1018 die Unterlassungs- oder Verbotsdienstbarkeit. Sie kennzeichnet, dass der belastete Eigentümer auf seinem Grundstück gewisse Handlungen nicht vornehmen darf. Schließlich als dritte Variante regelt § 1018 die Ausübungsdienstbarkeit: Nach ihr ist die Ausübung eines Rechts ausgeschlossen, das sich aus dem Eigentum an dem belasteten Grundstücke dem anderen Grundstück gegenüber ergibt. Diese Dreiteilung soll einerseits dazu dienen, den Inhalt der Grunddienstbarkeiten abschließend zu beschreiben und andererseits bezweckt sie, die Grunddienstbarkeit von anderen dinglichen Rechten abzugrenzen. Die Parteien können jedoch die gesetzlichen Befugnisse in einer einzigen Dienstbarkeit zusammenfas-

---

[1] BGHZ 44, 171; BGHZ 90, 181, 184; BGH 92, 351, 355; BGHZ 123, 297, 301; BGH NJW-RR 1992, 1484; BGH NJW-RR 1995, 15; *Soergel/Stürner* § 1018 Rn. 8 mwN. Ausführlich zu den möglichen Bezugnahmen im Grundbuch: *Staudinger/Mayer* § 1018 Rn. 26ff.

[2] *Staudinger/Mayer* § 1018 Rn. 105, 125.

sen, sofern diese nicht über den denkbaren Nutzungsinhalt des § 1018 hinausgeht.[3]

a) *Inhaltsfreiheit und formalisierte Inhaltskontrolle*

Auch wenn sich das Gesetz darum bemüht, den Inhalt der Dienstbarkeiten möglichst präzise zu fassen, existiert eine umfangreiche Rechtsprechung zum zulässigen Rechtsinhalt von Dienstbarkeiten. Das Bild ergänzen reichlich erschienene Monografien zu dem Thema,[4] ohne dass das Schrifttum bislang eine umfassende Antwort auf viele Fragen gefunden hätte. Wie der Inhalt der Grunddienstbarkeiten näher ausgeformt ist, steht weitgehend in der Gestaltungsfreiheit der Parteien, was der Gesetzgeber auch schon ausdrücklich betont hat: Der Umfang der Eigentümerbeschränkung und des beschränkenden Rechts soll im Einzelnen privatautonom bestimmt werden können.[5] Warum sich der Gesetzgeber freimütig für eine weitgehende Inhaltsfreiheit bei den Dienstbarkeiten entschlossen hat, hat historische Gründe. Das BGB sollte in erster Linie das Recht vereinheitlichen und weniger eine Reformkodifikation sein. Die Partikularrechte gestalteten die Servitute jedoch denkbar unterschiedlich aus. Durch den berühmten Federstrich sollten diese jedoch nicht zur Makulatur werden, sondern der Sache nach als Dienstbarkeit nach dem BGB weiterbestehen können. Der Gesetzgeber löste deswegen das Spannungsfeld zwischen Reformation und Vereinheitlichung derart auf, indem er den Inhalt der Dienstbarkeit allgemeiner fasste und der Privatautonomie zugänglich machte. Diese Grundentscheidung erzeugt zwangsläufig einen unauflösbaren Widerspruch: Die formalisierte Inhaltskontrolle als Kennzeichen des Typenzwangs verträgt sich nicht mit einer Inhaltsfreiheit. Je weiter der Sachen-

---

3 BGH NJW 1959, 670, 671; BGH DNotZ 1976, 97; BGH NJW 1980, 179; BGH NJW 1985, 2574; siehe auch *Ertl* MittBayNot 1988, 53, 55.

4 *Bormann*, Wettbewerbsbeschränkungen durch Dienstbarkeiten (2003), 165ff; *Eichholzer*, Über Zwangs- und Bannrechte (1914), *Gebhard*, Über den Unterschied zwischen Servituten und Zwangs- und Banngerechtigkeiten (1807); *Göz*, Die beschränkte persönliche Verbotsdienstbarkeit (1997); *Gürtler*, Der Anspruch auf positives Tun als Inhalt der Dienstbarkeit, insbesondere im Grundbuch und in der Zwangsvollstreckung (1928), *Hub*, Zweckgerichtete Inhaltsbestimmung von Grunddienstbarkeiten und beschränkten persönlichen Dienstbarkeiten (1967); *Huvendick*, Zweckgerechte Inhaltsbestimmung von Grunddienstbarkeiten und beschränkten persönlichen Dienstbarkeiten (1967); *Kaiser*, Die Verwendung von Grunddienstbarkeiten und beschränkten persönlichen Dienstbarkeiten als Mittel der Wettbewerbsbeschränkung (1964); *Lehmann*, Die Unterlassungspflicht im bürgerlichen Recht (1906); *Maier*, Zivil- und kartellrechtliche Probleme der Absatzsicherung in der Fernwärme- und Versorgungswirtschaft (1987); *Mulzer*, Die dingliche Sicherung ausschließlicher Bezugspflichten durch Verbotsdienstbarkeiten (1980); *Müller*, Der Inhalt von Grunddienstbarkeiten nach dem bürgerlichen Gesetzbuch (1919); *Roller*, Die Zulässigkeit von Grunddienstbarkeiten, welche eine gewerbliche Tätigkeit zu Konkurrenzzwecken einschränken sollen (1913); *Schmidt*, Sachenrechtliche Zulässigkeit wettbewerbsbeschränkender Dienstbarkeiten (1984).

5 Mot. III, 479f; *Hess* AcP 197 (1997), 489, 505; *Münch* ZHR 157 (1993), 559, 560; *Soergel/Stürner* § 1018 Rn. 2.

rechtstyp gefasst ist, desto schwerer ist er zu fixieren. Alle inhaltlichen Konkretisierungsversuche stehen deshalb von vornherein unter dem Odium der Begriffsjurisprudenz oder vom Gesetz abgehobener Teleologie. Unter dem Aspekt der Rechtsklarheit lässt sich dem Problem auch nicht beikommen, da der Inhalt der Dienstbarkeiten konkretisierungsbedürftig ist und deswegen für den Rechtsverkehr keine klare, vorgeformte Art einer Dienstbarkeit besteht.[6]

Diese Schwierigkeiten steigern sich, da die herrschende Ansicht neben dem Rechtsverhältnis aus der Dienstbarkeit ein gesetzliches Begleitschuldverhältnis anerkennt und zusätzlich den Parteien gestattet, schuldrechtliche Nebenabreden zur Dienstbarkeit zu treffen.[7] Bislang steht die abschließende Klärung aus, nach welchen inhaltlichen Maßstäben dieses Schuldverhältnis zu kontrollieren ist. Die sonst so strikt durchgeführte Trennung zwischen dinglichem und obligatorischem Recht ist bei den Dienstbarkeiten verwässert, wie die §§ 1020–1023 zeigen. Der Gesetzgeber stufte diese Vorschriften als Legalobligation ein, die das Recht des Dienstbarkeitsberechtigten begrenzen.[8] Vor diesem Hintergrund ist eine von Begrifflichkeiten überschattete Diskussion ausgebrochen, ob die Pflicht zur schonenden Ausübung (§ 1020 Satz 1) und die Erhaltungspflicht (§ 1020 Satz 2) den Inhalt einer Dienstbarkeit begrenzen[9] oder nur die Ausübung.[10] Wer die strenge Trennung zwischen dem dinglichen und dem obligatorischen Recht aufrechterhalten will, muss diese Vorschriften als Ausübungsschranke verstehen. Gerade diese Trennung ist jedoch zweifelhaft. Der BGH hat in dieser Diskussion schließlich das Machtwort gesprochen und betont, dass eine Trennung zwischen Inhalt und Ausübung undurchführbar ist.[11] Dagegen hat man das formaljuristische Argument ins Felde geführt, dass § 1020 nur regele, wie der Dienstbarkeitsberechtigte sein Recht ausüben darf. Aber dieses »wie« findet seine Grundlage doch in der Dienstbarkeit selbst. § 1020 stellt gerade einen solchen Zusammenhang zwischen dem Rechtsinhalt und den damit verbundenen Befugnissen her.

Dieses Begleitschuldverhältnis[12] weicht den Typenzwang und seine dogmatischen Grundlagen auf, da die Trennung zwischen den Pflichten aus diesem Schuldverhältnis und dem dinglichen Rechtsinhalt undurchführbar ist. Damit enthält allerdings jede Position, die man zur Inhaltskontrolle dieses Schuldverhältnisse einnehmen könnte, einen dogmatischen Bruch. Befürwortet man eine

---

[6] *Hess* AcP 198 (1998), 489, 507; *Staudinger/Mayer* § 1018 Rn. 146; teilweise anders *Stürner* AcP 194 (1994), 26, 280ff.

[7] Ausführlich dazu: *Amann* DNotZ 1989, 531, 534; *Staudinger/Mayer* § 1018 Rn. 137. Siehe außerdem bereits oben § 3 V 3 a.

[8] Mot. III, 483.

[9] MünchKomm/*Falckenberg* § 1020 Rn. 2; *Wolff/Raiser* § 107 Fußn. 3; wohl auch BGHZ 5, 144.

[10] RGRK/*Rothe* § 1020 Rn. 1; *Soergel/Stürner* § 1020 Rn. 1; *Staudinger/Mayer* § 1020 Rn. 5.

[11] BGH NJW 1985, 2944, 2945. Siehe außerdem die Nachweise oben § 3 V 3 a bb.

[12] Andere reden von einem »Binnenschuldverhältnis«: *Heß* AcP 197 (1997), 408, 522; dem folgend *Staudinger/Mayer* § 1018 Rn. 134.

weitgehende Gestaltungsfreiheit des Begleitschuldverhältnisses, so beeinflusst dies den Charakter der Dienstbarkeit als zwingendes Sachenrecht selbst. Auch der gegensätzliche Standpunkt führt zu Schieflagen. Befürwortet man eine weitgehende Inhaltskontrolle wegen des dinglichen Charakters der Dienstbarkeit, gibt man die Trennung zwischen Schuld- und Sachenrecht ebenso auf. Dies verdeutlicht noch einmal, welcher unbesonnene dogmatische Eifer dahinter steckte, die Abstraktion der Dienstbarkeitsbestellung einzuführen. Die Analyse im Einzelnen hat daher nach anderen Maßstäben zu suchen, muss aber eingestehen, dass die Trennung zwischen Schuld- und Sachenrecht kein brauchbarer Ansatzpunkt für eine Inhaltskontrolle ist.

b) Die Begrenzung der persönlichen Freiheit und die Schranken der Eigentümerrechte

Die soeben angesprochene Suche nach den Maßstäben wird nicht beim Bestimmtheitsgrundsatz fündig. Vielmehr ging der Gesetzgeber von einem sehr allgemeinen Prinzip bei der Ausgestaltung der §§ 1018ff aus. Man wollte die Zwangs- und Bannrechte abschaffen, wie sie unter anderem das Allgemeine Landrecht vorsah. Der Gesetzgeber stützte sich dabei auf Vorarbeiten aus dem frühen 19. Jahrhundert, die ein positives Tun nicht als Inhalt einer Dienstbarkeit anerkannten. Daraus geronn später der allgemeine Satz, dass eine Dienstbarkeit zwar die Eigentümerbefugnisse beschränke, nicht aber dessen persönliche Freiheit.[13] Auch wenn sich weder in den Motiven noch in den Protokollen dazu eine weitere Stellungnahme findet, so dürfte dieses Vorverständnis den Gesetzgeber geleitet haben, als er die Normen über die Dienstbarkeit schuf.[14]

aa) Servitus in faciendo consisterere nequit?

Ein positives Tun darf nach der allgemeinen Ansicht kein Inhalt einer Dienstbarkeit sein.[15] Der Grundsatz »*Servitus in faciendo consistere nequit*« findet seine Wurzeln bereits im römischen Recht, wonach der Eigentümer der dienenden Sache nur verpflichtet war, eine Nutzung des Berechtigten zu dulden, nicht aber selbst an ihn zu leisten.[16] Von dort fand dieser Satz Eingang in die partikularen

[13] *Johow*, Vorentwurf 1209.

[14] Unzureichend daher die Analyse von *Huvendick* (Fußn. 4), der diesen Gesichtspunkt schlichtweg übersieht.

[15] BGHZ 106, 348, 350; BGH WM 1985, 1003, 1004; BayObLGZ 1983, 143, 149; BayObLGZ 1985, 193, 195; BayObLG BayVBl 1989, 155; *Herbst*, FS Schippel (1996), 187, 190; *Hess* AcP 197 (1997), 489, 504; *Just*, FS Trusen (1994), 393ff; *Soergel/Stürner* § 1018 Rn. 5; *Staudinger/Mayer* § 1018 Rn. 79; *Walter/Maier* NJW 1988, 377, 386 jeweils mwN.

[16] Siehe dazu *Walter/Maier* NJW 1988, 377, 385 mwN. Dieser Grundsatz galt jedoch im römischen Recht nicht ausnahmslos. Durch eine »Servitus oneris ferendi« (Dienstbarkeit zur Lastentragung) konnte der Eigentümer dazu verpflichtet werden, eine bauliche Anlage in dem Zustand zu erhalten, so dass sie eine Last tragen konnte (näher: *Göz* [Fußn. 4], 60–63; *Schmidt* [Fußn. 4],

Rechtsordnungen. Dies ist bekannt und hier nicht *en detail* nachzuzeichnen.[17] Wichtiger ist es, einen Blick auf die einzelnen Fälle und das mit der Parömie verfolgte Anliegen zu werfen. Die im deutschen Recht des Mittelalters entstandenen Zwangs- oder Bannrechte[18] stellten, in die heutige Terminologie übersetzt, Ausschließlichkeitsbindungen dar. Sie hingen mit dem seinerzeit vorherrschenden Zunft- und Gewerbezwang zusammen. Das Reichsgericht gab im Jahre 1897 eine klassische Definition dieser Rechte: Zwangs- und Bannrechte kennzeichnet die regelmäßig mit dem Besitz des Eigentums verbundene Befugnis, von den Einwohnern eines bestimmten Bezirks oder gewissen Klassen derselben zu verlangen, dass sie die Anschaffung gewisser Bedürfnisse oder die Anfertigung gewisser Arbeiten bei keinem anderen als dem Berechtigten bewirken.[19] Wiederum in die heutige Terminologie übersetzt, traten zur Bindung des Einzelnen die gesamten Bindungen auf einem relevanten Markt hinzu. Unter dem Stichwort »Bündeltheorie« wird dieses Phänomen im Recht der Wettbewerbsbeschränkungen behandelt.[20] Wettbewerbspolitisch betrachtet, schotten Zwangs- und Bannrechte andere Anbieter und Nachfrager von dem relevanten Markt ab und bilden die Grundlage für örtliche Monopole.

Genau diese geschlossenen Märkte wollte der Gesetzgeber verhindern. Dienstbarkeiten sollten keine örtlichen Monopole befördern. Da allerdings zur Entstehung des BGB die systematische Erfassung der Ausschließlichkeitsbindungen noch nicht geleistet war, meinte man, durch den Grundsatz *servitus in faciendo consistere nequit* alle denkbaren Fälle erfasst zu haben. Allerdings ist dies ein Anschauungsdefizit, da ein positives Tun als Inhalt einer Dienstbarkeit nicht notwendig mit einem Abnahme- oder Bezugszwang verbunden ist. Um das Anschauungsdefizit zu beseitigen, ist der historische Hintergrund für den Grundsatz *servitus in faciendo consistere nequit* mit den heutigen wettbewerbstheoretischen Erkenntnissen zu verbinden. Der Inhalt einer Dienstbarkeit darf deswegen keine Ausschließlichkeitsbindung sein. In Verbindung mit einer Dienstbarkeit würde eine solche Bindung in die vom Gesetzgeber verpönten Zwangs- und Bannrechte umschlagen. Umgekehrt ergibt sich aus dieser Weichenstellung auch, dass ein positives Tun durchaus der Inhalt einer Dienstbarkeit sein kann, solange dadurch keine Ausschließlichkeitsbindung begründet wird. Der Grundsatz *servitus in faciendo consistere nequit* hat folglich einen überschießenden Verbotsinhalt und ist auf seinen sinnvollen Rechtsinhalt zurückzuführen. Die historische Auslegung spricht nicht dagegen, positives Tun im übrigen als Inhalt einer Dienstbar-

---

73). Als Rudiment dieses römisch-rechtlichen Instituts kennt § 1021 eine vereinbarte Unterhaltungspflicht. Diese Pflicht ist Inhalt einer Dienstbarkeit und ist in diesem Sinne »dinglich«, siehe dazu *Soergel/Stürner* § 1021 Rn. 1.

[17] Näher: *Münch* ZHR 157 (1993), 559, 565–569.

[18] Ausführlich dazu: *Bormann* (Fußn. 4), 32ff.

[19] RGZ 39, 147, 150.

[20] BGHZ 112, 218, 225 TUI I; *Emmerich* in: Immenga/Mestmäcker § 16 Rn. 116 mwN.

keit anzuerkennen. Die Bedenken dagegen aus dem Inhalt der dinglichen Rechte als solche greifen nicht durch.[21] Bevor diese These im Einzelnen noch der Bewährung zu unterziehen ist, bleibt das Grundanliegen hervorzuheben: Heute sieht man die Kontrolle von Ausschließlichkeitsbindungen als eine Aufgabe des Rechts gegen Wettbewerbsbeschränkungen an. Bislang hat die kartellrechtliche Inhaltskontrolle von Dienstbarkeiten allerdings keine nennenswerte Rolle gespielt. Nach der hier vertretenen Ansicht darf die Dienstbarkeit als solche keine Ausschließlichkeitsbindung enthalten. Davon zu trennen ist die Frage, welche Auswirkungen eine verbotene schuldrechtliche Ausschließlichkeitsbindung auf die Dienstbarkeit hat. Dieses Problem wird bei der Sicherungsdienstbarkeit virulent und ist deshalb erst dort im Zusammenhang zu behandeln.[22]

bb) Nutzung, positives Tun und Nebenpflichten

Die hier vorgeschlagene Neuorientierung der Rechtsregel *servitus in faciendo consistere nequit* führt die Dienstbarkeiten wieder auf ihren materiellen Kern zurück. Gleichzeitig werden dadurch einige dogmatische Probleme beseitigt. Die Abgrenzung erübrigt sich, ob eine Pflicht zum positiven Tun eine Nebenpflicht aus dem Begleitschuldverhältnis ist oder selbst Hauptinhalt einer Dienstbarkeit. Dies ist letztlich auch die Konsequenz aus der Rechtsprechung. Wenn der BGH rechtstheoretisch völlig zutreffend ausführt, dass sich Inhalt und Ausübung bei der Dienstbarkeit nicht abgrenzen lassen, so ist die Unterscheidung hinfällig, ob positives Tun nur der Inhalt einer Nebenpflicht ist oder nicht. Gleichwohl hat die ältere Rechtsprechung diese Abgrenzung betont. Als Nebenpflicht soll ein positives Tun vereinbart werden können.[23] Operationable Maßstäbe dafür, wie sich Haupt- und Nebenpflichten bei der Dienstbarkeit trennen lassen, fehlen allerdings. Dies liegt an der weiten Definition der Dienstbarkeit selbst. Eine mit einem Nutzungsrecht korrespondierende Verpflichtung zu einem positiven Tun ist denkbar und beseitigt nicht den Charakter als Nutzungsrecht. So verwundert es kaum, dass die vorgeschlagenen Abgrenzungsversuche zu den Haupt- und Nebenpflichten im Rahmen der Dienstbarkeit unklar sind. Nach dem wirtschaftlichen Gewicht lässt sich kaum unterscheiden, ob positives Tun eine Nebenpflicht oder Hauptinhalt der Dienstbarkeit ist.[24] Dies ist kein verlässlicher Maßstab. Die wirtschaftliche Bedeutung einer Nebenpflicht steht im Zusammenhang mit dem Nutzungsrecht selbst. Je umfassender dieses Recht ist, desto mehr kann eine Nebenpflicht an Bedeutung verlieren. Auch das oft verwendete Kriterium, wonach eine Nebenpflicht akzessorisch sein müsse und damit dem Nutzungsrecht die-

---

[21] Dazu ausführlich oben § 2 II 2 b, c.

[22] IV 3 c.

[23] BGH DNotZ 1959, 240, 241 (Schutzvorkehrungen zum Betrieb einer Seilbahn); BGHZ 106, 348, 350; *Herbst*, FS Schippel (1996), 187, 190; RGRK/*Rothe* § 1018 Rn. 16; *Soergel/Stürner* § 1018 Rn. 5; *Staudinger/Mayer* § 1018 Rn. 80.

[24] So jedoch *Amann* DNotZ 1989, 531, 561; *Staudinger/Mayer* § 1018 Rn. 80.

nen,[25] hängt vom jeweiligen Inhalt des Nutzungsrechts ab. Abgesehen davon ist der Begriff »akzessorisch« in diesem Zusammenhang irreführend, da er eine andere Regelungstechnik beschreibt.[26] Zu welchen eigenartigen Differenzierungen hier die Praxis gelangt, zeigen beispielhaft die Aufforstungsfälle: So soll es unzulässig sein, eine Pflicht zur Aufforstung eines Grundstücks zu bestimmen,[27] während die Aufforstung eines Waldstreifens als Windschutz zulässig sein soll.[28] Ist das mit einer Dienstbarkeit belastete Grundstück bebaut, ergeben sich weitere Probleme. Die Pflicht, ein Bauwerk zu erhalten, ist nach allgemeiner Ansicht eine zulässige Nebenpflicht zum positiven Tun (vgl. auch §§ 1020, 1021).[29] Als unzulässige Hauptpflicht sieht man es jedoch an, wenn der Eigentümer ein Bauwerk zu errichten hat.[30] Wann jedoch ein Bauwerk errichtet oder erhalten werden soll, ist keineswegs immer eindeutig und hat im Werkvertragsrecht viel Kopfzerbrechen bereitet. Die Schwierigkeiten ließen sich hier erst ausräumen, nachdem der durch die Schuldrechtsreform eingefügte § 635 Abs. 1 sowohl die Mängelbeseitigung und das Neuherstellen als eine Form der Nacherfüllung definierte.[31] Eine aufwändige Sanierung kann der Errichtung eines Bauwerkes wirtschaftlich nahe kommen oder den Aufwand für eine Neuerrichtung gar überschreiten. Als Ausweg aus diesen Unwägbarkeiten bietet es sich eine Analogie zum Nießbrauch an. Dient hier ein positives Tun dazu, eine Sache zu erhalten (§ 1036 Abs. 2), so ist dies zulässiger Inhalt eines Nießbrauchs.[32] Nicht anders sollte man bei der Dienstbarkeit entscheiden.

In den übrigen Fällen ist auf die Abgrenzung zwischen Haupt- und Nebenpflicht zu verzichten, da sie für die Dienstbarkeit unergiebig ist. Im Schuldrecht gelingt diese Unterscheidung, da das Gesetz selbst die vertragswesentlichen Pflichten als Hauptpflichten normiert und damit eine klare Abgrenzung von den Nebenpflichten ermöglicht. Bei der Dienstbarkeit lassen sich zwar Nebenpflichten ausmachen (§§ 1020ff) aber über die Hauptpflichten schweigt das Gesetz, da die Dienstbarkeit als Abspaltung aus dem Eigentum konzipiert ist. Der Umkehr-

---

[25] MünchKomm/*Falckenberg* § 1018 Rn. 41; *Staudinger/Mayer* § 1018 Rn. 79 mwN.

[26] Siehe dazu oben § 3 I 2 c.

[27] *Staudinger/Mayer* § 1018 Rn. 79 mwN.

[28] RG Recht 1907 Nr. 2558.

[29] BayObLGZ 4, 313; *Staudinger/Mayer* § 1018 Rn. 80.

[30] BayObLGZ 3, 129; KG OLGE 34, 192 (Verpflichtung zur Bebauung); *Staudinger/Mayer* § 1018 Rn. 79.

[31] Die Abgrenzung zwischen einer Mängelbeseitigung und einer Neuherstellung ist damit hinfällig geworden (MünchKomm/*Busche* § 635 Rn. 11; *Staudinger/Peters* § 634 Rn. 28; aA jedoch *Bamberger/Roth/Voit* § 635 Rn. 7). Bereits zum alten Schuldrecht gab der BGH bereits die Unterscheidung zwischen einer Nachbesserung und einer Neuherstellung faktisch auf: Ein Nachbesserungsanspruch konnte demnach in eine Neuherstellung umschlagen, wenn nur auf diese Weise die Mängel nachhaltig zu beseitigen waren (BGHZ 96, 111, 118f).

[32] Die Pflicht zur Aufrechterhaltung der wirtschaftlichen Bestimmung kann sowohl ein positives Tun als auch ein Unterlassen darstellen (MünchKomm/*Pohlmann* § 1036 Rn. 14; *Staudinger/ Frank* § 1036 Rn. 14.

schluss, dass alle Pflichten, die nicht in den §§ 1020–1022 geregelt sind, inhaltsbestimmende Hauptpflichten sind, lässt sich nicht ziehen. Im Ergebnis versperrt die Konstruktion der Dienstbarkeit als Abspaltung aus dem Eigentum daher selbst den Weg, nach inhaltsbestimmender Hauptpflicht und Nebenpflicht zu differenzieren. Wenn dies gleichwohl versucht wird, so offenbart dies eine weitere Achillesverse im Konzept der herrschenden Ansicht. Diese Unterscheidung setzt voraus, dass man die Dienstbarkeit als Pflicht- und damit als Schuldverhältnis im Sinne des § 241 begreift. Die sonst so betonte Eigenständigkeit der Dienstbarkeit als dingliches Recht wird damit stillschweigend aufgegeben. Dies bestätigt wiederum die hier verfochtene These, dass bei einer Dienstbarkeit das zugrunde liegende Schuldverhältnis und das dingliche Recht nicht zu trennen sind.[33] Der Sache nach ist die herrschende Ansicht gezwungen, in schuldrechtlichen Kategorien zu denken, ohne dass sich diese allerdings anhand des Gesetzes näher präzisieren lassen.

cc) Tatsächliche und rechtliche Freiheit

Aus der Konstruktion der Dienstbarkeit als Abspaltung aus dem Eigentum hat man zugleich versucht, Grenzen für den Inhalt einer Dienstbarkeit selbst herzuleiten. Der formale Ansatzpunkt ist auf den ersten Blick schlüssig: Wenn das Eigentum im Sinne des BGB ein ungeteiltes Eigentum ist, darf eine Dienstbarkeit dem Eigentümer nicht die Freiheit nehmen, über die belastete Sache zu verfügen. Im Rahmen einer Unterlassungsdienstbarkeit nach § 1018 2. Var. erlangt diese Abgrenzung eine praktische Bedeutung: Aus dem Wortlaut des § 1018 2. Var., wonach dem Eigentümer »gewisse Handlungen auf dem Grundstück« untersagt sind, folgert die allgemeine Ansicht, dass nur die tatsächliche Nutzung des Eigentümers eingeschränkt werden darf, nicht aber dessen Verfügungsmacht oder Verpflichtungsbefugnis.[34]

Der Unterschied zwischen tatsächlicher und rechtlicher Freiheit ist zwar plakativ formuliert, für die Rechtsanwendung jedoch untauglich.[35] Wie wenig diese Unterscheidung leistet, zeigt besonders der Blick auf das Recht gegen Wettbewerbsbeschränkungen. Die Unterscheidung zwischen einer tatsächlichen und einer rechtlichen Bindung wurde hier schon lange aufgegeben. Ob die persönliche Freiheit des Eigentümers tatsächlich oder rechtlich betroffen ist, spielt im Ergebnis keine Rolle, da es allein darauf ankommen kann, ob der Eigentümer die realistische Möglichkeit hat, seine Freiheit auszuüben. Wenn jedoch damit wirtschaftli-

---

[33] § 3 V 3 a bb.

[34] RGZ 111, 384, 395; BGHZ 29, 244, 247; BGH NJW 1962, 486; BGHZ 107, 289, 292; BayObLG MittBayNot 1981, 21; BayObLG MDR 1981, 758; BayObLG NJW 1982, 1054, 1055; *Göz* (Fußn. 4), 43–46; *Hub* (Fußn. 4), 49; *Huvendick* (Fußn. 4), 64; MünchKomm/*Falckenberg* § 1018 Rn. 40; *Staudinger/Mayer* § 1018 Rn. 77; *Wilhelm* Rn. 994.

[35] Kritisch dazu zuerst *Joost* NJW 1981, 310; ebenso: *Bormann* (Fußn. 4), 167; *Schmidt* (Fußn. 4), 18; *Stürner* AcP 194 (1994), 265, 267.

che Nachteile verbunden sind, wirkt sich dies genauso aus wie eine rechtliche Bindung. Aus diesem Grunde stellt das Recht gegen Wettbewerbsbeschränkungen tatsächliche und rechtliche Bindungen gleich.[36]

Eine kurze Analyse der Praxis zeigt, zu welchen verzerrten Ergebnissen die Unterscheidung zwischen einem Eingriff in die rechtliche Freiheit und einem Verbot einer tatsächlichen Handlung führt. Sogenannte »Wohnungsbelegungsdienstbarkeiten«, wonach es der Eigentümer zu unterlassen hat, seine Wohnung an bestimmte, nicht vorgesehene Personen zu überlassen, hält die Rechtsprechung allgemein für zulässig.[37] Der Sache nach läuft eine Wohnungsbelegungsdienstbarkeit auf ein Vermietungsverbot hinaus, das nach allgemeiner Ansicht jedoch nicht der Inhalt einer Dienstbarkeit sein könne.[38] Im Ergebnis macht die Rechtsprechung den zulässigen Inhalt einer Dienstbarkeit von kautelarjuristischen Formulierungskünsten abhängig.[39] Indem man Wohnungsbelegungsdienstbarkeiten zuließ, gleichzeitig aber Vermietungsverbote für unzulässig hielt, gab man den Parteien das Rezept in die Hand, wie sie ihr wirtschaftliches Ziel erreichen können, ohne gegen das Gesetz zu verstoßen. Der wirtschaftliche Erfolg deckt sich allerdings in beiden Fällen: Eine umfassend formulierte Wohnungsbelegungsdienstbarkeit kommt einem Vermietungsverbot gleich.

Warum bei der Dienstbarkeit die tatsächliche und die rechtliche Freiheit nicht gleichgestellt werden, liegt im formalen Ansatzpunkt des Typenzwangs selbst. Materielle Gesichtspunkte dafür, wann die Inhaltsfreiheit der Parteien endet, enthält der Typenzwang nicht. Dieses materielle Defizit lässt sich bis in die Konstruktion des Abspaltungsgedankens selbst zurückverfolgen.[40] Die noch pandektistisch geprägte Wissenschaft verwendete viel Kraft darauf, die Abspaltung aus

[36] Dies geschieht in verschiedenen Zusammenhängen: Eine Absprache zwischen den Beteiligten ist auch kartellrechtlich relevant, wenn die Parteien sich nur wirtschaftlich gebunden fühlen. Auch rein tatsächliche (moralische u.ä.) Bindungen, wie die berüchtigten *gentlemens' agreements* erfasst das Kartellrecht. Verbotene Inhaltsbindungen eines Zweitvertrags können auch durch eine im Erstvertrag verankerte wirtschaftliche Bindung veranlasst werden (grdl. BGH WUW/E 1519 4 zum Preis von 3; BGH WUW/E BGH 2819, 2822 Zinssubvention; BGH WUW/E DE-R 264 Preisbindung durch Franchisegeber).

[37] RGZ 111, 384; RGZ 117, 323 (Überlassen der Wohnung nur an Deutsche und nicht an Ausländer); BayObLGZ 1982, 184 = MDR 1982, 754, 755 (Überlassung nur an die von der Gemeinde benannten Wohnungssuchenden); BayObLGZ 1989, 91ff; OLG Düsseldorf NJW 1961, 176 (Überlassung der Wohnung nur an Firmenangehörige, die von der Geschäftsleitung vorgeschlagen werden); OLG Stuttgart MDR 1956, 679; KG NJW 1954, 1245 (Überlassung nur an Bundesbedienstete). Regelmäßig werden solche Abreden in Form einer beschränkten persönlichen Dienstbarkeit vereinbart, da es hier am Grundstücksvorteil fehlen dürfte. Nach einer vereinzelten Ansicht sollen Wohnungsbelegungsrechte sogar gewohnheitsrechtlich als beschränkte persönliche Dienstbarkeit anerkannt sein (*Herbst*, FS Schippel [1996], 187, 194). Allerdings sind die zwingenden wirtschaftlichen Gründe, auf die sich *Herbst* stützt, kein Kriterium dafür, dass Gewohnheitsrecht entsteht.

[38] BayObLG RPfleger 1980, 150; *Staudinger/Mayer* § 1010 Rn. 81 schlägt hier als Ausweg (!) ein Wohnungsbelegungsrecht vor.

[39] Kritisch dazu besonders *Stürner* AcP 194 (1994), 265, 280.

[40] Oben § 5 II 1 c.

dem Wesen des Eigentums herzuleiten. Das eigentliche materielle Problem, wie die ausschließlichen Befugnisse abzugrenzen sind, geriet dabei ins Hintertreffen. Solange die Diskussion sich diesem historischen Hintergrund verpflichtet fühlt, kann es kaum verwundern, wenn sich die Argumente in einem begrifflichen Ansatz erschöpfen. Die teleologisch gebotene Befreiung von dem begriffsjuristischen Ballast führt allerdings zu der eingangs beschriebenen kaum lösbaren Frage zurück. Da der gesetzliche Typ der Dienstbarkeit weit umrissen ist, muss man entweder eine Inhaltskontrolle weitgehend aufgeben oder mit zusätzlichen Argumenten absichern, die im Gesetz keine Grundlage finden. Gleich, welchen Ausweg man wählt, verlässt man in beiden Fällen den Boden des Typenzwangs. Will man Wohnungsbelegungsdienstbarkeiten wegen ihrer gleichen Wirkungen wie Vermietungsverbote für unzulässig erklären, gerät man in Erklärungsnöte: In diesem Fall schuldet man einen Maßstab dafür, welchen Umfanges die persönliche Freiheit des Eigentümers eingeschränkt werden darf. Da jede Dienstbarkeit die Freiheit des Eigentümers einschränkt, ließe sich die Lösung nur topisch begründen. Der Typenzwang wäre dadurch aufgelöst. Methodisch überzeugender ist es, die Unterscheidung zwischen tatsächlicher und rechtlicher Freiheit aufzugeben. Folgerichtig muss man dann Vermietungsverbote als zulässigen Inhalt einer Dienstbarkeit anerkennen.[41] Allerdings steckt diese Ansicht die Inhaltsfreiheit weit und engt den Typenzwang als formalisierte Inhaltskontrolle dadurch ein. Die Folge dieses Ansatzes ist mithin eine teilweise Rücknahme des Typenzwangs, was jedoch nicht besonders schwer wiegt, da dem Gesetz ohnehin keine greifbaren Maßstäbe zu entnehmen sind.[42]

bb) Die »Aliud-These«

Die unbrauchbare Unterscheidung zwischen zulässiger Beschränkung der tatsächlichen Freiheit und unzulässiger Beschränkung der rechtlichen Freiheit diente als Grundlage für einen weiteren Gesichtspunkt, der den zulässigen Inhalt einer Unterlassungsdienstbarkeit beschreiben soll. Da das Gesetz nicht deutlich beschreibt, welche Handlungen Gegenstand der Unterlassungsdienstbarkeit sind, sucht man vielfach in der »aliud«-These einen Lösung. Das durch die Unterlassungsdienstbarkeit ausgesprochene Verbot muss sich danach auf die tatsächliche Benutzung des Grundstücks beziehen und muss unmittelbar eine verschiedene

---

[41] So besonders *Stürner* AcP 194 (1994), 265, 280.

[42] Soweit diese Ansicht im Schrifttum vertreten wird, meinte man dadurch der Rechtsklarheit und damit dem Typenzwang einen Dienst zu erweisen (*Stürner* AcP 194 [1994], 265, 280). Dies lässt sich aber in der Allgemeinheit nicht behaupten. Die beschriebene Lösung ist gerade die gebotene Konsequenz aus der inhaltlichen Konturenlosigkeit der Dienstbarkeit. Die methodisch völlig überzeugende Lösung *Stürners* fügt sich gleichwohl nicht in das Konzept einer formalisierten Inhaltskontrolle ein. Daher lässt sich die gesetzestechnische Not kaum zur systematischen Tugend erheben, indem man einen wertungsoffenen Typ in den Dienst der Rechtsklarheit stellt.

Nutzung der Grundstücke als Folge haben.[43] Die Wurzeln dieser Rechtsprechung reichen weit zurück, bis der BGH schließlich in einer grundlegenden Entscheidung versucht hat, die denkbaren Unterlassungspflichten zu konkretisieren:[44] Ein Grundstückseigentümer bewilligte zu Gunsten einer Herstellerin von Kraftstoffen die Eintragung einer beschränkten persönlichen Dienstbarkeit des Inhalts, dass die Herstellerin das ausschließliche Recht hat, auf dem Grundstück eine Tankstelle zu errichten, zu betreiben und zu halten. Außerdem durften auf dem Grundstück keine Tankstelle von Konkurrenzunternehmen errichtet werden und andere Kraftstoffe als die der Herstellerin nicht vertrieben werden. Dieser und vergleichbare Fälle werden seither unter dem etwas missglückten Schlagwort »Tankstellendienstbarkeit« zusammengefasst. Obwohl es sich hier um mehrere Unterlassungspflichten handelt, ging der BGH von einem einheitlichen Recht und nicht von mehreren selbständigen Dienstbarkeiten aus.[45] Im Ergebnis hielt der BGH eine solche Dienstbarkeit für unzulässig und begründete dies umfassend: Der Eigentümer muss etwas unterlassen, was er auf Grund seines Eigentums tun dürfte, zu einer persönlichen Bindung des jeweiligen Eigentümers darf das Institut der Dienstbarkeit aber nicht missbraucht werden.[46] Ein Verbot, bestimmte Handlungen vorzunehmen, muss den Eigentümer in seiner bisherigen Nutzungsfreiheit beschränken, wobei diese Handlungen in Beziehung zu dem Grundstück stehen müssen. Folge dessen muss sein, dass »eine Verschiedenheit in der Benutzung des Grundstücks zur Folge eintritt«.[47] Die fraglichen Handlungen müssen dabei jedoch unmittelbare Wirkungen auf den Gebrauch des Grundstücks haben, es ist jedoch nicht erforderlich, dass sich das Grundstück selbst im sachenrechtlichen Bestand ändert oder das die »Änderung der Benutzung« nach außen in Erscheinung tritt. Dieses Kriterium wird seither in der ständigen Rechtsprechung verwendet.[48] In der Ausgangsentscheidung hielt der BGH die Ausschließlichkeitsbindung für unzulässig, da nicht ersichtlich sei, dass sich die Art der Grundstücksnutzung ändern würde, wenn Betriebsstoffe eines anderen Herstellers verkauft würden.[49]

---

[43] BGHZ 29, 244, 250; BGH NJW 1962, 486f; BayObLGZ 1953, 295, 299; BayObLG NJW 1982, 1054; BayObLG MittBayNot 1985, 123; BayObLG MittBayNot 1989, 212; OLG Düsseldorf NJW 1961, 176, 177; OLG Zweibrücken RPfleger 2001, 485, 486. Aus der Lit.: *Herbst*, FS Schippel (1996), 187, 191; *Staudinger/Mayer* § 1018 Rn. 78.

[44] BGHZ 29, 244. Zu den früheren Entscheidungen siehe ausführlich *Göz* (Fußn. 4), 2–18.

[45] BGHZ 29, 244, 246.

[46] BGHZ 29, 244, 246/251.

[47] BGHZ 29, 244, 250.

[48] BGH DB 1975, 639; BGHZ 74, 297; BGH NJW 1981, 344; BayObLG DnotZ 1972, 350, 353, BayObLGZ 1983, 143, 148; BayObLGZ 1985, 193, 196; siehe auch *Staudinger/Mayer* § 1018 Rn. 111.

[49] BGHZ 29, 244, 252. Misslich ist, dass damit die gesamte Dienstbarkeit unzulässig war, obwohl der BGH das Wettbewerbsverbot ausdrücklich als zulässigen Inhalt einer Dienstbarkeit anerkannte (246). Vielmehr erscheint es sachgerechter, von mehreren Unterlassungspflichten in mehreren Dienstbarkeiten auszugehen.

Dieses Ergebnis veranlasste die Kautelarpraxis dazu, Bezugspflichten durch eine Sicherungsdienstbarkeit zu sichern.[50] Unabhängig davon, ob die Kriterien des BGH handhabbar sind, befremdet das Ergebnis der geschilderten Ausgangsentscheidung: Eine stärkere Beschränkung der wirtschaftlichen Handlungsfreiheit in Form eines Wettbewerbsverbots ist zulässig, eine schlichte Ausschließlichkeitsbindung dagegen unzulässig. Der BGH sieht dieses Problem und gesteht zu, dass ein »allgemeines Verbot eines Gewerbetriebes oder das Verbot eines bestimmten Gewerbes« für den Grundstückseigentümer weitergehend ist, als die Bindung an einen Lieferanten, hält dies jedoch für unerheblich.[51] Die Begründung dafür ist schmal: Bei einem Wettbewerbsverbot sei der Berechtigte lediglich von einem Wettbewerb mit dem Berechtigten ausgeschlossen, während er bei einer Ausschließlichkeitsbindung »für die Zwecke des Gewerbebetriebs des Berechtigten eingespannt werden soll«.[52] Wirtschaftlich betrachtet wird jedoch der Eigentümer auch bei einem Wettbewerbsverbot zum Handlanger des Dienstbarkeitsberechtigten, da er hier auf aktuellen oder potentiellen Wettbewerb verzichtet und somit dem Wettbewerb des Berechtigten Vorschub leistet. Hinzu kommt, dass die Rechtsprechung zu den Dienstbarkeiten in einem Widerspruch zum deutschen Kartellrecht steht. Wettbewerbsverbote sanktionieren die §§ 1 GWB, 134 BGB grundsätzlich mit einer Nichtigkeit. Ausschließlichkeitsbindungen trifft ein solches *per se* Verbot grundsätzlich nicht. Diese kartellrechtliche Differenzierung stellt die Rechtsprechung auf den Kopf, da Wettbewerbsverbote einen wesentlich rigideren Eingriff in die Freiheit des Einzelnen bedeuten als Ausschließlichkeitsbindungen. Gegen diesen Vergleich mag man einwenden, dass das Sachenrecht und das Kartellrecht unterschiedliche Zwecke verfolgen, kann dadurch aber letztlich den Widerspruch nicht ausräumen.

Die an Wettbewerbsverboten begründete Rechtsprechung zementierte der BGH später in weiteren Fallgruppen zur Unterlassungsdienstbarkeit. Besonders weit verbreitet sind hier Baubeschränkungen oder Bauverbote in Form einer Dienstbarkeit.[53] Überwiegend erkennt die Rechtsprechung an, dass solche Verbote durch eine Unterlassungsdienstbarkeit geregelt werden können.[54] Eine besondere Begründung dafür findet sich selten, zu offensichtlich scheint hier zu sein, dass hier die Benutzung des Grundstückes verschieden ist. Dies ist jedoch

---

[50] Dazu im Zusammenhang unten IV 3.

[51] BGHZ 29, 244, 251.

[52] BGHZ 29, 244, 252.

[53] Bauverbote spielen insbesondere dann eine Rolle, wenn das jeweilige Landesrecht keine Baulast vorsieht wie in Bayern und Brandenburg. Dazu näher: *Herbst*, FS Schippel (1996), 187, 197ff [zur Rechtslage in Bayern]; *Masloh* NJW 1995, 1993.

[54] Die sowohl zu §§ 1018, 1019 und § 1090 ergangene Rechtsprechung ist umfangreich. Beispielhaft seien hier nur genannt: BGH DNotZ 1970, 348; BGHZ 90, 181 (Freihaltung von Abstandsflächen bzw. Schutzstreifen); BGH NJW 1964, 2296, 2297 (Verbot von Neu-, Auf- und Umbauten); BGH NJW 1996, 464 (Festlegung von Höhe und Länge eines Bauwerks); weitere Nachweise zur Rechtsprechung: *Staudinger/Mayer* § 1018 Rn. 107.

bei den sehr ins Detail gehenden Bauverboten und -beschränkungen oft zweifelhaft. Beispielhaft sei hier eine sog. »Farbgebungsbeschränkung« angeführt: In einer Entscheidung aus dem Jahre 1982 war das Grundstück des Eigentümers mit einer Dienstbarkeit unter anderem des Inhalts belastet, dass ein etwaiger Außenanstrich einer Zustimmung des Berechtigten bedarf.[55] Der BGH hatte keine Bedenken gegenüber einer Farbzensur in Dienstbarkeitsform, da es Sinn der Regelung sei, einen von der einheitlichen Farbgestaltung der Siedlung abweichenden Außenanstrich zu verhindern; dies sei eine Bebauungsbeschränkung, da ein Außenanstrich »eine Maßnahme der baulichen Gestaltung oder Umgestaltung eines Hauses« darstelle.[56] Daran lässt sich zweifeln: Ein farblich einheitlich gestaltetes Wohnviertel hängt nur lose mit der Benutzung eines einzelnen Grundstücks zusammen. In der Terminologie des BGH gesprochen, handelt es sich allenfalls um eine »mittelbare« Auswirkung auf die Benutzung,[57] ganz gleich, wie man den Begriff mittelbar definieren möchte. Die gleichen Bedenken stellen sich bei architektonischen Vorgaben.[58] Auch hier ist zweifelhaft, wie das Kriterium der »unterschiedlichen Benutzung« zu verankern ist. Gleichzeitig zeigt sich hier, dass dieses Kriterium untauglich ist, um den zulässigen Inhalt einer Unterlassungsdienstbarkeit bei Baubeschränkungen zu bestimmen. Dies rührt vor allem daher, dass es ursprünglich auf Wettbewerbsverbote zugeschnitten war und dort einen – wenn auch geringen – Erklärungswert hat.

Die gedrängte Darstellung zur Praxis der Unterlassungsdienstbarkeiten zeigt Widersprüche. Von einem klar konturierten Inhalt einer Unterlassungsdienstbarkeit lässt sich kaum sprechen. Aber auch dogmatische und systematische Kriterien sprechen dagegen, die Unterlassungsdienstbarkeit so zu konkretisieren, wie es in der Praxis geschieht. Positive Aussagen darüber, was eine »unterschiedliche Grundstücksnutzung« ist, lassen sich nicht treffen, da dieses Kriterium nur negativ ausgerichtet ist.[59] Deswegen ist von vornherein nicht eindeutig, was erlaubt ist. Ein Fallgruppenrecht ist die Folge. Auch die weitere Eingrenzung der Rechtsprechung, wonach nur Handlungen unterlassen werden können, die einen unmittelbaren Bezug auf den tatsächlichen Gebrauch des Grundstücks haben, ist konturenlos. Der BGH räumt selbst ein, dass dieses Kriterium in Einzelfall Schwierigkeiten bereiten könne, wischt die Bedenken jedoch mit der autoritären Feststellung bei Seite, dass es darauf nicht ankomme.[60] Das Schrifttum kritisiert

[55] BGH NJW 1983, 115; siehe auch BGH WM 1964, 2296.

[56] BGH NJW 1983, 115, 116.

[57] In diesem Sinne kritisch auch *Göz* (Fußn. 4), 34f; der zutreffend darauf hinweist, dass dann auch die Innengestaltung eines Hauses durch eine Dienstbarkeit bestimmt werden könnte.

[58] Siehe dazu etwa: BGH WM 1971, 529; BGH NJW 1965, 2398.

[59] Siehe auch *Göz* (Fußn. 4), 32.

[60] BGHZ 29, 244, 251. Dies ist für ein Gericht eine eigenartige Feststellung: Die aufgestellte These wird als schwierig handhabbar erkannt, worauf es aber nicht ankommen soll. Den naheliegenden Schluss, dass möglicherweise die Praemisse bereits fehlerhaft sein könnte, zieht der BGH jedoch nicht.

daher dieses Kriterium,[61] ist sich aber über die Abhilfe uneins. Hinzu kommt, dass Teile des Schrifttums nur bestimmte Fallgruppen im Visier haben und sich selten der Unterlassungsdienstbarkeit im Ganzen widmen. Unter Berufung auf die Ausführungen von *Johow* im Vorentwurf zum Sachenrecht wird die Grunddienstbarkeit als gewillkürtes Nachbarrecht verstanden und daraus ihr Inhalt bestimmt.[62] Aus diesem Grunde soll die Unterlassungsdienstbarkeit nur solche Handlungen erfassen, die sich auf das Eigentum des Berechtigten auswirken und deren Untersagung dem Berechtigten einen eigenen Vorteil gewährt. Dabei wird der Begriff der Einwirkung wie in § 906 verstanden.[63] Die nachbarrechtliche Anleihe dieser Ansicht mag den Vorstellungen des Gesetzgebers entsprechen, gleichwohl verschiebt dieses Konzept nur die Auslegungsprobleme, da der Begriff »Einwirkung« in § 906 selbst nicht klar umrissen ist.

Am Ende dieser Ausführungen bleibt die Arbeit die Antwort schuldig, ob und nach welchen Kriterien die Unterlassungsdienstbarkeit einzugrenzen ist. Der Grundstücksbezug als Eingrenzungskriterium ist unergiebig. Die Unterlassungsdienstbarkeit ist damit ein weit fixierter Sachenrechtstyp, da die Parteien weitgehend ausgestalten können, welchen Inhalt sie einer Unterlassungsdienstbarkeit beilegen. Dabei sollte man es bewenden lassen. Alle Eingrenzungs- oder Präzisierungsversuche müssen letztlich mit Unterstellungen arbeiten, die im Gesetz nicht verankert sind. Als einziger Anhaltspunkt bleibt hierfür, ob eine Unterlassungsdienstbarkeit zu einer persönlichen Bindung führt. Folgerichtig sind alle tatsächlichen Handlungen auf einem Grundstück denkbarer Inhalt einer Unterlassungsdienstbarkeit.[64] Diese Ansicht erweitert zwar den bisherigen Anwendungsbereich einer Dienstbarkeit, sorgt aber für Rechtssicherheit. Gegenüber der bisherigen Praxis, die auf das aussagelose Begriffspaar »mittelbar« und »unmittelbar« zurückgreift, werden die Ergebnisse vorhersehbarer. Der Preis dafür ist ein weites Verständnis der Unterlassungsdienstbarkeit und damit letztlich der Vorrang der Privatautonomie. Allerdings ist der Typenfixierung und damit dem Typenzwang nicht gedient, indem man versucht, den Inhalt eines Nutzungsrechts durch unklare Kriterien anzureichern. Die eingangs beschriebenen Spannungen zwischen einer formalisierten Inhaltskontrolle und der Inhaltsfreiheit spiegeln sich deutlich bei § 1018 2. Var. wider. Um sich nicht in rational unbegründbaren Eingrenzungskriterien zu verstricken, muss der Privatautonomie der Vorrang eingeräumt werden.

---

[61] *Göz* (Fußn. 4), 33; *Huvendick* (Fußn. 4), 72; *Mulzer* (Fußn. 4), 134; *Schmidt* (Fußn. 4), 27f; *Maier* (Fußn. 4), 146; MünchKomm/*Falckenberg* § 1018 Rn. 33 mit weiteren Zweifelsfällen aus der Praxis.

[62] *Göz* (Fußn. 4), 99ff, 134ff; siehe dazu *Johow*, Vorentwurf zum Sachenrecht, 579, 1200.

[63] *Göz* (Fußn. 4), insb. 134.

[64] So insbesondere MünchKomm/*Falckenberg* § 1018 Rn. 34.

c) *Die Dienstbarkeit als Nutzungsrecht*

aa) *Dauernde und vorübergehende Nutzung*

Der vom Gesetz in § 1018 1. Var. beschriebene Inhalt der Benutzungsdienstbarkeit besteht darin, dass der Berechtigte (der jeweilige Eigentümer des herrschenden Grundstücks) das belastete Grundstück in einzelnen Beziehungen benutzen darf. Diese Begriffsbestimmung soll die Dienstbarkeit zum einen von dem Nießbrauch als umfassendem Nutzungsrecht abgrenzen: Beim Nießbrauch können die gesamten Nutzungsmöglichkeiten übertragen werden, bei einer Dienstbarkeit darf ein belastetes Grundstück nur teilweise genutzt werden. Dies wirft, wie noch später zu zeigen ist, Abgrenzungsprobleme zwischen beiden Rechten auf, da sich eine Dienstbarkeit in Nießbrauchsform ebenso ausgestalten lässt, wie ein Nießbrauch in Dienstbarkeitsform.[65] Die allgemeinen Definitionen, die für den Inhalt einer Benutzungsdienstbarkeit gegeben werden, sind weit: »Benützen in einzelnen Beziehungen« wird dabei als dauerhaftes oder fortgesetztes Gebrauchmachen verstanden.[66] Negativ erfasst § 1018 damit keine einmaligen Handlungen, sondern verlangt eine mehr oder weniger dauerhafte Nutzung. Es ist allerdings bemerkenswert, dass der BGH diese Frage bislang offen gelassen hat.[67] In der Tat lassen sich weder dem Gesetz noch den Materialien Anhaltspunkte dafür entnehmen, dass eine Nutzung dauerhaft zu sein hat. Allerdings dürfte diese Auslegungsfrage theoretischer Natur sein, da es für die Parteien regelmäßig zu aufwändig ist, eine Dienstbarkeit für eine einmalige Nutzung zu bestellen. Da bei Grunddienstbarkeiten allerdings keine *perpetua causa* erforderlich ist und im Übrigen großzügige Anforderungen an den Grundstücksvorteil gestellt werden,[68] sollte man die Anforderungen an die Dauer der Nutzung nicht überspannen.

Die Benutzungsdienstbarkeit unterscheidet sich in ihrem Inhalt im Übrigen nicht von einer Grundstückspacht. Beide Formen gewähren dem Berechtigten das Recht, Früchte einer Sache zu ziehen (§ 100). Aufgrund der im Pachtrecht herrschenden Inhaltsfreiheit ist es möglich, die Pacht auf einzelne Beziehungen zu beschränken. Der vertragsgemäße Gebrauch bestimmt hier, ob dem Pächter ein umfassendes Fruchtziehungsrecht zusteht oder ob er auf bestimmte Fruchtarten beschränkt ist.[69] Der Pächter begeht eine Pflichtverletzung, wenn er Früchte zieht, die außerhalb der vertraglichen Bestimmung liegen. Abgesehen davon decken sich auch die Unterlassungsdienstbarkeit und die Grundstückspacht inhaltlich. Der Verbotsinhalt des § 1018 2. Var. korrespondiert mit einem Nutzungsrecht des Dienstbarkeitsberechtigten. Auch im Rahmen einer Pacht können Un-

---

[65] Unten II 1 c.

[66] RGZ 60, 317, 320; BayObLG DnotZ 1966, 538; MünchKomm/*Falckenberg* § 1018 Rn. 27; *Palandt/Bassenge* § 1018 Rn. 14; RGRK/*Rothe* § 1018 Rn. 22; *Staudinger/Mayer* § 1018 Rn. 92.

[67] BGHZ 41, 209, 212.

[68] Sogleich unten II 1 b.

[69] Dazu ausführlich: *Staudinger/Sonnenschein* § 581 Rn. 148, 162ff.

terlassungspflichten des Verpächters bestehen. So ist es anerkannt, dass der Verpächter verpflichtet ist, den vertragsgemäßen Gebrauch nicht zu stören.[70]

Allerdings ist der Fruchterwerb bei der Pacht und den dinglichen Nutzungsrechten in unterschiedlichen Vorschriften geregelt. Bei einer Verpachtung erwirbt der Pächter das Eigentum an den Früchten nach § 956 Abs. 1, während bei der Dienstbarkeit die Erzeugnisse oder sonstige Bestandteile der Sache nach § 954 erworben werden. Sachliche Unterschiede bestehen aber auch hier nicht, da sowohl § 956 Abs. 1 als auch § 954 voraussetzen, dass die Erzeugnisse von der Muttersache getrennt werden. Dass nach § 956 Abs. 1 alternativ das Eigentum an den Erzeugnissen auch durch die Besitzergreifung erworben werden kann, ist kein tiefgreifender Unterschied, da die Besitzergreifung notwendig eine Trennung von der Muttersache voraussetzt.

bb) Zur Ausschlussdienstbarkeit als begleitendes Recht

Im Gegensatz zur Unterlassungs- und Benutzungsdienstbarkeit lässt sich der Inhalt einer Ausschlussdienstbarkeit präziser fassen: Der Eigentümer verzichtet auf seine Eigentumsrechte gegenüber dem Berechtigten oder dem herrschenden Grundstück (§§ 1018, 1019, 1090 Abs. 1). Da kraft der Ausschlussdienstbarkeit gesetzliche Ansprüche ausgeschlossen werden, verweist § 1018 3. Var. letztlich auf das Gesetz selbst, so dass sich folglich nur marginale Auslegungsprobleme stellen. Demgemäß weist die Praxis auch nur wenig Anschauungsmaterial zur Ausschlussdienstbarkeit auf. Beschränkungen oder Verpflichtungen des Eigentümers, die sich bereits kraft Gesetzes ergeben, sind nicht eintragungsfähig und können nicht Inhalt einer Ausschlussdienstbarkeit sein.[71] In diesen Fällen ist ein Recht aus einem Eigentum nicht durchsetzbar oder besteht gar nicht, so dass auf kein Recht verzichtet werden könnte. Ansonsten kann der Eigentümer auf nachbarrechtliche Einwirkungsrechte, Abwehrrechte oder auch sonstige Ausgleichsansprüche verzichten.[72] Bei den denkbaren Ansprüchen ist jedoch zwischen der Grunddienstbarkeit nach § 1018 3. Var. und der beschränkten persönlichen Dienstbarkeit nach § 1090 Abs. 1 der Anspruchsgegner zu berücksichtigen. Bei der Grunddienstbarkeit kann nur auf solche gesetzlichen Ansprüche verzichtet werden, die sich gegen das herrschende Grundstück richten. Auf Ansprüche, die potentiell gegenüber jedermann durchsetzbar sein können, kann in einer Grund-

---

[70] Diese Pflicht besteht auch ohne eine ausdrückliche Vereinbarung im Pachtvertrag: MünchKomm/ *Harke* § 581 Rn. 55 [zum Konkurrenzschutz]; *Staudinger/Sonnenschein* § 581 Rn. 151.

[71] RGZ 130, 350, 354; *Bamberger/Roth/Wegmann* § 1018 Rn. 65; *Staudinger/Mayer* § 1018 Rn. 126 mwN.

[72] RGZ 130, 350, 356f; BGHZ 69, 73, 75 [Bergschadensverzicht]; BayObLG NJW-RR 1990, 207 [Verzicht auf den Ausgleichsanspruch nach § 906 Abs. 2 Satz 2]; KG JW 1926, 1015, 1016 [für den unentschuldigten Überbau]; OLG Celle NJW 1958, 1096 [Verzicht auf den Bauwich]; zur Kasuistik ausführlich: MünchKomm/*Falckenberg* § 1018 Rn. 39; *Staudinger/Mayer* § 1018 Rn. 127–132.

dienstbarkeit nicht verzichtet werden.[73] Auf solche Ansprüche kann nur in einer beschränkten persönlichen Dienstbarkeit verzichtet werden, wobei jedoch hier erforderlich ist, dass eine Beziehung zum Berechtigten besteht.[74] Damit ist im wesentlichen auf bestehende gesetzliche Schuldverhältnisse zwischen dem Eigentümer und dem Berechtigten verwiesen.[75] Wenn die Ausschlussdienstbarkeit bislang eine untergeordnete Rolle in der Praxis gespielt hat, so liegt dies zum einen daran, dass die Parteien die verschiedenen Befugnisse in einer Dienstbarkeit zusammenfassen können. Zum anderen trifft § 1018 3. Var. gegenüber den anderen Arten der Dienstbarkeit keine eigenständige Aussage. Der Ausschluss von Abwehrrechten ergibt sich bereits aus der Nutzungsbefugnis des Berechtigten. Um die Nutzung sinnvoll zu ermöglichen, muss der Eigentümer zwangsläufig auf seine Rechte verzichten. Die Ausschlussdienstbarkeit ist damit ein die Nutzung begleitendes Recht, ohne dass sich aus ihr weitere Konturen für den zulässigen Inhalt einer Dienstbarkeit ableiten ließen. Damit bestätigt sich auch hier, dass sich dem Gesetz kein präziserer Inhalt der Dienstbarkeit entnehmen lässt, als der eines Nutzungsrechts an einem Grundstück. Wiederum muss hier die inhaltliche Konvergenz zur Grundstückspacht auffallen: Auch hier bestehen Unterlassungspflichten des Verpächters aus ableiten, die aus seiner Verpflichtung folgen, den vertragsgemäßen Gebrauch des verpachteten Gegenstands sicherzustellen.[76] Wenn der Verpächter gleichwohl bestimmte Rechte geltend macht, kann er dadurch seine Pflicht verletzen, die Sache zum vertragsgemäßen Gebrauch zur Verfügung zu stellen. Die Ausschlussdienstbarkeit regelt damit nichts, was nicht auch durch das Pachtrecht geregelt werden könnte.

2. Nießbrauch

a) Schuld- und Sachenrecht beim Nießbrauch

Beim Nießbrauch als dem umfassenden sachenrechtlichen Nutzungsrecht stellt sich die Frage nach der Inhaltsfreiheit am deutlichsten. Dies folgt zum einen daraus, dass § 1030 Abs. 2 den Parteien eine weitgehende Freiheit einräumt, wie sie den Nießbrauch inhaltlich ausgestalten. Hinzu kommt zum anderen, dass ein Gutteil der Vorschriften über den Nießbrauch schuldrechtlicher und damit grundsätzlich dispositiver Natur ist. Verpflichtungen zwischen den Beteiligten regeln die §§ 1034, 1035, 1036 Abs. 2, 1037, 1038, 1039 Abs. 1 Satz 2, Abs. 2, 1041–1045, 1046 Abs. 2, 1047–1057. Vorbehaltlich der noch zu schildernden

---

[73] BayObLG NJW-RR 1990, 207 [zu § 1090]; MünchKomm/*Falckenberg* § 1018 Rn. 36; RGRK/*Rothe* § 1018 Rn. 26; *Staudinger/Mayer* § 1018 Rn. 126 mwN.

[74] RGZ 119, 211, 214; BGHZ 35, 378, 381; MünchKomm/*Joost* § 1090 Rn. 8; *Soergel/Stürner* § 1090 Rn. 11; *Staudinger/Mayer* § 1090 Rn. 8.

[75] Paradigmatisch hierfür sind nachbarrechtliche Beschränkungen, siehe etwa OLG Hamm NJW 1986, 3213.

[76] Oben sub I 1 c aa.

Schranken können die Parteien diese schuldrechtlichen Vorschriften abbedingen, müssen dies bei einem Nießbrauch an Grundstücken allerdings im Grundbuch publizieren lassen, sei es durch eine derart erklärte Einigung und Eintragung oder durch die Bezugnahme auf die Bewilligung (§ 874).[77] Die sachenrechtlich eingestuften Vorschriften des Nießbrauchs sind demgegenüber in der Minderzahl und regeln den Erstreckungsgegenstand eines Nießbrauchs (§ 1031), die Bestellung an beweglichen Sachen (§ 1032), einige besondere Erwerbstatbestände (§§ 1033, 1039 Abs. 1 Satz 1, 1040), die Übertragung bzw. das Erlöschen des Nießbrauchs (§§ 1058–1064) und schließlich den Schutz des Nießbrauchers nach § 1065.

Einigkeit besteht immerhin, dass die als sachenrechtlich eingestuften Vorschriften des Nießbrauchs dem Typenzwang vollen Umfanges unterliegen: Sie sind zwingend und der Inhaltsfreiheit entzogen. Daraus lässt sich aber im Umkehrschluss nicht der dispositive Charakter der schuldrechtlichen Vorschriften ableiten, wie dies noch im älteren Schrifttum geschah.[78] Die Trennung zwischen schuld- und sachenrechtlichen Normen ist bei Nießbrauch undurchführbar,[79] da nach allgemeiner Ansicht auch schuldrechtliche Vorschriften den Inhalt des Nießbrauchs bestimmen können.[80] Dadurch wird aber gleichzeitig eines der Fundamente des Typenzwanges brüchig. Um das ungeteilte Eigentum als Ausgangspunkt des BGB aufrecht zu erhalten, suchen Praxis und Lehre seit langem nach Lösungen. Im Kern mühen sich alle Unterscheidungen darum, die Grenze zwischen einem Nutzungsrecht und dem Verfügungseigentum zu ziehen, getrieben von der Befürchtung, dass ein umfassendes Nutzungsrecht das Eigentum als *nudum ius* entkleidet. Von diesem Ausgangspunkt ist es dogmatisch folgerichtig, die schuldrechtlichen Vorschriften des Nießbrauchs bestimmten Umfanges dem Typenzwang zu unterwerfen. Allerdings gestattet es das Gesetz, den Nießbrauch als umfassendes Nutzungsrecht einzuräumen. Um in der Terminologie der §§ 99ff zu bleiben, ist es denklogisch nicht ausgeschlossen, dass der Eigentümer das Verfügungsrecht an einer ausgehöhlten Frucht behält. Das formale »Verfügenkönnen« des Eigentümers ist danach der einzige Anknüpfungspunkt, mag er auch ein ausgehöhltes oder besonders schwer betroffenes Eigentum haben. Als Konsequenz dessen muss man den Parteien allerdings weitgehende Gestaltungsfreiheit einräumen. Bevor dieser Ausgangspunkt an den praktischen Problemen zu verdeutlichen ist, bleibt noch kurz ein Blick auf die Kriterien der herrschenden Meinung zu richten, wonach sich der zwingende Charakter der schuldrechtlichen Vorschriften innerhalb des Nießbrauchs ergeben soll.

---

[77] AA und offensichtlich fehlerhaft: OLG Schleswig SchlHAnz 1961, 246.
[78] *v. Gierke* II § 140 II 1; *Wolff/Raiser* § 117 III 3.
[79] Oben § 3 V 3 b.
[80] So ausführlich: *Schön*, Der Nießbrauch an Sachen (1992), 260f.

b) Das Wesensdogma und die Ökonomie des Nießbrauchs

Die Praxis hat frühzeitig die Inhaltsfreiheit im Rahmen des Nießbrauchs in Schranken gewiesen. In der Rechtsprechung hat sich dazu das »Wesensdogma« festgesetzt. Bestimmte schuldrechtliche Vorschriften sind unabdingbar, wenn sie den Wesenskern des Nießbrauchs ausmachen.[81] Aus grundsätzlicher Sicht gibt diese Formel den Anlass zu schweren Bedenken: In einen dichotomen System von dinglichem und obligatorischem Recht können das »Wesen« eines dinglichen Rechts nur sachenrechtliche Vorschriften bestimmen und keine Obligationen. Das »Wesensdogma« bestätigt daher nur die einleitend geäußerte Kritik am Dualismus dinglicher und obligatorischer Rechte:[82] Ein ursprünglich auf dingliche Rechte gemünztes Prinzip findet Anwendung auf schuldrechtliche Vorschriften. Über den Wesenskern eines Rechts lässt sich außerdem trefflich streiten. Das »Unwesen des Wesens« scheltet auch die Rechtstheorie,[83] da Wesensargumentationen auf ein mehr oder weniger diffuses Vorverständnis zurückgreifen, die eigentlichen Wertungsgrundlagen verschleiern und damit ein unbrauchbares Kryptoargument sind.

Einen entscheidenden Abgrenzungsgesichtspunkt sieht die herrschende Ansicht in dem Gebot des Nießbrauchers, die Substanz der belasteten Sache zu erhalten. Die Grenze zwischen einer erlaubten Nutzung ist danach überschritten, wenn der Nießbraucher in die Sachsubstanz eingreift oder ihre Unterhaltung unterlässt.[84] Betrachtet man die Gesetzesbegründung, so überzeugt dieser Ansatzpunkt nicht.[85] Die Protokolle nahmen entgegen einem anders lautenden Vorschlag eine Pflicht des Nießbrauchers, bei seiner Nutzung die Substanz der Sache zu erhalten, gerade nicht in den Gesetzestext auf. Vielmehr trat an die Stelle des Substanzerhaltungsgedankens die obligatorische Pflicht des Nießbrauchers, das Nießbrauchsobjekt wirtschaftlich zu nutzen.[86] Die Protokolle stellen deutlich heraus, dass je nach Art des Nießbrauchsobjekts eine Nutzung unmöglich ist, wenn der Nießbraucher nicht in die Sachsubstanz eingreift.[87]

Der zweite Abgrenzungstopos ist bereits umstritten und ähnlich diffus, wie bei den Dienstbarkeiten: Ein Nießbrauch darf nach der herrschenden Ansicht dem

---

[81] BGHZ 95, 99, 100 (»begriffswesentliche Grenzen«); KG DNotZ 1992, 675, 677; BayObLG DNotZ 1986, 151; BayObLG MittBayNot 1985, 70; *Erman/Michalski* Vor § 1030 Rn. 17; MünchKomm/*Pohlmann* Vor § 1030 Rn. 21; *Schippers* MittRhNotK 1996, 197, 200.

[82] § 2 II, III, VI.

[83] Zur Kritik siehe: *Röhl*, Allgemeine Rechtslehre § 6 V; *Scheuerle* AcP 163 (1964), 429 (430: »wunderwebendes Wesenswirrwarr«). Plastisch *Rüthers*, Rechtstheorie Rn. 561, der Wesensargumente als rhetorische Tarnanzüge ansieht, mit denen handfeste, außergesetzlich oder ideologisch begründete Werturteile in eine bestehende Rechtsordnung eingeschleppt werden.

[84] *Erman/Michalski* Vor § 1030 Rn. 16; § 1036 Rn. 2; *Schippers* MittRhNotK 1996, 197, 200; *Staudinger/Frank* vor § 1030 Rn. 13.

[85] Ausführlich dazu *Schön* (Fußn. 80), 44–47.

[86] Prot. III, 383f.

[87] Prot. III, 401 zu einem Nießbrauch an Bergwerken.

Eigentümer keine positiven Leistungspflichten auferlegen, da ja der Nießbrauch nur eine besondere Form einer Dienstbarkeit ist.[88] Dieser Gesichtspunkt mag zwar dem historischen Ausgangspunkt entsprechen, überzeugt aber als inhaltliche Grenze für den Nießbrauchsinhalt ebenso wenig wie für die Dienstbarkeit. Wie bereits zur Dienstbarkeit ausgeführt wurde, erfasst das Verbot, positive Leistungspflichten aufzuerlegen nur Ausschließlichkeitsbindungen.[89] Dieses historische Vorverständnis gebietet es, die Parömie *servitus in faciendo consistere nequit* nicht als allgemeine Schranke für den zulässigen Inhalt eines Nießbrauchs anzusehen. Vielmehr ist es erfolgversprechender, die einzelne Pflichten- und Risikoverteilung gesondert zu würdigen.

Damit ist eine ökonomische Analyse angesprochen. Die Mängel der bisherigen Eingrenzungsversuche vor Augen schlug man in neuerer Zeit vor, das Rechtsverhältnis zwischen dem Eigentümer und dem Nießbraucher unter das Primat der optimalen Nutzung natürlicher Ressourcen zu stellen, was sich aus den Gesetzesberatungen herauslesen lasse.[90] Das Verdienst dieses Ansatzes ist es, die Rechte und Pflichten im Nießbrauchsverhältnis auf eine materielle Grundlage zu stellen. Allerdings lässt sich eine vollstreckbare Pflicht zur effizienten Nutzung den §§ 1030ff kaum entnehmen und wäre auch kein fassbarer Maßstab. Es läge in der Konsequenz dieses Modells, den Parteien letztlich selbst zu überlassen, wie sie die optimale Nutzung der natürlichen Ressourcen optimieren, da deren optimale Ausnutzung sich am Besten in einem System freien Wettbewerbs mit umfassender Inhaltsfreiheit realisiert.[91] Dies würde letztlich eine völlige Inhaltsfreiheit der Parteien als Folge haben und die §§ 1034ff als Auslegungsregeln qualifizieren, wenn die Parteien keine abweichende Vereinbarung getroffen haben. Die Schranken zwischen individueller Freiheit und Inhaltskontrolle lassen sich durch volkswirtschaftliche Erklärungsmuster nur sehr allgemein beschreiben. Für die erlaubte Inhaltsfreiheit im Rahmen des Nießbrauchs bietet das Primat der optimalen Nutzung daher nur Näherungswerte, die zu präzisieren sind.

Mehr Ertrag verspricht ein institutionenökonomischer Ansatz, da er die Transaktionskosten der Parteien einblendet.[92] Dieser vermeidet eine Achillesverse vieler ökonomischer Modelle, die solche Kosten realitätsfern ausblenden. Der Ei-

---

[88] BayObLG MittBayNot 1985, 70; BayObLG DNotZ 1973, 364, 367; *Bamberger/Roth/Wegmann* § 1030 Rn. 33; *Schippers* MittRhNotK 1996, 197, 200; *Staudinger/Frank* § 1041 Rn. 8.

[89] I 1 b aa.

[90] *Schön* (Fußn. 80), 42ff unter Berufung auf Mot. III, 497, 500; Prot. III, 384, 390f.

[91] Dies gilt wie jede ökonomische Annahme allerdings nur *ceteris paribus.* Fehl geht daher die Kritik an dem Konzept *Schöns*, dass es den Eigentümer und den Nießbraucher an die Optimierung des Gesamtertrages binde und damit deren Privatautonomie unzulässig einschränke (so *Schippers* MittRhNotK 1996, 197, 200). *Schön* (Fußn. 80) betont selbst, dass der Nießbraucher ein eigenes Interesse an einer optimalen Nutzung der Sache wahrnehme (47). Zuzugeben ist der Kritik allerdings, dass man die ökonomische Vernunft der §§ 1034ff auch nicht überschätzen sollte.

[92] Siehe dazu: *Richter/Furubotn*, Neue Institutionenökonomik, Kap. III.3.1.

gentümer trägt beim Nießbrauch die Überwachungskosten: Er muss grundsätzlich überprüfen, ob der Nießbraucher die Substanz der Sache schont. Diese Kosten sind allerdings vermeidbar, wenn zu erwarten ist, dass der Nießbraucher die Sache wirtschaftlich nutzt. Wenn man dem Nießbraucher das wirtschaftliche Risiko für das Objekt des Nießbrauchs zuweist, wird dieser im eigenen Interesse für den Erhalt der Sache sorgen. Das Bestreben des Nießbrauchers, den Nutzen zu maximieren, kann dann nicht mit den Interessen des Eigentümers kollidieren, da der Nießbraucher zugleich Sachwalter des Eigentümers ist, wenn er ein wirtschaftliches Risiko trägt. So ließe sich eine Zahlungspflicht vereinbaren, wenn der Nießbraucher die Sache unter dem wirtschaftlichen Wert zurückgibt. Denkbar ist auch eine im voraus zu hinterlegende Sicherheitsleistung, die den Eigentümer dagegen schützt, dass der Nießbraucher das Nießbrauchsobjekt faktisch aushöhlt. Hierbei handelt es sich allerdings um Fragen nach Grad und Maß, die ökonomische Modelle exakt nicht beantworten können. Das Gesetz versucht diese Grenzziehung in den §§ 1041, 1050. Aus § 1050 ergibt sich einerseits, dass der Nießbraucher nicht dazu verpflichtet ist, den Kapitalwert der Sache zu erhalten. Andererseits hat der Nießbraucher den wirtschaftlichen Bestand der Sache zu erhalten, § 1041. Gewinnt damit der volkswirtschaftliche Ansatz durch eine Analyse der Transaktionskosten an Konturen, so lassen sich konkretere Vorgaben entwickeln, wenn man diese Analyse um die Erkenntnisse der Spieltheorie ergänzt. Die von den Parteien verfolgte Strategie kann dadurch präziser mit dem Gesetz abgeglichen werden. Umgekehrt bietet die Spieltheorie auch Ansatzpunkte dafür, wie der Inhalt von Rechtsnormen gestaltet werden kann.

Wenn der Eigentümer und der Nießbraucher über den Inhalt des Nießbrauchs verhandeln befinden sie sich in einer kooperativen Spielsituation, bei der beide Parteien durch einen Strategiewechsel ihren Gewinn nicht mehr erhöhen können.[93] Aus dieser Perspektive betrachtet, kommt dem Recht die Aufgabe zu, Spielregeln für die Parteien aufzustellen, aber auch auf solche Spielregeln im Einzelfall zu verzichten. Erst bei der Frage, ob solche Spieregeln notwendig sind, gewinnen volkswirtschaftliche Grundsätze an Bedeutung. Da Ressourcen knapp sind, haben rechtliche Spielregeln zu verhindern, dass die Parteien diese Ressourcen verschwenden.[94] Wenn diese Grundbedingung erfüllt ist, so führt eine kooperative Spielsituation, wie sie beim Aushandeln eines Nießbrauches besteht, regelmäßig zu einer pareto-optimalen und damit volkswirtschaftlich erwünschten Situation.[95] Auf den Nießbrauch übertragen bedeutet dies, dass die Inhaltsfreiheit der Parteien dort endet, wo die Sache zerstört und damit dem volkswirtschaftlichen Kreislauf entzogen wird. Der Gedanke von der Substanzerhaltung hat des-

---

[93] Sog. »Nash-Gleichgewicht«, nach *Nash*, Non-cooperative Games, Annuals of Mathematics 54 (1951), 286ff; siehe außerdem: *Krimphove* RTh 35 (2004), 21, 23.

[94] In dieser Hinsicht deckt sich das hier verfochtene Konzept mit der Ansicht *Schöns* (Fußn. 80), 31ff.

[95] Siehe dazu ausführlich: *Krimphove* RTh 35 (2004), 19, 22f.

wegen überschießenden Charakter und schießt über das ökonomisch notwendige Ziel hinaus. Ein volkswirtschaftlicher Gewinn kann nicht ausgeschlossen werden, wenn durch die Nutzung in die Substanz des Nießbrauchsobjekts eingegriffen wird.

Unabhängig von diesen ökonomischen Modellen herrscht immerhin Einigkeit darüber, dass alle Vorschriften unabdingbar sind, die die Entstehung des Nießbrauchs und dessen Beendigung regeln. Die Vorschriften der §§ 1031–1033 sind damit ebenso zwingendes Recht wie der Grundsatz von der Unübertragbarkeit des Nießbrauchs (§ 1059)[96] und das Erlöschen des Nießbrauchs mit dem Tode des Nießbrauchers.[97] Das Besitzrecht des Nießbrauchers rechnet deswegen auch zum »wesensnotwendigen« Kern des Rechts. Der Besitz dient als faktisches Mittel dazu, um dem Nießbraucher die Nutzungsmöglichkeit zu gewähren. Ein Nießbrauch ohne den Besitz des Nießbrauchers und sei es auch nur der mittelbare, ist undenkbar.[98] Zwingenden Charakters ist ebenso der gesetzliche Eigentumserwerb nach § 1039 Abs. 1 Satz 1.[99]

c) Analyse zum zwingenden und abdingbaren Nießbrauchsinhalt

aa) Sacherhaltung und Eingriff in die Sachsubstanz

(1) Wie weit allerdings die Nutzungsbefugnis des Nießbrauchers und die damit einhergehenden Pflichten generell einschränkbar sind, ist umstritten. Unklarheit herrscht schon bei der Frage, ob die Pflicht des Nießbrauchers unabdingbar, die bisherige wirtschaftliche Bestimmung der Sache aufrecht zu erhalten (§ 1036 Abs. 2 1. Halbs.). Unter Rückgriff auf das formale Konzept des Typenzwangs wird man diese Frage kaum beantworten können. Wie bereits an anderer Stelle ausgeführt, kann die wirtschaftliche Bestimmung nur subjektiv aus der Sicht der Parteien ausgelegt werden.[100] Dies schließt die Befugnis der Parteien ein, von der bisherigen wirtschaftlichen Bestimmung der Sache abzuweichen, wenn sie den Nießbrauch begründen. Die weitere Ausübung des Nießbrauchs steht danach unter anderen Vorzeichen und ist nicht an die vorherige wirtschaftliche Bestimmung des Eigentümers gebunden. Bereits aus den Materialien lässt sich ableiten, dass die bisherige wirtschaftliche Bestimmung des Eigentümers nicht in jedem

---

[96] *Staudinger/Frank* Vor § 1030 Rn. 9. Zwingend sind auch die Vorschriften über die Pfändbarkeit des Nießbrauches (§ 1059 b) und klarstellende Norm über den Übergang oder die Übertragung des Nießbrauchs (§ 1059 c).

[97] MünchKomm/*Pohlmann* § 1060 Rn. .

[98] OLG Hamm RPfleger 1983, 144; allg Ansicht: *Erman/Michalski* § 1036 Rn. 1; MünchKomm/ *Pohlmann* § 1036 Rn. 8; *Palandt/Bassenge* § 1036 Rn. 1; *Schön* (Fußn. 80), 105 ff; *Soergel/Stürner* § 1036 Rn. 1; *Staudinger/Frank* § 1036 Rn. 3.

[99] *Bamberger/Roth/Wegmann* § 1039 Rn. 18; MünchKomm/*Pohlmann* § 1039 Rn. 9; RGRK/*Rothe* Vor § 1030 Rn. 7.

[100] Näher dazu oben § 3 V 3 b mwN.

Falle für eine künftige Nutzung ausschlaggebend ist, da der Nießbraucher nicht daran gebunden ist, eine unwirtschaftliche Vornutzung durch den Eigentümer fortzuführen.[101] Welche wirtschaftliche Bestimmung der Sache zukommt, richtet sich damit in erster Linie nach den Vereinbarungen der Parteien, in zweiter Linie nach der Vertragsauslegung. § 1036 Abs. 2 1. Halbsatz ist deswegen eine materiale Auslegungsregel, die erst eingreift, wenn die Vertragsauslegung versagt. In diesem Falle ist die bisherige wirtschaftliche Widmung durch den Eigentümer verbindlich.[102] Die herrschende Meinung liest in § 1036 Abs. 2 1. Halbs. allerdings den Grundsatz der Substanzerhaltung hinein und gelangt deswegen zum zwingenden Charakter dieser Vorschrift.[103] Dies überzeugt nicht und widerspricht nicht nur dem Ausgangspunkt in den Gesetzesmaterialien sondern auch der Praemisse, dass die wirtschaftliche Zweckbestimmung subjektiven Charakters ist.

Betrachtet man die Abspaltung eines Nutzungsrechts als Ausfluss der Eigentümerbefugnisse, so ist die Substanzerhaltung keineswegs ein zwingendes Gebot. Die hier vertretene Einordnung des § 1036 Abs. 2 1. Halbsatz als Auslegungsregel bestimmt widerspruchsfrei das Verhältnis der Vorschrift zur subjektiven Zweckbestimmung. Daraus ergibt sich auch die positive Antwort auf die Frage, ob die Parteien die wirtschaftliche Zweckbestimmung in das Belieben des Nießbrauchers stellen können. Nach dem wenig überzeugenden Standpunkt der herrschenden Ansicht ist dies abzulehnen. Gleichwohl hat man im Schrifttum darauf hingewiesen, dass gerade bei einem Vorbehaltsnießbrauch das Bedürfnis besteht, die Nutzung und damit die wirtschaftliche Bestimmung zu ändern. Hier sollte man den Parteien gestatten, bei der Bestellung des Nießbrauchs dem Nießbraucher einen Wechsel von bestimmten Nutzungsarten zu erlauben.[104] Allerdings dürfte es sich auch hier im Ergebnis um Auslegungsfragen handeln, so dass der Unterschied zu einer freien Bestimmung des Nießbrauchers gering ist. Eine solche freie Bestimmung muss den Interessen des Eigentümers nicht widersprechen,

---

[101] Mot. III, 505; MünchKomm/*Pohlmann* § 1036 Rn. 10.

[102] Ähnlich *Schön* (Fußn. 80), 269, wonach die bisherige Bestimmung lediglich eine Vermutung für eine Wirtschaftsart darstelle, die den Interessen des Bestellers entspreche. Es geht aber zu weit, aus § 1036 Abs. 1 1. Halbsatz eine solche Vermutung herauszulesen. Der Wortlaut der Norm enthält keine Anhaltspunkte dafür, dass die Beweislast zwischen dem Eigentümer und dem Nießbraucher geregelt werden soll. Sachlich würde dies bedeuten, dass der Nießbraucher grundsätzlich an eine wirtschaftlich unvernünftige Vorbenutzung des Eigentümers gebunden ist, was auch nach dem Konzept *Schöns* eine Ressourcenverschwendung wäre und damit einen Zwang zu einer unökonomischen Benutzung darstellen würde. Nach dem hier vertretenen Konzept ist eine solche Bindung an eine wirtschaftlich sinnlose Vorbenutzung – im Einklang mit den Motiven – schon deswegen nicht bindend, da dann der Wille des Nießbrauchers entscheidend ist, wie er mit der Sache verfahren will. Allerdings liegt der Kern des Problemes bei einer wirtschaftlich unvernünftigen Nutzung selbst. Um hier nicht in eine paternalistische Rechtsanwendung zu verfallen, muss man dem Eigentümer hier einen weiten Einschätzungsspielraum zubilligen.

[103] RGZ 80, 229, 232; BGH NJW 2002, 434, 435; RGRK/*Rothe* § 1036 Rn. 5; *Soergel/Stürner* Vor § 1030 Rn. 11a; *Staudinger/Frank* Vor § 1030 Rn. 6.

[104] Grdl. *Schön* (Fußn. 80); dem folgend: MünchKomm/*Pohlmann* § 1030 Rn. 15.

da sich der Eigentümer als Ausgleich für die freie Bestimmung durch den Nießbraucher ein höheres Nutzungsentgelt versprechen lassen kann. Gleichwohl gestattet man dem Eigentümer nicht, die wirtschaftliche Bestimmung in das Belieben des Nießbrauchers zu stellen, da dieser eine kurzfristig kalkulierte Nutzungsart wählen könne, die mehr Ertrag verspricht, aber für den Gesamtnutzen der Sache unwirtschaftlich wäre.[105] Diese Befürchtung ist allerdings eine Unterstellung. Sie kann deswegen nicht den zwingenden Charakter des § 1036 Abs. 2 1. Halbs. stützen, da sie empirisch nicht verifizierbar ist. Sofern keine strukturelle Ungleichheit zwischen den Parteien besteht oder ein sonstiges Machtgefälle, ist ihre einmal getroffene wirtschaftliche Entscheidung hinzunehmen und nicht paternalistisch zu korrigieren. Dieser Gesichtspunkt zeigt, dass sich hinter den Problemen nicht der Grundsatz der Substanzerhaltung verbirgt, sondern die rechtliche Kontrolle, ob die Gegenleistung des Nießbrauchers angemessen ist. Versteht man § 1036 Abs. 2 1. Halbs. als zwingende Norm, löst man diese Probleme nicht, da auch bei einer vorab definierten wirtschaftlichen Bestimmung ein Ungleichgewicht innerhalb der Rechtsstellung des Eigentümers zum Nießbraucher bestehen kann. Zur Kontrolle solcher Ungleichgewichte bietet sich der Maßstab des § 138 an. Der Blick auf die Praxis schließlich zeigt, wie wenig aussagekräftig die These von der zwingenden Natur des § 1036 Abs. 2 1. Halbsatz sein kann. So hat es der BGH ausdrücklich offen gelassen, ob § 1036 Abs. 2 1. Halbsatz dem Nießbraucher untersagt, sich von der bisherigen wirtschaftlichen Bestimmung zu trennen, jedenfalls dürfe aber der Nießbraucher eines Hofs einzelne Betriebsteile aufgeben.[106] Dadurch gestatte der BGH dem Nießbraucher jedoch, sich von einer früheren Zweckbestimmung zu trennen und eine eigene Disposition zu treffen. Mit dieser Entscheidung ist der Weg dafür geebnet, dass die Parteien die wirtschaftliche Bestimmung der Sache in das Belieben des Nießbrauchers stellen können. Nach den eingangs genannten Maßstäben findet diese Inhaltsfreiheit ihre Grenze nur in dem Verbot, die Sache als solche zu vernichten.

(2) Die Pflicht gemäß § 1036 Abs. 2 2. Halbs., nach den Regeln einer ordnungsgemäßen Wirtschaft mit der belasteten Sache zu verfahren, soll nach der herrschenden Ansicht ebenso unabdingbar sein.[107] Dies scheint so selbstverständlich zu sein, dass es oft nicht näher begründet wird. Dabei sind die Maßstäbe alles andere als klar, nach denen sich bestimmen soll, was eine ordnungsgemäße Wirtschaft kennzeichnet. Unklar ist insbesondere, wie sich dieser Begriff zu der wirtschaftlichen Zweckbestimmung verhält. Meist stellt man auf einen objektiven Maßstab ab, der sich allerdings im Rahmen der subjektiv verstandenen wirt-

---

105 *Schön* (Fußn. 80), 269.

106 BGH NJW 2002, 434, 435;

107 So die hM: BayObLG DNotZ 1978, 99 = MDR 1977, 844; KG DNotZ 1992, 675 = MDR 1992, 376; MünchKomm/*Pohlmann* § 1036 Rn. 17; RGRK/*Rothe* § 1036 Rn. 5; *Schön* (Fußn. 80), 271 f; *Schwab/Prütting* Rn. 903; *Soergel/Stürner* Vor § 1030 Rn. 119; *Staudinger/Frank* Vor § 1030 Rn. 9.

schaftlichen Bestimmung zu halten habe.[108] Präziser ist der Hinweis, dass eine ordnungsgemäße Wirtschaft effizient sein müsse.[109] Daran ist zutreffend, dass Rechtsregeln die Parteien nicht zu ineffizientem Verhalten anspornen sollten. Allerdings ist dadurch auch nicht bewiesen, dass die Parteien ineffizient handeln, wenn man die Regeln einer ordnungsgemäßen Wirtschaft als zwingendes Recht ansieht. Die Beweisführung hat man gleichwohl am Beispiel eines Vorbehaltsnießbrauchs versucht: Hier bestünde die Gefahr, dass der Vorbehaltsnießbraucher sein Interesse an der Bewirtschaftung der Sache verliert und der neue Eigentümer kein Interesse daran hat.[110] Nach den oben dargelegten spieltheoretischen Erwägungen ist diese Befürchtung allerdings hypothetisch. Auch wenn der Erblasser Eigentümer der Sache war, kann sein Interesse schwinden, die Sache in ihrem wirtschaftlichen Bestand zu erhalten. Umgekehrt kann der Vorbehaltsnießbraucher ein Interesse daran haben, die ihm neu zugeflossene Sache effizient zu bewirtschaften, um einen künftigen unbelasteten Vermögenswert zu sichern. Die Empirie liefert hier ein Patt. Der spieltheoretische Ansatz hilft aber hier weiter: Wenn die Parteien kooperativ den Inhalt des Nießbrauchs aushandeln, so zieht jeder von ihnen den optimalen Nutzen. Unter dem Vorbehalt, dass die Sache nicht vernichtet wird, ist das Ergebnis dieser Verhandlungen gleichzeitig pareto-optimal und damit denkbar effizient. Dies zeigt, dass die Debatte um die zwingende Rechtsnatur und die Maßstäbe einer ordnungsgemäßen Wirtschaft nicht zum Kern des Problems vordringt. In Wirklichkeit stellt sich das Problem einer ordnungsgemäßen Wirtschaft gar nicht, da bereits bei einem ausgehandelten Nießbrauch eine Vermutung für dessen effizienten Inhalt spricht.

(3) Die Unklarheiten, welche Vorschriften über den Nießbrauch zwingend und welche dispositiv sind, setzen sich schließlich bei dem Umgestaltungs- und Veränderungsverbot des § 1037 Abs. 1 fort. Hier herrscht ein ganz verschiedenes Verständnis darüber, ob diese Vorschrift den Wesenskern eines Nießbrauchs ausmacht. Die herrschende Ansicht stuft die Norm als zwingendes Recht ein und schließt damit aus, dass abweichende Vereinbarungen in das Grundbuch eingetragen werden können.[111] Allerdings ist bereits der systematische Ausgangspunkt umstritten, mit weit reichenden Folgen für den zwingenden Charakter des § 1037 Abs. 1 selbst. Die Unklarheiten rühren daher, dass § 1037 Abs. 2 bestimmte Verän-

---

[108] *Schön* (Fußn. 80), 79ff, 82; *Staudinger/Frank* § 1036 Rn. 15; auf einen rein objektiven Maßstab stellt ab: *Soergel/Stürner* § 1036 Rn. 3. Zutreffend bemerkt *Pohlmann* (MünchKomm § 1036 Rn. 16) dazu, dass diese Meinungsverschiedenheit keine praktischen Konsequenzen haben dürfte, da solche Fälle kaum konstruierbar sind, in denen die Ansichten zu abweichenden Ergebnissen gelangen.

[109] *Schön* (Fußn. 80), 79ff; 271f; unter Hinweis auf *Ehrlich*, Das zwingende und nichtzwingende Recht im bürgerlichen Gesetzbuch (1899), 135f.

[110] *Schön* (Fußn. 80), 271f.

[111] BayObLG DNotZ 1978, 99, 100; KG DNotZ 1992, 675; LG Köln MittRhNotK 1986, 24; *Erman/Michalski* § 1037 Rn. 1; *Moog* DStR 2002, 180, 181; *Palandt/Bassenge* § 1037 Rn. 1; *Soergel/Stürner* § 1037 Rn. 1; *Stürner* AcP 194 (1994), 265, 281.

derungen des Grundstücks unter den Vorbehalt dessen wirtschaftlicher Bestimmung stellt, während Abs. 1 einen solchen Vorbehalt nicht enthält, obwohl diese Vorschrift ihrerseits durch Abs. 2 konkretisiert wird. Die besseren Gründe sprechen dafür, daher auch § 1037 Abs. 1 im Lichte des § 1036 Abs. 2 auszulegen. Das Umgestaltungs- und Veränderungsverbot beschreibt damit die wirtschaftliche Bestimmung der Sache für bestimmte Fälle genauer.[112] Ohne Kenntnis der wirtschaftlichen Bestimmung wird sich zudem gar nicht feststellen lassen, ob eine Sache wesentlich verändert oder umgestaltet wird. Die herrschende Ansicht deutet das systematische Verhältnis beider Vorschriften gleichwohl anders und betrachtet § 1037 Abs. 1 und § 1036 Abs. 2 als unverbunden nebeneinander stehende Normen.[113] In der Praxis führt dies zu schwer nachvollziehbaren Differenzierungen. Die Instanzrechtsprechung hält einen Nießbrauch für unzulässig, wonach es dem Nießbraucher gestattet ist, auf einem unbebauten Grundstück ein Gebäude zu errichten und betrachtet den Bau eines Gebäudes als Umgestaltung des Grundstücks.[114] Der Umkehrschluss aus § 1037 Abs. 2 trägt diese Einschränkung allerdings nicht, da die Vorschrift nur Beispiele aufzählt.

Warum die Parteien dem Nießbrauchsrecht keine derartige wirtschaftliche Bestimmung beimessen sollen, lässt sich nicht erklären. Die Interessen des Eigentümers werden dadurch nicht beeinträchtigt, da nach § 95 Abs. 1 Satz 2 das Gebäude kein wesentlicher Grundstücksteil wird und deswegen durch den Nießbraucher nach Ablauf des Nießbrauchs beseitigt werden müsste. Schließt man einen Nießbrauch aus, so verbleibt nur die Möglichkeit, eine Dienstbarkeit oder ein Erbbaurecht zu vereinbaren, was allerdings bei der Dienstbarkeit schwer überwindbare Hindernisse aufstellt: Das ausschließliche Recht, eine Tankstelle zu errichten und zu vertreiben, verbunden mit einem Wettbewerbsverbot, wäre als Nießbrauch unzulässig und es käme nur eine Dienstbarkeit in Betracht. Die Praxis verfährt in diesem Sinne,[115] obwohl für den Eigentümer keine eigene Nutzungsmöglichkeit mehr verbleiben würde. Wenn man an der formalen Trennung zwischen Dienstbarkeit und Nießbrauch festhält,[116] so ist es nur folgerichtig, wenn man die Errichtung eines Gebäudes auch als denkbaren Nießbrauchsinhalt ansieht.[117] Abge-

---

[112] MünchKomm/*Pohlmann* § 1037 Rn. 2; *Reichel* IherJb 42 (1901), 205, 281; Ausführlich dazu: *Schön* (Fußn. 80), 88–92; *Staudinger/Frank* § 1037 Rn. 1.

[113] BayObLG DNotZ 1978, 99, 100; KG DNotZ 1992, 675 m. Anm. *Frank; Palandt/Bassenge* § 1037 Rn. 1; *Soergel/Stürner* § 1037 Rn. 1.

[114] KG DNotZ 1992, 675; zust. *Palandt/Bassenge* § 1037 Rn. 1; *Soergel/Stürner* § 1037 Rn. 1; *Staudinger/Frank* § 1037 Rn. 5 (auf der Grundlage, dass § 1037 Abs. 1 die Vorschrift des § 1036 Abs. 2 konkretisiere). LG Köln MittRhNotK 1986, 24 sieht in dem Umbau eines Gebäudes einen »Verstoß« gegen § 1037 Abs. 1.

[115] BGHZ 29, 244; BGHZ 35, 378; KG RPfleger 1959, 20; OLG Stuttgart RPfleger 1959, 22; BayObLG DNotZ 1959, 196; OLG Hamm DNotZ 1959, 196.

[116] Näher unten II 1 c.

[117] MünchKomm/*Pohlmann* § 1037 Rn. 6; *Schön* (Fußn. 80), 91f; *Schippers* MittRhNotK 1996, 197, 200 gesteht dieser Ansicht beachtliche Argumente zu, empfiehlt jedoch bis zur höchst-

sehen von dieser Grundsatzfrage droht die Rechtsprechung sich in ein Einzelfallrecht zu zerfasern. Eine bemerkenswerte Parallele und damit auch das schlagende Argument gegen den selbständigen Charakter des § 1037 Abs. 1 findet sich im Zusammenhang mit dem engen Verwendungsbegriff im Rahmen des § 994. Hier hat sich herausgestellt, dass die Differenzierung zwischen sachändernden Verwendungen und sonstigen Verwendungen der Sache nach undurchführbar ist.[118] Genau diese Unterscheidung verpflanzt man allerdings in § 1037 Abs. 1, wenn man die Vorschrift von der wirtschaftlichen Bestimmung ablöst. Es bliebe dann zu untersuchen, ob der Einbau einer Kanalisation oder ein neu gedecktes Dach[119] eine Aufwendung ist, die zur Erhaltung der Sache nötig ist oder bereits in die Substanz eingreift. Diese im Einzelfall kaum lösbare Fragen vermeidet man, wenn man prüft, ob die Umgestaltung oder Veränderung der wirtschaftlichen Zweckbestimmung dient. Wie allerdings schon bei der Vorschrift des § 1036 Abs. 2 muss man auch bei § 1037 Abs. 2 der Privatautonomie der Parteien den Vorrang einräumen. Der Typenzwang wird dadurch wiederum aufgeweicht, aber es ist diesem Prinzip auch nicht dadurch gedient, indem man es durch unklare Begrifflichkeiten konservieren möchte.

bb) Die Kosten- und Nutzenverteilung beim Nießbrauch

Besonders ausführlich hat der Gesetzgeber in den §§ 1041 ff die Pflichten der Parteien geregelt, wer die Lasten der Sache trägt und zu ihrer Erhaltung verpflichtet ist. Dabei ist das Meinungsbild auch hier wiederum gespalten, welche Pflichten welchen Umfanges abdingbar sind. Die herrschende Ansicht knüpft auch hier an das Dogma von der Substanzerhaltung an, kommt aber auf dieser Grundlage zu unterschiedlichen Ergebnissen. Wie bereits bei den Pflichten nach §§ 1036 Abs. 2, 1037, so ist auch hier der dogmatische Ausgangspunkt brüchig: Geht man von einer strengen Trennung zwischen einem dinglichen und einem obligatorischen Recht aus, ist es begrifflich ausgeschlossen, dass schuldrechtliche Pflichten das Wesen eines dinglichen Rechts beeinflussen können. Diese begriffliche Trennung ist jedoch beim Nießbrauch undurchführbar, da die schuldrechtlichen Pflichten den Inhalt des Nießbrauchs anreichern. Alle Berufungen auf den Typenzwang müssen deswegen zu einer Floskel erstarren und verdecken die materiellen Maßstäbe, die für oder gegen die Dispositivität einer Norm sprechen.

---

richterlichen Klärung dieser Frage ein Erbbaurecht oder eine Dienstbarkeit. Eine wissenschaftlich verwertbare Aussage ist das nicht.

[118] Dieses Problem rechnet zu den am meist diskutierten im Eigentümer-Besitzer Verhältnis. Der BGH meint, zwischen sachändernden und sonstigen Verwendungen unterscheiden zu können (BGHZ 10, 171, 177f), stößt damit aber auf den fast einhelligen Widerspruch des aktuellen Schrifttums. Siehe dazu etwa: *Canaris* JZ 1996, 344, 347f; MünchKomm/*Medicus* § 994 Rn. 8, 9; *Staudinger/Gursky* Vor § 994 Rn. 8 jeweils mwN.

[119] Siehe dazu die Beispiele bei RGRK/*Rothe* § 1037 Rn. 4; *Staudinger/Frank* § 1037 Rn. 2.

(1) Besonders umstritten und uneinheitlich wird die Frage beantwortet, ob die Erhaltungspflicht des Nießbrauchers nach § 1041 Satz 1 abdingbar ist. Die Diskussion darüber verdeutlicht, welche vielfältigen Schlüsse möglich sind, auch wenn man sich auf eine einheitliche dogmatische Einordnung verständigt hat. Überwiegend deutet man § 1041 Satz 1 als besondere Konkretisierung des § 1036 Abs. 2.[120] Wenn man § 1036 Abs. 2 als zwingendes Rechts ansieht, müsste dies auch für § 1041 Satz 1 gelten. Auf diesen Zusammenhang berufen sich neuere Stimmen aus der Literatur und halten § 1041 für unabdingbar.[121] Gleichwohl erlaubt die Rechtsprechung den Parteien, die Vorschrift des § 1041 Satz 1 mit dinglicher Wirkung abzubedingen, da dies dem »Wesen des Nießbrauchs« nicht widerspreche.[122] Wenn man nach der hier vertretenen Ansicht auch § 1036 Abs. 2 für abdingbar hält, kann nichts anderes für § 1041 Satz 1 gelten. Aus dem Wesen des Nießbrauchs lässt sich jedoch weder ein Argument für oder gegen die Abdingbarkeit des § 1041 Satz 1 gewinnen. Aussagekräftiger sind hier wiederum die Erkenntnisse der Spieltheorie, die für § 1036 Abs. 2 als Wurzel des § 1041 Satz 1 schon ausgeführt wurden und hier nicht zu wiederholen sind.[123] Der Rechtsprechung ist daher im Ergebnis, wenn auch nicht in der Begründung zuzustimmen.

(2) Die Ungereimtheiten zu § 1041 Satz 1 setzen sich auch bei § 1041 Satz 2 fort. Zu Ausbesserungen und Erneuerungen ist der Nießbraucher nach dieser Vorschrift nur verpflichtet, wenn sie zur gewöhnlichen Unterhaltung der Sache gehören. Diese Erhaltungspflicht ist im Zusammenhang mit § 1050 zu lesen. Mindert sich der Wert der Sache durch den ordnungsgemäßen Gebrauch, hat dies der Nießbraucher nicht zu vertreten. Allerdings befreit diese Vorschrift nicht von der Erhaltungspflicht aus § 1041 Satz 2. Für die Rechtsanwendung stellt sich deswegen die nicht immer leicht zu beantwortende Frage, wann eine gewöhnliche Erhaltung geschuldet ist und wann der Nießbraucher die Folgen einer ordnungsgemäßen Benutzung nicht zu vertreten hat. Die Praxis gestattet den Parteien, von der Regel des § 1041 Satz 2 abzuweichen. Das Spektrum der denkbaren Gestaltungsmöglichkeiten ist dabei weit. Zu Gunsten des Eigentümers wirkt die Vereinbarung, wonach der Nießbraucher auch die außergewöhnlichen Erhaltungsmaßnahmen vorzunehmen hat. Solche Vereinbarungen erlaubt die Rechtsprechung,

---

[120] *Palandt/Bassenge* § 1041 Rn. 2; MünchKomm/*Pohlmann* § 1041 Rn. 1; *Schön* (Fußn. 80), 110f; *Soergel/Stürner* § 1041 Rn. 2; *Staudinger/Frank* § 1041 hält die Vorschrift für eine Fortentwicklung des § 1036 Abs. 2.

[121] BayObLG MDR 1977, 1019; *Erman/Michalski* § 1041 Rn. 1; *Haegele/Schöner/Stöber* Rn. 1375; *Palandt/Bassenge* § 1041 Rn. 1; MünchKomm/*Pohlmann* § 1041 Rn. 8; *Soergel/Stürner* § 1041 Rn. 2; *Wolff/Raiser* § 117 II 3; im Ergebnis auch *Schippers* MittRhNotK 1996, 197, 200, wonach die Vorschrift unabdingbar sei, sofern es um die Erhaltung der körperlichen Beschaffenheit gehe. Dessen Verweis auf die »herrschende Meinung« trügt jedoch, da die hier zitierten Ansichten auch ohne diese Restriktion von der zwingenden Rechtsnatur des § 1041 Satz 1 ausgehen.

[122] LG Ulm BWNotZ 1977, 173, LG Augsburg MittBayNot 1976, 139; LG Stuttgart BWNotZ 1976, 170, 171 (inzident im Rahmen einer Grundstücksschenkung vorausgesetzt); zustimmend: *Staudinger/Frank* § 1041 Rn. 8 anders aber Vor § 1030 Rn. 13.

[123] Oben I 2 b, c aa.

da sich der Nießbraucher jederzeit von dem dinglichen Recht lösen könnte, sofern die Vereinbarung für ihn zu belastend sein sollte.[124] Dem ist schon deswegen zuzustimmen, da die Abgrenzung zwischen einer gewöhnlichen und außergewöhnlichen Erhaltungsmaßnahme auch mit der wirtschaftlichen Bestimmung der Sache zusammenhängt. Wenn diese Bestimmung auf der Parteivereinbarung beruht, so dürfen die Parteien folgerichtig auch entscheiden, wer die außergewöhnlichen Erhaltungsmaßnahmen trägt. Richtigerweise können diese Erhaltungsmaßnahmen auch in die Pflicht des Nießbrauchers umschlagen, die Sache wieder herzustellen.

Umstritten ist allerdings, ob § 1041 Satz 2 zu Lasten des Eigentümers abdingbar ist. Besonders bei einem Bruttonießbrauch erlaubt die Rechtsprechung den Parteien zu vereinbaren, dass der Nießbraucher keine gewöhnlichen Erhaltungsmaßnahmen vorzunehmen hat.[125] Allerdings darf der Eigentümer nicht dazu verpflichtet werden, die gewöhnlichen Erhaltungsmaßnahmen durchzuführen, da dies eine unzulässige positive Leistungspflicht sei.[126] In neuerer Zeit unterstreichen vereinzelte Stimmen den zwingenden Charakter des § 1041 Satz 2, da diese Vorschrift die Regeln einer ordnungsgemäßen Wirtschaft konkretisieren würden, über die die Parteien nicht disponieren dürfen: Dem ökonomischen Modell der §§ 1030ff widerspräche es, wenn der Nießbraucher die laufenden Nutzungen ziehen dürfe, der Eigentümer aber die laufenden Kosten zu tragen hätte.[127]

Keine dieser Ansichten vermag vollends zu überzeugen. Der ökonomische Hintergrund der §§ 1030ff spricht nicht dagegen, dass die Parteien § 1041 Satz 2 abbedingen können. Der Eigentümer trägt nunmehr zusätzliche Kosten, hat aber dafür einen Anreiz die Überwachung zu optimieren. Es geht hier auch nicht um die ökonomische Effizienz des Nießbrauchs, sondern darum, ob das Nießbrauchsentgelt die höheren Überwachungskosten des Eigentümers abfedert. Dies betrifft allerdings das allgemeine Problem, wann eine Angemessenheitskontrolle von vertraglichen Pflichten in Betracht kommt. Eine Antwort auf diese Frage kann das Nießbrauchsrecht nicht liefern. Abgesehen davon streitet auch der systematische Zusammenhang zu § 1042 für den dispositiven Charakter des § 1041 Satz 2. Wenn der Nießbraucher von den außergewöhnlichen Erhaltungs-

---

[124] BayObLG MDR 1985, 498; BayObLG DNotZ 1986, 151, 152; zustimmend: MünchKomm/ *Pohlmann* § 1041 Rn. 8; *Schippers* MittRhNotK 1996, 197, 201; *Schön* (Fußn. 80), 279; *Soergel/ Stürner* § 1041 Rn. 3; *Staudinger/Frank* § 1041 Rn. 8.

[125] LG Stuttgart BWNotZ 1976, 170; LG Ulm BWNotZ 1971, 389, 396. Aus dem Schrifttum: MünchKomm/*Pohlmann* § 1041 Rn. 8; *Pikalo* DNotZ 1971, 389, 396; *Staudinger/Frank* § 1041 Rn. 8.

[126] BayObLG DNotZ 1973, 299 (Verpflichtung des Eigentümers, nach einem Kahlschlag wieder aufzuforsten); BayObLG MDR 1985, 498 (Verpflichtung des Eigentümers, ein zerstörtes Gebäude wieder aufzubauen); *Erman/Michalski* § 1041 Rn. 1; MünchKomm/*Pohlmann* § 1041 Rn. 8; *Staudinger/Frank* § 1041 Rn. 8; insoweit auch *Schön* (Fußn. 80), 279.

[127] *Schön* (Fußn. 80), 278f; ähnlich bereits *Ehrlich* Das zwingende und nichtzwingende Recht im Bürgerlichen Gesetzbuch für das Deutsche Reich (1899), 138.

maßnahmen befreit ist, so kann er erst Recht von den gewöhnlichen Erhaltungsmaßnahmen befreit werden.[128] Dieses *argumentum maiore ad minus* lässt sich auch nicht durch ökonomische Kriterien überspielen. Gleichzeitig ist § 1042 der entscheidende Anhaltspunkt dafür, warum entgegen der herrschenden Meinung der Eigentümer positiv dazu verpflichtet werden kann, gewöhnliche Erhaltungsmaßnahmen zu treffen. § 1042 setzt implizit eine Pflicht des Eigentümers voraus, außergewöhnliche Erhaltungsmaßnahmen zu treffen. Anderenfalls käme der Eigentümer seiner Verpflichtung nicht nach, eine Sache getreu den Regeln einer ordnungsgemäßen Wirtschaft als Nutzungsobjekt zur Verfügung zu stellen. Wenn die herrschende Meinung gleichwohl eine positive Leistungspflicht des Eigentümers ablehnt, so vermögen die Gründe dafür wie bei der parallelen Diskussion zur Dienstbarkeit nicht zu überzeugen.[129]

(3) Die Detailliebe des Gesetzgebers drückt sich besonders in den Vorschriften über die Versicherungspflicht des Nießbrauchers (§§ 1045, 1046) aus. § 1045 Abs. 1 Satz 1 stellt die Verpflichtung des Nießbrauchers, die Sache während der Dauer des Nießbrauchs gegen Brandschäden und sonstige Unfälle zu versichern von vornherein unter den Vorbehalt einer ordnungsgemäßen Wirtschaft. Da sich die ordnungsgemäße Wirtschaft im Rahmen der von den Parteien getroffenen wirtschaftlichen Bestimmung zu halten hat, muss folgerichtig die Versicherungspflicht nach § 1045 Abs. 1 abdingbar sein. Gleiches gilt selbstredend für die Pflicht des Nießbrauchers aus § 1045 Abs. 2, die Kosten einer bestehenden Sachversicherung zu tragen. Diese Lösung entspricht der herrschenden Ansicht,[130] allerdings fällt ihre Begründung nicht leicht, wenn man die Versicherungspflicht als Ausfluss des § 1036 Abs. 2 ansieht und diese Vorschrift für zwingendes Recht hält.[131] Eine Versicherung kann sich durchaus als eine Maßnahme darstellen, die die bisherige wirtschaftliche Bestimmung der Sache aufrecht erhält. Beim Eintritt des Versicherungsfalles dient die Versicherungssumme dazu, die wirtschaftliche Be-

---

[128] *Schippers* MittRhNotK 1996, 197, 201.

[129] Dazu oben I 1 b aa.

[130] *Bamberger/Roth/Wegmann* § 1045 Rn. 18; *Erman/Michalski* § 1045 Rn. 1; MünchKomm/*Pohlmann* § 1045 Rn. 1; *Staudinger/Frank* Vor § 1030 Rn. 14. Ist § 1045 abbedungen, erübrigt sich auch die Vorschrift des § 1046, die besondere Rechtsfolgen für den Eintritt des Versicherungsfalles vorsieht.

[131] Siehe dazu näher *Schön* (Fußn. 80), 281 f. Allerdings ist dessen Stellungnahme zur Dispositivität des § 1045 nicht eindeutig. Während § 1046 Abs. 1 abdingbar sein soll, da ein öffentliches Interesse an dieser Gestaltung nicht bestehe (282), ist die Stellungnahme zu § 1045 unentschlossen. Unter Berufung auf Mot. III, 513 soll die Versicherungspflicht ein Ausschnitt aus »der übergreifenden, an der wirtschaftlichen Erhaltung des Volksvermögens orientierten Konzeption der §§ 1030ff« sein (282). Eine Schlussfolgerung daraus wird allerdings vermieden. Konsequent müsste man die Vorschrift des § 1045 für zwingendes Recht halten, ein Schluss, den *Schön* jedoch nicht ausdrücklich zieht. In der Tat macht es wenig Sinn, dem Nießbraucher eine zwingende Versicherungspflicht aufzuerlegen, wenn nicht einmal der Eigentümer zu einer Versicherung verpflichtet ist. Schlüsse aus dem kaum konkretisierbaren wirtschaftlichen Interesse an der Erhaltung des Volksvermögens sind daher unzuverlässig und dazu ungeeignet, ein bestimmtes Ergebnis zu tragen.

stimmung der Sache wieder herzustellen. Gleichwohl muss man § 1045 als dispositives Recht ansehen, da der Nießbraucher nicht zu einer Versicherung genötigt werden kann, deren Abschluss nicht einmal dem Eigentümer obliegt.[132] Die Protokolle betonen ausdrücklich, dass es zu weit gehe, die Versicherungspflicht von dem Verlangen des Eigentümers abhängig zu machen, sondern das eine Versicherung nur durch die ordnungsgemäße Wirtschaft geboten sei.[133] Trotz der gegenteiligen Beteuerung in den Protokollen liegt darin eine teilweise Abkehr von dem Konzept der ersten Kommission, die noch das öffentliche Interesse am Abschluss einer Versicherung betonte.[134] Im Ergebnis bestätigen die Protokolle den hier vertretenen Ansatz, wonach die Versicherungspflicht dispositiv sein muss, wenn bereits die wirtschaftliche Bestimmung von der Vereinbarung der Parteien abhängt. Auch bei der Versicherungspflicht zeigt sich einmal mehr, wie sehr das Anliegen misslingen muss, bei den Pflichten zwischen dem Eigentümer und dem Nießbraucher zwischen zwingendem und dispositiven Recht zu unterscheiden.

(4) Die Lastentragung nach § 1047 entlarvt ein weiteres Mal die willkürliche Abgrenzung zwischen dinglichem und obligatorischem Recht einerseits, sowie zwischen abdingbaren und zwingenden Nießbrauchsnormen andererseits. Bereits das Reichsgericht ordnete die Lastentragung nach § 1047 dem dinglichen Inhalt des Nießbrauchs zu.[135] Damit scheinen die Weichen für dessen Abdingbarkeit gestellt zu sein: Wenn diese Vorschrift zum Inhalt des dinglichen Rechts zählen soll, so beschreibt sie dessen Wesenskern und müsste konsequent als zwingendes Recht behandelt werden. Dagegen sprechen sich nicht nur die Motive[136] sondern auch die herrschende Ansicht aus.[137] Die Lastentragungspflicht nach § 1047 ist daher vollen Umfanges abdingbar aber auch erweiterbar. Beides bedarf bei einem Grundstücksnießbrauch der Eintragung in das Grundbuch, um Dritten gegenüber wirksam zu werden. Das umfassende Nutzungsrecht des Nießbrauchers korrespondiert nicht notwendig mit einer unabdingbaren Pflicht zur Lastentragung. Auch der Zweck des § 1047 gebietet dies nicht: Die Vorschrift beruht auf einem Abgleich des Nutzungsrechts mit dem Reinertrag. Nur solche Nutzungen sollen dem Nießbraucher zustehen, die bei ordnungsgemäßer Wirtschaft den

---

[132] Vgl. MünchKomm/*Pohlmann* § 1045 Rn. 3, wonach allerdings ein objektiver Maßstab gelten soll. Siehe dazu sogleich im Text.

[133] Prot. III, 398.

[134] Mot. III, 513.

[135] RGZ 143, 231, 234; ebenso: MünchKomm/*Pohlmann* § 1047 Rn. 1.

[136] Mot. III, 517.

[137] BGH NJW 1974, 641f; BayObLGZ 1979, 273, 277; KG OLGE 26, 91; *Erman/Michalski* § 1047 Rn. 2; *Palandt/Bassenge* § 1047 Rn. 8; MünchKomm/*Pohlmann* § 1047 Rn. 18; RGRK/*Rothe* § 1047 Rn. 5; *Schippers* MittRhNotK 1996, 197, 202; *Schwab/Prütting* Rn. 908; *Staudinger/Frank* § 1047 Rn. 8; anders nur : OLG Schleswig SchlHAnz 1961, 246, 247 allerdings ohne Begründung. Nach *Bamberger/Roth/Wegmann* § 1048 Rn. 14 ist § 1048 insoweit abdingbar, als zusätzliche Lasten auferlegt werden könnten.

Reinertrag ausmachen.[138] Wenn es den Parteien nach § 1030 Abs. 2 gestattet ist, einzelne Nutzungen von dem Nießbrauchsrecht auszuschließen, so muss es ihnen auch gestattet sein, das Verhältnis von Ertrag und Lasten zu ändern. Dieser Gedanke gibt den Ausschlag für den dispositiven Charakter des § 1047, unabhängig davon, ob der Reinertragsgedanke die Vorschrift im Einzelnen trägt. Im Schrifttum hat man dies vereinzelt bestritten, versteht die Lastentragung wiederum als Ausfluss des § 1036 Abs. 2, woraus sich die teilweise zwingende Rechtsnatur des § 1047 ableite: Für private Lasten sollen danach die Parteien von § 1047 abweichen können, sofern keine zweckgebundene Sachgesamtheit der Gegenstand des Nießbrauchs ist. Im Gegensatz dazu sei die Verpflichtung des Nießbrauchers, die öffentlichen Lasten zu tragen, eine zwingende Mindestverpflichtung, die allerdings erweitert werden könne.[139] Für die Praxis hat sich das als keine nachahmenswerte Differenzierung erwiesen. Bei Grundstücksübertragungen unter einem Nießbrauchsvorbehalt wird häufig ein Nettonießbrauch vereinbart, wonach dem Nießbraucher umfassend alle öffentlichen und privaten Lasten auferlegt werden. Spiegelbildlich dazu ist auch der Bruttonießbrauch geübte Praxis.[140] Aber auch die dogmatische Ableitung der geschilderten Ansicht überzeugt wenig. Für öffentliche Lasten, die eine Gegenleistung für Maßnahmen der öffentlichen Hand darstellen und damit für Abgaben, soll sich der zwingende Charakter des § 1047 daraus ergeben, dass der Nießbraucher verpflichtet sei, den Wert und Ertrag der Sache zu steigern.[141] Im Kern unterstellt diese These einen Zusammenhang zwischen Wert- bzw. Ertragssteigerung und einer öffentlichen Abgabe, was in dieser Allgemeinheit aber kaum aufrecht zu erhalten ist. Sprechen damit die überwiegenden Gründe dafür, § 1047 als abdingbare Norm anzusehen, so bleibt die dogmatische Konsequenz hervorzuheben: Als Inhalt des dinglichen Rechts unterliegt die Lastentragung der Parteivereinbarung. Von dem Anliegen des Typenzwanges entfernt sich dies.

(5) § 1048 Abs. 1 Satz 1 regelt einen besonderen Fall des Dispositionsnießbrauchs und gestattet dem Nießbraucher, wenn ein Grundstück samt Inventar des Nießbrauchs ist, über die einzelnen Inventarstücke innerhalb der Grenzen einer ordnungsgemäßen Wirtschaft zu verfügen. Wenn damit das Verfügungsrecht des Nießbrauchers von der ordnungsgemäßen Wirtschaft abhängt, so ist damit gleichzeitig das Petitum für die Abdingbarkeit der Vorschrift ausgesprochen. Da primär die Parteien über die Grenzen einer ordnungsgemäßen Wirtschaft entscheiden, können sie auch § 1048 abbedingen. Zum Inhalt des Nießbrauchs zählt grundsätzlich nicht die Verfügungsbefugnis des Nießbrauchers. Unter diesem Vorverständnis gewinnen die »begriffswesentlichen Grenzen« des Nießbrauchs

138 RGZ 153, 29; MünchKomm/*Pohlmann* § 1047 Rn. 1; *Soergel/Stürner* § 1047 Rn. 1; *Wieling I* § 14 I 1 d aa.

139 *Schön* (Fußn. 80), 165ff, 283f.

140 Näher dazu *Schippers* MittRhNotK 1996, 197, 203f.

141 So *Schön* (Fußn. 80), 284, 169ff.

ausnahmsweise an Kontur. Der dispositive Charakter des § 1048 dürfte daher kaum zweifelhaft sein.[142]

(6) Der Anspruch des Nießbrauchers auf Ersatz solcher Verwendungen, zu denen er nicht verpflichtet ist (§ 1049) ist nach allgemeiner Ansicht abdingbar.[143] Die »begriffswesentlichen Grenzen« des Nießbrauchs berührt dieser Verwendungsersatzanspruch nicht. Nach der Gesetzessystematik ist der Eigentümer ohnehin nicht dazu verpflichtet, die notwendigen Aufwendungen vorzunehmen. Der Gesetzgeber sah darin gerade den wesentlichen Grund dafür, eine besondere Vorschrift über den Verwendungsersatz des Nießbrauchers einzuführen und wählte dafür die Konstruktion einer angewandten Geschäftsführung ohne Auftrag, da bei einem langfristigen Nießbrauch die Aufwendungen oft nicht dem Eigentümer zu Gute kommen, sondern regelmäßig nur im Interesse des Nießbrauchers liege.[144] Im praktischen Ergebnis bedeutet dies, dass mit zunehmender Laufzeit der Nießbraucher regelmäßig nur nach den Vorschriften über die ungerechtfertigte Geschäftsführung ohne Auftrag Ersatz verlangen kann (§§ 1049 Abs. 1, 684 Satz 1, 812ff). Wenn dem Eigentümer nach der Laufzeit der Verwendungserfolg nicht zu Gute kommt, wird sich hier oftmals die Frage einer aufgedrängten Bereicherung stellen. Damit verbunden ist der Schutz des Eigentümers in seiner Dispositionsfreiheit, gleich, welches Modell man im Einzelfall zu Grunde legt.[145] Diese Dispositionsfreiheit schützt man, wenn man die Ansprüche aus § 1049 abbedingt. Bei einem Nettonießbrauch wird dies die Regel sein. Sind die Ersatzverpflichtungen des Eigentümers umgekehrt erweitert, so können sie im Einzelfall in eine positive Leistungspflicht umschlagen.[146] Deswegen ist diese Erweiterung aber nicht unzulässig, da die Abgrenzung zwischen positivem Tun und einer Leistungspflicht im Grunde ihre Abgrenzungskraft eingebüßt hat.[147]

(7) Die Motive betrachten § 1050 als eine Klarstellung: Da der Nießbraucher nicht verpflichtet ist, die Sache in dem Zustand zurück zu geben, in dem er sie erhalten hat, hat der Nießbraucher auch solche Veränderungen oder Verschlechterungen der Sache nicht zu vertreten, die durch die ordnungsgemäße Ausübung des Nießbrauches verursacht wurden.[148] Der Nießbraucher hat deswegen keine Rücklagen zu bilden, um die Wertminderung der genutzten Sache auszugleichen.

---

[142] Die Abdingbarkeit des § 1048 bejahen daher: MünchKomm/*Pohlmann* § 1048 Rn. 1; *Soergel/ Stürner* Vor § 1030 Rn. 11 a; *Staudinger/Frank* Vor § 1030 Rn. 14. Zum Dispositionsnießbrauch sogleich unter cc.

[143] MünchKomm/*Pohlmann* § 1049 Rn. 1; *Schippers* MittRhNotK 1996, 197, 202; *Soergel/ Stürner* Vor § 1030 Rn. 11 a; *Staudinger/Frank* Vor § 1030 Rn. 14; i. Erg. auch *Pikalo* DNotZ 1971, 389, 396.

[144] Prot. III, 406.

[145] Siehe dazu: *Larenz/Canaris* § 72 IV; MünchKomm/*Füller* § 951 Rn. 29–35 jeweils mwN.

[146] *Schippers* MittRhNotK 1996, 197, 202.

[147] Hier darf auf die Ausführungen zur Dienstbarkeit verwiesen werden, die sinngemäß gelten, siehe dazu oben I 1 a.

[148] Mot. III, 520.

Vor diesem Hintergrund stuft man die Vorschrift als zwingendes Recht ein und sieht in der fehlenden Ersatzpflicht des Nießbrauchers für die normale Abnutzung ein wesentliches Charakteristikum des Nießbrauchs.[149] Die begriffswesentlichen Grenzen zwischen dem Eigentum und dem Nießbrauch stützen dies allerdings kaum. Vielmehr überrascht hier das Ergebnis, das man auf die konturenlosen »begriffswesentlichen Grenzen« des Nießbrauchs stützt. Ausnahmsweise dient dieses Dogma dazu, die Rechte des Nießbrauchers zu sichern und nicht dazu, deren Ausweitung einzudämmen.[150] Der zwingende Charakter des § 1050 liegt auch ohne den Rückgriff auf ein diffuses Wesen des dinglichen Rechts auf der Hand. Eine vollständige Abdingbarkeit des § 1050 würde den Nießbrauch *ad absurdum* führen. Wenn der Nießbraucher dazu verpflichtet wäre, die Folgen zu beseitigen, die aus einer ordnungsgemäßen Nutzung entstehen, bestünde die Gefahr, dass der Nießbrauch auf ein Nullsummenspiel hinausläuft. So müsste der Nießbraucher eines forstwirtschaftlich genutzten Grundstücks jeden einzeln gefällten Baum wieder neu anpflanzen. Im Einzelfall könnten sich der Ertrag aus der Nutzung und die Kosten gegenseitig aufheben.[151] Wenn der Nießbrauch zudem unentgeltlich ist, könnte der Nießbraucher zu Verlusten gezwungen werden. Will man in einem solchen Fall nicht mit § 138 Abhilfe schaffen, so bleibt nur der Ausweg, § 1050 als zwingendes Recht anzusehen. Die vertragsgemäße Abnutzung ist danach grundsätzlich durch das Entgelt abgegolten.

(8) Die zusätzlichen Sicherungen des Eigentümers nach den §§ 1051–1054 haben in der Praxis bislang nur eine untergeordnete Rolle gespielt. Auch unabhängig von den Rechten aus §§ 1051–1054 kann der Eigentümer gegenüber dem Nießbraucher die Ansprüche aus § 823 Abs. 1 oder § 280 wegen der Verletzung einer Pflicht aus dem begleitenden Schuldverhältnis geltend machen. Eine allgemeine Pflicht des Nießbrauchers, eine Kaution zu stellen, kennt das BGB nicht. Nach § 1051 kann der Eigentümer allerdings eine Sicherheitsleistung verlangen, wenn das Verhalten des Nießbrauchers mit hoher Wahrscheinlichkeit die Rechte des Eigentümers verletzen könnte. Dafür ist es nach dem Wortlaut des Gesetzes unerheblich, ob der Nießbrauch entgeltlich oder unentgeltlich ist. Mit der wirtschaftlichen Bestimmung der Sache oder dem Gedanken von der Substanzerhaltung hängt diese Vorschrift nicht zusammen.[152] Sie berührt daher das »Wesen« des Nießbrauchs nicht und ist nach allgemeiner Ansicht abdingbar.[153]

---

[149] BayObLG DNotZ 1986, 151, 154; MünchKomm/*Pohlmann* § 1050 Rn. 3; *Soergel/Stürner* § 1050 Rn. 1

[150] Treffend *Schön* (Fußn. 80), 281.

[151] *Schön* (Fußn. 80), 281 betont, dass der Nießbraucher an der effizienten Nutzung gehindert wäre, wenn § 1050 abbedungen ist.

[152] *Wolff/Raiser* § 117 III 3.

[153] BayObLGZ 1977, 81 = DNotZ 1978, 99ff = MDR 1977, 844; *Erman/Michalski* Vor § 1030 Rn. 17; MünchKomm/*Pohlmann* § 1051 Rn. 2; *Schön* (Fußn. 80) 325f. mwN zu älteren (teilweise entgegengesetzten Ansichten); *Soergel/Stürner* § 1051 Rn. 1; *Staudinger/Frank* § 1051 Rn. 5, siehe aber auch ebda Vor § 1030 Rn. 13; anders nur noch RGRK/*Rothe* Vor § 1030 Rn. 7

Uneinheitlich ist das Meinungsbild jedoch zu den §§ 1052–1054. Auch hier liefert das »Wesen« des Nießbrauchs keinen brauchbaren Ansatzpunkt, um den zwingenden oder dispositiven Charakter der Norm zu ermitteln. Meist hält man die §§ 1052–1054 ohne nähere Begründung für zwingendes Recht.[154] Dagegen hat man in neuerer Zeit eingewandt, dass § 1052 nur die Funktion habe, Schadensersatzansprüche des Eigentümers zu verstärken und deswegen keinen Einfluss darauf nehme, ob die Nießbrauchsressourcen optimal genützt werden.[155] Allerdings übt die Vorschrift einen Anreiz auf den Nießbraucher aus, das Eigentumsrecht seines Vertragspartners zu wahren, da ihm ansonsten empfindliche Sanktionen drohen. Dadurch stellt die Vorschrift eine Spielregel zur Verfügung, die dafür sorgt, dass die Parteien eine effiziente und zugleich ressourcenschonende Regelung über die Nutzungsart vorsehen. Wegen dieses Präventivcharakters sollte man die Norm als zwingendes Recht einstufen. Diese Überlegung gilt auch für die §§ 1053, 1054, da diese Normen dem Eigentümer Rechtsschutzmöglichkeiten verschaffen, so dass die Überwachungskosten des Eigentümers nicht sinnlos werden.[156]

d) Zum Dispositionsnießbrauch

Das Verfügungseigentum ist die Essenz des unteilbaren Eigentumsbegriffs. Die Befugnis, über eine Sache zu verfügen, steht im Grundsatz dem Eigentümer zu.[157] Damit steht das ungeteilte Eigentum grundsätzlich einem beschränkten dinglichen Recht entgegen, dass eine Verfügungsbefugnis über die Sache einräumt. Soll der dinglich Berechtigte über die Sache verfügen können, kommt nach dieser Praemisse nur eine Ermächtigung des Eigentümers nach § 185 in Betracht.[158] In ihren Wirkungen und Voraussetzungen unterscheidet sich diese Ermächtigung allerdings von einer eigenen Dispositionsbefugnis des Nießbrauchers, da der Eigentümer nach wie vor über die Sache zu verfügen kann und darf. Davon unterscheidet sich ein Dispositionsnießbrauch, indem er die ausschließliche Verfü-

---

[154] MünchKomm/*Pohlmann* § 1052 Rn. 7, § 1053 Rn. 1, § 1054 Rn. 1; RGRK/*Rothe* Vor § 1030 Rn. 7; *Soergel/Stürner* Vor § 1030 Rn. 11a; *Staudinger/Frank* Vor § 1030 Rn. 13.

[155] *Schön* (Fußn. 80), 326.

[156] Eine andere Frage ist, wie sich § 1053 zum Anspruch aus § 1004 verhält. Einige sehen in der Vorschrift des § 1053 eine *lex specialis* gegenüber § 1004, da jener Anspruch zusätzlich eine Abmahnung voraussetzt (*Palandt/Bassenge* § 1053 Rn. 1; *Soergel/Stürner* § 1053 Rn. 1). Allerdings ist dies missverständlich. Wenn zugleich das Eigentum verletzt ist, sperrt § 1053 einen Anspruch aus § 1004 nicht. Nur für einen unbefugten Gebrauch gewinnt der Anspruch an einer eigenständigen Bedeutung (*Erman/Michalski* § 1053 Rn. 1; MünchKomm/*Pohlmann* § 1053 Rn. 1).

[157] Siehe dazu bereits oben § 5 II 1 a.

[158] ZB. OLG Celle DNotZ 1974, 731, 732. Denkbar ist auch, dass der Nießbraucher dazu bevollmächtigt ist, über den Gegenstand des Nießbrauchs zu verfügen. Umstritten ist allerdings, ob diese Vollmacht unwiderruflich ausgestaltet werden kann. Dafür: BayObLG JW 19292, 3503, 3504; OLG Celle DNotZ 1974, 731, 733. Dagegen: *Soergel/Stürner* § 1030 Rn. 19.

gungsbefugnis dem Nießbraucher zuordnet.[159] Zwei Charakteristika des Dispositionsnießbrauchs treten hinzu: Nach wie vor bleibt der Besteller Eigentümer des belasteten Grundstücks, er begibt sich jedoch seiner Nutzungs- und Verfügungsbefugnis. Die Verfügungsbefugnis des Nießbrauchers wirkt gegenüber jedem Rechtsnachfolger des Eigentümers und ist in diesem Sinne eine dingliche Befugnis. Übt der Nießbraucher sein Recht aus, so wird dessen Vertragspartner Eigentümer des belasteten Grundstücks. Seit dem Inkrafttreten des BGB ist streitig, ob ein Dispositionsnießbrauch vereinbart werden kann.[160] Der Gesetzgeber sprach sich ausdrücklich gegen einen Dispositionsnießbrauch aus, da sich dadurch die Grenzen zwischen dem Eigentum und einem Nutzungsrecht verschieben würden.[161] Im Jahre 1981 hat der BGH diese Frage entschieden: Die Eltern übertrugen ihren Kindern mehrere Grundstücke und behielten sich daran jeweils einen Nießbrauch vor, wonach sie unter anderem berechtigt sein sollten »den Grundbesitz oder Teile des Grundbesitzes zu veräußern oder zu belasten«.[162] Die Kinder verweigerten später ihre Zustimmung zu einer geplanten Veräußerung eines der Grundstücke. Der BGH lehnte ein Verfügungsrecht des klagenden Vaters ab. Er stützte dies ohne nähere Begründung darauf, dass »der Nießbrauch als solcher ... auf die bloße Sachnutzung beschränkt und nicht mit dinglicher Wirkung in der Art eines sogenannten Dispositionsnießbrauchs auf ein Recht zu Verfügungen über die Sache ausdehnbar« sei.[163] Was der BGH allerdings apodiktisch betont, ist keineswegs derart eindeutig, sondern beruht auf der Praemisse, dass sich Nutzung und Verfügung trennscharf unterscheiden lassen. Aus dem gesetzlichen Begriff der Nutzung ergibt sich dies jedoch nicht zwingend, wie bereits die schlichte Lektüre des Gesetzeswortlautes verdeutlicht: Wenn Nutzungen unter anderem Rechtsfrüchte sind (§ 100), die ihrerseits als bestimmungsgemäße Erträge definiert sind (§ 99 Abs. 2), so ist es nicht ausgeschlossen, dass eine Verfügung kraft der wirtschaftlichen Bestimmung des Nießbrauches als dessen Inhalt angesehen werden kann.[164] Die reine Subsumtion unter den Wortlaut des § 1030 verbietet einen Dispositionsnießbrauch daher nicht.

---

[159] Grdl. *Kohler* IherJb 24 (1886), 187ff; *ders.* AcP 107 (1911), 258, 262; *Schön* (Fußn. 80), 290; *Soergel/Stürner* § 1030 Rn. 19; *Staudinger/Frank* Vorbem zu §§ 1030ff Rn. 20.

[160] Ablehnend die hM: BGH NJW 1982, 31; OLG Celle DNotZ 1974, 731, 732; BayObLG JW 1929, 3503; *Baur/Stürner* § 32 Rn. 14; *Erman/Michalski* § 1030 Rn. 11; MünchKomm/*Pohlmann* § 1030 Rn. 80; *Schippers* MitRhNotK 1996, 197, 205; *Schwab/Prütting* Rn. 903; *Soergel/Stürner* § 1030 Rn. 19; *Stürner* AcP 194 (1994), 265, 281; *Staudinger/Frank* Vorbem zu §§ 1030ff Rn. 20, § 1089 Rn. 5; *Westermann/Gursky* § 137 III 3; *Wolf* Rn. 1031; *Wolff/Raiser* § 116 V. Befürwortend: RG WarnR 1908 Nr. 108 *Kohler* (vorige Fußn.); *Zeller* DNotZ 1913, 176; wohl auch *Friedrich* NJW 1996, 32f; grundsätzlich auch *Schön* (Fußn. 80), 291–294 – dazu sogleich im Text. Entgegen häufigen Zitaten im Schrifttum erkennt RGRK/*Rothe* Vor § 1030 Rn. 4 nur eine Ermächtigung des Nießbrauchers an, Nachlassgrundstücke hypothekarisch zu belasten.

[161] Mot. III, 512.

[162] BGH NJW 1982, 31.

[163] BGH NJW 1982, 31, 32.

[164] Grundlegend *Schön* (Fußn. 80), 292–294; so bereits *Kohler* IherJb 24 (1886), 187.

Die gesetzlichen Vorschriften über den Nießbrauch stehen einer solchen Dispositionsbefugnis des dinglich Berechtigten *prima facie* nicht entgegen, sondern sehen in einigen Fällen ein dingliches Recht des Nießbrauchers vor, über die belastete Sache zu verfügen. § 1048 Abs. 1 Satz 1 räumt dem Nießbraucher das Recht ein, über das Inventar im Rahmen einer »ordnungsgemäßen Wirtschaft« zu verfügen, wenn ein Grundstück samt Inventar Gegenstand des Nießbrauchs ist. Diese Vorschrift beschreibt den Fall eines Dispositionsnießbrauchs kraft Gesetzes.[165] Allerdings bleibt § 1048 Abs. 1 Satz 1 hinter einem allgemeinen Dispositionsnießbrauch zurück, da Belastungsobjekt ein Grundstück und dessen Inventar sind. Diese Beschränkung rührt daher, dass der Gesetzgeber § 1048 Abs. 1 Satz 1 wohl auf die Bedürfnisse der Landwirtschaft zuschnitt, ohne dass der Anwendungsbereich der Vorschrift darauf beschränkt wäre.[166] Bereits der Gesetzgeber erwog, diese Vorschrift auf einen Inbegriff von Sachen anzupassen, verfolgte dies aber später nicht mehr weiter.[167] In der Rechtsprechung bestehen Tendenzen, diese Vorschrift auszudehnen und auf andere Rechtsobjekte als das Inventar zu erweitern. Den Plan des Gesetzgebers, § 1048 auf einen Sachinbegriff auszudehnen, hat der BGH in einer Entscheidung aus dem Jahre 1974 letztlich verwirklicht. Unter Berufung auf die Kommentarliteratur führt der BGH kurz aus, dass § 1048 auf einen Sachinbegriff wie beispielsweise ein Unternehmen analog anwendbar sei.[168] Über das gegenständliche Anlagevermögen wie Maschinen und Fahrzeuge darf der Unternehmensnießbraucher analog § 1048 im Rahmen ordnungsgemäßen Bewirtschaftens verfügen, wobei unerheblich ist, ob zu dem Anlagevermögen auch ein Grundstück gehört.[169]

Ein weiteres Beispiel für eine dem Dispositionsnießbrauch verwandte Figur liefert § 1067. Der in dieser Vorschrift geregelte »uneigentliche« oder »quasi« – Nießbrauch ist kein Nießbrauch im rechtlichen Sinne.[170] Nach dieser Vorschrift wird der Nießbraucher Eigentümer, wenn verbrauchbare Sachen Gegenstand eines Nießbrauchs sind. Strukturell unterscheidet sich der uneigentliche Nießbrauch von dem Dispositionsnießbrauch, da nach § 1067 der Nießbraucher der Eigentümer der Sache ist, während er beim Dispositionsnießbrauch nur verfügungsbefugt ist.[171] Gleichwohl bildet § 1067 einen gesetzlichen Anhaltspunkt da-

---

165 *Staudinger/Frank* § 1048 Rn. 3.

166 Vgl. *Soergel/ Stürner* § 1048 Rn. 2.

167 Mot. III, 512; s.a. OLG Hamburg LZ 1911, 82.

168 BGH BB 1975, 537 = LM § 930 Nr. 12.

169 MünchKomm/*Pohlmann* § 1048 Rn. 2; *Schön* (Fußn. 80), 205; *Soergel/Stürner* § 1048 Rn. 2; Staudinger/*Frank* § 1048 Rn. 2. Anders nur *Bökelmann*, Nutzungen und Gewinn beim Unternehmensnießbrauch (1971), 36f. Der Gesetzgeber gab allerdings für diese Fälle zu Bedenken, ob nicht in Wahrheit ein uneigentlicher Nießbrauch nach § 1067 gewollt sei (Mot. III, 512; dem folgend: *Staudinger/Frank* § 1048 Rn. 2).

170 *Soergel/Stürner* § 1067 Rn. 1; *Staudinger/Frank* Vorbem zu §§ 1130ff Rn. 23.

171 *Kohler* IherJb 24 (1886), 187, 290; *Schön* (Fußn. 80), 290. Der Gesetzgeber dachte § 1067 die Funktion einer Auslegungsregel zu, Mot. III, 533ff; kritisch dazu MünchKomm/*Pohlmann* § 1067 Rn. 1, die eine bei solchen Sachen, die erst nach der Bestellung des Nießbrauchs ver-

für, einen Dispositionsnießbrauch zu vereinbaren. Diese Vorschrift ist dispositiver Natur.[172] Als *minus* können die Parteien deshalb vereinbaren, dass der beim uneigentlichen Nießbrauch Berechtigte kein Eigentum an den Sachen erhält, wohl aber die dingliche Verfügungsmacht über die Sachen.[173] Die *ratio* dieser Auslegung wird in dem Schutz des Eigentümers vor einer Insolvenz des Nießbrauchers gesehen: Sofern ein Quasinießbrauch auf die Verfügungsbefugnis reduziert wird, ist der Eigentümer in der Insolvenz des Nießbrauchers geschützt, da er ein Aussonderungsrecht nach § 80 InsO hat.[174]

Ein eigenes Verfügungsrecht räumen auch die §§ 1074, 1087 Abs. 2 und 1089 dem Nießbraucher an einer Forderung ein. Er ist nach § 1074 Satz 1 zu deren Einziehung berechtigt, nach § 1074 Satz 2 sogar dazu verpflichtet und schließlich umschreibt noch § 1087 Abs. 2 Satz 2 eine eng umrissene Verfügungsbefugnis.

Die Gesamtschau dieser Normen wirft die Frage auf, ob der eingangs geschilderte Dispositionsnießbrauch nicht doch zulässig ist. Zweideutig ist die Gesetzessystematik: Aus den oben beschriebenen Normen lässt sich einerseits folgern, dass das Gesetz die Fälle des Dispositionsnießbrauchs abschließend regelt. Andererseits belegt gerade die erweiterte Auslegung der §§ 1048, 1067 Abs. 1, dass für einen Dispositionsnießbrauch ein wirtschaftliches Bedürfnis nicht zu bestreiten ist. Die gesetzlich geregelten Sonderfälle nähern sich einem allgemeinen Prinzip, wenn man sie näher beleuchtet: Gestattet man die oben beschriebene Abdingbarkeit des § 1067 Abs. 1 und damit, dem Nießbraucher die Verfügungsbefugnis über eine verbrauchbare Sache einzuräumen, so schafft man dadurch in Wirklichkeit einen allgemeinen Dispositionsnießbrauch.[175] § 92 Abs. 1 gestattet den Parteien gerade festzulegen, ob der bestimmungsgemäße Gebrauch einer Sache in deren Veräußerung besteht. Wenn dies der Inhaltsfreiheit der Parteien überantwortet ist, können sie auch vereinbaren, ob die Nutzung die Befugnis einschließt, eine Sache zu veräußern. Allerdings sind die dogmatischen und systematischen Folgen dieser Einordnung alles andere als geklärt. Ein Bruch mit dem ungeteilten Eigentumsbegriff als Pfeiler des Typenzwangs lässt sich kaum vermeiden, gleich, wie man die verbleibende Rechtsposition des Eigentümers beschreibt. Eine ausschließliche Verfügungsbefugnis des Nießbrauchers ist mit § 137 Satz 1 unvereinbar. Will man diesen Bruch vermeiden, so muss man letztlich eine konkurrierende Verfügungsbefugnis des Eigentümers und des Nießbrauchers annehmen.[176] Der-

---

brauchbar wurden, eine unterstellte vorweggenommene dingliche Einigung für dogmatisch richtiger hält.

[172] *Palandt/Bassenge* § 1067 Rn. 3; MünchKomm/*Pohlmann* § 1067 Rn. 1, 10; RGRK/*Rothe* § 1067 Rn. 5.

[173] OLG Hamburg LZ 1911, 82; *Erman/Michalski* § 1067 Rn. 3; *Palandt/Bassenge* § 1067 Rn. 3; MünchKomm/*Pohlmann* § 1067 Rn. 10; *Schön* (Fußn. 80), 292; RGRK/*Rothe* § 1067 Rn. 5; *Soergel/Stürner* § 1067 Rn. 3; *Staudinger/Frank* Vorbem zu §§ 1030ff Rn. 23.

[174] *Schön* (Fußn. 80), 292; *Soergel/Stürner* § 1067 Rn. 3.

[175] Grundlegend dazu *Schön* (Fußn. 80), 292–294.

[176] So der Vorschlag von *Schön* (Fußn. 80), 293. Allerdings ist *Schöns* Schlussfolgerung zu wi-

art konkurrierende Verfügungsbefugnisse sind in das gesetzliche System kaum einpassbar, da sich die Frage stellt, wie einander widersprechende Verfügungen zu behandeln sind. Geht man von einer vorrangigen Verfügungsmacht des Eigentümers aus, so schafft man dadurch eine Art Ober- und Untereigentum, das der Gesetzgeber jedoch gerade ablehnte. Gleichzeitig hebt man dadurch die privatautonome Vereinbarung der Parteien gleichsam durch die Hintertür wieder auf, indem man das Dispositionsrecht des Nießbrauchers entwertet und die gestattete Dispositivität des § 1067 wieder zurück nimmt. Ein vertretbarer Ausweg aus dem dogmatischen Dilemma muss davon ausgehen, dass die Parteien dem Nießbraucher das vorrangige Verfügungsrecht eingeräumt haben. Verfügt der Eigentümer gleichwohl über die belastete Sache, so ist dies zwar dinglich wirksam, im Innenverhältnis zum Nießbraucher entstehen jedoch Schadensersatzpflichten (§ 137 Satz 2).

Weitgehend ungeklärt und unter den wenigen Anhängern eines Dispositionsnießbrauchs umstritten ist, ob den Nießbraucher eine Wertersatzpflicht gegenüber dem ehemaligen Eigentümer trifft, wenn die Sache veräußert wurde.[177] Aus dem Zweck des Nießbrauchs lässt sich eine solche Pflicht nicht ableiten,[178] sondern es handelt sich letztlich um die Frage, ob nur eine Wertersatzpflicht ein angemessenes Verhältnis zwischen dem Eigentumsverlust und dem Nutzungsentgelt darstellt. Das Trennungsprinzip sollte den Blick dafür nicht verstellen.[179] Allgemeine Maßstäbe dafür zu entwickeln, ist allerdings nicht die Aufgabe dieses Abschnitts, so dass grobe Leitlinien darzustellen sind. Grundsätzlich wird man den Parteien einen Gestaltungsspielraum einräumen müssen, ob sie eine solche Wertersatzpflicht vereinbaren. Die Grenze dafür kann nur § 138 bilden. Bei einem groben Missverhältnis zwischen dem durch die Verfügung Erlangtem und dem vereinbarten Nutzungsentgelt kann ein Wertersatzanspruch einschlägig sein. Beim unentgeltlichen Nießbrauch wird er die Regel sein: Wenn das Gesetz den unentgeltlichen Erwerb als weniger schutzwürdig ansieht (vgl. § 816 Abs. 1 Satz 2), so

---

dersprechen, dass ein Dispositionsnießbrauch mit den Grundgedanken des Typenzwanges in Einklang stehe. Auch wenn man von einer konkurrierenden Verfügungsbefugnis ausgeht, ergeben sich Widersprüche zum ungeteilten Eigentumsbegriff und damit zum Typenzwang selbst, da die Parteien dann die Befugnisse selbst definieren, die ein Eigentümer typischerweise hat. Dazu sogleich im Text.

[177] Bejahend: *Schön* (Fußn. 80), 294; differenzierend: *Kohler* IherJb 24 (1886), 187, 314f.

[178] Anders *Schön* (Fußn. 80), 294, wonach eine Wertersatzpflicht des Nießbrauchers eine notwendiges Korrelat für den Eigentumsverlust des Eigentümers sei, da anderenfalls das gesamtwirtschaftliche Interesse an einer sinnvollen Allokation der jeweiligen Ressource beeinträchtigt sei. Dies ist eine Behauptung und weniger eine Begründung. Ob eine Allokation sinnvoll ist, kann mit rechtlichen Maßstäben kaum ermittelt werden. Für das »gesamtwirtschaftliche Interesse« – sofern man dieses anerkennt – spielt es außerdem keine Rolle, ob der Eigentümer einen Wertersatz für seinen Eigentumsverlust erhalten hat.

[179] Im Kern geht es hierbei auch um die umstrittene Frage, ob das Entgelt zum Inhalt des Nießbrauchs gehört. Dazu sogleich sub e.

muss dieser Gedanke erst Recht für eine Verfügungsbefugnis gelten, die auf einer unentgeltlichen *causa* beruht.

e) Schuldrechtliche Anreicherung des dinglichen Rechtsinhalts

Da der Typenzwang und das Trennungsprinzip einander ergänzen, ist es *idealiter* ausgeschlossen, schuldrechtliche Pflichten zum Inhalt des dinglichen Rechts zu erheben. Allerdings bestehen beim Nießbrauch Verflechtungen zwischen der schuld- und sachenrechtlichen Ebene.[180] Wie der vorherige Abschnitt gezeigt hat, misst die herrschende Ansicht die schuldrechtlichen Nießbrauchsnormen am »dinglichen« Inhalt dieses Rechts und gesteht damit inhaltliche Wechselwirkungen ein. Vordergründig versucht man diesen Befund dadurch zu verschleiern, indem man auf ein gesetzliches Begleitschuldverhältnis zwischen dem Nießbraucher und dem Eigentümer verweist, das nicht mit dem kausalen Schuldverhältnis identisch sein soll. Schon oben wurde dazu bemerkt, dass dies eine Flucht vor den Folgen in eine Konstruktion ist und der Sache nach zirkulär,[181] da man meint, schuldrechtliche Vorschriften in einen kausalen und einen nicht kausalen Teil aufspalten zu können.

Wenn damit schuldrechtlichen Vorschriften den Inhalt des Nießbrauchs bestimmen können, wovon das »Wesensdogma« ausgeht, so stellt sich umgekehrt die Frage, ob die Parteien sonstige schuldrechtliche Pflichten zum dinglichen Rechtsinhalt erheben können. Die auch heute noch nicht endgültig abgeschlossene Diskussion entzündete sich an einer Entscheidung des Kammergerichts aus dem Jahre 1902, in der es darum ging, ob mietrechtliche Pflichten als Inhalt eines dingliche Wohnungsrechts vereinbart werden könnten.[182] Das Kammergericht lehnte dies wegen unüberwindbarer Unterschiede zwischen einer Dienstbarkeit und einem Mietvertrag ab.[183] Diese Entscheidung begründete die heute herrschende Ansicht, die es für unvereinbar mit dem Typenzwang hält, wenn der Inhalt des Nießbrauchs durch schuldrechtliche Vorschriften angereichert wird.[184]

Bemerkenswert ist, dass das Bayerische Oberste Landesgericht in einem Beschluss aus dem Jahre 1979 für einen Nießbrauch anders entschied: Die Ehefrau und Wohnungseigentümerin bestellte ihrem Ehemann einen Nießbrauch an dem Wohnungseigentum. Dem jeweiligen Eigentümer hatte der Ehemann einen Mietzins zu entrichten, wenn er sicher wieder verheiratet oder ein eheähnliches Ver-

---

180 Oben § 3 V 3 b.

181 § 3 V 3 a.

182 KG OLGE 4, 481; siehe außerdem RGZ 54, 233; RG JW 1923.

183 KG OLGE 4, 481ff.

184 MünchKomm/*Pohlmann* § 1030 Rn. 79; *Schön* (Fußn. 80), 329ff; *Soergel/Stürner* Vor § 1030 Rn. 11a; *Staudinger/Frank* § 1030 Rn. 62; *Stürner* AcP 194 (1994), 265, 281; *Westermann/Gursky* § 121 IV 2f.

hältnis aufnimmt.[185] Das Gericht hielt eine derartige Vereinbarung für zulässig und stützte dies darauf, dass im Rahmen eines Nießbrauchs ein Mietverhältnis verdinglicht werden könne. Das »Verbot«, die Miete zu verdinglichen, gelte nur für das dingliche Wohnrecht nach § 1093.[186] Folgerichtig kann die Zahlungspflicht des Nießbrauchers in den Inhalt des dinglichen Rechts aufgenommen werden. Die Rechtsnachfolger des Eigentümers sind damit an die »verdinglichte« Zahlungspflicht gebunden.

Im Schrifttum hat man diese Entscheidung fast einhellig abgelehnt: Ein verdinglichtes Entgelt soll mit dem Typenzwang und dem Trennungsprinzip unvereinbar sein.[187] Zuzugeben ist dieser Kritik, dass die Begründung des Bayerischen Obersten Landesgerichts formal geraten ist und deswegen kaum überzeugt. Im Ergebnis ist der Entscheidung aber zuzustimmen. Die Unterschiede zwischen einer Miete oder Pacht und einem dinglichen Nutzungsrecht sind marginal, so dass das Trennungsprinzip einer »Verdinglichung« nicht entgegensteht. Wie schon eingangs ausgeführt wurde, lässt sich die Miete zwanglos als dingliches Recht einordnen und einzig die Quellentreue veranlasste den Gesetzgeber dazu, sie den Obligationen zuzuschlagen.[188] Die neuere Kritik stützt sich deswegen auf den Typenzwang und beruft sich darauf, dass eine dingliche Zahlungspflicht mit dem Inhalt eines Nießbrauchs unvereinbar sei, da das zu entrichtende Entgelt die ordnungsgemäße Bewirtschaftung der Sache verhindere.[189] Dies ist allerdings eher eine Behauptung als eine rational verifizierbare Begründung. Eine verdinglichte Zahlungspflicht kann auch dazu anspornen, die überlassene Sache ordnungsgemäß zu bewirtschaften, um aus einem Teil der Erträge das Entgelt zu bedienen. Wie bereits oben ausgeführt, können zahlreiche schuldrechtliche Vorschriften zum Inhalt des Nießbrauchs erhoben werden, so dass eine verdinglichte Zahlungspflicht *prima facie* nicht dem »Wesen« des Nießbrauchs widerspricht. Anderenfalls käme man in die Verlegenheit zu begründen, welche schuldrechtliche Pflichten nießbrauchsbestimmend sein können und welche nicht. Ein rationales Muster dafür ist nicht auffindbar. Die Grenze zwischen einer zulässigen schuldrechtlichen Anreicherung des Nießbrauchs und einer unzulässigen Erweiterung lässt sich aus dem Gesetz nicht ableiten. Hält man ein »verdinglichtes Entgelt« deswegen für unvereinbar mit dem Typenzwang, so begibt man sich in die Nähe einer Tautologie. Auch die Rechtsklarheit spricht nicht dagegen, die Verpflich-

---

[185] BayObLGZ 1979, 273 = RPfleger 1979, 382.

[186] BayObLGZ 1979, 273ff; ebenso: BayObLGZ 1985, 6, 12; LG Nürnberg/Fürth RPfleger 1979, 199; *Palandt/Bassenge* Vor § 1030 Rn. 1; *Schöner/Stöber* Rn. 1379; zustimmend: *Bamberger/ Roth/ Wegmann* § 1030 Rn. 32, da eine Entgeltpflicht kein wesensfremdes Merkmal des Nießbrauchs sei.

[187] MünchKomm/*Pohlmann* § 1030 Rn. 78; *Schippers* MittRhNotK 1996, 197, 204; *Schön* (Fußn. 80), 329–335; *Soergel/Stürner* Vor § 1030 Rn. 11a; *Staudinger/Frank* § 1030 Rn. 61; *Stürner* AcP 194 (1994), 265, 281; *Westermann/Gursky* § 121 IV 2f.

[188] Oben § 2 V 1 b.

[189] MünchKomm/*Pohlmann* § 1030 Rn. 79; *Schön* (Fußn. 80), 334f.

tung zur Zahlung eines Entgelts in den Inhalt des Nießbrauchs aufzunehmen.[190] Durch eine Bezugnahme nach § 874 kann der Nießbrauchsinhalt hinreichend klar publiziert werden.

Eine andere Frage ist es, ob eine verdinglichte Zahlungspflicht gegenüber den Rechtsnachfolgern des ursprünglichen Eigentümers sinnvoll ist. Gerade für die oben beschriebene Entscheidung des Bayerischen Obersten Landesgerichts hat man darauf hingewiesen, dass es keinen Sinn mache, dem wiederverheirateten Ehemann eine Zahlungspflicht gegenüber dem Rechtsnachfolger seiner ehemaligen Frau aufzubürden.[191] Aber damit schließt man vom Tatsächlichen auf das Rechtliche und begründet deswegen nicht methodengerecht. Im Einzelfall mag es durchaus keinen Sinn machen, die Zahlungspflicht auf den Rechtsnachfolger übergehen zu lassen. Dies ist jedoch kein rechtliches Argument gegen eine verdinglichte Zahlungspflicht, sondern eine Frage der Vertragsauslegung. Die Störung der Geschäftsgrundlage (§ 313) bietet hier ein differenzierteres Instrument, um die anstehenden Probleme zu bewältigen.

Wie sehr sich die Diskussion hinter dogmatischen Hülsen zurückzieht, verdeutlicht der Umstand, dass der Nießbrauch unter eine Bedingung gestellt werden kann.[192] Die Zahlungspflicht kann danach eine aufschiebende Bedingung für die Entstehung des Nießbrauchs sein oder eine auflösende Bedingung für dessen Fortbestand. Beide Formen können kombiniert werden, wobei die Bedingungen in das Grundbuch einzutragen oder in einer Bezugnahme auf die Eintragungsbewilligung gemäß § 874 zu publizieren sind. Dadurch erreicht man im Ergebnis dies, was man auch mit einer verdinglichten Zahlungspflicht erreichen könnte.[193] Damit ist es im Ergebnis nur eine Frage der Konstruktion, wie das Entgelt mit dem Nießbrauch verknüpft werden kann. Der einfachere und dogmatisch begründbare Weg besteht nach der hier vertretenen Ansicht jedoch darin, das Entgelt in den Nießbrauchsinhalt aufzunehmen.

Damit ist gleichzeitig die Frage beantwortet, ob der Nießbraucher dazu verpflichtet werden kann, die Nutzungen zu einem bestimmten Zweck zu verwenden. Der Nießbrauch kann in diesem Fall die Aufgaben einer Antichrese übernehmen, da die Erträge dann zur Tilgung des gesicherten Darlehens verwendet werden können. Die herrschende Ansicht wertet dies als unzulässige schuldrecht-

---

[190] So jedoch *Schippers* MittRhNotK 1996, 197, 204 mit dem Hinweis, dass der Rechtsverkehr mit Nachforschungen über das Ob, die Höhe und die Modalitäten eines etwaigen Entgelts belastet wäre.

[191] *Schön* (Fußn. 80), 335; MünchKomm/*Pohlmann* § 1030 Rn. 79.

[192] Diese Möglichkeit ist unbestritten. Siehe dazu etwa: BayObLG NJW-RR 1990, 87; OLG Hamburg OLGE 31, 296, 297; OLG Karlsruhe OLGE 39, 238; MünchKomm/*Pohlmann* § 1030 Rn. 82f; *Palandt/Bassenge* Vor § 1030 Rn. 1; RGRK/*Rothe* Vor § 1030 Rn. 3; *Staudinger/Frank* § 1030 Rn. 58. Ausführlich zu den einzelnen Varianten eines bedingten Nießbrauchs: *Schön* (Fußn. 80), 335ff.

[193] Konsequent allerdings *Schön* (Fußn. 80), der es ablehnt, die Zahlung eines Entgelts als Bedingung für die Ausübung des Nießbrauchs zu vereinbaren (338).

liche Anreicherung des Nießbrauchsinhalts und gestattet hier nur den Umweg über einen Sicherungsnießbrauch.[194] Allerdings liegt hier schon der erst-Recht Schluss nahe, dass man den Parteien eine solche Vereinbarung gestatten sollte. Wenn die Parteien schon die wirtschaftliche Bestimmung der Sache definieren dürfen, so muss man ihnen auch eine Vereinbarung darüber gestatten, zu welchem Zweck der Ertrag verwendet wird. Der Ertrag ist schließlich die Folge der bestimmungsgemäßen Nutzung, so dass sich aus dem »Wesen« des Nießbrauchs keine entscheidenden Argumente dagegen gewinnen lassen, warum der Ertrag nicht auch zweckgebunden sein kann. Das Reichsgericht lehnte eine dingliche Zweckbindung mit dem Argument ab, dass nur das obligatorische Geschäft bestimmen könne, wie die Nutzungen verwendet werden dürfen.[195] Dies ist aber eine nicht näher begründete Behauptung, da die Trennung zwischen schuldrechtlichen und dinglichem Geschäft keine Aussage darüber treffen kann, ob der Nießbrauch einen Verwendungszweck regeln kann. Gerade beim Nießbrauch ist die Trennung zwischen dem obligatorischen und dem dinglichen Geschäft kaum durchführbar, so dass das Trennungsprinzip nicht weiterhilft. Mehr Überzeugungskraft hat das auch bei verdinglichten Zahlungspflichten herangezogene Argument, dass eine Verwendungsregelung unzweckmäßig werde, wenn der Eigentümer sein Grundstück einem Dritten überträgt.[196] Aber diese Divergenzfälle stellen sich auch bei den Grundpfandrechten und sprechen daher nicht dagegen, dass der Verwendungszweck zum Inhalt des Nießbrauchs wird. Es mögen Fälle konstruierbar sein, in denen der Verwendungszweck ausschließlich auf das ursprüngliche Verhältnis zwischen dem Alteigentümer und dem Nießbraucher zugeschnitten ist. Notwendig ist dies aber nicht. Wie bei der Entgeltpflicht ist die Störung der Geschäftsgrundlage das angemessenere Instrument, um einem »unzweckmäßigen« Verwendungszweck zu begegnen. Im Übrigen können sich die befürchteten Divergenzen auch bei sonstigen Ausgestaltungen des Nießbrauchs auftreten: Wenn der Nießbraucher dazu verpflichtet ist, über § 1041 Satz 2 hinaus die außergewöhnlichen Aufwendungen zu tragen, so wird sich dies oft in einem geringeren Nutzungsentgelt widerspiegeln. An dieses Entgelt ist ein Rechtsnachfolger des Eigentümers aber nicht gebunden, so dass auch hier die ursprünglich

---

[194] RGZ 67, 378; 380; BGH WM 1966, 653; MünchKomm/*Pohlmann* § 1030 Rn. 78; *Schippers* MittRhNotK 1996, 197, 204; *Schön* (Fußn. 80), 327f; *Soergel/Stürner* § 1030 Rn. 20; *Wolff/ Raiser* § 114 VI;.

[195] RGZ 67, 378, 380.

[196] *Schön* (Fußn. 80) befürchtet, dass in diesem Falle weder der neue Eigentümer noch der Nießbraucher an einer effizienten Nutzung des Grundstücks interessiert seien. Das ergänzend herangezogene Beispiel einer vorweggenommenen Erbfolge, wobei der Nießbraucher verpflichtet ist, einen Anteil der erwirtschafteten Nutzungen an Eltern und Geschwister herauszugeben (343) streitet auch nicht gegen eine Verdinglichung des Verwendungszwecks. Es handelt sich hier wiederum um eine Frage der Vertragsauslegung, ob der Verwendungszweck wirklich auch gegenüber den Rechtsnachfolgern zu gelten hat.

aufeinander abgestimmten Vereinbarungen verzerrt werden. Ein Argument für die zwingende Rechtsnatur des § 1041 Satz 2 ist dies jedoch nicht.

3. Publizierte Gestaltungsfreiheit bei Erbbaurechten

Das Erbbaurecht ist nach der Legaldefinition des § 1 Abs. 1 ErbbauVO das veräußerliche und vererbliche Recht, auf oder unter der Oberfläche eines Grundstücks ein Bauwerk zu haben. Sowohl der vererbliche Charakter als auch das Recht, ein Bauwerk zu haben, zählen zum charakteristischen Inhalt des Erbbaurechts.[197] In der Systematik des Sachenrechts ist das Erbbaurecht einerseits als Nutzungsrecht einzuordnen, andererseits behandelt das Gesetz selbst das Recht wie eine Liegenschaft (§ 11 ErbbauVO). Aus rechtspolitischer Sicht hat man den starren Charakter der ErbbauVO kritisiert,[198] indes zu unrecht. Von den übrigen dinglichen Rechten trennt das Erbbaurecht die Besonderheit, dass sein Inhalt zum einen gesetzlich definiert ist, jedoch auch vertraglich modifiziert werden kann. Zu der Legaldefinition in § 1 ErbbauVO kommt die in § 2 ErbbauVO niedergelegte Befugnis der Parteien hinzu, den Inhalt des Erbbaurechts näher auszugestalten. Auch § 27 Abs. 1 Satz 2 ErbbauVO gestattet den Parteien, als Inhalt des Erbbaurechts die Entschädigungshöhe und ihre Art der Zahlung zu vereinbaren oder eine Entschädigung gänzlich auszuschließen. Gleiches bestimmt § 32 Abs. 1 Satz 2 ErbbauVO für die Vergütung nach dem Heimfall. Wirkung gegenüber Dritten erfahren diese Abreden erst, wenn sie im Grundbuch eingetragen sind.[199] Diese publizierbare Gestaltungsfreiheit teilt das Erbbaurecht mit dem Wohnungseigentum.[200] Der Publizität wird auch Genüge getan, wenn der vereinbarte Rechtsinhalt für Dritte erkennbar ist, ohne dass es dabei auf die Art des publizierten Rechtsverhältnisses ankommt.

Die §§ 2, 5, 27 Abs. 1, 32 Abs. 1 ErbbauVO normieren jedoch keine grundsätzliche Inhaltsfreiheit beim Erbbaurecht. Vielmehr sind sie abschließend. Andere Vereinbarungen über den Inhalt des Erbbaurechts können zwar getroffen werden, wirken aber nicht gegenüber Dritten.[201] Die Parteien können entscheiden, ob sie von den vertraglichen Ermächtigungen in den §§ 2, 3, 27 Abs. 1, 32 Abs. 1 ErbbauVO Gebrauch machen. Verzichten die Parteien darauf, den Inhalt des Erbbaurechts zusätzlich vertraglich anzureichern, gilt der gesetzliche Mindestinhalt nach § 1 ErbbauVO. Dieser Inhalt ist dann jedoch abschließend. Die ErbbauVO räumt den Parteien daher bestimmten Umfangs eine Inhaltsfreiheit ein. Dies ist jedoch unter zweierlei Gesichtspunkten zu konkretisieren: Die vertraglichen

---

[197] RGZ 61, 2; BayObLGZ 14, 254; *Staudinger/Rapp* § 1 ErbbVO Rn. 2
[198] *Staudinger/Rapp* Einl zur ErbbVO Rn. 11.
[199] Siehe dazu auch schon oben § 2
[200] Oben § 4 III 3 b.
[201] *Staudinger/Rapp* § 1 ErbbauVO Rn. 3.

Möglichkeiten, das Erbbaurecht inhaltlich auszugestalten, regelt die ErbbauVO abschließend.

Eine andere Frage ist, wie weit gefasst die vertraglichen Befugnisse der Parteien selbst geraten sind. Im Gegensatz zum Nießbrauch und zu den Dienstbarkeiten halten sich die Zweifelsfragen über den Inhalt des Erbbaurechts in Grenzen. Zurückzuführen ist dies auf die klare Fassung des Gesetzes einerseits und auf die Möglichkeit der Parteien andererseits, den vertraglichen Inhalt des Erbbaurechts innerhalb der gesetzlichen Grenzen auszugestalten und mit Drittwirkung zu versehen. Auslegungsprobleme beschränken sich auf die schon fast klassisch zu bezeichnende Streitfrage, ob § 1 Abs. 3 ErbbauVO nur eine horizontale Teilung des Grundstücks verbietet oder darüber hinaus auch eine vertikale. Durch § 30 WEG hat diese Diskussion einen Gutteil ihrer praktischen Bedeutung eingebüßt. Sondereigentum kann nach dieser Vorschrift auch an Räumen begründet werden, wenn die fraglichen Gebäude aufgrund eines Erbbaurechts errichtet wurden. Im Ergebnis kommt diese Gestaltung einem vertikal geteilten Erbbaurecht nahe. Allerdings deckt § 30 WEG auch nicht alle Nutzungsbedürfnisse ab und ist nur unter der einschränkenden Voraussetzung anwendbar, dass mindestens zwei Teilberechtigte gemeinschaftliche Bruchteilsinhaber des Erbbaurechts sind oder dass eine solche Teilberechtigung durch eine Teilung nach § 8 WEG entsteht. Auch die Dauernutzungsrechte nach den §§ 31ff WEG können den Gestaltungsbedarf nicht in allen Fällen abfedern.

Wenn die Vorschriften des WEG den Parteien nicht den gewünschten Spielraum eröffnen, stellt sich die Frage, ob § 1 Abs. 3 ErbbauVO auch eine vertikale Teilung verbietet, in voller Schärfe. Die Diskussion darüber ist mittlerweile so alt, wie die ErbbauVO selbst. Vor die Auslegungsfragen zu § 1 Abs. 3 ErbbauVO wirft jedoch das Gesamterbbaurecht seinen dogmatischen Schatten. Diese im Gesetz nicht vorgesehen Berechtigung dient dazu, die Rechtswirkungen einer vertikalen Grundstücksteilung zu erzielen. Unterstellt, dass ein vertikal geteiltes Erbbaurecht nicht möglich ist, so wäre danach wenigstens eine die Grundstücksgrenzen überschreitende Gesamtberechtigung möglich.[202]

Allerdings ist dies ein unnötiger Ausweg. Die besseren Gründe sprechen dafür, dass § 1 Abs. 3 ErbbauVO nur ein horizontales Stockwerkseigentum verbietet, nicht aber auch eine vertikale Teilung. Ein Nachbarerbaurecht ist damit zulässig.[203] Die historische Auslegung stützt dies. § 1014 BGB, die Vorgängernorm des § 1 Abs. 3 ErbbauVO, sollte eine horizontale Aufteilung von Räumen und Stockwerken verhindern. Einschränkungen für Nachbarerbbaurechte hatte der Ge-

---

[202] Näher unten III 2 c.

[203] OLG Düsseldorf DNotZ 1974, 698, OLG Stuttgart NJW 1975, 786; *Weitnauer* DNotZ 1958, 413, 414; *Esser* NJW 1974, 921, 922f; *Haegele/Schöner/Stöber* Rn. 1694; *Ingenstau/Korbion* § 1 Rn. 80; *Krämer* DNotZ 1974, 647; *Palandt/Bassenge* § 1 ErbbVO Rn. 4; *Rothoeft* NJW 1974, 665; *Schraepeler* NJW 1973, 738; *Soergel/Stürner* § 1 ErbbVO Rn. 16; *Staudinger/Rapp* § 1 ErbbVO Rn. 34.

setzgeber nicht im Sinn.[204] Die Weichen für eine teleologische Auslegung sind damit gestellt, zumal der Wortlaut der Norm keine Nachbarerbaurechte verbietet. § 1 Abs. 1 und § 1 Abs. 3 ErbbauVO unterscheiden auf den ersten Blick unauffällig, auf den zweiten Blick aber feingesponnen zwischen »Gebäude« und »Bauwerk«. Der Begriff des »Bauwerks« reicht nach der Ansicht des Gesetzgebers weiter, als der Begriff des »Gebäudes«.[205] Während ein Gebäude einem bestimmten Zweck gewidmet ist, muss dies bei einem Bauwerk nicht notwendig der Fall sein. Der BGH versteht unter einem Bauwerk »eine unter Verwendung von Arbeit und Material in Verbindung mit dem Erdboden hergestellte Sache«.[206] Wenn § 1 Abs. 1 ErbbauVO das Recht normiert, »ein« Bauwerk zu haben, verwendet das Gesetz hierbei den unbestimmten Artikel und kein Zahlwort. Ein selbständiges und einheitliches Bauwerk setzt der Wortlaut gerade nicht voraus und steht deswegen einem Nachbarerbbaurecht nicht entgegen. Hingegen knüpft § 1 Abs. 3 an den Begriff »Gebäude« an und führt beispielhaft das Stockwerkseigentum als unzulässige Beschränkung an. Das systematische Zusammenspiel von § 1 Abs. 1 und 3 spricht daher dafür, dass das Gesetz nur eine horizontale Teilung verbieten will, nicht aber ein Nachbarerbbaurecht.[207]

Der Kritik an dieser Ansicht ist zuzugeben, dass allein ein praktisches Bedürfnis kein Anlass wäre, um ein Nachbarerbbaurecht zuzulassen.[208] Die von der Gegenansicht im Übrigen angeführten Argumente vermögen nicht zu überzeugen. Weder das historische Vorverständnis noch das Zusammenspiel zwischen § 1 Abs. 1 und 3 ErbbauVO konnte die Gegenansicht bisher plausibel widerlegen. Auch der Verweis auf §§ 93, 94 trügt. Aus diesen Vorschriften soll sich ergeben, dass der Grundsatz der Rechtseinheit am Gebäude gegenüber einer Rechtseinheit zwischen dem Grundstück und dem Teil eines Gebäudes vorgehe.[209] Allerdings lässt sich ein derart allgemeiner Grundsatz in der gesetzlichen Systematik nicht verankern. Der Überbau (§ 912 Abs. 1) versucht, die Gebäudeeinheit ohne Rücksicht auf die Grundstücksgrenzen zu erhalten. Allerdings ist umstritten, wie die Eigentumsverhältnisse an dem Gebäude zu beurteilen sind. Abgesehen davon hat der Grundstückseigentümer einen rechtswidrigen, vorsätzlichen und unentschuldigten Überbau nicht zu dulden, so dass hier nach der allgemeinen Ansicht das Gebäude vertikal zu teilen ist.[210] Dem BGB lässt sich daher kein allgemeines Prinzip entnehmen, dass die Rechtseinheit an einem Gebäude stets vorrangig sei. Wenn dem so ist, lassen sich aber keine durchgreifenden Argumente gegen eine

---

204 Mot. III, 470; *Esser* NJW 1974, 921, 922; *Staudinger/Rapp* § 1 ErbbVO Rn. 34.

205 Mot. III, 470; *Staudinger/Rapp* § 1 ErbbVO Rn. 11.

206 BGHZ 117, 19, 25; BGHZ 57, 60, 61; BGH WM 1971, 797, 799.

207 *Esser* NJW 1974, 921, 923; *Rothoeft* NJW 1974, 665; *Staudinger/Rapp* § 1 ErbbVO Rn. 34.

208 *Erman/Hagen* § 1 ErbbVO Rn. 19; MünchKomm/*v. Oefele* § 1 ErbbauVO Rn. 52–58; RGRK/*Räfle* § 1 ErbbVO Rn. 52 jeweils mwN.

209 So insbesondere: MünchKomm/*v. Oefele* § 1 ErbbauVO Rn. 55.

210 BGHZ 27, 204, 205f; BGH NJW 1985, 789, 790.

vertikale Teilung und damit gegen Nachbarerbbaurechte finden. Mit der herrschenden Ansicht sind diese Gestaltungen daher anzuerkennen und mit dem Typ des Erbbaurechts vereinbar.

II. Typenabgrenzung

1. Die Abgrenzung der Nutzungsrechte

a) Hypertrophie der Nutzungsrechte

Mit der Grunddienstbarkeit, dem Nießbrauch und der beschränkten persönlichen Dienstbarkeit stellt das BGB gleich drei dingliche Nutzungsrechte zur Verfügung. Es bleibt dadurch dem römischen Recht verhaftet und greift die dort getroffene Unterscheidung zwischen Prädial- und Realservituten auf. Die Grunddienstbarkeit übernahm von ihrem römisch-rechtlichen Vorbild unter anderem den Grundsatz, dass die Belastung des dienenden Grundstücks für das herrschende vorteilhaft sein muss.[211] Inhaltlich grenzt dies die Grunddienstbarkeit von der beschränkten persönlichen Dienstbarkeit einerseits und vom Nießbrauch andererseits ab. Auf der anderen Seite ist die Dienstbarkeit im Gegensatz zum Nießbrauch kein umfassendes Nutzungsrecht. Dem so geschaffenen System dinglicher Nutzungsrechte widmet das BGB über achtzig Vorschriften, obwohl die Nutzung deren gemeinsame Klammer ist. Die Gesetzesbegründung zur Systematik der Nutzungsrechte stolpert über ihre eigene Begrifflichkeit, mit der dieses System erklärt werden sollte. Ein gemeinsames Merkmal aller Dienstbarkeiten »würde darin zu finden sein, dass der Inhalt des Rechts ... auf eine Benutzung der belasteten Sache geht«, räumen die Motive ein.[212] Allerdings sind die Motive der Ansicht, dass man den Inhalt der Grunddienstbarkeit und der beschränkten persönlichen Dienstbarkeit nur als Gebrauch im weiteren Sinne verstehen könne.[213] Wenn dem so wäre, ist entweder die Praemisse falsch oder die Schlussfolgerung. Schon das römische Recht hatte wenig Probleme, den Nießbrauch unter die Personalservituten zu fassen.[214] Auch hier zeigt sich wiederum, wie sehr das BGB eine vereinheitlichende Kodifikation sein sollte und weniger eine Vereinfachung bestehenden Rechts. Im Wesentlichen wollte der Gesetzgeber an der überkommenen Einteilung festhalten und lehnte sich im Ergebnis an das preußische allgemeine Landrecht und den *Code Civil* an.[215] Die zweite Kommission beanstandete diesen Ausgangspunkt nicht mehr und die damalige Wissenschaft war offenbar zu stark den herkömmlichen Denkmustern verhaftet, als dass sie ein einheitliches

---

[211] Zum römischen Recht siehe nur: *Kaser/Knütel* § 28 Rn. 2f.
[212] Mot. III, 475.
[213] Mot. III, 475.
[214] *Kaser/Knütel* § 28 Rn. 3; *Wolff/Raiser* § 105 III 1 b.
[215] Mot. III, 476.

dingliches Nutzungsrecht in Erwägung gezogen hätte. In Folge dieser römischrechtlichen Tradition bestehen starke Parallelen zwischen den Dienstbarkeiten nach dem BGB und den Rechtsordnungen des romanischen Rechtskreises. Wenn man so will, ist dem römischen Recht damit der Ansatz eines gemeineuropäischen Sachenrechts zu verdanken. Dies ist aber allein kein Anlass, um Lobeshymnen auf das Gesetz anzustimmen. Der begriffliche Ansatz des Gesetzgebers hätte es nahegelegt, nur ein dingliches Nutzungsrecht einzuführen. Nicht aus systematischen, sondern allein aus historischen Gründen führte man eine Trias dinglicher Nutzungsrechte ein. Nach dem Ansatz des Gesetzgebers gilt der Typenzwang auch für das Binnenverhältnis der dinglichen Nutzungsrechte. Ihr Inhalt muss daher klar abgrenzbar sein. Jedoch verwischen die privatautonomen Gestaltungsmöglichkeiten die Grenzen zwischen den Nutzungsrechten. Im Folgenden bleibt daher noch zu untersuchen, ob und inwieweit das Gesetz es selbst erlaubt, die dinglichen Nutzungsrechte zu fixieren.

b) Der Grundstücksvorteil als Abgrenzungsmaßstab

Der Vorteil für das herrschende Grundstück (§ 1019 Satz 1) grenzt die Grunddienstbarkeit von den anderen Nutzungsrechten ab. Daneben soll dieses Merkmal den Zweck erfüllen, einer Auszehrung des Grundeigentums durch ewige Dienstbarkeiten entgegen zu wirken.[216] Geschützt ist damit das Verfügungseigentum als Anknüpfungspunkt für den Typenzwang. In der Praxis zu § 1019 Satz 1 hat der Begriff »Grundstücksvorteil« immer mehr an Konturen verloren und sich einer Worthülse angenähert. Der mit diesem Merkmal verfolgte Schutz des Grundeigentums erweist sich als eine Illusion.[217] Bereits die Definitionsversuche sind gewunden und eröffnen einen weiten Auslegungsspielraum. Der Vorteil kann ein mittelbarer oder unmittelbarer sein,[218] auch ein künftiger Vorteil kann im Einzelfall genügen.[219] In jedem Fall muss der Vorteil für die Nutzung des Grundstücks objektiv nützlich sein,[220] wofür aber auch bloße Annehmlichkeiten genügen können.[221] Eine *causa perpetua* lehnte bereits der Gesetzgeber ab,[222] so dass es genügt, wenn der Vorteil einigermaßen dauerhaft ist, wobei jedoch dessen vorübergehender Wegfall nicht schaden soll.[223] Aus der Rechtsprechung repräsentativ herausgegriffene Beispiele verdeutlichen, welcher inhaltliche Rumpf des Begriffes Grundstücksvorteil übrig bleibt.

---

216 BGHZ 41, 209, 215; RGZ 60, 137, 139; *Bamberger/Roth/Wegmann* § 1019 Rn. 1; *Staudinger/ Mader* § 1019 Rn. 1 mwN.

217 Kritisch in diesem Sinne auch *Staudinger/Mader* § 1019 Rn. 1 aE.

218 BGH WM 1967, 582, 584; BGH DNotZ 1956, 40, 41; LG Aachen MittRhNotK 1997, 363.

219 BGH NJW 1984, 2157, 2158; KG HRR 1933 Nr. 1587.

220 BGH WM 1967, 582, 584; KG NJW 1975, 697, 698; OLG München MDR 1983, 934.

221 BGH WM 1967, 582, 584; BGH WM 1971, 529, 530; KG JR 1963, 18, 19.

222 Prot. III, 308; *Staudinger/Mader* § 1019 Rn. 7.

223 BGH DNotZ 1956, 40, 41; siehe auch OLG Düsseldorf MittBayNot 1995, 390, 391.

In einer Entscheidung aus dem Jahre 1967 hatte der BGH darüber zu befinden, ob ein Dachausbau einer eingetragenen Grunddienstbarkeit widerspricht. Der Beklagte wollte das bisherige Dachgeschoss, bestehend aus zwei Fenstern, zu einem Flachdach ausbauen, das insgesamt 6 Fenster zur Straßenseite haben sollte. Zu Gunsten des Klägers war jedoch eine Grunddienstbarkeit des Inhalts eingetragen, dass das belastete Grundstück nur mit Einfamilienhäusern bebaut werden dürfe, bestehend aus Erdgeschoss, Obergeschoss und Dachgeschoss. Der BGH bejahte einen Anspruch des Klägers aus §§ 1027, 1004 und legte dabei die Grunddienstbarkeit als Verbot aus, das Dachgeschoss zu einem Vollgeschoss auszubauen.[224] Mag man dieser etwas wagemutigen Auslegung noch folgen, so schwingt sich der BGH in seiner weiteren Begründung zum Bewahrer eines baulichen Ensembles auf. Der Grundstücksvorteil bestehe in der mit der Grunddienstbarkeit erreichten Annehmlichkeit des Wohnens, zu der in ästhetischer Hinsicht eine Harmonie des Baustils in der betroffenen Villengegend zu zählen war.[225] Die Entscheidung wird im Schrifttum allgemein hingenommen,[226] gleichwohl wirkt der Vorteilsbegriff konstruiert. Gerade das hat allerdings Tradition. Ein Rechtsgutachten aus dem Jahre 1897 kam bereits zum gleichen Ergebnis. Der Schutz eines Villenviertels sei ein Vorteil für das Grundstück, eine Grunddienstbarkeit gebe dem Einzelnen die Möglichkeit, sich unbehelligt in seinem Hause zu fühlen und ungestört zu arbeiten.[227] Diese Begründung deckt das Dilemma des Grundstücksvorteils geradezu auf. Der Berechtigte definiert letztlich den Nutzen seines Grundstücks, so dass es gar keinen vom Willen des Eigentümers abtrennbaren und abstrakten Grundstücksvorteil geben kann. Wenn der BGH dies für unerheblich hält,[228] verdeckt er dadurch nur die Tendenz in der Praxis, den Grundstücksvorteil zu subjektivieren. Die subjektive Zweckbestimmung des Eigentümers nimmt dem Grundstücksvorteil seine Aufgabe, vor einer Auszehrung des Eigentums zu schützen, da mehr oder weniger der Berechtigte bestimmt, wie weit der Grundstücksvorteil zu ziehen ist und somit über das Schutzbedürfnis des Belasteten entscheidet. So verfehlt dieses Merkmal seine Schutzfunktion und nötigt bisweilen zu eigenwilligen Differenzierungen, um den Unterschied zwischen einer beschränkten persönlichen Dienstbarkeit aufrecht zu erhalten. Beispielhaft dafür ist eine Entscheidung des OLG München zu einem Wettbewerbsverbot in

---

[224] BGH WM 1967, 582, 583.

[225] BGH WM 1967, 582, 584 unter Berufung auf RGZ 61, 338, 342. Im gleichen Sinne: BGH WM 1971, 529, 530; RG Recht 1914 Nr. 777; KGJ 36 A 216, 218; KGJ 45 A 227, 229.

[226] MünchKomm/*Falckenberg* § 1019 Rn. 3; *Staudinger/Mader* § 1019 Rn. 4.

[227] *Kohler* AcP 87 (1897), 157, 159: »Denn die Vortheile, welche ein derartiges Verhalten und eine derartige Einrichtung der Nachbarschaft bieten, sind wirkliche Vortheile, Vortheile der Lebensannehmlichkeit und der Gesundheit, nach denen zu streben ein gesellschaftlich anerkanntes Interesse besteht«.

[228] BGHZ 44, 171, 174; verdächtig daher *Kohler* AcP 87 (1897), 157, 159f, wonach der Grundstücksvorteil durch die Eigenschaft als Grundbesitzer gekennzeichnet sei.

Dienstbarkeitsform:[229] Auf dem Grundstück des Klägers befand sich zunächst ein Verkaufsstand. Zu Gunsten des klägerischen Grundstücks war eine Grunddienstbarkeit eingetragen, wonach auf dem belasteten Grundstück keine Bäckerei- und Konditorerzeugnisse vertrieben werden durften. Als der Beklagte auf dem belasteten Grundstück selbst Backwaren vertrieb, machte der Kläger einen Unterlassungsanspruch geltend. Ausgangspunkt für die Rechtsprechung zum relevanten Grundstücksvorteil bei einem Wettbewerbsverbot ist der Grundsatz, dass das herrschende Grundstück besonders und dauerhaft für das Gewerbe eingerichtet sein muss.[230] Der BGH hat diesen Ansatz zwar kritisch betrachtet, ihn aber letztlich doch verwendet und ergänzt: Auch der Inhalt einer Grunddienstbarkeit kann eine Rolle dafür spielen, welche Anforderungen an die jeweilige Einrichtung auf dem Grundstück zu stellen sind.[231] Was als Konkretisierung gedacht war, lässt die Maßstäbe noch beliebiger werden. Formulieren die Parteien ein Verbot allgemein, so erweitert sich der Spielraum für eine Grunddienstbarkeit. In dem oben angeführten Beispiel lehnte das OLG einen Grundstücksvorteil deswegen ab, da der Verkaufskiosk des Klägers nicht besonders für eine Bäckerei eingerichtet war. Allenfalls für den Kläger selbst ergebe sich ein Vorteil.[232] In welcher Form allerdings die Verkaufsstätte ein bleibendes Gepräge für das Grundstück gebildet hätte, musste das Gericht nicht positiv klären. Die Grenzen dürften sich auch kaum ziehen lassen. Hätten die Parteien das Wettbewerbsverbot allgemeiner gefasst, hätte ein Grundstücksvorteil nahe gelegen. Den Zweck des § 1019 Satz 1 stellt dies allerdings geradezu auf den Kopf, da ein stärkerer Eingriff im konkreten Fall sich durchaus als Vorteil subsumieren ließe. Zweifelsohne existieren Konstellationen, in denen der Vorteil des Grundstücks nachvollziehbar ist, wie etwa beim Wegerecht. Aber in vielen Fällen ist die Frage des Grundstücksvorteils eine Konstruktionsfrage, wie die Beispiele belegten. Als Konkretisierung der Grunddienstbarkeit und trennscharfes Abgrenzungskriterium zum Nießbrauch und der beschränkten persönlichen Dienstbarkeit hat dieser Begriff keine Aussagekraft mehr.

Die gesetzlichen Rechtsfolgen sind gleichwohl rigoros. Fehlt es an einem Grundstücksvorteil für die Benutzung des herrschenden Grundstücks, so ist die Grunddienstbarkeit nichtig. Eine gleichwohl eingetragene Grunddienstbarkeit ist von Amts wegen zu löschen, § 53 Abs. 1 Satz 2 GBO. Eine Umdeutung einer Grunddienstbarkeit in eine beschränkte persönliche Dienstbarkeit soll nach einer verbreiteten Ansicht nicht in Betracht kommen, da eine Grunddienstbarkeit nur

[229] OLG München NJW 1957, 1765; siehe auch BGHZ 44, 171, 174; BGH DNotZ 1956, 40; BayObLG JW 1928, 1513; LG Deggendorf MittBayNot 1972, 66.

[230] BGHZ 44, 171, 174; BGH DNotZ 1956, 40, 41; OLG München NJW 1957, 1765, 1766; LG Deggendorf MittBayNot 1972, 66, 67; RG SeuffArch 80 Nr. 169; RGZ 30, 205; aus der Lit.: MünchKomm/*Falckenberg* § 1019 Rn. 5; *Staudinger/Mader* § 1019 Rn. 12 jeweils mwN.

[231] BGHZ 44, 171, 174.

[232] OLG München NJW 1957, 1765, 1766.

als subjektiv-dingliches Recht, eine beschränkte persönliche Dienstbarkeit nur als subjektiv-persönliches Recht bestellt werden könne.[233] Der Formalismus dieser versagten Umdeutung treibt die Typenfixierung auf die Spitze, lässt sich aber selbst kaum begründen. Die praktischen Folgen relativieren sich allerdings dadurch, indem der Vorteilsbegriff im Ergebnis weit ausgelegt wird. Gerade dies ist jedoch der Anlass, eine Umdeutung anzunehmen, da sie dem mutmaßlichen Willen der Parteien entspricht.[234] Ein subjektiv-persönliches Recht ist ein *minus* zu einem subjektiv-dinglichen Recht. Es dürfte daher kaum dem Willen der Parteien widersprechen, wenigstens den aktuellen Eigentümer als Adressat der Dienstbarkeit anzusehen. Der Berechtigte erwirbt sein Recht jedenfalls so lange, wie der andere Teil der Eigentümer des belasteten Grundstücks ist. Damit ist das Nutzungsinteresse vorläufig gedeckt. Auch inhaltlich unterscheiden sich beide Dienstbarkeitsarten im Übrigen nicht, da § 1090 Abs. 2 bis auf die Grundstücksteilung nach § 1025 auf die Vorschriften der §§ 1020ff verweist. Nach dem Gesagten bietet der Grundstücksvorteil außerdem keinen greifbaren Anhaltspunkt für eine Unterscheidung. Es ist wenig folgerichtig, den Grundstücksvorteil einerseits konturenlos auszulegen, andererseits eine Umdeutung zu versagen.

c) *Die Abgrenzung des Nießbrauchs von der Dienstbarkeit*

Rechnet man zum Typenzwang die Typenfixierung, so bedeutet dies, dass Sachenrechte untereinander nicht austauschbar sind, da begrifflich festgelegt. Dingliche Nutzungsrechte an Liegenschaften können demnach nur alternativ als Dienstbarkeit oder Nießbrauch ausgestaltet werden (vorbehaltlich dies Erbbaurechts). Soll ein Recht an allen Nutzungen eingeräumt werden, kommt dafür nur ein Nießbrauch in Betracht, da nach dem Konzept des Gesetzes die Dienstbarkeit nur einzelne Nutzungen gewährt. Als neuralgischer Punkt erweist sich dabei § 1030 Abs. 2, wonach es zulässig ist, einzelne Nutzungen auszuschließen und so den Nießbrauch inhaltlich zu beschränken. Auf den ersten Blick scheint es daher möglich zu sein, den Nießbrauch auf ein derartiges Maß zu reduzieren, dass er einer Dienstbarkeit nach § 1018 gleicht (»Nießbrauch in Dienstbarkeitsform«). Umgekehrt kann die Dienstbarkeit ihrerseits derart weit gespannt werden, dass sie einem Nießbrauch nahe kommt: Dienstbarkeit in Nießbrauchsform. Sehen die Parteien ein weiter gefasstes Nutzungsrecht vor, so stellt sich die Frage, ob die dem Eigentümer verbleibende Restnutzung auf eine Dienstbarkeit oder einen Nießbrauch hindeutet.

---

[233] OLG München NJW 1967, 1765, 1766; BayObLG JW 1928, 1513; MünchKomm/*Falckenberg* § 1019 Rn. 7; *Palandt/Bassenge* § 1019 Rn. 3; *Staudinger/Mader* § 1019 Rn. 16; *Wilhelm* Rn. 1791.

[234] So auch eine Minderheit, allerdings ohne Begründung: *Erman/Grziwotz* § 1019 Rn. 7; *Schwab/ Prütting* Rn. 886; *Soergel/Stürner* § 1019 Rn. 7.

Das Abgrenzungsproblem hat zunächst grundbuchrechtliche Folgen. Geht man von einem Alternativverhältnis zwischen Dienstbarkeit und Nießbrauch aus, so hat das Grundbuchamt vor der Eintragung zu prüfen, ob das im Eintragungsantrag genannte Recht als Nießbrauch oder Grunddienstbarkeit zulässig ist. Das Ergebnis dieser inhaltlichen Prüfung kann unterschiedlich ausfallen. Im einfachsten Fall trägt das Grundbuchamt das Recht wie beantragt ein. Denkbar ist aber auch eine Umdeutung des Antrags bis hin zur Ablehnung des Eintragungsantrags. Ist damit schon die Eintragung im Grundbuchverfahren mit Rechtsunsicherheiten belastet, so schwebt nach § 53 Abs. 1 Satz 2 GBO die Amtslöschung wie ein Damoklesschwert über dem dinglichen Nutzungsrecht. Aus dem Eintragungsprinzip nach § 873 Abs. 1 folgt daher, dass das Abgrenzungsproblem für den Bestand des dinglichen Rechts von ausschlaggebender Bedeutung ist.

Der BGH hat in neuerer Zeit die Abgrenzungsprobleme zwischen Dienstbarkeit und Nießbrauch angesprochen, hat sich aber einer eindeutigen Stellungnahme enthalten.[235] Im Schrifttum stehen sich eine materielle und eine formelle Lösung gegenüber, die allerdings beide ihre eigenen Schwächen aufweisen. Die materielle Lösung beurteilt den Charakter der beim Eigentümer verbleibenden Restnutzung wirtschaftlich. Da bei einer Dienstbarkeit das Grundstück nur in einzelnen Beziehungen genutzt werden darf, müsse dem Eigentümer eine wirtschaftlich sinnvolle eigene Nutzungsmöglichkeit verbleiben.[236] Dabei schlägt man eine zweistufige Prüfung vor. Zunächst ist der Inhalt der Vereinbarung rein formal zu untersuchen, ob umfassend die Nutzungsmöglichkeiten eingeräumt wurden oder nicht. Wurde umfassend eine Nutzungsmöglichkeit vereinbart, so können sich die Parteien nur eines Nießbrauchs bedienen. Haben die Parteien hingegen vereinbart, dass nur einzelne Nutzungen gezogen werden dürfen, so ist eine Dienstbarkeit zu wählen. Schließlich soll nach dieser Ansicht in einem zweiten Schritt untersucht werden, ob die Dienstbarkeit in ihrer konkreten Ausgestaltung materiell zulässig ist.[237] Dieser weitere Filter beschränkt die Möglichkeit der Parteien, eine einmal gewählte Dienstbarkeit inhaltlich auszugestalten. In der materiellen Prüfung ist danach zu untersuchen, ob dem Eigentümer eine wirtschaftlich sinnvolle Nutzung verbleibt. Verhindern will diese Ansicht, dass unter dem Deckmantel einer Dienstbarkeit ein Nießbrauch vereinbart wird. Daraus folgt spiegelbildlich auch eine Einschränkung, welche einzelnen Nutzungen die Parteien bei einem Nießbrauch nach § 1030 Abs. 2 ausschließen dürfen. Schließen die

---

[235] BGH NJW 1992, 1101.

[236] BayObLG DNotZ 1986, 622; KG FGPrax 1995, 226; OLG Zweibrücken DNotZ 1982, 444; LG Regensburg RPfleger 1987, 295; *Berger*, Immobilienrecht 11/80; *Erman/Michalski* § 1030 Rn. 10; *Palandt/Bassenge* § 1018 Rn. 15; MünchKomm/*Falckenberg* § 1018 Rn. 28; grundsätzlich auch *Schön* (Fußn. 80), 302ff. Eine ältere Ansicht verlangte davon abweichend, dass dem Eigentümer bei einer Dienstbarkeit die wirtschaftlich wesentlichen Nutzungen verbleiben müssten (*Hub* [Fußn. 4], 41ff). Diese Ansicht ist heute überholt und hier nicht weiter aufzugreifen.

[237] Siehe zu dieser »Zwei-Schritt Methode«: KG DNotZ 1992, 673; KG FGPrax 1996, 226.

Parteien nach § 1030 Abs. 2 einzelne Nutzungen aus, so darf es sich hierbei nur um »Randnutzungen« handeln.[238] Der Ausschluss einzelner Nutzungen darf danach nicht das »Wesen« des Nießbrauchs als umfassendes Nutzungsrecht beeinträchtigen. Die Grenze zwischen Nießbrauch und Dienstbarkeit wird damit durch eine wirtschaftlich begründete »Wesentlichkeitsprüfung« fixiert. Unwesentliches darf vom umfassenden Nießbrauch abgespalten werden, Wesentliches muss beim Nießbrauch verbleiben. Es liegt geradezu auf der Hand, dass eine derartige Abgrenzung zu praktischen Schwierigkeiten führen muss, so dass die Praxis der Oberlandesgerichte in zahlreichen Entscheidungen versucht hat, diese Maßstäbe zu konkretisieren. Nach den oben genannten Praemissen müssen die Gerichte darüber entscheiden, was wirtschaftlich sinnvoll bzw. wesentlich ist.

Analysiert man die Praxis, so entpuppt sich die Abgrenzung zwischen einem Nießbrauch, bei dem einzelne Nutzungen ausgeschlossen sind und einer umfassenderen Dienstbarkeit als unberechenbar. Eine einzelne Nutzung kann sich als so wesentlich darstellen, dass sie einer Dienstbarkeit entgegensteht und eher einen Nießbrauch rechtfertigt. Das materielle Konzept gerät dadurch ins Wanken. Deutlich wird dies bei einem Recht, alle Mieterträge aus einem bebauten Grundstück zu ziehen. Das Reichsgericht hielt hier einen Nießbrauch für zulässig, wenn die Erzielung von Mieteinnahmen die wesentliche wirtschaftliche oder gar die einzige Nutzungsmöglichkeit ist.[239] Überwiegend neigt man hier allerdings einer Dienstbarkeit zu, da dem Berechtigten nur eine Nutzungsmöglichkeit eingeräumt werde.[240] Bei einem vorbehaltenen Wohnungsrecht des Eigentümers zeigt sich, zu welchen unfruchtbaren Konstruktionen die Abgrenzung zwischen Dienstbarkeit und Nießbrauch anstiftet. Die Rechtsprechung lehnt hier einen beschränkten Nießbrauch (§ 1030 Abs. 2) ab, da die Wohnung einerseits und die übrigen Gebäudeteile andererseits keines Sondereigentums fähig seien.[241] Statt dessen schlägt man vor, dass sich der Eigentümer vorab ein eigenes Wohnrecht (§ 1093) bestelle und nunmehr ein nach § 1030 Abs. 2 beschränkter Nießbrauch zu bestellen sei.[242] Wie umständlich und formalistisch diese Ansicht ist, sticht ins Auge. Noch weitergehend möchte man danach differenzieren, ob der Nutzungsberechtigte die prägende wirtschaftliche Bestimmung des Grundstücks fortführen soll: Sofern dies zu bejahen ist, sei ein Nießbrauch zulässig, wenn sich der Eigentümer bestimmte Flächen zur eigenen Nutzung vorbehalte. Im übrigen kom-

---

[238] *Schön* (Fußn. 80), 303.

[239] RGZ 67, 378, 379; *Soergel/Stürner* § 1030 Rn. 10. Ablehnend die Vorinstanz: OLG Celle OLGE 6, 121.

[240] BayObLGZ 1927, 76; BayObLGZ 1979, 361, 363f; *Ertl* MittBayNot 1988, 53, 61f; MünchKomm/*Pohlmann* § 10130 Rn. 67 (auf der Grundlage der formalen Abgrenzungstheorie, dazu sogleich); *Staudinger/Frank* § 1030 Rn. 67.

[241] RGZ 164, 196, 199ff; BayObLG DNotZ 1980, 479; *Schippers* MittRhNot 1996, 197, 199.

[242] *Ertl* MittBayNot 1988, 53, 61. Wieder andere schlagen hier einen Bruchteils- oder Quotennießbrauch vor, der mit einer schuldrechtlichen Aufteilungsvereinbarung verbunden ist, *Schippers* MittRhNotK 1996, 197, 199; *Staudinger/Frank* § 1030 Rn. 4.

me nur eine beschränkte persönliche Dienstbarkeit oder ein dingliches Wohnrecht in Betracht.[243] Nicht weniger bunt ist das Meinungsbild bei der Frage, ob ein Nießbrauch an einer realen Teilfläche möglich ist oder hierfür nur eine Dienstbarkeit in Betracht kommt. Aus § 7 Abs. 2 GBO folgt, dass solche Teilbelastungen eines Grundstücks möglich sind. Nach der Rechtsprechung ist hier eine Dienstbarkeit am ganzen Grundstück zulässig, deren Ausübung auf eine Teilfläche beschränkt ist.[244] Ein Nießbrauch soll unzulässig sein, wenn sich der Eigentümer die Nutzungen an der realen Teilfläche vorbehält,[245] aber doch wieder als unechte Teilbelastung möglich sein, indem ein Nießbrauch am gesamten Grundstück bestellt wird, dessen Ausübung auf einen Grundstücksteil beschränkt ist.[246] Allerdings spricht dann nichts dagegen, von vornherein einen Vorbehalt des Eigentümers als denkbare Nutzungsbeschränkung nach § 1030 Abs. 2 aufzufassen.[247]

Die Beispiele ließen sich noch erweitern, aber der Ausschnitt aus der Praxis belegt bereits jetzt, dass eine Dienstbarkeit und ein Nießbrauch in vielen Fällen kaum rational abgrenzbar sind. Von einer materiellen Abgrenzung wird man sich daher verabschieden müssen. Ein Zwang zu einer materiellen Abgrenzung lässt sich auch nicht aus der unterschiedlichen Lastentragung bei der Dienstbarkeit und dem Nießbrauch herleiten,[248] da kein innerer Zusammenhang zwischen dem Umfang der Nutzung und der Lastentragung besteht. Zudem rechnet nach der vorherrschenden Ansicht die Lastentragung nach § 1047 nicht zum kennzeichnenden Inhalt eines Nießbrauchs und kann abbedungen werden.[249] Ganz abgesehen davon belastet diese Abgrenzung auch das Grundbuchverfahren, da bereits hier eine materielle Kontrolle nötig ist. Dies ist jedoch nicht der Zweck des formalisierten Grundbuchverfahrens. Dieses Verfahren soll von materiellen Fragen weitgehend verschont bleiben und vor allem nicht damit überfrachtet werden.[250] Die sinnvollen Restnutzungsmöglichkeiten werden zudem außerhalb der Erkenntnismöglichkeit des Grundbuchamts liegen.

---

[243] *Schön* (Fußn. 80), 308.

[244] OLG Zweibrücken DNotZ 1982, 44; LG Passau RPfleger 1972, 135; LG Regensburg MittBayNot 1987, 103; *Schippers* MittRhNotK 1996, 197, 199.

[245] RGZ 164, 196, 199; BayObLG DNotZ 1979, 479, 480f.

[246] *Ertl* MittBayNot 1988, 53, 63; *Staudinger/Frank* § 1030 Rn. 3.

[247] So zu Recht MünchKomm/*Pohlmann* § 1030 Rn. 66.

[248] So jedoch *Schön* (Fußn. 80), 305–307 wonach sich aus der materielle Theorie ein Gleichlauf der §§ 1018, 1090 mit § 1030 ergebe. Der Zusammenhang zwischen Lastentragung und Nutzungsumfang ist jedoch eine *petitio principii* und aus dem gesetzlichen System nicht zwingend ableitbar. *Schön* setzt sich zudem in einen gewissen Widerspruch zur eigenen These, wenn die Vorschrift des § 1047 in bestimmten Fällen abdingbar sein soll (aaO, 283 f.). Unterstellt, die These vom Zusammenhang zwischen Nutzung und Lastentragung träfe zu, so müsste man § 1047 auch als unabdingbaren Wesenskern des Nießbrauchs ansehen.

[249] Näher oben I 2 b.

[250] *Baur/Stürner* § 32 Rn. 12; *Demharter* Anm. FGPrax 1995, *227*, 228; *Ertl* MittBayNot 1993, 53, 56; MünchKomm/*Pohlmann* § 1030 Rn. 30; *Schippers* MittRhNotK 1996, 197, 199; *Schöner* DNotZ 1986, 416, 419; *Stürner* AcP 194 (1994), 265, 282; *Staudinger/Mayer* § 1018 Rn. 101.

Im Vordringen ist vor diesem Hintergrund eine formale Ansicht, die allein nach dem Inhalt der Bestellungsurkunde abgrenzt.[251] Die Parteien haben danach die Wahl, ob sie einen Nießbrauch oder eine Dienstbarkeit begründen, vorausgesetzt, sie begründen kein umfassendes Nutzungsrecht, da dann einzig ein Nießbrauch möglich ist. Diese Ansicht vermeidet die Schwächen, die sich bei der traditionellen Abgrenzung zwischen Nießbrauch und Dienstbarkeit zeigten. Sie nimmt dabei jedoch hin, dass eine Dienstbarkeit oder ein Nießbrauch großen Umfangs alternative Gestaltungsformen sind. Sobald bestimmte Nutzungen ausgeschlossen sind, kann ein dingliches Nutzungsrecht entweder als Dienstbarkeit oder als Nießbrauch vereinbart werden. Die Prüfung unterbleibt, ob eine Nutzung »wesentlich« ist oder »wirtschaftlich sinnvoll«. Es ist aber auch die Konsequenz dieser Ansicht, dass eine Abgrenzung von Dienstbarkeit und Nießbrauch in den meisten Fällen (wenn einzelne Nutzungen ausgeschlossen sind) obsolet wird. Demgemäß ist es möglich, eine umfassende Nutzungsmöglichkeit als Dienstbarkeit zu vereinbaren, solange dem Eigentümer eine sei es auch nur theoretische Nutzungsmöglichkeit verbleibt.[252] Umgekehrt muss man folglich einen Nießbrauch auch dann anerkennen, wenn eine Vielzahl von Nutzungsmöglichkeiten ausgeschlossen ist und dem Nießbraucher im Ergebnis nur eine Nutzungsart verbleibt. Jede andere Entscheidung würde dazu führen, dass die Restnutzung materiell zu bewerten wäre, wovon das Grundbuchverfahren jedoch gerade frei zu halten ist.

Einzig für den Fall, in dem die Nutzungen des »Nießbrauchers« abschließend aufgezählt sind, soll nach der formellen Abgrenzung ein Nießbrauch ausscheiden.[253] Im Ergebnis wird man nicht anders entscheiden können. Es ist aber möglich, dass dies im Einzelfall zu einer Dienstbarkeit in Nießbrauchsform führt. Die formale Abgrenzung macht damit das einschlägige Nutzungsrecht wesentlich von der Formulierung im Eintragungsantrag abhängig. Ob sich die Parteien dieser Konsequenz immer bewusst sein werden, ist zweifelhaft, muss aber dahin gestellt bleiben.

Für die letztgenannte Ansicht sprechen die überwiegenden Gründe: sie vermeidet eine Nutzungslücke zwischen der Dienstbarkeit und dem Nießbrauch, führt aber zu einem Paradoxon. Die formale Theorie räumt den Beteiligten eine weitgehende Inhaltsfreiheit ein und ebnet dafür die Unterschiede zwischen Nießbrauch und Dienstbarkeit ein. Ein nicht zu unterschätzender praktischer Vorteil liegt darin, dass die Rechtsanwendung berechenbar wird und damit frei von Unwägbarkeiten. Diese Unwägbarkeiten haben ihre Ursache letztlich in § 1030 Abs. 2. Vollends zu überzeugen vermag aber weder die materielle noch die formale Methode.

---

[251] *Baur/Stürner* § 32 Rn. 12, § 33 Rn. 31; *Ertl* MittBayNot 1988, 53, 56ff; *Kanzleiter* DNotZ 1986, 624, 625f; *Schöner* DNotZ 1982, 416; *Soergel/Stürner* § 1018 Rn. 12; *Stürner* AcP 194 (1994), 265, 282; *Wehrens* DNotZ 1963, 24, 25; *Wolff/Raiser* § 106 II.

[252] So ausdrücklich: *Staudinger/Mayer* § 1018 Rn. 100; *Stürner* AcP 194 (1994), 265.

[253] So zB. MünchKomm/*Pohlmann* § 1030 Rn. 63.

Für letztere spricht einzig, dass sie die Unwägbarkeiten in Grenzen hält und sich nicht in oft spekulativen Abgrenzungen nach materiellen Kriterien verirrt.

Gleichwohl belegt diese Debatte, dass der Typenzwang untauglich ist, um die beschriebenen Nutzungsrechte voneinander abzugrenzen. Dem Gesetz fehlt es an der begrifflichen Klarheit, die nötig ist, um die einzelnen Typen voneinander unterscheiden zu können. Der Gesetzgeber wollte sich anscheinend nicht von der »Gerechtigkeit« als Vorbild für die Dienstbarkeit zu Lasten des Nießbrauchs trennen und umgekehrt. Die starre Anknüpfung an das römische Recht wirkt hier noch nach und lässt die Typenfixierung wegen der gesetzlichen Formulierungen unausführbar werden. Dabei bedachte der Gesetzgeber aber offenbar nicht, dass die Einschränkungsmöglichkeit nach § 1030 Abs. 2 das abgegrenzte System der dinglichen Nutzungsrechte auflöst. Die materielle Lösung versucht zwar, den Typenzwang aufrecht zu erhalten, gerät dabei jedoch in das Dickicht unbestimmter Rechtsbegriffe. Die formale Ansicht opfert die Trennung beider Sachenrechtstypen einer Wahlfreiheit der Parteien und gelangt dadurch immerhin zu vorhersehbaren Ergebnissen. Die Folgen dieses bereits angedeuteten Paradoxons drücken sich darin aus, dass Rechtssicherheit nur unter einer partiellen Aufgabe des Typenzwangs erreicht werden kann. Der Typenzwang verfehlt damit eine seiner ihm zugedachten Aufgaben. Dies lässt weniger an der formalen Theorie zweifeln, als an der Praemisse selbst. Ist der Typenzwang bei der Abgrenzung dinglicher Nutzungsrechte überhaupt sinnvoll? Nach den geschilderten Problemen fällt die Antwort leicht.

2. Die Reallasten im System der beschränkten dinglichen Rechte

a) Dogmatische Einordnung und Inhalt einer Reallast

Von den Verwertungsrechten ist die Reallast nur von begrenzter praktischer Bedeutung. Sie findet sich in der Praxis bei Altenteilsrechten,[254] Rentenreallasten,[255] Erbbauzinslasten und Industriereallasten. Ihre Herkunft aus dem deutschen Recht des Mittelalters kontrastiert zu den übrigen Verwertungsrechten, die überwiegend römisch-rechtlichen Ursprunges sind. Seinerzeit wollte der Gesetzgeber jedoch die Reallast anerkennen, da sie in den Ländern vielfach praktiziert wurde.[256] Bei der Reallast war einmal mehr der Charakter des BGB als Vereinheitlichungskodifikation das gesetzgeberische Leitmotiv. Eine Abkehr von den in den Partikularrechten anerkannten Vorläufern der Reallast kam nicht in Betracht. Die Frage, ob an der bereits zum Entstehungszeitpunkt des BGB archaischen Reallast

---

[254] Auch genannt *Leibgeding, Leibzucht* oder Auszug. Ausführlich dazu *Böhringer* MittBayNot 1988, 103ff.

[255] BGH WM 1970, 92.

[256] Mot. III, 572; MünchKomm/*Joost* § 1105 Rn. 1; *v. Schwind* IherJb 33 (1894), 1ff; *Staudinger/ Amann* § 1105 Rn. 1.

festzuhalten ist, stellte sich für den historischen Gesetzgeber daher nicht. Allerdings wählte er eine unglückliche Regelungstechnik: Das BGB stellt für die inhaltliche Ausgestaltung der Reallast nur einen sehr allgemeinen Rahmen zur Verfügung. Häufig gestaltet Landesrecht die Reallast näher aus, Art. 96, 113, 115, 116, 184 EGBGB.[257] Verglichen mit den übrigen beschränkten dinglichen Rechten ist diese Kombination aus allgemeinem Rahmen und großzügiger Ermächtigung zu Gunsten des Landesrechts ein Unikum. Der sachenrechtliche Typ der Reallast ist von vornherein außerdem so weit gefasst, dass er nur einen schwachen Anknüpfungspunkt für den Bestimmtheitsgrundsatz und damit für den Typenzwang selbst liefert.

§ 1105 Abs. 1 beschreibt den Inhalt einer Reallast allgemein als eine Grundstücksbelastung, durch die an den Begünstigten wiederkehrende Leistungen aus dem Grundstück zu entrichten sind. Zu trennen ist dabei zwischen dem dinglichen Stammrecht einerseits (§ 1105 Abs. 1) und dem dinglichen Anspruch auf die einzelnen Leistungen, der auf dem Stammrecht beruht (§ 1107 i.V.m. § 1147).[258] Gerade dieser dingliche Anspruch ordnet die Reallast den Verwertungsrechten zu und steht wirtschaftlich betrachtet im Vordergrund. Die einzelnen Leistungen aus der Reallast können somit durch einen dinglichen Anspruch verlangt werden. Neben dieser »Doppelung« dinglicher Rechte bestimmt das Gesetz in § 1108 Abs. 1 zudem, dass der Eigentümer grundsätzlich auch für die Leistungen persönlich haftet, die während der Dauer seines Eigentumsrechts entstanden sind. Während die Haftung aus der Reallast als eine Haftung aus dem Grundstück ausgestaltet ist, ist die Haftung aus § 1108 Abs. 1 eine rein obligatorische Haftung. Der Eigentümer haftet nach dieser Vorschrift mit seinem Vermögen gegenüber dem Berechtigten.[259] Die dingliche Haftung nach aus § 1107 i.V.m. § 1147 und die obligatorische Haftung aus § 1108 Abs. 1 müssen jedoch den gleichen Umfang haben, da die obligatorische Haftung aus der dinglichen folgt.[260] Der Haftungsgrund beider Ansprüche ist damit identisch. Gleichwohl ist die obligatorische Haftung

---

[257] BGHZ 81, 358. Zum Landesrecht siehe näher: MünchKomm/*Joost* § 1105 Rn. 70; *Staudinger/ Amann* Einl zu §§ 1105–1112 Rn. 4–14.

[258] BGH NJW 2001, 971; *v. Lübtow*, FS Lehmann I (1956), 328, 354f; *Soergel/Stürner* § 1005 Rn. 1; *Staudinger/Amann* Einl zu §§ 1105–1112 Rn. 20.

[259] So RGZ 108, 292, 295; BGH WM 1989, 956, 957; *Soergel/Stürner* § 1108 Rn. 1; *Staudinger/ Amann* Einl zu §§ 1105–1112 Rn. 24. Eine rein konstruktive Frage ist es, wie sich die persönliche Haftung zu dem dinglichen Anspruch aus § 1007 verhält. Nach der hM folgt die persönliche Haftung nach § 1108 aus der dinglichen Haftung in § 1107 (z. Bsp. *Amann* aaO). Demgegenüber meinte man, dass die persönliche Haftung aus § 1108 ein gesetzliches Schuldverhältnis begründe, wobei der aus ihm hervorgehende Anspruch dem dinglichen Recht gleichgeordnet sei. Jeden neuen Erwerber verpflichte dieses Schuldverhältnis (*v. Lübtow*, FS Lehmann I [1956], 328, 363). Indes verschwimmen dadurch die Grenzen zwischen dinglichem und obligatorischem Recht. Nach der hier vertretenen Ansicht lässt sich diese Grenze allerdings auch nicht ziehen (§ 2). Eine andere Frage ist es jedoch, ob das Gesetz selbst die Trennung von dinglichem und obligatorischem Recht bei den Reallasten durchhält. Dazu oben § 2 IV 2 b.

[260] RGZ 108, 292, 295; *Soergel/Stürner* § 1108 Rn. 1.

gemäß § 1108 Abs. 1 abdingbar, da schuldrechtlichen Charakters. Deswegen charakterisiert diese Haftung auch nicht den »wesensnotwendigen« Inhalt einer Reallast.[261]

Eingrenzen lässt sich der Inhalt einer Reallast durch drei Merkmale: Inhalt ist stets eine positive Leistung, die in einem Geben oder Tun bestehen kann.[262] Außerdem muss die Leistung wiederkehren und darf sich nicht in einer einmaligen Leistung erschöpfen.[263] Diese negative Abgrenzung ist der präziseste begriffliche Näherungswert, um das Merkmal »wiederkehrende Leistungen« zu erfassen. Allerdings weicht die Praxis auch dieses Erfordernis auf. Wenn eine einmalige Leistung neben einer wiederkehrenden Leistung zu entrichten ist, kann jene Inhalt einer Reallast sein.[264] Damit können im Ergebnis die Parteien selbst einen Zusammenhang zwischen einer einmaligen und einer wiederkehrenden Leistung herstellen. Man hat dies kritisiert,[265] jedoch lassen sich dem Gesetzestext keine Anhaltspunkte entnehmen, die gegen eine derartige Verknüpfung sprechen. Schließlich müssen die einzelnen Leistungen bestimmbar sein, es ist nicht erforderlich, dass die Leistungen bei der Begründung der Reallast ziffernmäßig bestimmt sind.[266] Der Praxis bietet dies den Vorteil, unterschiedliche Summen zum Inhalt einer Reallast zu machen und sie mit Wertsicherungsklauseln zu verbinden. Außerdem ist es möglich, auch ungleichartige Leistungen zum Inhalt einer Reallast zu machen.[267] Verglichen mit den übrigen beschränkten dinglichen Rechten, erscheinen diese Tatbestandsvoraussetzungen als relativ großzügig. Es verwundert deswegen kaum, dass eine Reallast denkbar vielfältige Leistungspflichten absichern kann. Bereits der Altenteil als ein Hauptanwendungsfall der Reallast kann in der Praxis denkbar unterschiedliche inhaltliche Formen annehmen, begünstigt durch die inhaltliche Offenheit der Reallast.[268]

Es ist auffällig, dass sich der Inhalt der Reallast nicht ohne den Begriff »Leistung« beschreiben lässt, der eigentlich dem Schuldrecht vorbehalten ist. Bereits diese Terminologie verwischt die Grenzen zwischen Schuld- und Sachenrecht.

---

[261] RGZ 108, 292, 295; *Soergel/Stürner* § 1105 Rn. 1, 4; *Staudinger/Amann* § 1108 Rn. 3.

[262] *Staudinger/Amann* § 11105 Rn. 8; *Preißmann*, Die Reallast (1995), 15ff.

[263] BGHZ 111, 324, 326; BGH NJW 1995, 2780, 2781; RGZ 57, 331, 334; OLG Köln DNotZ 1991, 807; *Bamberger/Roth/Kindl* § 1105 Rn. 9; MünchKomm/*Joost* § 1105 Rn. 11; *Staudinger/Amann* § 1105 Rn. 10.

[264] BayObLG DNotZ 1970, 415; BayObLGZ 1973, 21, 26; OLG Hamm RPfleger 1973, 98; *Erman/Grziwotz* § 1105 Rn. 6; *Preissmann* (Fußn. 262), 46ff; *Staudinger/Amann* § 1105 Rn. 10; *Westermann/Gursky* § 124 II 1.

[265] MünchKomm/*Joost* § 1105 Rn. 20; dem folgend: *Bamberger/Roth/Wegmann* § 1105 Rn. 13.

[266] BGHZ 22, 54, 58; BGHZ 111, 324; BGH NJW 1995, 2780, 2781; BayObLG DNotZ 1954, 98, 100; BayObLG DNotZ 1980, 94, 97; MünchKomm/*Joost* § 1105 Rn. 17; *Staudinger/Amann* § 1105 Rn. 11.

[267] MünchKomm/*Joost* § 1105 Rn. 21; *Staudinger/Amann* § 1105 Rn. 10.

[268] Siehe dazu nur die Übersicht bei MünchKomm/*Joost* § 1105 Rn. 43–51; *Staudinger/Amann* Einl zu §§ 1105–1112 Rn. 40.

Die Inhaltsbestimmung der Reallast verdeutlicht daher die künstliche Trennung zwischen Schuld- und Sachenrecht. Die positive Leistung als Inhalt einer Reallast ist weitgespannt, darunter fallen Geldzahlungen ebenso wie Naturalien oder Dienste. Negativ abgegrenzt soll eine Reallast nach allgemeiner Ansicht weder ein Unterlassen noch ein Dulden sichern können.[269] Indes scheint dies keineswegs so selbstverständlich wie behauptet.[270] Dem Gesetzgeber war das Problem immerhin bekannt und § 1052 des ersten Entwurfs sollte klarstellen, dass die in »einem Unterlaßen bestehende Leistung nicht Gegenstand der Forderung des Reallastberechtigten sein könne«. Lasse man zu, dass eine Leistungspflicht, welche auf ein Unterlassen gehe, einem Grundstück als Reallast auferlegt werde, so gestatte man, in der Gestalt einer Reallast ein Recht zu begründen, welches gleichen Inhalts wie eine Grunddienstbarkeit oder eine beschränkte persönliche Dienstbarkeit ist.[271] Eine Klarstellung, dass ein Unterlassen untauglicher Gegenstand einer Reallast ist, findet sich nunmehr nicht im Gesetz. Hintergrund dafür ist eine hybride Position, die die Kommission für die zweite Lesung des BGB eingenommen hatte, als sie zwei unterschiedlich begründeten Anträgen auf Streichung des § 1052 des ersten Entwurfs entsprach. Während man einerseits eine derartige Klarstellung für überflüssig hielt, da eine wiederkehrende Leistung begrifflich kein Unterlassen sein könnte, betonte ein weiterer Antrag, dass diese Frage dem Landesrecht überlassen werden müsste.[272] Welche Position inhaltlich zutreffend ist, erörterte der Gesetzgeber allerdings nicht. Die einmütige Ansicht, wonach ein Unterlassen ein unzulässiger Inhalt der Reallast ist, findet in den Materialien keine Stütze. Die Protokolle sprechen weder dagegen noch dafür.

Gleichwohl hätte eine Klarstellung Not getan, wenn man die gesetzliche Definition der »Leistung« berücksichtigt: Nach § 241 Satz 2 kann eine Leistung nicht nur ein positives Tun, sondern auch ein Unterlassen sein. Ohne daher die Begrifflichkeit des Zivilrechts zu verlassen, könnten daher nach dem Wortlaut ein Unterlassen oder Dulden auch Gegenstand einer Dienstbarkeit sein. Bei der Einfügung dieser Vorschrift hatte man zweifelsohne nicht an diese Konsequenzen für die Reallast gedacht. Umgekehrt hatte der historische Gesetzgeber nicht gesehen, dass eine Leistung auch in einem Unterlassen bestehen kann. Da zur Entstehungszeit des BGB die Lehre von den Unterlassungspflichten noch nicht derart ausgebaut war, wie sie es derzeit ist, mag dieses historische Anschauungsdefizit verständlich sein. Der Systemvergleich zu den Dienstbarkeiten überzeugt allerdings kaum: Das teilweise betonte Abgrenzungsbedürfnis der Reallast gegenüber den Dienstbarkeiten[273] findet im Wortlaut des § 1105 keine Stütze. Die systematische Ge-

[269] BayObLG MDR 1960, 50, 51; MünchKomm/*Joost* § 1105 Rn. 18; *Soergel/Stürner* § 1105 Rn. 7; *Staudinger/Amann* § 1105 Rn. 8; *Wolff/Raiser* § 127 I 2.

[270] Kritisch bereits *Wendt* AcP 92 (1901), 1, 127.

[271] Dokumentiert bei *Jakobs/Schubert*, Die Beratung des BGB, §§ 1018–1296, S. 373.

[272] Prot. III, 734.

[273] So MünchKomm/*Joost* § 1105 Rn. 18; *Wolff/Raiser* § 127 I 2 (Fußn. 5).

schlossenheit des Typenzwangs lässt sich hier gerade nicht begründen, da die Reallast weit gefasst ist, das Abgrenzungsbedürfnis eher rechtspolitisch motiviert ist und weniger dogmatisch begründbar. Überzeugender ist es, auch ein Unterlassen als möglichen Inhalt der Reallast anzusehen. Dies ist die Konsequenz des § 241 Satz 2, mögen dadurch auch die Grenzen zu den Dienstbarkeiten verschwimmen. Die sogleich nachzutragende Praxis wird zeigen, dass diese theoretische Abgrenzung in der Praxis ohnehin an ihre Grenzen stößt.

Der Abriss zu dem Inhalt einer Reallast zeigt, dass ihr Spektrum außerordentlich weit gespannt ist. Dies bedeutet gleichzeitig, dass eine Typenfixierung für die Reallast zwangsläufig weit sein muss. Die Parteien haben einen weiten inhaltlichen Spielraum, wie sie die Reallast ausgestalten möchten, was schon aus dem Begriff »wiederkehrende Leistungen« folgt. Für die folgende Darstellung bedeutet dies, dass der Schwerpunkt bei der Reallast nicht auf mehr oder weniger streitige Inhaltsfragen zu legen ist, sondern darauf, wie die Reallast von den übrigen dinglichen Grundstücksbelastungen abzugrenzen ist.

b) Reallast und Nutzungsrechte

Abstrakt-begrifflich lassen sich Reallasten und dingliche Nutzungsrechte voneinander abgrenzen. Der Inhalt dinglicher Nutzungsrechte zielt nicht auf ein positives Tun des Belasteten, sondern berechtigt dazu den Begünstigten, indem dieser Nutzungen ziehen darf. Für das Verhältnis von Reallast und Dienstbarkeiten wurde daher folgender Satz aufgestellt: »Der Reallastgläubiger lässt sich das Gewollte geben, der Dienstbarkeitsberechtigte darf es sich nehmen«.[274] Wie bereits oben angeführt, folgt die Beschränkung des Reallastinhalts auf ein positives Tun nicht aus dem Begriff »Leistung«. Nimmt man hinzu, dass der Grundsatz *servitus in faciendo consistere nequit* allein Ausschließlichkeitsbindungen im Auge hatte, so gerät das Verhältnis zwischen Reallast und den Nutzungsrechten in eine Schieflage.

Paradigmatisch für die Abgrenzungsschwierigkeiten zwischen Reallast und Dienstbarkeiten ist das dingliche Wohnrecht nach § 1093. Der BGH hatte sich mit der Abgrenzung von Reallast und dinglichem Wohnrecht im Rahmen eines Altenteilsrechts zu befassen:[275] Ein Grundstückseigentümer bewilligte seiner Mutter einen Altenteil auf sämtlichen Grundstücken und beantragte, dass der Altenteil »aus der Gewährung freier Wohnung in drei näher bestimmten Räumen, der Mitbenutzung weiterer Räume und dem Recht zu freiem Umgang in Haus, Hof und Garten« bestehen sollte. Der BGH stufte dies als beschränkte persönliche Dienstbarkeit ein. Sofern sich der Grundstückseigentümer dazu verpflichtet, allgemein eine Wohnung zur Verfügung zu stellen, handelt es sich um eine Woh-

---

274 *v. Lübtow*, FS Lehmann I, 1956, 328, 362; *Staudinger/Amann* Einl zu §§ 1105–1112 Rn. 29.

275 BGHZ 58, 57. Aus der Instanzrechtsprechung: OLG Hamm DNotZ 1976, 230; BayObLG RPfleger 1981, 353.

nungsreallast. Eine Dienstbarkeit nimmt der BGH an, wenn der Grundstückseigentümer sich verpflichtet, eine Wohnung in bestimmten Räumen zu gewährleisten.[276] Dieser Abgrenzung folgt das Schrifttum überwiegend, je nachdem, ob die zu benützende Wohnung bestimmt genannt ist, liegt eine Dienstbarkeit oder eine Reallast vor.[277]

Diese Abgrenzung ist jedoch nur eine scheinbare.[278] Enthält eine Wohnungsreallast die Maßgabe, dass der Berechtigte Räume bestimmter Größe und Qualität nutzen darf, kann im Einzelfall bereits durch diese Angaben die gemeinte Wohnung identifiziert werden. Die Abgrenzung beider Rechte ist damit weniger eine Frage des Typenzwangs, sondern der Formulierungskunst. Außerdem reibt sich die beschriebene Abgrenzung mit dem Bestimmtheitsgrundsatz. Dingliche Rechte müssen hinreichend bestimmt sein, was aus dem Typenzwang folgt. Die Bestimmtheit selbst lässt nach dem Gesetz wiederum Differenzierungen zu. Systematisch überzeugt es daher wenig, wenn dingliche Rechte voneinander durch ihren Grad der Bestimmtheit abgegrenzt werden, da doch alle dingliche Rechte dem Bestimmtheitsgrundsatz genügen müssen. Die Auswahl zwischen einem dinglichen Wohnrecht und einer Wohnungsreallast bestimmen daher eher technische Fragen. So führt man an, dass das dingliche Wohnrecht ein Recht zum Besitz gewährleiste, die Wohnungsreallast hingegen nicht.[279] Ein solches Recht kann aber aus dem schuldrechtlichen Grundgeschäft folgen und sinnvollerweise wird es hier vereinbart. Immerhin unterscheiden sich die Wohnungsreallast und das dingliche Wohnrecht durch das Belastungsobjekt, da nur eine Reallast an einem Miteigentumsanteil eingetragen werden kann. Da jedoch ein dingliches Wohnrecht an einem Miteigentumsanteil möglich ist,[280] dürfte dieser Unterschied nicht substanziell sein. Auch der deliktische Schutz eines dinglichen Wohnrechts und einer Wohnungsreallast deckt sich. Ein dingliches Wohnrecht gewährt ebenso Unterlassungsansprüche gegenüber Störungen durch Dritte, wie eine Reallast: Der BGH stuft eine Reallast als ein »sonstiges Recht« im Sinne des § 823 Abs. 1 ein, so dass sie vollen Deliktsschutz genießt.[281] Um auf die oben kritisierte Beschränkung der Reallast auf ein positives Tun zurückzugreifen, zeigt sich gerade beim Wohnrecht, wie wenig die Abgrenzung zwischen Tun und Unterlassen hier zu leisten vermag. Die Praxis hat sich davon stillschweigend verabschiedet.

---

[276] BGHZ 58, 57, 58.

[277] Siehe etwa: *Böhringer* BWNotZ 1987, 129, 131; *Dammertz* MittRhNotK 1970, 69, 80ff; *Staudinger/Amann* Einl zu §§ 1105–1112 Rn. 29; *Staudinger/Mayer* § 1093 Rn. 6.

[278] Ablehnend deswegen MünchKomm/*Joost* § 1105 Rn. 17 wonach nur ein Wohnrecht bestellt werden könne; dem folgend: *Bamberger/Roth/Wegmann* § 1105 Rn. 13.

[279] *Böhringer* BwNotZ 1987, 129, 131; *Staudinger/Amann* Einl zu §§ 1105–1112 Rn. 29.

[280] *Staudinger/Mayer* § 1093 Rn. 17.

[281] BGH NJW 2001, 921. Die gegenteilige Ansicht bei *Staudinger/Amann* Einl zu §§ 1105–1112 Rn. 29 aE übersieht diesen Gesichtspunkt.

c) Die Reallast und die übrigen Verwertungsrechte

Wie die Grundpfandrechte, so gewährt die Reallast dem Berechtigten ein Befriedigungsrecht. Kommt der Belastete seiner Verpflichtung nicht nach, so kann der Berechtigte sich aus dem belasteten Grundstück im Wege der Zwangsvollstreckung befriedigen (§§ 1107 i.V.m. 1147). Wegen der Verweisung in § 1107 deckt sich die Haftung bei der Reallast und die bei den Grundpfandrechten. Die persönliche Haftung des Reallastschuldners nach § 1108 Abs. 1 findet zwar keine Entsprechung bei den übrigen Grundpfandrechten, kann aber außen vor bleiben, da sie abdingbar und ohnehin nicht typenbestimmend für die Reallast ist.

Vergleicht man den Inhalt der Grundpfandrechte mit der Reallast, so fällt hier zuerst die praktisch annähernd bedeutungslose Rentenschuld nach § 1199 Abs. 1 ins Auge. Nach der in dieser Vorschrift enthaltenen Legaldefinition ist die Rentenschuld eine Unterart der Grundschuld, bei der dem Berechtigten eine in regelmäßig wiederkehrenden Terminen eine bestimmte Geldsumme aus dem Grundstück zu zahlen ist. Diesen Inhalt kann auch eine Reallast haben, da eine wiederkehrende Geldleistung eine regelmäßige bestimmte Geldsumme im Sinne in des § 1199 Abs. 1 sein kann. Das Merkmal wiederkehrende Leistungen birgt damit eine bestimmte Geldsumme in sich, wie dies die Rentenschuld fordert. In der Praxis verdrängte daher die Rentenreallast die Rentenschuld.[282] Die Unterschiede zwischen Rentenschuld und Reallast zeigen sich nicht im Inhalt beider Rechte, sondern in eher rechtstechnischen Besonderheiten.[283] Der Berechtigte ist bei einer Reallast weiter gefasst. Die Reallast kann sowohl als subjektiv dingliches wie auch als subjektiv persönliches Recht bestellt werden,[284] während bei der Rentenschuld nur eine Ausgestaltung als subjektiv persönliches Recht zugunsten des jeweiligen Eigentümers möglich ist. Bei der Begründung indes erlaubt die Rentenschuld den Parteien einen weiteren Spielraum: Als bloße Unterart der Grundschuld kann sie auch als Briefrecht oder Eigentümerrecht bestellt werden (§ 1199 Abs. 1 i.V.m. §§ 1192 Abs. 1, 1117). Einzig als Buchrecht ist dagegen die Reallast zu begründen. Die Arten, auf welche Weise ein Recht begründet und übertragen werden kann, weichen ab. Als ein schwerwiegender Unterschied zwischen Reallast und Rentenschuld ist dies jedoch nicht aufzufassen. Schließlich schreibt § 1199 Abs. 2, dass zwingend eine Ablösesumme genannt werden muss.

Bestehen damit weitreichende Parallelen zwischen einer Reallast und einer Rentenschuld,[285] so tauchten in der Praxis gleichwohl Abgrenzungsprobleme zwischen beiden Rechten auf. Beispielhaft dafür ist eine ältere Entscheidung aus

---

[282] Siehe dazu: *Soergel/Konzen* § 1199 Rn. 1; *Soergel/Stürner* § 1105 Rn. 2;

[283] Siehe zum folgenden auch *von Hertzberg* MittRhNotK 1988, 55.

[284] *Soergel/Stürner* § 1105 Rn. 5.

[285] Anders allerdings MünchKomm/*Joost* § 1105 Rn. 51, der die beschriebenen Unterschiede für »erheblich« hält.

dem Jahre 1965, in der sich der BGH mit der Absicherung einer Rente zu befassen.[286] Nach der notariell beglaubigen Vertragsurkunde beantragten die Parteien, »eine Rentenschuld von monatlich 225 DM zahlbar praenumerando am 1. März eins jeden Kalendermonats ...« einzutragen. Da eine Vereinbarung über eine Ablösesumme nach § 1199 Abs. 1 fehlte, beanstandete das Grundbuchamt die beantragte Eintragung. Eine Partei wollte eine solche Ablösesumme jedoch nicht entrichten. Darauf teilte der Notar von sich aus dem Grundbuchamt mit, dass eine Reallast eingetragen werden solle, was dann auch geschah. In dem weiteren Verfahren legte das zuständige Berufungsgericht den Vertrag dahin gehend aus, dass die Parteien allgemein beabsichtigten, eine Rente abzusichern. Im Wesentlichen ging es in dem Verfahren darum, ob ein Einigungsmangel zwischen den Parteien bestand. Das Berufungsgericht lehnte dies im Ergebnis ab. Bemerkenswert sind die Ausführungen des BGH gleichsam zwischen den Zeilen seines Urteils: Er billigte die vom Berufungsgericht getroffene Feststellung, dass es unerheblich sei, ob in der Eintragungsbewilligung ausdrücklich von einer »Rentenschuld« die Rede ist.[287] Obwohl die Parteien die Bezeichnung »Reallast« bei den Vertragsverhandlungen nicht äußerten, hinderte dies jedoch nicht die Auslegung, dass die ausdrücklich erwähnte Rentenschuld auch eine Reallast sein könne. Zum einen hatte sich der Kläger während der Vertragsverhandlungen keine genauen Vorstellungen von dem Begriff einer Rentenschuld gemacht. Zum anderen sind beide Rechte nach der Ansicht des BGH wirtschaftlich gleichwertig.[288] Von einem versteckten Einigungsmangel konnte daher nicht ausgegangen werden. Damit ist die Abgrenzung zwischen beiden Rechten faktisch obsolet: Die beschriebenen Unterschiede zwischen Reallast und Rentenschuld fielen nicht ins Gewicht. Die allgemeine Formulierung der Reallast erfasst in jedem Falle auch eine Rentenschuld, da keine substantiellen Unterschiede zwischen einer Rentenschuld und einer Reallast bestehen. Zieht man hierzu ein vorläufiges Zwischenergebnis, so zeigt sich, dass für diese Rechte die Typenvielfalt den Typenzwang konterkariert. Faktisch sind Reallast und Rentenschuld unabgrenzbar. Auch die Ablösesumme nach § 1199 Abs. 2 spielt hier keine entscheidende Rolle, wenn die Parteien nur allgemein bezwecken, dass eine Rente »dinglich« abgesichert werden soll.

[286] BGH WM 1956, 950. Fünf Jahre später landete diese Entscheidung wiederum beim BGH (WM 1970, 92). Erst in dieser Entscheidung befasste sich der BGH mit der Abgrenzung von Rentenschuld und Reallast. Zur Schilderung wird jedoch auf den Tatbestand der alten Entscheidung zurückgegriffen.

[287] BGH WM 1970, 92, 93.

[288] BGH WM 1970, 92, 93.

III. Typenerweiterungen

1. Rechte an eigener Sache

Rechte an eigener Sache[289] kennzeichnet, dass der Eigentümer eines Grundstücks zugleich der Berechtigte einer auf dem Grundstück ruhenden Belastung ist. Anwendungsfälle für eigene Rechte treten daher nur bei den beschränkten dinglichen Rechten an Liegenschaften auf. Dabei sind rechtstechnisch zwei Konstellationen denkbar, in denen ein Recht an einer eigenen Sache entsteht. Zum einen kann der Eigentümer das beschränkte dingliche Recht erwerben, zum anderen kann umgekehrt der Inhaber des beschränkten dinglichen Rechts das Eigentum am belasteten Grundstück erwerben. Das gemeine Recht baute noch auf dem römisch-rechtlichen Konsolidationsgrundsatz auf, wonach ein dingliches Recht erlosch, wenn es sich mit dem Eigentum vereinigte. Dies leitete man aus der Parömie *nulli res sua servit* ab, beschränkte dingliche Recht waren *iura in re aliena*, mit diesen Grundgedanken erschien ein eigenes Recht unvereinbar.[290] Da viele partikulare Hypothekenrechte mit der Eigentümerhypothek ein eigenes Recht kannten, entschloss sich der Gesetzgeber, § 889 in das Gesetz einzuarbeiten. Vereinigt sich danach ein dingliches Recht an einem Grundstück mit dem Eigentum daran, so erlischt das Recht nicht. Der Grundstückseigentümer rückt vollständig in die Position des früheren Rechtsinhabers ein.[291] Mit dieser Norm rückte der Gesetzgeber bewusst vom Grundsatz *nulli res sua servit* ab. Vielmehr stoße dieser Grundsatz auf unüberwindliche Schwierigkeiten, wenn das mit dem Eigentum zusammenfallende Recht mit einem Recht eines Dritten belastet ist.[292] Für diesen Fall befürchtete der Gesetzgeber gleichsam eine »Enteignung« des Dritten, sofern man den Konsolidationsgrundsatz anwendet. Eine solche »Enteignung« soll § 889 verhindern, indem auch nach dem Zusammenfallen von Eigentum und beschränktem dinglichen Recht letzteres fortbestehen soll.

---

[289] Gleichbedeutend sind die Begriffe »Eigenrecht« oder »Eigentümerrecht«.

[290] *Staudinger/Gursky* § 889 Rn. 1; *Wolff/Raiser* § 143 I. Gleichwohl kannten die römischen Quellen zahlreiche Ausnahmen von diesem Grundsatz. Im Einzelfall erlosch das fragliche Recht nicht, sondern es wurden dem Eigentümer pfandähnliche Befugnisse verliehen (näher dazu: *Herzog*, Die Eigentümerrechte an beweglichen und unbeweglichen Sachen [2004], 2f.). Der Gesetzgeber war sich dieser Ausnahmen bewusst: Mot. III, 201.

[291] MünchKomm/*Wacke* § 889 Rn. 10; *Staudinger/Gursky* § 889 Rn. 6.

[292] Mot. III, 203f. Bemerkenswert ist, dass der Gesetzgeber in seiner begrifflichen Logik keine Wahl zu haben meinte. Dritte hätte man auch dadurch schützen können, indem man den Fortbestand des belasteten Rechts insoweit fingiert hätte, wie das Recht des Dritten betroffen ist. Der Gesetzgeber verwarf eine solche Konstruktion, da man dadurch ein »relatives dingliches Recht« schaffe, was die »Harmonie im Systeme der Rechte an Grundstücken« störe (Mot. III, 203). Einzig *Schmidt-Rimpler*, Die Eigentümerdienstbarkeit (1911), ging ohne nähere Begründung davon aus, dass der Grundsatz *nulli res sua servit* auch im BGB gelte (16). Diese Ansicht findet jedoch keine Stütze im Gesetz und wurde in der Folgezeit nicht mehr beachtet.

Der Anwendungsbereich des § 889 ist deswegen weit gesteckt. Die Vorschrift erfasst alle beschränkten dinglichen Rechte an Grundstücken einschließlich der grundstücksgleichen Rechte, ausgenommen sind einzig die Rechte an Grundstücksrechten.[293] Die anfängliche Bestellung von eigenen Rechten regelt § 889 nicht.[294] Daher lassen sich durch diese Vorschrift keine allgemeinen Rückschlüsse darauf ziehen, ob alle dinglichen Recht originär als eigene Rechte errichtet werden können. Der Wortlaut des § 889 streitet gegen eine solche Auslegung. Darüber kann man sich auch nicht durch teleologische Erwägungen hinwegsetzen. Vielmehr regelt § 889 einen speziellen Fall eines nachträglich entstandenen Eigentümerrechts. Auch die Materialien hatte diese Norm nur auf die Fälle zugeschnitten, in denen sich nachträglich ein beschränktes dingliches Recht mit dem Eigentum begründet.[295] Soll es damit zulässig sein, ein dingliches Recht an einer eigenen Sache zu begründen, so bedarf es dafür einer besonderen gesetzlichen Regelung.

Das Gesetz enthält eine solche Regelung nur für die Grundschuld. § 1196 Abs. 1 gestattet es, eine Grundschuld auch für den Eigentümer als ursprüngliche offene Eigentümergrundschuld zu bestellen. Über die Vorschrift des § 1199 gilt dies auch für die Rentenschuld.[296] Da der Typenzwang eine begriffliche Geschlossenheit impliziert, ist die originäre Begründung eigener Rechte damit auf Grund- und Rentenschuld beschränkt. Methodische Bedenken gegen diese Aussage sind unangebracht. Bei allen Unwägbarkeiten zwischen Auslegung und Rechtsfortbildung ist nicht zu verkennen, dass das Gesetz für die übrigen dinglichen Rechte keine ursprünglichen Eigentümerrechte vorsieht. Die Grenze zwischen Auslegung und Lückenfüllung lässt sich damit genau ziehen. Wenn das Gesetz keine ursprünglichen Eigenrechte bei den übrigen beschränkten dinglichen Rechten vorsieht, handelt es sich um eine bewusste Wertentscheidung des Gesetzgebers, deren Folgen bedacht wurden. Es handelt sich um keine »echte Lücke«, deren Ausfüllung der Typenzwang nicht entgegensteht, sondern um eine »unechte Lücke«. Wie schon oben ausgeführt wurde, verbietet es der Typenzwang, solche Lücken im Wege der Auslegung zu korrigieren.[297] Hinter dem Anliegen, ursprüngliche Eigenrechte auch bei den übrigen beschränkten dinglichen Rechte zu konstruieren, verbergen sich damit rechtspolitische und teleologische Erwägun-

---

[293] Siehe dazu die Auflistung bei *Staudinger/Gursky* § 889 Rn. 2f.

[294] *Knöchlein*, Das Recht an der eigenen Sache (1991), 75; MünchKomm/*Wacke* § 889 Rn. 5; *Staudinger/Gursky* § 889 Rn. 7. Allerdings gestattet § 1009 Abs. 1, eine gemeinschaftliche Sache auch zu Gunsten eines Miteigentümers zu belasten und ergänzt dadurch § 747 Satz 2. Die Vorschrift ist aber nur auf das Miteigentum zugeschnitten, das der Gesetzgeber nicht nur an dieser Stelle eigenen Vorschriften unterworfen hat. Eine auf das Miteigentum begrenzte Ausnahme von dem Grundsatz, dass ursprüngliche eigene Rechte nicht möglich sind, sofern sie das Gesetz nicht gestattet, enthalten auch die §§ 1018, 1094 Abs. 2, 1105 Abs. 2 sowie § 9 Abs. 1 Satz 1 ErbbauVO iVm. § 1009 Abs. 2. Diese Besonderheit ist jedoch wiederum dem Miteigentum geschuldet. Für das Alleineigentum trifft § 1009 Abs. 2 keine Aussage.

[295] Mot. III, 201.

[296] *Knöchlein* (Fußn. 294), 75.

[297] Zu den methodischen Grundlagen oben § 5 III 2.

gen, die den Typenzwang sprengen. Nicht die wirtschaftlichen Rahmenbedingungen kennzeichnen den Typenzwang, sondern grundsätzlich liefern die sachenrechtlichen Typen den Rahmen für wirtschaftliche Transaktionen. Ein wie auch immer zu beschreibendes »Interesse« des Eigentümers ist deswegen ungeeignet, um ein ursprüngliches Eigenrecht zu rechtfertigen.

Konstruktiv lassen sich keine Bedenken gegen ein ursprüngliches Eigenrecht erheben. Es entsteht dadurch, dass nur eine Person die das Recht begründenden Willenserklärungen abgibt. Einen allgemeinen Grundsatz, dass die Entstehung eines Rechts von der Einigung zwischen mindestens zwei Personen abhängt, kennt das BGB jedoch nicht. Bereits das Reichsgericht und später der BGH haben darauf hingewiesen, dass § 873 Abs. 1 nicht notwendig einen personenverschiedenen »anderen Teil« voraussetzt. Die Bewilligungserklärung des Eigentümers umfasst sowohl das Einverständnis des Veräußerers als auch des Erwerbers.[298] Durch die spätere Eintragung ins Grundbuch ist dieser Vorgang transparent und entspricht damit dem Publizitätsprinzip.

Aufschlussreich für die Frage, warum ursprüngliche Eigenrechte begründet werden können, ist der Zweck, mit dem der Gesetzgeber die Vorschrift des § 1196 belegt hat. Von herausragender Bedeutung ist die rangreservierende Funktion der Eigentümergrundschuld. Indem der Eigentümer mehrere Eigentümergrundschulden bestellt,[299] kann er die Ränge dieser Grundpfandrechte bestimmen. Bereits vor der Inanspruchnahme eines Darlehens kann der Eigentümer den Wert seines Grundeigentums ausschöpfen. Die Motive führen als Zweck eines solchen Vorgehens aus, dass der Eigentümer zunächst die minder sicheren Grundschulden zur Kreditsicherung abtreten könne und die rangbesseren Grundschulden »für schlechte Zeiten zurücklegen« könne.[300] Das eigene Grundpfandrecht wahrt den Rang des beschränkten dinglichen Rechts, die Rechte nachstehender Gläubiger rücken nicht auf. Darin sieht man den Zweck eines Eigentümergrundpfandrechts. Es schützt den Eigentümer außerdem vor nachrückenden Gläubigern, denen ansonsten der Aufstieg in der Rangordnung einen unverdienten Gewinn brächte.[301]

---

[298] Jeweils zu einer beschränkten persönlichen Dienstbarkeit: RGZ 142, 231, 235ff; BGHZ 41, 209, 210. Siehe außerdem: *Heck* § 27/7b; MünchKomm/*Pohlmann* § 1030 Rn. 22; *Schön* (Fußn. 80), 222.

[299] Im Gegensatz zu Fremdrechten wird die Eigentümergrundschuld durch eine einseitige Willenserklärung gegenüber dem Grundbuchamt begründet. § 873 ist nicht anwendbar (MünchKomm/*Eickmann* § 1196 Rn. 2; *Staudinger/Gursky* § 873 Rn. 211). Nach einer Gegenansicht handele es sich dabei um eine Prozesshandlung, da die Erklärung des Eigentümers, für ihn solle eine Grundschuld eingetragen werden, mit der Bewilligung identisch sei. Dies ergebe sich aus dem Verweis des § 878 auf § 873 (*Staudinger/Wolfsteiner* § 1196 Rn. 4). Diese Ansicht mag bestimmte systematische Gründe für sich verbuchen können, übersieht aber, dass eine Prozesshandlung keine materiell-rechtlichen Folgen erzeugen kann.

[300] Mot. III, 792. Siehe auch *Staudinger/Wolfsteiner* § 1196 Rn. 1.

[301] *Heck* § 27/7; *v. Lübtow*, FS Lehmann I (1956), 328, 355.

Eine Eigentümergrundschuld übernimmt danach die Aufgabe einer Vorratsgrundschuld, um für ein künftiges Kapitalbedürfnis vorzusorgen. Ökonomisch analysiert, dienen solche Eigentümerrechte dazu, eine marktgerechte Absicherung für ein Darlehen zu bilden. Für einen kurzfristigen Warenkredit dürfte ein erstrangiges Grundpfandrecht in aller Regel unangemessen sein. Zudem wirkt sich die Rangstelle eines Grundpfandrechts auf die Konditionen des Darlehensvertrages aus. Je schlechter der Rang des sichernden Grundpfandrechts, desto ungünstiger können die Darlehenskonditionen sein. Vorratsgrundschulden sind damit dazu geeignet, eine strukturell ungleiche Verhandlungsstärke zwischen dem kreditsuchenden Eigentümer und den meist marktmächtigen Kreditgebern auszugleichen. Der Eigentümer kann als Verhandlungspotential den unterschiedlichen Rang der Grundpfandrechte für sich verbuchen. Will der Kreditgeber einen rangstarkes Grundpfandrecht zur Sicherung des Darlehens, muss er dafür entsprechende Konditionen anbieten. Es soll hier aber nicht verschwiegen werden, dass dieses ökonomische Vorverständnis des Gesetzgebers heute nur noch eine Wunschvorstellung ist. Empirisch betrachtet, sind die Zinsen für die durch die erstrangige Grundschuld gesicherte Darlehensforderungen meist am höchsten.[302] Die wirtschaftlichen Interesse des Eigentümers an einem eigenen Grundpfandrecht, die der Gesetzgeber so betonte, sind deswegen durch die Praxis weitgehend aufgehoben.

Bei der Hypothek verbietet es der Akzessorietätsgrundsatz, sie als ursprüngliches Eigentümerrecht zu begründen. Folgerichtig bestimmt deswegen § 1163 Abs. 1 Satz 1, dass der Eigentümer die Hypothek erwirbt, wenn die zu sichernde Forderung nicht entstanden ist. Paradigmatisch hierfür ist der Fall, dass der der Hypothekenbestellung zugrunde liegende Darlehensvertrag nichtig ist.[303] Wel-

---

[302] Siehe dazu nur: MünchKomm/*Eickmann* § 1163 Rn. 2 mwN. Fußn. 6, 7.

[303] Darüber hinaus ist derzeit noch nicht abschließend geklärt, welche Fälle unter § 1163 Abs. 1 Satz 1 fallen. Nach einer weit gehenden Ansicht genüge für § 1163 Abs. 1 Satz 1 bereits, dass eine Hypothek in das Grundbuch eingetragen ist (*Erman/Räfle* vor § 1113 Rn. 7; *Staudinger/ Wolfsteiner* Einl zu §§ 1113ff Rn. 59). Für diese Ansicht spricht, dass sie die verschiedenen Fälle einer einheitlichen Lösung zuführt, in denen die Bestellung einer Hypothek fehlerhaft ist (so *Wolfsteiner* aaO Rn. 60). Die Rechtsprechung des Reichsgerichts wandte diesen Grundsatz nicht an. Fehlt eine Einigung im Sinne des § 873 , so soll überhaupt keine Hypothek und auch keine Eigentümergrundschuld nach § 1163 Abs. 1 Satz 1 entstehen (RGZ 106, 136; RGZ 63, 179; RGZ 68, 97; RGZ 78, 285; ebenso: *Palandt/Bassenge* § 1163 Rn. 1; *Soergel/Konzen* § 1163 Rn. 4; wohl auch BGHZ 30, 173). Besondere Probleme bereiten Bedingungen. Die Einigung nach § 873 kann nach allgemeiner Ansicht mit Bedingungen versehen werden. Steht die Einigung unter einer auflösenden Bedingung (siehe dazu BGHZ 29, 363), erlischt das auflösend bedingte Grundpfandrecht mit Bedingungseintritt. Eine Eigentümergrundschuld soll nicht entstehen (MünchKomm/*Eickmann* § 1113 Rn. 58; *Wolff/Raiser* § 134 I). Rein konstruktiv lässt sich dies dadurch begründen, dass nachträglich die Einigung wegfällt, die eine Voraussetzung dafür ist, dass ein Eigentümergrundpfandrecht besteht. Kritisch ist das aufschiebend bedingte Grundpfandrecht. Seine Eintragung macht das Grundbuch unrichtig, sofern man eine Einigung als Mindesterfordernis für § 1163 Abs. 1 Satz 1 verlangt. Im Ergebnis führen bedingte Einigungen im Hypothekenrecht daher dazu, dass ein dingliches Grundstücksrecht außerhalb des Grundbuchs erlischt

cher Art das Recht ist, regelt das Gesetz nicht. Aus dem systematischen Zusammenhang zu § 1177 Abs. 1 Satz 1 folgt jedoch, dass es sich dabei um eine Eigentümergrundschuld handelt.[304] Auch hier steht der Gedanke der Rangreservierung im Vordergrund. Resümiert man die *ratio legis* zu den ursprünglichen eigenen Rechten, so besteht diese in einer Rangwahrung zugunsten des Eigentümers, um seine kreditwirtschaftliche Flexibilität zu sichern.[305] Die Vorschriften der §§ 889, 1163 Abs. 1 Satz 1, 1196 Abs. 1 enthalten damit eine Ausnahme von dem sonst geltenden Prinzip der gleitenden Rangordnung.

a) Dienstbarkeiten zugunsten des Eigentümers

Für Dienstbarkeiten sieht das Gesetz keine ursprünglichen Eigentümerrechte vor. Gleichwohl hat die Rechtsprechung auch hier Eigentümerrechte anerkannt. Bereits im Jahre 1933 hatte das Reichsgericht eine Eigentümergrunddienstbarkeit für zulässig gehalten, diese Entscheidung bildete seither den Ausgangspunkt für die weitere Rechtsentwicklung.[306] Die Beschwerdeführerin war Eigentümerin zweier Grundstücke, wobei auf dem einen Grundstück eine Ziegelei betrieben wurde und auf dem anderen Grundstück Ton als Rohstoff für die Ziegelherstellung gewonnen wurde. Da die Ziegelei beliehen werden sollte, musste ihre Versorgung mit Rohstoffen aus dem anderen Grundstück sichergestellt werden. Dies erreichte die Beschwerdeführerin durch eine subjektiv dingliche Dienstbarkeit für den jeweiligen Inhaber des »Ziegeleigrundstücks«, wonach ein Recht bestehe, den Ton des Nachbargrundstücks zu gewinnen und abzufahren. Tatsächlich wurde eine solche Dienstbarkeit eingetragen und sollte auf Antrag der Beschwerdeführerin wieder gelöscht werden, nachdem die Ziegelei beliehen worden war.[307] Die Beschwerdeführerin stützte ihren Antrag darauf, dass eine Dienstbarkeit zwischen Grundstücken derselben Eigentümerin unzulässig sei. Das Reichsgericht erkannte in dieser Entscheidung erstmals für Recht, dass eine Eigentümerdienstbarkeit zulässig sei.

Nähert man sich dem Problem mit einer historischen Auslegung, so ergeben die Gesetzesmaterialien einen anderen Befund. Die Motive sprachen sich gegen

---

oder entsteht. (Kritik deswegen bei MünchKomm/*Eickmann* § 1113 Rn. 52ff). Als Ausweg bietet sich hier nur an, § 1163 Abs. 1 Satz 1 auf alle Fälle der bedingten Einigung anzuwenden und damit die Eintragung einer Hypothek als hinreichende Bedingung für diese Vorschrift anzusehen (so *Staudinger/Wolfsteiner* Einl zu §§ 1113ff Rn. 67–70, § 1163 Rn. 14).

[304] *Staudinger/Wolfsteiner* § 1163 Rn. 1.

[305] Eine andere Frage ist, ob es diese Rangwahrung systemkonform durchhält. Faktisch zerstören dieses Prinzip die §§ 1179ff. Das Gesetz zur Änderung sachenrechtlicher, grundbuchrechtlicher und anderer Vorschriften vom 22. Juni 1977 (BGBl. I, 998) schenkte der Kreditwirtschaft die besagten Normen.

[306] RGZ 142, 231.

[307] Der Sachverhalt der Entscheidung RGZ 142, 231 wird hier vereinfacht wiedergegeben.

eine Eigentümerdienstbarkeit aus.[308] Ihre Entstehung hindere, dass der Eigentümer keinen Vertrag mit sich selbst schließen könne: »Die Zulassung eines gleichwirksamen einseitigen Stiftungsakts findet sich nicht im geltenden Rechte und wird auch durch ein praktisches Bedürfniß nicht erfordert«. Ein Interesse des Eigentümers, durch eine Eigentümerdienstbarkeit einen Rang wahren zu können, hielt der Gesetzgeber für unerheblich.[309] Das Reichsgericht wiederum hielt diese Erwägungen für unmaßgeblich, da das Gesetz es zulasse, eine eigene Dienstbarkeit zu Gunsten eines eigenen Grundstückes zu bestellen.[310] Aus einer Auslegung zweier Vorschriften gewinnt es diese Erkenntnis. Zum einen belege § 889, dass es eigene Rechte gibt, zum anderen sehe § 1196 die Bestellung einer Eigentümergrundschuld vor. Deswegen könne nicht mehr der Grundsatz *»nulli res sua servit«* gelten. § 1018 selbst enthalte auch keine positive Aussage darüber, wer Eigentümer der Grundstücke sein müsse.[311]

Gleicht man diese Ausführungen mit denen des Gesetzgebers ab, so zeigt sich, dass das Reichsgericht dessen Ansicht schlichtweg hinweginterpretierte. Der Gesetzgeber erwähnte die Eigentümerdienstbarkeit deswegen nicht, weil er sie nicht anerkannte. Ein besonderes Verbot der Eigentümerdienstbarkeit war nicht erforderlich, da § 1196 gleichsam als Ausnahmefall die Eigentümergrundschuld regeln sollte. Damit ist der entscheidende Gesichtspunkt angesprochen. Der Gesetzgeber sah § 1196 als Ausnahme von einem Grundsatz, das Reichsgericht zog aus dieser Vorschrift einen erst Recht Schluss. Methodisch ist das Vorgehen des RG nicht haltbar, da die systematische Stellung des § 1196 nicht richtig erkannt wurde. Nicht minder bedenklich ist es, wenn das RG sein Ergebnis zusätzlich durch § 889 abzusichern versucht. Wie bereits eingangs ausgeführt, ist diese Norm für verallgemeinernde Schlüsse untauglich, da nur auf einen speziellen Fall zugeschnitten.

Im Jahre 1964 erweiterte der BGH in einer grundsätzlichen Entscheidung die durch das Reichsgericht aufgestellten Grundsätze.[312] Zugunsten einer der Parteien war eine Unterlassungsdienstbarkeit im Grundbuch eingetragen, wonach sie das Recht hatte, auf ihr gehörenden Grundstücken bestimmte gewerbliche Nutzungen zu untersagen. Der Kläger wollte auf einem dieser Grundstücke eine Privatklinik errichten und beantragte daher festzustellen, dass die Dienstbarkeit unwirksam sei. Eine solche Dienstbarkeit ist nach der Ansicht des BGH wirksam, wenn sie mit Rücksicht auf eine beabsichtigte Übertragung des Eigentums geschehe und aus diesem Grunde ein Bedürfnis an der Bestellung zu bejahen sei.[313] Dieses Bedürfnis muss nicht notwendig ein wirtschaftliches sein, es genügt auch

[308] Mot. III, 480.
[309] Mot. III, 480.
[310] RGZ 142, 231, 236.
[311] RGZ 142, 231, 234f.
[312] BGHZ 41, 209.
[313] BGHZ 41, 209, 211 = WM 1964, 1226f; dazu: *Just*, FS F.A. v. d. Heydte (1977), 849.

ein »ideelles Interesse«. Ebenso wenig kommt es darauf an, ob sich der Zweck der Bestellung auch auf andere Weise erreichen lässt.[314] Die Entscheidung hat die herrschende Ansicht geprägt. Durchgehend erkennt man eine Eigentümerdienstbarkeit an.[315]

Diese Rechtsentwicklung verwundert, da der Gesetzgeber in den Motiven ausdrücklich das Gegenteil ausführte und diese Ansicht im Gesetzeswortlaut auch ihren Niederschlag gefunden hat. Dabei ist nicht zu bestreiten, dass an einer Eigentümerdienstbarkeit ein praktisches Bedürfnis besteht. Wenn der Eigentümer zweier Grundstücke plant, eines zu veräußern, kann es durchaus sinnvoll sein, eine Dienstbarkeit zu Gunsten des Eigentümers einzutragen. Sie ermöglicht dem Eigentümer, den Baugrund zu erschließen, indem er notwendige Leitungs- oder Wegerechte bestellen kann.[316] Wie die referierte Entscheidung des BGH zeigt, kann eine Eigentümerdienstbarkeit auch dazu dienen, den Wert eines Grundstücks zu erhalten, indem etwa eine Immissionsbelastung durch benachbarte Grundstücke vermieden werden kann. Eine Eigentümerdienstbarkeit zu bestellen, gewinnt damit immer dann an praktischer Relevanz, wenn der Eigentümer eines seiner Grundstücke veräußern will. Vor diesem Hintergrund sieht der BGH in einer künftigen Veräußerung stets ein Bedürfnis, um eine Eigentümerdienstbarkeit zu bestellen.[317] Dies dürfte die praktischen Fälle abdecken, jedoch ist diese Formel begrifflich unglücklich. Da jedes Interesse des Eigentümers es rechtfertigen kann, eine Eigentümerdienstbarkeit einzutragen, gerät die Formel weit und ist zugleich unklar. Die verschiedenen Interessen des Eigentümers können weit gespannt sein, so dass sich hinter dieser Konkretisierung in Wirklichkeit eine Leerformel verbirgt. Zwar spricht nach der Ansicht des BGH bereits die Kostenbelastung des Eigentümers dagegen, dass er unnötige Eintragungen in das Grundbuch veranlassen werde.[318] Jedoch lassen sich aus der empfundenen Kostenbelastung keine Rückschlüsse darauf ziehen, ob die Eintragung einer eigenen Dienst-

[314] BGHZ 41, 209, 211. Erschwerend kam hinzu, dass die Beklagte nicht mehr im fraglichen Stadtteil wohnte. Der BGH hielt dies jedoch für unerheblich, da die beschränkte persönliche Dienstbarkeit auch für fremde Bedürfnisse oder Interessen Dritter bestellt werden könne. Dagegen zu Recht: *Just*, FS A. v. d. Heydte (1977), 849, 864ff.

[315] Spätere Entscheidungen des BGH: BGH MittBayNot 1984, 126, 127; BGH NJW 1988, 2362, 2363; siehe auch BayObLG Mitt BayNot 1989, 212; OLG Karlsruhe NJW-RR 1991, 785, 786. Aus der Literatur siehe etwa: *Adamczyk* MittRhNotK 1998, 105, 107; *Herzog* (Fußn. 290), 105ff; MünchKomm/*Falckenberg* § 1018 Rn. 22; *Soergel/Stürner* § 1018 Rn. 38; *Staudinger/Mayer* § 1018 Rn. 48; *Weitnauer* DNotZ 1964, 716; aA *Bamberger/Roth/Wegmann* § 1018 Rn. 20 (nur ein schutzwürdiges Interesse an einer beschränkten persönlichen Dienstbarkeit soll deren Begründung als eigenes Recht rechtfertigen. Eine Ausnahme gelte nur, wenn der Berechtigte der jeweilige Eigentümer des anderen Grundstücks sei).

[316] *Staudinger/Mayer* § 1018 Rn. 50.

[317] BGHZ 41, 209, 211; BGH NJW 1988, 2362, 2363; auch OLG Frankfurt a.M. RPfleger 1984, 264; *Adamczyk* MittRhNotK 1988, 105, 107; *Baur/Stürner* § 33 Rn. 34; *Soergel/Stürner* § 1018 Rn. 38; *Staudinger/Mayer* § 1018 Rn. 48; zust. auch MünchKomm/ *Falckenberg* § 1018 Rn. 22 Fußn. 102.

[318] BGHZ 41, 209, 211.

barkeit auch den Interessen des Eigentümers entspricht. Letztlich gestattet daher die Rechtsprechung dem Eigentümer selbst zu entscheiden, wann er eine Eigentümerdienstbarkeit eintragen lässt, das dafür nötige Interesse liegt in seiner Definitionshoheit. Deswegen ist es nur konsequent, aber methodisch ebenso anfechtbar, auf ein solches Interesse insgesamt zu verzichten.[319]

Dienstbarkeiten an einem eigenen Grundstück sind daher möglich. Dies veranlasst jedoch zu einer kritischen Zwischenbemerkung. Die Praxis zur Eigentümerdienstbarkeit hat den Typenzwang den praktischen Bedürfnissen des Eigentümers geopfert. Dabei mögen diese praktischen Bedürfnisse durchaus bestehen, der Gesetzgeber sah dies jedoch anders und lehnte eine Eigentümerdienstbarkeit ab. Nach der hier vertretenen Ansicht ist damit eine Eigentümerdienstbarkeit mit dem Typenzwang unvereinbar. Aus der Sicht des Gesetzgebers war das System der eigenen Rechte geschlossen. Diese wurden anerkannt, um ein Ranginteresse zu wahren. Der Gesetzgeber erkannte dieses Interesse bei den Grundpfandrechen, nicht aber bei den dinglichen Nutzungsrechten. Daher steckt hinter der Beschränkung der Eigentümerrechte durchaus eine teleologische *ratio* und nicht nur ein begriffliches Versehen des Gesetzgebers. Das Gesetz ist in dieser Frage auch nicht offen und enthält keine echte Lücke. Hätte der Gesetzgeber beabsichtigt, eine originäre Eigentümerdienstbarkeit einzuführen, hätte er dafür eine entsprechende Formulierung wie bei § 1196 gewählt. Da dies nicht geschah, erübrigte sich folgerichtig auch ein ausdrückliches Verbot, dass eine ursprüngliche Eigentümerdienstbarkeit verboten ist. Eine andere Frage ist, ob man diese teleologische *ratio* teilen mag.

b) Nießbrauch an eigener Sache

Die Rechtsentwicklung zur Eigentümerdienstbarkeit zeichnete den Weg für den Eigentümernießbrauch vor. Noch die ältere Rechtsprechung erachtete den Nießbrauch an einer eigenen Sache für unzulässig, da im Gesetz nicht vorgesehen und verwies darauf, dass der unübertragbare Eigentümernießbrauch der Vollstreckung entzogen sei.[320] Diese streng am Gesetz ausgerichtete Ansicht wich jedoch einer differenzierenden Betrachtung. Allerdings sind Rechtsprechung und Lehre von einer einheitlichen Lösung noch weiter entfernt als bei der Dienstbarkeit. Die Ursache dessen ist, dass der Nießbrauch nicht nur an Grundstücken, sondern auch an Fahrnis und Rechten möglich ist. Der Belastungsgegenstand entscheidet im Ergebnis darüber, ob ein originärer Eigentümernießbrauch möglich ist.

---

[319] So etwa RGRK/*Rothe* § 1018 Rn. 11.

[320] RG Recht 1920 Nr. 664; RGZ 148, 321, 323f.; KGJ 51, 291; OGH NJW 1949, 260; siehe auch OLG Düsseldorf NJW 1961, 561.

Einen originären Eigentümernießbrauch an Liegenschaften erkennt die herrschende Ansicht an.[321] Die Begründung dafür fällt spärlich aus. Meist verweist man auf § 1196 Abs. 2 sowie auf die entsprechende Rechtslage bei der Dienstbarkeit. Methodisch überzeugt dies ebenso wenig wie bei der Dienstbarkeit und läuft dem *numerus clausus* Prinzip zuwider. Das Gesetz erwähnt keinen originären Eigentümernießbrauch und legt dadurch eine systematische Geschlossenheit nahe. Der Typenzwang gestattet es nicht, neue Rechte zu schaffen, sondern begrenzt die Inhaltsfreiheit der Parteien auf das rechtlich erlaubte Programm. Diese zwingenden Vorgaben des BGB überspielt die herrschende Meinung, indem sie auf das Interesse des Eigentümers an einem originären Eigentümernießbrauch verweist. Dieses Interesse ist nicht zu leugnen, aber gleichwohl ungeeignet, um den Widerspruch zum Typenzwang zu legitimieren. Wie bei der Dienstbarkeit wirkt sich ein originärer Eigentümernießbrauch bei der nachfolgenden Übereignung des Grundstücks aus. Der eingetragene Nießbrauch sichert dem ehemaligen Eigentümer die Rangstelle, alle später eingetragenen beschränkten dinglichen Rechte sind nachrangig. Wenn erst nach der Übereignung ein Nießbrauch zu Gunsten des Veräußerers bestellt werden soll, wäre dieser nicht vor Zwischenverfügungen des Erwerbers geschützt und könnte dadurch seine Rangstelle verlieren.[322] Dieses Interesse mag berechtigt sein. Der Gesetzgeber erkannte eine solches »Rangwahrungsinteresse« aber nur bei der Grundschuld an und nicht bei anderen beschränkten dinglichen Rechten. Ein erst-Recht Schluss aus § 1196 Abs. 2 ist daher nicht möglich. Die herrschende Ansicht zum Eigentümernießbrauch an Grundstücken verdeutlicht daher, wie rechtspolitische Erwägungen den Typenzwang überlagern und unter Berufung auf ein Interesse des Eigentümers die Gesetzessystematik schlicht »hinwegteleologiesieren«. Um es zu betonen: Das Interesse an einem Eigentümernießbrauch ist nicht zu bezweifeln. Ohne Bruch mit dem Typenzwang lässt er sich jedoch nicht begründen. Parallel zur Rechtslage bei der Dienstbarkeit verlangen auch hier einige, dass der Eigentümer ein Interesse an einem originären Eigentümerrecht hat, legen dieses Interesse aber großzügig aus.[323] Wenn man sich auf einen originären Eigentümernießbrauch an Grundstücken

---

[321] BayObLG MittBayNot 1979, 6, 8; OLG Köln NJW-RR 1999, 239; LG Stade NJW 1968, 1678; LG Hamburg DNotZ 1969, 39; AG Aachen MittRhNotK 1973, 640. Eine Entscheidung des Bundesgerichtshofs zu dieser Frage fehlt bislang. Grdl. *v. Lübtow*, Schenkungen der Eltern an ihre minderjährigen Kinder (1949), 62, 89; *ders.* NJW 1962, 275; *Bamberger/Roth/Wegmann* § 1030 Rn. 12; *Erman/Michalski* § 1030 Rn. 6; *Harder* NJW 1969, 278; *ders.* DNotZ 1970, 269; *Herzog* (Fußn. 290), 108f.; MünchKomm/*Pohlmann* § 1030 Rn. 22; *Palandt/Bassenge* § 1030 Rn. 4; *Schön* (Fußn. 80), 222ff; *Soergel/Stürner* § 1030 Rn. 3; *Staudinger/Frank* § 1030 Rn. 27.

[322] *Schön* (Fußn. 80), 223.

[323] LG Hamburg DNotZ 1969, 39, 40; AG Aachen MittRhNotK 1973, 640, 641; *Bamberger/Roth/ Wegmann* § 1030 Rn. 12; *Erman/Michalski* § 1030 Rn. 6; *Soergel/Stürner* § 1030 Rn. 3; *Westermann/Gursky* § 121 II.

einlässt, so ist es nur konsequent, wenn man auf ein solches Interesse verzichtet und auf die rangwahrende Wirkung eines solchen Nießbrauchs abstellt.[324]

Hält man sich diese Rechtsentwicklung vor Augen, so müsste man folgerichtig auch einen originären Eigentümernießbrauch an beweglichen Sachen anerkennen. Die herrschende Ansicht entscheidet hier gleichwohl anders.[325] Unzutreffend ist es allerdings, den originären Eigentümernießbrauch an der Fahrnis deswegen abzulehnen, da dessen Begründung nicht dem Publizitätsprinzip genügen könne.[326] Eine Übergabe der Sache scheidet zwar aus, dies spricht aber nicht dagegen, dass ein originärer Eigentümernießbrauch an einer beweglichen Sache begründet werden kann. Nach dem oben entwickelten dienen die Übergabe und ihre Surrogate allenfalls untergeordnet dem Publizitätsprinzip.[327] Es stünde nichts dagegen, einen originären Eigentümernießbrauch anzuerkennen, der durch eine bloße Einigung entstanden ist. Die Situation ist insoweit vergleichbar mit der Übereignung besitzloser Sachen. Da der Besitz nicht übergehen kann, muss eine bloße Einigung genügen. Es braucht kaum betont zu werden, dass in einem solchen Fall der Eigentümer kaum widerlegbar behaupten könnte, er habe zu seinen Gunsten einen Nießbrauch bestellt. In den relevanten Fällen gehen diese Bedenken jedoch ins Leere. Erst bei einer nachfolgenden Übereignung oder Belastung der Sache spielt dieses Eigenrecht eine Rolle. Veräußert der Eigentümer die Sache, so fallen die Entstehung des neuen Eigentums und die des Nießbrauchs zusammen. Die Parteien müssen durch die besitzrechtliche Lage klarstellen, wer Nießbraucher ist. Dazu muss wegen §§ 1032 in aller Regel ein Besitzkonstitut vereinbart werden, so dass der Nießbrauch zeitgleich mit dem neuen Eigentum entsteht. Im Gegensatz zu Grundstücken scheidet damit eine rangsichernde Funktion des Nießbrauchs aus, so dass für einen originären Eigentümernießbrauch an Grundstücken kein Bedürfnis besteht.[328] Aus § 1063 Abs. 2 lässt sich auch nichts Gegenteiliges herleiten, da diese Norm nur für das nachträgliche Zusammentreffen von Eigentum und Nießbrauch gilt. Nach dem hier entfalteten Konzept geben die Tatbestände über das nachträgliche Entstehen von Eigenrechten nichts dafür her, ob eine originäre Begründung zulässig ist.

---

[324] *Harder* NJW 1969, 278f; *ders.* DNotZ 1970, 267, 274; MünchKomm/*Pohlmann* § 1030 Rn. 24; *Schön* (Fußn. 80), 223f; *Staudinger/Frank* § 1030 Rn. 31 jeweils mwN. Das OLG Köln (NJW-RR 1999, 239) hat bei einer Schenkung unter Nießbrauchsvorbehalt erst gar nicht untersucht, ob an der Bestellung eines Eigenrechts ein Interesse besteht, ist aber auch nicht auf das Problem eingegangen.

[325] *Abraham* AcP 151 (1951/1952), 377f; MünchKomm/*Pohlmann* § 1030 Rn. 26; RGRK/*Rothe* § 1030 Rn. 5; *Schön* (Fußn. 80), 225f.

[326] So jedoch *Abraham* AcP 151 (1951/1952), 377f.; *Staudinger/Frank* § 1030 Rn. 32; ähnlich RGRK/*Rothe* § 1030 Rn. 5.

[327] § 4 V 1.

[328] Grdl. *Schön* (Fußn. 80), 225f; dem folgend: MünchKomm/*Pohlmann* § 1030 Rn. 26; teilweise anders *Staudinger/Frank* § 1030 Rn. 32 hält eine originäre Begründung eines Vorbehaltsnießbrauchs für zulässig, muss dann aber die (zu Unrecht) geforderte Erkennbarkeit fingieren.

c) Eigentümerreallasten

Wenig geklärt ist, ob auch eine Eigentümerreallast möglich ist. Eine gefestigte Rechtsprechung zu dieser Frage existiert bislang nicht. Die herrschende Meinung lässt es zu, eine Eigentümerreallast zu begründen und stützt sich dabei auf die zu den Dienstbarkeiten angeführten Gründe.[329] Als subjektiv – persönliches Recht soll danach die Reallast für den gegenwärtigen Eigentümer bestellt werden können, als subjektiv – dingliches Recht für den jeweiligen Eigentümer des belasteten Grundstücks. Ungeklärt sind die Voraussetzungen, wann es zulässig sein soll, eine Reallast zu Gunsten des Eigentümers zu bestellen. Angelehnt an die Rechtsprechung zu den Dienstbarkeiten fordert man teilweise ein Interesse des Eigentümers an der Bestellung einer Eigentümerreallast,[330] während andere dieses Erfordernis für überflüssig halten und damit einschränkungslos eine Eigentümerrealast bejahen.[331] Ein praktisches Bedürfnis für eine Eigentümerreallast mag bestehen. Zu denken ist hier etwa an den Fall, wenn der Eigentümer sein Grundstücks einem anderen überträgt und dabei ein Teil des Kaufpreises verrentet wird. Zur Absicherung dieser Rente könnte eine Reallast eingetragen werden. Je nach dem, ob diese Reallast vor oder nach der Grundbuchänderung eingetragen wird, besteht ein praktischer Spielraum für eine Eigentümerreallast. Beantragt der Veräußerer eine Reallast und wird sie darauf eingetragen, so erwirbt der Erwerber dadurch ein belastetes Grundstück.[332]

Eine Eigentümerreallast erörterte der Gesetzgeber in den Materialien nicht. Der Wortlaut des § 1105 Abs. 1 sieht nicht die Möglichkeit vor, eine Eigentümerreallast zu begründen. Erweiternd bestimmt § 1105 Abs. 2 nur, dass eine Reallast als subjektiv dingliches Recht bestellt werden kann. Die systematische Auslegung ist auf den ersten Blick derart klar wie die Wortlautauslegung. Nach § 1107 können einzelne Vorschriften des Hypothekenrechts auf die Reallast angewendet werden. Deswegen stellt sich die Frage, ob nicht auch die Vorschriften des Hypothekenrechts über eigene Rechte auch auf eine Reallast angewendet werden können. Auf welche Vorschriften des Hypothekenrechts § 1107 verweist, ist umstritten. Bei der Begründung einer Reallast unterscheiden viele danach, ob für einzelne Leistungen ein Eigentümerrecht begründet werden soll oder ob insgesamt ein Eigentümerrecht entstehen soll. Eine Reallast als Eigenrecht zu begründen, soll nach einer verbreiteten Ansicht deswegen zulässig sein, da die übrigen Verwertungsrechte auch als Eigentümerrechte begründet werden können.[333] Deswegen

---

[329] *Baur/Stürner* § 35 Rn. 13; *v. Lübtow*, FS Lehmann I, 328, 355; *Kirchner* MittBayNot 1972, 53; MünchKomm/*Joost* § 1105 Rn. 33; *Palandt/Bassenge* § 1105 Rn. 3; *Preißmann* (Fußn. 262), 85ff; RGRK/*Rothe* § 1105 Rn. 9; *Soergel/Stürner* § 1105 Rn. 16; *Staudinger/Amann* § 1105 Rn. 5; *Westermann/Gursky* § 124 IV 1.

[330] *Kirchner* MittBayNot 1972, 53f.

[331] *Preißmann* (Fußn. 262), 87f; offen *Staudinger/Amann* § 1105 Rn. 5.

[332] Beispiel nach *Kirchner* MittBayNot 1972, 53.

[333] *Preißmann* (Fußn. 262), 87; *Kirchner* MittBayNot 1972, 53, 54.

scheint es auf den ersten Blick nahe zu liegen, sich auf die strukturellen Gemeinsamkeiten dieser Rechte zu berufen. Methodisch überzeugt diese Argumentation jedoch nicht. Teleologische und systematische Erwägungen begrenzt der Wortlaut der Norm, ausdeutbar ist nur, was zweideutig ist.[334] Als *tertium comparationis* sind Grund- und Rentenschuld ungeeignet, da willkürlich gewählt. Das systematische Argument ist in Wirklichkeit ein verbotener Analogieschluss. Die gesetzlichen Vorschriften über die Reallasten werden als unvollständig empfunden. Diese Unvollständigkeit liegt jedoch im gesetzgeberischen Plan.

Die Gründe, warum eine Eigentümerdienstbarkeit zulässig sein soll, geben nichts für die Frage her, warum auch eine Reallast als eigenes Recht zulässig sein kann. Bereits methodisch konnten die Argumente zur Eigentümerdienstbarkeit nicht überzeugen. Damit zeichnet sich auch hier wieder ab, dass die wirtschaftlichen Gründe für ein Recht an einer eigenen Sache gegen den Wortlaut des Gesetzes die Oberhand gewinnen. Das Fazit zu der Frage, ob eine Reallast als eigenes Recht bestellt werden kann, deckt sich daher mit den oben getroffenen Ergebnissen: Eine Eigentümerreallast ist mit dem Typenzwang unvereinbar. Auch hier ist nicht zu bestreiten, dass ein Bedürfnis für eine solche Reallast bestehen mag. Solange das Gesetz sie jedoch nicht vorsieht, ist sie unkonstruierbar.

2. Gesamtrechte

Im Regelfall geht das Sachenrecht des BGB davon aus, dass ein Grundstücksrecht nur ein bestimmtes Grundrecht belastet. Im Gegensatz dazu belastet ein Gesamtrecht mehrere Grundstücke.[335] Diese »Gesamtbelastung« sieht das BGB ausdrücklich bei der Hypothek vor. Nach § 1132 Abs. 1 ist es möglich, dass eine Hypothek mehrere Grundstücke belastet. Weiter weist das Gesetz in § 6a GBO auf ein Gesamterbbaurecht hin und § 48 GBO regelt, dass bei jedem der (für ein Grundpfandrecht) haftenden Grundstücke von Amts wegen die Mithaftung der übrigen Grundstücke zu vermerken ist. Auch wenn dieser sog. Mithaftvermerk nach allgemeiner Ansicht nur deklaratorischer Natur ist, soll er verhindern, dass durch einen gutgläubigen Erwerb nach § 892 ein Gesamtrecht in selbständige Ein-

---

[334] Aus methodischer Sicht sind daher die Ausführungen von *Kirchner* MittBayNot 1972, 53f neben der Sache. Es heißt dort, dass der Typenzwang im Sachenrecht nicht nur aus »der Sicht des Wortlautes des Gesetzes, sondern aus der Sicht eines auslegungsfähigen und ausgelegten Gesetzes anzuwenden« sei. Abgesehen davon, dass Rechtsanwendung eine Auslegung des Gesetzes ist, verkennt die Argumentation *Kirchners* den Sinn des Typenzwangs. Dieser ist nun einmal auf eine begriffliche Argumentation fixiert (§ 5 I 2). Nicht weniger verfänglich ist es, wenn es heißt, dass »eine Eigentümerreallast auch zugunsten des Eigentümers bestellt werden kann, da eine Eigentümerreallast nicht gegen die rechtliche Natur des Typus »Reallast« verstoße (*Kirchner* MittBayNot 1972, 53, 54). Typologische Argumentationen sind mit dem Typenzwang unvereinbar. Dazu wurde das Nötige bereits oben (§ 5 III 1) ausgeführt.

[335] *Böttcher* MittBayNot 1993, 129.

zelrechte aufgespalten wird.[336] Da das Gesetz bei den übrigen beschränkten dinglichen Rechten keine Gesamtrechte vorsieht, bedeutet dies unter der Ägide des Typenzwangs, dass die Parteien keine neuen Gesamtrechte schaffen dürfen. Die Parteien dürfen sich nur der im Gesetz vorgeschriebenen Typen bedienen und haben grundsätzlich nicht die Freiheit, diese Typen inhaltlich auszugestalten. Als eine solche inhaltliche Ausgestaltung ist ein Gesamtrecht anzusehen, da hier mehrere Haftungsobjekte für ein Recht vereinbart werden, was vom Regelfall abweicht. Auf dieser Grundlage ließen sich die Ausführungen zu den Gesamtrechten abschließen, wenn die Praxis hier nicht andere Wege gehen würde. Gesamtrechte werden auch für andere beschränkte dingliche Rechte intensiv diskutiert. Dies ist Anlass genug, diese Debatte nachzuzeichnen und im Lichte des Typenzwangs kritisch zu beleuchten. Strukturell ähnelt diese Debatte der Diskussion um die Rechte an eigener Sache. Wirtschaftliche Bedürfnisse dienen als Begründung dafür, das starre gesetzliche System aufzubrechen.

a) Die Gesamthypothek und »Gesamtgrundpfandrechte«

Das Paradigma für ein Gesamtrecht ist die bereits erwähnte Gesamthypothek. § 1132 Abs. 1 Satz 1 definiert sie als eine Hypothek an mehreren Grundstücken, die eine Forderung sichert.[337] Ein Recht belastet dabei mehrere Grundstücke, sichert aber nur eine Forderung. Unerheblich ist, ob diese Grundstücke im Eigentum einer oder mehrerer Personen stehen. Die Haftungslage bei der Gesamthypothek ähnelt der Gesamtschuld: Der Hypothekengläubiger darf sich nach seinem Belieben aussuchen, welches Grundstück er in Anspruch nimmt oder ob er seine Befriedigung aus mehreren der haftenden Grundstücke sucht (§ 1132 Abs. 1 Satz 2). Die Ähnlichkeit zur Gesamtschuld trägt aber nicht den Schluss, dass eine Gesamthypothek in eine Mehrzahl von Rechten zerfällt, welche durch eine Zweckgemeinschaft verbunden seien, wie dies die sog. »Vielheitstheorie« vertrat.[338] Diese Theorie ist heute überholt, da die Gesamthypothek ein einziges Recht ist.[339] Die gesetzlichen Vorschriften, die sich mit der Gesamthypothek beschäftigen, lassen sich sinnvoll nur durch die Einheitstheorie erklären. Besonders

---

[336] *Böttcher* MittBayNot 1993, 129, 130; MünchKomm/*Eickmann* § 1132 Rn. 1; aA *Staudinger/ Wolfsteiner* § 1132 Rn. 9f, 69, wonach der Mithaftvermerk eine konstitutive Bedeutung habe, da er die verschiedenen Eintragungen verbinde. Indes ist die Frage eines Gesamtrechts eine materiell rechtliche Frage, an die § 48 GBO als formelle Folge nur anknüpft.

[337] Der Gesetzgeber übernahm dadurch die in den Partikularrechten bekannte »Korrealhypothek«, Mot. III, 682ff.

[338] *Biermann* Recht 1905, 265; widersprüchlich *Lang* AcP 89 (1899), 251, 289ff der zwischen der Gesamthypothek und den aus ihr folgenden unselbständigen Zweighypotheken unterschied; *Predari* Gruchot 69, 421. Zuletzt wurde diese Ansicht vertreten von *Wolff/Raiser* § 148 I (Fußn. 3, 612).

[339] MünchKomm/*Eickmann* § 1132 Rn. 6; *Soergel/Konzen* § 1132 Rn. 2, 6; *Westermann/Eickmann* § 108 I 1.

augenfällig ist dies für das Verteilungsrecht des Hypothekengläubigers (§ 1132 Abs. 2 Satz 1). Dadurch verselbstständigt der Hypothekengläubiger die Gesamthypothek in mehrere Einzelhypotheken für nunmehr selbständige Einzelforderungen. Diese Rechtsfolge wäre unsinnig, wenn bereits zuvor mehrere Rechte existieren würden. Auch § 1181 Abs. 2 spricht eher für ein einheitliches Recht, da anderenfalls nur schwer verständlich wäre, warum bei einer Befriedigung des Gläubigers auch die anderen Grundstücke frei werden.

Ursprünglich entsteht eine Gesamthypothek, wenn für dieselbe Forderung eine einheitliche Hypothek an mehreren Grundstücken bestellt wird. Nachträglich entsteht eine Gesamthypothek, wenn ein mit einer Hypothek belastetes Grundstück real geteilt wird.[340] Schließlich ist auch eine Nachverpfändung denkbar, bei der nachträglich ein weiteres Grundstück in die Mithaft eines anderen Grundstückes aufgenommen wird.[341] Jedenfalls bei einer Grundstücksteilung lässt sich die Frage diskutieren, ob auch andere dingliche Rechte als Gesamtrechte denkbar sind. Allerdings ist hier besonders kritisch zu überprüfen, ob die generelle Anerkennung von Gesamtrechten nicht ein Schluss vom Sein auf das Sollen ist.

b) Die Gesamtreallast

Eine Gesamtreallast bedeutet, dass eine Reallast mehrere Grundstücke belastet. Im Gegensatz zur Hypothek regelt das Gesetz die Gesamtreallast nicht ausdrücklich. Gleichwohl erkennen sie Rechtsprechung und Lehre als solche an.[342] Soweit man sich überhaupt darum bemüht, eine Gesamtreallast zu begründen, verweist man auf die analog ausgestaltete Haftung bei Reallasten und Hypotheken nach den §§ 1107, 1147. Der gemeinsame Charakter als Verwertungsrechte soll den Schluss auf eine Gesamtreallast erlauben.[343]

Auch wenn man einer Abgrenzung zwischen Rechtsfortbildung und Gesetzesauslegung wegen der Unwägbarkeiten des Wortsinns skeptisch gegenüber steht, so ist hier die methodische Ausgangslage klar: Das Gesetz kennt keine Gesamtreallast, sie zu schaffen ist eine Lückenfüllung. Es besteht auch keine echte Lücke, die zu einer Lückenfüllung zwingen würde. Der Plan des Gesetzes ist auch ohne

---

[340] Siehe dazu *Böttcher* MittBayNot 1993, 129, 130; *Soergel/Konzen* § 1132 Rn. 15 jeweils mwN.

[341] MünchKomm/*Eickmann* § 1132 Rn. 15; *Soergel/Konzen* § 1132 Rn. 13; *Staudinger/Wolfsteiner* § 1132 Rn. 11. Ob auch eine sog. verdeckte Nachverpfändung möglich ist, ist streitig, hier aber nicht weiter zu vertiefen, siehe dazu: *Lwowski* DNotZ 1979, 328; *Westermann* NJW 1970, 1023.

[342] Ohne Begründung: BGHZ 58, 57. Zuvor bereits KG JW 1923, 1038. Aus der Instanzrechtsprechung: BayObLG Rpfleger 1981, 411; OLG Hamm DNotZ 1976, 229; OLG Oldenburg Rpfleger 1978, 411. Aus der Lit.: *Böttcher* MittBayNot 1993, 129, 131 mwN Fußn. 18; *Dümchen* IherJb 54 (1909), 355, 418, 459; MünchKomm/*Joost* § 1105 Rn. 34; *Soergel/Stürner* § 1105 Rn. 17; *Staudinger/Amann* § 1105 Rn. 2, § 1108 Rn. 9.

[343] *Böttcher* MittBayNot 1993, 129, 130f.

eine Gesamtreallast sinnvoll. Systematisch lässt sich eine Gesamtreallast nicht ohne weiteres begründen, aus den Materialien ergeben sich keine Hinweise dafür. Wird nachträglich ein mit einer Reallast belastetes Grundstück geteilt, ist es denkbar, dass nunmehr zwei Einzelreallasten fortbestehen. Damit zeigt sich, dass die Anerkennung einer Gesamtreallast ein Schluss vom Sein auf das Sollen ist und daher als solcher schon bedenklich. Außerdem bedeutet gerade der Typenzwang, dass teleologische Erwägungen für und wider ein bestimmt ausgestaltetes dingliches Recht bei einem klaren Gesetzeswortlaut nicht anzustellen sind. Materielle Erwägungen haben dann im Rahmen einer formalisierten Inhaltskontrolle keinen Platz. Wer Gesamtreallasten anerkennt, bricht mit dem Typenzwang. Auch hier offenbart sich damit das Problem, das bereits bei den eigenen Rechten auftauchte. Der Typenzwang ist auf der einen Seite zur starr und trägt nicht wirtschaftlichen Bedürfnissen Rechnung, während auf der anderen Seite die Rechtsentwicklung sich wegen dieser wirtschaftlichen Bedürfnisse über den Typenzwang hinweggesetzt. Beide Ergebnisse sind letztlich unbefriedigend. Um Missverständnissen vorzubeugen: Sich gegen eine Gesamtreallast zu wenden, ist nicht das Ziel dieser Ausführungen. Es wird hier nur deutlich, dass sich diese Form einer Reallast nicht begründen lässt, ohne mit dem Typenzwang zu brechen.

c) Zum Gesamterbbaurecht

Die ErbbauVO kannte ursprünglich keine Gesamtrechte. Gleichwohl wurde ein praktisches Bedürfnis für ein Gesamterbbaurecht geltend gemacht.[344] Die Rechtsprechung hat sich dem nicht verschlossen. In der Entscheidung vom 21. November 1975 hat der BGH zu dieser Frage Stellung genommen und ein Gesamterbbaurecht für zulässig erklärt.[345] Die Parteien schlossen einen Erbbaurechtsvertrag auf 99 Jahre über ein aus mehreren Grundstücken und Trennstücken bestehendes Waldgelände. Auf die Revision hin hatte sich der BGH mit der Frage zu befassen, ob das Erbbaurecht wirksam bestellt wurde. Denkbar kurz fallen die Gründe aus, mit denen der BGH ein Gesamterbbaurecht für zulässig erklärt.[346] Es dürfe nicht auf die Unzulässigkeit des Erbbaurechts geschlossen werden, wenn die ErbbauVO ein solches Recht nicht vorsehe.[347] Da ein Gesamterbbaurecht nachträglich durch eine Teilung des belasteten Grundstücks entstehen könne, müsse es auch folgerichtig von vornherein begründbar sein.[348] Die Instanzgerichte[349] und die

[344] So z. Bsp. *Böttcher* MittBayNot 1993, 129, 132.

[345] BGHZ 65, 345.

[346] BGHZ 65, 345, 346.

[347] BGHZ 65, 345, 346 verweist hier auf eine Entscheidung zum Untererbbaurecht (BGHZ 62, 172), die aber im Gegensatz zu BGHZ 65, 345 ausführlich untersucht, ob Vorschriften der ErbbauVO der konkreten Gestaltung des Erbbaurechts entgegenstehen könnten.

[348] BGHZ 65, 345, 346 verweist hier auf das undokumentierte Urteil vom 24. März 1972 V ZR 2/70, das die entsprechende Rechtsauffassung des KG (KGJ 1951, 228) bestätigte.

[349] Vor der grundlegenden Entscheidung des BGH: OLG Hamm DNotZ 1960, 107; OLG

herrschende Meinung in der Literatur[350] erkennen ebenso ein Gesamterbbaurecht an. Einige wenige Stimmen wandten sich dagegen, ein Erbbaurecht anzuerkennen und stützten sich dabei auf den sachenrechtlichen Typenzwang.[351] Beachtet wurde diese Kritik gleichwohl wenig. Mittlerweile ist die streitige Debatte ausgestanden, ob ein Gesamterbbaurecht zulässig ist. § 6a GBO bestimmt, dass dem Antrag auf Eintragung eines Erbbaurechts an mehreren Grundstücken oder Erbbaurechten nur dann entsprochen werden soll, wenn die Grundstücke oder Erbbaurechte im Bezirk desselben Grundbuch- und Vermessungsamts liegen und unmittelbar aneinander grenzen.[352] Aus dieser Vorschrift lässt sich ableiten, dass ein Gesamterbbaurecht ebenso zulässig ist, wie ein Untererbbaurecht.[353] Misslich ist dabei jedoch, dass die Zulässigkeit aus dem formalen Grundbuchrecht folgt und weder die ErbbauVO noch das Sachenrecht des BGB ausdrücklich die Zulässigkeit von Gesamterbbaurechten regeln. Immerhin hat der Gesetzgeber durch § 39 Abs. 2 Sachenrechtsbereinigungsgesetz ein Gesamterbbaurecht zugelassen. Die Diskussion um die Gesamterbbaurechte zeigt gleichwohl einen lockeren Umgang mit dem Typenzwang. Der BGH meinte, solche Rechte zulassen zu können, da durch die ErbbauVO nicht verboten. Diese Argumentation stellt das Prinzip des Typenzwangs allerdings auf den Kopf. Wie bereits oben ausgeführt, geht der Typenzwang grundsätzlich davon aus, dass die Sachenrechte des BGB lückenlos geregelt sind. Nur das dingliche Recht, das positiv erlaubt ist, dürfen die Parteien begründen. Regelt das Gesetz hingegen keine bestimmte Ausgestaltung eines dinglichen Rechts, dürfen die Parteien diese nicht schaffen. Damit widersprach die Rechtsprechung dem Typenzwang. Dies bedeutet indes nicht, dass sie sachlich nicht überzeugend war. Das mit einem Erbbaurecht belastete Grundstück ist frei teilbar, so dass nachträglich ein Erbbaurecht entstehen konnte. Wie der BGH in seiner Grundsatzentscheidung ausführt,[354] muss man dann folgerichtig auch die anfängliche Entstehung von Erbbaurechten zulassen. Diese Argumentation mag teleologisch zutreffen, verlässt aber den formalen Ausgangspunkt des Typenzwangs. Damit illustriert die Rechtsentwicklung zu den Gesamterbbaurechten, dass der Typenzwang Quell für Wertungswidersprüche sein kann. Nach der

---

Köln RPfleger 1961, 18; LG Siegen RPfleger 1961, 402; LG Dortmund NJW 1960, 487; LG Münster MDR 1956, 678. Nach der Entscheidung des BGH: BayObLGZ 1982, 210; BayObLGZ 1984, 105.

[350] Aus der zahlreichen Literatur siehe etwa: *Böttcher* MittBayNot 1993, 129, 132; *Huber* NJW 1952, 687; *Lutter* DNotZ 1960, 80; *Riedel* DNotZ 1960, 375; MünchKomm/*v. Oefele* § 1 ErbbVO Rn. 1; *Soergel/Stürner* § 1 ErbbauVO Rn. 1;

[351] *Rothoeft* NJW 1974, 665; *Staudinger/Ring* (12. Aufl.), § 1 ErbbauVO Rn. 22.

[352] Eingefügt durch Gesetz vom 20. Dezember 1993 (BGBl I, 2182).

[353] MünchKomm/*v. Oefele* § 1 ErbbVO Rn. 40; *Staudinger/Rapp* § 1 ErbbVO Rn. 23. Es war ebenso streitig, ob ein Untererbbaurecht begründet werden könne, der BGH bejahte dies schließlich, BGHZ 62, 172.

[354] BGHZ 65, 345, 346.

Konzeption des Gesetze ist dies aber noch kein Anlass, ihn oberflächlich zu handhaben. Gesetzesauslegung und Rechtspolitik vertragen sich hier nicht.

Mit der Anerkennung eines Gesamterbbaurechts sind allerdings nicht alle Schwierigkeiten aus dem Weg geräumt, da die ErbbauVO keine Regelungen für ein solches Gesamtrecht enthält. Als einheitliches Recht muss das Gesamterbbaurecht einen einheitlichen Inhalt haben. Für die gesetzlichen Erfordernisse eines Erbbaurechts bereitet dies wenig Probleme. Die Bebauungsbefugnis nach § 1 Abs. 1 ErbbauVO oder die Nutzungsfläche nach § 1 Abs. 2 ErbbauVO muss alle belasteten Grundstücke erfassen. Allerdings zwingt das Gesamterbbaurecht dazu, dessen vertragsgemäßen Inhalt nach § 2 ErbbauVO gleichmäßig auszugestalten, da anderenfalls kein einheitliches Recht entsteht. Die hier vorausgesetzte Einigung mit allen Grundstückseigentümern wird sich jedoch oft als Illusion erweisen. Ist eine solche Einigung nicht möglich, so stellt das Heimfallrecht nach § 2 Nr. 4 ErbbauVO vor weitere Folgeprobleme. Erfüllt der Berechtigte einen Heimfallanspruch, so müsste spiegelbildlich ein Eigentümer-Gesamterbbaurecht entstehen, welches Abwicklungsprobleme allerdings vorprogrammiert. § 749 gestattet es den in einer schlichten Rechtsgemeinschaft verbundenen Grundstückseigentümern, die Gemeinschaft jederzeit aufzulösen. Sofern sich die Eigentümer einigen und bereits kraft des Erbbaurechts ein Gebäude errichtet wurde, können die Grundstückseigentümer das Erbbaurecht wegen § 12 Abs. 1 Satz 1 ErbbauVO nur zusammen mit dem Gebäude veräußern (vgl. § 753). Einigen sich die Eigentümer allerdings nicht, so bleibt nach § 752 nur der Weg einer Realteilung, der bei einem grenzüberschreitend gebauten Gebäude allerdings zu einer vertikalen Teilung des Erbbaurechts führt. Dies zeigt, dass sich die eigentlichen Probleme nicht beim Gesamterbbaurecht verbergen, sondern darin, Nachbarerbbaurechte anzuerkennen. Geht man zutreffend davon aus, dass § 1 Abs. 3 ErbbauVO einer vertikalen Teilung nicht entgegen steht, so erübrigt sich die Rechtsfigur eines Gesamterbbaurechts. Damit ist der Rückschluss des BGH von einer Grundstücksteilung auf die anfängliche Bestellung eines Gesamterbbaurechts alles andere als zwingend. Wird bei einem Heimfall die Gemeinschaft der Eigentümer durch eine Realteilung aufgelöst, bleibt ohnehin kein anderer Weg, als eine vertikale Teilung des Erbbaurechts zuzulassen.[355]

d) Dienstbarkeiten als Gesamtrechte

Sind damit Gesamterbbaurechte trotz einer mangelhaften gesetzlichen Verankerung zulässig, so liegt es nahe, auch Gesamtdienstbarkeiten anzuerkennen. Eine Gesamtdienstbarkeit gewährt ein einheitliches Nutzungsrecht, das auf mehreren Grundstücken lastet. Insbesondere beim Bau von Netzen oder Leitungen über eine größere Distanz kann das Problem akut werden, ob eine Gesamtdienstbarkeit

---

[355] So die Kritik von *Rothoeft* NJW 1974, 665, 668f.

genügt oder eine Vielzahl von Einzeldienstbarkeiten an den betroffenen Grundstücken einzutragen ist. Ein Gesamtrecht vereinfacht die Eintragung, ein Argument für eine Gesamtdienstbarkeit kann dies jedoch nicht sein. Eher beiläufig erkannte der BGH eine Gesamtdienstbarkeit an.[356] Folgender Sachverhalt lag der Entscheidung zugrunde: Der Beschwerdeführer ist Eigentümer eines aus mehreren Grundstücken bestehenden Hofes und hatte in einer notariell beglaubigten Erklärung zugunsten seiner Mutter die Eintragung eines Altenteils auf sämtlichen Grundstücken bewilligt und beantragt. Unter anderem sollte der Altenteil aus der Gewährung freien Wohnens in drei näher bestimmten Räumen und einzelnen bestimmten Leistungen wie Taschengeld bestehen. Der Eintragungsantrag wurde beanstandet, da unklar sei, welches Grundstück mit dem Altenteil belastet werden solle und eine Gesamtbelastung nicht möglich sei. Auf die weitere Beschwerde hin hielt der BGH eine Gesamtbelastung für zulässig und wertete sie als beschränkte persönliche Dienstbarkeit.[357] Die Begründung, warum eine beschränkte persönliche Dienstbarkeit als Gesamtrecht zulässig sei, ist formal und stützt sich auf § 49 GBO. Es sei nur § 48 GBO zu berücksichtigen, die Mitbelastung der übrigen Grundstücke müsse von Amts wegen eingetragen werden.[358]

Weitere Ausführungen zum Typenzwang fehlen in der Entscheidung. Es wird nicht näher darauf eingegangen, ob eine beschränkte persönliche Dienstbarkeit als Gesamtrecht zulässig ist. Vielmehr scheint der BGH stillschweigend davon auszugehen. Erst die Praxis der Instanzgerichte hat näher ausgeformt, unter welchen Voraussetzungen eine Gesamtdienstbarkeit zulässig sein soll.[359] Im Beschluss vom 23. November 1989 hatte sich das BayObLG mit der Frage zu befassen, ob eine beschränkte persönliche Dienstbarkeit als ausschließliches Recht, auf drei Grundstücken Anlagen zur Herstellung von Baustoffen zu betreiben, zulässig ist.[360] Das Gericht hielt eine Gesamtdienstbarkeit für möglich, wenn sich wie im zu entscheidenden Fall die Ausübung der Dienstbarkeit auf mehrere Grundstücke erstrecke.[361] Dies ist näher betrachtet nur eine scheinbare Voraussetzung für eine Gesamtdienstbarkeit. Sofern mehrere Grundstücke zu nutzen sind, stellt sich gerade die Frage, ob eine Gesamtdienstbarkeit zulässig ist. Die tatsächlichen Gegebenheiten mutieren so zu den Voraussetzungen, wann eine Gesamtdienstbarkeit zulässig sein soll. Eine negative Voraussetzung für eine Gesamtdienstbar-

---

[356] BGHZ 58, 57.

[357] BGHZ 58, 57, 58.

[358] BGHZ 58, 57, 59.

[359] BayObLGZ 1955, 170, 174 (für ein Leitungsrecht); OLG Frankfurt NJW 1969, 469; KG NJW 1970, 1687; LG Münster MDR 1956, 678; LG Hildesheim NJW 1960, 49; LG Braunschweig BWNotZ 1964, 206; bereits früher: KG JW 1937, 2606; OLG Jena KGJ 44, 358. Ablehnend: LG Dortmund RPfleger 1963, 197.

[360] BayObLG DNotZ 1991, 254.

[361] BayObLG DNotZ 1991, 254, 256 unter Verweis auf BayObLGZ 1955, 170, 174, OLG Jena KGJ 44, 358. Schlagwortartig umschreibt dies *Böttcher* MittBayNot 1993, 129, 134 als »Notwendigkeit der gemeinsamen Ausübung« und »Einheitlichkeit der tatsächlichen Ausübung«.

keit ergibt sich aus einer Zusammenschau weiterer Urteile. Die Dienstbarkeit muss auf den verschiedenen Grundstücken einheitlich ausgeübt werden und damit die gleiche Nutzung erfassen.[362]

Die überwiegende Ansicht im Schrifttum hat sich dem angeschlossen.[363] Die Gründe für eine Gesamtdienstbarkeit widersprechen jedoch dem Typenzwang. Zu vernachlässigen sind praktische Gründe, die für eine Gesamtdienstbarkeit sprechen sollen, wie ein vereinfachtes Grundbuchverfahren und eine Kostenersparnis (vgl. § 63 Abs. 2 KostO). Solche Erwägungen aus dem formellen Kosten- und Grundbuchrecht sind ungeeignet, um ein materiell-rechtliches Prinzip wie den Typenzwang außer Kraft zu setzen.[364] Meist bemüht man die §§ 1026, 1090 Abs. 2 als Argument dafür, warum eine Gesamtdienstbarkeit zulässig sei. Nach dieser Vorschrift könne nachträglich eine Gesamtdienstbarkeit durch eine Grundstücksteilung entstehen, so dass man folgerichtig auch eine anfänglich vereinbarte Gesamtdienstbarkeit anerkennen müsse.[365] Dieser Schluss überzeugt jedoch nicht und wird auch durch den Wortlaut des § 1026 nicht gedeckt. Der Typenzwang bedeutet grundsätzlich, dass das Gesetz lückenlos ist und jenseits der §§ 1026, 1090 Abs. 2 keine Gesamtbelastung möglich ist. In den Materialien wird der Frage, ob durch eine Grundstücksteilung mehrere Dienstbarkeiten entstehen oder ein Gesamtrecht, eine eher theoretische Bedeutung zugemessen und zu der Frage keine Stellung bezogen.[366] Gleichwohl deutet die herrschende Meinung § 1026 dahin, dass ein nachträgliches Gesamtrecht durch eine Grundstücksteilung entstehe.[367] Das mag hier offen bleiben, auch wenn viel dafür spricht, dass § 1026 nur einen vereinfachenden Charakter hat.[368] Selbst wenn man unterstellt, dass nach §§ 1026, 1090 Abs. 2 ein nachträgliches Gesamtrecht entstehen soll, so bleibt

---

[362] BayObLG DNotZ 1976, 227, 229; OLG Zweibrücken ZfIR 1998, 210, 211; zuvor bereits: KG NJW 1937, 2606; OLG Jena KGJ 44, 358.

[363] *Bamberger/Roth/Wegmann* § 1018 Rn. 15; *Böhringer* BWNotZ 1988, 97, 98; *Erman/Grziwotz* § 1018 Rn. 2; *Herget* NJW 1966, 1060; MünchKomm/*Falckenberg* § 1018 Rn. 20; *Palandt/Bassenge* § 1018 Rn. 2; *Soergel/Stürner* § 1018 Rn. 39c; *Staudinger/Mayer* § 1018 Rn. 61, § 1093 Rn. 18.

[364] So zB.: *Soergel/Stürner* § 1018 Rn. 39c; *Staudinger/Mayer* § 1018 Rn. 61; Ausführliche Kritik an den formalen Argumenten bei *Böttcher* MittBayNot 1993, 129, 134.

[365] BayObLG DNotZ 1991, 254, 256; *Herget* NJW 1960, 1060, 1061; *Soergel/Stürner* § 1018 Rn. 39c; *Staudinger/Mayer* § 1018 Rn. 61.

[366] Mot. III, 486.

[367] BayObLG NJW 1996, 397, 398; MünchKomm/*Falckenberg* § 1026 Rn. 1; *Soergel/Stürner* § 1026 Rn. 1; *Staudinger/Mayer* § 1026 Rn. 1; aA *Hettinger*, Die Rechtslage der Grundstückslasten bei Grundstücksteilung (1988), 77ff.

[368] Mot. III, 487 führen dazu aus, dass bei einer Abtrennung von Parzellen, bestimmte Teile nicht durch das Servitut berührt werden könnten. Es wäre ein unnötiger Umweg, wenn man dem Eigentümer des dienenden Grundstücks einen Anspruch auf Befreiung geben würde. Vielmehr sollten die außerhalb der Nutzung liegenden Grundstücksteile von der Belastung kraft Gesetzes frei werden. Ausdrücklich nahm der Gesetzgeber hierbei hin, dass sich dadurch das dienende Grundstück unter Umständen verkleinere. So betrachtet, spricht einiges dafür, dass als Folge einer Grundstücksteilung eher mehrere Einzelservitute entstehen. Dies ist jedoch für das Problem nicht ausschlaggebend.

doch unklar, warum aus dieser Vorschrift die Zulässigkeit einer anfänglich vereinbarten Gesamtdienstbarkeit folgen soll. Im Wege des erst-Recht Schlusses ist dies nicht möglich, da die methodischen Voraussetzungen hierfür fehlen. Die besseren Gründe sprechen dafür, mit einer Minderheit Dienstbarkeiten als Gesamtrechte abzulehnen.[369]

Von dem Standpunkt der herrschende Ansicht war es nur folgerichtig, auch ein Wohnungsrecht nach § 1093 als Gesamtbelastung anzuerkennen. Die Voraussetzungen für ein anfänglich bestelltes Gesamtwohnrecht sind – vergleichbar zu Dienstbarkeit – dass auf jedem der belasteten Grundstücke die gleiche Nutzung als Wohnung betroffen ist und die Wohnungen auf verschiedenen Grundstücken liegen.[370] Eine gleiche Nutzung und damit die Möglichkeit, ein Gesamtwohnrecht zu bestellen, lehnt die Praxis jedoch ab, wenn eine Garage, die von dem Wohnrecht mit erfasst ist, auf einem anderen Grundstück liegt als die Wohnung.[371] Erkennt man ein Gesamtwohnrecht wider dem Gesetzeswortlaut an, so muss man es aber auch folgerichtig umsetzen. Wenn ein Grundstück im Rechtssinne betroffen ist, sorgt § 1093 Abs. 3 dafür, dass auch separate Nutzungen zum Inhalt des Wohnrechts werden. Lässt man ein Gesamtwohnrecht zu, wird die These von der einheitlichen Nutzung hinfällig, wenn ein Mitbenutzungsrecht aus § 1093 Abs. 3 ableitbar ist, so dass sowohl ein bebautes wie auch ein unbebautes Grundstück Gegenstand der Nutzung sein kann.[372] Noch weiter gehend möchte man das Mitbenutzungsrecht typologisch auffassen und verzichtet deswegen generell auf einen einheitlichen Gebrauch.[373] Bereits dieser methodische Ansatz steht in einem eklatanten Widerspruch zum Typenzwang, der an einen Sachenrechtstyp anknüpft, aber nicht an einen Typus. Auch wenn nach der hier vertretenen Ansicht ein Gesamtwohnrecht ebenso wie eine Gesamtdienstbarkeit nicht mit dem Typenzwang harmoniert, ist jedoch nicht zu verkennen, dass ein praktisches Bedürfnis für ein Gesamtwohnrecht bestehen kann. Dies legitimiert aber nicht dazu, den Typenzwang zu untergraben. Letztlich bestätigt sich auch hier wieder, dass der Typenzwang immer mehr praktischen Bedürfnissen geopfert wird.

e) *Zum Gesamtnießbrauch*

Nach der bisherigen Schilderung der herrschenden Ansicht liegt es nahe, dass auch ein Gesamtnießbrauch möglich sein kann, da der Nießbrauch ebenso wie die

---

[369] LG Dortmund RPfleger 1963, 197; *Böttcher* MittBayNot 1993, 129, 134; *Hettinger* (Fußn. 367), 75ff; *Lutter* DNotZ 1960, 80, 85; *Wolff/Raiser* § 106 I 2.

[370] LG Nürnberg-Fürth MittBayNot 1982, 26; siehe auch BayObLG Rpfleger 1976, 14; BayObLGZ 1986, 441, 443; OLG Zweibrücken RPfleger 1988, 282; *Bamberger/Roth/Wegmann* § 1093 Rn. 4; *Böhringer* BWNotZ 1988, 97, 98; MünchKomm/*Joost* § 1093 Rn. 18; *Soergel/ Stürner* § 1093 Rn. 13; *Staudinger/Mayer* § 1093 Rn. 18.

[371] BayObLGZ 1986, 441, 443; siehe auch BayObLG NJW-RR 1987, 328f.

[372] MünchKomm/*Joost* § 1093 Rn. 18.

[373] *Staudinger/Mayer* § 1093 Rn. 18.

Dienstbarkeit ein Nutzungsrecht ist und bei dieser ein Gesamtrecht anerkannt ist. Wenn zudem Nießbrauch und Dienstbarkeit in vielen Fällen austauschbar sind, wäre ein Gesamtnießbrauch in der Logik der herrschenden Ansicht nur folgerichtig. Soweit ersichtlich, wird diese Gleichung jedoch nicht gezogen. Die spärliche Praxis und die herrschende Literatur stehen auf dem Standpunkt, dass ein Gesamtnießbrauch an mehreren Grundstücken nicht möglich sei.[374] Von dem hier vertretenen Standpunkt folgt dies bereits schlicht daraus, dass das Gesetz keinen Gesamtnießbrauch regelt. Auch die §§ 1035, 1085 enthalten dafür keine Anhaltspunkte. Die Praxis interpretiert den Gesamtnießbrauch im Übrigen hinweg. So soll ein Antrag auf Eintragung eines Gesamtnießbrauchs dahingehend auslegbar sein, dass auf jedem Grundstück ein Einzelnießbrauch einzutragen ist.[375] Auch bei einer nachträglichen Grundstücksteilung entsteht kein Gesamtnießbrauch, sondern es entstehen mehrere Einzelrechte an den Grundstücken.[376] Auch wenn dem Standpunkt der überwiegenden Ansicht zuzustimmen ist und sich keine Bedenken gegenüber dem Typenzwang ergeben, so wirft dies gleichwohl einen Schatten auf die entgegenstehende Praxis bei der Dienstbarkeit. Offensichtlich entstand bei der Dienstbarkeit besonders handgreiflich ein Bedürfnis nach einem Gesamtrecht. Die Rechtsprechung hat sich nicht gescheut, hier den Wünschen der Kautelarpraxis nachzugeben. Die Praxis ist jedoch inkonsequent: Wer eine Gesamtdienstbarkeit mit materiellen Erwägungen zulässt, muss dies auch beim Nießbrauch. Dies zeigt letztlich, dass sich die Praxis immer mehr in Einzelfallbetrachtungen zu verstricken scheint, der Rechtsklarheit als einem Anliegen des Typenzwangs ist dadurch nicht gedient. Offenbar birgt die teleologische Auslegung, mit der eine Gesamtdienstbarkeit anerkannt wird, mehr Tücken, als die Verfechter dieser Konstruktion zugestehen.

f) Erwerbs- und Aneignungsrechte als Gesamtrechte?

Bei Erwerbsrechten sieht das Sachenrecht keine Möglichkeit vor, sie als Gesamtrechte zu begründen. Anscheinend besteht daran auch kaum ein praktisches Bedürfnis, wie die wenigen Entscheidungen zu diesem Problem dokumentieren, die sich allesamt mit dem dinglichen Vorkaufsrecht befassen.[377] Für die Vormerkung – sofern man diese als ein Recht ansieht – wird das Problem soweit ersichtlich gar

---

[374] KG KGJ 43, 347; LG Düsseldorf MittRhNotK 1973, 658; *Böhringer* BWNotZ 1988, 97, 101; *Böttcher* MittBayNot 1993, 129, 132; *Meyer-Stolte* RPfleger 1962, 126; MünchKomm/*Pohlmann* § 1030 Rn. 45; *Palandt/Bassenge* § 1030 Rn. 2; RGRK/*Rothe* § 1030 Rn. 2; *Soergel/Stürner* § 1030 Rn. 6; *Staudinger/Frank* § 1030 Rn. 19.

[375] LG Düsseldorf MittRhNotK 1973, 658; *Böhringer* BWNotZ 1988, 97, 101; *Böttcher* MittBayNot 1993, 129, 132; *Staudinger/Frank* § 1030 Rn. 19.

[376] *Böttcher* MittBayNot 1993, 129, 132.

[377] BayObLG DNotZ 1953, 263; BayObLGZ 1958, 196, 204; BayObLG DNotZ 1975, 607; KG JW 1938, 2702.

nicht diskutiert. Theoretisch kann ein »Gesamtvorkaufsrecht« originär mit der Folge begründet werden, dass der Verkauf eines Grundstücks das Recht einräumt, alle belasteten Grundstücke zu erwerben. Auch die nachträgliche Entstehung eines Gesamtvorkaufsrechts durch eine spätere Grundstücksteilung ließe sich konstruieren. Praxis und Schrifttum lehnen indes ein Gesamtvorkaufsrecht ab.[378]

Folglich können auf mehreren Grundstücken nur einzelne Vorkaufsrechte eingetragen werden. Wie auch beim Nießbrauch werden andere Gestaltungen der Parteien schlicht hinweg interpretiert. Beantragt der Eigentümer ein Vorkaufsrecht für mehrere Grundstücke einzutragen, so legt die Praxis diesen Antrag dergestalt aus, dass Einzelvorkaufsrechte einzutragen sind.[379] Auch eine Eintragung des Inhalts, dass ein Vorkaufsrecht für mehrere Grundstücke eingetragen wurde, soll in so viele Einzelvorkaufsrechte umgedeutet werden können, wie Grundstücke vorhanden sind.[380] Durch eine Grundstücksteilung schließlich verwandelt sich das Vorkaufsrecht in eine Mehrzahl von Einzelrechten, ein Gesamtvorkaufsrecht entsteht nicht.

Allein diese Ansicht entspricht dem Typenzwang. Da das Gesetz kein Gesamtvorkaufsrecht vorsieht, ist es unzulässig. Gleichwohl verwundert der Rigorismus, mit dem die herrschende Ansicht ein Gesamtvorkaufsrecht ablehnt, da ein Gesamtrecht ja großzügig bei der Dienstbarkeit und der Reallast anerkannt wird. Auch hier zeigt sich – wie schon bei der Dienstbarkeit – die Willkür, die darin liegt, Gesamtrechte auf ein empfundenes praktisches Bedürfnis zu stützen. Die Folge ist ein nicht mehr schlüssiges System: Gesamtrechte sollen bei Dienstbarkeiten und Reallasten möglich sein, nicht jedoch bei einem Nießbrauch und einem Vorkaufsrecht. Ob sich dies im Rahmen denkbarer Auslegung hält, ist zweifelhaft. Zieht man an dieser Stelle ein kurzes Fazit zu den Gesamtrechten, so zeigt sich ein chaotisches Bild. Die verschiedensten Erwägungen dienen dazu, solche Rechte anzuerkennen, während man sich andererseits auf den strikten Wortlaut des Gesetzes beruft. Dem Typenzwang ist damit nicht gedient.

---

[378] Zur Rechtsprechung siehe vorige Fußn. Aus der Literatur: *Bamberger/Roth/Wegmann* § 1094 Rn. 6; *Böhringer* BWNotZ 1988, 97, 101; *Böttcher* MittBayNot 1993, 129, 131 f; *Erman/Grziwotz* § 1094 Rn. 2; MünchKomm/*Westermann* § 1094 Rn. 8; *Palandt/Bassenge* § 1094 Rn. 2; *Soergel/Stürner* § 1094 Rn. 4; *Staudinger/Mader* § 1094 Rn. 8.

[379] BayObLG RPfleger 1975, 23.

[380] KG HRR 1938 Nr. 1139; *Böttcher* MittBayNot 1993, 129, 131 f; Staudinger/*Mader* § 1094 Rn. 8.

IV. Sicherungsrechte, Typenzwang und Rechtsfortbildung

1. Die Sicherungsübereignung: Rechtsfortbildung oder Rechtsanwendung?

a) Die geschichtliche Ausgangslage

Die Sicherungsübereignung hat das Pfandrecht als Sicherungsrecht an beweglichen Sachen nahezu vollständig verdrängt. Einzig bei der Verpfändung von Wertpapieren und den gesetzlichen Pfandrechten (§§ 562 Abs. 1, 674, 704) spielt es eine bescheidene Rolle. Die Ursachen dafür sind bekannt: Das Pfandrecht entzieht dem Schuldner den Besitz an der verpfändeten Sache, so dass er sie wirtschaftlich nicht mehr nutzen kann.[381] Die Sicherungsübereignung hingegen belässt den unmittelbaren Besitz beim Sicherungsgeber, der dem Sicherungsnehmer eine bewegliche Sache nach §§ 929 Satz 1, 930 übereignet. Mit dieser Übereignung bezwecken die Parteien keine endgültige Übertragung des Eigentums, sondern nur eine vorläufige, da das Eigentum nur eine Forderung sichern soll.

Unklar ist, ob die Sicherungsübereignung eine Form der Kreditsicherung ist, die sich noch in den Rahmen des Sachenrechts fügt, oder ob sie als Rechtsfortbildung zu betrachten ist. Diese Debatte ist mittlerweile annähernd so alt, wie das BGB selbst. Für die Praxis sind die Weichen gestellt, die Rechtsprechung hat die Sicherungsübereignung anerkannt und ihre Grenzen aufgezeigt. Der Frage nachzugehen, ob die Sicherungsübereignung den Typenzwang sprengt, hat gleichwohl nicht nur eine theoretische, sondern auch eine praktische Seite. Während theoretisch betrachtet, sich die Sicherungsübereignung als Teststein für das *numerus clausus* Prinzip darstellen kann, liegen die praktischen Konsequenzen in einer Inhaltskontrolle: Sofern sich die Sicherungsübereignung im Rahmen der gesetzlichen Typen halten sollte und sogar dem Gesetzgeber vorgeschwebt haben mag, werden die Anforderungen an eine Inhaltskontrolle weniger streng sein. Als Rechtsfortbildung *contra legem* hingegen, wäre sie zur Gänze unzulässig.

Das Schrifttum gebraucht teilweise schillernde Wendungen bei der Erörterung, ob die Sicherungsübereignung mit dem Typenzwang vereinbar ist. Eher in der familienrechtlichen Terminologie bewegen sich Ansichten, die die Sicherungsübereignung als »illegitimes Kind« der BGB-Väter[382] betrachten, wieder andere sehen in Anerkennung der Sicherungsübereignung die »Adoption eines Findelkindes«.[383] Präziser betrachten viele die Sicherungsübereignung als Rechtsinstitut an, das sich *contra legem* oder doch *praeter legem* entwickelt habe. Sofern man diesen Standpunkt vertritt, versucht man die Sicherungsübereignung gleichwohl

---

[381] Näher dazu oben § 4 VIII 1.

[382] *Lange* NJW 1950, 565.

[383] *Paulus* JurJb Bd. 6 (1965/1966), 135, 141. Als »zivilrechtliche Sumpfpflanze« bezeichnet *Ackermann* (Die Sicherungsübereignung von Warenlagern [1911], 166) die Sicherungsübereignung.

dadurch zu legitimieren, indem man sie als Gewohnheitsrecht ansieht.[384] Diese Ansicht ist weit verbreitet und darf derzeit als herrschend gelten. Hier mag offen bleiben, ob eine Gesetzeskorrektur durch Gewohnheitsrecht möglich ist, da sich die Sicherungsübereignung nicht *contra legem* entwickelt hat.

Neuere Ansichten entnehmen den Materialien, dass die Sicherungsübereignung dem Gesetzgeber bekannt war und bewusst geduldet wurde, so dass ihre Herausbildung deswegen nicht mit dem Typenzwang unvereinbar sei.[385] Die Vorschrift des § 216 Abs. 2 Satz 1 ist für viele Anlass, die Sicherungsübereignung als positiv-rechtlich verankert anzusehen.[386] In den Materialien selbst sind die Ausführungen zu § 216 Abs. 2 Satz 1 knapp: »Es kann keinen Unterschied machen (für die Verjährung), ob die Forderung durch Bestellung eines Pfandrechts oder durch Übertragung eines Rechts (Eigenthum, Grundschuld usw.) sichergestellt worden ist. Wirtschaftlich stehen sich beide Fälle im wesentlichen gleich.«[387] Als Institut der Kreditsicherung schwebte dem Gesetzgeber daher offenbar auch die Übertragung eines Eigentums nach § 929 Satz 1 vor. Es ist zwar heute anerkannt, dass die Sicherungsübereignung unter § 216 Abs. 2 Satz 1 fällt, ob sie durch diese Norm legitimiert wird, ist damit noch nicht ausgesprochen.

Das Reichsgericht berief sich in einer älteren Entscheidung auf diese Norm, um die Sicherungsübereignung zu rechtfertigen.[388] Dieser Schluss trägt nicht, da das Eigentum zur Sicherheit auch nach § 929 Satz 1 übertragen werden könnte, ob deswegen auch eine Sicherungsübereignung nach §§ 929, 930 zulässig ist, folgt nicht zwingend aus den Materialien. Die Materialien zu § 216 Abs. 2 Satz 1 sind jedoch zu schmal, als dass sie darüber genaue Auskunft darüber geben, ob auch eine Sicherungsübereignung nach §§ 929 Satz 1, 930 gemeint ist. Es bleibt offen, durch welche Formen insgesamt das Eigentum zur Kreditsicherung übertragen werden kann. Deswegen lassen sich aus den Motiven zu § 216 Abs. 2 Satz 1 weder positive noch negative Schlüsse für die Frage herleiten, ob die Sicherungsübereignung ge-

---

[384] *Baur/Stürner* § 57 Rn. 1; *Boehmer* I 2 § 29; *Enneccerus/Nipperdey* I 1 § 128 (925); *Gerhardt*, Mobiliarsachenrecht § 14/2 a; *Heck* § 107/3; *Huber*, Die Sicherungsgrundschuld (1965), 255; *Seif*, Der Bestandsschutz besitzloser Mobiliarsicherheiten im deutschen und englischen Recht (1997), 67; *Serick I* § 132; *ders.* ZiP 1995, 789; *Siebert*, Das rechtsgeschäftliche Treuhandverhältnis (1933), 148; *Soergel/Henssler* Anh. § 930 Rn. 2; *Wolff/Raiser* § 169 III.

[385] Grdl. *Gaul* AcP 168 (1968), 351, 357ff; zuvor bereits schon *Schubert*, Die Entstehung der Vorschriften des BGB über den Besitz und die Eigentumsübertragung (1966), 163. Siehe außerdem: *Becker*, Maßvolle Kreditsicherung (1999), 42ff; *Brehm/Berger* § 30 Rn. 7; *Giesen* AcP 203 (2003), 210, 211; *Liebs* AcP 175 (1975), 1, 3; MünchKomm/*Oechsler* Anh §§ 929–936 Rn. 3; *Rottnauer*, Die Mobiliarsicherheiten unter besonderer Berücksichtigung der besitzlosen Pfandrechte im deutschen und englischen Recht (1992), 72; *Staudinger/ Wiegand* Anh zu §§ 929–931 Rn. 54; *Wacke*, Das Besitzkonstitut als Übergabesurrogat in Rechtsgeschichte und Rechtsdogmatik (1974), 59ff. Die Vorschrift des § 216 Abs. 2 Satz 1 entspricht § 223 Abs. 2 der alten Fassung des BGB.

[386] *Gaul* AcP 168 (1968), 351, 358; *Rottnauer* (Fußn. 385) S. 72 spricht von einem »gewichtigen Hinweis«.

[387] Mot I, 345.

[388] RGZ 57, 175, 177; ebenso wohl auch *Becker* (Fußn. 385), 42f; *Schwab/Prütting* Rn. 414.

setzlich zulässig ist. Im Gegenteil: Die Materialien standen einem besitzlosen Pfandrecht, wie es die Sicherungsübereignung bietet, eher skeptisch gegenüber: Zu § 1205 findet sich dort der oft zitierte Hinweis, dass wegen einer »soliden und sicheren Kreditwirtschaft« ein besitzloses Pfandrecht abzulehnen sei. Ergänzt wurde dieser Gesichtspunkt durch das Publizitätsprinzip und eine eher paternalistische Erwägung: Da der Besitzer einer zur Sicherheit übereigneten Sache nicht deren Eigentümer ist, befürchtete man ein Täuschungspotential für Dritte, da der Besitz nicht mehr den Schluss auf das Eigentum zuließe.[389] Diese auch heute noch zitierte Überlegung überzeugt wenig. Das Publizitätsprinzip liegt dem Pfandrecht gar nicht zu Grunde.[390] Paternalistisch klingt es, wenn ein besitzloses Pfandrecht deswegen abgelehnt wird, weil anderenfalls finanziell schwache Bevölkerungsgruppen unbesonnen ihr Eigentum verpfänden und sich deshalb verschulden.

Dieser Ansatz wurde jedoch in den Protokollen verworfen. Hier beurteilte man der Sicherungsübereignung optimistischer. Allerdings begleiteten diese Erkenntnis intensive Diskussionen. Ein Mitglied der zweiten Kommission stellte einen Antrag, der darauf abzielte, besitzlose Mobiliarsicherheiten zu verbieten. Der Vorläufernorm des heutigen § 930 sollte ein zweiter Absatz folgenden Inhalts angefügt werden: »Diese Vorschrift findet keine Anwendung, wenn die Umstände ergeben, dass durch die Veräußerung dem Erwerber Sicherheit wegen einer Forderung verschafft werden soll«.[391] In Gesetzesform hätte dieser Absatz ein Verbot für die Sicherungsübereignung normiert. Der Antrag wurde ausführlich begründet und zum einen darauf gestützt, dass die Übereignung beweglicher Sachen durch ein Besitzkonstitut sehr häufig »gemißbraucht« werde. Der Missbrauch wurde darin gesehen, dass der Schuldner seinem Gläubiger eine dingliche Sicherheit verschaffen wolle, aber dafür im Besitz der Sache bleibe. Dies umgehe die gesetzliche Vorschrift, wonach zur Begründung eines Pfandrechts die Übergabe der Sache an den Gläubiger erforderlich sei. Ergänzend stützte sich der Antrag darauf, dass ja auch eine Mobiliarhypothek nicht möglich sei, zudem bezwecke eine Sicherungsübereignung die Benachteiligung anderer Gläubiger und sei geeignet, diese über die Kreditwürdigkeit des Besitzers zu täuschen. Schließlich sah man in der Sicherungsübereignung ein simuliertes Rechtsgeschäft, bei dem die Parteien in Wahrheit eine dingliche Sicherung einer Forderung bezwecken.[392]

Nach dem Inhalt der Protokolle muss der Mehrheit der Kommission durchaus bewusst gewesen sein, dass durch die §§ 929 Satz 1, 930 eine Sicherungsübereignung als besitzloses Pfandrecht konstruierbar ist. Die Mehrheit lehnte den oben geschilderten Antrag jedoch ab. In den Protokollen finden sich mehrere Gründe dazu: Man sah durch den Vorschlag eines § 930 Abs. 2 das Abstraktionsprinzip ge-

---

389 Motive III, 447.

390 Oben § 4 VIII 1 b.

391 Prot. III, 197; damals noch § 874a des Entwurfs.

392 Prot. III, 200.

fährdet, da durch sie die Eigentumsübertragung nicht mehr von ihrem Rechtsgrunde unabhängig sei.[393] So recht zu überzeugen vermag dies allerdings nicht, da die Trennung zwischen der Sicherungsabrede und der dinglichen Übereignung zwar begrifflich möglich ist, aber doch Wechselwirkungen zwischen beiden Rechtsgeschäften bestehen. Die praktischen Auswirkungen der Sicherungsabrede haben das Trennungs- und Abstraktionsprinzip teilweise geschleift.[394] Zuzugeben ist allerdings, dass die zweite Kommission diese Entwicklung nicht vorhersehen konnte.

Weiterhin teilte die Mehrheit auch nicht die Bedenken, eine Sicherungsübereignung könne ein besitzloses Pfandrecht einführen. Formal stützte sich dabei die Mehrheit auf den Unterschied zwischen einem beschränkten dinglichen Recht und einem Vollrecht. Wenn der Gesetzgeber zur Begründung eines beschränkten dinglichen Rechts wie bei dem Pfandrecht die Übergabe vorsehe, habe dies nicht die notwendige Folge, auch für die Eigentumsübertragung zum Zwecke der Forderungssicherung eine Besitzübergabe vorzuschreiben.[395] Analysiert man kurz diesen Streitpunkt, so entsteht der Anschein, als habe man mindestens bedingt vorsätzlich aneinander vorbeigeredet. Der von der Mehrheit abgelehnte Antrag stützte sich auf eine teleologische Erwägung, indem er auf den gleichen Zweck von Sicherungsübereignung und Pfandrecht abstellte. Die Mehrheit ging auf dieses teleologische Argument nicht ein, sondern stützte sich auf den begrifflichen Ansatz, dass beschränkte dingliche Rechte und das Vollrecht durchaus anders begründet werden könnten. Das mag formal zutreffen, überspielt aber die materielle Frage. Der Sache nach dreht sich die Diskussion um das Problem, ob wesentlich Gleiches gleich zu behandeln ist. Während dies der beschriebene Antrag annahm, lehnte dies die Mehrheit ab, indem sie das *tertium comparationis* anders definierte. Funktional besteht zwischen einem Pfandrecht an beweglichen Sachen und einer Sicherungsübereignung kein Unterschied, juristisch betrachtet gleichwohl, da bei jenem ein beschränktes dingliches Recht, bei diesem ein Vollrecht begründet wird. Die Debatte um das Für und Wider der Sicherungsübereignung ist daher durch den zu dieser Zeit vorherrschenden begriffsjuristischen Ansatz geprägt und enthält sich teleologischer Wertungen.

Die Mehrheit der Kommissionsmitglieder teilten auch nicht die Bedenken, dass eine Sicherungsübereignung konkurrierende Gläubigerrechte wie bei einer etwaigen Mobiliarhypothek begründen könne, bei einer Sicherungsübereignung sei dies ausgeschlossen. Auch die Rechtsprechung des Reichsgerichts erkenne die Sicherungsübereignung an.[396] Für unerheblich hielt man zudem die Gefahr, dass

---

393 Prot. III, 200f.

394 Oben § 3 III 5.

395 Prot. III, 201.

396 Prot. III, 201 unter Verweis auf RGZ 26, 180. Eine der Sicherungsübereignung vergleichbare Konstruktion wählte man vor Inkrafttreten des BGB mit dem Sicherungskauf: Der Schuldner verkauft eine Sache zu einem Preis an den Gläubiger, der sich mit dem Betrag der gesicherten

die Gläubiger durch den beim Kreditnehmer verbliebenen Besitz über dessen Kreditwürdigkeit getäuscht werden könnten: Ganz im allgemeinen seien die Gläubiger nicht dazu berechtigt, sich auf den Besitz des Schuldners als Anzeichen für dessen Eigentum zu verlassen.[397] Dadurch entwertete man gleichzeitig die Publizitätsfunktion des Besitzes, worauf hier bereits eingegangen wurde.[398]

Schließlich stützte sich die Mehrheit abschließend auf ein rechtspolitisches Bedürfnis und stellte im deutlichen Gegensatz zu den Motiven auf die »Befriedigung des Kreditbedürfnisses der kleinen Leute« ab: Diese könnten den Besitz ihrer beweglichen Sachen nicht entbehren und seien deswegen auf die Sicherungsübereignung angewiesen.[399] Der Sache nach mag dieses Argument zutreffen. Es erzeugt aber unauflösbare Systembrüche, wenn man das Faustpfandprinzip als allgemeines Prinzip von Sicherungsrechten an beweglichen Sachen ansieht. Der Gesetzgeber ist darauf nicht mehr eingegangen und so stehen die Ausführungen zur Sicherungsübereignung und den besitzlosen Pfandrechten beziehungslos nebeneinander.

Analysiert man die Materialien zu der Frage, ob eine Sicherungsübereignung zulässig sein soll, so lässt sich als Ergebnis allenfalls festhalten, dass der Gesetzgeber unentschlossen war. Ausdrücklich verboten hat das Gesetz die Sicherungsübereignung nicht, statt dessen jedoch das Faustpfandrecht ausführlich geregelt und dort, wo Vorschriften Not getan hätten, eine Lücke hinterlassen. Diese Haltung hat die Sicherungsrechte an beweglichen Sachen von vornherein in dogmatische Nöte gebracht. Sucht man nach Erklärungen dafür, warum der Gesetzgeber dem Problem auswich, so dürfte auch hier der Gedanke entscheidend sein, dass das BGB vereinheitlichen und nicht reformieren sollte. Die in den Partikularrechten anerkannten Besitzpfandrechte wollte man nicht obsolet werden lassen, aber auch gleichzeitig das Kreditbedürfnis »kleinen Mannes« bedienen. Wenn man die Pfandübergabe zum Dogma erhebt und die Besitzübergabe als wesentliches Merkmal einer Mobiliarsicherheit sieht, hätte man eine Sicherungsübereignung ablehnen müssen, da unvereinbar mit dem gesetzlichen Leittyp. Für viele Schuldner wäre dadurch eine Kreditsicherung und damit oft die einzige Möglichkeit, ein Darlehen zu erhalten, unmöglich geworden. Bereits im Schrifttum hatte man darauf hingewiesen[400] und der Gesetzgeber bewies rechtspolitisches Augenmaß, als

---

Forderung deckt. Dabei wird die Sache durch ein Besitzkonstitut übereignet. Dabei vereinbaren die Parteien entweder eine obligatorische oder dingliche Rückfallklausel (siehe dazu näher: RG JW 1904, 355; *Schäfer* ArchBürgR 38 (1913), 1, 4). Auch vor In Kraft treten des BGB war der Begriff »Sicherungsübereignung« geläufig. Die Motive verweisen zu Recht darauf, dass die Sicherungsübereignung allgemein anerkannt war. Siehe dazu RGZ 13, 200; RGZ 26, 180; RG JW 1893, 208; RG JW 1896, 645; RG JW 1900, 670; OLG Kiel SeuffA 46, 4; *Schäfer* ArchBürgR 38 (1913), 1, 7ff; vgl. aus neuerer Zeit auch *Gaul* AcP 168 (1968), 349, 360.

[397] Prot. III, 201.

[398] § 4 I 1, VIII, 1.

[399] Mugdan III, 627 = Prot. 3690.

[400] *Leonhardt* Gruchot 25 (1881), 177ff (196 mit dem Vorschlag, für unentbehrliche Sachen

er die Sicherungsübereignung nicht verbot. Das entscheidende Defizit ist jedoch bis heute noch spürbar: Rechtspolitik und Rechtsdogmatik vertragen sich an dieser Stelle nicht.

b) Zur Lückenfüllung bei der Sicherungsübereignung

Auch wenn die historische Auslegung ergibt, dass der historische Gesetzgeber die Sicherungsübereignung anerkannte, beginnen damit erst die Folgeprobleme. Die Rechtsanwendung steht vor der Aufgabe und dem Dilemma zugleich, nach Rechtsgrundsätzen für die Sicherungsübereignung zu fahnden. Als Dilemma äußert sich diese Aufgabe deswegen, da kraft der historischen Auslegung die Sicherungsübereignung ein Sachenrechtstyp ist, für den allerdings Normen fehlen. Der Typenzwang setzt nun einmal einen gesetzlich festgelegten Rahmen voraus, der für die Sicherungsübereignung fehlt. Die Schaffung dieses Rahmens kann mit einem Typenzwang daher gar nicht in Einklang gebracht werden, ist aber unabdingbar notwendig. Als Ausweg schlug man vor, die Vorschriften über das Pfandrecht *analog* anzuwenden, um den vermeintlichen Systembruch wieder gut zu machen.[401] Ein Systembruch ist dem Gesetzgeber jedoch nicht vorzuwerfen, sondern nur ein Unterlassen. Methodisch bereitet dieses Unterlassen kein Kopfzerbrechen, da der Gesetzgeber eine echte Lücke hinterließ, deren Ausfüllung der Typenzwang nicht verbietet. Die Suche nach den Maßstäben gestaltet sich jedoch ungleich schwieriger und wird nicht in einer Analogie zu den Regeln über das Pfandrecht fündig.[402] Der Gesetzgeber erkannte die Sicherungsübereignung an und wollte sie gerade nicht den Vorschriften über das Pfandrecht an beweglichen Sachen unterwerfen.

Wie statt dessen die verbliebenen Lücken zu schließen sind, ist nach wie vor noch nicht abschließend geklärt. Einen umfassenden Ansatz dazu zu entwickeln, ist nicht die Aufgabe dieser Arbeit. Gleichwohl zeichneten sich einige Eckpunkte bei der Analyse der übrigen Sachenrechtsprinzipien ab: Nach der hier vertretenen Ansicht sind das Forderungsgeschäft und die Sicherungsabrede als Geschäftseinheit im Sinne des § 139 verbunden.[403] Geht man außerdem davon aus, dass der Treuhandcharakter des Sicherungseigentums die Zweckabrede und die dingliche Einigung kausal verbindet,[404] so ergeben sich deutliche Parallelen zum Pfandrecht. Die Sicherungsübereignung ist als solche unwirksam, wenn eine zu si-

---

ein Konventionalpfand zuzulassen); *Wernick*, Pfandrecht und Grundschuld, Gutachten aus dem Anwaltsstande über die erste Lesung des Entwurfs eines bürgerlichen Gesetzbuchs (1890), 359, 379 (»Welcher Schuldner ist in der Lage, seine Inhabung als Kreditgrundlage herauszugeben?«).

401 *Wieling I* § 18 I 2. Für eine Analogie von Fall zu Fall: *Huber*, Die Sicherungsgrundschuld (1965), 256.

402 MünchKomm/*Oechsler* Anh §§ 929–936 Rn. 3, 41; *Staudinger/Wiegand* Anh zu §§ 929–931 Rn. 227.

403 § 3 III 5 a.

404 § 3 III 5 b, c.

chernde Forderung fehlt. Ebenso wenig entsteht das akzessorische Pfandrecht ohne eine zu sichernde Forderung. Eng verwandt mit diesem Problem ist die Frage, wie sich das rechtliche Schicksal der Sicherungsübereignung bestimmt, wenn die gesicherte Forderung getilgt wird. Nach dem oben entwickelten Modell[405] ist § 139 *analog* anzuwenden, wenn die gesicherte Forderung nachträglich erlischt. Die Konstruktion eines stillschweigend vereinbarten Rückübertragungsanspruches aus dem Sicherungsvertrag ist damit entbehrlich. Diese Lösung weist Parallelen zu § 1252 auf, da das Pfandrecht mit der Forderung erlischt, für die es besteht.

Der Verfügungsschutz bei der Sicherungsübereignung und dem Pfandrecht gestaltet sich allerdings unterschiedlich. Wenn der Sicherungsgeber als unmittelbarer Besitzer das Sicherungsgut veräußert, kann ein Dritter daran das Eigentum nach den §§ 929 Satz 1, 932 Abs. 1 erwerben. Der Verpfänder hingegen kann die Pfandsache nur nach § 931 veräußern, da er nicht der unmittelbare Besitzer ist (§ 1207). Der rechtspolitisch misslungene § 934 1. Var. gestattet hier bereits einen gutgläubigen Erwerb des Dritten, wenn der Herausgabeanspruch abgetreten wurde.

Verfügt der Sicherungsnehmer nach § 929, 931 über das Sicherungsgut, so verletzt er seine Pflichten aus dem Sicherungsvertrag. Die herrschende Ansicht hält diese Verfügung für sachenrechtlich wirksam und stützt sich darauf, dass nach § 137 Satz 1 die Befugnis, ein übertragbares Recht zu veräußern, durch ein Rechtsgeschäft nicht ausgeschlossen werden kann.[406] Bereits oben wurde ausgeführt, dass § 137 Satz 1 auf treuhänderisch gebundenes Eigentum nicht anwendbar ist.[407] Fiduziarisch gebundenes Eigentum kann daher nur im Einverständnis mit dem Sicherungsgeber veräußert werden. Ein verdinglichtes obligatorisches Recht entsteht dadurch nicht, da hier nur der Treuhandgedanke konsequent umgesetzt wird. Abgesehen davon bliebe es den Parteien unbenommen, die Übereignung auflösend bedingt zu gestalten. Sofern der Sicherungsnehmer verfügt, kann der Dritte nur nach § 161 Abs. 3 gutgläubig das Eigentum erwerben. Der erforderliche gute Glaube des Dritten mag hier zwar eine Hürde darstellen, aber wiederum greift in diesem Fall der rechtspolitisch verfehlte § 934 1. Var. ein, da bereits mit der Abtretung des Herausgabeanspruchs das Eigentum erworben werden kann. Wenn man dieser Vorschrift nicht Vorschub leisten will, so ist dies die sachgerechtere Lösung.

Zediert der Sicherungsnehmer die gesicherte Forderung, so handelt er nach der herrschenden Ansicht nicht pflichtwidrig, da die gesicherte Forderung keinem Abtretungsverbot unterliegt. Zweifelhaft ist allerdings, ob dem neuen Gläubiger auch das Sicherungsrecht zusteht. Für das Pfandrecht klären die §§ 401, 1250

---

[405] § 3 III 5 b.

[406] *Brehm/Berger* § 37 Rn. 14; *Henssler* AcP 196 (1996), 37, 49; MünchKomm/*Oechsler* Anh. §§ 929–936 Rn. 44; *Soergel/ Henssler* Anh § 930 Rn. 64; *Westermann/H.P. Westermann* § 44 III 3.

[407] § 5 II 3 b. So für die Sicherungsübereignung auch *Wiegand* AcP 190 (1990), 112, 136.

Abs. 1 die Rechtslage: Mit der Abtretung der persönlichen Forderung geht auch das Pfandrecht auf den neuen Gläubiger über. Die herrschende Ansicht will § 401 nicht auf die Sicherungsübereignung anwenden. Der Zessionar wird danach nicht *ex lege* Inhaber des Sicherungsrechts, hat aber einen obligatorischen Anspruch gegenüber dem Zedenten, der darauf gerichtet ist, das Sicherungseigentum zu übertragen.[408] Motiviert ist diese Konstruktion dadurch, dem Sicherungsgeber nach § 404 alle Einreden gegenüber dem neuen Gläubiger zu erhalten. Diese Lösung erscheint verkünstelt.[409] In der grundlegenden Entscheidung konstruierte das Reichsgericht den auf § 401 *analog* gestützten Anspruch mit konkursrechtlichen Erwägungen: Da in der Insolvenz des Zessionars der Zedent zur Aussonderung berechtigt sei und in der Insolvenz des Zedenten der Zessionar nur absondern könne, sei es geboten, einen Anspruch des Zessionars auf Übertragung des Rechts anzunehmen.[410] Heute kann diese Herleitung nicht mehr überzeugen, da sich die Unterscheidung zwischen Aus- und Absonderungsrechten seither geändert hat und das Sicherungseigentum bekanntlich nur zur Absonderung berechtigt. Die Rückschlüsse von der insolvenzrechtlichen Rechtslage auf das materielle Recht sind damit methodisch unangebracht.

Es überzeugt allerdings ebenso wenig, die Anwendbarkeit des § 401 mit dem Gedanken zu begründen, dass die Sicherungsübereignung mit dem Pfandrecht seine Funktionen teilt.[411] Die historische Auslegung spricht gegen diesen Ansatz, da dem Gesetzgeber die Unterschiede zwischen einem Pfandrecht und der Sicherungsübereignung deutlich vor Augen standen und hingenommen wurden. Aus der Funktionengleichheit lässt sich daher kein entscheidendes Argument für die Anwendung des § 401 gewinnen. Gewichtiger ist der Hinweis, dass nach dem historischen Vorverständnis § 401 alle Nebenrechte erfassen unabhängig davon erfassen sollte, ob sie akzessorisch oder abstrakt ausgestaltet sind.[412]

Hinter diesen Standpunkten verbirgt sich das Anliegen, die Verkehrsfähigkeit nicht unterschiedlich auszugestalten, wenn die zu sichernde Forderung oder das

---

[408] Grdl. RGZ 89, 193, 195; RGZ 91, 277, 279; BGHZ 42, 53, 56 (Eigentumsvorbehalt); BGHZ 78, 137, 153 (Forderungsübergang bei der Bürgschaft); BGHZ 80, 228, 233 (Grundschuld); BGHZ 92, 374, 378; BGH MDR 1967, 486; OLG Köln WM 1991, 729, 730; LG Darmstadt NJW 1977, 251; *Bamberger/Roth/Kindl* § 930 Anh. Rn. 12; *Baur/Stürner* § 57 Rn. 10; *Bülow* WM 1985, 405; *Eckert* Rn. 590; MünchKomm/*Oechsler* Anh. §§ 929–936 Rn. 46; *Scholz* NJW 1962, 2228; *Soergel/Henssler* Anh § 930 Rn. 14, 65; *Staudinger/Busche* § 401 Rn. 37 jeweils mwN; *Westermann/H.P. Westermann* § 44 III 3.

[409] Siehe zur Kritik ausführlich *Becker-Eberhard*, Die Forderungsgebundenheit der Sicherungsrechte (1993), 525ff, dessen eigener Vorschlag, auf die Parteivereinbarungen abzustellen, jedoch auch wenig Ertrag verspricht. Fehlt eine solche Abrede der Parteien ist man gezwungen, durch einen systematischen Abgleich verwandter Normen über das Schicksal des Sicherungsrechts zu entscheiden. In der Methodik weicht dies kaum von der herrschenden Ansicht ab.

[410] RGZ 89, 277, 280.

[411] *Thoma* NJW 1984, 1162, 1163; *Wieling I* § 18 II 4.

[412] So mit beachtlichen Argumenten: *v. Rintelen*, Der Übergang nicht akzessorischer Sicherheiten bei der Sicherungszession (1996), 142–159.

Treuhandeigentum übertragen wird. Allerdings lässt sich dies nur unvollkommen mit den gesetzlichen Vorschriften verwirklichen. So erscheint der Hinweis reichlich formal, dass § 401 nicht auf die Sicherungsübereignung anwendbar sein soll. Wenn man mit der hier vertretenen Ansicht das Treuhandeigentum kausal versteht, so decken sich die Rechtsfolgen mit denen einer Entstehungsakzessorietät.[413] Dies gebietet es, die dingliche Ebene stärker mit der schuldrechtlichen zu verklammern. Wenn bereits die Übertragung des Sicherungseigentums durch die Treuhandabrede ausgeschlossen ist, so kann der Zedent seine Verpflichtung nicht erfüllen, das Sicherungseigentum zu übertragen (§§ 311a Abs. 1, 275 Abs. 1). Die Frage, ob das Sicherungseigentum nach § 401 übergeht, stellt sich daher nicht mehr, der von der herrschenden Ansicht angenommene Anspruch auf Übertragung des Sicherungsgutes kann nicht erfüllt werden.

Den Sicherungsfall bestimmt die herrschende Meinung *analog* zu § 1228 Abs. 2 Satz 1 und datiert ihn auf den Zeitpunkt, zu dem die Forderung fällig ist.[414] Unterschiede zum Pfandrecht ergeben sich hier nicht. Da eine pauschale Analogie zu den Pfandrechtsvorschriften ausscheidet, sind die Parteien auch nicht an die pfandrechtstypische Verwertung im Wege des Pfandverkaufs gebunden. Aus diesem Grunde gelten die §§ 1228 Abs. 1, 1233–1248 nicht zwingend für die Verwertung des Sicherungsguts.[415] Die Gegenansicht[416] überzeugt schon deswegen nicht, weil zwar nicht der Pfandverkauf als solcher, jedoch die Vorschriften über seine Durchführung weitgehend dispositives Recht sind (§ 1245 Abs. 1 Satz 1). Es ist wenig ertragreich, die Parteien an eine solche Verwertungsform zu binden, deren Ausgestaltung selbst zahlreichen Varianten zugänglich ist.

Resümierend bleibt festzuhalten, dass Pfandrecht und Sicherungsübereignung zwar Verwertungsrechte an beweglichen Sachen sind, aber gerade bei der Verwertung unterschiedlich Wege beschreiten. Sieht man von der Besitzübergabe nach § 1205 ab, so schuf gerade das Abstraktionsprinzip erhebliche Strukturunterschiede zum Pfandrecht. Es braucht hier nur noch kurz betont zu werden, dass sich der Abstraktionsgrundsatz und der Treuhandgedanke diametral entgegenstehen. Nach den hier vertretenen Positionen zum Abstraktionsprinzip mildern sich im Übrigen die Unterschiede zwischen beiden Sicherungsrechten jedoch ab, da danach das Entstehen als auch das Erlöschen beider Sicherungsrechte parallel ausgestaltet ist.[417] Die immer wieder beargwöhnten Unterschiede der Sicherungsübereignung zum Fahrnispfandrecht sind damit durchaus vermeidbar, wenn man

---

[413] § 3 I 2 c.

[414] MünchKomm/*Oechsler* Anh. §§ 929–936 Rn. 48. Zu nennen ist hier noch § 41 Abs. 1 InsO. Wegen dieser Vorschrift gilt auch die Insolvenz des Sicherungsgebers als Eintritt des Sicherungsfalls.

[415] RG JW 1914, 76; BGH WM 1973, 366; BGH NJW 1980, 226; *Baur/Stürner* § 57 Rn. 41; MünchKomm/*Oechsler* Anh. §§ 929–936 Rn. 49; *Westermann/H.P. Westermann* § 44 V 1 a.

[416] *Eckert* Rn. 591; *Gaul* AcP 168 (1968), 351f; *Schwab/Prütting* § 34 Rn. 412.

[417] Zur Anwendbarkeit pfandrechtlicher Vorschriften auf die Sicherungsübereignung ausführlich: *Bülow* WM 1985, 373, 405.

von einer doktrinären Handhabung des Abstraktionsprinzips Abstand nimmt und folgerichtig den Treuhandgedanken weiter entwickelt.

2. Sicherungsgrundschuld

a) Isolierte Grundschuld und Sicherungsgrundschuld

Es ist derzeit üblich, die isolierte Grundschuld der Sicherungsgrundschuld gegenüber zu stellen. Allein der Begriff der Sicherungsgrundschuld brandmarkt dieses Grundpfandrecht jedoch noch nicht als Rechtsfortbildung, die mit dem Typenzwang in Konflikt gerät. Die Entstehungsgeschichte rückt auch hier das Bild zurecht: Bei den Vorarbeiten zum BGB fand der Gesetzgeber verschiedene Mobiliarsicherheiten im jeweiligen Landesrecht vor und stand auch hier vor dem Problem, ob das neu zu schaffende BGB eine Reform- oder Vereinheitlichungsgesetz sein sollte. Wie so oft entschied sich der Gesetzgeber auch hier für eine Vereinheitlichung. Als Vorbild für die Grundschuld diente das preußische Recht,[418] daneben kannten Hamburg und Lübeck eine Hypothek, die unabhängig von der Existenz der Forderung war. Auch das mecklenburgische Recht normierte ausdrücklich, dass die Hypothek einer Forderung nicht bedarf.[419] Von vornherein standen bei der Gesetzesberatung nicht die unterschiedlichen Sicherungsinteressen im Vordergrund, sondern der Unterschied zwischen einem akzessorischem und nicht akzessorischem Recht. Die Vorteile einer vom Bestand der Forderung unabhängigen Grundschuld hob der Gesetzgeber besonders hervor: Die Begründung des Rechts vereinfache sich ungemein, da das eingetragene Recht seine Gültigkeit und Wirksamkeit lediglich »aus seiner dinglichen Voraussetzung« schöpfe. Zudem lasse sich die Grundschuld zu verschiedenen Zwecken verwenden und fördere den Realkredit.[420] Diese Vorteile führten dazu, dass nach aktuellen Schätzungen 80% aller eingetragenen Grundpfandrechte Sicherungsgrundschulden sind, hingegen nur 20% Hypotheken.[421] Der Gesetzgeber ahnte diesen Verdrängungseffekt, hielt aber gleichwohl an der Hypothek fest, da er auf die Sicherungshypothek nicht verzichten wollte und da die Hypothek insbesondere im süddeutschen Raum verbreitet war.[422] Man erkannte, dass ein einheitliches Grundpfand-

[418] Gesetz über den Eigentumserwerb vom 5. Mai 1872; gleichnamige Gesetze galten in Oldenburg (ohne Fürstentum Birkenfeld), Coburg-Gotha, Waldeck und Pyrmont, Lippe und Schaumburg-Lippe.

[419] Siehe dazu die Nachweise in Mot. III, 604f.

[420] Mot. III, 608: »Mit dem Realkredit ist es nirgendwo so gut bestellt, wie in Mecklenburg, Hamburg und Lübeck«.

[421] MünchKomm/*Eickmann* § 1191 Rn. 5. Auf Anfrage des Verfassers teilten mehrere Banken noch einen höheren Prozentsatz mit. Die Grundschuld ist nach diesen Auskünften in über 90% der Fälle das gewählte Grundpfandrecht, während die Hypothek nur noch als Zwangshypothek eine Rolle spielt.

[422] Mot. III, 608f. Eine Hypothek kannten namentlich Baden, Bayern, Königreich Württemberg und Sachsen.

recht eine spürbare Vereinfachung bedeuten würde, sah sich aber wegen der verschiedenen Rechtstraditionen daran gehindert, ein solches einzuführen.[423] Diese Zurückhaltung des Gesetzgebers mag man bedauern und das Nebeneinander von Verkehrshypothek, Sicherungshypothek und Grundschuld beklagen. Ein einheitliches Grundpfandrecht böte sich sicherlich *de lege ferenda* an, ohne dass damit der Grundschuld zwingend der Vorrang zu gebühren wäre.

Weniger bekannt als diese Ursachen für die Koexistenz mehrere Grundpfandrechte ist jedoch, dass der Gesetzgeber eine Grundschuld selbstredend als Instrument zur Forderungssicherung ansah: »Aber eine solche Abrede kommt nur als Motiv, nicht als Erforderniß der Begründung des Rechts in Betracht«, führen die Motive aus, die Grundschuld habe ihren Zweck in sich selbst.[424] Aus diesem Grunde existieren keine verschiedenen Grundschuldtypen mit unterschiedlichen Inhalten. Die im Schrifttum teilweise scharfe Gegenüberstellung von isolierter Grundschuld und Sicherungsgrundschuld ist deshalb verfehlt. Dient eine Grundschuld dazu, eine Forderung zu sichern, hält sich das nach alledem im Rahmen des § 1191 und ist vor dem Hintergrund des Typenzwangs unbedenklich.

b) Realobligation und Typenzwang

Mit dem soeben herausgearbeiteten Ergebnis könnte man es bewenden lassen und den Abgleich von Grundschuld und Typenzwang als unproblematisch abtun. Indes wäre dies verfrüht, da bei der Grundschuld die Gleichung nicht aufgeht, dass nur dingliche Rechte dem Typenzwang unterliegen. Der Gesetzgeber stufte die Grundschuld als eine abstrakte Realobligation ein und ordnete sie dadurch schuldrechtlichen Formen zu.[425] Auch wenn der systembildende Erkenntniswert des dinglichen Rechts nicht überschätzt werden sollte, wirft die Einordnung der Grundschuld ein Schlaglicht auf den Umgang des Gesetzgebers mit den Sachenrechtsprinzipien. Die immer wieder betonte abstrakte Ausgestaltung der Grundschuld lässt sich nicht auf die Eigenart dinglicher Rechte stützen, sondern ist eine Wertentscheidung des Gesetzgebers. Noch viel deutlicher zeigt sich der fehlende Zusammenhang zwischen dinglichem Recht und Sachenrechtsprinzipien für den Typenzwang. Wenn alle Grundpfandrechte Realobligationen sind, dann unterwirft man sie mit dem Typenzwang einem Sachenrechtsprinzip, obwohl sie keine dinglichen Rechte im Sinne der Definition sind. Das kunstvolle Gebäude dieser Prinzipien bringt dies ins Wanken.

Allerdings ist der Normenkatalog für die Grundschuld im Vergleich zur Hypothek spärlich. Ursache dessen ist die Verweisungsnorm des § 1192 Abs. 1, wonach die Vorschriften des Hypothekenrechts entsprechend anwendbar sind, so-

---

423 Mot. III, 609ff.
424 Mot. III, 779.
425 Oben § 2 IV 2 a.

fern dem die abstrakte Natur der Sicherungsgrundschuld nicht entgegensteht. Mittlerweile ist geklärt, welche Vorschriften an die Akzessorietät der Hypothek anknüpfen und deswegen unanwendbar sind.[426] Allerdings hinterlässt die Verweisung nach §1192 Abs. 1 notwendig eine Lücke. Ungeregelt bleiben im Gegensatz zur Hypothek, welche Rechtsfolgen bei einer getrennten Abtretung der Forderung und der Grundschuld eintreten, ob auf die Grundschuld oder die Hypothek geleistet wurde und welche Rechtsfolgen die Tilgung nach sich zieht. Der Gesetzgeber erkannte dafür offenbar keinen Regelungsbedarf und schuf damit ein Sicherungsrecht, dessen Fixierung Schwierigkeiten bereitet. Diese Ausgangslage weist deutliche Parallelen zur Sicherungsübereignung auf, die der Gesetzgeber zwar nicht verbieten wollte, aber nur fragmentarisch regelte.

Ebenso betrachtet die überwiegende Ansicht die Grundschuld zur Sicherung einer Forderung als ein fiduziarisches Recht, wobei das Treuhandverhältnis durch den Sicherungsvertrag begründet wird, ohne dass die Parteien es ausdrücklich vereinbaren.[427] Wie sich die charakteristische überschießende Rechtsmacht beschreiben lässt, ist allerdings fraglich. Im Gegensatz zur Sicherungsübereignung ist die Grundschuld der von den Parteien beabsichtigte Rechtstyp. Mit dem Verwertungsrecht als solchem erhält der Grundschuldgläubiger deswegen keine Rechtsmacht, die er nicht haben soll.[428]

Warum die Sicherungsgrundschuld gleichwohl als fiduziarisches Recht angesehen wird, beruht auf Gründen, die nicht nur den Typenzwang berühren, sondern auch das Trennungs- und Abstraktionsprinzip in Frage stellen. Die verschiedenen Pflichten, die aus der Sicherungsabrede folgen und deren Funktion verdeutlichen dies. Die Sicherungsabrede zwischen den Parteien legt vielfältige Verpflichtungen fest, auf die hier nur insoweit einzugehen ist, wie sie den ohnehin weit gefassten Typ der Grundschuld beeinflussen. Allgemein bestimmt der Sicherungsvertrag, welche Forderung die Grundschuld zu sichern hat.[429] Wie gezeigt, widerspricht diese Zweckbestimmung nicht dem Vorverständnis, das der Gesetzgeber von der Grundschuld hatte. Allerdings verknüpft der Sicherungsvertrag die Grundschuld und die Forderung, wenn der Gläubiger seine Rechte geltend macht. Der Gläubiger darf den Schuldner nicht aus der Forderung und der Grundschuld in Anspruch nehmen. Diese Pflicht mag man als schuldrechtlich verankert ansehen, aber dies täuscht nicht darüber hinweg, dass eine als dinglich angesehene Befugnis (§1147) eingeschränkt wird.

---

[426] Siehe dazu die Übersicht bei MünchKomm/*Eickmann* §1192 Rn. 2–4; RGRK/*Joswig* §1192 Rn. 2.

[427] ZB.: BGH ZiP 1985, 89, 91; BGH ZiP 1989, 1174; BGH ZiP 1991, 19; BGH NJW-RR 1996, 234, 235; *Bamberger/Roth/Rohe* §1192 Rn. 49; *Baur/Stürner* §45 Rn. 9f; *Dörrie* ZfIR 1999, 717; *Lettl* WM 2002, 717, 718; MünchKomm/*Eickmann* §1191 Rn. 12; RGRK/*Joswig* §1191 Rn. 17; *Seckelmann*, Die Grundschuld als Sicherungsmittel (1963), 75ff; *Weber*, Kreditsicherheiten, §13 I 1; *Wolf* Rn. 950.

[428] So zutreffend *Huber* (Fußn. 401), 257f.

[429] Näher: *Huber* (Fußn. 401), 75ff; MünchKomm/*Eickmann* §1191 Rn. 24.

Besteht die zu sichernde Forderung nicht oder wird sie nicht valutiert, so soll nach einer verbreiteten Ansicht der Sicherungsvertrag einen Anspruch auf Rückgewähr der Grundschuld begründen.[430] Im Gegensatz zur Hypothek (§ 1163 Abs. 1 Satz 1) ist die Grundschuld in diesem Falle noch dem Gläubiger zugeordnet, aber die praktischen Ergebnisse nähern sich an. Allgemein entsteht der Rückgewähranspruch bereits mit dem Abschluss des Sicherungsvertrages und ist aufschiebend bedingt dadurch, dass der Sicherungszweck erreicht wird.[431] Ausdrücklich muss dieser Anspruch nicht vereinbart werden, sondern er entsteht im Zweifel stillschweigend mit dem Abschluss des Sicherungsvertrages. Die abstrakte Rechtsnatur der Grundschuld und damit ein typenbestimmendes Merkmal schränkt der Rückgewähranspruch aus der Sicherungsabrede deutlich ein, da das Schicksal der Forderung für den Bestand der Sicherungsgrundschuld an sich unerheblich sein müsste. Man mag dagegen einwenden, dass ja auch im Normalfall ein bereicherungsrechtlicher Anspruch die dingliche Rechtslage wieder ins Lot bringt und deswegen der Rückgewähranspruch aus der Sicherungsabrede nur ein allgemeines Rückabwicklungsprinzip aufgreift. Bei näherer Betrachtung überzeugt dieser Einwand allerdings nicht, da die herrschende Ansicht den Rückgewähranspruch mit weitreichenden Rechtsfolgen versieht. Während der bereicherungsrechtliche Anspruch nicht insolvenzfest ist,[432] hat der Sicherungsgeber ein Aussonderungsrecht in der Insolvenz des Gläubigers, sofern der Rückgewähranspruch fällig ist.[433] Kurzerhand begründet man dies mit dem Treuhandgedanken, ohne dabei allerdings den archimedischen Punkt anzusprechen, wie sich die überschießende Rechtsmacht ausdrückt. Wenn zudem die herrschende Ansicht die Insolvenzfestigkeit als Kennzeichen eines dinglichen Rechts ansieht, so billigt man einem als schuldrechtlich eingestuften Anspruch dingliche Wirkungen zu. Unabhängig davon, dass auch hier wiederum der Dualismus zwischen dinglichem und

---

[430] Siehe etwa: *Baur/Stürner* § 45 Rn. 26; *Brehm/Berger* § 18 Rn. 29; *Lettl* WM 2002, 788, 791; *Medicus* Rn. 496; *Palandt/Bassenge* § 1191 Rn. 20; *Wilhelm* Rn. 1577. Allerdings ist diese Frage umstritten. Eine Gegenansicht stützt den Herausgabeanspruch auf § 812 Abs. 1 Satz 2 2. Var., da der mit der Grundschuld bezweckte Erfolg nicht mehr zu erreichen sei (MünchKomm/*Eickmann* § 1191 Rn. 16). Nach der hier vertretenen Ansicht wirkt sich ein nichtiges Forderungsgeschäft über § 139 auch auf die Sicherungsabrede aus, so dass die eingetragene Grundschuld nach § 812 Abs. 1 Satz 1 1. Var. kondizierbar ist (§ 3 III 5 a). Für die Sicherungsgrundschuld lehnt *Jäckle* (JZ 1982, 50, 54f) die Anwendbarkeit des § 139 ohne überzeugende Gründe ab: Da dem Sicherungsvertrag die potentielle Selbständigkeit fehle, könne § 139 nicht eingreifen (55). Dies verkennt nicht nur die Dogmatik zu dieser Vorschrift sondern ist mit den oben in § 3 III 5 a geschilderten neueren Rechtsentwicklungen auch nicht mehr in Einklang zu bringen.

[431] BGHZ 104, 26, 29; BGHZ 106, 375, 378; BGH NJW-RR 1994, 847; *Baur/Stürner* § 45 Rn. 28; RGRK/*Joswig* § 1191 Rn. 32 mwN.

[432] Zur Diskussion darüber näher oben § 3 VI 3 b.

[433] Siehe etwa: *Bamberger/Roth/Rohe* § 1192 Rn. 242; *Clemente*, Recht der Sicherungsgrundschuld Rn. 729; *Erman/Wenzel* § 1191 Rn. 37; MünchKomm/*Eickmann* § 1191 Rn. 155; *Palandt/Bassenge* § 1191 Rn. 50; *Soergel/Konzen* § 1191 Rn. 64; RGRK/*Joswig* § 1191 Rn. 87; *Staudinger/Wolfsteiner* Vorbem zu §§ 1191ff Rn. 200.

persönlichen Recht aussagelos ist, zeigt sich doch ein eher freier Umgang mit den sonst als systemprägend eingeordneten Begriffen.

Resümierend zeigt sich, dass die Sicherungsabrede nicht eine überschießende Rechtsmacht bändigen soll, sondern überschießende Rechtsfolgen des Abstraktionsprinzips und der fehlenden Akzessorietät. Den Charakter der Grundschuld als abstraktes Recht nimmt die Sicherungsabrede damit teilweise zurück. Dogmatisch betrachtet, eröffnet dieser Befund nur zwei Alternativen: Entweder ordnet man die Rechtsfolgen der Sicherungsabrede als unvereinbar mit dem Typenzwang ein, oder man nimmt sie als Inhaltsbestimmung des sachenrechtlichen Typs »Grundschuld« hin. Für die herrschende Ansicht scheint sich diese Frage nicht zu stellen, da sie die Sicherungsabrede einer künstlich konstruierten Ebene zwischen der Obligation und dem dinglichen Geschäft zuordnet. Aber dies vermeidet die Probleme nicht, sondern schafft sie erst. Besonders drastisch zeigen sich diese Probleme bei der Frage, ob der Sicherungscharakter der Grundschuld eintragungsfähig ist. Die herrschende Ansicht lehnt dies ab, da der Sicherungszweck nicht Inhalt der Grundschuld sei. Man argwöhnt, dass ein im Grundbuch eingetragener Sicherungszweck die Grundschuld gleich einer Hypothek ausweise.[434] Dies vermag kaum zu überzeugen, sorgt für unklare Rechtsverhältnisse und versucht ein Dogma zu retten, dass in Wirklichkeit schon längst aufgegeben ist. Es ist vordergründig, den Sicherungszweck als eintragungsfähigen Umstand deswegen abzulehnen, da er einem schuldrechtlichen Rechtsverhältnis entstammt. Entscheidend müssen die Wirkungen sein, die aus der Sicherungsabrede folgen. Gerade hier zeigte aber die vorstehende Analyse, dass die Sicherungsabrede den Inhalt der Grundschuld beeinflusst. Wenn man diesen Systembruch hinnimmt, so kann man die Eintragungsfähigkeit der Sicherungsabrede nicht deswegen ablehnen, weil dies mit dem Typenzwang unvereinbar ist. Den Bruch mit dem Typenzwang enthalten schon die verschiedenen Rechtsfolgen der Sicherungsabrede als solcher. Hält man daher die Sicherungsgrundschuld als solche für vereinbar mit dem Typenzwang, so muss man auch folgerichtig eine Eintragung als »Sicherungsgrundschuld« billigen.[435] Das Trennungsprinzip ist durch die vielfältigen Wirkungen der Sicherungsabrede verschliffen. Es ist daher nur ein Beharren auf längst aufgegebenen Positionen, wenn man die Eintragungsfähigkeit des Sicherungszwecks ablehnt.

§ 1157 Satz 1 bestätigt, dass eine Trennung zwischen dem obligatorischen Rechtsverhältnis und der Grundschuld nur schwer möglich ist.[436] Im Sinne dieser

---

[434] Zuerst: KG JW 1932, 1759 = DNotZ 1932, 190; OLG München JFG 16, 291, 294; BGH NJW 1986, 53, 54; OLG Köln OLGZ 1969, 427; OLG Düsseldorf MittRhNotK 1977, 35; *Erman/ Wenzel* § 1191 Rn. 6; *Huber* (Fußn.401), 139; *ders.*, FS Serick (1992), 211 ff; RGRK/*Joswig* § 1191 Rn. 10; *Soergel/Konzen* § 1191 Rn. 5; *Wolff/Raiser* § 154 VI 2.

[435] So zutreffend: MünchKomm/*Eickmann* § 1191 Rn. 83; *Friedrich* NJW 1968, 1655; *Lopau* NJW 1972, 2253; *Wilhelm* JZ 1980, 625, 629.

[436] Siehe dazu schon oben § 2 IV 2 a.

Vorschrift sind Einreden, »die dem Eigentümer auf Grund eines zwischen ihm und dem bisherigen Gläubiger bestehenden Rechtsverhältnisses« zustehen, auch Einrede, die auf einer obligatorischen Vereinbarung beruhen und sich gegen die Geltendmachung der Grundschuld richten. Nachträglich entstandene Einreden aus der Sicherungsvereinbarung können deswegen in das Grundbuch eingetragen werden. Die herrschende Ansicht sieht in § 1157 Satz 1 allerdings keinen Anhaltspunkt dafür, warum der Sicherungszweck in das Grundbuch eingetragen werden könne, da die Vorschrift zwischen der Einrede und dem Rechtsverhältnis unterscheide. Nur die Einrede als solche sei eintragungsfähig, nicht aber das zugrunde liegende Rechtsverhältnis.[437] Allerdings ist dies eine überspitzte Wortlautauslegung des § 1157 Satz 1. Der Gesetzgeber wollte durch diese Vorschrift erreichen, dass auch schuldrechtliche Einreden gegenüber Dritten wirken. Der Verweis auf das »Rechtsverhältnis« sollte die Herkunft der Einreden klarstellen. Zudem ist die Unterscheidung zwischen der »Einrede« und dem sie begründenden Rechtsverhältnis nicht immer durchführbar oder ein reiner Formalismus. Wenn eine Grundschuld nicht valutiert wurde, besteht diese Einrede von Anfang an und ergibt sich aus dem Sicherungscharakter der Grundschuld. Ist diese Einrede eingetragen und wird die Grundschuld gleichwohl übertragen, so bedarf der Erwerber der Grundschuld keiner größeren Rechtskenntnis um festzustellen, dass die Grundschuld mit dem Schicksal der Forderung verknüpft ist und damit eine Sicherungsgrundschuld ist. Bereits die Art der Einrede lässt hier auf das Bestehen einer Sicherungsvereinbarung schließen. Diese dann allerdings von der Eintragung auszuschließen, ist sachlich unbegründbar. Gestattet man, das Entstehen der Grundschuld unter die aufschiebende Bedingung zu stellen, dass die Forderung valuiert wird,[438] so verdeutlicht dies, wie wenig einsichtig die Gründe sind, mit denen die Eintragung einer Grundschuld als Sicherungsgrundschuld abgelehnt wird. Eine derartige Bedingung bedarf zu ihrer Wirksamkeit der Eintragung ins Grundbuch und beeinflusst direkt den Bestand des dinglichen Rechts. Warum dann nicht auch der Sicherungscharakter einer Grundschuld und damit eine Einrede eintragbar ist, die sich nur gegen die Geltendmachung des Rechts richtet, ist methodisch nicht mehr vermittelbar.[439,440]

---

437 RGZ 91, 218, 223; *Huber* (Fußn. 401), 140.

438 Näher oben § 3 V 3 c bb.

439 Darauf hat MünchKomm/*Eickmann* § 1191 Rn. 83 aE hingewiesen und folgert deswegen sogar *maiore ad minus*, dass der Sicherungscharakter eintragbar ist.

440 Unentschieden ist damit die Streitfrage, ob der Erwerber bereits bösgläubig ist, wenn er den Sicherungscharakter der Grundschuld kennt (siehe etwa *Wilhelm* JZ 1980, 625; *ders.* Rn. 1608) oder erst, wenn er zusätzlich die aus der Sicherungsabrede erwachsende Einrede kennt (hM.: BGHZ 59, 1; BGHZ 103, 72; *Baur/Stürner* § 45 Rn. 61; RGRK/*Joswig* § 1191 Rn. 57; *Staudinger/ Wolfsteiner* § 1157 Rn. 20; differenzierend: *Huber*, FS Serick (1992), 208ff).

3. Die Sicherungsdienstbarkeit

a) *Zweck und Konstruktion*

Die sog. Sicherungsdienstbarkeit dient dazu, einen schuldrechtlich zulässigen Bezugszwang dinglich abzusichern. Ein derartiges Bedürfnis entstand zuerst auf den Märkten, deren Absatzstruktur durch langfristige Lieferverträge gekennzeichnet ist wie der Mineralölhandel, die Energiewirtschaft und das Braugewerbe. Die hier häufig anzutreffenden Bezugspflichten des Abnehmers suchte man weiter abzusichern. Allerdings eignet sich dafür eine Dienstbarkeit nicht: Wie bereits oben entwickelt wurde, kann die aus der Dienstbarkeit folgende Duldungspflicht in keinen Bezugszwang umschlagen. Der ansonsten eher unklare Grundsatz *servitus in faciendo consistere nequit* liefert hier ein eindeutiges Ergebnis, da eine solche Pflicht ein unzulässiges positives Tun darstellen würde. Daher versucht man, dem wirtschaftliche Anliegen für eine Bezugspflicht durch eine Sicherungsdienstbarkeit gerecht zu werden. Derjenige, dessen Grundstück mit einer Dienstbarkeit belastet ist, verpflichtet sich schuldrechtlich dazu, ausschließlich bestimmte Waren von derjenigen Partei zu beziehen, zu deren Gunsten die Dienstbarkeit eingetragen ist. Bezieht nun der Eigentümer des derart belasteten Grundstücks die Vertragswaren von einem Dritten, so darf der Berechtigten nach §§ 1018, 1. und 2. Var., 1004, 1027 den Warenvertrieb auf dem Grundstück selbst übernehmen. Dies zwingt den Eigentümer des belasteten Grundstücks dazu, sich vertragstreu zu verhalten. Gleichsam zwischen die Bezugsbindung und die Dienstbarkeit geschaltet ist die Sicherungsabrede, die zugleich *causa* für die Dienstbarkeit ist. Die Sicherungsabrede zwischen dem Eigentümer und dem Berechtigten stellt sicher, dass der Berechtigte die Dienstbarkeit nicht ausübt, solange der Verpflichtete vertragstreu die Waren bezieht. Daneben kann die Zweckvereinbarung weitere Pflichten enthalten. Neben dem Rückgewähranspruch können aus ihr Einreden folgen, wobei das denkbare Pflichtenspektrum weit reicht, hier aber nicht weiter zu vertiefen ist.

Die Sicherungsdienstbarkeit erkannte der BGH erstmals in einer Entscheidung aus dem Jahre 1979 an, der verkürzt folgender Sachverhalt zugrunde lag:[441] Der Kläger, eine Brauerei, verlangte von der Beklagten die Bewilligung zur Eintragung einer beschränkten persönlichen Dienstbarkeit. Inhalt der Dienstbarkeit war ein Verbot, Bier oder alkoholfreie Getränke auf dem belasteten Grundstück herzustellen, zu lagern, zu verkaufen oder sonst wie zu vertreiben. In § 4 des Vertrages schlossen die Beteiligten eine Bier- und Getränkebezugsvertrag auf die Dauer von 20 Jahren, wobei die Beklagte ausschließlich von dem Kläger beziehen musste. Diese Ausschließlichkeitsbindung war nicht Gegenstand der Dienstbarkeit. Den beantragten Inhalt der Dienstbarkeit hielt der BGH für zulässig, da ein Herstellungs-, Lagerungs-, Verkaufs- und Vertriebsverbot ein zulässiger Inhalt

[441] BGHZ 74, 293.

einer Unterlassungsdienstbarkeit sei kann und verwies dazu auf die bereits ergangene Rechtsprechung.[442] Den Parteien war gleichwohl nicht daran gelegen, dass die Dienstbarkeit ausgeübt wird, vielmehr sollte die Beklagte nur ausschließlich das Bier von dem Kläger beziehen. Die Dienstbarkeit hat damit einen überschießenden Verbotsinhalt: Der Eigentümer ist jedoch nach Ansicht des BGH von diesem Verbot mit schuldrechtlicher Wirkung solange freigestellt, wie er der Bezugspflicht gegenüber dem Kläger nachkommt.[443] Seit dieser Entscheidung breitete sich die Sicherungsdienstbarkeit in vielen Branchen aus, um insbesondere langfristige Lieferverträge abzusichern.[444]

b) Scheingeschäft und Konstruktionsjurisprudenz

Die Konstruktion der Sicherungsdienstbarkeit nahm das Schrifttum überwiegend positiv auf.[445] Der Gedanke, dass eine überschießende Rechtsmacht im Innenverhältnis auf das gesetzlich zulässige Maß gestutzt werden könne, besaß hier offensichtlich eine große Anziehungskraft. Kritische Stimmen sind jedoch nicht verstummt.[446]

Für die Frage, welchen Umfanges der Typenzwang durchbrochen wird, sind die Argumente für und wider der Sicherungsdienstbarkeit geradezu ein Lehrstück. Nähert man sich der Sicherungsdienstbarkeit aus der Perspektive der Treuhandlehre, so stößt man auf ein bemerkenswertes Defizit. Überwiegend geht man von dem Charakter der Sicherungsdienstbarkeit als treuhänderisches Recht aus. Das dingliche Nutzungsrecht des Lieferanten stuft man als überschießende Rechtsmacht ein, die durch die Sicherungsabrede gebändigt wird.[447] Aber dieser Ansatz trügt. So zweifelsfrei, wie oft behauptet, ist der Treuhandcharakter der Sicherungsdienstbarkeit nicht. Allerdings liegen die Defizite auch darin, dass nach wie vor der Treuhandbegriff verschiedenen Schattierungen zugänglich zu sein

---

[442] BGHZ 74, 293, 296 unter Verweis auf BGHZ 29, 244, 249; BGH WM 1962, 376, 377; BGH WM 1975, 307, 308.

[443] BGHZ 74, 293, 296.

[444] BGH NJW 1981, 343; BGH NJW 1988, 2364; BGH NJW-RR 1992, 593; BayObLG DNotZ 1986, 620; BayObLGZ 1997, 129; OLG Karlsruhe NJW 1986, 3212.

[445] *Amann* DNotZ 1986, 578, 579ff; *ders.* DNotZ 1988, 581ff; *Baur/Stürner* § 33 Rn. 19; *Bormann* (Fußn. 4), 199–202; *Brehm/Berger* § 22 Rn. 9; *Frank* DNotZ 1999, 503, 505; *Maier* (Fußn. 4), 118ff; *Münch* ZHR 157 (1993), 559, 561ff; *Palandt/Bassenge* § 1018 Rn. 1, 27; *Soergel/Stürner* § 1018 Rn. 30–30b; *Staudinger/ Mayer* § 1018 Rn. 12; *Staudinger/Mayer* § 1093 Rn. 12; *Stürner* AcP 194 (1994), 265, 271ff, 283; *Walter/Maier* NJW 1988, 377, 384ff.

[446] *Baetge* RabelsZ 59 (1995), 645, 665; *Joost* JZ 1979, 467, 469; *ders.* NJW 1981, 308, 311; *Hänßermann* BWNotZ 1967, 104, 110; *Huvendieck* (Fußn. 4), 47ff; *Linde* BWNotZ 1980, 29, 32; MünchKomm/*Joost* § 1090 Rn. 14ff; *Panz* BWNotZ 1982, 106, 107; *Prütting*, GS Schultz (1987), 287, 296ff; *Schmidt* (Fußn. 4), 140ff; *Westermann/Gursky* § 123/1; *Wilhelm* Rn. 1810ff; *Zimmermann* RPfleger 1981, 335.

[447] *Amann* DNotZ 1986, 578, 590ff; *ders.* DNotZ 1988, 581, 584f; *Bormann* (Fußn. 4), 199f; *Münch* ZHR 157 (1993), 559, 561; *Soergel/Stürner* § 1018 Rn. 30; *Walter/Maier* NJW 1988, 377, 387; i. Erg. wohl auch *Staudinger/Mayer* § 1018 Rn. 115.

scheint und eine gesetzliche Regelung fehlt. Dies begünstigt Rechtsfortbildungen, die sich auf den Treuhandgedanken stützen ohne dabei in die Verlegenheit zu geraten, über ein tragfähiges Fundament nachzudenken. Auch wenn eine allgemeine Treuhandlehre nicht entwickelt ist, lassen sich doch charakteristische Eckpunkte ausmachen. Das Leitbild für Treuhandrechte war die Übertragung eines Rechts und damit die Sicherungsübereignung. Aus der Sicherungsabrede ergibt sich, dass eine Übereignung nach § 930 nur dazu dienen soll, eine Forderung zu sichern. Ohne diese Abrede wäre das dingliche Rechtsgeschäft durchaus im Rahmen der zulässigen Typen, da das Gesetz eine Übereignung durch die Vereinbarung eines Besitzkonstitus erlaubt. Mit anderen Worten kennzeichnet diese Rechtsgeschäfte, dass der Sicherungsnehmer ein fiduziarisch gebundenes *minus* erhält, obwohl ein *plus* im Einzelfall zulässig wäre. Daraus geronn das Kriterium der überschießenden Rechtsmacht als Kennzeichen insbesondere der fiduziarischen Treuhand. Entwickelt wurde diese Konstruktion an einer Vollrechtsübertragung und damit an der Sicherungsübereignung und der Sicherungszession.[448] An andere Rechtsübertragungen wie die Einräumung eines Nutzungs- oder Verwertungsrechts dachte man dabei nicht.

Es fällt auf, dass die Sicherungsdienstbarkeit diesen Kriterien nicht vollständig genügt. Wer eine Dienstbarkeit bestellt, überträgt kein Vollrecht, so dass sich Parallelen zur Sicherungsübereignung nur unter Vorbehalten bilden lassen. Auch die strukturellen Unterschiede sind erheblich. Der Berechtigte soll von seinem Nutzungsrecht überhaupt keinen Gebrauch machen, es ist nach dem Willen der Parteien ein *nudum ius*, das erst hilfsweise ausgeübt werden soll, wenn der Verpflichtete der Bezugsbindung nicht nachkommt. Gefördert werden soll allein der Absatz des gebundenen Erzeugnisses, während gleichzeitig ein Fremdbezug unterbunden werden soll. Aus diesem Grund sieht man in einer Sicherungsdienstbarkeit eine unzulässige Gesetzesumgehung und ein nichtiges Scheingeschäft (§ 117).[449] Eine bemerkenswerte Parallele findet diese Kritik bei der historischen Entwicklung der Sicherungsübereignung. Von dem Odium, ein simuliertes Rechtsgeschäft zu sein, konnte sich die Sicherungsübereignung erst befreien, als man erkannte, dass die Übereignung von den Parteien auch rechtlich gewollt war.

---

[448] Grdl. *Regelsberger* AcP 63 (1880), 157, 172ff; ebenso: *Armbrüster*, Die treuhänderische Beteiligung an Gesellschaften (2001), 13; *Siebert*, Das rechtsgeschäftliche Treuhandverhältnis (1933), 146; *Walter*, Das Unmittelbarkeitsprinzip bei der fiduziarischen Treuhand (1974), 13. Eine vielerwähnte Parallele hat fiduziarische Treuhand mit dem *trust* des anglo-amerikanischen Rechts, bei denen die Unterscheidung zwischen *legal ownership* und *equitable ownership* bedeutsam ist. Es ist bemerkenswert, dass die gegenüber systematischen Einordnungen zurückhaltende amerikanische Wissenschaft darüber streitet, ob durch den *trust* ein *ius ad rem* oder ein *ius in personam* begründet wird. Dies spiegelt sehr deutlich die verschwommene Trennung zwischen dinglichem und persönlichen Recht bei der Treuhand wider; siehe näher: *Kötz*, Trust und Treuhand (1964), 35ff.

[449] Grdl. *Joost* JZ 1979, 467, 469; *ders.* NJW 1981, 308, 312; MünchKomm/*Joost* § 1090 Rn. 21; *Prütting*, GS Schultz (1987), 287, 300f; auch *Westermann/Gursky* § 123/1.

In der Tat stellt das BGB kein besitzloses Pfandrecht zur Verfügung, so dass die Parteien überhaupt keine andere Wahl haben, eine Sicherungsübereignung zu vereinbaren, wenn der Schuldner im Besitz der Sache verbleiben soll.[450] Wie sich zeigte, kannte der Gesetzgeber eine Sicherungsübereignung so dass deren nähere Ausformung durch Praxis und Lehre mit dem Typenzwang vereinbar ist.

Eine vergleichbare Zwangslage besteht allerdings bei der Sicherungsdienstbarkeit nicht. Um den gewünschten Erfolg zu erreichen, nämlich den Bezug der gebundenen Erzeugnisse, müssen die Parteien keine Dienstbarkeit wählen. Die Motive für eine Sicherungsdienstbarkeit liegen zum einen darin, ein Druckmittel zu schaffen, das die Einhaltung der Ausschließlichkeitsbindung gewährleistet. Zum anderen trifft die Dienstbarkeit den jeweiligen Eigentümer des Grundstücks, so dass die Ausschließlichkeitsbindung auch die Rechtsnachfolger des ehemaligen Grundstückseigentümers verpflichtet. Nachfolgeklauseln, wonach der bisherige Eigentümer verpflichtet ist, seinem Rechtsnachfolger die bestehende Ausschließlichkeitsbindung weiterzugeben, erweisen sich für den Bindenden nicht immer als effizient. Wenn der bisherige Eigentümer die ihm auferlegte Verpflichtung nicht einhält, ist unklar, welche Höhe ein Schadensersatzanspruch des Lieferanten hat. Die Präventionswirkung des Schadensersatzanspruches und damit der Anreiz, diese Bindung weiterzugeben, dürfte eher gering sein. Abgesehen davon war dem Gesetzgeber eine Sicherungsdienstbarkeit unbekannt. Deswegen sind alle Hinweise auf den Treuhandcharakter der Sicherungsdienstbarkeit mehr oder weniger aus der Luft gegriffen und geraten in die Nähe einer Tautologie. Es handelt sich dabei um ein Kürzel, um gewünschte Rechtsfolgen zu begründen, ohne die Voraussetzungen dafür näher erklären zu müssen.[451]

Der BGH zeigte sich bislang gegenüber dieser Kritik immun und begründete dies mit dem Trennungsprinzip: Dingliches und obligatorisches Recht müssten klar unterschieden werden, zudem sei eine überschießende Rechtsmacht nicht unbekannt und bei der Treuhand anerkannt.[452] Allerdings problematisiert das Gericht nicht, ob der Treuhandgedanke hier überhaupt trägt, sondern unterstellt dies einfach und umgeht damit den Vorwurf, dass die Sicherungsdienstbarkeit ein Scheingeschäft ist. Dadurch löst man allerdings den Typenzwang auf. Da der Rechtsnachfolger des Eigentümers die Ausschließlichkeitsbindung einhalten

---

450 Grdl. *Regelsberger* AcP 63 (1880), 157, 172f; *Gaul* AcP 168 (1968), 360, 377; *Walter*, (Fußn. 447), 14f.; siehe auch *Coing*, Die Treuhand kraft privaten Rechtsgeschäfts (1973), 29, 34–37.

451 Im Schrifttum wurde allerdings betont, dass bei fiduziarischen Rechten der Vorwurf der Gesetzesumgehung überhaupt nicht einschlägig sei, da diese Rechtsinstitute überhaupt nicht gesetzlich ausgebildet seien (*Huber* JurAn 1970, 784, 796ff). Dieser Einwand ist methodisch zutreffend, legitimiert aber gleichzeitig den Abbruch des Typenzwangs, indem man beliebige Treuhandrechte konstruiert. Ertragreicher ist es deswegen (wie hier verfolgt), die rechtlichen Strukturen des Treuhandbegriffs selbst aufzuzeigen und deren Aussagekraft für die Dienstbarkeit zu untersuchen.

452 BGHZ 74, 293, 296f.

wird, um zu verhindern, dass die Dienstbarkeit ausgeübt wird, erreicht man dadurch gerade das Ergebnis, das § 137 verhindern will. Eine schuldrechtliche Verpflichtung wird über den Umweg eines Sicherungsrechts verdinglicht. Unter einem anderen Etikett belebt man die verdinglichten obligatorischen Rechtsverhältnisse des Allgemeinen Landrechts wieder. Gerade dies wollte der Gesetzgeber verhindern.[453] Die als »geniale Rechtsfortbildung« gelobte Sicherungsdienstbarkeit[454] steht damit auf dogmatisch unsicherem Boden. Man kommt nicht umhin, die Sicherungsdienstbarkeit als Konstruktionsjurisprudenz zu brandmarken. Einerseits will man sie in die Vorgaben des Typenzwangs einpassen, indem man durch die ihre dreistufige Konstruktion die Sicherungsabrede der schuldrechtlichen Ebene zuweist. Andererseits gestattet man eine Wirkung, die dem Anliegen des § 137 und damit einem der Pfeiler des Sachenrechts zuwiderläuft. Im Ergebnis bedeutet dies eine Auflösung der Sachenrechtsprinzipien unter Berufung auf die Sachenrechtsprinzipien.

c) *Kartellrechtliche Inhaltskontrolle*[455]

Bislang hat die kartellrechtliche Inhaltskontrolle von Sicherungsdienstbarkeiten keine nennenswerte praktische Bedeutung erlangt. Das GWB in der Fassung der siebten Novelle rückt die kartellrechtliche Zulässigkeit von Sicherungsdienstbarkeiten in ein anderes Licht.[456] Anwendbar sind die kartellrechtlichen Vorschriften allerdings nur, wenn die Beteiligten Unternehmen sind und damit wirtschaftlich tätig sind oder werden.[457] Dies festzustellen bereitet bei Sicherungsdienstbarkeiten wenig Probleme, da eine Ausschließlichkeitsbindung sowohl mit einer wirtschaftlichen Tätigkeit des Bindenden als auch des Gebundenen einhergeht. Theoretisch ist allerdings nicht ausgeschlossen, dass der Gebundene die bezogenen Waren zur eigenen Bedarfsdeckung verwendet und deswegen kein Unternehmen im Sinne des Kartellrechts darstellt. Praktisch ist diese Konstellation jedoch irrelevant, da in diesen Fällen kaum ein Interesse an einer Ausschließlichkeitsbindung besteht.

---

453 § 5 II 3 b. Siehe auch *Joost* NJW 1981, 308.

454 *Stürner* AcP 194 (1994), 265, 282ff; skandierend: *Bormann* (Fußn. 4), 247f.

455 Hier ist nur auf das Zusammenspiel von Kartellrecht und Zivilrecht einzugehen. Nach der hier vertretenen Ansicht sollte bereits *de lege lata* bei den Nutzungsrechten zum Kausalprinzip übergegangen werden (oben § 3 VII 2). Die ausgetragene Debatte, ob ein kartellrechtswidriger Schuldvertrag auch das dingliche Rechtsgeschäft erfasst, stellt sich nach dem hier vertretenen Konzept daher nicht.

456 In der Fassung vom 7. Juli 2005 (BGBl. I, 1954). S.a. Gesetzesentwurf der Bundesregierung, Entwurf eines siebten Gesetzes zur Änderung des Gesetzes gegen Wettbewerbsbeschränkungen, BT-Drs. 15/3640.

457 Zum »funktionalen« Unternehmensbegriff im deutschen und europäischen Kartellrecht siehe etwa: EuGH Slg. 1997, I-7119, 7174 (Tz. 21) Job Centre II; BGH WUW/E BGH 1474, 1476f Architektenkammer; *Zimmer*, in: Immenga/Mestmäcker § 1 Rn. 24ff mwN.

Die kartellrechtlichen Maßstäbe für die einer Dienstbarkeit zugrundeliegenden Wettbewerbsverbote oder Ausschließlichkeitsbindungen finden sich in §§ 1 2 Abs. 2 GWB in Verbindung mit der VO 2790/1999.[458] Mit diesen Wertungen unvereinbare Ausschließlichkeitsbindungen sind nichtig (§§ 1 GWB, 134 BGB), gleiches bestimmt Art. 81 Abs. 2 EG bei Verstößen gegen das europäische Kartellrecht. Die bislang vorherrschende zivilistische Ansicht will die Dienstbarkeit als solche gegen das Kartellrecht immunisieren, indem sie das Trennungs- und Abstraktionsprinzip betonte: Einer kartellrechtlichen Kontrolle unterlägen daher nur die schuldrechtlichen Bezugspflichten, nicht aber die Dienstbarkeit als solche.[459] Diese Argumente sind vor dem Hintergrund des GWB unhaltbar und immunisieren dingliche Nutzungsrechte auch nicht gegenüber der Nichtigkeitssanktion des Art. 81 Abs. 2 EG.[460] § 2 Abs. 2 GWB verweist auf das europäische Recht und will dadurch die Unterschiede zwischen der deutschen und europäischen Wettbewerbsordnung vermeiden. Auf das Trennungs- und Abstraktionsprinzip nimmt das europäische Kartellrecht keine Rücksicht. Nimmt man die beabsichtigte Angleichung des deutschen an das europäische Recht ernst, so verbietet es sich, das Trennungs- und Abstraktionsprinzip bei Verstößen gegen das GWB zu aktivieren. Erst Recht lässt sich kein Vorrang des Zivilrechts vor dem Kartellrecht behaupten, da die Inhaltsfreiheit nur ein System eines bestehenden

---

[458] Verordnung Nr. 2790/1999 der Kommission über die Anwendung von Art. 81 Abs. 3 EG auf Gruppen von vertikalen Vereinbarungen und aufeinander abgestimmten Verhaltensweisen vom 22. Dezember 1999 (ABl EG Nr. L 336, 21).

[459] *Amann* DNotZ 1986, 578, 583; *Baur/Stürner* § 33 Rn. 18; *Langen/Bunte/Klosterfelde/Metzlaff* § 16 Rn. 152; *Stürner* AcP 194 (1994), 265, 287f. Mit eigenwilligen Positionen zum Kartellrecht auch *Münch* ZHR 157 (1993), 559, 595–597. *Stürner* aaO 288 bezeichnet dies als sonderprivatrechtlichen Angriff auf das herkömmliche zivilistische Gebäude. Ein Kartellrechtler könnte darauf replizieren, dass zivilrechtliche Dogmen nicht zum Sturm auf die Wettbewerbsfreiheit und das System eines freien Wettbewerbs blasen dürfen. Es kommt aber nicht darauf an, zivilistische Dogmen mit emotionaler Schärfe zu verteidigen oder abzubrechen, sondern die Normzwecke in Einklang zu bringen. Eine eigenartige Begründung liefert *Amann* aaO 583: Danach seien die kartellrechtlichen Fragen aus dem nationalen und europäischen Recht nicht anwendbar, da sie das Sachenrecht mit einem ständigen Wandel überladen würden, wovor der Abstraktionsgrundsatz gerade schützen wolle. Eine wissenschaftliche Stellungnahme zu diesem Argument erübrigt sich.

[460] Unzureichend und zu pauschal ist die gegensätzliche Argumentation von *Bormann* (Fußn. 4), 237: Vor dem Hintergrund des Subsidiaritätsprinzips sei es geboten, die Nichtigkeitssanktion des Art. 81 Abs. 2 nur auf das schuldrechtliche Geschäft anzuwenden. *Bormann* übersieht, dass das Subsidiaritätsprinzip nur bestehende Kompetenzen beschränkt, aber die Auslegung des materiellen EG-Rechts ebenso wenig beeinflusst, wie es die Rechtsprechung bindet (näher dazu: *Füller*, Grundlagen und inhaltliche Reichweite der Warenverkehrsfreiheiten nach dem EG-Vertrag [2000], 91ff). Auch *Bormanns* Hinweis auf Art. 295 EG überzeugt nicht, wonach das Trennungs- und Abstraktionsprinzip ein Pfeiler der deutschen Eigentumskonzeption sei und deswegen respektiert werden müsse (237f). Auch ohne diese Prinzipien besteht die Eigentumsordnung weiter. Abgesehen davon müsste jede Durchbrechung dieser Prinzipien die Eigentumsordnung angreifen.

Wettbewerbs voraussetzt und in dieses eingebunden ist.[461] Die dogmatischen Probleme sitzen allerdings tiefer und finden ihre Ursache darin, dass sich der Zusammenhang zwischen einer Vereinbarung und der daraus folgenden Wettbewerbsbeschränkung zivilistischen Dogmen entzieht. Weder Art. 81 Abs. 1 EG noch § 1 GWB wenden sich gegen einen Vertrag oder einer Vereinbarung als solche, sondern verbieten beide Absprachefornen nur wegen der aus ihnen folgenden Wettbewerbsbeschränkung. Diese nunmehr im Kartellrecht geltende »Folgetheorie« erweitert die Folgenzurechnung.[462] Der bis zur sechsten GWB-Novelle ausgetragene Streit zwischen Gegenstands- und Zwecktheorie hat sich dadurch erübrigt. In der Tat hätte eine enge Zwecktheorie eine Rechtfertigung dafür bilden können, Dienstbarkeiten von einer kartellrechtlichen Inhaltskontrolle auszunehmen, indem man sich auf den Standpunkt stellt, dass nur die schuldrechtliche Bezugsbindung die beabsichtigte Wettbewerbsbeschränkung ist.[463] Vor dem Hintergrund des geltenden Kartellrechts lässt sich dies aber nicht mehr aufrecht erhalten. Die Dienstbarkeit kann ohne Not als wettbewerbsbeschränkende Folge der Vereinbarung subsumiert werden, da sie die Freiheit eines der Beteiligten einschränkt.[464]

Der Typfall einer Sicherungsdienstbarkeit soll eine Ausschließlichkeitsbindung sichern. Gerade für solche Wettbewerbsbeschränkungen hat sich jedoch die Inhaltskontrolle durch § 2 Abs. 2 GWB in Verbindung mit der VO 2790/1999 verschärft. Freigestellt sind vertikale Vereinbarungen zwischen dem Dienstbarkeitsberechtigtem und dem Eigentümer nur, wenn der Marktanteil des bindenden Unternehmens 30% nicht überschreitet (Art. 3 Abs. 1 VO 2790/1999). Aber auch dann, wenn der Marktanteil des Dienstbarkeitsberechtigten die 30%-Schwelle unterschreitet, besteht keine beliebige Inhaltsfreiheit. Langfristige Lieferverträge sind nur noch in einem engen Rahmen möglich. Aus dem Zusammenspiel von Art. 5 lit. a und Art. 1 lit. b VO 2790/1999 ergibt sich, dass Bezugsbindungen, durch die der Abnehmer verpflichtet ist, seinen gesamten Bedarf bei dem Lieferanten zu decken, nur bis zu einer Laufzeit von 5 Jahren zulässig sind. Diese Schwelle ist strenger als die bisherige Kontrolle nach § 138 BGB.[465] Wenn der Alleinlieferant eine längerfristige Bezugsbindung vereinbaren möchte, darf er nur

---

[461] BerlK-EnR/*Säcker/Jaecks* § 1 Rn. 43; *Lammel* AcP 189 (1989), 244; 273–275; *K. Schmidt* ZHR 149 (1985), 1, 11; *Zimmer*, in: Immenga/Mestmäcker § 1 Rn. 274 jeweils mwN.

[462] Zur »Folgetheorie« siehe etwa: *Zimmer*, in: Immenga/Mestmäcker § 1 Rn. 248 mwN.

[463] So konsequent *Stürner* AcP 194 (1994), 265, 288; ebenso bereits *Münch* ZHR ZHR 157 (1993), 559, 595–597. Diese Argumentation ist allerdings heute überholt, da die Folgetheorie im Kartellrecht allgemein anerkannt ist.

[464] Siehe dazu schon oben § 3 V 3 a aa. Die zivilistische Doktrin hat bislang die Kartellpraxis zu diese Frage nicht ausreichend gewürdigt.

[465] Der BGH differenziert hier zwischen den einzelnen Branchen. Für die oftmals durch Dienstbarkeiten abgesicherten Bierlieferungsverträge sollen Laufzeiten zwischen 15 und 20 Jahren noch zulässig sein (BGH NJW 1985, 2693, 2695; BGH NJW 1992, 2145). Für Tankstellen-Stationärsverträge hält man Laufzeiten zwischen 10 bis 25 Jahren für angemessen (BGHZ 143, 103, 115; BGH WM 2000, 629, 633).

bis zu 80% des Liefervolumens binden. Anderenfalls handelt es sich um ein unzulässiges Wettbewerbsverbot.[466] Da die VO 2790/1999 allerdings die Anwendung des EG-Primärrechts nicht blockiert, kann im Einzelfall auch Art. 81 Abs. 1 EG einschlägig sein, wenn der Marktanteil des Lieferanten hart an der 30%-Schwelle liegt und das gebundene Liefervolumen in die Nähe der 80%-Marke rückt. Auch wenn eine wissenschaftliche Analyse nicht zu prophezeien hat, so dürfte doch die Prognose realistisch sein, dass wegen der kürzeren erlaubten Bindungsdauer die Bedeutung von Dienstbarkeiten als Sicherungsmittel abnehmen wird.[467]

Die Grenzen für ein zulässiges Wettbewerbsverbot, das durch eine Dienstbarkeit abgesichert ist, sind noch enger gesteckt. Zulässig sind solche Wettbewerbsverbote nur, wenn sie sachlich geboten sind, um den kartellrechtsneutralen Hauptzweck des Vertrages zu sichern. Begleitet das Wettbewerbsverbot einen Liefervertrag, so hält der BGH es nur für sachlich geboten, wenn ohne dieses die Vertragsparität gestört ist.[468] Das Amortisationsinteresse des begünstigten Händlers,[469] oder der Markterschließungsgedanke bei einem Alleinvertriebsrecht[470] erkennt der BGH als sachliche Gründe an, die ein Wettbewerbsverbot rechtfertigen. Wenn ein Wettbewerbsverbot nach diesen Kriterien nicht sachlich geboten ist und der Schuldvertrag damit insgesamt nichtig ist (§ 139), schlägt dies nach der hier entwickelten Ansicht auf die Sicherungsdienstbarkeit durch. Einen kartellrechtsneutralen Hauptzweck verfolgt sie in diesem Falle nicht.

4. Der Sicherungsnießbrauch

Es steckt keine Polemik dahinter, wenn hier ein wesentliches Charakteristikum des Sicherungsnießbrauchs darin gesehen wird, über den Umweg eines fiduziarischen Rechts solche Gestaltungen zu ermöglichen, die man bei einem gewöhnlichen Nießbrauch für unzulässig ansieht. Dabei hat die Rechtsprechung einen Sicherungsnießbrauch noch vor einer Sicherungsdienstbarkeit anerkannt.[471] Im Gegensatz zu dieser nimmt die praktische Bedeutung des Sicherungsnießbrauchs allerdings ab. Mit den übrigen fiduziarischen Sicherungsrechten teilt der Sicherungsnießbrauch die dreistufige Konstruktion: Zu dem dinglichen Rechtsgeschäft tritt die Sicherungsabrede als dessen *causa* hinzu, während von der Sicherungsabrede wiederum die schuldrechtliche Forderung zu unterscheiden ist.[472] In

---

[466] BerlK-EnR/*Säcker/Jaecks* § 1 Rn. 115; *Dreher* ZWeR 2003, 3, 20–23.

[467] Ihnen würde damit das Schicksal des Sicherungsnießbrauchs widerfahren, der wegen einiger Gesetzesänderungen an praktischer Bedeutung eingebüßt hat. Dazu sogleich sub 4.

[468] BGH WUW/E BGH 5115, 3119 Druckgussteile; BGH WUW/E BGH 3121, 3125f Bedside-Testkarten; BGH WUW/E DE-R 131, 133 Eintritt in einen Gebäudereinigungsvertrag; BGH WUW/E DE-R 505, 506 Subunternehmervertrag II.

[469] BGH WUW/E BGH 3115, 3119 Druckgussteile.

[470] BGH WUW/E BGH 3121, 3125f Bedside-Testkarten.

[471] RGZ 67, 378; RGZ 106, 109; RG WarnR 1911 Nr. 78; BGH WM 1966, 653.

[472] *Staudinger/Frank* § 1030 Rn. 66.

der Praxis tritt der Sicherungsnießbrauch als ergänzende Sicherung neben einem Grundpfandrecht auf und als dingliche Sicherung schuldrechtlicher Nutzungsrechte. Beide Konstellationen sind getrennt zu erörtern, da die Treuepflichten einen unterschiedlichen Inhalt haben.

a) Ersatz für ein Nutzpfandrecht

Der Gesetzgeber erkannte im Gegensatz zu einigen Partikularrechten kein Nutzpfandrecht an unbeweglichen Sachen an,[473] sondern gestattete dies nur bei beweglichen Sachen (§§ 1213, 1214). Rechtspolitisch mag man diese Entscheidung kritisieren, da das praktisch annähernd bedeutungslose Pfandrecht an beweglichen Sachen eine solche Gestaltung vorsieht, während für die weitaus bedeutsameren Grundpfandrechte eine solche Bestimmung fehlt. Eine zusätzliche Nutzungsbefugnis lässt sich durch ein Verwertungsrecht nicht konstruieren, da dies mit der Typenfixierung unvereinbar wäre. Da wohl das rechtliche Bewusstsein aus den Partikularrechten nachwirkte, entstand in den Anfangsjahren des BGB das Bedürfnis, dem durch ein Grundpfandrecht gesicherten Gläubiger zusätzlich die Miet- oder Pachtzinsansprüche des Schuldners zuzuweisen. Wirtschaftlich sinnvoll ist eine solche Vereinbarung durchaus, da die Forderung des Grundpfandgläubigers und Nießbrauchers fortlaufend aus den Erträgen bedient wird. Gleichwohl hat der Sicherungsnießbrauch an einem Grundstück in seiner praktischen Bedeutung als Ersatz für eine Antichrese abgenommen. Ursache dafür ist der nach in Kraft treten des BGB mehrfach geänderte § 1124 Abs. 2. Da die Rechtsprechung den Nießbrauch als solchen noch nicht als eine Verfügung im über die Miet- und Pachtzinsen ansieht, sondern erst den Einzug dieser Nutzungen,[474] verhindert der Nießbrauch nicht, dass sich eine konkurrierende Hypothekenforderung auf die Miet- und Pachtzinsen erstreckt (§ 1123 Abs. 1). Vor der Beschlagnahme getroffene Verfügungen sind nach § 1124 Abs. 2 nur für den im Zeitpunkt der Beschlagnahme laufenden Kalendermonat gegenüber dem Hypothekengläubiger wirksam.[475] Das Sicherungsinteresse des Nießbrauchers wird dadurch entwertet, da er die Forderungen innerhalb einer kurzen Frist einziehen muss.

---

[473] Namentliche der spanische *Código Civil* sieht in Art. 1881 mit der *anticresis* ein Nutzpfandrecht vor: »Por la anticresis el acreedor adquiere el derecho de percibir los frutos de un inmueble de su deudor, con la obligación de aplicarlos al pago de los intereses, si se debieren, y después al del capital de su crédito«. Das französische und das italienische Zivilrecht kennen diese Rechtsfigur allerdings nicht.

[474] RGZ 68, 10, 11f; RGZ 81, 146, 149; RGZ 88, 99, 101; RGZ 101, 5, 6; MünchKomm/ *Pohlmann* Vor § 1030 Rn. 31; *Staudinger/Frank* Vor §§ 1030 Rn. 94 jeweils mwN.

[475] Wurde die Miet- und Pachtzinsen nach dem 15. eines Monats in Beschlag genommen, so bleibt eine Vorausverfügung nur noch für den laufenden Monat gegenüber dem Hypothekengläubiger wirksam, § 1124 Abs. 2 2. Halbsatz.

Das praktische Anschauungsmaterial ist deswegen schmal. In der Ausgangsentscheidung aus dem Jahre 1908 sah das Reichsgericht in der Antichrese ein veraltetes und abgestorbenes Rechtsinstitut. Es hielt aber einen Sicherungsnießbrauch als Ersatz für eine Antichrese deswegen für zulässig, da andere Rechtsinstitute »zur Erzielung des gleichen Erfolgs« verwendet werden könnten, »sofern dies mit ihrem Inhalt vereinbar« sei.[476] Weitere Begründungen für dieses Rechtsinstitut lieferte das Reichsgericht nicht und ging offenbar davon aus, dass die gewählte Form des Nießbrauchs mit dessen gesetzlichem Mindestrahmen vereinbar ist. Auf diesem dogmatischen Stand ist die Praxis eingefroren.[477] Typischer Inhalt der Sicherungsabrede sind solche Rechte und Pflichten, die man als unzulässigen Inhalt eines dinglichen Rechts ansieht: Der Nießbraucher ist verpflichtet, die gezogenen Nutzungen mit seinen Forderungen gegen den Eigentümer zu verrechnen.[478] Die Dauer des Sicherungsnießbrauchs hängt davon ab, ob die gesicherte Forderung getilgt ist. Wie auch bei den übrigen fiduziarischen Sicherungsrechten kann der Sicherungsnießbrauch entweder auflösend bedingt durch die Tilgung der Forderung sein,[479] oder es entsteht ein Anspruch aus dem Sicherungsvertrag auf eine Löschung des Sicherungsnießbrauches.[480]

Wegen der schwindenden Bedeutung der Sicherungsnießbrauches als Ersatz für ein Nutzpfandrecht ist auch das dogmatische Interesse an dieser Rechtsfigur erlahmt. Aus dem Typenzwang folgende Bedenken äußerte man nicht, obwohl diese nahe liegen.[481] Wenn man die Sicherungsübereignung deswegen für bedenklich hält, da sie funktional betrachtet ein im Gesetz nicht vorgesehenes besitzloses Pfandrecht schafft, so muss man auch den Sicherungsnießbrauch für bedenklich halten, da er eine im Gesetz nicht vorgesehene Antichrese einführt. Die Konstruktion einer schuldrechtlichen Sicherungsabrede umgeht diesen Einwand durch eine formale Konstruktion, indem sie den Verwendungszweck der Nutzungen der schuldrechtlichen Ebene zuordnet.

Damit ist der Angelpunkt der Kritik angesprochen. Der Sicherungsnießbrauch als Ersatz für Nutzpfandrecht ist geradezu ein Lehrbeispiel für eine ausufernde Konstruktionsjurisprudenz: Die herrschende Ansicht geht mit wenig überzeu-

---

[476] RGZ 67, 378, 379.

[477] Der BGH hatte sich nur am Rande mit einem Sicherungsnießbrauch als Antichrese zu befassen, siehe BGH WM 1966, 653. Die oft zitierte Folgeentscheidung des Reichsgerichts RGZ 106, 109, 111 verweist nur kurz auf die Ausgangsentscheidung RGZ 67, 378

[478] MünchKomm/*Pohlmann* § 1030 Rn. 72; *Schön* (Fußn. 80), 370.

[479] So in der Entscheidung RGZ 106, 109, 111.

[480] BGH WM 1966, 653, 654f. Ein Anspruch auf eine Ausübungsüberlassung (§ 1059 Satz 2) dürfte hingegen zu kurz greifen, da hier nach wie vor der Nießbrauch beim ehemaligen Forderungsgläubiger verbleibt. Dafür besteht aber kein Anlass, wenn sich der Sicherungszweck des Nießbrauchs erledigt hat.

[481] Die überwiegende Ansicht hält einen Sicherungsnießbrauch für eine zulässige Gestaltung, siehe etwa: *Bamberger/Roth/Wegmann* § 1030 Rn. 38; *Schön* (Fußn. 80), 370; *Soergel/Stürner* § 1030 Rn. 66; *Staudinger/Frank* § 1030 Rn. 66; *Wacke*, FS Gernhuber (1993), 489, 491; *Westermann/ Gursky* § 121 III 4.

genden Argumenten davon aus, dass der Verwendungszweck der Nutzungen nicht als Inhalt des dinglichen Rechts eingetragen werden könne, gestattet aber den Parteien, einen Ersatz für eine Antichrese durch eine Sicherungsvereinbarung zu schaffen. Wenn zugleich vorgeschlagen wird, das Verhältnis zwischen den Parteien analog den §§ 1213, 1214 zu konkretisieren, so zeugt dies von einer Flucht in Konstruktionen, um starre Dogmen zu retten. Die gesamte Diskussion über den Nießbrauch als Forderungssicherung würde sich in Wohlgefallen auflösen, wenn man es gestattet, den Verwendungszweck der gezogenen Nutzungen zum Inhalt des Nießbrauchs zu erheben. Das Trennungsprinzip steht dem kaum entgegen, da das Gesetz für den Nießbrauch die Trennung zwischen dem dinglichen und dem obligatorischen Rechtsverhältnis ohnehin nicht durchhalten kann. Auch der Typenzwang verbietet eine solche Verwendungsabrede nicht: Dem »Wesen« des Nießbrauchs widerspricht es nicht, wenn sich der Nießbraucher verpflichtet, mit seinem Ertrag eine bestimmte Forderung gegenüber dem Besteller zu tilgen. Lässt man eine solche Abrede zu, so ist der Nießbrauch als Ersatz für ein Nutzpfandrecht eine entbehrliche Konstruktion.

Als dogmatischer Nachtrag bleibt allerdings zu kritisieren, dass beim Sicherungsnießbrauch die Grundsätze der Treuhand nachlässig gehandhabt werden. Eine überschießende Rechtsmacht soll durch die Sicherungsabrede hier gar nicht gebändigt werden, sondern vielmehr werden dem Nießbraucher weitere Pflichten auferlegt. Das dingliche Nutzungsrecht ist von den Parteien als solches gewollt. Auffällig betont man hierzu, dass die Parteien ernstlich einen Nießbrauch begründen wollen.[482] Im Ergebnis ist diese herrschende Meinung mehr als unbefriedigend. Während man einen »verdinglichten« Verwendungszweck als unvereinbar mit dem Typenzwang ansieht, erreicht man die identischen Rechtswirkungen, indem man eine fiduziarische Drei-Stufen Konstruktion fingiert. Hier wird Dogmatik zum Selbstzweck und für Konstruktionseifer missbraucht.

b) Die Sicherung der schuldrechtlichen Nutzung

Praktisch bedeutsamer, aber in vielen Fragen noch ungeklärt, ist der Nießbrauch als dingliche Sicherung eines schuldrechtlichen Nutzungsrechts.[483] Das praktische Bedürfnis für solche Vereinbarungen ist unbestreitbar. Wie so oft bei den Treuhandgeschäften, so veranlasst auch hier die Rechtslage in der Zwangsvollstreckung und der Insolvenz zu dieser Konstruktion. In der Insolvenz des Vermieters genießt der Mieter nur einen eingeschränkten Schutz. Der Insolvenzverwalter hat bei Mietverträgen nicht das Wahlrecht aus § 103 InsO, sondern nach § 108 Abs. 1 Satz 1 InsO bestehen die Miet- und Pachtverträge in der Insolvenz

[482] *Staudinger/Rapp* § 1030 Rn. 66.

[483] Vgl. BGH WM 1966, 1088f; BGH DNotZ 1964, 613; BGH WM 1962, 746; siehe auch RG JW 1932, 1059f; BFH MittBayNot 1998, 379.

weiter. Allerdings gestattet §109 Abs. 1 Satz 1 InsO dem Verwalter, den Mietvertrag innerhalb der gesetzlichen Frist zu kündigen. Ein Sicherungsnießbrauch bietet dem Mieter und zugleich dinglich Berechtigten wesentlich mehr Schutz: In der Zwangsvollstreckung gegen den Vermieter zeigen sich die Unterschiede zwischen der dinglichen und der schuldrechtlichen Nutzung nicht derart drastisch, sind aber gleichwohl hervorzuheben. Die §§57, 57a ZVG gewähren dem Mieter bei einer Vollstreckung gegen den Vermieter einen Mindestschutz. Der Nießbrauch hingegen bleibt bestehen, wenn ein nachrangiger Grundpfandgläubiger die Zwangsversteigerung in das Grundstück betreibt und genießt deswegen einen vollstreckungsrechtlichen Bestandsschutz (§§44 Abs. 1, 52 Abs. 1 Satz 1 ZVG). Für einen nachrangigen Nießbrauch gilt dies allerdings nicht, da dieser mit dem Zuschlag erlischt (§§51 Abs. 1 Satz 2, 91 Abs. 1, 92 Abs. 2 ZVG).

Die soeben beschriebene verfahrensrechtliche Rechtslage inspiriert zu den Konturen einer Regelungstechnik *de lege ferenda:* Wenn die Unterschiede zwischen dem Grundstücksnießbrauch und einer Grundstücksmiete nur in der Insolvenz und Zwangsvollstreckung hervortreten, zwingt dies zu der Überlegung, dass eine im Grundbuch eingetragene Miete oder Pacht wie ein dingliches Nutzungsrecht wirken würde. Die dinglichen Nutzungsrechte wären dann entbehrliche Rechtsinstitute. Vorerst soll diese rechtspolitische Frage angerissen bleiben.[484] Das Augenmerk ist zunächst auf darauf zu werfen, wie der Nießbrauch zur Sicherung eines schuldrechtlichen Nutzungsrechts konstruiert wird. Sofern überhaupt, begründet man die Koexistenz zwischen der schuldrechtlichen und der dinglichen Nutzung mit der vielstrapazierten These von der »Doppelwirkung im Recht«.[485] Damit ist der Weg geebnet, den Nießbrauch zur Sicherung eines schuldrechtlichen Nutzungsrechts analog den übrigen fiduziarischen Sicherheiten zu konstruieren. Zu dem schuldrechtlichen Überlassungsvertrag tritt eine Sicherungsabrede hinzu, die die *causa* für die Bestellung des Nießbrauchs bildet. Welchen Inhalt diese Sicherungsabrede haben kann, ist noch nicht abschließend geklärt. In jedem Fall enthält die Zweckvereinbarung eine Abrede über die Nutzung und das Entgelt: Der Eigentümer kann ja nur eine Mietsache überlassen, so dass diese Überlassung die Erfüllung beider Nutzungsrechte ist.[486] Das gezahlte Entgelt muss folglich umgekehrt als Mietzins und Entgelt für den Nießbrauch gelten, sofern die Parteien nicht ausdrücklich einen unentgeltlichen Nießbrauch vereinbart haben. Wie bei der ersten Variante des Sicherungsnießbrauchs so entsteht auch hier der Eindruck einer Konstruktionsjurisprudenz. Wenn man den Parteien gestattet, die Abreden über das Entgelt zum Inhalt des Nießbrauchs zu erheben, so erweist sich auch hier der Sicherungsnießbrauch als eine überflüssige

[484] Näher dazu unten §7 II, III.

[485] Entdeckt von *Kipp*, FS Martitz (1911), 211; MünchKomm/*Pohlmann* §1030 Rn. 77; *Schön* (Fußn. 80), 373.

[486] *Schön* (Fußn. 80), 373.

Konstruktion. Bedenken gegen eine solche Ausgestaltung lassen sich anhand des Gesetzes und damit aus dem Typenzwang heraus nicht begründen.

Durch die Lehre von der »Doppelwirkung im Recht« lässt sich der Sicherungsnießbrauch auch nicht dogmatisch untermauern. *Theodor Kipp* entdeckte und schuf diese Figur deswegen, um die doppelte Begründung derselben Rechtsfolge zu erklären. Wenn zwei Gründe desselben Rechtsgebots, sei es ein hypothetischer Imperativ oder die Befreiung von einem solchen konkurrieren, so könnte diese durchaus dieselbe Rechtsfolge nach sich ziehen.[487] Die Anfechtung nichtiger Rechtsgeschäfte diente dabei als Anschauungsmaterial. Schon dies erweckt Zweifel, ob die Doppelwirkung im Recht überhaupt dazu geeignet ist, den Sicherungsnießbrauch dogmatisch zu begründen. Abgesehen davon hat man diese Lehre gerade bei der Anfechtung für obsolet erklärt, da die auftretenden Fragen nur Auslegungsprobleme darstellen dürften und damit kein strukturelles Phänomen.[488] Im Ergebnis entpuppt sich auch die Doppelwirkung im Recht als Konstruktionsjurisprudenz. Wer den Sicherungsnießbrauch damit begründet, muss zugeben, dass die dingliche und die schuldrechtliche Nutzung weitgehend vergleichbare Rechtsfolgen erzeugen. Warum dann der Verwendungszweck des Entgelts nicht zum dinglichen Inhalt erhoben werden kann, hängt von einem Vorverständnis über den Nießbrauch ab, nicht aber von der Doppelwirkung im Recht.

5. Anwartschaftsrechte

Wie bereits eingangs geschildert, erkennt der BGH ein Anwartschaftsrecht dann an, wenn von einem mehraktigen Entstehungstatbestand eines Rechts bereits so viele Erfordernisse erfüllt sind, dass eine gesicherte Rechtsposition des Erwerbers besteht, die der andere an der Rechtsentstehung Beteiligte nicht mehr durch eine einseitige Handlung zerstören kann.[489] Der BGH bezeichnet das Anwartschaftsrecht bekanntlich als ein dem Eigentum wesensgleiches Minus[490] und hat mit dieser unglücklichen Bezeichnung eine lebhafte Kontroverse darüber ausgelöst, ob das Anwartschaftsrecht als dingliches Recht zu verstehen ist.[491] Praxis und Wissenschaft beschäftigen sich derzeit hauptsächlich damit, die rechtlichen Folgen des Anwartschaftsrechts unabhängig von dessen Rechtsnatur zu bändigen. Da diese Folgen bereits an mehreren Stellen angesprochen wurden, ist hier nur noch zusammenzufassen:[492] Wie schon eingangs beschrieben, genießt das Anwartschaftsrecht den Schutz als sonstiges Recht (§ 823 Abs. 1) und verschafft dem An-

---

[487] *Kipp*, FS Martitz (1911), 211, 219f.

[488] So mit beachtlichen Gründen: *Oellers* AcP 169 (1969), 67, 69f.

[489] BGHZ 45, 186; BGHZ 49, 197; BGHZ 83,395; BGHZ 106, 108; BGHZ 114, 161, 166; BGH NJW-RR 1992, 1178, 1180. Siehe näher oben § 2

[490] BGHZ 28, 16, 21.

[491] Dazu zusammenfassend oben § 2 V 3.

[492] Siehe § 2 III 2 c, V 3; § 4 VIII 3.

wartschaftsberechtigten ein gegenüber jedem Verletzer wirkendes Recht. *De lege lata* schafft das kaum lösbare dogmatische Konflikte, wenn ein Dritter die Vorbehaltssache beschädigt.[493] In der Zwangsvollstreckung und der Insolvenz hat die Rechtsprechung dem Anwartschaftsrecht solche Wirkungen beigemessen, die für gewöhnlich als »dinglich« bezeichnete Rechte haben, da der Anwartschaftsberechtigte ein Aussonderungrecht in der Insolvenz und ein Interventionsrecht in der Zwangsvollstreckung hat. Den auf körperliche Sachen zugeschnittenen Eigentumsbegriff erschüttert schon die einhellige Ansicht, dass das Anwartschaftsrecht nach §§ 929ff übertragen wird.[494] An ein- und derselben Sache bestehen damit zwei Verfügungsrechte: Der Eigentümer kann die Sache nach § 929 übertragen, wobei allerdings der Vorbehaltskäufer durch § 161 Abs. 1 geschützt ist. Umgekehrt kann der Vorbehaltskäufer über sein Anwartschaftsrecht nach § 929 verfügen, ohne dass dafür eine Zustimmung des Eigentümers vonnöten ist. Der BGH gestattet es den Parteien nicht, die Befugnis das Anwartschaftsrecht zu veräußern auszuschließen, da er dies unter § 137 Satz 1 subsumiert.[495] Die Zession hätte sich hier als systematisch zutreffende Übertragungsform angeboten, weil das Anwartschaftsrecht nicht mit der körperlichen Sache identisch ist. Ein Gutglaubensschutz nach den §§ 932ff wäre dann allerdings undenkbar. Gerade einen solchen Gutglaubenserwerb hat die Rechtsprechung jedoch entwickelt. Vorbehaltlich einiger hier nicht zu schildernder streitiger Differenzierungen im Einzelfall, kann von einem Nichtberechtigten gutgläubig ein Anwartschaftsrecht erworben werden.[496] Die Übertragung und der Schutz des Anwartschaftsrechts werden damit dem Vollrecht gleichgestellt.

Die skizzierte Rechtsentwicklung sprengt damit den Grundsatz vom unteilbaren Eigentum und löst damit eine Grundlage des Typenzwangs auf, da sie zwei Verfügungsrechte an einer Sache verschafft.[497] Dadurch entsteht gleichsam ein »Ober- und Untereigentum«. Diese Rechtsentwicklung kann man nur zur Kenntnis nehmen, sie als Durchbrechung des Typenzwanges zu kritisieren und damit abzulehnen, dürfte eine kaum vermittelbare Position sein. Im Schrifttum hat man eher aus Verlegenheit als dogmatisch überzeugend auf Gewohnheitsrecht verwiesen.[498] Den folgerichtigen Schluss, dass Gewohnheitsrecht damit

---

[493] § 2 V 3.

[494] Siehe etwa: BGHZ 20, 88; RGZ 140, 223; *Baur/Stürner* § 59 Rn. 34; *Brox* JuS 1984, 657; *Georgiades*, Die Eigentumsanwartschaft beim Vorbehaltskauf (1963), 26 mwN; *Schwab/Prütting* Rn. 393; *Wolf* Rn. 693.

[495] BGH NJW 1970, 699.

[496] BGHZ 10, 69, 72; BGHZ 30, 374, 377; OLG Karlsruhe NJW 1966, 272; in der Literatur finden sich verschiedene Differenzierungen für einzelne Fallgestaltungen, auf die hier nicht einzugehen ist. Siehe näher: *Baur/Stürner* § 59 Rn. 38–40; *Brox* JuS 1984, 675, 660ff; *Raiser*, Dingliche Anwartschaften (1961), 35ff; *Tiedtke*, Gutgläubiger Erwerb (1985), 58f; ausführlich dazu: *Hager*, Verkehrsschutz durch redlichen Erwerb (1990), 251ff jeweils mwN.

[497] *Henssler* AcP 196 (1996), 37, 85.

[498] So zB. *Banke*, Das Anwartschaftsrecht aus Eigentumsvorbehalt in der Einzelzwangsvollstreckung (1991), 152.

auch den Eigentumsbegriff des BGB beseitigen könne, zieht man nicht. Nach einer Legitimation des Anwartschaftsrechts zu forschen, ist allerdings müßig. Ein Blick in die Entstehungsgeschichte des BGB belegt, dass dem Gesetzgeber die Rechtsfigur einer Anwartschaft bekannt war. § 132 des zweiten Entwurfs sah vor, dass ein bedingtes Recht vererblich sei. In den weiteren Verhandlungen beschloss man, diese Vorschrift zu streichen. Die Protokolle gingen davon aus, dass während der Schwebezeit ein Rechtszustand besteht, der sich qualitativ von dem Zustand unterscheidet, der mit dem Bedingungseintritt begründet wird. Es heißt dazu wörtlich:[499] »Man war sich darüber einig, daß die während der Schwebezeit der Bedingung bestehende Anwartschaft einen Vermögenswerth bilde, welcher wie jeder andere Vermögensbestandteil auf die Erben überginge.« Es war damit anerkannt, dass eine rechtlich identifizierbare Position des Anwärters in der Schwebezeit besteht. Das Anwartschaftsrecht findet deswegen durchaus seine Wurzeln in der Entstehungsgeschichte des BGB. Es bedarf daher weder des Gewohnheitsrechts zur Rechtfertigung, noch wurde das Anwartschaftsrecht *contra legem* entwickelt. Der Gesetzgeber bürdete Wissenschaft und Praxis vielmehr auf, das Rechtsinstitut weiterzuentwickeln, indem er eine »Rechtsverweigerungslücke« schuf. Die Protokolle erkannten den Bedarf, Vorschriften über die »Anwartschaft« zu normieren, meinten aber unverblümt, durch ein Schweigen des Gesetzes diesen Bedarf überspielen zu können. Der oben erwähnte § 132 des zweiten Entwurfs sollte auch deswegen nicht eingeführt werden, da dies »dazu nöthigen würde, hinsichtlich der Veräußerlichkeit und Uebertragbarkeit unter Lebenden der Pfändbarkeit u.a. gleichfalls Vorschriften einzustellen.«[500] Diese Haltung des Gesetzgebers hat deutliche Parallelen bei der Sicherungsübereignung. Man erkannte eine Rechtsfigur an, wollte aber keine Vorschriften dafür bereitstellen. Der Typenzwang verbietet es zwar nicht, offene Lücken zu schließen,[501] aber diese Lückenschließung musste zwangsläufig dazu führen, den Grundsatz von der Unteilbarkeit des Eigentums aufzuheben und damit eine der Grundlagen des Typenzwangs selbst.

V. Die Aufweichung des Typenzwangs

Selbst das präziseste Gesetz kann eine fortbildende Auslegung nicht verhindern. Dies ist für die Rechtstheorie keine neue Erkenntnis,[502] aber nach der Analyse, welchen Umfanges der Typenzwang noch gilt, zeigt sich, dass der Typenzwang erodiert. Die Rechtsentwicklung zum Typenzwang hinterlässt keinen roten Fa-

---

[499] Prot. I, 181.
[500] Prot. I, 181.
[501] § 5 III 2 b; außerdem: *Raiser*, Dingliche Anwartschaften (1961), 54; *Schwab/Prütting* Rn. 392.
[502] Siehe dazu nur *Meyer-Hayoz* JZ 1981, 417, 418f.

den, sondern hat ihn vielmehr aufgeweicht. Drei Ursachen kennzeichnen diese Entwicklung: Eine überbordende teleologische Auslegung, Konstruktionsjurisprudenz und Defizite des Gesetzes selbst.

1. Überschießende teleologische Auslegung

Die Praxis zu den eigenen Rechten und den Gesamtrechten hat sich mit teleologischen Erwägungen über den Wortlaut des Gesetzes hinweggesetzt.[503] Die geschlossene Konzeption des Gesetzes vernachlässigt dies und trübt die dem Typenzwang zugedachte Rechtsklarheit. Unter teleologischen Gesichtspunkten mögen viele Gründe dafür sprechen, eigene Rechte und Gesamtrechte für alle beschränkten dinglichen Rechte anzuerkennen. Methodisch lässt sich jedoch ein Primat der teleologischen Auslegung nicht rechtfertigen. Vielmehr zeigt der Blick in die Entstehungsgeschichte der einzelnen Vorschriften, dass der Gesetzgeber das Problem sah, aber bis auf die gesetzlich anerkannten Fälle keine Gesamt- und Eigenrechte vorsehen wollte. Der teleologische Übereifer der herrschenden Meinung bricht damit mit dem Typenzwang.

2. Konstruktionsjurisprudenz

Eine Neigung zur Konstruktionsjurisprudenz tritt hinzu. Gerade bestimmte Formen der Sicherungsdienstbarkeit und der Sicherungsnießbrauch zeigen, wie Konstruktionen dazu instrumentalisiert werden, um echte oder empfundene Widersprüche zum Typenzwang zu umgehen. Der Sicherungsnießbrauch verdankt seine Entstehung nur, da man mit wenig überzeugenden Gründen bestimmte Abreden über das Entgelt und die Verwendungen der Nutzungen nicht als Inhalt eines Nießbrauchs anerkennt.[504] Durch die Konstruktion eines Sicherungsnießbrauchs will man ein Problem lösen, das sich gar nicht stellt. Bei der Sicherungsdienstbarkeit zeichnet sich ein differenzierteres Bild. Ein dinglich abgesicherte Pflicht, Wettbewerb zu unterlassen, ist konstruierbar aber kartellrechtlich verboten. Auch das Abstraktionsprinzip immunisiert die Dienstbarkeit nicht gegen einen Kartellverstoß, zumal dieses Prinzip nach der hier vertretenen Ansicht gar nicht eingreifen kann.[505] In den übrigen Fällen, in denen eine Dienstbarkeit eine Ausschließlichkeitsbindung sichern soll, flüchtet eine verbreitete Ansicht in eine fiduziarische Konstruktion, obwohl gar keine überschießende Rechtsmacht zu bändigen ist. Im praktischen Ergebnis gestattet man hier genau das, was der Gesetzgeber mit dem Grundsatz *servitus in faciendo consitere nequit* verhindern

---

[503] III 1, 2.
[504] I 2 e; V 4.
[505] § 3 VII 2.

wollte und führt damit ein Kernanliegen *ab absurdum*, dass durch eine Dienstbarkeit keine Ausschließlichkeitsrechte begründet werden dürfen.

3. Gesetzliche Defizite

Schließlich ist das Gesetz selbst defizitär und schränkt in einigen Fällen den Typenzwang erheblich ein oder lässt ihn undurchführbar werden. Undurchführbar ist die aus dem Typenzwang ableitbare Typenfixierung bei der Reallast. Da sich deren praktische Bedeutung in Grenzen hält, mag dies dem juristischen Bewusstsein nicht in voller Schärfe gewärtig sein. Aber die Analyse der Reallast ergab, dass die Reallast das am weitesten formulierte Verwertungsrecht ist und jedenfalls potentiell die anderen Verwertungsrechte tatbestandlich einschließt.[506] Warum der Gesetzgeber die Reallast neben den übrigen Verwertungsrechten beibehielt, hat historische Gründe. Auch hier steht der Gedanke im Vordergrund, dass das BGB vereinheitlichen, aber nicht grundlegend reformieren sollte. Die in vielen Partikularrechten anerkannte Reallast wollte der Gesetzgeber ebenso wenig abschaffen, wie die Hypothek oder die Grundschuld. Das Gesetz stellt den Parteien damit eine bemerkenswerte Bandbreite an Verwertungsrechten zur Verfügung, zu der sich noch die weitgehend obsolete Rentenschuld gesellt.

Der sachenrechtliche Typenzwang kann nur eingeschränkt tragfähige Ergebnisse für den Inhalt dinglicher Nutzungsrechte liefern.[507] Die Ursache dafür liegt in einem historischen Schematismus des BGB: Dingliche Rechte sollen von obligatorischen zu trennen sein, letztere kennzeichnen dispositive Normen während die sachenrechtlichen Vorschriften zwingender Natur sind. Die Trennung zwischen dem obligatorischen und dem dinglichen Rechtsverhältnis ist jedoch bei den dinglichen Nutzungsrechten allenfalls eingeschränkt durchführbar, so dass auch der Dualismus von zwingendem und dispositivem Recht ins Wanken gerät. Abgesehen davon haben sich seit dem Entstehen des BGB die zwingenden Normen im Schuldrecht beträchtlich vermehrt, so dass nur die Frage zeitgemäß ist, welche Grundsätze für zwingende Rechtsvorschriften sprechen und welche Normen dispositiv sein sollten. Der Schematismus zwischen dinglichem und persönlichem Recht kann darauf keine Antwort mehr geben. Damit wird der Typenzwang immer mehr zum reinen Selbstzweck: Er konstituiert zwingendes Recht, ohne dass dies der Gegensatz zwischen dem dinglichen und persönlichen Recht überzeugend erklären könnte. Alle Versuche den zulässigen Inhalt dinglicher Nutzungsrechte zu beschreiben, sind damit zum Scheitern verurteilt. Die zahlreichen Streitfragen darüber, welche Vorschriften des Nießbrauchs zwingender Rechtsnatur sind, geben dafür ein beredtes Zeugnis.[508] Deswegen wird auch die

---

[506] II 2.

[507] *Stürner* AcP 194 (1994), 265, 268.

[508] I 2.

Abgrenzung der dinglichen Nutzungsrechte zu den schuldrechtlichen Überlassungsverträgen und Nutzungsrechten fragwürdig. Die inhaltliche Abgrenzung ist kaum möglich, da der Begriff der Nutzungen in § 100 für das Schuld- und Sachenrecht gilt. Folgerichtig sollte man es zulassen, den Inhalt des dinglichen Rechts durch schuldrechtliche Elemente anzureichern.[509] Einzig bei den Rechtswirkungen bestehen Unterschiede, die sich jedoch in der Zwangsvollstreckung und der Insolvenz angenähert haben.

Wenn damit der Inhalt der dinglichen Nutzungsrechte nur schwache Konturen hat, so verwundert es nicht, dass die Abgrenzung dieser Rechte oftmals nicht möglich ist. Besonders deutlich wird dies bei der Abgrenzung von Dienstbarkeit und Nießbrauch. Dienstbarkeiten in Nießbrauchsform sind ebenso möglich wie ein Nießbrauch in Dienstbarkeitsform. Die formale Abgrenzung beider Rechte nach dem Inhalt der Bestellungsurkunde erweist sich als einzig sinnvolle Möglichkeit, um Dienstbarkeit und Nießbrauch voneinander abzuschichten, muss aber auf materielle Kriterien verzichten.[510] Auch der Grundstücksvorteil (§ 1019) als Charakteristikum der Grunddienstbarkeit hat durch seine weite Auslegung eine typenfixierende Funktion eingebüßt. Die weite Auslegung des Grundstücksvorteils hat dabei Tradition und wurde bereits zur Entstehungszeit des BGB verfochten.[511] Die Zahl der dinglichen Nutzungsrechte zu verringern kam gleichwohl nicht in Betracht, um den jeweiligen Rechtstraditionen Rechnung zu tragen. Dadurch wirkt das ganze System heute hypertroph, da es von Differenzierungen lebt, die durch die Rechtsentwicklung immer mehr eingeebnet wurden. Damit ist gleichzeitig die Typenfixierung der einzelnen Nutzungsrechte kaum wahrnehmbar.

Bei den Sicherungsrechten schließlich wirkt sich das Schweigen des Gesetzgebers besonders drastisch aus. Die Sicherungsübereignung erkannte der Gesetzgeber zwar an, stellte aber keine Normen zur Verfügung, um ihren Inhalt derart bestimmt zu fassen, dass dem Typenzwang Genüge geleistet wird. Die Treuhandlehre schloss diese Lücken weitgehend. Allerdings muss dabei in Kauf genommen werden, dass die Grenzen zwischen dem dinglichen und dem persönlichen Recht weiter verschwimmen. Eine ähnliche Tendenz zeigt sich bei der Entwicklung zur Sicherungsgrundschuld. Das Gesetz stellt hier im Gegensatz zur Hypothek nur wenige Normen bereit. Obwohl die Sicherungsgrundschuld keine überschießende Rechtsmacht begründet, sieht sie die herrschende Ansicht doch als fiduziarisches Recht und will durch typisierte Auslegungen der Sicherungsabrede Lücken im gesetzlichen System schließen. Allerdings vermischen sich dadurch nicht das Schuld- und das Sachenrecht, da die Grundpfandrechte nach Vorstellung des Gesetzgebers den Obligationen nahe stehen. Wenn man diese Rechte gleichwohl

509 I 2 e.

510 II 1 c.

511 II 1 b.

dem Typenzwang unterwirft, so belegt dies wiederum den geringen Erkenntniswert des dinglichen Rechts. Während die Dienstbarkeiten als dingliche Rechte weitgehend der Inhaltsfreiheit unterliegen, sind die Vorschriften über die Hypothek zwingendes Recht. Deutlicher lässt sich kaum darstellen, dass der Typenzwang seiner Bedeutung als ein das Sachenrecht prägendes Prinzip nicht mehr gerecht wird.

Dritter Teil

Das Sachenrecht als allgemeines Vermögensrecht

§ 7 Der Abschied vom eigenständigen Sachenrecht

I. Schuldrecht und Sachenrecht: Ein Scheindualismus

1. Das dingliche Recht als substanzloser Kunstbegriff

Das dingliche Recht ist ein substanzloser Kunstbegriff. Die einzelnen dinglichen Rechte lassen sich nicht denknotwendig unter diesen Begriff subsumieren. Letztlich kann dies auch nicht verwundern, da sich die dinglichen Nutzungs- und Verwertungsrechte unabhängig davon herausbildeten, dem Begriff des dinglichen Rechts zu genügen. Die Erwerbs- und Aneignungsrechte fügen sich nicht unter diese Definition, da sie einen künftigen, aber keinen gegenwärtigen Zugriff auf die Sache begründen.[1] Diese begriffliche Erkenntnis wäre trivial, wenn der Gesetzgeber das dingliche Recht nicht in den Mittelpunkt seiner Erwägungen gestellt hätte und aus ihm wesensnotwendig ein autonomes Sachenrecht ableitete. Dieses Denken mag der seinerzeit vorherrschenden begriffsjuristischen Methode geschuldet sein. Aber auch begriffsjuristisch überzeugt es nicht, das dingliche Recht zur Wurzel eines selbständigen Sachenrechts zu erheben. Ebenso wenig kann es folglich überzeugen, die Sachenrechtsprinzipien aus dem dinglichen Recht abzuleiten. Die Untersuchung zeigte, dass diese Ableitungen allesamt unbefriedigend und widerlegbar sind.[2] Damit stehen nicht nur das dingliche Recht sondern auch die Sachenrechtsprinzipien auf unsicherem Boden.

Die Rechtsentwicklung bestätigte letztlich, dass das dingliche Recht ein unvollkommener und ungeeigneter Begriff ist. Ein eigenständiges Teilrechtsgebiet des bürgerlichen Rechts lässt sich auf diesen Begriff schwerlich gründen. Man erkannte das Anwartschaftsrecht an und unterstellte es weitgehend sachenrechtlichen Vorschriften. Dafür spielte es keine Rolle, ob das Anwartschaftsrecht als dingliches Recht einzustufen ist. Die aufwändigen Versuche, das Anwartschaftsrecht in den Dualismus zwischen obligatorischen und dinglichem Recht einzuordnen, haben für die Lösung praktischer Fragen keine Rolle gespielt.[3] Bemerkenswerter Weise hat sich gerade in einem formalen Rechtsgebiet wie im Insolvenzrecht zuerst die Erkenntnis durchgesetzt, dass ein Aussonderungsrecht nicht allein deswegen entsteht, weil es auf einem dinglichen Recht beruht. Gerade bei

---

[1] § 2 IV 1–3.
[2] § 3 II, § 4 II, § 5 II 1, 2.
[3] § 2 V 3; § 3 VIII 3; § 6 IV 5.

den Sicherungsrechten an beweglichen Sachen hat daher die Rechtsprechung sich von der formalen Einordnung als dingliches Recht getrennt. Das zahlreiche Schrifttum hat diese Rechtsprechung analysiert und versucht, mit dem Treuhandgedanken dogmatisch greifbar zu machen. An die Wurzel und damit an den Begriff des dinglichen Rechts selbst, hat man jedoch nicht Hand gelegt. Dabei hat gerade der begriffliche Formalismus über das dingliche Recht erst den Bedarf geschaffen, die Probleme breit zu diskutieren. Für materiell rechtliche Ableitungen ist dieser Begriff jedoch untauglich, wie schon weiter oben dargelegt wurde.[4]

Die einzelnen Sachenrechtsprinzipien lassen sich allerdings nicht schon deswegen verwerfen, weil das dingliche Recht ein fiktiver Begriff ist. Unabhängig von der begrifflichen Ableitung wurde untersucht, ob es sich dabei um zivilrechtsprägende Strukturprinzipien handelt. Eindeutig fiel der Befund für das Publizitätsprinzip im Fahrnisrecht aus. Es spielt hier keine Rolle mehr sondern nur noch im Grundstücksrecht.[5] Ihrerseits hat sich die grundbuchrechtliche Publizität allerdings von dem Begriff des dinglichen Rechts getrennt wie das Erbbaurecht und das Wohnungseigentum zeigten.[6] Für das Trennungs- und Abstraktionsprinzip ist der Befund hybrid. Die Nichtigkeitsgründe des BGB unterscheiden nicht zwischen der Obligation und dem dinglichen Rechtsgeschäft. Daher lassen sich die einzelnen Durchbrechungen des Abstraktionsprinzips schlüssiger begründen als das Prinzip selbst.[7] Abgesehen davon hat die Rechtsprechung dem Veräußerer durch das Erwerbsverbot ein Mittel in die Hand gegeben, um im Liegenschaftsrecht das Abstraktionsprinzip zu durchbrechen.[8] Noch ernüchternder ist die Analyse des Typenzwangs. Abgesehen davon, dass bereits die Treuhand und das Anwartschaftsrecht nicht mehr widerspruchsfrei hier eingeordnet werden können, liefert der Typenzwang wenig Ertrag für die einzelnen dinglichen Rechte. Die Reallast ist weit gefasst und damit kaum fixierbar.[9] Auch die dinglichen Nutzungsrechten sind denkbar weit gehalten und erlauben großzügige privatautonome Spielräume.[10]

Damit können die Sachenrechtsprinzipien nicht ohne Not als Strukturprinzipien eines Zivilrechts dienen. Die eingangs thematisierte kritische Dekonstruktion der Prinzipien,[11] um deren Gehalt zu ermitteln, lässt das geltende Sachenrecht als kein geschlossenes Rechtsgebiet erscheinen. Der abschließende Abschnitt versucht den Kreis zu schließen, indem er mögliche Perspektiven *de lege ferenda* aufzeigt. Allerdings folgt aus der Dekonstruktion der Prinzipien nicht zwingend ei-

[4] §2 III 2 c.
[5] Zusammenfassend §4 IX 3.
[6] §4 III 3 b.
[7] §3 III.
[8] §3 V 2.
[9] §6 II 2.
[10] §6 I, II 1.
[11] §1 III 2.

ne vorgegebene Lösung, da auch beim überkommenen Sachenrecht die Prinzipientreue kein Leitbild für alle Vorschriften des dritten Buchs war. Aber ein möglichst genauer Rahmen soll gezogen werden. Reine rechtstechnische Fragen bei der Ausfüllung dieses Rahmens sind hier nicht zu erörtern, die materiellen Grundfragen hingegen so ausführlich wie nötig.

2. Schuldverhältnisse im Sachenrecht

a) Der Sachzusammenhang mit den Obligationen

Der systematische Standort einer Norm im Dritten Buch des BGB sagt *prima facie* noch nichts darüber aus, ob es sich dabei auch um ein »dingliches« Recht handelt. So finden sich im Sachenrecht des BGB zahlreiche Vorschriften, die schuldrechtlicher Natur sind. Für sich betrachtet, sind schuldrechtliche Vorschriften in einem eigenständigen Sachenrecht ein Fremdkörper. Der Redaktor *Johow* hat in seiner Begründung zu einem Vorentwurf für das Sachenrecht dieses Problem gesehen. Es heißt dort wörtlich:

»Wie in der organischen Welt, so fehlt es auch in der geistigen Welt nicht an Mittel- oder Übergangsbildungen zwischen den durch charakteristische Unterschiede sich sondernden Hauptgruppen. Die den letzteren sich anschließende Eintheilung darf daher nicht zur Fessel werden. Insbesondere darf die selbständige Stellung des Sachenrechts im System eines bürgerlichen Gesetzbuches nicht hindern, dass aus Gründen des sachlichen Zusammenhangs in das Sachenrecht einzelne obligationenrechtliche Bestimmungen aufgenommen werden, nämlich solche, die sich auf gewisse sachenrechtliche Institute beziehen und in dem Obligationenrechte gewidmeten Theile des BGB keine passenden Anknüpfungspunkte finden würden.«[12]

Leitgedanke dafür, schuldrechtliche Normen in das Sachenrecht einzufügen, war damit zum einen, dass bestimmte schuldrechtliche Normen sachlich vernünftig nur im Sachenrecht Platz finden. Dies mag der Übersicht dienen, verwundert aber in der Begründung, da das BGB durch die Klammertechnik im allgemeinen Teil auch numerisch weit auseinander liegende Normen verbindet. Schuldrechtlicher Natur sind im Einzelnen die Vorschriften über die Rechte und Pflichten des Finders (§§ 966–972, 977); die Nebenfolgen der Vindikation (§§ 987–1003); Verpflichtungen im Rahmen einer Grunddienstbarkeit (§§ 1020–1023)[13] und der Ausgleichsanspruch aus § 951 Abs. 1. Sehr detailliert regelt das Gesetz die Rechte und Pflichten der Parteien beim Nießbrauch an Sachen (§§ 1036 Abs. 2, 1037–1039, 1041–1045, 1046 Abs. 2, 1047, 1049–1051, 1055, 1056, 1059 d). Bei den Verwertungsrechten regeln die §§ 1217–1220, 1223 Pflichten zwischen dem Verpfänder und dem Pfandgläubiger. Schließlich normiert § 1108 ein Schuldverhält-

[12] *Johow*, Vorentwurf, 3

[13] Zum gesetzlichen Begleitschuldverhältnis siehe bereits oben § 6 I 1 a.

nis zwischen dem Eigentümer und Berechtigtem einer Reallast.[14] Ein Viertel aller sachenrechtlichen Vorschriften ist damit schuldrechtlicher Natur. Für ein eigenständiges Sachenrecht, das sich nach den Vorstellungen seiner Schöpfer aus den Sachenrechtsprinzipien nährt, ist es ein eigenartiger Vorgang, sich derart stark an das Schuldrecht anzulehnen. Offenbar reicht die Selbständigkeit nicht soweit, dass man ohne schuldrechtliche Regelungen auskommen kann. Die durch den Redakteur geäußerte Feststellung, dass auch das Recht Mischformen kenne, stellt an sich die Praemisse in Frage. Im dogmatischen Bann der damals vorherrschenden Lehre vom dinglichen Recht verfangen, rütteln weder die Materialien an dem Standpunkt noch finden sich kritische Stimmen in der Literatur.

Umgekehrt könnte man außerdem fragen, ob die zahlreichen schuldrechtlichen Vorschriften im Sachenrecht überhaupt erforderlich sind. Im Schrifttum hat man vereinzelt die These aufgestellt, dass das Sachenrecht auch ohne seine schuldrechtlichen Vorschriften bestehen könnte.[15] Dem ist hier für das Eigentümer-Besitzer-Verhältnis, das Fundrecht und das Miteigentum in der gebotenen Kürze nachzugehen.

b) Fundrecht und Geschäftsbesorgung

Wer eine verlorene Sache findet und an sich nimmt, ist gemäß § 965 Abs. 1 Finder und begründet dadurch ein gesetzliches Schuldverhältnis zum Eigentümer der Sache.[16] Der dazu nötige Besitzbegründungswille kann in einen Geschäftsführungswillen münden,[17] so dass sich die Frage stellt, ob nicht jeder Fund zugleich ein gesetzliches Schuldverhältnis aus den §§ 677ff begründet. Im Einzelnen ist dabei zu unterscheiden: Betrachtet der »Finder« eine Sache sofort als sein Eigentum und erkennt er nicht, dass es sich um eine fremde Sache handelt, so ist Fundrecht nicht einschlägig. In diesem Falle geht der Eigenbesitzer davon aus, dass eine Sache herrenlos ist.[18] Hier greifen weder das Fundrecht noch nach § 687 Abs. 1 die

---

[14] Siehe auch die Übersicht bei *Staudinger/Seiler*, Einl zum SachenR Rn. 28–35.

[15] *Staudinger/Seiler*, Einl zum SachenR Rn. 29.

[16] *Baur/Stürner* § 53 Rn. 80; MünchKomm/*Quack* § 965 Rn. 17. In der Begründung zum Vorentwurf eines BGB betont der zuständige Redaktor, dass die Besitznahme einen normalen Fall der Geschäftsführung bedeute *Johow*, Vorentwurf 856.

[17] Das Argument von *Gursky*, dass der Sachfund im Gegensatz zur Geschäftsführung ohne Auftrag kein subjektives Element enthalte (Staudinger Vorbem zu §§ 965ff., Rn. 3), überzeugt nicht. Der Besitzbegründungswille ist subjektiver Natur und setzt keine Geschäftsfähigkeit voraus. Die Geschäftsführung ohne Auftrag erfasst auch tatsächlichen Handlungen wie die Besitzbegründung. Hier setzt die Geschäftsführung ohne Auftrag die Geschäftsfähigkeit des Geschäftsführers nicht voraus. Siehe dazu nur *Staudinger/Wittmann* § 682 Rn. 2 mwN.

[18] Dies ist eigenartiger Weise umstritten. Nach einer verbreiteten Ansicht, soll die Vorstellung des Finders von den Eigentums- und Besitzverhältnissen unerheblich dafür sein, ob seine Finderstellung begründet wird (*Staudinger/Gursky* § 965 Rn. 13 mwN). Dies überzeugt nicht, da dadurch die Grenzen zwischen Fund und Aneignung verschwimmen. Der Erwerbsgrund nach § 973 setzt gerade voraus, dass der Finder einen »unbekannten Dritten« für den Eigentümer hält.

Vorschriften über die Geschäftsführung ohne Auftrag. Unschädlich ist es, wenn der Finder den wahren Eigentümer nicht kennt, sondern nur davon ausgeht, dass die Sache irgendeinem Dritten gehört. Die Regeln der Geschäftsführung ohne Auftrag sind auch hier einschlägig (§ 686). Das Gegenstück zu dieser Konstellation ist der unredliche »Finder«, der eine Fundunterschlagung nach § 246 StGB begeht. Auf ihn finden die Vorschriften der §§ 965ff keine Anwendung. Der unredliche »Finder« haftet nach §§ 687 Abs. 2 Satz 1, 823 Abs. 1 gegenüber dem Eigentümer. Begründet eine Person Fremd- oder Eigenbesitz an einer Sache, die nicht besitzlos ist, sondern nach wie vor im Besitz des Eigentümers oder eines Dritten steht, so sind die Vorschriften über den Fund nicht einschlägig. Eine solche Sache ist nicht »verloren« im Sinne des § 965 Abs. 1.[19] Der Besitzer begeht eine verbotene Eigenmacht.

Diese gedrängte Übersicht zeigt, dass der redliche Finder ein Geschäftsbesorgungsverhältnis ohne Auftrag begründet. Wer eine Sache findet, an sich nimmt und dabei als redlicher Fremdbesitzer auftritt, übernimmt ein objektiv fremdes Geschäft im Sinne des § 677. Sowohl bei der Übernahme und der Ausführung eines fremden Geschäfts obliegen dem Geschäftsführer Pflichten, auch wenn diese systematische Trennung im Gesetz nur undeutlich anklingt. Die Anzeigepflicht gegenüber dem Eigentümer aus § 965 Abs. 1 ließe sich ohne weiteres anhand des § 677 begründen. Auch die Verwahrungspflicht nach § 966 Abs. 1 ist der Sache nach eine Pflicht, die aus einer Übernahme eines fremden Geschäfts folgt. Der Haftungsmaßstab in § 968 deckt sich mit dem des § 680. Auch der Aufwendungsersatzanspruch des Finders nach § 970 findet seine Entsprechung in §§ 693, 677, 683 Satz 1, 670. § 966 Abs. 1 verpflichtet den Finder ebenso wie § 688 den Verwahrer dazu, die Sache zu verwahren. Eine solche Verwahrungspflicht trifft allerdings auch den Geschäftsführer.[20] Die Analyse ergibt, dass die in §§ 965ff geregelten Pflichten aus dem gesetzlichen Schuldverhältnis zwischen dem Finder und dem Berechtigten sich weitgehend aus den §§ 677ff ergeben würden. Müßig ist deswegen die Streitigkeit, wie sich Geschäftsführung ohne Auftrag und die Vorschriften des Fundrechts zueinander verhalten,[21] zumal man sich darüber einig ist, dass die Vorschriften der Geschäftsführung ohne Auftrag im Zweifel ergänzend hinzugezogen werden dürfen.[22] *De lege ferenda* böte es sich an, das Fundrecht hinter die Vorschriften über die

---

Legt man § 965 Abs. 1 weiter aus und sieht auch den als Finder an, der irrtümlich davon ausgeht, sich eine Sache aneignen zu können, so machen die Pflichten nach §§ 966ff keinen Sinn. Der Finder kann daher sinnvoll nur Fremdbesitzer sein. In diesem Sinne auch *Köbl*, Das Eigentümer-Besitzer-Verhältnis im Anspruchssystem des BGB (1971), 198f; MünchKomm/*Quack* § 965 Rn. 16.

[19] Siehe nur *Baur/Stürner* § 53 Rn. 78; MünchKomm/*Quack* § 965 Rn. 4, 13.

[20] RG WarnR 1922 Nr. 12; siehe auch MünchKomm/*Seiler* § 677 Rn. 53.

[21] Die Motive lassen dies offen: Mot. III, 376. Die Verwandtschaft des Schuldverhältnisses beim Fund betonen *Staudinger/Gursky* Vorbem zu §§ 965ff Rn. 3; *Wolff/Raiser*, § 82 III; als *lex specialis* sieht *Köbl* (Fußn. 12), 196 die Vorschriften in den §§ 965ff BGB an.

[22] *Staudinger/Gursky* Vorbem zu §§ 965ff Rn. 3.

Geschäftsführung ohne Auftrag einzuordnen.[23] Da das Fundrecht keine Berührung zu einem dinglichen Recht aufweist, sondern nur einen Erwerbstatbestand regelt, wäre die hier verfochtene systematische Einordnung kein Bruch, sondern eine Klarstellung. Wenn man den Haftungsmaßstab des § 968 beibehalten möchte, könnte man dies in einem Satz 2 zu § 680 klarstellen.

Die detaillierten Vorschriften des Fundrechts im Übrigen sind praktisch wenig bedeutsam. Der Finderlohn (§ 971) und der Eigentumserwerb nach § 973 kennzeichnen den Fund insgesamt und haben daher eine durchaus eigenständige Bedeutung. Entschließt man sich dazu, auf das Eigentümer-Besitz-Verhältnis zu verzichten, so wäre § 972 überflüssig. Das Zurückbehaltungsrecht des Finders gegenüber dem Herausgabeanspruch des Eigentümers ergäbe sich dann aus § 273 und bietet genügend Schutz, sofern man daraus ein Recht zum Besitz ableitet. Auf § 974 ließe sich deswegen folgerichtig auch verzichten, zumal der Rechtsverlust des Eigentümers nach dieser Vorschrift eine einschneidende Rechtsfolge ist. Die Vorschriften der §§ 975–977 wären dem anzupassen. *De lege ferenda* müsste auch der Sinn der sehr detaillierten §§ 978–983 erörtert werden, was hier nur anzusprechen aber nicht zu vertiefen ist. Der Schatzfund (§ 984) fände eine geeignetere Stelle beim Miteigentum.

c) *Deliktshaftung und Eigentümer-Besitzer-Verhältnis*

Die Konkurrenzen des Eigentümer-Besitzer-Verhältnisses zu den übrigen gesetzlichen Schuldverhältnissen zählt bekanntlich zu den umstrittensten Fragen des Sachenrechts. Für den Nutzungsersatz wurde dieses Konkurrenzverhältnis schon eingehend oben dargestellt,[24] so dass hier nur noch die Konkurrenzen zum Deliktsrecht nachzuholen sind. Auszuklammern ist die Deliktshaftung nach § 826, da nach allgemeiner Ansicht diese Haftung stets neben die Haftung aus den §§ 989ff tritt.[25]

Sowohl das Eigentümer-Besitzer Verhältnis wie auch das Deliktsrecht sanktionieren Eigentumsverletzungen. Die Motive betrachteten das Deliktsrecht und die Haftung nach §§ 989f als konzentrische Kreise, die sich nur teils überschneiden und hielten deswegen eine reine deliktische Haftung für zu eng.[26] Heute ist diese Rechtsgeometrie überholt, da jede Eigentumsverletzung gemäß § 823 Abs. 1 den Tatbestand des § 989 erfüllt. Wird im Sinne des § 989 eine Sache verschlechtert, geht sie unter oder kann sie der Besitzer aus einem anderen Grunde dem Eigentümer nicht herausgeben, ist dies zugleich eine Eigentumsverletzung nach § 823 Abs. 1. Die haftungsbegründenden Tatbestände sind insoweit kongruent.[27] Das

---

[23] *Säcker*, FS Boguslalvskij (2004), 805, 816.

[24] § 3 VI 2 b.

[25] *Michalski*, FS Gitter (1995), 577, 602 mwN.

[26] Anders jedoch *Köbl* (Fußn. 17), 158, wonach jede »Leistungsstörung der Vindikation« begrifflich den Tatbestand der Eigentumsverletzung erfülle.

[27] Ebenso *Dimopoulos-Vosikis*, Die bereicherungs- und deliktsrechtlichen Elemente der §§ 987–1003 BGB (1966), 103–118; *Michalski*, FS Gitter (1995), 577, 601. Anders aber vor dem

überwiegende Schrifttum nimmt für diesen Fall eine Anspruchskonkurrenz zwischen den §§ 989f und dem Deliktsrecht an.[28] Gleichwohl ist das Meinungsbild gespalten und Wertungswidersprüche lassen sich nach keiner der vertretenen Ansichten vermeiden. Man hat der These von der Anspruchskonkurrenz zwischen Delikt und den §§ 989f vorgehalten, dass sie sich über den Wortlaut des § 993 Abs. 1 letzter Halbsatz hinwegsetze, vielmehr seien die §§ 989, 990 auch für einen bösgläubigen oder verklagten Besitzer *leges speciales* gegenüber § 823 Abs. 1.[29] Allerdings vermag diese Ansicht nicht, ihren Standpunkt konsequent durchzuhalten. Überschreitet der rechtmäßige Besitzer sein Besitzrecht, so ist nach der allgemeinen Ansicht eine deliktische Haftung eröffnet.[30] Folgerichtig wendet die überwiegenden Ansicht das Deliktsrecht auch auf einen gutgläubigen und unrechtmäßigen Besitzer an, der sein vermeintliches Besitzrecht überschreitet.[31] An dieser Ausnahme führt kein Weg vorbei, da man anderenfalls den rechtmäßigen Besitzer schlechter stellen würde als den unrechtmäßigen. Der pauschale Ausschluss des § 823 Abs. 1 lässt sich damit nicht aufrecht erhalten. Drastisch tritt eine rechtspolitische Schwäche des Exklusivitätsdogmas bei nachträglicher Bösgläubigkeit zu Tage. Ein sachlicher Grund dafür ist nicht erkennbar.[32] Da zudem nach den §§ 989, 990 im Gegensatz zu § 823 Abs. 1 der Vorenthaltungsschaden nicht zu ersetzen ist, ergeben sich außerdem Wertungswidersprüche.[33] Es ist an dieser Stelle nicht mehr erforderlich, auf weitere umstrittene Einzelheiten zum Verhältnis der deliktischen Haftung und §§ 989f einzugehen. Der gestraffte Überblick zeigt, dass die Vorschriften der § 989f rechtspolitisch misslungen sind und das Exklusivitätsdogma durchbrochen werden muss, um Wertungswidersprüche zu vermeiden. Ihre Beibehaltung ließe sich *de lege ferenda* daher kaum fordern. Der oft vorgetragenen Befürchtung, dass der gutgläubige Erwerb obsolet werde, wenn man

---

Hintergrund des § 823 Abs. 1 überholt: *Pinger*, Funktion und dogmatische Einordnung des Eigentümer-Besitzer-Verhältnisses (1973), 58ff.

[28] *Brox* JZ 1965, 516, 519f; *Emmerich*, Das Verhältnis der Nebenfolgen der Vindication zu anderen Ansprüchen (1966), 56ff, 60f; *Köbl* (Fußn. 17), 156ff; *Michalski*, FS Gitter (1995), 577, 600ff; *Schwab/Prütting* Rn. 542; *Wilhelm* Rn. 641, 646f.

[29] *Jauernig/Jauernig* Vorbem zu §§ 987–1004 Rn. 12; *Palandt/Bassenge* Vorbem zu §§ 987ff Rn. 21; *Schapp/Schur* Rn. 114; *Staudinger/Gursky* Vorbem zu §§ 987–993 Rn. 61; *Wolff/Raiser* § 85 III 6 a.

[30] *Baur/Stürner* § 11 Rn. 27; *Staudinger/Gursky* Vorbem zu §§ 987–993 Rn. 10 mwN.

[31] BGHZ 24, 188, 196; BGHZ 31, 129, 134; BGH WM 1976, 350, 351; OLG Saarbrücken NJW 1997, 1242, 1243; *Müller* JuS 1983, 516, 518f; *Schreiber* JURA 1992, 356, 361; *Staudinger/Gursky* Vorbem zu §§ 987–993 Rn. 28 mwN. Die Begründungen sind allerdings streitig. Einige stützen dieses Ergebnis auf § 823 Abs. 1 und § 991 Abs. 2 analog (*Baur/Stürner* § 11 Rn. 32; *Köbl* [Fußn. 17], 179). Wieder andere wenden nur § 991 Abs. 2 an (*Michalski*, FS Gitter [1995], 577, 607f; MünchKomm/*Medicus* § 993 Rn. 13; *Wieling* MDR 1972, 645, 650).

[32] *Köbl* (Fußn. 17), 167ff; *Wieling I* § 12 III 6; *Wieling* MDR 1972, 645, 649; dies räumt auch *Gursky* (Staudinger Vorbem §§ 987–993 Rn. 62) ein, der allerdings gleichzeitig versucht, die Haftungsunterschiede zwischen Delikt und den §§ 989f herunterzuspielen.

[33] Grdl. *Michalski*, FS Gitter (1995), 577, 605; dagegen *Staudinger/Gursky* Vorbem zu §§ 987–993 Rn. 62.

jemanden der Deliktshaftung unterwirft, der sich leicht fahrlässig für den Eigentümer hält,[34] ließe sich durch eine für diesen Fall gemünzte Modifizierung des deliktischen Haftungsmaßstabs begegnen.

Die Entstehungsgeschichte des § 991 Abs. 2 spiegelt deutlich die Unklarheiten wider, die die Gesetzgebungsgeschichte zum Eigentümer-Besitzer-Verhältnis begleiteten. Erst in den Protokollen finden sich einige Aussagen zum Zweck der Vorschrift. Der erste Entwurf kannte keine vergleichbare Vorschrift. Die Protokolle erachteten den Rechtsschutz des Eigentümers bei gestuften Besitzverhältnissen für lückenhaft. Ein Fremdbesitzer, der schuldhaft eine Sache beschädigt, soll dem Eigentümer gegenüber haften und sich nicht darauf berufen können, dass er (der Fremdbesitzer) einen anderen für den Eigentümer gehalten habe.[35] Die übrigen Ausführungen in den Protokollen heben hervor, dass eine Deliktshaftung selbstverständlich sein muss: »Eine schuldhafte Beschädigung des Eigentums« enthalte ein »Delikt gegen den Eigentümer als solchen«, für das der Täter jedem haften müsse, den das Delikt betreffe.[36] Auch für § 991 Abs. 2 lässt sich die Exklusivität des Eigentümer-Besitzer-Verhältnisses nicht durchhalten. Der Vergleich zum Fremdbesitzerexzess bestätigt dies. § 991 Abs. 2 will sicherstellen, dass der Fremdbesitzer so haftet, wie er bei einem wirksamen Besitzrechtsverhältnis haften würde.[37] Bei einem wirksamen Besitzrechtsverhältnis wäre eine deliktische Haftung nicht versperrt. Nicht anders wird man für § 991 Abs. 2 zu entscheiden haben. Der dagegen vorgebrachte Einwand, dass dies den Ausschlusscharakter des § 993 Abs. 1 letzter Halbsatz aufhebe,[38] kann wenig überzeugen. Anderenfalls müsste man auch den Exzess eines unrechtmäßigen aber gutgläubigen Besitzers von jeder Haftung ausnehmen.

Überschneidungen zum Deliktsrecht drängen sich bei § 992 geradezu auf: Ein unrechtmäßiger Besitzer haftet gegenüber dem Eigentümer nach den Vorschriften über die unerlaubten Handlungen, wenn er sich den Besitz durch verbotene Eigenmacht oder durch eine Straftat verschafft hat. Nach heutiger Lesart verweist die Vorschrift auf die Tatbestandsvoraussetzungen des § 823 (Rechtsgrundverweisung) und ist damit keine selbständige Anspruchsgrundlage.[39] Eine ältere Un-

---

[34] Siehe dazu etwa *Staudinger/Gursky* Vorbem zu §§ 987–993 Rn. 60.

[35] Prot. III, 347.

[36] Prot. III, 347.

[37] *Michalski*, FS Gitter (1995), 577, 607; *Bamberger/Roth/Fritzsche* § 991 Rn. 22; grundsätzlich auch *Staudinger/Gursky* § 991 Rn. 10.

[38] *Staudinger/Gursky* § 991 Rn. 21.

[39] OLG Karlsruhe NJW 1990, 719; *Köbl* (Fußn. 17), S. 167; MünchKomm/*Medicus* § 992 Rn. 5, 12; *Soergel/Mühl* § 992 Rn. 8; *Staudinger/Gursky* § 992 Rn. 4 mwN. Eine ältere Gegenansicht sah in § 992 nur eine Rechtsfolgenverweisung und folglich eine eigene Anspruchsgrundlage (*Lent*, Die Gesetzeskonkurrenz im bürgerlichen Recht und Zivilprozess, 1. Band 1912, S. 261 ff; so wohl auch RGZ 117, 423, 425 ohne nähere Auseinandersetzung). *Lent* deutet deswegen § 992 als eine verschuldensunabhängige Haftung. Rechtspolitisch und systematisch ist das unhaltbar. Sofern das BGB ausnahmsweise eine verschuldensunabhängige Schadensersatzhaftung kennt,

tersuchung bezeichnete die Vorschrift als »wenig durchsichtig«.[40] Auch heute ist diese Norm nicht durchsichtiger. Der Gesetzgeber hatte große Schwierigkeiten bei der Formulierung der Vorschrift, war sich aber über deren Zweck klar. § 992 soll die Deliktshaftung begrenzen und gleichzeitig Lücken schließen, die die §§ 989, 990 hinterlassen.[41] In welchen Fällen eine Begrenzung der deliktischen Haftung einerseits und ein Lückenschluss dieser Haftung andererseits von Nöten ist, geht aus den Materialien nicht hervor. Auf den ersten Blick stimmt der Ausgangspunkt des Gesetzgebers skeptisch, da nicht ohne weiteres klar ist, wie eine Norm zugleich Beschränkung als auch Ergänzung der Deliktshaftung sein soll. Zur Zeit der Entstehung des Gesetzes war unklar und umstritten, ob der unredliche Besitzer nach dem Besitzerwerb überhaupt deliktisch haften sollte. Vor diesem Hintergrund wird deutlich, dass § 992 eine Lücke zu füllen hatte. Aus heutiger Sicht ist die deliktische Haftung des unredlichen Besitzers eine Selbstverständlichkeit, wie die Ausführungen oben bereits gezeigt haben. Damit deutet sich an, dass § 992 eine Lücke schließen soll, die gar nicht existiert.[42]

Der Schlüssel zum Verständnis des § 992 ist die Unterscheidung zwischen sog. »Erwerbsdelikten« und »Verwaltungsdelikten«.[43] Bei Erwerbsdelikten beschädigt der Ergreifende die Sache, wenn er den Besitz erwirbt, bei Verwaltungsdelikten begeht der Täter die schädigende Handlung erst, nachdem er sich den Besitz durch eine Straftat oder durch verbotene Eigenmacht beschafft hat. Auch die Motive gingen von dieser Systematisierung aus, es heißt dort wörtlich: »§ 935 begrenzt die deliktsmäßige Haftung. Nur Handlungen, durch welche Besitz ... erlangt ist, nicht aber die Handlungen, welche weiterhin an der Sache vorgenommen werden, sollen zu einer solchen Haftung führen«.[44] Danach sollte § 992 nur Erwerbsdelikte erfassen, bei Verwaltungsdelikten sollten nur die §§ 989, 990 einschlägig sein.[45] Diese Begründung erweckt ernsthafte Zweifel. Jeder Anspruch aus dem Eigentümer-Besitzer Verhältnis setzt eine Vindikationslage voraus, die bei einem Erwerbsdelikt gar nicht besteht. Die Besitzergreifung im Sinne des § 992 begründet erst einen unrechtmäßigen Besitz, während die Vindikationslage an einen bestehenden unrechtmäßigen Besitz anknüpft.[46] Die besseren Gründe sprechen daher dafür, auf Erwerbsdelikte § 823 Abs. 1, 2 direkt anzuwenden. Der Gesetzgeber hatte dieses Problem nicht gesehen und konstruierte damit eine Lü-

---

handelt es sich um sehr spezifische Tatbestände wie die Gefährdungshaftung oder die Zufallshaftung. In dieses System fügt sich § 992 nicht ein.

[40] *Siber* IherJb 89 (1941), 1, 41.

[41] Mugdan, Motive III, 410.

[42] Zweifelnd auch *Michalski*, FS Gitter (1995), 577, 605, der von einer »vermeintlichen Rechtsschutzlücke« spricht.

[43] Die Terminologie geht zurück auf *Heck* § 67/ 2; 7.

[44] Motive III, 410; der zitierte § 935 entspricht dem heutigen § 992.

[45] Motive III, 410. Die ältere Literatur legte in der Tat § 992 in diesem Sinne aus, siehe dazu zB. *Heck* § 68/5.

[46] *Staudinger/Gursky* § 992 Rn. 3.

cke. Folgt man zudem dessen Ansicht, dass für Verwaltungsdelikte nur die §§ 989, 990 einschlägig sein sollen, so bleibt für § 992 überhaupt kein Anwendungsbereich mehr und die Norm wäre folglich obsolet. Die herrschende Ansicht wendet die §§ 989, 990 in Idealkonkurrenz gleichwohl auf Erwerbsdelikte an[47] und entfernt sich vom Willen des Gesetzgebers.

Die gedrängte Übersicht zeigt, dass § 992 eine wenig durchdachte und überkonstruierte Norm ist. Vergleicht man die Haftung nach § 992 mit der Haftung nach § 823 so zeigt sich, dass beide Tatbestände deckungsgleich sind. Ein Tatbestandsvergleich soll dies untermauern: Verschafft sich der Täter den Besitz durch eine Straftat, so ist stets § 823 Abs. 2 einschlägig, da ein Strafgesetz in jedem Falle ein Schutzgesetz im Sinne dieser Norm ist. Als relevante Delikte werden hier Eigentums- und Vermögensdelikte aber auch eine Nötigung oder Urkundenfälschung in Betracht kommen. Verschafft sich der Täter den Besitz durch verbotene Eigenmacht im Sinne des § 858, kann problematisch sein, ob zugleich der Deliktstatbestand erfüllt ist. Verdeutlichen lässt sich dieses Problem an dem Fall, bei dem jemand schuldlos sich für den Eigentümer hält und dem wahren Eigentümer die Sache im Wege verbotener Eigenmacht wegnimmt. Nach einer verbreiteten Ansicht soll nur eine schuldhaft begangene verbotene Eigenmacht unter § 992 fallen.[48] Diese teleologische Reduktion soll daraus folgen, dass eine Straftat als weitere Tatbestandsalternative des § 992 auch einen Vorsatz voraussetzt und es im übrigen widersprüchlich wäre, den Besitzer wegen einer schuldlosen Verwechslung nach § 992 haften zu lassen.[49] Indes bestehen die von der herrschenden Ansicht vorgetragenen Bedenken nicht: Eine schuldlos begangene verbotene Eigenmacht sanktioniert das Deliktsrecht nicht, selbst wenn diese dazu führt, dass die Sache beschädigt wird. Da § 992 eine Rechtsgrundverweisung ist, haftet der schuldlos Verwechselnde nach § 823 Abs. 1 nur, wenn er nach der Besitzergreifung schuldhaft handelt und dadurch die Sache beschädigt. Dies ist indes nur denkbar, wenn der Täter nach der Besitzergreifung erkennt, dass er fremdes Eigentum verletzt.[50] Demgemäß verzichtet eine Gegenansicht auf die teleologische Reduktion des § 992 und erachtet eine objektiv begangene verbotene Eigenmacht für ausreichend.[51] Haftungsbegründend ist jedoch nach dieser Ansicht folgerichtig nur eine

---

[47] *Köbl* (Fußn. 17), 166; MünchKomm/*Medicus* § 992 Rn. 13; *Staudinger/Gursky* § 992 Rn. 6.

[48] BGH WM 1960, 1148, 1149; *Baur/Stürner* § 11 Rn. 8; *Canaris*, Die Feststellung von Lücken im Gesetz[2] (1984), 81; *Jauernig/Jauernig* § 992 Rn. 2; *Michalski*, FS Gitter (1995), 577, 606; *Siber* IherJb 89 (1941), 1, 42; *Staudinger/Gursky* § 992 Rn. 10; *Wolff/ Raiser* § 85 II 4. BGH WM 1960, 1148, 1149 stellt klar, dass sich das Verschulden nur auf die verbotene Eigenmacht nicht aber auch darauf beziehen muss, dass sie gerade gegenüber dem Eigentümer begangen wird.

[49] So *Staudinger/Gursky* § 992 Rn. 10. Ganz beiläufig heißt es in den Motiven, dass § 992 ein vorsätzlich begangenes Delikt verlange (Mot. III, 410). Einige Teile des Schrifttums schränken im Anklang daran § 992 auf eine vorsätzlich begangene verbotene Eigenmacht ein (*Wieling* MDR 1972, 645, 649; *Wieling I* § 12 III 5 c; *Wacke* FS Hübner (1994), 669, 685).

[50] MünchKomm/*Medicus* § 992 Rn. 5 a.E.

[51] *Brox* JZ 1965, 516, 517; *Emmerich* (Fußn. 28), 60; *Köbl* (Fußn. 17), 166f; MünchKomm/ *Medicus* § 992 Rn. 5; *Wilhelm* Rn. 649

vom Verschulden getragene nachträgliche Verletzungshandlung des Besitzers. Da diese Verletzungshandlung auch nach §§ 989, 990 sanktioniert werden kann, erweitert die zuletzt beschriebene Ansicht den Anwendungsbereich des § 992 auf solche Fälle, die nach der herrschenden Meinung nur durch §§ 989, 990 sanktioniert werden können.

Resümierend bleibt festzuhalten, dass die §§ 989–992 missglückte Vorschriften sind, die bereits *de lege lata* zu zahlreichen Korrekturen nötigen. Die bezweckte Privilegierung des gutgläubigen Besitzers ist daher in einigen Fällen illusorisch. Man könnte künftig auf die §§ 989–993 verzichten, ohne dass Haftungslücken entstünden. Es braucht dabei kaum betont zu werden, dass bis auf das BGB die europäischen Rechtsordnungen ohne ein Eigentümer-Besitzer-Verhältnis auskommen.

d) Verwendungsersatz

Beim Verwendungsersatz schließlich stellen sich Abstimmungsprobleme zwischen den §§ 994ff, der Bereicherungshaftung und dem Vorschriften über die Geschäftsführung ohne Auftrag (§§ 683 Satz 1, 687 Abs. 2 i.V.m. 684 Satz 1). Zu einem Gutteil rühren diese Probleme daher, dass dem Gesetz bereits kein einheitliches System bei Verwendungsersatzansprüchen zu Grunde liegt. Diese unterschiedlichen Haftungen abzustimmen, ist in neuerer Zeit viel diskutiert worden.[52] Eine allgemeine Feinabstimmung dieser Vorschriften ist hier nicht zu leisten, sondern es sind nur die Wertungswidersprüche im gesetzlichen System aufzuzeigen.

Das Konkurrenzverhältnis der §§ 994ff zum Bereicherungsrecht ist umstritten. Die wohl vorherrschende Ansicht sieht in diesen Vorschriften eine Spezialregelung, die den Rückgriff auf das Bereicherungsrecht ausschließt.[53] Auf den ersten Blick kann diese Ansicht die gesetzliche Unterscheidung zwischen einem gut- und einem bösgläubigen Besitzer für sich verbuchen. Diese Differenzierung ist dem Bereicherungsrecht fremd. Allerdings stellt sich dann nachdrücklich die Frage, ob die Differenzierung zwischen gut- und bösgläubigen Besitzer im Gesetz gelungen ist. Es ist auffällig, dass gerade die Ausschlussfunktion der §§ 994ff in neuerer Zeit immer wieder in Frage gestellt wurde. Eine starke Gegenansicht

---

[52] *Greiner*, Die Haftung auf Verwendungsersatz (2000), *Verse*, Verwendungen im Eigentümer-Besitzer-Verhältnis (1999).

[53] BGHZ 39, 186, 188f; BGHZ 41, 157, 158; BGHZ 41, 346; BGH WM 1973, 560, 563; BGH NJW 1986, 2643, 2645; *Bamberger/Roth/Fritzsche* § 994 Rn. 39; *Baur/Stürner* § 11 Rn. 55; *Brehm/Berger* § 8 Rn. 62f; *Haas* AcP 176 (1976), 1, 16ff; *Waltjen* AcP 175 (1975), 109, 134; *Kindl* JA 1996, 201, 207f; *Köbl* (Fußn. 17), 299ff; *Michalski*, FS Gitter (1995), 577, 621ff; *H. Roth* JuS 1997, 1087, 1090; *Schwab/Prütting* Rn. 567; *Soergel/Henssler* § 951 Rn. 22; *Staudinger/ Gursky* Vorbem zu §§ 994–1003 Rn. 43; *Wolf* Rn. 209; *ders.* AcP 166 (1966), 199, 206.

nimmt eine Anspruchskonkurrenz zwischen der Aufwendungskondiktion und den §§ 994 an, um die aufgedrängte Bereicherung besser erfassen zu können.[54]

aa) Allgemeiner Haftungsvergleich

Die Herausgabe der Verwendung *in natura* nach § 818 Abs. 1 scheidet in aller Regel aus, so dass im Ergebnis nur ein Wertersatzanspruch aus § 818 Abs. 2 in Betracht kommt. Allgemeine Maßstäbe für die Wertermittlungen von Verwendungen fehlen. Führt eine Verwendung zu keiner Werterhöhung, entfällt ein Wertersatzanspruch aus einer Aufwendungskondiktion. Die Verwendungsersatzansprüche des redlichen Besitzers decken sich mit damit nur teilweise, wobei zwischen nützlichen und notwendigen Verwendungen zu differenzieren ist.

Bei nützlichen Verwendungen im Sinne des § 996 entscheidet deren *Erfolg* darüber, ob der Besitzer Ersatz verlangen kann. Mit der bereicherungsrechtlichen Wertung nach § 818 Abs. 2 deckt sich § 996, da beide Normen auf die Werterhöhung abstellen, die das Vermögen des Bereicherungsschuldners erfährt. Eine davon zu trennende Frage ist, ob man die Werterhöhung subjektiv oder objektiv bemisst. Darauf geben weder § 818 Abs. 2 noch § 996 eine Antwort.

Für notwendige Verwendungen kann der Besitzer stets Ersatz verlangen, § 994 Abs. 1 Satz 1. Notwendige Verwendungen sind nach der Ansicht des Gesetzgebers solche Ausgaben, die zur Verhütung des Untergangs oder der Verschlechterung der Sache notwendig sind. Berücksichtigt man § 994 Abs. 1 Satz 2, so sind in diesen Begriff auch die Verwendungen einzugliedern, die die Nutzungsfähigkeit einer Sache erhalten oder wiederherstellen. Daraus ergibt sich die heute anerkannte Definition: Notwendig sind Verwendungen, die erforderlich sind, um eine Sache in ihrem Bestand einschließlich ihrer Nutzbarkeit zu erhalten. Im Gegensatz zu den nützlichen Verwendungen werden notwendige Verwendungen *erfolgsunabhängig* eingestuft, der BGH führte dazu wörtlich aus: »Ob die Maßnahme zu einem bei der Herausgabe der Sache noch fortdauernden Nutzen geführt hat oder der Versuch, die Sache zu erhalten oder zu verbessern, von Anfang an fehlgeschlagen ist, ist unerheblich«.[55] Davon ging bereits der Gesetzgeber aus.[56] Bei den Gesetzesberatungen wurde das Problem diskutiert. Als Antrag 3 ist die Forderung dokumentiert, dass schlichte notwendige Verwendungen nur ersetzt werden sollten, wenn der Wert der Sache zum Zeitpunkt der Herausgabe noch erhöht ist, da es unbillig sei, den Eigentümer zum Wertersatz zu verpflichten, wenn das Haus zur Zeit der Herausgabe des Grundstücks bereits eingestürzt oder abgebrochen ist. Da der redliche Besitzer die Nutzungen behalte, müsse er auch als

---

[54] *Canaris* JZ 1996, 344, 346f; *G. Hager* JuS 1987, 877, 880; *Erman/Peters* § 996 Rn. 1; *Larenz/Canaris* § 74 I 3; *Medicus* BR Rn. 897; MünchKomm/*Medicus* § 996 Rn. 11; *Pinger* (Fußn. 27), 103ff; *Reimer*, Die aufgedrängte Bereicherung (1990), 155ff; *Schildt* JuS 1995, 953, 956; *Staudinger/Lorenz* Vorbem zu §§ 812ff Rn. 42f; *Wilhelm* Rn. 549.

[55] BGHZ 131, 220, 223.

[56] Prot. III, 681f, 688.

Äquivalent die Gefahr tragen, solche Verwendungen nicht ersetzt zu erhalten, die den Wert der Sache nicht mehr erhöhen.[57] So überzeugend diese Wertung ist, so wenig akzeptierte sie die damalige Mehrheit und lehnte den Antrag in einer Eventualabstimmung ab. Die Begründung ist folgenschwer: Bei notwendigen Verwendungen sei der Eigentümer stets bereichert, weil er eigene Ausgaben erspart habe, indem der Besitzer die Verwendungen traf. Selbst im Abbruchbeispiel sieht der Gesetzgeber eine Bereicherung, da es sich um eine Verwendung handele, die sonst der Eigentümer hätte treffen müssen.[58]

§ 994 Abs. 1 Satz 1 legt damit dem Eigentümer das Erfolgsrisiko einer fremden Investition auf. Dadurch, dass die Verwendungen unabhängig von ihrem Erfolg zu vergüten sind, werden sie im Ergebnis so behandelt, als hätte sie der Eigentümer selbst getroffen. Die Annahme des Gesetzgebers, dass der Eigentümer durch eine notwendige Verwendung stets Ausgaben erspare, ist jedoch verfehlt. § 994 Abs. 1 Satz 1 unterstellt dem Eigentümer welche Verwendungen er getroffen hätte und gerät damit in Konflikt mit der allgemeinen Aussage des § 903 Satz 1, wonach der Eigentümer mit der Sache nach seinem Belieben verfahren darf. Grundsätzlich steht es im Belieben des Eigentümers, ob er eine Sache erhält oder zerstört, nach der liberalen Eigentumskonzeption des BGB darf der Eigentümer mit der Sache auch unvernünftig umgehen. Von diesem Modell weicht § 994 Abs. 1 Satz 1 deutlich ab und zwingt dem Eigentümer eine bestimmte Nutzungsart auf, die in einer vermuteten Unterhaltung der Sache um jeden Preis liegt. Damit entzieht § 994 Abs. 1 Satz 1 dem Eigentümer nicht nur die Befugnisse des § 903 Satz 1 sondern gerät auch in Konflikt mit Art. 14 Abs. 1 GG, wenn die Verwendungen im Ergebnis erfolglos sind. Die Grundsätze über die aufgedrängte Bereicherung kämen hier zu einem sachgerechten Ergebnis. Sofern der Eigentümer die durch die Verwendung eingetretene Werterhöhung aktuell nutzt, ist er zum Ersatz verpflichtet. Ist für den Eigentümer der Verwendungserfolg nutzlos oder trifft ihn keine Obliegenheit, den Vermögenszuwachs zu nutzen, so scheidet eine Haftung nach dem Bereicherungsrecht aus.[59] Die §§ 1001, 1002 stellen eine zu grobe Regelung dar, um den Eigentümer vor einer aufgedrängten Bereicherung zu schützen. Über den Nutzen für den Eigentümer treffen diese Vorschriften keine Aussage.

In einer stark umstrittenen Rechtsprechung umgeht der BGH einen Großteil der Probleme, indem er Umgestaltungsaufwendungen nicht als Verwendung auffasst. Methodisch zweifelhaft erstreckt der BGH diesen Ausschluss auch auf Bereicherungsansprüche mit der wagemutigen These, dass die §§ 994ff auch dann Spezialvorschriften seien, wenn sie im Einzelfall mangels Verwendung nicht einschlägig sind. Der BGH verweist den Besitzer auf ein regelmäßig wertloses Weg-

---

[57] Prot. III, 680.

[58] Prot. III, 681.

[59] Zu diesem Konzept siehe näher: *Reimer* (Fußn. 54), 100ff; *Larenz/Canaris* § 72 IV 3 d; MünchKomm/ *Füller* § 951 Rn. 34f mwN.

nahmerecht nach § 997.[60] Die Begründung für diesen engen Verwendungsbegriff ist in Wirklichkeit eine Kritik an dem Konzept des § 994 selbst. Der BGH hob besonders hervor, dass eine Ersatzpflicht des Eigentümers dessen wirtschaftliche Dispositionsfreiheit erheblich störe. Allerdings ist der enge Verwendungsbegriff ungeeignet, um die Dispositionsfreiheit des Eigentümers umfassend zu schützen. Abgesehen davon überzeugt bereits der enge Verwendungsbegriff als solcher nicht.[61] Der entscheidende Mangel des Gesetzes ist damit die Unterstellung, dass der Eigentümer durch notwendige Verwendungen stets bereichert sei. An dieser unhaltbaren Wertung kommt man nur vorbei, wenn man § 994 ignoriert, was sich *de lege lata* verbietet.

bb) Die Verwendungsersatzansprüche des bösgläubigen Besitzers

Erst die Zusammenschau der §§ 994 Abs. 2 und 996 klärt, welche Verwendungsersatzansprüche dem bösgläubigen Besitzer zustehen. Nur notwendige Verwendungen kann der bösgläubige Besitzer ersetzt verlangen und keine nützlichen, wie sich aus § 996 ergibt. Auch einen Ersatz für notwendige Verwendungen scheint das Gesetz dem bösgläubigen Besitzer nach § 994 Abs. 2 nur unter engeren Voraussetzungen zuzugestehen als dem gutgläubigen Besitzer. Dies ergibt sich aus der wechselhaften Gesetzgebungsgeschichte. Die zweite Kommission war der Ansicht, dass der bösgläubigen Besitzer seine Verwendungen nicht nach dem Bereicherungsrecht ersetzt verlangen dürfte. Anderenfalls befürchtete man Widersprüche zu den heutigen §§ 1049 Absatz 1, 1216 Satz 1; der unberechtigte Besitzer könne wegen notwendiger Verwendungen nicht weiteren Umfanges ersatzberechtigt sein, als der Nießbraucher oder Pfandgläubiger.[62]

Analysiert man § 994 Abs. 2 näher, so zeigt sich, dass diese Vorschrift das Anliegen des Gesetzgebers nicht widerspiegelt. Nach mittlerweile vorherrschender Ansicht ist § 994 Abs. 2 ein Fall der angewandten Geschäftsführung ohne Auftrag, so dass es auf einen Fremdgeschäftsführungswillen des Besitzers nicht ankommt. Es entscheiden der Wille oder das Interesse des Eigentümers darüber, ob eine Verwendung ersatzfähig ist.[63] Der maßgebende Zeitpunkt dafür ist die Über-

---

[60] BGHZ 10, 171, 177; BGHZ 41, 157, 160; BGH NJW 1996, 52; aus der Lit. zustimmend: *Jauernig/Jauernig* § 951 Rn. 23; RGRK/*Pikart* § 994 Rn. 7; *Schreiber* JURA 1992, 535, 539f; *Waltjen* AcP 175 (1975), 109, 132ff.

[61] Dies ist im Schrifttum ausführlich erörtert worden. Darauf ist hier zu verweisen: *Wolf* AcP 166 (1966), 193, 195; *Michalski*, FS Gitter (1995), 577, 626; MünchKomm/*Medicus* § 994 Rn. 10.

[62] Motive, Mugdan III, 682.

[63] In diesem Sinne als teilweise Rechtsgrundverweisung: *Köbl* (Fußn. 17), 186–189; MünchKomm-*Medicus* § 994 Rn. 19; *Staudinger/Gursky* § 994 Rn. 22 mwN; *Wilhelm* Rn. 657. Der viel zitierte Streitstand, ob § 994 Abs. 2 eine Rechtsfolgen- oder eine Rechtsgrundverweisung ist, dürfte in dieser Schärfe nicht existieren. Soweit vertreten wird, dass § 994 Abs. 2 eine Rechtsfolgenverweisung sei, beruht dies auf der Übernahme der reichlich kurzen und unreflektierten Aussage von *Isele*, Die Geschäftsbesorgung (1935), 22. Auch als vollständige Rechtsgrundverweisung beschränkt auf den Fremdbesitzer versteht nur *Fikentscher*, SchuldR Rn. 947 die Norm. Die

nahme des Geschäfts, der Beginn der Geschäftsbesorgung. Damit kann die Verwendung des bösgläubigen Besitzers eine der drei Arten einer Geschäftsführung ohne Auftrag (§§ 677, 683 Satz 1/2, 684 Satz 2) darstellen.

Im Falle einer berechtigten Geschäftsführung ohne Auftrag hat der Eigentümer dem Besitzer die Aufwendungen zu ersetzen, die dieser nach den Umständen für erforderlich halten durfte. Welche Aufwendungen darunter fallen, lässt sich nicht generell und abstrakt festlegen, sondern nur in begrifflichen Näherungswerten angeben. Darüber vermögen die vielen Formeln nicht hinwegzutäuschen, die sich um eine vermeintliche Operationalisierung mühen. Zunächst bestimmt ein objektiver Maßstab aus der Sicht eines sorgfältigen Beauftragten zu dem Zeitpunkt, zu dem die Verwendung getätigt wurde, ob eine Aufwendung erforderlich ist.[64] Sofern objektiv eine Aufwendung nicht nötig ist, so kann sie gleichwohl nach § 670 ersatzfähig sein, wenn der Beauftragte dies annimmt und er »seine Entscheidung nach sorgfältiger, den Umständen des Falles nach gebotener Prüfung trifft«.[65] Unerheblich ist deshalb, ob der mit einer Aufwendung verfolgte Zweck oder Erfolg eintrat.[66] Gleicht man dies zu dem Begriff der notwendigen Verwendungen in § 994 Abs. 1 ab, so ergeben sich keine substantiellen Unterschiede. Notwendige Verwendungen definieren sich ebenso »objektiv« wie nach den Umständen erforderliche Aufwendungen im Sinne des § 670. Was objektiv notwendig ist, fällt stets unter § 670. Einzig in dem Fall, indem der bösgläubige Besitzer unsorgfältig davon ausgeht, ob eine Verwendung erforderlich ist, können sich Unterschiede ergeben. Diese dürften jedoch praktisch zu vernachlässigen sein. Die Anspruchsgrundlagen nach §§ 994 Abs. 2, 683 Satz 1, 670 führen in aller Regel zu demselben Anspruchsumfang wie § 994 Abs. 1.

Stellt sich die Verwendung als eine unberechtigte Geschäftsführung ohne Auftrag dar, so gelten die §§ 684 Satz 1, 818 und damit bestimmt Bereicherungsrecht den Haftungsumfang.[67] Dieses Ergebnis widerspricht der gesetzgeberischen Intention, dass der bösgläubige Besitzer den Verwendungsersatz nicht nach den Vorschriften über die ungerechtfertigte Bereicherung verlangen sollte. Auch auf der Grundlage der fehlerhaften Prämisse des Gesetzgebers, dass der Eigentümer bei notwendigen Verwendungen stets etwas erspare, ist die Verweisung des § 994 Abs. 2 auf die §§ 684 Satz 2, 818 widersprüchlich. Diese Prämisse ebnet den Unterschied zu dem Ersatzanspruch aus §§ 994 Abs. 2, 683, 670 ein.[68] Zudem würde

dortigen Ausführungen sind jedoch zwangsläufig kurz gehalten. Auf eine detailliertere Auseinandersetzung wird daher hier verzichtet und dafür stellvertretend auf *Köbl*, aaO verwiesen.

[64] BGHZ 95, 375, 388; BGH NJW 1989, 1285.

[65] BGHZ 96, 375, 388.

[66] BGH ZiP 1991, 862f; *Soergel/Beuthien* § 670 Rn. 5; *Staudinger/Wittmann* § 670 Rn. 2.

[67] Die umstrittene Frage, ob § 684 Satz 1 eine Rechtsfolgen- oder Rechtsgrundverweisung bildet, ist hier unerheblich. Das fehlende Recht zum Besitz als Voraussetzung einer Vindikationslage und damit auch eines Anspruches aus den §§ 994ff entspricht sachlich dem Fehlen eines Rechtsgrundes im Sinne des § 812 Abs. 1.

[68] *Verse* (Fußn. 52), S. 50 Fußn. 43; *Staudinger/Gursky* § 994 Rn. 26.

gänzlich jeder Unterschied des § 994 Abs. 1 und 2 hinfällig und damit die vom Gesetzgeber beabsichtigte Trennung in sich zusammenbrechen.[69] An der fehlerhaften Praemisse des Gesetzgebers krankt somit der gesamte § 994, da die Vorschrift rechtspolitisch unhaltbar macht. Abhilfe sieht man im Schrifttum darin, den Verweis in § 994 Abs. 2 auf die Vorschriften über die berechtigte Geschäftsführung ohne Auftrag zu beschränken.[70] Aber auch diese Lösung überzeugt wenig. Zum einen lässt sich diese Beschränkung aus dem Gesetz nicht ablesen, zum anderen ging der Gesetzgeber selbst davon aus, dass § 994 Abs. 2 auch auf die Vorschriften der §§ 684 Satz 1, 818 verweise.[71] Die Folgen der Verweisung hat der Gesetzgeber anscheinend nicht bedacht.[72] Beschränkt man den Verweis in § 994 Abs. 2 auf die berechtigte Geschäftsführung ohne Auftrag, so gelangt man überdies zu einer weitgehenden Übereinstimmung mit § 994 Abs. 1. Auch der bösgläubige Besitzer kann danach den Ersatz erfolgloser Aufwendungen verlangen. Eine Konsequenz die erst recht rechtspolitisch unhaltbar ist.

cc) Rechtspolitische Bewertung

Die Liste der dogmatischen Probleme beim Umgang mit den §§ 994ff ließe sich noch fortsetzen. So zweifelt man daran, ob die §§ 994ff uneingeschränkt auf einen unrechtmäßigen Fremdbesitzer anwendbar sein sollen.[73] Im Kern dreht sich auch diese Diskussion darüber, wie der Eigentümer vor einer aufgedrängten Bereicherung zu schützen ist. Durch partielle Randkorrekturen lassen sich aber die oben hervorgehobenen Mängel des § 994 nicht beseitigen. Eine solche Randkorrektur stellt es auch dar, wenn man die Ausschlussfunktion der §§ 994ff nicht auf die Leistungskondiktion des unrechtmäßigen Besitzers erstreckt. Dies entspricht allerdings der überwiegenden Ansicht. Wer aufgrund eines unwirksamen Vertrages Verwendungen tätigt, soll diese danach vorrangig mit der Leistungskondiktion

---

[69] Vgl. die Autoren vorige Fußn.

[70] *Staudinger/Gursky* § 994 Rn. 26.

[71] Denkschrift, S. 133 = Mugdan III, 979: »Er [der bösgläubige Besitzer] kann daher Ersatz für eine nothwendige Verwendung nur dann erlangen, wenn sie dem Interesse und dem wirklichen oder mutmaßlichen Willen des Eigentümers entsprochen hat oder von diesem genehmigt ist; anderenfalls ist der Eigentümer nur verpflichtet, dasjenige, was er in Folge der Verwendung erlangt hat, dem Besitzer nach den Vorschriften über die ungerechtfertigte Bereicherung herauszugeben, vgl. §§ 670, 671«. Die §§ 670, 671 entsprechen dem heutigen § 684 Satz 1.

[72] Vorsichtiger *Verse* (Fußn. 52) S. 50 Fußn. 43, der ausführt, dass der Gesetzgeber im Laufe der Zeit den Ersparnisgedanken aus den Augen verloren habe.

[73] Der BGH wendet auf den unrechtmäßigen Besitzer die §§ 994 nur mit Einschränkungen an. Der unrechtmäßige Besitzer dürfe nicht schlechter gestellt werden als der rechtmäßige Besitzer und darf daher nur den Verwendungsersatz erhalten, der sich im Rahmen des angenommenen Besitzrechts hält (BGH MDR 1956, 599; BGH NJW 1959, 528, 529; *Baur/Stürner* § 11 Rn. 56f; *Brehm/Berger* § 8 Rn. 73; RGRK/*Pikart* § 994 Rn. 19; *Wolff/Raiser* § 86 II). Gegen diese Restriktion: *Köbl* (Fußn. 17), 270f; MünchKomm/*Medicus* § 994 Rn. 31. Wieder andere wollen den Verwendungsersatz des unrechtmäßigen Fremdbesitzers durch eine Obergrenze einschränken (*Staudinger/Gursky* Vorbem zu §§ 994–1003 Rn. 36f; *Kindl* JA 1996, 201, 204f).

geltend machen können.[74] Dahinter steht die Befürchtung, dass anderenfalls die Kondiktionssperre aus § 814 umgangen werden könnte. Zudem könnte das Wegnahmerecht aus § 997 die bereicherungsrechtliche Rückabwicklung stören. Diese Gründe sind nicht von der Hand zu weisen und zwingen zu einer Korrektur des Ausschließlichkeitsdogmas. Die §§ 994 ff werfen damit mehr Probleme auf, als sie lösen. Die Vorschriften damit zu rechtfertigen, dass sie die Lehre von der Aufwendungskondiktion entlasten,[75] vermag kaum zu überzeugen, da bereits § 994 in sich kein schlüssiger Tatbestand ist. Wie die Schadensersatzhaftung aus §§ 989–993 ist auch die Haftung auf Verwendungsersatz nach den §§ 994 ff eine nicht schlüssig durchdachte und misslungene Schöpfung des Gesetzgebers. *De lege ferenda* wäre es vertretbar, auf die Verwendungsersatzregeln nach den §§ 994–996 zu verzichten. Die damit zusammenhängenden Vorschriften der §§ 997–1003 wären folglich auch entbehrlich.

e) *Miteigentum und Bruchteilsgemeinschaft*

Die Vorschriften über das Miteigentum (§§ 1108–1011) sind eher unsystematisch im Dritten Buch eingeordnet. Deren Stellung verdunkelt die Sachzusammenhänge. Miteigentum begründet stets eine Bruchteilsgemeinschaft nach den §§ 741 ff und damit ein Schuldverhältnis der Miteigentümer untereinander.[76] Einen besonderen sachenrechtlichen Gehalt haben die Vorschriften nicht. Dies gilt auch für § 1009. Diese Vorschrift erkennt nur an, dass für einen Miteigentümer ein eigenes Recht bestellt werden kann und hat damit einen formalen Charakter.[77] § 1010 ist eine schuldrechtliche Norm, die vergleichbar zu § 2 ErbbauVO eine Pflichtensukzession vorsieht, sofern die Pflichten ins Grundbuch eingetragen sind. Schließlich regelt § 1011 den Fall einer gesetzlichen Prozessstandschaft[78] und hat damit ebenso wenig einen »sachenrechtlichen« Gehalt. Systematisch zutreffender könnte man diese Vorschriften den §§ 741 ff einverleiben.[79]

---

[74] *Bamberger/Roth/Fritzsche* § 994 Rn. 45; *Dimopoulos-Voisikis* (Fußn. 27), 199; *Kohler*, Die gestörte Rückabwicklung gescheiterter Austauschverträge (1989), 451; *Kindl* JA 1996, 201, 204; *Köbl* (Fußn. 17), 276; *Staudinger/Gursky* Vorbem zu §§ 994–1003 Rn. 45 mwN; *Wieling I* § 12 V 2f; *Wolf* AcP 166 (1966), 188, 206 ff, 228. Für eine Idealkonkurrenz von §§ 994 ff und der Leistungskondiktion sprechen sich aus: *Larenz/Canaris* § 74 I 1 e; *Pinger* (Fußn. 27), 105.

[75] So MünchKomm/*Medicus* Vor §§ 987–1003 Rn. 22.

[76] BGHZ 36, 187, 188; MünchKomm/*K. Schmidt* § 1008 Rn. 1.

[77] BGHZ 41, 209, 210; siehe zu den eigenen Rechten oben § 6 III 1.

[78] *Staudinger/Gursky* § 1011 Rn. 7.

[79] So der Vorschlag von *Säcker*, FS Boguslavskij (2004), 805, 818.

II. Aufgabe von Trennung und Abstraktion

1. Überschießender Verkehrsschutz im Fahrnisrecht

Die Darstellung des Trennungs- und Abstraktionsprinzips blieb bewusst eine rechtspolitische Stellungnahme schuldig. Dies ist nun nachzuholen, um Perspektiven *de lege ferenda* aufzuzeigen. Das Abstraktionsprinzip ist nicht schon deswegen begrüßenswert, weil es ein anspruchsvolles Gedankenkonstrukt ist. Jede noch so große gedankliche Leistung muss sich in einer normativen Rechtswissenschaft an ihren Folgen messen lassen. In reinen zwei-Personenverhältnissen sind die Unterschiede zwischen Kausal- und Abstraktionsprinzip nicht derart groß, wie man annehmen möchte.[80] Ist nur das schuldrechtliche Geschäft nichtig, folgt der Herausgabeanspruch des Veräußerers aus § 812 Abs. 1 Satz 1 1. Var. Nach einem reinen Kausalprinzip hätte der Veräußerer zusätzlich einen Vindikationsanspruch. Wenn sowohl das schuldrechtliche als auch das dingliche Geschäft unwirksam sind, stehen auch nach geltendem Recht die Herausgabeansprüche aus den §§ 812 Abs. 1 und 985 in Idealkonkurrenz. Da die Rechtsprechung die rechtsgrundlose Verfügung einer unentgeltlichen Verfügung gleichstellt, ist es für den Nutzungsersatz unerheblich, ob nur das schuldrechtliche oder auch das dingliche Geschäft unwirksam ist. Der Nutzungsersatz ist damit angeglichen, das Abstraktionsprinzip wirkt sich nicht mehr aus. Eine abstraktionskonforme Lösung wäre der Vorrang der §§ 987f. Allerdings hat sich gerade diese Lösung nicht durchgesetzt.[81]

Erst bei einer Weiterveräußerung wirkt sich das Abstraktionsprinzip spürbar aus.[82] Die Folgeerwerber müssen nicht prüfen, ob der Vertrag zwischen dem Erstverkäufer und dem Weiterverkäufer wirksam ist. Folgerichtig ist die weitere Verfügung wirksam, wenn der Dritte den Mangel des Verpflichtungsgeschäfts positiv kannte oder kennen musste. Diese Folge kann man rechtspolitisch nur hinnehmen, wenn weitere Vorteile das Abstraktionsprinzip rechtfertigen. Diese Abwägung klang oben bereits an[83] und ist hier zu vervollständigen. Im Ergebnis befürchten die Verfechter des Abstraktionsprinzips, dass durch ein Kausalprinzip dem Erwerber unangemessene Prüfungsobliegenheiten auferlegt werden. Dies zu verhindern, ist im Interesse des Verkehrsschutzes gerechtfertigt, allerdings ist das Abstraktionsprinzip nicht das geeignete Rezept dafür. Die Lösung liegt in einer sachgerechten Auslegung des § 932 Abs. 2. Auch ein Kausalprinzip kann dem Erwerber keine umfassenden Prüfungsobliegenheiten aufbürden. Es geht daher weniger um die Frage nach dem richtigen Prinzip als um die Frage der Maßstäbe. Wenn der Erwerber den Mangel des Erstvertrages kennt, besteht kein Bedürfnis

---

[80] § 3 II 3.
[81] § 3 VI 2 b.
[82] Näher § 3 II 3.
[83] § 3 II 3.

für einen Verkehrsschutz. Ob der Erwerber grob fahrlässig einen Mangel des Erstvertrages nicht kannte, muss sich nach den realistischen Informationsmöglichkeiten richten. Die Rechtsprechung beschreibt die grobe Fahrlässigkeit als ein Handeln, bei dem die erforderliche Sorgfalt nach den gesamten Umständen in ungewöhnlich großem Maße verletzt worden ist und bei dem dasjenige unbeachtet geblieben ist, was in gegebenem Falle jedem hätte einleuchten müssen.[84] Auch wenn die grobe Fahrlässigkeit als solche ein Rechtsbegriff ist, unterliegt die Feststellung, ob der Erwerber grob fahrlässig handelte, der tatrichterlichen Würdigung. Der Verständnishorizont des Erwerbers unterscheidet allerdings nicht zwischen Mängeln des dinglichen Rechtsgeschäfts und Mängeln des schuldrechtlichen Grundgeschäfts. Auch übermäßige Erkundigungsobliegenheiten des Erwerbers, deren Überspannung je gerade das Abstraktionsprinzip vermeiden soll, begründet ein Kausalprinzip nicht. Sofern keine Verdachtsmomente dazu veranlassen, trifft den Erwerber keine allgemeine Obliegenheit zur Nachforschung.[85] Er ist damit grundsätzlich nicht dazu gehalten, die Eigentümerstellung des Veräußerers zu überprüfen. Unter der Geltung eines Kausalprinzips träfe den Erwerber folglich auch keine Obliegenheit, die Wirksamkeit eines Kaufvertrages zu überprüfen.

Wenn die Nachforschungsobliegenheiten damit eine Ausnahme bilden, so ist die Befürchtung überzogen, dass bei einem Kausalprinzip dem Erwerber eine unangemessene Prüfungslast aufgebürdet würde.[86] Eine davon zu trennende Frage ist es, welches Maß an Nachforschung man dem Erwerber aufbürdet. Nach dem geltenden Recht differenziert der BGH zwischen einem Eigentumsvorbehalt und einer Sicherungsübereignung. Der Erwerber hat danach mit einem Eigentumsvorbehalt zu rechnen, nicht mit einer Sicherungsübereignung.[87] Unabhängig davon, ob man dieser Rechtsprechung folgen möchte, zeigt dies, dass die Erkundigungsobliegenheiten auch von der Art und den Begleitumständen des Geschäfts abhängen. Es lässt sich damit nicht allgemein behaupten, dass der Erwerber die Eigentümerstellung des Veräußerers leichter nachprüfen könnte, als schuldrechtliche Mängel. Wenn der schuldrechtliche Mangel evident ist, wie bei einem auffallend wucherischen Grundgeschäft, so liegt eine Parallelwertung in der Laiensphäre auf Seiten des Erwerbers nahe.

Damit ist § 142 Abs. 2 angesprochen, der an Bedeutung gewinnen würde, wenn ein Kausalprinzip gilt. Man hat diese Norm als Argument für die verkehrsschützende Wirkung des Abstraktionsprinzips angeführt, da hier der Dritte weiter rei-

---

[84] BGHZ 10, 14, 16f; BGHZ 77, 274, 277; BGH NJW 1981, 226; BGH NJW 1992, 316, 317; BGH NJW 1994, 2093; BGH NJW 2005, 1365, 1366.

[85] BGHZ 50, 45, 52; *Soergel/Henssler* § 932 Rn 23; *Staudinger/Wiegand* § 932 Rn. 66 mwN.

[86] So jedoch *Stadler*, Gestaltungsfreiheit und Verkehrsschutz durch Abstraktion (1996), 375.

[87] Teilweise dehnt man diese Erkundigungsobliegenheiten auf Leasinggüter aus; siehe dazu OLG Düsseldorf NJW-RR 1999, 615, 617; LG Schwerin DB 1999, 277; *Bamberger/Roth/Kindl* § 932 Rn. 18 mwN.

chende Nachforschungen anzustellen hat, als im Rahmen des § 932 Abs. 2.[88] Allerdings ist es für den Erwerber ohne Belang, ob er Anhaltspunkte für die Anfechtbarkeit auf das dingliche Geschäft oder das schuldrechtliche Rechtsgeschäft bezieht. Entscheidend ist, dass sich ihm Anhaltspunkte aufdrängen.

2. Aufgabe der Abstraktion im Liegenschaftsrecht

Während bei der Übereignung beweglicher Sachen kritische Stimmen am Abstraktionsprinzip nie verstummten, hält man die abstrakte Übereignung von Grundstücken überwiegend für eine gelungene Rechtstechnik.[89] Auf den ersten Blick scheint hier ein Kausalprinzip für die Publizität des Grundbuchs schädlich zu sein, da der Grundbuchinhalt bereits durch ein nichtiges Kausalverhältnis unrichtig wird. Allerdings sind diese Bedenken überzogen. Auch unter der Geltung eines Kausalprinzips erstreckt sich der gute Glaube nur auf die eingetragene Rechtsposition und damit auf die Rechtsfolgen eines Rechtsgeschäfts. Es ist hierfür völlig unerheblich, ob diese Rechtsfolgen kraft eines Kaufvertrages oder eines dinglichen Rechtsgeschäfts eintreten.

Gewichtiger ist der Einwand, dass bei einem Kausalprinzip das Grundbuchamt auch prüfen müsste, ob das schuldrechtliche Geschäft wirksam ist.[90] In der Tat könnte eine solche Pflicht die Abwicklung von Grundstückskaufverträgen erheblich verlangsamen. Die bereits bei der Übereignung beweglicher Sachen angesprochene Prüfungslast des Erwerbers findet hier ihre verfahrensrechtliche Entsprechung. Damit sind aber auch zugleich die Lösungsmöglichkeiten aufgezeigt, da die Lösung wiederum im Prüfungsmaßstab liegt und nicht in der Entscheidung für das Abstraktionsprinzip. Bereits nach geltendem Recht muss das Grundbuchamt nicht umfassend prüfen, ob die dingliche Einigung wirksam ist. Das formelle Konsensprinzip schränkt die Prüfungspflichten des Grundbuchamts erheblich ein.[91]

Aber auch beim materiellen Konsensprinzip lassen sich überbordende Prüfungspflichten des Grundbuchamts vermeiden. Bei einer Grundstücksübereignung gehen mit der notariellen Beurkundung (§ 311 b Abs. 1 Satz 1) weitreichende Prüfungs- und Belehrungspflichten des Notars einher (§ 17 BeurkG).[92] Die Gefahr, dass eine Eigentumsposition im Grundbuch eingetragen wird, die auf einem nichtigen Kausalverhältnis beruht, ist dadurch deutlich gemindert. Bereits die notarielle Beurkundung weist damit eine Richtigkeitsgewähr auf. Es ist be-

---

[88] *Stadler* (Fußn. 86), 375ff.

[89] MünchKomm/*Wacke* Vor § 873 Rn. 14 mit Fußn. 28; *Stadler* (Fußn. 86), 507f; *Wacke*, Das Besitzkonstitut als Übergabesurrogat (1974), 31f.

[90] *Stadler* (Fußn. 86),

[91] Näher oben § 3 V 1 a.

[92] Zur grundsätzlichen Bedeutung dieser Pflicht siehe nur *Huhn/v. Schuckmann/Armbrüster* § 17 BeurkG Rn. 48f.

merkenswert, dass der später eingefügte § 925a die Trennung zwischen der notariellen Beurkundung und der Auflassung ohnehin nivelliert. Die Norm ist zwar nur eine »Soll«-Vorschrift, verbindet gleichwohl die notarielle Beurkundung und die Auflassung.[93] Damit zeigt das geltende Recht Bestrebungen, schuldrechtliche und dingliche Elemente zusammenzufassen und eine Eintragung trotz eines unwirksamen Kausalgeschäfts zu verhindern. Überzogene Prüfungspflichten des Grundbuchamts lassen sich dadurch vermeiden, indem man auch im Eintragungsverfahren § 892 Abs. 1, 2 anwendet. Die Praxis steht derzeit auf dem gegensätzlichen Standpunkt. Wenn das Grundbuchamt Kenntnis von der unrichtigen Eintragung hat, sei der Eintragungsantrag zurückzuweisen, da das Grundbuchamt nicht dazu gezwungen werden könne, »sehenden Auges an einem materiell unberechtigtem Erwerbsvorgang mitzuwirken«.[94] Allerdings überzeugt diese Praxis bereits nach geltendem Recht nicht, da sie die Publizitätsfunktion des Grundbuchs auf einen vollendeten Rechtserwerb reduziert. Eine vordringende Ansicht erstreckt deswegen die Richtigkeitsvermutung auch auf das Eintragungsverfahren.[95] Jede andere Auslegung würde den Zweck des § 892 missachten. Der Erwerber soll bereits nach der Stellung des Eintragungsantrags ohne Gefahr die Gegenleistung an den Verkäufer erbringen können. Dieser Zweck wäre in Frage gestellt, wenn das Grundbuch den Eintragungsantrag zurückweisen könnte, wenn es Kenntnis davon hat, dass der Verkäufer materiell nichtberechtigt ist.[96] Abgesehen davon stuft die entgegenstehende Ansicht den gutgläubigen Erwerb vom Nichtberechtigten inzident als einen materiell unberechtigten Erwerb ein, was sich so nicht vertreten lässt. Der gutgläubige Erwerber erlangt auch materiell das Eigentum.[97] Deswegen hat sich das Grundbuchamt nicht zum Interessenwalter des wahren Berechtigten aufzuschwingen und darf den Rechtsschein des Grundbuchs nicht zerstören. Diese bereits *de lege lata* vorzugswürdige Auslegung des § 892 würde auch *de lege ferenda* bei einem Kausalprinzip die Gefahr erheblich einschränken, dass das Grundbuchamt mit übermäßigen Prüfungspflichten belastet wird.

Der Vorschlag, wie eine Grundstücksübereignung *de lege ferenda* auszugestalten wäre, weicht daher weniger vom geltenden Recht ab, als man vermuten möch-

[93] Siehe dazu schon oben § 3 V 1 a.

[94] KG NJW 1973, 56, 58; BayObLG DNotZ 1990, 739, 741; OLG Frankfurt a.M. RPfleger 1991, 361, 362; OLG Karlsruhe NJW-RR 1998, 445, 446; OLG Hamburg FGPrax 1999, 6; *Baur/Stürner* § 16 Rn. 60, § 23 Rn. 38; *Hager*, Verkehrsschutz durch redlichen Erwerb (1990), 428ff; *Palandt/Bassenge* § 892 Rn. 1; RGRK/*Augustin* § 892 Rn. 125; auch *Bamberger/Roth/Kössinger* § 892 Rn. 24f.

[95] LG Koblenz RPfleger 1997, 159; *Lenenbach* NJW 1999, 923, 925f. (zu OLG Karlsruhe NJW-RR 1998, 445); MünchKomm/*Wacke* § 873 Rn. 70; *Piechotta*, Die Stellung des gutgläubigen Immobilarerwerbers vor seiner Eintragung im Grundbuch (1998), 110ff; *Schreiber/Burbulla* JURA 1999, 491, 494; *Staudinger/Gursky* § 892 Rn. 203, 226; *Tiedtke* JURA 1983, 518, 527; jeweils mwN.

[96] *Staudinger/Gursky* § 892 Rn. 203.

[97] MünchKomm/*Wacke* § 873 Rn. 70; *Schreiber/Burbulla* JURA 1999, 491, 494f.

te. Festzuhalten wäre daran, dass Grundeigentum eine Registrierung voraussetzt. Das Grundbuchsystem ist bewährt. Der Rechtsvergleich zeigt, zeigt, dass auch Transkriptionssysteme deutlich dazu neigen, eine Registrierung aufzuwerten und gleichzeitig das reine Vertragsprinzip bei Grundstücken abzuschwächen. Künftig ließe sich daher die Grundstücksübereignung als Kombinationstatbestand aus einem notariell beurkundeten Kaufvertrag und einer Grundbucheintragung verstehen. § 873 Abs. 1 könnte beibehalten werden, indem der Begriff »Einigung« durch »Vertrag« ersetzt wird. Unter Geltung eines Einheits- und Kausalprinzips erweist sich § 925 Abs. 1 als überflüssig. Die erforderlichen materiellen Erklärungen werden in dem notariell zu beurkundenden Kaufvertrag abgegeben. Um die Bedingungsfeindlichkeit der Grundstücksübereignung hervorzuheben, könnte man § 925 Abs. 2 an § 311 b Abs. 1 anfügen. Das materielle Konsensprinzip (§ 20 GBO) wäre anders aufzufassen. Statt der dinglichen Einigung müsste nur noch der Nachweis des beurkundeten Kaufvertrages genügen.

3. Folgen eines Einheits- und Kausalprinzipis

a) Aufgeschobener Eigentumserwerb

Auch Skeptiker am Abstraktionsprinzip räumen dem Trennungsprinzip eine systematische Überlegenheit zu, um den Eigentumsübergang beim Eigentumsvorbehalt zu erklären, da es zwischen dem Abschluss des Kaufvertrages als solchen und dem dinglichen Rechtsgeschäft und seinen Wirkungen unterscheidet.[98] Allerdings handelt es sich hierbei nur um eine Frage der Perspektive. Wie der Rechtsvergleich zeigte, leiten ausländische Rechtsordnungen den Eigentumsvorbehalt aus der Privatautonomie ab.[99] Insbesondere der italienische *Codice Civile* hat zwar den Trennungsgedanken des BGB aufgegriffen, aber mit dem Vertragsprinzip verbunden. Es handelt sich damit nur um ein Konstruktionsproblem, für das das Trennungsprinzip zwar eine überzeugende, aber keineswegs ausschließlich denkbare Erklärung bereitstellt.

b) Gattungsschulden und Zustandekommen des Kaufvertrages

Die Aufgabe des Trennungsprinzips hätte allerdings auch Auswirkungen auf das Kaufrecht selbst. Als einen entscheidenden Vorteil des Trennungsprinzips hat man immer wieder hervorgehoben, dass es den Gattungskauf sachgerecht erfasse.[100] Nach dem Konsensprinzip kann bei einem Gattungskauf kann durch den Abschluss des Kaufvertrages noch kein Eigentum übergehen, da der Verkäufer allein oder zusammen mit dem Verkäufer die Kaufsache mittlerer Art und Güte erst

[98] *Joost*, FS Zöllner (1998), 1161, 1166.
[99] § 3 IV 3.
[100] *Joost*, FS Zöllner (1998), 1161, 1167f; *Stadler* (Fußn. 86), 115ff.

auswählen muss. Die Auswahl des Kaufgegenstandes ist damit der frühest mögliche Zeitpunkt, zu dem das Eigentum übergehen kann. Gerade die französische Praxis bietet ein verwirrendes Bild zu der Frage, wann das Eigentum bei einem Gattungskauf übergeht. Nach der französischen Rechtsprechung ist die Individualisierung der Kaufsache eine gemeinsame Aufgabe des Käufers und des Verkäufers.[101] Deswegen stellt sich hier die Frage, ob dieses Einvernehmen nicht doch einer getrennten Einigung gleichkommt, da der Kaufvertrag unbedingt abgeschlossen werden, dessen translative Wirkungen aber erst mit einem gemeinsamen weiteren Akt eintreten. Ein Traditionsprinzip kann hier die translativen Wirkungen des Kaufvertrages erst an die Übergabe anknüpfen, muss aber auf diese die Vorschriften der Rechtsgeschäftslehre anwenden. Der Sache nach greift eine derartige Konstruktion auf ein Trennungsdenken zurück.

Die systematischen Schwächen eines reinen Vertragsprinzips zeigen sich auch bei einem reinen Barkauf. Während der Käufer mit dem Abschluss des Kaufvertrages Sacheigentümer wird, erlangt der Verkäufer das Eigentum an den Geldzeichen erst, wenn der Käufer diese aushändigt. Zuvor sind die einzelnen Geldzeichen nicht bestimmt genug und können daher nicht in das Eigentum des Verkäufers übergehen. Man sieht darin einen fundamentalen Verstoß gegen § 320, da der Verkäufer vorleisten muss.[102] Das reine Konsensprinzip ist damit nicht in der Lage, einen befriedigende Antwort darauf zu geben, wie bei einem Gutteil der Kaufverträge das Eigentum übergeht.

Allerdings beweist die Unzulänglichkeit des Konsensprinzips keineswegs die Überlegenheit des Trennungsprinzips. In den beschriebenen Fällen lässt sich ein getrennter Vertrag nur an der Übergabe festmachen. Das entscheidende Moment ist damit eine mit Willenselementen angereicherte Übergabe und nicht ein zu trennender Vertrag als solcher. Ein getrennter dinglicher Vertrag löst die beschriebenen Probleme daher nicht, da auch er nur an eine bestimmte Sache anknüpfen kann. Wenn man allerdings auf das Abstraktionsprinzip verzichtet, so ist es unerheblich, ob man diesen Vertrag als schuldrechtlichen oder dinglichen bezeichnet, da er in jedem Falle das Schicksal des Kaufvertrages teilt. Ein eigenständiges Sachenrecht ließe sich darauf kaum aufbauen. Der Rechtsvergleich zeigt, dass sich die anstehenden Probleme auch ohne einen getrennten dinglichen Vertrag lösen lassen. Ein reines Vertragsprinzip kann den Eigentumsübergang beim Gattungskauf sachgerecht lösen, indem es den Zeitpunkt des Eigentumsübergangs an eine bestimmte Sache anknüpft. Nach Art. 16 des englischen *Sale of Goods Act 1979* (SGA) geht das Eigentum an einer Gattungssache erst über, wenn die Ware kon-

---

[101] Cass. Req. Du 19 mars 1929, 1929.1.245; näher dazu: *Schefold*, Der Zeitpunkt des Eigentumsübergangs beim Kauf beweglicher körperlicher Gegenstände nach französischem Recht (1986), *Stadler* (Fußn. 86), 115–119; *Witz*, FS Jahr (1993), 533, 540ff.

[102] *Joost*, FS Zöllner (1998), 1161, 1169f. Als weiteren Vorteil des Trennungsprinzips führt *Joost* an, dass es die Verpflichtung zur Übereignung einer Schadensersatzleistung besser erklären könne als ein reines Vertragsprinzip (aaO, 1170f.).

kretisiert ist. Folgerichtig tritt der Gefahrübergang nach englischem Recht bereits mit dem Eigentumsübergang ein, wenn dieser vor der Besitzübergabe liegt (Sec. 20 SGA). Besonders aufschlussreich ist hier das niederländische Zivilrecht (*Burgerlijk Wetboek* – BW). Art. 7: 9 (1) BW entspricht annähernd wörtlich § 433 Abs. 1. Gleichwohl ist ein dinglicher Vertrag dem niederländischen Recht unbekannt, da nach Art. 7: 9 (2) BW das Eigentum mit der Übergabe des Eigenbesitzes an den Käufer übergeht.[103] Diese Vorschrift vermeidet die Schwierigkeiten des Konsensprinzips ohne auf ein Trennungsprinzip zurückgreifen zu müssen und etabliert ein Traditionsprinzip. Gerade die Übergabesurrogate nach den §§ 930, 931 zeigen, dass das Trennungsprinzip nicht notwendig eine klare Antwort auf den Eigentumsübergang beim Gattungskauf gibt. Diesen Übereignungsformen fehlt jede Publizität. Über den Kunstgriff eines getrennten dinglichen Vertrages fand hier das Konsensprinzip Eingang in das BGB.[104] Der Gattungskauf wirft hier nur deswegen keine Probleme beim Eigentumsübergang voraus, da die §§ 929 Satz 2, 930, 931 den Besitz und damit eine individualisierte Sache voraussetzen. Damit ist vorgezeichnet, wie *de lege ferenda* der Eigentumsübergang ausgestaltet werden könnte. Vergleichbar zum niederländischen Recht könnte der Eigentumsübergang als Doppeltatbestand aus einem Kaufvertrag und dem Besitzerwerb durch den Erwerber ausgestaltet werden. Diese Formulierung stellt sicher, dass der Besitz nicht notwendig von dem Verkäufer verschafft werden muss. Es sollte genügen, wenn ein Dritter auf Veranlassung des Verkäufers dem Erwerber den Besitz verschafft. Dadurch ließe sich die Übergabe auf Geheiß des Veräußerers sachgerecht erfassen.[105] Die Nachteile eines starren Traditionsprinzips lassen sich mit den Vorteilen eines reinen Konsensprinzips verbinden, wenn man den Parteien gestattet, den Besitz an der Sache einem Dritten einzuräumen. Die Übergabe auf Geheiß des Erwerbers wäre damit abgedeckt.[106] Die Klarstellung im Gesetz könnte wie folgt formuliert werden: »Die Parteien können auch vereinbaren, dass anstelle des Käufers ein Dritter den Besitz an der Sache erlangt«. Diese Lösung vermeidet Unklarheiten bei dem Eigentumsübergang von Gattungssachen und ist in der Lage, die unverzichtbaren Streckengeschäfte zu erfassen. Der Sache nach handelt es sich hierbei nur um eine Fortentwicklung der Rechtsprechung, die sich ohnehin von dem eng verstandenen Traditionsprinzip gelöst hat.

---

[103] Art. 7:9 (1): De verkoper is verpflicht de verkochte zaak met toebehoren in eigendom over te dragen en af te leveren. (2) Onder avlevering wordt verstaan het stellen von de zaak in het bezit van de koper.

[104] *Süß*, FS Wolf (1952), 141, 150–153 mwN; ausführlich oben § 4 V 3.

[105] Dazu oben § 4 V 2 c aa.

[106] Oben § 4 V 2 c bb.

c) Angemessene Risikoverteilung in der Zwangsvollstreckung und der Insolvenz

Die Nachteile des Abstraktionsprinzips in der Zwangsvollstreckung und Insolvenz wurden bereits oben geschildert und sind hier nur kurz in Erinnerung zu rufen. Alle Versuche, das Abstraktionsprinzip hier einzuschränken, stellen sich als rechtspolitische Korrekturen dar, die mit dem geltenden Recht unvereinbar sind. Da das Zwangsvollstreckungs- und Insolvenzrecht an die materielle Rechtslage anknüpft, geht es nicht an, hier das Abstraktionsprinzip aufrecht zu erhalten und es gleichzeitig im Verfahrensrecht einzuschränken oder durch Konstruktionen zu relativieren.[107] Detailkorrekturen kurieren nur die Symptome, dringen aber nicht zu den Ursachen vor. Das Abstraktionsprinzip gerät dadurch in eine Schieflage und wird dadurch letztlich selbst in Frage gestellt. Abhilfe schafft hier nur ein Kausalprinzip und damit eine Umorientierung im materiellen Recht selbst. Dies ist eine rechtspolitische Forderung, die sich im geltenden Recht allerdings nicht durch Konstruktionen oder Theorien verbrämen lässt.

III. Neujustierung des Publizitätsprinzips

1. Abkehr von der Publizität im Fahrnisrecht

Besonders eindringlich zeigt das Publizitätsprinzip im Fahrnisrecht, wie sehr die Sachenrechtsprinzipien zurückgedrängt werden. Die Aufarbeitung der einzelnen Fälle zeigte, dass das Publizitätsprinzip im Fahrnisrecht eine Illusion ist.[108] Wegen dieser klaren Ergebnisse wäre es künftig kein großer Schritt, auf das Publizitätsprinzip im Fahrnisrecht gänzlich zu verzichten. Der Besitz und dessen Übergabe kann nicht für Publizität sorgen und sollte dies nach dem Willen des Gesetzgebers auch gar nicht.[109] Die Pfandübergabe dient dem Verfügungsschutz und nicht dem Publizitätsgedanken.[110] Wenn man die mangelnde Publizität von Sicherungsrechten an beweglichen Sachen als Mangel empfindet, so ließe sich dieser Mangel *de lege ferenda* nur dadurch beheben, indem man ein solches Sicherungsrecht verbrieft oder registriert.

Löst man sich davon, dass die Besitzübergabe der Publizität dient, ergibt sich die Notwendigkeit, wie die Vorschriften über den gutgläubigen Erwerb *de lege ferenda* ausgestaltet werden könnten. Da der Besitz keinen Rechtsschein ausstrahlt, nähert sich der gutgläubige Erwerb einer sofortigen Ersitzung an. Wie bereits oben herausgearbeitet, kommt es darauf an, dass der Erwerber den unmittel-

---

[107] § 3 VI 3.
[108] § 4 IX 2.
[109] § 4 V 1 b.
[110] § 4 VIII 1.

baren Besitz an der veräußerten Sache erhalten hat.[111] Die These von der Besitzverschaffungsmacht hat den Weg für diese Sichtweise geebnet, tituliert sie jedoch missverständlich.[112] Als Vorbild für einen einheitlichen Grundtatbestand, der den Erwerb vom Nichtberechtigten regelt, könnte § 934 2. Var. dienen. Der neu zu schaffende Tatbestand könnte wie folgt formuliert werden: »Gehört eine nach § 433 veräußerte Sache nicht dem Veräußerer, so erlangt der Käufer das Eigentum an der Sache, wenn er in ihren Besitz gerät, es sein denn, dass er zur Zeit des Besitzerwerbs nicht im guten Glauben ist«. Als Absatz 2 zu dieser Vorschrift ließe sich § 932 Abs. 2 anfügen. Mit den entsprechenden Anpassungen könnten auch die §§ 935, 936 beibehalten werden.

Systematisch wären die Vorschriften hinter § 433 einzuordnen, da sie nur bei Veräußerungsgeschäften eine Rolle spielen. Das vorgeschlagene Modell denkt die Rechtsentwicklung zum gutgläubigen Erwerb fort und beseitigt die rechtspolitischen Fehlleistungen des geltenden Rechts. Die misslungene Vorschrift in § 934 1. Var. wäre abgeschafft und damit der Wertungswiderspruch zu § 933. Mit dem Erfordernis, dass der Erwerber den Besitz an der Sache erlangt hat, ist zugleich eine gemeinsame Klammer gefunden, so dass die §§ 932 Abs. 1, 933 entbehrlich wären. Die Ersitzung würde als Erwerbstatbestand ihre bisherige Rolle nicht verlieren, sondern nach wie vor eingreifen, wenn die Sache abhanden gekommen ist. Allerdings wären dann verbleibende Wertungswidersprüche zwischen der Verjährungsfrist für einen Bereicherungsanspruch und der Ersitzungsfrist abzustimmen,[113] worauf hier nicht mehr näher einzugehen ist.

2. Die künftige Rolle eines Besitzrechts

Wenn damit der Besitz *de lege ferenda* keine Rolle mehr als Publizitätsträger spielen sollte, ist nach dessen sinnvoller Restfunktion zu fragen. Seit *Savigny* hat es nicht an Theorien über den Zweck des Besitzes und des Besitzschutzes gefehlt. Es ist allerdings ertraglos, das Besitzrecht anhand einer als richtig empfundenen Theorie zu ordnen. Für die hier zu entwickelnden Perspektiven *de lege ferenda* kann es darauf auch gar nicht ankommen. Unabhängig davon lässt sich der Besitz als solcher weder deduktiv noch induktiv als Recht einordnen. Dies ist in neuerer Zeit ausführlich nachgewiesen worden und hier deswegen nicht in den Einzelheiten zu schildern.[114] Der Besitz zwingt deswegen nicht dazu, ein eigenständiges Sachenrecht als die Summe aller als dinglich eingestuften Rechte zu normieren. Allerdings lässt sich daraus noch nicht der Schluss ziehen, dass aus dem Besitz als

---

[111] § 4 IX 3 b.

[112] § 4 V 1.

[113] Siehe dazu oben § 4 IV 1 Fußn. 429.

[114] *Sosnitza*, Besitz und Besitzschutz (2003), 50–79 mwN; Gegen die Rechtsqualität des Besitzes außerdem: *Säcker*, FS Boguslavskij (2004), 805, 816 mit dem Hinweis, dass bereits *Kant* den Besitz nicht als dingliches Recht ansah; MünchKomm/*Joost* Vor § 854 Rn. 9f mwN.

solchen keine Rechtsfolgen abgeleitet werden dürfen. Wenn der Gesetzgeber Rechtsfolgen an den Besitz als tatsächliches Faktum knüpft, so wird dieses Faktum dadurch nicht zum Recht.[115] Da der Besitz seine Rolle als Publizitätsträger nicht ausfüllen kann, beschränkt sich dessen Bedeutung darauf, selbständige Besitzschutzansprüche zu gewähren und Tatbestandsmerkmal einiger Normen im Übrigen zu sein. Der Publizitätsverlust des Besitzes findet seine wesentliche Ursache darin, dass der Gesetzgeber auch dem Prinzipal und dem mittelbaren Besitzer Besitzschutzansprüche einräumen wollte und vor diesem Hintergrund den mittelbaren Besitz und die Besitzdienerschaft konstruierte.[116] Damit ist der Frage nachzugehen, ob diese Besitzschutzansprüche rechtspolitische Überzeugungskraft besitzen. Eine Bewertung zum possessorischen Besitzschutz als solchen schließt das mit ein.

a) Possessorischer Besitzschutz

Es ist bemerkenswert, dass § 869 in der Praxis keine nennenswerte Bedeutung erlangt hat, obwohl die Regelung der Anlass dafür war, den mittelbaren Besitz einzufügen. Während der Verhandlungen zum BGB war stark umstritten, ob dem mittelbaren Besitzer überhaupt possessorische Besitzschutzrechte einzuräumen seien oder ob der petitorische Besitzschutz nicht ausreiche. Man entschied sich dafür, dem mittelbaren Besitzer possessorische Ansprüche zu gewähren, aber ausdrücklich dagegen, dem mittelbaren Besitzer auch die Gewaltrechte gemäß § 859 zuzubilligen, da man das Selbsthilferecht aus §§ 227ff für ausreichend erachtete.[117] Wegen des klaren Wortlauts des § 869 und der eindeutigen Stellungnahme des Gesetzgebers sollte man daher dem mittelbaren Besitzer keine Gewaltrechte zugestehen.[118]

Die historische Streitigkeit darüber, ob dem mittelbaren Besitzer possessorische Besitzschutzansprüche einzuräumen sind, hat eine grundsätzliche Bedeutung. Während der Entstehung des BGB hat man daran gezweifelt, ob ein possessorischer Besitzschutz im Allgemeinen überhaupt vonnöten ist. Dem Besitz als solchen gestand man keine Rechtsqualität zu und hielt den Ausschluss petitorischer Einwendungen für unökonomisch, da der Beklagte in einem späteren Pro-

---

[115] MünchKomm/*Joost* Vor § 854 Rn. 9; *Sosnitza* (Fußn. 114), 50f, 78f.

[116] Oben § 4 IV 1 b, 2.

[117] Prot. III, 219ff.: »Die in den §§ 191ff getroffenen allgemeinen Bestimmungen reichten zum Schutze des mittelbaren Besitzers völlig aus« (226). Die §§ 191ff entsprechen den §§ 227ff.

[118] Dies ist nach der hier verfochtenen Ansicht, wonach der mittelbare Besitz ein Rechtsverhältnis ist, folgerichtig (§ 4 IV 2 c). Siehe dazu: RGZ 146, 182, 190; OLG Freiburg JZ 1952, 334f; *Eichler II 1*, 250; MünchKomm/*Joost* § 869 Rn. 7; RGRK/*Kregel* § 869 Rn. 1; *Sosnitza* (Fußn. 114), 168–170 mwN. Fußn. 74; *Wieling I* § 6 IV 2. AA.: *Baur/Stürner* § 9 Rn. 23; *Petersen* JURA 2002, 160, 163; *Soergel/Stadler* § 869 Rn. 3; *Staudinger/Bund* § 869 Rn. 1f; *Westermann/Gursky* § 26 III 2.

zess obsiegen könne.[119] Diese Diskussion ist mittlerweile abgeebbt. Man mag auf das Gesetz verweisen und damit die Diskussion für ausgestanden halten. Allerdings kehren diese Argumente heute in einem anderen Zusammenhang wieder.

Unvermindert aktuell ist das Argument von der Prozessverdoppelung bei der umstrittenen Frage, ob gegenüber einer possessorischen Klage eine petitorische Widerklage möglich ist. § 863 scheint auf den ersten Blick dagegen zu sprechen. In drei grundlegenden Entscheidungen hat der BGH den in § 863 angelegten Ausschluss petitorischer Einwendungen *de facto* beseitigt.[120] Zunächst bejahte der BGH einen tatsächlichen und rechtlichen Zusammenhang zwischen einer possessorischen Klage und einer petitorischen Widerklage. In § 863 sah das Gericht kein entscheidendes Hindernis für eine solche Widerklage, da der possessorisch Beklagte in einer selbständigen Klage sein Recht zum Besitz geltend machen könne.[121] Es war deswegen nur folgerichtig, als der BGH wenig später entschied, dass sich die petitorische Widerklage gegenüber der possessorischen Klage durchsetzt, wenn beide Klagen entscheidungsreif sind.[122] In einer neueren Entscheidung schließlich hat der BGH den Ausschluss petitorischer Einwendungen nach § 863 noch weiter zurückgedrängt: Wenn das Besitzrecht entscheidungsreif ist, gelte die Vorschrift nicht, wenn letztinstanzlich über das Besitzrecht entschieden wird.[123]

Der BGH hat damit eine Rechtsprechung etabliert, die den possessorischen Besitzschutz aus den Angeln hebt. Wer keine petitorische Widerklage gegenüber einem possessorischen Anspruch erhebt, ist entweder anwaltlich schlecht beraten oder hat ohnehin kein Recht zum Besitz. Die Praxis allerdings wieder auf den Weg des § 863 einzuschwören, ist auch kein gangbarer Weg. Für die Gerichte spielt die Prozessökonomie naturgemäß eine größere Rolle, als für eine auf dogmatische Stimmigkeit bedachte Wissenschaft. Selbstredend darf die Prozessökonomie nicht dazu dienen, die gesetzliche Systematik aus den Angeln zu heben. Allerdings mag die chronisch überlasteten Gerichte der Hinweis befremden, eine petitorische Widerklage abzuweisen, obwohl man in einem getrennten Verfahren dieser Klage stattgeben müsste.

Die Rechtsprechung schreibt Rechtspolitik, indem sie der Sache nach eine überflüssige Prozessverdoppelung vermeiden will und petitorische Widerklagen zulässt. Es überzeugt wenig, wenn der BGH seine Rechtsprechung als Lückenschließung deklariert: Das Gesetz soll danach den Fall nicht erfassen, wenn eine

---

[119] *Meischeider*, Besitz und Besitzschutz (1876), § 36; *Pflüger*, Die sogenannten Besitzklagen des römischen Rechts (1890), 373f.; zweifelnd auch *Wolff/Raiser* § 17 vor I mit dem Hinweis, dass eine einstweilige Verfügung nach § 940 ZPO das Bedürfnis nach einer Besitzschutzklage abdeckt.

[120] BGHZ 53, 166; BGHZ 73, 355; BGH NJW 1999, 425; siehe außerdem KG ZMR 2000, 818; OLG Rostock OLGE-NL 2001, 279.

[121] BGHZ 53, 166, 169f.

[122] BGHZ 73, 355.

[123] BGH NJW 1999, 425, 427. Der Rechtsprechung zustimmend: *Palandt/Bassenge* § 863 Rn. 1; RGRK/*Kregel* § 863 Rn. 4; *Schapp/Schur* Rn. 79; *Wieling I* § 5 IV 3 e.

petitorische Widerklage gleichzeitig entscheidungsreif zu einer possessorischen Klage sei.[124] Das Zusammenspiel von § 863 und § 864 Abs. 2 spricht eher gegen eine solche Lücke. Die Besitzschutzansprüche erlöschen nur, wenn durch ein *rechtskräftiges* Urteil festgestellt wird, dass dem Täter ein Recht an der Sache zusteht. Zur Zeit der Klageerhebung erwächst die petitorische Widerklage selbstredend nicht in Rechtskraft.

Um der Prozessökonomie einerseits und der Regelung des BGB andererseits gerecht zu werden, hat man im Schrifttum mit großem dogmatischen Aufwand eine vollstreckungsrechtliche Lösung entwickelt. Wenn die possessorische Klage und die petitorische Widerklage entscheidungsreif sind, sei beiden Klagen stattzugeben. Allerdings sei nur die possessorische Klage für vorläufig vollstreckbar zu erklären, um § 863 nicht aus den Angeln zu heben.[125] Es wäre ohne Not einfacher, bereits die Widerklage über § 863 auszuschließen, da die Frage nur einheitlich entschieden werden kann. Entweder man hält die Vorschrift des § 863 schlichtweg für irrelevant oder man entnimmt ihr einen Rechtsgedanken sowohl für das Erkenntnis- als auch für das Vollstreckungsverfahren.[126]

Die besseren Gründe sprechen damit dafür, eine petitorische Widerklage ganz abzulehnen.[127]. Diese Lösung entspricht dem geltenden Recht, ist allerdings für die Praxis unbefriedigend. Die petitorische Widerklage könnte jederzeit nach § 145 Abs. 2 ZPO abgetrennt werden, so dass folglich durch ein Teilurteil nach § 301 ZPO die Besitzberechtigung festgestellt werden könnte. Zudem verliert der Präventionszweck des possessorischen Besitzschutzes an Überzeugungskraft, wenn ein Recht zum Besitz feststeht. Zur gewaltsamen Durchsetzung eines Besitzrechts dürfte die Rechtsprechung außerdem nicht anstiften. Dem Possessor steht gegenüber dem Besitzentzug ein Gewaltrecht aus § 859 Abs. 1 oder ein Notwehrrecht aus § 227 Abs. 1 zu. Wenn der Besitzer den Anspruch aus § 861 Abs. 1 geltend macht, ist der rechtswidrige Angriff bereits abgeschlossen. Betrachtet man die Rechtsprechung rechtspolitisch, so zeigt sich, dass für die Praxis ein eigenständiger possessorischer Besitzschutz wenig sachgerecht ist. Gerade in einer neueren Entscheidung hat der BGH inzident ein rechtspolitisches Urteil gegen § 863 und damit gegen den possessorischen Besitzschutz als solchem gefällt. Wenn der Ausschluss des § 863 nicht bei einer letztinstanzlichen Entscheidung über das Besitzrecht gelte, so bedeutet dass nichts anderes, als dass der possessorische Besitzschutz nicht unabhängig von einem Recht zum Besitz betrachtet werden darf. Damit würde der possessorische Besitzschutz insgesamt obsolet wer-

---

124 BGHZ 73, 355, 359.

125 *Hager* KTS 1989, 515, 521f; MünchKomm/*Joost* § 863 Rn. 11; *Soergel/Stadler* § 863 Rn. 4.

126 So zutreffend: *Sosnitza* (Fußn. 114), 161f.

127 *Jauernig/Jauernig* § 864 Rn. 7; *Rosenberg/Schwab/Gottwald* § 98 II 2 c; *Schwab/Prütting* Rn. 124; *Sosnitza* (Fußn. 114), 159f; *Spiess* JZ 1 979, 717, 718; *Staudinger/Bund* § 863 Rn. 8; *Westermann/ Gursky* § 24 II 4.

den. *De lege ferenda* würde eine Streichung der §§ 861–864 die Rechtsprechung nur folgerichtig weiterführen.

Ein Bedürfnis für die §§ 858–860 bestünde damit auch nicht mehr. Es ist allgemein anerkannt, dass § 859 nur ein Spezialfall der allgemeinen Notwehrrechte aus §§ 227, 229 ist.[128] Geht man mit der herrschenden Ansicht davon aus, dass dem mittelbaren Besitzer keine Gewaltrechte zustehen, so könnte einzig § 860 noch die besondere Bedeutung der §§ 858, 859 rechtfertigen. Eine besondere Bedeutung hat hier § 860 nur für die Besitzkehr nach §§ 859 Abs. 2, 3, da der Subsidiaritätsvorbehalt aus den §§ 229, 230 nicht gilt. Trennt man sich im Rahmen der §§ 229, 230 von dem Vorbehalt, dass in erster Linie obrigkeitliche Hilfe in Anspruch zu nehmen ist, so verlöre auch § 860 an eigenständiger Bedeutung. Die Notwehrrechte könnten dann einheitlich an den Gewahrsam anknüpfen, so dass sich die Differenzierung zwischen unmittelbarem Besitzer und Besitzdiener erübrigen würde.

b) Petitorischer Besitzschutz

Der petitorische Besitzschutz aus § 1007 speist sich nicht aus den Sachenrechtsprinzipien und berührt daher auch nicht die Frage nach einem eigenständigen Sachenrecht. Gleichwohl ist hier kurz auf diese Vorschrift einzugehen, da mit ihr auch eine weitere Legitimation eines besonderen Besitzrechts steht und fällt. Über § 1007 wurden wesentlich mehr Monografien verfasst als Urteile.[129] Allein dies ist noch kein Grund, die Vorschrift für entbehrlich zu erklären, mahnt aber zur Skepsis.[130] Hier soll den zahlreichen Ausführungen zu § 1007 keine weitere hinzugefügt werden, sondern die Darstellung beschränkt sich darauf, den praktischen Anwendungsbereich des § 1007 kritisch zu erläutern.

Die Vorschrift wurde nach der letzten durchgreifenden Änderung des Besitzrechts nicht mehr ausreichend bedacht und es fehlte dem Gesetzgeber die Konsequenz, die Norm zu streichen. Deswegen ergeben sich Schwierigkeiten im Umgang mit der Vorschrift. Für den Eigentümer ist sie ohne Bedeutung. Der Anspruch aus § 985 ist leichter darzulegen und zu beweisen, als die Ansprüche aus § 1007. Für § 985 muss der Kläger sein Eigentum und den Besitz des Klägers darlegen. Der Beklagte hat darzulegen, dass er kein Recht zum Besitz hat oder selbst der Eigentümer ist. § 1007 bürdet dem Kläger einen schwerer zu führenden Beweis auf, da nach Abs. 1 der fehlende gute Glaube des Anspruchsgegners darzutun ist. Dabei ist § 1007 selbst überkonstruiert und enthält außerdem einen obsoleten Verweis. Da sich das Eigentum gegenüber dem Besitz durchsetzt, ist der in § 1007 Abs. 2 erwähnte Eigentumserwerb überflüssig. Über § 1007 Abs. 3 Satz 2 kann der Eigentümer sein Besitzrecht dem Kläger entgegenhalten.[131] Eine selbständige Bedeutung hat § 1007 Abs. 1 nur in den als theoretisch einzustufenden

---

[128] *Baur/Stürner* § 9 Rn. 11; MünchKomm/*Joost* § 859 Rn. 1 mwN.

[129] Umfassende Nachweise bei *Sosnitza* (Fußn. 114), 175 Fußn. 4.

[130] *Wieling* FS Hattenhauer (2003), 557, 567ff.

[131] MünchKomm/*Medicus* § 1007 Rn. 7; *Sosnitza* (Fußn. 114), 202; *Staudinger/Gursky* § 1007 Rn. 5, 36; *Wolff/Raiser* § 23 II 2 b.

Fällen, wenn feststeht, dass weder der Kläger noch der Beklagte Eigentümer der Sache sind, der Beklagte nicht fehlerhaft besitzt, kein Delikt begangen hat und auch nicht vertraglich die Herausgabe schuldet.[132]

Wenn der Anspruchssteller nicht der Eigentümer ist, ist zu differenzieren. Ist die Eigentumslage geklärt, so besteht kein sachlich überzeugender Grund, dem Kläger den Anspruch aus § 1007 Abs. 1 zu gewähren. Ersitzen könnte der Kläger die Sache nicht, § 937 Abs. 2.[133] Einzig in dem nicht eher exotischen Fall, wenn feststeht, dass der Anspruchssteller nicht der Eigentümer der Sache ist aber auch unklar bleibt, wer der wirkliche Eigentümer ist, hat § 1007 Abs. 1 einen schmalen Anwendungsbereich, wobei wiederum danach zu unterscheiden ist, welche Qualität der Besitz des Anspruchsgegners hat. Ist der Besitz des Anspruchsgegners fehlerhaft, da dieser bösgläubig ist, so kann der frühere Besitzer die Sache bereits nach Deliktsrecht oder nach den Regeln der Eingriffskondiktion herausverlangen. Einen eigenständiger Anwendungsbereich hat § 1007, wenn der frühere Besitzer die Sache die Herausgabe von einem nichtberechtigten Fremdbesitzer verlangt, der gutgläubig den Besitz erworben hat.[134] Die verbleibenden Anwendungsfälle des § 1007 entspringen eher der Lehrbuchfantasie als dem täglichen Leben und sind obendrein umstritten.[135] Praktisch scheinen solche Fälle allerdings nicht vorzukommen, so dass man rechtspolitisch ein Bedürfnis für § 1007 durchaus in Frage stellen kann.

3. Aufwertung des Grundbuchs als Publizitätsträger

Das Grundbuchsystem hat sich als öffentliches Register bewährt und erfüllt untadelig seine Publizitätsaufgaben. Der Eintragungszwang für Grundstücksrechte dient der Rechtsklarheit und verschafft dem Erwerber eines Grundstücks einen Überblick darüber, ob und welche Rechte auf dem Grundstück lasten. Rechtsvergleichend ist dieses System den reinen Transkriptionssystemen überlegen. Ökonomisch betrachtet, vermeidet das System des Eintragungszwangs externe Effekte und minimalisiert die Transaktionskosten.[136] Das Informationsbedürfnis des Erwerbers rechtfertigt sich daraus, dass Rechte an Grundstücken den Rechtsnachfolger binden. Genau diese Sukzessionswirkung legt das Grundbuch offen.

Auch bei der Frage, welche Rechte eintragungsfähig sind, wirkt sich der Kunstbegriff des dinglichen Rechts aus. Der Gesetzgeber erkannte ein Informationsbedürfnis des Erwerbers nur bei dinglichen Rechten an und hielt deswegen nur solche Rechte für eintragungsfähig. Dies greift jedoch zu kurz. Die Analyse zum Publizitätsprinzip hat ergeben, dass dieser Ansatz unzulänglich ist. Bereits nach geltendem Recht genießen auch als schuldrechtlich bezeichnete Rechtspositionen ei-

---

[132] So die prägnante Zusammenfassung von *Westermann/Gursky* § 35 I.
[133] *Sosnitza* (Fußn. 114), 193f.
[134] *Sosnitza* (Fußn. 114), 194.
[135] Analyse einiger Beispiele bei *Sosnitza* (Fußn. 114), 199–206; *Westermann/Gursky* § 35 I.
[136] Oben § 4 III 3 a.

nen Sukzessionsschutz. In welche dogmatischen Schwierigkeiten hier der Dualismus von dinglichem und obligatorischem Recht gerät, wurde schon eingehend erörtert und ist hier nur noch zu erinnern. Bereits *de lege lata* muss man die Publizitätsfunktion des Grundbuchs über den Dualismus von dinglichem und persönlichem Recht stellen.

Damit ist vorgezeichnet, wie *de lege ferenda* die Publizitätsfunktion des Grundbuchs für die Grundstücksmiete und Grundstückspacht aufzuwerten wäre. Da beide Vertragsverhältnisse gegenüber dem Erwerber wirken (§§566 Abs. 1, 581 Abs. 2, 593b) sollte man sie künftig als grundbuchfähige Rechte ansehen. Der Rechtsvergleich liefert dafür Vorbilder. Ein Blick auf das österreichische und das schweizerische Recht zeigt, dass es keineswegs ausgeschlossen ist, Miete und Pacht als grundbuchfähige Rechte anzusehen. Nach § 1095 AGBGB kann ein »Bestandvertrag«, der je nach Ausgestaltung ein Miet- oder Pachtvertrag sein kann (§ 1091 Satz 1 AGBGB) in die »öffentlichen Bücher« eingetragen werden. In diesem Fall genießt das Recht des Mieters oder Pächters einen Sukzessionsschutz. Vergleichbar ist die Rechtslage nach dem Obligationenrecht (OR). Nach Art. 261 b Satz 1 OR kann eine Grundstücksmiete in das Grundbuch eingetragen werden. Diese sogenannte Vormerkung hat zur Folge, dass jeder neue Eigentümer dem Mieter gestatten muss, das Grundstück entsprechend dem Mietvertrag zu gebrauchen (Art. 261 b Satz 2 OR).[137] Folge der Eintragung ist damit ein Sukzessionsschutz.

Im Schrifttum hat man bislang nur vereinzelt gefordert, die Grundstücksmiete und Grundstückspacht wie ein »dingliches« Recht zu behandeln.[138] Der dagegen erhobene Einwand, dass beide Rechte nur schuldrechtliche Positionen seien, wird nicht dadurch richtig, indem er stereotyp wiederholt wird. Sieht man sich an die Definition des dinglichen Rechts gebunden, kommt man nicht umhin, Miete und Pacht als dingliche Rechte zu verstehen.[139] Beharrt man gleichwohl auf dem obligatorischen Charakter dieser Rechte, gibt man inzident die systembildende Funktion des dinglichen Rechts auf. Was damit dingliche Rechte kennzeichnet, ist dann nur noch eine Frage der Konvention. Dies muss allerdings ein eigenständiges Sachenrecht in seinen Grundfesten erschüttern, da die Publizität bestimmter Rechte nur von einem Vorverständnis abhängt.

Um solchen Widersprüchen aus dem Weg zu gehen, sollte man alle Rechte an Grundstücken als eintragungsfähig ansehen, die gegenüber dem Erwerber wir-

---

[137] Gleiches gilt für die Grundstückspacht, Art. 290 lit. c OR.

[138] Die Schlussfolgerungen weichen im Einzelnen ab. *Canaris* (FS Flume I [1978], 377, 403) will §§ 892, 893 auf die Grundstücksmiete anwenden. Dies ließe sich wesentlich einfacher begründen, wenn man die Grundstücksmiete als eingetragenes Recht versteht. Dass es trotz der »dinglichen« Wirkungen der Grundstücksmiete widersprüchlich ist, sie nicht als grundbuchfähiges Recht anzusehen, hat man im Schrifttum betont (*Wieling*, GS Sonnenschein [2003], 201, 216). Entgegen *Wieling* sorgt der Besitz Mieters jedoch nicht für die nötige Offenkundigkeit. Auch dessen weiterer Vorschlag, auf die Grundstücksmiete das Abstraktionsprinzip anwenden, kann nicht überzeugen, da kein ersichtliches Bedürfnis dafür besteht.

[139] § 2 IV 1 b.

ken. Neben den Grundpfandrechten sind dies Nutzungsrechte wie die Grundstücksmiete und die Grundstückspacht. Die bloße Grundbuchfähigkeit der beiden letztgenannten Rechte beseitigt aber noch nicht alle Publizitätsprobleme. Der gegenüber ausländischen Rechtsordnungen entscheidende Vorteil des Grundbuchssystems liegt darin, die Publizitätsfunktion mit dem Eintragungszwang zu verknüpfen.[140] Ohne den Zwang, alle Liegenschaftsrechte einzutragen, ist das bestgeführte Grundbuch wertlos. Der Erwerber könnte sich dann nicht mehr vollends auf dessen Inhalt verlassen, sondern müsste weitere Nachforschungen anstellen, wenn er sich vollständig über die Rechte an dem zu erwerbenden Grundstück vergewissern möchte. Diese Transaktionskosten sind nur vermeidbar, wenn man die Eintragung von Grundstücksmiete und Grundstückspacht als konstitutiv ansieht und diese Rechte mithin einem Eintragungszwang unterwirft. Nach geltendem Recht wäre das allerdings nur möglich, wenn man beide Rechte als »Belastung« eines Grundstücks ansieht. Die bisherige Dogmatik tut sich damit schwer, da sie die Belastung mit dem Abspaltungsgedanken verknüpft und diesen in einem kunstvollen Zusammenhang zum abstrakten Eigentumsbegriff stellt. Die Kritik daran wurde bereits ausgeführt,[141] so dass hier nur noch weitere Konsequenzen zu ziehen sind. Für die Rechtsanwendung ist einzig ausschlaggebend, wie die ausschließlichen Befugnisse zwischen dem Eigentümer und dem Inhaber des Liegenschaftsrechts zu verteilen sind. Der Pächter hat gegenüber dem Eigentümer ebenso ausschließliche Befugnisse wie der Nießbraucher. In beiden Fällen erleidet das Mutterrecht einen Rechtsverlust, da sich der Eigentümer seiner Nutzungsbefugnisse begeben hat. Aus dem Dogma von der qualitativen Eigentumsteilung lässt sich damit nicht zwingend herleiten, dass das abgeleitete Recht »dinglich« ist. Erkennt man dies an, so ist § 873 Abs. 1 zwanglos auf die Grundstücksmiete und die Grundstückspacht anwendbar und damit die umfassende Publizitätsfunktion des Grundbuchs wiederhergestellt.

IV. Zum Stellenwert eines Typenzwangs

1. Verkehrsschutz, Inhaltsfreiheit und zwingendes Recht

Die Ausführungen zum Typenzwang zeigten, dass dieses Prinzip nicht ohne erhebliche Abstriche in der Praxis gelebt wird.[142] Als strukturprägendes Prinzip dürfte der Typenzwang überschätzt sein. Der rechtsgeschichtliche Rückblick hatte dies bereits verdeutlicht.[143]

---

140 § 4 III 1.
141 § 5 II 1 b.
142 § 6 V.
143 § 5 II 1.

Die Befürchtung, dass ohne einen Typenzwang die Parteien den Eigentumsbegriff *ad absurdum* definieren, steht auf unsicherem theoretischen Boden. Erbbaurecht, Wohnungseigentum und Treuhandeigentum sind mit dem Primat des ungeteilten Verfügungseigentums nicht mehr in Einklang zu bringen.[144] Auch der nach dem BGB konstruierbare Dispositionsnießbrauch widerspricht diesem Eigentumsbegriff.[145] Wie wenig das Anwartschaftsrecht und das Treuhandeigentum mit dem ungeteilten Eigentumsbegriff harmonieren, ist anerkannt.[146] Die entscheidende Aufgabe für ein Sachenrecht ist es nicht, nach Begriffen für das Eigentum zu fahnden, sondern zu regeln, wie die unterschiedlichen Freiheitssphären von mehreren Personen abzugrenzen und zu gewichten sind, die in einer Beziehung zu einer Sache stehen. Die Abgrenzung mag der abstrakte Eigentumsbegriff noch bewerkstelligen. Er ist jedoch ungeeignet dafür, das Nutzungsinteresse und das Verfügungsinteresse angemessen zu gewichten.

Auch die verkehrsschützende Funktion des Typenzwangs ist nicht zu überschätzen. Es soll durch ihn vermieden werden, dass Rechte gegenüber Dritten wirken, die nicht an deren Entstehung mitgewirkt haben. Die Situation ist damit einem Vertrag zu Lasten Dritter vergleichbar. Diese Bedenken sind bis heute tradiert worden, aber die Analyse des Typenzwangs veranlasst dazu darüber nachzudenken, ob diese Bedenken noch gerechtfertigt sind. Die dinglichen Nutzungsrechte bestehen zu einem Gutteil aus schuldrechtlichen Vorschriften, die wiederum größtenteils abdingbar sind. Für den Verkehr bestehen daher kaum noch vorhersehbare Typen. Der durch den Typenzwang bezweckte Schutz vor verdinglichten obligatorischen Rechten leidet vielmehr an einem Anschauungsdefizit. Der rechtshistorische Hintergrund verdeutlicht dies. In der Tat belasten verdinglichte obligatorische Rechte den Rechtsverkehr und setzen den Erwerber einer Sache unvorhersehbaren Belastungen aus. Das Allgemeine Landrecht konnte damit kein Vorbild für ein leistungsfähiges Zivilrecht sein. Der Typenzwang ist jedoch eine Überreaktion auf dieses Problem. Wie auch beim Faustpfandprinzip[147] so hat der Gesetzgeber auch in diesem Zusammenhang die Vorschriften über den gutgläubigen Erwerb nicht hinreichend verarbeitet. Angesprochen ist damit der gutgläubige lastenfreie Erwerb. Solange verdinglichte Rechte nicht publiziert sind, kann ein gutgläubiger Dritter das Eigentum an der belasteten Sache nach §936 lastenfrei erwerben. Kennt der Erwerber eine »verdinglichte Pflicht« nicht, so kann sie ihm auch nicht entgegengehalten werden. Ganz anders stellt sich die Rechtslage dar, wenn der Erwerber die »verdinglichte Pflicht« kennt. Wer sehenden Auges eine Sache erwirbt, die Pflichtenbindungen des Veräußerers und eines Dritten unterliegt, gerät in Konflikt mit §242, wenn er diese Bindung nicht anerkennt. Der Blick auf das anglo-amerikanische Recht zeigte, dass ein sinnvol-

---

144 §5 II 2 b.

145 Ausführlich dazu §6 I 2 d.

146 §2 V 2, 3; §6 IV 1, 5.

147 Dazu §4 VIII 1 a.

ler Verkehrsschutz auch anders zu erreichen ist.[148] Auf den Typenzwang kann hier verzichtet werden, da ein lastenfreier Erwerb den Rechtsverkehr vor übermäßigen Belastungen schützt.

Damit ist ein weiterer Gesichtspunkt angesprochen. Wenn man aus dem Typenzwang die zwingender Rechtsnatur sachenrechtlicher Vorschriften ableitet, so ist die Rechtsentwicklung zu den eigenen Rechten und den Gesamtrechten zu einem Gutteil verfehlt.[149] Inhaltlich mag man die Ergebnisse für wirtschaftlich sinnvoll halten, formal sind sie unhaltbar. Diese Doppelzüngigkeit im Umgang mit dem Typenzwang offenbart nur dessen theoretisches Defizit. Hinter zwingenden Rechtsvorschriften stehen Interessen der Allgemeinheit oder Individualinteressen zum Schutz einer Vertragspartei. Auf diese materiellen Gründen für zwingendes Recht nimmt das *numerus clausus* Prinzip keine Rücksicht, sondern fingiert sie. Gerade die Analyse zu den zwingenden und dispositiven Vorschriften des Nießbrauchs hat ergeben, dass der Rückgriff auf das »Wesen« des Nießbrauchs keine Erkenntnis verspricht, sondern eine Tautologie ist.

Betrachtet man ursprüngliche eigene Rechte unter materiellen Gesichtspunkten, so bestehen keine allgemeinen oder individuellen Interessen, die ihrer Begründung entgegenstehen. Die formalisierte Inhaltskontrolle durch den Typenzwang greift daher auch, wenn man ihrer nicht bedürfte. Auf der anderen Seite hat seit der Entstehung des BGB die Anzahl der zwingenden Vorschriften im Schuldrecht beträchtlich zugenommen. Ein geschlossener Kreis schuldrechtlicher Normen ist allerdings nicht erforderlich, um die Einhaltung dieser zwingenden Rechtsvorschriften sicher zu stellen. Im Schrifttum hat man deswegen den Typenzwang als eine »doktrinäre Überhöhung« bezeichnet.[150]

Den hier beschriebenen Standpunkt mag auf den ersten Blick radikal erscheinen, zieht aber nur Folgerungen aus der Rechtsentwicklung und Entstehung des Typenzwangs. Wer den Typenzwang als strukturprägendes Prinzip aufrechterhalten möchte, muss folgerichtig die Rechtsprechung zu den eigenen Rechten und den Gesamtrechten ablehnen, das Treuhandeigentum als unzulässig ansehen und das Anwartschaftsrecht für unvereinbar mit dem Typenzwang erklären.

2. Zur Neuordnung der Nutzungsrechte

a) Die Typenredundanz dinglicher Nutzungsrechte

Das BGB stellt mit der Dienstbarkeit, der Grunddienstbarkeit und dem Nießbrauch nicht weniger als drei dingliche Nutzungsrechte zur Verfügung. Die Gründe dafür waren vornehmlich historischer Natur: Man wollte die überkommenen Nutzungsrechte nicht durch das BGB abschaffen, sondern in dessen Sys-

---

[148] § 5 III 3.

[149] Siehe oben § 6 III 1, 2.

[150] *Säcker*, FS Boguslavskij (2004), 805, 811.

tem einarbeiten. Dieses Gefüge ist rechtssystematisch jedoch nicht mehr befriedigend. Die Abgrenzung von Nießbrauch und Dienstbarkeit belegt dies. Beide Rechtsinstitute genau abzugrenzen, hat die Praxis mittlerweile aufgegeben und erkennt eine Dienstbarkeit in Nießbrauchsform und umgekehrt einen Nießbrauch in Dienstbarkeitsform an. Wie bereits oben ausgeführt wurde, ist dies der einzige Weg, der zur Rechtssicherheit führt.[151] Auch der Grundstücksvorteil (§ 1019 Satz 1) ist kein sinnvoller Maßstab mehr, um die Grunddienstbarkeit von den übrigen Dienstbarkeiten abzugrenzen.[152] Unabhängig von den gesetzlichen Differenzierungen schält sich damit ein einheitliches dingliches Nutzungsrecht heraus. Wenn die Parteien für eine bestimmte Nutzung wie etwa ein Wegerecht eine Dienstbarkeit wählen, so hat dies weniger inhaltliche Gründe. Vielmehr stehen dahinter auch Gewohnheiten des Rechtsverkehrs, da eine Wegerecht auch durch einen Nießbrauch bestellt werden könnte. Die Vielfalt der Dienstbarkeiten bildet ein hypertrophes System. Allerdings war dese Entwicklung schon vorgezeichnet, als der Gesetzgeber sich entschloss, im Rahmen einer Dienstbarkeit oder eines Nießbrauches die Inhaltsfreiheit der Parteien zuzulassen.

b) Das eingetragene Nutzungsrecht

Wenn damit die dinglichen Nutzungsrechte austauschbar geworden sind und sich nicht mehr rational voneinander abgrenzen lassen, ließe sich die rechtspolitische Mindestforderung aufstellen, künftig nur ein Nutzungsrecht vorzusehen. In Betracht käme dafür der Nießbrauch als das umfassendste Nutzungsrecht. Der hier vorgestellte Vorschlag reicht jedoch weiter. Künftig ließen sich alle dinglichen Nutzungsrechte durch eine in das Grundbuch einzutragende Grundstückspacht ersetzen.[153] Dieser Vorschlag mutet auf den ersten Blick radikaler an, als auf den zweiten, analysierenden Blick. Die herausgearbeiteten Eckpunkte für diesen Vorschlag sind hier noch einmal zusammenzufassen. Bei den Dienstbarkeiten ist die Trennung zwischen dinglichem und obligatorischem Recht oftmals kaum durchführbar.[154] Vielmehr kennzeichnet diese Rechte eine diffuse Gemengelage inhaltsbestimmender schuldrechtlicher Pflichten und weiteren Pflichten aus einem konstruierten Begleitschuldverhältnis. Die zahlreichen Streitfragen über die abdingbaren Pflichten beim Nießbrauch geben darüber ein beredtes Zeugnis, welch geringe Aussagekraft die Trennung von dinglichem und obligatorischem Recht bei den Nutzungsrechten aufweist.[155] Schließlich sprechen auch gute Gründe dafür, die Grundstückspacht als grundbuchfähiges Recht anzusehen (oben III 3).

---

[151] § 6 II 1 c.
[152] § 6 II 1 b.
[153] Siehe dazu grdl. *Säcker*, FS Boguslavskij (2004), 805, 818, der für einen Ersatz der §§ 1018–1093 durch grundbuchfähige Nutzungs- und Nutzungsverbotsverträge plädiert.
[154] § 3 V 3 a, b.
[155] § 6 I 1, 2.

Vergleicht man die Rechte und Pflichten aus dem Pachtvertrag mit denen aus dem Nießbrauch, so zeigen sich deutliche Überschneidungen. Sowohl der Nießbraucher als auch der Pächter haben ein Nutzungsrecht, für dessen Reichweite § 100 gilt. Die Grenze dieses Nutzungsrechts bestimmt sich in beiden Fällen nach den Grundsätzen einer ordnungsgemäßen Wirtschaft (§§ 1036 Abs. 2, 581 Abs. 1 Satz 1). Der Pächter hat ein Recht zum Besitz, das auf der Verpflichtung des Verpächters beruht, den Gebrauch der Sache zu überlassen.[156] Das Besitzrecht des Nießbrauchers regelt § 1036 Abs. 1. Im übrigen korrespondiert eine Nutzungsbefugnis mit einer entsprechenden Unterlassungspflicht des Eigentümers,[157] so dass auch die Formen der Unterlassungsdienstbarkeit aufgefangen werden könnten.

Auch die Pflicht des Nießbrauchers, das vereinbarte Entgelt zu entrichten und die Pflicht aus § 581 Abs. 1 Satz 2 sind vergleichbar. Wie schon weiter oben ausgeführt, bestehen keine durchgreifenden Bedenken dagegen, das Nießbrauchsentgelt als eintragungsfähigen Rechtsinhalt anzusehen.[158] Die dagegen vorgebrachten Gründe entlarvt gerade die Grundstückspacht als Scheinargumente. Ebenso wie der Nießbrauch, so genießt die Grundstückspacht einen Sukzessionsschutz, so dass der Pächter gegenüber dem Rechtsnachfolger des Verpächters verpflichtet ist, das unter Umständen an kuriose Bedingungen geknüpfte Entgelt zu entrichten.[159] Warum man bei gleicher Interessenlage befürchtet, dass ein verdinglichtes Entgelt den Nießbraucher von einer ordnungsgemäßen Wirtschaft abhalten könne, obwohl auch der Pächter gegen Entgelt zu einer ordnungsgemäßen Wirtschaft verpflichtet ist, lässt sich nicht rational erklären. Wenn damit die sachlichen Argumente gegen ein eintragbares Nutzungsrecht widerlegbar sind, verbleibt als Gegenargument nur noch die Trennung zwischen dinglichem und obligatorischem Recht. Dass dies ein Scheinargument ist und bei den »dinglichen« Nutzungsrechten nicht überzeugt, braucht hier kaum wiederholt zu werden.

Da zudem viele Vorschriften des Pacht- und des Nießbrauchsrechts abdingbar sind, relativieren sich die Unterschiede zwischen beiden Rechten. Nach §§ 581 Abs. 2, 535 Abs. 1 Satz 2 trifft den Verpächter eine Erhaltungs- und Instandsetzungspflicht. Nur bei der Verpachtung eines Grundstücks mit Inventar ist der Pächter verpflichtet, die einzelnen Inventarstücke zu erhalten. Im Gegensatz dazu bürdet § 1041 dem Nießbraucher die Erhaltungspflicht auf. Sowohl § 1041 als auch die Erhaltungspflicht des Verpächters sind jedoch abdingbar.[160] Auch die abweichend geregelte Lastentragung bei der Pacht (§§ 581 Abs. 2, 535 Abs. 1 Satz 3) und dem Nießbrauch (§ 1047) gründet sich auf dispositive Vorschriften. Der Ver-

---

[156] Siehe etwa MünchKomm/*Harke* § 581 Rn. 2.

[157] Oben § 6 I 1 c aa.

[158] § 6 I 2 e.

[159] Angespielt ist damit auf die unter § 6 I 2 a referierte Entscheidung BayObLGZ 1979, 237.

[160] Zu § 1041 oben § 6 I 2 c bb (1), (2); zum Pachtrecht siehe etwa MünchKomm/*Harke* § 581 Rn. 114.

pächter kann die Verpflichtung zur Lastentragung auf den Pächter abwälzen. Vereinbaren die Parteien eine Übernahmeklausel, muss der Pächter im Zweifel nur die Lasten tragen, die er nach den Regeln einer ordnungsgemäßen Wirtschaft aus dem Ertrag des Pachtgegenstandes bestreiten kann, ohne auf dessen Sachsubstanz zurückzugreifen.[161] Allerdings handelt es sich hierbei nur um eine Zweifelsregel, die den privatautonomen Spielraum der Parteien nicht einschränkt, ausdrücklich eine andere Lastentragung zu vereinbaren.

§ 1050 findet eine bemerkenswerte Parallele in §§ 581 Abs. 2, 538. Wie der Nießbraucher, so hat auch der Pächter Veränderungen und Verschlechterungen des überlassenen Gegenstandes nicht zu vertreten, wenn diese durch den vertragsgemäßen Gebrauch herbeigeführt werden. Umgekehrt löst der vertragwidrige Gebrauch trotz vorheriger Abmahnung einen Unterlassungsanspruch aus (§§ 541, 1053).

Diese gestraffte Aufzählung zeigt, dass das Schuldverhältnis beim Nießbrauch und der Pacht oftmals übereinstimmt.[162] Voneinander abweichende Vorschriften stellen kein zwingendes Recht dar. Das hier vorgeschlagene Modell, den Grundstücksnießbrauch durch eine grundbuchfähige Pacht zu ersetzen, würde sich allerdings auf die §§ 1059ff auswirken. Im Gegensatz zum ersten Entwurf[163] hat der Gesetzgeber den Nießbrauch als unübertragbares Recht ausgestaltet und damit eine Regel geschaffen, die später zu Korrekturen nötige (§§ 1059 a ff). Erst die zweite Kommission fügte den heutigen § 1059 ein. Die Unveräußerlichkeit des Nießbrauchs sollte die Rechtslage vereinfachen, der persönlichen Vertrauensstellung zwischen den Parteien Rechnung tragen und eine Vollstreckung in den Nießbrauch verhindern, da er als Kreditgrundlage ungeeignet sei.[164] Diese Gründe sind zweifelhaft. Durch die Einführung der §§ 1059a–1059c hat sich die Schärfe der ehemals geführten Diskussion abgemildert. Gerade diese Vorschriften sind jedoch ein Symptom dafür, dass für eine generelle Unübertragbarkeit des Nießbrauchs keine überzeugenden Gründe sprechen. Bei einer eintragbaren Grundstückspacht ließe sich ein angemessener Ausgleich zwischen den Interessen des Eigentümers und des Nutzungsberechtigten finden. Zum einen könnte der Nutzungsberechtigte einen Unterpachtvertrag abschließen und somit sein Nutzungsrecht wirtschaftlich verwerten. Die Interessen des Eigentümers werden ausreichend geschützt, da die Unterverpachtung von seiner Erlaubnis abhängt (§§ 581 Abs. 2, 540 Abs. 1). Zum anderen könnte der Pächter sein Recht abtreten. Wenn die Parteien dies verhindern wollen, bleibt es ihnen unbenommen, die Abtretbarkeit gemäß § 399 auszuschließen. Auf die §§ 1059a–1059e ließe sich damit *de lege*

[161] BGHZ 6, 240, 244; MünchKomm/*Harke* § 581 Rn. 56.
[162] So insb. *Staudinger/Emmerich* Vorbem zu § 581 Rn. 12.
[163] Mot. III, 293ff.
[164] Prot. III, 762f.

ferenda verzichten. Entbehrlich wäre damit auch die Vorschrift des § 1061, die ja die Unübertragbarkeit des Nießbrauchs voraussetzt.

Damit ist auch vorgezeichnet, wie ein dingliches Wohnrecht nach dieser Konzeption ausgestaltet werden könnte. Wie bereits oben dargestellt wurde, lassen sich die Pflichten aus einem Mietvertrag und einem dinglichen Wohnrecht nicht stets mit der Deutlichkeit trennen, die das Trennungsprinzip verlangen würde.[165] Eine einzutragende Grundstücksmiete könnte damit die Aufgaben eines dinglichen Wohnrechts übernehmen. Wenn das Wohnrecht nicht das Grundstück umfassen soll, bestehen bereits nach dem geltenden Recht vielfältige Möglichkeiten, um ein dauerhaftes Wohnrecht zu vereinbaren. Bereits jetzt ist die Praxis dazu gehalten, im Zweifelsfall die Erklärungen der Parteien auszulegen, da ein dauerhaftes Wohnrecht als Reallast, Wohnungsrecht oder ausschließliches Dauerwohnrecht nach § 31 WEG ausgestaltet werden kann.[166] Dies belegt wiederum die Typenredundanz der dinglichen Nutzungsrechte. Das präziser gefasste Dauerwohnrecht nach § 31 WEG könnte ohne Weiteres die Aufgaben des Wohnungsrechts nach § 1093 übernehmen.

3. Entbehrliche Rechtsinstitute

a) Zum Stellenwert der Reallast

Wie die Reallast in den Dualismus von dinglichem und obligatorischem Recht einzuordnen ist, hat eine unfruchtbare dogmatische Debatte ausgelöst, die in keinem Verhältnis zur praktischen Bedeutung dieses Rechtsinstituts steht.[167] Die Abgrenzung der Reallast zu den Verwertungs- und Nutzungsrechten stößt auf Schwierigkeiten. Es ist bemerkenswert, dass der BGH die Reallast und die Rentenschuld als wirtschaftliche gleichwertige Rechte betrachtet.[168] Die Unterschiede zwischen beiden Rechten sind auch nicht so erheblich, wie teilweise im Schrifttum betont wird.[169] Auch bei einer Reallast kann eine Ablösesumme vereinbart werden und die Leistungen können regelmäßig wiederkehren. Aus diesem Befund wird deutlich, dass die Rentenschuld die Aufgabe einer Reallast übernehmen könnte. Um dem Versorgungscharakter von Altenteilsverträgen gerecht zu werden, böte es sich dabei an, die Rentenschuld in Anlehnung an § 1105 Abs. 2 subjektiv-»dinglich« auszugestalten.[170]

---

165 § 3 V 3 a cc.

166 Siehe dazu OLG Hamm DNotZ 1976, 229, 230; LG Köln NJW 1973, 1880, 1881, LG Gießen ZMR 1996, 611.

167 Siehe dazu oben § 2 IV 2 b; § 6 II 2 a.

168 BGH WM 1970, 92, 93.

169 MünchKomm/*Joost* § 1105 Rn. 51; oben § 6 II 2 c.

170 Dies ließe sich als ein Absatz 3 zu § 1199 anfügen.

b) Vorkaufsrecht und Vormerkung

Wie sich die Erwerbsrechte an Grundstücken zueinander verhalten, wurde bereits einleitend ausgeführt.[171] Um die dortigen Ausführungen zusammenzufassen, ist das dingliche Vorkaufsrecht der Sache nach eine überflüssige Konstruktion. Ansprüche aus einem schuldrechtlichen Vorkaufsvertrag lassen sich auch durch eine Vormerkung sichern. Zudem verweist § 1098 Abs. 2 auf die Vorschriften der Vormerkung, so dass gegenüber Dritten beide Rechte die identischen Rechtsfolgen zeitigen. Gegebenenfalls lässt sich sogar eine unwirksame Grundbucheintragung in eine Vormerkung umdeuten, so dass beide Rechtsinstitute der Sache nach austauschbar sind. Ähnlich wie bei den Nutzungsrechten hat man mit Rücksicht gewachsene Institute das Gesetz unnötig belastet. *De lege ferenda* auf das dingliche Vorkaufsrecht zu verzichten und deren Rolle der Vormerkung zuzubilligen, würde keinen großen Schritt bedeuten.

Der Deliktsschutz einer Vormerkung lässt nur begründen, wenn man sich von dem Dualismus zwischen dem dinglichen und dem persönlichen Recht trennt. Damit ist aber gleichzeitig das Dogma vom unteilbaren Eigentum nicht mehr aussagekräftig und damit einer der Pfeiler des Typenzwangs. Dies wurde bereits oben ausgeführt.[172] Es ist wiederum bemerkenswert, dass eine verbreitete Ansicht der Vormerkung ungeachtet dieser Systemfragen einen Deliktsschutz zubilligt. Trennt man sich von dem Dogma eines eigenständigen Sachenrechts und der strukturprägenden Rolle des Typenzwangs kann ein solcher Deliktsschutz ohne Not begründet werden.

c) Erwerbsrechte im Mobiliarrecht

Auch die Erwerbsrechte an beweglichen Sachen umfassen entbehrliche Rechtsinstitute, auch wenn dies nicht ganz so auffallend sein mag, wie im Immobiliarrecht. Sicherlich wird man kaum beklagen, den Untertitel 5 über die Aneignung zu verschlanken. Die Vorschriften der §§ 961–964 blieben bislang bedeutungslos und sind mehr ein gesetzliches Kuriosum als von praktischem Wert.

Bereits oben klang an, welche Bedeutung § 950 *de lege ferenda* haben könnte.[173] Alle Versuche, den Herstellerbegriff zu präzisieren, sind letztlich auf eine wertende Gesamtbetrachtung angewiesen. Durch den unklaren Begriff der Verkehrsanschauung hat die Rechtsprechung den Tatbestand in das Belieben der Parteien gestellt. Um die Wende des letzten Jahrhunderts mag die Vorschrift noch einen berechtigten Platz in einer Wirtschaftsordnung gefunden haben. In einer arbeitsteiligen Wirtschaft führt die Norm jedoch zu unangemessenen Ergebnissen. Durch die Vorschrift droht die Gefahr einer Übersicherung, der die Rechtspre-

[171] § 2 IV 3 a.
[172] § 2 V 4.
[173] § 5 V 1.

chung nur durch judikative Vorgaben für Miteigentumsklauseln begegnen konnte. Sofern daher nicht § 947 einschlägig ist, sollte man den Parteien gestatten, den Eigentumsübergang zu vereinbaren.

Nur am Rande ist hier § 951 zu erwähnen. Anerkannt ist, dass diese dispositive Vorschrift schuldrechtlicher Natur ist und daher ohnehin ein Fremdkörper in einem eigenständigen Sachenrecht. Nach einhelliger Ansicht ist diese Vorschrift eine Rechtsgrundverweisung.[174] Sie trifft daher keine andere Aussage, als sich aus § 812 Abs. 1 ergäbe. Allerdings ist zu unterscheiden. Nach der herrschenden Lehre verweist § 951 Abs. 1 nicht auf die Leistungskondiktion. Beruht der Einbau fremden Materials auf einer Leistung, so ist § 812 Abs. 1 Satz 1 1. Var. direkt anwendbar. Der Umweg über § 951 Abs. 1 ist unnötig. Aber auch für die Nichtleistungskondiktion trifft § 951 Abs. 1 keine abweichende Aussage. Die Vorschrift stellt hier allenfalls klar, dass ein Erwerb nach den §§ 946 ff ohne Rechtsgrund geschieht.[175] Zweifelsfälle beim Anwendungsbereich haben ihre Ursache in der bereicherungsrechtlichen Dogmatik nicht aber bei § 951 Abs. 1 selbst. Dies gilt auch für die umstrittene Frage, ob der verlierende Teil auch dann einen Bereicherungsanspruch hat, wenn er gegenüber dem nunmehrigen Eigentümer dazu verpflichtet war, das Eigentum zu verschaffen. Verschafft sich der Käufer hier eigenmächtig die Ware und baut er sie ein, so meint man in der Tat, dass der Einbauende mit rechtlichem Grund und nicht auf Kosten des Eigentümers erworben habe, da dem Eigentümer die Sache wegen des Lieferanspruches gebühre.[176] Allerdings missachtet diese Ansicht das Trennungs- und Abstraktionsprinzip. Der Lieferanspruch des Käufers ordnet das Eigentum an der verkauften Sache noch nicht zu. Wenn der Käufer daher die Sache an sich nimmt und einbaut, handelt er zuwider der rechtlichen Güterzuweisung. Dies lässt sich auch nicht durch den Hinweis überspielen, dass der Käufer ein Recht zum Besitz erlangt, wenn er die geschuldete Sache dem Verkäufer eigenmächtig wegnimmt.[177] Die Rechtsgründe für einen Besitzerwerb und einen Eigentumserwerb können voneinander abweichen, so dass Schlüsse aus § 986 nur unter Vorbehalt zu ziehen sind.[178] Insgesamt ließe sich daher *de lege ferenda* auf § 951 Abs. 1 verzichten. Auch das in § 951 Abs. 2 erwähnte Wegnahmerecht könnte durch das allgemeine Wegnahmerecht in § 258 aufgefangen werden.

---

[174] *Staudinger/Gursky* § 951 Rn. 2 mwN.

[175] MünchKomm/*Füller* § 951 Rn. 13.

[176] *Baur/Stürner* § 53 Rn. 26; *Staudinger/Gursky* § 951 Rn. 20.

[177] So *Staudinger/Gursky* § 951 Rn. 20, § 986 Rn. 25.

[178] Dazu *Larenz/Canaris* § 67 III 2 g; dem folgend MünchKomm/*Füller* § 951 Rn. 13. Entgegen *Gursky* (aaO) trifft damit der Hinweis von *Canaris*, dass eine eigenmächtige Wegnahme der Kaufsache keine Erfüllung sei, durchaus den Kern der Sache.

V. Die Einordnung des Sachenrechts in ein allgemeines Vermögensrecht

1. Vorschläge zur Eingliederung in ein Vermögensrecht

a) Erweiterung des allgemeinen Teils und des Schuldrechts

Ein eigenständiges Sachenrecht rechtfertigen weder ein vermeintlich »dingliches« Recht noch die dem Sachenrecht zugedachten Prinzipien. Damit steht die Existenz des dritten Buches als solches auf dem Prüfstein. Neben einigen verzichtbaren Rechtsinstituten müssten die Regeln aus dem dritten Buch neu systematisiert werden. Eine solche Neustrukturierung müsste die Sachzusammenhänge deutlicher hervortreten lassen und das Vorschriften des 3. Buchs aus ihrer systematischen Isolierung befreien. Die vorhergehenden Ausführungen ließen bereits anklingen, welcher Weg dabei zu beschreiten wäre.

Ein Bedürfnis dafür, ein eigenständiges Besitzrecht zu regeln, besteht nicht. Der possessorische Besitzschutz wäre verzichtbar, die Gewaltrechte ließen sich sinnvoll durch die §§227ff auffangen. Als Tatbestandsmerkmal sonstiger Vorschriften wie der Aneignung oder dem Fund müsste der Besitz nicht zwingend definiert werden. Der petitorische Besitzschutz nach § 1007 schließlich wäre ohne Not entbehrlich. Bereits nach geltendem Recht genießt jedenfalls der berechtigte Besitz einen Schutz durch eine Leistungs- oder Eingriffskondiktion und durch das Deliktsrecht. Die Einzelheiten dieses Schutzes sind umstritten, hier allerdings nicht zu vertiefen. Der selbständige Anwendungsbereich des § 1007 ist zu vernachlässigen. Da der Besitz zudem seine Aussagekraft als Publizitätsträger verloren hat, wäre auch die Erwerbsvermutung nach § 1006 hinfällig.[179]

Der allgemeine Teil des BGB wäre auszuweiten. Das Eigentum einschließlich des Nachbarrechts (§§ 903–924) könnten gemeinsam mit den Vorschriften über Sachen und Tiere im Abschnitt 2 (§§ 90ff) geregelt werden. Dies schließt die allgemeinen Vorschriften über die Rechte an Grundstücken mit ein. Zu überlgen bliebe aber, ob die Vormerkung als Rechtsinstitut *sui generis* nicht besser in der Grundbuchordndung aufgehoben wäre.[180] Auch der Vindikationsanspruch (§§ 985, 986) wäre hier sachgerecht aufgehoben. Hinzu kämen die gesetzlichen Erwerbsgründe nach den §§ 946–949 sowie die Vorschriften über den Erwerb von Erzeugnissen und sonstigen Bestandteilen einer Sache (§§ 953–957). Systematisch hätte dies den Vorteil, dass die grundlegenden Definitionsnormen der §§ 90ff einerseits und darauf aufbauende Vorschriften andererseits in einem Abschnitt geregelt wären. § 952 wäre auch in einen gesetzessystematisch schlüssigen Zusammenhang zu stellen. Der Zweck dieser Vorschrift, Forderungsgläubiger und Eigentümer der verbriefenden Forderung deckungsgleich zu halten, ist kein spe-

---

[179] § 4 IV 3 a.

[180] So der Vorschlag von *Säcker*, FS Boguslavskij (2004), 805, 816.

zifisch sachenrechtlicher. Vielmehr bestimmt hier die Inhaberschaft an der Forderung, wer Eigentümer der Urkunde ist. Sinnvoll ließe sich die Vorschrift deswegen bei den Vorschriften über den Schuldschein (§ 371) einordnen.

Das besondere Schuldrecht wäre zu erweitern. Zum einen wäre § 433 wie hier vorgeschlagen anzupassen, zum anderen müssten der gutgläubige Erwerb im Zusammenhang mit den Veräußerungsgeschäften geregelt werden. Da Grundstücksmiete und Grundstückspacht nach dem hier vorgeschlagenen Konzept die dinglichen Nutzungsrechte ersetzen, bedürfte es hier einer Vorschrift, die die Grundbuchfähigkeit dieser Rechte klarstellt. Die Vorschriften über das Miteigentum schließlich fänden ihren Platz hinter den §§ 741 ff. Der Unterlassungsanspruch aus § 1004 könnte sachgerecht hinter § 823 eingeordnet werden. Bereits jetzt wird bei negatorischen und quasinegatorischen Ansprüchen diese Vorschrift angewandt.[181] Eine systematische Neuordnung brächte hier den Vorteil einer klaren gesetzlichen Regelung.[182]

b) Zur Neuordnung der Immobiliarsicherheiten

Der obige Vorschlag sparte bewusst die Sicherungsrechte aus, da diese ihrerseits einer Reform bedürften. Allerdings ist die Diskussion hier noch stark im Fluss. So bleibt abzuwarten, welche Richtung ein europäisches Grundpfandrecht nehmen wird.[183] Sollte man sich zu einem solchen Grundpfandrecht entschließen, könnte sich, wie schon im Schuldrecht geschehen, für den Gesetzgeber ein faktischer Zwang ergeben, das nationale Recht zu reformieren. Das bisherige Nebeneinander von Grundschuld und Hypothek könnte in diesem Fall zweifelhaft werden. Gleich, welchen Weg ein europäisches Grundpfandrecht beschreiten wird, sind weder Hypothek noch Grundschuld dingliche Rechte. Die Protokolle stuften den dinglichen Charakter der Hypothek als Zirkelschluss ein, regelten aber gleichwohl die Grundpfandrechte im Dritten Buch.[184]

Mittlerweile ist die Diskussion über eine grundlegende Reform der Mobiliarsicherheiten abgeklungen. Dabei war die Ausgestaltung dieser Rechte schon seit Inkrafttreten des BGB unstritten.[185] Für beschränkte dingliche Rechte an beweglichen Sachen sah der Gesetzgeber kein öffentliches Register vor. Vielmehr verließ man sich auf den aussagelosen Besitz, hielt trotz der historischen Kritik am Pfandrecht fest und nahm keine klare Stellung zur Sicherungsübereignung ein. Das historische Anschauungsdefizit bestand jedoch darin, dass der Gesetzgeber die Interessen Dritter an der Vermögenslage eines Sicherungsschuldners zu ge-

---

181 Siehe dazu nur *Larenz/Canaris* § 86 I 1 a, der auf die starke Verankerung der negatorischen Haftung im Deliktsrecht hinweist.

182 *Säcker*, FS Boguslavskij (2004), 805, 817.

183 § 1 II 2 b.

184 § 2 IV 2 a.

185 § 4 VIII 1; § 6 IV 1.

ring bewertete. Die Materialien führen dazu aus, dass sich Dritte nicht darauf verlassen könnten, dass alle Gegenstände, die sich im Besitz des Schuldners befinden, auch zu dessen Vermögen gehören. Die sich daraus ergebenden Folgen sind breit erörtert worden und hier nur kurz zusammenzufassen:[186] Publizitätsfreie Sicherungsrechte bergen die Gefahr in sich, dass die Gläubiger des Sicherungsschuldners über dessen Vermögen getäuscht werden. Ungesicherte Darlehen werden daher allenfalls nur in geringen Größenordnungen gewährt, um der Gefahr vorzubeugen, in der Insolvenz oder der Zwangsvollstreckung auszufallen. Um die Publizität von Sicherungsübereignungen zu gewährleisten, böten sich *de lege ferenda* zwei Publizitätsträger an: Die »Verbriefungslösung« bedeutet, dass über die Sicherungsübereignung eine Urkunde auszustellen ist, ohne die das Sicherungseigentum weder begründet noch übertragen werden kann. Es überschreitet das Anliegen dieser Arbeit, dies näher zu thematisieren, da es dies die Frage nach einem eigenständigen Sachenrecht nicht berührt.

Das Pfandrecht schließlich vermeidet durch die Akzessorietät, dass trotz eines unwirksamen Schuldverhältnisses ein Verwertungsrecht des Gläubigers entsteht.[187] Wegen dieser Abhängigkeit schwindet dessen Bedeutung als abgrenzbares dingliches Recht. Die Rechtsnatur des Pfandrechts ist ohnehin nicht unumstritten. Deduktiv fügt sich dieses Recht dem Begriff des dinglichen Rechts.[188] In diesem Sinne deutet die herrschende Ansicht das Pfandrecht als ein dingliches Verwertungsrecht.[189] Man hatte dies allerdings immer wieder bestritten, da die Verwertungsbefugnis im Ergebnis einen positiven Leistungsanspruch gegen den Schuldner gewährt. Sie fasste man das Pfandrecht als eine »dingliche Schuld« auf.[190] Die Gründe, warum es »zirkulär« ist, die Hypothek als dingliches Recht einzustufen, lassen sich auch auf das Pfandrecht übertragen. Wenn sich gleichwohl das Pfandrecht als dingliches Recht einstufen lässt, so beruht dies darauf, dass der Pfandgläubiger den Besitz an der Sache enthält. Allerdings folgt daraus nicht das Verwertungsrecht des Gläubigers, da der Besitz hier nur die Aufgabe hat, den Gläubiger vor Verfügungen des Schuldners zu schützen.[191]

Bei treuhänderischen Übertragungen führt der vermeintliche Unterschied zwischen dinglichem und persönlichem Recht ohnehin nicht mehr weiter. Eine sachgerechtere Klammer wäre damit ein eigener Abschnitt im BGB, der Kreditsicherungen regelt.[192] Welche Regelungsoptionen dabei für das Grundpfandrecht, das

[186] Siehe zB *Drobnig*, Empfehlen sich gesetzliche Maßnahmen zur Reform der Mobiliarsicherheiten, Gutachten F zum 51. DJT (1976), 35ff.

[187] § 3 I 2 c.

[188] § 2 IV 2 c.

[189] *Eichler I* 20; *Erman/Michalski* Einl § 1204 Rn. 4; *Staudinger/Wiegand* Vorbem zu §§ 1204ff Rn. 18 mwN; *Westermann/Gursky* § 126 I; *Wolff/Raiser* § 131.

[190] *V. Gierke*, Deutsches Privatrecht II § 158 II 2.

[191] § 4 VIII 1.

[192] *Säcker* (FS Boguslavskij [2004], 805, 819) schlägt vor, die den Mobiliar- und Immobiliarkredit im Abschnitt VII Titel 20 unter dem Oberbegriff »Sicherheitsleistung« einzuordnen.

Pfandrecht und die Sicherungsübereignung bestünden, ist hier im Einzelnen nicht nachzuzeichnen. Mögliche Lösungen können daher nur angedeutet werden. Entschlösse man sich dazu, ausdrücklich ein besitzloses Pfandrecht zuzulassen, wäre die Sicherungsübereignung als solche entbehrlich. Der Schutz vor Scheinverpfändungen könnte sich dann nach den allgemeinen Vorschriften in den §§ 116f. richten, ohne dass man auf eine Besitzübergabe zurückzugreifen hätte. Bereits nach geltendem Recht finden ja die §§ 1204ff auch auf besitzlose Pfandrechte Anwendung. Bedeutsam sind hier das Pfandrecht des Vermieters, des Verpächters sowie des Gastwirts (§§ 562–562d, 583, 592) und des Verfrachters (§ 674 HGB). Auf das Pfandrecht als solches und ließe sich allerdings nicht verzichten. Es böte sich daher umgekehrt nicht an, das Pfandrecht durch die Sicherungsübereignung zu ersetzen. Dies folgt schon daraus, dass zahlreiche gesetzliche Pfandrechte auf die Normen der §§ 1204ff verweisen.[193]

2. Tabellarische Übersicht

Bisheriges Recht	Vorschlag *de lege ferenda*
Besitz – §§ 854–872	*Entbehrlich:* Petitorischer Besitzschutz ist aufzugeben. Possesorischer Schutz ist auf Notwehrrecht zu reduzieren und geht in § 227 auf.
Allgemeines Grundstücksrecht	Denkbare Einordnung hinter §§ 90ff. Zu überlegen bliebe, ob die Vormerkung im Grundbuchrecht geregelt wird (oben II 2).
Eigentumserwerb vom Berechtigten (§§ 929–932)	*Entbehrlich.* Einheits- und Kausalprinzip ist durch geänderten Wortlaut des § 433 klarzustellen (oben III 1).
Gutgläubiger Erwerb (§§ 932–936)	Im Kombinationstatbestand aus Ersitzung kraft Gesetzes und kraft Rechtsgeschäfts zusammenzufassen (oben III 1).
Gesetzlicher Erwerb nach §§ 946–949.	§§ 950, 951 wären entbehrlich. Die geltenden §§ 946–949, 952 systematisch hinter den §§ 90ff zu verorten.
§§ 953–960	Einzuordnen hinter den §§ 90ff. §§ 961–964 wären entbehrlich.
Fundrecht	Einzuordnen bei der Geschäftsführung ohne Auftrag.
Vindikationsanspruch (§§ 985, 986)	Einzuordnen hinter den §§ 90ff.
Nebenfolgen der Vindikation (§§ 987–1003)	Entbehrliche Vorschriften.
§ 1004	Als besonderer Absatz des § 823 einzufügen.
§§ 1006, 1007	Entbehrliche Vorschriften.

[193] Siehe dazu die Übersicht bei *Staudinger/Wiegand* § 1257 Rn. 1.

Miteigentum (§§ 1008–1011)	Systematisch hinter §§ 741 ff zu verorten.
Abschnitt 4 (§§ 1018–1093)	Entbehrlich und durch ein eintragbares Pachtrecht zu ersetzen.
Abschnitt 5 (§§ 1094–1104)	Entbehrlich, da Vormerkung die Zwecke des dinglichen Vorkaufsrechts erfüllt.
Abschnitt 6 (§§ 1105–1112)	Entbehrlich.

3. Das eigenständige Sachenrecht als Fiktion

Auf einer dogmatischen Ebene lässt sich ein eigenständiges Sachenrecht nicht begründen. Die Rechtspraxis hat bereits seit Geltung des BGB von einer orthodoxen Handhabung der Sachenrechtsprinzipien Abstand genommen. Dabei sollten es gerade diese Prinzipien sein, in denen sich ein eigenständiges Sachenrecht widerspiegelt. Das Gesetz führt die Prinzipien oftmals selbst nur unzureichend durch, während die Rechtsprechung nach und nach die Prinzipien durchbrach. Es scheint wenig erfolgversprechend, das Rad zurückzudrehen. Das Publizitätsprinzip im Fahrnisrecht wieder streng einzuhalten, wird niemand fordern können, ohne dadurch eine anerkannte und in ihren Rechtsfolgen gebändigte Kreditsicherungswirtschaft auf den Kopf zu stellen. Auch die Durchbrechungen des Typenzwangs sind aus dogmatischer Sicht kritisierbar, und stellen den Typenzwang als solchen in Frage. Im Gegensatz dazu scheinen das Trennungs- und Abstraktionsprinzip als Bastion, die es hartnäckig zu verteidigen gilt. Gewiss birgt das Trennungsprinzip einige Vorteile, ein selbständiges Sachenrecht rechtfertigen diese nicht. Auffallen muss es jedoch, warum das Abstraktionsprinzip immer wieder verteidigt wird und von der Praxis doch durchbrochen wenn nötig. Ein Rechtsinstitut mit hinnehmbaren Rechtsfolgen bedarf dieses Aufwandes an sich nicht. Deswegen sind alle Rechtfertigungsversuche *prima facie* verdächtig.

Der Geist des Sachenrechts verharrt weitgehend im 19. Jahrhundert und seinem Bestreben, das als authentisch empfundene römische Recht mit mutmaßlichen germanischen Rechtsinstituten zu verschmelzen. Dies hat letztlich das deutsche Zivilrecht international ins Hintertreffen gebracht. Über eine Reform des Sachenrechts nachzudenken, war lange Zeit mit dem Odium behaftet, an eine unseelige nationalsozialistische Tendenz anzuknüpfen. Eine europäische Union zwingt allerdings dazu, sich über ein Sachenrecht *de lege ferenda* Gedanken zu machen. Ein vollständiges und geschlossenes Konzept dazu zu entwickeln, war nicht die Aufgabe der Arbeit, aber sie versuchte, Denkanstöße zu vermitteln. Danach steht nichts im Wege, die Eigenständigkeit des Sachenrechts aufzugeben und die vermeintlich sachenrechtlichen Rechtsinstitute in einem allgemeinen Vermögensrecht aufgehen zu lassen. Bekennende Anhänger des Sachenrechts mögen daher ihre Bastion verteidigen. Die gegenwärtige Struktur des Sachenrechts ist aber weder eine dogmatische Notwendigkeit, noch birgt sie gegenüber einer »vermögensrechtlichen Lösung« Vorteile. Ein eigenständiges Sachenrecht ist auch kein wie auch immer gearteter Ausdruck einer besonderen Rechtskultur.[194] Als Stifter einer Rechtskultur wäre es außerdem überfordert. Wenn sich vieles vereinfachen ließe und zudem die Prinzipien des Sachenrechts immer mehr erodieren, muss eine Wissenschaft der Frage nachgehen, welche Folgen daraus für das Gesamtgebilde des Sachenrechts zu ziehen sind. Immer wieder neu geschaffene *ad hoc* Hypothesen sind dazu ungeeignet, die Durchbrechungen der Sachenrechtsprinzipien zu erklären und zu rechtfertigen. Der hier vorgeschlagene Schritt ist auf den zweiten Blick daher weniger radikal, als es der erste Blick nahezulegen scheint.

[194] Ausgerechnet in der Zeit des Dritten Reichs wies *Heck* (Das dingliche Rechtsgeschäft [1937], 38) darauf hin, dass die Grundsätze des Sachenrechts kein Ausdruck einer nationalen Rechtskultur seien und führte Beispiele aus dem *Code Civil* als nachahmenswert an.

Literaturverzeichnis

Achterberg, Norbert: Rechtsverhältnisse als Strukturelemente der Rechtsordnung, Prolegomena zu einer Rechtsverhältnistheorie, Rechtstheorie 1978, 385.

ders.: Die Rechtsordnung als Rechtsverhältnisordnung, Grundlegung der Rechtsverhältnistheorie, Berlin 1982.

Ackermann, Karl: Die Sicherungsübereignung von Warenlagern, Marburg 1919.

Aicher, Josef: Das Eigentum als subjektives Recht – Zugleich ein Beitrag zur Theorie des subjektiven Rechts, Berlin, 1975.

Alexy, Robert: Die Theorie der Grundrechte, Baden-Baden 1985.

ders.: Zum Begriff des Rechtsprinzips, Rechtstheorie Beiheft 1 (1979), 59.

Altrichter, Heinrich: Wandlungen des Eigentumsbegriffs und neuere Ausgestaltung des Eigentumsrechts, Marburg 1930.

Amann, Herrmann: Zur dinglichen Sicherung von Nebenleistungsansprüchen bei Wohnungsrechten und anderen Dienstbarkeiten, DNotZ 1982, 396.

ders.: Die Sicherung des Bierabsatzes durch Dienstbarkeiten, DNotZ 1986, 578.

ders.: Zu den Auswirkungen, die die Unwirksamkeit einer Getränkebezugsverpflichtung auf die zur ihrer Sicherheit bestellte Grunddienstbarkeit hat, DNotZ 1988, 581.

ders.: Leistungspflichten und Leistungsansprüche aus Dienstbarkeiten, DNotZ 1989, 531.

Amend, Anja: Aktuelles und Historisches zur richterlichen Anerkennung des possessorischen Besitzschutzes – BGH NJW 1999, 425, JuS 2001,124.

Andersen, Holger: Probleme der Wandlung des Eigentumsbegriffs, Frankfurt a.M. 1984.

Armbrüster, Christian: Die treuhänderische Beteiligung an Gesellschaften, Köln u.a., 2001.

Arnheim, R.A.: Die Eigentümerhypothek, Gutachten aus dem Anwaltsstande über die erste Lesung eines Entwurfs eines bürgerlichen Gesetzbuchs, Berlin 1890, 1089.

Assfalg, Dieter: Die Behandlung von Treugut im Konkurse des Treuhänders, Berlin 1960.

ders.: Wirtschaftliches Eigentum als Rechtsbegriff, NJW 1963, 1582.

ders.: Der Schutz des Treuhandbegünstigten gegen abredewidrige Verfügungen des Treuhänders in rechtsvergleichender Sicht, NJW 1970, 1902.

Assmann, Dorothea: Die Vormerkung (§ 883 BGB), Tübingen 1998.

Auerbach, Jakob: Merkmale und Bedeutung des Eigenbesitzes, Leipzig 1905.

Avenarius, Martin: Übereignung besitzloser Sachen und Vindikationszession, JZ 1994, 511.

Bähr, Gerhard: Akzessorietätsersatz bei der Sicherungszession, NJW 1983, 1473.

Bähr, Otto: Ein Beitrag zum bürgerlichen Gesetzbuch, ArchBürgR 2 (1889), 97.

ders.: Schriften über den Entwurf eines bürgerlichen Gesetzbuchs für das deutsche Reich, KritVJ 31 (1889), 351.

Bärmann, Johannes / Pick, Eckhart / Merle, Werner: Wohnungseigentumsgesetz – Gesetz über das Wohnungseigentum und Dauerwohnrecht, 9. Aufl., München 2003.

Baetge, Dietmar: Wettbewerbsbeschränkende Dienstbarkeiten in Europa, RabelsZ 59 (1995), 645.

Ballerstedt, Kurt: Arbeitskraft und Handlungsbegriff, eine privatrechtsdogmatische Skizze, JZ 1953, 389.
Bamberger, Heinz Georg / Roth, Herbert (Hrsg.): Kommentar zum bürgerlichen Gesetzbuch, München 2002–2003.
Banke, Bernd Erich: Das Anwartschaftsrecht aus Eigentumsvorbehalt in der Einzelzwangsvollstreckung, Berlin, 1991.
Bar, Christian v.: Die Study Group on a European Civil Code, Festschrift für Dieter Henrich zum 70. Geburtstag, Bielefeld 2001, 1.
Bauer, Hans-Joachim / Oefele, Helmut Freiherr von: Grundbuchordnung, München 1999.
Bauer, Marianne: Zur Publizitätsfunktion des Besitzes bei Übereignung von Fahrnis, Festschrift für Friedrich Wilhelm Bosch zum 65. Geburtstag, Bielefeld 1976, 1.
Barreto Nunes, José António : Contrato de funcionamento e instalaçao de elevadores – Nulidade da cláusula de reserva de propriedade, Revista do Ministério Público 1996, 139.
Bartels: Ausführungen zur Besitzlehre des BGB, Gruchot 42 (1898), 645.
Bartels, Klaus: Zur Frage der Ursächlichkeit bei den Nachforschungsobliegenheiten des § 932 BGB, AcP 205 (2005), 687.
Bauknecht: Das Anwartschaftsrecht aus der bedingten Übereignung im Konkurse, NJW 196, 1177.
Baur, Jürgen F. / Stürner, Rolf: Sachenrecht, 17. Aufl., München 1999.
Becker, Christoph: Schutz von Forderungen durch das Deliktsrecht ?, AcP 196 (1996), 439.
ders.: Maßvolle Kreditsicherung, Köln u.a., 1999.
Becker-Eberhard, Ekkehard: Die Forderungsgebundenheit der Sicherungsrechte, Bielefeld 1993.
Behr, Volker: Wertverfolgung, Rechtsvergleichende Überlegungen zur Abgrenzung kollidierender Gläubigerinteressen; Frankfurt a.M. 1986.
Behrens, Klaus: Die Rückabwicklung der Sicherungsübereignung bei Erledigung oder Nichterreichung des Sicherungszwecks, Berlin 1989.
Bekker, Ernst Immanuel: Zur Reform des Besitzrechts, IherJb 30 (1891), 235.
ders.: Der Besitz beweglicher Sachen, IherJb 34 (1895), 1.
ders.: Aphorismen zur Besitzlehre, in: Bernhöft/ Binder (Hrsg.); Beiträge zur Auslegung des Bürgerlichen Gesetzbuchs für das Deutsche Reich, Leipzig 1902.
ders.: Grundbegriffe des Rechts und Mißgriffe in der Gesetzgebung, Berlin u.a. 1910.
Bercovitz Rodríguez-Cano, Rodrigo (Coordinator): Commentarios al Código Civil, Elcano (Navarra), 2002.
Berger, Christian: Rechtsgeschäftliche Verfügungsbeschränkungen, Tübingen 1998.
Berger, Wolfgang: Eigentumsvorbehalt und Anwartschaftsrecht – Besitzloses Pfandrecht und Eigentum, Frankfurt am Main, 1984.
Bernhardt, Wolfgang: Wettbewerbsverbote als Inhalt einer Grunddienstbarkeit, NJW 1964, 804.
Bernstorff, Christian Graf v.: Der Eigentumsvorbehalt in den EG-Staaten, RiW 1993, 365.
Beuthien, Volker: Verlängerter Eigentumsvorbehalt und Globalzession, BB 1971, 375.
Beyerle, Franz: Die Treuhand im Grundriss des deutschen Privatrechts, Weimar 1932.
ders.: Der dingliche Vertrag, Festschrift für Gustav Boehmer, Bonn 1952, 164.
ders.: Die Ertragsbeteiligung als dingliches Recht, JZ 1955, 257.
Blaurock, Uwe: Die Factoring Zession, Überlegungen zum Abtretungsverbot und zur Kollission mit anderen Vorausabtretungen, ZHR 142 (1978), 325.
Blomeyer, Arwed: Die außerpositiven Grundlagen des Privateigentums, Jena 1929.
ders.: Eigentumsvorbehalt und gutgläubiger Erwerb, AcP 153 (1954), 239.

ders.: Die Rechtsstellung des Vorbehaltskäufers, AcP 162 (1963), 193.
Boehmer, Gustav: Grundlagen der Bürgerlichen Rechtsordnung, zweites Buch, erste Abteilung: Dogmengeschichtliche Grundlagen des bürgerlichen Rechtes, Tübingen 1951. [*Boehmer II/1*]
ders.: Grundlagen der Bürgerlichen Rechtsordnung, zweites Buch, zweite Abteilung: Praxis der richterlichen Rechtsschöpfung, Tübingen 1952. [*Boehmer II/2*]
ders.: Einführung in das Bürgerliche Recht, 2. Aufl., Tübingen 1965.
Böhmer, Werner: Eigentum aus verfassungsrechtlicher Sicht, in: J.F. Baur (Hrsg.), Das Eigentum (1989), 39.
Böhringer, Walter: Das Altenteil in der notariellen Praxis, MittBayNot 1988, 103.
Böttcher, Roland: Beeinträchtigungen der Verfügungsbefugnis, RPfleger 1983, 49.
ders.: Zulässigkeit und Probleme von Gesamtrechten an Grundstücken, MittBayNot 1993, 129.
ders.: Veränderungen beim Wohnungseigentum, BWNotZ 1996, 80.
Bollweg, Hans-Georg / Kreuzer, Karl F.: Entwürfe einer UNIDROIT/ICAO-Konvention über Internationale Sicherungsrechte an beweglicher Ausrüstung und eines Protokolls über Luftfahrtausrüstung, ZiP 2000, 1361.
Bork, Reinhard: Allgemeiner Teil des Bürgerlichen Gesetzbuchs, Tübingen 2001.
ders.: Der Vergleich, Berlin 1988.
Bormann, Jens: Wettbewerbsbeschränkungen durch Grundstücksrechte, Heidelberg 2003.
Bornemann: Soll nach dem deutschen bürgerlichen Gesetzbuch das Eigentum an einer beweglichen Sache durch Vertrag, sobald solcher abgeschlossen, oder erst durch Übergabe der Sache erworben werden ?, Gutachten zum 14. Deutschen Juristentag, Berlin 1878, 113.
Bornemann, Thomas: Der Erwerb von Sondernutzungsrechten im Wohnungseigentumsrecht, Frankfurt a.M. 2000.
Brandt, Hans: Eigentumserwerb und Austauschgeschäft, Leipzig 1940.
ders.: Was folgt aus dem Ende der dinglichen Einigung ? DRW 1941, 67.
Braun, Johann: Die Rückabwicklung der Verfügung eines Nichtberechtigten nach § 185 BGB, ZiP 1998, 1469.
Brecht, A.: Bedingung und Anwartschaft, IherJb 61 (1912), 263.
Brehm, Wolfgang / Berger, Christian: Sachenrecht, Tübingen 2000.
Breitenstein v.: La clause de réserve de propriété et le risque de la chose vendue ; Revue trimestrielle de droit commercial 1980, 43.
Breyhan, Christian: Abstrakte Übereignungen und Parteiwille in der Rechtsprechung, Leipzig 1929.
Bridge, Michael G.: The English Law of Real Security, European Review of Private Law 2002, 483.
Brox, Hans: Die Haftung des Besitzers für Zufallsschäden, JZ 1965, 516.
ders.: Das Anwartschaftsrecht des Vorbehaltskäufers, JuS 1984, 657.
Brox, Hans / Walker, Wolf D.: Zwangsvollstreckungsrecht, 7. Aufl., Köln u.a. 2003.
Bruns, Viktor: Besitzerwerb durch Interessenvertreter – Ein Beitrag zur Besitzlehre des Bürgerlichen Gesetzbuchs, Tübingen 1910.
Buchholz, Stephan: Abstraktionsprinzip und Immobiliarrecht – Zur Geschichte der Auflassung und Grundschuld, Frankfurt a.M. 1978.
ders.: Abtretung der Grundschuld und Wirkungen der Sicherungsvereinbarung, AcP 187 (1987), 108.
ders.: Können Sicherungszession und Sicherungsübereignung akzessorisch ausgestaltet werden ?, JURA 1990, 300.

ders.: Einreden gegen die Grundschuld, AcP 203 (2003), 786.
Bülow, Peter: Recht der Kreditsicherheiten, 6. Aufl., Heidelberg 2003.
ders.: Anwendbarkeit von Pfandrechtsbestimmungen auf die Sicherungstreuhand, WM 1985, 373 (1. Teil), 405 (2. Teil).
ders.: Übereignung beweglicher Sachen zur Sicherheit, JURA 1987, 509
ders.: Grundfragen der Verfügungsverbote, JuS 1994, 1.
ders.: Die These von der Doppelcausa im Kreditsicherungsverhältnis – ein Holzweg, NJW 1997, 641.
Bund, Elmar: Beiträge der Interessenjurisprudenz zur Besitzlehre, Festschrift für Hans Thieme, Sigmaringen 1980, 363.
Busse, Dietrich: Juristische Semantik – Grundfragen der juristischen Interpretationstheorie in sprachwissenschaftlicher Sicht, Berlin 1993.
Bydlinski, Franz: Juristische Methodenlehre und Rechtsbegriff, 2. Aufl., Wien u.a. 1991.
Caemmerer, Ernst v.: Rechtsvergleichung und Reform der Fahrnisübereignung, RabelsZ 12 (1938/1939), 675.
ders.: Preisverstöße und § 817 Satz 2 BGB, Bemerkungen zum Urteil des OGH f. d. Brit. Zone vom 10. 2. 1950, SJZ 1950, 646.
ders.: Bereicherung und unerlaubte Handlung, Festschrift für Ernst Rabel zum 80. Geburtstag, Band I, Tübingen 1954, 333.
ders.: Leistungsrückgewähr beim gutgläubigen Erwerb, Festschrift für Gustav Boehmer zum 70. Geburtstag, Tübingen 1954, 145.
ders.: Übereignung durch Anweisung zur Übergabe, JZ 1963, 586.
ders.: Wandlungen des Deliktsrechts, in: Hundert Jahre deutsches Rechtsleben, Festschrift zum hundertjährigen Bestehen des deutschen Juristentages 1860–1960; Karlsruhe 1960, Band II, 49.
Canaris, Claus-Wilhelm: Die Vertrauenshaftung im deutschen Privatrecht, München 1971.
ders.: Die Feststellung von Lücken im Gesetz, 2. Aufl., Berlin 1983.
ders.: Systemdenken und Systembegriff in der Jurisprudenz, 2. Aufl., Berlin 1983.
ders.: Handelsrecht, 23. Aufl., München 2000.
ders.: Die Verdinglichung obligatorischer Rechte, Festschrift für Werner Flume zum 70. Geburtstag, Köln, 1978, 371.
ders.: Die Rückgewähr von Gesellschaftereinlagen durch Zuwendungen an Dritte, Festschrift für Robert Fischer, Berlin u.a., 1979, 31.
ders.: Schutzgesetze – Verkehrspflichten – Schutzpflichten, 2. Festschrift für Karl Larenz zum 80. Geburtstag, München 1983, 27.
ders.: Das Verhältnis der §§ 994ff BGB zur Aufwendungskondiktion nach § 812 BGB, JZ 1996, 344.
Cendon, Paolo: Commentario al codice civile, Milano 1991ff.
Clemente, Clemens: Recht der Sicherungsgrundschuld, 3. Aufl., Köln 1999.
Coester-Waltjen, Dagmar: Nichtzustimmungsbedürftige Rechtsgeschäfte mit Minderjähri-gen, JURA 1994, 668.
Coing, Helmut: Die Treuhand kraft privaten Rechtsgeschäfts, München 1973.
ders.: Zur Geschichte des Begriffs »subjektives Recht«, in: Coing, Helmut / Frederick H. Lawson/ Grönfors, Kurt: Das subjektive Recht und der Rechtsschutz der Persönlichkeit, Frankfurt a.M./Berlin 1959, 7.
ders.: Europäisches Privatrecht, Band II, 19. Jahrhundert (1800–1914), Überblick über die Entwicklung des Privatrechts in den ehemals gemeinrechtlichen Ländern, München 1989.

Cosack, Konrad: Lehrbuch des deutschen bürgerlichen Rechts, 5. Aufl., Jena 1912.
Crome: Die juristische Natur der Miete nach dem BGB, IherJb 37 (1897), 45.
Däubler, Wolfgang: Rechtsgeschäftlicher Ausschluss der Veräußerlichkeit von Rechten ?, NJW 1968, 1117.
ders.: Zur aktuellen Bedeutung des Fideikommissverbots, JZ 1969, 499.
Damrau, Jürgen: Aufgabe eines einheitlichen Begriffs der Übergabe ? – BGHZ 67, 207, JuS 1978, 519.
Darmstädter, Friedrich: Der Eigentumsbegriff des Bürgerlichen Gesetzbuchs, AcP 151 (1950/1951), 311.
Dauner, Barbara: Der Kondiktionsausschluss gemäß § 817 Satz 2 BGB, JZ 1980, 495.
Dedek, Helge: Der Besitzschutz im römischen, deutschen und französischen Recht – gesellschaftliche Gründe dogmatischen Wandels, ZEuP 1997, 342.
Delbrück, Berthold: Vom Finden verlorener Sachen, IherJb 3 (1859), 1.
Demharter, Johann: Guter Glaube an Gemeinschaftsregelungen, DNotZ 1991, 28.
Demoures, Yves: La vente avec réserve de propriété et la loi du 12 mai 1980 ; Revue trimestrielle de droit commercial 1982, 33.
Dernburg, Heinrich: Beitrag zur Lehre von der justa causa bei der Tradition, AcP 40 (1857), 1.
Deubner, Karl G.: Von verfehlter und richtiger Anwendung des § 139 BGB – OLG Schleswig NJW-RR 1995, 554, JuS 1996, 106.
Deutsch, Erwin: Das Eigentum als absolutes Recht und als Schutzgegenstand der Haftung, MDR 1988, 441.
Diederichsen, Uwe: Das Recht zum Besitz aus Schuldverhältnissen, Diss. jur. Kiel, Hamburg 1965.
Dimopoulos-Voisikis, Haralambos: Die bereicherungs- und deliktsrechtlichen Elemente der §§ 987–1003 BGB, Berlin 1966.
Dittus, Wilhelm: Grenzen der Anwendbarkeit von Servituten, NJW 1954, 1825.
Dnistrjanskyi, Stanislaus: Dingliche und persönliche Rechte, IherJb 78 (1927/28), 87.
Dörner, Heinrich: Dynamische Relativität: der Übergang vertraglicher Rechte und Pflichten, München 1985.
Dörrie, Robin: Der Anspruch auf Rückgewähr der Grundschuld und seine Funktion in der Finanzierung, ZfiR 1999, 717.
Dolezalek, Gero: Plädoyer für eine Einschränkung des § 950 BGB (Verarbeitung) – mit Bemerkungen zu §§ 93, 947, 948 BGB, AcP 195 (1995), 392.
Dreher, Meinhard: Langfristige Verträge marktbeherrschender und marktmächtiger Unternehmen im Energiebereich, ZWeR 2003, 3.
Dreier, Ralf: Der Begriff des Rechts, NJW 1986, 890.
ders.: Konstitutionalismus und Legalismus. Zwei Arten juristischen Denkens im demokratischen Verfassungsstaat, Festschrift für Werner Maihofer zum 70. Geburtstag, Frankfurt a.M., 1988, 87.
Drobnig, Ulrich: Empfehlen sich gesetzliche Maßnahmen zur Reform der Mobiliarsicherheiten ?, Gutachten F für den 51. Deutschen Juristentag in Stuttgart 1976; München, 1976, F 1 – F 90.
Dümchen, Erich: Schuld und Haftung bei den Grundpfandrechten, IherJb 54 (1909), 355.
Dubischar, Roland: Fundbesitz im Selbstbedienungsmarkt BGH NJW 1987, 2812; JuS 1989, 703.
Du Chesne: Absolutes und relatives Recht, ArchBürgR 36 (1918), 38.
Dulckeit, Gerhard: Die Verdinglichung obligatorischer Rechte, Tübingen 1951.

Eberhard, Raimund: Wesen des Besitzes und Grund des Besitzschutzes, Mecklenburgische Zeitschrift für Rechtspflege, Rechtswissenschaft Verwaltung 1935, 210.
Eccius: Einigung und dinglicher Vertrag im Sachenrecht, Gruchot 47 (1903), 51.
Egert, Hans: Die Rechtsbedingung im System des bürgerlichen Rechts, Berlin 1974.
Ehmann, Horst: Zur Causa-Lehre, JZ 2003, 702
Ehrig, Malte: Das Faustpfandprinzip und die dinglichen Sicherheiten an beweglichen Sachen im französischen Recht, Diss. iur. Frankfurt a.M. 1969.
Ehrlich, Eugen: Das zwingende und nichtzwingende Recht im Bürgerlichen Gesetzbuch für das Deutsche Reich, Jena 1899.
Eichenhofer, Eberhard: Anwartschaftslehre und Pendenztheorie – Zwei Deutungen von Vorbehaltseigentum, AcP 185 (1985), 162.
Eichler, Hermann: Die Anfechtung des schuldrechtlichen und dinglichen Geschäfts, ZHR 107 (1940), 16.
ders.: Insitutionen des Sachenrechts, Ein Lehrbuch; Erster Band – Allgemeiner Teil, Berlin 1954; Zweiter Band/Zweiter Halbband – Besonderer Teil, die dinglichen Rechte, Berlin 1960.
ders.: Die Rechtslehre vom Vertrauen, Tübingen 1950.
ders.: Die Rechtsidee des Eigentums, Eine rechtsdogmatische und rechtspolitische Betrachtung, Berlin 1994.
Einsele, Dorothee: Inhalt, Schranken und Bedeutung des Offenkundigkeitsprinzips – unter besonderer Berücksichtigung des Geschäfts für den, den es angeht, der fiduziarischen Treuhand sowie der dinglichen Surrogation – ; JZ 1990, 1005.
dies.: Formerfordernisse bei mehraktigen Rechtsgeschäften, DNotZ 1996, 835.
Eisenhardt, Ulrich: Die Einheitlichkeit des Rechtsgeschäfts und die Überwindung des Abstraktionsprinzips, JZ 1991, 271.
ders.: Die Entwicklung des Abstraktionsprinzips im 20. Jahrhundert, Festschrift für Karl Kroeschell zum 70igsten Geburtstag, München 1997.
Ellger, Reinhard: Bereicherung durch Eingriff, Tübingen 2002.
Emmerich, Volker: Das Verhältnis der Nebenfolgen der Vindication zu anderen Ansprüchen, Diss. Saarbrücken 1966.
Endemann, F.: Lehrbuch des Bürgerlichen Rechts, 2. Band, 1. Abteilung, Sachenrecht, 9. Aufl., Berlin 1905.
Enders, Peter: Der Besitzdiener – Ein Typusbegriff, Baden-Baden 1991.
Enneccerus, Ludiwg / Lehmann, Heinrich: Recht der Schuldverhältnisse, 15. Bearbeitung, Tübingen 1958.
Enneccerus, Ludwig / Nipperdey, Hans Carl: Allgemeiner Teil des Bürgerlichen Rechts, Erster Halbband, 15. Aufl., Tübingen 1959; Zweiter Halbband, 15. Aufl., Tübingen 1960.
Erichsen, Hans-Uwe/ Ehlers, Dirk (Hrsg.): Allgemeines Verwaltungsrecht, 12. Aufl., Berlin 2002.
Erman, Walter (Begr.): Handkommentar zum Bürgerlichen Gesetzbuch, Band 1 (§§ 1–853) 11. Aufl., Münster 2004; Band 2 (§§ 854–2385) 11. Aufl., Münster 2004.
Ernst, Reinhold: Wechsel und Scheck im Wettbewerb der Zahlungsmittel, Baden-Baden 1993.
Ernst, Wolfgang: Eigenbesitz und Mobiliarerwerb, Tübingen 1992.
Ertl, Rudolf: Sind die Abtretungen und Verpfändung des Auflassungsanspruchs und die Verpflichtungsgeschäfte noch formfrei ?; DNotZ 1976, 68.
ders.: Gutgläubiger Erwerb von Sondernutzungsrechten, Festschrift für Hanss Seuß zum 60. Geburtstag, München 1987, 151.

ders.: Dienstbarkeit oder Nießbrauch – was ist zulässig ?, MittBayNot 1988, 53.
ders.: Dingliche und verdinglichte Vereinbarungen über den Gebrauch des Wohnungseigentums, DNotZ 1988, 4.
Esser, Josef: Grundsatz und Norm in der richterlichen Fortbildung des Privatrechts, 4. Aufl., Tübigen 1990.
ders.: Richterrecht und Privatautonomie im Erbbaurecht, NJW 1974, 921.
Ewald, Otto: Der Rückerwerb des Nichtberechtigten, IherJb 76 (1926), 233.
Exner, Adolf: Gutachten über die Frage, ob und unter welchen Voraussetzungen das constitutum possessionis mit der Wirkung der Besitzübertragung für beweglichen Sachen auszustatten ist, Verhandlungen des 15. Deutschen Juristentags, Berlin 1890, 1.
Fabricius, Fritz: Zur Dogmatik des »sonstigen Rechts« gemäß § 823 Abs. 1 BGB, AcP 160 (1961), 273.
ders.: Zur Theorie des stückelosen Effektengiroverkehrs mit Wertrechten und Staatsanleihen – zugleich ein Beitrag zur Frage der Abgrenzung von Schuldrecht und Sachenrecht, AcP 162 (1963), 456.
Fastrich, Lorenz: Richterliche Inhaltskontrolle im Privatrecht, München 1992.
Felgentraeger, Wilhlem: Friedrich Carl v. Savignys Einfluß auf die Übereignungslehre, Leipzig, 1927.
Ferrari, Franco: Vom Abstraktionsprinzip und Konsensualprinzip zum Traditionsprinzip, ZEuP 1993, 52.
Feuerborn, Andreas: Der Bestimmtheitsgrundsatz bei der Übereignung von Sachgesamtheiten – Lockerungstendenzen in der neueren Rechtsprechung, ZiP 2001, 600.
Fezer, Karl-Heinz: Teilhabe und Verantwortung, Die personale Funktionsweise des subjektiven Privatrechts, München 1986.
Fikentscher, Wolfgang: Die Methoden des Rechts in rechtsvergleichender Darstellung, Band I – V, Tübingen 1975ff.
Flume, Werner: Allgemeiner Teil des Bürgerlichen Rechts, Zweiter Band, Das Rechtsgeschäft, 4. Aufl., Berlin u.a. 1992.
ders.: Der verlängerte und erweiterte Eigentumsvorbehalt, NJW 1950, 841.
ders.: Die Rechtsstellung des Vorbehaltskäufers, AcP 161 (1962), 385.
ders.: Der Eigentumserwerb bei Leistungen im Dreiecksverhältnis, Festschrift für Ernst Wolf, Köln u.a., 1985, 61.
Foerste, Ulrich: Grenzen der Durchsetzung von Verfügungsbeschränkung und Erwerbsverbot im Grundstücksrecht – Grundbuchsperre und gutgläubiger Erwerb, Berlin 1986.
Forkel, Hans: Grundfragen der Lehre vom privatrechtlichen Anwartschaftsrecht, Berlin 1962.
ders.: Gebundene Rechtsübertragungen, Bd. 1 Patent-, Musterrechte, Urheberrecht, München 1977.
ders.: Zur dinglichen Wirkung einfacher Lizenzen, NJW 1983, 1764.
Frank, Will: Schutz von Pfandrecht an Eigentumsanwartschaften bei Sachpfändung durch Dritte, NJW 1974, 2211.
Fritsch, Reinhard: Der öffentliche Glaube des Grundbuchs bei Personengleichheit des Verfügenden und des Erwerbers, IherJb 82 (1932), 253.
Fröhlingsdorf, Josef / Cremades, Bernardo M.: Der Eigentumsvorbehalt in Spanien, RiW 1983, 812.
Fuchs, Eugen: Grundbegriffe des Sachenrechts, Berlin 1889.
Furtner, Georg: Die rechtsgeschäftliche Verfügungsbeschränkung und ihre Sicherung, NJW 1966, 182.

Gadamer, Hans-Georg: Gesammelte Werke Band 1, Hermeneutik I – Wahrheit und Methode, 6. Aufl., Tübingen 1990.
Gast, Wolfgang: Wirtschaftliches Eigentum im Zivilrecht, Festschrift für Ernst Wolf zum 70. Geburtstag, Köln u.a., 1985, 87.
Gaul, Hans Friedhelm: Lex commissoria und Sicherungsübereignung – Zugleich ein Beitrag zum sogenannten Innenverhältnis bei der Sicherungsübereignung, AcP 168 (1968), 351.
ders.: Neuere »Verdinglichungs«-Tendenzen zur Rechtsstellung des Sicherungsgebers, Festschrift für Rolf Serick, Heidelberg 1992, 105.
Gehrlein, Markus: Sicherungsübereignung von Wohnungsgegenständen – Genügt der Begriff »Inventar« dem Bestimmtheitsgrundsatz ?, MDR 2001, 911.
Georgiades, Apostolos: Die Eigentumsanwartschaft beim Vorbehaltskauf, Tübingen 1963.
ders.: Eigentumsbegriff und Eigentumsverhältnis, Festschrift für Johannes M. Sontis, München 1977, 149.
Gernhuber, Joachim: Freiheit und Bindung des Vorbehaltsverkäufers nach Übertragung seines Anwartschaftsrechts, Festschrift für Fritz Baur zum 70. Geburtstag, Tübingen 1981, 31.
ders.: Die fiduziarische Treuhand, JuS 1988, 355.
Geßler, Ernst: Zur handelsrechtlich verdeckten Gewinnausschüttung, Festschrift für Robert Fischer, Berlin u.a., 1979, 131.
Giehl, Friedrich: Der gutgläubige Mobiliarerwerb – Dogmatik und Rechtswirklichkeit, AcP 161 (1962), 357.
Gierke, Julius v.: Die Einheit des Rechts, ZHR 111 (1948), 39.
Gierke, Otto v.: Der Entwurf eines bürgerlichen Gesetzbuchs und das deutsche Recht, 2. Aufl., Leipzig 1889.
ders.: Die sociale Aufgabe des Privatrechts, Berlin 1889.
ders.: Die Bedeutung des Sachbesitzes für streitiges Recht nach dem Bürgerlichen Gesetzbuch für das Deutsche Reich, Jena 1897.
ders.: Deutsches Privatrecht, 2. Band, Sachenrecht, Leipzig 1905.
Giesen, Richard: Mehrfachverfügungen des Sicherungsgebers, AcP 203 (2003), 210.
Glöcker, Jochen: Verlängerungsklauseln beim Eigentumsvorbehalt und die Rechtsprechung zur nachträglichen Übersicherung durch revolvierende Globalsicherungen, DZWir 1999, 492.
Goebel, Joachim: Der Nießbrauch an Personengesellschaftsanteilen, Zugleich ein Beitrag zur Dogmatik des Außeneinflusses im Personengesellschaftsrecht, Berlin. 2004.
Göz, Philipp: Die beschränkte persönliche Verbotsdienstbarkeit, Frankfurt a.M. u.a., 1997.
Goldschmidt, Levin: Studien zum Besitzrecht, Festgabe für Rudolf von Gneist zum Doktorjubiläum, Berlin 1888 (Neudruck Aalen 1974).
Gottwald, Peter (Hrsg.)*:* Insolvenzrechts-Handbuch, 2. Aufl., München 2001.
ders.: Der gefundene Autobus – OLG Hamm NJW 1979, 725; JuS 1979, 247 -
Gravenhorst, Wulf: Mobiliarsicherheiten für Darlehens- und Warenkredite in den sechs Ländern der Europäischen Gemeinschaften, Frankfurt a.M., 1972.
Gray, Kevin: Elements of Land Law, 2nd. Ed., London 1993.
Greiner, David: Die Haftung auf Verwendungsersatz, Berlin 2000.
Grigoleit, Christoph: Abstraktion und Willensmängel, AcP 199 (1999), 379.
Großfeld, Bernhard / Gersch, Hans-Georg: Zeitliche Grenzen von privaten Schuldverträgen, JZ 1988, 937.
Guest, A. G (general editor) : Benjamin's Sale of Goods, 6th edition, London 2002.

Gursky, Karl-Heinz: Verwendungsersatzansprüche und Nutzungsherausgabepflicht des Dritterwerbers, der einem Vormerkungsgläubiger oder Vorkaufsberechtigten weichen muß, JR 1984, 3–6.
ders.: Die höchstrichterliche Rechtsprechung zum Mobiliarsachenrecht, JZ 1984, 604.
ders.: Die höchstrichterliche Rechtsprechung zum Mobiliarsachenrecht – Teil 1, JZ 1991 496; Teil 2, JZ 1991, 650.
Haag Molkenteller, Dieter: Die These vom dinglichen Vertrag, Zur formalen Struktur der Eigentumsübertragung nach § 929 Satz 1 BGB, Franfurt a.M. 1992.
Habermeier, Stefan, Das Trennungsdenken – Ein Beitrag zur europäischen Privatrechtstheorie, AcP 195 (1995), 283–284.
Habersack, Mathias: Die Mitgliedschaft – subjektives und »sonstiges« Recht, Tübingen 1996.
ders.: Das Anwartschaftsrecht des Auflassungsempfängers – gesicherter Bestand des Zivilrechts oder überflüssiges Konstrukt der Wissenschaft ? JuS 2000, 1145.
Hadding, Walter: Die Eigentumsvermutung nach § 1006 I BGB im Herausgaberechtsstreit – BGH FamRZ 1970, 586; JuS 1972, 183.
ders.: Rechtsverhältnis zwischen Person und Sache ?, JZ 1986, 926–928.
Hagen, Horst: Besitzschutz und petitorische Widerklage – Eine Fehlkonstruktion ? – BGHZ 53, 166; JuS 1972, 124 -
Haegele, Karl: Wohnungsrecht und Mietrecht in ihren Beziehungen zueinander, RPfleger 1973, 349.
Hämmerle, Hermann: Empfiehlt sich eine Neuregelung des Treuhandverhältnisses ?, Gutachten zum 36. Deutschen Juristentag, Berlin/Leizig 1930, 632.
Häsemeyer, Ludwig: Die gesetzliche Form der Rechtsgeschäfte, Frankfurt a.M., 1971.
ders.: Insolvenzrecht, 3. Aufl., Köln u.a., 2002; [InsR].
Häublein, Martin Günther: Sondernutzungsrechte und ihre Begründung im Wohnungseigentumsrecht, München 2003.
Hager, Johannes: Verkehrsschutz durch redlichen Erwerb, München, 1990.
ders.: Lagerschein und gutgläubiger Erwerb – zugleich eine Besprechung von BGH WM 1979, S. 771, WM 1980, 666.
ders.: Die Vormerkung, JuS 1990, 429–439.
ders.: Streckengeschäft und redlicher Erwerb, ZiP 1993, 1446.
ders.: Grundrechte im Privatrecht, JZ 1994, 373.
Hartung, Frank: Besitz und Sachherrschaft, Berlin 2001.
Hassold, Gerhard: Zur Leistung im Dreipersonenverhältnis, München 1981.
Hattenhauer, Hans: Über vereintes und entzweites Eigentum, in: J.F. Baur (Hrsg.), Das Eigentum, Göttingen 1989, 83.
Haymann, Franz: Zuwendung aus fremdem Vermögen, IherJb 77 (1927), 188.
Heck, Philipp: Grundriß des Sachenrechts, Tübingen 1930.
Hecker, Damian: Eigentum als Sachherrschaft, Zur Genese und Kritik eines besonderen Herrschaftsanspruchs, Paderborn u.a., 1990.
Hedlinger, Martin P.: System des Besitzrechts, Bern 1985.
Heinrich, Christian: Formale Freiheit und materiale Gerechtigkeit, Die Grundlagen der Vertragsfreiheit und Vertragskontrolle am Beispiel ausgewählter Probleme des Arbeitsrechts, Tübingen, 2001.
Henckel, Wolfram: Vorbeugender Rechtsschutz im Zivilrecht, AcP 174 (1974), 97.
Henssler, Martin: Treuhandgeschäft – Dogmatik und Wirklichkeit, AcP 196 (1996), 37.
Herbst, Gerhard: Die Unterlassungsdienstbarkeiten, in: Bundesnotarkammer (Hrsg.), Festschrift für Helmut Schippel, München 1996, 187–207.

Herget, Rudolf: Gesamtbelastung und Gesamtberechtigung bei Grunddienstbarkeiten, NJW 1966, 1060–1062.
Herzog, Rüdiger: Die Eigentümerrechte an beweglichen und unbeweglichen Sachen, Diss. iur. Würzburg 2004.
Hess, Burkhard: Grunddienstbarkeit und Reallast im System dinglicher Nutzungs- und Verwertungsrechte, AcP 198 (1998), 489.
Hettinger, Thomas: Die Rechtslage der Grundstückslasten bei Grundstücksteilung, Diss. iur. Würzburg 1989.
Heutger, Viola: Konturen des Kaufrechtskonzepts der Study Group on a European Civil Code – Ein Werkstattbereicht, European Review of Private Law 2003, 155.
Hoche, Ulrich: Besitzerwerb und Besitzverlust durch Besitzdiener, JuS 1961, 73.
Hoechtl, Franz: Die dingliche Sicherung von Bierbezugsverpflichtungen durch Reallast und Dienstbarkeit, München 1959.
Hoffmann, Bernd von : Das Recht des Grundstückskaufs. Eine rechtsvergleichende Untersuchung, Tübingen 1982.
Hofstetter, Ludwig: Dinglich gesichertes Wohnrecht oder schuldrechtliches Wohnungsrecht als Gegenstand eines Vermächtnisses, ZEV 1996, 17.
Hohfeld, Wesley Newcomb: Some Fundamental Legal Conceptions as Applied in Judicial Reasoning, Yale Law Journal 23 (1913), 16.
Holderbaum, Klaus: Zulässigkeit und Wirkungen ranggleicher Auflassungsvormerkungen, JZ 1965, 712–716.
Holler, Rainer: Die Besitzänderung als tatbestandliche Voraussetzung der Übertragung beweglicher Sachen, Diss. jur. Mainz 1994.
Holtkamp, Gerd: Eigentumserwerb und Bereicherungsrechtliche Rückabwicklung beim Streckengeschäft, Diss. iur. Heidelberg 1979.
Honsell, Heinrich: Die Rückabwicklung sittenwidriger und verbotener Geschäfte, München 1974.
ders.: Römisches Recht, 4. Aufl., Berlin u.a. 1997.
Hromadka, Wolfgang: Die Entwicklung des Faustpfandprinzips im 18. und 19. Jahrhundert, Köln u.a. 1971.
ders.: Sicherungsübereignung und Publizität, JuS 1980, 89.
Hub, Jörg: Der Inhalt von Dienstbarkeiten, Tübingen 1966.
Huber, Eugen: Die Bedeutung der Gewere im deutschen Sachenrecht, Berner Festschrift für Halle (1894).
Huber, Rudolf: Zur Beleihung von Erbbaurechten, NJW 1952, 687.
Huber, Ulrich: Die Sicherungsgrundschuld, Heidelberg 1965.
ders.: Typenzwang, Vertragsfreiheit und Gesetzesumgehung, JurAn 1970, 784.
ders.: Einreden gegen die Grundschuld, Festschrift für Rolf Serick zum 70. Geburtstag, Heidelberg 1992, 195
Hübner, Heinz: Der Rechtsverlust im Mobiliarsachenrecht, Erlangen 1955.
ders.: Allgemeiner Teil des Bürgerlichen Gesetzbuches, 2. Aufl. Berlin u. a, 1996.
Hübner, Ulrich: Zur dogmatischen Einordnung der Rechtsposition des Vorbehaltskäufers, NJW 1980, 730.
Huber, Ulrich: Die Sicherungsgrundschuld, Heidelberg 1965.
Hübner, Ulrich: Zur dogmatischen Einordnung der Rechtsposition des Vorbehaltskäufers, NJW 1980, 729.
Huhn, Dieter; Schuckmann, Hans-Joachim v.: Beurkundungsgesetz und Dienstordnung für Notare, 4. Aufl., Berlin 2003.

Huvendick, Jürgen: Zweckgerechte Inhaltsbestimmung von Grunddienstbarkeiten und beschränkten persönlichen Dienstbarkeiten, Diss. iur., 1967.

Ihering, Rudolf v.: Der Zweck im Recht, Erster Band, Leipzig 1877; zweiter Band, Leipzig 1883.

ders.: Über den Grund des Besitzschutzes – Eine Revision der Lehre vom Besitz, 2. Aufl., Jena 1869 (Neudruck Aalen 1968).

ders.: Passive Wirkungen der Rechte, Ein Beitrag zur Theorie der Rechte, IherJb 10 (1871), 387.

ders.: Der Besitz, IherJb 32 (1893), 41.

ders.: Der Besitzwille, zugleich eine Kritik der herrschenden juristischen Methode, Jena 1889 (Neudruck Aalen 1968).

ders.: Der Geist des römischen Rechts auf den verschiedenen Stufen seiner Entwicklung, 5. Aufl., Leipzig 1906 (Nachdruck 9. Aufl., Aalen 1968).

Immerwahr, Walter: Da dingliche Vorkaufsrecht des B.G.B., IherJb 40 (1899), 279.

Ingenstau, Jürgen/ Hustedt, Volker: Kommentar zum Erbbaurecht, 8. Aufl., Düsseldorf 2001.

Jacobi, Leonard: Immobiliar-Miethe und-Pacht im Systeme des Entwurfs des bürgerlichen Gesetzbuchs für das Deutsche Reich, ArchBürgR 2 (1889), 31.

Jäckle, Wolfgang: Die Sicherungsgrundschuld bei Störungen des Kreditverhältnisses, JZ 1982, 50.

Jänich, Volker: Geistiges Eigentum – eine Komplementärerscheinung zum Sacheigentum ?, Tübingen 2002.

Jahnke, Volker: Rechtsformzwang und Rechtsformverfehlung bei der Gestaltung privater rechtsverhältnisse, ZHR 146 (1982), 595.

Jahr, Günther: Romanistische Beiträge zur modernen Zivilrechtswissenschaft, AcP 168 (1968), 9.

ders.: Gerichtliches Erwerbsverbot oder was sonst ?, Gedächtnisschrift für Schultz, München 1987, 117.

Jauernig, Othmar (Hrsg.): Bürgerliches Gesetzbuch, 11. Aufl., München 2004.

Jauernig, Othmar: Noch einmal: Die geschenkte Eigentumswohnung – BGHZ 78, 28, JuS 1982, 576.

ders.: Trennungsprinzip und Abstraktionsprinzip, JuS 1993, 721.

Jayme, Erik: Konsensprinzip und obligatorischer Kaufvertrag im italienischen Recht, Festschrift für Otto Mühl, München 1981, 339.

Jellinek, Georg: System der subjektiven öffentlichen Rechte, 2. Aufl., Tübingen 1919.

Joerges, Christian: Bürgerliches Recht: Analyse des »Bierkutscherfalles« – RGZ 98, 64, JuS 1975, 514.

John, Uwe: Fiktionswirkung oder Schutz typisierten Vertrauens durch das Handelsregister, ZHR 140 (1976), 236.

Johow, Reinhold: Die Vorentwürfe der Redaktoren zum BGB, Sachenrecht Berlin 1888.

Joost, Detlef: Verewigung ausschließlicher Bezugsbindungen durch dingliche Lasten ?, JZ 1979, 467.

ders: Sachenrechtliche Zulässigkeit wettbewerbsbeschränkender Dienstbarkeiten, NJW 1981, 308.

ders.: Grundlagen und Rechtsfolgen der Kapitalerhaltungsregeln im Aktienrecht, ZHR 149 (1985), 419.

ders.: Besitzbegriff und tatsächliche Sachherrschaft – Zur dogmatischen Einordnung des § 854 Abs. 2 BGB, Gedächtnisschrift für Schultz, Köln 1987, 167.

ders.: Trennungsprinzip und Konsensprinzip, Festschrift für Wolfgang Zöllner zum 70. Geburtstag, Köln u.a. 1998, 1161.
Jost, Fritz: Duldung der Zwangsvollstreckung ?, JURA 2001, 153.
Joswig, Dietrich: Die weite Zweckerklärung bei der Sicherungsgrundschuld, ZfIR 1998, 185.
ders.: Sittenwidrige Sicherungsgrundschulden ? ZfiR 2000, 184.
Junker, Michael: Das »wirtschaftliche Eigentum« als sonstiges Recht, AcP 193 (1993), 348.
Just, Manfred: Der Bestand einer beschränkten Eigentümerdienstbarkeit ohne bleibendes Bedürfnis des Berechtigten, Festschrift für F.A. von der Heydte, Berlin 1977, 849.
ders.: Das System der dinglichen Nutzungsrechte im römischen und geltenden deutschen Recht, Festschrift für Winfried Trusen zum 70. Geburtstag, Paderborn 1994, 393.
Kaiser, Dagmar: Die Rechtsfolgen des Rücktritts nach der Schuldrechtsreform, JZ 2001, 1057.
Kaiser, Gerhard: Die Verwendung von Grunddienstbarkeiten und beschränkten persönlichen Dienstbarkeiten zu Wettbewerbszwecken, 1964.
Kaser, Max: Das Römische Privatrecht, Erster Abschnitt, Das altrömische, das vorklassische und das klassische Recht, 2. Aufl., München 1971.
Kaser, Max/ Knütel, Rolf: Römisches Privatrecht, 17. Aufl., München 2003.
Kasper, Franz: Das subjektive Recht – Begriffsbildung und Bedeutungsmehrheit, Karlsruhe 1967.
Kaufmann, Arthur: Rechtsphilosophie, München 1997.
Kegel, Gerhard: Verpflichtung und Verfügung – Sollen Verfügungen abstrakt oder kausal sein ?, Festschrift für F.A. Mann zum 70. Geburtstag, München 1977, 57.
ders.: Von wilden Tieren, zerstreuten Leuten und versunkenen Schiffen – Zum Verhältnis von Besitz und Eigentum an beweglichen Sachen, Festschrift für Ernst v. Caemmerer zum 70. Geburtstag, Tübingen 1978, 149.
Kelsen, Hans: Reine Rechtslehre mit einem Anhang: Das Problem der Gerechtigkeit, 2. Aufl. Wien, 1960.
Kern, Bernd-Rüdiger: Bürgerliches Recht: Das Verhältnis des Vorkaufsberechtigten zum Käufer, JuS 1990, 116.
Kessel, Christian: Der Eigentumsvorbehalt und Rezession in Großbritannien, RiW 1991, 812.
Kiefner, Hans: Das Rechtsverhältnis, Zu Savignys System des heutigen römischen Rechts: Die Entstehungsgeschichte des § 52 über das Wesen der Rechtsverhältnisse, Festschrift für Helmut Coing, Band I, München 1982, 149.
Kipp, Theodor: Über Doppelwirkungen im Recht, insbesondere über die Konkurrenz von Nichtigkeit und Anfechtbarkeit, Festschrift für Martitz, Berlin 1911, 211.
Kindl, Johann: Rechtsscheintatbestände und ihre rückwirkende Beseitigung, Berlin u.a., 1999.
ders.: Gutgläubiger Mobiliarerwerb und Erlangung des mittelbaren Besitzes, AcP 201 (2001), 391.
ders.: Das Eigentümer-Besitzer Verhältnis: Schadensersatz und Nutzungen, JA 1996, 115.
Kirchof, Hans-Peter; Lwowski, Hans-Jürgen; Stürner, Rolf (Hrsg): Münchener Kommentar zur Insolvenzordnung, Band 1 (§§ 1–102 InsO, InsVV), München 2001.
Knöchlein, Gerhard: Das Recht an der eigenen Sache, Die Eigentümerbriefgrundschuld nach deutschem und österreichischem Recht, Wien u.a., 1992.
Knöpfle, Robert: Die Vormerkung, JuS 1981, 157.
Koch, Peter: Die Mobiliarmiete – ein dingliches Recht, ZMR 1985, 187.

Köbl, Ursula: Das Eigentümer-Besitzer-Verhältnis im Anspruchssystem des BGB, Diss. Jur. Erlangen, Berlin, 1971.
Köhler, Helmut: Grundstücksschenkungen an Minderjährige – ein lediglich rechtlicher Vorteil ?, JZ 1983, 225.
Köndgen, Johannes: Wandlungen im Bereicherungsrecht, Festgabe für Josef Esser zum 65. Geburtstag, Kronberg 1975, 55.
Kötz, Hein: Trust und Treuhand, eine rechtsvergleichende Darstellung des anglo-amerikanischen trust und funktionsverwandter Institute des deutschen Rechts, Göttingen 1964.
Kohler, Josef: Der Dispositionsnießbrauch, IherJb 24 (1886), 187.
ders.: Recht und Process, GrünhutsZ 14 (1887), 1.
ders.: Beiträge zum Servitutenrecht, AcP 87 (1897), 157.
ders.: Zwölf Studien zum Bürgerlichen Gesetzbuch, IV. Vertrag und Übergabe, ArchBürgR 18 (1900), 1.
ders.: Verfügungsnutznießung, Verfügungsgemeinschaft und Gesamthandgut, AcP 107 (1911), 258.
Kohler, Jürgen: Das Verfügungsverbot gemäß §938 Abs.2 ZPO im Liegenschaftsrecht, Köln 1984.
ders.: Die gestörte Rückabwicklung gescheiterter Austauschverträge, Köln u.a. 1989.
ders.: Vormerkbarkeit eines durch abredewidrige Veräußerung bedingten Rückerwerbsanspruches, DNotZ 1989, 339.
ders.: Wandelungsbedingte Rücklieferung eingebauter Waren zum Eigentumsvorbehaltskäufer – OLG Stuttgart, ZiP 1987, 1129, JuS 1990, 530.
Kolb, Franz-Josef: Geheißerwerb, Frankfurt a.M. 1987.
Kraßer, Rudolf: Verpflichtung und Verfügung im Immaterialgüterrecht, GRUR Int 1973, 230.
Kraus, Georg: Eintragungsverbot und Erwerbsverbot, Diss. iur. Giessen 1934.
Krause, Herrmann: Schweigen im Rechtsverkehr. Beiträge zur Lehre von Bestätigungsschreiben, von der Vollmacht und von der Verwirkung, Marburg 1933.
ders.: Das Einigungsprinzip und die Neugestaltung des Sachenrechts, AcP 145 (1939), 312.
Kress, Hugo: Besitz und Recht, Eine civilrechtliche Abhandlung, Nürnberg 1909.
Krimphove, Dieter: Spieltheoretische Aspekte des Rechts – Ein Beitrag zur Analyse und Gestaltung von Recht mit Hilfe objektiver, quantifizierbarer Methodik, Rechtstheorie 35 (2004), 19.
Krückmann, Paul: Beschränkter Rechtserwerb oder qualitative Teilung nach römischem Recht, AcP 103 (1908), 139.
ders.: Sachbesitz, Rechtsbesitz Rechtsschein in der Theorie des gemeinen Rechts, AcP 108 (1912), 179.
Krüger, Wolfgang: Das Anwartschaftsrecht – ein Faszinosum, JuS 1994, 905.
Krusch, Walter: Grundzüge eines neuen Fundrechts, AcP 148 (1943), 282.
Kühne, Eberhard: Versprechen und Gegenstand, AcP 140 (1935), 1.
Kuhlen, Lothar: Typuskonzeptionen in der Rechtstheorie, Berlin 1977.
Kupisch, Berthold: Gesetzespositivismus im Bereicherungsrecht, Zur Leistungskondiktion im Drei-Personen Verhältnis, Berlin 1978.
ders.: Auflassungsvormerkung und guter Glaube, JZ 1977, 486.
Landwehr, Götz: Abstrakte Rechtsgeschäfte in Wissenschaft und Gesetzgebung des 19. Jahrhunderts, in: Karsten Schmidt (Hrsg.), Rechtsdogmatik und Rechtspolitik, Berlin 1989, 173.
Lang, H. v.: Handbuch des im Königreich Württemberg geltenden Sachenrechts, 2 Bände, Tübingen 1893.

Lang, Walther: Die Gesamthypothek, AcP 89 (1899), 251.

Lange, Heinrich: Rechtsgrundabhängigkeit im Boden- und Fahrnisrecht, AcP 146 (1941), 28.

Lange, Hermann: Schenkungen an beschränkt Geschäftsfähige und § 107 BGB, NJW 1955, 1339.

ders.: Eigentumserwerb in den Fällen des § 934 Halbs. 1 BGB – BGHZ 50, 45; JuS 1969, 162.

Lange, Heinrich / Kuchinke, Kurt: Erbrecht, 5. Aufl., München 2001.

Langen, Eugen / Bunte, Hermann-Josef (Begr./Hrsg.): Kommentar zum deutschen und europäischen Kartellrecht, Band 1, 9. Aufl., Neuwied u.a., 2001.

Langhein, A. W. Heinrich: Das Prinzip der Analogie als juristische Methode, Ein Beitrag zur Geschichte der methodologischen Grundlagenforschung vom ausgehenden 18. bis zum 20. Jahrhundert, Berlin 1992.

Larenz, Karl: Methodenlehre der Rechtswissenschaft, 6. Aufl., Berlin u.a. 1991.

ders.: Zur Struktur »subjektiver Rechte«, Festgabe für Johannes M. Sontis, München 1977, 129.

ders.: Lehrbuch des Schuldrechts, Band II Halbband 1, Besonderer Teil; 13. Aufl., München 1986.

Larenz, Karl / Canaris, Claus-Wilhelm: Lehrbuch des Schuldrechts, Band II Halbband 2, 13. Aufl., München 1994.

Larenz, Karl / Wolf, Manfred: Allgemeiner Teil des Bürgerlichen Rechts, 9. Aufl., München 2004.

Last, Adolf: Fragen der Besitzlehre, IherJb 63 (1913), 71.

Leenen, Detlef: Typus und Rechtsfindung, Die Bedeutung der typologischen Methode für die Rechtsfindung dargestellt am Vertragsrecht des BGB, Berlin 1971.

Lehmann, Jochen: Sachherrschaft ohne Sozialbindung ?, Ein Beitrag zu Gegenwart und Geschichte des zivilrechtlichen Eigentumsbegriffes, Berlin 2004.

Leible, Stefan: Die Mitteilung der Kommission zum Europäischen Vertragsrecht – Startschuss für ein Europäisches Vertragsgesetzbuch ? EWS 2001, 471.

Leonhard, Franz: Vertretung beim Fahrniserwerb, Leipzig 1899.

Leonhardt, Rudolf: Gutachten über die Frage, ob und unter welchen Voraussetzungen das constitutum possessorium mit der Wirkung der Besitzübertragung für bewegliche Sachen auszustatten sei, Verhandlungen des 15. Deutschen Juristentages I (1880), 91, (1881), 1.

ders.: Über die Gefahren einer Beseitigung der Verpfändung beweglicher Sachen durch bloßen Vertrag nebst einem Anhang über die beabsichtigte Beseitigung des constitutum possessorium, Gruchot 25 (1881), 177.

ders. Ein amerikanisches Urteil über die deutsche Besitzlehre, Festschrift für Otto von Gierke, Weimar 1911, 19.

Lessmann, Herbert: Irrtumsanfechtung nach § 119 BGB, die einzelnen Irrtumsarten dargestellt anhand von Fällen und Beispielen, JuS 1969, 478, 525.

Lettl, Tobias: Das Entstehen des Rückgewähranspruchs bei Sicherungsgrundschulden, WM 2002, 788.

Leuscher, Lars: Die Bedeutung von Allgemeinwohlinteressen bei der verfassungsrechtlichen Rechtfertigung privatrechtlicher Regelungen am Beispiel der §§ 932ff., BGB, AcP 205 (2005), 205.

Lewin on Trusts by John Mowbray, Lynton Tucker, Nicholas Le Poidevin, Edwin Simpson, 17th ed., London 2000.

Liebs, Detlef: Römisches Recht, 5. Aufl., Göttingen 1999.
Liebs, Rüdiger: Die unbeschränkbare Verfügungsbefugnis, AcP 175 (1975), 1.
Liebscher, Werner: Die Eigentumsausübung zu Wettbewerbszwecken im Rahmen von Dauerschuldverhältnissen, 1975.
Linde, Trutz: Wärmelieferungsverträge und ihre dingliche Sicherung, BWNotZ 1980, 29.
Lindemann, Achim: Die Durchbrechungen des Abstraktionsprinzips durch die höchstrichterliche Rechtsprechung seit 1900 – zugleich ein Beitrag zum interessen- und systemgerechten Einsatz der Durchbrechungsmittel, Konstanz 1989.
Lins, Susanna: Das Fundrecht des BGB, Frankfurt a.M. 1994.
Löning, George A: Die Grundstücksmiete als dingliches Recht, Jena 1930.
Löwisch, Manfred: Der Deliktsschutz relativer Rechte, Berlin 1970.
Looschelders, Dirk / Roth, Wolfgang: Juristische Methodik im Prozess der Rechtsanwendung, Zugleich ein Beitrag zu den verfassungsrechtlichen Grundlagen von Gesetzesauslegung und Rechtsfortbildung, Berlin 1996.
Lopau, Eberhard: Der Rückerwerb des Nichtberechtigten, JuS 1971, 233.
ders.: Der Rechtsschutz des Besitzes, JuS 1980, 501.
Lorenz, Arndt: Fahrnisübereignung und Leistungswille, München 1990.
Lotz, François: Droit civil alsacien-lorrain, Paris 1977.
Lübtow, Ulrich v.: Hand wahre Hand, Festschrift der Juristischen Fakultät der Freien Universität Berlin zum 41. Deutschen Juristentag, Berlin u.a. 1955, 119.
ders.: Die Struktur der Pfandrechte und Realasten – Zugleich ein Beitrag zum Problem der subjektlosen Rechte, Festschrift für Heinrich Lehmann zum 80. Geburtstag, I. Band, Berlin u.a. 1956, 328.
ders.: Eigentümernießbrauch an Grundstücken, NJW 1962, 275.
Lüke, Gerhard / Wax, Peter (Hrsg.): Münchener Kommentar zur Zivilprozessordnung, 2. Aufl., München 2000.
Lutter, Marcus: Gesamterbbaurecht und Erbbaurechtsteilung, DNotZ 1960, 80.
ders.: Die Grenzen des sogenannten Gutglaubensschutzes im Grundbuch, AcP 164 (1964), 122.
Lwowski, Hans J.: Verdeckte Nachverpfändung bei einer Eigentümerbriefgrundschuld, DNotZ 1979, 328.
Maier, Axel-Ulrich: Zivil- und kartellrechtliche Probleme der Absatzsicherung in der Fernwärmeversorgungswirtschaft, 1987
Marcuse: Wirkung der Ungültigkeit des Kausalgeschäfts auf das sachenrechtliche Erfüllungsgeschäft, Gruchot 66 (1923), 159.
Marotzke, Wolfgang: Das Anwartschaftsrecht – ein Beispiel sinnvoller Rechtsfortbildung ?, Berlin, 1977.
ders., Gegenseitige Verträge in Konkurs und Vergleich, 2. Aufl., Neuwied u.a. 1998.
ders.: Der Eigentumsvorbehalt im neuen Insolvenzrecht, JZ 1995, 803.
Martinek, Michael: Traditionsprinzip und Geheißerwerb, AcP 188 (1988), 573.
Masloh, Tania: Zivilrechtliche Aspekte der öffentlich-rechtlichen Baulast, NJW 1995, 1993.
Maurer, Jörg: Die Prinzipien der Abstraktion, Kausalität und Trennung, insbesondere bei Verfügungen, Frankfurt a.M. u.a. 2003.
May, Erich: Die Möglichkeit der Beseitigung des Abstraktionsprinzips bei den Verfügungsgeschäften des Fahrnisrechts, Mainz u.a., 1952.
Mayer-Maly, Theo: Das Eigentumsverständnis der Gegenwart und die Rechtsgeschichte, Festschrift für Heinz Hübner zum 70. Geburtstag, Berlin u.a. 1984, 145.

Medicus, Dieter: Allgemeiner Teil des BGB, 8. Aufl., Heidelberg 2002.
ders.: Bürgerliches Recht, 20. Aufl., Köln u.a. 2004; [BR].
ders.: Vormerkung, Widerspruch und Beschwerde, AcP 163 (1964), 1.
ders.: Besitzschutz durch Ansprüche auf Schadensersatz, AcP 165 (1965), 115.
ders.: Akzessorietät im Zivilrecht, JuS 1971, 497.
ders.: Ist Schweigen Gold ? – Zur Widerlegung der Rechtsvermutungen aus §§ 891, 1006 BGB, Festschrift für Fritz Baur, Tübingen 1981, 63.
ders.: Gedanken zum Nebenbesitz, Festschrift für Heinz Hübner zum 70. Geburtstag, Berlin 1984, 611.
ders.: Ansprüche auf Herausgabe, JuS 1985, 657–664.
ders.: Die Forderung als »sonstiges Recht« nach § 823 Abs. 1 BGB, Festschrift für Ericht Steffen zum 65. Geburtstag, Berlin u.a. 1995, 333.
ders.: Besitz, Grundbuch und Erbschein als Rechtsscheinträger, JURA 2001, 294.
v. Meibom: Zum Hypotheken- und Grundschuldrecht des Entwurfes eines bürgerlichen Gesetzbuchs für das deutsche Reich, AcP 74 (1889), 337.
Meikel: Grundbuchrecht, 9. Aufl., München 2003 / 2004.
Meischeider, Emil: Besitz und Besitzschutz, Berlin 1876.
Melchers, Johannes: Das Recht auf Grundbucheinsicht, RPfleger 1993, 309.
Mengelkoch: Welche Beziehungen bestehen zwischen der Gültigkeit des Rechtsverhältnisses und dem Entstehen des mittelbaren Besitzes nach § 868 BGB ?, IherJb 76 (1926), 53.
Menger, Anton: Das bürgerliche Recht und die besitzlosen Volksklassen, 5. Aufl., Tübingen 1927.
Merkt, Hanno: Unternehmenspublizität, Offenlegung von Unternehmensdaten als Korrelat der Marktteilnahme, Tübingen 2001.
Merle, Werner: Zur Übertragung sog. Sondernutzungsrechte, RPfleger 1978, 86.
Meyer, Herbert: Das Publizitätsprinzip im Deutschen Bürgerlichen Recht, München 1909.
Meyer, Peter: Einheitliches Grundpfandrecht oder Wettbewerb der Rechtsordnungen, EuZW 2004, 389.
Meyer-Hayoz, Arthur: Strategische und taktische Aspekte der Fortbildung des Rechts, JZ 1981, 417.
Michaels, Ralf: Sachzuordnung durch Kaufvertrag – Traditionsprinzip, Konsensprinzip, ius ad rem in Geschichte, Theorie und geltendem Recht, Berlin, 2002.
Michalski, Lutz: Versuch einer Korrektur der Inkongruenz von § 933 und § 934 BGB, AcP 181 (1981), 384.
ders.: Die analoge Anwendbarkeit des § 817 Satz 2 außerhalb des § 817 Satz 1 BGB, JURA 1994, 113, 232.
ders.: Anwendungsbereich, Funktion und dogmatische Einordnung des Eigentümer-Besitzer-Verhältnisses, Festschrift für Wolfgang Gitter zum 70. Geburtstag, Wiesbaden 1995, 577.
Michel, Arndt: Überschießende Rechtsmacht als Problem abstrakter und nicht-akzessorischer Konstruktionen, Baden-Baden 2000.
Minuth, Klaus: Besitzfunktionen beim gutgläubigen Mobiliarerwerb im deutschen und französischen Recht, Tübingen 1990.
Mölders, Hans: Nichtigkeit von Grund- und Erfüllungsgeschäft wegen Sittenwidrigkeit, Diss. iur. Münster 1959.
Mühl, Otto: Wandlungen des Bereicherungsrechts und die Rechtsprechung des Bundesgerichtshofs, Festgabe für Ulrich v. Lübtow zum 80. Geburtstag, Berlin 1980, 547.
ders.: Sicherungsübereignung, Sicherungsabrede und Sicherungszweck, Festschrift für Rolf Serick zum 70. Geburtstag, Heidelberg 1992, 285.

Müller, Friedrich / Christensen, Ralph: Juristische Methodik, Band I, Grundlagen, Öffentliches Recht, 9. Auflage, Berlin 2004.
Müller, Klaus: Sachenrecht, 4. Aufl., Köln u.a. 1997.
Müller, Wulf: Heimlicher Gutglaubenserwerb ?, AcP 137 (1933), 86.
Müller-Erzbach, Rudolf: Das Recht des Besitzes aus der vom Gesetz vorausgesetzten Interessen- und Herrschaftslage entwickelt, AcP 142 (1936), 5.
Müller-Laube, Hans-Martin: Die Konkurrenz zwischen Eigentümer und Anwartschaftsberechtigtem um die Drittschutzansprüche, JuS 1993, 529.
Münch, Joachim: Die Sicherungsdienstbarkeit zwischen Gewerberecht und Kartellrecht, ZHR 157 (1993), 559.
Münchener Kommentar zum Bürgerlichen Gesetzbuch (hrsg. von *Rebmann, Kurt; Säcker, Franz Jürgen, Rixecker, Roland*), 4. Aufl., München.
Band 1, Allgemeiner Teil (2001)
Band 2a, Schuldrecht Allgemeiner Teil (2002)
Band 3, Schuldrecht Besonderer Teil I, §§ 433–610 (2004)
Band 4, Schuldrecht Besonderer Teil II, §§ 610–704 (2005)
Band 5, Schuldrecht Besonderer Teil III, §§ 705–853 (2004)
Band 6, Sachenrecht (2004)
Band 9, Erbrecht (2004)
Münchener Kommentar zur Insolvenzordnung (hrsg. von *Kirchhof, Hans-Peter, Lwowski, Hans-Jürgen, Stürner, Rolf*), München 2001ff.
Band 1 (§§ 1–102), 2001
Band 2 (§§ 103–269),2002.
Mulzer, Ingeborg: Die dingliche Sicherung ausschließlicher Bezugspflichten durch Verbotsdienstbarkeiten, 1987.
Musielak, Hans-Joachim: Zum Rückerwerb des Eigentums durch den nichtberechtigten Ver- äußerer, Liber Amicorum Kegel, München 2002, 125.
Neumayer, Karl H.: Die sogenannte Vindikationszession (§ 931 BGB) im dogmatischen Spannungsfeld zwischen Übereignung und produratio in rem, Festschrift für Heinrich Lange zum 70. Geburtstag. München 1970, 305.
Nicolini, Käte; Ahlberg, Hartwig (Hrsg.): Möhring/Nicolini, Urheberrechtsgesetz, 2. Aufl., München 2000.
Niedenführ, Werner/ Schulze, Hans-Jürgen: WEG, Handbuch und Kommentar zum Wohnungseigentumsgesetz, 7. Aufl., Heidelberg 2004.
Nordhues, Hans-Günther: Globalzession und Prioritätsprinzip, Münster u.a., 1994.
Obstfelder: Zur Besitzausübung durch Treuhänder beim Warenlombardverkehr, ZHR 56 (1905), 126.
Oefele, Herlmut Freiherr v./ Winkler, Karl: Handbuch des Erbbaurechts, 3. Aufl., München 2003.
Oellers, Bernd: Doppelwirkung im Recht ? AcP 169 (1969), 67.
Oertmann, Paul: Der Dinglichkeitsbegriff, IherJb 31 (1892), 415.
ders.: Zur Struktur der subjektiven Privatrechte, AcP 123 (1925), 129.
Ohly, Ansgar: Geistiges Eigentum ?, JZ 2003, 545.
Olzen, Dirk: Die geschichtliche Entwicklung des zivilrechtlichen Eigentumsbegriffs, JuS 1984, 328.
ders.: Aktuelle zivilrechtliche Probleme des Eigentums, in: J.F. Baur (Hrsg.), Das Eigentum, Göttingen 1989, 103.
Padeck, Eberhard: Rechtsprobleme des sogenannten Streckengeschäfts, JURA 1987, 454.

Paul, Thomas: Die Sicherungsabtretung im deutschen und amerikanischen Recht, Berlin, 1988.
Paulus, Gotthard: Kreditsicherung durch Übertragung von Eigentum und Anwartschaften, JZ 1957, 41.
Paulus, Christoph: Richterliches Verfügungsverbot und Vormerkung in Konkurs – Ein Beitrag zur Systematik der Vorzugsrechte, Berlin 1981.

ders.: Deliktsschutz für den Vormerkungsberechtigten ?, JZ 1993, 555.
Pawlowski, Hans-Martin: Methodenlehre für Juristen, Theorie der Norm und des Gesetzes, 3. Aufl., Heidelberg 1999.
ders.: Der Rechtsbesitz im geltenden Sachen- und Immaterialgüterrecht, Göttingen 1961.
ders.: Substanz- oder Funktionseigentum ?, zum Eigentumsbegriff des geltenden Rechts, AcP 165 (1965), 395.
Penski, Ulrich: Rechtsgrundsätze und Rechtsregeln – Ihre Unterscheidung und das Problem der Positivität des Rechts, JZ 1989, 105.
Penz, Peter: Ausgewählte Fragen zum Dienstbarkeitsrecht, BWNotZ 1982, 106.
Peters, Frank: Kauf und Übereignung, JURA 1986, 449.
ders.: Der Entzug des Eigentums an beweglichen Sachen durch gutgläubigen Erwerb, Tübingen 1991.
Pflüger, H.H.: Über die rechtliche Natur der Reallasten, AcP 81 (1893), 292.
Picker, Eduard: Die Drittwiderspruchsklage in ihrer geschichtlichen Entwicklung als Beispiel für das Zusammenwirken von materiellem Recht und Prozessrecht, Köln u.a., 1981.
ders.: Gutgläubiger Erwerb und Bereicherungsausgleich bei Leistungen im Dreipersonenverhältnis, NJW 1974, 1790.
ders.: Positive Forderungsverletzung und culpa in contrahendo – Zur Problematik der Haftung »zwischen« Vertrag und Delikt, AcP 183 (1983), 369.
ders.: Mittelbarer Besitz, Nebenbesitz und Eigentumsvermutung in ihrer Bedeutung für den Gutglaubenserwerb – Zur Korrektur und Harmonisierung der §§ 933, 934 und § 1006 BGB, AcP 188 (1988), 511.
Piechotta, Carola: Die Stellung des gutgläubigen Immobiliarerwerbers von seiner Eintragung im Grundbuch, Diss. Münster 1998.
Pikalo, Alfred: Der Nießbrauch im Landwirtschaftsrecht, DNotZ 1971, 389.
Pinto Monteiro, António: Sobre o nao cumprimento na venda a prestaçoes (algumas notas), O Direito 1990, 555.
Penner, J.E.: The »Bundle of rights« Picture of Property, UCLA Law Review 34 (1996), 711.
Peters, Casjen: Die Ansprüche aus dem Eigentum, AcP 153 (1954), 454.
Peters, Frank: Der Entzug des Eigentums an beweglichen Sachen durch gutgläubigen Erwerb, Tübingen 1991.
Pérochon, Françoise: La réserve de propriété dans la vente de meubles corporels, Paris 1988.
Pflüger, H.H. : Die sogenannten Besitzklagen nach römischem Recht, Leipzig 1890.
Planck, Gottfried: Zur Kritik des Entwurfs eines bürgerlichen Gesetzbuchs für das deutsche Reich, AcP 75 (1889), 327.
Pohlmann, Petra: Die Heilung formnichtiger Erfüllungsgeschäfte durch Erfüllung, Berlin 1992.
Portmann, Wolfgang: Wesen und System der subjektiven Privatrechte, Zürich, 1997.
Predari: Einiges zur Lehre vom Gesamtgrundpfand nach deutschem und schweizerischem Rechte, Gruchot 69 (1928), 421.

Preißmann, Kai: Die Reallast, Diss. iur. Bonn, 1995.
Preuß, Nicola: Die Vormerkbarkeit künftiger und bedingter Ansprüche, AcP 201 (2001), 580.
Probst, Adolf: Merfacher gleichstufiger mittelbarer Besitz und gutgläubiger Eigentumserwerb nach § 934 BGB, ZHR 101 (1935), 199.
Prütting, Hanns: Beschränkungen des Wettbewerbs durch Dienstbarkeiten, Gedächtnisschrift für Dietrich Schultz, Köln u.a., 287.
Przibilla, E: Zur Lehre vom mittelbaren Besitz, JW 1908, 395.
Raape, Leo: Die Aneignungsüberlassung, IherJb 74 (1924), 179.
ders.: Sachmängelhaftung und Irrtum beim Kauf, AcP 150 (1949), 481.
Radke, Wolfram W.: Bedingungsrecht und Typenzwang, Eine Untersuchung zu Grundlagen und Grenzen privatautonomer Gestaltung, Berlin 2001.
Raiser, Ludwig; Dingliche Anwartschaften, Tübingen 1961.
ders.: Der Stand der Lehre vom subjektiven Recht im deutschen Zivilrecht, JZ 1961, 465.
Ranft, Wilfried: Die »Verdinglichung« des Erbbaurechtsinhalts, Frankfurt a.M. 1993.
Ranieri, Filippo: Die Lehre der abstrakten Übereignung in der deutschen Zivilrechtswissenschaft des 19. Jahrhunderts, in: Coing/Wilhelm, Wissenschaft und Kodifikation des Privatrechts im 19. Jahrhundert, Band II, Frankfurt a.M., 1977, 90.
Rebe, Bernd: Zur Ausgleichsfunktion von § 935 zwischen Vertrauensschutz und Eigentümerinteressen beim gutgläubigen Mobiliarerwerb, AcP 173 (1973), 186.
Rehbinder, Manfred: Urheberrecht, 13. Aufl., München 2004.
Rehme, Paul: Zur Geschichte des Grundbuchswesens in Berlin, Festschrift für Otto v. Gierke zum Siebzigsten Geburtstag, Weimar 1911, 525.
Reich, Norbert: Die Sicherungsübereignung, Bad Homburg 1970.
Reichel, Hans: Der Begriff der Frucht im römischen Recht und im deutschen BGB, IherJb 46 (1901), 205.
ders.: Die Vormerkung im Deutschen Bürgerlichen Gesetzbuche, IherJb 46 (1904), 59.
Reimer, Jürgen: Die aufgedrängte Bereicherung : Paradigma der »negatorischen« Abschöpfung in Umkehrung zum Schadenersatz, Berlin 1990.
Reinhardt, Rudolf / Erlighausen P.: Die rechtsgeschäftliche Treuhand – ein Problem der Rechtsfortbildung, JuS 1962, 41.
Reinicke, Michael: Schein und Sein bei § 15 Abs. 1 HGB, JZ 1985, 272.
Richter, Wolfgang: Tatsächliche Einwirkungen auf das Kaufgrundstück und Vormerkungsschutz, Zur Rechtsstellung des geschützten Käufers und des Erwerbers bei vormerkungs-widrigem Zweitverkauf, Berlin 1999.
Richter, Rudolf / Furubotn, Eirik: Neue Institutionenökonomik; Eine Einführung und kritische Würdigung; 3. Auflage, Tübingen 2003.
Rintelen, Claus v.: Der Übergang nicht akzessorischer Sicherheiten bei der Sicherungszession, Bielefeld 1996.
Ripfel, Franz: Dienstbarkeit, Wohnungsrecht und Gegenleistung, DNotZ 1968, 404.
Rittner, Fritz: Bestellung eines Pfandrechts ohne unmittelbaren Besitz des Pfandgläubigers durch schlichte Einigung ?, JZ 1965, 274.
Rode, Karlheinz: Begriff und typologische Gesetzesinterpretation, JR 1968, 401.
Röhl, Klaus F.: Allgemeine Rechtslehre, 2. Aufl., Köln u.a. 2001.
Röll, Ludwig: Gutgläubiger Erwerb im Wohnungseigentum, Festschrift für Hanns Seuß zum 60. Geburtstag, München 1987, 233.
Röthel, Anne: Herstellungsverträge und Eigentumsordnung, NJW 2005, 625.
Rombach, Patricia: Die anfängliche und nachträgliche Übersicherung bei revolvierenden Globalsicherheiten, Berlin 2000.

Rosenberg, Leo / Gaul, Hans Friedhelm / Schilken, Eberhard: Zwangsvollstreckungsrecht, 11. Aufl., München 1997 [ZVR].
Roth, Andreas: Abstraktions- und Konsensprinzip und ihre Auswirkungen auf die Rechtsstellung der Kaufvertragsparteien, ZvglRWiss 92 (1993), 371.
Rother, Werner: Die Erfüllung durch abstraktes Rechtsgeschäft, AcP 169 (1969), 1.
Rothkegel, Ralf: Der Eigentumserwerb bei Verarbeitung, Köln u.a. 1974.
Rothoeft, Dietrich: Grenzüberschreitende Bebauung bei Erbbaurechten, NJW 1974, 665.
Rott, Thilo: Vereinheitlichung des Rechts der Mobiliarsicherheiten, Tübingen 2000.
Rottnauer, Achim: Die Mobliarsicherheiten unter besonderer Berücksichtigung der besitzlosen Pfandrechte im deutschen und englischen Recht, Berlin, 1992.
Roussos, Kleanthis: Die Übertragung des mittelbaren Besitzes beim gutgläubigen Fahrniserwerb, JURA 1987, 403.
Rümelin, Gustav : Obligation und Haftung, AcP 68 (1885), 151.
Rüthers, Bernd/Birk, Axel: Rechtstheorie, 2. Aufl., München 2005.
Rütten, Wilhelm: Mehrheit von Gläubigern, Tübingen 1989.
Säcker, Franz Jürgen: Zum Begriff des Herstellers in § 950 BGB, JR 1966, 51.
ders.: Das Sachenrecht – Sinneinheit übergreifender Leitideen und Funktionsprinzipien oder Relikt verfehlter Systematik ?, Festschrift für Mark Moiseevič Boguslavskij, Berlin 2004, 805.
Säcker, Franz Jürgen (Hrsg.): Berliner Kommentar zum Energierecht, Energiewettbewerbsrecht, Energieregulierungsrecht, Energieumweltschutzrecht, München 2004.
Saenger, Ingo: Ende der Unsicherheiten bei Globalsicherheiten, ZBB 1998, 174.
Sandtner, Walter: Kritik der Besitzlehre, München 1968.
Savigny, Friedrich Carl v.: Das Recht des Besitzes – Eine civilistische Abhandlung, 7. Aufl., Wien 1865.
ders.: Obligationenrecht, Band 1, Berlin 1851; Band 2, Berlin 1853 (Neudruck 1973).
ders.: System des heutigen römischen Rechts (8. Bde), Berlin 1840–1851.
Schack, Haimo: Urheber- und Urhebervertragsrecht, 3. Aufl., Tübingen 2005.
Schäfer, Alexander M: Das Abstraktionsprinzip beim Vergleich, Bielefeld 1992.
Schäfer, L: Die Rechtsprechung über die Sicherungsübereignung, ArchBürgR 38 (1913), 1.
Schapp, Jan: Über die Freiheit im Recht, AcP 192 (1992), 355.
ders.: Das Zivilrecht im Anspruchssystem, JuS 1992, 537.
Schapp, Jan / Schur, Wolfgang: Sachenrecht, 3. Aufl., München 2002.
Schermaier, Martin Josef: Ansprüche des Besitzers gegen den ehemaligen Eigentümer ?, § 1001 BGB zwischen Bereicherungsrecht und EBV, Festschrift für Helmut Kollhosser zum 70. Geburtstag, Karlsruhe, 2004, 635.
Scheuerle, Wilhelm A.: Das Wesen des Wesens, Studien über das sogenannte Wesensargument im juristischen Begründen, AcP 163 (1964), 429.
Schindler, Karl-Heinz: Kausale oder Abstrakte Übereignung, Festschrift für Karl Kroeschell zum 70. Geburtstag, München 1997, 1033.
Schippers, Josef: Aktuelle Fragen des Grundstücksnießbrauchs in der notariellen Praxis, MittRhNotK 1996, 197.
Schlesinger, Piero: Il Codice Civile, Commentario, Milano 1994.
Schlosser, Hans: Außenwirkungen verfügungshindernder Abreden bei der rechtsgeschäftlichen Treuhand, NJW 1970, 681.
Schlosser, Peter: Der Eigentumsvorbehalt, JURA 1986, 35.
Schlossmann: Ueber den Begriff des Eigenthums, IherJb 45 (1903), 289.
Schlüter, Wilfried: Durchbrechungen des Abstraktionsprinzips über § 139 BGB und Hei-

lung eines formnichtigen Erbteilkaufs durch Erfüllung – BGH NJW 1967, 1128, JuS 1969, 10.
Schmelzeisen, Gustaf Klemens: Die Relativität des Besitzbegriffs, AcP 136 (1932), 38, 129.
Schmidt, Friedrich: Gegenstand und Inhalt des Sondereigentums, MittBayNotV 1985, 237.
Schmidt, Jürgen: Aktionsberechtigung und Vermögensberechtigung. Ein Beitrag zur Theorie des subjektiven Rechts, Köln 1969.
Schmidt, Johannes: Sachenrechtliche Zulässigkeit wettbewerbsbeschränkender Dienstbarkeiten, 1984
Schmidt, Karsten: Zur Akzessorietätsdiskussion bei Sicherungsübereignung und Sicherungszession, Festschrift für Rolf Serick zum 70. Geburtstag, Heidelberg 1992, 329.
Schmidt, Rudolf: Der Pfandbesitz, AcP 134 (1931), 1, 129.
Schmidt-Rimpler, Walter: Eigenschaftsirrtum und Erklärungsirrtum, Festschrift für Heinrich Lehmann Band I, Berlin u.a. 1956, 223.
Schnatenberg, Peter: Die Entstehung der Regeln des BGB über den mittelbaren Besitz unter besonderer Berücksichtigung des dinglichen Verhältnisses zwischen Mieter und Vermieter, Diss. Köln, 1994.
Schnauder, Franz: Die Relativität der Sondernutzungsrechte, Festschrift für Johannes Bärmann und Hermann Weitnauer, München 1990, 567.
Schneider, Wolfgang: Zur Grundbucheintragung von Regelungen der Wohnungseigentümer, ZfIR 2002, 108.
Schön, Wolfgang: Der Nießbrauch an Sachen, Köln, 1992.
Schöner, Hartmut: Zur Abgrenzung von Dienstbarkeit und Nießbrauch, DNotZ 1982, 416.
Schönfeld, Friedrich: Verwendungsansprüche des Werkunternehmers bei Unwirksamkeit des Werkvertrages – Zugleich ein Beitrag zur Auslegung des § 986 BGB, JZ 1959, 301.
Scholler: Pfandrecht und Grundschuld, Gutachten aus dem Anwaltsstande über die erste Lesung des Entwurfs eines Bügerlichen Gesetzbuchs, Berlin 1890, 359.
Scholz, Hellmut: Der Wechsel des Gläubigers einer fiduziarisch gesicherten Forderung, NJW 1962, 2228.
Schraepeler, Hans-Joachim: Gebäudeschicksal nach Heimfall oder Erlöschen von Nachbarerbbaurechten, NJW 1973, 738.
ders.: Freiheit und Bindung des Eigentümers bei Nachbarerbbaurechten, NJW 1978, 2076.
Schreiber, Klaus: Eigentumserwerb durch Fund, JURA 1990, 446.
ders./Burbulla, Rainer: Der gutgläubige Erwerb von beweglichen Sachen, JURA 1999, 150.
dies.: Der gutgläubige Erwerb von unbeweglichen Sachen, JURA 1999, 491.
Schreiber: Abhängigkeit des Erfüllungsgeschäfts vom obligatorischen Vertrage bei anfechtbaren und unsittlichen Rechtsgeschäften, Gruchot 52 (1908), 515.
Schreiber, Klaus / Kraft, Klaus: Der Abstraktionsgrundsatz, JURA 1989, 617.
Schricker, Gerhard (Hrsg.): Urheberrecht, 2. Aufl., München 1999.
Schröder, Jochen: Kauf und Übereignung im neuen Zivilgesetzbuch der DDR, Festschrift für Friedrich Wilhelm Bosch zum 65. Geburtstag, Bielefeld 1976, 875.
Schubert, Werner: Die Entstehung der Vorschriften des BGB über Besitz und Eigentumsübertragung – Ein Beitrag zur Entstehungsgeschichte des BGB, Berlin 1966.
Schulze, Götz: Rechtsfragen des Selbstbedienungskaufs, AcP 201 (2001), 232.
Schurig, Klaus: Das Vorkaufsrecht im Privatrecht; Geschichte, Dogmatik, ausgewählte Fragen, Berlin, 1975.
Schuscke, Wilfried: Vollstreckung und vorläufiger Rechtsschutz, Kommentar zum Achten Buch der Zivilprozessordnung, Band I Zwangsvollstreckung, §§ 704–915 ZPO, Köln u.a., 1992.

ders.: »Dingliche« und »schuldrechtliche« Sondernutzungsrechte – Versuch einer Begründung, NZM 1999, 241.

Schwab, Karl-Heinz / Prütting, Hanns: Sachenrecht, 30. Aufl., München 2003.

Schwake, Jürgen: Zur Entwicklung des Besitzbegriffs im 19. Jahrhundert unter dem Einfluß Savignys, Diss. Göttingen 1984.

Schweiger, Gabriele: Sondernutzungsrecht im Wohnungseigentum, Diss. Würzburg 1987.

Schwind, Ernst v.: Die Reallastenfrage – Eine rechtsgeschichtliche und rechtspolitische Studie, IherJb 33 (1894), 1.

Seckelmann, Helmut: Die Grundschuld als Sicherungsmittel, Berlin 1963.

Seif, Ulrike: Der Bestandsschutz besitzloser Mobiliarsicherheiten im deutschen und englischen Recht, Tübingen 1997.

Serick, Rolf: Eigentumsvorbehalt und Sicherungsübereignung, Bände I – V, Heidelberg 1963–1982.

Siber, Heinrich: Zur Theorie von Schuld und Haftung nach Reichsrecht, IherJb 50 (1906), 55.

ders.: Eigentumsanspruch und schuldrechtliche Herausgabeansprüche vom Standpunkte der Rechtsneuordnung; Bericht an die Ausschüsse für Boden- und Fahrnisrecht der Akademie für deutsches Recht, IherJb 89 (1941), 1.

Siebert, Wolfgang: Das rechtsgeschäftliche Treuhandverhältnis. Ein dogmatischer und rechtsvergleichender Beitrag zum allgemeinen Treuhandproblem, Marburg 1933.

ders.: Die besitzrechtliche Grundlage der dinglichen Wirkung der Traditionspapiere, ZHR 93 (1929), 1.

Siehr, Kurt: Der gutgläubige Erwerb beweglicher Sachen, ZverglRWiss 80 (1981), 273.

ders.: Ersitzung und Bereicherung – Zum Verhältnis zwischen Schuld- und Sachenrecht, Festschrift für Hans Stoll zum 75. Geburtstag, Tübingen 2001, 373.

Simon, Paul: Die rechtliche Natur der sachenrechtlichen Einigung, Breslau 1907.

Singer, Reinhard: Selbstbestimmung und Verkehrsschutz im Recht der Willenserklärungen. München 1995.

Smid, Stefan: Zwangsvollstreckung und Passivprozess durch Sicherungsnehmer als Gläubiger und Kläger in der Insolvenz des Sicherungsnehmers, ZinsO 2000, 433.

Soergel, Hs. Th. (Begr.): Bürgerliches Gesetzbuch mit Einführungsgesetz und Nebengesetzen, 13. Aufl., Stuttgart 1999ff; [zit.: Soergel/*Bearb.*].

Band 1 (Allgemeiner Teil 1), 13. Aufl., Stuttgart 2000.

Band 2 (Allgemeiner Teil 2), 13. Aufl., Stuttgart 1999.

Band 14 (Sachenrecht 1), 13. Aufl., Stuttgart 2002.

Band 16 (Sachenrecht 3), 13. Aufl., Stuttgart 2001.

Sohm, Rudolph: Der Begriff des Forderungsrechts, GrünhutsZ 4 (1877), 457.

ders.: Die subjektiven Rechte im deutschen BGB, IherJb 73 (1923), 268.

Sontis, Johannes M.: Strukturelle Betrachtungen zum Eigentumsbegriff, FS Larenz I, München 1973, 981.

Sosnitza, Olaf: Besitz und Besitzschutz, Tübingen 2003.

ders.: Subjektives Recht und Ausschließlichkeit; Zugleich ein Beitrag zur dogmatischen Einordnung der geographischen Herkunftsangaben, MarkenR 2000, 77.

Spellenberg, Ulrich: Sicherheit im Grundstücksverkehr, *Publicité foncière*, Grundbuch und *Torrens*-Systeme, Festschrift für Werner Lorenz zum siebzigsten Geburtstag, Tübingen 1991.

Stadler, Astrid: Gestaltungsfreiheit und Verkehrsschutz durch Abstraktion, Tübingen 1996.

Staub, Hermann: Die juristische Konstruktion der dinglichen Rechte, ArchBürgR 5 (1891), 12.

Staudenmayer, Dirk: Die Mitteilung der Kommission über das Europäische Vertragsrecht, EuZW 2001, 485.

Staudinger, Julius v. (Begr.): Bürgerliches Gesetzbuch, 13. Bearb. Berlin 1993ff.

Stein/Jonas (Begr.): Kommentar zur Zivilprozessordnung, Band 6 (§§ 704–863), 22. Aufl., Tübingen 2002.

Stinzing, Wolfgang: Die Übertragung beweglicher Sachen, Leipzig 1911.

Stöcker, Erhard: Dinglichkeit und Absolutheit, Eine Untersuchung mit besonderer Berücksichtigung der Kritik am Entwurf des Bürgerlichen Gesetzbuchs, Diss. Köln 1965.

Stöver, Diedrich: Ist die Einigung im Sachenrecht des Bürgerlichen Gesetzbuchs ein Rechtsgeschäft ? ArchBürgR 26 (1905), 149.

Strauch, Dieter: Das geteilte Eigentum in Geschichte und Gegenwart, Festschrift für Heinz Hübner zum 70. Geburtstag, Berlin u.a., 1984.

Strohal, Emil: Rechtsübertragung und Kausalgeschäft im Hinblick auf den Entwurf eines bürgerlichen Gesetzbuchs für das Deutsche Reich, IherJb 27 (1889), 334.

ders.: Zum Besitzrecht des Entwurfs eines bürgerlichen Gesetzbuchs für das deutsche Reich, IherJb 29 (1890), 336.

ders.: Der Sachbesitz nach dem BGB, IherJb 38 (1898), 1.

Stürner, Rolf: Der lediglich rechtliche Vorteil, AcP 173 (1973), 402.

ders.: Die Kreditsicherung der Banken und das neue AGBG, JZ 1977, 431.

ders.: Dienstbarkeit heute, AcP 194 (1994), 265.

Sturm, Fritz / Sturm, Gudrun: Die Dreiteilung des Code Civil – Ein ungelöstes Rätsel, in: Festschrift für Bernhard Großfeld zum 65. Geburtstag, Heidelberg 1999, 1219–1225.

Süß, Theodor: Das Traditionsprinzip – Ein Atavismus des Sachenrechts, Festschrift für Martin Wolff, Tübingen 1952, 141.

ders.: Durchgangs-Herrenlosigkeit, Zur Problematik von Aneignung und Ersitzung insbesondere des § 927 BGB, AcP 151 (1950 / 1951), 1.

Thiele, Wolfgang: Die Zustimmungen in der Lehre vom Rechtsgeschäft, Köln u.a., 1966.

Thiemann, Bernd: Die Entwicklung der Eigentumsanwartschaft beim Vorbehaltskauf in der neueren deutschen Privatrechtsgeschichte, Diss. Münster, 1974.

Thoma, Achim: Die Akzessorietät bei der Sicherungsübereignung, NJW 1984, 1162.

Tiedtke, Klaus: Gutgläubiger Erwerb im bürgerlichen Recht, im Handels- und Wertpapierrecht sowie in der Zwangsvollstreckung, Berlin u.a. 1985.

ders.: Erwerb und Verlust des Sicherungseigentums an eingelagerter Ware, WM 1978, 446.

ders.: Die Auflassungsvormerkung, JURA 1981, 354.

ders.: Sicherungsabtretung beim Fehlen des zu sichernden Anspruchs, DB 1982, 1709.

ders.: Erwerb beweglicher und unbeweglicher Sachen kraft Guten Glaubens, JURA 1983, 460, 518.

Timm, Wolfram: Außenwirkung vertraglicher Verfügungsbeschränkungen, JZ 1989, 13.

Tuhr, Andreas v.: Der Allgemeine Teil des Deutschen Bürgerlichen Rechts, Zweite Band, Zweite Hälfte, Berlin 1918.

ders.: Eigentumserwerb an Mobilien nach dem Bürgerlichen Gesetzbuch verglichen mit dem Rechte des Code Civil, ZffranzZR 30 (1899), 527.

ders.: Zur Lehre von der Anweisung, IherJb 48 (1904), 1.

Ultsch, Michael: Schenkungen des gesetzlichen Vertreters an Minderjährige: Gesamtbetrachtung oder konsequente Einhaltung des Trennungsprinzips ?, JURA 1998, 524.

Urbanczyk, Reinhard: Zum Gutglaubenserwerb bei mittelbarem Besitz, Erlanger Festschrift für Karl Heinz Schwab zum 70. Geburtstag, Erlangen 1990, 23.

Van Vliet, L.P.W.: Iusta Causa Traditionis and its History in European Private Law, European Review of Private Law 2003, 342.
Verse, Dirk A.: Verwendungen im Eigentümer-Besitzer-Verhältnis: eine kritische Betrachtung aus historisch-rechtsvergleichender Sicht, Tübingen 1999.
Viehweg, Klaus / Werner, Almuth: Sachenrecht, Köln u.a. 2003.
Wachter, Thomas: Die Eurohypothek, Grenzüberschreitende Kreditsicherung an Grundstücken im Europäischen Binnenmarkt, WM 1999, 49.
Wacke, Andreas: Das Besitzkonstitut als Übergabesurrogat in Rechtsgeschichte und Rechtsdogmatik, Köln 1974.
ders.: Wer säht, der mäht; JA 1981, 286.
ders.: Miete und Pacht vom Nießbraucher oder Vorerben sowie vom Nichtberechtigten, Historische und dogmatische Betrachtungen zu den analogiefähigen §§ 1056, 2135 BGB; – Zugleich eine Kritik an BGHZ 109, 111 – ; Festschrift für Joachim Gernhuber zum 70. Geburtstag, Tübingen 1993, 489.
ders.: Eigentumserwerb des Käufers durch schlichten Konsens oder erst mit Übergabe ? Unterschiede im Rezeptionsprozeß und ihre mögliche Überwindung; ZEuP 2000, 254.
Wadle, Elmar: Die Übergabe auf Geheiß und der rechtsgeschäftliche Erwerb des Mobiliareigentums, JZ 1974, 689.
ders.: Das Problem der fremdwirkenden Verarbeitung, JuS 1984, 477.
Wagner, Eberhard: Teilbarkeit der Herstellereigenschaft in § 950 BGB ?, AcP 184 (1984), 14.
ders.: Rechtsgeschäftliche Unübertragbarkeit und § 137 Satz 1 BGB, AcP 194 (1994), 451.
Walberer, Hans: Die Belastung im Sinne von § 1018 BGB bei Wettbewerbsverboten, NJW 1965, 2138.
Walter, Gerhard: Das Unmittelbarkeitsprinzip bei der fiduziarischen Treuhand, Tübingen 1974.
Walter, Gerhard / Maier, Axel: Die Sicherung von Bezugs- und Abnahmeverpflichtungen durch Dienstbarkeiten, NJW 1988, 377.
Wank, Rolf: Grenzen richterlicher Rechtsfortbildung, Berlin 1978.
ders.: Die juristische Begriffsbildung, München 1985.
ders.: Missbrauch der Treuhandstellung und Missbrauch der Vertretungsmacht – BGH WM 1977, 255, JuS 1979, 402.
Warnkönig, L.A.: Bemerkungen über den Begriff der justa causa bei der Tradition, AcP 6 (1823), 114.
Weber, Hansjörg: Der Rückübertragungsanspruch bei der nichtvalutierten Sicherungsgrundschuld, AcP 169 (1969), 237.
Weber, Ralph: Sachenrecht I, Bewegliche Sachen, Baden-Baden 2005.
ders.: Der rechtsgeschäftliche Erwerb des Eigentums an beweglichen Sachen, JuS 1998, 577.
ders.: Gutgläubiger Erwerb des Eigentums an beweglichen Sachen gemäß §§ 932ff BGB, JuS 1999, 1.
Weber, Ulrich: Die Anwendung der Vorschriften über die Rechte an Grundstücken auf die Vormerkung, Diss. Iur. Tübingen, Tübingen 1962.
Wegmann, Bernd: Mietvertrag und dauernde Last – Alternative zum dinglichen Wohnungsrecht ?, ZEV 1994, 275.
Weichhaus, Erhard: Der Heimfallanspruch in der Zwangsvollstreckung, RPfleger 1979, 329.
Weinberger, Ota: Norm und Institution, Wien 1988.
Weinhausen, Hans: Die Sicherungsübereignung, Berlin 1928.

Weitnauer, Hermann (Begr.): Wohnungseigentumsgesetz, 9. Aufl., München 2004.
Weitnauer, Hermann: Bestellung einer beschränkten persönlichen Dienstbarkeit für den Eigentümer, DNotZ 1964, 716.
ders.: Die bewusste und zweckgerichtete Vermehrung fremden Vermögens, NJW 1974, 1729.
ders.: Verdinglichte Schuldverhältnisse, 2. Festschrift für Larenz, München 1983, 705.
ders.: Das Wohnungseigentum im Zivilrechtssystem, Festschrift für Hubert Niederländer zum 70. Geburtstag, Heidelberg 1991, 455.
ders.: Betrachtungen zur causa bei der Sicherungsübertragung, Festschrift für Rolf Serick zum 70. Geburtstag, Heidelberg 1992, 389.
Wellspacher, Moritz: Das Vertrauen auf äußerliche Tatbestände im Bürgerlichen Rechte, Wien, 1906.
ders.: Publizitätsgedanke und Fahrnisklage im usus modernus, GrünhutsZ 31 (1904), 631.
Wenckstern, Manfred: Die Geschäftsanmaßung als Delikt, AcP 200 (2000), 240.
Wendt, Otto: Besitz und Inhabung. Entwurf eines bürgerlichen Gestetzbuches für das deutsche Reich. Drittes Buch. Zweiter Abschnitt. – Kritik und Gegenvorschläge, AcP 74 (1889), 135.
ders.: Der mittelbare Besitz des bürgerlichen Gesetzbuches, AcP 87 (1897), 40.
ders.: Unterlassungen und Versäumnisse im bürgerlichen Recht, AcP 92 (1901), 1.
Werner, Olaf: Besitz und Eigentumsübertragung am Inhalt eines Schrankfachs – OLG Oldenburg NJW 1977, 1780, JuS 1980, 175.
ders.: Grundprobleme des § 1006 BGB, JA 1983, 617.
Wernick: Pfandrecht an beweglichen Sachen, Gutachten aus dem Anwaltsstande über die erste Lesung des Entwurfs eines Bürgerlichen Gesetzbuchs, Berlin 1890, 376.
Westermann, Harm Peter: Vertragsfreiheit und Typengesetzlichkeit im Recht der Personengesellschaften, Berlin u.a. 1970.
ders.: Verdeckte Nachverpfändung bei Grundstücken, NJW 1970, 1023–1029.
Westermann, Harry: Die Konstruktion des Rechts an der eigenen Sache im Gebiet des B.G.B., Diss. iur. Göttingen 1933.
ders.: Besitzerwerb und Besitzverlust durch Besitzdiener, JuS 1961, 79.
ders.: Die Grundlagen des Gutglaubensschutzes, JuS 1963, 1.
Wieacker, Franz: Die Forderung als Mittel und Gegenstand der Vermögenszuordnung, Deutsche Rechtswissenschaft 1941, 49–66 = Kleine juristische Schriften, Eine Sammlung zivilrechtlicher Beiträge aus den Jahren 1932 bis 1986 (Hrsg. *Dießelhorst*), Göttingen 1988, 243.
ders.: Wandlungen der Eigentumsverfassung, Hamburg, 1935.
ders.: Zum System des deutschen Vermögensrechts – Erwägungen und Vorschläge, Leipzig 1941.
Wiegand, Wolfgang: Der Rückerwerb des Nichtberechtigten, JuS 1971, 62.
ders.: Der gutgläubige Erwerb beweglicher Sachen nach §§ 932ff BGB, JuS 1974, 201.
ders.: Fälle des gutgläubigen Erwerbs außerhalb der §§ 932ff, JuS 1974, 545.
ders.: Rechtsableitung vom Nichtberechtigten, JuS 1978, 145.
ders.: Numerus clausus der dinglichen Rechte. Zur Entstehung und Bedeutung eines zentralen zivilrechtlichen Dogmas, in: Wege europäischer Rechtsgeschichte, Festschrift für Karl Kroeschell, Frankfurt am Main, 1987, 623.
ders.: Die Entwicklung des Sachenrechts im Verhältnis zum Schuldrecht, AcP 190 (1990), 112.
ders.: Funktion und systematische Stellung des Sachenrechts im BGB, in: 100 Jahre BGB –

100 Jahre Staudinger, Beiträge zum Symposion vom 18. – 20. Juni 1998 in München, Berlin, 1999, 107.
ders.: Die Entwicklungen der Übereignungstatbestände einschließlich der Sicherungsübereignung, 50 Jahre BGH – Festgabe aus der Wissenschaft, Band I, München 2000, 753.
Wieling, Hans: Sachenrecht, Band 1; Sachen, Besitz und Rechte an beweglichen Sachen, Berlin 1990.
ders.: Empfängerhorizont: Auslegung der Zweckbestimmung und Eigentumserwerb, JZ 1977, 291.
ders.: Grund und Umfang des Besitzschutzes, Festschrift für Ulrich v. Lübtow zum 80. Geburtstag, Berlin 1980, 565.
ders.: Der mittelbare Besitz, Studi in onore di Cesare Sanfilippo, Milano 1982, 713.
ders.: Voraussetzungen, Übertragung und Schutz des mittelbaren Besitzes, AcP 184 (1984), 439.
ders.: Die Grundstücksmiete als dingliches Recht, Gedächtnisschrift für Jürgen Sonnenschein, Berlin 2003, 201.
ders.: Numerus Clausus der Sachenrechte ?, Festschrift für Hans Hattenhauer zum 70. Geburtstag, Heidelberg 2003, 557.
Wieser, Eberhard: Zum gutgläubigen Erwerb beweglicher Sachen – BGHZ 56, 123, JuS 1972, 567.
Wiesmann, Martin: Zur Tragweite des § 137 BGB, Diss. Münster 1991.
Wiesner, Gunter: Ius possessionis, Festschrift für Max Kaser zum 70. Geburtstag, München 1976, 159.
Wilhelm, Jan, Sachenrecht, Berlin u.a., 2. Aufl., 2002.
ders.: Die Zurechnung der Leistung bei Widerruf einer Anweisung, insbesondere eines Schecks, AcP 175 (1975), 304.
ders.: Sicherungsgrundschuld und Einreden gegen den Dritterwerber, JZ 1980, 625.
Wilmowsky, Peter v.: Europäisches Kreditsicherungsrecht – Sachenrecht und Insolvenzrecht unter dem EG-Vertrag, Tübingen 1996.
Windscheid, Bernhard: Lehrbuch des Pandektenrechts, Bände I, II, Düsseldorf 1862/1866.
Witt, Carl-Heinz: Die Rechtsfigur des Besitzdieners im Widerstreit zwischen Bestands- und Verkehrsschutz, AcP 201 (2001), 165.
Wittkowski, Lutz: Die Lehre vom Verkehrsgeschäft, zum Anwendungsbereich der Vorschriften über den gutgläubigen Erwerb, Berlin 1990.
Wocher, Manfred: Eigentumsvorbehalt und Verbrauchsermächtigung, BB 1981, 1802.
Wolf, Manfred: Sachenrecht, 21. Aufl., München 2005.
ders.: Die Eigentumsvermutung des § 1006 BGB – BGH NJW 1984, 1456; JuS 1985, 941.
Wolf, Max: Zum Sachenrecht des Entwurfs eines bürgerlichen Gesetzbuchs für das Deutsche Reich; Gutachten aus dem Anwaltsstande über die erste Lesung eines Entwurfs eines bürgerlichen Gesetzbuchs, Berlin 1890, 619.
Wolff, Martin; Raiser, Ludwig, Lehrbuch des Bürgerlichen Rechts, III. Band, Sachenrecht, 10. Bearbeitung, Tübingen 1957.
Wunner, Sven Erik: Gutglaubensschutz und Rechtsnatur der Vormerkung, NJW 1969, 113.
Zimmermann, Reinhard: Sittenwidrigkeit und Abstraktion, JR 1985, 48.
Zippelius, Reinhold: Die Verwendung von Typen in Normen und Prognosen, Festschrift für Karl Engisch zum 70. Geburtstag, Frankfurt a.M. 1969, 224.
Zitelmann, Ernst: Irrtum und Rechtsgeschäft: eine psychologisch-juristische Untersuchung, Leipzig, 1879.
ders.: Lücken im Recht, Leipzig 1903.

ders.: Übereignungsgeschäft und Eigentumserwerb an Bestandteilen, IherJb 70 (1921), 1.
Zöllner, Wolfgang (Hrsg.): Kölner Kommentar zum Aktiengesetz, 2. Aufl., Köln u.a. 1987ff; [KölnKomm].
ders.: Die Wirkung von Einreden aus dem Grundverhältnis gegenüber Wechsel und Scheck in der Hand des ersten Nehmers, ZHR 148 (1984), 313.
Zunft: Die Übertragung der Eigentumsanwartschaft gemäß § 930 BGB, NJW 1957, 445.
Zweigert, Konrad: Rechtsvergleichend-kritisches zum gutgläubigen Mobiliarerwerb, RabelsZ 23 (1958), 1.

Sachregister

Jus Privatum

Beiträge zum Privatrecht – Alphabetische Übersicht

Adolphsen, Jens: Internationale Dopingstrafen. 2003. *Band 78.*
Assmann, Dorothea: Die Vormerkung (§ 883 BGB). 1998. *Band 29.*
Barnert, Thomas: Die Gesellschafterklage im dualistischen System des Gesellschaftsrechts. 2003. *Band 82.*
Bayer, Walter: Der Vertrag zugunsten Dritter. 1995. *Band 11.*
Beater, Axel: Nachahmen im Wettbewerb. 1995. *Band 10.*
Beckmann, Roland Michael: Nichtigkeit und Personenschutz. 1998. *Band 34.*
Benecke, Martina: Gesetzesumgehung im Zivilrecht. 2004. *Band 94.*
Berger, Christian: Rechtsgeschäftliche Verfügungsbeschränkungen. 1998. *Band 25.*
Berger, Klaus: Der Aufrechnungsvertrag. 1996. *Band 20.*
Bittner, Claudia: Europäisches und internationales Betriebsrentenrecht. 2000. *Band 46.*
Bodewig, Theo: Der Rückruf fehlerhafter Produkte. 1999. *Band 36.*
Braun, Johann: Grundfragen der Abänderungsklage. 1994. *Band 4.*
Brors, Christiane: Die Abschaffung der Fürsorgepflicht. 2002. *Band 67.*
Bruns, Alexander: Haftungsbeschränkung und Mindesthaftung. 2003. *Band 74.*
Busche, Jan: Privatautonomie und Kontrahierungszwang. 1999. *Band 40.*
Calliess, Gralf-Peter: Grenzüberschreitende Verbraucherverträge. 2006. *Band 103.*
Casper, Matthias: Der Optionsvertrag. 2005. *Band 98.*
Dauner-Lieb, Barbara: Unternehmen in Sondervermögen. 1998. *Band 35.*
Dethloff, Nina: Europäisierung des Wettbewerbsrechts. 2001. *Band 54.*
Dreier, Thomas: Kompensation und Prävention. 2002. *Band 71.*
Drexl, Josef: Die wirtschaftliche Selbstbestimmung des Verbrauchers. 1998. *Band 31.*
Eberl-Borges, Christina: Die Erbauseinandersetzung. 2000. *Band 45.*
Ebert, Ina: Pönale Elemente im deutschen Privatrecht. 2004. *Band 86.*
Einsele, Dorothee: Wertpapierrecht als Schuldrecht. 1995. *Band 8.*
Ekkenga, Jens: Anlegerschutz, Rechnungslegung und Kapitalmarkt. 1998. *Band 30.*
Ellger, Reinhard: Bereicherung durch Eingriff. 2002. *Band 63.*
Escher-Weingart, Christina: Reform durch Deregulierung im Kapitalgesellschaftsrecht. 2001. *Band 49.*
Füller, Jens T.: Eigenständiges Sachenrecht. 2006. *Band 104.*
Giesen, Richard: Tarifvertragliche Rechtsgestaltung für den Betrieb. 2002. *Band 64.*
Götting, Horst-Peter: Persönlichkeitsrechte als Vermögensrechte. 1995. *Band 7.*
Gruber, Urs Peter: Methoden des internationalen Einheitsrechts. 2004. *Band 87.*
Gsell, Beate: Substanzverletzung und Herstellung. 2003. *Band 80.*
Habersack, Mathias: Die Mitgliedschaft – subjektives und ‚sonstiges' Recht. 1996. *Band 17.*
Haedicke, Maximilian: Rechtskauf und Rechtsmängelhaftung. 2003. *Band 77.*
Hanau, Hans: Der Grundsatz der Verhältnismäßigkeit als Schranke privater Gestaltungsmacht. 2004. *Band 89.*
Hau, Wolfgang: Vertragsanpassung und Anpassungsvertrag. 2003. *Band 83.*

Heermann, Peter W.: Drittfinanzierte Erwerbsgeschäfte. 1998. *Band 24.*
Heinemann, Andreas: Immaterialgüterschutz in der Wettbewerbsordnung. 2002. *Band 65.*
Heinrich, Christian: Formale Freiheit und materielle Gerechtigkeit. 2000. *Band 47.*
Henssler, Martin: Risiko als Vertragsgegenstand. 1994. *Band 6.*
Hergenröder, Curt Wolfgang: Zivilprozessuale Grundlagen richterlicher Rechtsfortbildung. 1995. *Band 12.*
Hess, Burkhard: Intertemporales Privatrecht. 1998. *Band 26.*
Hofer, Sibylle: Freiheit ohne Grenzen. 2001. *Band 53.*
Huber, Peter: Irrtumsanfechtung und Sachmängelhaftung. 2001. *Band 58.*
Jacobs, Matthias: Der Gegenstand des Feststellungsverfahrens. 2005. *Band 97.*
Jänich, Volker: Geistiges Eigentum – eine Komplementärerscheinung zum Sacheigentum? 2002. *Band 66.*
Jansen, Nils: Die Struktur des Haftungsrechts. 2003. *Band 76.*
Jung, Peter: Der Unternehmergesellschafter als personaler Kern der rechtsfähigen Gesellschaft. 2002. *Band 75.*
Junker, Abbo: Internationales Arbeitsrecht im Konzern. 1992. *Band 2.*
Kaiser, Dagmar: Die Rückabwicklung gegenseitiger Verträge wegen Nicht- und Schlechterfüllung nach BGB. 2000. *Band 43.*
Katzenmeier, Christian: Arzthaftung. 2002. *Band 62.*
Kindler, Peter: Gesetzliche Zinsansprüche im Zivil- und Handelsrecht. 1996. *Band 16.*
Kleindiek, Detlef: Deliktshaftung und juristische Person. 1997. *Band 22.*
Koch, Jens: Die Patronatserklärung. 2005. *Band 99.*
Körber, Torsten: Grundfreiheiten und Privatrecht. 2004. *Band 93.*
Krause, Rüdiger: Mitarbeit in Unternehmen. 2002. *Band 70.*
Lipp, Volker: Freiheit und Fürsorge: Der Mensch als Rechtsperson. 2000. *Band 42.*
Lohse, Andrea: Unternehmerisches Ermessen. 2005. *Band 100.*
Looschelders, Dirk: Die Mitverantwortlichkeit des Geschädigten im Privatrecht. 1999. *Band 38.*
Luttermann, Claus: Unternehmen, Kapital und Genußrechte. 1998. *Band 32.*
Mäsch, Gerald: Chance und Schaden. 2004. *Band 92.*
Mankowski, Peter: Beseitigungsrechte. Anfechtung, Widerruf und verwandte Institute. 2003. *Band 81.*
Meller-Hannich, Caroline: Verbraucherschutz im Schuldvertragsrecht. 2005. *Band 101.*
Merkt, Hanno: Unternehmenspublizität. 2001. *Band 51.*
Möllers, Thomas M.J.: Rechtsgüterschutz im Umwelt- und Haftungsrecht. 1996. *Band 18.*
Muscheler, Karlheinz: Die Haftungsordnung der Testamentsvollstreckung. 1994. *Band 5.*
– Universalsukzession und Vonselbsterwerb. 2002. *Band 68.*
Oechsler, Jürgen: Gerechtigkeit im modernen Austauschvertrag. 1997. *Band 21.*
Oetker, Hartmut: Das Dauerschuldverhältnis und seine Beendigung. 1994. *Band 9.*
Ohly, Ansgar: „Volenti non fit iniuria" Die Einwilligung im Privatrecht. 2002. *Band 73.*
Oppermann, Bernd H.: Unterlassungsanspruch und materielle Gerechtigkeit im Wettbewerbsprozeß. 1993. *Band 3.*
Peifer, Karl-Nikolaus: Individualität im Zivilrecht. 2001. *Band 52.*
Peters, Frank: Der Entzug des Eigentums an beweglichen Sachen durch gutgläubigen Erwerb. 1991. *Band 1.*

Piekenbrock, Andreas: Befristung, Verjährung, Verschweigung und Verwirkung. 2006. *Band 102.*
Preuß, Nicola: Zivilrechtspflege durch externe Funktionsträger. 2005. *Band 96.*
Raab, Thomas: Austauschverträge mit Drittbeteiligung. 1999. *Band 41.*
Reiff, Peter: Die Haftungsverfassungen nichtrechtsfähiger unternehmenstragender Verbände. 1996. *Band 19.*
Repgen, Tilman: Die soziale Aufgabe des Privatrechts. 2001. *Band 60.*
Röthel, Anne: Normkonkretisierung im Privatrecht. 2004. *Band 91.*
Rohe, Mathias: Netzverträge. 1998. *Band 23.*
Sachsen Gessaphe, Karl August Prinz von: Der Betreuer als gesetzlicher Vertreter für eingeschränkt Selbstbestimmungsfähige. 1999. *Band 39.*
Saenger, Ingo: Einstweiliger Rechtsschutz und materiellrechtliche Selbsterfüllung. 1998. *Band 27.*
Sandmann, Bernd: Die Haftung von Arbeitnehmern, Geschäftsführern und leitenden Angestellten. 2001. *Band 50.*
Schäfer, Carsten: Die Lehre vom fehlerhaften Verband. 2002. *Band 69.*
Schnorr, Randolf: Die Gemeinschaft nach Bruchteilen (§§ 741 – 758 BGB). 2004. *Band 88.*
Schubel, Christian: Verbandssouveränität und Binnenorganisation der Handelsgesellschaften. 2003. *Band 84.*
Schur, Wolfgang: Leistung und Sorgfalt. 2001. *Band 61.*
Schwab, Martin: Das Prozeßrecht gesellschaftsinterner Streitigkeiten. 2005. *Band 95.*
Schwarze, Roland: Vorvertragliche Verständigungspflichten. 2001. *Band 57.*
Sieker, Susanne: Umgehungsgeschäfte. 2001. *Band 56.*
Sosnitza, Olaf: Besitz und Besitzschutz. 2003. *Band 85.*
Stadler, Astrid: Gestaltungsfreiheit und Verkehrsschutz durch Abstraktion. 1996. *Band 15.*
Stoffels, Markus: Gesetzlich nicht geregelte Schuldverhältnisse. 2001. *Band 59.*
Taeger, Jürgen: Außervertragliche Haftung für fehlerhafte Computerprogramme. 1995. *Band 13.*
Trunk, Alexander: Internationales Insolvenzrecht. 1998. *Band 28.*
Veil, Rüdiger: Unternehmensverträge. 2003. *Band 79.*
Wagner, Gerhard: Prozeßverträge. 1998. *Band 33.*
Waltermann, Raimund: Rechtsetzung durch Betriebsvereinbarung zwischen Privatautonomie und Tarifautonomie. 1996. *Band 14.*
Weber, Christoph: Privatautonomie und Außeneinfluß im Gesellschaftsrecht. 2000. *Band 44.*
Wendehorst, Christiane: Anspruch und Ausgleich. 1999. *Band 37.*
Wiebe, Andreas: Die elektronische Willenserklärung. 2002. *Band 72.*
Wimmer-Leonhardt, Susanne: Konzernhaftungsrecht. 2004. *Band 90.*
Würthwein, Susanne: Schadensersatz für Verlust der Nutzungsmöglichkeit einer Sache oder für entgangene Gebrauchsvorteile? 2001. *Band 48.*